dictionnaire
des
difficultés
de la langue
française

dictionnaire des difficultés de la langue française

OUVRAGE COURONNÉ PAR L'ACADÉMIE FRANÇAISE

par
Adolphe V. Thomas
Chef correcteur des
Dictionnaires Larousse

sous la direction de
Michel de Toro
docteur ès lettres

LIBRAIRIE LAROUSSE

17, RUE DU MONTPARNASSE - 75298 PARIS CEDEX 06

ISBN 2-03-029302-4

PRÉFACE

L E *langage, comme l'habillement, comme la manière de vivre, a toujours été considéré comme un signe distinctif du niveau social des hommes. Aussi, dès que le français, langue vulgaire, prend la place du latin comme langue écrite et même comme langue érudite, le voyons-nous chercher à se fixer des règles.*

Il prend naturellement pour base le langage de l'Ile-de-France, siège de la cour, principal centre intellectuel du pays, rendez-vous de l'aristocratie de la naissance et de l'intelligence. Et c'est parmi les usagers de cette langue que surgiront les grammairiens qui en établiront les règles.

De bonne heure apparaissent des censeurs qui essaient de corriger les défauts contemporains. Dès 1533, Robert Estienne publie à Paris un petit ouvrage de l'Amiénois Charles de Bovelles, Liber de differentia vulgarium linguarum, et Gallici sermonis varietate, *où, en une centaine de pages, l'auteur prend à partie les prononciations vicieuses de Parisiens et les belgicismes de sa province natale. En 1571, un autre recueil, l'*Etymologicon françois *du Champenois Jean Lebon d'Autreville, cite un certain nombre de mots lorrains et examine lui aussi quelques parisianismes vicieux. Enfin, en 1539, Robert Estienne publie le premier « Dites..., ne dites pas », un petit livre de Mathurin Cordier :* De corrupti sermonis emendatione, *dont une vingtaine d'éditions se succéderont jusqu'en 1580.*

Au début du XVIIe siècle apparaît Malherbe, avec son Commentaire sur Desportes, *qui provoque une réaction violente contre l'archaïsme, le néologisme, l'obscurité, le galimatias, le gasconisme. Une frénésie de purisme linguistique s'empare de la cour. C'est l'époque où règne l'esprit de l'hôtel de Rambouillet, dont Voiture, Balzac sont les conseillers respectés, où il est de bon ton de « parler Vaugelas ».*

Au XVIIIe siècle, les Gasconismes corrigés *de Desgrouais connurent une longue popularité.*

De nos jours, un engouement encore plus général s'est développé chez nous. On aime, en France, la « casuistique du langage », a dit Sainte-Beuve dans ses Nouveaux Lundis. *On se pique de bien parler, même lorsqu'on parle mal. Dans* Numa Roumestan, *Alphonse Daudet fait un amusant croquis de la tante Portal, « de cette bourgeoisie provençale qui traduit* pécaïré *par* péchère *et s'imagine parler plus correctement ». Et j'ai moi-même entendu naguère une dame tancer un petit garçon en lui disant : « Je veux que chez moi on* cause *correctement ! »*

Le développement de l'instruction primaire a eu pour résultat d'accroître le nombre de personnes soucieuses de bien parler. Il a donné lieu à une abondante littérature du « bon usage ». Et à la suite du succès qu'obtinrent au début du siècle les fameux Samedis de monsieur Lancelot, *d'Abel Hermant, nombre de journaux et de revues ont dû créer une rubrique de « Curiosités du langage », très appréciée de leurs lecteurs.*

L'examen de toute cette littérature laisse un peu rêveur. Que de mots qui nous semblent aujourd'hui inattaquables et qui ont été honnis par les premiers censeurs de notre langue ! Dans son intéressant ouvrage sur les Déformations de la langue française, *Émile Deschanel nous rappelle, en 1898, que Chapelain trouvait insidieux « désagréable et dégoûtant »; qu'*exactitude *est un mot que Vaugelas vit « naître comme un monstre »; que Bossuet s'excusait d'employer le mot* démagogue; *que* savoir-faire *était, selon le P. Bouhours, « un mot qui ne durera pas »; que Voltaire désapprouve* persifler, égaliser, mystifier; *qu'*effervescence *avait choqué Mme de Sévigné; qu'au XVIIIe siècle* érudit *et* inconduite *furent dénoncés comme des néologismes affectés.*

On est tout étonné, quand on compare entre elles les éditions successives du Dictionnaire de l'Académie française, de voir comment change le vocabulaire de l'une à l'autre. Dans les quelques pages qui comprennent les mots commençant par ab, *nous en trouvons trois ajoutés en 1740, quinze en 1762, un en 1798, trois en 1801, sept en 1835, deux en 1932. Quelques-uns sont importants, comme* abasourdi *(1740),* aborigène *(1762),* abside *(1835),* absinthe *(1740),* abattage *(1762),* abattis *(1740),* ablation *(1835),* abortif *(1801),* aboutissement *(1801),* abyssal *(1932). Parmi les disparus,* abusif *et* abstinent, *limogés en 1718, ont été réhabilités, le premier en 1740, le second en 1762. Si nous examinons la liste des ajoutés à la lettre A dans l'édition de 1932, nous rencontrons une foule de mots que nous avons peine à considérer comme des néologismes* : accrochage, accueillant, acrobatie, aération, affolant, agissements, agrémenter, ajourer, alerter, alésage, alléchant, altruisme, ambiance, amidonner, angoissant, apitoiement, arrachage, assécher, assoiffé, assouplissement, avertisseur.

Aussi doit-on se montrer fort prudent avec les néologismes. Quand ils commencent à s'enraciner dans la langue parlée, surtout quand ils sont adoptés par quelques bons écrivains, ils ont de fortes chances de survivre à toutes les censures. Le rôle du critique, dans ces cas, doit être de signaler, de constater, de laisser au mot nouveau sa chance et de s'en remettre pour le reste au bon usage, qui finira par s'imposer. La croix qui précède certains mots dans Littré, et qui pour Abel Hermant était un « signe d'infamie », indiquait simplement que le mot ainsi noté ne figurait pas dans le Dictionnaire de l'Académie de 1835. Quant à l'étoile qui en précède d'autres dans Hatzfeld, elle orne seulement des néologismes que l'Académie avait négligés en 1877.

Mais les difficultés de la langue ne se bornent pas à l'emploi de mots nouveaux ou pris dans un faux sens. Il y a aussi de graves problèmes pour l'orthographe, la conjugaison, la syntaxe.

L'orthographe française est hérissée de difficultés et parsemée d'incohérences. Pourquoi écrire un point de repère *et* un repaire de voleurs ? *Pourquoi* chariot *n'a-t-il qu'un* r, *tandis que* charrette *en a deux ? Pourquoi écrit-on* résonner *et* résonance, souffler *et* boursoufler, receleur *et* recèlement ? *Pourquoi* cône *a-t-il droit à un accent circonflexe que l'on refuse à* zone ? *Pourquoi tant de mots ont-ils une orthographe double, comme* cuissot *et* cuisseau, reviser *et* réviser ? *Parfois, l'étymologie peut nous permettre de choisir, comme pour* dégoûter (*du latin* gustus) *et* dégoutter (*du latin* gutta). *Mais il est moins facile de se débrouiller avec les* y *de* pélécypodes *ou de* clitocybine.

La conjugaison nous offre maints embarras. Comment conjuguer au passé simple des verbes comme poindre, conclure, *à l'imparfait* saillir, bruire, choir ? *Jusqu'à quel point a-t-on le droit de conjuguer le fantaisiste verbe* rassir ?

*Le genre des mots est souvent douteux. Quel est finalement le genre d'*amour ? *De bons auteurs font fi de la règle surannée de* amour, délice *et* orgue, *masculins au singulier et féminins au pluriel, qui, en toute orthodoxie, devrait nous faire écrire :* Cet orgue est un des plus belles que j'aie entendues. *A remarquer, d'ailleurs, que* cet entendues *va encore nous poser un problème d'accord. Pourquoi* la sphère *est-elle du féminin et le* planisphère *du masculin ?*

Un certain nombre de ces difficultés peuvent être vaincues par la réflexion, par le souvenir des connaissances acquises. Pour d'autres,

la résolution est moins facile. L'enseignement de la langue normale
les néglige trop souvent. Quant à la lecture des bons écrivains, elle
est peu utile. Flaubert est considéré avec raison comme un de nos
auteurs les plus recommandables. Mais dans Salammbô *(édition*
« définitive » de Charpentier, 1911), on trouve des coquilles comme
besoar *(p. 152)*, carroube *(p. 67)*, garot *(p. 154)*, exhorbitant
(p. 147), humilliation *(p. 135)*, un stèle *(p. 80)*, le trirème *(p. 199)*,
saillissait *(p. 315)*, se torderait *(id.)*...

 Il faut donc, à côté des grammaires et des dictionnaires qui nous
enseignent comment on doit parler et écrire, des ouvrages comme
celui-ci, qui se bornent à nous présenter, par ordre alphabétique,
la plupart des problèmes linguistiques qui peuvent nous préoccuper,
et à nous guider dans un choix souvent difficile.

MICHEL de TORO.

INTRODUCTION

C E *Dictionnaire des difficultés de la langue française* a été conçu suivant un plan essentiellement pratique. Dictionnaire, c'est avant tout un manuel de *consultation*, au style direct et concis : il renseignera sur-le-champ, sans vaines dissertations, sans perte de temps et sans manipulations fastidieuses, par simple recours à l'ordre alphabétique.

C'est aussi un ouvrage d'étude, qui se lira avec fruit. Un emploi modéré de la terminologie grammaticale doit le rendre accessible au plus grand nombre. Les abréviations, si déplaisantes, sont éliminées. Une lecture dosée permettra de se familiariser avec les difficultés d'une langue qui apparaîtra, à côté d'irrégularités et d'exceptions dont elle n'a pas l'apanage, pleine de finesses insoupçonnées.

Notre propos, en rédigeant ce dictionnaire, a été de grouper les difficultés de toutes sortes éparses dans les ouvrages spéciaux, ou qui, même, n'ont jamais été consignées par écrit. Aussi, le *Dictionnaire des difficultés de la langue française* doit-il répondre aux questions les plus variées que se posent quotidiennement tous ceux qui, à un titre quelconque, sont en contact avec notre langue : écoliers, étudiants, secrétaires, écrivains, etc., et toutes personnes qui tiennent à honneur de bien parler et bien écrire.

Il doit aussi remettre en mémoire des règles oubliées ou attirer l'attention sur des fautes qui, pour être courantes, n'en sont pas moins grossières. C'est en lisant cet ouvrage que certains apprendront, par exemple, qu'on ne doit pas dire « *un* » *azalée* ou « *une* » *astérisque*, mais « *une* » *azalée*, « *un* » *astérisque*, genres qui sont consignés depuis toujours dans les dictionnaires; que *liséré* s'écrit avec deux accents et que, par conséquent, la prononciation *liz'ré* est fautive; qu'un *impétrant* n'est pas celui qui sollicite quelque chose, mais celui qui a obtenu ce qu'il demandait; qu'on ne doit pas dire *pareil que,* mais *pareil à;* qu'« Alfred » n'est pas un *pingouin,* mais un *manchot;* qu'on ne doit pas employer *créole* pour *métis* ou *métis* pour *mulâtre,* que *mettre à jour* n'a pas le même sens que *mettre au jour;* que des cheveux *calamistrés* sont ondulés au fer et non plaqués; qu'on ne doit pas confondre certains temps du verbe *fonder* avec ceux de *fondre*, et dire : elle *fondit* un monastère...; qu'un *dilemme* n'est pas une *alternative;* qu'un *bacchanal* diffère d'une *bacchanale;* que *digestible* a pour contraire *indigeste;* etc.

On trouvera traitées dans ce dictionnaire les difficultés portant sur les matières les plus diverses :

1° ORTHOGRAPHE. Fautes courantes. Noms composés (traits d'union, pluriels). Accentuation. Pluriels irréguliers. Pluriel des mots étrangers. Mots ayant une orthographe illogique ou difficile.

2° PRONONCIATION. Difficultés portant sur la prononciation de certains mots (*arguer, encoignure, gnome, vaciller,* etc.).

3° GENRE ET NOMBRE. Difficultés de genre (*disparate, équerre, embâcle, palabre, relâche,* etc.) et de nombre (*poignée de main, se rendre sans condition, lettre de remerciement* ou *de remerciements, porter une moustache* ou *des moustaches,* etc.).

4° GRAMMAIRE. Difficultés de syntaxe. Emploi des prépositions. Accord des adjectifs de couleur, des participes. Concordance des temps. Conjugaisons irrégulières. Féminins irréguliers. Etc.

5° PONCTUATION. Emploi des guillemets, des points de suspension, de la virgule, du tréma, etc.

6° BARBARISMES. Liste des barbarismes et solécismes les plus fréquents et étude des mots contestés à leur ordre alphabétique.

7° SYNONYMES. Fautes de synonymie courantes : *aquatique - marin, arthrite - arthritisme, denté - dentelé, fissile - fissible, gravement - grièvement, illettré - analphabète, tisane - infusion,* etc.

8° PARONYMES. Distinction entre *apurer* et *épurer, climatique* et *climatérique, flagrance* et *fragrance, signaler* et *signaliser,* etc.

9° PLÉONASMES. Liste des principaux pléonasmes et étude à leur ordre alphabétique.

10° DIFFICULTÉS D'ORDRE GÉNÉRAL. Emploi des majuscules, de la particule nobiliaire. Confusion de sens (*avatar, contondant, galetas, ingambe,* etc.). Confusion de termes (*errement - erreur, gâchette - détente, liquide - fluide, lâcheté - laxité,* etc.). Néologismes, etc.

Chaque mot n'est évidemment traité qu'en fonction de la difficulté qu'il présente. Pour certains, notamment, nous ne donnons qu'une série d'exemples portant sur l'emploi de ces mots, sur leur place dans la phrase, sur leurs particularités de construction, sans nous appesantir sur leurs différents sens, qui sont supposés connus. En revanche, nous ne manquons pas d'insister sur le sens si celui-ci est indispensable à la compréhension de l'exemple.

Nous nous sommes particulièrement appuyé sur le Dictionnaire de l'Académie, qui présente, notamment pour les étudiants et pour quiconque prépare un examen, la sécurité d'un ouvrage officiel. Nous y avons puisé de sûrs modèles de construction de phrases. Dans le cas de non-concordance de ce dictionnaire avec l'usage reçu, nous signalons la divergence.

Les dictionnaires Larousse nous ont fourni l'appoint de leur documentation encyclopédique, ce qui a permis d'étendre au-delà du domaine de la langue seule la recherche de la difficulté. De plus, de nombreux exemples choisis chez des écrivains tant classiques que contemporains apportent à certaines règles la confirmation écrite d'un usage établi. Nous avons évité autant que possible de donner des exemples littéraires infirmant une règle reconnue : cette méthode ne contribuant qu'à semer l'indécision et le doute dans l'esprit du lecteur, qui ne sait plus quel parti prendre.

D'aucuns nous reprocheront peut-être, de ce fait, d'avoir été trop strict en une matière qui est en continuelle évolution, mais il ne nous est pas interdit de penser que d'autres nous trouveront trop libéral dans le choix de nos exemples. Faudra-t-il en déduire que nous avons réussi à nous tenir dans un juste milieu ? C'est là notre but : maintenir la pureté de la langue des « honnêtes gens », tout en tenant compte de son évolution.

Nous n'avons pas l'immodestie de penser que cet ouvrage soit exhaustif : il ne peut l'être, en raison même de la variété du sujet, mais il répond à l'ensemble des questions que peut se poser toute personne qui pratique la langue française.

Il n'est pas inutile de rappeler qu'il suffit souvent d'un seul mot employé à contresens, d'une construction fautive ou d'une prononciation barbare pour marquer définitivement l'auteur de l'une de ces inconséquences. « Dans le but, il disait dans le but...! » fait dire Anatole France à l'un de ses personnages, pour le classer.

Pour terminer cette courte introduction, rappelons que le décret du 26 février 1901, derrière lequel s'abritent les partisans d'une langue plus libérale, n'est qu'un édit de *tolérance aux examens et concours,* et qu'il ne doit, en aucun cas, couvrir des incorrections qu'une personne cultivée ne saurait commettre.

Adolphe V. THOMAS.

BIBLIOGRAPHIE SOMMAIRE

(Abréviations : Acad., *Dictionnaire de l'Académie française;* Dict. gén., *Dictionnaire général...*
de Hatzfeld, Darmesteter et Thomas.)

BAILLY (R.), *Dictionnaire des synonymes de la langue française* (Larousse, 1947).
BAUCHE (H.), *le Langage populaire* (Payot, 1920 et 1928).
BESCHERELLE Aîné, *Nouveau Dictionnaire national* (4 vol.; 14e édit., Garnier, 1871).
BLOCH (O.) et VON WARTBURG (W.), *Dictionnaire étymologique de la langue française*
(Presses universitaires de France, 1932).
BLOCH (O.), DAUZAT (A.), ESNAULT (G.), FOUCHÉ (P.), GOUGENHEIM (G.),
GUERLIN DE GUER (Ch.), *Où en sont les études de français?* (D'Artrey, 1935).
BOTTEQUIN (A.), *Difficultés et finesses de langage* (Gand, 1945).
BRUNEAU (Ch.), *Petite Histoire de la langue française* (Colin, t. I, 1955; t. II, 1958);
— *Manuel de phonétique pratique* (2e édit., Berger-Levrault, 1931).
BRUNOT (F.), *Histoire de la langue française* (17 vol. parus; Colin, 1905 et suiv.); — *la
Pensée et la langue* (3e édit.; Masson, 1954).
BRUNOT (F.) et BRUNEAU (Ch.), *Précis de grammaire historique* (Masson, 1937).
DAUZAT (A.), *Histoire de la langue française* (Payot, 1930); — *Dictionnaire étymologique de la langue française* (Larousse, 1938); — *Grammaire raisonnée de la
langue française* (I. A. C., 1947); — *Le Guide du bon usage* (Delagrave, 1954).
DEHARVENG (J.), *Corrigeons-nous* (Bruxelles, Dewit, 1928).
Dictionnaire de l'Académie française (2 vol.; Hachette, 1932-1935).
FOUCHÉ (P.), *Traité de prononciation française* (Klincksieck, 1956).
GEORGIN (R.), *Pour un meilleur français* (Bonne, 1951); — *Difficultés et finesses de
notre langue* (id., 1952); — *le Langage de l'Administration et des affaires*
(E.S.F., 1954); — *la Prose d'aujourd'hui* (Bonne, 1956); — *Jeux de mots* (id., 1957).
GODEFROY (F.), *Dictionnaire de l'ancienne langue française et de tous ses dialectes
du IXe au XVe siècle* (Librairie des arts et des sciences, 1937).
Grammaire Larousse du XXe siècle (Larousse, 1936).
GRANDSAIGNES D'HAUTERIVE (R.), *Dictionnaire d'ancien français* (Larousse, 1947).
GREVISSE (M.), *le Bon Usage* (Gembloux [Belgique], Duculot; Paris, Geuthner, 1946;
9e éd. 1957).
HANSE (J.), *Dictionnaire des difficultés grammaticales et lexicologiques* (Amiens,
Editions scientifiques et littéraires, 1949).
HATZFELD (A.), DARMESTETER (A.) et THOMAS (A.), *Dictionnaire général de la langue
française* (2 vol.; Delagrave, 1890-1900).
HERMANT (A.), *Chroniques de Lancelot du « Temps »* (Larousse, I, 1936; II, 1938).
Larousse du XXe siècle (6 vol., 1928-1933; suppl. 1953); — *Nouveau Larousse
Universel* (2 vol., 1948).
LAVEAUX (J.-Ch.), *Dictionnaire raisonné des difficultés grammaticales et littéraires
de la langue française* (4e édit.; Hachette, 1873).
LE BIDOIS (G. et R.), *Syntaxe du français moderne* (2 vol.; Picard, 1935-1938).
LE GAL (E.), *Ne dites pas ..., mais dites ...* (Delagrave, 1926); — *Parlons mieux*
(id., 1953); — *Cent Manières d'accommoder le français* (N.L.F., 1932).
LITTRÉ (E.), *Dictionnaire de la langue française* (Hachette, 1863-1873; suppl. 1882).
LOUIS-PÉCHAUD, *Questions de langage* (Editions du lys, 1952).
MAROUZEAU (J.), *Notre langue* (Delagrave, 1955).
MARTINON (Ph.), *Comment on parle en français* (Larousse, 1937).
MOUFFLET (A.), *Contre le massacre de la langue française* (Privat-Didier, 1931);
Au secours de la langue française (Denoël, 1947).
RAT (M.), *Pour écrire correctement; — Parlez français* (Garnier frères, 1940).
ROBERT (P.), *Dictionnaire alphabétique et analogique de la langue française* (Presses
universitaires de France, 1953-1965; 6 vol.).
THÉRIVE (A.), *Querelles de langage* (Stock, I, 1929; II 1933; III 1940); — *Clinique
du langage* (Grasset, 1956); — *Procès de langage* (Stock, 1962).

Revues :

Larousse Mensuel; — Vie et Langage (Larousse); — *Le Français moderne* (D'Artrey).

DICTIONNAIRE
DES DIFFICULTÉS
DE LA LANGUE FRANÇAISE

A

à. — La préposition *à* doit se répéter devant chaque complément. On dira donc : *Apprendre à lire et à compter. Etre prêt à protéger les faibles et à secourir les malheureux* (et non : *Apprendre à lire et compter. Etre prêt à protéger les faibles et secourir les malheureux*).

Toutefois, si les compléments désignent des personnes de même qualité ou faisant partie d'un même groupe, ou des choses de même sorte, on pourra supprimer la répétition : *Il en a fait part à ses amis et connaissances. Communiqué aux officiers, sous-officiers et soldats.*

— Placé entre deux nombres, **à** laisse supposer une quantité intermédiaire qui peut être fractionnée : (*De*) *Vingt à vingt-cinq francs.* (*De*) *Cinq à six kilomètres.* (*De*) *Vingt à trente hommes.* Mais on dira : *Onze ou douze hommes. Deux ou trois poules* (et non : *Onze à douze hommes. Deux à trois poules*).

— On peut employer **à** exprimant l'appartenance, l'attribution, entre un substantif et un pronom : *Un ami à moi. Une idée à lui. Il a un style, une manière à lui* (Acad.).

— Voici, tirés de bons auteurs contemporains, quelques exemples corrects, mais peu courants, de constructions de phrases avec la préposition **à** : *Et que ses trahisons sont cousues au fil blanc* (M. Rostand, *la Déserteuse*, II, III). *Une fine poudre de charbon qui poudrait à noir le sol* (E. Zola, *Germinal*, I, 62). *Distrait à rien* (M. et A. Leblond, *En France*, 368). *Des robes parfumées Qui traînent à plis somptueux* (Baude-

laire, *les Fleurs du mal*, « Une martyre »). *Des toiles drapées à mille plis* (P. Loti, *Madame Chrysanthème*, 8). *L'intérêt a des passages si secrets à notre cœur, il y pénètre si sournoisement* (H. de Régnier, *le Mariage de minuit*, 141). *La plupart des enfants étaient élevés au français* (A. Dauzat, *les Patois*, 32).

Voici également quelques emplois dialectaux ou populaires de la préposition *à* qu'on peut rencontrer au hasard des lectures : *Un râtelier fait à l'exprès* (E. Le Roy, *Jacquou le Croquant*, 9). *Je voudrais l'avoir à femme* (Id., *Ibid.*, 415). *A quelque jour, je lui dirai son fait* (A. Daudet, *Contes et Nouvelles*, 97). *Aux autres fois, tu ne prenais pas les choses aussi bien* (E. Pérochon, *les Creux-de-Maisons*, 174). *Aller au docteur* (M. Pagnol, *Fanny*, I, 13) [v. ALLER].

— **« A » ou « de ».** — **« A » possessif.** L'emploi de *à*, au lieu du *de* habituel, pour exprimer les rapports d'appartenance ou de parenté n'est pas un barbarisme, mais une construction archaïque reléguée aujourd'hui dans le langage familier ou populaire.

En ancien français, on usait indifféremment des deux prépositions, et même on supprimait l'une ou l'autre. Ainsi, on disait aussi bien *les fils Aymon* que *les fils d'Aymon* ou *les fils à Aymon*.

Aujourd'hui, les écrivains ne se servent plus d'à possessif que dans un dessein évident d'archaïsme ou pour le mettre dans la bouche de personnages au parler dialectal ou relâché : *L'affreux dogme* sorti de l'antre à Borgia (V. Hugo, *la Légende des siècles*, 192). *Pierre, le fils à Pierre Caillou, vint dire à M. le Curé...* (A. France, *le Christ de l'Océan*, 245). *La fille à tout le monde* (Id., *la Rôtisserie de la Reine Pédauque*, 39). *Un grand cheulard de soldat à Guillaume* (A. Daudet, *Contes du lundi*, 87). *Des messieurs ... inventoriaient, cotaient des objets, avant qu'on ne les enlevât, sous l'œil aquatique de la mère à Nini* (L. Descaves, *Sous-offs*, 252). *Ce n'était pas la faute à M. de Boisdauphin* (R. Chauviré, *Mademoiselle de Boisdauphin*, 39).

On emploie encore certaines expressions fixées par l'usage, comme *la barque à Caron*, et, familièrement, *un fils à papa, le chien-chien à sa mémère*, etc.

— **A** peut s'employer, à la place de la préposition *de*, et surtout dans la langue parlée, pour introduire un complément de prix, quand il s'agit d'une série, d'une collection, en général à bon marché : *Un œuf à 12 francs. Un livre à 150 francs. Une cravate à 200 francs.* Si le prix est ou doit paraître élevé, on emploie toujours *de* : *Une cravate de 2 000 francs, c'est de la folie!* Martinon (*Comment on parle en français*, 91) note qu'il y a dans *une robe à cent* (sic) *francs* une nuance péjorative qu'on ne trouve pas dans *une robe de cent francs*.

— C'est le sens qui détermine le nombre du substantif après la préposition **à**. Ainsi, on dira : *Des casseroles à queue en bois*, c'est-à-dire « qui ont une queue en bois ». *Des arbres à fleurs roses*, « dont les fleurs sont roses ». *Des oiseaux à gros bec. Un homme à prétentions. Un vêtement à manches.* Etc.

— Un **pot à eau** est un pot pour mettre de l'eau; un **pot d'eau** est un pot contenant de l'eau, ou le contenu d'un pot à eau. (Le **pot à l'eau** est celui dans lequel on met habituellement l'eau.)

Cette construction peut servir pour de nombreuses équivalences.

— On peut dire indifféremment **c'est à vous à** ou **c'est à vous de**; ces deux formes sont aujourd'hui considérées comme synonymes : *C'est à vous à* (ou *de*) *jouer. C'est à vous à faire* (Acad., à FAIRE).

Néanmoins, *à* entraîne plutôt une idée de « tour » et *de* une idée de « devoir » : *C'est à vous à passer. C'est à la mère de veiller sur ses enfants.*

— « **A** » ou « **par** ». *Je l'ai entendu dire à mon ami* (pour *par mon ami*) peut créer une amphibologie : est-ce l'ami qui parle ou lui parle-t-on? Il est préférable d'employer *par* (A. Dauzat, *Grammaire raisonnée*, 353).

— **Mangé aux mites** (pour *par les mites*). V. MITE.

— **Aller à** ou **en**. V. ALLER.

— **D'ici ...** ou **d'ici à ....** V. ICI.

— V. aussi EN.

— Voir à leur ordre alphabétique les adjectifs et les verbes qui se construisent avec une préposition dont l'emploi présente quelque difficulté.

à ce que. — Les quatre verbes suivants : *aimer, s'attendre, consentir, demander*, se construisent ordinairement avec *que* (et non avec *à ce que*) : *Il aime qu'on le prévienne* (Acad.). *Je ne m'attendais pas que la mort me préparât la place que son mérite lui avait acquise* (Massillon). *L'erreur la plus pernicieuse est de nous attendre que Dieu nous attendra* (Bourdaloue; cité par Littré). *Le peuple, par déférence pour le sénat, consentit même qu'on rétablît le consulat* (Vertot). *Je consens que vous le fassiez* (Acad.). *Il demande qu'il vienne plus tard* (Lar. du XX* s.).

Certains écrivains ont cependant employé la tournure critiquée (entre autres Diderot, A. France, G. Flaubert), et cette entorse à la règle est de plus en plus fréquente aujourd'hui.

— De même, on écrira **de manière que, de façon que** (et non *de manière à ce que, de façon à ce que*), parce que dans ces expressions il faut sous-entendre *de* [telle] *manière que*, *de* [telle] *façon que*. On rencontre toutefois cette construction dans Barrès (*la Colline inspirée*, 361) : *De façon à ce qu'on l'aperçût de tous les points du plateau*, et dans Gide (*les Caves du Vatican*, 35) : *Elle sait s'arranger de manière à ce qu'on lui manque.* Celui-ci écrit toutefois par ailleurs (*les Nourritures terrestres*, 79) : *Je plaçai cette fortune tout entière de façon que j'en puisse perpétuellement disposer.*

« Le tour *à ce que*, qui est d'une affreuse lourdeur, est à éviter chaque fois que c'est possible » (R. Georgin, *Pour un meilleur français*, 148).

— En revanche, se construisent avec **à ce que** les verbes : *s'accoutumer, s'appliquer, condescendre, contribuer, se décider, s'employer, s'exposer, gagner, s'habituer, s'intéresser, s'opposer, se refuser, tenir, travailler, veiller, voir,* et des locutions verbales avec *avoir, y avoir, être, trouver,* comme *avoir intérêt, y avoir de l'utilité, être attentif, trouver quelque chose d'étonnant,* etc.

abaisser - bàisser. — Au sens propre, **abaisser** c'est surtout « amener à un point plus bas » : *Abaisser un abat-jour. Abaisser un store* (Acad.). *Abaisser légèrement un voile. Abaisser le tablier d'un pont* (Lar. du XXᵉ s.).

Baisser signifie plutôt « amener à son point le plus bas » : *Baisser un store. Baisser un pont-levis. Baisser la visière d'un casque* (Acad.). *Baisser le rideau d'un théâtre. On abaisse une chose pour qu'elle ne soit pas si haute, on la baisse pour qu'elle soit basse* (Laveaux).

Dans ce qui a rapport à l'homme, on emploie *baisser* au sens d'*abaisser* : *Baisser les épaules. Baisser la main, la tête* (Lar. du XXᵉ s.). *Baisser les yeux. Se baisser pour ramasser quelque chose.*

En parlant des personnes, et toujours au sens figuré, on dit *s'abaisser à* (*jusqu'à*) ou *devant* : *S'abaisser à faire une chose dégradante. S'abaisser devant quelqu'un. Et absolument : Les plus fiers sont quelquefois forcés de s'abaisser.*

abaque est du *masculin* : *Un abaque de chapiteau, de lecture, à jouer,* etc.

abasourdir. — On prononce ordinairement *-zour-*.

abat-. — Les composés d'*abat-* sont en général invariables : *des abat-faim, des abat-foin, des abat-jour, des abat-son, des abat-vent,* etc.

abattre. — Tous les dérivés d'*abattre* s'écrivent aujourd'hui avec deux *t* : *abattage, abattée, abattis,* etc. (Acad.). On peut suivre dans les éditions successives du Dictionnaire de l'Académie les diverses modifications orthographiques apportées à ces mots : *abbattis* (1694), *abatis* (1740), *abatis* (1762), puis retour à *abattis* (1932).

abb-. — Ce groupe initial, fréquent autrefois (*abbaisser, abbattre, abbréger,*

abbreuvoir [Acad., 1694]), ne se rencontre plus que dans *abbé* et ses dérivés : *abbatial, abbaye, abbesse.*

abduction - adduction. — En termes d'anatomie, l'**abduction** est le mouvement qui écarte un membre du plan médian qu'on suppose diviser le corps en deux moitiés symétriques.

Adduction est l'antonyme d'*abduction*. C'est aussi l'action de dériver les eaux d'un lieu dans un autre : *L'adduction des eaux d'une source* (Acad.).

abhorrer s'écrit avec un *h* et deux *r*.

abîmer. — Le sens primitif et absolu de « précipiter dans un abîme » est vieilli : *Les cinq villes que Dieu abîma* (Acad.). *La barque s'entrouvrit et s'abîma.*

— Le sens de « détériorer » est aujourd'hui admis : *La pluie a abîmé mon chapeau* (Acad.).

S'abîmer s'emploie surtout avec un complément, au sens propre et au sens figuré : *Le « Lusitania », torpillé, s'abîma dans les flots* (Lar. du XXᵉ s.). *S'abîmer dans ses pensées* (Acad.). *S'abîmer dans un précipice, un gouffre* (un *abîme*) recèle un pléonasme trop sensible qu'il vaut mieux éviter.

— A noter l'accent circonflexe d'*abîme* et d'*abîmer*. Il représente l'*s* étymologique qu'on trouve encore dans *abysse.*

abject se prononce *ab-jèkt'*.

abjurer - adjurer. — **Abjurer,** c'est « renoncer solennellement à une religion », et, au figuré, « à une opinion, etc. » : *Abjurer ses erreurs, ses soupçons* (Dict. gén.). *Abjurer le judaïsme* (Acad.). *Abjurer Aristote, Descartes,* etc. (Lar. du XXᵉ s.)

Adjurer signifie « supplier avec insistance » : *Je t'adjure de dire toute la vérité* (Acad.). *On adjura vainement Régulus de rester à Rome* (Lar. du XXᵉ s.).

aboi - aboiement. — **Aboi** est un synonyme vieilli d'**aboiement,** qui désigne le cri du chien domestique, et surtout du gros chien (il est encore employé en termes de chasse et au figuré : *être aux abois*) : *L'aboi de ce chien est fort importun* (Acad.). *Le soir était tout vibrant d'appels de bergers, d'abois de chiens, de rires* (F. Mauriac. *L'enfant chargé de chaînes,* 226). *Les aboiements redoublés des chiens de* *garde réveillèrent les habitants de la maison* (Littré)

On dit plutôt **jappement** en parlant du cri des chiens de petite taille.

V. aussi ABOYER.

— A noter le groupe *-ie-* d'*aboiement;* l'orthographe *aboîment* a été supprimée dans la huitième édition du Dictionnaire de l'Académie (1932).

abonder s'emploie absolument ou se construit avec **à, en, dans :** *C'est une maison où l'argent abonde. Les marchands abondent à cette foire* (Acad.). *La vigne abonde en France* (Lar. du XXᵉ s.). *Abonder en richesses* (Acad.). *Le poisson abonde dans cette rivière. Les vivres abondaient dans les magasins.*

aborder. V. ACCOSTER.

aborigène. V. INDIGÈNE

aboucher se construit, ainsi que **s'aboucher,** avec **à** ou **avec :** *Aboucher un vendeur à* (ou *avec*) *un acquéreur,* ou encore : *Aboucher un vendeur et un acquéreur* (Lar. du XXᵉ s.). *Je l'ai abouché avec vous. S'aboucher avec de mauvais garçons.*

On dit aussi : *Aboucher deux tubes* (Lar. du XXᵉ s.). *Il faut les aboucher* (Acad.).

aboutir se construit généralement avec **à :** *Ce champ aboutit à un marais* (Acad.). *Tous les rayons d'un cercle aboutissent au centre* (Lar. du XXᵉ s.). *L'esplanade aboutit au gymnase* (Littré). *Les claires réticences et les retours aboutissaient vite à une corruption qui sait qu'elle a devant elle une corruption semblable* (Th. Gautier, *Mademoiselle de Maupin,* 52).

On peut toutefois construire ce verbe avec d'autres prépositions : *Les vaisseaux lymphatiques aboutissent dans les veines par deux troncs veineux* (Littré). *Cette ruelle aboutit dans une rue animée, sur un boulevard, en un endroit désert.*

aboyer change (comme tous les verbes en *-oyer*) *y* en *i* devant un *e* muet : *il aboie, ils aboieront, ils aboieraient.*

— Le complément de ce verbe s'introduit par les prépositions **à, après** ou **contre :** *Un chien qui aboie à la lune, qui aboie aux voleurs* (Acad.). *Un chien qui aboie après tous les passants* (Id.). *Créanciers qui aboient après un débi-*

teur (Nouv. Lar. univ.). *Le chien de garde aboie au voleur, après le voleur, contre le voleur* (Littré).

Aboyer transitif direct (*Aboyer quelqu'un, Aboyer une place* [Littré]) n'est plus usité.

— En parlant des petits chiens, on dit plutôt *aboyer* que **japper** si le cri est dirigé contre quelqu'un ou contre quelque chose.

abrupt se prononce *a-brupt'*

absent. — **Absent de** ne se dit que d'un lieu : *Etre absent de Paris* (Acad.). *Il est depuis longtemps absent de chez lui* (Littré).

Absent de quelqu'un est une construction archaïque aujourd'hui inusitée : *Quand j'ai été absent de Camille, je veux lui rendre compte de ce que j'ai pu voir* (Montesquieu, *le Temple de Gnide,* 5)

— **Absent à** ne peut être suivi que d'un complément de temps : *J'étais absent au moment de l'appel* (Acad.). On ne peut donc dire : *Il a été absent à la visite, à la distribution des prix,* etc.

absorption - adsorption. — L'**absorption** est l'action d'absorber, de s'imbiber : *L'absorption de la pluie par la terre* (Dict. gén.). *L'absorption des matières minérales par les plantes se fait à travers les poils absorbants* (Lar. du XXᵉ s.).

Adsorption, terme de chimie, désigne la « pénétration superficielle d'un gaz ou d'un liquide dans un solide » : *Le rôle des mordants en teinture s'explique par un phénomène d'adsorption* (Nouv. Lar. univ.).

absoudre. — **Conjugaison :** *J'absous, tu absous, il absout, nous absolvons, vous absolvez, ils absolvent. J'absolvais, nous absolvions. J'absoudrai, nous absoudrons. Que j'absolve, que nous absolvions. Absolvant. Absous, absoute.*

Le *passé simple* de ce verbe, ainsi que l'*imparfait du subjonctif,* n'est pas absolument inusité : la forme en serait *j'absolus,* comme *résoudre* fait *résolus.* Edmond Huguet, dans son *Dictionnaire de la langue française du XVIᵉ siècle,* cite un bon nombre d'exemples tirés d'auteurs de ce temps : *Le peuple, non seulement l'absolut de toutes les charges et imputations que l'on proposa contre lui...* (Amyot, *Démosthène*, 21). *Le peuple thébain absolut à toute peine Pélopidas* (Montaigne, *Essais*, I, 1). *Elle requist au sainct Père qu'il la ouyst en confession et l'absolust de ses péchez* (Brantôme, *Vie des dames galantes*, VIII, 116). Et de nos jours : *Un de nos prêtres m'entendit confesser, m'absolut de toute ma vie* (A. Thérive, *le Plus Grand Péché*, 82).

— A noter une anomalie du verbe *absoudre*, qui fait **absous** (avec **s**) au participe passé masculin singulier, et **absoute** au féminin singulier.

Absolu est seulement employé comme adjectif.

— V. aussi RÉSOUDRE.

abstraire - faire abstraction.

— **Abstraire** n'a ni passé simple ni imparfait du subjonctif. L'impératif, le présent du subjonctif et les personnes du pluriel des divers temps sont pratiquement inusités.

Ne pas confondre *abstraire* et **faire abstraction.** On *abstrait* une idée quand on la détache du sujet pour la considérer uniquement, alors qu'on *fait abstraction* d'une idée en la laissant de côté, sans la considérer : *Pour bien connaître un sujet, il faut en abstraire les qualités et les considérer séparément. Pour bien juger les hommes, il ne faut considérer que leur mérite et faire abstraction de leur fortune* (Acad.). *Abstraire un personnage du temps où il a vécu, une idée de la société où elle a pris naissance* (Littré). *Abstraction faite des hommes et du temps* (Id.).

abstrait - abstrus.

— Est **abstrait** ce qui est difficile à comprendre parce qu'éloigné des idées communes : *Langage abstrait. Art abstrait. Un écrivain, un philosophe abstrait* (Acad.). *Argumentation trop abstraite* (Littré).

Ce qui est **abstrus** est également difficile à comprendre, mais parce que cette compréhension dépend d'une suite de raisonnements qui demandent pour être saisis une grande tension d'esprit : *Une chose abstruse est toujours difficile; une chose abstraite peut être aisée pour un esprit habitué aux spéculations philosophiques* (Littré). *Un traité sur l'entendement humain est nécessairement abstrait; la géométrie transcendante est une science abstruse* (Laveaux)

abuser, au sens intransitif de « user mal », se construit toujours avec **de** : *Abuser de sa force, de l'ignorance de quelqu'un. Il a abusé de votre bonté* (Acad.). *Abuser de quelqu'un.* (Absolument : *Usez, n'abusez pas.*)

Au sens transitif de « tromper », il s'emploie sans préposition ou avec **de, par, sur** : *Abuser un esprit faible* (Lar. du XXe s.). *Vous m'avez abusé par de fausses promesses* (Acad.). *Vous m'avez abusé d'un vain espoir. Etre abusé sur les choses de l'Etat.*

ac. — Les mots suivants commençant par *ac-*, devant *a, o, u*, s'écrivent avec un seul *c* : *acabit, acacia, académie, acagnarder, acajou, acanthe, acariâtre, acarien, acatène, acaule, acolyte, acompte, aconit, acoquiner, acotylédone, acoustique, acul, acupuncture, acutangle.*

acacia s'écrit avec un seul *c* après le premier *a* (et non *accacia*).

accaparer est un verbe transitif direct : *On l'accusait d'avoir accaparé tous les blés de la province* (Acad.). *Ces spéculateurs s'entendirent pour accaparer les sucres* (Littré). *L'empereur Auguste accapara tous les pouvoirs* (Lar. du XXe s.).

Mais la forme pronominale de ce verbe ne doit pas être employée à la place de la forme transitive. Ainsi, il faut dire : *Ils ont accaparé des denrées interdites* (et non *Ils se sont accaparés des denrées interdites*). On *accapare quelque chose;* on ne *s'accapare* pas *de quelque chose.*

— **S'accaparer** ne s'emploie qu'au sens d'« être accaparé » : *C'est ainsi que s'accaparent certaines marchandises.*

accelerando. V. ALLÉGRO.

accélérer change son deuxième accent aigu en accent grave devant une syllabe muette (*j'accélère*), mais conserve l'accent aigu au futur et au conditionnel : *j'accélérerai, nous accélérerions.*

Cette règle vaut pour tous les verbes en *-er* accentués sur l'avant-dernière syllabe (*céder, digérer*, etc.).

accents. — Voici une liste de mots pour lesquels les fautes d'accent sont fréquentes :
bateau, chalet, diffamer, gracier,

*havre, infamant, maçon, paturon, psy-
chiatre, psychiatrie, racler;*

flâner, hâler (brunir, mais *haler,*
tirer);

*assener, egrener, receler, refréner;
allégement, allégrement, événement*
(mais *avènement*), *extrémité, féverole,
irrécouvrable, irréligieux, irrémédiable,
irréversible, liséré réplétion, sécréter,
sécrétion, ténacité;*

emblème, pèlerin, pèlerinage, urètre;

moelle, moellon;

*cime, chapitre, pupitre, rune, drai-
ner, faine, gaine; boiteux, goitre, toit;*

*aîné, puîné, chaîne, enchaîner,
connaître* (il *connaît*), *paraître* (il
paraît), *traîne, entraîner, fraîche, rafraîchir, traître;*

dîme, épître, gîte;

*atome, chrome, cotre, cyclone, dévot,
drolatique, fantomatique, fibrome,
gnome, zone;*

côlon (intestin), *icône;*

chute, ru, ruche;

dû (mais *due, dus*), *crû* (mais *crue,
crus, accru, décru,* et *cru,* vin), *mû*
(mais *mue, mus*), *piqûre; jeûner* (mais
déjeuner); *ragoût* (mais *égout*);

— Les verbes qui se conjuguent sur
le modèle d'*accélérer* prennent un
accent aigu au futur et au conditionnel : *j'accélérerai, nous accélérerions.*

— Ne pas oublier l'accent circonflexe
des première et deuxième personnes du
pluriel du passé simple : *nous aimâmes,
vous aimâtes; nous fîmes, vous fîtes;
nous lûmes, vous lûtes,* etc.

De même celui de la troisième personne du singulier de l'imparfait du
subjonctif : *qu'il aimât, qu'il fît, qu'il
lût.*

Et aussi celui de la troisième personne des verbes en *-aître : il connaît,
il paraît,* etc.

V. aussi CIRCONFLEXE (Accent).

— Certains mots dérivés ont un
accent qui n'existe pas dans le radical :
*reclus - réclusion; recouvrable - irré-
couvrable; religieux - irréligieux;
remède - irrémédiable; replet - réplétion; reproche - irréprochable; revers -
réversible; tenace - ténacité.*

— V. aussi LATINS (Mots).

accentuer (s'). — *Accentuer,* dit le
Dictionnaire de l'Académie, c'est « don-
ner de l'intensité à une chose » :
Accentuer son action.

C'est à partir de ce sens que paraît
avoir été forgée la forme réfléchie *s'accentuer,* se développer, devenir plus
vif : *L'augmentation des charges doit
encore s'accentuer à l'avenir. Le mouvement s'accentue pour devenir rapide.
Le froid s'est accentué.* Au figuré : *Dès
les premières réunions des états généraux, l'esprit de réforme du tiers s'ac-
centua* (Lar. du XXe s.).

Critiquée par les puristes, cette forme
est toutefois trop couramment employée
pour être rejetée.

acception - acceptation. —
Acception signifie d'abord (mais
rarement) « égard, préférence » : *La
justice ne fait acception* [et non *exception*] *de personne* (Acad.).

C'est aussi, en termes de grammaire,
le « sens dans lequel un mot est
employé » : *C'est une acception usuelle.
Ce mot a plusieurs acceptions* (Acad.).
Acception propre, acception figurée.

Ne pas confondre avec **acceptation,**
qui est l'« action d'accepter » : *L'acceptation d'une offre, d'un présent*
(Acad.). *Acceptation d'une traite*
(Lar. du XXe s.).

accident - incident. — Un **accident** est un événement fortuit, ordinairement fâcheux, à moins qu'il ne
soit autrement qualifié : *Echapper de
justesse à un accident de voiture. Avoir
été victime d'un accident. Cet accident
l'a laissé infirme. On répond de sa guérison s'il ne survient pas d'accident*
(Acad.).

Le sens d'événement heureux est plus
rare : *Quelque accident qu'il plaise à la
fortune de m'envoyer. Heureux accident* (Acad.).

Un **incident** est une circonstance
particulière (heureuse ou fâcheuse) qui
survient au cours d'un fait principal,
d'une affaire (ce mot est beaucoup
moins fort qu'*accident*) : *Voyage
empêché par un malencontreux incident. Un incident diplomatique. La
naissance de son premier enfant fut le
seul incident notable de cette année-là.
Les romans policiers comportent une
infinité d'incidents* (Nouv. Lar. univ.).
Un heureux incident le tira d'affaire
(Acad.). *Se casser la jambe est un accident; la perte d'un document est un
incident, un incident fâcheux.*

accidenté. — Le Dictionnaire de l'Académie ne donne de cet adjectif que la définition suivante : « qui offre des accidents », et comme exemples : *Vie accidentée. Terrain accidenté.*

Néanmoins, on rencontre fréquemment, et pas seulement dans les polices d'assurances, *accidenté* au sens de « qui a subi un accident » : *Un ouvrier accidenté. Il était difficile d'avoir une conversation suivie avec une personne si accidentée* (A. France, *la Vie en fleur*, 106). Et substantivement : *Et puis quoi, il n'est pas mort, l'accidenté !* (M. Donnay, *l'Ascension de Virginie*, 5). *Les accidentés du travail* (Compte rendu de l'Assemblée nationale, dans *le Monde*, 4-VI-1952).

Toutefois, sauf au sens administratif de « victime d'un accident du travail », et malgré certains précédents littéraires, *accidenté* n'est pas admis dans le bon langage. On évitera de même l'emploi du verbe *accidenter* dans des phrases comme : *Ce chauffeur a accidenté trois personnes. Il a été accidenté en traversant la rue.*

L'extension de sens aux choses n'est pas admise non plus, et n'est tolérée que dans le langage familier : *Voiture accidentée. Ils avaient dû se raser eux-mêmes et montraient des joues accidentées, polies et bleues* (R. Chauviré, *Mademoiselle de Boisdauphin*, 89).

Le fait qu'un *accident de terrain* a amené un *terrain accidenté* conduit naturellement d'un *accident de voiture* à une *voiture accidentée*. Il est difficile d'empêcher ces sortes de dérivations.

acclamation. — On écrit (sans *s*) : *Voter par acclamation. Il fut élu, nommé par acclamation* (Acad.).

acclimatation - acclimatement. — L'**acclimatation** est l'action d'habituer à un climat autre que celui du pays natal : *L'acclimatation de certains animaux est impossible. Société d'acclimatation : société qui a pour objet d'acclimater en France des animaux et des plantes exotiques* (Littré).

L'**acclimatement** désigne l'adaptation d'un être, d'un organisme à un milieu nouveau : *Plus la différence des deux climats est grande, plus l'acclimatement est difficile* (Littré).

L'*acclimatation* suppose que l'adap-

tation s'accomplit, au moins en partie, artificiellement, par la volonté et le fait de l'homme, tandis que, dans son sens propre, l'*acclimatement* désigne l'évolution spontanée par laquelle un organisme transporté dans un milieu nouveau se met en harmonie avec ce milieu.

accommoder se construit avec diverses prépositions : *Accommoder son discours aux circonstances. Accommoder la religion avec les plaisirs* (Fléchier). *Vous voilà accommodés d'une étrange manière* (Acad.). *Du riz accommodé au miel.*

— **S'accommoder** se construit :

1° Avec **de** au sens d'« être satisfait » : *S'accommoder d'un strapontin à l'orchestre. Il n'est point difficile, point délicat, il s'accommode de tout* (Acad.) ;

2° Avec **à** au sens de « se conformer à » : *S'accommoder à la faiblesse des hommes* (Pascal) ;

3° Avec la préposition **avec** au sens de « concilier » : *S'accommoder avec ses créanciers.*

accord de l'adjectif, du participe passé, du verbe. V. ADJECTIF, PARTICIPE PASSÉ, VERBE.

accordailles n'a pas de singulier. (L'Académie considère ce mot comme familier.)

accoster - aborder. — Ces deux verbes sont dans certains cas synonymes. On *accoste* ou on *aborde* un passant dans la rue, mais *accoster* implique cependant une manière de sans-gêne que n'a pas *aborder.*

Les deux mots s'emploient en termes de marine avec des sens un peu plus différents. Un bateau **accoste** un autre bateau, ou un quai, quand il vient se ranger à son côté. **Aborder,** c'est en général arriver au bord, à la côte : *Aborder dans un port. Robinson Crusoé aborda dans l'île Juan Fernandez* (Lar. du XXᵉ s.). *Enfin, nous sommes abordés, nous voilà abordés* (Laveaux). *Nous avons abordé à cette île avec beaucoup de peine* (Id.).

Aborder à un navire, c'est l'accoster ; *aborder un navire,* c'est le heurter volontairement pour l'attaquer, ou involontairement par accident.

Mais deux trains lancés l'un contre l'autre sur une même voie ne peuvent *s'accoster*, comme le suppose Villiers de L'Isle-Adam (*Eve future*, 22) : *Les deux trains fondirent comme l'éclair l'un contre l'autre, s'accostant avec un choc terrible.* Ils ne peuvent que *se heurter*, *se tamponner* ou *se télescoper*.

accoucher. — Les temps composés de ce verbe se conjuguent avec l'auxiliaire **être** ou **avoir** selon qu'on veut exprimer l'état ou l'action : *Elle est accouchée d'un garçon, de deux jumeaux* (Acad.). *Elle est accouchée depuis un mois; elle a accouché heureusement* (Littré). *Chez les peuples sauvages, lorsque la femme est accouchée, elle va se laver avec son enfant à la rivière et reprend aussitôt ses travaux habituels* (Depping; cité par P. Larousse). *Elle s'est accouchée elle-même. Elle a accouché très courageusement* (Acad.). *On l'a accouchée par les fers. C'est cette sage-femme qui a accouché ma belle-sœur* (Acad.).

Il faut dire : *Cette femme est accouchée d'hier, a accouché hier* (et non *est accouchée hier, a accouché d'hier*).

— **Accoucher** se construit avec **de** lorsqu'on veut indiquer le résultat de l'accouchement, et avec **par** quand on veut indiquer par qui l'accouchement a été pratiqué.

— **Accoucher** se dit surtout pour les humains. On dit **mettre bas** pour les autres mammifères, à moins qu'il n'existe un terme spécial pour désigner l'opération dans des espèces particulières : *agneler* (brebis), *chatter* (chatte), *chevreter* ou *chevroter* (chèvre), *chienner* (chienne), *cochonner* (truie), *faonner* (biche, daine), *levretter* (hase), *louveter* (louve), *pouliner* (jument), *vêler* (vache), etc.

— **Accoucher - enfanter.** La distinction qui a été faite entre ces deux mots — *accoucher* comprenant l'ensemble de l'action de mettre au monde un enfant, depuis les premières douleurs jusqu'à la complète délivrance, et *enfanter* désignant l'action précise de mettre l'enfant au monde — n'existe plus.

(Le Dictionnaire de l'Académie indique qu'*enfanter* a vieilli et qu'on dit plutôt aujourd'hui *accoucher*.)

En fait, *enfanter*, qui a une consonance plus noble qu'*accoucher*, ne s'emploie pas au sens propre dans le langage courant. Au sens figuré, on se sert toujours d'*enfanter* : *Ce mot a été enfanté par la Révolution*.

— **Accoucher** au sens d' «avouer...» est du langage populaire.

accouplement. — Selon les animaux, cet acte porte des noms différents : on dit *saillie* ou *monte* pour les espèces chevaline, asine, bovine et porcine, *lutte* pour l'espèce ovine ; le chien et la chienne *se lient;* l'oiseau *côche* sa femelle.

accourcir. V. RACCOURCIR.

accourir se construit avec l'auxiliaire **avoir** ou **être** selon qu'on veut exprimer l'action de se mettre en mouvement pour courir vers un but, ou l'état qui résulte de cette action : *Ses amis ont accouru pour le féliciter de son succès* (Acad.). *Elles ont accouru en hâte nous porter secours* (Littré). *L'équipage était accouru sur le port. Je suis accouru pour la fête* (Acad.).

Voici quelques exemples de construction de phrases avec *accourir* : *Accourir en diligence, en grande hâte. Il accourt à Paris. Quelques officiers accourent autour de lui. Elles accoururent sur le rivage* (Fénelon). *Le prince accourut d'Italie* (Voltaire). *Nous accourûmes jusqu'à lui. Accourir dans, vers un lieu.*

accoutumée. — On dit *à l'accoutumée*, ou *comme de coutume* (mais non *comme d'accoutumée*) : *Il en a usé à l'accoutumée* (Acad.).

Cette expression a vieilli.

accoutumer. — Ce verbe se construit avec **à** et se dit des êtres animés et des choses : *Accoutumer un cheval à galoper sur le bon pied* (Acad.). *Il faut accoutumer les enfants à l'obéissance. La chasse endurcit le cœur aussi bien que le corps; elle accoutume au sang et à la cruauté* (J.-J. Rousseau).

— Intransitivement, **accoutumer** s'emploie aux temps composés seulement. Avec **être**, il exige la préposition **à** : *Il est accoutumé à se lever de bonne heure* (Acad.). *Etre accoutumé au froid, à la fatigue, à la solitude.*

Avec **avoir** (emploi quelque peu vieilli), il est suivi de la préposition **de** : *L'avocat qu'on avait accoutumé de donner aux accusés* (Voltaire). *J'avais* *accoutumé d'aller, de faire* (Lar. du XXᵉ s.). *Ces terres, ces arbres avaient accoutumé de produire beaucoup* (Acad.). Le complément peut être aussi sous-entendu : *Amédée dut trinquer plus qu'il n'avait accoutumé* (A. Gide, *les Caves du Vatican*, 192).

— Pronominalement : **S'accoutumer** *à quelque chose, à faire quelque chose.* On doit *s'accoutumer* [s'habituer] *à suivre exactement les règles de la langue* (D'Aguesseau). *Je ne saurais m'accoutumer* [me plaire] *avec ces gens-là* (Laveaux).

accroc. — Le *c* final ne se prononce pas : *a-kro.*
V. aussi -OC.

accroche-. — Les composés d'*accroche* sont invariables : *des accroche-cœur, des accroche-plat.* (L'Académie écrit toutefois : *des accroche-cœurs.*)

accrocher. — **Accrocher après.**
V. APRÈS.

accroire n'est usité que dans la locution **faire accroire**, « faire croire ce qui n'est pas, qu'on sait n'être pas » (sens toujours défavorable) : *Vous abusez d'une infinité de personnes en leur faisant accroire que ces points sont essentiels à la foi* (Pascal ; cité par P. Larousse). *Ce n'est pas un homme à qui l'on puisse en faire accroire* (Acad.) *Il a quelque mérite, mais il s'en fait accroire* (Id.).

— Ne pas confondre avec **faire croire** (« persuader, faire regarder comme vrai, comme certain »), qui se prend en bonne ou en mauvaise part et se dit des personnes et des choses, alors que *faire accroire* ne se dit que des personnes : *On trompe les autres en faisant accroire; on peut être trompé soi-même en faisant croire. Personne à qui l'on fait croire tout ce qu'on veut* (Lar. du XXᵉ s.). *Le vin qui coulait me fit croire que la cannelle avait été mal fermée.*

accroître se conjugue comme *croître*, mais ne prend l'accent circonflexe sur l'*i* qu'à la 3ᵉ personne du singulier de l'indicatif présent et aussi à toutes les personnes du futur et du conditionnel : *il s'accroît, j'accroîtrai,* etc. Au passé simple et au participe passé (**accru**), pas d'accent circonflexe sur l'*u*. (Même conjugaison pour *décroître.*)

— On peut dire : *Sa fortune s'accroît,* ou *accroît, tous les jours* (Acad.).

— Avec **accroître**, on emploie surtout l'auxiliaire **être** : *Ses richesses sont accrues à un point incroyable.* (L'auxiliaire **avoir** est rare aujourd'hui : *Ses richesses ont accru par un heureux coup de Bourse* [Littré].)

accueil. — On *réserve* un accueil à quelqu'un quand on l'attend avec des sentiments de cordialité : *Venez samedi, nous vous réserverons un bon accueil.* (C'est là le bon sens du verbe *réserver,* « garder en réserve, destiner ».)

Mais quand on reçoit quelqu'un, on lui *fait* accueil : *Il fait accueil à tous ceux qui vont chez lui* (Acad.). *Je vous remercie de m'avoir fait accueil* (Id.) *Son arrivée m'a surpris; toutefois, je n'en ai rien laissé paraître et je lui ai fait bon accueil* (Grevisse).

V. aussi RÉSERVER.

acculer - éculer. V. ÉCULER.

accuser. — **Accuser réception.** La formule : « *Je vous accuse réception de votre lettre du...* » est correcte malgré son apparence pléonastique : *Accusez-moi réception de ma lettre* (Acad.).

à ce que. V. après À.

achalandé. — Un magasin bien *achalandé* est celui qui attire beaucoup de chalands (clients) : *Elles dansaient comme elles buvaient, par devoir professionnel... pour achalander l'établissement* (J. Lorrain, *la Maison Philibert,* 156). *Il regarda autour de lui, espérant trouver une brasserie peu achalandée, sans vacarme de billards et de jacquets* (J.-K. Huysmans, *En ménage,* 212). *Les tables étaient presque toutes achalandées* (A. Thérive, *Sans âme,* 76). *Son mariage, c'était pour lui la ruine assurée, le magasin désachalandé* (G. Geffroy, *l'Apprentie,* 166).

Naturellement, les clients affluent dans les magasins bien approvisionnés, d'où la confusion familière entre *achalandé* et *approvisionné, fourni* : *Les armuriers de Brest, les boutiquiers achalandés pour le 14-Juillet n'avaient pas de meilleur client* (J. Ajalbert, *les Mystères de l'académie Goncourt,* 113).

Achalandé peut se dire également du marchand : *Un marchand bien achalandé.*

L'**achalandage** est la clientèle (et non la marchandise).

Au sens figuré, les Goncourt ont pu écrire (*Charles Demailly*, 54) : *Ces soirées étaient en même temps le grand moyen de son influence et l'achalandage de son nom.* Mais la phrase suivante, extraite d'un auteur contemporain, n'est pas à conseiller : *Une boutique, sans autre achalandage que du livre.*

acheter, suivi de la préposition **à** qui lui est habituelle, a parfois un sens équivoque. Quand on dit *J'ai acheté une montre à mon fils,* on ne peut définir si cette montre a été achetée *de lui* ou *pour lui.* Dans ce dernier cas, il vaut mieux dire *pour mon fils.*

— On dit *acheter à bon marché, acheter cher.* V. MARCHÉ.

acolyte s'écrit avec un seul *c* et sans *h* après le *t.* (A noter également l'*y.*)

acompte - à compte. — Un **acompte** est un paiement partiel à valoir sur le montant d'une dette : *Donner un acompte à un employé. Recevoir un léger acompte* (Acad.). [On a écrit *à-compte* jusqu'en 1877.]

Ne pas confondre avec **à compte** (en deux mots), qui signifie « à valoir sur la totalité du compte » : *Il a reçu 500 francs à compte sur les 1 000 francs qui lui sont dus* (Acad.).

à-côté - à côté. — Un **à-côté** est ce qui est en dehors du principal, accessoire : *Un à-côté réjouissant. Il ne gagnait que 200 francs par mois, mais il avait des à-côtés substantiels.*

Ne pas confondre avec **à côté** (sans trait d'union), qui signifie « à peu de distance du lieu où l'on est ou du but qu'on vise » : *Le coup passa à côté* (Acad.). *Attendez-moi, je vais à côté.*

acoustique est du *féminin* : *Cette salle a une acoustique remarquable.*

acquéreur n'a pas de féminin : *Elle s'est rendue acquéreur de...*

acquérir, au sens de « devenir possesseur autrement que par achat », ne se dit que des choses qui sont avantageuses pour l'acquéreur : on *acquiert* des connaissances utiles, de la gloire, mais on n'*acquiert* pas la rougeole, une mauvaise réputation ou des ennuis.

— On hésite parfois devant l'emploi de certains temps de ce verbe irrégulier.

Les uns disent, à tort : *Chaque année, j'acquerre* (pour *j'acquiers*) *de nouveaux biens;* les autres : *Les biens que nous avons acquéris* (pour *acquis*) ; etc.

Voici la conjugaison de ce verbe capricieux : *J'acquiers, tu acquiers, il acquiert, nous acquérons, vous acquérez, ils acquièrent. J'acquérais, nous acquérions. J'acquis, nous acquîmes. J'acquerrai, nous acquerrons. J'acquerrais, nous acquerrions. Acquiers, acquérons, acquérez. Que j'acquière, que nous acquérions. Que j'acquisse, qu'il acquît, que nous acquissions. Acquérant. Acquis, e.*

A noter que *conquérir, enquérir* et *requérir* se conjuguent comme *acquérir.*

— On écrit **Par acquit de conscience** (et non *Par acquis...*).

âcre - âpre. — En parlant du goût, est **âcre** ce qui a une saveur forte et piquante qui irrite la gorge : *Le suc de cette plante est âcre* (Acad.). *La chaux est âcre et brûlante à la gorge* (Lar. du XX° s.). *Vin âcre* (Littré).

Âpre (du lat. *asper,* rugueux) a un sens moins fort et se dit de ce qui est seulement rude au palais ou « donne l'idée d'une saveur acide ou astringente comme celle des fruits verts » (Littré) : *Ce vin est âpre à la langue* (Acad.). *Voilà des poires bien âpres* (Id.).

Au figuré : *Caractère âpre. Une âpre jalousie.* — *Paroles âcres* (Littré). *Il y a toujours quelque chose d'âcre dans ses discours* (Acad.).

— A noter que l'homonyme **acre,** mesure de surface, s'écrit sans accent, de même qu'**acrimonie** et ses dérivés.

acrostiche est du *masculin.*

activer. — Longtemps critiqué par les puristes, *activer* est maintenant tout à fait entré dans la langue, aux différents sens que lui donnent les meilleurs auteurs actuels (« rendre actif », « hâter, presser, accélérer ») : *Activer les travaux* (Littré). *Activer le mouvement* (Dict. gén.). *Activer le feu. Activer la digestion* (Gr. Lar. encycl.). *D'autres activaient des foyers qui avaient l'ardeur blême des lampes à souder* (G. Duhamel, *Civilisation,* 269). *Par une fenêtre entr'ouverte pour activer le tirant de la cheminée* (P. Benoit, *Kœnigsmark,* 124). *Les croisades activèrent un mouvement d'échanges avec le Levant,*

que la conquête arabe avait inter-
rompu (A. Dauzat, *Histoire de la*
langue française, 176). *Parfois ce*
monstre semblait se taire, parfois, au
contraire, activer son bruit (A. Thérive, *le Charbon ardent*, 141).

— **S'activer.** Cette forme pronominale, relativement récente (alors qu'*activer* remonterait au XVIᵉ siècle, d'après
Littré), est encore plus critiquée que
la forme transitive, mais tout aussi
employée. Certains l'admettent bien au
sens de « être activé, conduit plus rapidement » (*Ce travail ne peut s'activer
davantage*), mais se refusent à l'accepter au sens de *s'affairer* (autre néologisme à peu près admis aujourd'hui).

Abel Hermant la trouvait détestable :
« On active un travail, ou le feu, on ne
s'active pas soi-même » (*le Temps*,
18-I-1934).

Il paraît difficile d'interdire un mot
qui a quelque répondant et dont la
forme réfléchie n'est pas plus choquante
que *s'appeler* : *Elle continuait à s'activer dans sa colère* (A. Daudet, *Numa
Roumestan*, 95). *On le sentait prêt
à s'activer tant que le jour serait
long* (H. Pourrat, *Gaspard des Montagnes*, 43). *Je voudrais m'activer, me
rendre utile* (J. Sarment, *le Plancher
des vaches*, acte III). *Tout un peuple
industrieux s'active dans les demi-
ténèbres* (P. Claudel, *le Soulier de
satin*, 12).

adagio. V. ALLÉGRO.

add-. — Le groupe initial *add-* ne se
rencontre que dans les mots *addenda,
additif, addition* et dérivés, ainsi que
dans quelques mots vieillis ou savants :
addax (antilope), *addiction* (terme de
droit), *addit* (soldat romain), *additer*
(terme de droit), *addubitation* (rhétorique).

addenda. — Ce mot (prononc. *ad-
din-da*) est un pluriel latin signifiant
« choses à ajouter », qui s'emploie
comme nom *invariable* : *Rédiger un
addenda pour compléter un ouvrage.
Il fallut trois addenda.*

On emploie rarement le singulier
latin *addendum.* V. LATINS (Mots).

addition - adition. — L'**addition**
(on prononce les deux *d*) est une des
quatre opérations fondamentales de

l'arithmétique : *Il y a une erreur dans
cette addition.*

Son homonyme **adition** (avec un
seul *d*), terme de droit, n'est employé
que dans l'expression *adition d'hérédité*,
acceptation d'une succession.

adduction. V. ABDUCTION.

adéquat se prononce *a-dé-koi.*

adhérence - adhésion. — L'**adhérence** est l'état d'une chose qui tient à
une autre : *L'adhérence d'un timbre
sur une enveloppe. L'adhérence des
feuilles aux branches d'un arbre. L'adhérence de deux corps entre eux* (Acad.).

L'**adhésion** a rapport à la propriété,
à la force qui produit l'état d'adhérence ; c'est l'action même d'adhérer :
*L'adhérence ne subsiste plus quand les
corps sont séparés; pour les séparer, il
faut vaincre l'adhésion. Deux objets
adhèrent en vertu de la force d'adhésion, et leur union qui en résulte est
l'adhérence* (Lafaye).

— Au sens de « consentement; engagement », on dit toujours *adhésion* (et
non *adhérence*) : *Donner, refuser son
adhésion à un projet, à une société de
secours mutuels.*

adieu. — On écrit *Un dîner d'adieux*
(plutôt que d'*adieu*), puisqu'on y fait
des adieux, ses adieux (et non *un adieu,
son adieu*).

adition. V. ADDITION.

adjectif (Accord de l'). — Les difficultés d'accord des adjectifs portent
sur quelques accords de genre et de
nombre particuliers.

— **Accords de genre.** Quand un
adjectif se rapporte à deux ou plusieurs
noms de genres différents, il se met au
masculin pluriel : *Une robe et un voile
blancs. Il avait la moustache et les cheveux blonds. Nombreux sont les jeunes
gens et les jeunes filles qui partirent par
ce train-là. Cet acteur joue avec une
noblesse et un goût parfaits.*

On rapprochera autant que possible le
nom masculin de l'adjectif, afin que
l'oreille ne soit pas choquée par un masculin suivant immédiatement un féminin, à moins toutefois que le genre de
l'adjectif ne se distingue pas à la prononciation : *L'ordre et l'utilité publics
ne peuvent être le fruit du crime*

(Massillon). *Cet acteur joue avec un goût et une noblesse remarquables.*

— Accords de nombre. 1° Parfois, dans le cas de deux noms unis par *et*, l'adjectif ne qualifie que le dernier et ne doit alors s'accorder qu'avec celui-ci : *Il mangea des noix et une pomme cuite (cuite* qualifie seulement *pomme). Voici un homme dont la laideur et l'air sinistre provoquent le malaise (sinistre* qualifie *air* et non *laideur).* Mais on écrira : *Elle avait une robe et un chapeau verts* (ils étaient verts l'un et l'autre).

2° Des adjectifs au singulier peuvent accompagner un nom pluriel quand chacun se rapporte à un seul des objets désignés par le nom pluriel : *Les langues grecque et latine* (Gramm. Lar. du XXᵉ s.). *Les codes civil et pénal. Les couleurs bleue et jaune. Les seizième et dix-septième siècles* (mais on écrit, sans article : *seizième et dix-septième siècle*, *deuxième et troisième année*).

3° Lorsque les noms ont un sens analogue, l'adjectif ne s'accorde qu'avec le dernier exprimé · *Toute sa vie n'a été qu'un travail, qu'une occupation continuelle* (Massillon). *J'ai une estime et une amitié pour vous toute particulière* (Molière). *Il a montré une opiniâtreté, un acharnement peu commun. La douceur et la mollesse de la langue italienne s'est insinuée dans le génie des auteurs italiens* (Voltaire). *Mon Dieu! que de soucis, de peines quotidiennes!*

4° L'adjectif *peut* rester invariable quand il y a gradation dans les idées exprimées par les substantifs et que le dernier résume les précédents : *Mais le fer, le bandeau, la flamme est toute prête* (Racine). *Une cruauté, une férocité peu commune* (Hanse). *César avait un courage, une intrépidité extraordinaire. Le ciel, la terre, l'univers était sourd à nos cris.*

5° Après deux noms unis par *de*, c'est le sens qui détermine l'accord ou l'invariabilité de l'adjectif : *Des draps de coton brodés* (ce sont les draps qui sont brodés). *Des draps de coton écru* (c'est le coton qui est écru).

6° *Accord après un nom collectif.* V. COLLECTIF.

7° *Accord après deux noms unis par « et », par « ou ».* V. ET, OU.

— Accord des adjectifs désignant une couleur. V. COULEUR.

— Voir à leur ordre alphabétique les adjectifs présentant des difficultés qui ne sont pas traitées ici.

V. aussi ADVERBE, et -AL (Pluriel des mots en).

— Adjectifs dérivés de noms. Pour éviter une suite de génitifs en *de*, il arrive qu'on transforme un nom en adjectif par le jeu habituel des suffixes. Ces transformations ne sont pas toujours recommandables, et certaines formes, qui ne supportent ni l'analyse ni la simple réflexion, seraient indéfendables si elles n'étaient couramment employées et, par le fait même, entrées dans la langue. »

C'est le cas des expressions dans le genre de *convention postale*, qui s'est substituée à *convention de poste* et dont s'est moqué Alfred de Musset. De nos jours, depuis le *soudeur autogène*, qui paraît être né par autogénération, jusqu'à l'*accident automobile*, qui devrait se mouvoir lui-même, nous avons la succession des : *voyage présidentiel, question sucrière, agitation gréviste, boucherie chevaline, inquiétude balkanique, causerie vinicole, assuré social*, etc. On attend *artilleurs lourds* ou *pompiers funèbres!*

Un auteur contemporain parle même d'*orangers amers* pour désigner des arbres portant des oranges amères! Un autre repart à *bicyclette nickelée!* Et nous trouvons chez Paul Bourget : *Un restaurateur borgne sur la devanture duquel étaient écrits ces mots : « Marchand d'abats ».*

Tout cela n'est certainement pas du français le plus recommandable, mais comment s'opposer à cette évolution de la langue qui veut que la facilité prime la science, au moins dans le langage parlé?

adjoindre se dit des personnes et des choses : *On lui adjoignit un aide* (Littré). *On fut obligé de lui adjoindre quelqu'un* (Acad.). *Adjoindre un dispositif de sécurité à un appareil de manœuvre* (Lar. du XXᵉ s.).

V. aussi JOINDRE (*Joindre-adjoindre*).

adjoint ne se lie pas par un trait d'union au nom qui le précède : *Instituteur adjoint. Secrétaire général adjoint.*

adjurer. V. ABJURER.

admettre. — **Admettre que.** Au
sens de « reconnaître pour vrai »,
admettre que se construit avec l'indicatif s'il n'y a pas de négation : *J'admets qu'il en est ainsi* (Littré). *Tout le
monde admet que la terre est ronde*
(Bescherelle).

Avec une négation, *admettre que* se
construit avec le subjonctif : *Je n'admets pas qu'il en soit ainsi* (Littré).
*Nous n'admettons pas que la terre
soit le centre de l'univers* (Bescherelle).
Il en sera de même si *admettre que* a
le sens de « supposer » : *J'admets qu'il y
ait six mille graines semées qui meurent*
(Littré). *Admettant que cela soit vrai*
(Id.).

— **Admettre dans.** Quand la chose
où l'on admet peut se présenter comme
un lieu, on dit *admettre dans* (Littré) :
*Admettre dans un séjour. Admettre
quelqu'un dans une société, dans une
compagnie* (Acad.).

— **Admettre à.** On dit toujours
admettre à devant un infinitif : *Il fut
bientôt admis à remplir ses fonctions.
Admettre à siéger.*

On dit également *admettre à* « quand
la chose où l'on admet ne se présente
pas facilement à l'esprit comme un
lieu » : *Admettre aux honneurs, au
consulat; admettre au nombre* (Littré).
Admettre à la communion de l'Eglise
(Acad.).

(La distinction entre *admettre dans*
et *admettre à* est loin d'être absolue,
et seul l'usage en décide.)

— **Admettre parmi, entre**
implique une idée de nombre : *Admettre
quelqu'un parmi ses convives* (Bescherelle). *Il fut admis entre tous.*

admirer. — **Admiré de** signifie « qui
inspire à quelqu'un un sentiment d'admiration » : *Il fut admiré même de ses
ennemis.*

— **Admiré par** laisse entendre
qu'on reçoit des marques d'admiration : *Admiré par un peuple en liesse,
il traverse la ville au milieu des ovations.*

— **Admirer que** doit être suivi du
subjonctif : *J'admire qu'on puisse...*

adonner (s') - donner (se). —
S'adonner, c'est se livrer habituellement à une chose : *S'adonner à l'étude,*
à la danse. *Il s'adonne à la paresse, à
l'ivrognerie* (Acad.). *Il s'est adonné
à boire* (Id.). C'est aussi s'attacher à
quelqu'un : *Ce chien s'est adonné
à moi.*

Se donner est plus fort que *s'adonner;* c'est se livrer tout entier, sans
réserve, s'abandonner : *Celui qui se
donne à un art en est en quelque sorte
l'esclave; celui qui s'y adonne n'y est
qu'attaché.*

adorer. — A la voix passive, ce verbe
se construit avec *de* ou *par,* suivant le
sens.

Au sens propre, quand il s'agit de
la cérémonie de l'adoration, on dit
adoré par : *Les rois de Perse étaient
adorés par leurs sujets* (Acad.) [ils leur
rendaient un culte d'adoration]. *Il n'est
pas vraisemblable qu'Antinoüs, le
mignon d'Adrien, fût adoré par les nouveaux Egyptiens du même culte que
Sérapis* (Voltaire).

Au sens figuré, comme synonyme
d'« être aimé beaucoup », on dit **adoré
de** : *Ce roi est adoré de son peuple*
(Littré). *Ce père est adoré de ses
enfants* (Acad.).

adosser se construit indifféremment
avec **à** ou **contre** : *Adosser une cabane
à* ou *contre un rocher* (Lar. du XXᵉ s.).
*Adosser une troupe, une armée, contre
une colline, à une colline* (Acad.).

adsorption. V. ABSORPTION.

advenir (anciennement *avenir*) se
conjugue avec **être** et n'est usité qu'à
l'infinitif et aux troisièmes personnes :
*Il est advenu que... Quoi qu'il advienne.
On ne peut pas prévoir tous les cas qui
adviendront* (Acad.).

— Après **il advient que,** on met le
subjonctif si l'on veut exprimer un fait
simplement possible : *Il advient parfois, dans nos rêves, que nous nous
croyions au spectacle* (J. Bainville, Discours de réception à l'Académie; cité
par Grevisse). On met l'indicatif pour
marquer la réalité d'un fait : *Il advint
que cet arbre fut arraché par la tempête.*

— Le participe présent **advenant**
ne s'emploie guère que dans les actes
publics : *Le cas advenant qu'il se marie
dans l'année. Advenant le décès de l'un
d'eux* (Acad.).

— Les adjectifs dérivés d'*advenir* ont conservé leur ancienne forme : **avenant, e, avenu, e** : *Des manières avenantes. Les injures d'un sot doivent toujours être considérées comme non avenues* (Lar. du XXᵉ s.).

advencie - adventif. — En botanique, il faut se garder de confondre ces deux paronymes.

Adventice (du lat. *adventicius*, qui s'ajoute) se dit d'une plante qui croît sur un terrain cultivé sans y avoir été semée (chiendent, ivraie, cuscute, etc.) : *Les plantes adventices, dans un champ mal entretenu, ne tardent pas à se substituer aux plantes cultivées* (Nouv. Lar. univ.).

Adventif (même origine) se dit d'une racine, d'un bourgeon qui se développe en un point inhabituel : *Le stolon du fraisier est une tige qui donne naissance à des racines adventives.*

— On dit aussi, dans d'autres domaines : *Idées adventices* (Acad.). *Circonstances adventices. Maladies adventices* (Lar. du XXᵉ s.). Et *Biens adventifs*, en parlant des biens acquis par la femme après son mariage.

adverbe. — De tous les adverbes en *-ument*, seuls prennent l'accent circonflexe sur l'*u* : *assidûment, congrûment, continûment, crûment, drûment, dûment, goulûment, incongrûment, indûment, nûment*. (On écrit *ambigument, éperdument, ingénument, résolument*, etc.).

— Employés comme adverbes, les adjectifs sont invariables : *Légère* et *court vêtue* (La Fontaine). *Jument long jointée*. Certains s'accordent toutefois avec l'adjectif qui les suit ; c'est le cas de *frais* dans *fleurs fraîches écloses* (v. FRAIS), et aussi de *grand, bon, large*, etc. : *Fenêtre, porte toute grande ouverte* (Acad.). *Ils sont arrivés bons premiers.*

Grevisse donne quelques exemples d'invariabilité pour *grand ouvert* et *large ouvert* : *Les fenêtres étaient grand ouvertes* (P. Bourget *Lazarine*, Bibl. Plon, 12). *Leurs épis large ouverts* (R. Bazin, *la Closerie de Champdollent*, 207). Mais ce sont là des exceptions à la règle qui respectent un ancien usage.

adverbial n'est guère usité au masculin pluriel, qui est *adverbiaux* : *Les suffixes adverbiaux* (Littré).

aéro-. — Les composés dans lesquels entre ce préfixe s'écrivent sans trait d'union : *aérodynamique, aéronaval, aéronef*, etc. (Exception *aéro-club*, plur. des *aéro-clubs*.)

— Se garder de confondre **aéro-** (du lat. *aer* ou du gr. *aêr*, air) avec **aréo-**, qui ne se trouve d'ailleurs que dans les mots *aréole* et dérivés (du lat. *areola*, dim. de *area*, aire), *aréomètre* et dérivés, *aréostyle* (du gr. *araios*, rare), *aréopage* et dérivés (du gr. *Arès*, Mars).

aérodynamique. — L'*aérodynamique* (du gr. *aêr*, air, et *dunamis*, force) est la science qui étudie l'air en mouvement, ses vitesses, ses pressions et son action sur les corps de formes diverses : *La résistance de l'air à l'avancement d'une automobile, d'un avion, est un phénomène d'aérodynamique.*

Employé adjectivement, *aérodynamique* signifie « qui utilise la force de l'air ». Un moulin à vent, par exemple, est un parfait appareil aérodynamique.

Au sens de « qui a les lignes fuyantes, bien profilées », en parlant d'une carrosserie d'automobile, ce mot est un barbarisme qui prétend signifier « établi d'accord avec les lois de l'aérodynamique, pour provoquer un minimum de résistance de la part de l'air ». Si l'on accepte ce sens, il faudrait alors parler d'un bateau *hydrodynamique* !

On pourrait se contenter de dire *Une carrosserie bien profilée*, mais il est un autre terme très expressif, et moins prétentieux surtout, qu'*aérodynamique* : c'est *caréné*. Le Larousse du XXᵉ siècle définit le verbe *caréner* : « Donner aux corps qui sont appelés à se déplacer rapidement dans l'air (tels que fuselages, moteurs, capots, enveloppes de dirigeables, carrosseries de voitures) des formes de moindre résistance à l'avancement. » Cela par analogie avec la carène d'un bateau spécialement étudiée pour offrir le minimum de résistance à l'élément liquide.

aérolithe est du *masculin*.

aéromètre - aréomètre. — L'*aéromètre* (du gr. *aêr*, air, et *metron*, mesure) est un instrument qui sert à déterminer la densité ou la pression de l'air.

Ne pas confondre avec l'**aréomètre** (du gr. *araios,* peu dense, et *metron,* mesure), qui sert à déterminer la densité des liquides, ou encore la concentration d'une solution : *Suivant sa destination, l'aréomètre se nomme « alcoomètre », « pèse-lait », « pèse-moût », etc.*

V. aussi AÉRO-.

aéronef est du *masculin* (Acad.). Etymologiquement, ce mot devrait être du genre de *nef* (féminin) [cf. *auto-copie* n. f., *électromécanique* n. f., *microbiologie* n. f., etc.], mais il a probablement été influencé par *aéroplane, aérostat,* l'un et l'autre du masculin.

aéroplane est du *masculin.* Ce mot s'est effacé devant son synonyme *avion.*

affable se construit avec **à, avec** ou **envers** : *Doux, humbles, patients, affables à tout le monde* (Bourdaloue, *Pensées,* I, 197). *Il faut être affable avec tout le monde* (Lar. du XXe s.). *Etre affable envers ses inférieurs* (Massillon; cité par Bescherelle).

affaire - à faire. — **Avoir affaire** ou **à faire.** Ces deux expressions ont le même sens, mais la forme *avoir affaire* est de beaucoup la plus courante : *Vous aurez affaire à moi* (Acad.). *Avoir affaire à quelque chose. Il n'a pas affaire à un sot* (Molière, *le Médecin malgré lui,* III, VII). *Ma chance voulut que pour m'enseigner l'histoire, je n'eusse jamais affaire qu'à des cuistres* (A. Gide, *Si le grain ne meurt,* 201). *Sans doute voyait-il aussitôt qu'on avait affaire à un homme dépourvu de méchanceté* (J. Romains, *Violation de frontières,* 9).

On écrit toujours *avoir fort à faire* (et non *forte affaire*).

— Familièrement, on dit *Je ne t'attendrai pas, car j'ai affaire.*

— **Avoir affaire de,** au sens de « avoir besoin de », est un archaïsme : *Il a affaire d'argent. Qu'ai-je affaire de toutes ces querelles ?* (Acad.). On écrit plus souvent *avoir à faire de.*

— **Avoir affaire à** ou **avec.** On peut faire une distinction entre *avoir affaire à quelqu'un* et *avoir affaire avec quelqu'un.* Laveaux, par exemple, fait

remarquer qu'un inférieur a affaire *à* un supérieur. Celui qui veut obtenir une grâce, une faveur, a affaire *au* ministre ; un plaideur a affaire *à* ses juges. Mais un commis a affaire *avec* le ministre lorsqu'il lui rend compte de quelque affaire ; un associé a affaire *avec* son associé lorsqu'ils traitent ensemble de leurs affaires communes.

Quand *avoir affaire* est suivi de la préposition *avec,* la forme *à faire* est souvent employée pour s'explique par la décomposition de la phrase : *J'ai affaire avec quelqu'un* peut aussi bien se comprendre : *J'ai quelque chose à faire avec quelqu'un.*

— **Avoir à faire,** suivi d'un complément d'objet direct, s'écrit toujours en trois mots : *J'ai à faire une visite* (c'est-à-dire *J'ai une visite à faire*). De même, on écrira : *J'ai bien assez à faire à les écouter tous. Qu'a-t-on à faire de tous ces bavardages ?*

— On écrit (avec *s*) : *Toutes affaires cessantes* (Acad.).

affairer (s'). — Ce néologisme, qualifié de barbarisme par Abel Hermant (*Chroniques de Lancelot,* I, 295) et encore critiqué par R. Georgin (*Pour un meilleur français,* 33), est maintenant entré dans l'usage : *S'affairer autour de quelqu'un* (Lar. du XXe s.). *Pour Isabelle aussi, le goût était venu de s'affairer autour du chagrin des autres* (M. Druon, *les Grandes Familles,* 276). *Problèmes* [...] *autour desquels chacun s'affairait au-delà même des bornes de ses attributions* (J. Gracq, *le Rivage des Syrtes,* 134).

affectionner se dit des personnes et des choses ; des personnes au sens de « aimer avec attachement » : *C'est une personne que j'affectionne* (Acad.) ; des choses au sens de « s'y intéresser avec affection, avec chaleur » : *C'est l'affaire du monde que j'affectionne le plus* (Acad.). *Affectionner l'étude, le jeu.*

L'emploi, peu courant, d'*affectionner* dans *Cet enfant affectionne les boîtes d'allumettes* est abusif.

afférent s'écrit avec un *e* (et non un *a*) : *Droit afférent au locataire* (Lar. du XXe s.). *Les clauses afférentes à ce contrat. La part afférente à* (ou *de*) *tel héritier...* (Robert). *Le contrat et les clauses y afférentes.*

afféterie s'écrit avec un accent aigu sur l'*e* de la deuxième syllabe.

affidé - affilié. — Le mot **affidé**, qui s'est dit de celui « à qui l'on se fie » (*Un ami affidé*), est maintenant toujours pris en mauvaise part (Acad.) et désigne celui en qui l'on a mis sa confiance pour accomplir une action répréhensible : *Un affidé du Conseil des Dix. Il lui fit dire par une personne affidée...* (Acad.) *Il lui dépêcha un de ses affidés, qui fit promptement justice.*

Affilié n'a pas ce sens péjoratif et désigne seulement celui qui est associé comme membre à une corporation, à une société : *Cette corporation a des affiliés* (Acad.).

affilé - effilé. — **Affilé** se dit de ce qui est aiguisé, tranchant (de ce à quoi on a donné le fil) : *Une lame de couteau, de rasoir, bien affilée. Pointe affilée* (P. Larousse).

Au figuré : *Avoir la langue bien affilée* (et non *effilée*), parler facilement et beaucoup, surtout en mal : *Cette femme a la langue bien affilée* (Acad.).

Effilé se dit de ce qui est mince, long, étroit : *Avoir la taille effilée, le visage effilé* (Acad.). *Outil effilé* (Lar. du XXᵉ siècle).

Il se dit aussi d'un tissu qui est défait fil à fil : *Toile effilée pour faire de la charpie.*

— Un tissu qui est effilé par l'usure est dit **effiloché** : *Votre pantalon est tout effiloché* (Acad.).

affilié. V. AFFIDÉ.

affiner - raffiner. — **Affiner**, au sens technique, c'est « rendre plus fin » : *Affiner l'or, l'argent, l'étain, le fer, l'émail, le lin, le chanvre, le verre, la terre, le ciment, le fromage, des clous, des aiguilles*, etc.

Au figuré, il a également le sens de « rendre plus fin » : *Affiner le goût d'un provincial. Ouïe affinée chez un malade.*

Raffiner a perdu son sens d'« affiner une seconde fois » et conserve celui d'*affiner*, mais se dit surtout du *sucre*, du *sel*, du *salpêtre*, du *pétrole* ou des corps chimiques.

Au figuré, il a le sens de « délicat, fin », et aussi de « subtil, adroit » : *Goût raffiné. Politique raffinée.*

affirmer (s'). — L'emploi du verbe *affirmer* à la forme pronominale est parfois critiqué. « *Affirmer* n'est pas un verbe réfléchi », dit entre autres A. Moufflet (*Contre le massacre de la langue française*, 134).

Si l'on fait abstraction des critiques pour constater que *s'affirmer* est réellement entré dans la langue, il faut déplorer l'imprécision et l'emploi passe-partout de ce verbe.

Le *Dictionnaire général* le définit bien par « se poser comme ayant tel talent ou tel caractère » : *S'affirmer comme poète*, et le Larousse du XXᵉ siècle par « se manifester, se produire au-dehors » : *La puissance de l'électricité s'affirme tous les jours ;* mais les exemples suivants, empruntés à Le Gal (*Vous pouvez dire...*, 10), montrent, par les sens variés qui lui sont donnés, que *s'affirmer* est d'un emploi pour le moins délicat : *Il est plus que jamais nécessaire que s'affirme dans l'Assemblée une minorité compacte* (A. Tardieu, *la Liberté*, 5-II-1934). *Le président du Conseil s'affirma aussi adroit qu'énergique...* (M. Lucain, *Paris-Midi*, 13-I-1934). *Le refroidissement observé [...] s'affirme maintenant plus sensible chez nous* (le *Journal*, 12-XII-1933). *Les enquêtes administratives qui s'affirmaient nécessaires* (*Ibid.*, 7-I-1934). *Une fois de plus s'affirmait l'impuissance de la vieille formule des dosages de groupes* (le *Matin*, 30-I-1934). *Ce ciel d'Afrique, où les étoiles s'affirment comme sous un autre ciel* (P. L'Ermite, *Comment j'ai tué mon enfant*, 97). *En dépit de ce « j'ai voulu », où l'apôtre s'affirme* (Discours de réception de François Mauriac à l'Académie française, 16-XI-1933).

A. Moufflet propose bien de remplacer *s'affirmer* par *s'affermir, se confirmer*, mais ce remplacement est loin d'être valable pour tous les cas, et il est préférable de n'employer ce verbe qu'avec beaucoup de circonspection.

affliger. — On dit **être affligé de** ou **que...**, *s'affliger de* ou *que...* (et non *de ce que*, qui est une construction correcte, mais peu élégante) : *Nous sommes affligés de vous savoir en deuil* ou *que vous soyez en deuil* (et non *de ce que vous êtes en deuil*).

affluant - affluent. — **Affluant** est
le participe présent du verbe *affluer* :
*Les étrangers affluant à Paris ce jour-là,
on ne put trouver place dans les hôtels.*

Affluent est un adjectif verbal ou
un nom : *Un cours d'eau affluent, une
rivière affluente. La Marne est un
affluent de la Seine.*

— V. aussi PARTICIPE PRÉSENT (*Différences orthographiques entre le participe présent et l'adjectif verbal*).

affluer. — L'adjectif verbal est
affluent, e (et non *affluant, e*) : *Le
Rhin et les rivières affluentes* (Acad.).

afflux se prononce *a-flu* (et non *a-fluks*).

De même, **flux** se prononce *flu*, et
reflux, *re-flu*.

affoler et ses dérivés (*affolement, raffoler*, etc.) s'écrivent avec deux *f* et un
seul *l* (mais **follement** en prend deux).

affres est un nom *féminin pluriel* qui
n'a pas de singulier : *Les affres de la
mort* (Acad.).

affusion. V. EFFUSION.

affût et ses dérivés s'écrivent avec un
accent circonflexe sur l'*u* : *affûtage,
affûter, affûteur, affûtiau* (plur. *affû-
tiaux*).

afin de - pour. — **Afin de**, qui est
toujours suivi de l'infinitif, est plus fort
que *pour* et révèle expressément le dessein d'arriver à un but : *Afin de pouvoir dire que je n'ai rien à me reprocher* (Acad.).

Pour regarde plus particulièrement
un effet qui doit être produit, mais
d'une manière moins directe, plus vague
que *afin de* : *J'ai fait cela pour lui être
agréable. Je suis venu pour le compli-
menter* (Acad.). *On se présente devant
le prince pour lui faire sa cour; on lui
fait sa cour afin d'en obtenir des grâces*
(Laveaux).

— **Afin que** et **pour que** présentent
la même différence de sens que *afin de*
et *pour*, et se construisent avec le subjonctif : *Ce livre est toujours sur le
bureau, afin qu'on puisse le consulter*
(P. Larousse). *Pour que ce remède fasse
son effet, il ne faut pas en abuser.*

agacement - agacerie. — Il faut
distinguer l'**agacement**, sensation
désagréable (*Agacement des dents.
L'agacement qu'on éprouve à entendre*

des sottises [Acad.]), de l'**agacerie**,
provocation agréable et piquante : *Les
agaceries d'une coquette. Il est aisé de
voir qu'elle a des intentions sur lui, elle
lui fait des agaceries continuelles* (Acad.).

Courteline (*le Fils*, 24) donne un bon
exemple d'emploi de ces deux mots : *De
vagues agacements que je pris d'abord
pour des agaceries.*

agape. — L'*agape* était le repas
modeste que faisaient en commun les
premiers chrétiens.

Par extension, on a appelé *agapes*
(s'emploie aujourd'hui surtout au pluriel) les repas entre confrères ou amis :
Agapes fraternelles (Acad.). *Vous sou-
venez-vous de ces modestes agapes
littéraires?* (P. Bourget, *Tragiques
Remous*, 46).

L'emploi d'*agape* au sens de « festin »
est abusif et doit être évité : *On éprou-
vait pour ces agapes si tympanisées, une
horreur* (Barbey d'Aurevilly, *les Diaboliques*, 104). *Les ménagères n'en reve-
naient pas de cette agape; elles venaient
rôder devant la porte de la maison où
s'était donné un festin si extraordinaire*
(G. Chérau, *Champi-Tortu*, I, 146). *Le
Falan's Club retentissait d'agapes de
circonstance* (J Ajalbert, *Raffin
Su-su*, 25).

agate (du gr. *Achatès*, fleuve de Sicile),
minéral, s'écrit sans *h*, cette lettre étant
réservée au prénom féminin *Agathe* (du
gr. *agathos*, bon).

age, flèche de la charrue (francique
hagja), ne prend pas d'accent circonflexe sur l'*a*.

âge. — Ce mot était souvent du féminin au début du XVIIᵉ siècle : *Que
d'hommes fortunés en leur âge première* (Malherbe, I, 3). On rencontre
encore ce genre de nos jours, mais seulement dans la langue dialectale ou
populaire : *C'était la belle âge* (R. Roussel, *la Vallée sans printemps*, 13). *La
belle âge* (M. Donnay, *l'Ascension de
Virginie*, 13).

— **A (de) notre âge - à (de)
nos âges.** Si les deux interlocuteurs
ont le même âge ou un âge approchant,
il faut dire « *à (de) notre âge* » : *Nous
sommes jeunes, et à notre âge on fait
encore des sottises. Ces jeux ne sont plus
de notre âge.*

Mais s'il existe une différence d'âge

marquée entre les deux interlocuteurs, on doit employer le pluriel : *A nos âges, jeune homme, les passions ne sont pas les mêmes. Pour moi, je n'aurais jamais pensé à Mlle Marianne, à cause de la disproportion de nos âges* (Lesage ; cité par Littré).

— On dit *Nous sommes du même âge* ou *du même âge* (Acad.).

— **L'âge de la pierre, du bronze, du fer** désigne l'époque de la vie d'une race où elle a eu pour instruments de travail la pierre ou le silex façonnés, le bronze ou le fer.

Ne pas confondre ces termes de préhistoire avec les âges poétiques appelés les *quatre âges* : l'**âge d'or**, placé sous le règne de Saturne, ère d'innocence, de bonheur, d'abondance sans travail ; l'**âge d'argent**, sous le règne de Jupiter, qui marque un degré de moins dans l'état précédent ; l'**âge d'airain**, où l'injustice, la rapine, les guerres envahirent le monde ; l'**âge de fer**, où la nature devint avare de ses dons et l'homme de plus en plus méchant.

— Le **Moyen Age** (v. MOYEN) s'étend depuis la chute de l'Empire romain, en 395, jusqu'à la prise de Constantinople par Mahomet II, en 1453.

agenda. — Mot latin francisé qui fait au pluriel *agendas* : *Acheter un agenda, des agendas* (Acad.).

La deuxième syllabe a conservé la prononciation usuelle *jin* du latin.

V. aussi LATINS (Mots).

agent est du masculin, même avec un corrélatif féminin : *Vous aurez dans cette femme un très bon agent* (Acad.). *L'eau est l'agent principal de la végétation* (P. Larousse).

L'Académie admet cependant le féminin, mais seulement quand le mot est pris en mauvaise part : *Je découvris que, dans cette intrigue, elle était la principale agente.*

En fait, et au sens normal, le féminin est depuis longtemps usité. On le trouve dans Amyot, dans Ambroise Paré ; au sens de « femme servant d'agent », dans Regnard (*les Ménechmes*, II, III) : *Une agente d'amour* ; dans Lesage (*le Diable boiteux*, 4) : *Il donna à son agente cinq cents pistoles.* Pierre Larousse cite

également deux exemples : *Dans ce phénomène, la nature a été la principale agente* (Littré). *Vous en avez peut-être entendu parler comme d'une agente matrimoniale* (Balzac). Victor Hugo donne *agente de douane* comme dialectal de Guernesey (*les Travailleurs de la mer*, I, 39).

D'après ces exemples, il semble n'y avoir aucune raison pour bouder ce féminin, aussi bien formé que *parente* ou *régente*.

— **Agent voyer** s'écrit sans trait d'union.

agg-. — Les mots commençant par le groupe *agg-* sont : *agger* (terme de fortification), *agglomérer* et ses dérivés, *agglutiner* et ses dérivés, *aggraver* et ses dérivés.

agir. — Littré signale que ce verbe, à l'origine intransitif, est employé transitivement dès le XVIIe siècle : *Toute âme chrétienne est mue et agie* (Bossuet, *Nouveaux Mystères*, I, 18). *Un corps est modifié par la seule puissance de Dieu ; il n'agit en rien, il est agi* (Fénelon, *Traité de l'existence et des attributs de Dieu*, 67).

De nos jours, les écrivains essaient de reprendre cet emploi transitif : *La victime s'est laissé agir, et sa mort lui est échappée comme une parole inconsidérée* (P. Valéry, *Rhumbs*, 33). *La liberté qui consiste à n'être point agi par les autres, mais aussi à ne pas les agir* (Ch. Maurras, *Mes idées politiques*, 53). *Ce sont des gens qui rêvent une humanité affranchie et supérieure et qui agiront ce rêve* (M. Donnay, *Retour de Jérusalem*, II, VI).

Cet emploi, toléré par Littré dans le langage philosophique, est critiqué par A. Hermant (*les Samedis de M. Lancelot*, 176).

— On dit *Il a bien (mal) agi avec moi, envers moi, à mon égard.*

— **En agir.** Cette expression, condamnée par Racine et le P. Bouhours, l'est à juste titre (Littré, *Supplément*).

En effet, si l'on dit bien *user de*, qui justifie *en user*, on ne peut dire *agir de*. D'ailleurs, la suppression de *en* ne nuit aucunement à la phrase et ne fait que l'alléger : *Est-il possible qu'on agisse* (et non *qu'on en agisse*) *ainsi envers moi ?*

Les exemples suivants ne sont donc pas à recommander : *Louis XIV et les parlementaires en agirent de la sorte* (Chateaubriand, *Mémoires d'outre-tombe*, I, 238). *Il avait un second motif d'en agir ainsi* (A. Thiers, *Histoire du Consulat et de l'Empire*, XIII, 306). *L'éditeur de Chateaubriand, qui en avait trop agi lestement avec lui* (Sainte-Beuve ; cité par Littré). *Joseph n'en agit pas ainsi avec moi* (Fr. Jammes, *le Livre de saint Joseph*, 61).

— **S'agir** s'emploie impersonnellement et se construit avec *être* : *L'affaire dont il s'agit* (et non *dont s'agit*). *Il doit s'agir d'affaires importantes dans cette réunion. L'ennui est qu'on peut douter qu'il se soit agi d'une ressemblance vraiment saisissante* (J. Romains, *Violation de frontières*, 31).

Voici une construction un peu affectée de *s'agir de* : *Le choix de ces aliments* [le pain et le vin] *s'imposait, s'agissant d'instituer un sacrifice non sanglant* (P. Valéry, *Rhumbs*, 38).

agn-. — Le *g* et l'*n* se prononcent séparés (*ag-n...*) dans *agnat* et ses dérivés, *agnosticisme* et ses dérivés, et dans les composés du latin *agnus* : *agnus-castus, agnus-Dei*, etc.

V. aussi -GN-.

agonir - agoniser. — Au XVᵉ siècle, **agonir** signifiait « être en agonie ». Ultérieurement, dit A. Dauzat, il a été confondu par le peuple avec **ahonnir**, insulter (qui a vécu jusqu'au XVIIᵉ siècle), d'où le sens populaire d' « accabler [d'injures] ».

En 1877, Littré donnait *ahonnir* comme encore usité en Normandie pour « faire honte ».

Après le glissement de sens vers « insulter », *agonir* a été remplacé, à la fin du XVIᵉ siècle, par **agoniser** (du lat. chrétien *agonizare*, combattre), qui signifie à son tour « être à l'agonie » : *Vieillard qui agonise. Il agonisa jusqu'au jour. Comme une bête blessée à mort qui veut agoniser dans sa tanière* (Cl. Farrère, *les Civilisés*, 268).

Agonir, d'après l'Académie, est familier et ne s'emploie que suivi d'un complément circonstanciel, tel que *de reproches, d'injures, de malédictions*, etc. : *Il l'agonisait de sottises.*

Elle avait eu, dans le cabinet de M. de Candé, une confrontation terrible avec la nommée Amélie Bouquet [...] *qui l'avait agonie d'horreurs* (J. Lorrain, *la Maison Philibert*, 245).

Bescherelle donne un exemple d'*agonir* employé absolument : *Il s'amusait à l'agonir parce qu'il avait mauvais caractère.*

Comme on le voit, les deux mots sont nettement différenciés, et ce serait une faute que de les employer l'un pour l'autre et de dire : *Agoniser d'injures* et *Vieillard qui agonit*.

agrafe et ses dérivés s'écrivent avec un seul *f*.

Défaire une agrafe ou des agrafes se dit **dégrafer** (ou, moins bien, *désagrafer*) : *Dégrafer un manteau, un habit, une robe* (Acad.). *Sa robe s'est dégrafée* (Id.).

agréer est transitif direct au sens d' « approuver, accepter » : *Agréer une demande. Agréer quelqu'un pour gendre. Sa demande fut agréée par le directeur.* Il est transitif indirect quand il signifie « plaire, être au gré » : *Cet homme m'agrée infiniment* (Littré). *Le service, la personne de cet employé n'agréait pas à ses chefs* (Acad.). *Sa formation agréerait au ministre.*

agrès ne s'emploie pas au singulier. (A noter l'accent grave sur l'*e*.)

agresser. — Ce mot, critiqué par les puristes, n'est qu'un ancien verbe du XVIᵉ siècle (*agresser*) remis en honneur par les journalistes, et qui signifie « attaquer » : *Elle* [la porteuse de dépêches] *n'avait pas été agressée* (*Journal du dimanche*, 15-X-1950). On trouve même, chez Barbey d'Aurevilly (*Une vieille maîtresse*, 190) : *L'épaule n'est pas seule agressée!*

— Le substantif **agresseur** n'a pas de féminin correspondant : *Sa femme fut reconnue comme ayant été son agresseur.*

agriculteur n'a pas de féminin correspondant : *Cette femme est un des plus importants agriculteurs de la région.*

agripper s'écrit avec un seul *g* et deux *p*.

agrumes, nom collectif *masculin pluriel*, désigne aussi bien le végétal que ses fruits (oranges, citrons, mandarines, clémentines, pamplemousses, etc.) Il ne s'emploie pas au singulier.

aguets ne s'emploie pas au singulier. Il n'est usité que dans les locutions *être, se tenir, se mettre aux aguets* (et non *à l'aguet*).

On trouve encore un singulier archaïque dans Paul Bourget (*Nos actes nous suivent*, 132) : *Ce mystérieux aguet dont il eut bientôt le secret.*

ah! - ha! — Ces deux interjections sont souvent confondues dans l'usage écrit, au détriment de **ha !**, qui doit marquer la surprise, l'étonnement, et se prononce d'une façon plus brève : *Ha! vous voilà* (Acad.). *Ha ! ha ! monsieur est Persan; comment peut-on être Persan!* (Montesquieu).

Il indique aussi le rire : *Ha, ha, ha! la belle affaire que vous me proposez là!*

Quant à **ah!** il est réservé aux autres emplois : *Ah! que c'est beau!* (Acad.) *Ah! que vous me faites mal!* (Id.)

aide est du **féminin** au sens de « secours, assistance » : *Votre aide me sera précieuse.*

Au sens de « personne qui aide », il est du **masculin** s'il s'agit d'un homme, du *féminin* s'il s'agit d'une femme : *Paul est un aide consciencieux. J'ai dû prendre une aide pour la lessive.*

— Les composés de *aide* (personne qui aide) prennent un trait d'union : *un aide-anatomiste, un aide-major*, etc. (sauf *aide de camp*, plur. *des aides de camp*), et la marque du pluriel aux deux éléments : *des aides-maçons...*

— Les composés du verbe *aider* sont invariables : *des aide-mémoire.*

aider. — **Aider quelqu'un** ou **à quelqu'un.** Ces deux expressions sont synonymes. La première, toutefois, est la plus courante : *Aider quelqu'un dans ses besoins* (Acad.). *Il l'aida à sortir d'embarras* (Littré).

La seconde, fréquente à l'époque classique, a aujourd'hui vieilli. L'Académie signale qu'*aider à quelqu'un* marque une aide momentanée et le plus souvent des efforts physiques : *Aidez à cet homme qui plie sous la charge qu'il porte. Aidez-lui à soulever ce fardeau.*

Cette distinction, qui n'apparaît guère que chez les écrivains classiques du XVIIe ou du XVIIIe siècle, n'est plus observée de nos jours, et si *aider à quelqu'un, lui aider (leur aider)* est correct, *aider quelqu'un, l'aider (les aider)* se rencontre plus couramment.

— **Aidé** transitif direct s'accorde : *Cet homme généreux nous a aidés dans notre malheur* (a aidé nous), mais **aidé** à reste invariable : *Pierre nous a aidé à descendre ce fût à la cave* (a aidé à nous).

— **Aider une chose** ou **à une chose** signifie « y contribuer ». Les deux constructions sont indifféremment employées : *La vapeur et l'électricité aident les relations commerciales* (Lar. du XXe s.). *Un peu de vin pur après le repas aide à la digestion* (Id.).

aïeul a deux pluriels. Il fait **aïeuls** au sens de « grands-parents » (*Ses deux aïeuls assistaient à son mariage*) et **aïeux** au sens d'« ancêtres » : *Ce droit lui vient de ses aïeux* (Acad.). *C'était la mode chez nos aïeux.*

Bisaïeuls, trisaïeuls désignent les parents et grands-parents des *aïeuls*; au-delà, on dit *quatrième aïeul, cinquième aïeul*, etc.

aigle a deux genres. Il est normalement du **masculin** quand il désigne l'oiseau mâle, au sens propre et au sens figuré : *L'espèce de l'aigle commun est moins pure et la race en paraît moins noble que celle du grand aigle* (Buffon). *Napoléon Ier fut un aigle* (Lar. du XXe s.).

Mais il est **féminin** s'il s'agit expressément de la femelle de l'oiseau : *L'aigle est furieuse quand on lui ravit ses aiglons* (Acad.).

Il est également féminin :

1o En termes de blason : *Les armes de l'Empire français étaient une aigle tenant un foudre dans ses serres* (Acad.);

2o Quand il désigne une enseigne militaire : *L'aigle romaine* (Lar. du XXe s.).

(*Aigle* est toutefois du masculin quand il désigne certains ordres de chevalerie placés sous l'invocation de cet oiseau : *L'Aigle blanc de Pologne. L'Aigle noir de Prusse.*)

La constellation de l'Aigle est aussi du féminin.

aigu. — Au féminin, le tréma se met sur l'*e* (et non sur l'*u*) : *Note aiguë.*

aiguiser. — La prononciation correcte de ce mot est *é-gu-i-zé*, dans laquelle le radical *aigu* doit être détaché, comme dans *aiguille*.

La prononciation *é-ghi-zé*, particulièrement répandue dans la région parisienne, est due à une erreur de lecture (A. Dauzat).

ail. — Le pluriel *aulx* (prononc. *ô*) est de plus en plus désuet. On dit : *J'ai acheté des gousses d'ail, J'ai planté de l'ail*, ou bien, à la façon des botanistes, on utilise le pluriel régulier *ails : Il cultive des ails de plusieurs espèces* (Acad.).

-ail. — Voici une liste de mots qui font leur pluriel en *-ails* (et non en *-aux*) : *attirail, bercail, camail, chandail, détail, épouvantail, éventail, gouvernail, mail, portail, rail, sérail*.

Pour *ail*, *bétail* et *travail*, v. ces mots.

ailleurs (par). — *Par ailleurs*, dit Littré, signifie « par une autre voie » : *Il faut faire venir vos lettres par ailleurs*. C'est probablement le seul sens qu'on lui attribuait jusqu'à la fin du siècle dernier ; le seul sens admissible, disent les puristes, qui condamnent la définition donnée par l'Académie : « d'un autre côté, pour un autre motif, par un autre moyen » : *Je l'ai trouvé très irrité et, par ailleurs, décidé à se retirer*.

L'usage, qui semble dater de notre siècle, a autorisé l'Académie à accepter ce nouveau sens. Voici des exemples cités par Le Gal et tirés d'académiciens : *Vasco Ortigao, très large d'intelligence et d'esprit pour se satisfaire d'ambitions personnelles, et par ailleurs nourri de toutes les théories et de tous les rêves* (Cl. Farrère, *le Chef*, 14-15). *Un feuillet de parchemin* [...] *nous donne un court fragment d'une chanson de geste par ailleurs inconnue* (J. Bédier, *les Légendes épiques*, 135). *Par ailleurs, devant la gare s'élevaient d'énormes lampadaires de simili-bronze* (L. Madelin, *les Heures merveilleuses d'Alsace et de Lorraine*, 128).

De nombreux écrivains ont employé ce *par ailleurs* décrié : *Par ailleurs, l'emploi de ce temps dans un style familier un récit de faits récents...* (A. Thérive, *Querelles de langage*, I, 38). *Après « Un recteur de l'île de Sein »,* je n'hésite plus à voir en M. Henri Quéffellec (dont j'ignore tout par ailleurs)... [René Lalou, dans *les Nouvelles littéraires*, 17-V-1945]. *M. Bergeret n'y vient plus, étant occupé par ailleurs* (M. Bedel, *Une enquête sur l'amour*, 69). A noter que dans ce dernier exemple on pourrait très bien supprimer *par* : *... étant occupé ailleurs*.

Ceux qui craignent d'offenser la grammaire peuvent employer les synonymes *d'autre part, en outre, d'un autre côté, ailleurs*, etc.

aimer. — **Aimer, aimer à, aimer de.** Quand *aimer* précède un infinitif, doit-on le faire suivre de la préposition *à*, ou de la préposition *de*, ou le construire sans préposition ? Doit-on écrire *aimer à jouer, aimer de jouer* ou *aimer jouer* ?

Aucune de ces formes n'est fautive, et elles se retrouvent sous la plume de bons auteurs : *Le capitaine aimait le taquiner dans les fins de dîner* (J. Gracq, *le Rivage des Syrtes*, 126). *Elle aimait à toucher mes objets de toilette* (H. Fauconnier, *Malaisie*, 65). *Il* [mon père] *aimait de soigner et de tripoter les malades* (G. Duhamel, *Inventaire de l'abîme*, 55).

L'usage paraît avoir opté pour **aimer à**, et le Dictionnaire de l'Académie donne une série d'exemples avec cette préposition. C'était déjà l'avis de Littré. Mais on évitera d'employer *à* devant une voyelle identique formant hiatus : *Il aime agir prudemment* (et non *à agir*...). *Aimer*, sans préposition, est encore fréquemment employé par les écrivains actuels : *Il aimait se raconter, se mettre en scène* (J. Romains, *Violation de frontières*, 23).

Aimer de fait précieux, quoique A. Dauzat le donne comme vulgaire, et se rencontre plus rarement : *On aimerait de ressusciter cet aimable archaïsme* (A. Hermant, *Xavier*, 167)

— **Aimer que** ou **à ce que.** La première expression est meilleure que la seconde, qui est plutôt du style populaire.

Après *aimer que*, le verbe se met au subjonctif : *Il aime qu'on le prévienne* (Acad.). *Elle étudiait ses défauts, elle aimait qu'on lui en fît des leçons sincères* (Bossuet ; cité par Bescherelle).

V. aussi À CE QUE.

— **Aimer mieux** s'emploie sans préposition. On dit *J'aime à jouer*, mais *J'aime mieux jouer*. V. PRÉFÉRER.

Aimer mieux... que est en général suivi de la préposition *de*, quand on veut exprimer une préférence de volonté : *Elle a mieux aimé rester vieille fille que de faire le mariage qu'on lui proposait* (Acad.). *J'aime mieux périr que de fuir devant l'ennemi. Nous aimons mieux tout risquer que de nous contraindre* (Bossuet ; cité par le Lar. du XXᵉ s.).

Il s'emploie sans préposition s'il s'agit d'une préférence de goût : *J'aime mieux rester à la maison qu'aller au cinéma l'hiver.*

Ces distinctions ne sont pas observées par l'usage, et *aimer mieux... que de* est plus courant qu'*aimer mieux... que.*

Si les deux termes de la comparaison renferment *que* et le subjonctif, il faut tourner la phrase autrement. En effet, on ne pourrait dire *J'aime mieux qu'il parte que qu'il l'épouse.* On dira donc, par exemple : *J'aime mieux qu'il parte que de le voir l'épouser.* Ou encore : *Il vaut mieux que l'innocent périsse que si toute la nation allait se révolter contre César* (Massillon).

ainsi. — **Ainsi que.** Après deux sujets au singulier réunis par *ainsi que*, le verbe se met au singulier si la comparaison est placée entre virgules : *Le français, ainsi que l'italien, dérive du latin* (Littré). *La force d'âme, ainsi que celle du corps, est le fruit de la tempérance* (P. Larousse).

Si l'on supprime les virgules, l'idée porte sur les deux sujets et le verbe se met au pluriel : *Le plaisir ainsi que la peine troublent l'âme.*

— **Ainsi donc** serait un pléonasme d'après Laveaux, mais il est admis par Littré avec une citation de Racine (*Esther*, II, ɪɪ) : *Ainsi donc, sans cet avis fidèle...*

— **Ainsi par exemple** est nettement pléonastique. On dira : *Par exemple, je vous citerai deux faits*, ou *Ainsi, je vous citerai deux faits*, mais on n'emploiera pas les deux adverbes ensemble.

— **Ainsi par conséquent** est également un pléonasme à éviter.

air. — **Avoir l'air.** S'il s'agit de choses, et avec le sens de « sembler, paraître »,

l'adjectif qui suit *avoir l'air* s'accorde avec son sujet : *Ces arbres ont l'air morts. Ces propositions ont l'air sérieuses* (Acad.).

S'il s'agit de personnes, l'accord se fait également avec le sujet quand on considère ce même sens de « sembler, paraître » et qu'on peut intercaler le verbe *être* entre *avoir l'air* et l'adjectif : *Cette jeune fille a l'air* [d'être] *sérieuse. Cette femme a l'air* [d'être] *bossue. Ils m'avaient l'air terriblement hardis* (A. France, *l'Étui de nacre*, 184). *Elle a l'air mal faite* (Acad.). On dira d'ailleurs aussi bien : *Elle a l'air d'être mal faite.*

Mais si l'on pense à « mine, physionomie, allure », l'accord se fait avec *air* : *Cette jeune fille a l'air sérieux* (c'est son air qui est sérieux). *Elle a l'air faux* (Acad.). *Elle a l'air parisien. Ils n'ont pas l'air triste* (P. Mille, *Barnavaux*, 157).

Si *avoir l'air* est suivi d'un complément, l'accord se fait obligatoirement avec *air* : *Elle a l'air sérieux comme un pape.*

Quand le cas présente quelque doute, il est préférable de faire accorder l'adjectif avec le sujet.

— **Avoir mauvais air** signifie « présenter mal ». **Avoir l'air mauvais** se dit de qui a l'air méchant, redoutable.

— **Avoir l'air faux,** c'est paraître hypocrite. **Avoir un faux air de...,** c'est avoir les apparences de...

aisance s'emploie au pluriel dans *cabinets, fosse, lieux d'aisances.*

aise est du *féminin* : *Avoir ses aises, toutes ses aises* (et non *tous ses aises*). Adj. : *Nous sommes bien aises.*

ajouter. — *Ajouter*, c'est « joindre, mettre en plus » : *Ajouter 100 francs. Ce passage a été ajouté à ce livre.*

— On dit également **ajouter à** au sens d'« augmenter » : *La modestie ajoute au mérite* (Nouv. Lar. univ.). *Le malheur ajoute à la renommée des grands hommes* (Lar. du XXᵉ s.). *Votre départ a ajouté à mon affliction* (Littré).

ajustage - ajutage - ajustement. — L'*ajustage* est l'action d'ajuster, d'adapter une pièce à l'endroit qu'elle doit occuper dans une machine, un instrument : *L'ajustage d'une lentille, d'un fusil. L'ajustage des deux mors d'une pince.*

Un **ajutage** est un petit tuyau fixé à l'extrémité d'un tube d'écoulement, d'une lance d'arrosage par exemple, pour en régulariser ou en modifier le débit : *Un ajutage en pomme d'arrosoir. Un ajutage pour jet filiforme.*

— Ne pas confondre, au sens technique, *ajustage* avec **ajustement,** qui désigne l'action de rendre juste : *L'ajustement d'une balance.*

Ajustement a, entre autres sens, celui de « conciliation, accommodement » : *Trouver des ajustements dans cette affaire;* et aussi de « parure » : *Elle n'est pas belle, elle a besoin d'ajustement* (ou *d'ajustements*).

-al. — Voici une liste des mots qui font leur pluriel en *-als* (et non en *-aux*) : *aval, bal, bancal, cal, caracal, carnaval, cérémonial, chacal, choral, copal, fatal, festival, final, foiral, gavial, glacial, jovial, mistral, narval, natal, naval, nopal, pal, récital, régal, rorqual, serval, sisal, tonal, tribal.*

Il y a hésitation pour : *austral, boréal, étal, idéal, matinal, pascal, val,* qui font leur pluriel en *-als* ou en *-aux.*

alaise (Acad.), « drap plié qu'on met sous un malade », est préférable à *alèse* ou *alèze,* ce mot représentant une variante de l'ancien français *laise* (XVIᵉ s.; lat. pop. *latia*), par agglutination de l'*a* de l'article : *la laise.*

albâtre est du *masculin.*

album. V LATINS (Mots).

alcool. — Dans ce mot, comme dans ses dérivés (*alcoolat, alcoolique, alcoolisme*), le groupe *-coo-* se prononce *-ko-.*

alcoolique - alcoolisé. — Un liquide **alcoolique** contient naturellement de l'alcool : *Il ne faut pas abuser des boissons alcooliques.*

Alcoolisé se dit d'un liquide auquel on a ajouté de l'alcool : *Boire une tisane alcoolisée.*

alcôve est du *féminin : Aménager une alcôve.*

aldéhyde est en pratique du *féminin.* (Etymologiquement [c'est une contraction d'*alcool déshydrogéné*], ce mot devrait être du masculin.)

aléa (du lat. *alea,* coup de dé) est du masculin et signifie « chance bonne ou mauvaise, hasard » : *Il y a beaucoup d'aléa dans cette affaire* (Acad.). *N'entreprenez pas cette affaire, elle présente trop d'aléa* (Bescherelle). *Dans toute affaire, il y a une part d'aléa* (Lar. du XXᵉ s.).

Il s'emploie surtout au pluriel : *Diverses professions, leurs avantages, leurs aléas* (J de Lacretelle, *Silbermann,* 18).

Se garder d'employer *aléas* au sens d'« aventures, ennuis, embûches ».

alêne, « poinçon », s'écrit avec un accent circonflexe sur l'*e.*

alentour signifie « aux environs » : *Mon interlocuteur [...] jeta ses regards alentour comme pour s'assurer de notre solitude* (G. Duhamel, *Civilisation,* 75-76). *Tourner, rôder alentour* (Lar. du XXᵉ s.). *Les bois d'alentour* (Acad.), c'est-à-dire « des environs ».

Alentour ne s'emploie plus avec un complément, comme dans cette phrase de Charles-Louis Philippe (*Bubu de Montparnasse,* 223) : *Mais ces paroles dominaient l'air alentour de leurs faces.* On dit aujourd'hui *autour de.*

Naturellement, il est correct de dire : *On voyait alentour des gens à mine patibulaire,* parce que dans ce cas-là *des gens* est le complément de *voyait* et non d'*alentour* (on voyait des gens à mine patibulaire alentour).

— Les locutions **à l'entour, à l'entour de** ont vieilli : *Tourner, rôder à l'entour* (Acad.). *Fait résonner sa queue à l'entour de ses flancs* (La Fontaine, *Fables,* « le Lion et le Moucheron »). On les remplace par *autour, autour de.*

— **Alentours,** « lieux circonvoisins », peut s'employer avec un complément. Il n'a pas de singulier et doit être précédé de l'article : *Les alentours de la ville* (Littré). *L'ennemi infestait tous les alentours* (Id.). *Les alentours de ce château sont magnifiques* (Acad.). *Elle fait loucher les hommes, sourire jaune les femmes et enrager les commerçants des alentours* (G. Geffroy, *l'Apprentie,* 152). Au figuré : *S'attarder aux alentours d'un sujet* (Acad.).

alezan. — On écrit : *Des chevaux alezans,* mais *Des chevaux alezan clair, doré, foncé.* On dit aussi : *La couleur alezan.*

V. aussi COULEUR.

algèbre est du *féminin*.

alizé s'écrit avec un *z* (Acad.).

allégement s'écrit avec un accent aigu (Acad.). [L'accent grave serait plus normal ; cf. *allèchement*.]

alléger - allégir. — **Alléger**, c'est soulager d'une partie d'un fardeau : *Alléger un bateau* (Acad.). *Alléger la charge d'un vieillard.*

Allégir, qui est moins employé, signifie « diminuer le volume, l'épaisseur, pour rendre plus léger » : *Allégir une poutre, une pièce de bois. Allégir un châssis* (Littré).

allégrement s'écrit avec un accent aigu (Acad.).

allégro. — Employé adverbialement, *allégro* conserve sa forme italienne et ne prend pas d'accent : *Jouer « allegro »,* « *allegro assai* ». On le fait alors ressortir dans le texte, en le mettant en italique par exemple.

S'il est employé substantivement, *allégro* est alors francisé et prend un accent aigu sur l'*e*, et, au besoin, la marque du pluriel : *Jouer un allégro* (Acad.). *Des allégros* (Id.). *Cet allégro a été magnifiquement enlevé. Préférer les andantes aux allégros.* On ne le différencie pas dans le texte.

Si le substantif *allégro* est suivi d'un mot italien qui le modifie, il faut maintenir la forme italienne pour les deux mots : *Un « allegro assai ».*

Cette règle est valable pour d'autres mouvements, tels *accelerando, adagio, allegretto, andante, moderato,* etc.

alléluia est un mot hébreu francisé. On prononce *al-lé-lui-ya* (Acad.) ou *lou-ya* Plur. *des alléluias.*

aller. — **Conjugaison :** *Je vais, tu vas, il va, nous allons, vous allez, ils vont. J'allais, nous allions. J'allai, nous allâmes. Je suis allé, nous sommes allés. J'irai, nous irons. J'irais, nous irions. Va, allons, allez. Que j'aille, que nous allions. Que j'allasse, qu'il allât, que nous allassions. Allant, Allé, e.*

— L'impératif *va* prend normalement un *s* devant *y* et *en* pronoms : *Tu veux y aller, vas-y. Vas-en chercher* (Lar. du XXe s.). Mais devant un infinitif, on supprime souvent l'*s*, qui fait familier : *Va y voir. Va en chercher*

On écrit *va-t-il* (avec *t* euphonique et

deux traits d'union) et *allons-nous-en.*

— Par raison d'euphonie, on supprime l'*y* devant le futur *irai, ira : Ira-t-il à Rome? — Il ira* (Acad.)

— La forme **je fus,** pour *j'allai,* n'est plus guère employée : *Je fus au théâtre. Je fus déjeuner chez un ami.*

— **A Dieu vat** (« à Dieu il va ») est une forme figée, mais on écrit aussi *A Dieu va* (Acad., à DIEU).

— **Je suis allé - j'ai été.** Les grammairiens ont établi une distinction entre *je suis allé* et *j'ai été. J'ai été à Lyon* impliquerait qu'on n'y est plus et que l'on est allé dans un autre endroit ; *Je suis allé à Lyon* signifierait qu'on a quitté un endroit pour se rendre à Lyon.

En fait, cette distinction n'est pas observée, et les deux expressions sont employées indifféremment. *J'ai été* est considéré par les uns (Martinon) comme du langage familier ; d'autres (Brunot et Bruneau) pensent que *je suis allé* a quelque chose de prétentieux.

— **Aller au coiffeur...** *Aller au coiffeur, au dentiste,* etc., est considéré comme du langage populaire : *Maman allait le moins possible « au boucher »* (Fr. Mauriac, *le Nœud de vipères,* 27). *Aller chez le coiffeur, chez le dentiste,* etc., est seul correct, *aller à* ou *au* étant réservé aux choses : *Aller à la messe, au sermon, à confesse* (Acad.). *Aller à l'eau, au bois, au combat, au bain,* etc.

Aller au ministre, à l'évêque, n'a qu'une analogie avec *aller au coiffeur,* et signifie « s'adresser à ».

A noter qu'on ne va pas *à l'épicier, au boulanger,* mais *à l'épicerie, à la boulangerie,* etc., et que pour le coiffeur, la modiste, le tailleur, la manucure, etc., c'est le même mot qui désigne l'artisan et la profession. Il est probable que si les mots *coifferie, dentisterie,* etc. existaient, on n'hésiterait pas à dire *Je vais chez le coiffeur, chez le dentiste,* etc., et *à la coifferie, à la dentisterie,* etc.

— **Aller à** ou **en bicyclette.** *Aller* (*voyager, circuler,* etc.) *en bicyclette* est une expression formée sur *aller en voiture, en bateau,* etc. Les grammairiens veulent qu'on dise *aller à bicyclette,* comme on dit *aller à cheval.* Et le *Dictionnaire de l'Académie* donne en exemple : *Aller à pied, à âne, à bicyclette, en voiture, en automobile, en bateau, par la diligence.*

En effet, si nous considérons qu'*en* signifie « dans », et que nous voyageons bien *dans* une voiture ou *dans* un bateau, il est impossible d'admettre que nous montions dans une bicyclette. *Aller à*, en l'occurrence, a le sens d'*aller sur*. On est *sur* une bicyclette comme on est *sur* un cheval. (Ceux qui admettent *en* pour *à* estiment que « la préposition n'exprime nullement la situation à l'intérieur du véhicule, mais le *moyen*, le mode de transport ».)

Cette remarque est également valable pour aller *à motocyclette, à scooter, à skis.*

— **Aller à, en, au.** Si quitter son pays c'est *partir pour...*, c'est aussi *s'en aller à..., en..., au...*

En règle générale, on emploie aujourd'hui *au* devant un nom de pays, quand il est du masculin et qu'il commence par une consonne : *Aller au Japon, au Mexique, au Canada, au Danemark.* (On dit, pour les provinces : *Aller dans le Perche, dans le Maine.*)

Aller en s'emploie devant un nom féminin et aussi devant un nom masculin commençant par une voyelle : *Aller en France, en Normandie, en Europe, en Chine, en Annam.*

Autrefois, on employait plus souvent *en*, et l'on disait *en Danemark, en Portugal,* etc. Il reste de cette construction *en Béarn, en Périgord,* etc.

On n'emploie plus aujourd'hui que *aller à* devant les noms de ville : *Aller à Paris, à La Flèche, à Evreux, au Havre.*

V. aussi EN.

S'il s'agit de départements, on emploie *dans* pour les noms masculins et féminins simples (*Aller dans le Nord, dans la Dordogne*), ainsi que pour les noms composés ne comptant pas *et* (*Aller dans les Deux-Sèvres, dans les Hautes-Alpes, dans la Charente-Maritime, dans la Seine-Maritime;* on dira toutefois aussi bien *en Charente-Maritime, en Seine-Maritime*). Si les deux éléments sont réunis par *et*, on se sert de la préposition *en : Aller en Eure-et-Loir, en Lot-et-Garonne, dans le département de* (et non *du*) *Lot-et-Garonne.*

V. aussi EN.

— **Aller sur ses vingt ans** est du style familier. Il faut dire *Avoir bientôt vingt ans.*

— **Aller - venir.** V. VENIR.

— **S'en aller.** L'impératif de *s'en aller* est *va-t'en* (trait d'union et apostrophe, puisque dans ce cas *t* est pronom, et n'est pas seulement euphonique, comme dans *s'en va-t-en guerre*).

— Il est d'usage de dire **Je m'en suis allé,** *nous nous en sommes allés, elles s'en sont allées* (Acad.), plutôt que *Je me suis en allé, nous nous sommes en allés, elles se sont en allées.* La particule *en* doit toujours être placée immédiatement après le second pronom personnel (Littré).

Toutefois, la construction incriminée tend à s'implanter dans la langue : *Dieu! comme il se sera brusquement en allé* (V. Hugo, *Le roi s'amuse,* V, III).

On rencontre parfois le participe *en allé* pris adjectivement : *Elle considérait cette face de cire qui était sa mère en allée* (R. Chauviré, *Mademoiselle de Boisdauphin,* 86). *Je me souviens des heures en allées* (A. Gide, *les Nourritures terrestres,* 174).

— Les expressions **Je m'en vais vous le dire,** *Je m'en vais vous le démontrer, On s'en va répétant sans cesse,* etc. (dans lesquelles il n'y a pas départ), sont des archaïsmes qu'on ne rencontre plus guère que dans la langue populaire. On dit plutôt : *Je vais vous le dire, Je vais vous le démontrer, On va répétant sans cesse,* etc.

Mais *Je m'en vais dîner, travailler,* etc. (où il y a départ), sont d'aussi bon français que *Je vais dîner, travailler,* etc.

— **Faire en aller.** L'expression correcte serait *faire s'en aller : Comment faire s'en aller de pareils locataires?* Mais dans le langage familier on supprime le pronom réfléchi : *Faire en aller les punaises, les rousseurs, la fièvre* (Acad.). *Un acide pour faire en aller les taches* (Id.). *Les pleurs que le bon Horace a fait en aller dans un souvenir* (G. Flaubert, *Correspondance,* I, 159).

— **Aller et retour** est *invariable : De fréquents aller et retour.*

allier. — **Allier à** ou **avec.** On emploie *allier à* quand on veut indiquer que les personnes ou les choses qu'on allie (au propre et au figuré) ont un rapport, une compatibilité, une tendance qui les dispose à être liées : *Allier le cuivre à l'étain. Allier la force à la prudence* (Acad.). *Il est aisé d'allier les maximes de l'Evangile à celles des stoïciens* (Laveaux). *Noble qui s'allie à un autre noble.*

Allier avec suppose que les personnes ou les choses qu'on allie sont de nature différente ou n'ont entre elles aucun rapport qui les dispose à être alliées : *Il est difficile d'allier le fer avec l'or* (Laveaux). *Le vice ne peut pas s'allier avec la vertu. Allier les plaisirs avec les devoirs* (Acad.). *Un homme pauvre qui s'allie avec une famille riche.*

allô s'écrit avec un accent circonflexe sur l'*o.*

allonge. V. RALLONGE.

allonger - rallonger. — **Allonger,** c'est « rendre plus long » : *Allonger une barre de fer en la forgeant. Cette corde s'est allongée* (Acad.).

Rallonger s'emploie plutôt quand il s'agit de rendre plus long en ajoutant quelque chose : *Ce rideau est trop court, il faut le rallonger* (Acad.). *Rallonger une jupe, une table* (Lar. du XXᵉ s.).

Dans le cas d'un liquide, on emploie plutôt *allonger : Allonger une sauce. Il l'allongea* [le cognac] *d'un peu d'eau* (M. Van der Meersch, *l'Empreinte du dieu,* 113).

— Par analogie avec *les jours diminuent,* on dit *les jours allongent* (*C'est la saison où les jours allongent* [J. Romains, *Prélude à Verdun,* 166]), mais il serait plus correct, d'après Littré, de dire *les jours s'allongent : Les jours s'allongent du solstice d'hiver au solstice d'été.*

— V. aussi RALLONGE.

allumer. — *Allumer la lumière* est admis (Hanse), tout comme *allumer l'électricité* (Acad.), quoique ce ne soit ni la lumière, ni le pétrole, ni l'électricité qu'on allume, mais une lampe, un flambeau, etc.

On dira toujours mieux *Donner de la lumière.*

alluvion est du *féminin.*

almanach. — La prononciation correcte est *al-ma-na* (et non *al-ma-nak,* influence de la graphie), sauf quand ce mot est en liaison avec une voyelle : *Un almana(ch)-k-ancien.*

alors se prononce *a-lor,* même devant une voyelle.

— **Jusqu'alors - jusqu'à présent.** Quand il s'agit d'événements passés, on emploie *jusque* avec *alors : Jusqu'alors, on n'avait rien de mieux. Il avait été maltraité jusqu'alors,* c'est-à-dire jusqu'au moment dont on parle.

Mais on dira : *Jusqu'à présent, je n'ai rien vu de mieux. On l'a maltraité jusqu'à présent,* c'est-à-dire jusqu'à maintenant.

alpaga est l'orthographe donnée par l'Académie et qui correspond à la prononciation *alpaca.* La graphie *alpaca* est néanmoins bonne, puisque ce mot est tiré du quichua (langue de l'Amérique du Sud) *allpaca.*

alphabet. — Le genre des lettres *f, h, l, m, n, r, s* (prononcées *èf, èl*...) n'est pas parfaitement fixé dans l'usage : *F latin, s latin* (Brunot et Bruneau, *Grammaire historique*). *H aspirée* (Id., *Ibid.*). *F* n. m. et f. (Acad.). *F* n. f. (Littré). *F* n. f. ou n. m. (Lar. du XXᵉ s.).

Toutefois, aujourd'hui, dans la langue parlée comme dans la langue écrite, « l'usage est assez général [...] de donner aux noms des consonnes, quelles qu'elles soient (épellation traditionnelle), le genre masculin » (Grevisse) : *Un « s » majuscule. Un « h » muet. On prononce l'« n » final* (A. Hermant, *Xavier,* 28). *On peut prolonger un « ch », un « r », un « f »...* (A. Dauzat, *Grammaire raisonnée,* 32). *L'« h » aspiré* (Id., *Ibid.,* 34). *L'« h » devenu inutile; l'« n » dit vélaire* (Ch. Bruneau, *Petite Histoire de la langue française,* I, 20).

alternative. — Ce mot contient l'idée de deux choses, souvent opposées, entre lesquelles on doit opter, comme dans : « *Resterai-je à la maison ce soir ou irai-je au théâtre ?* » Ce sont les deux éventualités contenues dans cette phrase qui constituent l'alternative. On ne pourrait donc ajouter : « *J'hésite entre ces deux alternatives* », non plus que : « *La deuxième alternative (aller au théâtre) me sourit beaucoup.* » Il n'y a pas deux alternatives, mais *une* alternative *de deux* possibilités.

On dira donc : « J'hésite devant cette alternative » ou « La deuxième éventualité me sourit beaucoup. »

Pol Neveux a eu tort d'écrire (*Golo*, 108) · *Etait-ce Cendrine ou son mari qui avait fermé la fenêtre à sa venue? Il rumina des alternatives toute la nuit.* Et cet autre romancier contemporain : *J'envisageai les deux alternatives : ou Clodius est mort ou Clodius n'est que blessé.*

En revanche, Sainte-Beuve écrit très bien (*Causeries du lundi*, VIII) : *On n'a qu'à choisir entre l'alternative d'être pris sur l'eau et se rendant aux galères, ou d'être assassiné par les Sarrasins au débarquement.* Et Paul Colin (*les Jeux sauvages*, 226) : *Quelle alternative : la prison ou la mort!*

Le Dictionnaire de l'Académie donne un bon exemple : *On lui a proposé de partir secrètement ou de se cacher; il est embarrassé sur l'alternative.* Pierre Larousse également, avec une citation d'Emile de Girardin : *Une grande nation n'a que cette seule alternative : conquérir ou civiliser.*

S'il y a retour d'alternative, on peut naturellement employer le pluriel : *La maladie peut évoluer par poussées, avec des alternatives d'aggravation et d'amélioration.*

V. aussi DILEMME.

— Alternative - alternance. Ces deux paronymes se confondent souvent dans l'usage. Il n'est d'ailleurs pas toujours facile de les distinguer dans certains cas, car l'un et l'autre comportent l'idée de « succession », de « retour successif ». Toutefois, *alternative* (qui implique surtout aujourd'hui l'idée de « choix ») semble devoir s'effacer peu à peu devant *alternance* (introduit seulement en 1932 dans le Dictionnaire de l'Académie) : *La vie est une alternative de peine et de plaisir* (Acad.). *Des alternatives de pluie et de beau temps* (Lar. du XXᵉ s.). *Cette alternative de doute et de foi a fait longtemps de ma vie un mélange de désespoir et d'ineffables délices* (Chateaubriand, *Mémoires d'outre-tombe*, VI, 177). *Le spectacle des peines nécessaires pour recueillir les moindres biens, si souvent mis en péril par les alternatives du cli-*

mat (Balzac, *le Lys dans la vallée*, 118). *La France, blessée à mort, traîne dans des alternatives de fureur et d'abattement* (A. France, *l'Orme du mail*, 218). *— L'alternance des rimes féminines et masculines. La fréquente alternance des couches dures et tendres. Cette masse rouge qui offrait dans les alternances de sa couleur des parties roses* (G. Flaubert, *Bouvard et Pécuchet*, 46). *Tranquille alternance des jours* (A. Gide, *les Nourritures terrestres*, 193). *Rien ne m'importait plus que leur diathèse primitive et les alternances de foi et de raison qu'elles ont pu subir* (A. Thérive, *Sans âme*, 32). *On ne saurait mieux indiquer d'un seul mot la régulière alternance des mouvements atmosphériques qui constituent la mousson* (P. Duvergé, dans le *Larousse Mensuel*, p. 169, nov. 1952).

alvéole (lat. *alveolus* n. m.) est du masculin : *Chaque abeille a son petit alvéole* (Acad.).

amadou. — Les dérivés sont *amadouer, amadoueur, amadouement*, mais le champignon dont est tiré l'amadou s'appelle *l'amadouvier*.

amalgame est du *masculin*.

amarante est invariable : *Des étoffes amarante.*

(A noter la dernière syllabe *-te* [et non *-the*, orthographe antérieure à 1798].)

V. aussi COULEUR.

amateur n'a pas de correspondant féminin. On dit : *Cette femme est un amateur averti. Elle était amateur de bibelots en porcelaine. Musicienne amateur* (Lar. du XXᵉ s.).

A. Dauzat note qu'*amateuse* gagne du terrain (*le Génie de la langue française*, 11).

Rousseau a employé *amatrice*, ainsi que V. Margueritte (*la Garçonne*, 18) : *La dogaresse amatrice.* Mais cette forme n'est pas à conseiller

ambages ne s'emploie plus guère aujourd'hui que dans la locution **sans ambages** (au pluriel) : *Avouer sans ambages* (Acad.).

ambiant. — **Milieu ambiant** ne peut se dire, puisque *ambiant* signifie lui-même « qui entoure, qui circule autour » : *La température ambiante,* les influences ambiantes (Acad.). *Les réchauds vicient l'air ambiant* (Lar. du XXe s.).

On dira très bien : *Il ne put résister aux influences de son milieu*, ou *aux influences ambiantes*, ou encore *à l'ambiance de son milieu*.

ambigu. — Au féminin, le tréma se met sur l'*e* final (et non sur l'*u*) : *ambiguë*.

Le substantif **ambiguïté** prend un tréma sur l'*i*, et l'on prononce *gu-i*.

V. aussi EXIGU.

ambre est du *masculin : Ambre gris.*

aménager - emménager. V. EMMÉNAGER.

amener - emmener. — Ces deux verbes sont proprement des contraires.

Amener, c'est « faire venir avec soi au lieu où l'on doit se trouver au moment où l'action sera accomplie » : *Je vous amène mon ami* (Gr. Lar. encycl.). *Je l'amènerai dîner chez vous* (Littré).

Emmener, c'est « mener d'un lieu où l'on est dans un autre » : *Quand cet employé a quitté cette maison, il a emmené tous les clients* (Acad.). *Emmène-moi au théâtre.*

En résumé, ce qui différencie *amener* et *emmener*, c'est que dans *amener* on considère le point d'arrivée, et dans *emmener* le point de départ.

V. aussi APPORTER.

amerrir. — L'orthographe correcte d'*amerrir* (« reprendre contact avec l'eau » en parlant d'un hydravion) serait *amérir*, mais ce mot, ayant subi l'influence d'*atterrir*, s'écrit avec deux *r*.

améthyste. — En plus de la difficulté d'orthographe, se rappeler que ce mot est du *féminin.*

ami. — **Ami avec** est critiqué, quoique Littré l'ait admis : *Claveret, avec qui il était ami...* (Voltaire). Il est préférable de dire : *Claveret, qui était son ami...*

amiante est du *masculin.*

amidonner - empeser. — **Amidonner** dit moins qu'*empeser*; c'est simplement passer à l'amidon cru : *Amidonner légèrement un col*

Empeser, c'est enduire d'amidon cuit, ou empois, un tissu, de telle sorte qu'il durcisse et se tienne raide au repassage : *Empeser un plastron, une paire de manchettes*

ammoniac - ammoniaque. — **Ammoniac** est un nom *masculin* désignant un composé d'azote et d'hydrogène qui est un gaz à la température ordinaire.

Ammoniaque est un nom *féminin* qui désigne la solution d'ammoniac dans l'eau. Dans la langue parlée, on précise souvent *gaz ammoniac*, pour qu'il n'y ait pas de confusion avec l'*ammoniaque liquide*, la prononciation de ces deux mots étant la même.

amnistie - armistice. — Ces deux mots ne sont guère confondus que dans la langue populaire.

Une (*féminin*) **amnistie** (du gr. *amnêstia*, oubli) est un acte du pouvoir législatif qui efface un fait punissable, arrête les poursuites, annule les condamnations : *Ceux qui furent exceptés de l'amnistie* (Acad.). *Ils furent compris dans l'amnistie* (Littré).

Un (*masculin*) **armistice** (du lat. *arma*, armes, et *sistere*, arrêter) est une suspension d'armes, une interruption momentanée des hostilités par accord mutuel : *Le plus important des armistices conclus pendant la Première Guerre mondiale fut signé le 11 novembre 1918. Dénoncer, rompre l'armistice* (Acad.).

amoral. V. IMMORAL

amour. — *Amour* est masculin au singulier comme au pluriel dans son acception générale : *Son grand amour pour les arts, pour la patrie. Un premier amour* (Acad.) *De tous les amours, l'amour du jeu est le plus répréhensible.*

Il est masculin au singulier et féminin au pluriel au sens de « passion d'un sexe pour l'autre » : *Un amour coupable. De nouvelles amours* (Acad.) *De mutuelles amours* (Littré).

En poésie, on fait parfois *amour* féminin au singulier comme au pluriel : *Une amour violente* (Acad.)

Toutefois, il reste au masculin quand il désigne des représentations du petit dieu Amour : *Peindre, sculpter des Amours* (Acad.) [en ce sens, il est d'usage de mettre une majuscule]

NOTA. — Ces distinctions de genre selon le nombre, qui datent du XVIe siècle (*amour,* féminin dès l'origine, est tiré du latin *amor,* qui est masculin), ne sont pas toujours observées. On tend même, aujourd'hui, à faire toujours *amour* du masculin. On écrira, en tout cas : *Ceux de ses amours qui contribuèrent à inspirer le poète.*

amphitryon. — Difficulté d'orthographe pour le placement de l'*y.* (Ne pas écrire *amphytrion.* Le préfixe *amphi-* ne prend d'ailleurs jamais d'*y;* cf. *amphibie, amphithéâtre,* etc.)

Au féminin, on dit généralement *hôtesse* (plutôt qu'*amphitryonne*).

amygdale. — Dans ce mot, le *g* doit se faire entendre. La prononciation *a-mi-dal'* est familière.

an - année. — Ces deux synonymes sont parfois difficiles à différencier.

An s'emploie surtout pour compter ou pour marquer une époque, et aussi dans les expressions proverbiales et stéréotypées : *Avoir vingt ans. L'an II de la République. L'an 1956. Gagner tant par an. Service de bout de l'an. Une fois, deux... fois l'an.*

Il n'admet que très rarement une épithète. On ne dira pas *bon an* (sauf dans la locution *bon an mal an*), *un an abondant, un an heureux,* mais *une bonne année, une année abondante, une année heureuse* (Littré).

Année désigne « la période annuelle relativement à ses divisions, aux événements qui se sont succédé dans cette période, aux résultats qui l'ont signalée » : *Avoir vingt ans dans l'année. Mes années de jeunesse. L'année du grand hiver* (Acad.). *Voilà bien des années qu'il est parti* (Lar. du XXe s.).

On dit aussi bien *l'an prochain* que *l'année prochaine,* et *le nouvel an* que *la nouvelle année.*

An tend de plus en plus à être remplacé par son synonyme *année* (Acad.).

anachorète. — Dans ce mot et ses dérivés, le groupe *-cho-* se prononce *ko.*
— V. aussi CÉNOBITE.

anachronisme désigne « toute erreur dans la date des événements » : *Rendre contemporains des auteurs de deux siècles différents, c'est commettre un grossier anachronisme* (Lar. du XXe s.). *Les peintres italiens ont fait beaucoup*

d'anachronismes dans le costume (Acad.).

Les mots *prochronisme* (erreur « avant ») et *parachronisme* (erreur « après ») sont peu employés.

— Le groupe *-chro-* se prononce *kro.*

anagramme est du *féminin,* de même qu'*épigramme,* alors que des mots analogues, comme *programme, diagramme, télégramme,* etc., sont du masculin.

analogue - identique. — Analogue se dit d'une chose qui a un rapport quelconque de similitude, une ressemblance avec une autre, alors qu'*identique* se dit de choses qui sont exactement semblables : *Le B, le D, le T sont des consonnes analogues* (Acad.). *Citer un cas analogue* (Lar. du XXe s.). *Ces deux articles de loi sont identiques* (Littré). *Vous croyez avancer deux propositions différentes, mais elles sont identiques, parfaitement identiques* (Acad.).

analphabète - illettré. V. ILLETTRÉ.

ananas. — L's ne se prononce pas (*a-na-na*).

ancêtres. — Ce nom, masculin pluriel, peut également s'employer au singulier : *D'ancêtre en ancêtre* (Montesquieu, *Lettres persanes,* 39). *L'ancêtre se coucha, par les siècles dompté* (Leconte de Lisle, *Poèmes barbares,* 6). *Et moi aussi, je suis un ancêtre* (Acad.).

Le féminin est rare et n'est pas à conseiller : *La glorieuse ancêtre de Votre Majesté* (Littré). *La Ziggourat, cette ancêtre des grands travaux* (Daniel-Rops, *Histoire sainte,* le Peuple de la Bible, I, 101 ; cité par Grevisse).

ancre est du *féminin : Une ancre de paquebot.*

andante. — On prononce *an-dant'* et l'on écrit au pluriel *andantes : De beaux andantes* (Acad.).

V. aussi ALLÉGRO.

anesthésiant - anesthésique. — Ces deux mots sont synonymes. Toutefois, **anesthésiant** dit moins et indique une anesthésie incomplète ou accidentelle : *La coca est un anesthésiant de la muqueuse buccale.* Au figuré : *L'influence anesthésiante de l'habitude* (M. Proust, *Du côté de chez Swann,* I, 21).

Anesthésique est surtout du langage chirurgical : *Le pentothal est un anesthésique. Une solution, une piqûre anesthésique.*

anévrisme est l'orthographe de l'Académie. (On n'écrit plus *anévrysme*, qui a été éliminé du Dictionnaire de l'Académie en 1877.)

ange est du *masculin*, même quand il s'agit d'un personnage féminin : *Cette femme est un ange.*

Le féminin s'est employé, mais n'est guère à conseiller : *Cette ange de la pensée* (Ch. Nodier, *la Neuvaine de la Chandeleur*, 14). *L'ange envahie par les premiers symptômes de l'indigestion* (G. Flaubert, *l'Éducation sentimentale*, I, 155).

anglais (Mots). — Pour les mots anglais dont est parsemée la langue française, la difficulté porte surtout sur la formation du pluriel. En général, le pluriel de la langue d'origine est d'usage : un *sportsman*, des *sportsmen* ; un *wattman*, des *wattmen* ; un *baby*, des *babies* ; une *garden-party*, des *garden-parties* ; un *match*, des *matches* ; un *sandwich*, des *sandwiches* ; un *box*, des *boxes* ; etc.

Il n'est toutefois pas incorrect d'écrire à la française : des *wattmans*, des *babys*, des *matchs* ou des *sandwichs*.

— A noter que dans les mots composés seul le second élément prend la marque du pluriel : des *horse-powers*, des *pipe-lines*, etc.

anglaiser - angliciser. V. AUTOCHTONE.

angora. — On dit un, une *angora*, ou un *chat*, une *chatte angora* ; des *chats*, des *chattes angoras*.

anicroche est du *féminin*.

anis. — L's ne se prononce pas (*a-ni*), sauf dans le Midi (*a-niss*).

annales n'a pas de singulier.

année. V. AN.

annexé. — Ci-annexé. V. JOINDRE (*Ci-joint*).

anniversaire contient le radical *année* et rappelle le souvenir d'un événement arrivé à pareil jour *une* ou *plusieurs* années auparavant : *Le jour anniversaire de cet accident. Fête anniversaire* (Acad.). *C'est aujourd'hui mon anniversaire, mon quarante-sixième anniversaire. L'anniversaire d'une victoire* (Gr. Lar. encycl.).

V. aussi COMMÉMORER.

annonceur - annoncier. — L'**annonceur** est celui qui fait paraître une annonce dans un journal : *Un annonceur grincheux.* C'est aussi le nom qu'on donnait à l'acteur chargé d'annoncer au public la pièce du lendemain.

L'**annoncier** est celui qui est chargé des annonces dans un journal, ou encore l'ouvrier qui les compose.

anoblir - ennoblir. — La distinction entre ces deux termes (consacrée par l'Académie en 1694) n'a pas toujours existé. Pendant longtemps, *anoblir* fut seul employé, indifféremment avec les deux sens. « Bien qu'arbitraire en soi, dit Littré, cette distinction est actuellement reçue, et il faut la suivre. » On ne dit plus, avec Montaigne (*Essais*, I, 70) : *Les difficultés anoblissent, aiguisent et rehaussent la vertu*, ou avec J.-J. Rousseau (*la Nouvelle Héloïse*, V, 13) : *L'amour n'anoblit-il pas tous les sentiments ?*

Aujourd'hui, **anoblir** est réservé pour le sens propre, ne se dit que des personnes et signifie « conférer un titre de noblesse » : *Son ancêtre fut anobli par Louis XIV*

Ennoblir (prononc. *an-no-*) s'emploie seulement au figuré, pour désigner la noblesse morale (éclat, considération, importance qu'on donne à une chose) : *Les bons sentiments ennoblissent l'homme. Comme la cime de ses bannières s'ennoblit pour nous d'un reflet du plus grand prix* (J. Gracq, *le Rivage des Syrtes*, 8).

Primitivement, *anoblir* était orthographié *annoblir* et se prononçait comme *ennoblir*. Cette prononciation identique les a longtemps fait confondre.

anomal - anormal. — Le premier de ces mots, **anomal**, n'est pas d'un usage aussi courant que le second. C'est un terme didactique qui suppose un fait exceptionnel s'écartant de la norme, de la règle habituelle : *Fleurs anomales* (Acad.). « *Aller* » est un verbe anomal (Littré).

Le second terme, **anormal**, désigne « ce qui est contraire à la norme et dépasse la commune mesure » : *Faire de la nuit le jour et du jour la nuit est* *un régime anormal et dangereux* (Lar. du XXᵉ s.). *Un enfant anormal* (Acad.). *Cette maladie suit une marche anormale* (Id.).

— *Anormal* n'ayant pas de substantif correspondant, on se sert d'**anomalie**, qui est celui d'*anomal* : *L'anomalie de cette situation.*

anonyme - apocryphe. — Est **anonyme** ce qui est sans nom d'auteur : *Œuvre, écrit anonyme Lettre anonyme* (Acad.). *Pamphlet, tableau anonyme* (Lar. du XXᵉ s.). On dit également *Auteur anonyme.*

Apocryphe (du gr. *apokruphos*, caché) se dit de ce qui ne paraît pas authentique, de ce qui est suspect, douteux : *Histoire apocryphe* (Acad.). *Livre, anecdote, auteur apocryphe* (Lar. du XXᵉ s.).

Un écrit *anonyme* (c'est-à-dire non signé) attribué à quelque personnage peut être un document *apocryphe.*

Dans la phrase suivante (Balzac, *la Rabouilleuse*, 151), *apocryphe* est employé improprement : *Cette population apocryphe qui se rencontre dans presque toutes les villes et où dominent un ou deux juifs.* (*Anonyme* serait plus exact, au sens figuré de « sans personnalité ».)

— On dit aussi bien **garder l'anonyme** que **garder l'anonymat**, *sous le voile de l'anonyme* que *de l'anonymat* (Acad.).

anormal. V. ANOMAL.

antan signifie proprement l'« année d'avant » (du lat. *ante*, avant, et *annum*, année), c'est-à-dire l'« année qui précède celle qui court » (Acad.) : *Elle parlait d'une arche de Noé qu'elle m'avait donnée le premier jour d'antan* (A. France, *le Petit Pierre*, 65).

Il n'est pas rare que ce mot soit employé au sens d' « autrefois, jadis », de « temps passé » : *Ah! les charitables églises du moyen âge... A Paris, il ne restait plus que quelques spécimens de cet art d'antan* (Huysmans, *En route*, 41)

A noter qu'*antan* s'emploie seulement comme complément d'un nom, avec la préposition *de*. Il est d'usage strictement littéraire.

antérieur. V. POSTÉRIEUR.

anthracite est du *masculin.*

anti-. — Les mots composés avec le préfixe *anti* s'écrivent généralement sans trait d'union : *antiaérien, antialcoolique, antichar, antihalo, antinational, antipape,* etc.

Exceptions : les composés dont le deuxième élément commence par *i* : *anti-infectieux, anti-intellectualisme,* et aussi les mots composés de trois éléments : *anti-franc-maçon, anti-sous-marin,* etc. De même, quelques noms géographiques, comme *Anti-Atlas, Anti-Liban.*

On met également le trait d'union aux mots forgés pour la circonstance, afin de mieux faire ressortir la valeur d'*anti* : *anti-artiste, anti-concierge,* etc.

V. aussi ANTIROUILLE, pour l'accord d'*antibuée, antigel, antivol,* etc.

antichambre est du *féminin.* (Anciennement, il a été du masculin.)

anticiper est un verbe transitif direct au sens de « prévenir, devancer » : *Anticiper un payement* (Littré), *une fête, etc. Anticiper l'avenir.*

Il est transitif indirect quand il signifie « empiéter », et se construit alors avec *sur* : *Anticiper sur ses revenus. Anticiper sur les événements. Vous anticipez sur ma terre, sur ma charge, sur mes droits* (Acad.).

antidater - postdater. — Comme l'indiquent les préfixes (*anti*, avant; *post*, après), ces deux mots sont des contraires, et c'est une erreur que d'employer *antidater* au sens de *postdater.*

Antidater, c'est « mettre sur un écrit une date *antérieure* à la véritable » : *Antidater un contrat, un acte sous seing privé* (Littré).

Postdater, au contraire, c'est « mettre une date *postérieure* à la véritable » : *A Paris, les journaux du soir sont postdatés* (ils portent la date du lendemain, jour où ils sont mis en vente en province).

antidote, qui est du *masculin*, signifie « contrepoison »; il est formé du grec *anti*, contre, et *doton*, donné.

Ce mot contenant lui-même la préposition **contre**, il y a pléonasme dans une phrase comme : *J'ai trouvé un antidote contre tel poison* (pour *J'ai trouvé l'antidote de tel poison*). Néanmoins, ce pléonasme est si bien entré dans la langue que l'Académie l'a enregistré dans son dictionnaire, et donne comme exemple, au figuré : *Il n'y a pas de meilleur antidote contre l'ennui que le travail.*

Il est toutefois plus élégant de dire : *Il n'y a pas de meilleur antidote à l'ennui que le travail.* Ou, pour d'autres exemples : *Le lait est l'antidote du phosphore. Le café noir est un antidote du laudanum*

antienne se prononce *an-ti-èn'* (et non *an-syèn'*)

antirouille. — Des mots comme *antibuée, antigel, antirouille, antivol,* etc., ne devraient pas varier au pluriel (« contre *la* buée, *le* gel », etc.) et il serait logique d'écrire *anti-buée, antigel,* etc. La tendance est toutefois pour la variabilité, ce qui conduit à *des antibuées, des peintures antirouilles,* etc. Mais qui oserait écrire : *des lunettes antisoleils?*

antisepsie - asepsie. — Alors que l'**antisepsie** (du gr. *anti,* contre, et *sêpsis,* infection) a pour but de détruire les microbes infectant une plaie, au moyen de substances souvent toxiques (les *antiseptiques*), l'*asepsie* évite l'introduction des microbes, sans agent antiseptique.

L'**asepsie** (du gr. *a* privatif, et *sêpsis,* infection) permet de maintenir une plaie stérile ; pour une plaie infectée, il faut avoir recours à l'*antisepsie.* Un *pansement aseptique* est un pansement stérilisé, exempt de microbes, mais ne contenant aucune substance médicamenteuse ; un *pansement antiseptique* est imprégné de produits anti-infectieux.

(**Antiseptiser,** « rendre antiseptique », est un mot forgé. Si l'on peut mettre un antiseptique sur une plaie, on ne saurait rendre celle-ci antiseptique : elle est ou septique ou stérile.)

août se prononce *oû* plutôt que *aou* (Acad.).

Dans ses dérivés, le groupe *aoû-* se prononce généralement *ou* : *aoûtage, aoûtement, aoûter, aoûteron,* mais *a-ou* s'entend encore. (Exception : *aoûtat,* qui se prononce plutôt *a-ou-ta.*)

apanage. — **Apanage exclusif** est un pléonasme. *Apanage,* qui signifie « ce qui est le propre de quelqu'un, de quelque chose », se suffit à lui-même :

La raison est l'apanage de l'homme (Acad.). *Les infirmités sont l'apanage de la vieillesse* (Littré). *La France fut longtemps l'apanage d'une famille* (Lar. du XXᵉ s.).

— A noter que ce mot est *masculin.*

apercevoir et ses dérivés s'écrivent avec un seul *p.*

à-peu-près, nom invariable, s'écrit, selon l'usage, avec deux traits d'union : *S'en tenir à des à-peu-près.*

La locution adverbiale **à peu près** n'en prend pas : *Il était à peu près mort quand on l'a relevé.*

(L'Académie ne distingue pas par l'orthographe le substantif de la locution.)

aphérèse. V. APOCOPE.

aphte est du *masculin.*

à-pic, avec trait d'union, est un substantif dont le deuxième élément prend la marque du pluriel : *Des à-pics effrayants.*

A pic, locution adverbiale, ne prend pas de trait d'union : *Une falaise à pic.*

aplomb (d') - à plomb. — **D'aplomb** a le sens de « en équilibre » : *Ce mur est d'aplomb. La tour de Pise n'est pas d'aplomb* (Acad.). *Cet enfant est d'aplomb sur ses petites jambes* (Littré).

A plomb signifie « verticalement, à pic » (au propre et au figuré) : *Le soleil donne à plomb, tombe à plomb sur les habitants de la zone torride* (Acad.). *La découverte qui déshonorait le P. Levassor tombait à plomb sur les jésuites* (Saint-Simon ; cité par le Lar. du XXᵉ s.).

apocope - aphérèse. — L'**apocope** est le retranchement d'une lettre ou d'une ou plusieurs syllabes *à la fin* d'un mot : *La suppression de l'« e » final d'« encore », en poésie, est une apocope,* et « *encor* » un mot apocopé. *Le « colon », le « prof », un « stylo » sont des apocopes de « colonel », « professeur », « stylographe ».*

L'**aphérèse** est ce même retranchement *au commencement* d'un mot : « *Colas* » est une aphérèse de « *Nicolas* ».

(Quand ce retranchement a lieu au milieu d'un mot, il est appelé *syncope.*)

apocryphe. V. ANONYME.

apogée est du *masculin*.

Ce mot étant, au sens figuré, un superlatif (*Etre à l'apogée de sa fortune, de sa gloire*), on se gardera de dire : *Le maximum de son apogée*.

apologie - panégyrique. — On attribue souvent, et à tort, le sens de *panégyrique* à *apologie*.

Une **apologie** est un « discours ou un écrit qui a pour but la défense, la *justification* de quelqu'un, de quelque action, de quelque ouvrage » : *On disait du mal de vous, mais depuis on a bien fait votre apologie* (Acad.). *L'apologie du plaisir et de la mollesse* (Littré).

Ne pas confondre avec le **panégyrique**, qui est un « discours public fait à la louange de quelqu'un » : *Le panégyrique n'admet que l'admiration. Il a fait son propre panégyrique* (Acad.).

apologue est du *masculin*.

apostrophe est du *féminin*.

— L'Académie a supprimé, dans la huitième édition de son dictionnaire, l'apostrophe de certains composés de *entre*. On doit écrire maintenant : *entracte, s'entraider, entrouvrir*, etc. (et non plus *entr'acte, s'entr'aider, entr'ouvrir*, etc.). V. ENTRE.

De même, les composés féminins de *grand* s'écrivent sans apostrophe, mais avec un trait d'union : *grand-mère, grand-route*, etc. V. GRAND.

V. aussi ÉLISION.

apparaître se conjugue comme *paraître* (ou *connaître*), mais peut s'employer avec les deux auxiliaires : *Le spectre qui lui avait apparu, qui lui était apparu* (Acad.). *Etre* est toutefois le plus employé.

— **Apparaître - paraître.** Voir PARAÎTRE.

apparenté se construit avec **à** : *Etre apparenté à un ministre*.

apparoir, qui signifie « être évident, manifeste », n'est usité qu'à l'infinitif et à la troisième personne du singulier de l'indicatif présent (*il appert*) : *Il a fait apparoir de son bon droit* (Acad.). *Comme il appert par tel jugement* (P. Larousse).

appas - appât. — Ces deux homonymes, quoique différenciés, sont de la

même famille : *appas* n'est autre qu'une forme plurielle d'*appât*.

L'**appât** (du lat. *ad*, vers, et *pastus*, nourriture) est une amorce, une pâture placée dans un piège ou fixée à un hameçon : *Le sel est un excellent appât pour attirer les pigeons* (Acad.). *Un bon, un mauvais appât. Les vers, les moucherons sont de bons appâts pour prendre les poissons* (Acad.).

Appas (mot pluriel) est réservé aux agréments extérieurs d'une femme, et particulièrement à la poitrine : *Se prendre aux appas de la femme* (Acad.). *De robustes appas* (Lar. du XXᵉ s.).

Au figuré, on appelle *appas* tout ce qui éveille les désirs : *Les appas de la gloire, de la fortune* (Lar. du XXᵉ s.). *Les appas de la volupté, de la vertu* (Acad.).

appendice est du *masculin*. La deuxième syllabe se prononce *pin*. V. APPENTIS.

appentis se prononce *a-pan-ti*.

applaudir s'emploie avec ou sans la préposition *à*.

Il s'emploie sans préposition au sens propre de « battre des mains en signe d'approbation » : *Applaudir une pièce, un acteur. J'étais hier au spectacle, on applaudit beaucoup* (Acad.).

Applaudir à ne se dit qu'au sens figuré, et en parlant des choses : *Applaudir à un projet* (Acad.). *Applaudir à la vertu, au génie* (Lar. du XXᵉ s.).

— Le pléonasme **applaudir des deux mains** est admis.

— **S'applaudir** : *Ils se sont applaudis de cette action* (Littré).

appointements. — Au sens de « rétribution mensuelle ou annuelle », ce mot s'emploie toujours au pluriel : *Il est aux appointements de 1 000 nouveaux francs. On lui donne, il reçoit de gros appointements* (Acad.).

V. aussi SALAIRE.

apporter - amener. — *Apporter* (composé de *porter*) ne doit pas être confondu avec *amener* (composé de *mener*).

Apporter, c'est « porter à » : *Apporter un livre, un bébé* [à quelqu'un].

Amener, c'est « faire venir avec soi », de gré ou de force, ou « venir accompagné par » : *Amener un ami à dîner. Amener un prisonnier.*

apposer. V. POSER.

appréhender. V. CRAINDRE.

approche. — En parlant des choses, et au sens de « voisinage, proximité », on emploie indifféremment le singulier ou le pluriel : *Il quittera la campagne à l'approche de l'hiver, aux approches de l'hiver* (Acad.). *Les approches de la mort le firent penser à sa conscience, à son salut* (Id.). *Aux approches des régions boréales, il vous semble gravir un plateau de glaces* (Custine ; cité par le Lar. du XXe s.). Le pluriel ferait plus recherché.

approcher. — **S'approcher de quelqu'un** suppose un acte volontaire qu'on ne trouve pas dans **approcher de quelqu'un** : *Il s'approcha de son maître et lui parla à l'oreille. J'ai vu qu'il approchait, et j'ai évité sa rencontre* (Acad.).

Approcher quelqu'un, c'est avoir accès auprès de ce quelqu'un, généralement une personnalité : *Il n'est pas facile d'approcher ce ministre.*

En parlant des choses (sens de « devenir proche, être proche »), on dit le plus souvent **approcher** (*s'approcher* est rare) : *L'heure approche, s'approche* (Acad.). *Le temps approche, s'approche* (Id.). Et aussi, avec **de** : *Son style approche de celui de Cicéron* (Acad.). *Rien n'approche de la grandeur, de la magnificence de ce prince. Sa fortune approche du milliard. La densité de ce métal approche de 8.*

approprier (s'). — On *s'approprie quelque chose* (et non *de quelque chose*).

approuvé, employé sans auxiliaire et placé immédiatement devant l'adjectif, le nom ou le pronom, est considéré comme une préposition et demeure invariable : *Approuvé les deux paragraphes ci-dessus. Approuvé l'écriture ci-dessous.*

appui. — Dans les composés de ce mot, le premier élément est un nom et s'accorde au pluriel : *des appuis-main, des appuis-tête.* (Mais on écrit aussi : *des appuie-main, des appuie-tête,* invariables, *appuie* étant alors verbe.)

appuyer. — Ce verbe se construit avec **contre** (appui dans le sens latéral), **sur** (appui de haut en bas) ou **à** : *S'appuyer contre la muraille* (Littré). *S'appuyer sur sa canne* (Id.). *Il s'appuyait sur la table, contre la muraille, contre un arbre* (Acad.). *Le dos appuyé au pan de la cheminée* (Th. Gautier, le Capitaine Fracasse, I, 25). *Aux voyelles, sons pleins, s'appuient les consonnes* (A. Dauzat, le Génie de la langue française, 11). *La droite, la gauche de l'armée s'appuyait à un bois, à un marais* (Acad.).

âpre. V. ÂCRE.

après. — Cette préposition est d'un emploi fréquent dans de nombreuses tournures populaires. Le plus souvent, elle est mise pour *à,* parfois pour *sur* ou pour *contre* : *Accrocher son pardessus après le (au) portemanteau. Grimper après (à, sur) un arbre. Il y a de la boue après (à, sur) votre robe. La clé est après (à, sur) la porte. Il y a de la viande après (sur) cet os. Il est furieux après (contre) son propriétaire.* Ce sont là des exemples types de constructions fautives avec *après.* (A noter que Littré mentionne *la clé est après la porte,* mais le bon usage condamne cette construction ; *après,* ne marquant pas le contact, ne saurait remplacer *à.*)

— Certains verbes transitifs indirects construits avec *après* sont tantôt admis, tantôt rejetés par l'usage ou par les grammairiens. Les principaux sont *attendre, chercher, courir* et *demander,* auxquels on joint l'intransitif *crier.*

— **Attendre après.** *Attendre,* dit l'Académie, se joint aussi avec la préposition *après* et alors il marque le besoin qu'on a de la personne ou de la chose qu'on attend : *Il y a longtemps qu'on attend après vous. C'est un argent après lequel il attend pour partir.*

Il est évident que ce sens-là n'autorise pas à dire : *J'attends après l'autobus, J'attendrai après vous jusqu'à 8 heures,* où *attendre* signifie « rester en un lieu où l'on compte qu'une chose sera apportée, amenée, qu'une personne viendra ».

— **Chercher après** *quelqu'un* ou *quelque chose* n'est pas à conseiller. *Chercher après sa femme, après son chapeau, après un taxi,* est du langage populaire. On *cherche sa femme, son chapeau, un taxi.*

— **Courir après** *quelqu'un* ou *quelque chose* est correct : *Courir après un voleur. Il court après les honneurs, les emplois* (Acad.).

Il m'a couru après est familier.

— **Crier après** *quelqu'un* ou *quelque chose* est employé concurremment avec *crier contre*, mais il est plutôt familier : *Crier après ses enfants, après la neige.*

Il m'a crié après ne doit pas se dire.

— **Demander après** *quelqu'un* est admis par Littré, qui constate son usage et l'a retrouvé chez Froissart. Il est familier (Dict. gén.).

— **Etre après** à *faire quelque chose* est une expression correcte, mais vieillie : *Je suis après à écrire* (Acad.).

— L'emploi d'*après* dans la plupart des cas ci-dessus n'est pas du style le plus recommandable, et il est préférable, le plus souvent, de tourner sa phrase d'une autre façon. On dira toujours mieux *Je vous attendais* que *J'attendais après vous.* De plus, *après* peut quelquefois prêter à amphibologie, et laisser croire qu'on a *attendu, cherché, crié,* etc., *après* qu'un autre eut lui-même *attendu, cherché, crié,* etc.

— Voici quelques expressions archaïques, mais non fautives, employées par nos classiques : *Se mettre après quelqu'un,* le chercher, le poursuivre (Racine). *Envoyer après quelqu'un,* l'envoyer chercher (Corneille). *Etre sot après quelqu'un,* en être entiché (Molière).

— **Après,** employé adverbialement par ellipse, quoique admis par l'Académie, est un tour plutôt familier : *Cette somme est une bagatelle, et je n'attends pas après. Vous irez devant, et lui après. Partez et revenez après. Vous vous occupez de mon affaire? — Je suis après Les uns attendent les emplois, les autres courent après.* (Exemples tirés du Dict. Acad.)

— **Après que** se construit avec l'indicatif ou le conditionnel (et non avec le subjonctif) : *Après qu'ils eurent dîné* (et non *qu'ils eussent*). *Après que sœur Lœtitia m'eut fait ma piqûre* (Jacques Borel, *l'Adoration,* 143). *Après que vous auriez parlé, que vous avez eu parlé, que vous eûtes parlé* (Acad.).

(*Avant que* veut le subjonctif, ce qui s'explique puisqu'il annonce un fait futur, donc éventuel, alors qu'*après que* annonce un fait accompli, passé.)

— **D'après.** Il faut dire : *Nous aurions dû partir le jour, le mois d'après* (et non *le jour, le mois après*).

— **Après - ensuite.** V. ENSUITE.

après-midi. — Le genre de ce mot *invariable* fut longtemps hésitant. Il est aujourd'hui au *masculin* : *Je vous ai attendu tout l'après-midi* (Acad.). *L'après-midi était beau* (A. Camus, *l'Etranger,* 32).

On écrit sans trait d'union : *Je viendrai après midi. Deux heures après midi.* (Dans ces cas, *après midi* n'est pas un nom.)

aptitude se construit avec **à** ou **pour** : *Il n'a guère d'aptitude aux mathématiques, pour les mathématiques.*

apurer - épurer. — **Apurer** *un compte,* c'est le vérifier et l'arrêter définitivement : *Le compte de cette administration a été rendu et on travaille à l'apurer* (Acad.).

Epurer signifie « rendre pur, rendre plus pur », et ne doit pas être confondu avec le précédent : *Epurer des métaux, des huiles, des gaz* (Lar. du XXᵉ s.).

aqua-. — La deuxième syllabe se prononce toujours *koua : aquarelle, aquarium,* etc.

aquatique - marin. — **Aquatique** se dit de ce qui a rapport à l'eau en général, ou de ce qui vit dans l'eau, particulièrement dans l'eau douce : *Terrain aquatique* (rare). *Plantes, oiseaux aquatiques* (Lar. du XXᵉ s.).

Marin a un sens plus restreint et ne se dit que de ce qui a rapport à l'eau de mer ou de ce qui vit dans l'eau de mer : *Sel marin. Carte marine. Monstre marin. Veau, loup, cheval marin* (Acad.). [V. aussi MARIN.]

arbre. — **Sur** ou **dans un arbre.** *Sur* indique particulièrement la position sur une branche : *Maître Corbeau sur un arbre perché. Les fruits qui sont sur l'arbre. Dans* implique en plus une idée de dissimulation : *Se cacher dans un arbre. Cet oiseau niche dans les arbres.*

— On dit *Monter à un arbre* (et non *après un arbre,* qui est populaire).

arcane est du *masculin* et ne s'écrit qu'avec un seul *n*. Il s'emploie surtout au pluriel : *Les arcanes de la diplomatie.*

arc-boutant, arc-bouter se prononcent *ark-bou-tan, ark-bou-té*. (Eviter *arke-bou-tan, arke-bou-té*.)

arc-en-ciel se prononce, même au pluriel, *ar-kan-ciel : On voyait plusieurs arcs-en-ciel en même temps* (Acad.).

arch-. — Dans les mots suivants, le groupe initial *arch-* (qui représente tantôt le gr. *arkhê*, commencement ou commandement, tantôt le gr. *arkhaios*, ancien) se prononce *ark* : *archaïque* et ses dérivés, *archange, archéen, archégone, archégosaure, archéidés, archéion, archéologie* et ses dérivés, *archéoptérix, archétype, archiatre, archiépiscopal, archiérarque, archiptère, archonte.*

archi-. — Ce préfixe marque la prééminence, la supériorité (gr. *arkhê*). Les composés s'écrivent en un seul mot et sans trait d'union.

Le groupe *-chi-* de *archi-* se prononce à la française dans la plupart des mots où ce préfixe est ajouté à un mot courant, comme *archiprêtre, archibanal*, etc.

V. ARCH- pour les mots où le groupe *-chi-* se prononce *ki*.

archives n'a pas de singulier.

aréole. V. AURÉOLE.

aréomètre - aéromètre. V. AÉROMÈTRE.

aréopage. — L'origine de ce mot étant *Araios pagos* (la Colline d'Arès [Mars], en Grèce), on se gardera d'écrire *aéropage*, qui est une faute.

V. aussi AÉRO-.

argile, que certains auteurs ont fait longtemps du masculin, est aujourd'hui du *féminin* (lat. *argilla*) : *Une argile grossière* (Acad.).

arguer se prononce en trois syllabes : *ar-gu-é* (et non *ar-ghé*). Quand l'*u* est suivi d'un *e* muet, cet *e* prend un tréma : *j'arguë* (prononc. *ar-gû*), *ils arguënt*.

Le tréma se place sur l'*i* à la 1re et à la 2e personne du pluriel de l'imparfait : *nous arguïons, vous arguïez.*

— **Arguer** s'emploie transitivement

ou intransitivement : *Arguer de faux une pièce. Vous arguez mal à propos de ce fait* (Lar. du XXe s.).

aria. — Ce mot est *masculin* quand il signifie « embarras » (de l'ancien français *harier*, harceler) : *Quel aria! Que d'arias!* (Littré.)

Il est *féminin* au sens d' « air » (il est alors pris à l'italien *aria*) : *Une aria de Bach.*

armée. — On écrit : *Un corps d'armée* (au sing.), *un groupe d'armées* (au plur.). *La VIIIe armée. Général d'armée* (Acad.). *Commandant d'armées*

armes - armoiries. — En termes de blason, les **armes** sont les figures représentées sur l'écu : *Armes parlantes. Les armes de Paris* (Acad.).

Les **armoiries** (ce mot n'a pas de singulier) désignent non seulement les armes, mais aussi les ornements extérieurs de l'écu : *Les armoiries datent des croisades* (Lar. du XXe s.). *Faire peindre, sculpter ses armoiries* (Acad.).

armistice. V. AMNISTIE.

armoiries. V. ARMES.

arôme s'écrit avec un accent circonflexe sur l'*o* depuis la dernière édition (huitième) du Dictionnaire de l'Académie.

A noter que les dérivés *aromate, aromatique, aromatiser* s'écrivent sans accent et se prononcent avec un *o* bref.

arranger. V. RANGER.

arrérages - arriéré. — Les **arrérages** (pas de singulier) sont « ce qui est dû d'un revenu quelconque » : *Recevoir, toucher des arrérages* (Acad.). *Toucher les arrérages d'une pension.*

(On se gardera bien de dire *arriérages*, quoique *arrérages* ne soit, d'après A. Dauzat, qu'une altération de ce premier mot.)

Ne pas confondre avec **arriéré**, qui désigne un paiement en retard : *Toucher l'arriéré d'une pension. Payer l'arriéré* (Littré).

arrêt. — **Arrêt complet** est un pléonasme, puisque *arrêt* signifie par lui-même « immobilisation complète »

arrêter - cesser. — **Arrêter** n'ayant pas le sens de « cesser de faire une chose », sauf quand il est employé d'une manière absolue (*Arrête! Arrête-toi!*), il faut dire : *Il ne cesse pas de*

tousser, de dire des sottises, etc. (et
non : *Il n'arrête pas de tousser, de dire
des sottises,* etc.).

— **S'arrêter,** construit avec **à** et
appliqué aux personnes, a le sens défavorable de « tarder, s'amuser, rester
quelque temps dans un lieu sans en sortir » : *Il s'arrête à tous les cabarets*
(Acad.).

En parlant des choses, *s'arrêter à* n'a
pas ce sens défavorable : *L'autobus
s'arrête au coin de la rue. Ce train s'arrête à Montargis, à la gare de Montargis, à toutes les gares.* (*Dans* s'emploie
plutôt au sens passif : *Le train est
arrêté dans la gare de Montargis,* ou *en
gare de Montargis.*)

arrhes est un nom *féminin* qui s'écrit
avec deux *r* suivis d'un *h,* et s'emploie
toujours au pluriel : *Donner, recevoir
des arrhes.*

arrière. — On écrit *roues arrière, feux
arrière,* etc. (sans *s*) [ellipse pour *roues
de l'arrière, feux de l'arrière,* etc.].

arrière-. — Dans les mots composés,
arrière- est adverbe et reste invariable ;
le second (ou troisième) élément prend
en général la marque du pluriel : *des
arrière-bans, des arrière-gardes, des
arrière-grand-mères, des arrière-grands-
pères, des arrière-trains,* etc.

arriéré. V. ARRÉRAGES.

arrivée - arrivage. — L'**arrivée**
est l'action d'arriver et le moment précis de cette action : *Saluer l'arrivée de
quelqu'un* (Lar. du XXe s.). *L'arrivée
du printemps, du froid. A l'arrivée de
ces marchandises* (Acad.).

Arrivage est un terme de commerce ;
il se dit de l'arrivée de marchandises
et de ces marchandises elles-mêmes :
L'arrivage des grains, des farines
(Acad.). *Le lieu d'arrivage* (Id.). *Beaux
arrivages* (Lar. du XXe s.).

arriver se conjugue toujours avec
l'auxiliaire **être** : *Je suis arrivé. Nous
sommes arrivés depuis lundi. Il m'est
arrivé une lettre de mon ami* (Littré).
*Il est arrivé parfois que nous nous
sommes égarés. Elle est arrivée à ce
qu'elle voulait.*

— **Il n'arrive pas vite** (pour *Il
tarde à venir*) est du langage populaire.

— Après **il arrive que,** on met le
subjonctif si l'on veut exprimer un fait

simplement possible : *Il arrive souvent
qu'une brebis perde son agneau* (J. de
Pesquidoux, *Chez nous,* I, 237 ; cité par
Grevisse). On met l'indicatif pour marquer la réalité d'un fait : *Il arriva que
je le rencontrai* (Littré).

arroger (s'). — Le participe passé
de *s'arroger,* verbe pronominal proprement dit (accord avec le *sujet*), s'accorde par exception comme un verbe
conjugué avec *avoir* (le réfléchi correspond à *à soi*). Il est variable si le complément direct le précède : *Les droits
qu'il s'est arrogés, qu'ils se sont arrogés.*

Il reste invariable si le complément
est après : *Elle s'est, ils se sont arrogé
des droits. Ils se sont arrogé ce privi-
lège* (Acad.).

arsenic. — Le *c* final se prononce
dans tous les cas.

On écrit *arsenical, arsenicisme* (sans
accent sur l'*e*), mais *arsénié, arsénieux,
arsénique, arséniate, arséniure* (avec un
accent aigu sur l'*e* dans les mots qui ne
comprennent pas le groupe *-nic-*).

arthrite - arthritisme. — Ces deux
mots ont la même origine : le grec
arthron, articulation.

L'**arthrite** est l'inflammation d'une
articulation (inflammation qui peut
avoir des causes diverses, microbiennes
ou autres) ; c'est une affection locali-
sée : *Il a de l'arthrite au poignet, au
coude.*

Arthritisme a un sens beaucoup
plus étendu et désigne un ensemble de
manifestations morbides ayant pour
cause le ralentissement des fonctions
nutritives ; c'est un état général : *L'arthritisme nous guette après la cinquan-
taine.*

Ainsi, l'*arthrite* peut être une conséquence de l'*arthritisme,* au même titre
que la migraine, la calvitie, l'eczéma,
l'obésité, le diabète, le rhumatisme ou
la goutte.

On peut avoir *une arthrite,* mais on a
de l'arthritisme.

artichaut s'écrit avec un *t* final (et non
un *d*).

article. V. LE, LA, LES.

— **Contraction de l'article dans
un titre.** V. TITRE.

— **Article partitif.** *Boire du bon
vin* ou *de bon vin.* V. DE.

artificiel - artificieux. — Artificiel s'oppose à *naturel* : *Œil artificiel. Fleurs artificielles* (Acad.). *Langue artificielle. Mémoire artificielle. Lumière artificielle.* Ce qui est *artificiel* est en général produit par la main de l'homme.

Artificieux s'oppose à *franc, loyal,* etc., et signifie « qui est plein de ruse, qui s'efforce de tromper au moyen d'artifices » : *Une femme artificieuse. Esprit artificieux* (Acad.). *Des paroles artificieuses.*

artisan. — Le féminin *artisane* est couramment employé : *La classe des artisans et des artisanes* (Acad.).

On dit toutefois : *Elle a été l'artisan de sa fortune* (plutôt que *l'artisane*).

— **Artisane** adjectif est rarement employé : *La ville artisane et rentière* (P. Arène, *Jean des Figues,* 240).

— Se garder du féminin *artisante.*

artistement - artistiquement. — Ces deux mots sont synonymes.

Artistement (Acad. 1694) signifie « avec art, avec habileté » et suggère une idée de beauté, d'élégance naturelle, sans effort : *Ouvrage artistement fait, artistement travaillé* (Acad.). *Travailler artistement* (Lar. du XXᵉ s.). *Cravate artistement nouée. Attitude artistement choisie* (A. de Vigny, *Servitude et grandeur militaires,* 19).

Artistiquement, qui est d'une création récente, signifie « d'une manière artistique », et paraît s'attacher plus particulièrement à l'œuvre qu'à la façon de travailler ; il suggère une idée d'effort, de recherche : *Un vase artistiquement gravé. Meubler artistiquement sa maison* (Lar. du XXᵉ s.).

ascenseur. — **Prendre l'ascenseur pour descendre,** quoique illogique (un ascenseur, par définition, servant à monter), est entré dans l'usage.

asepsie. V. ANTISEPSIE.

Se garder des graphies *aseptie* et *antiseptie* (avec un *t*).

aspect se prononce *aspè,* et *as-pèk* devant une voyelle.

V. aussi SUSPECT.

asphalte est du *masculin.*

asphodèle est du *masculin.*

aspirer. — Comme contraire d'*expirer* ou de *souffler, aspirer* est transitif

direct et par conséquent s'emploie sans préposition : *Aspirer une prise de tabac* (Lar. du XXᵉ s.). *Aspirer l'air à pleins poumons* (Acad.). *Aspirer une voyelle.*

Au sens de « avoir le désir de, prétendre à », il se construit avec **à** (et non *après*) : *Aspirer à un grade, aux honneurs. Il aspire au premier rang* (Littré). Devant un verbe à l'infinitif, on emploie **à** ou **de** : *Je n'aspire qu'à vivre tranquillement* (Acad.). *Aspirer d'arriver* (Pascal). *Ce que j'aspire involontairement d'être* (Barrès, *Cahiers,* I, 21).

— **Aspirer à - prétendre à.** *Aspirer* n'implique que l'idée des désirs qui nous poussent à une chose ; *prétendre* implique que nous y avons des droits réels ou imaginaires (Littré).

assaillir se conjugue comme *tressaillir* : *Il l'a assailli par-derrière. L'orage nous assaillit au sortir de la ville.*

Au futur et au conditionnel, il fait *j'assaillirai, j'assaillirais* (et non *j'assaillerai, j'assaillerais*).

Participe présent : *assaillant.*

assassin est aujourd'hui du *masculin* même quand il s'applique à une femme ou à une chose féminine : *C'est elle l'assassin. Vous êtes, Madame, l'assassin de votre propre fils.*

Adjectivement, il fait au féminin **assassine** : *Horde assassine* (Lar. du XXᵉ s.). *Œillade assassine* (Marivaux, *la Seconde Surprise de l'amour,* I, 1).

assassinat - meurtre. — L'**assassinat** est un homicide (fait de tuer un homme) *volontaire,* commis avec *préméditation* : *Cette tentative d'assassinat a échoué.*

Le **meurtre** est également un homicide volontaire, mais commis *sans préméditation* : *Ce meurtre fut commis sous l'empire de la colère.*

V. aussi HOMICIDE.

assavoir est un terme vieilli remplacé aujourd'hui par *savoir* : *Vous me le ferez savoir* (plutôt qu'*assavoir*). *Le contenu d'une commode, savoir* (ou encore *à savoir*) : *deux douzaines de torchons...*

assèchement s'écrit avec un accent grave (mais on écrit *assécher*).

assécher - dessécher. V. DESSÉCHER.

assener s'écrit sans accent sur l'*e* à l'infinitif : *assener* (et non *asséner*).

Dans la conjugaison, l'*e* ne prend pas non plus d'accent devant une syllabe fermée : *nous assenons, j'assenais* (mais *j'assène, j'assènerai, nous assènerons...*)

asseoir est un verbe irrégulier qui a deux formes de conjugaison. La première est la plus employée (sauf au figuré), mais la seconde est aussi correcte. (A noter la suppression de l'*e* dans cette dernière conjugaison : *j'assois, j'assoirai;* l'*e* ne se trouve qu'à l'infinitif).

1ʳᵉ forme : *J'assieds, tu assieds, il assied, nous asseyons, vous asseyez, ils asseyent. J'asseyais, nous asseyions. J'assis, nous assîmes. J'ai assis, nous avons assis. J'assiérai, nous assiérons. J'assiérais, nous assiérions. Que j'asseye, que nous asseyions. Que j'assisse, que nous assissions. Asseyant. Assis, e.*

2ᵉ forme : *J'assois, tu assois, il assoit, nous assoyons, vous assoyez, ils assoient. J'assoyais, nous assoyions.* Passé simple, passé composé, comme la première forme. *J'assoirai, nous assoirons. J'assoirais, nous assoirions. Que j'assoie, que nous assoyions.* Imparf., comme la première forme. *Assoyant. Assis, e.*

— **S'asseoir,** comme tous les verbes pronominaux, se conjugue avec *être : Nous nous sommes assis.*

— **Place assise.** V. PLACE

asservir se conjugue comme *finir* (et non comme *servir*) : *j'asservis, nous asservissons,* etc.

assez. — Après **c'est assez que,** on emploie le subjonctif : *C'est assez que vous soyez averti* (Acad.).

— Devant un infinitif, on emploie aujourd'hui **assez de** (plutôt que *assez que de*) : *C'est assez de faire le pitre à la maison.*

— **Suffisamment assez** est un pléonasme. On dit : *J'en ai suffisamment* ou *J'en ai assez.*

assidûment s'écrit avec un accent circonflexe sur l'*u*.

V. aussi ADVERBE

associer se construit avec la préposition **avec** au sens de « former société » : *Il associait le courage avec* *la prudence* (il formait une union de ces deux qualités) [Littré].

Il se construit avec **à** au sens de « joindre » : *Il associait le courage à la prudence* (il avait l'une et l'autre de ces qualités) [Littré].

— **S'associer avec,** c'est « entrer en société » : *S'associer avec son beau-frère.*

— **S'associer à,** c'est « prendre part, se joindre » : *S'associer à une protestation* (Nouv. Lar. univ.).

assonance s'écrit avec un seul *n,* comme *consonance, dissonance, résonance.* Il en est de même pour *assonant, assoner,* etc. (L'Académie écrit toutefois *résonnant* et *résonner.*)

assortir se conjugue comme *finir* (et non comme *sortir*) : *j'assortis, nous assortissons,* etc.

assujettir s'écrit avec deux *s* et deux *t* : *Assujettir un peuple, une province* (Acad.).

assurer. — Assurer à quelqu'un *une chose,* c'est lui affirmer cette chose : *Je vous assure que je dis la vérité.*

Dans le même sens, on dit : *Il nous a assuré* (ou *assurés*) *qu'il viendrait* (l'usage n'est pas absolument fixé sur l'accord, mais la tendance est à l'invariabilité).

— **Assurer quelqu'un** *d'une chose,* c'est engager quelqu'un à croire à cette chose : *Je vous assure de sa parfaite honnêteté. Assurer quelqu'un de son dévouement, de son affection* (Lar. du XXᵉ s.).

astérisque est du *masculin.* (Se garder du féminin et de la prononciation *as-té-rik'.*)

astral fait au masculin pluriel *astraux* (Lar. du XXᵉ s.).

astuce. — Le sens de « piège » ou de « finesse spirituelle » attribué souvent à ce mot est du langage familier : *Il y a une astuce dans cette définition de mots croisés.* (*L'astuce,* c'est-à-dire l'« habileté », appartient en réalité à celui qui a rédigé la définition.)

atermoiement s'écrit avec -*ie*- (et non -*i*-).

atlante. V. CARIATIDE.

atmosphère est du *féminin.* V. SPHÈRE.

atome ne prend pas d'accent circonflexe sur l'*o*, et celui-ci se prononce généralement bref.

— *Energie atomique* s'efface devant **énergie nucléaire**, expression plus exacte. Cette énergie est en effet tirée du noyau (lat. *nucleus*) d'une particule de matière qu'on nomme à tort *atome*, puisque, par définition, celui-ci doit être insécable (du gr *a* privatif, et *tomos*, section)

atours ne s'emploie guère qu'au pluriel, pour désigner la parure des femmes : *Elle avait ses plus beaux atours* (Acad.).

On écrit au singulier : *fille d'atour, dame d'atour*

atteindre. — En parlant des personnes ou des choses, *atteindre* est transitif direct et se construit sans préposition : *Atteindre la cible. Atteindre une bouteille sur une étagère. Nous atteindrons ce village avant la nuit* (Acad.). *Cet arbre n'a pas atteint la même hauteur que l'autre* (Id.) *Atteindre un âge avancé.*

Toutefois, si l'on veut particulièrement souligner l'effort, la difficulté qu'on éprouve ou qu'on a éprouvée à atteindre une chose (au propre ou au figuré), on se sert d'**atteindre à** (trans. ind.) : *Atteindre à une certaine hauteur* (Acad.). *Atteindre au plancher* (Id.) *Atteindre à la perfection* (Lar. du XXᵉ s.). *Si l'homme atteignait à aimer purement* (Sainte-Beuve, *Volupté*, 160). *Il avait atteint à cette phase particulière* (Balzac, *les Paysans*, 24).

— Au sens de « toucher, frapper », le complément s'introduit par *à* : *Ce souvenir l'atteignit au plus tendre de son cœur* (A. Samain, *Hyalis*, 126). *Une balle l'atteignit à la tête.*

— **Conjugaison.** V. -INDRE

attendre. — On dit aussi bien *Attendre demain pour faire telle chose* que *Attendre à demain, jusqu'à demain... Vous avez attendu le dernier jour* (ou *au dernier jour*) *pour déposer votre demande. Pour partir, attendez à la belle saison* (Acad.).

— **Attendre après.** V. APRÈS.

— **S'attendre.** On dit à l'impératif : *attends-t'y* (mieux : *attends-toi à cela*) et *attendez-vous-y*.

— **S'attendre que.** Quand le sens de la phrase est affirmatif, le verbe qui suit *s'attendre que* se met à l'indicatif ; il se met au subjonctif si le sens est négatif : *Je m'attends qu'il ne manquera pas de parole* (Acad.). *Je ne m'attendais pas que les choses dussent tourner si mal* (Id.). *Je m'attends qu'il viendra* (Littré). *Ne vous attendez pas que je le fasse* (Id.). *Je ne m'attends pas qu'il réussisse* (Lar. du XXᵉ s.)

La construction **s'attendre à ce que** (qui régit toujours le subjonctif) est condamnée par certains grammairiens : « *En dépit de mes efforts, mes contemporains s'obstinent à s'attendre à ce que* » (A. Hermant, *Xavier*, 117). On la trouve toutefois dans le Dictionnaire de l'Académie (au mot CE) : *Il s'attend à ce que je revienne ;* et aussi dans le Larousse du XXᵉ siècle : *Je ne m'attends pas à ce qu'il vienne aujourd'hui.* Grevisse en donne plusieurs exemples tirés de bons écrivains : *Je m'attends à ce qu'elle serve d'ornement* (Montaigne, *Essais*, I, 163). *Je m'attendais à ce que Georges... viendrait me demander refuge* (Sainte-Beuve, *Volupté*, XV). *Ne vous attendez pas à ce que je vous réponde* (A. France, *Les dieux ont soif*, 89). *Elle s'attendait à ce qu'il vînt à Paris* (A. Maurois, *Bernard Quesnay*, 107).

V. aussi À CE QUE.

attendu, employé sans auxiliaire et immédiatement devant l'adjectif, le nom ou le pronom, est considéré comme une préposition et demeure invariable : *Attendu leurs bonnes références, les références ci-dessus. Il fut exempté de cette charge, attendu son infirmité* (Littré).

attenter. — On dit **attenter à** et **attenter contre** : *Attenter à la pudeur, à l'honneur d'une femme* (Acad.). *Attenter à la vie, aux biens de quelqu'un* (Lar. du XXᵉ s.). *Attenter contre la sûreté de l'Etat. Attenter contre la liberté publique* (Acad.)

Ces deux prépositions s'emploient souvent sans nuance de sens particulière.

— **Attenter sur** est vieilli : *Attenter sur la personne de quelqu'un* (Acad.).

attention. — On dit aussi bien **faire attention à** ou **faire attention de** devant un infinitif : *Fais attention à* (ou *de*) *ne pas tomber. Il fallait faire attention de ne pas écrabouiller les* *œufs* (D. Rollin, dans *les Nouvelles lit-téraires*, 27-XI-1952).

— **Faire attention que** se construit avec l'indicatif (sens de « ne pas perdre de vue que ») ou avec le subjonctif (« faire en sorte que ») : *Faites attention que cela est impraticable* (Acad.). *N'oubliez pas de faire attention qu'on vous rende bien votre monnaie.*

— **Faire attention à ce que** est du langage familier.

— **A l'attention de.** On écrit sur une lettre : *A l'attention de M. Un tel* (et non : *A l'intention de M...*).

— **Faute d'attention.** V. FAUTE.

atterrage - atterrissage - atter-rissement. — De ces trois mots, le radical est *terre*.

Atterrage désigne, en termes de marine, les parages immédiats d'une terre : *Une côte très découpée constitue souvent un atterrage dangereux. Etre, arriver sur l'atterrage des côtes d'Europe* (Acad.). *Personne ne vient ici* [dans l'île de Vezzano] *et on ne connaît plus guère les atterrages* (J. Gracq, *le Rivage des Syrtes*, 158).

L'**atterrissage** (dérivé d'*atterrir*) est l'action d'atterrir, de toucher terre, aussi bien pour un navire que pour un avion, un ballon, etc. : *Grâce à l'excellent atterrage de cette île, le bateau a fait un bon atterrissage. Avion qui capote à l'atterrissage. Train d'atterrissage. L'atterrissage ne sera pas commode* (J. Kessel, *l'Equipage*, 54).

Quant à **atterrissement**, c'est un terme de géologie qui sert à désigner les amas de terre, de sable apportés par les eaux : *Les deltas, les barres, etc., sont formés par les atterrissements. Cette prairie s'est accrue beaucoup par les atterrissements* (Acad.).

attrape-. — On écrit : *un* (ou *des*) *attrape-mouches, un attrape-nigaud* (*-nigauds* au plur.), *un* (ou *des*) *attrape-science, un attrape-vilain* (*-vilains* au plur.).

attraper s'écrit avec deux *t*, mais un seul *p*.

— **Attraper un rhume,** *une maladie*, est du langage familier. On dit mieux *Prendre un rhume, contracter une maladie.*

au. V. À, et PARTITIF.

au-. — On écrit avec un trait d'union : *au-dedans, au-dehors, au-delà* (dans tous les cas), *au-dessous, au-dessus, au-devant* (Acad.).

aubade - sérénade. — Une **aubade** est un concert donné à l'*aube* sous les fenêtres ou à la porte de quelqu'un.

Une **sérénade** (ital. *serenata*, de *sera*, soir) est un concert semblable donné le soir.

Il faut éviter de confondre ces deux mots, comme dans la phrase suivante, et de faire donner l'aubade à la nuit tombante : *C'est en effet l'habitude de venir ainsi, le soir des noces, tambouriner et corner en l'honneur de la mariée. Hé bien! la fille du Mailloche... elle a eu aussi son aubade* (G. Roupnel, *le Vieux Garain*, 288-289).

aube. — On écrit (avec *s*) : *Bateau à aubes. Roue à aubes.*

aubergine, désignant la couleur, est *invariable* : *Des tentures aubergine* (Lar. du XXᵉ s.).

V. aussi COULEUR.

auburn est un adjectif de couleur *invariable* : *Une jument, des cheveux auburn.*

V. aussi COULEUR.

aucun. — A l'origine, *aucun* avait la valeur positive de « quelque, quelqu'un » et s'accordait avec le nom : *Nous dirons d'aulcuns ouvrages qu'ils puent l'huyle* (Montaigne, *Essais*, I, 41). *Croyez-vous qu'aucun d'eux soit averti?* (Lar. du XXᵉ s.)

On l'emploie encore dans ce sens, mais dans le style affecté : *L'ombre de quelque page éparse d'aucun livre...* (P. Valéry, *Album de vers anciens*, « Valvins »). *Au détour d'aucun sentier, Balaam, n'as-tu pas vu Dieu?* (A. Gide, *les Nourritures terrestres*, 31). *A défaut d'aucun, il priait M. de Charlus de courir chez elle* (M. Proust, *Du côté de chez Swann*, II, 136).

Le plus souvent, on lui donne la valeur négative; il s'accompagne alors de la négation *ne* (sans *pas* ni *point*) : *Aucun ami n'est venu le voir. Aucun de ses amis n'est venu le voir. Aucun des gens qui étaient là ce soir ne sont nos amis. Aucun d'eux ne sera puni* (Lar. du XXᵉ s.). *Je ne le veux en aucune manière* (Acad.). *Lui connaissez-vous des ennemis? — Aucun* (Id.). *Il n'a jamais fait aucune faute.*

Il ne prend plus guère la marque du pluriel que devant un nom qui n'a pas de singulier, ou qui a au pluriel un sens particulier : *Aucuns frais. Aucuns faux frais. On ne lui fit aucunes funérailles* (Lar. du XXᵉ s.). *Aucunes troupes.*

Certains écrivains, toutefois, suivent la règle classique et emploient le pluriel devant un nom quelconque, mais cette forme est de plus en plus archaïque : *Admirables mains, plus minces et plus diaphanes qu'aucunes mains françaises ou espagnoles* (Cl. Farrère, *l'Homme qui assassina*, 74).

— Après plusieurs sujets introduits par *aucun*, le verbe reste au singulier : *Aucune mer, aucun pays ne l'attirait spécialement.*

— **D'aucuns**, ou quelquefois **aucuns**, s'emploie toujours au pluriel et signifie « quelques-uns » : *D'aucuns croiraient que j'en suis amoureux* (Acad.). *D'aucuns pensent que...* (Lar. du XXᵉ s.). *Aucuns t'appelleront une caricature* (Baudelaire, *les Fleurs du mal*, 108).

au-delà s'écrit avec un trait d'union (qu'il s'agisse du nom ou de la locution *au-delà de*), de même que *par-delà*.

Ces traits d'union, sauf pour *au-delà* nom invariable, ont été introduits par l'Académie dans la huitième édition de son dictionnaire.

— On écrit : *Les pays au-delà des monts. Venir d'au-delà les monts.*

V. aussi AU-.

au-dessous, au-dessus, etc. V. AU-.

audit. V. DIRE (*Dit, dite*).

auditionner - entendre. — Auditionner signifie abusivement « donner une audition », particulièrement en parlant d'un acteur qui fait apprécier son talent en vue d'un engagement : *Etre admis à auditionner à l'Opéra.*

Ne pas confondre ce mot, d'emploi restreint et discutable, avec **entendre**, qui a le sens de « percevoir par l'ouïe » : *Entendre un bruit. Entendre le canon, le son des cloches* (Acad.).

augmentation. — Il faut dire *L'augmentation du prix du pain, du coût de la vie*, etc. (et non *L'augmentation du pain, de la vie*, etc.). [V. DIMINUTION.]

augmenter. — La forme itérative *raugmenter* est du langage populaire (*La vie raugmente tous les jours*).

augural. — Pluriel masculin *auguraux.*

augure est du *masculin* : *Un présage de bon augure.*

aujourd'hui (prononcer *-jour-*, et non *-jor-*) est formé de quatre termes (*au, jour, de, hui*), dont un, *hui*, signifie à lui seul « le jour présent », ce qui constitue un pléonasme, dit Littré, qui regrette qu'on ait changé *hui* pour un équivalent si lourd.

En fait, ce pléonasme est entré dans la langue et a force de loi depuis le XIIIᵉ siècle, époque où on le rencontre pour la première fois (*au jour de hui*), dans *les Assises de Jérusalem* (A. Dauzat, *Dictionnaire étymologique*).

— **Jusqu'à aujourd'hui.** Certains grammairiens condamnent la locution *jusqu'à aujourd'hui*, sous le prétexte que la préposition *à* est déjà dans *aujourd'hui* (*à le jour d'hui*). Il est évidemment plus correct, grammaticalement parlant, d'écrire ou de dire *jusqu'aujourd'hui*; mais l'Académie admet les deux formes sans distinction : *J'ai différé jusqu'aujourd'hui* ou *jusqu'à aujourd'hui à vous donner de mes nouvelles.*

— **Au jour d'aujourd'hui** est une expression familière et pléonastique qui marque l'opposition du temps actuel avec le temps passé. Elle est souvent employée dans un sens ironique.

— **D'aujourd'hui** pour *aujourd'hui* : *Il ne viendra pas d'aujourd'hui.*

On dit *Je reviendrai, j'irai d'aujourd'hui en huit, de demain, de lundi en huit* (plutôt que *aujourd'hui, demain, lundi en huit*).

— V. aussi DEMAIN.

auparavant, qui est un adverbe, ne doit pas avoir de complément. Il ne sera pas confondu avec *avant*, qui est une préposition. On dira : *avant de sortir* (et non *auparavant de sortir*, ou *auparavant que vous sortiez*). *Auparavant de* ou *que* est un solécisme.

Voici de bons exemples : *Il faut, auparavant, que j'accepte. Si vous voulez vous en aller, dites-nous auparavant ce qu'il faut faire* (Acad.). *Chaque année, le nombre des accidents d'automobile dépasse le nombre*

relevé l'année d'auparavant (Lar. du
XXᵉ s.). *Car il était pris auparavant
par une conférence avec son ministre*
(J. Romains, *Violation de frontières,* 16).

auprès de - près de. — **Auprès
de** équivaut à « tout près de » et
marque une proximité plus grande
que *près de.* On passe sa vie *auprès de*
ses parents si on ne les quitte pas;
près de ne marque pas la même assi-
duité. On habite *auprès de* la mairie
si l'on en est à proximité immédiate;
mais on arrive *près de* chez une amie
si l'on n'est pas éloigné de sa demeure.

— Au figuré, et devant un nom de
personne, on emploie *auprès de* pour
signifier « dans l'esprit, dans l'opinion de quelqu'un » : *Il cherche à me
nuire auprès de vous* (Acad.).

— On dit *plus près de, moins près
de,* mais on ne dit pas *plus auprès de,
moins auprès de.*

— **Auprès de - au prix de.** Ces
deux locutions sont trop proches de
forme et d'accent pour que des cheva-
chements ne se soient pas produits au
cours des siècles.

Au prix de, pour exprimer la comparaison, est peu à peu éliminé. Cette
locution n'est plus guère employée
qu'en langage écrit et en parlant des
choses qui coûtent (au propre et au
figuré) : *Je ne l'ai obtenu qu'au prix
de grandes peines.*

— V. aussi PRÈS.

auquel. V. LEQUEL, et DONT.

auréole - aréole. — **Auréole** est
souvent employé abusivement pour
aréole, qui est moins connu et désigne
le « cercle de couleur plus foncée qui
entoure le mamelon d'un sein de
femme ».

Auréole a pour étymologie le latin
aureola [corona], couronne d'or, alors
qu'*aréole* est tiré d'*areola,* petite aire.

aurore, adjectif de couleur, est *invariable* : *Des rideaux aurore* (Lar. du
XXᵉ s.).

V. aussi COULEUR.

aussi. — Au sens de « pareillement,
de même », quand la proposition est
négative, on emploie aujourd'hui *non
plus* au lieu de *aussi* : *Vous ne partez
pas, moi non plus. Lui non plus ne
reviendra pas.*

— **Aussi,** adverbe de comparaison,
doit être suivi de *que* (et non plus de
comme) : *La fille est aussi belle que la
mère* (et non *comme la mère*).

— Après deux sujets au singulier
réunis par *aussi bien que,* le verbe se
met au singulier : *Le fils, aussi bien que
le père, est un ivrogne.*

Si l'on supprime les virgules, l'idée
porte sur les deux sujets et le verbe se
met alors au pluriel : *Le fils aussi bien
que le père sont des ivrognes.*

— **Aussi que - autant que.** Ces
deux adverbes servent à exprimer la
comparaison, mais *autant* s'emploie plus
particulièrement avec les noms et les
verbes, alors qu'*aussi* se joint à des qualificatifs, à des participes-adjectifs ou à
des adverbes : *Il a autant d'ennuis, de
courage que vous. Elle n'est pas aussi
malade qu'on l'avait craint. Il est
aussi sage que vaillant* (Acad.). *Il
est aussi malheureux que son père. Cet
ouvrier ne travaille plus aussi bien
qu'autrefois* (Id.). *Il est aussi avancé
que votre fils.*

— La correction de *J'ai aussi faim
(peur, soif, sommeil,* etc.*)* que vous,* où
aussi est suivi d'un nom au lieu d'un
adjectif, est contestée par les grammairiens, qui rangent cette construction
dans la langue familière et proposent
autant à la place d'*aussi* : *J'ai autant
soif que vous* (G. et R. Le Bidois,
Syntaxe du français moderne, II, 257),
ou mieux encore *J'ai soif autant que
vous.*

V. aussi FAIM.

— **Aussi - si.** *Si* peut s'employer au
sens d'« aussi » comme comparatif,
quand la proposition est négative, ou
même interrogative : *N'allez pas si vite*
(Acad.). *Personne ne vous a servi si
utilement que moi* (Laveaux). *Il ne se
porte pas si bien que cela* (Acad.). *Il
n'est pas si avancé que votre fils. Il n'est
pas si grand que vous. Avez-vous
jamais rien vu de si émouvant?*

On dit, avec le subjonctif : *Si dévoué
qu'il soit* (ou *soit-il*), et non pas *Aussi
dévoué qu'il soit* (ou *soit-il*).

aussitôt est un adverbe, et non une
préposition. Il n'est donc pas recommandé de dire : *Aussitôt votre départ.
Le rideau se leva aussitôt les trois coups.*
Il est de règle d'introduire *après* dans

ces exemples : *Aussitôt après votre départ* (Acad.). *Le rideau se lève aussitôt après les trois coups.*

Cette règle n'est pas toujours suivie par les auteurs modernes : *Aussitôt leur arrivée* (A. Daudet, *Tartarin sur les Alpes*, 240). *Aussitôt mon arrivée* (R. Boylesve, *le Meilleur Ami*, 101).

L'emploi de la préposition *dès* à la place d'*aussitôt après*, dans les exemples précédents, est également correct : *Dès mon départ. Le rideau se leva dès les trois coups.*

— Suivi d'un participe attribut, *aussitôt* s'emploie sans préposition et ne peut être remplacé par *dès* : *Aussitôt partis, la pluie se mit à tomber. Il déjeuna aussitôt levé. Aussitôt dit, aussitôt fait.*

— *Aussitôt* peut également s'employer devant un nom suivi d'un participe : *Aussitôt votre lettre reçue, j'ai fait votre commission* (Acad.).

— **Aussitôt que.** On dit aussi bien *aussitôt arrivés* qu'*aussitôt qu'arrivés*. *Toute idée de vitrine, aussitôt que conçue, donne lieu à l'établissement d'une maquette* (Fr. Ambrière, *la Vie secrète des grands magasins*, 70; cité par Hanse).

— **Aussitôt - aussi tôt.** *Aussi tôt* est facile à distinguer d'*aussitôt;* il s'oppose à *aussi tard* : *Je ne suis pas arrivé aussi tôt que lui. Pourquoi êtes-vous arrivés aussi tôt ?*

— V. aussi SITÔT.

austral. — Le pluriel masculin, qui est d'ailleurs assez rare, n'est pas fixé. On dit aussi bien *australs* que *austraux : Signes australs* ou *austraux* (Lar. du XXᵉ s.).

autant. — **D'autant que** est correct, à côté de *d'autant plus que*, au sens de « vu que » : *A votre place, je n'irais point là, d'autant que* [*d'autant plus que*] *rien ne vous y oblige* (Acad.). *Je resterai à la maison, d'autant que je suis enroué. Et je te prie accepter, d'autant que j'en ignore* (R. Ponchon, *la Muse au cabaret*, 8).

V. aussi SURTOUT.

— **Pour autant que** exige le subjonctif dans l'expression *pour autant que je le sache*, mais se construit ordinairement avec l'indicatif ou le conditionnel.

Cette locution, qui a le sens de « dans la mesure où », est critiquée par les grammairiens; elle est cependant entrée dans l'usage : *Il est excusable pour autant qu'il a été de bonne foi* (Hanse).

On peut toutefois employer, de préférence, **autant que** également avec l'indicatif ou le conditionnel : *Autant que je peux, que j'ai pu, qu'on pourrait en juger.*

— **D'autant mieux** n'est que la locution *d'autant plus* combinée avec l'adverbe *bien;* elle ne s'applique qu'aux verbes et aux participes : *Je le sais d'autant mieux que j'en ai été témoin* (Acad.).

— **Autant - tant.** Les règles de *aussi - si* s'inspirent des règles applicables à *autant - tant : autant* correspond à *aussi, tant* à *si. Autant* modifie les verbes, de même que *aussi* modifie les adjectifs.

Dans une phrase négative à comparaison, on emploie souvent *tant* à la place d'*autant : Je n'ai pas tant de plaisir avec lui* (ou autant). *Vous n'en feriez pas tant* (ou autant) *pour moi. Et au sens de « tellement » : Ne mangez pas tant, cela vous fera mal.*

— **Autant que - aussi que.** V. AUSSI.

— *Autant,* adverbe de comparaison, doit être suivi de *que* (et non de *comme,* qui est du langage populaire) : *Il réchauffait le monde autant comme le soleil* (R. Ponchon. *la Muse au cabaret,* 43).

— V. aussi TANT.

— **Autant ! - au temps !** V. TEMPS (AU).

autarchie - autarcie. — L'étymologie de ces deux paronymes permet d'en distinguer les sens respectifs.

Pour **autarchie,** le grec *autarkheia* (de *autos,* soi-même, et *arkhein,* commander) désigne le « gouvernement des citoyens par eux-mêmes » (c'est ce que les Anglais appellent le *self-government*) ou le « gouvernement dont les décisions ne dépendent d'aucune autorité qui lui soit extérieure » (gouvernement totalitaire, dictature).

Pour **autarcie,** le grec *autarkein* (de *autos,* soi-même, et *arkein,* suffire) désigne l'« état d'un pays qui se suffit à lui-même, qui tire de lui-même ses ressources économiques ».

auteur n'a pas de forme particulière pour le féminin : *Cette dame est l'auteur d'un fort joli roman* (Acad.). *C'est elle qui est mon auteur* (Id.).

auto-. — Les composés du préfixe *auto-* ne prennent pas de trait d'union, sauf en cas d'hiatus (*auto-excitation*) ou de diphtongue (*auto-infection*).

On ne fait pas de distinction, à tort, entre *auto-* préfixe et *auto* abréviation d'*automobile* dans les mots composés. Ainsi, on écrit des *autocanots*, des *auto-mitrailleuses*, etc., alors que l'orthographe correcte serait des *autos-canots*, des *autos-mitrailleuses*, etc. (*automobiles-canots, automobiles-mitrailleuses*, etc.).

autochtone signifie « qui est originaire du pays qu'il habite » : *Les populations autochtones de Madagascar sont les Malgaches d'origine habitant cette île.*
Victor Hugo emploie improprement ce mot quand il écrit (*les Travailleurs de la mer*, I, 140) : *Ces îles, qui aujourd'hui s'anglaisent rapidement, sont restées longtemps autochtones.* Sans doute faut-il entendre *...ont gardé longtemps leur population autochtone.* Mais on ne peut parler d'« îles autochtones » sans commettre un barbarisme.
Autochtone, tiré du grec, est plus souvent remplacé par les synonymes latins *indigène* (v. ce mot) et *aborigène*.
(Dans la phrase citée plus haut, il faut noter également que nous dirions mieux *s'anglicisent* que *s'anglaisent*, ce dernier verbe ne figurant dans les dictionnaires que sous la forme transitive et avec le sens de « enlever à un cheval les muscles abaisseurs de la queue pour qu'elle se tienne dans la position horizontale : *Anglaiser un cheval* ».)

autoclave est du *masculin.*

autocrate fait au féminin *autocratrice* : *Autocrate, autocratrice de toutes les Russies* (Acad.).

autographe est du *masculin : Donner un autographe.*

automnal fait au pluriel masculin *automnaux.*

automne est aujourd'hui du *masculin : Un bel automne* (Acad.).

automobile est aujourd'hui du *féminin* (de même que l'abréviation familière *auto*) : *Posséder une automobile, une auto.*
V. aussi AUTO-

autoroute est du *féminin.*
Autostrade (ital. *autostrada; de strada*, route), *féminin* également, n'est plus guère employé.

autour. V. ALENTOUR

autre. — **Autre chose** est *invariable*, et l'adjectif qui suit se met au masculin quand cette locution est considérée comme un composé indéfini (sans article) : *Donnez-moi autre chose de meilleur. Autre chose sera fait* (Lar. du XXe s.). *Y a-t-il autre chose de nouveau?* (Id.) *C'est autre chose que vous m'avez dit.* (Mais on dira : *Quelles autres choses vous tentent dans ce magasin? Entre autres choses, il lui donna un vase de Chine.*)

— **Autre que.** Lorsque *autre, autre chose*, régimes d'une préposition, sont suivis de *que*, la répétition de la préposition est facultative (Grevisse) : *Adressez-vous à d'autres que moi ou qu'à moi* (Hanse). *J'aime mieux que vous l'appreniez d'une autre que moi* (Acad.). *Allez-y avec d'autres que* (*qu'avec*) *moi.*
En fait, cette répétition ne s'impose jamais, et on l'omet couramment.
Si *autre que* est suivi d'un verbe, celui-ci est généralement précédé de *ne* quand la proposition principale à laquelle appartient *autre* est affirmative : *Je l'ai trouvé tout autre qu'il n'était autrefois* (Lar. du XXe s.). *Ne* est omis si la proposition principale est négative.
V. aussi PLUS (*Plus que... ne*).

— On dit aussi bien *Je n'ai d'autres joies que celles que vous me procurez* que *Je n'ai pas d'autres joies que...* (*pas* est facultatif).

— **Comme dit l'autre** est une expression populaire.

— **Entre autres.** V. ENTRE.

— **Et autres** suivi d'un nom qui n'englobe pas celui qui précède est du langage familier : *Vingt-cinq machinistes et autres ouvreuses mécontents s'étaient rassemblés sur le plateau.*

— **Nous autres, vous autres** sont

des expressions du langage familier, mais **eux autres** est populaire.

— **Rien d'autre** est correct à côté de *rien autre* (la première forme étant même la plus employée) : *C'était un homme d'argent et rien d'autre* (ou *rien autre*).

— **Tout autre.** V. TOUT.

— **L'un et l'autre.** V. UN.

autrement. — **Autrement que** se construit sans la particule *ne* si la première proposition est négative : *Il n'agit pas autrement qu'il parle* (Acad.).

Si la première proposition est affirmative, l'emploi de *ne* est facultatif : *Il agit tout autrement qu'il parle* ou *qu'il ne parle* (Acad.). *Il est fait tout autrement que vous croyez, que vous ne croyez, que vous ne le croyez* (Id.).

— **Autrement plus** est un tour relativement récent et qui est critiqué, le comparatif de supériorité s'exprimant suffisamment avec *autrement* : *Il est autrement savant que son frère* (mieux que *autrement plus savant*). *Armature morale autrement vénérable que les pierres gothiques* (H. Bremond, *Pour le romantisme*, 77 ; cité par Grevisse).

autrui est un pronom *invariable*.

Les adjectifs possessifs *son, sa, ses* peuvent être mis en relation avec *autrui*, mais non *leur, leurs*, puisque ce pronom est toujours du singulier : *On reprend souvent les défauts d'autrui sans faire attention à ses bonnes qualités* (Laveaux). *Juger autrui par soi-même* (Acad.).

— *Autrui* peut être sujet de phrase : *Là où autrui nous croit coupable* (E. Jaloux, *la Chute d'Icare*, 55).

aval fait au pluriel *avals*.

avance. — **D'avance.** L'emploi de cette locution, qui signifie « par anticipation », est à déconseiller avec des verbes qui contiennent en eux-mêmes une idée d'anticipation, comme *prévoir, prédire, pressentir, prévenir Prévoir un fait*, c'est en voir d'avance la possibilité. *Prévoir un fait d'avance* (ou *par avance, à l'avance*) est un pléonasme.

Le préfixe *pré-* des verbes ci-dessus suffit à marquer l'antériorité et n'a nul besoin d'être épaulé par cette locution adverbiale. On emploiera correctement avec *d'avance* des verbes qui ne contiennent pas le préfixe *pré-*, comme *aviser d'avance, dire d'avance*, etc., et même *avertir d'avance* (Acad.)

Préparer d'avance est généralement admis : *Un questionnaire avait été préparé d'avance* (A. Dauzat, dans *Vie et Langage*, 1954, p. 359)

— **D'avance, par avance** sont synonymes : *Payer d'avance une année de son loyer* (Acad.). *Payer quelqu'un par avance* (Id.). *Payer sa place d'avance. Je m'en réjouis par avance avec vous* (Acad.). *Je m'en réjouis d'avance* (Id.).

— **A l'avance** est critiqué par Littré et est passé sous silence par l'Académie, mais l'usage paraît l'avoir consacré avec le même sens que *d'avance* ou *par avance*.

avant. V. AUPARAVANT.

— On écrit *roues avant, feux avant*, etc. (sans *s*), par ellipse pour *roues de l'avant, feux de l'avant*, etc.

— **D'avant.** Il faut dire : *Nous aurions dû partir le jour, le mois d'avant* (et non *le jour, le mois avant*).

— **Avant que... ne.** Faut-il supprimer le *ne* explétif dans cette locution ? Les avis sont partagés. Littré estime que ce *ne* est un gallicisme pour lequel l'oreille seule intervient. Les grammairiens, dit-il, ont essayé de faire une distinction entre *avant que* sans *ne* et *avant que* avec *ne*, disant qu'on doit faire usage de la négative *ne* après *avant que* toutes les fois que le verbe qui suit *avant que* exprime une action sur l'existence de laquelle il s'élève un doute. Et il ajoute : « Cette distinction n'est pas justifiée. »

André Thérive est de l'avis des grammairiens : « Dans *Le chef de gare siffle avant que le train parte*, le *ne* est inutile. Mais dans *Je veux arriver sur le quai avant que le train ne parte*, il y a une crainte, le *ne* est indispensable. »

C'est ce que nous trouvons dans les phrases suivantes : *J'aurai fini avant qu'il arrive. Aurai-je fini avant qu'il n'arrive ? Et il finissait sur une saisissante image avant que le rideau tombât* (P. Lagarde, dans *Les Nouvelles littéraires*, 14-VIII-1952). *Il s'est endormi avant qu'elle revienne* (J.-J. Gautier, *Histoire d'un fait divers*, 40). *Comme*

la gesticulation insignifiante du chasseur qui tire un coup de feu dans le lointain avant que la détonation vous parvienne (J. Gracq, *le Rivage des Syrtes*, 106).
— *La source, qui tarit presque toujours avant que sa soif* [au tigre] *ne s'éteigne* (Buffon). *Avant qu'un lent tombeau ne se forme de brume, Tiens ce baiser qui brise un calme d'eau fatal!* (P. Valéry, *Album de vers anciens*, « Narcisse parle ».)

Le Dictionnaire de l'Académie donne sans commentaires plusieurs exemples avec et sans *ne* : *J'irai le voir avant qu'il parte* ou *avant qu'il ne parte. Avant que je fusse venu* ou *que je ne fusse venu. Avant qu'il fasse froid* ou *qu'il ne fasse froid.*

Le Larousse du XXe siècle écrit sagement, et c'est là, semble-t-il, une conclusion raisonnable : « Le verbe qui suit *avant que* s'emploie le plus souvent sans *ne.* Mais il s'emploie aussi avec *ne* sans aucune nuance de sens différente. »

— A remarquer que le verbe qui suit *avant que* se met au subjonctif (alors que l'indicatif doit toujours suivre *après que*) : *L'aurore paraît toujours avant que le soleil soit levé* (Lar. du XXe s.).

— **Avant que de.** Cette locution, qui précède toujours un infinitif, est aujourd'hui vieillie : *Avant que de partir, l'esprit dit à ses hôtes* (La Fontaine, *Fables*, « les Souhaits »). *Avant que de venir* ou *avant de venir* (Acad.).

On dit plutôt maintenant *avant de* : (sans *que*) : *J'irai le voir avant de partir* (Acad.).

Certains écrivains contemporains emploient toutefois *avant que de* pour teinter leur phrase d'archaïsme : *Avant que d'aborder une question importante* (A. Gide, *la Symphonie pastorale*, 67). *Avant que de nous délivrer* (G. Duhamel, *les Maîtres*, 197).

— **Avant - devant.** V. DEVANT.

avant-. — Dans les mots composés, *avant* est préposition ou adverbe et reste invariable; le second élément prend la marque du pluriel : *des avant-scènes, des avant-postes, des avant-premières*, etc.

V. aussi GUERRE (*Avant-guerre*).

avantage (d') - davantage. V. DAVANTAGE.

avant-coureur n'a pas de correspondant féminin. (On se sert parfois d'*avant-courrière*.)

avant-scène est du *féminin.*

avare - avaricieux. — Est **avare** celui qui a un penchant excessif pour l'argent et qui se plaît à l'accumuler sans en faire usage : *L'avare se prive de tout pour augmenter ses richesses.* Au figuré : *Le ciel, la nature, la fortune, ne lui fut point avare de ses dons, ne fut point avare de ses dons envers lui* (Acad.). En ce sens, peut s'employer en bonne part : *Etre avare de sa santé. Général avare du sang de ses soldats.*

L'**avaricieux** est d'une avarice mesquine; il manque à donner quand l'occasion se présente et se montre d'une parcimonie sordide : *L'avaricieux dit que le libéral est trop large* (Oresme, *Ethique*, 49). *L'avaricieux s'accorde les choses à demi, alors que l'avare se refuse tout.* (S'emploie toujours en mauvaise part.)

avatar est un mot d'origine orientale (sanscrit *avâtara*) qui désigne « chacune des incarnations successives de Vichnou » : *Les avatars de Vichnou sont au nombre de dix : poisson, tortue, sanglier, homme-lion, nain, les deux Sama, Krichna, Bouddha et Calci.*

A partir de la fin du XIXe siècle, le sens d'*avatar* s'étendit à « chacune des formes diverses que prend successivement une chose, une personne » : *Que d'avatars dans la vie politique de cet homme d'Etat!* (c'est-à-dire que de changements d'opinion, de parti). *Les avatars d'un soldat de plomb* (fondu et transformé plusieurs fois). *Une déesse rayonnante guidait dans ses nouveaux avatars l'évolution rapide des humains* (G. de Nerval, *les Filles du feu*, « le Rêve et la vie », 164). *Pour nous autres catholiques, elle* [l'âme] *ne subit aucun avatar terrestre* (J.-K. Huysmans, *En route*, 340). *Le premier avatar de ces personnages à incarnations multiples remonte à 1837* (R. Dumesnil, préface de *Bouvard et Pécuchet*, XV).

C'est commettre une faute de langage que d'employer *avatar* pour « mésaventure » ou « avarie », et de dire : *Nous serions arrivés plus tôt sans un avatar au moteur. Au cours de ce long voyage, il a subi maints avatars.*

Cet emploi incorrect, fréquent dans le langage parlé, se rencontre chez quelques écrivains : *Les avatars de trente années de collage* (G. Imann, *Nocturnes*, 52). *La cabotine, étonnée de mon indifférence, continuait à me renseigner sur les avatars des uns et des autres* (L. Daudet, *Lutte*, 40). *Ne vous occupez pas de la loterie; le sort nous y réserve les mêmes avatars que dans la précédente* (J. Giraudoux, *Intermezzo*, III, 1).

Ave s'écrit avec une majuscule et reste invariable quand il désigne la prière : *Dire cinq Pater et cinq Ave.*

Il s'écrit *avé* et prend la marque du pluriel s'il désigne le grain du chapelet sur lequel on dit un Ave : *Un chapelet aux avés de nacre et aux paters d'argent. Dans un rosaire, il y a quinze paters et cent cinquante avés.*

avec. — Après deux sujets au singulier réunis par *avec*, le verbe se met au singulier si le complément est placé entre virgules : *Le vieillard, avec son fils malade, fut hébergé par les voisins.*

Si l'on supprime les virgules, l'idée porte sur les deux sujets et le verbe se met au pluriel : *Le vieillard avec son fils malade furent hébergés par les voisins.*

— **« Avec » adverbial.** Peut-on employer *avec* adverbialement et dire *Je lui ai remis sa clé et une lettre avec?*

Se rappeler qu'*avec* (du lat. *apud*, auprès de, et *hoc*, ceci) fut d'abord un adverbe avant de devenir une préposition : *Toutefois la blessure ne fut dangereuse ny grande avec* (Amyot, *Pyrrhus*, 76).

Au début du XXᵉ siècle, certains bons écrivains se servaient encore d'*avec* adverbe : *Vous nous ferez tuer, Tiny et moi, et vous avec* (P. Bourget, *Monique*, 202). *Je t'embrasse et mon petit frère avec* (L. Veuillot, *Correspondance*, II, 7). On voit qu'il avait alors le sens d'« aussi, en même temps, du même coup ».

En fait, il faut convenir qu'*avec* employé adverbialement est tombé en désuétude et ne s'emploie plus guère que dans le langage relâché de la conversation.

— **« Avec » employé sans complément.** L'Académie relègue cette construction dans le style familier : *Il a pris mon manteau et il s'en est allé avec* (s.-e. *lui*) *Je ne pourrai pas vivre avec* (R. Rolland, *Annette et Sylvie*, 211). *On percevait, avec, un mur de citadelle* (J Richepin, *la Cavalière*, I, 8).

— **Déjeuner avec...** Il aurait été logique de décider que les expressions *déjeuner avec, dîner avec* ou *souper avec* ne pourraient être suivies que d'un nom de personne ou d'un nom représentant une personne. Exemples : *Nous avons dîné avec Louis. J'ai déjeuné avec le ministre.* Les expressions *déjeuner de, dîner de, souper de* étant réservées aux choses servies pour le déjeuner, etc. : *J'ai déjeuné d'une sole et d'une aile de poulet.*

Il n'en est pas ainsi dans l'usage, où l'on déjeune *avec* une omelette (déjeuner *d'*une omelette paraissant prétentieux). *Il dînait avec du pain et des pommes de terre* (V. Hugo). *Les amateurs avaient déjeuné avec les reliefs du repas* (H. de Montherlant, *les Bestiaires*, 71).

Néanmoins, l'Académie a supprimé dans la huitième édition de son dictionnaire l'exemple : *Déjeuner avec du beurre et des radis,* qui figurait au mot RADIS dans l'édition de 1877.

Il est donc préférable, par souci de clarté, de réserver *de* pour les aliments, et *avec* pour les personnes. On dira toujours, d'ailleurs : *Avec mes amis, nous avons déjeuné d'un canard aux olives.*

— **Avec - par.** On évitera l'emploi trop fréquent et abusif d'*avec* au sens de « par » : *Avec ces temps de vie chère. Commencer un livre avec un bon chapitre. Arriver avec le train de Bordeaux, avec l'autocar. Je m'enrhume, avec ce temps de chien!* Dans tous ces exemples, il faut employer *par.*

— **Avec - et.** On dira mieux : *Venise et ses gondoles* que *Venise avec ses gondoles;* ou bien alors : *Venise, avec ses gondoles et ses gondoliers.*

— **D'avec.** Pour indiquer la séparation, on peut employer *d'avec,* mais on se sert le plus souvent de la préposition *de : Séparer le grain d'avec* (ou *de*) *l'ivraie. Distinguer l'ami d'avec le flatteur* (Acad.). *Divorcer d'avec sa femme* (Lar. du XXᵉ s.).

avenant, avenu. V. ADVENIR.

avènement s'écrit avec un accent grave sur le premier *e*, mais *événement* s'écrit avec un accent aigu.

aventurier - aventureux. — Un **aventurier** est quelqu'un qui cherche, qui court les aventures : *Les corsaires français étaient de hardis aventuriers* (Lar. du XXᵉ s.).

Le plus souvent, ce mot est pris en mauvaise part et désigne une « personne qui s'abandonne à une vie d'intrigues ou de hasard, qui vit d'expédients » (dans ce sens, il s'emploie aussi au féminin) : *Une bande d'aventuriers. Ce n'est qu'une aventurière* (Acad.).

Aventureux est un adjectif signifiant « qui s'aventure, qui hasarde, qui est sans règle de conduite bien arrêtée » : *Il a l'humeur aventureuse* (Acad.). *C'est un homme qui est fort aventureux dans ses entreprises, au jeu* (Id.). *Esprit aventureux, vie aventureuse* (Lar. du XXᵉ s.).

— On trouve parfois *aventurier* employé adjectivement comme synonyme d'*aventureux*. Cet emploi n'est pas à conseiller, puisque *aventureux* n'a pas le sens défavorable d'*aventurier*.

avenue. V. RUE.

avérer. — *Avérer*, c'est « vérifier et faire apparaître comme vrai » (Lar. du XXᵉ s.) : *C'est une chose qu'on peut avérer* (Acad.). *Il avéra le fait* (Littré). *Avérer une nouvelle* (Nouv. Lar. univ.).

Ce verbe remonte au XIIᵉ siècle, avec toutefois des sens divers (réaliser, accomplir, manifester, approuver), et l'on trouve également à l'origine la variante *avoirer*, formée de l'ancien français *voir* (disparu au XVIᵉ siècle), qui signifiait « vrai » (lat. *verus*), et dont il subsiste l'adverbe *voire* (A. Dauzat).

Avérer est très vivant jusqu'au XVIIIᵉ siècle : *J'ai su par les yeux avérer aujourd'hui Le commerce secret de ma femme et de lui* (Molière, *Sganarelle*, sc. XVI). Mais, à partir de cette époque, il subit une éclipse, et cet *avérer* transitif direct est à peu près tombé en désuétude aujourd'hui, quoiqu'on puisse encore le rencontrer chez certains auteurs : *Un livre de sainteté avérant probablement le Bouddha aryaque* (J. Lombard, *Byzance*, 343). *Cette Margot avérait son désir de se carapater*

(P. Margueritte, *Jouir*, II, 41). On n'emploie plus guère le participe passé, souvent pris adjectivement : *Une chose avérée* (Acad.). *Ce qui se répète souvent devient bientôt avéré* (Lar. du XXᵉ s.). *Il fut bientôt avéré que les Français ne guillotinaient personne* (Stendhal, *la Chartreuse de Parme*, 15). *Comme il s'agissait de fautes avérées* (E. Renan, *la Vie de Jésus*, 11). *La même violence débridée et hautaine qui l'avait amenée dans la vie publique aux trahisons avérées* (J. Gracq, *le Rivage des Syrtes*, 56).

— **S'avérer** est un de ces verbes lancés ou plutôt relancés par les snobs du siècle dernier, et qui a fait fortune au point que de nos jours il est couramment employé, mais avec des acceptions souvent fort diverses. Tantôt il est pris au sens de « se faire reconnaître pour vrai » (sens exact mais rare), de « se montrer, paraître », tantôt de « se vérifier, se reconnaître », etc. : *Et tout s'avère alors si piteux et si vain* (A. Samain, *le Chariot d'or*, 201). *Un subterfuge où s'avéra sa fertile ingéniosité* (A. Gide, *Thésée*, 79). *Tous ces préparatifs s'avéraient illusoires* (H. Troyat, *l'Araigne*, 262). *Cloclo, à mesure que la perte s'avérait définitive, perdait de son sang-froid* (Julien Blanc, *Seule, la vie...*, I, 146). *L'avenir dira si elles s'avèrent exactes* (la Presse médicale, 6-I-1945). *Les renseignements donnés se sont avérés faux* (Franc-Tireur, 28-XII-1950).

On voit, par certains de ces exemples, que ce verbe tend parfois des pièges que d'aucuns n'évitent pas toujours. Le passage du tour impersonnel au tour personnel peut amener des juxtapositions absolument contradictoires : *Il est avéré que les renseignements donnés sont faux* est correct, mais *Les renseignements donnés se sont avérés faux* est indéfendable, puisqu'on accole l'idée de vrai et l'adjectif *faux*. De même qu'il est cocasse de parler, comme ci-dessus, d'une nouvelle qui *s'avère exacte !*

En conséquence, il est préférable d'éviter autant qu'on peut l'emploi de ce verbe pronominal « dont on abuse et mésuse » (R. Georgin, *Pour un meilleur français*, 80), et qui est à classer parmi les mots sujets à caution.

On le remplace habituellement par

se révéler, apparaître, ou tout simplement par *être.*

aversion. — On dit : *Avoir de l'aversion contre quelqu'un, pour quelqu'un* (Acad.). *Avoir de l'aversion pour le vin, pour l'étude* (Id.).

averti peut s'employer au sens d'« informé » : *Etre bien averti* (Littré). *Je serais reconnaissant aux personnes averties qui voudraient bien me faire part de leurs lumières* (A. Hermant, *les Samedis de M. Lancelot,* 260).

aveugle. — On dit aussi bien (au sens figuré) : *Agir à l'aveugle* que *en aveugle.* Cette dernière construction est toutefois plus courante.

— **A l'aveuglette** s'emploie surtout au sens propre (« à tâtons, sans y voir ») : *La lumière s'était éteinte, et j'ai dû marcher à l'aveuglette.*

aviser. — **Aviser à** signifie « faire réflexion sur quelque chose, y faire attention » : *Avisez à ce que vous avez à faire* (Acad.). *Avisez-y bien* (Id.).

— On dit **aviser que** (et non *de ce que*) : *Je vous avise que vous êtes père d'un garçon.*

avocat fait *avocate* au féminin : *On compte maintenant d'assez nombreuses avocates au Palais* (Acad.).

On dit aussi : *Femme avocat.*

avoir. — La seule difficulté de conjugaison du verbe *avoir* réside dans l'orthographe du subjonctif présent : *que j'aie, que tu aies, qu'il ait* (avec un *t*), *que nous ayons* (sans *i*), *que vous ayez* (sans *i* non plus), *qu'ils aient.*

Il n'est pas de cas où *ayons, ayez,* prennent un *i* après l'*y.*

— **Accord du participe.** L'accord du participe passé du verbe *avoir* suivi de la préposition *à* et d'un infinitif est le plus souvent facultatif. Se reporter toutefois à la règle générale du participe passé, p. 301, 2ᵉ colonne.

— **Il eût - il eut.** Pour savoir sans analyse si, dans une phrase, on doit écrire *eût* ou *eut*, il suffit de changer le singulier en pluriel (*eût* fait *eussent; eut* fait *eurent*) : *Quel est celui qui eût osé faire cela? (Quels sont ceux qui eussent osé...). Il n'eut pas plutôt dîné qu'il se coucha (Ils n'eurent...). Autrement, il n'eût pas accepté (Autrement, ils n'eussent...). Il eut beau jeu de se taire (Ils eurent...).*

— **Avoir affaire.** V. AFFAIRE.

— **Avoir l'air.** V. AIR.

— **Ayant cause, ayant droit.** V. AYANT CAUSE.

— **Eu égard.** V. ÉGARD.

— V. aussi EU, JOUIR, et MALGRÉ.

avril se prononce *a-vril'* (et non *a-vri* ou *a-vriy'*).

axé, au sens figuré de « centré », est aujourd'hui entré dans la langue : *Une sortie monumentale, axée en fausse équerre* (F. Bac, dans *l'Illustration,* 5-VI-1926). *Des mots savoureux et métaphoriquement axés sur l'époque* (A. Dauzat, *le Génie de la langue française,* 292).

axiome s'écrit sans accent circonflexe sur l'*o*, quoique cet *o* se prononce légèrement fermé.

ayant cause, ayant droit s'écrivent sans trait d'union. Au pluriel, ils font : *des ayants cause, des ayants droit* (selon un usage ancien).

-ayer. — Dans les verbes se terminant par *-ayer,* le changement de l'*y* en *i* devant un *e* muet est facultatif : *je balaye* ou *je balaie; je bégayerai* ou *je bégaierai; nous payerions* ou *nous paierions.*

La forme avec *y* tend toutefois à vieillir

ayons, ayez. V. AVOIR.

azalée est du *féminin* : *Une belle azalée rose.*

B

b. — La lettre *b* ne se redouble que dans les mots *abbaye, abbé, gibbon, gibbosité, rabbin, sabbat,* et dans leurs dérivés : *abbatial, abbesse,* etc.

babil se prononce *ba-bil'*

V. aussi -IL.

bâbord s'écrit avec un accent circonflexe sur l'*a*. C'est le côté *gauche* d'un bateau, le côté droit étant *tribord.*

baby fait au pluriel *babys* (mais aussi *babies,* pluriel anglais).

bacchanal - bacchanale. — Ces deux mots, qui se prononcent l'un et l'autre *ba-ka-nal,* dérivent de Bacchus (les *Bacchanales* étaient à l'origine les fêtes données en l'honneur de ce dieu).

Bacchanal est *masculin* et a le sens familier de « grand bruit, tapage » : *Quand vous aurez fini votre bacchanal* (Acad.). *Quel bacchanal ils ont fait hier soir!* (Lar. du XX° s.).

Bacchanale, au féminin singulier et sans majuscule (une *bacchanale*), désigne, au figuré, une « débauche bruyante », et aussi une « danse tumultueuse » : *Ça finissait par des bagarres ou par des danses, une bacchanale insensée* (M. Van der Meersch, *l'Empreinte du dieu,* 43). *Le second acte de ce ballet, de cet opéra, est terminé par une bacchanale* (Acad.).

bacille se prononce *ba-sil',* et ses dérivés (*bacillaire, bacilliforme,* etc.) se prononcent avec les *l* séparés.

bacon se prononce *ba-kon,* ou, à l'anglaise, *bé-keun.*

bafouer s'écrit avec un seul *f*.

bagage s'emploie au singulier ou au pluriel pour désigner ce qu'on emporte avec soi en voyage (la tendance est toutefois pour le pluriel) . *Le bagage d'un voyageur* (Acad.). *Les voleurs lui prirent tout son bagage* (Id.). *Porter son petit bagage sur le dos* (Lar. du XX° s.). *Mettre ses bagages à la consigne* (Acad.). *Bulletin de bagages* (Id.). *Sortir d'une place avec armes et bagages* (Lar. du XX° s.). *Voyager, voyageur sans bagage ou sans bagages.*

Et au figuré : *Cet auteur n'a qu'un bien petit bagage, qu'un mince bagage* (toujours au singulier). Familièrement : *Plier bagage* (sans *s*).

bagou s'écrit sans *t* d'après l'Académie, mais l'orthographe *bagout* (avec *t,* et sans accent circonflexe sur l'*u*) est encore courante.

bai, adjectif de couleur, s'accorde avec le nom : *Des chevaux bais. Une jument baie.*

Il reste invariable s'il est suivi d'un autre adjectif qui le modifie : *Des chevaux bai-brun, bai foncé.*

V. aussi COULEUR.

bail fait au pluriel *baux.*

bailler - bâiller - bayer. — **Bailler** (sans accent circonflexe sur l'*a*) est un vieux verbe français, encore dialectal, qui signifie « donner ». Il est peu employé aujourd'hui, sauf dans certaines expressions figurées comme : *vous me la baillez bonne, vous me la baillez belle* (« vous voulez m'en faire accroire »). Le dérivé *bailleur* (fém. *bailleresse*), qui désigne celui qui donne à bail, est un terme du langage juridique, encore en usage.

Bâiller (avec un accent circonflexe sur l'*a*) a le sens actuel bien connu de « respirer en ouvrant convulsivement la bouche » : *On bâille de sommeil, de fatigue, de faim, d'ennui* (Lar. du XX° s.). Par extension : *Mon gilet bâille* (Th. Gautier, *Emaux et Camées,* 124).

Bayer (autre forme de *béer*) est un vieux verbe français de même origine que le précédent; il n'est plus guère usité que dans la locution *bayer aux* *corneilles*, « regarder bêtement en l'air, la bouche ouverte ». (Il est tiré [de même que *bâiller*] du latin populaire *badare*, qui a donné aussi *bader* [encore dialectal] et *badaud*.) Romain Rolland a écrit, par analogie : *Que fais-tu là, les bras ballants, bayant aux nues? (Colas Breugnon*, 81.)

On rencontre encore, mais rarement, *bayer* avec le sens archaïque d'« ouvrir », chez des écrivains modernes : *Ses yeux d'antilope bayaient au porteur de mauvaises nouvelles* (P. Adam, *Irène et les eunuques*, 263). *Elle* [la porte] *finit par bayer toute seule et le couloir apparut* (A. Thérive, *Sans âme*, 250).

Ce verbe est parfois confondu avec son homonyme et proche parent *bâiller*, comme le montre l'exemple suivant : *Quand tu seras là à bâiller aux corneilles, fit la petite* (Huysmans, *En ménage*, 252).

bailleur - bâilleur. — *Bailleur* (sans accent circonflexe sur l'*a*), dérivé de l'ancien français *bailler*, « donner », a pour féminin **bailleresse**, alors que *bâilleur* (« qui bâille ») fait **bâilleuse**.

bailli. — Le féminin, qui est *baillive* (femme d'un bailli), s'explique par l'ancienne orthographe *baillif* (nom masculin).

Le dérivé **bailliage** s'écrit avec un *i* devant le second *a*.

bâillon s'écrit avec un accent circonflexe sur l'*a* (et non sur l'*i*).

bain. — On écrit une *salle de bains* (Acad., à SALLE), un *établissement de bains*, un *garçon de bains*; un *peignoir de bain*; un *bain de vapeur*, un *bain de pieds*. Familièrement : *Envoyer quelqu'un au bain.*

bain-marie fait au pluriel *bains-marie.*

baisemain s'écrit en un seul mot et fait au pluriel *baisemains.*

baisser - abaisser. V. ABAISSER.

balade - ballade. — *Balade* est un mot de la langue familière qui signifie « promenade » : *Etre en balade. Faire une balade* (Lar. du XXᵉ s.).

Il s'écrit avec un seul *l*, comme ses dérivés : *se balader, baladeuse, baladin*, etc.

La **ballade** (avec deux *l*) est un poème à forme fixe : *La ballade de frère Lubin. Les ballades écossaises* (Acad.).

balafre et ses dérivés s'écrivent avec un seul *f*.

balai - balais. — **Balai** (ustensile de ménage ou terme technique) s'écrit sans *s* au singulier.

Balais (avec un *s*) est un adjectif et se dit d'un rubis de couleur rose : *Un rubis balais bien monté* (Acad.).

balayer. — On écrit aussi bien *je balaye, tu balayes, il balaye, ils balayent, je balayerai*, etc., que *je balaie, tu balaies, il balaie, ils balaient, je balaierai*, etc. : *Le vent balaye la neige nouvellement tombée* (Lar. du XXᵉ s.). *Sa robe, la queue de sa robe balaie la terre, le plancher* (Acad.).

La tendance serait toutefois, dans tous les verbes en *-ayer*, au remplacement de l'*y* par *i*.

balbutier se prononce *bal-bu-syé.*

De même, *balbutiement* se prononce *bal-bu-sî-man.*

ballade - balade. V. BALADE.

balle. — Au sens de « enveloppe du grain dans l'épi », ce mot s'écrivait *bale* (avec un seul *l*). L'Académie a modifié cette orthographe en *balle* (avec deux *l*) dans la huitième édition de son dictionnaire (1932).

ballotter et ses dérivés s'écrivent avec deux *l* et deux *t*.

V. aussi -OTER.

balluchon s'écrit avec deux *l* (et non plus *baluchon*). L'orthographe de ce mot a été modifiée par l'Académie dans la huitième édition de son dictionnaire (1932).

balustre (avec un seul *l*) est du masculin.

ban est le nom verbal de *bannir* : *Ouvrez le ban! Le ban et l'arrière-ban. Mettre quelqu'un au ban de la société. Etre en rupture de ban. Publier les bans.*

Ne pas confondre ce mot avec **banc**, siège, etc. : *banc de bois; banc d'essai; banc de poissons; banc d'argile;* etc.

banal fait au masculin pluriel, et au sens propre, *banaux : Fours, moulins banaux.*

Au sens figuré, le masculin pluriel est banals (Acad.) : *Des compliments, des propos banals.*

bancal fait au masculin pluriel *bancals.*

banco, employé adjectivement, est invariable : *Cinq cent mille francs banco*

banderole s'écrit avec un seul *l.*
V. aussi -OLE.

bandit n'a pas de féminin correspondant : *Cette femme est un véritable bandit.*
Il en est de même pour BRIGAND.

bandoulière se prononce *ban-dou-lyèr'* (et non *-dou-yèr'*)

bank-note fait au pluriel *bank-notes.*

baraque et ses dérivés s'écrivent avec un seul *r.*

barbarisme. — *Le barbarisme* est une faute de langage qui consiste à se servir de mots altérés, et, par extension, de mots forgés ou employés dans un sens contraire au bon usage : *pantomime* pour *pantomime, il s'enfuya* pour *il s'enfuit;* ou *boitation* pour *claudication, achalandé* au sens d' « approvisionné ».

Le *solécisme,* à l'inverse du barbarisme, qui porte sur un mot, est une faute contre les règles de la syntaxe et porte sur la construction de la phrase : *Il cherche à plaire et à se faire aimer de sa cousine* (pour *Il cherche à plaire à sa cousine et à s'en faire aimer*).

Dans le langage courant, on étend le sens de *barbarisme* à toute faute contre la langue.

Voici une liste de barbarismes et de solécismes parmi les plus répandus.

PRINCIPAUX BARBARISMES ET SOLÉCISMES

FORME FAUTIVE OU CRITIQUABLE	FORME CORRECTE
La poupée *à* ma fille.	La poupée *de* ma fille.
Pour deux *à* trois personnes.	Pour deux *ou* trois personnes.
Il *s'en est accaparé.*	Il *l'a accaparé.*
De manière, de façon *à ce que.*	De manière, de façon *que.*
S'attendre, consentir *à ce que.*	S'attendre, consentir *que.*
Un magasin bien *achalandé* (en marchandises).	Un magasin bien *approvisionné*
Agoniser quelqu'un d'injures.	*Agonir* quelqu'un d'injures.
Se promener *alentour* de la ville.	Se promener *aux alentours* de la ville.
Aller au dentiste.	*Aller chez le* dentiste.
Je me *suis en allé.*	Je m'*en suis allé.*
Hésiter entre *deux alternatives.*	Hésiter entre *deux partis.*
La féodalité *d'antan.*	La féodalité de *jadis.*
Il *appréhende* sortir le soir.	Il *appréhende de* sortir le soir.
La clef est *après* la porte.	La clef est *à, sur* la porte.
Il est furieux *après* vous.	Il est furieux *contre* vous.
Il a demandé *après* vous.	Il vous *a demandé.*
Elle n'*arrête* pas de parler.	Elle ne *cesse* de parler.
Au jour d'aujourd'hui.	*Aujourd'hui.*
Aussi curieux que cela paraisse.	*Si* curieux que cela paraisse.
Il est *aussi* grand *comme* moi.	Il est *aussi* grand *que* moi.
Aussitôt son retour.	*Aussitôt après* son retour (ou *Dès* son retour).
La journée s'est passée sans *avatar.*	La journée s'est passée sans *aventure,* sans *accident.*
Cette nouvelle s'est *avérée* fausse.	Cette nouvelle s'est *révélée* fausse, a été *reconnue* fausse.
Un bel azalée.	*Une belle* azalée.
Bâiller aux corneilles.	*Bayer* aux corneilles.
Se baser sur...	*Se fonder* sur...
Dans le but de...	*Dans le dessein* de...

FORME FAUTIVE OU CRITIQUABLE	FORME CORRECTE
La porcelaine est *casuelle*.	La porcelaine est *cassante, fragile*.
Etre peu *causant*	Etre peu *bavard. loquace*
On vous cause	*On vous parle*.
A cinq *du cent*.	A cinq *pour cent*.
Ces cravates coûtent 10 F *chaque*.	Ces cravates coûtent 10 F *chacune*.
Le combien es-tu?	*Quelle place as-tu?*
Commémorer un anniversaire	*Commémorer* un événement
Comme par exemple	*Comme* (ou *Par exemple*).
Comparer ensemble.	*Comparer*.
S'étendre *compendieusement* sur un sujet.	S'étendre *longuement* sur un sujet.
Compresser quelque chose.	*Comprimer* quelque chose.
Y comprises les gratifications.	*Y compris* les gratifications.
Des cerises *confies*.	Des cerises *confites*.
Etre *confusionné*.	Etre *confus*
Une affaire *conséquente*.	Une affaire *importante*.
Nous *avions convenu* de...	Nous *étions convenus* de...
Faire des *coupes sombres* (lorsqu'on coupe beaucoup).	Faire des *coupes claires*.
Il est sorti avec sa *dame*.	Il est sorti avec sa *femme*.
Il a *davantage de* talent que son frère	Il a *plus de* talent que son frère.
D'ici *demain*.	D'ici *à demain*.
Je l'ai vu avec sa *demoiselle*.	Je l'ai vu avec sa *fille*.
A votre *dépens*.	A *vos dépens*.
Au *diable vert*.	Au *diable vauvert*.
Sa femme *est disparue*.	Sa femme *a disparu*.
Il l'a *échappée* belle.	Il l'a *échappé* belle.
Un spectacle *émotionnant*.	Un spectacle *émouvant*.
Aller *en* bicyclette, *en ski*.	Aller *à* bicyclette, *à skis*
Se *faire* une entorse.	Se *donner* une entorse.
Docteur *ès* médecine, maître *ès* style.	Docteur *en* médecine, maître *en* style.
Un espèce de fou.	*Une espèce* de fou.
Je suis *été* à la pêche.	Je suis *allé à la pêche* (ou *J'ai été à la pêche*).
L'*étiage* le plus élevé.	Le *degré* le plus élevé.
Eviter un ennui à quelqu'un.	*Epargner* un ennui à quelqu'un.
Etre *excessivement* adroit.	Etre *extrêmement* adroit.
Demeurer *en face* la mairie.	Demeurer *en face de* la mairie.
Elle est *fâchée avec* lui.	Elle est *fâchée contre* lui.
De façon à ce que...	*De façon que*...
Ce n'est pas *de sa faute*.	Ce n'est pas *sa faute*.
Fixer quelqu'un.	*Regarder fixement* quelqu'un.
A la bonne *flanquette*.	A la bonne *franquette*.
Elle se fait *forte* de...	Elle se fait *fort* de...
Faire *un frais*.	Faire *des frais*, se mettre *en frais*.
Etre noir comme *un geai*.	Etre noir comme *le jais*.
Un *gradé* de l'Université.	Un *gradué* de l'Université.
Il *s'en* est guère fallu.	Il *ne s'en* est guère fallu.
100 *kilomètres-heure* (km-h)	100 *kilomètres à l'heure* (km/h).
Gagner 2 F *de l'heure*.	Gagner 2 F *l'heure* (ou *par heure*).
D'ici lundi.	*D'ici à* lundi.
Vous n'êtes pas sans *ignorer*.	Vous n'êtes pas sans *savoir*
Une *inclinaison* de tête.	Une *inclination* de tête.
Un vêtement *infecté* de parasites.	Un vêtement *infesté* de parasites.
Ce malheureux vieillard est *ingambe*.	Ce malheureux vieillard est *impotent*.
Ce bruit m'*insupporte*.	Ce bruit m'*est insupportable*.
Jouir d'une mauvaise santé.	*Avoir* une mauvaise santé.
C'est *là où* je vais; c'est *là d'où* je viens.	C'est *là que* je vais; c'est *de là que* je viens.

FORME FAUTIVE OU CRITIQUABLE	FORME CORRECTE
Tomber dans le *lac* (dans un piège).	Tomber dans le *lacs*.
Malgré que je le lui aie interdit.	*Quoique* je le lui aie interdit.
De manière à ce que..	*De manière que...*
Les risques sont réduits au *maximum*.	Les risques sont réduits au *minimum*.
Au *grand maximum*	Au *maximum*.
Messieurs dames.	*Mesdames et messieurs*.
Vers *les midi*, midi et *demie*.	Vers *midi*, midi et *demi*.
Ces fruits sont *moins* chers *qu'*ils étaient.	Ces fruits sont *moins* chers *qu'*ils *n'*étaient.
S'entraider mutuellement.	*S'entraider*.
Babylone, *naguère* puissante.	Babylone, *jadis* puissante.
Elle est mieux *en naturel*.	Elle est mieux *au naturel*.
Un écrivain *notoire*.	Un écrivain *notable*, *connu*.
Nous, on a été à la fête.	*Nous*, nous avons été à la fête.
Nous deux mon chien.	*Moi et* mon chien.
Il lui *observa* que...	Il lui *fit observer* que...
Je n'ai rien *à* m'occuper.	Je n'ai rien *à quoi* m'occuper.
On est arrivé.	*Nous sommes* arrivés.
En outre de cela.	*Outre* cela.
Pallier à un inconvénient.	*Pallier* un inconvénient.
A ce qu'il paraît que...	*Il paraît* que...
Pardonner quelqu'un.	*Pardonner à* quelqu'un.
Il a fait *pareil que* vous.	Il a fait *comme* vous.
Ma robe est *pareille que* la sienne.	Ma robe est *semblable à* la sienne.
Prendre quelqu'un *à parti*.	Prendre quelqu'un *à partie*.
Partir à Lyon, *en* Italie.	*Partir pour* Lyon, *pour* l'Italie.
Une rue *passagère*.	Une rue *passante*.
Au point de vue *pécunier*.	Au point de vue *pécuniaire*.
Aller de mal en *pire;* tant *pire;* souffrir *pire* que jamais.	Aller de mal en *pis;* tant *pis;* souffrir *pis* que jamais.
Au point de vue congés.	*Au point de vue* (ou *Du point de vue*) *des* congés.
Je *préfère* rester à la maison *que* sortir.	Je *préfère* rester à la maison *plutôt que de* sortir.
Une occasion *à profiter*.	Une occasion *à saisir*.
Allons *promener*.	Allons *nous promener*.
Je vous *promets* qu'il est là.	Je vous *assure* qu'il est là.
Et puis ensuite.	*Et puis* (ou *Ensuite*).
La chose *que* j'ai besoin.	La chose *dont* j'ai besoin.
D'où que tu viens?	*D'où viens-tu?*
Quand même *que* ce serait vrai.	Quand même ce serait vrai.
Elle a quel âge?	*Quel âge a-t-elle?*
Quoiqu'il est malade.	*Quoiqu'il soit* malade.
Il me *rabat* les oreilles avec son *histoire*.	Il me *rebat* les oreilles avec son histoire.
Je m'en rappelle.	*Je me le rappelle* (ou *Je m'en souviens*).
Rapport à sa mauvaise santé.	*A cause* de sa mauvaise santé.
Réaliser un événement.	*Mesurer l'importance* d'un événement.
Ce matin, il est *rentré* à l'église.	Ce matin, il est *entré* à l'église.
Cela *ressort* à sa compétence.	Cela *ressortit* à sa compétence.
Il a *retrouvé* la liberté, la vue.	Il a *recouvré* la liberté, la vue.
J'ai *rêvé à* un mari.	J'ai *rêvé d'*un mari.
Comme si *rien* n'était.	Comme si *de rien* n'était.
Il *risque* de gagner.	Il *a des chances* de gagner.
Une *secousse sismique*.	Un *tremblement de terre*, une secousse *tellurique*.
Il ne *semble* pas que c'*est* bien.	Il ne *semble* pas que ce *soit* bien.
Le *soi-disant* cadavre.	Le *prétendu* cadavre.
Solutionner une question.	*Résoudre* une question.

FORME FAUTIVE OU CRITIQUABLE	FORME CORRECTE
Faire des dépenses *somptuaires*.	Faire des dépenses *exagérées* (ou *d'apparat*)
A deux heures *sonnant*	A deux heures *sonnantes*.
Cela l'a *stupéfaite*	Cela l'a *stupéfiée*.
J'arrive *de suite*.	J'arrive *tout de suite*.
Il *s'en est suivi* un désastre.	Il *s'est ensuivi* (ou Il *s'en est ensuivi*) un désastre.
Lire *sur* le journal.	Lire *dans* le journal.
*Surtout qu'*il n'est pas bien.	*D'autant plus qu'*il n'est pas bien.
Rayon *susceptible* d'impressionner une plaque photographique.	Rayon *capable* d'impressionner une plaque photographique.
Tâchez moyen de...	*Faites votre possible* pour...
Tant qu'à faire.	*A tant faire que*.
Tant qu'à lui.	*Quant* à lui.
Je l'ai acheté *tel que*.	Je l'ai acheté *tel quel*.
N'avoir pas le *temps matériel* pour..	N'avoir pas le *temps* de...
Je me suis *très* amusé.	Je me suis *beaucoup* amusé.
Avez-vous faim? — Oui, *très*.	Avez-vous faim? — Oui, *beaucoup*.
Avoir *très* peur.	Avoir *grand*·peur.
Il s'amuse *de trop*.	Il s'amuse *trop*.
Vitupérer contre quelqu'un.	*Vitupérer* quelqu'un.

barboter et ses dérivés (*barbotage, barboteur,* etc.) s'écrivent avec un seul *t*.

V. aussi -OTER.

barème, quoique dérivé de *Barrême,* s'écrit (d'après l'Académie) avec un seul *r* et un *e* accent grave (et non circonflexe) : *Un barème décimal* (Acad.) *Un bon barème* (Lar. du XXᵉ s.).

baril se prononce *ba-ri* et s'écrit avec un seul *r* (alors que **barrique** en prend deux)

V. aussi -IL.

bas. — **Bas** adjectif se lie à un nom par un trait d'union si l'ensemble désigne une unité administrative : les *Basses-Alpes,* les *Basses-Pyrénées,* le *Bas-Rhin* (départements). Mais on écrira : la *basse Alsace,* la *basse Bretagne* (les *bas Bretons,* parler le *bas breton*), le *bas Languedoc,* la *basse Normandie,* la *basse Egypte* (Acad.), la *basse Seine,* le *bas Rhin;* les *basses Alpes,* les *basses Pyrénées* (situation de ces montagnes par rapport à des reliefs plus élevés), et cas analogues.

V. aussi HAUT.

— **Bas** adverbe est naturellement invariable : *Cette maquette d'avion vole bas. Jeunes filles qui parlent bas Porter bas la tête* (Lar du XXᵉ s.) *Des chevaux bas-jointés.*

— **A bas de, au bas de, en bas de.** *A bas de* s'emploie après un verbe de mouvement pour indiquer le transport à un niveau plus bas : *Fabrice se jeta à bas de son cheval* (Stendhal, *la Chartreuse de Parme,* 50). *Se jeter, sauter à bas du lit* (Acad.). *Tomber à bas d'une échelle.*

Au bas de signifie « au pied de » : *Nous l'avons trouvé au bas de l'escalier.* Mais on dit également bien, dans ce sens, *en bas de : On le trouva évanoui en bas de l'échelle* (Littré). *Ils étaient en bas de la colline* (Acad.). Et aussi : *Descendez de cet arbre, je vous attends en bas* (Lar. du XXᵉ s.)

— **A bas !** est un cri d'improbation. On dira : *A bas les politiciens! A bas les traîtres!* mais *Bas les mains! Bas les armes!* parce qu'il s'agit là d'une injonction de [mettre à] bas les mains, les armes

— **Descendre en bas.** V. DESCENDRE

— **Ici-bas, là-bas** s'écrivent avec des traits d'union

— **Mettre bas.** V ACCOUCHEMENT.

bas-. — Les composés de *bas* s'écrivent avec un trait d'union et prennent la marque du pluriel des *bas-bleus,* des *bas-côtés,* des *basses-fosses,* des juments *bas-jointées,* des *bas-reliefs,* etc.

baser a été créé, à la fin du xviiie siècle, comme certains néologismes parfois inutiles (*solutionner*, par exemple), pour doubler le mot *fonder*, qui pourtant était parfaitement clair : *Je basai le succès de cette escapade sur cette indifférence* (Balzac, *le Lys dans la vallée*, 13). *Sur quoi basez-vous cette opinion?* (Labiche, *les Vivacités du capitaine Tic*, II, xiii.) *Position excellente, basée sur des succès populaires* (Baudelaire, *Art romantique*, 213).

Admis par le Dictionnaire de l'Académie en 1798, avec cette remarque qu'il « est employé depuis quelque temps, et plus au figuré qu'au propre », *baser* devait être banni de l'édition de 1835, à la suite de la campagne menée par Royer-Collard pour la suppression de ce néologisme. C'est de ce mot que l'académicien disait : « S'il entre, je sors! » Il n'a pas été réintégré dans l'édition de 1932.

Littré le donne comme « un néologisme fort employé présentement et qui n'a rien de condamnable en soi, mais qui est peu utile puisque *baser* ne diffère pas sensiblement de *fonder* ». Il ajoute : « Il vaudra donc mieux, en écrivant, se servir de *fonder* que de *baser*. »

Le Larousse du XXe siècle remarque que *se baser* est d'un style peu littéraire. Il tend pourtant, de la langue parlée, à passer dans la langue écrite; mais les bons auteurs ont toujours recours à l'inattaquable *se fonder* : *Des lexicographes et des « grammairiens », se fondant à la fois* [...] *sur l'usage des honnêtes gens et sur l'autorité des bons écrivains* [...] (Ch. Bruneau, *Petite Histoire de la langue française*, I, 181).

On peut également se servir des synonymes *prendre pour base, s'appuyer sur, compter sur, tabler sur*.

Nota. — *Baser* se dit très correctement, en termes militaires, de navires, d'avions, ancrés ou garés à leur base d'attache : *Ce cuirassé est basé à Toulon. Escadrille basée à Marignane.*

bas-fond - haut-fond. — En termes de marine, un **bas-fond** (plur. *bas-fonds*) est un endroit de la mer peu profond, mais au-dessus duquel la navigation est possible.

Son antonyme **haut-fond** (plur. *hauts-fonds*) désigne un endroit de la mer où le fond vient jusqu'à fleur d'eau et sur lequel il est dangereux de naviguer.

basque, adjectif, conserve la même forme pour les deux genres : *Un berger basque. Une maison basque.*

Pour désigner un habitant du pays basque, on dit plutôt *Basquaise* en parlant d'une femme.

bas-relief. V. RELIEF.

bataillon. — On écrit : *Un chef, des chefs de bataillon* (sans *s*).

V. aussi ESCADRON.

batardeau, digue, s'écrit (selon l'Académie) sans accent circonflexe sur le premier *a*, au contraire de *bâtard, bâtardise*, etc., qui en prennent un; aussi écrit-on le plus souvent **bâtardeau** (Lar. du XXe s.).

bateau s'écrit sans accent circonflexe sur l'*a* : *un bateau à voiles, à rames, de pêche; un bateau pêcheur, un bateau-citerne, un bateau-feu, un bateau-lavoir, un bateau-mouche, un bateau-phare, un bateau-pilote, un bateau-pompe*, etc.

— Genre des noms de bateaux. Doit-on faire accorder l'article avec le nom du bateau ou bien employer l'article masculin?

« Autrefois, écrit A. Dauzat (*Grammaire raisonnée*, 79), le navire s'identifiait plus ou moins avec l'appellation qu'on lui donnait; on réservait d'ailleurs les noms masculins aux vaisseaux de ligne, les noms féminins aux frégates et aux corvettes : le xviiie siècle disait « le » *Vengeur*, « la » *Belle-Poule*. »

Il n'en a pas toujours été ainsi (le *Prince-de-Conti* était une frégate, la *Gloire* un croiseur), et de nos jours si d'aucuns prétendent qu'il faut dire « le » *Liberté* parce que le mot *paquebot* est sous-entendu (le [paquebot] *Liberté*), d'autres, s'appuyant sur le genre même du nom, conseillent d'écrire « la » *Liberté*. C'est la décision qu'a prise l'Académie un jour où l'on avait sollicité son avis.

Cette décision semble sage. En effet, si l'on pousse le premier raisonnement jusqu'au bout, on devrait dire « la » *Cormoran*, « la » *Mutin*, en parlant d'une vedette, d'une barque, qui porterait l'un de ces noms.

Voici, d'ailleurs, ce que donnerait cette théorie si elle était étendue aux régions de France, aux départements, aux fleuves, etc. : il faudrait dire « la » Roussillon (région), « le » Charente (département), « le » Loire (fleuve), et. naturellement, « la » Loir (rivière) !

Quand les bateaux portent un nom de ville ou de personne, celui-ci est généralement du masculin : « le » *Dunkerque*, « le » *La-Fayette*. Il en est de même pour les noms de bateaux étrangers : « le » *Pax*, « le » *Queen Mary*, « le » *Discovery*, « le » *Misso Maru*.

Il y a hésitation pour les noms terminés en *a*. On dit le *Mauretania*, le *Calcaria*, mais plutôt la *Santa Maria*, la *Pinta*, la *Niña*.

Pour trancher la question, la Compagnie générale transatlantique a décidé, en 1935, de supprimer purement et simplement l'article (*J'embarque sur « Flandre », sur « Liberté »*). L'usage n'a pas suivi jusqu'ici.

A noter que, en principe, l'article ne figure jamais dans le nom du bateau. On lit sur la coque : *Liberté, Ile-de-France, Queen Elizabeth*.

On écrira donc : le *Vengeur* (et non le *Vengeur*) ; mais si l'article fait partie intégrante du nom, on le joindra à celui-ci par un trait d'union : le *La-Plata*.

On reliera également par des traits d'union les différents éléments des noms composés français : *Jeanne-d'Arc, U-49, Petite-Marcelle, Etoile-de-la-Mer*, et aussi *De-Grasse*.

Ces règles sont également valables pour les noms d'aéronefs.

bat-flanc (de *battre* et *flanc*) est un nom *invariable*. (Ne pas écrire *bas-flanc*.)

batiste (et non *baptiste*) est l'orthographe correcte pour le tissu qui porte ce nom : *Un mouchoir de batiste* (Acad.).

battre. — Les dérivés de ce verbe s'écrivent avec deux *t*, sauf **combatif** et **combativité**.

Bataille et ses dérivés s'écrivent également avec un seul *t*.

— **Battre son plein**. Le plein de la mer est le moment où la marée est à sa plus grande hauteur : *On ne peut entrer dans certains ports qu'au plein* (Lar. du XXe s.). La marée *bat son plein* quand, arrivée à son plus haut

point, elle reste stationnaire quelque temps avant de redescendre (Littré).

Par métaphore (sens figuré), on applique cette locution à toute manifestation qui se maintient à son point culminant : *Saison, fête qui bat son plein* (Lar. du XXe s.). *Les régates battent leur plein. Les noms de famille se sont fixés au moment où ces phénomènes battaient leur plein* (A. Dauzat, *les Noms de personnes*, 142).

Contre toute vraisemblance, certains écrivent au pluriel *battent son plein* (*son* nom, et *son plein* opposé à *son creux*). C'est là une erreur que ne pourrait commettre quiconque a entendu parler du *plein* de la mer.

— **Battant**. On écrit plutôt *à cinq heures battantes* que *à cinq heures battant*.

V. aussi HEURE.

— **Battant neuf**. L'usage est partagé sur l'accord. Il est toutefois courant d'écrire (avec accord de l'adjectif) : *Des meubles battant neufs. Une batterie de cuisine battant neuve*.

V. aussi FLAMBANT.

baume, « emplâtre », « grotte », s'écrit sans *e* après le *b*.

bayer - bâiller - bailler. V. BAILLER.

bazar s'écrit sans *d* final.

Le dérivé **bazarder** est du langage populaire.

béante - bée. — Ces deux synonymes sont tirés du verbe *béer*, autre forme de *bayer* (v. BAILLER), « tenir la bouche ouverte en regardant longtemps quelque chose ».

Béante (masculin *béant*) est d'usage courant et signifie « largement ouverte » : *Le lion vint à lui, gueule béante* (Acad.). *Gouffre béant* (Nouv Lar. univ.).

Bée, qui a le même sens, n'est plus guère employé que dans les expressions *bouche bée* (qui n'empêche pas *bouche béante*), *tonneau à gueule bée*.

beau. — Les composés de *beau* prennent la marque du pluriel à chaque élément : des *beaux-fils*, des *beaux-pères*, etc.

V. BELLE-.

beau - bel. — En règle générale, on emploie *bel* devant un nom commençant par une voyelle ou un *h* muet :

Un bel enfant. Etre dans le bel âge
(Acad.). *Un bel habit* (Lar. du XXᵉ s.).
[Exceptions pour *Charles le Bel, Phi-
lippe le Bel.*]

Devant la conjonction *et*, il y a d'ailleurs hésitation *Un bel et charmant
enfant* peut se dire, mais on préférera,
si le nom précède : *Un enfant beau et
charmant* et de même si le nom qui suit
commence par une consonne · *Un beau
et charmant garçon.*

On dit toutefois (cette locution étant
figée) *bel et bien* : *C'était bel et bien
son mari.* Et aussi *bel et bon* à côté de
beau et bon.

V. aussi FOU, MOU, NOUVEAU, VIEUX.

beaucoup. — Sont seuls modifiés par
cet adverbe les adjectifs *meilleur* et
moindre : *Ce vin est beaucoup meilleur. J'en ai reçu en beaucoup
moindre quantité.* (On ne dira pas :
Cet enfant est beaucoup aimable mais
très aimable.)

Beaucoup ne peut modifier que les
adverbes *mieux, moins, plus, trop* : *Il
va beaucoup mieux. J'en ai beaucoup
moins, beaucoup plus, beaucoup trop.*

Dans le même sens, avec un adjectif
ou un adverbe de comparaison, on
emploie également *bien* : *bien meilleur,
bien mieux,* etc.

— **Beaucoup - de beaucoup.** En
règle générale, on doit dire *il s'en
faut beaucoup* quand on veut indiquer
une différence de qualité : *Le cadet
n'est pas si sage que l'aîné, il s'en faut
beaucoup* (Acad.).

On doit employer *de beaucoup* pour
indiquer une différence de quantité :
*Vous croyez m'avoir tout rendu, il s'en
faut de beaucoup* (Acad.).

En fait, dans l'un et l'autre cas, on
dit plus souvent *il s'en faut de beaucoup.*

V. aussi FALLOIR (S'EN).

— Si **beaucoup** est placé *avant* un
comparatif, la préposition *de* est facultative : *Il est beaucoup plus savant que
moi* ou *Il est de beaucoup plus savant
que moi.*

Placé *après* un comparatif, *beaucoup*
doit toujours être précédé de la préposition de : *Il est plus savant de beaucoup*

— Quand **beaucoup** est employé
pour « un grand nombre », il est suivi

du pluriel et le mot *personnes* ou *gens*
peut être sous-entendu : « On peut
dire, par ellipse, *beaucoup sont venus* »
(A. Dauzat, *Grammaire raisonnée*, 301).
Il y en a beaucoup qui pensent cela
(*en* annonce que *personnes* ou *gens* est
sous-entendu). Le verbe reste au singulier si le nom qui suit *beaucoup* est au
singulier : *Beaucoup de monde a assisté
à cette rencontre.*

bec-. — Dans les composés avec la
préposition *de*, seul le mot *bec* prend la
marque du pluriel : des *becs-d'âne*, des
becs-de-cane, des *becs-de-lièvre*, etc.

béchamel paraît être une altération
du nom de l'inventeur présumé de cette
sauce, le marquis Louis de *Béchameil*.
On doit donc écrire : *une béchamel*
(nom commun), mais *une sauce Béchamel* ou *à la Béchamel.*

On écrira de même : *une mornay,
une sauce Mornay* ou *à la Mornay.*

becqueter fait *il becquette* (et non
il becquète) : *Deux pigeons qui se bec-
quettent* (Acad.).

bée - béante. V. BÉANTE.

bégaiement s'écrit avec un *e* intercalaire.

beige, adjectif de couleur, est *variable* :
Des manteaux beiges (mais *Des manteaux beige clair, beige foncé*).

V. aussi COULEUR.

beignet. — On dit, absolument : *J'ai
fait, j'ai mangé des beignets*, ou bien
des beignets de pommes, d'abricots
(Acad.) [plutôt que des *beignets aux
pommes*..., admis toutefois par Littré].

bel - beau. V. BEAU.

belître s'écrit sans accent sur l'*e*
(Acad.) et avec un accent circonflexe
sur l'*i* : *Un vrai belître.*

L'orthographe *bélître* (avec un accent
aigu) est également en usage (Littré,
Lar. du XXᵉ s.)

belle. — **L'échapper belle.** V. ÉCHAP-
PER.

belle-. — Dans les composés, *belle*
prend toujours la marque du pluriel
(ainsi que le complément si celui-ci est
un nom) : les *belles-lettres*, des *belles-
mères*, des *belles-mamans*, des *belles-
sœurs*, etc.; des *belles-de-nuit*, des
belles-d'un-jour, des *belles-d'onze-
heures.*

ben, qui se prononce *bèn*, est un mot arabe qui signifie « fils ». Il s'écrit sans majuscule (sauf s'il est placé au début du nom) et ne se lie pas par des traits d'union au nom qui précède ou à celui qui suit : *Ali ben Mohamed* (c'est-à-dire Ali fils de Mohamed).

Le pluriel est **beni** : *Les beni Yousouf* (c'est-à-dire les enfants de Yousouf ou les hommes de la tribu de Yousouf).

ben-. — La syllabe initiale *ben-* se prononce *bin* dans les mots suivants : *Bengale, bengali, benjamin, benjoin, benzine* et dérivés.

bénédicité est un mot latin francisé. Il fait au pluriel : *des bénédicités* (Acad.).

benêt ne prend pas d'accent sur le premier *e*, et se prononce *be-nê*.

Il ne s'emploie pas au féminin.

bénévole s'est longtemps employé en parlant des personnes seulement : *Secrétaire bénévole. Il y a dans les hôpitaux, outre les internes, des assistants bénévoles* (Acad.).

Il se dit aussi bien aujourd'hui en parlant des choses : *Aide, fonction bénévole* (Gr. Lar. encycl.). *Service bénévole; collaboration bénévole* (Robert).

beni. V. BEN.

bénin a pour féminin *bénigne* : *Mal bénin. Tumeur bénigne.* (S'oppose à *malin, maligne*.)

bénir. — Bénit - béni. Le participe passé du verbe *bénir* a deux formes : *béni, e* et *bénit, ite*.

Bénit, employé comme adjectif ou avec l'auxiliaire *être,* se dit des choses qui sont consacrées par une cérémonie religieuse : *Pain bénit. Cette médaille a été bénite.* (On reconnaît qu'on a affaire à l'adjectif *bénit* [par consécration rituelle] quand le mot peut être remplacé par l'adjectif *saint,* dont le sens est approchant [Grevisse].)

La deuxième forme, *béni,* comprend tous les autres sens de ce verbe : *Nation bénie de Dieu. Mère bénie dans ses enfants. Des armes bénites par l'Église avec beaucoup d'appareil, ne sont pas toujours bénies du ciel sur le champ de bataille* (Laveaux). *Vieux villages souriants, soyez bénis pour les heures d'oubli que vous avez prodiguées* (G. Duhamel, *Civilisation,* 117).

A noter qu'avec l'auxiliaire *avoir* le participe *béni* ne prend jamais de *t* : *Le prêtre a béni l'assistance* (Acad.). *Les drapeaux de ce régiment ont été bénits par l'archevêque; il les a bénis hier pendant la cérémonie* (Bescherelle).

A noter également que *béni* se construit avec *de* et *bénit* avec *par.*

Voici quelques exemples fautifs où *béni* a été confondu avec *bénit* (sens de « consécration religieuse ») : *Un chapelet béni par le pape* (M. Barrès, *le Jardin de Bérénice,* 60). *Une grande brioche bénie* (M. Proust, *Du côté de chez Swann,* I, 98). *Prends cette médaille, elle a été bénie par le pape* (A. France, *Histoire comique,* X). *Le feu ne le* [Jean] *brûlait point à cause de l'étole qui était bénie* (L. Riotor, *Ouessant,* 156).

NOTA. — La distinction entre *bénit* et *béni* ne date que du XIXe siècle. Jusque-là, on écrivait toujours *bénit.*

benoît s'écrit avec un accent circonflexe sur l'*i* (nom commun et prénom).

Il en est de même pour *benoîte, Benoîte.*

bercail ne s'emploie pas au pluriel.

bergamote s'écrit avec un seul *t.*

V. aussi -OTE.

bernard-l'ermite (autre nom du *pagure*) est *invariable.*

besaiguë - bisaiguë. — La **besaiguë** (du lat. *bis,* deux fois, et *acutus,* aigu) est un outil de charpentier.

Ne pas confondre avec la **bisaiguë** (de l'italien *bisegolo,* à deux tranchants), qui est un outil de cordonnier et devrait s'écrire *bisaigue.*

besicles s'écrit sans accent sur le premier *e* et ne se dit qu'au pluriel (comme *lunettes,* dont il a le sens). Il s'emploie surtout par ironie.

besoin. — Avoir besoin se construit avec *de* : *Avez-vous besoin de quelque chose?* (Acad.) *Je n'ai besoin de rien* (et non *Je n'ai rien besoin*). *Avait-il besoin de faire cela?*

(La construction *En avoir de besoin* est populaire et doit être évitée.)

On rencontre aussi **avoir besoin que** : *J'ai besoin que vous me souteniez. Il n'a pas besoin qu'on lui dise deux fois la même chose* (Acad.).

bestial fait au pluriel masculin *bestiaux* : *Des penchants bestiaux* (Lar. du XXe s.).

bétail - bestiaux. — **Bétail** est le masculin de *bestaille*, qui, au XIIIe siècle, désignait l'ensemble des *bestes* petites ou grosses, sauvages ou apprivoisées. Aujourd'hui, le *bétail* est composé du cheval, de l'âne, du mulet, du bœuf (gros bétail), et du mouton, de la chèvre, du porc (petit bétail).

Bestiaux, postérieur à *bétail*, est le pluriel de l'adjectif *bestial*, devenu nom plus tard. De nos jours, *bestiaux* sert de pluriel à *bétail*.

Bétail et *bestiaux* ne sont d'ailleurs pas absolument synonymes. Le second s'emploie plutôt pour désigner les animaux de pâture de grande taille.

bey. — Cet ancien titre s'écrit sans majuscule et se place après un nom propre, sans trait d'union : *Adhra bey*.

Comme nom commun, il précède le nom propre : *Le bey X... Le bey de Tunis* (mais le *dey* d'Alger).

bi-. — Les composés de *bi-* s'écrivent sans trait d'union : *bimétallisme, bihebdomadaire*, etc.

bibelot - bimbelot. — Ces deux mots sont différenciés, quoique le second soit une variante du premier.

Un **bibelot** est un objet curieux, artistique, qui peut avoir une grande valeur, alors qu'un **bimbelot**, autrefois « petit jouet », n'est aujourd'hui qu'une bagatelle, une chose sans valeur.

On appelle *bimbeloterie* (et non *bibeloterie*) l'industrie des menus jouets et objets de peu de valeur. Le *bibelotage* est le goût des bibelots.

bible. — On écrit *Bible* avec une majuscule quand il s'agit du livre sacré : *Lire la Bible. Acheter une Bible*. Mais on écrira, par extension : *Cet ouvrage de philosophie est sa bible* (sans majuscule).

bicyclette. — **Aller à** ou **en bicyclette.** V. ALLER.

bien. — Le comparatif de supériorité de *bien* est *mieux* (et non *plus bien*) : *Suzanne est bien, mais son amie Reine est mieux*.

— **Bien de,** au sens de « beaucoup », doit toujours être suivi de l'article (à l'encontre de *beaucoup de*, qui précède immédiatement le nom) : *Il a bien de la peine* (mais *Il a beaucoup de peine*). *Il y a bien des vieilles maisons dans ce village* (et non plus *de vieilles...*, comme le recommandait Littré).

On dit toutefois, avec *autres : Il en est venu bien d'autres* (sans article) [Acad.].

V. aussi BEAUCOUP.

— **Bien que** doit être suivi du subjonctif : *Tous les débats soulevés lui étaient familiers, bien qu'il ne pût en parler qu'avec M. Lousteau* (Fr. Mauriac, *le Sagouin*, 117).

Bien que peut être suivi d'un participe présent ou passé (énoncé ou sous-entendu) : *Bien qu'étant reparti dès l'aube...* (P. Benoit, *la Dame de l'Ouest*, 158 ; cité par Grevisse). *Bien que philosophe, M. Homais respectait les morts* (Flaubert ; cité par Hanse).

— **Bien que j'en aie** est une locution à éviter. On doit dire *malgré que j'en aie* (v. MALGRÉ).

— **Bel et bien.** V. BEAU.

— **Bien vouloir - vouloir bien.** V. VOULOIR.

bien-. — Les composés de *bien* s'écrivent avec un trait d'union, et seul le second mot prend la marque du pluriel : *bien-aimé(s), bien-disant(s), bien-pensant(s)*, etc.

Les noms dont le second élément est un verbe à l'infinitif n'ont pas de pluriel : *bien-dire, bien-être, bien-faire*, etc. On écrit aussi toujours au singulier : *bien-fondé, bien-jugé*.

— Dans **biens-fonds**, *bien* est un nom, et ce mot ne s'emploie plus aujourd'hui qu'au pluriel.

bienfaisance. — Dans ce mot et dans les dérivés de *faire* (*faisais, bienfaisant...*), la syllabe *-fai-* se prononce *fe*.

biennal. V. BIHEBDOMADAIRE.

bientôt. — **Bientôt - bien tôt.** *Bientôt* (en un seul mot) signifie « sous peu » : *J'arriverai bientôt pour voir mon fils. Il sera bientôt revenu* (Acad.).

Bien tôt (en deux mots) a le sens de « fort tôt » : *Vous arrivez bien tôt ce matin, vous, vous êtes levé sans doute de meilleure heure*.

— **Très bientôt** est du langage snob ou familier.

bienvenu - bien venu. — Est le **bienvenu** (en un seul mot) celui qui est accueilli avec plaisir, qui arrive à propos : *Entrez! vous êtes le bienvenu. Soyez le bienvenu* (parfois le *bien venu*). *Vous êtes la bienvenue, chère madame. C'est un homme qui est bienvenu partout* (Acad.).

Ne pas confondre avec **bien venu** (en deux mots), où l'on peut supprimer *bien* (« effectivement venu ») sans nuire au sens de la phrase : *Il est bien venu, en effet, mais je n'ai pu le voir.*

bifteck est l'orthographe française (Acad.) du mot anglais *beefsteak* (de *beef*, bœuf, et *steak*, tranche) : *Deux biftecks aux pommes.*

Par analogie, on dit *un bifteck de cheval, un bifteck d'ours*, etc., ce qui est toutefois une extension abusive, puisque dans *bifteck* il y a *bœuf.*

bifurquer s'emploie surtout comme verbe intransitif : *La route bifurque* (Acad.). *Il bifurqua à cet endroit de la route* (Id.). *La voie ferrée bifurque à Moret* (Lar. du XX° s.).

La forme pronominale est plus rare : *Chemin qui se bifurque* (Lar. XX° s.).

bihebdomadaire signifie « qui se produit deux fois par semaine » (et non « toutes les deux semaines »).

Voici d'ailleurs, dans l'ordre, la série de ces divisions du temps : *biquotidien* (deux fois par jour), *quotidien* (tous les jours), *bihebdomadaire* (deux fois par semaine), *hebdomadaire* (toutes les semaines), *décadaire* (tous les dix jours), *bimensuel* (deux fois par mois), *mensuel* (tous les mois), *bimestriel* (tous les deux mois), *trimestriel* (tous les trois mois), *semestriel* (tous les six mois), *annuel* (tous les ans), *bisannuel* (tous les deux ans, et aussi qui dure deux ans : *Plante bisannuelle*) et son synonyme *biennal* (*Concours biennal* [Lar. du XX° s.]. *Magistrature biennale* [Acad.]), qui conduit à *triennal, quadriennal, quinquennal*, etc.

bijou fait au pluriel *bijoux* (avec *x*).

Les six autres noms en *ou* qui font leur pluriel en *oux* sont : *caillou, chou, genou, hibou, joujou* et *pou.*

bilan, étant tiré de l'italien *bilancio*, balance (*Il faut faire le bilan du bon et du mauvais* [G. de Maupassant, *Fort*

comme la mort, 27]), ne peut s'employer au sens de « récapitulation ». On ne dira donc pas : *Le bilan de l'accident se monte à trois morts*, où l'idée de « balance » est exclue.

bilieux - biliaire. — **Bilieux** indique un excès de bile : *Tempérament bilieux* (Acad.). *Teint bilieux* (Lar. du XX° s.).

L'expression, déformée, *n'être pas bileux* (pour « ne pas s'en faire ») est du langage populaire.

Biliaire a seulement rapport à la bile : *Vésicule biliaire. Calcul biliaire.*

billet - ticket. V. TICKET.

billon - billion. — Le **billon** est la monnaie divisionnaire (pièces, jetons). On prononce *bi-yon.*

Un **billion** est un million de millions. On prononce *bi-lyon.* (A noter que le billion équivaut à 1 000 millions aux Etats-Unis.)

bimbelot - bibelot. V. BIBELOT

bimensuel, bimestriel. V. BIHEBDOMADAIRE

binocle vient du latin *binoculus* (de *bini*, deux, et *oculus*, œil). Il désigne, en somme, le lorgnon, « lunettes sans branches se fixant sur le nez au moyen d'un ressort » : *Porter binocle* (Acad.). *Binocle en écaille* (Lar. du XX° s.).

A noter le singulier; toutefois, le pluriel est fréquent (cf. *lunettes*, qui doit normalement s'employer au pluriel) : *Un ingénieur à binocles* (J. Romains, *Lucienne*, 149). *Derrière ses binocles son regard brillait* (R. Dorgelès, *la Route des tropiques*, 98).

biparti - bipartite. — **Bipartite** n'est pas une forme féminisée de *biparti.* C'est un doublet savant des deux genres, tiré du latin *bipartitus*, partagé en deux, et formé sur le modèle de *composite, licite*, etc. Les deux mots sont donc synonymes, mais le premier, **biparti**, paraît s'effacer peu à peu devant le second, aussi bien au sens de « partagé en deux » qu'à celui de « constitué de deux partis » : *Feuille bipartite. Gouvernement bipartite* (Nouv. Lar. univ.).

bis, adjectif (*pain bis, farine bise*), se prononce *bî.*

Bis, adverbe (*crier bis, feuillet trente bis*), se prononce *biss.*

bisaïeul. V. AÏEUL.

bisaiguë - besaiguë. V. BESAIGUË.

bisannuel, biennal. V BIHEBDO-
MADAIRE.

bistre est un adjectif *invariable*.
    V. aussi COULEUR.

bitume. — On dit *bitumé, bitumeux*
ou *bituminé, bitumineux*.
    — **Bitumer**, c'est recouvrir d'une
couche de bitume ; **bituminiser**, c'est
transformer en bitume
    — Adjectif de couleur, *bitume* est
invariable.

blanc s'accorde avec le nom auquel il
se rapporte : *Des draps blancs. Une
robe blanche. Un papier blanc sale, jau-
nâtre. Blanc comme l'ivoire, comme la
neige* (comme neige, au figuré). *Blanc
comme un cygne, comme un lis* (l'article
indéfini ne s'emploie qu'avec les noms
d'animaux ou de fleurs).
    On dit : *Des blancs bleutés. Blanc de
lait, blanc de perle. Des boiseries blanc
et or. Une robe blanc et noir. Des taches
blanc grisâtre, d'un blanc grisâtre.*
    V. aussi COULEUR.

blanchiment - blanchissage. —
Le **blanchiment** (avec *i* simple) est
l'action de blanchir, de rendre blanche
une chose qui était teintée : *Le blanchiment d'un mur. Le blanchiment de la
pâte à papier.* (A noter : *noircissement*.)
    Blanchissage se dit surtout du
lavage du linge en vue de le rendre
propre après usage : *Mettre, envoyer
du linge au blanchissage* (Acad.)

blanc-seing. V. SEING.

blaser. — On dit *Il est blasé de tout*
ou *sur tout*.

blasphémer se construit sans préposition ou avec **contre** : *On ne saurait
dire cela sans blasphémer* (Acad.). *Cet
homme ne cesse de blasphémer Dieu et
ses saints* (Id.). *Blasphémer contre la
vertu* (Gr. Lar. encycl.).

blessé. — S'il est correct de parler de
blessures légères ou *graves*, il l'est moins
de dire : *des blessés légers* ou *graves*,
construction qui s'apparente aux trop
nombreux *blessés crâniens, bouchers
chevalins, soudeurs autogènes, jardi-
nières d'enfants* ou autres formations
critiquables.
    V. aussi ADJECTIF (*Adjectifs dérivés
de noms*).

bleu. — Les composés de *bleu* (ou
d'une autre couleur) et d'un nom de
chose s'écrivent sans trait d'union :
bleu d'azur (ou *bleu azur*), *bleu de ciel*
(ou *bleu ciel*), *bleu Nattier, bleu horizon, bleu d'outremer, bleu de roi* (ou
bleu roi), *bleu turquoise*, etc. Ils en
prennent un si le composé est formé
de deux noms de couleur : *un beau
bleu-vert.* (On écrit, au pluriel : *des
bleus d'azur, des bleus ciel, des bleus
Nattier*, etc., et, invariable : *des bleu-
vert.*)
    Employés adjectivement, les compo-
sés sont invariables : *Des robes bleu
d'azur, bleu clair, bleu ciel, bleu
marine. Des costumes bleu de roi* (ou
bleu roi). *Des yeux bleu verdâtre. Des
yeux bleu-vert. De l'encre bleu-noir.*
    V. aussi COULEUR.
    — On écrit un *bas-bleu*, un *cordon-
bleu.*

blocage s'écrit avec un *c* (et non avec
qu). Il devrait en être ainsi de tous les
mots formés sur un nom qui se termine
par *c*, comme *mastic-masticage, parc-
parcage, truc-trucage*, etc., la graphie
avec *qu* étant réservée aux mots formés
sur un nom qui comporte le groupe
-*que* en finale : *encaustique - encaustiquage, matraque - matraquage*, etc.

boer, qu'on prononce *bour*, est inva-
riable au féminin : *La population boer.*
Au pluriel, on écrit : *Les chefs boers.
Les habitations boers.*

boette est, avec **boitte**, l'orthographe
la plus courante du mot qui désigne
l'appât qu'on fixe à l'hameçon (à côté
de *boète, bouette*, etc.).

bœuf se prononce *beuf* au singulier et
beû au pluriel. Dans *bœuf gras* et *nerf
de bœuf*, la prononciation archaïque
beû est figée.

bohème - bohémien. — Un
bohème (avec un *e* accent grave) est
celui qui pratique la vie de bohème, qui
vit au jour le jour.
    Un **bohémien** est un vagabond, un
mendiant.
    Les **Bohémiens** (avec une majus-
cule) sont les habitants de la *Bohême*
(avec un accent circonflexe).

boire. — **Conjugaison** : *Je bois, tu
bois, il boit, nous buvons, vous buvez,
ils boivent. Je buvais, nous buvions.
Je bus, nous bûmes. Je boirai, nous*

boirons. Je boirais, nous boirions. Bois, buvons, buvez. Que je boive, que nous buvions. Que je busse, qu'il bût, que nous bussions. Buvant. Bu, e.

A noter les formes en *boi-* et en *bu-*.

— Dans les temps composés, *boire* se conjugue avec l'auxiliaire **avoir** : *Il a bu. Nous avons bu.*

L'emploi de l'auxiliaire **être** dans la locution *être bu* est populaire : *Laissez-le dormir, il est bu* (il est ivre).

boîte et ses dérivés (*emboîtage, emboîter, déboîter,* etc.) s'écrivent avec un accent circonflexe sur l'*i* : *Boîte de vitesses. Boîte aux lettres. Mettre des sardines en boîte.*

— **Boîte à lait, au lait.** V. À (*Pot à eau...*).

boiter et ses dérivés (*boiteux, boiterie, boitiller,* etc.) ne prennent pas d'accent circonflexe sur l'*i* : *Ce cheval boite. Cette femme est boiteuse* (Acad.).

boitte. V. BOETTE.

bon. — Le comparatif de supériorité de *bon* est **meilleur** (et non *plus bon*) : *Votre vin est bon, mais le mien est meilleur.*

(On peut dire : *Il est plus ou moins bon,* parce que *plus ou moins* est une locution dont les éléments sont inséparables.)

Plus bon peut se rencontrer en construction correcte quand *bon* a pour corrélatif un autre adjectif (*Il est plus bon que juste*), et aussi quand il a le sens de « crédule, naïf » : *Vous êtes bien bon de le croire et encore plus bon de l'écouter* (Grevisse). Ce dernier exemple est toutefois familier.

Dans une phrase comme : *On ne trouverait plus bon vivant à cent lieues à la ronde,* il ne s'agit pas de comparatif, et *bon* forme avec *vivant* un mot composé modifié par *ne... plus.*

Il ne s'agit pas de comparatif non plus dans : *Il n'est plus bon à rien,* qui est correct.

— **Bon** peut s'employer adverbialement après un verbe; il est alors invariable : *Voici des fleurs qui sentent bon. La soupe sent bon ce soir. Tenir bon* (Acad.).

— Un **bon homme** est un homme simple, crédule. Un **homme bon** a de la bonté, est obligeant, charitable.

— **Bel et bon.** V. BEAU.

— **Bon enfant.** V. ENFANT.

— **Bon marché - à bon marché.** V. MARCHÉ.

— **Bon premier.** Les deux mots prennent l'accord au pluriel : *Ils sont arrivés bons premiers* (A. Dauzat, *Grammaire raisonnée,* 441).

— **Il fait bon,** suivi d'un verbe à l'infinitif, se construit ordinairement sans *de* : *Il fait bon marcher, se promener, courir, etc.* (Acad.). *Il ne fait pas bon avoir affaire à cet homme* (Id.). *Il ne fait pas bon s'y frotter.*

Cependant, par analogie avec *il est bon de,* on rencontre de plus en plus la préposition : *Il ne fait pas bon* [...] *d'être l'oncle d'un neveu failli* (E. Henriot, *Aricie Brun,* II, 7 ; cité par Grevisse).

— **Il est bon que** est correct, mais *c'est bon que* est fautif : *Il est bon que je vous en avertisse* (et non *C'est bon que...*).

— **Pour de bon, pour tout de bon,** au sens de « sérieusement, véritablement », sont du langage familier : *Jouer pour de bon. Il est parti pour tout de bon, cette fois.* On dit mieux *tout de bon* : *Jusqu'ici, il ne faisait que plaisanter, mais pour cette fois il a menacé tout de bon* (Acad.).

bonace - bonasse. — De ces deux homonymes, le premier, **bonace** (de l'italien *bonaccia*), est un nom qui désigne sur mer un calme plat : *Cette tempête fut précédée d'une bonace* (Acad.).

Le second, **bonasse,** est un terme familier (adjectif), dont le radical *bon,* affaibli par un suffixe péjoratif, marque une bonté excessive, un peu naïve : *Un homme bonasse* (Lar. du XXe s.).

bonbon, qui est un redoublement enfantin du mot *bon,* s'écrit avec un *n* devant le *b* (et non un *m*). Il en est de même des dérivés *bonbonnerie, bonbonnière.*

bonbonne s'écrit avec un *n* devant le *b.*

bonhomme fait au pluriel *bonshommes,* avec *s* intercalaire et prononciation *bon-z-hommes.*

Le pluriel *bonhommes* est populaire : *Quatre bonhommes se conjuguent pour une manille* (H. Barbusse, *le Feu,* 40).

Des bonshommes qui dessinent des bonhommes. Adjectivement : *Sa grosse figure qui ruisselait de larmes bonhommes* (G. Roupnel, *le Vieux Garain*, 254).

Le dérivé **bonhomie** s'écrit avec un seul *m*.

boni fait au pluriel *bonis*.

boniche, dérivé de *bonne*, s'écrit plutôt **bonniche** (avec deux *n*) aujourd'hui.

bonjour. — L'expression **Bonjour, messieurs dames** est du langage populaire. Il faut dire : *Bonjour, Mesdames, Messieurs*, ou *Bonjour, Mesdames et Messieurs*, ou *Bonjour Mesdames, bonjour Messieurs*.

Devant un monsieur et une dame, on dira toujours : *Bonjour Madame, bonjour Monsieur*.

bonneterie (avec un seul *t*) se prononce *bon't'rî* (plutôt que *bonèt'rî*).

Il en est de même de *briqueterie* (*brik't'rî*), de *louveterie* (*louv't'rî*) et de *pelleterie* (*pèl't'rî*). On hésite encore sur *papeterie* (*pap't'rî* ou *papèt'rî*), mais *marqueterie* se prononce *markèt'rî*.

bord. — **Au bord - sur le bord.** Au sens propre, on emploie indifféremment ces deux locutions : *La maison était au bord* ou *sur le bord de la route*.

Sur le bord semble toutefois plus précis que *au bord*, qui indique surtout une proximité.

Au sens figuré, on dit plutôt *au bord* : *Il était au bord de la ruine*.

bordeaux. V. VIN.

boréal s'emploie surtout au masculin et au féminin singulier : *Pôle boréal. Aurore boréale*. Le pluriel masculin, *boréals* ou *boréaux*, est inusité.

borgne se dit pour les deux genres (adjectif) : *Cette femme est borgne* (Acad.).

Borgnesse (substantif) est une forme nettement péjorative.

borne. — On écrit (avec *s*) : *Son ambition n'a point de bornes, est sans bornes, ne connaît point de bornes* (Acad.).

bosse. V. RELIEF

bosseler - bossuer. — Ces deux synonymes ne sont pas toujours différenciés. Le premier, toutefois, comporte

généralement une idée favorable qui n'est pas dans le second.

Bosseler, c'est faire intentionnellement des bosses à un objet dans un dessein artistique (travailler de la vaisselle de métal, par exemple) : *Une théière en étain bosselé. Il m'offrit un plateau en cuivre, amoureusement bosselé par un artisan berbère*. Par extension : *Les feuilles de chou sont bosselées* (Acad.). *Des morts enterrés qui bossellent le sol depuis des milliers d'années* (R. Roussel, *la Vallée sans printemps*, 188). *J'ai bosselé le négociant jusqu'à ce que ses dents sortent* (R. Dorgelès, *le Cabaret de la Belle Femme*, 304).

Bossuer, c'est déformer par des bosses, intentionnellement ou accidentellement : *Bossuer une vieille bassine à coups de pierres. Ce plat d'argent, d'étain, s'est bossué en tombant* (Acad.). *Son casque a été bossué par plusieurs éclats d'obus. Les cuivres bossués, ces pistons immobiles, ces roues qui se dressaient vers le ciel* (J. et J. Tharaud, *Dingley, l'illustre écrivain*, 125). *Les lumières violentes mêlaient au sol bossué de la route des bêtes pétrifiées de terre grise* (J. Gracq, *le Rivage des Syrtes*, 88).

Les interférences entre *bosseler* et *bossuer* sont le plus souvent aux dépens de ce dernier : *Un quart bosselé de soldat où de rares passants laissaient tomber une pièce trouée* (P. Colin, *les Jeux sauvages*, 167).

bot est un adjectif dont le féminin est *bote* : *Un pied bot. Une main bote*.

Celui qui a un pied bot ou les pieds bots est un *pied-bot* (avec un trait d'union) : *Certains pieds-bots sont fort ingambes* (Lar. du XXᵉ s.). Adjectivement : *Des enfants pieds-bots*.

bouche - gueule. — On dit la **bouche** d'un *cheval*, d'un *âne*, d'un *mulet*, d'un *bœuf*, d'un *chameau*, d'un *éléphant*, et en général de toute bête de somme ou de trait.

Pour les animaux aquatiques, on dit également la *bouche* d'une *carpe*, d'une *grenouille*, d'un *saumon*, etc.

Le mot **gueule** est en général réservé aux carnassiers : la *gueule* d'un *lion*, d'un *chat*, d'un *chien*, d'un *boa*, d'une *vipère*, d'un *crocodile*, d'un *brochet*, d'un *requin*, etc.

bouder est un verbe intransitif (employé aussi transitivement) : *Il ne fait que bouder. Un enfant qui boude toujours* (Acad.).

Il se construit aussi avec **contre** et avec **à** : *Bouder contre son ventre* (Lar. du XXe s.). *Bouder à la besogne* (Acad.).

On dit aussi bien *bouder contre quelqu'un* que *bouder quelqu'un* (Acad.).

Transitivement : *Bouder le suffrage universel* (Lar. du XXe s.). *Il ne faut pas bouder sa vie* (R. Martin du Gard, *le Pénitencier*, 56).

boueur - boueux. V. ÉBOUEUR.

bougainvillée, plante grimpante (de *Bougainville*). On dit moins bien *bougainvillier.*

bouger est un verbe intransitif : *Ne pas pouvoir bouger. Il ne bouge pas du cabaret* (Acad.).

La forme transitive est un archaïsme (Littré) passé dans le langage familier : *Bouger ses mains, ses pieds* (Lar. du XXe s.). *Il ne faut rien bouger* (Id.). On dira mieux : *Remuer les mains, les pieds. Il ne faut rien déplacer.*

bouillir. — **Conjugaison :** *Je bous, tu bous, il bout, nous bouillons, vous bouillez, ils bouillent. Je bouillais, nous bouillions. Je bouillis, nous bouillîmes. Je bouillirai, nous bouillirons. Je bouillirais, nous bouillirions. Bous, bouillons, bouillez. Que je bouille, que nous bouillions. Que je bouillisse, qu'il bouillît, que nous bouillissions. Bouillant, Bouilli, e.*

Le verbe *bouillir* n'est guère usité qu'à la 3e personne du singulier et du pluriel. Pour les autres personnes, on l'emploie avec *faire* : *Je fais bouillir le lait.*

A noter qu'on dit au présent de l'indicatif : *l'eau bout* (et non *bouille*) ; au futur : *l'eau bouillira* (et non *bouillera* ou *bouera*) ; au subjonctif : *il faut que l'eau bouille* (et non *que l'eau boue*) ; au participe passé : *le lait est bouilli* (et non *bouillu*).

boulevard. V. RUE.

boulon. V. ÉCROU.

bourdon. — Le mâle de l'abeille est le **faux bourdon** (sans trait d'union).

Le **faux-bourdon** (avec trait d'union) est un terme de musique : *Chanter en faux-bourdon* (Acad.).

bourg. V. VILLAGE.

bourgogne. V. VIN.

boursoufler et ses dérivés s'écrivent avec un seul *f.*

boute-en-train est un nom masculin invariable : *Ces jeunes filles sont des boute-en-train.* (Se garder d'écrire *boute-entrain.*)

boutefeu s'écrit en un seul mot et fait au pluriel *boutefeux.*

bouteille. — On écrit : *Mise en bouteilles* (avec *s*).

boute-selle est *invariable.*

boutonner (fixer par un ou des boutons) s'emploie aussi bien avec ou sans pronom réfléchi : *Cette robe se boutonne par-derrière* ou *boutonne par-derrière. Pantalon qui se boutonne sur les côtés* (Lar. du XXe s.).

bouton-pression fait au pluriel *boutons-pression.*

bow-window, nom *masculin,* fait au pluriel *bow-windows.*

box-calf fait au pluriel *box-calves,* mais ce pluriel est rarement employé.

boy-scout fait au pluriel *boy-scouts.*

brabant, « charrue », est du masculin : *Un brabant double.*

brachial se prononce *bra-kyal.*

Dans tous les dérivés du grec *brakhiôn* ou du latin *brachium,* bras, le groupe -*chi*- se prononce *ki* : *brachiocéphalique, brachiopodes,* etc.

brachy-. — Dans ce préfixe (du grec *brakhus,* court), le groupe -*chy*- se prononce *ki* : *brachycéphale, brachyptère,* etc.

brahmane s'écrit avec l'*h* entre l'*a* et l'*m.* (Les femmes de la caste des brahmanes se nomment *brahmines.*) [On écrit aussi *brahme* et *brame.*]

braiment s'écrit sans *e* intercalaire (et non *braiement*).

braire n'est guère usité qu'à la 3e personne du singulier et du pluriel : *Il brait, ils braient ; il brayait, ils brayaient ; il braira, ils brairont ; brayant.*

On trouve dans A. France (*Vu en plan*) : *Je brayais des blasphèmes.*

bras. — On dit : *Il s'est cassé le bras* (et non *Il a cassé son bras*). *Il est blessé au bras* (et non *à son bras*).

V. aussi POSSESSIF (adjectif).

Voici quelques exemples de constructions de phrase avec *bras* : *A bras raccourcis* (Acad.). *A pleins bras. Bras dessus, bras dessous. Elle portait un enfant sur ses bras, entre ses bras, dans ses bras* (Acad.). *Jeter les bras, ses bras au cou de quelqu'un* (Id.). *Donner, offrir, tendre le bras à quelqu'un. Se jeter dans les bras de quelqu'un* (au propre et au figuré), plutôt que *...entre les bras de quelqu'un.*

— **En bras de chemise.** On dit aussi bien aujourd'hui *Etre en bras de chemise* (Acad.) qu'*en manches de chemise* : *En manches de chemise et les mains dans les poches* (J. Green, *Moïra*, 118).

(Si l'on n'a pas de gilet, on est *en corps de chemise*.)

Littré (de même que le Dictionnaire général et l'Académie) donne l'expression familière : *Avoir les bras retroussés jusqu'au coude.* Mais on dira mieux : *Avoir les manches retroussées...*

— **A bras-le-corps** s'écrit avec deux traits d'union : *Saisir, prendre, tenir, porter quelqu'un à bras-le-corps* (Acad.).

On trouve dans A. Daudet (*l'Evangéliste*, 283) la graphie *à brasse corps*, probablement corruption populaire : *Quelquefois, je le tiens à brasse corps.*

brave. — Un **brave homme** est un homme honnête et bon; un **homme brave** est un homme qui a de la bravoure, qui est courageux.

bravo, interjection, est un mot italien francisé qui, employé comme nom, fait au pluriel *bravos.*

Au sens de « spadassin », le pluriel italien *bravi* est de règle.

break, « voiture », s'écrit sans *c* devant le *k.*

brèche s'écrit avec un accent grave (et non circonflexe).

brèche-dent est *invariable* (Acad.) et des deux genres : *Un homme, une femme, des enfants brèche-dent. Deux brèche-dent hirsutes et mal rasés.*

L'usage est toutefois pour l'accord au pluriel : *Jeunes filles brèche-dents* (Lar. du XXᵉ s.)

breitschwanz (de l'allemand *breit,* large, et *Schwanz,* queue) est l'ortho-graphe compliquée du nom de la fourrure d'agneau caracul mort-né.

brigand. V. BANDIT.

brique s'emploie en général au singulier quand il désigne la matière dont est construite une maison, dont est fait un mur, une cloison : *Maison de brique* ou *de briques* (Acad.). *Mur en brique. Bastion revêtu de brique* (Bescherelle). *Mur, voûte de brique* (P. Larousse). *Il remarqua une ouverture donnant sur une allée pavée de brique* (J. Green, *Moïra,* 27).

V. aussi PIERRE.

briqueterie. V. BONNETERIE.

brise-. — Les composés de *brise-* sont *invariables* : des *brise-bise,* des *brise-cou,* des *brise-glace,* etc.

Dans *brise-lames* et *brise-mottes,* le deuxième élément prend la marque du pluriel même au singulier.

broc. — Le *c* final ne se prononce pas, sauf devant un mot commençant par une voyelle et dans la locution *de bric et de broc.*

V. aussi -OC.

brocard - brocart. — **Brocard,** raillerie ou chevreuil mâle, s'écrit avec un *d* (Acad.) ; **brocart,** étoffe brochée, avec un *t.*

broiement, synonyme de **broyage,** s'écrit avec un *e* intercalaire.

brome et ses dérivés (*bromisme, bromure,* etc.) ne prennent pas d'accent circonflexe sur l'*o.*

broncho-. — Dans ce préfixe, le groupe *-cho-* se prononce *ko* : *broncho-pneumonie, bronchoscopie,* etc.

brouillamini - embrouillamini. — Brouillamini est la corruption de *boli Armenii,* formule latine employée autrefois dans les prescriptions médicales. Ce « bol d'Arménie » était une terre argileuse, rougeâtre, qui venait d'Orient et dont on faisait des emplâtres. Le *brouillamini* devint par extension l'emplâtre lui-même.

Sous l'influence de *brouiller,* et par confusion populaire d'étymologie, *brouillamini* prit le sens de « désordre ». Et comme *embrouiller* était lui-même plus expressif que *brouiller, brouillamini* se renforça en **embrouillamini.** Les deux mots sont donc synonymes : *Il y a un* *peu de brouillamini dans ce ménage* (Acad.). *Il y a bien du brouillamini dans cette affaire* (Id.). *Tout se mêlait dans cet embrouillamini de la capitale comme dans un cinématographe* (M. et A. Leblond, *En France*, 235). *Tout ça, c'est des embrouillaminis* (sic) [M. Barrès, *Colette Baudoche*, 105]. *Tout cet embrouillamini de voies* (J. Romains, *Lucienne*, 35).

De ces deux termes, qui sont d'ailleurs du langage familier, il est plus indiqué d'employer le premier (*brouillamini*).

brouillon s'écrit avec un *s* dans *cahier de brouillons* (Acad.).

broussaille s'emploie surtout au pluriel : *Un fagot de broussailles* (Acad.). *Se cacher dans les broussailles* (Lar. du XXᵉ s.).

On le trouve au singulier dans le style poétique et aussi dans la locution **en broussaille** : *L'antre est désert que la broussaille encombre* (J.-M. de Heredia, *les Trophées*, 10). *Cheveux, barbe en broussaille* (Lar. du XXᵉ s.)

broutille s'emploie surtout au pluriel : *Cet écrivain n'a publié que des broutilles* (Acad.).

On dit, au singulier : *C'est de la broutille.*

bru, « belle-fille », s'écrit sans accent circonflexe sur l'*u*.

bruire. — *Bruire* paraît menacé par une autre forme d'infinitif, encore considérée comme un barbarisme, mais qui semble devoir s'imposer peu à peu : **bruisser** (*On entendait des voix bruisser* [H. Barbusse, *le Feu*, 163]). Cela tient à ce que la conjugaison en *-iss-* de ce verbe, calquée sur *bruissement*, a totalement supplanté, dès le XVIIᵉ siècle, l'ancienne conjugaison, dont il ne reste plus guère que la forme *bruyant*, reléguée aujourd'hui à la seule qualité d'adjectif.

En principe, *bruire* n'est usité qu'à l'infinitif, aux 3ᵉˢ personnes du présent de l'indicatif et aux 3ᵉˢ personnes de l'imparfait : *il bruit, ils bruissent; il bruissait, ils bruissaient* (Acad.) : *Et qu'il bruit un murmure charmant Le premier « oui » qui sort des lèvres bien-aimées* (Verlaine, *Poèmes saturniens*, « Nevermore », v. 13). *Les feuilles*

des marronniers bruissaient (Cl. Farrère, *Mademoiselle Dax, jeune fille*, 5). *Au milieu de ces corps olivâtres, qui bruissaient légèrement, comme un champ d'avoine sous le vent...* (J.-P. Sartre, *le Mur*, 217). *Elles pépiaient, bruissaient, dans une panique de volière attaquée* (J.-L. Bory, *Mon village à l'heure allemande*, 156).

Le participe présent, employé aussi comme adjectif verbal, est *bruissant* : *Tous les ateliers bruissant du labeur de la défense* (P. et V. Margueritte, *les Tronçons du glaive*, 193). *L'auberge est bruissante de chansons* (E. Moselly, *Terres lorraines*, 82).

L'ancien imparfait *bruyait* se rencontre parfois : *Des serpents à sonnettes qui bruyaient de toutes parts* (Chateaubriand, *Atala*, 252). *Ses compagnons, comme des bêtes, bruyaient* (M. Barrès, *la Colline inspirée*, 83). *Quelques débits ouverts bruyaient vaguement* (A. Thérive, *Sans âme*, 11).

Il est préférable de s'en tenir à ces quelques formes, tant que *bruisser* n'aura pas acquis un officiel droit de cité.

A signaler un passé simple (rare) : *La chose bruissa* (J. Camp, *Le Cid est revenu*, 10), et cette forme dérivée d'un hypothétique *bruiter* : *La porte du presbytère bruita* (J.-L. Bory, *Mon village à l'heure allemande*, 229).

brûle-. — Les composés de *brûle* sont *invariables* : des *brûle-bout*, des *brûle-gueule*, des *brûle-parfum*, des *brûle-tout*.

brûler et ses dérivés (*brûleur, brûlis, brûlot, brûlure*, etc.) s'écrivent avec un accent circonflexe sur l'*u*.

brun, adjectif de couleur, s'accorde avec le nom : *Des cheveux bruns. Une peau brune.*

Il reste *invariable* s'il est suivi d'un adjectif qui le modifie : *Des cheveux brun clair.*

On écrit aussi : *Des ailes brun-noir, d'un brun noir* (tirant sur le noir), *d'un brun noirâtre.*

V. aussi COULEUR.

brut. — On prononce toujours le *t* final : *Salaire brut. Diamant brut. Ces deux colis pèsent brut 120 kilogrammes.*

brutal fait au pluriel masculin *brutaux*.

bruyant, bruyamment se prononcent *brui-yan, brui-ya-man*.

La prononciation *bru-yan, bru-ya-man* est dialectale ou familière (Fouché).

bu. V. BOIRE.

bûche et ses dérivés (*bûcher, bûcheron*, etc.) s'écrivent avec un accent circonflexe sur l'*u*.

bucrane s'écrit sans accent circonflexe sur l'*a*.

buffle et ses dérivés (*buffleterie, buffletin*, etc.) s'écrivent avec deux *f*.

bulbe est du *masculin*, aussi bien au sens botanique qu'au sens anatomique : *Un bulbe de lis. De beaux bulbes. Le bulbe de l'urètre* (Acad.). *Le bulbe rachidien*.

(Il était féminin au XVIIIᵉ siècle, au sens botanique.)

burnous se prononce *bur-nouss*, mais on dit plus souvent *bur-nou* pour désigner le manteau d'enfant.

but. — Un *but* étant, au sens figuré, une fin qu'on se propose, on se gardera de dire le **but final**, qui est un pléonasme.

— **Avoir pour but.** V. OBJET.

— **Dans le but.** Cette locution, critiquée par Littré, est considérée par beaucoup comme un critère d'ignorance : *Dans le but, il disait dans le but, de régénérer la France*, écrit Anatole France (*la Révolte des anges*, 72) en citant les paroles d'un de ses personnages.

« On n'est pas dans un but, dit Littré, car si on y était il serait atteint... Cette locution serait justifiée si l'on donnait à *dans* le sens de *pour*, mais *dans* n'a dans aucun autre cas un emploi de ce genre. La locution ne pouvant s'expliquer ni par le sens de *but*, dans lequel on n'est pas, ni par l'emploi de *dans*, qui ne marque jamais quelque chose à atteindre, doit être évitée, et, en place, on se servira de *dans le dessein, dans l'intention, dans l'effet de*, etc. »

C'est encore l'avis de René Georgin (*Pour un meilleur français*, 52 ; *le Langage de l'administration et des affaires*, 14), qui conseille d'employer simplement le mot *pour* au lieu de *dans le but de* (ou *en vue de, afin de*, etc.).

A noter qu'au mot SUDATION Littré emploie judicieusement *pour* au lieu de *dans* : *Action de suer pour un but thérapeutique*, et que, d'après d'Harvé (*Parlons bien*, 269), Henri Heine, vivant à Paris et traduisant une de ses œuvres sous l'œil de Gérard de Nerval, écrivait : *A quel but le Bon Dieu a-t-il créé les hommes?*

De bons écrivains n'ont pas hésité toutefois à employer *dans le but de*, mais il vaut mieux éviter cette locution si l'on craint les critiques : *Il s'est incarné à l'homme de douleur dans le but d'une salvation immense* (Chateaubriand, *Mémoires d'outre-tombe*, II, 291). *Dans ce but, il se livre à des calculs compliqués* (J. Renard, *Poil de Carotte*, 97). *Je me persuadai vite que je ne l'accueillais la nuit que dans un but utile et louable* (H. Fauconnier, *Malaisie*, 69-70). *Dans le but d'exaspérer son frère* (H. de Montherlant, *les Célibataires*, 76). *Qui n'a pas travaillé dans le seul but de « passer à la caisse »?* (R. Vailland, *Drôle de jeu*, 173.)

— **Poursuivre un but** n'est pas admis par la plupart des grammairiens (quoique cette locution se rencontre dans le Dictionnaire de l'Académie, à POURSUIVRE : *Poursuivre un but, un avantage, un résultat, une entreprise*).

On peut remplacer cette expression par *Tendre à un but, vers un but* (Acad.). Ou bien employer une autre tournure : *Le but que nous nous proposons, que nous cherchons à atteindre, que nous visons. Notre but est de...*

— **Réaliser un but** est à rejeter, à cause du défaut d'orthodoxie de *réaliser* (v. ce mot).

— **Remplir un but** est critiqué par Littré : « On atteint un but, on ne le remplit pas. Cette faute [...] doit être évitée soigneusement. »

La littérature fournit bien des exemples d'emploi de cette expression, et, quoique certains grammairiens aient pris la défense de cette locution, il vaut mieux tenir compte de l'avis de Littré.

— **De but en blanc.** L'orthographe correcte serait *de butte en blanc* (comme l'écrivait Furetière), puisque en langage militaire *tirer de butte en blanc* c'était tirer de la butte dans la cible, en visant directement le « blanc » (les hausses mobiles n'existant pas à cette époque).

La graphie *but* s'est toutefois imposée, avec le sens attaché à ce mot : *Ne lui annoncez pas de but en blanc cette triste nouvelle* (Acad.).

buter - butter. — **Buter** (avec un seul *t*) est une autre forme de *bouter*, et signifie « s'appuyer », « se heurter » : *Poutre qui bute contre un mur* (Lar. du XXᵉ s.). *Cheval, ivrogne qui bute à chaque pas* (Id.). *Ils se sont butés l'un contre l'autre* (Acad.).

Se buter, au sens figuré, c'est s'entêter, s'opiniâtrer : *Se buter à une dif-ficulté* (Lar. du XXᵉ s.). *Cet enfant se bute* (Acad.).

Un enfant *buté* est un enfant *têtu*.

Butter est dérivé de *butte*, et par conséquent s'écrit avec deux *t*. Il a le sens d' « entourer d'une butte de terre » : *Butter des céleris pour les faire blanchir* (Lar. du XXᵉ s.)

butte. — On écrit *être en butte* aux sarcasmes, aux coups de quelqu'un (et non *être en but...*) : *Tout le monde peut être en butte aux attaques des méchants* (Lar. du XXᵉ s.).

buvard. — On dit du *buvard* ou du *papier buvard* (sans trait d'union).

V. aussi PAPIER.

C

c se double dans certains mots commençant par *ac-*, *oc-* et *suc-* : *accaparer, accéder, accélérer, accentuer, accepter, accidenter, acclamer, acclimater, accointer, accolader, accoler, accommoder, accompagner, accomplir, accorder, accorer, accoster, accoter, accoucher, accouder, accouer, accoupler, accourcir, accoutrer, accoutumer, accouver, accréditer, accrocher, accroître, accroupir, accueillir, acculer, accumuler, accuser*, et leurs dérivés.

(Exceptions : *acabit, acacia, académie, acagnarder, acajou, acanthe, acariâtre, acaule, acolyte, aconit, acoquiner, acotylédone, acrimonie, acrobate, acrostiche, acrotère, acuponcture.*)

Occasion, occlusion, occulte, occuper, occurrence, et leurs dérivés.

(Exceptions : *oculaire* et dérivés.)

Succéder, succomber, succulent, succursale, et leurs dérivés.

(Exception : *sucre* et dérivés.)

ça - çà. — **Ça** (sans accent), contraction de *cela*, est du langage familier : *Vous me direz si ça lui fait plaisir. Donnez-moi ça* (Lar. du XXᵉ s.). *Il n'y a pas de mal à ça* (Littré). *C'est vert, c'est bleu, c'est rose; ça n'a pas de couleur à soi, ça les prend toutes* (A. Gide, *les Nourritures terrestres*, 216). *Ça ne passait pas, le mort se mettait en travers et ne voulait pas se laisser avaler* (G. Duhamel, *Civilisation*, 256). *Ça a commencé par des douleurs*. Avec un geste démonstratif : *Une dame parée de boucles d'oreilles longues comme ça* (J. Fougère, *les Bovidés*, 70). On applique également *ça* à des personnes, mais seulement dans un sens ironique ou affectueux : *Ça a à peine trois semaines et ça tète comme un glouton* (P. Colin, *les Jeux sauvages*, 280).

Il est préférable d'employer *cela* dans le langage châtié : *Vous me direz si cela lui fait plaisir. Ils ont discuté sur cela pendant je ne sais combien de temps* (Acad.). *C'est chanter, cela!* (Lar. du XXᵉ s.)

Ça se rencontre aussi dans nombre de locutions populaires : *Où allez-vous comme ça?* (Lar. du XXᵉ s.) *C'est ça, ne vous gênez pas* (Id.). *Ça y est!*

— **Ça dépend.** V. DÉPENDRE.

— **Quoique ça.** V. QUOIQUE.

— **Çà** (avec un accent grave) ne s'emploie guère aujourd'hui que dans la locution adverbiale *çà et là* : *Les obus tombèrent çà et là sans faire trop de dégâts. Tous les meubles étaient jetés çà et là* (Acad.). *Un moulin, çà et là, dans les terres, montrait seulement le bout de ses ailes brunes* (M. Van der Meersch, *l'Empreinte du dieu,* 131).

Au sens archaïque d' « ici » (*Viens çà, que je voie* [Molière, *l'Avare,* I, III]), ou comme interjection (*Or çà, messieurs!*), *çà* n'est plus usité que par ironie.

câble et ses dérivés (*câbler, câblier, câblogramme,* etc.) s'écrivent avec un accent circonflexe, sauf **encablure.**

cabus ne s'emploie que dans *chou cabus* (chou pommé) et se prononce *ka-bu* (on ne fait pas sentir l's).

cacahouète est, avec **cacahouette,** l'orthographe la plus courante de ce mot. (La forme *cacahuète* devient rare, et l'on ne prononce pas *ka-ka-uèt'*.)

cacatoès (Acad.), « oiseau », se dit parfois **cacatois.**

Le mât et la voile tirés du nom de cet oiseau s'écrivent et se prononcent toujours *cacatois.*

cache, au sens d' « objet qui sert à cacher », est du *masculin.*

cache-. — Les composés de *cache* sont invariables : *cache-col, cache-corset, cache-misère, cache-pot, cache-poussière, cache-tampon,* etc.

cachet. V. SALAIRE.

cacheter fait *je cachette, tu cachettes...,* à l'indicatif présent. (Se garder de la prononciation *je cach'te, tu cach'tes...*)

cachou, employé comme adjectif de couleur, est *invariable : Des chaussettes cachou.*

V. aussi COULEUR.

cadavéreux - cadavérique. — Ces deux adjectifs se différencient par le fait que **cadavéreux** se dit de ce qu'on compare à un cadavre, alors que **cadavérique** a trait au cadavre lui-même : *Teint cadavéreux* (Lar. du XXe s.). *Une odeur cadavéreuse* (Acad.). *Rigidité cadavérique* (Lar. du XXe s.). *Des débris cadavériques avaient*

été découverts par un enfant. Aux lourds thons cadavériques [...] s'ajoutèrent [...] les fins maquereaux (H. Quéfellec, *Tempête sur Douarnenez,* 285).

Dans l'exemple suivant, *cadavérique* est employé à tort pour *cadavéreux : Il referma les yeux et attendit la fin de la crise, le visage cadavérique, les traits décomposés par la souffrance* (L. Bromfield, *les Nuits de Bombay,* 65 ; trad. P.-F. Caillé).

cadre. — **Cadres,** au sens figuré, est un nom collectif, *employé au pluriel,* qui désigne en particulier l' « ensemble du personnel de commandement dans une entreprise » : *Syndicat des cadres. Retraite des cadres. Dans les classifications officielles, les ingénieurs sont placés en dehors des cadres. Cette maison doit en partie sa prospérité à la valeur de ses cadres.*

C'est abusivement qu'on se sert de ce mot au sens individuel d'« employé faisant partie des cadres » : *Réunion des ouvriers et cadres, des ingénieurs et cadres. Il est cadre à la maison X... Un cadre désigné par le comité d'entreprise.*

caduc fait au féminin *caduque.*

Le *c* final de certains adjectifs est remplacé au féminin par *qu.* Il en est ainsi de : *ammoniac,* qui devient *ammoniaque, franc-franque, public-publique, turc-turque.*

cæcum s'écrit avec un æ (et non un œ).

café-crème fait au pluriel *cafés-crème.*

cahot - chaos. — De ces deux homonymes (l'un et l'autre se prononcent *ka-o*), le premier est une onomatopée, le second un mot latin tiré du grec *khaos,* gouffre. On évitera de les confondre dans la langue écrite.

Un **cahot** est un saut que fait un véhicule roulant sur un chemin raboteux : *Les ornières de cette route font faire beaucoup de cahots* (Acad.). Au figuré : *Les cahots de la vie.*

Chaos désigne une grande confusion, un désordre complet, par analogie avec le Chaos de la Genèse : *Le chaos d'Apremont, en forêt de Fontainebleau. Une croûte de glace que les courants et la dérive font se briser et se chevaucher en chaos de blocs entassés* (Larousse

Mensuel, n° 438, p. 607). *Des trains de banlieue qui chargeaient des voyageurs somnolents et des express qui traversaient le chaos des voies comme un coup de fouet* (G. Duhamel, *Civilisation*, 127).

Au figuré, *chaos* s'emploie au sens de « confusion, obscurité » : *Ses affaires sont dans un chaos épouvantable* (Acad.). *Le chaos des idées* (Lar. du XX° s.). *Un chaos d'arguments* (Id.).

— L'adjectif dérivé de *chaos* est **chaotique** : *Un style chaotique* (confus, peu clair).

Pour *cahot*, on a **cahotant** et **cahoteux**; le premier signifiant « qui cahote » : *Une voiture cahotante* (Acad.); le second étant plus particulièrement réservé au sens de « qui fait éprouver des cahots » : *Route cahoteuse* (Lar. du XX° s.).

On évitera d'employer *cahoteux* au sens de *cahotant*, comme dans cette phrase de Paul Bourget (*l'Émigré*, 126) : *Les rues où s'engagea la misérable guimbarde cahoteuse*.

cahute s'écrit avec un seul *t*.

caillou fait au pluriel *cailloux*.
V. aussi BIJOU.

-caire. — S'écrivent avec un *c* la plupart des mots terminés par *-caire* (*apothicaire, bibliothécaire*, etc.), mais on écrit *antiquaire, disquaire, moustiquaire* et *reliquaire*.

cal fait au pluriel *cals*.

calamistrer signifie « friser, onduler avec le fer » (du lat. *calamister*, fer à friser) : *Calamistrer les cheveux d'une jeune fille*.

Ce mot est peu usité, sauf dans l'expression *cheveux calamistrés* (c'est-à-dire « ondulés »), souvent employée à tort pour désigner des cheveux lustrés et plaqués au fixateur. Emploi abusif, qui se retrouve par extension de sens dans la phrase suivante : *La plage nivelée, ratissée, calamistrée* (G. de La Fouchardière, *Son Excellence le Bouif*, 114).

caleçon est tiré de l'italien *calzone*, augmentatif de *calza*, chausse. On a dit normalement *porter des caleçons* comme *porter des chausses*, ce qui explique le pluriel encore fréquent, malgré l'attraction de *culotte* et de *panta-*lon (plus usités au singulier) : *Porter des caleçons* (Acad.). *Un crucifix de grandeur naturelle, en caleçons* (Saint-Simon, *Mémoires*, XVIII, 342). *Un chandail pour Jacques, des caleçons pour Pierre* (V. Marguerite, *Jouir*, I, 186).

Le singulier est toutefois plus courant . *Se mettre en caleçon* (Acad.). *Caleçon de popeline. Caleçon de bain* (Acad.).

V. aussi CULOTTE, PANTALON.

calotte et ses dérivés s'écrivent avec deux *t* (sauf **calotin**).

— **Calotte - gifle.** La *calotte* se distingue de la *gifle* en ce que celle-ci s'applique sur la joue, alors que celle-là est donnée sur la tête.

calquer - décalquer. — Ces deux mots sont quelquefois confondus : on dit alors *décalquer* pour *calquer*.

Calquer, c'est relever, généralement à l'aide de papier transparent (papier-calque), les traits d'un dessin en en suivant exactement les contours avec une plume, un crayon, etc.

Décalquer, c'est reporter sur un autre papier, sur une autre toile, les traits d'un dessin calqué. On *décalque* donc *après* avoir *calqué*.

camail fait au pluriel *camails*.

camelote s'écrit avec un seul *t*.
V. aussi -OTE.

campos s'écrit avec un *s*, mais celui-ci ne se prononce pas : *Avoir campos. Il s'est donné campos pour toute la journée* (Acad.).

Ce mot est familier.

cane, femelle du canard, s'écrit avec un seul *n*, de même que *caneton*.

— Ne redoublent pas l'*n* non plus les mots *canebière, canepetière, caner, caneter, canette, canevas*

canette. V. CANE.

cangue - gangue. — La **cangue,** supplice chinois dans lequel le patient a la tête et parfois les bras fixés dans un appareil, ne doit pas être confondue avec la **gangue,** partie terreuse qui enveloppe un minerai, une pierre précieuse : *Quand elle fut débarrassée de sa gangue, cette pierre brillait déjà d'un vif éclat*. Au figuré : *La gangue de l'ignorance.*

canné - cannelé. — **Canné** se dit d'un siège dont le fond est garni de lanières de canne entrelacées : *Chaise cannée* (Acad.).

On ne peut confondre avec **cannelé,** qui se dit de ce qui est orné ou garni de cannelures, c'est-à-dire de rainures creuses, de haut en bas : *Colonne cannelée* (Lar. du XXᵉ s.). *Cette plante a une tige cannelée* (Acad.).

cannelloni. V. ITALIENS (Mots).

canoë s'écrit avec un tréma, mais **canoéiste** prend un accent aigu.

canon. — On dit *droit canon* ou *droit canonique.*

Les dérivés de *canon* (terme d'Eglise) ne redoublent pas le second *n* : *L'âge canonique est quarante ans.*

canonner - canoniser. — De ces deux mots la racine est *canon.* Mais il s'agit, pour le premier, du canon de l'artilleur, pour le second, des canons de l'Eglise.

Canonner, c'est « battre à coups de canon » : *Canonner l'ennemi, une place.*

Canoniser (sans redoublement du second *n*) a le sens de « mettre au nombre des saints, inscrire au canon des saints » (ce canon étant le catalogue officiel des saints) : *Il est béatifié, mais il n'est pas encore canonisé* (Acad.). *Jeanne de Lestonnac, béatifiée par Léon XIII, a été canonisée par Pie XII en 1949.* (*Béatifier,* c'est « mettre au nombre des bienheureux ».)

cantatrice. V. CHANTEUSE.

cantonal s'écrit avec un seul *n*, de même que *cantonade.* Mais *cantonner, cantonnement* et *cantonnier* prennent deux *n.*

cap. — On écrit **de pied en cap** (et non *de pied en cape*), locution qui signifie « des pieds à la tête » (du lat. *caput,* tête) : *Armé de pied en cap* (Acad.).

capable - susceptible. V. SUSCEPTIBLE.

caparaçonné se dit d'un cheval couvert du *caparaçon.* (Se garder d'écrire, par confusion, *carapaçonné.*)

capillaire se prononce *ka-pi-lèr'.*

capitale. V. MAJUSCULE.

capot est un adjectif *invariable : Adversaires qui restent capot devant une objection* (Nouv Lar. univ.).

capter. V. CAPTURER.

capturer, c'est « s'emparer d'un être vivant ou d'une chose » (Acad.). D'après cette définition, il semble qu'on pourrait dire *Capturer une colline, une ville, une forêt,* etc., puisqu'il s'agit de choses. En réalité, pour qu'il y ait capture, il faut que la chose soit *mobile,* qu'elle puisse être emportée avec soi, comme un butin : *Capturer un navire, un voleur, une cargaison* (Lar. du XXᵉ s.). *Capturer un animal féroce* (Robert). *Capturer un criminel dangereux* (Dict. gén.).

Il est probable que l'extension de sens de *capturer* aux choses immobiles vient d'une traduction trop littérale de communiqués anglais ou américains. Par exemple : *Hanovre has been captured* (*Daily Mail,* 11-IV-1945) aurait été traduit par *Hanovre a été capturée* (influence de la forme), alors qu'en bon français on dirait *...a été prise.*

— **Capturer - capter.** Ne pas confondre *capturer* avec *capter,* qui signifie « recueillir » : *Capter une source, un cours d'eau, une émission radiophonique, un signal,* etc. *Quand donc l'homme apprendra-t-il à capter, à canaliser sur tous les points ardents du globe la chaleur intempestive ou superflue?* (A. Gide, *les Nourritures terrestres,* 217.)

(Noter que les géographes emploient *capturer* au sens de « détourner » : *Dans ce cas, il capturera, au profit de A, tout ce qui coulait en amont de F* [A. de Lapparent, *Leçons de géographie physique,* 77]. *La Moselle, autrefois affluent de la Meuse, a été capturée par un affluent de la Meurthe.*)

Capter a aussi le sens défavorable de « chercher à obtenir quelque chose ou à gagner quelqu'un par voie d'insinuation, par des moyens artificiels » : *Capter les suffrages de quelqu'un* (Acad.). *Concini capta la confiance de Marie de Médicis* (Lar. du XXᵉ s.).

Dans le premier sens, le substantif est *captage;* dans le second, *captation.*

caqueter fait *je caquette, tu caquettes, il caquette,* etc. (Se garder de la prononciation *caqu'te.*)

car. — **Car - parce que.** On n'emploiera pas indifféremment ces deux conjonctions. La première, *car*, sert à appuyer un jugement, à marquer la raison d'une proposition énoncée : *Vous ne le trouverez pas chez lui, car je viens de le voir dans la rue* (Acad.). *Je n'irai pas au théâtre, car je suis fatigué.*

Parce que sert à marquer le motif de ce qu'on a dit ou fait, et répond à la question *pourquoi?* : *Cet enfant n'a pas été battu, parce que son père est trop bon. Il est tombé parce que le chemin était glissant* (Acad.). *Je ne vais pas au théâtre parce que je suis fatigué.*

V. aussi PARCE QUE.

— **Car... et que.** Si *parce que* appelle logiquement *que* lorsque deux propositions subordonnées sont liées par une conjonction de coordination (*Il frappa, parce qu'il était fort et qu'il voulait se faire respecter*), en revanche on ne doit pas user de *que* avec *car*, quoique cette construction se rencontre de nos jours chez certains écrivains : *Ils reburent, car le soleil tapait et qu'il fallait s'en ficher plein la tripe* (La Varende, *Man' d'Arc*) [cité par Georgin) [*que* est superflu]. Dans la phrase suivante d'un romancier contemporain, ce n'est pas *que* qui est fautif, mais *car*, qui eût dû être remplacé par *parce que* : *On nous distribuait la quinine, qu'on nous faisait prendre sur le rang, à raison de deux comprimés par soldat, car la drogue valait cher et que l'idée fixe des soldats était de la revendre.*

— **Car en effet.** Cette locution est un pléonasme à éviter dans les cas où *en effet* est, comme *car*, une conjonction. On ne dira donc pas : *Il joua très bien, car en effet il était en pleine forme ce soir-là.*

caractéristique est un nom *féminin* : *La caractéristique d'une chose.*

carbonade, « viande grillée » s'écrit généralement avec un seul *n*.

cardinaux (Points). V. POINT (*Points cardinaux*).

caréné. V. AÉRODYNAMIQUE.

cariatide est l'orthographe de l'Académie. (L'étymologie eût exigé *caryatide* [gr. *karuatis*].)

La *cariatide* peut être une figure de femme ou d'homme. L'*atlante* (masculin) est toujours une figure d'homme.

carmin, adjectif de couleur, est *invariable* : *Dès lèvres carmin* (ou *de carmin*).

V. aussi COULEUR.

carnassier - carnivore. — De ces deux mots (le radical *carn* signifie « chair »), le premier, **carnassier**, ne se dit que des animaux, et désigne ceux qui éprouvent un appétit brutal pour la chair crue et s'en repaissent habituellement : *Le lion, le loup sont des carnassiers, des animaux carnassiers*

Carnivore signifie simplement « qui mange de la viande », et peut se dire même des plantes : *Les fleurs carnivores, droséras, népenthès, sarracéniées, qui touchent au règne animal* (M. Maeterlinck, *l'Intelligence des fleurs*, 39). L'animal carnivore se nourrit de chair, mais pas exclusivement : *L'homme est un carnivore, il n'est pas un carnassier.*

(A noter toutefois qu'en histoire naturelle on désigne aujourd'hui sous le nom de *carnivores* l'ordre des mammifères qui comprend les carnassiers, ce dernier terme ne s'appliquant qu'aux animaux qui chassent des proies vivantes pour les dévorer [à l'exclusion des oiseaux rapaces].)

carnaval fait au pluriel *carnavals*.

carpelle est du *masculin*, quoique dans sa dernière édition l'Académie ait donné ce mot avec le genre féminin.

carriole s'écrit avec deux *r* et un seul *l*.

carrosse, de même que ses dérivés, s'écrit avec deux *r* et deux *s*.

carrousel s'écrit avec deux *r* et un seul *s*, et se prononce *ka-rou-zèl*.

cartouche est féminin ou masculin selon le sens.

Il est *féminin* quand il désigne la charge d'une arme à feu enfermée dans une douille cylindrique : *Ils avaient épuisé leurs dernières cartouches.*

Il eût été plus logique que ce mot fût conservé au masculin, étant tiré de l'italien *cartoccio*, masculin lui-même, comme l'espagnol et le portugais *cartucho*. Il était encore de ce genre en français au XVIIIe siècle : *On reprend le reste de la poudre et on y laisse glisser le cartouche de papier* (P Labat, *Nouveau Voyage aux îles de l'Amérique*, III, 53). Une *cartouche* est aussi une sorte d'emballage, cylindrique ou non : *Une cartouche de cigarettes.*

Il est *masculin* en termes d'art et d'archéologie, et désigne alors un ornement destiné à recevoir une inscription, ou, chez les anciens Egyptiens, le cadre dans lequel on inscrivait le nom du roi : *Les peintres de notre époque ont supprimé l'usage du cartouche, qui n'est resté qu'un ornement sculptural* (Lar du XX* s.). *On rencontre les premiers cartouches chez les Egyptiens à partir de la III* dynastie.*

cas. — On écrit **en tout cas :** *Je vous paierai dans un mois, je l'espère : en tout cas je vous donnerai des sûretés suffisantes* (Acad.).

— On dit aussi bien, au sens de « supposé que », **au cas que, en cas que, au cas où, dans le cas où** (Acad.) : *Au cas que nous soyons d'accord sur ce point* (Acad.). *En cas qu'il arrive avant moi. Au cas (dans le cas) où il serait impossible de le voir.* (Après *au cas que* et *en cas que,* le verbe qui suit se met au subjonctif.)

— **Pour en cas que** est populaire. On dit : *Prends ton parapluie, pour le cas où il pleuvrait* (et non *pour en cas qu'il pleuve*).

casse-. — Les principaux composés invariables de *casse* sont : *casse-cœur, casse-cou, casse-croûte, casse-tête.*

Dans les suivants, le complément prend un *s* au singulier comme au pluriel : *casse-noisettes, casse-pierres.*

casserole s'écrit avec un seul *l.*

cassis se prononce *ka-siss* au sens de « groseillier à fruits noirs » ou de « liqueur faite avec ces fruits », et *ka-si* au sens de « rigole traversant perpendiculairement une route ».

cassonade s'écrit avec un seul *n.*

casuel - fragile. — **Casuel** est tiré du latin *casus,* qui signifie « accident ». Il se dit de ce qui est éventuel, de ce qui peut arriver : *Une recette casuelle* (Lar. du XX* s.) *Un profit casuel Une condition casuelle*

En termes de grammaire, il désigne ce qui se rapporte aux cas des mots déclinés . *Les flexions casuelles.*

En aucune façon, *casuel* ne peut être synonyme de **fragile** ou de *cassant.* On évitera donc de dire : *Ce verre est*

casuel. Ce service à thé est par trop casuel, etc.

Depuis quelque temps, l'usage s'est introduit de donner à *casuel* le sens de « fragile ». Mais rien dans l'étymologie ni dans l'usage ancien ne justifie cette acception, qui doit être évitée. Ce sens est néanmoins répandu dialectalement (Anjou, Orléanais, Picardie, Touraine) : *En châtaignier rouge [...]. Le rouge est moins casuel* (A. de Châteaubriant, *la Brière,* 294). En Normandie, en Touraine, au Canada, *casuel* a le sens de « faible de santé » : *Comment va votre femme? — Elle est bien casuelle.* « Fragile » glisse vers « hasardeux » dans cette phrase d'Emile Baumann (*Job le Prédestiné,* 210) : *Les faire transporter, ce serait, comme disent les Manceaux, bien casuel.* René Benjamin l'emploie dans le langage populaire (*Gaspard,* 140) : *C'est qu'un poulain, mon gars, c'est c' qu'il y a d' pus casuel.*

catacombes ne s'emploie pas au singulier.

catafalque - cénotaphe. — Un **catafalque** est une décoration funèbre qu'on élève *au-dessus d'un cercueil* réel ou simulé : *Sous l'arc de triomphe de l'Etoile furent dressés à Victor Hugo et à Foch de magnifiques catafalques* (Nouv. Lar. univ.). *Le jour des Morts, un catafalque est dressé dans les églises.*

Un **cénotaphe** est un tombeau élevé à la mémoire d'un mort, mais *qui ne contient pas son corps* C'est donc un monument vide, comme le souligne son étymologie : du grec *kenos,* vide, et *taphos,* tombeau.

La confusion entre *catafalque* et *cénotaphe* est fréquente dans le langage courant. Mais on évitera surtout d'employer *cénotaphe* au sens de « tombeau » ou de « monument élevé sur un tombeau ». Les deux exemples suivants sont fautifs : *On a trouvé dans le cénotaphe la momie du mort* (*Mercure de France,* n° 942, p. 643). *La cendre de Monthyon avait dû tressaillir dans son beau cénotaphe* (Villiers de L'Isle-Adam, *Contes cruels,* 5)

catapulte est du *féminin*

catarrhe, terme de médecine, s'écrit avec un *h* après les deux *r,* alors que l'*h* est après le *t* dans **cathare** (avec un seul *r*), synonyme d'*albigeois*.

catastrophé. — Si *catastrophique* est entré dans la langue au sens de « qui provoque une catastrophe », et en parlant des choses seulement (*Evénement catastrophique. Résultat catastrophique*), *catastrophé* doit se limiter au langage familier (*Avoir l'air catastrophé. Cette histoire l'a catastrophé*). On évitera de l'employer dans le style littéraire.

catéchumène. — Dans ce mot, la syllabe -*chu*- se prononce *ku*.

cause, employé comme attribut sans aucun déterminatif, est *invariable* : *Les affaires qui me sont survenues sont cause que je n'ai pu aller vous voir* (Acad.)

— **À cause que.** « Des grammairiens, dit Littré, ont voulu bannir la locution conjonctive *à cause que* : elle doit être conservée, étant appuyée par de bons auteurs, et, dans certains cas, préférable à *parce que*. » En fait, comme le signale le Larousse du XXᵉ siècle, cette locution a vieilli. Elle était fréquente au XVIIᵉ siècle : *Je tâcherai par tous les moyens de vous divertir, à cause que je ne sache point d'autre remède pour un tel cas* (Descartes, *Lettre à Mᵐᵉ de Zuylichem*, avril 1637) *La mère-grand était dans son lit, à cause qu'elle se trouvait un peu mal* (Ch. Perrault, *Contes*). *Vous ne lui voulez mal et ne le rebutez Qu'à cause qu'il vous dit à tous vos vérités* (Molière, *le Tartuffe*, I, I).

Réprouvée par d'aucuns pour sa lourdeur et son manque de grâce, cette locution n'est plus aujourd'hui qu'un archaïsme attardé parfois chez certains de nos contemporains : *On les avait surnommés les quatre mousquetaires, à cause qu'on les voyait toujours ensemble* (H. Murger, *Scènes de la vie de bohème*, I, 130). *Plus familièrement émouvant à cause qu'il ne sort point de la pensée* (M. Maeterlinck, *le Roi Lear*, 201). *Ce beau pays que tu traverses, vas-tu le dédaigner, le refuser à ses blandices, à cause qu'elles te seront bientôt enlevées?* (A. Gide, *les Nourritures terrestres*, 204.)

— **Fermé pour cause de santé.** V. SANTÉ.

causer. — Au sens de « s'entretenir familièrement avec quelqu'un », *causer* peut s'employer absolument : *En face de moi, trois officiers causaient* (G. Duhamel, *Civilisation*, 10). *Par groupes, ils causaient et je n'entendais que des phrases éparses* (A. Gide, *les Nourritures terrestres*, 101). Construit avec une préposition, il exige **avec** et non *à* : *Je cause volontiers avec lui* (Acad.). *Causer avec quelqu'un* (Lar. du XXᵉ s.). *N'est-ce pas vous qui causiez tout à l'heure avec ce pauvre ambassadeur?* (A. Gide, *les Nourritures terrestres*, 219.) L'emploi de *à* vient d'une confusion avec *parler* : on peut très bien *parler* à sa concierge ou à Mᵐᵉ la Colonelle, *parler* signifiant « prononcer, articuler des mots »; mais s'il s'agit de conversation, et surtout de conversation familière, on dit *causer avec*, cette préposition indiquant une participation des deux intéressés, et non, comme *parler*, une action unilatérale.

Il est classique de citer les deux exemples suivants qui, quoique signés d'écrivains éminents, contreviennent aux règles de l'« honnête langage » : *Lysis m'aborde et tu me veux causer* (Corneille, *la Place Royale*, II, VI). *Elle me causa longtemps avec cette familiarité charmante qui lui est naturelle* (J.-J. Rousseau, *Confessions*, II, 191).

On trouve souvent le *causer* abusif dans les dialogues mettant en scène des personnes peu instruites : *Renée, je te cause* (Colette, *la Vagabonde*, IV, III). *Dimanche, tu pourras « lui causer »* (René Bazin, *les Noellet*, 223). *Tu vois ce bracelet? Le comte me l'a donné parce que, pendant une semaine, je n'avais pas dit une seule fois : je lui ai causé. Il croit que ce n'est pas français!* (De Flers et Caillavet, *les Nouveaux Messieurs*, I, III). *Tu ne causes pas beaucoup, ce soir* (Ch.-L. Philippe, *Bubu de Montparnasse*, 77).

Causer, intransitif ou transitif indirect, peut s'employer sans préposition ou avec **de**, puisque ce verbe a le sens de « converser » : *Ils causent ensemble* (Littré). *Ils ont causé de choses et d'autres, de la pluie et du beau temps. Causer d'affaires, de littérature, de voyages*, ou elliptiquement : *Causer littérature, voyages* (Acad.). Mais en aucun cas il ne faut dire : *Je cause* *anglais*, ou *russe*, ou *javanais*, pour *Je parle anglais, russe*, etc. *Au village d'où ils venaient, on ne « causait » que le patois* (E. de Goncourt, *Chérie*, 49).

— **Etre peu causant** est du langage populaire. On dit mieux *Etre peu bavard*, ou *peu loquace*.

ce. — **C'est - ce sont.** Les règles d'emploi de *c'est* et *ce sont* sont loin d'être fixées et l'usage ici est particulièrement flottant. Néanmoins, on emploie le singulier :

1° Dans les expressions *c'est nous, c'est vous* : *C'est nous qui partirons d'abord. Pour cela, c'est vous qui en déciderez.* (*C'est eux* est plus courant que *ce sont eux* : *C'est eux qui se sont plaints*) ;

2° Devant l'énoncé de sommes, d'heures, de quantités quelconques, etc. : *C'est 5 000 francs que je vous dois. C'est 3 heures. C'est 8 jours de travail à 1 500 francs;*

3° Quand le verbe est suivi de plusieurs noms au singulier ou dont le premier est au singulier : *C'est le pain, le vin, la viande à discrétion. C'est la gloire et les plaisirs qu'il a en vue* (Littré). (A moins qu'il ne s'agisse d'une réponse à une question, d'une énumération : *Quelles sont les trois vertus théologales, Ce sont la Foi, l'Espérance et la Charité. Il y a cinq doigts dans la main : ce sont le pouce, l'index...*) ;

4° Dans les interrogations avec *est-ce là? qu'est-ce que?* etc. : *Est-ce là vos prétentions? Qu'est-ce que les finances?* Cela pour éviter des formes comme *sont-ce là, que sont-ce que*, etc. (De même qu'on n'emploie pas les *seront-ce, les furent-ce*, etc.) ;

5° Devant une préposition : *C'est à ses maîtres qu'il doit se comporter virile. C'est d'eux seuls que dépend la décision. C'est des contraires que résulte l'harmonie;*

6° Quand le pronom *en* est intercalé dans l'expression : *Je vous avais promis des perdreaux, mais je ne sais si c'en est;*

7° Dans l'expression *si ce n'est*, signifiant « excepté, sinon » : *Il ne craint personne, si ce n'est ses parents.*

Dans la plupart des autres cas, on peut se servir à volonté du singulier ou du pluriel : *C'est* ou *ce sont des heures*

qui paraissent longues. *Ce n'est pas les journaux qui racontent ces détails. Tout ce qu'il a dit, ce sont des erreurs* (Acad.). *Ce sont de vrais amis. C'est ou ce sont des bêtises* (Lar. du XXᵉ s.). *Il est vrai que c'était les vacances* (A. Hermant, *l'Aube ardente*, 141). *C'est des poissons* (A. Gide, *les Nourritures terrestres*, 215). *Ce que Paule voyait quand elle pensait à son fils, c'étaient ses genoux cagneux* (Fr. Mauriac, *le Sagouin*, 3). *C'étaient aussi d'étonnantes promenades* (M. Van der Meersch, *l'Empreinte du dieu*, 143).

— **Ç'** pour **ce.** Avec certains temps d'avoir et être, on écrit *ç'* pour *ce* devant *a* : *Ç'aurait pu mal tourner. Ç'a été la cause de bien des malheurs* (Acad.). [Mais *C'eût été mal compris*, sans cédille.]

On trouve parfois, mais rarement, le pluriel dans ce cas : *Les plus grandes joies de mes sens Ç'ont été des soifs étanchées* (A. Gide, *les Nourritures terrestres*, 128).

— **Ce - cela.** Avec *être*, on peut dire *Cela est magnifique, cela est vrai, cela est sans importance.* Le ton est alors plus appuyé qu'avec *ce*, mais fait ressortir une nuance d'archaïsme ou de recherche qui n'est pas dans : *C'est magnifique. C'est vrai* (ou *il est vrai*), etc.

En revanche, c'est *ce* qui fait archaïque dans la phrase suivante : *Ce lui était désagréable* (R. Rolland, *Annette et Sylvie*, 18).

— **C'est... que.** On dit : *C'est à vous que je parle* (et non plus *C'est vous à qui je parle* ou *dont je parle*, qui sont des constructions archaïques). *C'est de vous que nous parlons. C'est de là que je viens* (et non *d'où je viens*). *C'est là que je vais* (et non *où je vais*). *Ce fut un magnifique orateur que Cicéron* (Acad.).

— **C'est à vous à** ou **de.** Voir *à*.

— **Ce n'est pas que** se construit avec le subjonctif : *Ce n'est pas que je sois vraiment malade.*

— **Ce que** n'est pas à recommander quand il est employé adverbialement, comme dans : *Dieu! ce que cet enfant est terrible! Ce que vous êtes assommant! Ce que je vous envie!*

Il vaut mieux supprimer *ce* ou remplacer *ce que* par *comme* : *Dieu! que cet enfant est terrible! Comme vous êtes assommant!*

— **Ce qui - ce qu'il.** Il n'est pas de règle formelle pour distinguer ces deux expressions, qu'on emploie indifféremment, sauf avec *falloir* (*ce qu'il faut*, et non *ce qui faut*) et avec *plaire*, où « il convient d'employer *ce qu'il* quand on veut sous-entendre après *plaire* l'infinitif du verbe employé précédemment » (Hanse) : *Je ferai ce qu'il me plaira* (de faire). *Je fais ce qui me plaît* est plus absolu. *J'épouserai la femme qu'il me plaira* (d'épouser). [*J'épouserai la femme qui me plaira* n'a pas le même sens : « qui sera à mon goût. »]

céans n'est guère employé aujourd'hui que dans un sens ironique. Tiré de *çà*, ici, et du latin *intus*, dedans, il signifie « ici dedans », c'est-à-dire « dans la maison ».

On dira donc très bien avec Molière (*le Tartuffe*, I, IV) : *Qu'est-ce qu'on fait céans?* Mais A. de Châteaubriant a eu tort d'écrire (*la Brière*, 14) : *Son ciel de Brière, lequel commence céans à s'étoiler.*

De même, *céans* désigne toujours l'endroit où l'on est, et l'on ne dira pas le *maître de céans* en parlant d'une maison autre que celle où l'on se trouve.

V. aussi SÉANT.

ceci. — **Accord du verbe avec « ceci ».** L'accord se fait comme pour *ce*, quand le verbe a pour sujet *ceci, cela* ou *tout ce qui* (ou *que*) : *Ceci sont ses jouets. Tout cela ne sont pas des preuves* (J.-J. Rousseau; cité par Littré, *Suppl.*). On peut aussi mettre le singulier : *Ceci est des souhaits* (Littré). *Tout cela n'est pas des preuves* (Id.).

Dans l'usage actuel, on reprend plutôt le sujet *ceci* ou *cela* par *ce* : *Ceci, ce sont ses jouets. Tout cela, ce sont des paroles en l'air.*

— **Ceci - cela.** *Ceci* s'emploie pour annoncer ce qui va suivre; *cela*, au contraire, sert à rappeler ce qui précède : *Dites ceci de ma part à votre ami : qu'il se tienne tranquille. Que votre ami se tienne tranquille : dites-lui cela de ma part* (Acad.). *Elle dégénérait de l'intelligence en ceci seulement qu'elle vivait à une plus grande profondeur* (J. Gracq, *le Rivage des Syrtes*, 132). *Cela dit* (et non *ceci dit*) : *Cela dit, il faut bien constater que...* (R. Le Bidois, dans *Vie et Langage*, 1954, p. 555). *Ceci est mon testament. Que dites-vous de cela?* (après avoir parlé). *Que dites-vous de ceci?* (en montrant quelque chose).

Ceci indique une chose proche, et *cela* une chose éloignée : *Du cinéma ou du théâtre, ceci me plaît plus que cela* (ceci est le théâtre, plus rapproché; cela est le cinéma, plus éloigné). *Un mât non réparable, mais tout le monde intact, et ceci est beaucoup plus important que cela* (H. Queffélec, *Tempête sur Douarnenez*, 233).

(Cette règle s'applique également à *ci, là; celui-ci, celui-là; voici, voilà*.)

Malgré ces règles précises, dont le bien-fondé tombe sous le sens, il n'est pas rare d'entendre *ceci* au sens de *cela* dans la conversation, et même de les lire l'un pour l'autre sous des plumes autorisées : *Ceci prouve que la théologie se retrouve un peu partout* (P. Valéry, *Monsieur Teste*, 80). *Ceci retenu, que reste-t-il à faire?* (A. Gide, *les Nourritures terrestres*, 251.)

cela ne prend pas d'accent grave sur l'*a*.

V. aussi ÇA et CECI.

céladon, adjectif de couleur, est *invariable* : *Des abat-jour céladon.*

V. aussi COULEUR.

celer s'écrit avec un *e* sans accent à l'infinitif (mais fait *je cèle, je cèlerai*).

celui. — La grammaire traditionnelle interdit l'emploi de *celui* (ou de *celle*) devant un adjectif ou un participe : il doit être suivi d'un relatif (*celui qui*) et du verbe *être*. On dira, par exemple : *Je préfère les ouvrages incomplets aux ouvrages mal faits* (et non *à ceux mal faits*). *De ces deux tableaux, j'ai acheté celui qui est estimé le plus cher* (et non *celui estimé le plus cher*). *Ceux mal faits, celui estimé* rejoignent les expressions commerciales du genre de *comme convenu, le 8 courant*, etc. C'est une tournure qui manque d'élégance et dont on ne voit pas bien l'utilité (sauf peut-être quand la phrase renferme déjà un *qui*).

Cette négligence de style est toutefois assez courante, et si on la rencontre sous la plume de bons écrivains, elle n'en est pas moins condamnable : *Une niche grossière un peu plus grande que celles creusées dans le mur* (P. Loti, *la Mort de Philœ*, 123). *Il pouvait s'épargner les maux causés par la guerre et ceux causés par la misère* (A. Gide, *les Nourritures terrestres*, 294). *Je ne me rappelle pas qu'il m'ait dit d'autres choses que celles réservées ordinairement aux enfants* (P. Colin, *les Jeux sauvages* 17).

Il est difficile d'accepter, avec un participe présent ou un adjectif, des phrases telles que : *De ces deux nageurs celui nageant le crawl remporta le prix. J'ai laissé les fruits verts et pris ceux mûrs.* On sera toujours mieux inspiré en écrivant : *celui qui nageait et ceux qui étaient mûrs.*

De même, *celui* (*celle* ou *ceux*) placé immédiatement avant une préposition autre que *de* est plutôt du style familier que du style châtié : *Ceux pour moi et ceux pour toi. Voilà celui à ma tante. L'assurance sur la femme et celle sur le mari. Les disputes entre le père et le fils et celles entre la mère et la belle-fille.*

— **Celui** peut être omis dans certaines phrases, si cette omission n'en altère pas la clarté : *Son repentir est d'un homme touché par la foi. Je ne fis d'autre souhait que de partir au plus vite.*

— **Celui-ci, celui-là.** V. CECI (*Ceci-cela*).

cendre s'écrit au singulier ou au pluriel : *Faire cuire sous la cendre, dans les cendres* (Littré). *Feu couvert de cendre* (Acad.). *Cendre de bois, de houille* (Lar. du XXᵉ s.). *Réduire, mettre en cendres une ville, un pays* (Acad.). *Les cendres d'un monument* (sens de « ruine ») [Robert].

Au sens de « restes de ceux qui ne sont plus », on emploie surtout le pluriel : *C'est là que reposent ses cendres chéries* (Acad.).

cendré. — On écrit : *Des cheveux cendrés,* mais (invariable) *des cheveux blond cendré.*

V. aussi COULEUR.

cénobite - anachorète. — Un **cénobite** (du gr. *koinos*, commun, et *bios*, vie) est un moine qui vit en communauté

Son opposé est l'**anachorète** (du gr.

ana, à l'écart, et *khorein,* se retirer), religieux qui, lui, vit seul et dans un endroit retiré. (On dit aussi, et plus communément, ERMITE.)

cénotaphe - catafalque. Voir CATAFALQUE.

censé - sensé. — **Censé** (de l'anc. verbe *censer,* juger) signifie « supposé » : *Nul n'est censé ignorer la loi. Celui qui est trouvé avec les coupables est censé complice* (Acad.).

Son homonyme **sensé** dérive de *sens* et désigne celui qui a du bon sens ou ce qui est conforme au bon sens : *Un homme sensé. Action sensée* (Lar. du XXᵉ s.).

cent prend un *s* quand il est précédé d'un nombre qui le multiplie : *Cinq cents francs. Mille deux cents francs. Deux cents cartouches. Acheter trois cents d'œufs* (sens de *centaine*). Mais il reste invariable si, dans ce même cas, il est suivi d'un autre nombre : *Cinq cent dix francs. Deux cent trente-cinq cartouches.*

— Devant *mille,* cent ne s'accorde pas, parce que *mille* est un adjectif numéral : *Deux cent mille francs. Cinq cent mille hommes.*

Mais il s'accorde devant *millier, million, milliard,* qui sont des noms (et non des adjectifs numéraux) : *Trois cents milliers de pieds carrés. Deux cents millions d'années. Cinq cents millions de francs.*

— On écrit *des mille et des cents* (avec *s,* Acad.) : *Si la patrie en avait des mille et des cents comme lui* (J. et J. Tharaud, *Dingley, l'illustre écrivain,* 22).

— Employé comme adjectif numéral ordinal, cent est invariable : *Page trois cent* (trois centième). *L'an mil neuf cent.*

— On écrit *cent un, cent deux..., cent unième, cent deuxième...* (sans trait d'union). Mais *prendre le cent-vingtième d'un nombre, la cent-vingtième partie d'un nombre.*

— **Pour cent.** Après une indication de tant pour cent, l'accord du verbe est facultatif : *50 p. 100 de la flotte ont été coulés* ou *a été coulée. Près de 20 p. 100 de la recette restent à distribuer* ou *reste à distribuer.*

On dit *à cinq pour cent* (et non *à cinq du cent,* qui est familier).

cent-. — On écrit : des *cent-gardes,* des *cent-Suisses.*

centenaire. — Il est plus correct de dire, au sens de « centième anniversaire », le *deuxième,* le *troisième centenaire,* que le *bicentenaire,* le *tricentenaire* (on va rarement au-delà).

Bicentenaire et *tricentenaire* s'emploient correctement comme adjectifs : *Un préjugé tricentenaire* (R. Le Bidois, dans *Vie et Langage,* 1954, p. 74).

centésimal - centigrade. — La division **centésimale** contient cent parties ou un multiple de cent. Le *degré centésimal* est chacune des parties de la division centésimale : *Les degrés centésimaux d'une circonférence* (Acad.).

Centigrade s'est dit de ce qui est divisé en 100 degrés centésimaux. Depuis la Conférence générale des Poids et Mesures de 1948, le nom de *Celsius* a remplacé l'adjectif *centigrade* dans les expressions *degré centigrade, thermomètre centigrade.* (Symb. °C : 37 °C; 38,5 °C.)

central fait au pluriel masculin *centraux.*

cep. — Le *p* se fait aujourd'hui entendre dans tous les cas.

cependant. — **Cependant que** (sens de « pendant que ») est archaïque : *Cependant qu'alignées sur les génératrices, les saillies, les épines, les bossettes s'étagent* (P. Valéry, *Variété,* V, 13).

cérébral - cervical. — **Cérébral** est tiré du latin *cerebrum,* cerveau, et désigne ce qui est relatif au cerveau : *Artères cérébrales. Fièvre cérébrale. Ramollissement cérébral* (Lar. du XXᵉ s.).

Cervical n'a qu'un rapport d'apparence avec le cerveau. Il a pour origine le latin *cervix, cervicis,* qui signifie « cou, col, nuque », et désigne ce qui appartient ou est relatif au cou et à la nuque : *La tête s'appuie sur la première vertèbre cervicale* (Lar. univ.). *Traumatisme cervical.* (Gr. Lar. encycl.).

Cervical s'applique également au col de l'utérus, ce qui explique l'expression de *métrite cervicale.*

C'est une erreur que d'écrire : *On examina la voiture qui portait encore des traces de matière cervicale* (*France-Soir,* 14-X-1944). Il faut lire *cérébrale.*

V. aussi CERVEAU.

cérémonial - cérémoniel. — **Cérémonial** est un nom (adjectivement, il est peu usité) : *Le cérémonial d'une cour* (Nouv. Lar. univ.). Il n'est guère employé au pluriel qu'au sens de « livre contenant les règles liturgiques des cérémonies ecclésiastiques »; il fait alors *des cérémonials.*

Cérémoniel est un adjectif et se dit de ce qui a trait aux cérémonies : *Ce monde convenu, cérémoniel, de Versailles* (Michelet, *le Prêtre,* 127). *Les fastueuses évocations des galas cérémoniels* (Huysmans, *A rebours,* XIV).

cerf. — Aujourd'hui, on fait entendre l'*f* aussi bien au pluriel qu'au singulier. La prononciation *sèr* n'est plus guère observée, sauf en vénerie.

— La femelle du cerf est la *biche;* le petit, le *faon.*

— Dans le composé **cerf-volant,** l'*f* ne se prononce jamais.

cerise, adjectif de couleur, est *invariable* : *Des voiles cerise. Des tentures rouge cerise.*

V. aussi COULEUR.

certain. — Avec un nom de chose, *certain* n'a pas le même sens selon qu'il est placé avant ou après ce nom : *Avoir une certaine élégance,* par exemple, c'est avoir une élégance particulière, mais indéterminée (se dit avec une nuance de dédain); *avoir une élégance certaine,* c'est avoir une élégance indiscutable.

— **De certains,** pour *certains,* est un tour archaïque : *Il y a certaines choses, de certaines choses pour lesquelles on éprouve de la répugnance* (Acad.).

cerveau - cervelle. — Anatomiquement et physiologiquement, le **cerveau** est la masse de matière nerveuse qui occupe le crâne des vertébrés et qui est le siège des sensations et le principe des mouvements volontaires : *Les circonvolutions du cerveau. Etre atteint d'un abcès au cerveau. Anatomie du cerveau de l'homme, d'un oiseau, d'un poisson* (Acad.). Au figuré, c'est l'esprit, l'intelligence : *Pasteur était un grand cerveau. Un cerveau puissant.*

La **cervelle** est la substance du cerveau, considérée dans sa matière même : *Coup qui fait jaillir la cervelle* (Lar. du XXᵉ s.). *Se brûler la cervelle* (Manger *une cervelle de mouton.* Au figuré, la cervelle est également considérée comme le siège du jugement, mais toujours dans un sens défavorable : *Homme sans cervelle. Tête sans cervelle. Avoir une cervelle d'oiseau.*

En résumé, le *cerveau* est l'organe, la *cervelle* en est la substance.

cervical - cérébral. V CÉRÉBRAL.

cesse. — **N'avoir (pas) de cesse que** se construit avec le subjonctif : *Il n'eut (pas) de cesse que sa demande ne fût agréée.*

cesser ne se conjugue plus guère qu'avec l'auxiliaire *avoir* : *La pluie a cessé. La fièvre a cessé* (Acad.).

— **Ne cesser de - ne pas cesser de.** Devant un infinitif, et au sens de « faire une chose sans s'arrêter », on supprime le plus souvent *pas* : *Il ne cesse de parler, de rire. Les années qui précèdent l'âge mûr ne cessent d'accroître les ressources intérieures d'un écrivain* (J. Romains, *les Hommes de bonne volonté,* I, VI).

— **Cesser - arrêter.** V. ARRÊTER.

— **Décesser** est du langage populaire.

cession - session. V. SESSION.

ch- initial, représentant la lettre grecque *khi,* se prononce *k* dans les mots suivants : *chalcidique, chalcographie* et dérivés, *chalcopyrite, chaldaïque, chaldéen, chamérops, chamite, chamitique, chaos, chaotique, chéiroptères, chélidoine, chéloïde, chéloniens, chénopode, chirographie* et dérivés, *chiromancie* et dérivés, *chlamyde, chlore* et dérivés (*chloroforme, chlorophylle, chlorose,* etc.), *chœur, cholagogue* et dérivés du grec *kholê,* bile (*cholécystite, choléra,* etc.), *chondriome, chondrome, chorée, chorégraphie, choriste, choroïde, chorus, chrême, chrétien, christ* et dérivés, *chrome* et dérivés, *chronique, chronomètre* et dérivés du grec *khronos,* temps, *chrysalide, chrysanthème* et dérivés du grec *khrusos,* or.

chacal fait au pluriel *chacals.*

chacun n'a pas de pluriel.

— Quand *chacun* est placé après un verbe à la 3e personne du pluriel et se rapporte par conséquent à un mot pluriel, on peut indifféremment employer **son, sa, ses** ou **leur, leurs,** selon que la pensée renvoie à un ou à plusieurs possesseurs, et que le sens distributif ou collectif l'emporte : *Ils vont chacun de son côté* ou *de leur côté* (Lar. du XXe s.). *Payez à chacun leur dû* (Id.). *Vous remettrez ces livres chacun à sa* (ou *à leur*) *place* (Gramm. Lar. du XXe s.). *Il faut remettre ces livres-là chacun à sa place* (Acad.). *Cela avait presque fâché les deux ouvriers; ils allaient chacun de son côté* (E. Zola, *l'Assommoir,* I, 138). *Et Gambette et les Gibus, épouvantés, s'en furent aussi chacun de leur côté* (L. Pergaud, *la Guerre des boutons,* 334). *Durant ces éclaircies, les deux messieurs, chacun dans sa spécialité, furent intéressants* (H. de Montherlant, *les Célibataires,* 12). *Ils s'y préparent chacun selon leur tempérament* (H. Bazin, *Vipère au poing,* 257).

Même latitude avec **le, lui** ou **les, leur** : *Ils s'en tenaient chacun à l'opinion qui leur* (ou *qui lui*) *paraissait la meilleure* (Martinon, *Comment on parle en français,* 167). *Ils font chacun ce qui lui* (ou *leur*) *plaît* (Lar. du XXe s.). *Ils ont payé à chacun la somme qui leur était due* (Id.).

— Le singulier est de rigueur si *chacun* est en rapport avec un participe présent, ou s'il est suivi du nom ou du pronom pluriel dont il est le distributif : *Ils apparurent enfin, chacun tenant son cheval par la bride. Chacun de ces bons élèves a eu sa récompense. Chacun de nous a ses petites misères. Vous remettrez chacun de ces livres à sa place.*

— Si le sujet est indéterminé, on emploie toujours **soi** (et non *lui*) : *Dans cette maison, chacun travaille pour soi. Le soir venu, chacun s'en retourne chez soi* (Acad.).

Mais on pourra dire, avec un sujet déterminé au pluriel : *Ils s'en retournèrent chacun chez eux* (ou *chez soi*).

Si *chacun* est suivi d'un complément, on emploie le plus souvent *lui-même, elle-même* : *Chacun des membres de cette famille travaille pour lui-même* (ou *pour soi*).

— **Chacun - chaque.** *Chacun* est un pronom indéfini qui ne doit pas être confondu avec *chaque,* adjectif. *Chaque* doit donc toujours être employé avec un nom et précéder celui-ci immédiatement : *Chaque cravate coûte 10 francs* (et non *Ces cravates coûtent 10 francs chaque*). Mais on dira très bien : *Ces cravates coûtent 10 francs chacune* ou *Chacune de ces cravates coûte 10 francs.*

— **De chacun.** On ne doit pas employer *de chaque* (qui est un barbarisme) pour *de chacun* : *Prenez du beurre et du saindoux, 50 grammes de chacun.*

— **Tout un chacun, tout chacun, un chacun** sont des archaïsmes passés dans la langue familière et qu'il est préférable de remplacer par *chacun* : *Tout chacun se promettait de faire tous ses efforts* (E. Moselly, *Jean des Brebis*, 7). *Les prétentions d'un chacun* (Sainte-Beuve, *Volupté*, I, 41).

chai s'écrit sans *s* au singulier (mais *chais* au pluriel).

chaîne et ses dérivés (*enchaîner, déchaîner,* etc.) s'écrivent avec un accent circonflexe sur l'*i*.

chaland. V. ACHALANDER.

chalet s'écrit sans accent circonflexe sur l'*a*, qui se prononce bref.

chaloir ne s'emploie que dans les expressions impersonnelles : *Peu me chaut* (Lar. du XXᵉ s.). *Il ne m'en chaut guère* (Acad.). *Non pourtant qu'il m'en chaille* (La Fontaine; rare, cité par le Lar. du XXᵉ s.). *Pour peu qu'il vous en chaille* (A. France, *la Révolte des anges*, 12).

chambranle est du *masculin.*

champ (de). V. CHANT.

champagne, adjectif de couleur, est *invariable* : *Des rideaux champagne.*
V. aussi COULEUR et VIN.

champion s'emploie généralement au masculin : *Cette équipe est champion de France. La France est le champion de la liberté. C'est alors qu'il choisit pour sauver cette reine Un champion qui fut la robuste Lorraine* (Th. de Banville, *l'Exilée*, 135).

Familièrement ou en termes de sport, en parlant d'une femme, on dit *championne : Une rude championne* (Lar. du XXᵉ s.). *Tu es la championne de la gaffe* (M. Duran, *Trois, six, neuf,* I, VI). *C'est une championne de tennis.*

chance peut désigner aussi bien un événement heureux ou malheureux : *Chance favorable* (Acad.). *Bonne, mauvaise chance* (Lar. du XXᵉ s.). *Il est évident que s'il s'occupait avec beaucoup d'intérêt d'études très abstraites, les chances de sa culpabilité diminuent* (P. Bourget, *le Disciple*, 46; « Class. Lar. »). *Ce qui signifie ordinairement les empêcher de mourir, éloigner les chances de mort* (G. Duhamel, *Chronique des Pasquier*, 47; « Class. Lar. »).

Absolument, il se dit d'un hasard heureux : *Tenter la chance. Il n'a pas de chance.*

changer s'emploie avec **avoir** pour exprimer l'action, et avec **être** pour exprimer l'état résultant de l'action : *Le temps a changé depuis hier. Prenez votre parapluie, le temps est changé. Vos sentiments ont bien changé, sont bien changés* (Acad.).

— **Changer en.** Au sens de « convertir, transformer », *changer* se construit avec la préposition *en : Mes soupçons se changèrent en certitude* (Acad.). *Aux noces de Cana, Jésus-Christ changea l'eau en vin. L'eau se change en glace par l'action du froid* (Lar. du XXᵉ s.).

L'emploi de la préposition *à* est aujourd'hui rare : *Dans le sacrement de l'Eucharistie, le pain est changé au corps de Notre-Seigneur* (Acad.). *Peut-être avant la nuit l'heureuse Bérénice Change le nom de reine au nom d'impératrice* (Racine, *Bérénice*, I, III).

— **Changer - échanger.** Au sens de « céder une chose pour une autre par consentement mutuel », ces deux verbes peuvent s'employer indifféremment. Ils se construisent alors avec *contre* : *A changé ses tableaux contre des meubles* (Acad.). *Changer son fusil contre une bicyclette* (Nouv. Lar. univ.). *Echanger une propriété contre une autre* (Acad.). *Echanger un dessin contre un livre* (Lar. du XXᵉ s.).

Mais on dira : *On lui a changé* (et non *échangé*) *son pardessus au restaurant* (Il n'y a pas consentement mutuel.)

— **Changer - se changer.** Elliptiquement, on dit *changer* pour « changer de vêtements » : *Je suis rentré chez moi pour changer* (Acad.).

La forme pronominale *se changer* est toutefois plus courante : *Je suis rentré chez moi pour me changer. Vous êtes mouillé : changez-vous* (Littré). *Quand on est mouillé, il est prudent de se changer* (Lar. du XXᵉ s.). *Elle lui commanda de s'aller changer bien vite* (A. Daudet, *Numa Roumestan*, 79)

chant (du lat. *canthus*, coin d'un objet) est l'orthographe correcte (acceptée par l'Acad. en 1932) du mot qui désigne la « face étroite d'une brique, d'une pierre, d'une pièce de bois » : *Poser de chant. Mettre de chant des pierres, des solives* (Acad.). [On dit aussi DE CANT.]

La graphie *champ* est une altération à rejeter.

chanteuse - cantatrice. — **Chanteuse** désigne toute personne qui chante ou dont le métier est de chanter : *C'est une excellente chanteuse* (Acad.). *Une chanteuse des rues*

Cantatrice (mot italien francisé) fait plus distingué et désigne une chanteuse de morceaux de genre, d'opéras, etc. : *La Malibran fut la première cantatrice de son temps* (Nouv. Lar. univ.).

Avec un complément, on emploie toujours *chanteuse* : *Une chanteuse d'opéra* (et non *Une cantatrice d'opéra*).

Chanteuse est le féminin de *chanteur; cantatrice* n'a pas de correspondant masculin.

chape s'écrit avec un seul *p*.

chapitre s'écrit sans accent circonflexe (de même que *pupitre;* mais *épître* en prend un).

chaque n'a pas de pluriel.

— On écrit : *Chaque pays a ses usages* (et non *leurs*). De même, après *chaque* répété, le verbe se met au singulier, que les sujets soient ou non coordonnés : *Chaque homme, chaque femme a les préjugés de son sexe* (Lar. du XXᵉ s.). *Chaque homme et chaque femme avait son bouquet* (Littré).

— **Chaque - chacun.** V. CHACUN.

— **Entre chaque.** Le tour familier *entre chaque,* suivi d'un nom au singulier (*entre chaque poteau, entre chaque génération,* etc.), quoique critiqué par les grammairiens, est d'un usage courant. Il vaut mieux toutefois

l'éviter et dire : *Après chaque poteau.* Ou : *Entre les mots, entre les lignes* (plutôt que *Entre chaque mot, entre chaque ligne*).

char. — On écrit *char à bancs* (avec *s* et sans traits d'union).

chariot et ses dérivés (*chariotage, charioter*) s'écrivent un seul *r*. Tous les autres dérivés de *char* redoublent l'*r* devant une voyelle : *charrette, charretier, charrier, charroi, charron,* etc.

chasse. — Lorsque *chasse* a pour complément un nom de bête précédé de *à,* ce complément indique tantôt la bête qu'on chasse, tantôt celle qu'on emploie à la chasse : *Chasse au cerf, au loup, au sanglier* (Acad.). *Chasse au faucon, au lévrier* (Lar. du XXᵉ s.).

Aussi, en langage correct de chasseur, et pour éviter toute équivoque, on dit *chasse de* pour le gibier, et *chasse à* pour l'arme, le piège, etc. : *La chasse du renard* (Littré). *La chasse de la bécasse* (G.-M. Villenave, *la Chasse,* 173). *La chasse du chamois* (Id., *Ibid.,* 202). *La chasse à la carabine, au collet, au miroir, à l'affût, au furet, au faucon,* etc.

V. aussi PÊCHE.

chasse-. — Parmi les composés de *chasse,* sont *invariables : chasse-avant, chasse-marée, chasse-neige.*

Sont également *invariables,* mais avec un *s* au singulier : *chasse-abeilles, chasse-mouches, chasse-pierres.*

Le complément prend généralement un *s* au pluriel dans : *chasse-clou, chasse-coin, chasse-fusée, chasse-goupille, chasse-poignée, chasse-pommeau, chasse-rivet, chasse-roue, chasse-tampon.*

chasseur a pour féminin usuel **chasseuse :** *Ces dames étaient habillées en chasseuses* (Acad.)

Chasseresse (dérivé de *chasser*) est seulement un terme poétique et se dit aussi d'une statue de Diane : *Une jeune chasseresse* (Acad.). *Diane chasseresse*

châssis s'écrit avec un accent circonflexe sur l'*a.*

châtaigne - marron. — La **châtaigne** est le fruit du châtaignier, renfermé, au nombre de deux ou trois, dans une cupule hérissée de piquants (ou *bogue*)

Le **marron** ressemble à une grosse châtaigne, mais la graine, parfois non comestible (marron d'Inde), est généralement unique dans sa capsule.

— Employés comme adjectifs de couleur, *châtaigne* et *marron* sont *invariables : Des tissus châtaigne. Des complets marron.*

V. aussi COULEUR

châtain s'emploie surtout au masculin : *Cheveux châtains* (Acad.)

Le féminin est *châtaine* (et non *châtaigne*) : « Le féminin *châtaine* a longtemps été regardé par les grammairiens comme irrégulier Il est maintenant adopté par les meilleurs écrivains. » (Lar. du XX° s.)

— **Châtain**, adjectif masculin, reste invariable s'il est suivi d'un autre adjectif qui le modifie (règle générale des adjectifs de couleur) : *Une chevelure, des chevelures châtain clair. Une barbe châtain foncé*

château. — Tous les mots dérivés par métonymie du nom d'un terroir ou d'un propriétaire s'écrivent sans majuscules : *Boire un verre de château-lafite, une bouteille de château-yquem, de château-haut-brion, de château-mouton-rothschild, de château-pape-clément,* etc.

château fort s'écrit sans trait d'union (cf. *place forte, maison forte*) Plur. des *châteaux forts.*

chateaubriand, sans accent circonflexe et avec un *d* final (au lieu d'un *t*), est l'orthographe aujourd'hui adoptée (P. Montagné, *Larousse gastronomique*) pour ce mot désignant une grillade qui aurait été inventée par le cuisinier de F.-R. de Chateaubriand.

chatière s'écrit avec un seul *t.*

chausse-trape s'écrit avec un seul *p.* Plur. des *chausse-trapes.*

chef n'a pas de féminin. On dit *le chef* même s'il s'agit d'une femme : *C'est Mme Dumas qui est mon chef de rayon* (et non *ma chef* ou *ma cheffesse!).*

Le féminin *cheftaine* (de l'angl. *chieftain,* tiré lui-même de l'ancien français *chevetin,* capitaine) est employé dans le scoutisme.

— On écrit : *adjudant-chef, caporal-chef, maréchal des logis-chef, sergent-chef* (avec trait d'union), mais *chef limonadier, chef correcteur,* etc. (sans trait d'union)

chef-d'œuvre fait au pluriel *chefs-d'œuvre.* (*Chef* se prononce *chè.*)

— Un *chef-d'œuvre* étant forcément unique dans l'œuvre d'un artiste, on ne peut parler du *plus fameux* ou du *meilleur chef-d'œuvre* de quelqu'un.

chef-lieu fait au pluriel *chefs-lieux,* et l'*f* de *chef* se prononce.

cheik, chef de tribu, est l'orthographe habituelle de l'arabe *cheikh.*

chélidoine se prononce *ké-.*

chemin. — On écrit (sans *s*) : *Voleur de grand chemin* (Lar. du XX° s.). *Il est toujours par voie et par chemin* (Acad.).

chemin de fer. — On voyage *par* chemin de fer, comme on voyage *par* route ou *par* eau. On ne voyage pas *en* chemin de fer (le chemin de fer n'étant pas les wagons, le train, mais la voie ferrée). On peut dire : *Prendre le chemin de fer* (Acad.), comme on dirait *Prendre la route.*

chemineau - cheminot. — De ces deux homonymes, tirés l'un et l'autre de *chemin,* le premier, **chemineau,** désigne un mendiant vagabond; le second, **cheminot,** un employé de chemin de fer.

chenal fait au pluriel *chenaux.*

chêne-liège fait au pluriel *chênes-lièges.*

chenet s'écrit sans accent circonflexe.

chenil se prononce *che-ni.*

V. aussi -IL.

cheptel. — La prononciation régulière est *che-tèl,* mais on prononce ordinairement le *p* (Fouché).

cher, adjectif, s'emploie aussi adverbialement : il est alors invariable : *Ces étoffes sont-elles chères? — Oui, je les ai payées cher. La victoire nous coûte cher* (Acad.). *Vendre cher sa vie.*

chercher, devant un infinitif, se construit généralement avec à : *Chercher à tromper quelqu'un. Il cherche à me séduire par de belles paroles* (Acad.). *Chercher à deviner, à plaire.*

Chercher de fait archaïque et précieux : *Je cherchais de le raviver* [le souvenir] (M. Proust, *Sodome et Gomorrhe*, II, I, 213). *On ne cherche jamais d'imposer qu'à défaut de preuves* (A. Gide, *les Nouvelles Nourritures*, 292).

— **Chercher après.** V. APRÈS

— **Chercher que** ou **à ce que.** Ces deux constructions sont également bonnes, quoique *chercher que* soit plus élégant : *Il faut chercher qu'on dise du bien de vous.*

chérif, « prince arabe » (qu'on écrit aussi *schérif*), ne doit pas être confondu avec **shérif,** officier de police.

chevaucher, au sens d' « aller à cheval », est intransitif : *Chevaucher à travers la campagne. Et par extension : Cet enfant chevauche sur un bâton* (Acad.). Mais il est transitif au sens d' « être à califourchon » : *Chevaucher un poney, un bâton.*

Au sens figuré de « se recouvrir partiellement », *chevaucher* est intransitif : *Quelquefois, les parties d'un os fracturé chevauchent* (Acad.). *Dents qui chevauchent* (Lar. du XXᵉ s.). *Lignes qui chevauchent.* La forme pronominale (*Lignes qui se chevauchent*) se rencontre parfois, mais comme elle n'apporte rien à la phrase, elle est à éviter.

chevau-léger fait au pluriel *chevau-légers*

cheveu. — On dit : *Faire couper* (Acad.) ou *tailler ses cheveux. Fendre un cheveu en quatre* (Acad.) [et non *couper*].

chevreuil. V. FÉMININ.

chevroter s'écrit avec un seul *t*.

V. aussi -OTER.

chez ne doit s'employer qu'avec des noms d'êtres animés : *Je reviens de chez sa mère. Allons-nous-en chacun chez nous* (Acad.). *Porter la guerre chez l'ennemi* (Grevisse). Au figuré : *C'est chez moi un grand défaut, j'en conviens. Chez ces peuples-là, le cheval est roi. On trouve ce récit chez Hérodote* (Acad.).

— **Aller chez le coiffeur.** V. ALLER.

— **Chez-soi, chez-moi, chez-nous,** « demeure où l'on vit », s'écrivent avec un trait d'union : *Aimer son chez-soi.*

chic, adjectif, est *invariable : Des gens chic. Une toilette chic* (Acad.). [La tendance est toutefois pour l'accord en nombre : *Des robes chics* (Petit Larousse).]

chiffe. — On dit : *Etre mou comme une chiffe* (chiffon, étoffe de mauvaise qualité) et non *comme une chique,* qui est vulgaire et n'a pas de sens.

chiffre. — On écrit : *En chiffre rond* (au singulier).

— **Chiffre - nombre.** Un *chiffre* est chacun des signes qui expriment un nombre : *Le nombre 526 s'écrit avec les chiffres 5, 2 et 6.* C'est aussi, par extension, le montant, la valeur d'une chose : *Evaluer le chiffre de dépense. Chiffre d'affaires.*

On évitera donc des expressions comme : *Le chiffre des naissances s'élève graduellement* (pour le *nombre*).

chipoter et ses dérivés (*chipotage, chipoteur,* etc.) s'écrivent avec un seul *t*.

V. aussi -OTER.

chiromancie. — La syllabe initiale *chi-* se prononce *ki*.

chloroformer a éliminé aujourd'hui son synonyme *chloroformiser.* Toutefois, on dit toujours *chloroformisation.*

chocolat, adjectif de couleur, est *invariable : Des robes chocolat.*

V. aussi COULEUR.

choir ne s'emploie plus guère qu'à l'infinitif, précédé de l'auxiliaire *faire* ou *laisser* (*On lui donna un coup qui le fit choir* [Acad.]. *Il laissa soudain choir le vase*) et au participe passé.

Il est aujourd'hui, dans les autres temps, remplacé par *tomber.*

choral a deux pluriels masculins, selon qu'il est adjectif (*choraux*) ou nom (*chorals*) : *Les chants choraux. Les chorals pour orgue de J.-S. Bach.*

chose. — On écrit : *Etat de choses* (avec *s*). *C'est peu de chose* (sans *s*)

— **Autre chose.** V. AUTRE.

— **Grand-chose** s'emploie ordinairement avec une négation : *L'argent, ce n'est pas grand-chose et c'est tout* (Lar. du XXᵉ s.). *Il n'y a pas grand-chose de nouveau* (Id.).

(Si *grand* est précédé de l'article, on écrit *grande chose : C'est une grande chose que une...*)

On écrit aussi : *Un, une pas-grand-chose.*

— **Quelque chose** est masculin quand il signifie « une chose » (il est alors considéré comme ne formant qu'un seul mot) : *S'il vous manque quelque chose, je vous le donnerai* (Acad.). *Quelque chose m'a été dit* (Id.). *Savez-vous quelque chose de nouveau?* (Lar. du XXᵉ s.) *Un petit quelque chose. Ce quelque chose de gai, de rieur* (Hanse). *Quelque chose m'était promis* (J. Gracq, *le Rivage des Syrtes*, 19).

Quelque chose est féminin quand il signifie « quelle que soit la chose » : *Quelque chose qu'il ait dite. Quelques choses que je lui aie dites, je n'ai pu le convaincre* (Acad.)

chou fait au pluriel *choux*. V. BIJOU.

On écrit : *chou(x)-fleur(s), chou(x)-navet(s), chou(x)-palmiste(s), chou(x)-rave(s)* [avec trait d'union]. *Chou vert, chou pommé, chou cabus, chou de Bruxelles. Soupe aux choux. Perdrix aux choux. Pâte à choux. Bête comme chou. Faire chou blanc.*

choucroute s'écrit sans accent circonflexe sur le second *u*.

Ce mot est curieusement composé d'après l'allemand *sauer*, aigre, et *Kraut*, herbe et chou. L'idée de chou contenue dans la seconde syllabe de l'allemand est passée dans le son de la première en français, mais il ne saurait être question de *croûte* avec le sens que l'on connaît.

chrême s'écrit avec un accent circonflexe et se prononce *krèm'* : *Le saint chrême.*

christ, employé comme nom commun, s'accorde au pluriel : *Des christs en ivoire. Il a dans son oratoire un beau christ, une belle tête de christ* (Acad.).

chrome, quoique tiré du grec *khrôma*, couleur, s'écrit sans accent circonflexe, de même que les dérivés de *khrôma* : *chromatique, chromer, chromosome*, etc.

chrysanthème est du *masculin* : *Un beau chrysanthème.*

chuchoter s'écrit avec un seul *t*.

V. aussi -OTER.

chute s'écrit sans accent circonflexe.

chuter, qui est un synonyme inutile de *tomber*, n'est pas à conseiller : *Il faut qu'elle ait chuté* (P. Bourget, *Profils perdus*, 241). *Il* [Errol Flynn] *a chuté*

malencontreusement en regagnant son yacht (France-Dimanche, 29-X-1946).

ci est une contraction d'*ici*. Il se joint toujours par un trait d'union au mot qui le suit : *ci-annexé, ci-après, ci-contre, ci-dessous, ci-dessus, ci-devant, ci-gît, ci-inclus, ci-joint,* etc. (Exception : l'expression commerciale *ci... 1 000 francs.*)

On écrit également *celui-ci, celle-ci, cet homme-ci, cette femme-ci, ce livre-ci, de-ci* (toujours opposé à *de-là* : *de-ci, de-là*), *par-ci* (toujours opposé à *par-là* : *par-ci, par-là*). [On supprime souvent la virgule entre *de-ci* et *de-là* et entre *par-ci* et *par-là*.]

— **Ci - là.** *Ci*, opposé à *là*, marque l'objet le plus proche : *Cette voiture-ci, cette voiture-là.*

V. aussi LÀ.

cicérone est un mot italien aujourd'hui francisé : *Un cicérone, des cicérones.*

ci-devant, nom, est *invariable*.

ciel a pour pluriel normal *cieux* : *La voûte des cieux. L'immensité des cieux.*

Cependant, il fait *ciels* en termes de peinture et de dessin : *Ce peintre fait bien les ciels* (Acad.). Et aussi quand il désigne le ciel considéré d'après son aspect : *Des ciels comme tu n'en vois qu'ici* (H. Queffélec, *Tempête sur Douarnenez*, 75).

De même quand il a le sens de « climat » : *Les ciels brûlants des tropiques* (Lar. du XXᵉ s.). S'il évoque plutôt la partie du ciel considérée par rapport au pays qu'elle couvre, on emploie plus souvent *cieux* : *S'en aller vers d'autres cieux, sous d'autres cieux.*

En termes d'aviation, le pluriel *ciels*, plus « réaliste », est d'usage : *Air France dans tous les ciels.*

On écrit également : *des ciels de lit, des ciels de carrière.*

— **Bleu ciel.** V. BLEU.

ci-gît. V. GÉSIR.

ciguë. — Le tréma se met sur l'*e* final (et non sur l'*u*).

ci-inclus, ci-joint. V. JOINDRE (*Ci-joint*).

cil - sourcil. — La confusion de *cil* avec *sourcil* est surtout populaire

(*S'épiler les cils,* pour *les sourcils*). Les **cils** bordent les paupières ; les **sourcils** sont situés au-dessus de l'orbite.

cime s'écrit sans accent circonflexe.

cinq. — Le *q* ne se prononce pas quand *cinq* est immédiatement suivi d'un nom pluriel commençant par une consonne ou un *h* aspiré, ou lorsqu'il est séparé de ce nom par un adjectif commençant également par une consonne ou un *h* aspiré : *Cin(q) francs. Cin(q) cents francs Cin(q) mille francs. Voici mes cin(q) derniers billets. Cin(q) héros. Cin(q) honteuses capitulations.* Il est également muet dans le nom propre *Cin(q)-Mar(s).* [V. aussi SIX.]

Dans tous les autres cas, le *q* se prononce : *Cinq années. Cinq histoires. Le cinq et le huit. Vingt-cinq. Cinq pour cent. Cinq multiplié par dix. Amener deux cinq. En cinq sec* (Acad.).

cippe est du masculin.

circonflexe (Accent). — Prennent un accent circonflexe les adverbes : *assidûment, congrûment, continûment, crûment, drûment, dûment, goulûment, incongrûment, indûment, nûment.*

Ainsi que les mots : *dû, redû, mû, crû* (de *croître*), *recrû* (de *recroître*).

A noter que les mots *brèche, brème, prèle, chalet, chapitre, pupitre, égout, cime, faine, gaine, goitre, toit,* zone ne prennent pas d'accent circonflexe.

circonspect. — Le *c* et le *t* finals se prononcent généralement : *-pèkt'* (influence du féminin *circonspecte* ; cf. *suspect*)

cisailles, outil, n'a pas de singulier : *Des cisailles de ferblantier.*

ciseau - ciseaux. — Un **ciseau** (au singulier) est un outil de métal tranchant par un bout, pour travailler le bois, le fer, la pierre, etc. : *Un ciseau de menuisier. Un ciseau à froid* (Acad.).

On appelle **ciseaux** (au pluriel), ou *paire de ciseaux,* un instrument formé de deux branches mobiles dont les tranchants se croisent, et qui sert à couper les étoffes, les ongles, etc. : *Des ciseaux de couturière. Les ciseaux de la censure* (Lar. du XXᵉ s.).

A noter que la confusion porte surtout sur le dernier instrument cité. On dira : *Passez-moi le ciseau que je taille cette manche,* mais jamais un menuisier

ne parlera de « ses ciseaux » pour désigner un seul et même outil.

En termes de sport, on emploie toutefois *ciseau* au singulier : *Faire un ciseau à son adversaire.*

ciseler fait *je cisèle*
V. aussi -ELER.

citron, adjectif de couleur. est *invariable : Des rubans citron.*
V. aussi COULEUR.

civil. — L'expression *état civil* s'écrit sans trait d'union : *Perdre ses papiers d'état civil. Actes de l'état civil, registre de l'état civil* (Acad.).

clair-obscur fait au pluriel *clairs-obscurs.*

clairsemé s'écrit en un seul mot.

clarifier, c'est, au sens propre, « rendre clair, purifier » : *Il y a plusieurs manières de clarifier le vin* (Acad.). *Clarifier du sucre* (Id.).

Au sens figuré (*Clarifier la situation*), on emploiera de préférence *éclaircir.*

clarinette, instrumentiste, est du féminin, même quand il désigne un homme : *C'est la meilleure clarinette de l'orchestre.* (On dit aussi, dans ce cas, *un, une clarinettiste.*)

clef est l'orthographe de l'Académie, qui signale que certains écrivent **clé.** Cette variante est en fait très employée.

— **Mot clef** (ou *clé*) s'écrit sans trait d'union (cf. *témoin*)

clerc. — Le *c* final ne se prononce pas.

clic clac, onomatopée, s'écrit sans trait d'union : *Le fouet fit clic clac et la voiture démarra.* Substantivement (invariable) : *Le clic-clac du fouet* (avec trait d'union)

cligner - clignoter. — **Cligner** est un verbe *transitif* qui signifie « regarder en fermant les yeux à demi » : *Les myopes clignent les yeux pour mieux voir* (Lar. du XXᵉ s.).

Il signifie aussi « rapprocher brusquement les paupières d'un œil ou des deux yeux » (en ce sens, il est plutôt *intransitif*) : *Cligner de l'œil* (Lar. du XXᵉ s.). *Cligner des yeux.*

Clignoter, c'est « rapprocher les paupières coup sur coup » : *Une lumière trop vive fait clignoter les yeux* (Acad.).
V. aussi CLIN.

climatérique - climatique. —
« Climatérique » se dit des degrés,
des époques de la vie difficiles à franchir » (Lar. du XX° s.). Le Dictionnaire de l'Académie ajoute : « On dit
plutôt aujourd'hui *critique*. » En effet,
le mot *climatérique* (du grec *klimak-
terikos*, qui va par échelons) est un
terme naguère encore employé, mais qui
disparaît peu à peu du vocabulaire :
*Voici qu'une quatrième époque clima-
térique semble se déclarer pour Cologne*
(V. Hugo, *le Rhin*, I, 163 ; éd. Nelson).
*L'humanité parcourt les années proba-
blement climatériques de sa destinée*
(M. Maeterlinck, *le Devoir social*, 260).

Climatique, qui est un dérivé direct
de *climat* et signifie « relatif au climat », doit être distingué de *climatérique*, avec lequel on le confond. Il
faut dire : *Station climatique. Variations climatiques. Influences climatiques.* Et non pas avec ces auteurs
contemporains : *Quand l'Atlas-Hôtel
sera la grande station climatérique qu'il
doit être. Dalat, la grande station climatérique.* Ne dit-on pas, d'ailleurs, *cli-
matiser, climatisation* (et non *climaté-
riser, climatérisation*) ?

Voici un exemple parfait de l'emploi
de *climatérique* (cité par Deharveng,
Corrigeons-nous, 61 ; cet exemple est
tiré de Léon Bloy, *Lettres à Pierre
Termier*, 1927, p. 132) : *Nous sommes
en 1910, année presque climatérique
où tout peut être attendu pour ce qui
est du peuple chrétien, année strictement climatérique pour moi.*

Si l'on sait qu'on appelle *âge climatérique* les époques critiques de la vie
humaine échelonnées de 7 en 7 (ou de
9 en 9), on constatera, en effet, que
1910 est presque climatérique, puisque
1911 est divisible par 7. Quant à Léon
Bloy, il avait 63 ans en 1910 : nombre
divisible par 7, donc année climatérique.

clin. — *Clin d'œil* fait au pluriel *clins
d'œil*. Toutefois, si l'on considère les
deux yeux, on peut écrire *des clins
d'yeux* (Littré).

V. aussi CLIGNER.

cloche - cloque. — Il est d'usage de
dire une **cloque** (et non plus une
cloche) pour désigner une ampoule de
la peau. (*Cloque* est une forme picarde
de *cloche*.)

clore - clôturer. — **Clore** ayant
pour nom verbal *clôture*, c'est de ce
dernier qu'a été tiré le verbe **clôturer**
(tout comme on a tiré *solutionner* de
solution). Si ce doublet peut encore
être admis au sens propre de « entourer d'une clôture », on ne saurait l'employer pour « fermer, boucher », qui
est du domaine de *clore*. On dit :
Clôturer un terrain, un parc, un jardin,
mais *Clore les paupières, clore un passage*.

De toute façon, *clore* a la priorité
sur l'abusif *clôturer* (qui n'a pas été
accepté par l'Académie) : *Clore un
champ de fossés. Clore une ville, un
parc* (Lar. du XX° s.). [On dit aussi
ENCLORE.] *Combat en champ clos.*

On ne dira pas, avec P. Margueritte
(*Jouir*, II, 262) : *Les restaurants chics
clôturaient*, ou avec J.-K. Huysmans
(*En rade*, 134) : *Les arbres qui clôturaient la vue.*

Le sens figuré de *clôturer* est d'ailleurs fort critiqué. Si le Dictionnaire
général accepte *clôturer un compte,
un inventaire*, l'Académie donne ces
exemples avec le verbe *clore*, et aussi :
*Clore une négociation. Clore un procès-
verbal. Clôturer les débats* ne vaut pas
clore les débats. (Ne dit-on pas *l'incident est clos*, et non *clôturé* !)

L'empiétement de *clôturer* sur *clore*
tient à la défectivité de ce dernier verbe,
qui n'est guère employé qu'aux formes
suivantes : *Je clos, tu clos, il clôt* (pas
de 1re ni de 2° personne du pluriel), *ils
closent. Je clorai, nous clorons. Je clo-
rais, nous clorions. Clos. Que je close,
que nous closions. Closant.* Et aussi
aux temps composés : *J'ai clos*, etc.

A noter l'accent circonflexe de *il clôt*,
mais l'Académie écrit *il enclot, il éclot.*

Des formes comme : *Le baron... clo-
sit lui-même les paupières* (H. Béraud,
le Bois du Templier pendu 86) sont
rares.

En résumé, on dira toujours mieux
clore partout où s'emploie *clôturer* :
*Clore de haies. Clore une fenêtre. Clore
un compte. Clore un débat. Clore un
marché*, etc. Et avec André Gide (*Si le
grain ne meurt*, 242) : *Je passai tant
bien que mal la seconde partie d'un baccalauréat que je considérai comme
devant clore la première partie de mes
études.*

— **Champ clos** et **huis clos** ne prennent pas de trait d'union.

clouer - clouter. — **Clouer** signifie « fixer avec un clou ou des clous » : *Clouer une caisse* (Lar. du XXᵉ s.). *Clouer des planches, des lattes, des ardoises* (Acad.).

Clouter a le sens de « garnir, orner de clous » : *Clouter une garniture de chaise. Ils portaient encore en ce temps-là des galoches cloutées* (Guy Mazeline, *les Loups*, 92)

co-, préfixe, se joint en général sans trait d'union au mot avec lequel il entre en composition : *cohéritier coïnculpé, coopter, copilote, copropriétaire,* etc.

À noter le tréma quand le mot commence par un *i* (*coïncidence, coïnculpé, coïntéressé...*). Ce tréma ne se met pas sur les mots commençant par *e* (*coefficient, coessentiel...*).

coasser - croasser. — Ces deux mots représentent des onomatopées : **coasser** se disant du cri de la grenouille ; **croasser**, de celui du corbeau. Quoiqu'il soit téméraire d'affirmer que la grenouille fait plutôt *coax* que *croax,* et le corbeau *croax* que *coax,* les termes sont aujourd'hui bien différenciés, et le temps n'est plus où l'on pouvait faire *croasser* les grenouilles : *Une grenouille en soupirait. Qu'avez-vous se mit à lui dire Quelqu'un du peuple croassant* (La Fontaine, « Les Deux Taureaux et une Grenouille » ; la correction a été faite dans la plupart des éditions modernes). *La troupe des miens dans la fange croasse* (Voltaire, *Stances au roi de Prusse*). *La raine verte des marécages croassait d'une façon monotone* (G. Sand ; cité par Bescherelle)

cocagne s'écrit sans majuscule : *Mât de cocagne. Pays de cocagne* (Acad.).

coccyx se prononce *kok-siss.*

cognat. — Dans ce mot et dans ses dérivés, le *g* et l'*n* se prononcent séparés : *kog-na.*

V. aussi GN-.

cogner se construit sans préposition, ou avec **à, contre, sur** : *Cogner une cheville* (Acad.). *Cogner contre la muraille, sur le plancher, à la porte* (Acad.). *Se cogner contre un arbre* (Lar. du XXᵉ s.).

coi fait au féminin *coite.*

coïncidant - coïncident. — **Coïncidant** est le participe présent du verbe *coïncider* : *Les dates coïncidant, il trouva fondée la réclamation.*

Coïncident est adjectif verbal : *Points coïncidents. Dates coïncidentes.* Le nom correspondant est **coïncidence** (avec un *e*).

V. aussi PARTICIPE PRÉSENT (*Différences orthographiques entre le participe présent et l'adjectif verbal*).

coïncider et ses dérivés s'écrivent avec un tréma.

col. V. COU.

colère se construit avec **contre** (et non *après*) : *Se mettre en colère contre quelqu'un* (Acad.).

Il s'emploie aussi adjectivement, au sens de « qui est sujet à se mettre en colère » ou de « qui marque la colère » : *Il est bien colère, fort colère* (Acad.). *Les hommes forts, grands et colères* (Balzac, *les Paysans*, 20). *Humeur colère* (Lar. du XXᵉ s.).

— **Coléreux - colérique.** *Coléreux* est un terme familier qui se dit de celui qui est prompt à se mettre en colère.

Colérique indique un tempérament porté à la colère : *Être d'une humeur colérique* (Acad.). *C'est un homme très colérique* (Id.).

colimaçon. V. ESCALIER.

collectif. — **Accord du verbe ou de l'adjectif après un nom collectif.** Le verbe (ou l'adjectif) reste au singulier quand le collectif est précédé de l'article défini ou d'un adjectif démonstratif ou possessif : *La foule des curieux nous empêche de passer* (Lar. du XXᵉ s.). *La totalité des arrhes lui fut remise. Cette troupe d'enfants qui passait dans la rue en chantant lui cassait les oreilles.*

Quand le collectif est précédé de *un, une* (c'est-à-dire quand il ne représente plus l'unité de l'ensemble, qu'il est partitif et non plus général), l'accord se fait soit avec le collectif (le verbe se met alors au singulier), soit avec le complément (le verbe se met au pluriel), selon que l'un ou l'autre mot frappe ou doit frapper le plus l'esprit.

Accord avec le collectif : *Un grand nombre de soldats fut tué dans ce combat* (Littré). *Une foule de mendiants se pressait à la porte* (Gramm. Lar. du XX⁰ s.). *Une troupe d'enfants prête à piller les vergers* (Id.).

Accord avec le complément : *Un grand nombre de soldats périrent dans ce combat* (Acad.). *Une troupe d'enfants prêts à piller les vergers* (Gramm. Lar. du XX⁰ s.).

Toutefois, avec les collectifs *la plupart, beaucoup de, bien des, une infinité de, peu de, assez de, trop de, tant de, combien de, nombre de,* ainsi que *force, nombre, quantité,* employés sans déterminatif, l'accord se fait avec le complément : *Quantité de réfugiés ont passé la frontière* (Gramm. Lar. du XX⁰ s.). *La plupart voudraient que... Beaucoup de gens font les fiers* (Lar. du XX⁰ s.).

collégial fait au pluriel masculin *collégiaux.*

collègue - confrère. — On appelle **collègue** chacun de ceux qui ont reçu une même charge, qui exercent une même fonction publique, civile ou militaire, considérés par rapport aux autres : *Des ministres, des députés, des fonctionnaires, des évêques sont des collègues. Il est mon collègue au Conseil d'État* (Lar. du XX⁰ s.).

Sont **confrères** les membres d'un même corps (corporation professionnelle, compagnie savante, société de bienfaisance, etc.) considérés par rapport aux autres : *Des médecins, des avocats, des académiciens, des journalistes sont des confrères.*

Il est d'ailleurs possible d'être à la fois *collègues* et *confrères* : *deux médecins professant dans la même université sont* collègues *comme professeurs, et* confrères *comme médecins : Il est mon collègue au Sénat, au Conseil d'État, et mon confrère à l'Académie, au Palais* (Acad.).

collision - collusion. — Une **collision** est le choc de deux corps : *Ces deux voitures sont entrées en collision. Il y a souvent eu des collisions de navires* (Acad.). Au figuré : *Collision de doctrines, de partis* (Lar. du XX⁰ s.).

Une **collusion** est une entente secrète entre deux parties, au préjudice d'un tiers : *Il est patent qu'il y a eu collusion entre eux* (P. Larousse).

côlon, intestin, s'écrit avec un accent circonflexe (contrairement à *colon,* de « colonie »)

Les composés de *côlon* prennent également un accent circonflexe : *dolichocôlon, mégacôlon,* etc.; mais les dérivés s'écrivent sans accent : *colique, colite,* etc.

colophane est du *féminin.*

colorer - colorier. — **Colorer** signifie « donner de la couleur », au propre et au figuré : *Le froid colore le visage. Il avait le teint coloré et les cheveux clairs de notre pays* (G. Duhamel, *Civilisation,* 72). *Colorer un verre en bleu* (Lar. du XX⁰ s.). *Colorer son style.* Le substantif correspondant est *coloration.*

Colorier, c'est « appliquer des couleurs sur » : *Colorier de la porcelaine. Cet enfant colorie des images. Colorier une carte* (Lar. du XX⁰ s.). *Colorier* s'emploie rarement au figuré. Le substantif correspondant est *coloriage*

colossal fait au pluriel masculin *colossaux.*

combatif, combativité s'écrivent avec un seul *t.*

combien, précédé de l'article défini, est du langage familier : *Le combien es-tu ? On est le combien du mois ? L'autobus passe tous les combien ?*

— **Combien - quantième.** V. QUANTIÈME.

— **Combien de.** Après *combien de* suivi d'un nom pluriel (sujet), le verbe s'accorde avec ce nom : *Combien de personnes ont été victimes de leur confiance !* (Lar. du XX⁰ s.)

Le verbe s'accorde également si le nom est sous-entendu : *Combien ont péri de cette manière !*

— **Combien... en...** L'accord du participe passé se fait généralement si *combien* précède le pronom *en* : *Des pommes, cette année, combien en a-t-on mangées ? Il reste deux pommes dans le compotier, combien en avez-vous mangées ? Combien j'en ai cueillies de ces roses parfumées !*

Dans le cas contraire (*en* précédant *combien*), le participe passé reste *inva-*

riable : De ces pommes, il en a mangé combien ?

V. aussi EN (*Participe passé précédé de « en »*)

combiner se construit avec la préposition **avec** : *Il combina sa marche avec celle du premier corps d'armée* (Acad.). *Le cuivre peut se combiner avec plusieurs autres métaux* (Id.).

commander, au sens transitif, signifie « ordonner », « avoir autorité sur » : *Commander une armée, un navire.* En termes militaires, c'est dominer par la position : *Le fort commande la ville* (Nouv. Lar. univ.). C'est aussi, en termes de technique, faire fonctionner un appareil : *Une simple manette commande la barre d'un paquebot.*

Commander intransitif, avec divers sens, se dit des personnes et des choses : *Commander à quelqu'un de faire quelque chose. Je ne pouvais commander à mon impatience* (Acad.). *Commander à ses regards, à ses désirs* (Lar. du XXᵉ s.). *Forteresse qui commande à toute la contrée* (Id.). *Il lui commanda de partir Commander qu'on serve* (Nouv. Lar. univ.). *Sur cent peuples nouveaux Bérénice commande* (Racine, *Bérénice*, II, п).

comme. — Après deux sujets réunis par *comme*, le verbe se met au singulier si le complément est placé entre virgules : *La pluie, comme le froid, m'est insupportable.*

— On écrit : *On le considère comme très intelligent* (et non : *On le considère très intelligent*)

— **Comme - comment.** Dans l'interrogation indirecte, on peut encore employer *comme* à la place de *comment* : *Vous a-t-on point dit comme on le nomme?* (Molière, *l'Ecole des femmes*, I, IV.) *Vous savez comme il s'est conduit envers moi* (Acad.).

— **Comme - que.** *Comme* pour *que* est du langage populaire. Il faut dire : *Mon fils est aussi grand que le vôtre* (et non *comme le vôtre*). *Il arrivera aussi tôt que vous* (et non *comme*). *Vous en savez autant que lui* (et non *comme*)

— **Comme de juste.** Cette locution, qui fait partie de la conversation familière, gagne de plus en plus la langue littéraire : *Elle est encore arrivée en retard, comme de juste. Comme de juste, vous m'en mettrez treize à la douzaine.*

Il est possible que *comme de juste* soit une corruption de *comme il est juste* (*il* impersonnel) ou qu'il ait été formé sur *comme de raison.* Mais on peut aussi voir à l'origine *comme juste* (forme employée par J.-J. Rousseau et donnée par Littré comme familière), avec intercalation d'un *de* explétif, fréquent dans le langage populaire : *Comme de bien entendu. J'en ai encore de besoin. Moi aussi, j'en ai une, de montre,* etc.

On évitera d'employer cette locution dans le style châtié.

— **Comme de raison, comme de bien entendu** sont des locutions du langage familier ou populaire (v. ci-dessus).

— **Comme deux gouttes d'eau.** L'expression *Se ressembler comme deux gouttes d'eau* est fréquente dans la littérature comme dans la conversation : *Orgueil ne sied ni dureté : ils se ressemblent comme deux gouttes d'eau* (R. Rolland, *Colas Breugnon*, 76). La construction *Cet enfant ressemble à son père comme deux gouttes d'eau* ne serait pas permise. Il faudrait dire : *Cet enfant et son père se ressemblent comme deux gouttes d'eau.* C'est l'opinion de Littré, entre autres : « on ne peut dire *comme* deux gouttes d'eau qu'en nommant deux personnes, et la locution devient fausse quand on n'en nomme qu'une seule ».

A. Thérive, qui admet cette construction, n'y voit qu'une simple ellipse : *Il ressemble à son frère comme deux gouttes d'eau = Ils se ressemblent* (l'un à l'autre) *comme deux gouttes d'eau* (se ressemblent).

Voltaire n'a d'ailleurs pas craint d'écrire : *J'ai vu des Huns [...] qui ressemblaient comme deux gouttes d'eau à des chiens de Boulogne.* Et Molière : *Il aperçoit [...] une maison qui ressemble à la sienne comme deux gouttes d'eau.*

— **Comme dit l'autre.** V. AUTRE.

— **Comme qui dirait** est un archaïsme attardé dans le langage familier.

— **Comme si** se construit avec l'*indicatif* ou le *plus-que-parfait du subjonctif* : *Je grelottais comme si j'avais reçu une douche glacée,* ou *comme si j'eusse reçu une douche glacée. Il me traite comme si j'étais son valet* (Acad.). *Il n'osait avancer, comme s'il eût craint d'être maltraité* (Id.).

Si la phrase introduite par *comme si* exprime le dédain, l'ironie, etc., on peut employer le conditionnel : *Comme si vous n'auriez pas dû m'en parler plus tôt! Comme si tout désormais aurait dû lui paraître fade* (Fr Mauriac, *le Mystère Frontenac.* 67).

— **Comme si de rien n'était.** V. RIEN.

— **Comme tout** est une expression du langage familier : *Il est bête comme tout.*

— **C'est tout comme** est correct : *Il ne m'a pas demandée en mariage, mais c'est tout comme.*

— **Comme prévu, comme convenu,** et autres expressions elliptiques de ce genre, sont du langage familier ou commercial.

commémorer, c'est rappeler par une cérémonie le souvenir d'une personne ou d'un événement : *Commémorer une victoire* (Acad.). *Commémorer l'armistice* (Id.). *Commémorer une naissance, une mort* (Robert).

On ne dira pas *Commémorer un souvenir,* ce qui serait pléonastique. On ne *commémore* pas davantage un *anniversaire* ou une *fête* : on *célèbre* un *anniversaire,* une *fête*

commencer se construit avec **avoir** quand on veut exprimer l'action, et avec **être** quand on veut exprimer l'état : *Les fêtes ont commencé* (Acad.). *L'année est commencée*

— **Commencer à - commencer de.** Les grammairiens font généralement une distinction entre *commencer à* et *commencer de.*

Commencer à se dit de quelque chose qui doit s'accroître, qui est susceptible de progrès : *Cet enfant commence à parler, à lire à écrire* (Acad.). *Les nuits sont plus calmes, il commence à dormir un peu* (Id.). *Femme qui commence à vieillir* (Lar. du XXe s.).

Commencer de se dit d'une action qui doit durer peu de temps : *Ce roi*

commença *de régner en telle année* (Acad.). *Je commençais à peine de dormir quand ce bruit me réveilla* (Id.). *Il s'assit, et les deux messieurs commencèrent de dîner* (H. de Montherlant, *les Célibataires,* 11). *Elle commença de fumer et de boire et se mit à penser à l'homme* (Fr. Mauriac, *le Sagouin,* 57). *Lucien commença de se renfrogner* (M. Druon, *les Grandes Familles,* I, 291).

En fait, ces distinctions ne sont pas toujours observées, quoiqu'elles soient précieuses pour la clarté de la langue : *Albe où j'ai commencé de respirer le jour* (Corneille, *Horace,* I, 1). *A neuf heures, on commença à pêcher* (E. Pérochon, *Nêne,* 95). *Je commençais de grandir* (G. Duhamel, *Inventaire de l'abîme,* 93).

L'emploi de *à* ou de *de* est souvent aujourd'hui une question d'euphonie. L'Académie, qui fait une distinction dans l'emploi des deux prépositions, ajoute à *commencer de* : « On dit quelquefois *commencer à dîner; ils commencèrent à jouer,* etc. ».

V. aussi CONTINUER.

commende, bénéfice ecclésiastique, et ses dérivés (*abbé commendataire, commender une abbaye*) s'écrivent avec un *e*.

comment. V. COMME

commentaire. — On écrit (sans *s*) : *Ce livre est si obscur et si difficile qu'on ne peut le comprendre sans commentaire* (Acad.).

Et familièrement (plutôt avec *s*) : *Cela se passe de commentaires* (Acad., Robert).

commis voyageur s'écrit sans trait d'union.

communiquer, transitif indirect, se construit surtout avec la préposition **avec** (parfois **à**) : *Chambre qui communique avec une autre, à une autre* (Nouv. Petit Lar.). *On communiquait avec le dehors par tel endroit* (Acad.). *Un cabinet de toilette qui communique à la chambre de ma sœur* (A. Hermant, *la Discorde,* 152).

On dit aussi : *Communiquer ensemble. Ils communiquaient entre eux. Ces deux fleuves communiquent* ou *se communiquent* (Acad.).

compagnon a pour féminin *compagne.*

comparatif. — Le signe du comparatif (*plus, moins*) ne doit pas se mettre devant les adjectifs suivants, qui sont déjà des comparatifs par leur origine : *supérieur, inférieur; antérieur, postérieur; intérieur, extérieur; citérieur, ultérieur; majeur, mineur; meilleur, pire; moindre.*

On ne dira donc pas : *plus supérieur, moins supérieur,* etc.

V. aussi BON.

comparer. — **Comparer à** ou **avec.** En règle générale, d'après Littré, *comparer à* se dit plutôt quand on veut trouver un rapport d'égalité : *Je n'ose me plaindre quand je compare mon sort à celui de ces infortunés* (Acad.). *Gardez-vous de comparer Lucain à Virgile* (Id.). *Indifférence et légèreté qu'on ne peut comparer qu'à celles des médecins* (H. de Montherlant, *les Célibataires,* 36).

Comparer avec se dit quand on confronte, quand on recherche les dissemblances ou les ressemblances : *Nous comparerons la traduction avec l'original* (Acad.). *On est forcé d'être modeste quand on se compare avec lui* (Id.).

Le Larousse du XXᵉ siècle signale que *comparer avec* indique un examen plus détaillé que *comparer à* : *Comparer une copie à un tableau* marque un simple rapprochement; *comparer une copie avec un tableau,* c'est les étudier comparativement et se prononcer sur leurs mérites respectifs.

— **Comparer ensemble** (ou *comparer entre eux, elles*), en parlant des choses, est un pléonasme. On dira : *Nous avons comparé un grand nombre de manuscrits* (Acad.).

comparoir est un verbe vieilli qui ne s'emploie plus qu'en termes de palais : *Être assigné à comparoir* (Acad.). *Être sommé de comparoir* (Lar. du XXᵉ s.).

On le remplace aujourd'hui par *comparaître.*

compendieusement est tiré d'un dérivé du latin scolastique *compendium,* qui signifie « abrégé » : *Il projetait d'avoir, lui aussi, son almanach, qui serait le compendium de toutes les bonnes recettes de cuisine du ménage*

(G. Chevallier, *les Héritiers Euffe,* 13).

Par un contresens assez rare dans la langue française, *compendieusement* est souvent pris pour « longuement, abondamment », c'est-à-dire exactement pour son contraire, sans doute en raison de sa longueur et de sa lourdeur.

Comme cet adverbe tombe en désuétude, il vaut mieux, pour éviter toute équivoque, ne pas l'employer.

compensation (en) se construit avec **de** : *Profit qui doit entrer en compensation du dommage* (Bescherelle). *Cela doit entrer en compensation de la perte qu'il a faite* (Acad.).

complaire (se) se conjugue comme *se plaire,* et se prend presque toujours en mauvaise part : *Par quels degrés suis-je venue à me complaire en cet homme?* (M. Prévost, *le Jardin secret,* 73.)

L'usage le plus général est de faire le participe passé **complu** invariable (Littré) : *Ces femmes se sont toujours complu dans l'exercice de la charité* (Nouv. Lar. univ.).

V. aussi PLAIRE.

complément. — Un complément d'objet peut être commun à deux verbes à condition qu'il soit introduit de la même façon par chacun de ces verbes : *Le renard a saigné et emporté une poule. La mère parle et sourit à son enfant.* (Mais on ne dira pas : *La mère berce et sourit à son enfant,* parce que *berce* ne se construit pas avec *à;* il faut dire : *La mère berce son enfant et lui sourit.*)

comporter est critiqué au sens de « comprendre » ou de « contenir ». On dira mieux (au lieu de *comporte*) : *Cette pièce comprend trois actes. Ce livre contient des idées neuves. Ce texte contient bien des erreurs.*

compote s'écrit avec un seul *t,* et son complément s'écrit généralement au pluriel : *Une compote de poires, de pommes, d'abricots, de cerises* (Acad.).

V. aussi -OTE et CONFITURE.

compréhensible - compréhensif. — Est **compréhensible** ce qui peut se comprendre facilement, qui est concevable, intelligible (ne se dit que des choses) : *Cela n'est pas compréhensible* (Acad.). *Ce dessin dit* *abstrait est compréhensible à première vue.*

Compréhensif se dit de « qui a la faculté de comprendre, de concevoir » : *Enfant compréhensif. Une intelligence compréhensive* (Acad.).

comprimer. — Le doublet *compresser* est aujourd'hui un barbarisme.

compris. — Employés sans auxiliaire et placés avant l'adjectif, le nom ou le pronom, **y compris, non compris** sont considérés comme des prépositions et restent *invariables* : *Tous frais payés, y compris les réparations. Il a dix mille francs de revenu... non compris la maison où il loge* (Acad.).

Mais on dira : *Tous frais payés, les réparations y comprises. Il a dix mille francs de revenu... la maison où il loge non comprise.*

compte. — **Se rendre compte de** a le sens d'« expliquer » et aussi d'« apprécier » : *J'éprouvais un sentiment dont j'avais peine à me rendre compte* (Acad.). *Il vint sur place se rendre compte de la valeur du tableau.*

— **Se rendre compte que**, proscrit par certains grammairiens comme étant du style familier, est toutefois courant dans le langage parlé, et même dans la langue littéraire : *Il se rendit compte qu'il devait la douceur de ces minutes à une combinaison de neige et de syncope* (J. Cocteau, *les Enfants terribles*, 36). *Prosper était un homme beaucoup trop avisé pour ne pas se rendre compte que faire un whist au cercle [...] ne constitue pas un titre suffisant* (E. Henriot, *Aricie Brun*, 102). *Elle refuse de se rendre compte qu'il fait plus chaud dehors que dedans* (A. Gide, *les Faux-Monnayeurs*, 207).

Le participe passé de *se rendre compte que* est toujours invariable : *Elles se sont rendu compte que...*

compte courant s'écrit sans trait d'union (Acad.) et fait au pluriel *comptes courants.*

compte-gouttes est *invariable* (avec *s* à *gouttes* au singulier).

compte rendu s'écrit sans trait d'union (Acad.) et fait au pluriel *comptes rendus.*

compter, au sens de « se proposer de », se construit sans la préposition *de* devant un infinitif : *Il compte partir demain* (Acad.) [et non *de partir demain*].

comté est aujourd'hui du *masculin*. Il est resté féminin dans *la Franche-Comté.*

En revanche, *vicomté* est toujours du *féminin*.

concentré - condensé. — Le lait qui a été réduit de volume par évaporation de l'eau en excès est dit **concentré.**

C'est une erreur que de dire, par traduction littérale de l'anglais *condensed milk*, lait **condensé,** la condensation étant le passage de l'état gazeux à l'état liquide, ce qui n'a rien à voir en l'occurrence.

concert (de) - conserve (de). — **De concert** signifie « d'un commun accord, d'intelligence, avec entente » : *Agir de concert avec quelqu'un* (Acad.). *Ils ont fait cela de concert* (Id.). *Agir de concert*, c'est, en somme, agir après s'être concerté, ou comme si l'on s'était concerté.

De conserve est un terme de marine qui tire son origine de la *conserve,* navire qui fait route avec un autre pour le secourir éventuellement. La locution ne s'emploie guère que dans le langage maritime : *Naviguer de conserve. Aller de conserve. Etre de conserve.* Par extension, et dans le langage familier, *de conserve* peut se dire pour « de compagnie, ensemble » : *Aller de conserve au théâtre* (Lar. du XX⁰ s.).

conclure. — On évitera de confondre la conjugaison de *conclure* avec celle des verbes en *-er.* Il faut écrire *je conclus, je conclurai* (et non *je conclue, je concluerai*).

Voici un exemple fautif de Flaubert, tiré de sa *Correspondance* (II, 87) : *Aucun génie n'a conclu, et aucun grand livre ne conclue, parce que l'humanité elle-même est toujours en marche, et qu'elle ne conclue pas. Homère ne conclue pas...*

V. aussi EXCLURE.

concomitant, adjectif, se construit avec **de** (et non à) : *L'aide économique doit être concomitante du rétablissement de l'ordre.*

concordance des temps. — La règle mécanique de la concordance des temps édictée par les anciennes grammaires, et selon laquelle un temps passé dans la proposition principale entraînait obligatoirement un temps passé dans la subordonnée, n'est plus guère observée aujourd'hui. C'est surtout le sens, l'idée de ce qu'on veut exprimer qui amène le temps de la subordonnée.

En particulier, après un conditionnel présent, l'imparfait du subjonctif peut être remplacé par le présent de ce même mode : *Je voudrais qu'il vînt* ou *qu'il vienne* (Littré). *Je lis : « Il vaudrait mieux que je m'éloignasse ».* L'action de s'éloigner reste un présent malgré le temps du premier verbe. *Il faut : que je m'éloigne* (A. Gide, *Journal;* cité par R. Georgin). Toutefois, l'emploi de la troisième personne de l'imparfait du subjonctif singulier est toujours à conseiller, surtout dans la langue écrite, alors que les deux autres personnes du singulier et le pluriel, ayant pour la plupart des consonances choquantes pour l'oreille, tombent de plus en plus en désuétude (v. SUBJONCTIF [*Imparfait du*]). On n'écrit plus guère : *Il serait convenable que vous prissiez vos gants, Je voudrais que vous me conjuguassiez ce verbe à tel temps.*

Il n'en reste pas moins qu'on doit tenir compte, dans la concordance des temps, de certaines règles traditionnelles. Voici quelques cas, cités à titre d'exemples.

— **Proposition principale au présent de l'indicatif.** 1° *La proposition subordonnée est à l'*INDICATIF :

a) Si l'action subordonnée est *antérieure* à l'action principale, le verbe se met à l'*imparfait*, au *passé simple*, au *passé composé* ou au *plus-que-parfait* : *Je sais qu'il était bon. Je sais qu'il fut bon. Je sais qu'il a été bon. Je sais qu'il avait été bon.*

b) Si les actions sont *simultanées*, le verbe de la subordonnée se met au *présent* : *Je sais qu'il est bon.*

c) Si l'action subordonnée est *postérieure* à l'action principale, le verbe se met au *futur* : *Je sais qu'il sera bon.*

2° *La proposition subordonnée est au* SUBJONCTIF :

a) Si l'action subordonnée est *antérieure* à l'action principale, le verbe se met à l'*imparfait*, au *passé* ou au *plus-que-parfait du subjonctif* : *Je doute qu'il fût bon. Je doute qu'il ait, qu'il eût été bon.*

b) Si les actions sont *simultanées*, le verbe de la subordonnée se met au *présent du subjonctif* : *Je doute qu'il soit bon.*

c) Si l'action subordonnée est *postérieure* à l'action principale, le verbe se met au *présent du subjonctif* : *Je doute qu'il soit bon à l'avenir.*

— **Proposition principale à un temps passé de l'indicatif.** 1° *La subordonnée est à l'*INDICATIF

a) Si l'action subordonnée est *antérieure* à l'action principale, le verbe se met au *plus-que-parfait* : *Je savais qu'il avait été bon.*

b) Si les actions sont *simultanées*, le verbe de la subordonnée se met à l'*imparfait* : *Je savais qu'il était bon.*

c) Si l'action subordonnée est *postérieure*, le verbe se met au *conditionnel présent* : *Je savais qu'il serait bon.*

2° *La subordonnée est au* SUBJONCTIF :

a) Si l'action subordonnée est *antérieure*, le verbe se met au *plus-que-parfait du subjonctif* : *Je doutais qu'il eût été bon en la circonstance.*

b) Si les actions sont *simultanées*, le verbe se met à l'*imparfait du subjonctif* : *Je doutais qu'il fût bon*

c) Si l'action subordonnée est *postérieure*, le verbe se met à l'*imparfait du subjonctif* : *Je doutais qu'il fût bon à l'avenir.*

— **Proposition principale à un temps futur de l'indicatif.** 1° *La subordonnée est à l'*INDICATIF :

a) Si l'action subordonnée est *antérieure*, le verbe se met au *passé simple*, au *passé composé* ou à l'*imparfait de l'indicatif* : *Je saurai dorénavant qu'il fut bon en la circonstance. Je saurai qu'il a été bon. Je saurai qu'il était bon.*

b) Si les actions sont *simultanées*, le verbe se met au *présent de l'indicatif* : *Je saurai qu'il est bon.*

c) Si l'action subordonnée est *postérieure*, le verbe se met au *futur* : *Je saurai qu'il sera bon.*

2° *La subordonnée est au* SUBJONCTIF :

a) Si l'action subordonnée est *antérieure,* le verbe se met à *l'imparfait* ou au *passé du subjonctif : On ne croira pas qu'il fût bon dans son jeune âge. Il ne croira pas que vous ayez compris* (Gramm. Lar. du XXᵉ s.).

b) Si l'action subordonnée est *simultanée* ou *future : J'exigerai qu'il soit bon.*

— **Proposition principale au conditionnel.** La concordance est sensiblement la même que dans le cas d'une subordonnée au subjonctif après une principale à un temps passé de l'indicatif : *Vraiment, après ce que vous me dites, je douterais qu'il eût été bon, je douterais qu'il fût bon.*

Toutefois, « dans la conversation courante, l'imparfait du subjonctif est remplacé par le présent, le plus-que-parfait par le parfait, même dans le cas où les temps traditionnels devraient être maintenus » (A. Dauzat, *Grammaire raisonnée,* 236).

concourir s'écrit avec un seul *r* (comme *courir*).

concurremment se construit avec **à** ou **avec,** selon le sens : *Nous tendons concurremment au même but* (Acad.). *Agir concurremment avec quelqu'un* (Id.).

concurrence s'écrit avec deux *r.*

condamner. — Dans ce mot et ses dérivés, le groupe — *mn* — se prononce comme *nn.*

condition. — **A condition de** est suivi de l'infinitif : *Vous partirez en vacances à condition de réussir à votre examen* (Robert).

A condition que peut être suivi du subjonctif (il s'agit alors d'une simple hypothèse) ou de l'indicatif futur (si l'on insiste expressément) : *Nous partirons demain, à condition que le temps le permette. Je ferai ce voyage, à condition que vous viendrez avec moi* (Acad.). *Je vous donne cet argent à condition que vous partirez demain* ou *que vous partiez demain* (Littré).

On dit aussi *à la condition de, que : A la condition que je ne me mettrai là-bas dans aucune espèce de mauvais pas* (P. Loti, *Aziyadé,* 228).

conditionnel. — Pour savoir si l'on doit mettre un verbe au conditionnel ou au futur, il suffit de le transposer au pluriel : *Pourrai-je vous voir samedi prochain?* (*Pourrons-nous vous voir...*) *Voudrais-je vous voir ce jour-là que cela me serait impossible* (*Voudrions-nous vous voir...*). *Si j'allais à Paris, m'accompagneriez-vous?* (*Si vous alliez à Paris, vous accompagnerais-je?*)

condoléance s'emploie surtout au pluriel : *Exprimer à quelqu'un ses condoléances* (Acad.). *Offrir, présenter ses condoléances* (Lar. du XXᵉ s.).

On peut écrire, toutefois : *Lettre de condoléance* (Acad.). *Nous lui avons adressé nos compliments de condoléance* (Id.).

condottiere, mot italien, s'écrit sans accent sur l'*e* et fait au pluriel *condottieri.*

cône s'écrit avec un accent circonflexe, mais ses dérivés n'ont pas d'accent : *conifère, conique,* etc.

confesse ne s'emploie qu'avec les prépositions **à** et **de** : *Aller à confesse* (Acad.). *Revenir de confesse* (Lar. du XXᵉ s.).

confetti. V. ITALIENS (Mots).

confiance. — **Avoir confiance** se construit surtout avec **en** ou avec **dans,** mais seule cette dernière préposition s'emploie devant un nom précédé de l'article : *J'ai confiance en vous. Je n'ai pas confiance dans la sincérité de cette femme.*

A est moins répandu, et ne se met pas devant un pronom : *Elle a bien confiance à ses médailles* (M. Proust, *Du côté de chez Swann,* II, 285). *Notre confiance à l'univers* (M. Maeterlinck, *les Sentiers de la montagne,* 204).

— **Faire confiance à quelqu'un** est entré dans l'usage : *Faites-lui confiance malgré son jeune âge.*

confier (se) se construit avec **à, dans** ou **en.** *Se confier à* a le sens de « faire une confidence » : *Se confier à son meilleur ami.*

Se confier dans ou *en* signifie « s'en remettre à » : *Se confier dans le Seigneur, se confier en sa bonté. Confiez-vous en moi, mes paroles sont sûres* (Leconte de Lisle, *Poèmes antiques,* 15).

— On écrit : *Ils se sont confié leurs peines* (ils ont confié à eux leurs peines). *Ils se sont confiés à leur courage* (ils ont confié eux-mêmes à leur courage).

— **Se confier - se fier.** *Se confier* suppose une confiance illimitée, alors que *se fier* suppose une confiance sans abandon.

confins ne s'emploie pas au singulier : *Les confins d'un département* (Acad.). *Les confins de la joie et de la douleur* (Lar. du XXᵉ s.).

confirmand - confirmant. Le **confirmand** (avec un *d*) est celui qui va recevoir la confirmation ; le **confirmant** (avec un *t*) est celui qui donne ce sacrement.

confiture est normalement du singulier, mais s'emploie souvent au pluriel : *Manger de la confiture de groseilles, de fraises. Des confitures de cerises et de prunes. Il aime les confitures. Un pot de confitures* (Acad.). *Omelette aux confitures* (Id.).

— Avec **confiture** (comme avec **compote, marmelade** et **pâte**), le complément se met généralement au pluriel : *Confitures de groseilles, de prunes* (Lar. du XXᵉ s.). *Compote de poires. Marmelade de pommes. Pâte d'amandes* (Lar. du XXᵉ s.). *Pâte de groseilles, d'abricots, de coings* (Acad.).

— Avec **gelée, jus, liqueur, sirop,** le complément se met généralement au singulier : *Gelée de pomme, de groseille, de coing* (Lar. du XXᵉ s.). *Jus de citron, d'orange* (Acad.). *Liqueur de framboise. Sirop de fraise.*

confluant - confluent. — **Confluant** est le participe présent du verbe *confluer : Deux routes confluant vers le sud.*

Confluent est adjectif verbal et nom : *Un eczéma confluent. Lyon est au confluent de la Saône et du Rhône.*

V. aussi PARTICIPE PRÉSENT (*Différences orthographiques entre le participe présent et l'adjectif verbal*).

confondre se construit avec **et** ou **avec** : *Il ne faut pas confondre l'innocent et le coupable, l'innocent avec le coupable* (Acad.).

confrère. V. COLLÈGUE.

— **Confrère - consœur.** Le féminin *consœur* ne peut se dire que « si la femme ou les femmes désignées sont considérées par rapport à une ou à plusieurs autres femmes de la même association » (Grevisse) : *La doctoresse fit appel à une consœur spécialiste*

Mais un médecin dira à une doctoresse : *Mon cher confrère, Mon confrère Mᵐᵉ Une telle*

confronter. — **Confronter à** ou **avec.** *Confronter* peut être tout aussi bien suivi de *à* que de *avec : Confronter la copie à l'original* (Acad.). *L'une confronte à l'infini ces œuvres finies et les annule par ce rapport* (P. Valéry, *Rhumbs*, 90). *Confronter les témoins à l'accusé, avec l'accusé* (Littré). *Confronter deux étoffes l'une avec l'autre* (Id.).

Néanmoins, l'usage tend de plus en plus vers l'emploi unique d'*avec.*

— On dit, transitivement : *Confronter deux choses ensemble* (Acad.). *Confronter deux écritures* (Id.). *Confronter des accusés, des témoins* (Lar. du XXᵉ s.). *Ils confrontèrent longuement leurs points de vue*

congrûment s'écrit avec un accent circonflexe.

V. aussi ADVERBE et CIRCONFLEXE (Accent).

conjecture - conjoncture. — Une **conjecture** (lat. *conjectura ;* de *cum,* avec, et *jacere,* jeter), c'est une supposition, une opinion fondée sur des apparences : *Conjecture trompeuse, bien fondée, mal fondée Cette conjecture s'est réalisée* (Acad.). *Faire des conjectures, se livrer à des conjectures* (Lar. du XXᵉ s.).

D'une orthographe proche, mais dérivé du verbe *conjoindre,* le mot **conjoncture** a un sens tout différent ; c'est le résultat d'un concours de circonstances, la rencontre de certains événements : *Cela est arrivé dans une fâcheuse conjoncture* (Acad.). *Se trouver dans des conjonctures difficiles* (Bescherelle). *Il y a peu de conjonctures où il faille tout dire ou tout cacher* (Lar. du XXᵉ s.)

conjoint. — Il n'est pas d'usage d'employer ce mot comme nom féminin : on dit *son conjoint,* même s'il s'agit d'une femme. L'Académie a toutefois admis le féminin *conjointe.*

conjointement se construit normalement avec la préposition **avec**, quoique celle-ci soit contenue dans le mot (du lat. *cum*, avec) : *J'agirai conjointement avec vous* (Acad.).

Mais on ne dira pas : *Nous le ferons conjointement l'un avec l'autre*, *conjointement de concert* ou *conjointement ensemble* (pour *Nous le ferons conjointement*).

conjoncture - conjecture. V. CONJECTURE.

connaissance. — Faire connaissance. On dit aussi bien *faire connaissance avec quelqu'un* que *faire la connaissance de quelqu'un* : *Il a fait connaissance avec un tel* (Acad.). *Faire la connaissance de quelqu'un* (Id.). *Faire, lier, renouveler connaissance avec quelqu'un* (Lar. du XXᵉ s.). Et au figuré : *Faire connaissance avec un vin, avec la prison* (Lar. du XXᵉ s.).

connaître s'écrit avec un accent circonflexe. Il conserve, dans la conjugaison, cet accent devant *t* : *il connaît, je connaîtrai*.

— **Connaître de** signifie « être compétent pour juger » : *Le tribunal de commerce ne connaît pas des causes civiles. Il ne peut connaître de cela* (Acad.).

— **Se connaître à** ou **en**, au sens de « savoir bien juger de », est la construction classique : *Il se connaît en mérite, en poésie* (Acad.). *Il ne se connaît guère à ces sortes de choses* (Lar. du XXᵉ s.). *Ce monsieur se connaît-il à la musique...* (J. Romains, *Lucienne*, 73).

Mais on trouve aussi, avec le même sens, la construction **s'y connaître en** : *S'y connaître en tableaux* (Lar. du XXᵉ s.). *C'était un vieux singe, qui s'y connaissait en grimaces* (A. Maurois, *les Discours du Dʳ O'Grady*, 50).

conquérir se conjugue comme *acquérir* (v. ce mot).

conseil. — On écrit (avec un trait d'union) : *un avocat-conseil, un ingénieur-conseil*.

conseiller. — On dit *conseiller quelqu'un* ou *conseiller une chose à quelqu'un*, et *conseiller à quelqu'un de faire quelque chose*. Aussi doit-on écrire : *Je les ai bien conseillés. Nous avons conseillé ce film à nos amis. Les films qu'on m'a conseillé d'aller voir. Les films qu'on m'a conseillés. Je leur ai conseillé de partir* (et non *Je les ai conseillés...*).

conseiller (nom). — Le féminin **conseillère**, dans *conseillère municipale, conseillère d'État*, etc., est encore considéré comme du style familier. On dira mieux : *Mᵐᵉ X..., conseiller municipal*.

Il en est de même pour *député* (v. ce mot).

consentir s'emploie quelquefois transitivement, surtout dans le langage du palais ou de la diplomatie : *Consentir une vente* (Acad.). *Consentir un délai, une hypothèque* (Lar. du XXᵉ s.). *Transaction consentie par les deux parties* (Robert). *Consentir de bon gré les sacrifices nécessaires* (Id.).

Mais on emploie plutôt **consentir à** : *Je consens à m'en aller. Consentir au mariage de son fils* (Nouv. Lar. univ.). *Consentir à mourir, c'est consentir à vaincre* (V. Hugo, *la Légende des siècles*, 119).

(**Consentir de,** avec un verbe à l'infinitif, est une construction archaïque.)

— **Consentir que** doit être préféré à *consentir à ce que* : *Je consens que l'homme ne soit jamais libre* (A. Gide, *Journal;* cité par R. Georgin). *Elle ne consent pas qu'on la trouve seule* (M. Tinayre, *Château en Limousin*, 6).

Il se construit avec le subjonctif : *Je consens que vous le fassiez* (Acad.). V. aussi À CE QUE.

conséquence. — On écrit, au singulier : *Cela est sans conséquence* (Acad.). *Tirer à conséquence* (Lar du XXᵉ s.).

— **Avoir pour conséquence** s'écrit au singulier si la conséquence est unique : *La cuisson excessive des aliments peut avoir pour conséquence une avitaminose*. Mais on emploiera le pluriel si l'on veut insister sur la pluralité des conséquences : *L'incendie eut pour conséquences la perte du bétail et bientôt la ruine de la famille*.

conséquent signifie « qui est logique, conforme à la raison, qui a de la suite dans les idées » (lat. *consequens*, part. prés. de *consequi;* de *cum*, avec, et *sequi,* suivre). On est *conséquent* avec soi-même (c'est-à-dire logique), *conséquent* dans sa conduite, avec ses principes, etc. : *L'Académie n'est pas conséquente, qui écrit* clignoter *par un* t *et* frisotter *par deux* t (Deharveng, *Corrigeons-nous,* 72).

Il est fautif de donner à *conséquent* le sens d' « important, considérable », et de dire : *une ferme conséquente* (importante), *une fortune conséquente* (considérable), *un homme conséquent* (qui a une haute situation).

Ce barbarisme se rencontre toutefois sous la plume de bons écrivains : *Vous trouverez des spécialités de lingerie que la maison Buquet, et c'est une maison conséquente pourtant, ne possède pas* (Huysmans, *En ménage,* 160). *Si vous tenez à avoir une maison peu conséquente* (Tristan Bernard, *le Sexe fort,* 5). *On nous en propose un beaucoup plus conséquent* (M. Donnay, *l'Ascension de Virginie,* 34).

La confusion paraît venir du fait qu'on a dit correctement : *Une affaire, une personne de conséquence. Comment aurais-je pu, après cela, me croire un homme de conséquence* (Lesage, *Gil Blas,* VIII, 5).

Conséquent peut être remplacé par *important, considérable,* ou encore par *de conséquence,* mais cette locution a vieilli.

— **Ainsi par conséquent.** V. AINSI.

conserve. — On écrit, au singulier : *Des conserves de viande, de poisson, de gibier,* etc. Et aussi : *Des conserves de bœuf, de homard, de saumon, de thon,* etc. (pièces détaillées). *Des boîtes de conserve.*

Au pluriel : *Des conserves de légumes, de fruits, de haricots verts,* etc.

conserve (de) - concert (de). V. CONCERT (DE).

considérer, au sens de « juger, estimer », doit avoir son attribut introduit par **comme** : *Je le considère comme le meilleur écrivain de son temps* (Acad.) [et non *Je le considère le meilleur écrivain...*]. *Se considérer comme supérieur à tous* (Lar. du XXᵉ s.).

consister, au sens de « avoir son essence, ses propriétés dans une chose », se construit avec **dans** (suivi de l'article) ou **à** (suivi de l'infinitif) : *Le bonheur de la vie consiste dans la modération et le calme* (Solon ; cité par Lar. du XXᵉ s.). *La libéralité consiste moins à donner beaucoup qu'à donner à propos* (Acad.). *Son habileté consiste à savoir se servir des autres* (Robert).

Au sens de « être composé de, formé de », il se construit avec **en** : *Son revenu consiste en rentes* (Nouv. Lar. univ.). *Cette maison consiste en une cour, en tant d'appartements, en tant de chambres,* etc. (Acad.).

consœur. V. CONFRÈRE.

consommer - consumer. — Etymologiquement, **consommer** vient du latin *consummare,* qui signifie « réaliser dans son ensemble, accomplir jusqu'au bout, parfaire ». C'est dans ce sens, par exemple, qu'on dit : *C'est un courtisan consommé* (Acad.). *La révolution est consommée.*

Consumer (du lat. *consumere,* détruire peu à peu) a signifié « prendre dans son ensemble », par attraction de *consommer,* puis, à partir du XVIIᵉ siècle, « détruire par l'usage ». On disait alors : *Consumer des aliments.* Mais, à la suite d'une confusion explicable sans doute par les proches consonances de ces deux mots, *consommer* prend le sens de *consumer,* et se dit des choses détruites en vue de fins utiles : *Consommer de la confiture avec des noix. Consommer des denrées, du vin, de l'encre, du papier* (Lar. du XXᵉ s.).

Consumer est maintenant réservé à la destruction pure et simple d'une chose : *Le feu consuma ce grand édifice en deux heures* (Acad.). *La rouille consume le fer* (Littré). *Il a consumé son patrimoine* (Lar. du XXᵉ s.).

Dans le langage populaire, ces mots sont souvent pris l'un pour l'autre, avec toutefois priorité pour *consumer.*

consonance s'écrit avec un seul *n,* de même que *consonant.*

V. aussi ASSONANCE.

consonnes. — Genre des **consonnes.** V. ALPHABET.

conspirer se construit avec **à** au sens de « concourir à » : *Tout conspirait à la gloire du roi, à la prospérité de l'Etat* (Acad.). *Ils conspirent tous à la même fin* (Id.). *Tout conspirait à nous attendrir* (M. Prévost, *Monsieur et Madame Moloch,* 76).

Au sens de « former une conspiration », on emploie **contre** devant un nom, et **pour** devant un infinitif : *Conspirer contre la république. Ces hommes ont conspiré pour renverser le roi.* Et en parlant des choses : *Tout conspire contre lui, contre ses intérêts* (Acad.).

— On dit aussi, transitivement : *Conspirer la ruine de quelqu'un* (Nouv. Lar. univ.). *Heureux de conspirer une surprise pour notre chérie* (Balzac, le *Lys dans la vallée*, 107).

constituer se construit normalement avec **par** (mais on rencontre aussi **de**) : *Un nid constitué par des brindilles.*

constructeur - constructif. — **Constructeur,** employé adjectivement, se dit de celui qui construit, qui sait, qui pratique l'art de construire : *Les castors sont des animaux constructeurs.* Ce mot n'a pas de féminin.

Constructif (fém. *constructive*) se dit de ce qui est propre à construire, et ne s'emploie qu'en parlant des choses : *Raisonnement constructif. Proposition constructive. Propriétés constructives.*

Constructif ne s'emploie pas comme nom.

contacter est un anglicisme à éviter. (Même en anglais, *to contact* est vulgaire.)

contestable. — Il n'est pas **contestable que** se construit avec l'indicatif si l'on veut marquer la réalité du fait, et avec le conditionnel si le fait est hypothétique : *Il n'est pas contestable qu'il a perdu la raison. Il n'est pas contestable que vous avez raison et qu'on devrait vous suivre* (Grevisse).

contestation. — On écrit sans *contestation* (au singulier) : *Accepter sans contestation* (Lar. du XXᵉ s.)

V. aussi CONTESTE.

conteste est du *féminin*, et ne s'emploie guère que dans la locution *sans conteste,* qui signifie « sans contredit » : *Il est, sans conteste, le plus grand écrivain de son temps* (Acad.).

(*Sans contestation* a le sens de « sans opposition ».)

contester. — **Contester que** se construit avec le subjonctif : *Je conteste qu'il soit venu.*

— **Contester que... ne.** Dans une proposition négative ou interrogative construite avec *contester que,* la subordonnée s'écrit ordinairement avec *ne* : *Je ne conteste pas qu'il ne vous ait vu. Je ne conteste pas que cela ne soit possible* (Nouv. Lar. univ.). *Je ne conteste pas que vous n'ayez quelques motifs de vous plaindre* (Lar. du XXᵉ s.).

Si la proposition principale est affirmative, la subordonnée ne prend pas *ne* : *Je conteste qu'il soit malade.*

contigu. — Au féminin, le tréma se met sur l'*e* (et non sur l'*u*) : *contiguë.*

Le substantif *contiguïté* prend un tréma sur l'*i*.

Il en est de même pour *ambigu* et *exigu.*

continuer. — **Continuer à - continuer de.** *Continuer à* indiquerait la persistance dans un acte commencé (*Continuer à boire, à chanter*), et *continuer de,* la persistance dans une manière de se conduire qui signifierait « ne pas cesser » (*Cet homme continue de boire. La rivière continue de couler*).

En fait, c'est surtout l'oreille qui guide dans l'emploi de ces prépositions : *Il continue de pleuvoir, de tonner* (Lar. du XXᵉ s.). *Le père et le fils continuaient de causer ensemble* (A. Hermant, *Crépuscule tragique,* 49).

Il est à remarquer que l'Académie, qui, à COMMENCER, fait la distinction entre *commencer à* et *commencer de,* ne fait aucune différence entre *continuer à* et *continuer de.* Elle donne comme exemples : *Continuer à faire, à dire, de faire, de dire,* montrant par là que les deux prépositions peuvent être employées à volonté.

V. aussi COMMENCER.

continûment s'écrit avec un accent circonflexe (Acad.).

V. aussi ADVERBE, et CIRCONFLEXE (Accent).

contondant. — Est *contondant* ce qui produit des contusions et meurtrit sans percer ni couper : *Un bâton, un marteau sont des objets contondants.*

Une *hache* est un objet contondant, et l'on n'emploiera pas *contondant* au sens de « qui fait de larges blessures ».

contraindre, devant un infinitif, se construit indifféremment avec **à** ou avec **de** (mais plutôt avec **à**) : *Contraindre quelqu'un à partir. On le contraignit à marcher, à s'avancer, à se battre. On le contraindra de partir* (Acad.).

Toutefois, au sens passif, on emploie **à** quand *contraindre* suppose un but, une tendance, une action, ou quand il y a un complément d'agent : *Je fus contraint à cette démarche* (Acad.). *Il a été contraint, forcé, obligé par ses chefs à faire ce voyage* (Martinon, *Comment on parle en français*, 443).

Si *contraint* est pris adjectivement, il se construit avec *de* : *La ville fut contrainte de se rendre* (Acad.).

Contraindre se conjugue comme *craindre* (v. ce mot).

contraint. — **Contraint et forcé** est une expression tautologique admise, où *forcé* renforce le sens rigoureux de *contraint* : *Il n'a fait cela que contraint et forcé.* (Cf. *seul* et *unique*.)

contravention. — Une *contravention* est une infraction légère qui relève des tribunaux de simple police. On *constate une contravention* et l'on en *dresse procès-verbal*. Mais il est illogique de dire : *Dresser une contravention.* (Cette expression, entrée dans l'usage, a toutefois été acceptée par l'Académie.)

contravis (et non plus *contre-avis*) est l'orthographe donnée par l'Académie dans la dernière édition de son dictionnaire (1932).

V. aussi CONTRE.

contre. — L'*e* de *contre* ne s'élide jamais : *contre eux, contre elles,* etc.

— **Contre,** préposition, au sens propre exprime une proximité immédiate, avec contact (alors que *près* indique un voisinage) : *S'appuyer contre un mur. Sa maison est contre la mienne* (Lar. du XXᵉ s.).

Il s'emploie seulement avec un nom de chose comme complément. On ne dira pas, par exemple : *Il est passé contre moi sans rien me dire* (mais *près de moi*...).

Au sens figuré, *contre* marque opposition, choc : *Parler contre sa pensée, contre sa conscience* (Acad.). *Se heur-*ter contre un arbre* (Nouv. Lar. univ.). *Se fâcher contre quelqu'un* (« se mettre en colère contre quelqu'un » ; *se fâcher avec quelqu'un* signifiant « se brouiller avec quelqu'un »).

— **Contre** peut s'employer absolument : *Quand on fit cette proposition, tout le monde s'éleva contre* (Acad.). *Pour moi, je suis contre* (Id.). *Machine dressée contre* (Lar. du XXᵉ s.). *Il alla buter contre avant de tomber. Une volonté trop formelle pour aller contre* (P. Bourget, *Voyageuses*, 242).

— A noter les locutions adverbiales **ci-contre** (« vis-à-vis »), **tout contre,** et, absolument, **contre** (*Une porte poussée contre* ou *tout contre* [Nouv. Lar. univ.]), ainsi que **là contre** (« à toucher » ou « en opposition avec ce qui vient d'être dit ») : *Je n'ai rien à objecter là contre* (Nouv. Lar. univ.).

— **Par contre.** La septième édition du Dictionnaire de l'Académie (de même que Littré) classait *par contre* dans le style commercial. Le passage relatif à cette locution a été supprimé dans la huitième édition (actuelle), ce qui laisse à penser que l'Académie n'admet *par contre* en aucune façon.

Il est vrai que cette locution, « qui peut se justifier grammaticalement » (Littré), est employée le plus souvent à tort et à travers, d'où sa mise à l'index. On la rencontre toutefois chez de bons écrivains : *Par contre, voici tirés des mêmes romans les noms géographiques* (J. Bédier, *les Légendes épiques*, 180). *Il consentait rarement à se mettre au piano devant moi; par contre, il ressortait volontiers son violon* (A. Gide, *Si le grain ne meurt*, 240). *Si Maximilien redoutait pour Didier l'atmosphère des beuglants, par contre il affirmait que rien ne pouvait mieux convenir aux deux autres* (G. Mazeline, *les Loups*, 108).

Cependant, ceux qui ne veulent pas se mettre en désaccord avec l'Académie pourront employer les synonymes *en revanche, en compensation, du moins, au contraire.*

contre-. — L'*e* disparaît dans les composés *contravis, contrescarpe* et *contrordre,* mais l'élision se fait toujours sans apostrophe.

La plupart des composés de *contre* s'écrivent avec un trait d'union : *contre-alizé, contre-appel, à contre-bord, contre-chant, contre-torpilleur*, etc. Le second composant prend seul la marque du pluriel.

S'écrivent sans trait d'union les mots :

contrebalancer	contremandement
contrebande (délit)	contremander
contrebandier	contremarche
en contrebas	contremarque
contrebasse	contrepartie
contrebatterie	contrepèterie
contrebattre	contrepoids
contrecarrer	contrepoint
contrechâssis	contrepoison
contreclef	contreprojet
à contrecœur	contreproposition
contrecoup	contreseing
contredanse	contresens
contredire	contresignataire
sans contredit	contresigner
contrefaçon	contretemps
contrefacteur	contretype
contrefaire	contrevenant
contrefait	contrevenir
contrefort	contrevent
contremaître	contrevérité.

contredire se conjugue comme *médire* (v. ce mot) : *Vous contredisez* (et non *vous contredites*) *tout le monde.*

contrefaire se conjugue comme *faire : Vous contrefaites méchamment cette personne.*

contremander est synonyme de *décommander*, « annuler un ordre ».

contribuer se construit avec **à, de, pour** : *Tous les citoyens doivent contribuer à la défense nationale* (Nouv. Lar. univ.). *Contribuer de ses deniers à une entreprise. Contribuer pour un tiers, pour un quart à une dépense* (Lar. du XXᵉ s.). *Contribuer à la fortune, à l'avancement de quelqu'un* (Acad.).

On rencontre rarement *contribuer* transitif : *Contribuer ce qui est nécessaire pour satisfaire aux besoins de la patrie* (Lar. du XXᵉ s.)

contrôler s'emploie parfois, par attraction de l'anglais *to control*, aux sens abusifs de « dominer, maîtriser, diriger, s'emparer de » : *Contrôler le champ de bataille. Contrôler son cheval. Contrôler les opérations.*

Il vaut mieux éviter cette peu heureuse extension de sens.

contrordre (et non plus *contre-ordre*) est l'orthographe de l'Académie (1932).

controuver (du lat. *cum*, avec, et de *trouver*) n'a aucunement le sens de « démentir ». Il signifie « inventer mensongèrement, inventer une fausseté » : *L'imagination invente les faits, la fourberie les controuve* (Boiste). On emploie surtout l'adjectif **controuvé** : *D'un vol controuvé je pense qu'on l'accuse* (Fabre d'Eglantine, *Philinte*, I, ɪɪ). *Un fait controuvé pour perdre un innocent* (Littré) [c'est-à-dire inventé de toutes pièces dans le dessein de nuire].

contumace désigne le « défaut de comparaître en justice pour affaire criminelle » : *La contumace est considérée comme un aveu de crime.*

Celui, celle qui est en état de contumace est *un, une contumace* (Acad.). [On dit aussi *un, une* CONTUMAX.]

Adjectivement : *Accusé, accusée contumace.*

convaincre se conjugue comme *vaincre* (v. ce mot).

convenir se conjugue comme *venir* (v. ce mot). On n'écrira donc pas, avec cet auteur contemporain : *Il convenut d'échanger une toile contre trois repas* (pour *il convint...*).

— **Convenir** s'emploie. 1° Avec l'auxiliaire *être* et la préposition *de* dans le sens de « tomber d'accord, avouer » : *Ils sont convenus d'un restaurant pour dîner ensemble. Il est convenu lui-même de sa méprise* (Acad.). *On n'était pas convenu de cela* (G. Roupnel, *le Vieux Garain*, 189). *C'était précisément parce qu'elle en était convenue avec Pippo...* (R. Vailland, *la Loi*, 225.)

2° Avec l'auxiliaire *avoir* dans le sens d' « être approprié, agréer » . *Cette place, cet emploi lui aurait bien convenu* (Acad.). *Cette robe m'a convenu, je l'ai achetée. Cet appartement aurait convenu à mon père, s'il avait été moins cher.*

Cette règle traditionnelle n'est pas toujours suivie, et l'usage tend à employer *avoir* comme seul auxiliaire, dans les deux cas : *Nous avions convenu d'une cachette* (A. Gide, *Si le grain ne meurt*, VI). *Andromaque et moi avons déjà convenu de moyens secrets...* (J. Giraudoux, *La guerre de Troie n'aura pas lieu*, II, VI; cité par Grevisse). *N'avait-il pas convenu de quitter l'habit militaire?* (A. Thérive, le *Plus Grand Péché*, 47.)

— **Convenir que** se construit avec le subjonctif, l'indicatif ou le conditionnel, selon le sens de la pensée : *Ils convinrent que cela fût fait ou serait fait* (Littré). *Ils conviennent que chacun suivra son tour* (Hanse).

— **Comme convenu** est une expression du langage commercial. On dira mieux : *Comme il est convenu, comme il a été convenu*

convergeant - convergent. — **Convergeant** est le participe présent du verbe *converger* : *Rayons convergeant vers un même foyer.*
Convergent est adjectif verbal : *Des rayons convergents.*
V. aussi PARTICIPE PRÉSENT (*Différences orthographiques entre le participe présent et l'adjectif verbal*).

convier se construit avec **à** : *Le beau temps nous convie à la promenade* (Acad.). *Je l'ai convié à dîner* (Id.).
On le rencontre aussi pris absolument : *Là-bas une lueur immense nous convie* (V. Hugo, la *Légende des siècles*, 129).

— **Convier de**, devant un infinitif (*On nous convie de parler*), est devenu archaïque.

convoler est un mot familier qui, selon l'Académie, ne signifie pas simplement « se marier », mais « contracter un nouveau mariage, se remarier » : *Cette veuve ne sera pas longtemps sans convoler. Rosalie de Raucher, mariée en 1784 au marquis de Nadaillac [...], avait [...] convolé à Berlin [...] avec le baron des Cars* (Duc de La Force, dans les *Nouvelles littéraires*, 8-V-52).

D'après ces exemples, on ne peut donc convoler qu'en deuxièmes, en troisièmes, noces, etc., mais non en *premières* noces, quoique l'étymologie de ce verbe (du lat. *convolare*, voler avec) ne justifie guère cette restriction. Ne lit-on pas, au sens figuré, dans Renan (*Vie de Jésus*, 336) : *Le pays était loin de convoler tout entier au royaume de Dieu ?*

À noter que, d'après le Dictionnaire de l'Académie, *convoler* ne se dirait qu'en parlant d'une femme. Littré ne spécifie pas, mais ne donne que des exemples se rapportant aux femmes. Quant au Larousse du XXe siècle, il précise homme ou femme.

convulsion se prononce avec *s* dur (et non *zion*).

coopérer. — Dans ce mot et dans ses dérivés (*coopérateur, coopérative*, etc.), le groupe initial *coo-* se prononce *ko-o*.

coq se prononce aujourd'hui *kok*, même au pluriel.

coq-à-l'âne est *invariable* : *des coq-à-l'âne.*

coquille - écaille. — On dit une *coquille d'huître*, mais *écaille* est préférable : *Coquille d'huître, de limaçon, de moule* (Lar. du XXe s.).
Celui, celle qui ouvre les huîtres s'appelle d'ailleurs un *écailler*, une *écaillère.*

coquillier s'écrit avec un *i* après les deux *l*.
V aussi GROSEILLIER.

cor. — La locution *à cor et à cri* s'écrit toujours au singulier

corail fait au pluriel *coraux.*

cordon-bleu, « cuisinier, cuisinière habile », s'écrit avec un trait d'union : *des cordons-bleus* (cf. *bas-bleus*). [L'Académie écrit *cordon bleu*, mais *bas-bleu.*]

coreligionnaire s'écrit avec un seul *r.*

corps. — On écrit : *Un corps à corps* (sans traits d'union). *A bras-le-corps. A corps perdu. A son corps défendant. Perdu corps et biens. Les corps de métiers. Corps d'armée. Corps de troupes.*

corpulence - corporence. — **Corporence** a eu ses lettres de noblesse au XVIe siècle (Marot l'orthographie *corporance*), mais en ce temps-là déjà il faisait double emploi avec **corpulence,** qui remonte au XIVe siècle. Seul, ce dernier mot a cours aujourd'hui (au sens d'« ampleur plus ou moins considérable du corps »), et *corporence,* qu'on peut trouver dans Balzac (*César Birotteau*, 113 : *Les gens d'une irréprochable corporence*), est tombé dans un discrédit total, au point que déjà Pierre Larousse ne le mettait plus que dans la bouche des « personnes sans instruction ».

corsaire - pirate. — L'usage confond généralement le *corsaire* et le *pirate*, celui-là étant assimilé à celui-ci. En réalité, le **corsaire** agit en accord avec son gouvernement et seulement en temps de guerre ; il a officiellement le droit de capturer les vaisseaux de commerce ennemis et d'en tirer profit. S'il est pris, il est traité comme un prisonnier. (Duguay-Trouin, Jean Bart, Surcouf, par exemple, furent de célèbres corsaires.)

Le **pirate**, au contraire, n'est qu'un écumeur des mers, qui se livre à des exactions aussi bien en temps de paix qu'en temps de conflit. S'il est pris, il est traité comme un malfaiteur.

cote, du verbe *coter*, s'écrit sans accent circonflexe : *Cote mobilière. Cote de la Bourse. Avoir la cote. Cote mal taillée. La cote 304* (et non *la côte*). *J'ai vu, à la cote 80, des plaies fourmillantes de larves* (G. Duhamel, *Civilisation*, 46).

côte. — **Plat de côte - plates côtes.** V. PLAT.

côté. — On dit aussi bien *Etre au côté de quelqu'un* que *Etre aux côtés de quelqu'un* : *J'étais à son côté, à ses côtés* (Acad.). *Combattre aux côtés de son chef* (Lar. du XX° s.).

Au sens propre, on emploie plutôt le singulier : *On voit en haut le président, et à son côté le ministre des Finances.*

— **A côté de** marque seulement la proximité immédiate : *Se mettre à côté de quelqu'un* (Acad.).

— **A-côté,** nom, fait au pluriel *à-côtés* : *Il gagnait peu, mais il avait de bons à-côtés.*

— **Chacun de son** ou **de leur côté.** V. CHACUN.

— On peut écrire **de tous côtés** ou **de tout côté** : *L'effroi se répand de tous côtés, de tout côté* (Acad.)

coteau, quoique dérivé de *côte*, s'écrit sans accent circonflexe.

cotillon s'écrit avec un seul *t*, mais *cotte*, vêtement, en prend deux.

cotre, bateau, s'écrit sans accent circonflexe, et l'*o* se prononce bref.

cou - col. — **Col,** au sens de « cou », est une forme euphonique qui sort peu à peu de l'usage. Il s'emploie encore dans le langage poétique et surtout par ironie : *On lui trancha le col. Appréhender quelqu'un au col* (Acad.).

On dit encore le *col* d'une bouteille, d'un vase, etc.

couche. — On écrit : *Une femme en couches* (Acad.). *Elle relève de couches. Faire ses couches. Suite de couches. Faire une fausse couche.*

coucher. — On dit : *Aller se coucher, allez vous coucher* (et non *S'aller coucher, allez coucher*).

cou-de-pied s'écrit avec deux traits d'union (et sans *p* à *cou* = col). Plur. : des *cous-de-pied.*

coudre est un verbe irrégulier dont les principales difficultés de conjugaison portent sur la confusion des formes en *cous-* et en *coud-*.

Conjugaison : *Je couds, tu couds, il coud, nous cousons, vous cousez, ils cousent. Je cousais, nous cousions.* Passé simple (peu usité) : *Je cousis, nous cousîmes. Je coudrai, nous coudrons. Je coudrais, nous coudrions. Couds, cousons, cousez. Que je couse, que nous cousions. Que je cousisse, qu'il cousît, que nous cousissions. Cousant, Cousu, e.*

couleur. — On écrit *haut en couleur* (sans *s*). *Film, photo en couleurs.*

Pour les noms de couleur, v. BLEU.

— **Accord des adjectifs de couleur.** Les adjectifs simples désignant la couleur s'accordent avec le nom auquel ils se rapportent : *Une toque blanche. Des rubans bleus. De la soie cramoisie. Des cheveux bruns.*

Toutefois, si le mot désignant la couleur est un nom commun pris adjectivement, dans le genre de *paille, noisette, marron, jonquille*, etc., et qu'on peut sous-entendre « couleur », il reste invariable : *Des rubans* [couleur] *paille. Des yeux noisette. Des complets marron,* etc.

Ecarlate, fauve, incarnat, mauve, pourpre, rose sont assimilés à de véritables adjectifs et prennent l'accord.

Sont *invariables* les adjectifs simples de couleur suivants :

abricot	grenat
acajou	groseille
amadou	havane
amarante	indigo
améthyste	isabelle
andrinople	jade
ardoise	jonquille
argent	kaki
aubergine	marengo
auburn	marron
aurore	mastic
azur	moutarde
basane	nacarat
bistre	nacre
bitume	noisette
brique	ocre
bronze	olive
bulle	opéra
cachou	or
café	orange
capucine	paille
caramel	pastèque
carmélite	perle
carmin	pervenche
céladon	pie
cerise	pistache
chamois	ponceau
champagne	prune
châtaigne	puce
chaudron	réséda
chocolat	rouille
citron	safran
coquelicot	saphir
corail	saumon
crème	sépia
crevette	serin
cuivre	soufre
cyclamen	tabac
ébène	tango
émeraude	thé
feuille-morte	tilleul
filasse	tomate
framboise	topaze
garance	turquoise.

— D'une manière générale, les adjectifs de couleur sont *invariables* :

1° Quand ils sont réunis par deux, trois, etc., pour qualifier un seul substantif : *De l'encre bleu-noir. Des tons gris-bleu. Des élytres bleu-vert.* (A noter le trait d'union qui unit les deux couleurs.) *Des galons noir et or. Des cravates écarlate et bleu* (avec de l'écarlate et du bleu ; *écarlates et bleues* signi-

fierait que certaines sont écarlates, d'autres bleues). *Des robes blanc et noir* (avec du blanc et du noir). *Des cocardes bleu, blanc, rouge.*

On écrit *jaune citron, jaune paille, jaune serin, gris perle, gris ardoise, bleu azur, bleu horizon, vert olive,* etc., sans trait d'union parce qu'il s'agit d'une ellipse (*jaune comme le citron, gris comme la perle,* etc.) . *Des gants gris perle. Une capote bleu horizon.*

On dit de même *bleu de nuit, noir de jais, jaune d'or, gris de fer* (ou *gris fer*) : *Une veste bleu de nuit;*

2° Quand ils sont suivis par un autre adjectif qui les modifie : *Des cheveux châtain clair. Des reflets vert doré. De l'encre bleu noirâtre* (d'un bleu noirâtre). *Des tons gris bleuâtre. Des élytres bleu verdâtre.*

— Si l'adjectif est un nom composé, il s'écrit avec des traits d'union : *Une robe gorge-de-pigeon* (Acad.). *Ruban feuille-morte* (Id.). *Jupes tête-de-nègre, lie-de-vin.*

— **Couleur** se rencontre parfois dans des expressions invariables comme *couleur de rose, couleur de chair,* etc. : *Des souliers couleur de rose* (Acad.). *Des étoffes couleur de chair* (ou *couleur chair*). *Etre d'un beau couleur de chair* (Lar. du XXᵉ s.).

couleuvrine. — L'orthographe de ce mot (ancienn. *couleuvrine*) a été modifiée par l'Académie dans la dernière édition (1932) de son dictionnaire.

coup. — On écrit : *Monter le coup à quelqu'un* (et non *monter le cou*). *Se monter le coup.* Et aussi : *Des coups de main. Des coups de poing* (*coup-de-poing,* arme). *Des coups d'œil.*

— **A tous coups** s'écrit au pluriel, d'après l'Académie : *Il vient à tous coups me quereller.* On trouve toutefois fréquemment le singulier, qui est aussi correct : *A tout coup l'on gagne. C'est la loi du hasard qu'on ne perde pas à tout coup* (Suarès, *Trois Hommes,* Ibsen, IV, p. 124 ; cité par Robert).

— **Tout à coup - tout d'un coup.** *Tout à coup* (sans trait d'union) signifie « soudain, subitement » : *Il le rencontra tout à coup. Tout à coup, on frappa à la porte.*

Tout d'un coup, c'est « d'un seul coup, en une seule fois » : *La maison s'effondra tout d'un coup. Il fit sa fortune tout d'un coup* (Acad.). [L'Académie signale que *tout d'un coup* s'emploie quelquefois au sens de *tout à coup*.]

coupe. — **Coupe sombre.** En langage forestier, la *coupe sombre* est la coupe au premier degré, l'éclaircissage léger de la forêt : le sous-bois reste sombre. Elle précède la *coupe claire*, qui est elle-même suivie de la *coupe définitive*, après laquelle il ne reste plus rien. On voit par là l'ordre de progression.

Au sens figuré, on emploie abusivement *coupe sombre* au sens de « suppression importante », ce qui, en fait, devrait correspondre à la *coupe claire*. Le sens d' « épuration radicale », tel que le définit le Larousse du XXᵉ siècle, est, en revanche, acceptable : « Epuration du personnel d'une administration ou d'une usine par l'élimination des membres les plus compromis ou des meneurs après un mouvement concerté » : *Voici l'affaire terminée, c'est l'heure des coupes sombres.*

coupe-. — Dans les composés suivants, le complément prend la marque du pluriel : *coupe-bourgeon(s), coupe-bourse(s), coupe-cercle(s), coupe-filet(s), coupe-jarret(s).*

— Sont invariables : *coupe-air, coupe-circuit, coupe-coupe, coupe-file, coupe-foin, coupe-gazon, coupe-gorge, coupe-paille, coupe-papier, coupe-passepoil, coupe-pâte, coupe-queue, coupe-sève, coupe-sucre, coupe-tête, coupe-tige, coupe-vent.*

— Le complément s'écrit avec un *s* au singulier comme au pluriel dans les mots suivants : *coupe-cigares, coupe-collets, coupe-cors, coupe-légumes, coupe-ongles, coupe-oreilles, coupe-racines.*

couper. — On dit aussi bien (et plus souvent) *Se faire couper les cheveux* (Acad.) que *Se faire tailler les cheveux.*

— On *coupe la parole à quelqu'un*, ou on *interrompt quelqu'un* (on *ne coupe pas quelqu'un*).

— **Couper en tranches - par tranches.** V. TRANCHE.

— **Couper - découper.** V. DÉCOUPER.

couple. — *Couple* est *féminin* (du lat. *copula* [fém.], lien, liaison) quand il s'applique à deux choses de même espèce réunies accidentellement : *Une couple d'œufs. Une couple de bécasses rôties* (Lar. du XXᵉ s.). *Une couple de serviettes* (Acad.).

Il est *masculin* quand il désigne deux êtres mâle et femelle, ou deux êtres unis par un sentiment d'amitié ou d'intérêt, ou encore deux animaux unis dans un même travail : *Un couple de pigeons, de tourterelles* (Acad.). *Un couple bien assorti* (Id.). *Un couple d'amis, de voleurs. Un couple de chevaux attelés à la même voiture* (Lar. du XXᵉ s.).

— **Couple** ne se dit jamais de choses qui vont naturellement ensemble ; dans ce cas, on dit une **paire** : *Une paire de souliers, de gants, de bas, de boucles d'oreilles.* On n'écrira pas, avec Marcel Prévost (*le Jardin secret*, 42) : *Deux couples d'yeux humains qui se regardent.* Mais on peut dire : une *paire de bœufs, de chevaux, de pigeons*, etc.

coupole. V. DÔME.

coupon. V. TICKET.

coupure. — Un article « découpé » dans un journal est une *coupure de journal* (et non une *découpure*).

— **Coupure des mots.** V. DIVISION DES MOTS.

cour. — On écrit : *cour d'assises, cour d'appel, Cour de cassation, Cour des comptes, la Haute Cour. Prêter serment devant la Cour* (Acad.). *La cour du comte d'Arbois* (Id.). *Recevoir un ordre de la cour* (Lar. du XXᵉ s.)

courant. — *Les 15 et 16 courant* (sous-entendu : *du mois courant*), *Fin courant*, etc., sont du style commercial.

courbatu - courbaturé. — A l'origine, c'est-à-dire au XVᵉ siècle, **courbatu** ne se disait que d'un cheval dont la respiration et les mouvements sont gênés comme s'il avait été battu de court, à bras raccourcis. Il existait alors un verbe *courbattre*, qui, d'après Littré, n'est resté usité que dans le parler populaire de certains cantons.

Courbatu a donné *courbature* (XVIᵉ s.), qui, à son tour, a formé le doublet *courbaturer* (tout comme *clôture* a inspiré *clôturer*, alors qu'existait déjà *clore*). Mais, selon A. Dauzat, *courbatu* serait tiré de la langue d'oc : le gascon *courbaduro*, à la fin du Moyen Age, a été francisé en *courba-*

ture, d'où la justification de *courbaturer*.

Quoi qu'il en soit, de bons écrivains
emploient couramment **courbaturé** :
André était courbaturé (Huysmans, *En
ménage*, 27). *Bref, nous étions penauds,
courbaturés* (R. Rolland, *Colas Breugnon*, 233). *Plus battu que jamais
par sa femme, il s'en allait tout
courbaturé...* (G. Roupnel, *le Vieux
Garain*, 144).

L'Académie n'a pas consigné *courbaturer* dans son dictionnaire, mais on
trouve ce mot dans Littré, Bescherelle,
le Dictionnaire général, le Larousse du
XXᵉ siècle, etc. Ces mêmes ouvrages
donnent également *courbaturé*, sauf le
Larousse du XXᵉ siècle, qui précise, à
COURBATU : « On dit plus ordinairement, quoique moins bien, *courbaturé*. »

En résumé, *courbaturé* est entré dans
l'usage et s'emploie concurremment
avec *courbatu*, qui, toutefois, paraît
maintenant un archaïsme attardé chez
certains écrivains soucieux de respecter
l'étymologie donnée par Littré : *Et
s'adressant au jeune soldat, courbatu
et démoralisé...* (L. Descaves, *Sous-
offs*, 12). *Lécheur se réveilla, courbatu,
les fesses coties par le carrelage du couloir* (J.-L. Bory, *Mon village à l'heure
allemande*, 74). *Je sors courbatu de
cette épreuve* (R. Kemp, dans les *Nouvelles littéraires*, 22-V-1952).

courir, de même que *mourir*, s'écrit
avec un seul *r*, sauf au futur et au
conditionnel : *je courrai; nous cour-
rions*.

— **Courir après.** V. APRÈS.

— **Courir - courre.** *Courre* est
un synonyme ancien de *courir*. Au
XIIIᵉ siècle, on disait *courre* au sens
actuel de *courir*, qui n'est apparu qu'un
siècle plus tard, sans doute sous l'influence de *mourir*.

Au XVIIᵉ siècle, les deux formes
étaient employées concurremment, sauf
dans certaines expressions où *courir*
n'était pas admis : « En certains
endroits, dit Vaugelas, on dit *courre*, et
ce serait très mal parler de dire *courir*,
comme *courre le cerf, courre le lièvre,
courre la poste.* »

On l'emploie parfois aujourd'hui par
archaïsme (*Il lui a plu me courre après*
[R. Vercel, *la Clandestine*, 38]), mais

il n'est plus guère usité que dans le langage de la chasse : *Chasse à courre.
Courre le renard, le cerf. Sonner le
laisser-courre. Le chien anglo-sainton-
geois est préféré au gasco-saintongeois
pour le courre du cerf et du sanglier*
(G.-M. Villenave, *la Chasse*, 79).

courre. V. COURIR.

course. — On écrit : *Garçon de
course. Cheval de course. Écurie de
courses. Champ de courses.*

courser, « poursuivre », est du langage populaire : *On coursait les Alle-
mands* (R. Dorgelès, *le Cabaret de la
Belle Femme*, 71).

court. — Employé adverbialement,
court reste *invariable* : *Il lui coupa les
cheveux court* (Acad.). *Elle s'était fait
couper court les cheveux. Elle fut si
surprise qu'elle demeura, resta, se
trouva court.*

— **Court - à court.** *Etre court* ou
à court de, « n'avoir pas assez de ».
L'usage est actuellement pour *à court
de*, et *court de* tombe en désuétude :
Etre à court d'argent. (Et absolument :
*Impossible de faire cette dépense en ce
moment, je suis très à court* [Acad.].)
Etre à court d'arguments, d'idées.

On dira toutefois, au sens d' « avoir
peu » : *Etre court de mémoire, d'esprit.
Cheval court d'haleine.*

— **De court.** *Il faut dire Prendre
quelqu'un de court* (et non *à court*) :
Pris de court, il dut s'exécuter.

— **Couper court.** On écrit *couper
court à un entretien* (et non *Couper
cours...*).

— **Couper au plus court** s'emploie
de préférence à *couper au court*.

courtilière, insecte, s'écrit avec un
seul *l*, suivi de *i*.

courtiser est un verbe transitif qui
ne peut s'employer absolument : *Il
courtise la plus jolie fille du pays.*

(On ne dira pas : *Il courtise, c'est de
son âge.*)

court-jointé, court-monté s'écrivent avec un trait d'union, et *court*
(adverbe) reste invariable : *Des juments
court-jointées, court-montées* (Lar. du
XXᵉ s.).

court-vêtu s'écrit avec un trait
d'union (Acad.), et *court* (adverbe)
reste invariable : *Des filles court-vêtues.*

couteau. — On écrit : *Etre à couteaux tirés* (au pluriel).

coûter s'écrit avec un accent circonflexe sur l'*u*.

— **Coûte que coûte** est une expression invariable.

— **Coûté** est invariable quand il est construit avec un complément de prix qui répond à la question *combien?* : *Les trois mille francs que ce meuble m'a coûté* (Acad.). *La somme que cet objet m'a coûté* (A. Dauzat, *Grammaire raisonnée*, 446).

Il varie au sens figuré de « causé, occasionné » : *Les efforts que ce travail m'a coûtés* (Acad.).

V. aussi VALOIR (*Valu*).

coutil se prononce *kou-ti*.

V. aussi -IL.

couture. — On écrit : *Se faire battre à plate couture* (au singulier).

couvé - couvi. — En parlant d'un œuf à demi couvé, qui est gâté, pourri, on doit dire **couvi** (et non **couvé**) : *Des œufs couvis* (Littré). *Dans cette omelette, il y a quelque œuf couvi qui la gâte* (Acad.).

couvre-. — Dans les composés de *couvre*, le nom complément prend la marque du pluriel : *des couvre-chef(s), des couvre-lit(s)*, etc.

Couvre-pieds (au singulier comme au pluriel) est préférable à *couvre-pied* (Acad.), cette couverture servant à couvrir *les pieds*.

couvre-pieds. V. COUVRE-.

coyote s'écrit avec un seul *t*.

V. aussi -OTE.

craindre. — **Conjugaison :** *Je crains, tu crains, il craint, nous craignons, vous craignez, ils craignent. Je craignais, nous craignions. Je craignis, nous craignîmes. Je craindrai, nous craindrons. Je craindrais, nous craindrions. Crains, craignons, craignez. Que je craigne, que nous craignions. Que je craignisse, qu'il craignît, que nous craignissions. Craignant. Craint, e.*

A noter les formes en *-dr-* et en *-gn-*.

— **Craindre que.** Avec *craindre que*, le verbe qui suit se met toujours au subjonctif, et s'accompagne de la particule *ne* : *Je crains qu'il ne vienne.*

Je craignais qu'il ne sortît (Lar. du XXᵉ s.). *Il est à craindre que cette entreprise n'échoue* (Acad.).

Cette construction avec *ne* est un latinisme : *timeo ne* + le subjonctif. *Ne* n'a pas, dans ces cas-là, à proprement parler de valeur négative : il est une sorte d'écho de la négation implicitement contenue dans la phrase

Ne pas craindre que veut également le subjonctif, mais sans la particule *ne* : *Je ne crains pas qu'il fasse cette faute* (Littré). *Je ne crains pas qu'il sorte.*

Dans les phrases interrogatives avec *ne pas craindre que*, la particule *ne* est facultative, mais son emploi crée une certaine ambiguïté : *Ne craignez-vous pas qu'il ne vienne?* ou *qu'il vienne?* (Littré.)

Mêmes règles pour les verbes de sens analogue, comme *appréhender, trembler, redouter, avoir peur*, etc.

V. aussi CRAINTE (*Crainte que*).

— **Craint**, participe, s'accorde aujourd'hui, normalement (comme *plaint* [v. PLAINDRE (SE)]) : *Quelles sont les conséquences que vous avez craintes?*

crainte de (ou *dans la crainte de*) s'emploie devant un nom : *Il n'ose pas sortir, crainte d'accident. Crainte de malheur, d'accident, crainte de pis* (Acad.).

Devant un verbe, il faut *de crainte de* : *Il n'ose sortir, de crainte de tomber dans la rue.*

— **Crainte que.** Lorsque *crainte* est suivi de la conjonction *que* et d'une proposition complétive, le verbe de cette proposition se met au subjonctif, avec la particule *ne* (sans qu'il y ait pour cela négation expresse dans l'idée) : *J'ai crainte qu'il ne lui soit arrivé malheur* (Je souhaite qu'il ne lui soit pas arrivé malheur). *Ne lui dites rien, de crainte qu'il ne bavarde. De crainte qu'on ne se trompe* (Acad.).

Dans le cas d'une proposition négative, même règle, avec *pas* ou *point* : *J'ai crainte qu'il ne me dise pas la vérité* (Je souhaite qu'il me dise la vérité). *Ne lui dites rien, de crainte qu'il ne veuille pas venir* (Je souhaite qu'il vienne).

En résumé, on emploie *ne* si l'on ne désire pas que la chose soit, et *ne pas* (ou *ne point*) si on le désire.

cramoisi, adjectif de couleur, est *variable : Soie cramoisie* (Acad.).

V. aussi COULEUR.

crâne et ses dérivés s'écrivent avec un accent circonflexe, sauf les mots commençant par *cranio- : cranioclasie, craniologie,* etc.

cravate s'écrit avec un seul *t.*

crèche s'écrit avec un accent grave (et non circonflexe).

credo est *invariable.* Il s'écrit sans accent, mais se prononce *kré- : Des Credo* (avec une majuscule). *Réciter son Credo* (Littré). Et par extension : *C'est son credo politique* (avec une minuscule).

créer fait au présent de l'indicatif *je crée* (et non *je créée*) et au futur *je créerai.*

crème s'écrit avec un accent grave, mais *crémerie, crémeux, écrémage,* etc., prennent un accent aigu.

— Adjectif de couleur, *crème* est invariable : *Des rideaux crème.*

V. aussi COULEUR.

créole. — Les **créoles** sont des personnes de race *blanche* nées dans les colonies européennes intertropicales (à l'origine, dans les colonies espagnoles de l'Amérique).

Ils ne doivent pas être confondus avec les **métis** ou les **mulâtres,** qui sont de sang mêlé et, par conséquent, ont la peau plus ou moins foncée : *L'impératrice Joséphine, José-Maria de Heredia, Leconte de Lisle étaient des créoles.*

La confusion vient peut-être du fait que *créole* fut autrefois appliqué aux esclaves noirs nés en Amérique de parents africains. Ce terme était même étendu aux animaux.

crêpe et ses dérivés (*crêpelage, crêpeler, crêper,* etc.) s'écrivent avec un accent circonflexe. (Exceptions : *crépine, crépon, crépu.*)

crépuscule peut se dire également de l'*aube* ou de l'*aurore,* mais est surtout réservé à la « lumière incertaine qui reste après le coucher du soleil jusqu'à ce que la nuit soit entièrement close ».

crescendo. V. ALLÉGRO.

cresson se prononce *krè-son* (la prononciation *kre-son* est propre à Paris et à une partie de la France du Nord).

Crésyl est le nom déposé d'un désinfectant. (Ne pas dire *grésyl.*)

crête et **crêter** s'écrivent avec un accent circonflexe.

crève-. — Les composés de *crève* (*crève-cœur, crève-la-faim,* etc.) sont *invariables.*

cric, appareil pour soulever les fardeaux, se prononce *kri.*

Dans l'onomatopée, on fait entendre le *c : Ses dents firent cric. Cric crac!*

crier. — Crier après. V. APRÈS.

cristalliser s'emploie intransitivement au sens de « se cristalliser » : *Ce corps ne cristallise que lentement* (Acad.).

cristaux. — Ce nom pluriel est employé absolument pour désigner le carbonate de soude (cristaux de soude) : *Un kilo de cristaux.*

Se garder du barbarisme populaire *cristau* (au singulier) : *Donnez-moi du cristau.*

critérium est un mot latin francisé. Plur. : *des critériums.* (On dit aussi bien CRITÈRE.)

V. aussi LATINS (Mots).

croasser - coasser. V. COASSER.

croc se prononce *kro* (sauf dans *croc-en-jambe,* où le *c* final se fait entendre, même au pluriel : *crocs-en-jambe* [*kro-kan-*]).

V. aussi -OC.

crocheter fait *il crochète.*

croire. — **Conjugaison :** *Je crois, tu crois, il croit, nous croyons, vous croyez, ils croient. Je croyais, nous croyions. Je crus, nous crûmes. Je croirai, nous croirons. Je croirais, nous croirions. Crois, croyons, croyez. Que je croie, qu'il croie, que nous croyions. Que je crusse, qu'il crût, que nous crussions. Croyant. Cru, e* (sans accent circonflexe).

— **Croire que** se construit avec l'indicatif quand on admet la certitude, la possibilité de la chose à laquelle on croit : *Taisez-vous, je crois qu'il vient. Je crois qu'il arrivera demain. Croyez-*

vous qu'il n'en sera pas mécontent? Je crois qu'il viendra (Lar. du XXᵉ s.). Je croyais qu'il viendrait (Id.).

Il se construit avec le subjonctif si l'on considère le fait comme douteux ou même impossible : *Je ne crois pas qu'il vienne* (Lar. du XXᵉ s.). *Ne croyez pas que je veuille vous tromper. Croyez-vous qu'il vienne?* (ou *Croyez-vous qu'il viendra?* sans nuance spéciale).

— **Croire quelqu'un,** c'est estimer que ce qu'il dit est vrai, c'est écouter ses avis, ses conseils : *Ne le croyez pas, il n'est pas sérieux. Croire les diseuses de bonne aventure.*

— **Croire à quelqu'un,** c'est se fier à lui : *Croire aux astrologues, aux voyants* (Acad.).

— **Croire une chose,** c'est la tenir pour véritable : *Il croit cette histoire, ce conte* (Acad.). *Je crois ce que vous me dites. En croyez-vous vos yeux?* (Lar. du XXᵉ s.) *Comme tu pourrais le croire* (ou *tu le pourrais croire*), ou *Comme tu pourrais croire.*

— **Croire à une chose,** c'est s'y fier, avoir foi en son efficacité : *Croire au rapport, au témoignage de quelqu'un* (Acad.). *Croire à la vertu* (Lar. du XXᵉ s.).

— **Croire en.** *Croire en quelqu'un,* c'est avoir confiance en lui : *Je crois en vous* (Lar. du XXᵉ s.). *Croire en Dieu* (a en plus le sens de *croire à*). Si le nom est précédé de l'article, on emploie *dans* : *Je crois dans le Grand Berger* (A. de Châteaubriant, *la Brière,* 386). *Croire en une chose* exprime la confiance : *Croire en la médecine* (Lar. du XXᵉ s.).

— **Omission de « le » avec « croire ».** Dans une proposition comparative, *le* peut être omis devant *croire* : *Il est autre que je croyais, que je ne croyais, que je ne le croyais* (Acad.).

— **Cru.** V. ce mot.

— V. aussi ACCROIRE.

croiseur-cuirassé (avec trait d'union) fait au pluriel *croiseurs-cuirassés.*

croître s'écrit avec un accent circonflexe sur l'*i* devant le *t,* de même que dans toutes les formes homonymes du verbe *croire* : *Je croîs, tu croîs, il croît, nous croissons, vous croissez, ils croissent. Je crûs. Je croîtrai. Croîs. Que je crûsse, que nous crûssions* (l'Académie écrit toutefois *que je crusse,* sans accent). *Crû* (mais *crue, crues, crus*).

V. aussi RECROÎTRE.

— **Croître** se conjugue surtout avec *avoir;* l'emploi d'*être* est archaïque : *En quelques heures, la rivière a crû de plusieurs pieds* (Lar. du XXᵉ s.). *Voyez comme elle est crue depuis hier* (Id.).

croque-. — Dans les composés suivants de *croque,* le nom complément prend la marque du pluriel : *croque-mitaine(s), croque-mort(s), croque-noisette(s), croque-note(s).*

Sont invariables : *croque-lardon, croque-madame, croque-monsieur.*

— **A la croque au sel** s'écrit sans trait d'union.

croustillant - croustilleux. — Est **croustillant** ce qui croque comme de la croûte sous la dent : *Gâteau, pain croustillant.*

Croustilleux ne se dit aujourd'hui que de ce qui abonde en détails piquants, un peu libres : *Une anecdote croustilleuse* (Lar. du XXᵉ s.). *Ce passage est un peu croustilleux* (Acad.).

(On emploie parfois *croustillant* dans ce sens, mais il est préférable de réserver ce mot à son sens propre.)

cru, « pas cuit », s'écrit sans accent circonflexe (*Un légume cru. Un ton cru*), de même que *cru* terme vinicole (*Vin d'un bon cru. Un excellent cru de Bourgogne*). Au sens figuré : *Cette repartie est de son cru.*

Seul **crû,** participe passé masculin singulier de *croître,* prend un accent circonflexe. (On écrit *accru, décru,* mais *recrû.*)

— **Cru,** participe passé de *croire,* s'accorde selon l'usage général : *Des formules qu'on avait crues périmées* (on avait cru que ces formules étaient périmées). *Certains linguistes étrangers se sont crus autorisés à mettre en doute le bien-fondé et la valeur notre subjonctif* (R. Le Bidois, dans *Vie et Langage,* 1953, p. 307). *Les sourcils formaient deux longs traits noirs qu'on eût crus dessinés au charbon* (J. Green, *Moïra,* 13). *Là où des acteurs de second rang se seraient crus obligés de lui trou-*

*ver un substitut pompeux. Elle s'est
crue guérie. On l'a crue guérie.*

cruauté - crudité. — Dire **cruauté**
pour **crudité** n'est pas un barbarisme
de salon. Et si cette faute de langage
peut s'entendre dans la rue, il est heureusement rare de la rencontrer sous
une plume, si peu autorisée soit-elle.

L'identité de la première syllabe est
pour quelque chose dans cette confusion. Mais si dans *crudité* il y a bien *cru*
(« non cuit »), il n'en est pas de même
dans *cruauté*, qui signifie « férocité » et
qui est de la même famille que *cruel*.

On ne saurait donc *manger des
cruautés*, ou *mal digérer les cruautés* :
c'est *crudités* qu'il faut dire.

crucial. — A l'origine, *crucial* est un
terme de chirurgie qui se dit d'une incision en forme de croix : *Quelque incision cruciale au haut de la tête* (Hamilton, *Lettre au duc de Brunswick*, 1707).
C'est d'ailleurs la seule définition que
donne encore le Dictionnaire de l'Académie.

Ce sens de « en forme de croix » se
rencontre fréquemment dans la littérature : *Une auréole cruciale* (P. Adam,
Irène, 254). *Le moule crucial de
l'église* (Huysmans, *En route*, 29).
*Leur scintillement crucial se retrouve
dans les solitudes et dans les cloîtres*
(L. Daudet, *Jour d'orage*, 19).

En termes de philosophie, on connaît
l' « exemple de la croix » (*instantia
crucis*) de Bacon, nom emprunté aux
poteaux indicateurs des carrefours
(*cruces*) pour désigner les faits qui
permettent, lorsque l'esprit hésite entre
deux causes, de trouver le cas qui élimine ou qui désigne nettement l'une
d'entre elles. On a appelé par la suite
expérience cruciale toute expérience
décisive pour ou contre une hypothèse.
Ce mot suppose donc la levée d'une
hésitation, et c'est sous ce sens de
« décisif » que *crucial* est le plus connu :
Mettre en évidence les preuves cruciales (J. Thibaud, *Vie et transmutation des atomes*, 9).

Mais on évitera de l'employer au
sens trop courant de « critique, capital,
le plus important » : *C'est là que se
situe désormais, si l'on peut parler ce
jargon, le point crucial des opérations*

(C.-J. Gignoux, *la Journée industrielle*,
24-II-1934).

crucifiement - crucifixion. —
Crucifiement est généralement réservé
à l'action de crucifier, au propre et au
figuré : *Le crucifiement de Notre-
Seigneur* (Acad.). *Pour certains crimes,
les Japonais condamnaient au crucifiement* (Lar. du XXᵉ s.). *Le crucifiement de la chair* (Littré)

Crucifixion est surtout un terme
d'art désignant le crucifiement en tant
que sujet de tableau religieux : *La
crucifixion de saint Pierre, peinte par
Rubens* (Lar. du XXᵉ s.). *Un tableau
de la Crucifixion* (Acad.).

Crucifixion empiète souvent sur le
sens de *crucifiement*.

crucifix se prononce *kru-si-fi*.

crûment s'écrit avec un accent circonflexe.

V. aussi ACCENT et ADVERBE.

cueillir. — Conjugaison : *Je cueille,
tu cueilles, il cueille, nous cueillons, vous
cueillez, ils cueillent. Je cueillais, nous
cueillions. Je cueillis, nous cueillîmes. Je
cueillerai, nous cueillerons. Je cueillerais, nous cueillerions. Cueille, cueillons,
cueillez. Que je cueille, que nous cueillions. Que je cueillisse, que nous cueillissions. Cueillant. Cueilli, e.*

A noter le groupe initial *cueill-* (et
non *ceuill-*) et aussi le futur *je cueillerai* (et non *je cueillirai*, jadis conseillé
par Vaugelas).

cuiller est du *féminin* et se prononce
kui-yèr. (On écrit aussi, mais moins
souvent, *cuillère*.)

Ne pas confondre la *cuiller*, contenant, avec la **cuillerée**, contenu : *Une
cuillerée de farine* (et non une *cuiller...*).

cuire. — On dit aussi bien *cuire* que
faire cuire, mettre cuire que *mettre à
cuire* : *Cuire un gigot* (Acad.). *Cuire du
pain, des pommes au four* (Littré).
Mettre cuire, faire cuire un chapon
(Acad.). *Mettre à cuire un gâteau.*

cuisseau - cuissot. — Ces deux
mots, de même famille et d'orthographe
presque identique, sont toutefois distincts par le sens. Mérimée les avait
introduits dans sa fameuse dictée :
*... ce dîner à Sainte-Adresse, près du
Havre, malgré les vins de très bons crus,*

les cuisseaux de veau et les cuissots de chevreuil prodigués par l'amphitryon, fut un vrai guêpier

Cuissot, le plus ancien, remonte au XIVᵉ siècle. C'est un terme de vénerie qui désigne la cuisse du chevreuil, du cerf, du sanglier, etc.

Cuisseau, donné par Littré en 1863, ne se dit que du veau, et se rapporte à la cuisse de cet animal dépecé ; plus particulièrement à la partie prenant au-dessous de la queue et allant jusqu'au rognon.

cuisse-de-nymphe, adjectif de couleur, est *invariable : Des robes cuisse-de-nymphe.*

V. aussi COULEUR.

cuisson. — Ne pas dire *cuizon.*

cuistre. — A l'origine « valet de collège, surveillant subalterne » (XVIIᵉ siècle), le *cuistre* désigna par la suite un « pédant vaniteux et ridicule » : *Molière, dans le personnage de Trissotin, a immortalisé le type du cuistre* (Acad.). André Gide écrit très bien (*Si le grain ne meurt,* 201) : *Ma chance voulut que, pour m'enseigner l'histoire je n'eusse jamais affaire qu'à des cuistres.*

Mais c'est abusivement qu'on donne à *cuistre* le sens d'« homme grossier, qui manque de savoir-vivre », sans l'accompagner de l'idée de pédanterie, qui doit marquer la « descendance » du valet de collège originel : *Il dédaignait ces jeunes gens qui* [...] *cachaient sous des dehors soumis et dévots les appétits grossiers du cuistre* (O. Mirbeau, *l'Abbé Jules,* 48). *Le dernier des cuistres, marchand de bonneterie ou garçon coiffeur, a les mêmes droits à vivre qu'un garçon intelligent et déterminé* (P. Loti, *Aziyadé,* 290). *Une voiture de maître avec des cuistres reluisants* (L. Fabre, *Rabevel,* I, 110).

Cette acception, qui n'est pas à conseiller, est d'ailleurs ignorée de Littré comme de l'Académie.

culotte se dit plus ordinairement au singulier : *Culotte courte* (Littré). *Porter la culotte. Culotte de drap* (Acad.).

Il s'emploie parfois au pluriel, comme le nom de certaines choses qui se composent de deux parties semblables (bretelles, caleçons, pantalons, moustaches...) : *Apportez-moi mes culottes* (Littré). *On a joué un matador à perdre ses culottes* (J. Rogissart, *Mervale,* 172).

V. aussi CALEÇON.

— **Culotte - pantalon.** V. PANTALON.

cultural - culturel. — *Cultural* est tiré du français *culture; culturel,* de l'allemand *kultur.* Le premier, **cultural,** se dit de ce qui a trait à la culture de la terre ; le second, **culturel,** de ce qui a rapport à la culture intellectuelle, à la civilisation.

cure. — Dans les composés suivants, le nom complément prend la marque du pluriel : *cure-dent(s)* ou *cure-dents, cure-môle(s), cure-ongle(s)* ou *cure-ongles, cure-oreille(s)* ou *cure-oreilles, cure-pied(s).*

curer - écurer - récurer. — **Curer,** c'est enlever d'une concavité quelconque les immondices, et en général tout ce qu'elle peut contenir de sale : *Curer un fossé, un étang, un puits. Se curer les dents.* C'est aussi enlever la terre qui s'attache à quelque chose : *Curer la charrue. Voilà, annonça Frédéric en curant ses sabots sur le bord de la marche* (A. de Châteaubriant, *Monsieur de Lourdines,* 252).

Écurer, c'est nettoyer quelque chose en frottant pour rendre net : *Écurer des chenets* (Acad.). *Le bouton de cuivre écuré au tripoli* (Th. Gautier, *Nouvelles,* 181). Se dit surtout de la batterie de cuisine : *Il faut écurer ces chaudrons, ces poêlons. Écurer la vaisselle.*

Récurer n'est qu'un synonyme renforcé d'*écurer,* et s'emploie dans le même sens. La particule itérative est sans valeur (cf. *emplir* et *remplir*).

cyclamen, adjectif de couleur, est *invariable : Des roses cyclamen.*

V. aussi COULEUR.

cymbale - timbale. — Ces deux instruments de musique sont très différents : une **cymbale** est un disque de métal sonore ; une **timbale** est un grand tambour demi-sphérique.

D

d se redouble dans : *addition* et dérivés, *adduction* et dérivés, *bouddhisme* et dérivés, *quiddité, reddition*.

dahlia s'écrit avec un *h* avant *l* (et non *dalhia*).

daigner se construit sans préposition (à l'inverse de *dédaigner* [v. ce mot]) : *Il n'a pas daigné lui faire réponse* (Acad.).

daim a pour féminin *daine*, formé sur l'ancienne orthographe *dain* (cf. Olivier le Dain). En vénerie, on dit *dine* (d'après le son du masculin). Le petit est le *faon* (prononc. *fan*).

dam, « dommage », se prononce *dan* (Acad., Fouché).

dame s'oppose en principe à *sieur*, mais en pratique à *monsieur : La dame Une telle ; le sieur Un tel. C'est une grande dame ; c'est un monsieur chic.* (Femme s'oppose à *homme*.)

— On dit, en s'adressant à quelqu'un : *Mes amitiés à votre femme* (et non *à votre dame*, qui est populaire). *Je vous ai vu avec votre femme* (et non *avec votre dame*). *Je l'ai rencontré avec sa femme et sa fille* (et non *avec sa dame et sa demoiselle*).

V. aussi DEMOISELLE, MADAME.

damner. — Dans ce mot et dans ses dérivés, *-mn-* se prononce comme *-nn-*.

dans. — Dans - en. Ces deux prépositions s'emploient souvent l'une pour l'autre, indifféremment. Toutefois, *dans* a un sens plus précis que *en*, qui est vague et indique seulement en général où l'on est : *Les chevaux furent logés dans la ville. Madame est partie en ville.*

Devant un nom déterminé, on emploie plutôt *dans : Il fut enfermé dans la prison de la ville* (mais *Il fut conduit en prison*). *Dans cet endroit perdu* (mais *En cet endroit*).

On emploie *en* dans des locutions toutes faites, comme : *en mon nom, en ces lieux, en l'état où, en cette matière, en l'occurrence, en la présence de, en l'absence de, en ce moment*, etc.

— Devant un nom de ville, on emploie *dans : Dans Paris, dans Evreux, dans La Rochelle. Deux moines âgés descendirent dans Albano* (Stendhal, *l'Abbesse de Castro*, 99).

Mais on se sert de *en* devant un nom féminin de pays, un nom de région ou de contrée (sauf si ce nom est précédé de l'article) : *En France, en Chine, en Italie, en Anjou, en Béarn, en Picardie*, etc., mais *dans la France entière*.

V. aussi ALLER À, EN, AU.

— On dit *s'asseoir dans un fauteuil*, mais *s'asseoir sur une chaise, un tabouret, un sofa*, etc.

— **Dans le journal.** V. JOURNAL.

— **Dans la rue - sur la rue.** V. RUE.

— **Dans les...** On dit mieux : *Elle a environ quarante ans* que *dans les quarante ans. Ce tissu coûte environ mille francs le mètre* que *dans les mille francs*.

— **Demeurer dans** ou **sur.** V. DEMEURER.

— V. aussi DEDANS

date. V. AN, JOUR, MOIS, SEMAINE, et aussi COMBIEN, QUANTIÈME.

dauber. — On dit **dauber quelqu'un** ou, plus souvent, **dauber sur quelqu'un** : *Dauber quelqu'un d'importance* (Lar. du XXᵉ s.). *C'est un homme qui daube tout le monde* (Acad.). *Dauber sur quelqu'un* (Id.). *Il a nommé tout le monde, daubé sur tout le monde* (M. Prévost, *les Don Juanes*, 31).

daurade - dorade. — De ces deux formes d'un même mot, la première,

daurade (du provençal *daurada*, dorée), est de beaucoup la plus employée pour désigner le poisson qu'on trouve sur les marchés (qu'il soit de la Méditerranée ou d'ailleurs) : *La vraie daurade [...] se différencie aisément de la daurade commune par le croissant doré qui orne sa tête à la hauteur des yeux* (J. Nadaud, *la Pêche*, 459).

La forme **dorade** tend à se spécialiser pour nommer un poisson chinois d'aquarium du genre cyprin.

davantage. — Davantage que.
Jusqu'à la fin du XVIIIᵉ siècle, *davantage* pouvait s'employer avec un complément. On disait fort bien : *Rien ne me plaît davantage que d'aller à la campagne. Il a davantage de chance.* De même, cet adverbe pouvait être suivi d'un adjectif : *Etre davantage instruit, davantage aimé*, etc.

Aujourd'hui, ces constructions sont discutées, et *davantage* s'emploie le plus souvent sans complément : *Je n'en dirai pas davantage* (Acad.). *J'aurais voulu faire davantage pour vous* (Id.). *On a beau dire du bien de vous, nous en pensons encore davantage* (Lar. du XXᵉ s.).

Dans le cas où l'on ne peut employer *davantage*, on se sert de *plus, le plus* : *Rien ne me plaît plus que... Etre plus instruit, plus aimé*, etc. *C'est la chose qui me plaît le plus.*

Il peut se faire que *davantage* soit suivi de *que* ou de *de* sans que pour cela la phrase soit critiquable. Dans l'exemple suivant : *Si vous ne partez pas maintenant, je craindrais davantage que vous n'arriviez en retard*, *que* n'est pas complément de *davantage*, mais de *craindrais* (je craindrais que).

— Davantage - d'avantage. Ne pas confondre *davantage* (« plus ») et la locution homonyme *d'avantage* (« de profit ») : *Je n'ai pas d'avantage à faire cela* (Cela ne m'est pas profitable).

de. — A moins qu'il ne s'agisse d'une locution toute faite ou d'un groupe considéré globalement, *de* doit se répéter devant chaque membre du régime : *L'art romantique en France, celui de Franck, de Lalo, de Dukas. Une longue suite de malheurs et de souffrances* (Lar. du XXᵉ s.). Mais *Ecole des arts et métiers. Il importe de bien broyer et mâcher les aliments* (Littré). *Occupons-nous des tenants et aboutissants* (Lar. du XXᵉ s.). On peut également ne l'exprimer qu'une fois devant plusieurs nombres : *Faire un emprunt de deux ou trois mille francs* (Lar. du XXᵉ s.).

— On écrit : *De 100 à 125 quintaux à l'hectare* (plus correct que *100 à 125 quintaux...*). *De dix à quinze jours. Sulfure de carbone : de 25 à 30 grammes.*

— Accord de l'adjectif après deux noms joints par « de ». V. ADJECTIF.

— « De » partitif. En règle stricte, on doit employer *de* quand le nom est précédé d'un adjectif ou d'un adverbe de quantité : *J'ai de beaux enfants. Manger de bonne viande* (Acad.). *J'ai de bon tabac* (Id.). *C'est de bien mauvais latin* (A. Hermant, *Journée brève*, 164). *Il a beaucoup, assez, trop de vin.*

Mais sauf dans ce dernier cas (adverbe de quantité), où *de* seul est correct, l'usage ne tient pas compte de cette règle (qui est surtout observée dans le langage châtié) : *J'ai du bon tabac. Faire de la bonne besogne, de bonne besogne* (Acad.).

On peut toutefois faire une distinction entre *Apportez-nous de meilleur vin* (c'est-à-dire meilleur que celui qu'on a déjà bu ou goûté) et *Apportez-nous du meilleur vin* (du meilleur que vous ayez).

— « De » possessif. Voir à.

— Deux noms unis par « de ». Lorsque deux noms sont unis par *de*, il y a souvent hésitation quant à l'accord en nombre du second. Il n'est d'ailleurs pas facile de donner une règle précise à ce sujet, et l'on peut écrire, par exemple, *huile d'amande douce* ou *d'amandes douces* (Acad.), *gelée de groseille* ou *de groseilles* (Id.).

En général, le nom complément se met au **singulier** quand il ne comporte que l'idée d'un seul objet, ou une idée de généralité, d'uniformité de l'ensemble. L'exemple type est *des queues de cheval* (on ne dit pas *des queues de chevaux*, ou alors *des queues de chevaux sauvages*). C'est ainsi qu'on écrira : *des têtes d'alouette* (mais *du* pâté d'*alouettes*), des toiles d'*araignée*, des maîtres de *ballet*, des chefs de *bureau*, des voies de *communication*, des cours d'*eau*, des queues d'*écrevisse*, des comités d'*entreprise*, des pots de *géranium*, des couvertures de *lit*, des peaux de *mouton*, des coups de *pied*, des tailleurs de *pierre*, des lits de *plume* (faits avec de la plume), des grains de *raisin*, etc.

Le nom complément se met au **pluriel** quand il comporte l'idée de plusieurs objets ou quand on considère la quantité, la variété, la diversité du détail : agent d'*affaires*, maître, salle d'*armes*, pont de *bateaux*, salmis de *bécasses*, peaux de *bêtes*, état, ordre de *choses*, règlement de *comptes*, collier de *diamants*, ville d'*eaux*, carnet d'*échéances*, manque d'*égards*, corbeille de *fruits*, similitude, divergence de *goûts*, jus d'*herbes*, suspension d'*hostilités*, communauté d'*idées*, marchand de *liqueurs*, cotte de *mailles*, boutons de *manchettes*, chaîne de *montagnes*, têtes, becs d'*oiseaux* (si les oiseaux sont de variétés différentes), salade d'*oranges*, fécule de *pommes de terre*, conte de *revenants*, bouquet de *roses*, essence de *roses* (mais essence de *lavande* et eau de *rose* [Acad.]), crocheteur de *serrures*, temps de *troubles*, etc.

(Pour l'accord après *compote, confiture, gelée, jus, marmelade, sirop*, v. CONFITURE.)

— **« De » unissant un sujet à un infinitif** (infinitif de narration) est un tour archaïque destiné à montrer par sa concision la rapidité de l'action. Autrefois familier, il se rencontre encore aujourd'hui, mais avec une nuance d'affectation : *Et grenouilles de se plaindre* (La Fontaine, *Fables*, « les Grenouilles qui demandent un roi »). *Aussitôt les ennemis de s'enfuir et de jeter leurs armes* (Acad.). *Le géant de s'effrayer* (V. Hugo, *le Rhin*, I, 253 ; coll. Nelson). Mme *Méringeot appelle la volaille et celle-ci d'accourir* (Cl. Sainte-Soline, *Journée*, 211).

— **« De » devant un adjectif ou un participe passé.** Ce *de* explétif, issu du langage populaire (mais qu'on trouve chez Molière et La Bruyère), est accepté aujourd'hui dans le bon langage : *Il y eut mille hommes de tués* (Acad.). *Il y a un carreau de cassé à cette fenêtre. J'ai eu nombre d'occasions* (de) *perdues dans ma vie. J'ai une chambre* (de) *libre. Il lui reste un bras* (de) *libre* (Hanse). *Il a trois jours libres, trois jours de libres par mois* (Grevisse).

Avec *en* remplaçant un nom, *de* est obligatoire : *Il y en a dix de faits. Sur deux cents députés, il y en avait seulement cent vingt de présents* (Hanse). *Des dix volumes de cette collection, j'en ai trois de reliés* (Id.). *Je vous donnerais bien six photos, mais je n'en ai que trois de bonnes.*

— **De - en,** pour indiquer la matière. V. EN.

— **De - par.** On a tendance aujourd'hui à employer *de* avec certains verbes passifs (construits ordinairement avec *par*).

Il n'est d'ailleurs pas toujours facile de différencier ces deux prépositions, qui sont souvent interchangeables ; dans le doute, on peut employer *par*. Voici quelques exemples avec *de*, dont une série tirée du Dictionnaire de l'Académie : *La Chine obéissait sans les comprendre aux caprices dictés de ces mêmes dieux* (P.-J. Toulet, *Comme une fantaisie*, 20). *Une vaste salle soutenue de colonnes blanches* (E. Bourges, *Les oiseaux s'envolent*, I, 79). *Accompagnés de la flûte* (titre d'un recueil de poèmes de J. Giono, 1924). *Non pas tellement que les parents ne soient plus compris de leurs enfants* (G. Cohen, dans *Vie et Langage*, 1954, p. 417). *Se faire suivre de ses gens. Ce mot est quelquefois précédé de tel autre. Je ne suis pas connu de lui. Se faire aimer, se faire haïr de quelqu'un. Il est respecté de tous.*

— **De - que de.** Devant un infinitif et après *c'est que, mieux que, plutôt que*, on peut exprimer ou non la préposition *de* : *C'est quelque chose que* (ou *que de*) *faire des folies à cet âge. Il aime mieux partir qu'* (ou *que d'*) *entendre un tel discours. Il partit plutôt qu'* (ou *que d'*) *entendre un tel discours. Il aime mieux faire cela que de faire, que faire autre chose* (Littré).

L'usage, toutefois, est d'employer *que de*.

— **Ne faire que de sortir,** c'est sortir à l'instant ; **ne faire que sortir,** c'est sortir à chaque instant.

— Si j'étais que de vous. V. VOUS.

— De ce que. Il faut éviter le tour *de ce que* quand on peut employer *que* seulement : *Je m'étonne qu'il vienne si tard* (plutôt que *de ce qu'il vienne si tard*). *Je m'étonne qu'il ne soit pas mort* (plutôt que *de ce qu'il n'est pas mort*) *Il profita qu'elle avait le dos tourné.*

V. aussi à CE QUE et PLAINDRE (*se*).

— T'en fais une, de tête ! *Dis-m'en une, de fable. Je te passerai le mien, de couteau,* sont des constructions populaires à éviter.

De même, on dira : *C'est sa faute* (et non *de sa faute*). *La moitié de dix est cinq* (et non *de cinq*).

— C'est à vous à ou de. V. À.

— De par. V. PAR.

— Des plus. V. PLUS.

— « De le » contracté en « du » dans un titre. V. TITRE.

— « De » particule nobiliaire. V. PARTICULE.

— Voir à leur ordre alphabétique les adjectifs et les verbes qui se construisent avec une préposition dont l'emploi présente quelque difficulté.

débâcle. V. EMBÂCLE.

débiteur a pour féminin *débitrice* au sens de « qui doit », mais fait *débiteuse* au sens de « qui débite » : *Elle est votre débitrice* (Acad.) *C'est une grande débiteuse de mensonges* (Id.).

Débitrice est employé abusivement à la place de *débiteuse*, pour désigner celle qui, dans les grands magasins, conduit les clients à la caisse (Acad.)

déblaiement, remblaiement s'écrivent avec un *e* intercalaire.

déblatérer se construit avec **contre** (et non *sur*) : *Il a passé deux heures à déblatérer contre moi* (Acad.). *Déblatérer contre la sottise humaine* (Lar. du XXe s.). Et aussi, absolument : *Vous n'avez pas fini de déblatérer !* C'est un terme familier.

déboîter s'écrit avec un accent circonflexe sur l'*i* (comme *boîte,* dont il est dérivé).

V. aussi BOÎTE.

debout, adverbe, est *invariable* : *Ils restèrent debout à le regarder.*

— Places debout. V. PLACE.

débris s'emploie surtout au pluriel : *Les débris d'un édifice qui vient de s'écrouler* (Acad.). *Cette monarchie périt et plusieurs États se formèrent de ses débris* (Id.). *Les débris d'un festin.*

Le singulier est plus rarement usité : *Un débris de vases et de meubles* (Acad.). *Il ne peut rien sauver du débris, des débris de son navire* (Id.). *Je m'approchai d'un débris de guérite en pierre au bord de la falaise* (Sainte-Beuve, *Volupté,* I, 50).

deçà s'écrit avec un accent grave sur l'*a* : *Aller deçà, delà* (ou *deçà delà*), *deçà et delà. En deçà de la rivière* (et non *en deçà la rivière*). *Par-deçà le grand chemin* (Acad.).

décacheter fait *je décachette, nous décachetons.* (Se garder de dire *je décach'te.*)

décade. — Etymologiquement, *décade* ne signifie rien d'autre que « dizaine » (gr. *dekas, dekados*). La *décade* grecque était une période de dix jours ; les *Décades* de Tite-Live, une série de dix livres.

Aujourd'hui, et surtout à la suite de la division du calendrier républicain en trois périodes de dix jours appelées *décades* (le dixième jour étant le *décadi*), le mot s'est spécialisé dans le sens de « dizaine de jours ». On dit une *décade* comme on dit une *quinzaine.*

L'extension à « dizaine d'années » (*Vivre par années et non, comme il l'aurait fallu, par décades* [J. Giraudoux, *Electre,* II, v]) a été amenée par l'influence du sens de l'anglais *decade.* Quoique non fautive en soi, il vaut mieux l'éviter si l'on veut se garder des confusions.

Les Contributions indirectes se servent officiellement du dérivé *décadaire* (*Relevé décadaire, Totaux décadaires*) au sens de « période de dix jours ».

Le mot *décennie* (du lat. *decem,* dix, et *annus,* année) essaie de s'implanter pour remplacer *décade* dans son sens abusif. On peut encore dire *période décennale*

décalquer. V. CALQUER.

décamper se conjugue avec l'auxiliaire **être** ou **avoir** selon qu'on veut exprimer l'état ou l'action : *L'ennemi était décampé, avait décampé quand* *nous arrivâmes* (Acad.). L'emploi d'*avoir* est toutefois plus courant.

décéder se conjugue toujours avec l'auxiliaire **être** : *Il est décédé à l'aube. Il est décédé l'année dernière.* Il ne se dit que des personnes : *Il décéda si pauvre que l'on ne trouva pas chez lui de quoi le faire inhumer*

déceler fait *je décèle, nous décelons.*

décennie. V. DÉCADE.

déchiffrage - déchiffrement. — Déchiffrage est réservé à la musique : *Le déchiffrage de ce morceau est vraiment pénible.*

On dit **déchiffrement** quand il s'agit d'un manuscrit, d'un télégramme chiffré, etc. : *Déchiffrement des inscriptions cunéiformes* (Acad.). *Il est chargé du déchiffrement des dépêches* (Id.).

déchoir. — Conjugaison : *Je déchois, tu déchois, il déchoit, nous déchoyons, vous déchoyez, ils déchoient.* L'imparfait est inusité. *Je déchus, nous déchûmes. Je déchoirai, nous déchoirons* (la forme *décherrai, décherrons,* quoique donnée par l'Académie, est archaïque). *Je déchoirais, nous déchoirions. Que je déchoie, qu'il déchoie, que nous déchoyions. Que je déchusse, qu'il déchût, que nous déchussions.* Le part. prés. est inusité. *Déchu, e.*

— Il se conjugue avec **être** ou **avoir** selon qu'on veut exprimer l'état ou l'action : *Il est très déchu dans l'estime du public* (Acad.). *Depuis ce moment-là, il a déchu de jour en jour.*

de-ci, de-là s'écrivent avec des traits d'union (comme *par-ci, par-là*) : *Aller de-ci, de-là.* (On écrit souvent *de-ci de-là* et *par-ci par-là,* sans virgule, et aussi *deçà et delà.*)

décider. — Décider à ou **de.** *Décider à* (devant un infinitif) s'emploie au sens de « déterminer quelqu'un à faire quelque chose » : *Cette raison m'a décidé à partir* (Acad.). *Je l'ai décidé, il est décidé à vendre sa voiture.*

Avec *se décider,* on emploie toujours *à* : *Nous nous décidons à rester* (Lar. du XX⁰ s.).

Au sens d' « arrêter, déterminer ce qu'on doit faire », on emploie *décider de* : *Nous décidâmes de partir sur-le-champ* (Acad.). *Il a décidé de vendre sa voiture.*

— **Décider que** se construit avec l'indicatif ou le conditionnel si le verbe exprime une volonté dont l'accomplissement est certain, sinon on emploie le subjonctif : *Il fut décidé que nous resterions* (Acad.). *Il avait décidé que la chambre fût peinte en bleu* (Gr. Lar. encycl.).

décimer ne s'emploie plus guère en son sens d'origine, « faire périr une personne sur dix, d'après le sort » : *Les dictateurs romains décimaient les troupes qui avaient fui.*

Par extension, *décimer* signifie aujourd'hui « faire périr un grand nombre de personnes » : *Ce fléau a décimé la population* (Acad.). *La peste décima l'armée de Saint Louis devant Tunis* (Nouv. Lar. univ.).

déclencher s'écrit avec un *e* (et non pas *déclancher*).

déclin ne s'emploie pas au pluriel.

décliner. — Transitivement, *décliner* signifie « refuser » ou « ne pas reconnaître » : *Décliner un honneur, une charge. Il décline l'offre de mes éperons mexicains à larges molettes aiguës* (M. Constantin-Weyer, *Un homme se penche sur son passé,* 42). On connaît aussi le sens grammatical : « faire varier un mot dans sa désinence suivant les genres, nombres et cas ».

Au sens figuré, on décline son nom, ses titres, ses qualités, mais on ne saurait se décliner *soi-même,* et dire, avec M. et A. Leblond (*En France,* 445) : *Il jouissait du paradoxe d'avoir à se décliner simple chef de bureau au ministère.*

décolleter fait *je* (me) *décollette, nous* (nous) *décolletons.* (Se garder de dire *je* [me] *décoll'te.*)

décombres est un nom *masculin pluriel.* Il ne s'emploie pas au singulier, sauf parfois en poésie : *Le décombre écroulé de la rude paillasse* (M. du Plessys, *le Feu sacré,* 131).

décommander dit bien aujourd'hui au sens de « contremander », mot tombé en désuétude : *Décommander une voiture* (Acad.). *Décommander des déménageurs, des invités* (Lar. du XX⁰ s.). *Afin de décommander la cabine retenue* (H. Bordeaux, *le Calvaire de Cimiez,* 165).

décorum. — Le *décorum* (mot sans pluriel tiré du latin *decorum*, convenance), c'est l'ensemble des convenances, des bienséances à observer dans une bonne société : *Garder, observer le décorum* (Lar. du XXᵉ s.). *Ce vieillard est très soucieux du décorum* (Acad.). *Aucune considération de décorum ou de respect humain* (A. Theuriet, *Charme dangereux*, 37). C'est aussi l'étiquette, le cérémonial auquel sont astreints les personnages officiels : *Décorum royal, présidentiel* (Acad.).

Mais probablement sous l'influence de *décor, décorum* a pris le sens abusif de « décor, aspect extérieur brillant » : *Il n'a d'autre décorum à garder que celui dont s'est chargé son tailleur* (Balzac, *le Cousin Pons*, 81). *C'était un homme qui avait mis tout son plaisir dans les réceptions, dans le décorum* (H. Bataille, *Maman Colibri*, IV, VI). *Tu ne voudrais pas qu'Auguste entrât dans son domaine sans un certain décorum* [il a tiré un coup de feu] (A. Salacrou, *Atlas-Hôtel*, I, VIII). *Sous le décorum trompeur perçait la gêne* (G. Mazeline, *les Loups*, 66).

Cette extension de sens n'est pas à conseiller.

découper - couper. — Alors que **couper** c'est simplement « diviser en tranchant » (*Couper son pain, couper un livre, couper de l'herbe*), **découper** suppose un certain art, une adresse à faire des parts égales ou à suivre des contours : *Découper un gigot, un poulet, un perdreau* (Acad.). *Découper une image, un article de journal* (ce dernier s'appelle alors une *coupure*, et non une *découpure*).

découvrir - inventer. — On **découvre** ce qui, existant déjà, est inconnu ou caché : *Christophe Colomb a découvert l'Amérique. Découvrir un trésor, une source, une mine d'or. Il découvrit une issue secrète.*

On **invente** une chose quand on l'imagine le premier : *Les frères Lumière ont inventé le cinématographe.*

Inventer, c'est aussi « imaginer une chose qu'on donne comme réelle » *On a inventé l'Eldorado.*

Le sens ancien d'*inventer* (pour « trouver ») ne se rencontre plus guère que dans l'expression *invention de la*

Sainte-Croix (sa découverte), et en termes de droit pour désigner celui qui trouve : *Les objets trouvés et non réclamés sont attribués au bout d'un an à l'inventeur.*

décréditer - décrier. — **Décréditer,** c'est porter atteinte au crédit, à la considération, à l'honneur de quelqu'un (on dit plutôt **discréditer**) : *Cette action, ce procédé l'a étrangement décrédité* (Acad.). *On discrédite un homme d'affaires par des bruits mensongers* (Lar. du XXᵉ s.). Il se dit aussi, par extension, des choses : *Cette opinion se décrédite, commence à se décréditer* (Acad.).

Décrier, c'est déprécier (une personne ou une chose) : *Cette femme est fort décriée par sa mauvaise conduite* (Acad.). *Une conduite décriée* (Id.). *Décrier ses voisins, ses collègues, un auteur* (Lar. du XXᵉ s.).

décrépi - décrépit. — Ces deux homonymes ont des sens différents qu'il convient de respecter.

Décrépi signifie proprement « qui a perdu son crépi » : *Mur décrépi, maison décrépie.*

Décrépit (lat. *decrepitus,* de formation discutée) est en somme un sens figuré de *décrépi* : *Un vieillard décrépit, une pauvre femme décrépite,* c'est-à-dire « fatigués, cassés ». *Les marchandes aussi vieilles que le temps, aussi décrépites et ridées que les bonnes femmes des contes de fées* (G. Geffroy, *l'Apprentie,* 66). Et par extension : *Chêne décrépit* (Lar. du XXᵉ s.). *Une sombre masure apparaît, décrépite* (V. Hugo, *la Légende des siècles,* « les Pauvres Gens »).

décréter. — **Décréter que** se construit avec l'indicatif ou le conditionnel (et non avec le subjonctif) : *Nous décrétons que vous partirez demain. Je décrète qu'il sera pendu* (et non *qu'il soit*). *Il décréta qu'ils ne partiraient pas* (Robert).

décrier - décréditer. V. DÉCRÉDITER.

décroître. V ACCROÎTRE

dédaigner, avant un infinitif, se construit avec **de** (à la différence de *daigner,* qui se construit toujours sans préposition) : *Il dédaigne de nous saluer. Des jeunes gens de famille ne dédaignaient pas de s'exercer* (G. de Nerval, *la Main enchantée*, 10).

dedans. — Employé comme préposition et suivi d'un complément, *dedans* est vieilli. On dit : *Il est dans la maison* (et non pas *dedans la maison*). *L'oiseau est dans sa cage. Les bijoux sont dans le tiroir.*

Il en est de même pour *dessus, dessous* et *dehors* (*sur, sous, hors*).

— S'écrivent avec un trait d'union les locutions *au-dedans, au-dedans de, là-dedans, par-dedans* (Acad.).

En dedans ne prend pas de trait d'union.

— V. aussi DANS.

dédire (se). V. MÉDIRE.

dédoubler - doubler. — Le sens le plus courant de **dédoubler** est « partager en deux » (*Dédoubler un régiment* [Acad.]), alors que **doubler** est « porter au double, mettre en double » : *Doubler une ration. Doubler ses capitaux* (Acad.).

L'expression de chemin de fer *dédoubler un train*, au sens de « faire partir, presque à la même heure, à cause de l'affluence des voyageurs, deux trains au lieu d'un pour la même destination », peut paraître illogique, et il aurait été préférable, pour éviter toute confusion, de réserver *dédoubler* à l'opération qui consiste à scinder un train en deux tronçons. L'Académie a toutefois admis cette expression dans son dictionnaire.

défaillir. — Quoique composé du préfixe *dé* et de *faillir*, ce verbe se conjugue en fait sur *tressaillir*.

L'Académie en limite l'emploi aux personnes et aux temps suivants : *Nous défaillons, vous défaillez, ils défaillent. Je défaillais,* etc. *Je défaillis,* etc. *J'ai défailli,* etc., et les autres temps composés. *Défaillant.*

On rencontre toutefois le présent *je défaille,* etc., le futur *je défaillirai,* etc., et le conditionnel : *Ah! que ne suis-je étendu maintenant sous le hangar — où la chaleur défaille — près de toi* (A. Gide, *les Nourritures terrestres*, 120). *Seule, elle défaillirait sans doute* (M. Tinayre, *Château en Limousin*, 84).

Jusqu'au XIXᵉ siècle, on disait *je défaus, je défaudrai,* etc. : *A qui le*

désir manque, aucun bien ne défaut (Rotrou, *Saint Genest*, V, II). Ces formes sont aujourd'hui tombées en désuétude et ne se rencontrent plus que dans le langage affecté : *Que ferai-je, le cœur me défaut* (E. Bourges, *Les oiseaux s'envolent*, II, 21). *La brute joviale et gloutonne défaut en lui* (Colette, *Mitsou*, 65)

V. aussi FAILLIR.

défendeur, terme juridique, a pour féminin *défenderesse*

défendre. — **Défendre de** se construit avec un infinitif, sans négation : *Il lui défendit de s'éloigner. La raison nous défend de faire une injustice* (Acad.).

— Avec **défendre que,** la phrase se construit également sans *ne* et le verbe se met au subjonctif : *J'ai défendu que vous fissiez telle chose* (Acad.). *Il défendit qu'aucun étranger entrât dans la ville* (Lar. du XXᵉ s.; d'apr. Voltaire).

défenseur n'a pas de féminin correspondant : *Elle fut pour lui un remarquable défenseur.*

déficit est un mot latin francisé (accent, et pluriel avec *s* : des *déficits*).

défier. — **Défier à,** c'est provoquer à une lutte : *Défier quelqu'un à la marche, au billard* (Lar. du XXᵉ s.). *Ils se sont défiés au combat* (Id.).

— **Défier de,** c'est mettre au défi, ne pas croire quelqu'un capable de faire quelque chose : *Je vous défie de faire cela. Je le défie d'y aller* (Littré) *Je vous défie de deviner* (Acad.).

— **Se défier de** a le sens d' « être en garde contre » ou d' « être en défiance ».

— **Se défier que** se construit avec le subjonctif : *On doit se défier qu'ils ne viennent.* (Si la proposition principale est négative, on n'emploie pas *ne*).

— **Se défier - se méfier.** *Se défier de quelqu'un,* c'est ne se fier à lui qu'avec précaution : *C'est un homme dont il faut se défier* (Acad.). *Je me défie de ses caresses* (Id.).

Se méfier de quelqu'un dit plus; c'est ne pas lui accorder de confiance : *On se méfie des autres; on se défie de soi.*

— V. aussi MÉFIANCE.

défiler signifiant « marcher à la file, à la suite les uns des autres », se garder de dire _défiler successivement,_ qui est un pléonasme.

définitive. — La locution **en définitive** est seule correcte (_en définitif_ ne se dit plus).

défunt. V. FEU.

dégainer, dérivé de _gaine,_ s'écrit sans accent circonflexe sur l'_i._ Il en est de même de _dégaine,_ attitude.

dégât s'écrit avec un accent circonflexe sur l'_a_ : _La grêle a fait un grand dégât, de grands dégâts dans les vignes._

dégeler fait _il dégèle._

dégénérer se conjugue avec **avoir** ou **être** selon qu'on veut exprimer l'action ou l'état : _Cette race a bien dégénéré, est bien dégénérée_ (Acad.). _Il a dégénéré de la valeur de ses aïeux_ (Id.).

dégingandé se prononce _dé-jin-gan-dé_ (et non _dé-ghin-_).

dégoût et ses dérivés (_dégoûtant, dégoûter,_ etc.) s'écrivent avec un accent circonflexe sur l'_u._

dégradation - déprédation. — Des **dégradations** sont des détériorations, des dégâts causés en général à des bâtiments : _Les dégradations d'un mur par les intempéries. La dégradation des monuments publics est punie par la loi_ (Acad.).

Déprédation (parfois confondu à tort avec _dégradation_) désigne proprement un pillage accompagné de dégâts. Cette distinction est très importante, puisque dans _déprédation_ (lat. _depraedatio_) il y a _praeda,_ proie : _Les déprédations qui se commettent dans un Etat_ (Acad.). _Déprédation des finances, des biens d'un pupille,_ etc. (Lar. du XXᵉ s.).

Néanmoins, et par extension, on appelle aussi _déprédations_ des dégâts causés par la malveillance.

dégrafer est le contraire d'_agrafer_ (v. AGRAFE) : _Sa robe s'est dégrafée_ (Acad.). _Dégrafer son ceinturon_ (Lar. du XXᵉ s.).

Ce mot est formé non pas sur _agrafe,_ mais sur le vieux français _grafe,_ crochet.

Désagrafer n'est pas un barbarisme, mais il double inutilement un mot encore bien vivant.

A noter l'_f_ unique.

degré. V. CENTÉSIMAL.

— Les degrés centésimaux, ou Celsius, s'écrivent avec une virgule : _38,5°C_ ou _38°,5 C._ Les degrés d'angle s'écrivent sans virgule : _12° 25′ 7″._

dehors se prononce _de-or_ (et non _dé-or_).

— **Au-dehors, par-dehors** s'écrivent avec un trait d'union.

— On dit **en dehors de** (et non _au-dehors de_) : _Tout ce qui est en dehors de cette ligne..._ (Acad.).

déjà s'écrit avec un accent grave sur l'_a._ Ne pas prononcer _d'ja._

déjeuner - dîner - souper. — En général, et particulièrement à Paris, le **petit déjeuner** est le repas du matin, le **déjeuner** le repas de midi, le **dîner** le repas du soir, et le **souper** le repas pris à la sortie du spectacle, vers minuit.

(Dans certaines régions, le _dîner_ est le repas de midi, et le _souper_ le repas du soir, où l'on mange la soupe.)

A noter que _déjeuner_ s'écrit sans accent circonflexe sur l'_u,_ mais que _jeûner_ en prend un.

Ne pas prononcer _déj'ner_

— **Déjeuner** avec. V. AVEC.

delà. — On écrit _au-delà_ (_L'au-delà. Passer au-delà_), _au-delà de, par-delà_ (Acad.). [A noter le trait d'union dans ces locutions, ajouté par l'Académie dans la huitième édition de son dictionnaire.]

V. aussi AU-DELÀ et DEÇÀ.

délateur fait au féminin _délatrice._

délibérer se construit avec **sur** au sens de « se livrer à un examen approfondi à propos d'une question » : _Il a longtemps délibéré sur ce qu'il devait faire_ (Acad.). _Délibérer sur une matière, sur une question, sur une affaire importante_ (Id.).

— **Délibérer de** a le sens de « décider » : _J'ai délibéré de partir_ (Acad.).

On rencontre parfois _délibérer de_ au sens de « délibérer sur » : _Délibérer d'une chose._ Cette construction était courante au XVIᵉ siècle

délice est masculin au singulier et féminin au pluriel.

Il s'agit, en réalité, de deux mots différents, selon qu'on emploie le singulier (lat. _delicium,_ neutre singulier) ou le pluriel (lat. _deliciae,_ féminin pluriel).

Délice est un vocable savant, forgé au XVIᵉ siècle, et qui, condamné par Vaugelas, tomba dans l'oubli, puis revécut jusqu'à nos jours : *C'est du délice de contribuer au bonheur des autres* (Trévoux). *La lecture de cet ouvrage est un pur délice* (Acad.) *Doux et puissant retour du délice de naître* (P. Valéry, *la Jeune Parque*, 104)

Délices, d'un usage courant, a toujours été du féminin : *Il en fait ses plus chères délices* (Acad.).

— Avec *un de*, il est préférable de faire *délices* du masculin : *Un de mes plus grands délices était de canoter sur la Marne.*

délivrer - libérer. — On délivre un prisonnier qui a été retenu par l'ennemi ; on **libère** un prisonnier qui a été enfermé par acte de justice : *Nos troupes délivrèrent 3 000 prisonniers. Il fut libéré avant l'accomplissement de sa peine*

démailloter s'écrit avec un seul *t* (de même qu'*emmailloter*).
V. aussi -OTER.

demain. — On dit ordinairement : *De demain en huit* (Acad.), *en quinze*, etc. *J'irai vous voir de demain en huit.* (*Demain en huit* est familier [Grevisse].)

Il en est de même pour *aujourd'hui* et pour les jours de la semaine : *D'aujourd'hui, de mercredi en huit.*

Demain matin, demain soir (Acad., Lar. du XXᵉ s.) sont d'usage plus courant que *demain au matin, demain au soir.*

— **D'ici à demain.** V. ICI

demander. — **Demander à - demander de.** Quand *demander* est suivi d'un infinitif, on emploie *à* si l'action exprimée par chacun des deux verbes est faite par la même personne : *Je demande à voir. Je demande à présenter une observation* (Lar. du XXᵉ s.).

Dans le cas contraire, *demander* se construit avec *de* : *Je vous demande de m'écouter* (Acad.). *Il lui demande de parler plus fort.*

— **Demander à ce que.** Voir à CE QUE.

— **Demander après quelqu'un.** V. APRÈS.

— **Ne pas demander mieux que.** On peut écrire correctement, pour éviter le choc des deux *que* : *Il ne demanderait pas mieux qu'un de ses fils fût baptisé* (et non *que qu'un*) [A. Bellessort, *les Voyages de François de Xavier*, 136 ; cité par Grevisse].

demandeur a pour féminin normal *demandeuse.*

Comme contraire de *défendeur* (terme juridique), il faut au féminin **demanderesse.**

démanteler fait *je démantèle, nous démantelons.*

déménager se conjugue avec l'auxiliaire **être** ou **avoir** selon qu'on veut exprimer l'état ou l'action : *Il y a longtemps qu'il est déménagé* (Acad.) *Il a déménagé à la cloche de bois.*

démentir se conjugue comme *mentir* : *je démens, tu démens*, etc. *L'intérêt ne se dément pas* (et non *démentit*). *Que de gens dont la conduite dément les paroles !* (Lar. du XXᵉ s.).

démériter. — On peut dire *démériter de quelqu'un* ou *auprès de quelqu'un* (Acad.).

demeure. — *Il y a péril en la demeure* ne signifie nullement, comme certains seraient tentés de le croire, « il y a danger à rester dans la maison ».

En réalité, *demeure* conserve ici son vieux sens de « retardement ». La *demeure*, c'est le fait de tarder, d'être en retard, de demeurer, et *il y a péril en la demeure* signifie « il y a péril, danger à tarder plus longtemps ». Toute autre interprétation serait un contresens

demeurer se conjugue avec **être** au sens de « rester en quelque endroit, s'arrêter » : *Il est demeuré sur la route. Mon cheval est demeuré en chemin* (Acad.). *Je reprends mon discours où j'en étais demeuré* (Id.). *Nous sommes demeurés d'accord sur ce sujet.*

Il se conjugue avec **avoir** aux autres sens : *La plaie a demeuré longtemps à guérir, à se fermer* (Acad.). *J'ai demeuré longtemps dans cette maison. Il n'a demeuré qu'une heure à faire cela* (Acad.).

— On demeure *dans* une rue, une avenue, une impasse, un passage, une ruelle, mais *sur* un boulevard, un cours, une place. (On dit parfois *sur* une avenue.)

— **Demeurer - rester.** V. RESTER.

demi, adjectif, ne s'accorde en genre (il n'a pas de pluriel) que lorsqu'il est placé après un nom désignant une quantité entière (il s'y rattache alors par *et*) : *Deux litres et demi. Une heure et demie. Deux heures et demie.*

— **Demi,** placé devant un nom, est toujours invariable et se lie à celui-ci par un trait d'union : *Un demi-litre Deux demi-litres. Une demi-heure. Deux demi-heures.*

Sont invariables les composés suivants : *demi-sang* (cheval), *demi-sel* (fromage).

Demi-solde, « appointements réduits de moitié », fait au pluriel *demi-soldes,* mais *demi-solde,* « officier en demi-solde », est invariable (V. SOLDE.)

— **A demi** est une locution invariable : *Faire les choses à demi. Ces enfants sont à demi morts de froid.*

Elle se lie par un trait d'union à un nom seulement : *Parler à demi-mot, à demi-voix.*

— **Plus d'à** (ou **qu'à**) **demi.** V. MOINS (*Moins de - moins que*)

— **Demi - semi.** *Semi* est un synonyme de *demi* qui s'emploie surtout en composition avec un adjectif et particulièrement dans le langage scientifique. Il a le même sens et suit les mêmes règles : *Une clientèle semi-rurale. Un recueil semi-périodique* (Acad.). *Série semi-convergente* (Lar. du XXᵉ s.). On le rencontre avec un nom : *Une semi-voyelle.*

— **Demi - mi.** *Mi* est une abréviation de *demi.* Il se lie toujours par un trait d'union au mot qui le suit : *A mi-chemin. A mi-jambes. Mi-fil, mi-coton. Yeux mi-clos. La mi-temps. La mi-août.* (A noter que le nom composé est alors du *féminin.*)

V. aussi PARTI (MI-).

demoiselle. — Il n'est pas correct de dire : *J'ai rencontré M. Un tel avec sa demoiselle. Mon bon souvenir à votre demoiselle.* C'est là du langage populaire. Il faut dire : *... avec sa jeune fille, sa fille ; ...à votre fille, à Mademoiselle votre fille.*

V. aussi DAME, MADAME.

démon n'a pas de féminin : *Cette enfant est un démon.*

dénomination et **dénominatif** s'écrivent avec un seul *m* (alors que *dénommer* en prend deux).

dénouement s'écrit avec un *e* intercalaire (Acad.) [et non plus *dénoûment*].

dent- entre dans un certain nombre de noms composés : *dent-de-cheval* (pierre précieuse), *dent-de-chien* (ciseau), *dent-de-lion, dent-de-loup, dent-de-rat, dents-de-scie* (archit.).

Seul le premier élément prend la *marque* du pluriel : *des dents-de-cheval,* etc.

dental fait au pluriel masculin *dentaux.*

denté - dentelé. — Ces deux mots, dont le radical est *dent,* sont synonymes et ne sont pas toujours nettement différenciés.

Denté est surtout un terme technique : *Une roue dentée* (Acad., Lar. du XXᵉ s.). *Un pignon denté.* En anatomie, on dit aussi : *Une mâchoire bien dentée.*

Dentelé se dit, en anatomie et en botanique, d'organes rappelant la forme des dents : *Muscles dentelés. Ligament dentelé. Feuilles dentelées* (Lar. du XXᵉ s.). *Un maroquin du Levant, dentelé d'or* (E. et J. de Goncourt, *Charles Demailly,* 159).

En numismatique, on emploie également *dentelé* (plutôt que *denté*) : *Médaille dentelée* (Acad.).

denticule, « petite dent », est du *masculin* (Littré, Lar. du XXᵉ s.).

V. aussi -ULE.

dentier - râtelier. — L'Académie a admis **râtelier** au sens de « dentier » dans la huitième édition (1932) de son dictionnaire : *Porter un râtelier.*

Jusqu'ici, les auteurs n'avaient employé ce mot, inconvenant naguère, qu'avec une nuance d'ironie : *Ses lèvres jointes, tendues par un faux* (sic) *râtelier* (Balzac, *la Peau de chagrin,* II, 19). *Il n'avait plus de bouche ; avalée, comme un râtelier* (J.-L. Bory, *Mon village à l'heure allemande,* 137).

Il vaut mieux néanmoins s'abstenir de ce terme, contre lequel s'élèvent maintes préventions, et le laisser au langage populaire ou familier.

dentition - denture. — Dans le langage scientifique, la **dentition** est la formation, l'accroissement et la sortie naturelle des dents, et la **denture** l'ensemble des dents et l'ordre dans lequel elles sont rangées : *Le palais brisé laisse voir les dents de la deuxième dentition* (*Bulletins et mémoires de la Société d'Anthropologie*, t. X, 104). *Le petit [de la chauve-souris] est nu et aveugle à sa naissance, mais possède déjà des dents de lait, qu'il perdra à l'âge d'un mois et demi, pour acquérir sa denture définitive* (L. Bertin, *la Vie des animaux*, II, 446). *Denture de l'homme et dentitions successives* (G. Bresse, *Morphologie et Physiologie*, 491).

Dans le langage courant, on emploie parfois *dentition* au sens de « denture » : *La femme de l'apothicaire les croquait comme eux, héroïquement, malgré sa détestable dentition* (G. Flaubert, *Madame Bovary*, 113). *Le coude à la hauteur de la vedette à dentition de cheval...* (J.-L. Bory, *Mon village à l'heure allemande*, 132).

Cette synonymie intempestive (que l'Académie a toutefois consignée dans la huitième édition de son dictionnaire) n'est pas à conseiller dans le langage châtié.

— En termes de technique (« ensemble des dents d'une roue dentée »), on dit toujours *denture* : *La denture d'un engrenage.*

dénuement s'écrit avec un *e* intercalaire (Acad.).

dépareiller - déparier. — **Dépareiller,** c'est ôter l'une des choses pareilles qui allaient ensemble et ne pas la remplacer, ou la remplacer par une autre différente : *Un gant dépareillé. Service de table dépareillé. Il vient de perdre un de ses chevaux, son bel attelage est dépareillé* (Acad.). *Dépareiller une douzaine de mouchoirs* (Id.).

Déparier, c'est ôter l'une des deux choses qui font la paire : *Déparier des gants, des souliers, des bas* (Acad.). [On dit aussi, en ce sens, DÉPAREILLER.] *Déparier des bœufs, des pigeons. Tourterelles dépariées et condamnées à pousser éternellement des roucoulements élégiaques* (Th. Gautier, *Mademoiselle de Maupin*, 111). [On dit aussi, et même plus souvent, DÉSAPPARIER.]

département. — « En » devant les noms de départements. V. EN

départir (se). — Ce verbe est composé d'un préfixe (*dé*) et de *partir* au sens de « partager » (cf. *Avoir maille à partir*) Aussi se conjugue-t-il comme *partir*, et non comme *assortir*.

Le Dictionnaire de l'Académie donne comme exemple : *Pourquoi voulez-vous qu'il s'en départe ?* On trouve ailleurs : *Ne vous départez pas d'une si noble audace* (Corneille, *Nicomède*, I, III). *Tout ce que la faveur départ aux favoris* (Régnier, *Satires*, XIV). *Du Dieu qui te connaît dépars-moi les bontés* (Rotrou, *Saint Genest*, IV, v). *Ferrati, se départant dans la première fois de son calme, recule* (Cl. Farrère, *les Condamnés à mort*, 160). *Jamais il ne se départait ni de sa politesse de bon ton, ni de ses manières raffinées* (J. Blanc, *Seule, la vie...*, II, 99). *Il n'a pas de nom, Archie, répondit le romancier avec le tendre sérieux dont il ne se départait jamais quand il parlait à son fils* (J. et J. Tharaud, *Dingley, l'illustre écrivain*, 55).

Toutefois, l'usage est suffisamment flottant pour que de bons écrivains s'y soient trompés. Voici quelques exemples empruntés à Grevisse : *Le Président même se départit de sa tenue ; il se laisse aller dans son fauteuil* (R. Benjamin, *le Palais*, 68). *Dans aucune des parties de son poème, Dante ne se départit d'une façon tout à fait naturelle et humaine* (M. Barrès, *les Maîtres*, 17). *Je [...] regrettais alors Hilaire qui me départissait l'an d'avant de ce que mon humeur avait sinon de trop farouche* (A. Gide, *les Nourritures terrestres*, 75).

Conjugué sur le modèle d'*assortir*, se *départir* ferait : *je me départis, nous nous départissons*, etc., avec un participe présent en -*issant*, alors que la conjugaison correcte est : *Je me dépars, nous nous départons. Je me départais, nous nous départions. Dépars-toi, départons-nous, départez-vous. Que je me départe, que nous nous départions. Départant.*

dépasser - passer. V. PASSER.

dépendre. — **Dépendre que** se construit avec le subjonctif. Si la phrase est négative ou interrogative, le *ne* explétif est facultatif (mais il vaut mieux ne pas l'employer) : *Il ne dépend pas de moi* *que vous réussissiez. Dépend-il de vous que cela ne fasse?*

Si la phrase est affirmative, elle se construit sans *ne* : *Il dépend de vous que cet homme revienne* ou *ne revienne pas. Il ne dépend que de vous qu'elle renaisse.*

dépens n'a pas de singulier : *Etre condamné aux dépens. S'enrichir aux dépens du public, des contribuables* (Acad.)

dépingler est le contraire d'*épingler* : *Mlle Dax dépingla son chapeau* (Cl. Farrère, *Mademoiselle Dax, jeune fille*, 1 ?). [On dit aussi, et plus souvent, DÉSÉPINGLER.]

dépister a deux sens totalement opposés : 1° découvrir la trace, la piste : *Dépister un lièvre, un criminel;* 2° faire perdre la trace, la piste : *Dépister ses créanciers. Dépister les poursuites de la police* (Acad.).

dépit. — **En dépit de** signifie « sans tenir compte de, malgré » : *J'en viendrai à bout en dépit de lui, en dépit de tout le monde* (Acad.). *En dépit du bon sens. Faire une chose en dépit de quelqu'un* (Lar. du XXe s.).

— **En dépit que** n'est correct que dans l'expression archaïque *en dépit que j'en aie, que nous en ayons,* etc., c'est-à-dire « quoi que je fasse, que nous fassions, etc. » : *Il faut que tu lui sois fidèle, en dépit que j'en aie* (Molière). *En dépit qu'elles en eussent* (R. Rolland, *Annette et Sylvie*, 103). *Sa verve distrayait, en dépit qu'on en eût* (Fr. Ambrière, *les Grandes Vacances*, 360).

La locution correcte, remarque Littré, serait *dépit qu'il en ait*, comme *malgré qu'il en ait*, c'est-à-dire « quelque mal gré qu'il en ait »; tandis qu'il est impossible de dire *quelque en dépit qu'il en ait*. Mais là il y a eu confusion et fusion avec la locution *en dépit*, d'où est résultée la locution *en dépit qu'il en ait*. Toutefois, venant du XVIe siècle, elle a été consacrée par les meilleurs écrivains du XVIIe

déplaire se conjugue comme *plaire* (v. ce mot).

Le participe passé **déplu** est toujours invariable (*déplaire* se conjugue avec *avoir; se déplaire* avec *être*) : *Ces pro-*

cédés nous ont déplu. Dès qu'ils se sont vus, ils se sont déplu souverainement (Acad.).

déploiement s'écrit avec un *e* intercalaire.

déplorable se dit également des personnes et des choses : *Elève déplorable* (Acad.). *Etat, situation, conduite déplorable.*

dépôt s'écrit avec un accent circonflexe sur l'*o*.

dépourvoir ne s'emploie guère qu'à l'infinitif, au participe passé, et aussi à tous les temps composés : *Il est dépourvu des connaissances les plus élémentaires* (Acad.)

déprédation - dégradation.
V. DÉGRADATION.

depuis, employé en corrélation avec **jusqu'à,** dit plus que *de... à* : *Depuis Paris jusqu'à Lyon* est plus fort que *De Paris à Lyon. Depuis l'extrême misère jusqu'à l'extrême opulence* (Lar. du XXe s.). *Je vous attendrai depuis cinq heures jusqu'à six* (Acad.). *Depuis le premier jusqu'au dernier* (Id.). La construction *de... à* est toutefois plus élégante : *Du premier au dernier.*

— **Depuis** marque aussi le point de départ dans le temps : *Depuis Aristote. Depuis toujours. Depuis un temps infini. Depuis lors. Depuis peu.*

— Il faut dire : *Je le vis de ma fenêtre. Je lui fis signe du balcon. Il m'écrit de son hôtel.* (Et non *depuis ma fenêtre, depuis le balcon, depuis son hôtel.*) De même, on dira mieux : *Ce concert est retransmis de la salle X...*

— **Depuis que** se construit sans *ne* explétif.

La négation est en général réduite à *ne* dans les temps composés : *Depuis que je ne l'ai vu* (Acad.).

député. — Le féminin **députée** est encore considéré comme du style familier. On dira mieux : *Une femme député. Mme X..., député.*
V. aussi CONSEILLER.

derechef s'écrit en un seul mot et signifie « de nouveau » (et non pas « sur-le-champ », comme le croient certains) : *Recommencer derechef. Exhorter derechef un enfant au travail* (Lar. du XXe s.).

dérèglement s'écrit avec un accent grave sur le deuxième *e* (Acad.).

dernier. — **Le dernier, un des derniers** se construisent avec l'indicatif ou avec le subjonctif, suivant la nuance qu'on veut exprimer : *Vous êtes le dernier, c'est un des derniers que je recevrai. Vous êtes le dernier à qui je puisse m'adresser*

Le conditionnel marque un fait hypothétique : *C'est le dernier que nous consentirions à consulter, s'il fallait en arriver là.*

— **Tout dernier.** On écrit : *Les tout derniers jours de l'année* (*tout* invar.).

— V. aussi PREMIER.

dernier-né. V. NÉ.

dérouler. V. ENROULER.

derrière. — **Avoir les mains derrière le dos,** critiqué par les puristes, est admis par l'Académie : *Avoir les mains liées derrière le dos.*

— **Par-derrière,** locution adverbiale, s'écrit avec un trait d'union : *Il le saisit par-derrière* (Acad.). *Il fut blessé par-derrière* (Id.).

— **Derrière** est aussi un nom : *Il est logé sur le derrière* (Acad.). *Il fondit sur les derrières de l'ennemi.*

des. V. DE et ARTICLE.

— **« Des » particule onomastique.** V. PARTICULE.

dès, préposition, s'écrit avec un accent grave : *Dès son plus jeune âge. Dès la source.*

désaffectation - désaffection. — La **désaffectation** est l'état d'un édifice public auquel on a enlevé sa destination. Une église dans laquelle on ne célèbre plus le culte est *désaffectée,* en état de *désaffectation.*

La **désaffection** est la cessation de l'affection : *La désaffection d'une mère pour ses enfants. La désaffection du front populaire est pourtant évidente* (G. Suarez, *l'Agonie de la paix,* 92).

Quand Victor Margueritte a écrit (*la Garçonne.* 262) : *Cette désaffectation d'un pays pour les idées générales,* il a confondu *désaffectation* et *désaffection* (à moins qu'il ne faille voir là qu'une coquille typographique).

Désaffecter n'a pas donné *désaffec-*tion, comme on pourrait, à tort, le supposer, mais *désaffectation. Désaffection* a donné le verbe *désaffectionner.*

désagrafer. V. DÉGRAFER.

désarroi ne s'emploie guère qu'au singulier et avec les prépositions **en** ou **dans** : *Il les vit en désarroi, en grand désarroi. La faillite de cette maison de commerce a mis ses commanditaires dans un grand désarroi* (Acad.).

— On dit aussi, au figuré : *Le désarroi des opinions* (Lar. du XXe s.).

desceller, détacher ce qui est scellé, fait *je descelle, nous descellons.*

descendre se conjugue avec **avoir** quand on veut exprimer l'action : *Nous avons descendu l'escalier quatre à quatre. Il a descendu ses meubles. Le thermomètre a descendu de quatre degrés depuis hier* (Acad.). *La justice a descendu sur les lieux.*

Etre s'emploie pour exprimer l'état résultant de l'action : *« Votre père est-il en haut? — Non, il est descendu. — Depuis quand est-il descendu? — Depuis une heure. » Il y a longtemps que je suis descendu.*

Malgré ces règles, on emploie souvent *être,* quelle que soit la nuance.

— **Descendre en bas** est un pléonasme, puisque *descendre* désigne à lui seul l'action d'aller de haut en bas. Il faut donc dire *descendre,* tout court : *Attends-moi! je descends.*

V. aussi MONTER.

déserteur est surtout employé au masculin.

Le féminin *déserteuse* a été employé par Brieux dans une pièce qui porte ce nom [1904]. Et aussi, *Je sens naître des remords de déserteuse* (L. Frapié, *la Maternelle,* 274)

désespérer. — **Désespérer que** se construit avec le subjonctif. La particule *ne* n'est pas obligatoire dans les phrases négatives : *Je désespère que cette affaire réussisse* (Acad.). *Je ne désespère pas que nous ayons du beau temps Il ne désespère pas qu'il ne soit enfin reçu à son examen. On ne désespérait pas que vous ne devinssiez riche* (Littré).

déshonnête - malhonnête. — **Déshonnête** ne se dit que des choses, et désigne ce qui est contraire à la bienséance, à la pudeur : *Pensées, paroles déshonnêtes* (Acad.). *Fréquenter des milieux déshonnêtes* (Id.).

Malhonnête se dit des choses et des personnes, et désigne ce qui est contraire à la civilité, à la bonne foi, à l'honneur : *Un livre malhonnête. Engager un procès malhonnête* (Lar. du XXᵉ s.). *Un enfant, un homme malhonnête.*

desideratum est un mot singulier latin qui signifie « chose dont on regrette l'absence » ; le pluriel **desiderata** est fréquemment employé : *Exposez-moi vos desiderata* (Acad.) [A noter l'absence d'accents.]

V. aussi LATINS (Mots).

désirer. — La construction avec **de** devant un infinitif, qui marquait un désir dont l'accomplissement est incertain ou difficile, n'est plus guère employée : *Si la chose était possible, tous les hommes désireraient d'avoir du génie* (Lar. du XXᵉ s.). *Désirer de gagner à la loterie. Il désirait de rejeter tout ce qui est déjà fait* (H. Pourrat, *la Ligne verte,* 233). On dit plus souvent : *Il y a longtemps que je désirais vous rencontrer. Je désirais partir,* plutôt que *Je désirais de partir,* qui fait précieux.

En tout cas, il faut dire, quand on exprime un désir dont l'accomplissement est certain ou facile : *Je désire réussir. Il désire partir plus tôt* (Acad.).

— **Désirer que** se construit avec le subjonctif : *Je désire que vous partiez. Il est à désirer qu'il réussisse*

désister. — Dans ce mot et ses dérivés, la deuxième syllabe se prononce *ziss.*

désobéir, quoique intransitif, peut encore s'employer au passif, sans complément : *Je ne veux pas être désobéi* (Acad.).

désolidariser (se). — On dit *se désolidariser de quelqu'un,* et aussi *d'avec quelqu'un : Se désolidariser de ses collègues* (Lar. du XXᵉ s.). *Le ministre s'est désolidarisé d'avec ses collègues* (Nouv. Lar. univ.). *Pour se désolidariser d'avec son camarade* (D. Amiel, *l'Age de fer,* II, 1).

despote n'a pas de correspondant féminin.

On dit : *Cette femme est un vrai despote. Ce mari ne veut pas suivre son despote de femme.*

desquels. V. LEQUEL.

dessèchement s'écrit avec un accent grave sur le deuxième *e* (Acad.). [mais *dessécher*].

dessécher. — **Dessécher - assécher.** *Assécher,* c'est mettre à sec : *Assécher un marais, une mare, un étang. Assécher un bassin, un terrain* (Acad.). *Cette roche assèche à marée basse.*

Dessécher, c'est rendre sec : *La chaleur a desséché les feuilles de cet arbre* (Acad.). *Vent qui dessèche le sol. Cette lotion de mauvaise qualité lui a desséché la peau.*

— **Dessécher - sécher.** V. SÉCHER.

dessiccation s'écrit avec deux *s* et deux *c.* (L'omission du second *c* est une faute fréquente.)

dessiller se prononce *dé-si-yé.* Quoique tiré de l'ancien verbe *ciller* (coudre les yeux d'un oiseau de proie pour le dresser), ce verbe s'écrit avec deux *s* (et non avec un *c*).

dessouler s'écrit, d'après l'Académie, sans accent circonflexe sur l'*u,* quoique dérivé de *soûler* (ou *saouler*), qui en prend un.

dessous. — **Au-dessous** et **par-dessous** s'écrivent avec un trait d'union : *Les enfants de huit ans et au-dessous. Le thermomètre est au-dessous de zéro ce matin. Passer par-dessous un fil de fer.* Il en est de même de *ci-dessous, là-dessous.*

— **Par en dessous** (pour *par-dessous*) est du langage populaire.

— **Au-dessous - en dessous.** *Au-dessous* signifie « plus bas, par rapport à un certain point », alors *qu'en dessous* a le sens de « dans la partie inférieure » : *Voici mon nom, le vôtre est juste au-dessous. Etre logé au-dessous de quelqu'un. Du pain brûlé en dessous* (Littré). *Ces clous sont rivés en dessous* (Acad.). *Cette carte est bleue en dessus et rouge en dessous.* Au figuré, on dit *Regarder quelqu'un en dessous.*

V. aussi DEDANS.

— **Dessous - sous.** *Dessous* peut s'employer comme préposition, au même titre que *sous : Regarder dessous la table* (ou *sous*) [cette construction est toutefois vieillie]. *Chercher dessus et dessous la table* (Lar. du XXᵉ s.). *Sortir de dessous terre* (Nouv. Lar. univ.).

— **Sens dessus dessous.** V. SENS.

dessus. — Les règles applicables à *dessous* (v. ce mot) sont également valables pour *dessus*.

— On écrit (sans trait d'union) : *Un dessus de porte* (Acad.). *Un dessus de lit, de table*.

— **Vous m'avez marché dessus** est du langage populaire. Il faut dire : *Vous m'avez marché sur les pieds. Vous avez marché sur ma robe*, etc.

destinée. — La *destinée* étant la détermination préétablie et par conséquent *fatale* des événements de la vie, on ne dira pas *destinée fatale*, qui est un pléonasme.

destructeur - destructif. — **Destructeur** se dit de ce qui détruit, anéantit : *Un animal destructeur. Esprit destructeur* (Lar. du XXᵉ s.).

Est **destructif** ce qui a la puissance de détruire : *Le pouvoir destructif du feu* (Lar. du XXᵉ s.). *L'acide fluorique est un des corps les plus destructifs, et il l'est toujours, même quand il n'est pas destructeur, comme dans un vase de plomb* (Littré). *Doctrine destructive de toute morale* (Acad.).

désuet se prononce *dé-suè* (et non *dézuè*). L's est également dur dans *désuétude*.

détail - détails. — Faire le **détail** d'une chose, c'est considérer celle-ci dans ses moindres divisions, la diviser en ses moindres parties : *Décrire une histoire en détail. Livrer un bœuf au détail. Des modifications de détail*.

Les **détails** sont ces mêmes divisions ou ces mêmes parties telles qu'elles sont dans l'objet même : *Les détails d'une histoire, d'une affaire. Les détails d'un compte* (Acad.). On fait le *détail* d'une chose en parcourant, en présentant les détails de cette chose jusque dans ses plus petites particularités (Laveaux). Quand on dit : *Voilà le détail* et *voilà les détails de l'affaire*, le premier signifie proprement le récit détaillé que l'on a fait, et le second ce que la chose avait de plus particulier (Id.).

— **Au détail, en détail** s'écrivent toujours au singulier.

déteindre se conjugue comme *craindre* (v. ce mot).

détente. V. GÂCHETTE.

détenteur fait au féminin *détentrice*.

détergence - détersion. — La **détersion**, action de nettoyer (*déterger*), indique l'effet produit par les *détersifs* (ceux-ci détachent les souillures de leur support [linge]).

La **détergence** est la propriété que possèdent certains corps (*détergents*) de dissoudre les sels et impuretés qui ont été précipités dans l'eau de lavage par les détersifs.

détester. — Devant un infinitif, **de** est facultatif, mais se rencontre souvent : *Je déteste écouter cet orateur* ou *d'écouter cet orateur* (Bescherelle). *Il déteste d'écrire* (F. Mauriac, *la Fin de la nuit*, 121)

détoner - détonner. — A l'inverse de ce qu'on serait tenté de croire, **détoner** (lat. *detonare*), c'est faire explosion (ne pas se guider sur *tonner*), et **détonner**, c'est chanter ou jouer faux, en sortant du *ton* (au sens figuré, « produire un contraste désagréable »).

V. aussi -ONER.

détourner (se) - retourner (se). — Se garder d'employer *se détourner* au sens de *se retourner*.

Se détourner, c'est se tourner d'un autre côté, en général pour ne pas voir une chose ou pour la faire reconnaître : *Il se détourna d'un spectacle aussi pitoyable. Elle se détourna, afin qu'on ne pût la voir*.

Se retourner, au contraire, c'est regarder derrière soi pour voir une personne ou une chose : *Il se retourna pour la regarder*.

détracteur a pour féminin *détractrice*.

détritus s'emploie au singulier comme au pluriel : *Un détritus. Des détritus*.

La dernière syllabe se prononce *tuss*.

deux — Nous deux... L'expression *nous deux mon chien, mon frère*, etc., est à éviter. C'est un tour populaire et dialectal qui n'a pas cours dans le style châtié. Il faut dire : *Moi et mon chien, mon frère et moi*, etc.

— **Eux deux, eux trois**, etc. Cette expression doit être séparée du verbe par une préposition : *Ils l'ont fait à eux deux* (et non *Ils l'ont fait eux deux*).

— **Tous deux, tous les deux** peuvent s'employer indifféremment. On dit plus souvent, toutefois, *tous les deux, tous les trois, tous les vingt* (on ne dirait pas *tous vingt !*). Généralement, à partir de *cinq*, on emploie toujours l'article.

deuxième - second. — Ces deux mots ont exactement le même sens : « qui vient immédiatement après le premier ». Mais alors que *second* date du XIIIᵉ siècle, *deuxième* ne fait son apparition qu'au XIVᵉ. Littré note qu'il était encore peu employé au XVIIᵉ.

On distingue souvent ces deux synonymes par une remarque tout arbitraire, mais qui a cependant son utilité : **deuxième** se disant lorsque l'énumération peut aller *au-delà de deux*, et **second** lorsque l'énumération *s'arrête à deux*. Ainsi, quand on dit que Marguerite de France était la seconde femme d'Edouard Iᵉʳ, on sait, sans autre précision, que ce dernier n'a pas épousé une troisième femme, alors que *deuxième* laisserait supposer une suite. On habite au *deuxième* étage si l'immeuble en comporte plus de deux, et au *second* s'il n'en comporte que deux. On dit la *Seconde Guerre mondiale* parce qu'on espère qu'il n'y en aura pas une troisième !

Cette distinction n'est pas toujours observée (quoique A. Dauzat la classe dans le bon usage), et certains écrivent indifféremment *deuxième* ou *second*.

Il faut toujours respecter les locutions consacrées, telles que *de seconde main*, *en second lieu*, etc.

— Dans le langage des chemins de fer, on dit *seconde classe* ou *deuxième classe*. (On n'écrira pas, toutefois, au pluriel : *Voyager en secondes classes*, *en deuxièmes classes*.)

deux-points. V. POINT (*Deux points*).

dévaler s'écrit avec un seul *l* (de même que *dévalement*).

devant s'est employé jusqu'à la fin du XVIIᵉ siècle au sens d'« avant » : *On le faisait lever devant l'aurore* (La Fontaine, *Fables*, « l'Ane et ses Maîtres »). Cet emploi est rare par la suite : *Une humeur animée qui me l'entourait d'un tout autre jour que devant* (Sainte-Beuve, *Volupté*, I, 173).

— **Devant - avant.** *Devant* se rapporte à l'espace (*Mettre la charrue devant les bœufs*) ; *avant* se rapporte au temps (*J'arriverai avant vous. La dernière maison avant le carrefour* [avant

d'arriver au carrefour]). Se rappeler que *devant* s'oppose à *derrière* et qu'*avant* s'oppose à *après* (ou *arrière*).

— **Au-devant de** s'écrit avec un trait d'union et signifie « à la rencontre de » (et non « en avant de ») : *Il partit au-devant de son frère* (mais *Il marchait en avant de son frère* [devant son frère]).

— **Ci-devant** est *invariable* : *Les ci-devant récollets. Les ci-devant de la Révolution.*

— **Par-devant** s'écrit avec un trait d'union : *Il le saisit par-devant* (Acad.). *Un contrat passé par-devant notaire* (Id.).

— **Devant que** (ou *que de*), sens de « avant que », est une locution aujourd'hui archaïque, qui ne se rencontre plus que dans le style affecté : *Devant que j'eusse pied à terre* (Ch. Maurras, *le Chemin de Paradis*, 25). *Ceux qui, devant que de mourir, peuvent voir accompli ce qu'ils s'étaient proposé d'accomplir* (A. Gide, *les Nourritures terrestres*, préface). *Comme on s'apercevait de ces évolutions-là devant qu'elles soient achevées* (A. Hermant, *Petite Femme*, 3)

devenir se conjugue avec l'auxiliaire **être** (comme *venir*) : *C'est ainsi que je suis devenu riche. Il est devenu ministre* (Acad.)

— **Devenir**, pour *revenir*, est un barbarisme du langage populaire : *Oui, Madame, j'en deviens. J'ai rapporté le linge et les robes* (M. Donnay, *Georgette Lemeunier*, III, 1)

devers. — Cette préposition, au sens de « du côté de », a vieilli : *Il est de devers Toulouse* (Acad.). *Puisque après m'avoir fui longtemps, l'espoir veut bien Revoler devers moi qui l'appelle et l'implore* (Verlaine, *Poésies*, 97).

— **Par-devers** s'écrit avec un trait d'union *Se pourvoir par-devers le juge* (Acad.). *Par-devers moi, par-devers toi, par-devers soi.*

dévêtir se conjugue comme *vêtir* (v. ce mot)

devin, qui a pour féminin *devineresse*, s'applique à celui qui prétend découvrir des choses cachées et prédire l'avenir.

Au sens courant de « qui devine », on dit **devineur**, *devineuse* : *Un devi-*

neur, une devineuse de rébus. A noter :
Belle était un devineur de pensée
(A. Hermant, *l'Aube ardente*, 167).

deviner. — Le substantif correspondant est *divination.* (*Deviner* est tiré de *devin*, et *divination* du latin *divinus,* divin.)

dévisager, dérivé de *visage*, ne peut se dire que des personnes : *Dévisager quelqu'un.*

On n'écrira pas, avec Barbey d'Aurevilly (les *Diaboliques*, 22) : *Afin que les voisins ne dévisageassent pas le fond de ma chambre.*

dévoiement s'écrit avec un e intercalaire.

devoir. — Conjugaison : *Je dois, tu dois, il doit, nous devons, vous devez, ils doivent. Je dus, nous dûmes. Je devrai, nous devrons. Je devrais, nous devrions. Dois, devons, devez. Que je doive, que nous devions. Que je dusse, qu'il dût, que nous dussions. Devant. Dû, due.*

A noter les formes en *doi-* et en *dev-.*

A noter aussi que le participe passé masculin singulier **dû** (ainsi que son composé **redû**) s'écrit avec un accent circonflexe (mais on écrit *due, dus* sans accent, de même qu'*indu*) : *Je lui ai fait toutes les promesses que j'ai dû* (sous-entendu *lui faire*). *Il m'a toujours payé les sommes qu'il m'a dues.*

— **Dût** s'emploie parfois pour *quand même : Dût le peuple en souffrir* (et non *dusse*).

— **Il a dû partir.** Une phrase de ce genre peut être équivoque : elle peut signifier « il a été contraint de partir » ou « il doit être parti ». Éviter cette équivoque.

dévot et ses dérivés s'écrivent sans accent circonflexe sur l'*o.*

dévouement s'écrit avec un e intercalaire (Acad.).

dey, titre que portait autrefois le chef du gouvernement d'Alger, s'écrit sans majuscule : *Le dey d'Alger. Hussein dey* (sans trait d'union).

V. aussi BEY.

diable a pour féminin *diablesse : Il a épousé une véritable diablesse. Une pauvre diablesse vêtue de haillons. Une grande diablesse* (Lar. du

XXᵉ s.). *Une grande diablesse de fille dégingandée* (E. de Goncourt, *Chérie*, 166).

Toutefois, on dit bien   *Cette diable de femme* (Acad.). *Cette diable de neige m'empêche de sortir. Une diable de pluie* (Acad.). *Voilà une jolie fille, mais quelles grandes diables de mains rouges!* (V. Hugo, *les Travailleurs de la mer*, I, 138).

— **Du diable** signifie « extrême, très fort » dans les exemples suivants : *Une pluie du diable. Une beauté du diable. Un bruit du diable* (ou *de tous les diables*).

On dit aussi : *Du diable si l'on m'y revoit!*

— **Au diable Vauvert.** *Au diable vert, au diable au vert* sont des corruptions de *au diable Vauvert*, qui est la locution correcte : *Aller au diable Vauvert, C'est au diable Vauvert*, c'est-à-dire très loin.

Cette locution aurait son origine dans le nom du château de Vauvert, voisin de Paris au XIIIᵉ siècle, et situé à peu près sur l'emplacement de l'Observatoire actuel. Ce château aurait été convoité par les chartreux, qui, propriétaires d'un établissement voisin, y auraient organisé des apparitions de diables et de revenants pour inviter le pieux roi Saint Louis à leur en faire donation.

Devenu abbaye de Vauvert, le lieu aurait conservé sa détestable réputation, et sa situation éloignée du centre de la ville aurait donné naissance à la locution ci-dessus.

diagnostic se prononce *diagh-nosstik.*

dialogue se construit avec **entre** : *Un dialogue entre Pierre et Jean* (et non *avec*).

dicton - proverbe. — Le **dicton** est un mot ou une sentence populaire d'usage pratique qui a passé en proverbe. Il est régional et a trait en particulier aux choses de la nature : *S'il tonne en avril, foncer cuves et barils*, est un dicton.

Le **proverbe** a un sens plus général et s'adresse à toute une nation, dont il forme en quelque sorte le code de la sagesse : *Il n'est pire eau que l'eau qui dort* est un proverbe.

dièse, terme de musique, s'écrit avec un *s* (et non un *z*).

dieu s'écrit avec une majuscule quand il s'agit du Dieu des chrétiens : *Le bras de Dieu l'a frappé* (Acad.). *Le bon Dieu* (Id.). [On écrit plus souvent le *Bon Dieu.*] *Le Dieu des armées A Dieu vat !*

Il s'écrit avec une minuscule quand il s'applique aux divinités païennes (le féminin est alors *déesse*) : *Le dieu du Feu. Les dieux de la Fable Ils représentent leurs dieux sous des formes bizarres et monstrueuses* (Acad.). *Etre beau comme un dieu*

diffamer et ses dérivés (*diffamable, diffamant, diffamation,* etc.) s'écrivent sans accent circonflexe sur l'*a*.

différant - différent. — **Différant** est le participe présent du verbe *différer : Voici deux objets ne différant pas l'un de l'autre.*

Différent est adjectif verbal : *Cette étoffe est bleu clair; cette autre est d'un ton différent.*

V. aussi DIFFÉREND (avec un *d* final) et PARTICIPE PRÉSENT (*Différences orthographiques entre le participe présent et l'adjectif verbal*).

différencier se construit avec **de** (et non *d'avec*) : *Rien ne pourra différencier ceci de cela.*

différend, « débat, contestation », s'écrit avec un *d* final (et non un *t*) : *Apaiser un différend*

différer, au sens de « remettre à un autre temps », se construit avec **de** devant un infinitif : *Ne différez pas de partir Je diffère de répondre* (A. Hermant, *les Samedis de M. Lancelot,* 142).

Différer à est vieilli : *Je diffère à parler de cette cérémonie* (Saint-Simon, *Mémoires,* XVIII, 134). *Elle ne différa pas à l'entreprendre* (A. Hermant, *Monsieur de Courpière marié,* 45).

difficile - difficultueux. — Est **difficile** ce qui ne se fait, ne se comprend qu'avec peine : *Devoir difficile. Morceau d'exécution difficile Une entreprise difficile, difficile à exécuter* (Acad.). *Texte difficile.*

Difficultueux (formé sur *difficulté,* à l'imitation de *vertueux*) s'applique au caractère de celui qui fait des difficultés sur tout : *Il a l'esprit difficultueux. C'est un homme difficultueux* (Acad.). *Des difficultés! oh! ma comtesse n'est pas difficultueuse!* (Lesage, *Turcaret,* IV, II.)

Certains donnent aussi à ce mot le sens abusif de « hérissé de difficultés » : *Travail difficultueux,* et alors il rejoint *difficile,* avec une nuance si peu sensible qu'il est préférable de s'en abstenir dans ce sens : *Ce règlement était difficultueux* (A. France, *l'Orme du mail,* 90).

digestible - indigeste. — Le contraire usuel de **digestible** est non pas *indigestible,* qui serait d'ailleurs de bonne formation, mais **indigeste,** alors que *digeste* est rarement employé (littérairement) comme contraire d'*indigeste.*

C'est là une anomalie. Puisque *digestible* signifie « qui peut être digéré facilement », *indigestible* devrait avoir le sens de « qui ne peut être digéré », comme dans cette phrase de Maurice Maeterlinck (*l'Intelligence des fleurs,* 8) : *L'oiseau avale la graine qui est indigestible.* Quant à *indigeste,* il lui faudrait conserver son sens habituel de « qui se digère difficilement » *Un plat indigeste.*

Indigestible, qui n'est pas dans les différentes éditions du Dictionnaire de l'Académie, est donné par Bescherelle et par Littré : *Il* [le blé] *reste aussi indigestible dans l'estomac de ceux qui ne ruminent pas* (Bernardin de Saint-Pierre, *les Harmonies de la nature,* I, Table gén.). Au sens figuré : *Ils nous représentent l'état d'une indigestible* [insupportable] *agonie* (Montaigne, *Essais,* I, 397).

— **Digestible - digestif.** *Digestif* diffère de *digestible* en ce qu'il se dit de ce qui sert à la digestion : *Les organes digestifs. Potion digestive. Prendre un digestif*

digne s'emploie également pour le bien et pour le mal : *Digne d'estime, de confiance* (Acad.) *Digne de mépris, de punition* (Id.)

Toutefois, dans une phrase négative, *digne* (de même qu'*indigne*) ne s'emploie que pour le bien : *Je ne suis pas digne d'un tel honneur* (mais *Je ne mérite pas votre mépris*).

digression. — Se garder de prononcer *disgression*.

dilemme - alternative. — Le **dilemme,** terme de logique, est un argument présentant au choix deux propositions dont l'une est nécessairement vraie si l'autre est fausse, et *qui ont une même conclusion,* en sorte que cette conclusion s'impose de manière absolue.

Alors que dans l'**alternative** il ne s'agit que d'un choix comportant deux solutions différentes selon que l'une ou l'autre proposition a été adoptée, dans le *dilemme* le résultat est le même quelle qu'ait été la proposition choisie : c'est pourquoi on dit *enfermer dans un dilemme.*

Voici un dilemme classique : « Soldat, tu as laissé passer l'ennemi. Il faut que tu aies quitté ton poste ou que tu aies volontairement livré le passage. Si tu as quitté ton poste, tu mérites la mort. Si tu as livré le passage, tu mérites encore la mort. Donc, dans tous les cas, tu mérites la mort. »

Le dilemme suivant est extrait d'un auteur contemporain : *La démarche est peut-être imprudente. C'est un dilemme : ou bien je me tiens coi, et elle est capable de bavarder par maladresse, rancune..., ou bien, en me montrant avec elle, j'accrédite toutes les conjectures. C'est bien embarrassant* (L. Descaves, *Sous-Offs,* 259).

V. aussi ALTERNATIVE.

— On se gardera d'écrire *dilemme* (comme *indemne*). Ce mot étant tiré du grec *dilêmma,* de *dis,* en deux, et *lêmma,* argument, soit argument à deux fins, il doit s'orthographier avec deux *m.*

dilettante est un mot italien francisé. Il fait au pluriel *dilettantes.*

dîme s'écrit avec un accent circonflexe.

diminuer se conjugue avec **avoir** ou avec **être** selon qu'on veut exprimer l'action ou l'état résultant de cette action : *La fièvre a diminué, est diminuée* (Acad.).

diminutif. — Se garder d'ajouter un adjectif qui les diminue à des mots qui sont eux-mêmes des diminutifs (ex. : *une petite chambrette, un petit monticule, un petit agnelet,* etc.). On peut dire toutefois : *La petite mallette et la grande. Une toute petite voiturette.*

diminution. — On doit dire : *La diminution du prix de la viande, du coût de la vie,* etc. (et non : *La diminution de la viande, de la vie,* etc.).

Il en est de même pour *augmentation.*

dînatoire est du langage familier : *Le repas, espèce de goûter dînatoire* (A. Daudet, *Jack,* II, 250). *En un déjeuner dînatoire* (R Ponchon, *la Muse au cabaret,* 114)

On évitera de dire, toutefois, par analogie : *Un dîner soupatoire*

dîner - souper. V DÉJEUNER

diplôme s'écrit avec un accent circonflexe sur l'*o,* ainsi que *diplômer,* mais les dérivés *diplomate, diplomatie, diplomatique* s'écrivent sans cet accent.

dire. — De tous les composés de ce verbe, seul *redire* se conjugue de la même façon (terminaison par *-dites* et non par *-disez*). V. MÉDIRE.

— **Au dire de - à dire de.** *Au dire de* (*dire* nom) signifie « selon l'avis de » : *Au dire des experts, des témoins* (et non *Aux dires...*).

A dire de a le sens de « d'après une décision de, en soumettant la chose à » : *Le prix en est ordinairement réglé à dire d'experts* (Acad.).

— **On dirait - on dirait de.** *On dirait d'un fou. On dirait d'un vieillard tant il paraissait fatigué.* Ces tournures ne sont pas fautives, mais archaïques : *Et l'on dirait d'un tas de mouches reluisantes* (Molière, *Mélicerte,* I, III). *Elle avait un jeu, on aurait dit d'un professeur de Sorbonne* (L. Frapié, *la Maternelle,* 202).

Sans doute faut-il voir dans la construction *on dirait de,* qui paraît aujourd'hui plus prétentieuse que familière, une ellipse pour *on dirait cela de.*

L'Académie donne les expressions *on dirait* ou *on dirait de* comme familières : *On dirait de loin une barque; ce n'est, peut-être qu'une planche* (Acad.).

— **Je ne dis pas que** se construit avec le subjonctif (quand il y a hésitation à affirmer) ou avec l'indicatif (on appuie alors sur ce qu'on veut dire) : *Je ne dis pas qu'il ait pensé cela Je ne dis pas qu'il a pensé cela.*

— **Trouver à dire.** V. REDIRE.

— **Omission de « le » après « comme ».** Après *comme, le* est facultatif : *Tout s'est bien passé comme j'ai dit* ou *comme je l'ai dit* (Hanse).

Toutefois, si *comme* est dans une incise, on considère que *comme vous dites, comme on dit,* etc., ont le sens de « pour parler comme vous », « comme on s'exprime généralement », alors que *comme vous le dites, comme on le dit* signifient plus précisément « comme vous l'affirmez », « comme on l'affirme » : *Il est un peu fatigué, comme vous dites. S'il est un peu fatigué, comme vous le dites, qu'il aille se coucher.*

— **Comme qui dirait.** V. COMME.

— **Bien-disant** s'écrit avec un trait d'union : *Les gens bien-disants. Les bien-disants et les bien-pensants. Le bien-disant Ulysse* (Lar. du XXe s.; d'apr. La Fontaine).

— **Soi-disant.** V. ce mot.

— **Dit, dite,** joints à un article ou à l'adverbe *sus,* s'écrivent en un seul mot (Acad.) : *Ledit marchand, ladite fermière, lesdits citoyens. Il se rendit audit lieu, auxdites invitations, au domicile desdits. A l'article susdit.*

— **Lieu-dit.** V. ce mot.

— **On-dit,** nom masculin, est *invariable* : *Condamner quelqu'un sur un on-dit, sur des on-dit* (Acad.).

directive, qui s'emploie surtout au pluriel, paraît avoir pénétré dans la langue courante par l'intermédiaire des journaux, surtout depuis la guerre de 1914-1918. C'est un vocable de la terminologie militaire, qui désignait alors les indications *générales* données par la haute autorité militaire, et en vertu desquelles étaient établis des *instructions,* puis des *ordres* d'exécution.

L'Académie l'a consigné dans son dictionnaire (huitième édition, 1932), avec une certaine extension de sens : « Indications générales données par l'autorité militaire, politique, religieuse, etc., ou par un courant d'opinion. » Elle ajoute un exemple d'ordre purement militaire : *Des directives furent données par le général en chef pour cette opération, mais chacun des généraux sous ses ordres gardait son initiative.*

On tend aujourd'hui à ne plus donner au mot *directives* que le sens banal d' « instructions ». *Le bourreau demeu-*

rait invisible; il dirigeait tout de Paris : ses directives étaient simples (François Mauriac, dans *le Figaro,* 10-I-1945). *Peu à peu, Claire, qui prenait ses directives chez les Bargès-Chouin...* (G. Chevallier, *les Héritiers Euffe,* 369).

Il ne faut pas oublier que si des instructions peuvent être précises, des *directives* seront toujours générales. C'est ce caractère qui manque aux exemples ci-dessus.

disciple n'a pas de correspondant féminin : *Elle était son premier disciple, son disciple le plus zélé. Parmi ses disciples féminins de la première heure...*

On rencontre toutefois : *Jean n'était plus pour sa disciple qu'un éducateur morose* (P. Adam, *Irène,* 47).

discontinuer se construit avec *de* (et non avec *à*) : *Il ne discontinue pas de fumer. Discontinuer de travailler* (Lar. du XXe s.).

disconvenir se conjugue comme *venir,* et se construit avec l'auxiliaire **être** : *Il n'en est pas disconvenu* (Acad.).

— **Disconvenir,** suivi d'un autre verbe à l'infinitif, se construit avec *de* : *Vous ne sauriez disconvenir de m'avoir dit cela* (Acad.).

— **Disconvenir que.** L'emploi de *ne* après *ne pas disconvenir que,* dans la proposition subordonnée, est facultatif (Littré) : *Je ne disconviens pas que cela soit* ou *que cela ne soit.*

Le subjonctif n'est pas de rigueur, quoiqu'il soit habituel. On peut aussi employer l'indicatif : *Vous ne sauriez disconvenir qu'il vous a parlé* (Acad.). *Je ne disconviens pas que cela est.* (Il est évident que dans ce cas on ne met jamais le *ne* explétif.)

discord - discordant. — **Discord** se dit d'un instrument mal accordé : *Un piano discord. Une guitare discorde.*

Un instrument **discordant** est celui qui détonne *dans un ensemble.* Et par extension : *Elle fit entendre une voix discordante dans ce concert de bénédictions.*

On ne dira pas qu'une femme a une voix *discordante* (on ne saurait discorder tout seul), mais *désagréable, mal timbrée.*

discréditer. V. DÉCRÉDITER.

disgracier, de même que **gracier,** s'écrit sans accent circonflexe sur l'*a* (quoique dérivé de *grâce*).

disparaître se conjugue comme *paraître*. Il se construit avec **avoir** ou **être** selon qu'on veut exprimer l'action ou l'état résultant de cette action : *Le soleil a disparu derrière les nuages* (Acad.). *Ces feux sont disparus depuis longtemps* (Littré). *Qui a pris l'argent qui était sur cette table? Je n'ai fait que tourner la tête et il a disparu, il est disparu* (Acad.). *Mes douleurs, mes soucis ont disparu* (Lar. du XXᵉ s.).

V. aussi PARAÎTRE.

disparate est du *féminin* : *Ses actions et ses discours forment une étrange disparate* (Acad.).

Bien des auteurs se sont trompés sur le genre de ce mot : *Le disparate de son état actuel* (P. Margueritte, *Jouir*, I, 128). *Dans un disparate d'hôpital* (A. Daudet, *l'Évangéliste*, 27). *Ce n'était pas une disproportion : c'était un disparate* (Villiers de L'Isle-Adam, *l'Ève future*, 45).

dispos a pour féminin *dispose* : *Être en humeur dispose* (Acad.). Ce genre est toutefois peu employé.

disputer. — Verbe intransitif, *disputer* signifie « être en discussion plus ou moins vive à propos d'opinions, d'intérêts, etc. » : *Disputer contre quelqu'un* (Acad.). *Il ne faut pas disputer des goûts. Ils disputent perpétuellement* (Acad.). *Il s'arrêtait parfois en plein travail, comme disputé par des réflexions* (G. Chérau, *l'Enfant du pays*, 17). *Disputer sur une question religieuse* (Lar. du XXᵉ s.). [Ne pas confondre avec DISCUTER, « examiner, débattre avec quelqu'un une question, une affaire avec soin ».]

Transitivement, *disputer* signifie « contester pour obtenir ou pour conserver quelque chose » et « défendre chèrement » : *Disputer un prix* (Acad.). *Le régiment, bien commandé, disputa longtemps le terrain contre des forces supérieures* (Littré).

— **Disputer quelqu'un,** au sens de « le quereller », est du langage familier.

— **Le disputer,** au sens de « lutter, rivaliser », se construit avec *à* ou *avec* : *Thèbes le pouvait disputer aux plus belles villes de l'univers* (Lar. du XXᵉ s. ;

d'apr. Bossuet). *Le disputer en beauté avec quelqu'un* (Lar du XXᵉ s.).

— **Se disputer,** pour « disputer ensemble, se quereller », est du langage familier (Acad.)

dissemblable se construit avec **de,** plus rarement avec **à** : *Les hommes sont souvent dissemblables d'eux-mêmes* (Lar. du XXᵉ s.). *Dissemblable à lui-même* (Bescherelle). *Quoique si dissemblable à mon premier* [sonnet], *j'aurais pourtant de la peine à le désavouer* (Racine ; cité par Bescherelle).

dissension - dissentiment. — Une **dissension** est un désaccord violent, mais passager, entre deux ou plusieurs personnes, et qui s'extériorise : *Dissensions domestiques* (Acad.).

Dissentiment est moins fort; c'est une simple différence de manière de voir, de juger, mais qui peut être de longue durée : *Cette explication a fait cesser tout dissentiment* (Acad.).

dissimuler que se construit avec l'indicatif ou le subjonctif : *Je lui ai dissimulé que je l'avais vu. Il faudra dissimuler que nous en avons été informés.*

— Avec **ne pas dissimuler que,** on emploie l'indicatif, le conditionnel, ou encore le subjonctif avec *ne* : *Je ne dissimule pas que j'ai changé d'avis* (Littré). *Je ne dissimule pas que je l'aurais bien accepté. Je ne dissimule pas qu'il n'en soit ainsi* (Littré).

Même règle pour *ne pas se dissimuler que.*

— « Quelle que soit la forme de *dissimuler* dans une principale, on peut employer le conditionnel dans la subordonnée : *Je lui dissimule, je ne lui dissimule pas que je préférerais partir* (Robert). »

dissonance, de même que **dissonant** et **dissoner,** s'écrit avec un seul *n*.

V. aussi ASSONANCE.

dissoudre se conjugue comme *absoudre* (v. ce mot), et par conséquent n'a pas de passé simple.

Néanmoins, certains auteurs en ont parfois forgé un. A. Thérive, qui avait déjà employé *absoudre* à ce temps de verbe (v. ABSOUDRE), écrit dans *Noir et Or* (p. 99) : *Cette popote se dissolut soudain.* D'autres (cités par Le Gal) ont écrit moins heureusement : *La* majeure partie du fromage se dissolvit (Thénard, *Chimie*, IV, 573). *Il se dissolva dans les ténèbres* (J.-H. Rosny, *Daniel Valgraive*, in fine).

— Le participe passé **dissous** fait au féminin *dissoute*.

— V. aussi -SOUDRE.

dissyllabe et **dissyllabique** s'écrivent avec deux *s*.

dissymétrie et **dissymétrique** s'écrivent avec *di-* (et non plus avec *dy-*, qui est pourtant étymologique) dans la dernière édition du Dictionnaire de l'Académie.

distinct. — Dans ce mot et ses dérivés (féminin *distincte; distinctement, distinction*), le groupe final *-ct* se prononce toujours.

V. aussi SUCCINCT.

distinguer. — **Distinguer de** ou **d'avec?** Des grammairiens ont cherché à établir une nuance entre distinguer une chose *d'*une autre et distinguer une chose *d'avec* une autre. En réalité, cette nuance n'est pas perceptible; tout au plus *distinguer de* paraît-il plus élégant. Cependant, pour la clarté de la phrase, il est parfois préférable d'employer *d'avec*. Exemple : *Il faut savoir distinguer l'ami du flatteur* peut prêter à confusion, alors que *Il faut savoir distinguer l'ami d'avec le flatteur* est certainement plus précis.

Voici quelques exemples, tirés du Dictionnaire de l'Académie, qui montreront avec quelle latitude on peut employer *de* ou *d'avec :. Nous étions si éloignés que nous ne pouvions distinguer la cavalerie d'avec l'infanterie. Cet aveugle distingue par le toucher une pièce d'or d'une pièce d'argent. Distinguer la fausse monnaie d'avec la bonne. Cet animal se distingue de tel autre par tels caractères. Je sais vous distinguer de lui.*

distraire se conjugue comme *traire* (v. ce mot), et par conséquent n'a ni passé simple ni imparfait du subjonctif.

district se prononce *diss - trikt'* (et non plus *diss - tri*).

dit. — **Audit, ledit, susdit,** etc. V. DIRE (*Dit, dite*).

dito est invariable.

divergeant - divergent. — **Divergeant** est le participe présent du verbe *diverger* : *Exposer deux points de vue divergeant totalement.*

Divergent est adjectif verbal : *Rameau divergent. Ces deux personnes ont des points de vue divergents.*

V. aussi PARTICIPE PRÉSENT (*Différences orthographiques entre le participe présent et l'adjectif verbal*).

divers peut s'employer au singulier (sens de « changeant, qui prend différents aspects ») : *L'homme est divers* (Nouv. Lar. univ.) *La fortune est diverse* (Acad.).

Il est usité plus fréquemment au pluriel (sens de « différents ») : *Etre agité de divers sentiments, de sentiments divers. En des endroits divers. Il a parlé à diverses personnes* (Acad.).

diversion - divertissement. — Une **diversion** est une action par laquelle on détourne l'esprit vers d'autres objets que ceux qui l'occupent : *Faire une diversion pour apaiser une dispute* (Acad.).

Un **divertissement** est un détournement frauduleux ou une récréation amusante : *Un divertissement de fonds* (Lar. du XXᵉ s.). *S'adonner à des divertissements d'un autre âge.*

On évitera d'employer *divertissement* au sens de *diversion*.

division des mots. — La division (ou coupure) des mots à la fin des lignes peut se faire de deux façons : syllabiquement (d'après l'épellation) ou étymologiquement.

La division syllabique est la plus courante (*arche-vêque, inoc-cupé, transaction*, etc.), la division étymologique révélant des impossibilités eu égard à l'accentuation. On ne peut, par exemple, effectuer des coupures telles que : *arch-evêque, chir-urgie, dés-aveu, pén-insule, pre-scription, téle-scope*, etc. En revanche, rien n'empêche de couper *coléo-ptère, hémi-sphère, mal-honnête, sub-mersion* ou *tri-ptyque*.

Pour les mots dont la division présente quelque difficulté, la coupure syllabique est de règle : *acros-tiche, catas-trophe, cons-cience, cons-pirer, désa-buser, dis-tiller, domp-teur, ins-crire, ins-truction, manus-crit, pers-*

pective, pos-thume, réu-nir, sculp-teur, téles-cope.

On ne coupe jamais un mot pour rejeter à la ligne suivante une syllabe muette : *publi-que, vendan-ge*, etc., et la coupure doit au moins laisser deux lettres en fin de ligne.

On ne coupe pas davantage avant ou après un *x* ou un *y* placé entre deux voyelles : *infle-x-ible, di-x-ième, fra-y-eur*, etc. Mais la coupure *après* ces lettres est possible si elles sont suivies d'une consonne : *tex-tile, pay-san.*

La division des sigles est interdite (*U.R.-S.S., O.N.-U., P.-T.T.*, etc.), et l'on ne sépare pas les initiales du nom qui les suit (*M.-Durand, A.-France, le R. P.-Teilhard de Chardin, S.A.I.-le prince Paléologue*, etc.) ; on ne sépare pas non plus un mot en lettres de son complément en chiffres, et *vice versa* (*Pie-XII, IVᵉ-République, le 3-mai, en septembre-1940*, etc.)

divorcer, au sens de « se séparer par le divorce », et lorsqu'il est suivi d'un complément, se construit généralement avec la préposition composée **d'avec** : *Elle a divorcé d'avec lui* (Acad.). On rencontre également **de** : *Au participe passé, « divorcé de » est d'usage commun* (A. Hermant, *Chroniques de Lancelot*, II, 255).

Au sens figuré (« rompre avec » ou « renoncer à »), il est plus habituel d'employer seulement **avec** (sans *de*) : *Divorcer avec tous ses amis* (Lar. du XXᵉ s.). *Divorcer avec le monde* (Dict. gén.). *Les anges célébrèrent les noces de ces femmes qui ont divorcé avec la terre pour s'unir au ciel* (Chateaubriand, *les Natchez*, 177).

— **Divorcer** se conjugue avec **être** ou avec **avoir** selon qu'on désire exprimer l'état ou l'action : *Cette femme a divorcé hier. Il est divorcé depuis longtemps.*

divulguer ne se dit que des choses : *Divulguer un secret* (Lar. du XXᵉ s.). *Une heure après que la nouvelle fut arrivée, on la divulgua par toute la ville, elle fut divulguée partout* (Acad.)

dix se prononce *di* devant un nom commençant par une consonne ou un *h* aspiré : *Di(x) francs. Di(x) héros. Di(x) jours.* (On dit toutefois *le dix* [*diss*] *mai, juin, juillet*, etc.)

Devant une voyelle ou un *h* muet, on prononce *diz'* : *Dix enfants. Dix huîtres.*

Dans tous les autres cas, *dix* se prononce *diss* : *Dix et trois. Dix pour cent. Chapitre dix.*

— On écrit **dixième**, mais **dizaine.**

— Les composés s'écrivent avec un trait d'union : *dix-sept, dix-huit*, etc. Mais on n'en met pas à *cent dix, mille dix*, etc. ; non plus qu'à *dix mille, vingt mille, cent mille*, etc.

— V. aussi SIX.

docteur s'emploie pour les deux genres : *Mᵐᵉ X... est mon docteur attitré, est un bon docteur. Ma fille est docteur en philosophie, docteur ès sciences. Une femme docteur* (Acad.)

Doctoresse, qui est peu fréquent, ne se dit guère que pour « femme médecin » : *La doctoresse X...*

V. aussi MÉDECIN.

documentaliste - documentariste. — Un **documentaliste** (de *document*) est celui qui est chargé de rechercher, de sélectionner, de classer, de diffuser et de conserver tous documents dans une administration publique ou privée. (On dit aussi DOCUMENTISTE.)

Documentariste (de *documentaire*) est un terme de cinéma ; il désigne celui qui est spécialisé dans les films documentaires.

doigt. — On dit : *Montrer quelqu'un du doigt*, plus souvent qu'*au doigt*, qui est cependant correct (*C'est un homme qu'on montre au doigt* [Acad.]). *Faire toucher une chose au doigt* ou *du doigt* (Acad.) ; au sens figuré, on emploie toujours *du* : *Toucher du doigt la mort* (Lar. du XXᵉ s.). *Savoir une chose sur le bout du doigt* (Acad.) [et non *des doigts*].

dom - don. — **Dom** (abrév. du lat. *Dominus*, Seigneur) est un titre qui se place devant le nom propre de certains religieux (bénédictins, chartreux) : *dom Vaissette, dom Calmet* (prononc. *don*).

C'est aussi un titre de courtoisie portugais (il se place alors devant le prénom) : *dom Manoel*

Don est un titre de courtoisie espagnol et italien (il se place également devant le prénom, mais au XVIIᵉ siècle il s'employait également devant le nom) : *don Juan, don Quichotte. Fabrice adresse des remerciements à don Cesare* (Stendhal, *la Chartreuse de Parme*, 444). Le féminin est *doña* en espagnol, *donna* en italien.

— A noter que ces titres s'écrivent sans majuscule et sont invariables : *des don Juans.*

dôme - coupole. — Ces deux mots désignent un même objet (partie demi-sphérique qui surmonte un édifice), mais vu d'un point différent.

La **coupole** est la partie concave, l'intérieur du **dôme**, et ce dernier ne peut s'appeler ainsi que vu de l'extérieur : *Siéger sous la Coupole* (de l'Institut). *La coupole du ciel. La coupole est la voûte intérieure de l'édifice, tandis que le dôme en est la partie extérieure* (Nouv. Lar. univ.). *Le dôme du Panthéon.*

C'est abusivement qu'on emploie *coupole* pour *dôme*, mais cette confusion est fréquente. On dit même généralement *une église, un fort à coupoles.*

dommage. — **Dommage que** se construit généralement avec le subjonctif : *Dommage qu'il soit arrivé en retard. C'est dommage que vous n'ayez point appris cela plus tôt* (Acad.). *C'est grand dommage qu'il soit sorcier* (A. France, *la Rôtisserie de la Reine Pédauque*, 74).

On écrit aussi *il est dommage que* : *Il est bien dommage que vous n'ayez pu arriver à temps* (Acad.).

dompter. — Dans ce mot et dans ses dérivés (*dompteur, domptable, indomptable*), le *p* ne doit pas se prononcer. Mais la tendance (influence de la graphie) est toutefois à la prononciation de cette lettre, pourtant inutile (lat. *domitare*).

donataire - donateur. — Ces deux mots sont des contraires. Le **donataire** est celui qui reçoit une donation ; le **donateur,** celui qui la fait.

donc. — Le *c* se prononce quand *donc* est au début d'une phrase ou lorsqu'il est suivi d'un mot commençant par une voyelle ou un *h* muet.

— **Ainsi donc.** V. AINSI.

donner. — *Etant donné* est aujourd'hui rangé dans la catégorie des *attendu, excepté, y compris, vu,* etc.; il reste *invariable* s'il est placé avant le nom auquel il se rapporte : *Etant donné sa stupidité, on ne pouvait attendre autre chose de lui* (Acad.). *Etant donné une droite...* (mais *Une droite étant donnée...*)

V. aussi SOIT.

— **Donné à.** Le participe passé s'accorde ou non selon la nuance qu'on veut exprimer : *Les objets que je vous ai donnés à vendre* (que je vous ai donnés pour que vous les vendiez). *Les livres qu'on nous a donné à lire* (qu'on nous a ordonné de lire). *Les exercices qu'on nous a donné* (ou *donnés*) *à faire.*

— **Se donner - s'adonner.** V. ADONNER (s')

dont peut représenter des personnes ou des choses, et s'emploie pour *de qui, de quoi, duquel, desquels,* etc. : *Dieu, dont nous admirons les œuvres* (Acad.). *La maladie dont il est mort* (Id.). *C'est ce dont il s'agit* (Lar. du XX⁰ s.). *Les tables dont les pieds sont cassés. Le complet dont je suis vêtu. L'affaire dont je vous entretiens. L'homme dont vous me parlez. L'enfant dont je suis le père. La maison dont je suis le propriétaire. Une femme dont les cheveux flottent sur les épaules. Le coup dont il fut frappé* (Acad.).

— **Dont** ne peut, en principe, dépendre d'un complément introduit par une préposition (Grevisse). On dira : *Les traités sur la foi desquels il se repose* (et non *Les traités dont il se repose sur la foi). L'homme sur les pieds de qui j'ai marché* (et non *L'homme dont j'ai marché sur les pieds).*

— **Dont** suivi de deux propositions n'est pas à conseiller : *M. X..., dont je sais qu'il a été ouvrier chez M. Z...* Il est préférable de construire la phrase autrement : *M. X..., qui, je le sais, a été ouvrier chez M. Z..*

— **Dont** ne peut introduire une relative qui renferme un adjectif possessif en rapport avec l'antécédent. On dira : *L'usine dont on aperçoit la cheminée* (et non *sa cheminée). Un homme à qui sa* (ou *la*) *jambe fait mal* (et non *dont sa* [ou *la*] *jambe lui fait mal*).

— **A dont,** on ne peut associer, dans la même proposition, le pronom *en* formant superfétation (Grevisse) : *Mes amis, dont je* (et non *j'en*) *connais la fidélité. Des pays dont l'Angleterre était* (et non *en était*) *le principal.*

— **Dont - de qui.** Quand le relatif est séparé de son antécédent par un autre nom précédé lui-même d'une préposition, on emploie *de qui* (*duquel*, etc.) et non *dont* : *Le peintre à l'œuvre de qui* (moins bien *duquel*) *je m'intéresse* (mais *Je m'intéresse au peintre dont vous m'avez parlé*) [A. Dauzat, *Grammaire raisonnée*, 290]. *L'homme à la réputation de qui il a voulu nuire.*

— **Dont - d'où.** Ces deux mots ont même origine : le latin *de unde*, « de où », qui a donné *d'ond*, puis *d'ont*, et enfin *dont*.

Aussi, à l'origine, *dont* fut-il un adverbe de lieu ayant le même sens que *d'où*. Ce qui explique certaines phrases comme celle de Racine : *Rentre dans le néant dont je t'ai fait sortir* (*Bajazet*, II, 1). Condamné par Vaugelas au xviie siècle, *dont* n'a plus guère ce sens aujourd'hui, sauf au figuré, avec les verbes *descendre, sortir*, etc., pour marquer l'origine, la descendance généalogique : *Je connais la famille dont il est sorti, dont il est issu, les aïeux dont il descend. L'archidruide dont elle était descendue* (Chateaubriand, *les Martyrs*, 9). Mais on dira, au sens propre : *Voici la maison d'où il est sorti pour se faire tuer. Retournez à la ville d'où vous venez.*

Cette règle n'est pas toujours suivie : *La famille d'où il est sorti* (Acad.).

V. aussi où (*D'où - dont*).

— **Dont - que.** V. QUE (*Que - dont*).

dorade. V. DAURADE.

dorloter s'écrit avec un seul *t*.
V. aussi -OTER.

dormir peut s'employer transitivement : *Dormir un somme. Dormez votre sommeil.* Et, familièrement : *Dormir la grasse matinée* (Acad.).

— Le participe passé **dormi** est invariable : *Les heures qu'elle a dormi* (pendant lesquelles elle a dormi), *Combien d'heures avez-vous dormi?*

dot se prononce *dott.*

double. — On écrit : un *double décimètre*, un *double mètre*, des *doubles décimètres*, des *doubles décalitres*, des

doubles croches, des *doubles rideaux*, etc. (sans trait d'union). *Fait en double exemplaire. Porte fermée à double tour. Payer double prix*, ou, elliptiquement, *Payer double.* Mais le *double-as*, le *double-six*, etc. (au jeu de dominos).

doubler - dédoubler. V. DÉDOUBLER.

douceâtre. — La deuxième syllabe s'écrit *ceâ* (et non *çâ*)

doute. — **Nul doute que**, *pas de doute que, il n'y a pas, il ne faut pas de doute que, il n'est pas douteux que* se construisent ordinairement avec le subjonctif et la particule *ne* : *Nul doute, point de doute que cela ne soit* (Acad.).

L'indicatif s'emploie (sans *ne*) pour insister sur la réalité du fait, et le conditionnel si le fait est hypothétique : *Nul doute qu'il arrivera en retard. Nul doute qu'il arriverait en retard si...*

— **Sans doute** ayant le plus souvent le sens de « probablement » (*Il est sans doute au théâtre*), il vaut mieux, au sens nettement affirmatif, employer *sans aucun doute, sans nul doute* : *C'est bien lui?* — *Sans aucun doute.*

— **Sans doute que** se construit avec l'indicatif ou le conditionnel : *Sans doute que vous le verrez bientôt. Sans doute qu'il me le dirait, s'il le savait*

douter. — Ce verbe exige toujours la préposition *de* devant un nom ou un infinitif : on doute *de* quelque chose, *d'*avoir dit quelque chose. Mais on peut écrire : *Je doute moi-même si je n'ai pas rêvé* (A. France, *la Rôtisserie de la Reine Pédauque*, 7). *Ces actions qui font douter le spectateur* (A. Hermant, *le Crépuscule tragique*, 66).

— **Douter que.** Après *douter que*, le verbe qui suit se met ordinairement au subjonctif : *Je doute que votre résultat soit juste. Je doute qu'il puisse mieux faire.*

Si ce verbe est employé négativement, il est suivi de l'indicatif pour exprimer la réalité du fait, ou du conditionnel si le fait est hypothétique : *Je ne doute pas qu'il fera tout ce qu'il pourra* (Littré). *Elle ne doute pas qu'elle ferait mieux encore* (J. Renard, *Histoires naturelles*, 40; cité par Grevisse).

— **Se douter que** se construit avec l'indicatif ou le conditionnel : *Je me doute qu'elle est partie. Je me doutais bien, je ne me doutais pas qu'elle serait partie.*

— **Emploi du « ne » explétif.** Quoiqu'une certaine latitude soit tolérée aujourd'hui dans les phrases négatives ou interrogatives avec *douter que*, les règles d'emploi du *ne* explétif sont encore observées par les bons écrivains :

1° Lorsque la phrase est négative, le verbe au subjonctif prend *ne* : *Je ne doute pas qu'il ne vienne bientôt* (Acad.). *Je ne doute pas qu'il ne soit reçu à son examen* (Lar. du XXᵉ s.) ;

2° Si la phrase est interrogative, on met également *ne* : *Doutez-vous que je ne tombe malade, si je fais cette imprudence?* (Acad.) *Doutez-vous donc qu'il ne nous aime?* (Lar. du XXᵉ s.)

Toutefois, dans chacun de ces cas, on peut supprimer *ne* si l'on veut exprimer un fait incontestable : *Je ne doute pas que cela soit vrai* (Littré). *Doutez-vous que cela ne soit vrai* ou *que cela soit vrai?* (Id.) *Doutez-vous que je sois malade?* (Acad.)

drainer s'écrit sans accent circonflexe.

droit, adverbe, est *invariable* : *Elles allaient droit devant elles.*

Cette jeune fille marche droit signifie qu'elle suit droit son chemin. *Cette jeune fille marche droite* (adjectif) signifie qu'elle marche le corps droit. *Mesdemoiselles, tenez-vous droites* (et non *droit*) *Nous nous tenons droits à table.*

drôle, nom, a pour féminin *drôlesse* : *Cette femme n'est qu'une drôlesse* (Acad.).

Employé adjectivement, *drôle* conserve la même forme aux deux genres : *Un homme drôle. Une histoire drôle,* ou *une drôle d'histoire.*

(Le dérivé **drolatique** s'écrit sans accent circonflexe.)

dru s'écrit sans accent circonflexe : *Avoir le cheveu dru. Vous voilà bien dru aujourd'hui* (Lar. du XXᵉ s.).

Employé adverbialement, il est *invariable* : *La pluie tombait dru et menu* (Acad.). *Les balles pleuvaient dru, dru comme grêle* (Id.). *Blés qui poussent dru* (Lar. du XXᵉ s.).

druide a pour féminin *druidesse.*

drupe, terme de botanique (lat. *drupa* [fém.]), est du *féminin* d'après l'usage. (L'Académie le fait toutefois du masculin.)

du. V. DE (« *De* » partitif).

— **« Du » particule nobiliaire.** V. PARTICULE.

dû, nom masculin singulier, s'écrit avec un accent circonflexe : *A chacun son dû*

Il en est de même du participe passé masculin singulier du verbe *devoir* : *Il a dû partir.* (Mais : *La somme qui était due. Les égards qui lui sont dus.*)

V. aussi DEVOIR

ductile, « qui peut être étiré sans se rompre », vient du latin *ductilis,* de *ducere,* conduire, tirer : *Le platine est très ductile* (Nouv. Lar. univ.).

Se garder d'écrire *ductible* (cette faute est fréquente) : *De l'or vierge, pur, ductible, de l'or enfin* (R. Ponchon, *la Muse au cabaret,* 76).

dudit. — **Dudit, desdits, ledit,** etc. V. DIRE (*Dit, dite*).

dûment s'écrit avec un accent circonflexe.

V. aussi ADVERBE et ACCENTS.

dune. — Une *dune* étant un amas de sable, on ne dira pas une *dune de sable,* qui serait un pléonasme : *Les dunes de Calais, de Dunkerque* (Acad.). *C'est un pays de polders, de dunes et de bois* (M. Van der Meersch, *l'Empreinte du dieu,* 196)

dupe est toujours du féminin, même s'il s'applique à un nom masculin : *Cet homme est la dupe des flatteurs. Il en a été la dupe* (Acad.).

duplicata. — Un *duplicata* (pluriel neutre latin de *duplicatus,* doublé) est un double d'une dépêche, d'un brevet, d'une quittance, d'un acte quelconque. (Lorsqu'il y a deux copies, c'est-à-dire trois exemplaires, dont l'original [le *primat*], la deuxième copie s'appelle un *triplicata.*)

L'Académie fait ce nom *invariable* : *On lui a envoyé les duplicata de plusieurs dépêches.*

On a formé sur *duplicata* un singulier *duplicatum,* qui est rarement employé.

duquel. V. LEQUEL.

durant - pendant. — Ces deux mots s'emploient souvent sans aucune nuance de distinction. Toutefois, on peut, d'après l'étymologie, réserver **durant** pour exprimer une durée continue (*Six ans durant. Durant la campagne, les ennemis se sont tenus enfermés dans leurs places* [Littré]), et employer **pendant** pour marquer un laps de temps, une durée qui peut être interrompue (*C'est pendant cette campagne que s'est livrée la bataille dont vous me parlez* [Littré].)

dysenterie s'écrit avec un seul *s*, mais se prononce *di-san-t'rî.*

L'adjectif **dysentérique** prend un accent aigu sur l'*e* de la troisième syllabe.

E

é. — Dans certaines constructions de phrases où le sujet *je* est postposé, et quand le verbe à la 1re personne du singulier est terminé par un *e* muet, on remplace cet *e* muet par un *é* fermé (qui toutefois se prononce comme un *è* ouvert) : *Acheté-je. Puissé-je,* etc.

Ce tour est réservé à la langue littéraire.

— « E » **intercalé.** On écrit avec un *e* intercalé des mots comme *gaiement, gaieté, rouerie, soierie,* etc., et les noms tirés de verbes en *-ayer, -ier, -ouer, -oyer, -uer : bégaiement, paiement,* etc.; *licenciement, remerciement,* etc.; *dévouement, engouement,* etc.; *atermoiement, corroierie,* etc.; *éternuement, tuerie,* etc.

eau. — On écrit : *Eaux mères* (sans trait d'union), mais *eaux-vannes. Une ville d'eaux. Eau de rose* (mais *essence de roses*) [Acad.], *de fleur d'oranger. Morte-eau, vive-eau. Eau de Javel. Eau-de-vie* (plur. des *eaux-de-vie*). *Eau-forte* (plur. des *eaux-fortes*).

ébat s'emploie surtout au pluriel : *Se livrer à de joyeux ébats* (Lar. du XXe s.).

ébène est du *féminin* . *Fausse ébène.*

éblouir, c'est frapper *les yeux* par un éclat trop vif (on ne dira donc pas *éblouir les yeux,* qui serait pléonas-tique) : *Le soleil nous éblouit. La lumière éblouit les hiboux.*

Toutefois, au sens réfléchi, on peut dire : *Les yeux s'éblouissaient au scintillement de la mer* (A. Theuriet, *Charme dangereux,* 52)

ébonite est du *féminin*

éboueur - boueur - boueux. — A Paris, le terme le plus communément employé pour désigner le préposé à l'enlèvement des ordures est celui de **boueux** : *A ses côtés, un boueux, la pipe au bec, ratissait un monceau d'ordures* (Huysmans, *En ménage,* 19) C'est toutefois un terme populaire, et d'aucuns disent, qui croient mieux parler, un **boueur.**

En réalité, le terme administratif est **éboueur,** et c'est sous ce nom que le « boueux » est connu à la préfecture de la Seine. (L'*ébouage* est l'action d'enlever la boue des rues, des routes.)

éboulement - éboulis. V. ÉCROULER (s').

ébouler (s') - écrouler (s'). V. ÉCROULER (s').

écaille - coquille. V. COQUILLE.

écaler, c'est enlever l'écale (enveloppe extérieure de certains fruits) *Écaler des amandes, des noix.*

On dit aussi *écaler des œufs* (pour « leur enlever la coquille »).

Ne pas confondre avec **écailler**, enlever les écailles.

écarlate est du *féminin : Une belle écarlate*.

Employé adjectivement, il s'accorde avec le nom : *Des robes, des rubans écarlates*.

V. aussi COULEUR et BLEU.

ecce homo est *invariable : Des ecce homo d'orfèvrerie* (Lar. du XXe s.).

Le premier élément se prononce *èk-sé*.

ecchymose. — Ce mot à l'orthographe compliquée (du gr. *ek*, dehors, et *khumos*, humeur) se prononce *è-ki-môz'*.

échafaud - échafaudage. — **Echafaud**, au sens de « construction provisoire fixe ou mobile, à l'usage des ouvriers du bâtiment », est aujourd'hui vieilli; on emploie plutôt **échafaudage** (Acad.).

Echafaud est réservé au sens particulier de « plate-forme sur laquelle on exécute les condamnés à mort » : *Monter à l'échafaud* (Acad.).

échalote s'écrit avec un seul *t*.

V. aussi -OTE.

échanger - changer. V. CHANGER.

échappatoire est du *féminin : Trouver une échappatoire* (Lar. du XXe s.).

échapper se conjugue avec **être** ou **avoir** selon qu'on veut exprimer l'état ou l'action : *Un cri, un soupir lui échappa, lui a échappé, lui est échappé, vint à lui échapper* (Acad.). *Cela m'avait, m'était échappé de la mémoire* (Id.). *Il est échappé de prison* ou *Il a échappé de prison*, ou encore *Il s'est échappé de prison* (cette dernière construction est la plus courante).

Toutefois, au sens de « être fait par imprudence, par mégarde, par négligence, etc. », *échapper* se construit le plus souvent avec **être** (mais la tendance à employer *avoir* est nette : *Il est impossible qu'une pareille bévue lui soit échappée* (Acad.). *Ce mot m'est échappé* (je l'ai dit par mégarde). *Il lui est échappé une parole imprudente*.

En revanche, il se construit toujours avec **avoir** au sens de « n'être pas saisi, remarqué » : *Le véritable sens avait échappé à tous les traducteurs* (Acad.). *Votre observation m'avait*

d'abord échappé (Id.). *J'ai compté dix fautes dans ce devoir, et il y en a d'autres peut-être qui m'ont échappé* (Lar. du XXe s.).

— **Echapper à** ou **de**. *Echapper à* signifie « se soustraire, se dérober à, être préservé de » : *Echapper au danger, à la tempête, à la mort. Echapper à la prison. La voile échappa bientôt à la vue. Echapper à un dilemme* (Lar. du XXe s.).

Echapper de a le sens de « se sortir, se sauver, s'évader de » : *Echapper des mains des ennemis* (Acad.). *Il échappa de prison* (Littré). On dit plutôt *s'échapper de*.

— **L'échapper belle** signifie « se tirer heureusement d'un mauvais pas ». Le participe passé est toujours masculin dans l'usage : *Il l'a échappé belle* (Acad.).

(*L'* représenterait la balle, au jeu de paume : *l'échapper belle*, c'était le manquer alors qu'elle se présentait bien.)

— **Echapper - réchapper**. *Réchapper* dit plus qu'*échapper* : on échappe **à** un péril quelconque, mais on réchappe **d'**un grand péril, d'une maladie grave, etc.

échauffourée s'écrit avec deux *f* et un seul *r*.

échec se prononce toujours *é-chèk*, même au pluriel, en termes de jeu. (La prononciation *é-chè* est vieillie.)

écho. — Dans l'expression **se faire l'écho de**, le participe *fait* est invariable : *Ils se sont fait l'écho de ces calomnies* (Hanse). *Ils se sont fait l'écho de la nouvelle* (Robert).

— On écrit aussi, au singulier, *sans écho : Ses avis restèrent sans écho*.

échoir est un verbe défectif. Il n'est guère employé qu'à la 3e personne du singulier ou du pluriel, puisqu'il ne peut avoir pour sujet qu'un nom de chose, et seulement aux temps suivants : indicatif présent (*il échoit*; la forme *il échet* n'est plus employée aujourd'hui), passé simple (*il échut*), futur (*il échoira; il écherra* fait archaïque), conditionnel (*il échoirait*) et subjonctif (*qu'il échoie*). Ajoutons, en plus de l'infinitif présent (*échoir*), le participe présent (*échéant*) et le participe passé (*échu*).

Les temps composés se conjuguent ordinairement avec l'auxiliaire **être** : *Cela lui est échu en partage* (Lar. du XXᵉ s.).

— **Echoir - échouer**. Il faut se garder de confondre ces deux verbes dans la conjugaison : *C'est un grand honneur qui m'échoit* (et non *qui m'échoue*)

Echouer (« ne pas réussir ») se conjugue avec *être* ou *avoir* selon qu'on veut exprimer l'état ou l'action : *Le bateau est échoué sur le sable. Ce bateau a échoué hier* ou *s'est échoué hier.*

En parlant d'une personne, et au sens figuré, on n'emploie que l'auxiliaire *avoir* : *Elle a échoué à son examen.*

échoppe s'écrit avec deux *p*.

échouer - échoir. V. ÉCHOIR.

éclair est du *masculin* : *Un éclair terrifiant. Un éclair au chocolat.*

Adjectivement et au figuré : *Des voyages éclair* (invar.).

écloper ne s'emploie guère qu'au participe passé, qui est le plus souvent adjectif : *Etre tout éclopé* (Acad.). Et substantivement : *Les éclopés de la Grande Guerre* (Id.).

éclore se conjugue comme *clore* (v. ce mot). Toutefois, d'après l'Académie, la 3ᵉ personne du singulier de l'indicatif présent s'écrit *il éclot* (sans accent circonflexe sur l'*o*), alors qu'on écrit *il clôt*. Il en est de même pour *enclore* (*il enclot*). Mais l'usage est de l'écrire *il clôt, il éclôt, il enclôt.*

Eclore prend ordinairement l'auxiliaire **être** aux temps composés, mais on rencontre parfois **avoir** : *Ces œufs sont éclos ; ils ont éclos pendant la nuit.*

écrémer et ses composés (*écrémage, écrémeuse*) s'écrivent avec des accents aigus.

V. aussi CRÈME.

écritoire est du *féminin*.

écrivain n'a pas de féminin correspondant. On dira, en parlant d'une femme : *C'est un remarquable écrivain, un écrivain français. Femme poète et écrivain autrichienne.*

Ecrivaine est du style ironique : *Vite mes savates ! je sens le poème ! s'écriait une écrivaine, d'ailleurs charmante* (Colette, *Trois, six, neuf*, 34).

écrou - boulon. — L'**écrou** est la pièce, filetée à l'intérieur, dans laquelle pénètre la tige, filetée à l'extérieur ; l'ensemble constitue le **boulon**. On confond parfois l'un et l'autre, par Léon Daudet (*le Sang de la nuit*, 140) : *Un collier de chien indochinois, composé de petits rectangles de métal, reliés par des écrous articulés.*

écrouler (s') - ébouler (s'). — S'**écrouler** se dit surtout d'une construction qui s'effondre soudainement et avec fracas : *Pont qui s'écroule* (Lar. du XXᵉ s.). *Cet échafaudage vint tout à coup à s'écrouler* (Acad.). Et au figuré : *Projets, espérances qui s'écroulent. Sans pronom réfléchi : Faire écrouler la vertu* (Nouv. Lar. univ.).

S'**ébouler** marque surtout un affaissement avec glissement et désagrégation. Il se dit particulièrement de la terre, du sable, des choses empilées ou entassées, et peut s'employer également sans pronom réfléchi : *Ce tas de bûches s'est éboulé, a éboulé. Ces terres, ce tas de sable sont près d'ébouler* (Acad.). *Ce monticule est éboulé depuis hier* (Littré).

(L'**éboulement** est l'action d'ébouler, de s'ébouler, ou l'état d'une chose éboulée : *L'éboulement des terres* [Acad.]. *La voie était interceptée par un éboulement* [Id.]. **Eboulis** désigne des matières éboulées : *Un éboulis de roches.*)

éculer - acculer. — **Acculer** signifie « pousser quelqu'un dans un endroit où il ne puisse pas reculer » : *Notre armée était acculée à la montagne* (Acad.). Et au figuré : *Cet homme est acculé à la faillite.*

Les premières éditions du Dictionnaire de l'Académie toléraient l'expression *acculer des souliers*, au sens de « déformer, user des chaussures dans la partie du talon ». Aujourd'hui, on ne dit plus qu'**éculer**, et c'est le seul sens propre de ce mot.

écumoire est du *féminin*.

écurer. V. CURER.

écurie - étable. V. ÉTABLE.

éfendi (ou *effendi* [Acad.]), ancien titre turc porté par des fonctionnaires civils, des ministres ou des savants, se prononce *é-fin-di* et se place après le nom, sans trait d'union ni majuscule : *Réchid éfendi.*

V. aussi BEY, DEY, PACHA, etc.

efficace, pour **efficacité,** est un terme aujourd'hui vieilli : *La grâce n'a pas pour tous la même efficace. Il faut une efficace évidente* (Paul Valéry, *Variété IV,* 10).

effluve est du *masculin : Des effluves embaumés.* (La faute de genre est fréquente).

efforcer (s'). — Le participe passé de ce verbe s'accorde toujours avec le pronom complément qui le précède : *Elles se sont efforcées de vous faire plaisir.*

— **S'efforcer à** ou **de.** Devant un infinitif, on emploie plus couramment *s'efforcer de,* quoique *s'efforcer à* soit correct, sans nuance particulière (il faut toutefois éviter : *Elle s'efforça à...* en raison de l'hiatus) : *S'efforcer de soulever un fardeau* (Acad.). *Ne vous efforcez pas à parler, à courir* (Littré).

effraie. V. ORFRAIE.

effréné. V. FREINER.

effusion - affusion. — Une **effusion** est un « épanchement », au propre et au figuré : *Il y eut une grande effusion de sang dans ce combat. Parler avec effusion. Effusion de tendresse* (Lar. du XXᵉ s.).

Affusion signifie « arrosement, aspersion », et ne saurait être confondu avec *effusion : Les affusions froides durcissent les muscles.*

égailler (s') - égayer (s'). — **S'égailler** (prononc. *é-ga-yé*), c'est se disperser (le mot viendrait de *s'égaler,* se répartir également) : *Ces soldats s'égaillèrent* (Acad.). *Égaillez-vous* (Id.).

S'égayer (prononc. *é-ghè-yé*) est dérivé de *gai* et signifie « s'amuser, se distraire » : *S'égayer aux dépens de quelqu'un* (Lar. du XXᵉ s.).

Egayer se conjugue comme *balayer* (v. ce mot).

égal. — **D'égal à égal** est une expression *invariable : Ils traitèrent avec elle d'égal à égal. Le roi, disaient-ils, traite avec les Tartares d'égal à égal* (P. Mérimée, *les Cosaques d'autrefois,* 143).

L'accord *d'égale à égal* s'il s'agit d'une femme et d'un homme (du genre de *seule à seul*), ou celui *d'égaux à égaux* sont d'inutiles fantaisies.

— **N'avoir d'égal que.** Dans cette expression, si les noms mis en rapport sont de genre différent, *égal* s'accorde facultativement avec le premier nom ou avec le second ; l'usage est indécis (Grevisse) : *La prétention de penser par soi-même n'a d'égal que le peu de souci de penser en effet et une certaine impuissance à le faire* (E. Faguet, *Politiques et moralistes du XIXᵉ siècle,* II, XIII ; cité par Le Bidois). *Edmond, dont le dévouement n'avait d'égal que la conscience scientifique* (A. Dauzat, dans *les Nouvelles littéraires,* 19-XII-1946). *Avec un tact et une souplesse qui n'ont d'égale que sa superbe loyauté* (Cl. Farrère, *la Seconde Porte,* 43).

La tendance est toutefois à l'invariabilité d'*égal* dans les deux cas.

— **Sans égal** peut varier au féminin et au féminin pluriel, mais jamais au masculin pluriel (on ne dit pas *sans égaux*) : *Une joie sans égale. Des perles sans égales. Des élans sans égal. Un naturel et une joie sans égal* (dans ce cas, on fait parfois l'accord avec le dernier nom : *Un naturel et une joie sans égale*).

L'invariabilité absolue se rencontre aussi : *Une joie sans égal* (sans rien d'égal).

V. PAREIL (*Sans pareil*).
— V. aussi ÉGALER.

égaler - égaliser. — **Egaliser,** « rendre égal, donner les mêmes dimensions », ne se dit que des choses : *Egaliser des cheveux* (Lar. du XXᵉ s.). *Egaliser les lots d'un partage* (Acad.).

Il a aussi le sens de « rendre uni, plan » : *Egaliser un terrain* (Lar. du XXᵉ s.).

Egaler signifie « être égal » et s'emploie surtout au sens figuré : *Cet élève égalera bientôt son maître. Egaler quelqu'un en mérite, en beauté, en talent* (Acad.) *La recette égale la dépense.*

— On écrit : *15 multiplié par 4 égale 60* (et non *égal* ou *égalent*).

égard. — On écrit : *A tous les égards* ou *à tous égards. Il aura quelque égard à ma prière* (Acad.). *C'est un manque d'égards que rien ne saurait excuser* (Id.).

— **A l'égard de,** « relativement à, envers », « par comparaison » : *A l'égard de ce que vous disiez* (Acad.). *A l'égard de la science et aussi à l'égard de ses amis* (Lar. du XXᵉ s.). *La terre est petite à l'égard du soleil* (Acad.).

— **Eu égard à** (et non EN *égard à*), « en considération de » : *Eu égard à la nature de l'affaire* (Acad.).

égarer - perdre. — **Egarer** dit moins que **perdre**; c'est perdre momentanément une chose, ne plus savoir où elle est : *Ces papiers ne sont pas perdus, je les ai seulement égarés* (Acad.).

On ne retrouve plus l'objet qu'on a *perdu,* ou tout au moins on pense qu'on pourrait ne plus le retrouver, alors qu'une chose *égarée* se retrouvera probablement.

égayer (s') - égailler (s'). V. ÉGAILLER (s').

église s'écrit avec une minuscule initiale au sens d' « édifice destiné à la célébration du culte chrétien » (*Une belle église. Une église romane. Etre un pilier d'église*), et avec une majuscule dans les autres cas : *Les biens de l'Eglise. Gens d'Eglise. L'autorité de l'Eglise. L'Eglise catholique. L'Eglise anglicane.*

égout, tiré de *égoutter,* s'écrit sans accent circonflexe sur l'*u.*

eh - hé. — **Eh!** est une interjection d'admiration, de surprise, de douleur, etc. (il est prononcé plus bref) : *Eh! quelle belle fille! Eh! que c'est beau! Eh, eh! vous me la baillez belle!* Il sert aussi à interpeller : *Eh! là-bas! Eh là! n'a-t-il pas joué, lui aussi, le rôle du bon sicambre?* (J.-K. Huysmans, *A rebours,* XIX).

On écrit (noter la ponctuation) : *Eh bien!* (et non *Et bien!*) *Eh quoi! Eh va donc! Eh! malheureux que je suis! Eh bien, qu'avez-vous à répondre?* (Acad.) [Remarquer la virgule après *Eh bien,* sauf quand cette locution est seule; elle peut être alors suivie d'un point d'exclamation ou d'interrogation.]

Hé! sert à appeler, à provoquer l'attention, à exprimer la commisération, etc. (il est prononcé plus bref) : *Hé! l'ami! Hé! bonjour! Hé! viens ici! Hé! prenez garde! Hé! qu'ai-je fait! Hé, hé! il n'y a rien à dire à cela.*

élancement - lancement. V. LANCEMENT.

élastique est du *masculin : Remettre un élastique* (Acad.)

électro-. — Pratiquement, étant donné l'emploi anarchique du trait d'union dans les mots où ce préfixe entre en composition, on n'utilise ce signe qu'en cas d'hiatus. On écrit *électrochimie, électrochoc, électrométallurgie,* etc., mais *électro-aimant, électro-encéphalographie, électro-osmose,* etc. (La tendance est toutefois de le supprimer devant *a* et *e.*)

Il en est de même pour RADIO-.

-eler. — Parmi les verbes se terminant par *-eler,* certains, les plus nombreux, redoublent la consonne *l* (*j'appelle*); d'autres changent l'*e* en *è* devant une syllabe muette (*je pèle*). Voici, d'après l'Académie, la liste de ces derniers verbes : *celer, ciseler, congeler, déceler, dégeler, démanteler, écarteler, geler, marteler, modeler, peler, receler, regeler.*

V. aussi -ETER.

élire se conjugue comme *lire.*

Il fait au passé simple *j'élus, nous élûmes* (et non *j'élis, nous élîmes*).

élision. — L'*élision* ne se fait pas devant un *h* aspiré, ni devant les mots *huit* et dérivés, *onze* (v. ce mot) et dérivés, *oui, uhlan, ululer* et dérivés, *un* (chiffre ou numéro), *yacht, yack, yard, yatagan, yod, yole, yucca.*

— En général, l'élision n'a pas lieu devant les lettres ou les mots cités : *Redoubler le « o ». « A » suivi de « e ». Synonyme de « aimer ».* Mais on dira : *l'« e » muet, l'« è » ouvert, l'« h » aspiré, l'« h » muet,* etc.

Devant les titres d'ouvrages, il y a hésitation, mais l'usage incline plutôt vers l'élision : *L'auteur d' « Amphitryon ». Après la représentation d' « Un fichu métier ».*

V. aussi APOSTROPHE, ENTRE, H, JUSQUE, LORSQUE, OUATE, PRESQUE, PUISQUE, QUELQUE, QUOIQUE

elle, féminin de *lui,* ne s'emploie pas toujours pour les choses. Il faut dire par exemple, en parlant d'une science : *Il s'y est adonné* (et non *Il s'est adonné à elle*), en parlant d'une armée : *Nous nous en approchâmes* (et non *Nous nous* *approchâmes d'elle*). De même, d'un animal femelle on dira : *Je n'en suis pas maître* (et non *Je ne suis pas maître d'elle*).

En revanche, les formes critiquées sont valables pour les personnes : *Nous nous approchâmes d'elle*, etc.

Il en est de même de IL, LUI.

— V. aussi PRONOM.

élytre est du *masculin* (gr. *elutron*) : *Elytres incomplètement rebordés* (R. Jeannel, *Faune de France*, 578 [1942]). « Quelques-uns font ce mot féminin » (Acad.).

émail a pour pluriel *émaux*.

embâcle est du *masculin*, alors que son contraire, **débâcle**, est du *féminin*.

embarcadère est du *masculin*.

embarquer. — On dit aussi bien *Embarquer sur le prochain bateau* que *S'embarquer sur...* : *Troupes qui embarquent pour le Levant* (Lar. du XXᵉ s.). *Nous nous embarquâmes à Toulon* (Acad.). *Notre bataillon attendait l'ordre d'embarquer* (R. Dorgelès, *le Cabaret de la Belle Femme*, 118).

Il en est de même au figuré : *On l'a embarqué dans cette affaire. S'embarquer dans une affaire louche*.

embarras. — On dit aussi bien *Il fait de l'embarras* que *des embarras*.

embauchoir. V. EMBOUCHOIR.

embellir. — Employé intransitivement, ce verbe se conjugue avec l'auxiliaire **avoir** si l'on veut exprimer une action progressive, et avec **être** pour indiquer l'état : *Elle a beaucoup embelli en peu de temps* (Lar. du XXᵉ s.). *Cette jeune fille est bien embellie*.

emblème est du *masculin* et s'écrit avec un accent grave (et non circonflexe). **Emblématique** prend un accent aigu.

embobeliner - embobiner. — Ces deux mots, d'usage familier, sont synonymes, le second (qui est plus fréquent aujourd'hui) n'étant qu'une altération du premier : *C'est drapé, embobiné, enturbanné qu'il fait l'amour* (Georges Duhamel, *le Prince Jaffar*, 18). *C'est le préfet qui les a tous embobelinés* (P. Mérimée, *Colomba*, 103). *Trois ou quatre personnes bien qu'il a embobinées* (H. Bernstein, *Samson*, I, 11).

emboîter s'écrit avec un accent circonflexe, comme *boîte*, dont il est dérivé.

embonpoint, formé de *en*, *bon* et *point*, s'écrit avec un *n* (et non un *m*) devant le *p*.

embouchoir. — L'embouchoir est un instrument qu'on *embouche* dans les chaussures pour les élargir ou en conserver la forme. Ce mot est le plus souvent altéré en **embauchoir** (donné comme abusif par l'Académie) : *Les bottes Chantilly, toutes droites, que leurs embauchoirs remplissent* (A. Hermant, *le Cavalier Miserey*, 60).

émerger - immerger - submerger. — Ces trois mots ont des sens bien différents. Les deux premiers sont même de sens opposés.

En effet, **émerger** (du lat. *ex*, hors de, et *mergere*, plonger), c'est apparaître hors d'un liquide, se montrer à la surface : *Sa tête émerge de l'eau*.

Immerger (du lat. *in*, dans, et *mergere*, plonger), au contraire, c'est enfoncer, plonger dans un liquide : *Immerger un câble. Tuyau immergé dans l'eau* (Acad.).

Quant à **submerger** (du lat. *sub*, sous, et *mergere*, plonger), c'est recouvrir d'eau, faire disparaître sous l'eau : *L'inondation submergea toute la vallée* (Acad.). *La tempête submergea le vaisseau*.

émérite se disait de celui qui, ayant exercé un emploi (du lat. *emeritus*, ancien soldat), a pris sa retraite et jouit des honneurs de son titre. Un *professeur émérite* n'était autre qu'un *professeur honoraire*. Mais par un glissement de sens attribuable sans doute à sa fausse ressemblance avec *mérite*, *émérite* devint synonyme de *méritant*, *distingué*, *remarquable* : *Je suis fils de médecin; mon père, à Nîmes, passait pour émérite dans l'art de guérir* (J.-J. Brousson, dans *les Nouvelles littéraires*, 17-XII-1927). *C'est, paraît-il, un danseur émérite et ses succès ne se comptent plus* (R. Massat, *Rue de l'Ouest*, 127). *Rollinat retourne à ses casseroles, car c'est un cuisinier émérite* (H. Lapaire, *Maurice Rollinat*, 163).

Ce nouveau sens a éclipsé à tel point le premier et seul valable que l'Aca-

démie l'a consacré dans son dictionnaire : « Qui est remarquable dans
quelque science ou dans la pratique de
quelque chose. » Déjà Littré avait préparé la route, et donnait à *émérite* le
sens figuré de . « Qui a longtemps pratiqué ce dont il s'agit, et qui a vieilli. »
Le Larousse du XXᵉ siècle, tout en
consignant cette acception, la donne
comme abusive.

En définitive, puisque ce mot n'a
presque plus cours dans son acception
propre, où il est remplacé par *honoraire*,
il faut ou bien qu'il disparaisse ou bien
qu'il évolue. Les puristes l'ont rayé de
leur vocabulaire, mais l'Académie, con-
sacrant l'usage, en autorise l'emploi.

émigration - immigration. — Ces
deux mots sont antonymes. Ils désignent, vus d'un même pays, deux courants en sens contraire. L'**émigration**
est l'action de quitter son pays pour
aller se fixer à l'étranger, alors que
l'**immigration** est l'action de venir
dans un pays étranger pour y demeurer.
Par exemple, les Français qui quittent
la France pour aller au Canada sont des
émigrants au regard de leurs compa-
triotes restés en France, et des *immi-
grants* aux yeux des Canadiens.

éminent - imminent. — Ce qui est
éminent dépasse le niveau commun,
est supérieur, au-dessus des autres, en
parlant des personnes et des choses :
*Un homme éminent. Posséder une vertu
à un degré éminent* (Acad.). *Un lieu
éminent* (Peu us.).

Un événement près de survenir (surtout malheureux), qui menace pour un
avenir prochain, est **imminent** : *Une
ruine, une guerre imminente. Péril
imminent* (Acad.). Par extension :
Départ imminent. Arrivée imminente
(Lar. du XXᵉ s.).

Dans la septième édition (1878) de
son dictionnaire, l'Académie faisait une
distinction entre *un péril éminent* et *un
péril imminent*. La première expression
désignait un péril « très grand », la
seconde « très proche » : *Un danger
éminent peut n'être pas imminent.*

Littré est du même avis.

Aujourd'hui, l'Académie a abandonné
la distinction ci-dessus, et le Larousse
du XXᵉ siècle note qu'il semble bien
que l'expression *danger éminent* soit à

condamner complètement, car *éminent*
emporte avec soi une idée avantageuse
qui ne peut convenir au danger. En
fait, *imminent* est maintenant seul
employé dans ce sens.

emmailloter et **démailloter** s'écrivent avec un seul *t*.
V. aussi -OTER.

emmêler - entremêler. — **Emmêler**, c'est brouiller, en parlant de fils :
Cet écheveau de laine est tout emmêlé
(Acad.). Au figuré : *C'est une affaire
bien emmêlée* (Id.).

Entremêler a le sens plus général de
« mêler, insérer plusieurs choses parmi
d'autres dont elles diffèrent plus ou
moins » : *Entremêler des livres et des
brochures* (Acad.). *Entremêler des plai-
santeries et des propos sérieux* (Id.).

L'auteur contemporain qui écrit :
*L'apprenti, plein de honte, s'employait
à redistribuer les caractères emmêlés,*
confond *emmêlé* et *entremêlé.*

emménager - aménager. —
Emménager est le contraire de *déménager.* C'est mettre en ménage, transporter ses meubles dans un nouveau
logement : *Notre fils devant se marier,
il va falloir l'emménager* (Acad.). *J'ai
déménagé du boulevard de Clichy, et
j'emménage rue de la Grande-Chaumière.*

Aménager signifie « disposer avec
un certain ordre pour un usage déterminé, précis » : *Aménager un magasin,
une maison. Cette pièce est particulièrement bien aménagée.*

emmener. — **Emmener - amener.**
V. AMENER.

— **Emmener - emporter.** *Emmener* se dit des personnes et des animaux ;
c'est mener avec soi d'un lieu dans un
autre : *Emmener un ami à la campagne. Emmener du bétail* (Lar. du
XXᵉ s.). *Emmenez cet homme, je vous
prie* (Acad.).

Emporter a le même sens, mais ne se
dit que des choses ou des personnes
non valides. On *emmène* avec soi son
chien ; on *emporte* son fusil. On *emmène*
ses enfants ; on *emporte* ses bagages.
Cambrioleurs qui ont tout emporté
(Lar. du XXᵉ s.). *Emporter un malade,
un homme blessé* (Acad.).

C'est par erreur, semble-t-il, que Littré signale qu'*emmener* peut se dire également des choses.

emmitoufler s'écrit avec un seul *f* et se prononce *an-mi-*.

émotionner est un doublet d'*émouvoir*. Ce n'est pas un barbarisme, comme l'ont prétendu certains, car il est correctement construit sur *émotion*, de même qu'*affectionner*, *mentionner*, *réveillonner*, etc., sont tirés d'*affection*, *mention*, *réveillon*, etc.

Peut-être pourrait-on le distinguer d'*émouvoir* en attachant à ce sens celui d' « attendrissement moral », alors qu'*émotionner* marquerait une commotion physique, nerveuse : *La vue d'un cadavre émeut; un coup de sonnette émotionne.* C'est ce dernier sens que nous trouvons chez E. de Goncourt (*Chérie*, 106) : *Le tremblement émotionné et peureux de celui qui demande.*

Quoi qu'il en soit, le Dictionnaire de l'Académie ignore ce vocable; aussi serait-il bien imprudent de le recommander après les polémiques qu'il a soulevées dès sa naissance.

V. aussi ÉMOUVOIR.

émoudre se conjugue comme *moudre* (v. ce mot).

émouvoir se conjugue comme *mouvoir*. On hésite parfois sur l'imparfait ou le futur : *Je m'émouvais à ce récit. Je ne m'émouvrai pas, quoi qu'il arrive.*

— **Emu** s'écrit sans accent circonflexe sur l'*u*.

— V. aussi MOUVOIR.

empaler, « infliger le supplice du pal », se dit aussi, par analogie, pour « transpercer le corps » : *Empaler des insectes* (Lar. du XXᵉ s.). *S'empaler sur une fourche en tombant* (Id.)

empêcher ne s'emploie plus guère aujourd'hui qu'avec un complément d'objet direct : *Cela ne l'a pas empêchée d'aller danser.* Autrefois, il était souvent employé avec un complément d'objet indirect. On retrouve cette forme dans l'exemple suivant, tiré de Pierre Benoit (*Lunegarde*, 69) : *Cette crise de conscience, d'ailleurs, ne lui avait pas empêché de prendre ses précautions* (cité par Le Gal. *Parlons mieux*, 112).

— Après **empêcher que**, il est d'usage d'employer le subjonctif précédé de *ne* : *Cela empêchera qu'il n'aille avec vous* (Nouv. Lar. univ.). *La pluie empêche d'aller se promener, empêche qu'on n'aille se promener* (Acad.). *J'empêche qu'il ne vienne* (Littré).

On peut toutefois supprimer le *ne* : *Empêchez-vous qu'on vienne?* (Littré.)

En règle générale, *ne* est obligatoire si *empêcher* est affirmatif : *La pluie empêche qu'on n'aille se promener.* Il est facultatif si *empêcher* est négatif ou interrogatif : *Je n'empêche pas qu'il ne fasse* ou *qu'il fasse ce qu'il voudra* (Acad.).

— **Empêcher quelque chose à quelqu'un**, critiqué par Voltaire, mais admis par Littré, ne se dit plus guère et n'est pas à conseiller. On dira : *Il nous défend, il nous interdit l'accès de cette maison. Il nous défend, il nous empêche d'entrer* (et non pas *Il nous empêche l'accès de cette maison*).

— Avec **il n'empêche que, n'empêche que**, on emploie l'indicatif (parfois le conditionnel, si le fait est hypothétique) : *Il n'empêche que je le verrai demain. N'empêche qu'il est ici en ce moment. N'empêche qu'il serait le premier à nous le reprocher.*

— **Cela n'empêche pas que** peut se construire avec l'indicatif (qui exprime un fait réel) : *Cela n'empêche pas qu'il est malade aujourd'hui* (à côté de : *Cela n'empêche pas qu'il soit malade*).

empeser. — Empeser - amidonner. V. AMIDONNER.

emphysème est du *masculin*.

empiétement s'écrit avec un accent aigu (et non grave).

empire. — On écrit : *L'Empire romain, l'Empire byzantin, l'Empire français*, etc. (avec une majuscule, quand le mot, faisant partie intégrante du nom d'un pays, est suivi d'un adjectif). *L'empire d'Occident, d'Orient, du Milieu, du Soleil-Levant, d'Autriche*, etc. (avec une minuscule, quand le mot a un complément). *Le Bas-Empire. Le Nouvel Empire. Les limites de l'empire* (territoire). *Le Saint Empire romain germanique. Le premier, le second Empire. Le style Empire. Une pendule, un guéridon Empire.*

V. aussi RÉPUBLIQUE.

empirer se conjugue avec **avoir** ou **être** (rare) selon qu'on veut indiquer l'action ou l'état, le degré où la chose se trouve : *Sa maladie empire, a beaucoup empiré. Sa maladie est empirée* (Acad.).

— On peut dire **s'empirer** au sens intransitif d'*empirer*, mais cet emploi est peu courant : *Leur état allait s'empirant* (Bossuet, cité par le Lar. du XXᵉ s.). *Sa monomanie s'empire de jour en jour* (Villiers de l'Isle-Adam, *Contes cruels*, 127).

emplâtre est du masculin.

emplir. V. REMPLIR.

employer se conjugue comme *aboyer* : *J'emploie, j'emploierai.*

Aux 1ʳᵉ et 2ᵉ personnes du pluriel de l'imparfait de l'indicatif et du subjonctif présent, il fait : *nous employions, vous employiez; que nous employions, que vous employiez* (avec y et i).

— **Employer - utiliser.** V. UTILISER.

emporte-pièce est *invariable*.

emporter - emmener. V. EMMENER.

empreindre se conjugue comme *craindre* (v. ce mot).

empresser (s'). — Au sens de « montrer de l'ardeur, du zèle », on peut employer indifféremment **à** ou **de** : *S'empresser à faire sa cour* (Acad.). *S'empresser d'agir* (Lar. du XXᵉ s.).

Au sens de « se hâter », on emploie généralement **de** : *S'empresser de parler, de prendre la parole* (Acad.). *Je m'empresserai de l'avertir* (Littré).

On rencontre parfois **à** : *Ils s'empressaient à rajuster leurs tuniques* (M. Barrès, *Sous l'œil des barbares*, 148).

emprise a été admis par l'Académie (1932) au sens de « domination exercée par une personne sur une ou plusieurs autres, et qui a pour résultat qu'elle s'empare de son esprit ou de sa volonté » : *L'emprise de cet écrivain sur la jeunesse.*

Ainsi se trouve consacré un terme que les puristes avaient banni, mais qui était d'un emploi presque courant : *Je protestais contre cette emprise* (A. Gide, *l'Immoraliste*, 230). Et en parlant des choses : *Nous défendre contre l'emprise d'un instant inconscient* (P. Bourget, *Nos actes nous suivent*, 58).

A noter qu'à l'origine *emprise* signifiait « entreprise » (du vieux verbe *emprendre*), comme l'italien *impresa* ou l'espagnol *empresa*, et qu'il désigne aussi la superficie qu'occupe une voie de chemin de fer : *Le pont qui, par-dessus l'emprise du chemin de fer, doit relier définitivement ces quartiers miséreux au riche boulevard Pasteur* (G. Duhamel, *Inventaire de l'abîme*, 9).

emprunter. — **Emprunter à.** Quand le complément d'objet indirect d'*emprunter* est un nom de personne (sens de « demander et recevoir en prêt »), on se sert surtout de **à** (*de* est plus rare et vieilli) : *Emprunter à un ami de l'argent, un habit, des livres* (Lar. du XXᵉ s.). *Emprunter une somme à quelqu'un. J'ai emprunté mille francs de mon ami,* ou *à mon ami* (Littré).

— **Emprunter de.** En parlant des choses, au figuré et seulement avec le sens de « recevoir de quelque chose, devoir à quelque chose », on emploie *de* : *Ce raisonnement emprunte de la circonstance présente une nouvelle force* (Acad.). *La lune emprunte sa lumière du soleil. Les magistrats empruntent leur autorité du pouvoir qui les constitue* (Littré).

Dans les autres cas, on emploie plus souvent **à** (*de* est plus rare) : *Emprunter une pensée à un auteur. Un mot emprunté du latin* ou *au latin* (Acad.).

— **Emprunter un chemin,** *une rue, à travers champs,* etc., est du langage de fantaisie. On doit dire *prendre* : *Il prit le chemin le plus court.*

émule est un nom des deux genres : *Il était son émule parfait. Elle était sa digne émule.*

en (préposition). — **Devant les noms de départements.** On dit normalement *dans l'Ain, dans la Nièvre, dans la Charente-Maritime, dans la Loire-Atlantique,* etc. Mais si le nom du département est composé de deux termes coordonnés par *et,* on emploie *en* (et non plus *dans*) : *en Seine-et-Oise, en Meurthe-et-Moselle, en Lot-et-Garonne,* etc. (Paul Claudel a eu tort, grammaticalement parlant, d'intituler un de ses livres *Conversations dans le Loir-et-Cher.*)

Le fait qu'existent simultanément la Seine et l'Oise, la Meurthe et la

Moselle, etc., exclut l'article au singulier et *dans* doit être remplacé par son équivalent *en* employé sans article.

On ne mettra pas davantage l'article quand le nom d'un tel département est introduit par *de* : *Les habitants de Seine-et-Oise* (et non *de la Seine-et-Oise*). Toutefois, si le nom du département commence par une voyelle, l'article est facultatif : *Les habitants d'Eure-et-Loir* (ou *de l'Eure-et-Loir*).

V. aussi ALLER (*Aller à, en*) et DANS (*Dans - en*).

— **Devant les noms d'îles.** Il n'y a pas de règle, mais seulement un usage pour l'emploi de *en* ou de *à* devant un nom d'île. Grevisse signale toutefois que devant les noms féminins de grandes îles proches ou lointaines on emploie *en* : *En Crète, en Sardaigne, en Haïti, en Islande, en Nouvelle-Calédonie*. Devant les noms féminins de petites îles lointaines, on emploie *à la* : *A la Réunion, à la Martinique*. Devant les noms de petites îles d'Europe et devant les noms *masculins* de grandes îles lointaines, on emploie *à* : *A Malte, à Chypre, à Madagascar* (exception : *à Terre-Neuve* [féminin]).

On dira : *A Ouessant, à Groix, à Belle-Ile, à Noirmoutier, à l'île d'Elbe; dans l'île de Sein, de Ré, d'Oléron.*

— **Devant les noms de pays.** *En* se place généralement devant les noms (masculins ou féminins) commençant par une voyelle ou un *h* muet : *En Europe, en Asie. En Afghanistan, en Albanie, en Hindoustan, en Irak, en Italie, en Uruguay.*

— **Devant les noms de régions.** On emploie généralement *en* (ou *dans* suivi de l'article) devant les noms de régions ou de provinces : *En Limousin, en Auvergne, en Picardie, en Camargue*, etc. *En Lombardie, en Gueldre, en Hesse*, etc.

— **Devant les noms de villes.** Au Moyen Age, on disait *en Calais, en Epidaure, en Argos*, etc. De nos jours, on n'emploie plus *en* avant un nom de ville, sauf encore en Bretagne (sens de « dans la commune de ») : *Elle habitait pendant une partie de l'année en Spezet* (Mme Desroseaux, *Bretagne inconnue*, 127).

En, dans *en Avignon, en Arles*, etc., ne saurait se dire que par des Provençaux et pour des villes de Provence : *Que de larmes on a versées en Avignon* (A. Daudet, *Lettres de mon moulin*, 80). *Je déjeunais à Maillane, à Arles; je dînais en Avignon* (J. Ajalbert, *les Mystères de l'académie Goncourt*, 195). *J'ai vu ça en Arles* (J. Aicard, *l'Illustre Maurin*, 256). On dira mieux, toutefois, *à Avignon*.

V. aussi ALLER À, EN.

— **« En » désignant la matière.** Doit-on dire *une statue de marbre* ou *en marbre? un vase de porcelaine* ou *en porcelaine?*

Littré remarque que les grammairiens disent que la préposition *en* ne peut être employée en ce sens, et que *Ma tabatière est en écaille, Cette étoffe est en soie* sont des phrases vicieuses. Il faudrait employer *de*. Littré ajoute : « Il est vrai cependant que l'usage de cette signification est très fréquent. »

L'usage, en effet, veut qu'on se serve aussi bien de l'une que de l'autre de ces prépositions, et peut-être plus fréquemment de *en* : *Vêtement en linge ou en laine* (Acad., au mot CHEMISE; cité par Grevisse). *Une montre en or* (A. Maurois, *le Cercle de famille*, 21). On ne dit pas *une pipe de terre*, ni *de fausses dents d'or*.

Au sens figuré, on emploie toujours *de* : *Une santé, un cœur de pierre.*

— **Nombre des noms précédés de « en ».** On est souvent embarrassé pour savoir à quel nombre on doit mettre les noms précédés de *en* dans certaines expressions où cette préposition est elle-même précédée d'un nom ou d'un verbe. Quoique le raisonnement doive guider dans ce cas, il ne paraît pas inutile de donner quelques exemples.

On écrit au SINGULIER : couvreur en *ardoise*, or en *barre*, voler de *branche en branche*, tomber en *cascade*, être en *discussion* avec quelqu'un, répéter d'*écho en écho*, des blés en *épi*, des arbres en *espalier*, entrer en *explication*, des pommiers en *fleur* (v. ce mot), butiner de *fleur en fleur*, être en *fonction* (ou *s*), des fleurs en *grappe*, des bois en *grume*, des militaires en *habit de ville*, se mettre en *lieu et place de*, preuves en *main*, remettre en *main propre*, ouvrages en *manuscrit*, ils y sont en *personne*, être en *prière*, se mettre en *rapport*, en *relation avec quelqu'un*, tomber en *ruine*, aller en *vendange*, dix arpents en *vigne* (ou en *vignes*), marcher en *zigzag*.

On écrit au PLURIEL : être en *affaires avec quelqu'un*, peintre en *bâtiments*, mettre du vin en *bouteilles*, réduire en *cendres*, se mettre en *chaussons*, écrire en *chiffres*, se perdre en *conjectures*, voler en *éclats*, esprit fertile en *expédients*, maison en *flammes*, prairies en *fleurs* (v. ce mot), poivre en *grains*, être en *guenilles*, en *haillons*, se perdre en *hypothèses*, mettre en *lambeaux*, être en *larmes*, mettre en *lettres*, être en *bonnes mains*, en *mains sûres*, mettre en *morceaux*, marié en *secondes noces*, être en *rang d'oignons*, mettre en *pages*, être en *pantoufles*, être en *pleurs*, se confondre en *politesses*, entrer en *pourparlers*, marchandises en *rayons*, se confondre en *remerciements*, livrer du blé en *sacs*, fumée en *spirales*, couper en *tranches*, aller en *vacances*, négociant en *vins*, peintre en *voitures*.

— **Répétition de « en ».** La préposition *en* se répète généralement quand il y a plusieurs participes : *En se levant et en se couchant. En entrant et en sortant* (mais *En allant et venant*). Si le second participe ne fait que développer le premier, on peut ne pas répéter *en* : *En expliquant et développant cette idée* (Martinon, *Comment on parle en français*, 466).

— **Aller « en » ou « à ».** V. ALLER.

— **En - dans.** V. DANS.

— **En - sur.** Dans certaines expressions figées, on emploie *en* au sens de « sur » : *Avoir casque en tête. Un portrait en pied. Mort en croix.*

— **En plus, en moins** veulent l'adjectif *invariable* : *C'est la même composition, mais en plus beau. La Tarentaise est comme une réplique de la Maurienne, en moins précoce et en moins évolué.*

— On écrit : *Donnes-en. Donnem'en. Donne-lui-en. Va-t'en. Allezvous-en. Va en porter.*

V. aussi IMPÉRATIF.

— A un gérondif placé au début d'une phrase ou d'un membre de phrase doit correspondre un nom ou un pronom sujet de la proposition principale : *En terminant je vous fais savoir... Tout*

en marchant mon ami me dit... Il arrive que le mot ou la tournure soient compris de tous quand on cite l'expression latine correspondante (et non *Il arrive qu'en citant l'expression latine correspondante le mot ou la tournure soient compris de tous*)

en (pronom). — « En » ou le possessif. V. LEUR (*Leur - en*).

— **Participe passé précédé de « en ».** *En,* pronom adverbial, joue le rôle d'un complément d'objet indirect du nom, de l'adjectif ou du verbe, mais, dans certains cas où il exprime une idée partitive, il peut avoir la valeur d'un complément d'objet direct du verbe.

Si *en* peut être supprimé dans la phrase, il n'influe pas sur l'accord du participe : *J'ai écrit à Paris, voici les nouvelles que nous en avons reçues* (on peut dire *que nous avons reçues; que* est le complément direct, mis pour *les nouvelles*). *Ce livre a eu un grand succès; les traductions qu'on en a données sont innombrables. Je n'ai pas trouvé cette ville au-dessous de la description qu'on en avait faite.* (Remarquer le *que* dans ces phrases avec accord du participe.)

Quand *en* fait fonction de complément d'objet direct (c'est-à-dire quand il n'y a pas d'autre complément direct), le participe passé reste invariable, car on considère que le pronom, équivalent à *de cela, de lui, d'eux*, etc., n'a ni genre ni nombre. On reconnaît qu'il est complément d'objet direct quand il ne peut être retranché de la phrase sans en altérer le sens : *Quant aux belles villes, j'en ai tant visité!* (Grand Larousse encyclopédique.) *Que j'ai envie de recevoir de vos lettres : il y a déjà plus d'une demi-heure que je n'en ai reçu* (Mme de Sévigné). *Voyez ces fleurs; en avez-vous cueilli?* (Littré.) *Des tomates, on en a mis dans la sauce. Tout le monde m'a offert des services, mais personne ne m'en a rendu. Il sait beaucoup de choses, mais il en a inventé* (Voltaire).

Il y a hésitation quand *en* est complément d'un adverbe de quantité : *autant, beaucoup, combien, moins, plus.* En général, l'accord se fait si l'adverbe précède le pronom *en;* il ne se fait pas si l'adverbe le suit : *Des livres de ce genre, combien en avez-vous lus? De ces nouvelles, combien en avons-nous*

reçues! Des roses de cette variété, j'en
ai beaucoup greffé. Il en a tant écrit, de
ces vers!

— V. aussi AUTANT, BEAUCOUP, COM-
BIEN, MOINS, PLUS.

enamourer. V. ENIVRER.

encablure s'écrit sans accent circonflexe sur l'*a* (mais **câble** en prend un).

encaustique est du *féminin : Une*
encaustique supérieure. (On écrit
encaustiquage, avec *qu* et non *c*.)

enchanteur a pour féminin *enchan-*
teresse.

enclore se conjugue comme *clore*
(v. ce mot), mais, d'après le Dictionnaire de l'Académie, fait *il enclot* (sans
accent circonflexe) à la 3ᵉ personne du
singulier du présent de l'indicatif.

Même anomalie à *éclore* (v. ce mot).
Cette particularité n'est toutefois pas
admise par l'usage : *Mur qui enclôt un*
jardin (Lar. du XXᵉ s.).

encoignure. — La deuxième syllabe
se prononce *ko* (Acad.).

V. aussi -IGN.

encombre. — **Sans encombre** s'écrit
au singulier.

encontre (à l'). — Cette locution
s'emploie absolument ou se construit
avec *de* (on ne dit pas *à son, à leur*
encontre). Elle signifie « en opposition
à », « contre le parti ou les intérêts
de », ou encore « au contraire de » :
C'est là raisonner tout à l'encontre
(Acad.). *Je ne vais pas à l'encontre*
(Littré). *Aller à l'encontre de quelque*
chose (Id.). *Plaider à l'encontre de quel-*
qu'un (Lar. du XXᵉ s.). *A l'encontre*
de l'homme, la femme n'est point avilie
par la domesticité (Proudhon)

encore. — **Encore que** se construit
avec le subjonctif : *Encore qu'il soit*
jeune, il ne laisse pas d'être sérieux
(Acad.). On rencontre parfois l'indicatif
ou le conditionnel, ce dernier pour marquer l'éventualité : *Encore que cela est*
vrai en un sens pour quelques âmes
(Pascal, *Pensées*, 244 ; cité par Grevisse). *Encore que cela serait, vous avez*
tort.

— **Si encore.** On emploie indifféremment *si encore* ou *encore si* (ce dernier étant toutefois plus rare) : *Si encore*

il voulait céder sur ce point, on pourrait
lui accorder le reste (Acad.).

endémie - épidémie. — Une **endé-**
mie est une maladie fixée dans un pays,
spéciale à ce pays et y régnant d'une
façon continue, alors qu'une **épidémie**
est une maladie qui vient s'abattre inci-
demment sur un pays (l'une et l'autre
touchant uniquement les personnes ; du
gr. *dêmos*, peuple) : *La maladie du*
sommeil est une endémie qui sévit en
Afrique. (On emploie plus souvent l'adjectif *endémique : Etat endémique.*
Maladie endémique.) *Cette maladie,*
qui n'avait d'abord atteint que peu de
gens, dégénéra en épidémie (Acad.)

Les équivalents pour les animaux
sont **enzootie** et **épizootie** (du gr.
zôon, animal).

endroit. — **Par endroits** s'écrit ordinairement au pluriel.

énerver est surtout employé aujour-
d'hui avec le sens d' « agacer » : *Vous*
m'énervez avec votre photographie
(Acad.).

Il signifiait à l'origine « brûler les
tendons des muscles des jarrets et des
genoux » : *Enerver un criminel. Les*
énervés de Jumièges. On trouve encore :
Ses oreilles énervées, dont l'une avait
le bout fendu, pendaient piteusement
(Th. Gautier, *le Capitaine Fracasse*, 222).
Il s'emploie aujourd'hui aussi au sens
figuré d' « amollir, détruire l'énergie
physique ou morale » : *L'habitude des*
jouissances énerve l'âme (Nouv. Lar.
univ.). *Ces changements perpétuels*
énervent le pays et l'indiffèrent (M. Donnay, *Georgette Lemeunier*, II, XI).

— « Enlever les nerfs d'une volaille »
se dit **dénerver.**

enfant conserve la même forme au
féminin qu'au masculin : *Un enfant ;*
une enfant. Un bel enfant ; une belle
enfant.

— On écrit : *l'Enfant Jésus* (avec
une majuscule).

— **Bon enfant,** employé comme
épithète, est *invariable : Elle est vrai-*
ment bon enfant. Ils sont bon enfant
l'un et l'autre. Leur amoralité crapu-
leuse mais bon enfant (P. Margueritte,
Jouir, II, 4).

— **Petits-enfants** ne s'emploie pas
au singulier (on dit *son petit-fils, sa*

petite-fille) : *Les petits-enfants d'une personne, ses arrière-petits-enfants.*

enfanter - accoucher. V. ACCOUCHER.

enfantin - infantile. — Est **enfantin** ce qui a le caractère de l'enfance, est peu compliqué, facile : *Voix enfantine. Grâce enfantine. Grammaire enfantine. Question enfantine. Raisonnements enfantins* (Acad.).

Il s'agit bien là du caractère de l'enfance. On peut avoir une voix *enfantine*, poser une question *enfantine* et n'être pas un enfant.

Infantile se dit de ce qui se rapporte à l'enfant en bas âge : *Les maladies infantiles* (c'est-à-dire des enfants).

Infantile se dit aussi de « qui a conservé certains caractères *physiologiques* de l'enfance à l'âge adulte ». (Il a donné le nom *infantilisme*.)

enfin se met avant ou après le verbe : *Enfin, nous arrivâmes. Nous arrivâmes enfin.*

— **Enfin bref** est un pléonasme populaire.

enforcir. V. RENFORCIR.

enfreindre se conjugue comme *craindre* (v. ce mot).

enfuir (s'). — Par raison d'euphonie, on évite l'emploi de *en* devant *s'enfuir* : *Si vous ouvrez la cage, l'oiseau s'enfuira* (plutôt que *s'en enfuira*, qui est toutefois correct : *Il s'enfuira de là, fuira de la cage »). Ils se sont enfuis*, « mais d'aucune façon on ne dira : *Ils s'en sont enfuis* » (Littré).

engouement s'écrit avec un *e* intercalaire.

enivrer et ses dérivés (*enivrant, enivrement*) s'écrivent sans accent sur l'*e* initial et se prononcent *an-ni-* (et non *é-ni-*).

Il en est de même pour **s'enorgueillir** et **s'enamourer** (l'Académie écrit toutefois *énamourer*), qui se prononcent *an-nor-* et *an-na-*.

enjôler, quoique dérivé (ancien) de *geôle*, s'écrit avec -*jô*-. Il en est de même de **enjôlement** et d'**enjôleur.**

enjouement s'écrit avec un *e* intercalaire.

ennoblir - anoblir. V. ANOBLIR.

ennuyer. — **S'ennuyer de quelqu'un** (et non *après quelqu'un*), c'est éprouver de la contrariété à cause de son absence : *Revenez au plus tôt : je m'ennuie de vous* (Acad.)

— Avec un infinitif complément, on peut dire indifféremment *s'ennuyer à* ou *s'ennuyer de*. Toutefois, le premier indiquerait la continuation de l'acte (*Je m'ennuie à attendre*) ; le second marque qu'il va bientôt prendre fin (*Je m'ennuie d'attendre*).

— **Ennuyant - ennuyeux.** *Ennuyeux* se dit de ce qui ennuie habituellement, alors qu'*ennuyant* a plutôt le sens de « contrariant ». Ainsi la conversation des sots est *ennuyeuse*, on supporte mal un conteur *ennuyeux*, mais une averse subite est *ennuyante*, et il arrive souvent dans la vie des choses fort *ennuyantes*.

enquérir (s') se conjugue comme *acquérir* (v. ce mot)

enregistrer s'écrit avec un *e* (et non un *é*). Ne pas dire *enrégistrer* (ni *régistre*).

V. aussi REGISTRE

enrouement s'écrit avec un *e* intercalaire.

enrouler. — Le contraire est *dérouler* (et non *désenrouler*)

enrubanné s'écrit avec deux *n*, mais *rubané* n'en prend qu'un, de même que *rubanerie* et *rubanier*.

enseigne est *féminin* au sens de « tableau, marque, figure, pavillon », etc. : *Une belle enseigne de boutique. Donner de bonnes, de fausses enseignes. Marcher enseignes déployées A telles enseignes que...* (Acad.).

Il est *masculin* quand il désigne certains militaires : *Un enseigne aux gardes monta le premier sur la brèche* (Acad.). *Un enseigne de vaisseau.*

— On écrit : *L'auberge « A la Pomme d'or »; les magasins « Au Pauvre Diable »* (le titre est transcrit intégralement), mais : *L'auberge de la Pomme d'or; les magasins du Pauvre Diable.*

enseigner - apprendre. — **Enseigner**, c'est donner un enseignement, sans plus : *Enseigner la philosophie à quelqu'un* (Acad.). *Enseigner à faire quelque chose* (Id.).

Apprendre dit plus; c'est faire acquérir une connaissance à quelqu'un en la lui enseignant, c'est *faire savoir : C'est lui qui m'a appris ce que je sais* (Acad.).

J'ai enseigné l'orthographe à Paul ne signifie pas forcément que Paul sait l'orthographe (il peut n'avoir pas compris mes leçons ou les avoir oubliées); mais il la sait sûrement si je la lui ai *apprise*.

ensuite se suffit à lui-même pour indiquer « après, à la suite ». (*Puis ensuite, et puis ensuite* sont des pléonasmes.)

— **Ensuite de** est vieilli : *Ensuite de cela. Ensuite de quoi* (Lar. du XX⁰ s.).

— **Ensuite - après.** *Ensuite* et *après* sont synonymes, mais *après* admet un certain intervalle entre deux choses, tandis qu'*ensuite* suppose une suite immédiate. On n'écrira pas, par conséquent, avec André Gide (*la Symphonie pastorale*, 84) : *Les phrases d'Amélie, qui me paraissaient alors mystérieuses, s'éclairèrent pour moi peu ensuite* (il fallait *peu après*).

ensuivre (s'), composé du pronom *en* et de *suivre*, forme un seul mot, au même titre que *s'enfuir*, et se construit de la même façon. Par raison d'euphonie, on dit aujourd'hui : *Voilà le principe, la conséquence s'ensuivra* (et non plus *s'en ensuivra*, qui reste toutefois correct : *Mon imagination conçut le drame et même ce qui s'en ensuivrait* [J. de Lacretelle, *Silbermann*, 93]), de même qu'on dit : *Si vous laissez la cage ouverte, l'oiseau s'enfuira* (plutôt que *s'en enfuira*). *Le tribunal cassa la procédure, et tout ce qui s'était ensuivi* (Acad.). *Si vous établissez ce principe, il s'ensuivra que...* (Id.). *D'où il s'ensuit...* (Id.). *Plusieurs escarmouches s'ensuivirent, puis les hostilités* (J. Gracq, *le Rivage des Syrtes*, 13).

On évitera de dissocier les deux termes : *Tout ce qui s'en était suivi. Les dépenses étaient trop fortes, la ruine s'en est suivie.*

— **S'ensuivre que** se construit avec l'indicatif si la phrase est affirmative : *Il s'ensuit que vous avez raison* (Lar. du XX⁰ s.). Si la phrase est négative

ou interrogative, il faut le subjonctif : *Et pourtant il ne s'ensuit pas que vous ayez raison. S'ensuit-il que vous ayez raison?*

NOTA. — *S'ensuivre* ne s'emploie qu'à l'infinitif et aux 3⁰ˢ personnes de chaque temps.

entendre. — **J'entends que,** au sens de « je veux que », se construit avec le subjonctif : *J'entends que vous fassiez cela sans murmurer.*

J'entends que pour « je perçois que » n'est pas à conseiller. On dit mieux *J'entends ma voisine chanter* (ou *J'entends chanter ma voisine*) que *J'entends que ma voisine chante* (qui d'ailleurs ambigu).

— Après **entendre,** le sujet de l'infinitif complément peut être *le* ou *lui, les* ou *leur,* indifféremment : *Je l'ai entendue dire* (ou *Je lui ai entendu dire*) *qu'elle repasserait par ici. Je les ai entendus* (ou *Je leur ai entendu*) *chanter une romance.*

— **Entendre - auditionner.** V. AUDITIONNER.

— **Entendu,** employé sans auxiliaire et placé immédiatement avant l'adjectif, le nom ou le pronom, est considéré comme une préposition et reste *invariable : Entendu les témoins.*

— **Accord du participe passé « entendu ».** Lorsque le verbe *entendre* est à un temps composé et qu'il est suivi d'un infinitif, on applique la règle du participe passé conjugué avec *avoir* et suivi d'un infinitif. Dans une phrase comme : *La femme que j'ai entendue chanter,* la femme fait l'action de chanter, le participe s'accorde (la femme que j'ai entendue *chantant*). Mais dans : *La chanson que j'ai entendu chanter,* le participe reste invariable, *chanson* étant le complément de *chanter.*

On appliquera la même règle à : *Les enfants que j'ai vus jouer. Les enfants que j'ai vu punir. Les arbres que j'ai vus grandir. Les fleurs que j'ai vu cueillir. Les étrennes qu'il a voulu donner. Ils se sont entendu condamner à des peines diverses.*

V. aussi PARTICIPE PASSÉ (*Participe passé suivi d'un infinitif*).

— **Comme de bien entendu.** V. COMME.

enterrer. V. INHUMER.

en-tête (« ce qui est imprimé, écrit ou gravé en tête d'une lettre, d'un écrit ») est du *masculin : Des en-têtes gravés.*

V. aussi TÊTE.

entêter. — **S'entêter à,** suivi d'un infinitif, c'est s'opiniâtrer à, s'obstiner à : *S'entêter à reconstruire une digue. Il s'entête à ne pas reconnaître cette femme.*

— **S'entêter de,** au sens passif, c'est devenir entêté, s'engouer de : *Ne vous entêtez de rien. Il s'est entêté de cette femme, de cet auteur* (Acad.).

entorse. — Il est d'usage de dire, au propre et au figuré, *donner* ou *se donner une entorse* (mais on rencontre souvent aussi *faire* ou *se faire*) : *Se donner une entorse au poignet, au pied* (Acad.). *Donner une entorse à la vérité, à la loi, à une théorie, à un texte, au bon droit* (Lar. du XXᵉ s.).

entracte s'écrit aujourd'hui sans apostrophe (Acad., 1932) [et non plus *entr'acte*].

V. aussi ENTRE.

entraide, s'entraider, s'écrivent aujourd'hui sans apostrophe (Acad., 1932) [et non plus *entr'aide, s'entr'aider*].

V. aussi ENTRE.

entrailles ne s'emploie pas au singulier : *Avoir des douleurs d'entrailles.*

entre. — L'*e* final de *entre* ne s'élide que dans certains mots composés. On doit donc écrire : *entre amis, entre autres, entre elles, entre eux,* etc.

— **Composés de « entre ».** L'orthographe des mots composés de *entre* est à tel point anarchique qu'il est préférable de se reporter à un dictionnaire.

En général, l'*e* final s'élide devant une voyelle, et les deux éléments se soudent. C'est le cas pour *s'entraccorder, s'entraccuser, entracte, s'entradmirer, entraide, s'entraider, entrouverture, entrouvrir.* Toutefois, l'Académie conserve l'apostrophe à cinq mots : *s'entr'aimer, entr'apercevoir, s'entr'appeler, s'entr'avertir, s'entr'égorger.*

Les mots suivants s'écrivent avec un trait d'union (toujours d'après l'Académie) : *s'entre-déchirer, s'entre-détruire, entre-deux, s'entre-dévorer* (à côté de *s'entremanger*), *s'entre-donner, s'entre-*frapper, *entre-ligne, entre-nœud, s'entre-nuire, s'entre-soutenir, s'entre-suivre, s'entre-tuer, entre-voie.*

(Dans les noms composés avec trait d'union, *entre* est toujours invariable ; le second élément, seul, prend la marque du pluriel : *des entre-voies, des entre-nœuds.*)

Les autres mots composés donnés par l'Académie s'écrivent sans trait d'union : *entrebâiller, s'entrebattre, entrechat,* etc.

— **Entre autres.** En règle stricte, *entre autres* doit se rapporter à un nom ou à un pronom exprimé avant ou après cette expression : *J'ai vu les plus beaux tableaux de Rome, entre autres « la Transfiguration » de Raphaël* (Acad.) [et non pas : *A Rome, j'ai vu, entre autres, « la Transfiguration » de Raphaël*]. Cette dernière construction est toutefois assez courante (*J'ai vu, entre autres, votre cousin* [Lar. du XXᵉ s.]) et se rencontre chez de bons écrivains (Abel Hermant en particulier).

— **Entre chaque.** V. CHAQUE.

— **Entre parenthèses.** V. PARENTHÈSES.

entrecôte est aujourd'hui du *féminin* (Acad., 1932) *Une belle entrecôte grillée, braisée.*

entrefaite. — **Dans ces entrefaites,** conseillé par Littré, ne se dit plus. **Sur l'entrefaite** (*L'ennemi vient sur l'entrefaite* [La Fontaine, *Fables,* « le Vieillard et l'Ane »]) est encore employé de nos jours, mais fait un peu précieux. L'expression la plus courante est **sur ces entrefaites.**

entrejambe est du *masculin.* Il en est de même *d'entrecuisse* et *d'entrefesse.* (Noter que ces mots s'écrivent sans trait d'union.)

entrelacs, nom verbal *d'entrelacer,* est du masculin *singulier* et la dernière syllabe se prononce *lâ : Un entrelacs de feuillages. Ce balcon est formé d'entrelacs à jour.*

V. aussi LACS.

entremêler - emmêler. V. EMMÊLER.

entrer se conjugue avec l'auxiliaire **être** quand il est pris intransitivement (*Je suis entré le premier*) et avec **avoir** quand il est pris transitivement (*Il a entré du vin en ville sans acquit*).

— **Entrer - rentrer.** Un certain nombre de mots à consonne itérative (*r*) ont perdu peu à peu la particularité attachée à cette consonne, qui veut que l'action marquée par le verbe soit répétée. Ainsi, on dit aussi bien *emplir* que *remplir*, et l'on ne dit plus du tout *alentir*, mais *ralentir*.

Il n'en est pas encore de même pour *entrer* et *rentrer*, qui conservent leurs sens respectifs et ne sont confondus que dans le langage populaire. On peut toujours *entrer* dans quelque endroit, mais on n'y *rentre* que si l'on en est précédemment sorti. On dit *Faites entrer* (et non *Faites rentrer*). Les candidats au prix de Rome *entrent* en loge, mais des élèves *rentrent* au lycée après les vacances. Une recrue *entre* à la caserne, mais on *rentre* chez soi après le spectacle. Un fonctionnaire *entre* (et non *rentre*) dans telle catégorie. Une disposition *entre* dans tel cadre.

Lorsque *rentrer* est transitif, on ne peut pas le remplacer par *entrer* : *Rentrer sa voiture au garage.*

entre-temps (« dans cet intervalle de temps ») s'écrit avec un trait d'union (Acad., 1932) : *Entre-temps, il arriva, il survint.*

Il n'est plus question aujourd'hui d'écrire *entre tant* pour *entre-temps*. **Entre tant** est en général suivi de la préposition *de*, et a le sens de « parmi un si grand nombre » : *Entre tant d'amis, c'est vous qu'il a choisi. Comment pourrais-je choisir entre tant* [*d'*amis sous-entendu]*.

entretenir. — On dit : *Entretenir quelqu'un d'une question* (et non *au sujet d'une question*).

entrouvrir et **entrouverture** s'écrivent aujourd'hui sans apostrophe (Acad., 1932) [et non plus *entr'ouvrir*, *entr'ouverture*].

envers. V. VIS-À-VIS.

envi (à l'), c'est-à-dire « avec émulation », « à qui mieux mieux », s'écrit sans *e* final : *Ils luttaient à l'envi les uns des autres* (Acad.). *Ils travaillent, ils s'efforcent à l'envi* (Id.).

envie. — Avoir si envie, très envie. V. FAIM.

envier se dit aussi bien des personnes que des choses, mais plus souvent des choses : *Je n'envierai personne et personne ne m'enviera* (Voltaire ; cité par le Lar. du XXᵉ s.). *Tout le monde l'envie* (Acad.). *Envier le sort de quelqu'un. Voilà le poste que j'envierais le plus* (Id.).

environ. — On trouve parfois *environ* employé comme préposition, mais ce tour, qui n'est pas signalé par l'Académie, « a aujourd'hui un air un peu archaïque et certainement affecté » (Hanse) : *Environ 1950. Environ le septième jour* (Lar. du XXᵉ s.). *Environ le début du XIXᵉ siècle* (A. Hermant, *les Samedis de M. Lancelot*, 256). *Un jour, environ le printemps* (J. de Lacretelle, *Silbermann*, 184).

— On dit aussi bien, adverbialement, *Il habite à environ cent mètres* que *à cent mètres environ. Cette machine tourne à environ 3 000 tours* que *à 3 000 tours environ* (mais non *aux environs de 3 000 tours*).

— On ne dira pas : *A trois ou quatre kilomètres environ*; le nombre étant incertain, *environ* est superflu.

— **Aux environs de** peut se dire au sens temporel (quoique cet emploi soit condamné par Littré) : *Aux environs de la Noël* (Nouv. Lar. univ.). *Aux environs du 15 novembre* (P. Benoit, *Axelle*, 302). Mais on évitera : *Elle coûte aux environs de 200 francs* (pour *environ 200 francs*).

envoûter et ses dérivés (*envoûtement*, *envoûteur*) s'écrivent avec un accent circonflexe.

envoyer se conjugue régulièrement (V. ABOYER), sauf au futur et au conditionnel, où il fait *j'enverrai, nous enverrons; j'enverrais, nous enverrions.*

Attention à l'orthographe des formes plurielles de l'imparfait de l'indicatif et du subjonctif présent : *nous envoyions, vous envoyiez; que nous envoyions, que vous envoyiez* (*y* et *i*).

— **Envoyer promener.** V. PROMENER.

épargner - éviter. V. ÉVITER.

éperdument s'écrit sans accent circonflexe sur l'*u*.

V. aussi ADVERBE et ACCENTS.

éphéméride est du *féminin* (l'Académie le fit longtemps du masculin).

On a appelé *éphémérides* des ouvrages où l'on énumérait des faits jour par jour; puis des tableaux rapportant des faits survenus à diverses époques, mais *au même jour* de chaque année. De là le calendrier ou le bloc *à éphémérides*, calendrier, bloc qui cite une ou plusieurs éphémérides sur chaque feuillet.

Il est abusif d'appeler ce calendrier ou ce bloc *un* (ou *une*) *éphéméride*, de même que chacun des feuillets qui le composent. On ne dira donc pas, avec J. Ajalbert (*Raffin Su-su*, 39) : *On laissait s'amasser les éphémérides, qu'on n'arrachait qu'à poignées.*

épice. — L'Académie écrit : *Du pain d'épice* (et non *d'épices*).

épigramme est aujourd'hui du *féminin*, après avoir été du masculin jusqu'au milieu du XVIIᵉ siècle : *Chaque phrase, dans cet écrit, est une épigramme* (Lar. du XXᵉ s.). *Une épigramme d'agneau.*

épigraphe est du *féminin*.

— **Épigraphe - exergue.** V. EXERGUE.

épingle. — On dit *Une épingle de nourrice, de sûreté* (et non *à nourrice, à sûreté*).

épisode est du *masculin*.

épistaxis, « saignement de nez », est du *féminin*.

épitaphe est du *féminin*.

épithalame est du *masculin*. Ce mot désigne un poème composé à l'occasion d'un mariage, à la louange des époux. C'est par analogie qu'Octave Mirbeau a écrit (*l'Abbé Jules*, 286) : *Une voix émue qui chantait le triste épithalame de la mort.*

épithète. — **Place de l'épithète.** Il n'y a pas de règle stricte pour déterminer la place de l'épithète après ou avant le nom dans la phrase. Tout au plus peut-on indiquer, d'une façon générale, que l'épithète conserve le plus souvent son sens fort lorsqu'elle est placée *après le nom*, et qu'elle a un sens figuré lorsqu'elle est placée *avant le nom*, mais ce n'est là qu'une indication. Exemples : *Un homme brave; un brave homme. Une forêt sombre; un sombre visage. Un tunnel noir; un noir complot. Un voyou pâle; un pâle voyou. Une fille sale; une sale fille. Un monsieur grand; un grand monsieur.*

— **Épithètes accumulées.** Il faut éviter de faire suivre un nom de plusieurs épithètes sans coordination : *Maison souveraine impériale régnante* (pour *Maison souveraine, impériale et régnante*). *Mouvement poétique moderne français.*

Il est évident que si la première épithète forme avec le nom un mot composé, les deux épithètes sont permises : *École normale supérieure. Chambre garnie sordide. Mots croisés difficiles.*

épître s'écrit avec un accent circonflexe sur l'*i* (mais *chapitre* et *pupitre* s'écrivent avec un *i* ordinaire).

éplucher. — *Éplucher un fruit, un légume*, c'est lui enlever la pelure, l'écorce. On peut donc dire *éplucher des pommes de terre, des oranges*, etc. On dit toutefois mieux *peler*. Se garder de dire *pelurer*, qui est populaire.

éponge. — On écrit : *Une serviette-éponge* (des *serviettes-éponges*), du *tissu-éponge* (des *tissus-éponges*).

époumoner s'écrit avec un seul *n*.

épousailles n'a pas de singulier.

épousseter fait *j'époussette*. (Se garder de la prononciation *j'épouss'te*.)

épouvantail fait au pluriel *épouvantails*.

époux s'emploie surtout dans le style administratif ou ironique. Il est d'usage de dire *mon mari, son mari, votre mari, ma femme, sa femme, votre femme* (plutôt que *mon époux..., mon épouse...*).

épurer - apurer. V. APURER.

équa-. — Le groupe *-qua-* se prononce *koua* dans *équanime, équanimité, équant, équateur, équation, équatorial.* V. aussi ÉQUI-.

équateur se prononce *é-koua-teur*, et s'écrit sans majuscule (sauf s'il s'agit, évidemment, de l'État de l'Amérique du Sud).

équerre est du *féminin* : *Une fausse équerre.*

équestre se prononce aujourd'hui *é-kèstr'*. (La prononciation *é-kuèstr'* est à peu près abandonnée.)

équi-. — Le groupe *-qui-* se prononce *kui* dans *équiangle, équiaxe, équicourant, équidés, équidifférence,* *équidistant, équilatéral, équilatère, équimultiple, équipartition, équipétale, équipondérant, équipotentiel, équisétacées.*

équinoxe est du *masculin.*

équivaloir se conjugue comme *valoir* (v. ce mot), mais le participe passé **équivalu** n'a pas de féminin.

— **Equivalent - équivalent.** *Equivalant* est le participe présent d'*équivaloir : Une chose équivalant à une autre. Equivalent* est nom ou adjectif : *Donnez-moi un équivalent de ce produit. Ces triangles sont équivalents.*

équivoque est du *féminin : Une fâcheuse équivoque.*

-er. — Les verbes en **-er** qui ont un *é* fermé à l'avant-dernière syllabe de l'infinitif (*accélérer, espérer*, etc.) conservent cet *é* au futur et au conditionnel : *j'accélérerai, nous espérerions.*

— Les verbes en **-éer** (*agréer, créer*, etc.) conservent toujours leur *é* fermé : *il agrée, nous créerons.*

érésipèle. V. ÉRYSIPÈLE.

errata est un nom latin *pluriel* (et par conséquent *invariable*) qui désigne une « liste de fautes survenues dans l'impression d'un ouvrage » : *Dresser un errata, des errata* (quand il y a plusieurs listes). *On trouvera l'errata à la fin du volume* (Acad.).

Le singulier latin **erratum** est employé quand il n'y a qu'une seule faute à signaler.

errement - erreur. — Ces deux mots sont pris parfois pour synonymes, et bien à tort, car une phrase comme *Retourner à ses errements passés* ne signifie pas « retourner à ses anciennes erreurs ». Il s'agit là d'un phénomène de « captation » d'un mot par une autre famille de mots.

Le verbe *errer* (du lat. *errare*, s'égarer) a un homonyme *errer* qui, lui, vient du latin *iterare*, voyager, aller droit son chemin (cf. le *Juif errant*, les *chevaliers errants*). C'est ce verbe-là qui a donné *errement*, et un *errement* n'est autre que le chemin qu'on suit habituellement. Mais les deux verbes interférèrent au point qu'*errer* prit le sens d'« aller au hasard, se tromper de chemin », et ce sens est le seul qui prévaut aujourd'hui.

Errement, qui ne s'emploie plus guère qu'au pluriel, a conservé son sens figuré : « manière d'agir habituelle », qui n'a rien à voir avec **erreur** : *Les errements de l'Administration* (Lar. du XXᵉ s.). *Immuablement, la pédagogie avait suivi jusqu'alors les errements de la morale* (Bédier et Hazard, *Littérature française*, I, 130). « Manière dont une affaire est conduite : *Reprendre, suivre les errements d'un parti* », dit le Dictionnaire de l'Académie, qui ajoute : « Ce mot, employé le plus souvent dans un sens péjoratif, n'implique pourtant pas forcément une idée de blâme. »

erroné s'écrit avec deux *r* (comme dans *erreur*), mais avec un seul *n.*

ersatz est invariable et s'écrit avec un *s* après l'*r* (et non un *z*).

éruption - irruption. — Ces deux vocables, parfois confondus, sont pourtant deux contraires : **éruption** vient du latin *erumpere*, sortir avec violence, et **irruption** du latin *irrumpere*, entrer brusquement.

Un volcan fait *éruption*, il rejette sa lave ; des boutons font *éruption*, ils apparaissent sur la peau ; mais des malfaiteurs font *irruption* dans une salle de bal, et l'*irruption* d'adversaires politiques au cours d'une réunion crée parfois une bagarre.

érysipèle. — Cette orthographe, qui est conforme à l'étymologie (gr. *erusipelas*), est préférable à *érésipèle.*

Le mot est du *masculin.*

ès est une ancienne forme contractée de *en les, dans les*, et ne doit, par conséquent, s'employer que devant un nom au pluriel.

Très usitée jusqu'au XVIIIᵉ siècle, cette préposition, maintenant tombée en désuétude, n'est demeurée que dans certaines expressions comme *licencié ès lettres, docteur ès sciences, maître ès arts*, etc. (Noter l'absence de trait d'union entre *ès* et le nom qui suit.) On la trouve aussi dans certains noms de villes : *Riom-ès-Montagnes.*

Quelques auteurs s'en servent encore, mais dans le style plaisant : *Ainsi parla Tintin en remettant ès mains du général le joli sac rebondi* (L. Pergaud, *la Guerre des boutons*, 205). *Es mains* est un terme du palais encore en usage.

On évitera d'employer *ès* avec un mot singulier : *Maître ès savoir céleste* (H. Pourrat, *la Ligne verte*, 234).

esbroufe est du *féminin* et s'écrit avec un seul *f*.

escadron. — **Chef d'escadron** s'écrit sans *s* dans l'artillerie et le train (c'est un grade correspondant à celui de chef de bataillon dans l'infanterie), mais il en prend un (*chef d'escadrons*) dans la cavalerie et les blindés.

escalier. — Un *escalier* est une suite de degrés pour monter ou descendre. C'est l'ensemble de ces degrés (ou, comme on dit plus couramment, de ces marches) qui constitue l'escalier, tout comme l'ensemble des montants et des barreaux constitue l'échelle (latin *scala*, d'où est venu le mot *escalier*) : *Cet immeuble possède un escalier magnifique. Monter, descendre l'escalier* (Acad.).

Il n'y a donc aucune raison d'employer *escalier* au pluriel et de dire *monter* (ou *descendre*) *les escaliers* au sens de gravir (ou descendre) les marches d'un escalier. Cette faute est néanmoins courante : *Il regardait comme un homme grossier celui qui passait sans rien dire auprès de lui dans les escaliers* (Balzac, *César Birotteau*, I, 85). *Le dimanche, roulement du dernier-né dans une petite voiture remisée, le soir, au bas des escaliers* (J.-K. Huysmans, *En ménage*, 52). *Je descends les escaliers, et sur chaque marche je m'arrête* (J. Renard, *la Lanterne sourde*, 193). Mais ce même auteur écrit plus loin : *Ne vous dérangez pas, il fait encore clair dans l'escalier* (*Ibid.*, 213).

On notera, d'ailleurs, que si l'on peut lire fréquemment sur la porte des loges de concierges : « La concierge revient de suite » (pour « tout de suite »), en revanche, « La concierge est dans l'escalier » est de rigueur, alors que le pluriel pourrait s'expliquer si l'immeuble possède deux escaliers distincts (grand escalier et escalier de service, par exemple).

Quant à **Descendre les escaliers quatre à quatre**, la seule excuse que l'on puisse trouver à cette expression est qu'elle est stéréotypée par l'usage : *Il ouvrit la porte et se lança dans les escaliers qu'il descendit quatre à quatre*

(G. Chevallier, *les Héritiers Euffe*, 195). Mais on sera évidemment mieux inspiré en disant *Descendre les marches quatre à quatre, Descendre l'escalier quatre à quatre*, ou même (par ellipse) *Descendre quatre à quatre*.

— On dit **un escalier circulaire** (Littré), en **limaçon** (Acad.), en **colimaçon**, ou en **spirale** (quoique cette dernière expression soit moins exacte, la spirale s'enroulant sur un même plan). C'est **en hélice** qui serait le plus conforme à la réalité.

escarre est du *féminin* : *Souffrir d'une escarre au talon.*

Le dérivé **escarotique** s'écrit avec un seul *r*.

L'ancienne orthographe *eschare*, conforme à l'étymologie (gr. *eskhara*), n'est plus guère employée.

esclandre est aujourd'hui du *masculin* : *Faire, causer un esclandre* (Lar. du XXᵉ s.).

escroc n'a pas de féminin correspondant : *Cette femme est le plus grand escroc que j'aie jamais connu.*

Le *c* final ne se prononce pas.

V. aussi -**oc**.

espace est du *masculin*, sauf en termes de typographie, où il est *féminin* : *Une espace fine. Mettre une espace entre deux mots* (Acad.).

espèce est du *féminin;* par conséquent, on doit dire *une espèce de fou, une espèce de valet de chambre, une espèce de manteau*, etc. (et non *un espèce...*, au masculin, qui est du langage populaire) : *Elle donnait* [la maison] *par quatre fenêtres sur une espèce de jardinet ombreux* (M. Van der Meersch, *l'Empreinte du dieu*, 81).

L'accord de l'attribut se fait toutefois avec le nom complément : *Une espèce de fou est entré subitement chez elle.*

— On dit : *Je ne lui ai fait aucune espèce de reproche* (Acad.). *Cela n'a aucune espèce d'importance* (Hanse).

— **De toute espèce** s'emploie plutôt au singulier : *Il se trouvait là des gens de toute espèce* (Lar. du XXᵉ s.).

— Avec **diverses espèces de** (et autres expressions semblables), le nom déterminatif se met ordinairement au pluriel : *Les diverses espèces d'oiseaux* (Acad.). *Il y a diverses espèces de délits,* *de coquins* (Lar. du XX⁰ s.). Mais si le nom est un nom abstrait, le singulier se rencontre souvent : *Les diverses espèces de délit* (Littré). *Il y a deux sortes de peur, de richesse.*

espérer. — A l'origine, *espérer* signifiait « attendre » (ce sens s'est d'ailleurs conservé dans l'Ouest et dans le Midi) : *Ne va pas si vite, espère-moi ! J'espère le facteur, qui n'en finit pas.*

Aujourd'hui, ce verbe a le sens de « désirer, attendre comme probable », et dans ce cas il serait logique de ne l'employer qu'avec un verbe au futur : *J'espère qu'il viendra. J'espère qu'un légitime succès viendra récompenser tes efforts* (Acad.). Néanmoins, il est d'usage d'appliquer aussi *espérer* au présent et même au passé (Littré) : *J'espère que tu travailles bien, que tu as bien travaillé,* c'est-à-dire, si l'on veut, au besoin, justifier cette tournure par une ellipse : *J'espère apprendre que tu travailles bien, que tu as bien travaillé.* On trouve dans J. et J. Tharaud (*la Rose de Saron*, 14) : *J'espère pour vous que dans la vie vous avez connu de grands bonheurs.*

Certains grammairiens, qui rejettent d'une manière absolue l'emploi d'*espérer* avec un passé, conseillent alors les expressions *j'aime à croire, à penser, à constater* : *J'aime à croire que vous étiez heureux,* etc.

— **Espérer de** suivi d'un infinitif est aujourd'hui une construction archaïque. On dit plus couramment : *Nous espérons vous revoir bientôt* que *Nous espérons de vous revoir bientôt,* et la distinction qu'on pouvait faire naguère entre *espérer* avec *de* et *espérer* sans *de* n'est plus observée.

Toutefois, on écrit encore *espérer de* quand ce verbe est à l'infinitif : *Peut-on espérer de vous revoir ?* (Acad.) *Pour espérer de vaincre cette appréhension* (A. Hermant, *la Journée brève,* 192). *Il aurait pu espérer de se convaincre* (F. Mauriac, *les Chemins de la mer,* 213).

— **Espérer que,** employé affirmativement, se construit avec l'indicatif (ou avec le conditionnel si la proposition subordonnée exprime un fait hypothétique) : *J'espère qu'il se taira. J'espère qu'il n'hésiterait pas à se taire dans ce cas-là.*

Employé négativement, *espérer que* se construit avec le subjonctif : *Je n'espère pas qu'il se taise.*

Si la phrase est interrogative, il se construit avec le subjonctif, l'indicatif ou le conditionnel : *Espérez-vous qu'il se taise? Espérez-vous qu'il se taira? Espériez-vous qu'il se tairait?*

esprit. — On écrit : *esprit-de-bois, esprit-de-sel, esprit-de-soufre, esprit-de-vin, esprit-de-vitriol.* (Le pluriel est rarement employé : il porte sur *esprit,* qui prend alors un *s.*)

esquille est du *féminin* : *On a retiré une esquille de son bras cassé.*

esquimau. — Le féminin de ce mot est embarrassant. André Thérive (*Querelles de langage,* I, 193) signale qu'« on dit généralement en français : *un Esquimau, une Esquimaude* ». Certains préfèrent dire, par un détour, *une femme esquimau,* ce qui ne résout pas le cas de l'adjectif : *des mœurs esquimau* ou *esquimaudes?* Cette dernière solution paraît la seule possible : *Cette civilisation esquimaude... dominait la Sibérie* (M. Brion, dans *Arts,* 3-IX-53). Elle entraîne l'adhésion à *Esquimaude.*

On écrit aussi, mais plus rarement, *Esquimo* et *Eskimo,* sans correspondant féminin.

essai. — On écrit : *banc d'essai, pilote d'essai, tube à essai* (sans *s*).

essanger, c'est passer à l'eau le linge sale avant de le mettre à la lessive. (Se garder de prise *échanger*.)

essayer se conjugue comme *balayer* : *J'essaie* (plutôt que *j'essaye*), *nous essayons. J'essayais, nous essayions* (y et *i*). *Que j'essaie* (ou *que j'essaye*), *que nous essayions* (y et *i*).

— **Essayer de** ou **essayer à** avec un infinitif se disent indifféremment. Toutefois *essayer à* est vieilli et on emploie plus souvent *essayer de* : *Essayer de marcher* (Acad.).

Pronominalement, on se sert toujours de *à* : *S'essayer à sauter. S'essayer au bridge.*

— **Essayer d'une chose, d'une personne,** c'est en tenter l'usage, l'emploi, et aussi la mettre à l'épreuve : *Essayer d'un moyen, d'un remède. Il veut essayer de tout* (Acad.). *Essayez de nous, vous en serez satisfait* (Lar. du XX⁰ s.). *Prenez cet homme à votre ser-*

vice, essayez-en deux ou trois mois
(Acad.).

-esse. — Les mots suivants ont leur
féminin en *-esse : abbé (abbesse), âne*
(ânesse), comte, diable, doge (doga-
resse), druide, duc (duchesse), hôte,
maire, maître, ministre, nègre, pair,
poète, prince, prophète, tigre, traître.

Ont leur féminin en **-eresse** les
mots : *bailleur (bailleresse), chasseur*
(en poésie), *défendeur, demandeur,*
devin (devineresse), enchanteur,
pécheur, vendeur (venderesse, au sens de
« personne qui fait un acte de vente »).

essuie-. — On écrit : *un essuie-mains,*
un essuie-glace (pour essuyer la glace
d'un pare-brise ; plur. *des essuie-glaces),*
un essuie-meubles, un essuie-pieds, un
essuie-plumes, un essuie-verres.

L'Académie écrit toutefois un *essuie-*
main (plur. *des essuie-main* ou *des*
essuie-mains) et *un essuie-plume* (plur.
des essuie-plume ou *des essuie-plumes).*

est. V. POINT *(Points cardinaux).*

est-ce que ? — Dans l'interrogation
directe, il est préférable de réserver au
langage parlé des constructions lourdes
et peu harmonieuses comme : *Quand*
est-ce que vous partirez ? Comment est-
ce qu'il s'appelle ? Où est-ce que nous
allons ce soir ? On écrira mieux : *Quand*
partirez-vous ? Comment s'appelle-t-il ?
Où allons-nous ce soir ?

— Il est d'usage, à la 1ʳᵉ personne du
singulier de l'indicatif présent, de ne
pas faire l'inversion du sujet avec certains verbes, surtout monosyllabiques.
Aussi, on dira : *Est-ce que je cours*
bien ? (et non *Cours-je bien ?) Est-ce*
que je prends ma part ? (et non *Prends-*
je ma part ?) Est-ce que je réponds assez
vite ? (et non *Réponds-je assez vite ?).*

En revanche, l'inversion est habituelle
avec des formes de verbes comme *ai-je ?*
dis-je ? fais-je ? puis-je ? (et non *peux-*
je ?), suis-je ? sais-je ? vais-je ? vois-je ?
veux-je ?

— V. aussi INTERROGATION.

estival fait au pluriel masculin *esti-*
vaux : Insectes estivaux (Lar. du XXᵉ s.).

estoc. — On prononce le *c* final.

V. aussi -OC.

estomac. — On ne prononce pas le
c final.

V. aussi -AC.

L'adjectif dérivé est **stomacal** (v. ce
mot).

et. — Les parties d'un complément
unies par *et* doivent être des mots d'une
même catégorie grammaticale ou des
locutions de même nature. Ainsi, on
dira : *J'aime le dessin et la peinture* (et
non *J'aime à dessiner et la peinture).*
Saint Louis aimait à rendre la justice et
à chanter les louanges du Seigneur (et
non *Saint Louis aimait la justice et à*
chanter...).

— L'emploi de *et* devant **mieux,**
moins, plus introduisant deux propositions en corrélation est facultatif :
Plus vous lui en direz, moins il en fera.
Plus je le vois et plus je l'apprécie.
Moins on a de richesses, moins on a de
soucis (Lar. du XXᵉ s.).

— **Ponctuation devant « et ».** Il
est d'usage de mettre une virgule devant
et quand cette conjonction unit, dans
une phrase, deux propositions de constructions différentes, ou pour mieux
détacher les deux membres de cette
phrase, ou encore, et surtout, lorsqu'une
particule analogue joint dans le premier
membre deux noms ou deux verbes :
C'est votre maître, et vous devez le res-
pecter (Lar. du XXᵉ s.). *Il mangea un*
morceau, et, prenant alors la parole, il
dit... Vezzano n'était qu'un îlot minus-
cule, et les traités de navigation que
j'avais feuilletés à l'Amirauté ne lui
consacraient qu'une notice (J. Gracq,
le Rivage des Syrtes, 153). *Il allait et*
venait, et finalement il partit (A. Dauzat, *Grammaire raisonnée,* 44). *De l'en-*
droit où il se trouvait, il pouvait sentir
le parfum d'un chèvrefeuille qui entou-
rait une des fenêtres, et cette odeur à la
fois douce et forte le fit sourire de plai-
sir (J. Green, *Moïra,* 46).

En revanche, on écrira sans virgule :
Je l'ai rencontré et je lui ai parlé. Il
but tout le matin et toute la soirée. Il a
fait cette sottise et il est sur le point
d'en faire une autre (Acad.)

— **Accord de l'adjectif après**
deux noms unis par « et ». Si l'adjectif ne qualifie que le dernier des noms
unis par *et,* il ne s'accorde qu'avec ce
nom : *Je mangerai des noix et une*
pomme cuite (seule la pomme sera
cuite). *Sa taille et son air sinistre inspi-*
raient la terreur (seul l'air était sinistre,

mais l'un et l'autre inspiraient la terreur). Mais on écrira : *Ils se nourris-
saient de chair et de poisson crus* (la
chair et le poisson étaient crus)

V. aussi NI.

— On écrit : *Le X* *et le XI* *siècle*
(au singulier, *siècle* étant sous-entendu
après *X*) *X* *et XI* *siècle* ou
X-*XI* *siècle. Le premier et le deuxième
cheval. Le vieux et le jeune général. Les
X* *et XI* *siècles* (au pluriel). *Les premier et deuxième chevaux.*

— **Et - avec.** V. AVEC.

— **Et puis** n'est pas considéré
comme un pléonasme (*puis* renforce *et*),
mais on ne dira pas *et puis après* ou *et
puis ensuite* (pas davantage *puis après*,
puis ensuite), qui sont du langage populaire.

— **Vingt et un,** *vingt et unième,
trente et un, trente et unième,* etc.,
s'écrivent sans trait d'union.

étable - écurie. — L'**étable** est destinée au logement des bestiaux, et particulièrement de ceux qui vivent en
troupeaux, tels que bœufs et vaches
(pour les moutons, on dit *bergerie*).

L'**écurie** ne reçoit que les chevaux,
les mulets : *Ecurie pouvant contenir
cent chevaux* (Lar. du XX* s.). *Mettez
ces chevaux à l'écurie* (Acad.). *Une
écurie de course.*

étal fait au pluriel *étaux : Des étaux en
bois de chêne* (Lar. du XX* s.). La
forme *étals* se rencontre toutefois, qui
évite toute confusion avec *étau* (plur.
étaux), instrument à deux mâchoires.

étalon. — On écrit, avec un trait
d'union : *Etalon-or, mètre-étalon* (des
mètres-étalons), *unité-étalon.*

étant donné. V. DONNER.

état. — Au sens de « nation » ou de
« forme de gouvernement », ce mot
s'écrit avec une majuscule : *Etat totalitaire. Raison d'Etat. Coup d'Etat.
Conseiller d'Etat. Secret d'Etat. Et
aussi : Les Etats-Unis d'Amérique. Un
des Etats unis d'Amérique.*

Mais on écrit, avec une minuscule :
état civil (sans trait d'union), *état-
major* (avec trait d'union), *états généraux, états provinciaux, états de Bretagne,* etc., *tiers état,* en tout *état de
cause,* un *état de choses déplorable.*

étayer se conjugue comme *balayer*
(v. ce mot).

et cetera est une expression latine
invariable qui signifie « et le reste, et
les autres choses ». Elle s'écrit parfois
avec æ (ou œ, Acad.) et se prononce
èt sé-té-ra (et non *èk sé-té-ra*).

Et cetera ne s'emploie guère
qu'abrégé en *etc.*, qui ne doit ni se
répéter (*etc., etc.*) ni être suivi de points
de suspension (*etc...*).

-eter. — Parmi les verbes se terminant
par *-eter,* certains, les plus nombreux,
redoublent le *t* (*j'époussette*), d'autres
changent *e* en *è* devant une syllabe
muette (*j'achète*).

Voici, d'après l'Académie, la liste de
ces derniers verbes : *acheter, corseter,
crocheter, fureter, haleter, racheter.*

V. aussi -ELER.

— Se garder de la prononciation
populaire *je cach'te, je croch'te,* etc.
(pour *je cachette, je crochète,* etc.).

étiage. — L'**étiage** est le plus grand
abaissement des eaux d'une rivière, le
niveau le plus bas de l'année : *Indiquer,
marquer l'étiage* (Acad.). *La rivière est
déjà à son étiage. Son niveau* [du
Niger] *dépasse alors d'au moins cinq
mètres de hauteur l'étiage, qui se situe
en avril* (G. Spitz, dans le *Larousse
Mensuel,* n° 419).

Ce mot est souvent pris, fautivement,
au sens de « niveau le plus élevé », ou
même de « niveau » tout court, ce qui
conduit à des *étiages élevés* et à des *bas
étiages : Les potins et les calomnies
avaient dépassé comme étiage toutes les
crues des sottises connues* (J.-K. Huysmans, *En ménage,* 127). *Il faut un
clergé dont l'étiage concorde avec le
niveau des fidèles* (Id., *Ibid.,* 4). *Modi-
gliani* [...] *y avait ses aises, et, quel que
fût l'étiage de ses finances* [...] *il y
entrait comme un navire au port*
(G. Fuss-Amoré et M. des Ombiaux,
Montparnasse, 89). *Quitte à embour-
geoiser son sujet pour le ramener à
l'étiage des médiocres partenaires dont il
dispose* (B. Crémieux, *XX* *siècle,* 121).

étonner. — **S'étonner que** se
construit normalement avec le subjonctif : *Je m'étonne qu'il soit parti si tôt.
Je m'étonne que vous n'ayez pas prévu
cet accident* (Acad.). *Faut-il s'étonner
qu'il ne soit pas aimé ?* (Littré.)

L'Académie autorise *s'étonner de ce que* (au mot CE) : *Il s'étonne de ce qu'il ne soit pas venu.* (On peut, dans ce cas, employer aussi l'indicatif.)

être. — Les difficultés de conjugaison de ce verbe résident dans l'orthographe de la 3ᵉ personne du singulier du passé simple : *il fut* (et non *il fût*) ; dans celle des 1ʳᵉ personne du singulier, 1ʳᵉ et 2ᵉ personnes du pluriel du subjonctif présent : *que je sois* (et non *que je soie*), *que nous soyons, que vous soyez* (sans *i* après l'*y*). [Il n'est pas de cas où *soyons, soyez* prennent un *i* après l'*y*.]

— **Fut - fût.** Pour reconnaître s'il faut ou non un accent circonflexe à *fut*, il suffit de mettre la phrase au pluriel : si le verbe est *furent*, il ne faut pas d'accent ; s'il est *fussent*, il en faut un. Exemples : *Il fut heureux de trouver un gîte* (plur. : *Ils furent heureux de trouver un gîte. Si brave qu'il fût en ce temps-là* (plur. : *Si braves' qu'ils fussent en ce temps-là*).

S'il en fut, expression figée, s'écrit sans accent : *Campement délicieux s'il en fut* (P. Loti, *la Galilée*, 116).

Pour **fût-ce** ou **fut-ce** (sans accent), v. FUT-CE.

— **Être** peut être supprimé, et la phrase n'en est que plus élégante, partout où il peut être sous-entendu sans équivoque possible : *Ces personnes paraissaient fatiguées* (mieux que *Ces personnes paraissaient être fatiguées*). *Il remarqua un détail qu'il croyait intéressant* (mieux que *Il remarqua un détail qu'il croyait être intéressant*)

— **Il est certain que,** *il est évident que, il est probable que, il est vrai que, il est vraisemblable que*, etc., se construisent avec l'indicatif si la phrase est affirmative : *Il est certain que je suis votre ami.*

Employés négativement ou interrogativement, ils se construisent avec le subjonctif : *Il n'est pas évident qu'elle soit propre. Est-il vrai que vous soyez le possesseur de ce bijou?* (Dans ce dernier cas, l'indicatif peut exprimer une certitude : *Est-il vrai que vous prenez le train ce soir?*)

— **C'est - ce sont.** V. CE.

— **J'ai été - je suis allé - je fus.** V. ALLER.

— **Il est - il y a.** V. IL.

— **Si j'étais de vous.** V. VOUS.

— **C'est à moi à** ou **de.** Voir À.

— **Être après à.** V. APRÈS.

— **Participe passé conjugué avec « être ».** V. PARTICIPE PASSÉ.

êtres, « différentes parties d'une habitation », est l'orthographe de l'Académie : *Il sait tous les êtres de cette maison* (Acad.).

Cette orthographe est plus conforme à l'étymologie (lat. *extera*) que *aîtres*, parfois employée.

étude. — On écrit : *un maître d'étude, une salle d'étude* (sans *s*).

eu. — L'accord de *eu* dans *eu à* plus l'infinitif est le plus souvent facultatif (v. p. 301, 2ᵉ col.) : *Les affronts qu'il a eu à subir* (ou *qu'il a eus...*).*Quelque course que précisément il avait eu à faire* (A. Gide, *les Faux-Monnayeurs*, 100).

— **Eu égard à** (et non *en égard à*) signifie « en considération de » : *Eu égard à la nature de l'affaire* (Acad.).

eut - eût. V. AVOIR.

eux. — **Eux autres,** expression archaïque, est aujourd'hui du langage populaire.

— **Eux deux , eux trois,** etc. V. DEUX.

éveiller - réveiller. — **Eveiller,** c'est tirer normalement du sommeil : *Je l'éveille chaque matin à 7 heures.* Et pronominalement : *Elle s'éveille lentement, s'étirant avec paresse.*

Réveiller, c'est aussi *éveiller*, mais en faisant quelque effort inhabituel pour faire cesser le sommeil : *Il le réveilla en frappant dans ses mains.*

Réveiller suppose toujours quelque chose d'inattendu, d'anormal : *Alors ils se réveillaient au plus profond du silence avec une angoisse étrange* (G. Duhamel, *Civilisation*, 23).

événement s'écrit avec deux accents aigus, à l'encontre d'*avènement*, dont l'accent est grave. (Ce dernier mot fut corrigé par l'Académie à la suite d'une remarque de Littré, remarque qui était tout aussi valable pour *événement*.)

éventaire - inventaire. — Un *éventaire* est un plateau que portent, suspendu à leur cou, les marchands de fleurs, les colporteurs, etc. C'est aussi l'étalage extérieur d'une boutique : *Il y* a des choux à l'éventaire de ce fruitier (Acad.).

L'**inventaire** est une évaluation des marchandises en magasin et des diverses valeurs, afin que le commerçant puisse constater les profits et les pertes : *Fermé pour cause d'inventaire.* C'est aussi le dénombrement écrit des meubles et ustensiles divers d'une maison en location : *Dresser un inventaire. Il manque six assiettes et deux verres à l'inventaire.*

L'emploi impropre d'*inventaire* pour *éventaire* est assez fréquent dans le langage populaire.

éviter - épargner. — Peut-on dire *Éviter quelque chose à quelqu'un?* Non, logiquement, puisque *éviter* est un verbe transitif direct et ne saurait avoir, de ce fait, un complément d'objet indirect.

De plus, **éviter** signifie « esquiver, parer à ce qui peut être nuisible ou désagréable » : *Éviter une borne, un danger. Ce n'est pas résoudre la difficulté, ce n'est que l'éviter. En écrivant, il faut éviter les mauvaises constructions* (Acad.). *Éviter* a d'ailleurs remplacé *eschever*, qui nous a laissé *esquiver*

Épargner, au contraire, est parfaitement adapté à l'expression. *Épargner quelque chose à quelqu'un,* c'est l'en garantir, l'en préserver, ne pas le lui faire subir : *Je vous épargnerai ce soin, cette peine, cet embarras. Épargner une contrariété, une peine, une honte à quelqu'un* (Lar. du XXᵉ s.). *Épargnez-moi ce chagrin, cette douleur, cette confusion, cette honte* (Acad.).

Les défenseurs d'*éviter* soulignent qu'ils ne voient pas pourquoi on refuserait à la langue la possibilité d'employer des noms de choses avec des verbes d'action. Ne dit-on pas très bien : *Achetez-moi un livre,* c'est-à-dire *pour moi, pour mon compte?* Alors, pourquoi pas *Évitez-moi ce danger,* évitez-le *pour moi, à mon bénéfice?*

Quoi qu'il en soit, malgré la logique et la grammaire, de nombreux écrivains n'ont pas hésité à se servir de l'expression incriminée : *La maladie, qui est une disgrâce pour le civil, une grâce pour le militaire; elle lui évite les corvées* (J.-J. Brousson, *Anatole France en pantoufles,* 314). *Vraiment, Jarras*

pouvait bien lui *éviter ce rappel des douleurs* (A. Daudet, *Numa Roumestan,* 197). *On leur évite les duretés de la lutte, de la concurrence* (M. Barrès, *Du sang, de la volupté et de la mort,* 85). *La reine qui* [...] *veut lui éviter les rencontres désobligeantes* (P. de Nolhac, *Louis XV et Marie Leczinska,* 295).

— **Éviter que** se construit avec le subjonctif, et prend généralement la particule *ne,* surtout quand il est employé affirmativement : *Éviter qu'il ne vous parle* (Acad.).

évoquer - invoquer. — **Évoquer** (lat. *evocare*), c'est faire apparaître, en parlant des esprits : *Saül évoqua l'ombre de Samuel,* et, par extension, « rappeler au souvenir » : *Évoquer le passé, ses premières amours.* En termes de jurisprudence, c'est *porter une cause d'un tribunal à un autre : Évoquer une affaire.*

Invoquer (lat. *invocare*), c'est appeler à son secours, à son aide, par une prière (Acad.) : *Invoquer les saints. Les poètes invoquent les Muses.* Par extension, « implorer » : *Invoquer le secours de quelqu'un.* C'est aussi, au figuré, citer en sa faveur, avoir recours à : *Invoquer un témoignage, un texte de loi.*

ex, particule qui exprime ce qu'a été une personne ou une chose, ce qu'elle a cessé d'être, se joint au nom par un trait d'union : *Un ex-ministre. L'ex-royaume de Roumanie.*

ex-. — Devant une voyelle ou un *h,* ex- se prononce *ègz* (et non *èks*) : *examen, exécrable, exhaler,* etc.

exact se prononce *ègh-zakt'.* (La prononciation *ègh-za* tend à disparaître.) Même règle pour *inexact.*

examen. — On écrit : *Subir un examen. Se préparer à un examen* (Acad.). *Pour entrer dans certains corps, il faut passer des examens* (Id.).

On dit *Se présenter à un examen* (et non *Présenter un examen*).

exc-. — S'écrivent avec un *c* devant *e* et *i* les mots suivants (et leurs dérivés) : *excédent, excellent, excentrique, exception, excès, excipient, excision, excitation.*

excédant - excédent. — **Excédant** est l'adjectif verbal ou le participe présent d'*excéder* : *Sommes excédantes. Le bavardage de cet homme est excédant* (Acad.).

Excédent est le nom : *Un excédent de bagages. Vous avez de l'excédent* (Acad.).

excellant - excellent. — **Excellant** est le participe présent du verbe *exceller* : *Artiste excellant dans la comédie.*

Excellent est adjectif verbal : *Un mets excellent. Il est excellent en cette matière.*

V. aussi PARTICIPE PRÉSENT (*Différences orthographiques entre le participe présent et l'adjectif verbal*)

excellence — Dans les titres, *Son Excellence, Votre Excellence, Son Eminence, Votre Eminence, Sa Majesté, Votre Majesté*, le nom qui suit se met généralement au masculin : *Son Excellence est le meilleur garant de cette politique. Votre Eminence est l'ami de tout le monde. Sa Majesté (roi ou empereur) est le protecteur de ses sujets. Sa Majesté est maître de décider...*

En revanche, les adjectifs, les pronoms ou les participes se mettent au féminin : *Son Excellence n'est pas jalouse de vos lauriers. Votre Eminence viendra-t-elle à cette soirée? Sa Majesté partira quand elle voudra.*

Si le titre est suivi d'un nom avec lequel il fait corps, c'est avec ce nom que s'accorde le pronom représentant (Grevisse) : *Son Excellence le ministre viendra-t-il?*

— On abrège *Son Excellence* en **S.E.** pour un ministre, un ambassadeur, et en **S. Exc.** pour un évêque.

excellent, quoique marquant un degré extrême, peut s'employer au comparatif et au superlatif : *Comme grand capitaine, Epaminondas n'était pas plus excellent que Virgile comme grand poète* (La Rochefoucauld ; cité par Hanse). *Il y a des choses très excellentes et très admirables qui échappent à notre vue* (Bossuet ; id.). *Les plus excellentes choses sont sujettes à être copiées par de mauvais singes* (Molière ; cité par le Lar. du XXe s.).

excepté, employé sans auxiliaire et situé immédiatement avant l'adjectif, le nom ou le pronom, est considéré comme une préposition et reste *invariable* : *Tous les habitants, excepté les femmes* (Lar. du XXe s.). *Toutes les filles sont mariées, excepté la plus jeune* (Acad.). Mais on écrira : *Tous les habitants, les femmes exceptées.*

— **Excepté que** se construit avec l'indicatif, parfois avec le conditionnel, selon le sens : *Ils se ressemblent parfaitement, excepté que l'un est un peu plus grand que l'autre* (Acad.). *Ils se valent, excepté que l'un serait plus travailleur que l'autre.*

exception. V. ACCEPTION.

excessif, comportant lui-même l'idée de dépassement de la mesure, d'*excès*, ne doit pas être employé avec un comparatif ou un superlatif : *davantage, moins, plus, trop*, etc.

On dira *Ce prix est excessif* (et non *trop excessif, par trop excessif*, etc.).

excessivement - extrêmement. — **Extrêmement** signifie « au plus haut degré, au dernier point, à la dernière limite » : *Etre extrêmement beau, extrêmement sage. Il écrit, il compose extrêmement vite* (Acad.).

Excessivement comporte une idée d'excès, de dépassement de la mesure qu'on ne trouve pas dans *extrêmement*. On peut être *extrêmement poli, extrêmement studieux, extrêmement honnête*, puisque la politesse, l'étude ou l'honnêteté sont des qualités et qu'on ne saurait admettre un excès dans le bien, mais on ne dira pas d'un paysage qu'il est *excessivement beau*, ou de quelqu'un qu'il est *excessivement sot*, puisque le moindre grain de sottise est déjà un excès, pas plus qu'*excessivement habile* ou *retors*. En revanche, il peut faire *excessivement chaud, excessivement froid*, puisqu'une chaleur, un froid relatifs sont utiles ou indispensables à la vie : *Il est excessivement gros. Boire excessivement* (Acad.) *Il s'agit d'êtres excessivement simples, rusés et sournois quelquefois* (G. Geffroy, *l'Apprentie*, 126).

Un arbre peut être *extrêmement touffu*, mais s'il est situé devant une fenêtre et qu'il masque la vue, son exubérance feuillue sera qualifiée d'*excessive*.

En somme, *extrêmement* a le sens de « très », *excessivement*, celui de « trop ».

exclamation (Point d'). V POINT.

exclure, comme *conclure, inclure, per-clure* et *r. clure*, s'écrit sans *e* final ou intercalaire (mais avec un *s*) au présent de l'indicatif, au futur et au condition-nel : *j'exclus, je conclus...* (et non *j'exclue, je conclue...*), *j'exclurai, je conclurai...* (et non *j'excluerai, je con-cluerai...*), etc.

Mais on écrit *que j'exclue, que je conclue*, etc., au subjonctif présent

V. aussi CONCLURE.

— **Exclu - inclus.** Quoique *exclure* et *inclure* soient de la même famille, ils se distinguent, au participe passé, par leur terminaison. Alors qu'*exclu* s'écrit sans *s* au singulier et fait *exclue* au féminin, *inclus* prend un *s* et fait au féminin *incluse*

Cette distinction est assez récente, et au XVIIᵉ siècle on écrivait encore *exclus, excluse*, comme on peut le voir dans Racine (*Bajazet*, III, III) : *Pour-quoi de ce conseil moi seule suis-je excluse?* C'est l'attraction des nombreux participes passés en *-u* qui a fait perdre l's à *exclu* (de même qu'à *conclu*).

excommunier n'a pas donné *excom-munion*, comme on pourrait à tort le penser, mais **excommunication** : *Sen-tence d'excommunication. Excommuni-cation prononcée par l'évêque* (Acad.).

La raison en est qu'*excommunier* (lat. *excommunicare*) a été forgé sur *com-munier*, alors qu'*excommunication* dérive directement du latin *excommunicatio*.

excuse. — On *présente ses excuses* à quelqu'un, on lui *fait ses excuses* : *Je vous présente mes excuses. Je vous fais mes excuses de vous écrire sur un tel papier* (Lar. du XXᵉ s.). *Je vous en fais mille excuses* (Acad.). Et au singulier (plus rare et familier) : *Je vous fais excuse, il n'a pas dit cela* (Lar. du XXᵉ s.). *Faites excuse* (Id.).

On *demande pardon* à quelqu'un (on ne lui *demande* pas *excuse*)

V. aussi EXCUSER (s').

excuser (s') est parfois usité aussi bien au sens de « se disculper, se justi-fier », qu'à celui de « faire agréer des excuses ». Il en résulte une fâcheuse équivoque. Quand, par exemple, on *s'excuse de faire une chose*, faut-il entendre qu'on refuse poliment de faire

cette chose, ou bien qu'on la fait, mais en présentant des excuses?

Le Dictionnaire de l'Académie, comme Littré, ne donne à cette expres-sion que le sens de « se dispenser de » : *On m'a prié de solliciter pour lui, je m'en suis excusé* (Acad.). Il serait pré-férable de s'en tenir là pour éviter toute obscurité ou erreur d'interprétation.

— **Je m'excuse** est accepté par A. Dauzat (*le Guide du bon usage*, 198), qui estime que cette expression ne doit pas être prise au sens de « j'estime que mes excuses sont fondées », mais à celui de « je vous fais (ou je vous présente) mes excuses ». Les degrés de politesse étant, dans l'ordre : *Je m'excuse, Excu-sez-moi, Veuillez m'excuser.*

exeat (sans accents) est un mot latin invariable : *Expédier des exeat.*

Il se prononce *ègh-zé-at'.*

exemple. — **Comme par exemple, ainsi par exemple** sont des pléo-nasmes. On dira mieux *comme, ainsi,* ou *par exemple.*

exempt. — Dans ce mot, on ne pro-nonce ni le *p* ni le *t* : *ègh-zan.*

Dans son dérivé *exempter*, on ne pro-nonce pas le *p*. Mais dans *exemption*, on prononce le *p* et le *t* : *ègh-zamp-syon.*

exequatur (sans accents) est un mot latin invariable : *Signer des exequatur.*

Il se prononce *ègh-zé-koua-tur.*

exergue. — L'*exergue* (nom masculin) est la partie inférieure du champ d'une monnaie ou d'une médaille, sur laquelle on inscrit une date, une devise, etc. Par extension, la date, la devise elle-même se nomment aussi *exergue : Cette médaille porte 1870-71 en exergue* (Acad.).

Marcel Prévost s'est éloigné du sens de ce mot quand il a écrit (*les Anges gardiens*, 6) : *Sur une plaque de cuivre décorant la porte du pavillon, on lisait en exergue : Anges gardiens.* Il ne sau-rait y avoir d'exergue sur une simple plaque de cuivre.

— **Exergue - épigraphe.** Ne pas confondre l'*exergue* et l'*épigraphe*, qui est une inscription sur un édifice (*Le Panthéon porte en épigraphe : « Aux grands hommes, la patrie reconnais-sante »*), ou une citation en tête d'un livre, d'un chapitre pour en résumer l'esprit : *Mettre en épigraphe à un cha-pitre un vers de Paul Valéry.*

exhorter se construit avec **à** : *La brièveté de la vie nous exhorte au mépris des richesses* (Lar. du XXᵉ s.). *Exhorter quelqu'un à faire le bien.*

Exhorter de, suivi d'un infinitif, est rare et vieilli.

exiger. — **Exiger que** se construit toujours avec le subjonctif (ce verbe ne permettant aucune nuance de pensée) : *J'exige que vous soyez présent à cette réunion.*

exigu fait au féminin **exiguë** (avec tréma sur l'*e* et non sur l'*u*) : *Un chemin exigu. Une chambre exiguë.*

Le substantif **exiguïté** prend un tréma sur l'*i.*

Il en est de même pour *ambigu* et pour *contigu.*

exode - exorde. — **Exode** (du gr. *exodos,* sortie) est un nom *masculin* qui signifie « émigration en masse d'un peuple ». Se rappeler le grand exode des Hébreux quittant l'Egypte sous la conduite de Moïse, et relaté par la Bible. Par extension, on appelle *exode* toute sortie en masse de populations, de richesses, etc. : *L'exode des habitants des campagnes vers les villes. L'exode des capitaux.*

Ce mot, très en faveur lors de la ruée allemande de juin 1940, était parfois déformé en **exorde**, et employé au féminin.

Il n'y a aucune analogie entre *exode* et *exorde* (sinon le genre), ce dernier mot (tiré du latin *ex,* hors de, et *ordiri,* commencer) désignant la « première partie d'un discours », et, par extension, « le début, l'entrée en matière d'un sujet ».

exorbitant. — Ce mot étant formé du préfixe *ex* et de *orbite,* ne pas écrire *exhorbitant* (avec *h*).

exotique signifie « qui a été apporté des pays étrangers, qui n'est pas habituel au pays » : *Plantes exotiques. Main-d'œuvre exotique. Termes, usages, mœurs exotiques* (Acad.).

Ce mot ne renferme aucunement l'idée de pays lointains ou à climat chaud, comme on le croit parfois.

expédiant - expédient. — **Expédiant** est le participe présent du verbe *expédier : On le vit à la gare expédiant un colis.*

Expédient est adjectif verbal ou nom : *Il est plus expédient de faire telle chose. Chercher un expédient.*

V. aussi PARTICIPE PRÉSENT (*Différences orthographiques entre le participe présent et l'adjectif verbal*).

expert. — On écrit : *Un expert-comptable. Un architecte expert près le Tribunal de commerce* (Acad.). *A dire d'experts* (Lar. du XXᵉ s.).

expirer se conjugue avec **avoir** quand on veut exprimer l'action, et avec **être** quand on veut exprimer l'état : *Le bail a expiré hier. Le bail est expiré depuis longtemps. Les délais sont expirés* (Acad.). *Le malade a expiré ce matin* (Lar. du XXᵉ s.).

Mais peut-on dire, avec Racine (*Phèdre,* V, VI) : *A ce mot ce héros expiré N'a laissé dans mes bras qu'un corps défiguré ?*

C'est l'abbé d'Olivet qui, au XVIIIᵉ siècle, paraît avoir jeté l'anathème sur cet emploi participial du participe, en soutenant qu'on ne peut pas plus dire *expiré* pour *ayant expiré* que *parlé* pour *ayant parlé.* Mais Littré remarque que cette raison est mauvaise puisque *expirer* se construit aussi bien avec les deux auxiliaires, ce qui n'est pas le cas de *parler* (dit d'une personne), évidemment.

On peut également soutenir qu'*expirer* signifiant « mourir » (Acad.) il est aussi logique de dire *un héros expiré* qu'*un héros mort.*

D'ailleurs, la plupart des écrivains se sont rangés à l'avis de Littré : *La mer roulait à mes pieds leurs cadavres d'hommes étrangers expirés loin de leur patrie* (Chateaubriand, *Mémoires d'outre-tombe,* I, 2). *La grande-duchesse expirée* (E. Bourges, *Les oiseaux s'envolent,* 98). *L'homme inerte, comme expiré dans un dernier hoquet* (E. Zola, *la Débâcle,* II, 155).

explicite - implicite. — Ce qui est **explicite** est énoncé formellement, complètement, et, par suite, clairement exprimé : *Cette stipulation n'est pas suffisamment explicite* (Acad.).

Implicite dit exactement le contraire. C'est ce qui est contenu dans un texte sans y être formellement exprimé, mais qui en découle naturellement par déduction et conséquence : *La liberté est la* *condition implicite de la responsabilité morale* (Lar. du XX° s.). *Ceci est contenu dans le contrat d'une manière implicite* (Littré).

Le néologisme **expliciter** est d'usage courant en mathématiques (« rendre plus clair ») : *Un autre intérêt des logarithmes réside dans ce fait qu'il est inutile avec eux d'expliciter les résultats partiels* (M. Boll, *le Mystère des nombres et des formes*, 110).

exprès. — Exprès - express. *Exprès* (prononc. *èks-prè*) [fém. *expresse*], employé adjectivement, signifie « précis, net, formel » : *Voici un ordre exprès. Cela est en termes exprès dans le contrat* (Acad.). *Défense expresse de fumer.* (Du lat. *expressus*, mis en relief.)

Substantivement, un *exprès* est, dans les P. T. T., un employé non commissionné qui porte les dépêches en dehors de la circonscription gratuite d'un bureau télégraphique. La suscription d'une enveloppe devant être acheminée par ce moyen doit donc être libellée *Par exprès* (et non *Par express*).

Express (mot anglais) se dit surtout d'un train effectuant un transport de marchandises ou de voyageurs à grande vitesse, et ne s'arrêtant qu'à un petit nombre de gares (par opposition à *omnibus*). *Train express* et, substantivement : *Prendre l'express de 16 heures.* (Le *rapide* ne s'arrête qu'aux gares principales.)

L'extension d'*express* (adjectif) hors du langage ferroviaire pour exprimer une idée de rapidité (*Potage express, colis express*) est discutée.

— Exprès - expressément. *Exprès*, adverbe, marque le dessein, l'intention formelle : *Je l'ai fait exprès. Il a disposé cet appartement exprès pour nous recevoir* (Acad.). *Il fit venir son marchand de cidre tout exprès* (G. Flaubert, *Madame Bovary*, 94).

Par exprès est un archaïsme qui est resté dans le langage dialectal, mais qu'on ne rencontre plus que rarement en littérature : *Brousson a donc employé par exprès ce vieux tour commercial* (A. Thérive, *Querelles de langage*, I, 77-78).

Expressément signifie « en termes exprès » : *Je lui avais recommandé, défendu expressément de faire telle chose* (Acad.), et précise le dessein spécial qu'on s'est proposé : *Quand il est tombé au champ d'honneur, il se battait expressément pour venger Péguy* (M. Barrès, *l'Âme française et la Guerre*, IX, 395).

exquisément s'écrit avec un accent aigu (Acad.).

exsangue s'écrit avec *x* et *s*, et se prononce *èk-sangh'* (et non *ègh-zangh*).

extérieur - externe. V. INTÉRIEUR.

extra, employé comme préfixe, marque l'extériorité et se joint à certains mots généralement par un trait d'union : *extra-conjugal, extra-organique, extra-muros, extra-territorialité*, etc. (L'Académie écrit *extrajudiciaire* à côté de *extra-légal*.)

Extraordinaire s'écrit sans trait d'union.

— Employé comme nom, **extra** est invariable : *Faire des extra* (Lar. du XX° s.). *On adjoignit deux extra aux domestiques de la maison* (Acad.).

— Extra est aussi l'abréviation de *extraordinairement* dans : *Des petits pois extra-fins. Du fil extra-solide.* On peut dire alors, adjectivement : *Des petits pois extra. Du fil extra. Qualité extra.* (*Extra* invariable.)

extraire se conjugue comme *traire* (v. ce mot).

extravagant - extravaguant. — **Extravagant** est un adjectif verbal : *Quel être extravagant vous êtes! Des propos extravagants. Une femme extravagante.*

Extravaguant (avec un *u*) est le participe présent d'*extravaguer* : *On le vit extravaguant sur des sujets sérieux.* V. aussi PARTICIPE PRÉSENT (*Différences orthographiques entre le participe présent et l'adjectif verbal*).

extrême (du lat. *extremus*, le plus en dehors) exprimant la dernière limite, le plus haut degré d'une chose, ne devrait avoir ni comparatif ni superlatif : *Jusqu'à l'extrême limite* (et non *la plus extrême...*).

On trouve toutefois *plus extrême, aussi extrême, si extrême*, qui sont autorisés par Littré.

— On écrit : *Les Extrême-Orientaux. Des mœurs extrême-orientales.*

extrémité s'écrit avec un accent aigu (et non circonflexe) sur le deuxième *e*.

— **Etre à la dernière extrémité** est critiqué par certains grammairiens comme pléonastique. L'Académie admet, avec le sens d' « être dans un triste état » : *Il est réduit à l'extrémité, à la dernière extrémité.*

exubérant s'écrit sans *h* après l'*x*.

ex-voto est un mot latin *invariable* : *Suspendre des ex-voto dans une chapelle* (Lar. du XXᵉ s.).

-eyer. — Les verbes en -*eyer* ne changent pas l'*y* en *i* devant un *e* muet : *je grasseye*, etc.

V. aussi -AYER et -YER.

F

f. — **Genre.** V. ALPHABET.

— **F** se prononce normalement à la fin des mots : *bœuf, neuf, soif, suif, vif*, etc.

Toutefois, il ne se prononce pas dans *clef, nerf*, ni dans certains composés, tels *chef-d'œuvre, cerf-volant, bœuf gras.* (Au pluriel, on dit, sans prononcer l'*f* : *des bœu[f]s, des œu[f]s*.)

V. aussi CERF et NEUF.

F est généralement redoublé dans les mots commençant par *af, ef, of* : *affabilité, affoler ; effilocher, effréné ; offertoire, officier.* Exceptions : *afin, éfaufiler, éfourceau.*

Les mots suivants ne prennent qu'un seul *f* : *agrafe, bafouer, bâfrer, boursoufler, boursouflure, carafe, échafaud, érafler, girafe, mufle, parafe, persifler, rafale, rafistoler, rafle, soufre, tartufe, trafic.*

fabricant - fabriquant. — **Fabricant** est le nom verbal de *fabriquer* : *Un fabricant de machines agricoles.*

Il s'emploie aussi adjectivement : *Des industriels fabricants.*

Fabriquant est le participe présent de *fabriquer* : *Je l'ai connu fabriquant des meubles.*

V. aussi PARTICIPE PRÉSENT (*Différences orthographiques entre le participe présent et l'adjectif verbal*).

face. — **En face de.** *Vis-à-vis de* et *en face de* étant exactement synonymes,

il serait logique que ces deux expressions fussent employées de façon identique. Or, si l'on dit aussi bien *vis-à-vis de la mairie* que *vis-à-vis la mairie* (« On supprime quelquefois le *de* », dit l'Académie), certains grammairiens s'insurgent contre l'emploi d'*en face* sans la préposition *de* : *en face le ministère* pour *en face du ministère.*

En réalité, au xviiiᵉ siècle, *en face* était fréquemment employé sans préposition, surtout dans le style commercial (cf. les pages de titre des ouvrages de cette époque : *En vente chez... en face le Louvre*). De nos jours, soit involontairement, soit par affectation archaïque, quelques auteurs écrivent *en face la* ou *le* : *Extasié en face la bien-aimée* (M. Barrès, *Sous l'œil des barbares*, 115). *... en face l'hôtel de Rasnes* (Ch. Maurras, *les Amants de Venise*, 223). *L'enfant, né dans une poudreuse bouquinerie, en face le Louvre et les Tuileries, est prisonnier de son milieu* (J.-J. Brousson, dans *les Nouvelles littéraires*, 5-XII-1925).

Mais dans l'ensemble, la plupart des écrivains sont, avec l'Académie, fidèles à la préposition : *Il commença de dépasser la rue... en face de l'église* (G. Geffroy, *l'Apprentie*, 36). *Sa maison est en face de la mienne* (Acad.). Et par ellipse : *Il demeure en face.*

— **De face - en face.** *De face* signifie « du côté où l'on voit toute la

face, tout le devant » : *Une figure des-*
sinée de face. Cet édifice est imposant
lorsqu'on le voit de face (Acad.).

En face a le sens de « vis-à-vis, par-
devant, en présence » : *Il entra en face.*
Avoir le soleil en face (et non *de face*).
Et au sens figuré de « sans crainte » :
Regarder la mort en face, le péril en
face (Acad.).

— **Face à face**, s'écrit sans traits
d'union, alors que *vis-à-vis* (visage à
visage) en prend deux : *Nous nous*
sommes rencontrés face à face (Acad.).

face-à-main fait au pluriel *faces-à-*
main.

facétie. — Dans ce mot et ses dérivés
(*facétieux, facétieusement, facétieuseté*),
-tie se prononce *sî.*

fâcher se construit avec **contre** ou
avec : *Il est bien fâché contre vous*
(Acad.). *Il est fâché avec sa belle-sœur.*

— **Se fâcher contre quelqu'un**,
c'est se mettre en colère, s'irriter contre
quelqu'un (ne pas dire *se fâcher après*
quelqu'un) ; **se fâcher avec quel-**
qu'un, c'est se brouiller avec lui.

— On dit : *Je suis fâché qu'il m'ait*
quitté si tôt (mieux que : *Je suis fâché*
de ce qu'il m'a quitté si tôt).

facial fait au pluriel masculin *faciaux.*

faciès est un mot latin francisé qui
signifie « face » : *Faciès pâle, bouffi*
(Nouv. Lar. univ.). Et par extension :
Le faciès d'une plante.

L'Académie l'écrit sans accent.

facile se construit ordinairement avec
à : *C'est un homme qui n'est pas facile*
à contenter (Acad.). *Cela est facile à*
dire, à faire. Chose facile à voir, à
comprendre (Lar. du XXᵉ s.). *Mets*
facile à digérer (Id.). *Travail facile à*
faire (Hanse).

Toutefois, on emploie **de** devant l'infinitif sujet : *Il est facile de vous conten-*
ter (Acad.). *Il est facile de se procurer*
cet objet.

facilité. — **Facilité à** et **de**. *Facilité*
à marque une aptitude naturelle à faire
une chose : *Avoir une grande facilité à*
travailler (c'est-à-dire avoir de l'intelligence, de la mémoire, etc.). *Il a une*
grande facilité à parler, à s'exprimer, à
se faire comprendre, à enseigner.

Facilité de indique la possibilité qui
est laissée de faire une chose sans

peine : *Avoir une grande facilité de*
travailler (avoir le temps, la possibilité
pratique de travailler). *Il a la facilité*
de s'instruire, d'apprendre.

façon. — Au sens d'« imitation », on
peut écrire : *Un meuble en façon*
d'ébène (Lar. du XXᵉ s.) ou *Un châle*
façon cachemire (Id.). [Ce dernier tour
est surtout du style commercial.]

— **De façon que.** V. À CE QUE.

— **De toute façon** s'écrit au singulier : *Je le verrai de toute façon demain*
soir.

— **Sans façon.** L'usage est pour le
singulier (quoiqu'on écrive *ne pas faire*
de façons et *sans plus de façons*) : *Il*
accepte sans façon. Recevoir, traiter
quelqu'un sans façon (Acad., qui écrit
également, d'ailleurs : *Il m'a accordé*
cela sans façons). *Un homme sans*
façon (Lar. du XXᵉ s.). *Un dîner sans*
façon (Id.).

fac-similé, mot latin francisé, fait
au pluriel *fac-similés.*

V. aussi LATINS (Mots)

facteur, au sens d' « employé des
Postes », a pour féminin *factrice*

factotum est un mot latin francisé qui
fait au pluriel *factotums.* (Se garder de
dire *factoton*.)

V. aussi LATINS (Mots).

factum est un mot latin francisé qui
fait au pluriel *factums.*

V. aussi LATINS (Mots).

faïence et ses dérivés s'écrivent avec
un *i* tréma (et non plus avec *y*).

faillir n'est guère usité qu'à l'infinitif,
au passé simple (*je faillis, nous faill-*
lîmes), au futur (*je faillirai, nous failli-*
rons, ou plutôt *je ne faillirai pas...*), au
conditionnel (*je faillirais, nous failli-*
rions) et aux temps composés (*j'ai*
failli, etc.). Part. passé, *failli, e.*

— Au sens de « manquer », la construction avec **à** ou **de** devant un infinitif est archaïque et du style affecté :
Cela faillit même à me faire regretter de
n'être pas né dans un autre siècle
(A. Hermant, *la Discorde,* 17). *J'ai*
encore failli de me tromper (M. Proust,
A l'ombre des jeunes filles en fleurs, 160).

Faillir, devant un infinitif, se construit aujourd'hui sans préposition

— Au sens de « tomber », on retrouve
faillir (présent de l'indicatif) dans le

proverbe : *Au bout de l'aune faut le drap*, et dans certains noms géographiques comme *Montereau-faut-Yonne*.
— V aussi FALLOIR (S'EN).

faim ne s'emploie pas au pluriel.

— **Avoir faim.** Avec *avoir faim, avoir soif, avoir mal, avoir peur, avoir envie*, etc., on emploie souvent certains adverbes comme *très, si, bien, tellement, trop*, etc. (par analogie avec *avoir chaud, avoir froid*), et pas seulement dans la langue parlée : *j'ai très faim, j'ai si faim que..., j'ai tellement faim que..., j'ai si envie de partir, il a eu très peur, elle a trop mal aux dents*, etc. Cette construction est critiquée, puisqu'un adverbe est censé ne pouvoir modifier qu'un adjectif, un participe ou un autre adverbe (et non un nom [à moins qu'il ne soit pris comme attribut : *Un homme vraiment père*]).

R. Georgin (*Pour un meilleur français*, 194) signale que « ce sont des tours de la langue parlée familière qu'il est préférable de ne pas employer dans la langue écrite soignée ». Grevisse paraît plus libéral, mais range néanmoins cette construction « surtout dans la langue parlée ou familière », et souligne que la Grammaire de l'Académie et les puristes protestent contre cet usage.

On dit correctement : *Avoir grand-faim* (Acad.). *J'ai une très grande faim, soif*, etc. *J'ai une grande envie, j'ai fort envie de partir.*

faine (lat. *fagina*) et **fainée** s'écrivent sans accent circonflexe (Acad., 1932).

fainéant. — La graphie **feignant** est populaire : *On devient feignant à force de faire des métiers pareils* (E. Moselly, *Terres lorraines*, 29).

faire. — **Conjugaison :** *Je fais, tu fais, il fait, nous faisons, vous faites, ils font. Je faisais, nous faisions. Je fis, nous fîmes. Je ferai, nous ferons. Je ferais, nous ferions. Fais, faisons, faites. Que je fasse, que nous fassions. Que je fisse, qu'il fît, que nous fissions. Faisant. Fait, e.*

A noter que *faire* se conjugue avec l'auxiliaire *avoir* (*J'ai fait, nous avons fait*) et *se faire* avec *être* : *Il s'est fait porter malade.*

— Le participe passé **fait** suivi immédiatement d'un infinitif est toujours *invariable* : *Elle s'est fait teindre les cheveux. La somme qu'ils se sont fait donner. Je les ai fait chercher partout. Ils se sont fait entendre.*

Le participe est également invariable dans les constructions impersonnelles : *Quelle chaleur il a fait aujourd'hui !*

V. aussi, plus loin, *Se faire.*

— Avec **« faire »** suivi d'un infinitif qui a un complément d'objet direct, on emploie *lui, leur* (et non pas *le, la, les*) : *Faites-lui boire son lait. On leur a fait manger leur soupe. Je leur ai fait parler le français* (mais *Je les ai fait parler français*, parce que « parler français » est considéré comme une locution verbale [Hanse]).

On dit aussi bien : *Je les ai fait changer d'avis, de vitesse, de place*, que *Je leur ai fait changer d'avis, de vitesse, de place. Cette chanson le faisait songer à sa jeunesse*, que *Cette chanson lui faisait songer à sa jeunesse.*

— **Faire** est souvent employé comme verbe à tout... faire dans quantité d'expressions ou de locutions qui ne sont pas toujours à conseiller.

Voici une liste d'expressions correctes avec *faire* tirées du Dictionnaire de l'Académie : *Faire des civilités, des excuses. Faire silence. Faire accueil. Faire défense. Faire des vœux. Faire un barbarisme, un solécisme. Faire tant de kilomètres par heure. Faire une chambre, un lit. Faire du bois, du charbon, de l'essence. Faire diète. Faire le lundi. Faire son droit, sa médecine, sa philosophie. Faire ses ongles ou Se faire les ongles. Faire le malade, le mort. Faire de la neurasthénie. Faire de la température. Deux et deux font quatre. « Aimer » fait au futur « aimerai ». C'en est fait de nous. Ce tableau ne fait pas bien où il est. N'avoir que faire de quelqu'un ou de quelque chose. Faire un objet trop cher. Avoir fort à faire. L'or fait bien avec le vert. Ce malade a fait sous lui. Se faire quelque argent. Se faire à quelque chose, ou Etre fait à quelque chose, au froid, au bruit. Il se fait tard. Il se fait nuit.*

— Dans la langue classique, **faire** remplaçait souvent un autre verbe transitif pour en éviter la répétition : *Il fallait cacher la pénitence avec le même tour qu'on eût fait les crimes* (Bossuet). Aujourd'hui, on dit : *Il bat mes enfants* *comme il eût battu les siens*, ou *comme il eût fait des siens* (et non plus *comme il eût fait les siens*).

— **Faire** peut remplacer, dans une comparaison, un verbe qui n'a pas de complément d'objet direct : *Il répondit comme les autres avaient fait* (Acad.). *Je ne marche plus autant que je faisais autrefois.*

Ne pas confondre avec une autre construction où *faire* a pour complément le pronom *le*, qui représente un verbe précédent : *Il répondit comme jamais son frère ne l'aurait fait.*

— **On le fit coucher** ou **se coucher.** Après *faire*, l'emploi du pronom réfléchi est facultatif, mais il s'omet le plus souvent : *Il le fit asseoir devant lui* (ou *s'asseoir*).

Il le fit arrêter n'ayant pas le même sens que *Il le fit s'arrêter*, on se gardera de l'équivoque.

— **Avoir à faire** ou **affaire.** V. AFFAIRE.

— **C'en est fait de.** V. EN (pronom).

— **Etre après à faire.** V. APRÈS.

— **Faire assavoir.** V. ASSAVOIR.

— **Faire en aller.** V. ALLER.

— **Faire long feu.** V. FEU.

— **Ne faire que** où **que de.** Au XVIIᵉ siècle, la distinction entre ces deux locutions très voisines n'était pas encore établie, et Molière comme Bossuet se servaient indifféremment de l'une ou de l'autre.

Mais, comme le fait remarquer Littré, « depuis que l'usage leur a assigné un sens spécial, leur voisinage même commande qu'on fasse bien attention à ne pas les confondre ».

Ne faire que signifie « être sans cesse occupé à » ou « se borner à, se contenter de » : *Il ne fait que bavarder en classe. Je ne fis que le toucher et il tomba* (Acad.). *Ne faire que passer sans s'arrêter* (Lar. du XXᵉ s.).

Ne faire que de sert à exprimer un passé rapproché, et a le sens de « venir à peine de » : *Ne faire que d'entrer. Il ne fait que d'arriver* (Lar. du XXᵉ s.). *Il ne fait que de s'éveiller.*

— **Ne faire qu'un, n'en faire qu'un.** Ces deux personnes ne font qu'un (sans accord de genre, sens figuré) signifie qu'elles sont très unies. *Ces deux*

personnes, ces deux villes n'en font qu'une (sens propre) indique qu'il s'agit d'une même personne, d'une même ville.

— **Tant qu'à faire.** V. TANT.

— **Se faire.** On écrit : *Elle s'est fait mal. La France s'est faite le champion du fédéralisme* (complément direct, *s'*, placé avant : accord). *Il ne peut oublier l'image qu'il s'est faite d'elle* (complément direct *que* placé avant : accord). *Ils se sont faits soldats. Elle s'est faite belle.*

— **Se faire l'écho de.** V. ÉCHO.

— **Se faire fort de.** V. FORT.

faire-part est un mot *invariable* : *Envoyer des faire-part de mariage.*

On écrit sans trait d'union : *Une lettre de faire part* (Acad.).

faisan a pour féminin *faisane* (avec un seul *n*) : *Un faisan. Un coq faisan. Une faisane. Une poule faisane.*

La première syllabe de ce mot et de ses dérivés (*faisandeau, faisander*, etc.) se prononce en général *fe*.

faiseur et son féminin *faiseuse* se prononcent *fe-zeur, fe-zeuz'* : *Un faiseur d'embarras. Une faiseuse d'anges.*

fait, nom, se prononce *fè*, avec toutefois une tendance marquée à faire sentir le *t*, au singulier, surtout quand *fait* est final et accentué : *en fait, au fait, par le fait, pris sur le fait*, etc.

Il ne se fait pas sentir au pluriel, ni dans *fait d'armes*, *fait divers*, *en fait de* et *tout à fait*.

— **Faits divers,** rubrique de journal, s'écrit sans trait d'union et s'emploie également au singulier : *Un fait divers* (Acad.)

faîte et ses dérivés (*faîtage, faîtière*, etc.) s'écrivent avec un accent circonflexe sur l'*i* (qui ne se trouve pas dans *toit* et ses dérivés)

falloir. — Issus de la même racine (le latin *fallĕre*), les verbes *falloir* et *faillir* ont la même origine (ce sont des doublets). *Faillir* est passé, à la fin du Moyen Age, du sens de « tomber » à celui de « manquer », qui a lui-même vieilli (*Le cœur vous faut en y pensant* [J. Rogissart, *Mervale*, 138]), sens repris par l'impersonnel *falloir*). L'actuel *Il s'en faut de vingt francs que le compte soit juste* se disait autrefois

Il s'en faut vingt francs... (il manque vingt francs).

— Avec *comme*, on dit : *Je l'ai traité comme il fallait* ou *comme il le fallait* (Hanse).

— **Fallu.** Le participe *fallu* est toujours *invariable : Les sommes qu'il nous a fallu* (Lar du XXᵉ s.).

— **Il s'en faut de beaucoup (de peu), il s'en faut beaucoup.** On emploie la préposition *de* si l'on veut exprimer qu'une quantité est inférieure à ce qu'elle devrait être : *Il s'en faut de beaucoup que leur nombre soit complet* (Acad.). *Je n'ai pas fait vingt kilomètres, mais il s'en faut de peu.*

S'il s'agit d'exprimer une différence de qualité entre deux personnes ou deux choses, *de* est inutile : *Ce vin n'est pas aussi bon que celui de l'année précédente, il s'en faut beaucoup. Il s'en faut beaucoup que l'un ait le mérite de l'autre* (Acad.). *Il s'en faut peu que ma robe soit aussi bien réussie que la vôtre.*

Cette règle est loin d'être respectée. *Il s'en faut* ne se trouve d'ailleurs pas seulement dans des phrases où il est question de quantité ou de qualité : *Il s'en fallut peu qu'il n'eût achevé* (Acad.). *Il ne s'en est pas beaucoup fallu qu'il fût tué* (Littré). *Peu s'en faut que d'amour la pauvrette ne meure* (Molière, *l'Étourdi*, V, VI).

— **Emploi de « ne » avec « s'en falloir ».** Par lui-même, *il s'en faut* exprime un manque, une privation dont le sens négatif porte sur la proposition subordonnée : *Il s'en faut bien que tous les hommes soient de ce caractère* (Littré). *Vous croyiez m'avoir payé tout ce que vous me deviez, il s'en faut de beaucoup.* Ici, *ne* est inutile. Mais si *s'en falloir* est précédé d'une négation, s'il est accompagné de mots ayant un sens négatif, comme *peu, presque, rien*, etc., ou suivi de la conjonction *que*, si également la phrase marque interrogation ou doute, on met en général *ne* devant le verbe qui suit : *Il s'en est peu fallu qu'il n'ait été tué* (Acad.). *Il ne s'en faut pas de beaucoup que la somme n'y soit* (Littré). *Peu s'en fallait qu'on ne l'abandonnât.*

— **Il s'en faut que** et autres expressions tirées de *s'en falloir* se construisent avec le subjonctif.

falot fait au féminin *falote* (avec un seul *t*).

V. aussi -OTE.

famé ne s'emploie qu'avec *bien* et *mal.* Si *bien famé* s'écrit toujours en deux mots, on peut écrire *mal famé* en un seul : *C'est une rue très malfamée* (Acad.).

fanal fait au pluriel *fanaux.*

fanfaronnade s'écrit avec deux *n.*

fantôme s'écrit avec un accent circonflexe, mais ses dérivés *fantomal* et *fantomatique* n'en prennent pas.

— **Phantasme**, quoique de même étymologie, s'écrit avec *ph.*

faon, « petit de la biche, du chevreuil », se prononce *fan.* Le dérivé *faonner* se prononce *fa-né.*

faramineux, « étonnant, extraordinaire », est une orthographe meilleure que *pharamineux,* souvent rencontré. Ce mot est tiré de *bête faramine,* nom d'un animal fantastique dans l'ouest de la France.

farandole s'écrit avec un seul *l.*

V. aussi -OLE.

farce peut s'employer adjectivement au sens de « drôle » : *Des paroles farces* (Littré). *Ma chère, les hommes, c'est farce* (Gavarni ; cité par le Lar. du XXᵉ s.).

faste. — **Jour faste.** Par opposition à *jour néfaste,* on donne parfois à *jour faste,* mais à tort, le sens de « jour heureux ».

Un *jour faste* était simplement, chez les Romains, un jour non néfaste : on pouvait ce jour-là rendre la justice ou se livrer à des actes publics ou privés.

fat ne s'emploie guère qu'au masculin et se prononce *fat'.* Le féminin est rare : *Une attitude à la fois très fate et très gênée* (Alain-Fournier, *le Grand Meaulnes,* 169).

fatal fait au pluriel masculin *fatals.*

fatigant - fatiguant. — **Fatigant** (sans *u*) est la forme adjective du verbe *fatiguer : Ce travail est trop fatigant* (Acad.).

Fatiguant (avec un *u*) est le participe présent de *fatiguer* ou *se fatiguer : Un homme se fatiguant vite au travail.*

V. aussi PARTICIPE PRÉSENT (*Diffé-rences orthographiques entre le parti-cipe présent et l'adjectif verbal*).

fatiguer, en parlant des personnes et des animaux, s'emploie surtout à la forme pronominale : *Cet homme se fatigue trop. Nous nous fatiguons pour rien. Je me fatigue inutilement à lui expliquer cela* (Acad.).

Mais on dira très bien, intransitive-ment, au sens de « se donner de la fatigue, éprouver de la fatigue » : *Cet homme fatigue trop. Mon âme est toute déchirée, je fatigue à la réparer* (M. Bar-rès, *Sous l'œil des barbares*, 265). *Les soldats fatiguèrent beaucoup dans cette marche* (Acad.). Et en parlant des choses : *Cette poutre fatigue* (Acad.).

faute. — C'est de ma faute est du langage populaire; il est préférable de dire **c'est ma faute** : *Si l'entreprise a échoué, ce n'est pas ma faute* (Acad.). *Ce n'est pas ma faute, c'est la faute à Racine* (E. de Goncourt, *la Faus-tin*, 153). *Ce n'était pas sa faute s'il la voulait* (J. Green, *Moïra*, 267).

De nombreux écrivains, comme Veuil-lot, Anatole France, Maurras, Léon Daudet, etc., ont néanmoins employé la première locution : *D'ailleurs, c'est de ta faute* (M. Druon, *les Grandes Familles*, 191).

Grammaticalement, le *de* n'a aucune valeur et paraît avoir été introduit dans la phrase pour des raisons de rythme. Il faut en tout cas le supprimer expres-sément si le mot *faute* est suivi d'un autre *de* : *C'est la faute de votre petit garçon*, et non *de la faute de...*

— **C'est la faute à Voltaire.** Voir à (« *A* » ou « *de* »)

— **Faute de** (sens de « manque de », « défaut de ») peut s'employer avec un infinitif : *Faute d'avoir été prévenu à temps* (Acad.). *Faute d'avoir pu faire cela* (et non *Faute de n'avoir pu...*, qui signifierait le contraire : « parce qu'il a pu »).

— **Faute d'attention, d'inatten-tion.** Il est d'usage, chez quiconque se pique de bien parler, d'éviter l'expres-sion *faute d'inattention*, comme enta-chée de barbarisme. On la remplace par *faute d'attention*, sans penser que ces deux expressions, qu'il ne faut pas confondre, sont toutes deux correctes.

Se rappeler que *faute de* signifie « manque de » : *On craignait d'avoir faute de soldats* (Acad.). *Qui sait si elle n'aurait pas faute d'un ami vrai, un jour* (H. Pourrat, *Gaspard des Mon-tagnes*, 250) [v. FALLOIR]. Aussi dira-t-on fort bien : *Faute d'attention, cet enfant a eu un zéro en orthographe*, c'est-à-dire par manque d'attention, pour n'avoir pas appliqué son atten-tion; alors que dans l'exemple suivant : *La dictée de cet enfant est pleine de fautes d'inattention*, il s'agit de fautes, d'erreurs occasionnées par l'inattention. Et il existe des *fautes d'inattention* au même titre que des *fautes d'étourderie*.

fauteuil. — On dit *s'asseoir dans un fauteuil* (et non *sur un fauteuil*), mais *s'asseoir sur une chaise, sur un divan, sur un canapé, sur son lit,* etc.

fauteur - fautif. — Le mot **fauteur** est un pur latinisme (lat. *fautor;* de *fautum,* supin de *favere,* favoriser) et ne se rattache à rien en français. Son sens classique est « qui favorise, qui appuie un parti, une opinion », et, par extension, « qui fait naître » : *Il fut condamné pour avoir été le fauteur de la rébellion* (Acad.). *Les fauteurs d'un crime abominable.* Baudelaire parle fort bien (*l'Art romantique*, 274) de *ces théories fautrices de paresse;* Villiers de L'Isle-Adam (*Contes cruels*, 148), du *fauteur d'une musique nouvelle.*

Mais ce serait une erreur que de rat-tacher *fauteur* à *faute*. (Il existe bien un verbe populaire *fauter*, mais il s'ap-plique uniquement aux fautes contre l'honneur.) *Fauteur de désordre, fau-teur de troubles*, etc., ne signifie pas autre chose que « fomentateur de désordre, de troubles », et désigne celui qui favorise, entretient ou encourage désordre et troubles. L'idée de « faute » est tout à fait exclue de ces expressions.

Cette erreur de sens est néanmoins suffisamment ancrée pour que certains auteurs s'y laissent prendre : *Fauteur de lettres anti-propriétaires et signées d'un nom de fauve* (P. Hervieu, *le Petit Duc*, 152). *Le misérable fauteur de sa détresse* (Ch.-H. Hirsch, *Mimi Bigou-dis*, 157).

Si *fauteur* doit être évité au sens de « coupable », on peut fort bien dire, dans ce sens, **fautif,** malgré la remarque de Littré et l'anathème prononcé par certains puristes. Cet emploi est aujourd'hui si courant que le Dictionnaire de l'Académie l'a accueilli dans sa dernière édition (1932). En voici des exemples : *Il se sentait fautif* (Acad.). *La table du livre est fautive* (Id.). *Un enfant fautif* (Lar. du XXe s.). *Ouvrage écrit d'une manière fautive* (Id.). *Ce pouvoir souverain a pour fonction de frapper les Grands quand ils sont fautifs* (Ch. Maurras, *Mes idées politiques*, XLI). *Il n'est pas fautif dans la circonstance* (P. Bourget, *la Barricade*, I, 9). *On va les marier à la va-vite, à la nuit tombante, comme deux fautifs* (J. Rogissart, *Mervale*, 201).

Ce qui n'empêche pas de retenir les deux sens primitifs de ce mot, qu'on tend aujourd'hui à négliger. D'abord, « qui est sujet à faillir » : *La vue est de tous les sens le plus fautif* (J.-J. Rousseau, *Emile*, 11) ; puis « qui est plein de fautes » : *Devant ces traits fautifs et qu'on eût voulu rectifier* (M. Proust, *Sodome et Gomorrhe*, II, 170).

fauve, adjectif de couleur, est *variable : Des teintes fauves.*

V. aussi COULEUR.

faux. — Les composés de *faux* (et de *fausse*) s'écrivent sans trait d'union : *faux bourdon* (insecte), *faux col, fausse équerre, faux jour, fausse manœuvre, fausse monnaie, faux monnayeur* (l'Académie écrit toutefois *faux-monnayeur*), *faux jeton,* etc.

Exceptions : *faux-bourdon* (musique), *faux-fuyant* et *faux-semblant.*

faux-bourdon. V. BOURDON.

favori fait au féminin *favorite.*

V. aussi FÉMININ.

féal fait au pluriel masculin *féaux.*

fée. — On écrit : *Un conte de fées; des contes de fées* (Acad.).

Ce mot se rencontre parfois adjectivement au sens d' « enchanté » : *Cette clé était fée. Arbre fée ; fontaine fée* (Lar. du XXe s.). *Chacun se montrait cette voiture fée* (Balzac, *la Rabouilleuse*, 199).

féerie et son dérivé **féerique** s'écrivent sans accent sur le deuxième *e* (et non *féérie, féérique*). Ils se prononcent *fê-rî, fê-rik'*.

feindre se conjugue comme *craindre* (v. ce mot) : *je feins, nous feignons; je feindrai, nous feindrons;* etc.

féminin. — Voici une liste de mots dont le féminin sort des règles habituelles : *avant-coureur* emprunte son féminin à *avant-courrier* et fait *avant-courrière; bailli* fait *baillive;* bedeau, *bedaude;* canard, *cane;* chevreau et chevreuil, *chevrette;* coi, *coite;* compagnon, *compagne;* daim, *daine;* diacre, *diaconesse;* dieu, *déesse;* dindon, *dinde;* docteur, *doctoresse;* doge, *dogaresse;* empereur, *impératrice;* esquimau, *esquimaude;* favori, *favorite;* gnome, *gnomide;* gouverneur, *gouvernante;* hébreu, *hébraïque;* héros, *héroïne;* loup, *louve;* malin, *maligne;* merle, *merlette;* mulet, *mule;* neveu, *nièce;* parrain, *marraine;* perroquet, *perruche;* poulain, *pouliche;* quidam, *quidane;* roi, *reine;* sacristain, *sacristine;* sauveur, *salvatrice;* serviteur, *servante;* sylphe, *sylphide;* tsar, *tsarine.*

— Il arrive que le masculin et le féminin aient un radical tout à fait différent, ce qui présente une difficulté supplémentaire. Ainsi, *bélier* fait *brebis;* bouc, *chèvre;* cerf, *biche;* coq, *poule;* étalon, *jument;* frère, *sœur;* garçon, *fille;* gendre, *bru;* homme, *femme;* jars, *oie;* lièvre, *hase;* mâle, *femelle;* monsieur, *madame;* oncle, *tante;* papa, *maman;* père, *mère;* pigeon, *colombe;* sanglier, *laie;* taureau, *vache;* verrat, *truie.*

V. aussi GENRE.

fenêtre - croisée. — **Croisée,** synonyme de **fenêtre,** a quelque peu vieilli.

fenil se prononce en général *fe-ni.*

V. aussi -IL.

fer-blanc s'écrit avec un trait d'union et fait au pluriel *fers-blancs.*

Les dérivés **ferblanterie, ferblantier** s'écrivent en un seul mot.

férir, « frapper », ne s'emploie plus qu'à l'infinitif dans l'expression *sans coup férir* (« sans user de violence ») et au participe passé **féru, e** : *Etre féru de latin. Il est féru d'amour* (Acad.). *Il est féru de cette jeune femme* (Id.).

Adjectivement : *Ce cheval a le genou féru* (Acad.). [sens de « blessé par un coup »].

ferrant. V. MARÉCHAL-FERRANT.

festival fait au pluriel *festivals*.

feu (nom). — **Faire long feu** se disait d'une arme à feu dont le coup, par suite d'un tassement défectueux de la poudre, était lent à partir et n'atteignait pas son but.

Cette expression ne s'emploie guère qu'au figuré (« traîner en longueur » ou « rater, ne pas aboutir ») : *Une affaire qui fait long feu* (Acad.). *Une plaisanterie qui fait long feu* (Id.). Ce dernier sens est le plus fréquent, surtout quand la phrase est négative : *Sa réaction n'a pas fait long feu.*

— V. aussi FLAMME.

feu (adjectif). — Il est d'usage de ne faire accorder cet adjectif que lorsqu'il est placé *après* l'article défini ou l'adjectif possessif : *Ma feue grand-mère* (mais *Feu ma grand-mère*). *Mes feus grands-parents. Les feus rois de Suède et de Danemark* (Acad.). *La feue reine. La reine feue. Se détruira-t-elle comme les fleurs feues* (A. Rimbaud, *les Illuminations*, 48).

Feu tombe en désuétude et n'est plus guère employé que dans le langage écrit. On dit plus couramment, mais avec une nuance populaire, *défunt : Son défunt père. Ma défunte tante.* Le tour *défunt son père, défunte sa mère* se rencontre parfois.

NOTA. — Littré remarque que « *feu* ne se dit que des personnes que nous avons vues ou que nous avons pu voir ; on ne dit pas *feu Platon, feu Cicéron,* si ce n'est en plaisantant, ou dans le style burlesque » (*Elle est exacte comme feu Clepsydre elle-même* [M. Donnay, *Lysistrata*, I, III]). « Quand on dit le feu pape, le feu roi, etc., on entend toujours le pape dernier mort, le roi dernier mort, etc. On dit *feu la reine* s'il n'y a pas de reine vivante, et *la feue reine* si une autre l'a remplacée. »

feuillage s'emploie surtout au singulier : *Un lit de feuillage* (Littré). *Se retirer, se mettre à couvert sous le feuillage* (Id.). *Un arc de triomphe fait de feuillage* (Id.). *Le feuillage du cyprès s'élève en pyramide* (Lar. du XXᵉ s.).

Au pluriel : *Ils portaient tous des feuillages* (Littré). *Damas à grands feuillages* (Acad.). *Mille arômes légers s'échappent des feuillages* (Leconte de Lisle, *Poèmes tragiques*, 38).

feuille. — **Feuille-morte,** adjectif de couleur, est *invariable* et s'écrit avec un trait d'union : *Des tons feuille-morte*

V. aussi COULEUR

feuilleter fait *je feuillette, nous feuilletons.* (Ne pas dire *je feuill'te.*)

feuilletoniste s'écrit avec un seul *n*.

fiançailles ne s'emploie pas au singulier : *Bague de fiançailles.*

fiancer. — On dit généralement, avec à : *Être fiancé, se fiancer à quelqu'un. Fiancer sa fille à son neveu* (Lar. du XXᵉ s.). *Quand l'étourdi dut, en face de l'église, Se fiancer à ma petite Lise* (Voltaire, *l'Enfant prodigue*, I, 1).

Avec est également correct.

fiasco, « échec », mot italien, aujourd'hui francisé, fait au pluriel *fiascos.*

fibranne s'écrit avec deux *n*.

fier (se). — On dit mieux : *Fiez-vous à lui, à elle,* que *Fiez-vous-y.*

— **Se fier à** ou **se fier sur** s'emploient indifféremment : *Se fier aveuglément à quelqu'un* (Acad.). *Je me fie à votre discrétion* (Id.). *Se fier sur quelqu'un* (Lar. du XXᵉ s.). *Se fier trop sur ses propres forces* (Acad.).

— **Se fier en** est vieilli ou dialectal : *Écoute, cousine, fie-toi en moi* (H. Pourrat, *Gaspard des Montagnes*, 59).

— **Se fier - se confier.** V. CONFIER.

fifrelin. — Un *fifrelin* (de l'allem. *Pfifferling,* petit champignon des bois) est une chose sans valeur, et l'on dit couramment : *Cela ne vaut pas un fifrelin,* c'est-à-dire moins que rien. Abusivement, on a fini par se figurer que le fifrelin était une petite monnaie, et Delvau, dans son *Dictionnaire de la langue verte,* le donne comme une « monnaie imaginaire, fabriquée par le peuple et valant pour lui cent fois moins que rien », ce qui justifie la phrase de Bernstein (*Espoir,* III, IV) : *J'ai dû donner en couverture jusqu'à mon dernier fifrelin.*

figure est *invariable* dans la locution **faire figure de** : *Nous faisions figure de vagabonds.*

fileter fait *je filète, nous filetons.* (Ne pas dire *je fil'te.*)

filial fait au pluriel masculin *filiaux*.

filigrane, nom *masculin*, est tiré de l'italien *filigrana*, qui signifie proprement « fil à grains » : *Les billets de banque ont des filigranes* (Acad.).
(Ne pas dire ou écrire *filigramme*.)

filou fait au pluriel *filous*.

filtre - philtre. — Ces deux mots sont parfois confondus au profit du premier.
Un **filtre** (du lat. médiéval *filtrum*, apparenté à *feutre*) est un appareil qui sert à filtrer : *Un filtre à café, à eau, à essence. Un filtre en papier joseph.*
Un **philtre** (gr. *philtron*) est un breuvage propre à inspirer l'amour ou toute autre passion : *Faire composer un philtre pour s'attirer l'amour d'une belle.*

fin. — **Fin mai, fin courant, fin prochain** appartiennent au langage commercial. On dit mieux, dans le langage châtié : *Je vous verrai à la fin de mai, à la fin du mois, du mois prochain.*
— On écrit : *Mener une entreprise à bonne fin* (Lar. du XXᵉ s.). *A quelle fin avez-vous fait cela?* (Acad.) *A cette fin* (plutôt que *à ces fins*) [Id.]. *A toutes fins utiles. Une fin, des fins de non-recevoir.*
— **Fin,** employé adverbialement, est invariable : *Elle est fin prête. Ils sont fin seuls, fin soûls. Prendre la bille fin, trop fin.*
On rencontre parfois l'accord selon l'usage ancien : *Elle était fine bonne, celle-là* (G. Duhamel, *la Vie des martyrs,* 203).

final fait au pluriel masculin *finals* (rarement *-aux*).

finale est un nom masculin (ital. *finale*) qui désigne un « morceau d'ensemble qui termine une symphonie, une sonate, un acte d'opéra » : *Finale de symphonie, de sonate, de concerto* (Acad.). *Les finales de cet opéra sont particulièrement heureux* (Id.). *Le finale du premier acte* (Id.). *Il s'avançait en roulant quelque finale italien* (A. Daudet, *Numa Roumestan,* 32).
L'orthographe **final,** autorisée par l'Académie, est plus rare.

finance. — On écrit : *Des gens de finance. Moyennant finance* (au sing.).

fissile - fissible. — Ces deux mots, qui sont du vocabulaire de la physique nucléaire, sont parfois employés indifféremment. L'atome est *fissile* ou *fissible.*
Fissile date de 1842, d'après A. Dauzat, et se disait déjà d'un minéral qui a tendance à se fendre, à se diviser en feuillets, en couches minces : *L'ardoise, le schiste sont fissiles.*
Fissible n'a pas les mêmes lettres de noblesse et date de l'ère nucléaire; il paraît avoir été créé pour écarter le lourd **fissionnable,** qu'on rencontre parfois.
Louis-Piéchaud distingue *fissile* de *fissible,* d'après les conseils éclairés d'un physicien : *Fissile* s'applique au noyau qui se désintègre, et *fissible* au noyau qui peut être désintégré : *Les progrès de la physique nucléaire nous enseignent que tous les atomes sont fissiles, mais les piles atomiques actuellement en usage nécessitent l'intervention d'un métal fissible.* C'est aussi l'avis du Larousse du XXᵉ siècle : *L'uranium 235 et le plutonium sont des éléments fissibles.*

fixer. — **Fixer quelqu'un** est une ellipse pour *Fixer les yeux sur quelqu'un.* Ellipse hardie, puisque *fixer* signifie « arrêter, rendre fixe, invariable », et que, comme disait Voltaire, qui se plaignait déjà en son temps de cette entorse à la langue française, « vous ne savez point si on entend par ce mot : j'ai rendu cette personne moins incertaine, moins volage; ou on entend : je l'ai observée, j'ai fixé mes regards sur elle ». Et il ajoutait, tout en signalant qu'aucun auteur du bon siècle n'avait usé du mot ainsi travesti : « Voilà un nouveau sens attaché à un mot reçu, et une nouvelle source d'équivoque. » (*Dictionnaire philosophique,* art. FRANÇAIS.)
Littré, lui, considère *fixer quelqu'un* comme une « grosse faute ». *Fixer quelqu'un,* dit-il, c'est le rendre fixe, et non pas le regarder.
L'Académie ne donne que : *Fixer ses yeux, sa vue, ses regards sur quelqu'un, sur quelque chose. Les regards se fixaient sur lui. Avoir les yeux fixés sur quelqu'un.* Et André Thérive écrit fort bien : *Il regardait fixement la vitre* (et non *Il fixait la vitre*) *tachée de gouttelettes* (*Sans âme,* 74).

Néanmoins, de bons écrivains ont employé cette forme « impure » qui a tout à fait pénétré dans le langage parlé : *Il fixa les toits rouges de la scierie* (R. Bazin, *les Oberlé*, 43). *Il n'aurait pas fallu songer à fixer le soleil* (Ch. Maurras, *l'Allée des philosophes*, 6). *Les sept cents hommes se mirent à défiler devant le pendu en le fixant* (D. Rousset, *les Jours de notre mort*, 401)

flagrance - fragrance. — Il n'y a entre ces deux mots qu'un rapport de consonance. Le premier, **flagrance**, désigne l'état de ce qui est *flagrant*, c'est-à-dire « évident, incontestable » : *La flagrance d'un délit.*

Le second, **fragrance**, a le sens de « parfum, odeur agréable » : *La fragrance de l'œillet* (Acad.).

flairer - fleurer. — **Flairer**, au sens propre, c'est sentir, percevoir l'odeur de : *Les chiens flairent le gibier* (Acad.). *Flairez un peu ce bon plat* (Id.). Et au figuré, « pressentir » : *Flairer une escroquerie* (Nouv. Lar. univ.).

Fleurer, c'est répandre une odeur : *Oh! comme ça fleure bon!* (J. Richepin, *la Glu*, 69.)

Dancourt (*les Vendanges de Suresnes*, 22) a confondu *flairer* et *fleurer* : *Ma réputation flairait comme baume*, ainsi que Huysmans (*En route*, 222) : *Il fleura ses doigts.*

flambant. — **Flambant neuf.** Dans cette expression, *flambant* est généralement invariable : *Porter des vêtements flambant neufs, une robe flambant neuve. Dans quinze jours, je fais cadeau à Marino d'une forteresse flambant neuve* (J. Gracq, *le Rivage des Syrtes*, 139).

Même règle pour **battant neuf.**

flamme. — On écrit, au singulier : *Jeter feu et flamme* (Acad.). *Être tout feu tout flamme* (Id.).

flâner et ses dérivés (*flânerie, flâneur*) s'écrivent avec un accent circonflexe.

flasque est du *féminin* au sens de « poire à poudre », « bouteille dans laquelle on transporte le mercure ». Il est tiré de l'italien *fiasca*, lui-même féminin.

Il est *masculin* aux autres sens, et dérive alors du néerlandais *vlacke*,

plat : *Un des flasques de cet affût est cassé* (Acad.). *Les flasques d'une échelle* (Lar. du XXᵉ s.). *Le flasque d'une boîte d'essieu* (Id.).

Au sens de « flacon plat » (de l'anglais *flask*), il est également *masculin* : *Un flasque de cognac.*

flatter. — **Se flatter que** se construit avec l'indicatif dans les phrases affirmatives : *Il se flatte qu'on aura besoin de lui* (Acad.).

Il veut le subjonctif dans les phrases négatives : *Il ne se flatte pas qu'on ait besoin de lui.*

Dans les phrases interrogatives, on peut employer le subjonctif ou l'indicatif : *Vous flattez-vous qu'il vienne* ou *qu'il viendra?* (Grevisse.)

fleur. — **En fleur - en fleurs.** On écrit *en fleur* (au singulier) s'il s'agit de fleurs d'une même espèce, et *en fleurs* (au pluriel) si ces fleurs sont d'espèces diverses. Ainsi : *Des pommiers* ou *des cerisiers en fleur*, mais : *Une prairie, un verger en fleurs. Une vigne en fleur* (Acad.). *Un arbre en fleur* (Id., à EN). *Les haies d'épines étaient en fleur* (Fromentin, *Dominique*, 42).

— On écrit : *eau de fleur d'oranger, un pot de fleurs, un vase de fleurs, un bouton à fleur, une étoffe à fleurs, fleur de lis.*

fleurer - flairer. V. FLAIRER.

fleurir - florir. — Il ne s'agit pas là de deux verbes différents, mais de deux formes d'un même verbe : l'une est tirée de *fleur;* l'autre du latin *florire*, fleurir.

Fleurir a deux formes à l'imparfait et au participe présent : *fleurissait, fleurissant* pour le sens propre (« produire des fleurs, être en fleur ») ; *florissait, florissant* pour le sens figuré (« prospérer, être en pleine réputation, en pleine force ») : *Les marguerites fleurissaient dans les prés. Les lettres furent florissantes sous François Iᵉʳ. Les sports sont florissants à cette heure* (Lar. du XXᵉ s.).

L'Académie signale qu'on emploie *fleurissait* au sens figuré (mais pas *fleurissant*) : *Les sciences et les beaux-arts fleurissaient* ou *florissaient sous le règne de ce prince.*

Florir n'est employé que très rarement, et seulement par des écrivains

raffinés : *Ce n'est pas une raison pour que l'art ne continue pas de verdoyer et de florir* (V. Hugo, *les Feuilles d'automne*, préface). *Le journalisme que le siècle dernier a vu grandir et florir* (A. Thérive, *le Retour d'Almazan*, 344).
— L'action de fleurir est la **floraison**.

fleuve - rivière. — Un **fleuve** est un important cours d'eau, qui reçoit des affluents et débouche dans la mer : *La Seine, le Tage, le Danube sont des fleuves. Le Var est un fleuve côtier.*

Une **rivière** est un cours d'eau d'une certaine importance (plus important qu'un ruisseau, par exemple), qui se jette dans un fleuve ou dans une autre rivière : *L'Allier est une rivière torrentueuse* (Nouv. Lar. univ.).

flic flac s'écrit sans trait d'union quand il désigne l'onomatopée : *Ses pas faisaient flic flac dans la boue.*

Il prend un trait d'union quand il est substantivé : *Le flic-flac de ses pas dans la boue.*

V. aussi TIC TAC.

flirt (mot anglais, qui se prononce *fleurt'*) et son dérivé **flirter** (*fleur-té*) ont été admis dans le Dictionnaire de l'Académie en 1932 : *Avoir un flirt. Etre en flirt avec une jeune fille. Ils ont beaucoup flirté* (Acad.). *J'ai flirté, pour employer ce mot que les bourgeois sont en train d'emprunter aux mondains* (M. Prévost, *le Jardin secret*, 176).

On peut écrire aussi, à la française, *fleureter* (cf. *conter fleurette*) : *Fleureter pour le bon motif avec une demoiselle* (Nouv. Lar. univ.). *Il fleuretait volontiers* (A. Theuriet, *le Refuge*, 15).

floral fait au pluriel masculin *floraux* : *Les jeux Floraux.*

florir - fleurir. V. FLEURIR.

flot. — On écrit : *Couler à flots* (avec *s*).

fluide - liquide. V. LIQUIDE.

flûte et ses dérivés (*flûteau, flûter*, etc.) s'écrivent avec un accent circonflexe.

fluvial - fluviatile. — Ce qui est **fluvial** a rapport aux fleuves, a lieu sur les fleuves, les rivières : *Terrasses fluviales. Dépôts fluviaux. La navigation fluviale* (Acad.). *Pêche fluviale.* Au sens figuré : *Discours fluvial. Barbe fluviale.*

Fluviatile est un terme d'histoire naturelle dont le sens est « qui vit ou croît dans les eaux courantes » : *Coquilles fluviatiles. Plantes fluviatiles.*

On n'écrira pas, avec Balzac (*Splendeurs et misères des courtisanes*, III, 188) : *En s'abandonnant au cours fluviatile* (pour *fluvial*) *de ses conjonctures.*

flux. — Dans ce mot et dans son dérivé **reflux**, l'*x* ne se prononce pas. Toutefois, devant une voyelle, la liaison (rare) se fait avec le son de *z* : *Le flux-z-et le reflux de la mer.*

fœtus s'écrit avec un *œ* et se prononce *fé-tuss.*

fois. — On dit : *Deux fois, trois fois par jour, par semaine, par mois*, plutôt que : *Deux fois, trois fois... le jour, la semaine, le mois*, qui sont des tournures quelque peu vieillies.

— **Chaque fois - à chaque fois.** Il est plus correct de dire *chaque fois, chaque fois que*, que *à chaque fois, à chaque fois que*, qui sont plutôt du langage familier.

— **Des fois**, pour *parfois, quelquefois, tantôt*, est du langage populaire : *Elle peut encore rendre service, des fois!* (L. Hémon, *Maria Chapdelaine*, 201.) *Y êtes-vous allé? — Oui, parfois* (et non : *Oui, des fois*). *Parfois je fais ceci, parfois je fais cela* (et non : *Des fois je fais ceci, des fois je fais cela*).

On dit aussi : *Si vous revenez jamais par ici* (et non : *Si des fois vous revenez par ici*). On dira également : *J'y suis allé bien des fois* (et non *beaucoup de fois*).

— **Une fois que** a le sens de « lorsque, dès que » : *Une fois que je serai parti, je ne reviendrai plus.* Il s'emploie aussi, et plus souvent, avec ellipse de *que* : *Une fois parti, je ne reviendrai plus* (Acad.)

fol. V. FOU.

folio est un mot latin francisé : *Les folios 4, 15 et 22* (Lar. du XX° s.). *Vérifier les folios* (Acad.).

V. aussi IN-QUARTO.

folklore s'écrit, d'après l'usage, en un seul mot (quoique l'Académie écrive *folk-lore*). Il en est de même pour *folklorique* et *folkloriste*.

follement. V. AFFOLER.

follicule est du *masculin* : *Follicules sébacés, muqueux* (Acad.).

V. aussi -ULE.

fonction. — On écrit . *Entrer en fonctions* (Acad.). *Remplir les fonctions, la fonction d'officier de l'état civil* (Id.). *Le lieutenant fait fonction de capitaine. Etre en fonction de quelque chose. Ces appointements sont fonction de l'ancienneté. Je te déteste comme je t'aime, en fonction de lui* (A. Hermant, *Camille*, 28). *L'inositol contient six fonctions alcool dans sa molécule.*

fond - fonds. — Ces deux homonymes ont même étymologie : le latin *fundus*, qui désignait aussi bien le fond d'un objet que le sol d'un champ. L's de *fonds* est l's du nominatif de l'ancien français, « resté là par hasard » (Littré). On s'est servi de cet accident pour différencier les deux mots, sans autre raison valable.

Fond (sans *s*) est réservé, au sens propre, pour désigner ce qu'il y a de plus bas dans une cavité : *Le fond d'un vase, d'un puits, d'un gouffre, et ce qui est ou reste dans ce fond : Un fond de cuisson. Le fond de cette bouteille est trouble.* C'est également la partie la plus éloignée de l'entrée (*Le fond d'un couloir, d'un cachot, d'une boutique,* etc. *Toile de fond*), le champ d'une étoffe (*Broderie sur fond noir*), les plans les plus reculés d'un tableau (*Un fond de paysage*).

Au figuré, c'est le caractère particulier, intime d'une personne, d'une chose : *L'égoïsme, c'est le fond de l'homme* (Lar. du XX° s.). *Le fond de la pensée, du cœur. Le fond d'un procès, d'une doctrine,* etc. *Un ouvrage de fond. Un fond de vérité, de vraisemblance. La forme l'emporte sur le fond. Le fond de la population est de race malaise.*

Fonds (avec *s*) désigne le sol d'une terre, d'un champ (*Cultiver son fonds. Bâtir sur son fonds*), une somme d'argent plus ou moins considérable (*Avancer des fonds à un ami. Placement à fonds perdu*), un établissement commercial, etc. (*Ce marchand a vendu son fonds et s'est retiré des affaires* [Acad.]. *Fonds de boulanger, d'épicier. Il a un excellent fonds de librairie* [Acad.].)

Au figuré, se dit des mœurs, du savoir, de la capacité d'un homme : *Avoir bon fonds. Cela part d'un fonds de probité* (Acad.). *J'ai pour lui un grand fonds d'estime. Fonds de vertu, de malice, de concupiscence*

— V. aussi FONTS.

fondamental fait au pluriel masculin *fondamentaux*

fondé de pouvoir s'écrit sans *s* ou avec *s* selon que l'intéressé dispose d'un ou de plusieurs pouvoirs : *Un fondé de pouvoir* ou *de pouvoirs* (Acad.)

fonder - fondre. — Ne pas confondre dans la conjugaison ces deux verbes, qui ont des temps homonymes : *Elle y fondit* (pour *fonda*) *un monastère et ne le quitta plus que pour prier* (P. Jabert, *le Languedoc à travers les âges*, 31).

Fonder se conjugue comme *aimer* : *Je fonde, tu fondes, il fonde, nous fondons, vous fondez, ils fondent. Je fondai, tu fondas, il fonda, nous fondâmes, vous fondâtes, ils fondèrent*

Fondre se conjugue comme *rendre* : *Je fonds, tu fonds, il fond, nous fondons, vous fondez, ils fondent. Je fondis, tu fondis, il fondit, nous fondîmes, vous fondîtes, ils fondirent.*

Les temps homonymes sont : à l'indicatif présent les trois personnes du pluriel (*nous fondons, vous fondez, ils fondent*), l'imparfait complet (*je fondais, nous fondions*), le subjonctif présent (*que je fonde, que nous fondions*) et le participe présent (*fondant*).

— **Se fonder.** V BASER (SE).

fonds. V. FOND

fonts, mot pluriel qui ne s'emploie pas au singulier, est tiré du latin *fontes*, fontaines, et ne s'emploie guère que dans l'expression *fonts baptismaux*, bassin qui contient l'eau du baptême. Par ellipse *Tenir un enfant sur les fonts.*

On n'écrira pas, avec Flaubert (*Bouvard et Pécuchet*, 141) : *Il déclara les avoir aperçus dérobant le font baptismal.*

for (du latin *forum*, tribunal) ne s'emploie que dans l'expression *for intérieur* : *Garder son for intérieur* (Acad.). *Je suis sûr que, dans votre for intérieur, vous m'approuvez* (Id.).

force. — **A force de.** On dit : *Il a réussi à force de travail, à force de travailler* (et non *à force qu'il a travaillé*, qui est populaire).

— **A toute force** s'écrit au singulier : *Il veut, à toute force, venir à bout de son entreprise* (Acad.).

— **Force** s'emploie également comme adverbe et est alors *invariable* : *Il nous a fait force salutations. Force soldats y périrent.*

forcer. — **Forcer à** ou **de** (suivis d'un infinitif). En règle générale, *on force quelqu'un à faire quelque chose* (on le *contraint*) et *on est forcé de faire quelque chose* (passif) : *On voulait le forcer à partir* (Acad.). *Je suis forcé de partir.* (V. CONTRAINDRE.)

Par raison d'euphonie, on emploie souvent *de* pour *à* : *Qui me forcera d'aller à matines?* (La Bruyère; cité par Bescherelle.) *M. de Preneste la força de s'asseoir* (P. Benoit, *Pour Don Carlos*, 268). *On voulait le forcer d'attaquer.*

(Littré dit qu'il n'y a pas de distinction réelle entre *forcer à* et *forcer de*.)

forclore n'est usité qu'à l'infinitif et au participe passé : *forclos, forclose.*

foret - forêt. — Un **foret** (outil pour percer) s'écrit sans accent circonflexe, alors que la **forêt** en prend un.

forfaire n'est guère usité qu'à l'infinitif et aux temps composés : *Si un juge vient à forfaire* (Acad.). *Elle a forfait à son honneur* (Id.)

formuler - former. — **Formuler,** c'est rédiger en formule ou énoncer d'une façon précise, avec la netteté d'une formule, déclarer : *Formuler une ordonnance médicale. Formuler des griefs contre quelqu'un. Formuler des vœux, des réclamations, des plaintes* (Acad.).

Former a un sens plus atténué; c'est concevoir, même sans extérioriser : *Former des vœux, des souhaits, des désirs* (Acad.). *Je forme les vœux les plus sincères pour votre guérison.*

fors est une préposition archaïque qui a le sens d'« excepté, hormis » et ne s'emploie plus que dans le rappel de l'expression employée par François Ier : *fors l'honneur.*

fort, employé adverbialement, est *invariable : Cette entreprise lui tient fort au cœur* (Acad.). *J'ai cela fort à cœur* (Id.). *Elle était fort en colère. Nous ne manquâmes pas de la trouver fort à notre goût* (P. Colin, *les Jeux sauvages*, 62).

— **Se faire fort de.** Autrefois, l'adjectif *fort* ne variait pas au féminin et s'écrivait *fors* pour les deux genres, suivant en cela, par exemple, la règle de *grand* dans *grand mère, grand route*, etc. (qui s'écrivaient alors sans apostrophe ni trait d'union). La question de dire *se faire fort de* ou *se faire forte de* ne se posait donc pas.

C'est au XVIIe siècle que les grammairiens s'avisèrent de l'accord grammatical; mais l'expression *se faire fort de,* au sens de « prendre l'engagement de », s'est figée, et l'usage veut qu'on dise : *Elle s'est fait fort d'obtenir la signature de son mari* (Acad.).

Toutefois, au sens de « tirer sa force de », on considère généralement *fort* comme un adjectif, et alors il varie : *Femme qui se fait forte de l'approbation de son mari* (Lar. du XXe s.).

forte, adverbe italien indiquant un mouvement de musique, est *invariable* et se prononce *for-té : Jouer* « *forte* ». Substantivement : *Des* « *forte* ».

V. aussi ITALIENS (Mots).

fortuné. — L'Académie (en 1932) a adopté *fortuné* au sens de « qui est pourvu de grandes richesses » : *C'est la famille la plus fortunée du pays.* En cela, elle a entériné l'usage, usage surtout oral, car beaucoup d'écrivains répugnaient à employer ce mot dans un sens pouvant créer une amphibologie.

Rappelons, en effet, que *fortuné* est dérivé de *fortune* (lat. *fortuna*), qui, à l'origine, ne signifiait pas autre chose que « hasard, chance » (cf. *à la fortune du pot*); son antonyme *infortune* a d'ailleurs conservé son sens primitif de « malheur, adversité », et *infortuné* celui de « malchanceux » (on ne dit pas *infortuné* pour « pauvre »). C'est en assimilant la chance au bonheur et celui-ci à la richesse que fut étendu le sens de *fortune* au sens de « richesse ».

De là à faire de *fortuné* « riche » il n'y avait qu'un pas, qui fut... difficilement franchi : l'Académie, Littré, Darmesteter maintenant le sens de « qui est bien traité du sort, à qui sourit la bonne fortune, chanceux ». Les puristes, également, s'insurgèrent, justifiant leur attitude par un souci de clarté, persuadés qu'ils étaient qu'on ne saurait plus se reconnaître entre les deux sens de ce mot. Dans une phrase comme celle-ci, par exemple : *Cet homme fortuné vient d'épouser la plus belle fille du pays*, qui saura dire si *fortuné* signifie « heureux » ou « riche »?

Il appartient à celui qui emploie *fortuné* de veiller à ce qu'aucune confusion ne vienne ternir la netteté de sa pensée

forum est un mot latin francisé : *Les forums impériaux* (Lar. du XXᵉ s.).

fossé. — On dit : **Au bout du fossé, la culbute** (et non *Au bord du fossé...*, comme le voudraient certains qui ignorent que ce proverbe est normand et qu'en cette région on nomme *fossé* un haut talus planté d'arbres).

fou, fol. — *Fol* s'emploie pour *fou* devant un nom masculin singulier commençant par une voyelle ou un *h* muet : *Un fol espoir* (mais *Un espoir fou*). *Un fol entêtement* (Acad.). *Un fol héroïsme.*

fouailler, au sens propre, c'est frapper souvent et à grands coups de fouet : *Ce cocher ne fait que fouailler ses chevaux* (Acad.).

Il est évident que Paul Morand a été trahi par sa plume quand il a écrit (*Ouvert la nuit*, 52) : *Aveuglé par le sang chaud, le taureau lui fouaille le ventre*. C'est *fouiller* qui est le terme propre.

Étymologiquement, *fouailler* vient de *fou*, nom du hêtre en ancien français, sens qui a dû passer à « petite baguette de hêtre pour fustiger », et, par extension, à « fouet ».

D'autre part, en vénerie, on appelle *fouaille* (dérivé ancien de *feu*) les entrailles cuites qu'on donne aux chiens. Cette acception, jointe à la paronymie de *fouiller* et *fouailler*, explique quelque peu le contresens cité plus haut.

foudre est du *féminin* au sens de « feu du ciel » (lat. *fulgur*) : *La foudre est tombée sur le clocher*. (V. aussi TONNERRE.) Au figuré, et toujours au pluriel : *Les foudres de l'Eglise furent lancées contre lui* (Acad.).

Il est du *masculin* aux autres sens : *Un foudre de guerre. Un foudre d'éloquence. Un aigle tenant un foudre* (faisceau de dards en zigzag) *dans ses serres. L'insigne des télégraphistes et des téléphonistes est un foudre*

Foudre, « grand tonneau », qui est aussi du masculin, est tiré de l'allemand *Fuder*.

foudroiement s'écrit avec un *e* intercalaire.

foudroyer se conjugue comme *aboyer* : *Je foudroie, nous foudroyons. Je foudroyais, nous foudroyions.*

fouiller. — **Fouiller quelque chose,** c'est creuser pour chercher : *Fouiller un terrain, un champ, un emplacement* (Acad.). *Fouiller le sol* (Lar. du XXᵉ s.). *Fouiller les ruines de Ninive, de Babylone* (Littré). *L'hyène fouille les tombeaux* (Acad., à HYÈNE). Et aussi, « faire des recherches dans » : *Fouiller les bibliothèques. Fouiller la maison d'un suspect.*

— **Fouiller dans quelque chose,** c'est chercher dans cette chose en remuant, en déplaçant les objets qui peuvent s'y cacher : *Fouiller dans une armoire* (Littré). *Fouiller dans une poubelle.*

foule. — Avec *la foule de...*, *une foule de...*, le verbe (ou le participe) se met au singulier si l'idée porte sur le collectif : *La foule des curieux encombrait la voie. Une foule de mécontents envahit la salle.* Il se met au pluriel si l'on a en vue le complément, c'est-à-dire la pluralité des êtres ou des objets dont il s'agit : *La foule des fidèles rassemblés sur le parvis* (ce sont les fidèles qui se sont rassemblés en foule). *Une foule de fidèles s'étaient rassemblés sur le parvis.*

V. aussi COLLECTIF.

fourmi est du *féminin*. Les dérivés *fourmiller* et *fourmillement* s'écrivent avec deux *l*, mais le nom du **fourmilier** (animal qui se nourrit de fourmis), ainsi que **fourmilière** (habitation des fourmis) s'écrivent avec *l* et *i*.

fourmi-lion est du *masculin* et fait au pluriel *fourmis-lions*.

fourneau. — On écrit : *un haut fourneau, des hauts fourneaux* (sans trait d'union).

fournil se prononce *four-ni*.
V. aussi -IL.

fra. V. FRÈRE.

fragile. V. CASUEL.

fragrance - flagrance. V. FLA-
GRANCE.

frais (adverbe). — L'adjectif *frais*
fait *fraîche* au féminin (avec un accent
circonflexe).

Employé adverbialement, il prend,
suivant un usage ancien, la forme du
féminin avec un nom de ce genre : *Des
roses fraîches cueillies* (Acad.). *De la
besogne fraîche faite. Une maison toute
fraîche bâtie* (Littré).

Certains écrivains se sont parfois
affranchis de cette règle, en particulier
Verlaine (*Poésies*, 349) : *La rumeur de
l'aurore aux oreilles frais écloses.*

Rien n'empêche, d'ailleurs, d'écrire
fraîchement : *Une barbe fraîchement rasée.*

V. aussi ADVERBE.

frais (nom). — L'étymologie de ce
nom est quelque peu obscure. Très
vraisemblablement, il vient du latin
fractum, qui, au Moyen Age, a signifié
« dépense ».

On trouve au XIIIe siècle les orthographes *fret* et *frait*. Mais de bonne
heure le mot s'est employé au pluriel,
d'où son *s* final.

Frais n'a pas de singulier. On dira :
*Cela fera des frais supplémentaires, des
faux frais inutiles,* ou on écrira : *Cela
ne vous occasionnera aucuns frais* (et
non *Cela fera un frais supplémentaire,
un faux frais inutile et aucun frais*).
C'est sciemment qu'Henry Bernstein
écrit (*Espoir*, I, II), pour imiter le langage des snobs du premier quart du
XXe siècle : *Emile fera un petit frais
pour votre monsieur.* Il est moins certain que J.-K. Huysmans (*De tout*, 152)
ait eu conscience de l'entorse faite à
la grammaire quand il a écrit : *Ces fan-
toches et ces pantins sont superficiels et
factices, sans une dépense d'idée, sans
un frais d'âme.*

— **Des frais onéreux** est évidemment un pléonasme à éviter.

franc. — **Franc de port.** Dans cette
locution, *franc* est en général pris adverbialement s'il est placé avant le nom,
et par conséquent ne s'accorde pas :

*Recevoir franc de port une lettre et un
paquet* (Acad.). *Vous recevrez franc de
port nos échantillons.* Il peut s'accorder s'il est placé après le nom : *Recevoir une caisse franche de port* (Acad.).

On dit aussi, et même plus souvent :
franco de port (invariable). Et elliptiquement : *Je vous enverrai ces colis
franco. Des colis envoyés franco* (Lar.
du XXe s.).

— **Franc-or.** V. OR.

franc-. — Dans les composés masculins de *franc,* les deux éléments prennent la marque du pluriel : un *franc-
alleu*, des *francs-alleux*; un *franc-bord*,
des *francs-bords*, etc.

Le premier élément ne varie jamais
au féminin, ni au pluriel si le second
est un adjectif : *L'histoire franc-
comtoise. Des signes franc-maçonniques.*

Voici la liste des principaux composés de *franc* : *franc-alleu; franc-bord;
franc-bourgeois; franc-canton; franc-
comtois; franc-fief; franc-homme;
franc-juge; franc-maçon et ses dérivés;
franc-mitou; franc-parler; franc-quar-
tier; franc-taupin; franc-tireur.*

Il n'est pas d'usage de mettre un trait
d'union à *franc archer* (Acad.).

franco. — **Franco de port.** V. FRANC.

frangipane. — La déformation de
frangipane en *franchipane* est surtout
verbale et populaire. Le mot tire son
origine du nom de l'inventeur de cette
crème, l'Italien *Frangipani*.

La crème ayant donné son nom à la
pâtisserie qu'elle sert à garnir, on dit
également *une frangipane* (gâteau), *une
tarte à la frangipane,* et *un gâteau de
frangipane* (Acad.).

franquette (de *franc*) se rencontre
surtout dans l'expression figée *à la
bonne franquette,* c'est-à-dire « franc-
chement et sans façon ».

On évitera la déformation populaire
flanquette, qui paraît s'être imposée
pour sa prononciation plus coulante,
mais qui n'a pas de sens : *Elle avait une
bonne flanquette plus drôle, une tournure plus provocante* (Huysmans, *En
ménage*, 253).

Au XVIIIe siècle, on disait *à la franquette* : *Je vous en dirai ce qui en
sera, tout à la franquette* (Dancourt,
les Vendanges de Suresnes, 1). *L'air*

*d'un innocent, pour parler à la fran-
quette* (Marivaux, *la Double Incons-
tance,* II, VII).

fratricide. V. HOMICIDE.

freiner (dérivé de *frein*) s'écrit avec
-ei-, mais **refréner** (et non *réfréner*)
s'écrit avec un *e* accent aigu, de même
qu'*effréné* et *frénateur.*

fréquenter s'emploie surtout transitivement : *Il ne fréquente que d'honnêtes gens* (Acad.). *Fréquenter une
mauvaise compagnie* (Id.). *Fréquenter
une maison, l'église, le cabaret.*

On ne dit plus guère, intransitivement : *Fréquenter chez quelqu'un, dans
la maison de quelqu'un. Fréquenter
avec les hérétiques* (Acad.). *Elle avait
résolu de fréquenter aux ateliers*
(A. Hermant, *la Journée brève,* 53).

frère, au sens de « titre qu'on donne
aux membres de certains ordres religieux », s'écrit sans majuscule : *Les
frères de la Charité* (Acad.). *Les frères
des Ecoles chrétiennes* (Id.).

L'italien *Fra* (même sens) s'écrit avec
une majuscule : *Fra Paolo* (Lar.
du XXᵉ s.).

frire n'est guère usité qu'à l'infinitif et
au participe passé. On peut néanmoins
l'employer aux trois personnes du singulier du présent de l'indicatif : *Je
fris, tu fris, il frit* (pas de pluriel) ; à
toutes les personnes du futur : *Je frirai,
nous frirons;* au conditionnel : *Je fri-
rais, nous fririons;* à l'impératif singulier (2ᵉ personne) : *Fris* (pas de pluriel) ; et au participe passé : *Frit, e.*

Les personnes et les temps man-
quants sont remplacés par le verbe *faire*
suivi de l'infinitif *frire : Nous faisons
frire. Je faisais frire. Que je fasse
frire,* etc.

froc. — Le *c* se prononce.
   V. aussi -OC.

froid. — **Avoir très froid.** V. FAIM.

froidir ne se dit plus guère et est le
plus souvent remplacé par **refroidir :**
Laisser refroidir son potage (plutôt que
*froidir). Le temps refroidit, se refroi-
dit* (mieux que *froidit).*

frontal fait au pluriel masculin *fron-
taux.*

frou-frou s'écrit avec un trait d'union
et fait au pluriel *frou-frous* (Acad.).

frugal fait au pluriel masculin *frugaux.*

fruit. — On écrit : *Un fruit, des fruits
à noyau* (il ne peut y avoir qu'un seul
noyau par fruit) ; *un fruit, des fruits à
pépins* (il y a plusieurs pépins par fruit).
Des arbres à fruit (Lar. du XXᵉ s.).

fruste signifie « usé par le frottement ». Il se dit de pièces de monnaie
dont l'effigie, à force de passer de main
en main, s'est presque effacée. *Un
marbre fruste, un relief fruste,* est un
marbre, un relief dont la surface est
usée, corrodée par le temps. Théodore
de Banville a même écrit (*la Lanterne
magique,* 162) : *Vêtue de frustes haillons bleus.* Par extension, *une forme
fruste de maladie* est une forme légère.

« C'est, dit le Dictionnaire de l'Académie, d'une façon tout à fait incorrecte que quelques-uns emploient ce
mot dans le sens de « rude, inculte,
« grossier », qui est un contresens, et
disent *Manières frustes* ou *Homme
fruste,* ce qui signifie en réalité le
contraire de ce qu'il veut dire » : *On
voyait tous ces Flamands et Flamandes,
exubérants et frustes, dégringoler des
grosses machines* (M. Van der Meersch,
l'Empreinte du dieu, 31).

Il faut voir dans cette curieuse extension de sens l'attraction probable de
rustre. (*Fruste* se disait d'ailleurs
frustre au XVᵉ siècle.)

fuchsia se prononce *fuk-sia.*

fuir. — **Conjugaison :** *Je fuis, tu
fuis, il fuit, nous fuyons, vous fuyez,
ils fuient. Je fuyais, nous fuyions. Je
fuis, nous fûmes. Je fuirai, nous fui-
rons. Je fuirais, nous fuirions. Fuis,
fuyons, fuyez. Que je fuie, qu'il fuie,
que nous fuyions. Que je fuisse, qu'il
fuît, que nous fuissions. Fuyant. Fui, e.*

(Même conjugaison pour S'ENFUIR
[v. ce mot].)

A noter les 1ʳᵉ et 2ᵉ personnes du
pluriel de l'imparfait de l'indicatif et du
présent du subjonctif : *nous fuyions,
vous fuyiez; que nous fuyions, que vous
fuyiez* (avec y plus *i*).

Les trois personnes du singulier de
l'indicatif présent et du passé simple
ont des formes identiques.

— On dit bien : *Ce vase fuit* pour
L'eau de ce vase fuit. Tonneau qui fuit
(Lar. du XXᵉ s.). Et par analogie :
Cette conduite de gaz fuit (Acad.).

fume-cigare, fume-cigarette.
V. PORTE-CIGARE.

funèbre - funéraire. — Funèbre
se dit de ce qui appartient essentiellement aux funérailles, et sert à dépeindre
tout ce qui accompagne ces cérémonies : *Honneurs funèbres. Oraison
funèbre. Chant, convoi, couche funèbre.
Vêtements funèbres. Le hibou, le chat-huant, l'orfraie sont des oiseaux
funèbres* (Acad.). Au figuré, est *funèbre*
ce qui inspire des idées de tristesse, de
mort : *Image funèbre. Funèbres
accords. Cri funèbre.*

Funéraire se dit de ce qui concerne
les funérailles du point de vue des
usages : accessoires de deuil, dépenses, etc.
Il a plus souvent trait aux choses matérielles : *Frais funéraires. Monument,
colonne, urne, drap, couronne funéraire.*

funérailles ne s'emploie qu'au pluriel.

fur ne s'emploie que dans la locution
au fur et à mesure, qui est en réalité
un pléonasme ancré dans la langue.

En effet, *fur*, qui est tiré du latin
forum, marché, a pris dès le xvᵉ siècle
le sens de « mesure » : *Car au feur qu'il
multiplioient en luy* (*Boucicaut*, I, 2 ;
cité par Littré). C'est à partir du
xviiᵉ siècle que, le sens de *fur* s'étant
perdu, on dit *au fur et à mesure, à fur
et à mesure, à fur et mesure;* ces locutions étant d'ailleurs plus expressives
qu'*au fur* ou *à mesure* tout court. (**A
mesure** est toujours en usage.)

L'Académie, qui donnait *au fur et à
mesure* et *à fur et mesure* dans les précédentes éditions de son dictionnaire,
n'a plus retenu que la première locution
dans l'édition de 1932 : *Nous vous
ferons passer les marchandises au fur et
à mesure qu'elles arriveront.*

On évitera de dire *au fur et mesure,*
qui est incorrect.

furieux se construit avec **de** : *Il était
furieux de cette résistance* (Acad.), *de
se sentir surveillé.*

Avec un complément de personne, on
emploie **contre** (et non *après*) : *Autrefois, il était furieux contre ses rivaux*
(Littré). *Son père est furieux contre
lui.*

fusil se prononce *fu-zi.*
V. aussi -IL.
— On écrit : *Un fusil à chien* (singulier : système à chien). *Un fusil mitrailleur* (sans trait d'union).

fusilier, « militaire », s'écrit avec *l*
et *i* (et non avec deux *l* sans *i*, comme
dans le verbe *fusiller*) *Un fusilier
marin* (sans trait d'union).

fut - fût. V. ÊTRE.

fût s'écrit avec un accent circonflexe :
Un fût de colonne. Des fûts de vin.

Futaille et **futaie** s'écrivent sans
accent, de même que **futé,** rusé.

fût-ce s'écrit avec un accent circonflexe (imp. du subj.) ou sans accent
(passé simple) : *J'y arriverai, fût-ce au
prix de ma liberté. Fut-ce mal faire que
de l'avoir avertie?*

G

g se redouble dans les mots *agglomérer,
agglutiner, aggraver, suggérer* et leurs
dérivés, et dans *toboggan.*
V. aussi GN-.

gabare s'écrit avec un seul *r.*

gable, terme d'architecture, s'écrit le
plus souvent sans accent circonflexe.

gâcher et ses dérivés (*gâche, gâchette,
gâchis,* etc.) s'écrivent avec un accent
circonflexe.

gâchette - détente. — La **gâchette**
est le mécanisme d'un fusil, d'un pistolet, qui maintient le chien armé (situé
à l'intérieur, il est *invisible*). La lan-
guette métallique sur laquelle le tireur
agit du doigt pour faire partir le coup
s'appelle la **détente** : *Presser la détente*
(Nouv. Petit Lar.). *Le départ correspond à l'effort qu'il faut faire sur la
détente pour déclencher la gâchette qui
tient le chien armé* (G.-M. Villenave,
la Chasse, 62).

gageure se prononce *ga-jur'* (et non
gajeur'). En poésie, par exemple, il doit
rimer avec *injure* et non avec *majeure*.
      Sont dans le même cas les mots **man-
geure** et **vergeure**.

gagne-. — Les composés de *gagne* sont
invariables : *des gagne-pain, des gagne-
petit*. (Exception : *des gagne-deniers*.)

gagner. — Doit-on dire *Gagner la victoire* ou *Remporter la victoire ?* La
seconde expression est la meilleure. En
effet, si l'on peut *gagner une bataille*
(Acad.), *gagner la guerre*, on ne saurait
que *remporter une victoire*, comme on
remporte un prix, un succès.
      L'usage ne permet pas de dire non
plus *Gagner un combat* (Lar. du
XXe s.).

gai. — Les dérivés **gaiement** et **gaieté**
s'écrivent maintenant avec un *e* intercalaire (et non plus **gaîment, gaîté**)
[Acad., 1932].

gaine s'écrit sans accent circonflexe.

galant. — Un *galant homme* est un
homme d'un commerce sûr et agréable ;
un *homme galant* a de la galanterie,
cherche à plaire aux femmes.
      On ne dit pas une *galante femme*, et
une *femme galante* se prend toujours
en mauvaise part.

galetas. — Huysmans a curieusement
confondu **galetas** et **grabat** quand il a
écrit (*En ménage*, 226) : *Mais ce qui
l'étonna le plus, ce fut le lit ; elle ne
retrouvait plus le vieux galetas de fer
qu'elle avait autrefois connu*.
      Il n'en reste pas moins, si l'on en
croit Darmesteter (*la Vie des mots*), que
le mot *galetas* possède un *curriculum
vitae* vraiment étonnant. Issu d'un
palais de la Corne d'Or à Constantinople (tour Galata), il est successivement « aile d'un château », puis « étage

supérieur d'une cour », pour aboutir
enfin au sens actuel de « grenier » et
« logement misérable ».
      Cette carrière permet de mieux sai-
sir le sens de l'exemple suivant, tiré du
même auteur : *Toute une hémorragie
d'ordure s'était ruée sur ce galetas qui
crevait seul* [il s'agit du château de
Lourps] (*En rade*, 49).

galoche. — On dit : *Avoir un menton
de galoche* et *Avoir le menton en
galoche*.

galop se prononce *ga-lo*. Ses dérivés
s'écrivent avec un seul *p* : *galopade,
galoper*, etc.

gamin. — On dit : *Je l'ai rencontré
avec son fils, avec sa fille* (et non *avec
son gamin, avec sa gamine*, qui sont du
langage populaire).
      V. aussi DAME, DEMOISELLE et GARÇON.

gangrène. — La prononciation *kan-
grèn'* est vieillie. Les dérivés *gangrener,
gangreneux* s'écrivent sans accent.

garance, adjectif de couleur, est *invariable* : *Des pantalons garance*.
      V. aussi COULEUR.

garant (« personne disposée à garantir ») s'accorde en genre et en nombre :
*Cette puissance s'est rendue garante du
traité* (Acad.). *Elles se sont portées
garantes de sa bonne foi*.
      Au sens de « garantie », *garant* est
masculin : *L'indifférence est un grand
garant contre les bizarreries de la fortune* (Malherbe, *Lettre à sa sœur*, s. d.).

garçon s'oppose à *fille* : *Avoir deux
garçons et une fille. Elle est venue me
voir avec son petit garçon*. Il ne peut se
dire pour *fils* : *Elle est venue me voir
avec son fils* (et non *avec son garçon*,
qui est du langage populaire).
      Le féminin **garçonne** est péjoratif :
*Des garçonnes coquettes, aux longs che-
veux piqués de fleurs* (Huysmans, *Là-
bas*, 109).
      V. aussi DAME, DEMOISELLE et GAMIN.

garde. — **Prendre garde à** signifie
« avoir soin de », « faire attention à »,
et s'emploie aussi bien au sens affirmatif
que négatif : *Prenez garde à faire ceci*
(ayez soin de faire ceci). *Prenez garde
à ne pas faire ceci* (ayez soin de ne pas
faire ceci). *Prenez garde au chien. Ne
prenez pas garde au tapis, qui est usé*.

— **Prendre garde de,** suivi de l'infinitif et au sens de « craindre, éviter de », s'emploie normalement sans la négation : *Prenez garde de tomber* (Acad.). Certains disent toutefois, avec le sens de « avoir soin de ne pas » : *Prends garde de ne pas tomber;* mais il vaut mieux éviter ce tour, qui est contesté.

— **Prendre garde que,** suivi de l'indicatif, signifie « remarquer » : *Prenez garde que l'auteur ne dit pas ce que vous pensez* (Littré). *Il ne prenait pas garde que tous les yeux étaient fixés sur lui* (Lar. du XXe s.). *Il ne prenait pas garde qu'il n'était nullement prêt* (Id.).

Prendre garde que, suivi du subjonctif et de *ne* (et non *ne... pas*), a le sens de « prendre des précautions contre » : *Prends garde qu'on ne te voie. Prenez garde qu'il ne vous dise des sottises. Prenez garde qu'on ne vous trompe, qu'on ne vous surprenne* (Acad.).

V. aussi GARDER.

garde-. — Dans les composés de *garde,* ce mot varie au pluriel s'il désigne une personne (des *gardes-côtes,* c'est-à-dire des gardiens de côtes) ; il est invariable dans les autres cas, où il représente un verbe qui signifie « qui garde, qui garantit » (des *garde-côtes,* bateaux qui gardent les côtes).

Le nom complément de *garde* s'écrit généralement sans *s* au singulier : un *garde-meuble,* une *garde-robe,* quoiqu'un *garde-meuble* renferme plusieurs meubles et une *garde-robe* plusieurs robes. (Exceptions : *garde-mites, garde-notes, garde-reins, garde-scellés.*) L'Académie écrit *garde-malades* (avec *s*), mais *garde-malade* (sans *s*) est préférable, puisque les soins peuvent ne porter que sur un seul malade.

Le pluriel des composés de *garde* est très flottant. En général, le nom complément ne reste invariable que si le sens l'exige : des *garde-boue,* des *garde-boutique* (marchandises invendues), des *gardes-chasse,* des *gardes-chiourme,* des *garde-crotte,* des *garde-feu,* des *garde-manger,* des *gardes-pêche* (gardien), des *garde-pêche* (bateau), des *garde-vue.* Les autres noms *peuvent* prendre la marque du pluriel : des *gardes-barrières,* des *gardes-canaux,* des *garde-*

cuisses, des *garde-fous,* des *gardes-magasins,* des *garde-meubles,* etc.

Si le mot complément est un adjectif, le composé s'écrit sans trait d'union : *garde municipal, garde républicain, garde mobile, garde champêtre, garde forestier.* (A noter qu'on écrit un *garde-française,* pour désigner un soldat des *gardes françaises.*)

garden-party, mot anglais, est du *féminin* et fait au pluriel *garden-parties.*

V. aussi ANGLAIS (Mots).

garder. — **Se garder de** a entre autres sens celui de « se préserver de ». *Gardez-vous bien de tomber* signifie « préservez-vous bien de l'action de tomber ». (On évitera : *Gardez-vous bien de ne pas tomber,* qui aurait le sens contraire.) *Gardez-vous bien de dire cela* (ne dites pas cela). *Gardez-vous bien de ne pas dire cela* (vous devez dire cela).

— **Se garder** s'emploie parfois sans le pronom réfléchi, au sens de « prendre garde » (il s'accompagne alors de la négation *ne*), mais cette construction est vieillie : *Gardez qu'on ne vous voie* (Lar. du XXe s.). *Elle garde de les agréer* (A. Hermant, *Crépuscule tragique,* 16).

V. aussi GARDER.

gare. — On dit : *Le train entre en gare* (et non *dans la gare*).

gare! s'emploie pour avertir de se garer, de prendre garde à soi, pour exprimer l'appréhension de conséquences fâcheuses ou pour menacer : *Gare devant! Gare dessous! Gare la dégringolade! Gare les coups! le fouet!*

Les tournures *Gare de devant! Gare aux coups!* etc. (avec préposition), sont du langage populaire.

Néanmoins, l'Académie donne comme exemple : *Si vous faites cela, gare les conséquences, gare aux conséquences!*

On dit également : *Gare à toi! Gare à vous!*

Avec *se garer,* la préposition *de* est de rigueur : *Se garer des coups. Il faut se garer des malhonnêtes gens.*

gargote et ses dérivés (*gargoter, gargotier*) s'écrivent avec un seul *t.*

V. aussi -OTE.

garrot s'écrit avec deux *r.* Les dérivés (*garrottage, garrotte, garrotter*) s'écrivent avec deux *r* et deux *t.*

gaufre s'écrit avec un seul *f*.

geai. V. JAIS.

géant. V. NAIN.

geindre se conjugue comme *craindre* : *Je geins, tu geins, il geint, nous geignons, vous geignez, ils geignent. Je geignais, nous geignions. Je geindrai, nous geindrons. Que je geigne, que nous geignions.* Etc.

gelée. — On écrit généralement, avec le nom complément au singulier : *Gelée de pomme, de groseille, de coing* (Lar. du XXᵉ s.), mais *gelée de fruits.*

V. aussi CONFITURE.

geler fait *je gèle, nous gelons; il gelait; il gèlera.*

— On dit également bien *Je gèle ici* et *Je me gèle ici : Je me gèle ici à vous attendre* (Littré). *Il fait un si grand froid que l'huile se gèle dans la bouteille* (Acad.).

— **Etre gelé de froid** est un pléonasme admis : *Je suis gelé de froid* (Acad.).

gelinotte (tiré de *geline*, ancien nom de la poule) s'écrit sans accent et avec deux *t*.

gêne - gène. — **Gêne** et ses dérivés (*gêner, gêneur*) s'écrivent avec un accent circonflexe.

Gène, terme de biologie, s'écrit avec un accent grave, et ses dérivés (*génétique, génétiste*) avec un accent aigu.

général - générique. — Ces deux adjectifs ont même origine : le latin *genus, generis*, genre.

Général signifie « qui s'étend à un ensemble de personnes ou de choses » : *Les intérêts généraux. Il n'y a pas de règle si générale qui n'ait son exception* (Acad.). Il a aussi le sens de « considéré dans l'ensemble, abstraction faite des détails » : *L'opinion générale n'est pas de cet avis.* Par extension, est *général* ce qui est vague, indéterminé : *Répondre en termes généraux* (par opposition à *termes précis*).

Générique est un mot plutôt savant dans lequel l'idée de « genre » est plus marquée. Un terme *générique* est un terme qui appartient à un genre, à tout un genre ; il s'oppose à terme *spécifique* (espèce) : « *Felis* » *est le nom générique du lion, du tigre, du chat, etc.*

« *Spirane* » *est le nom générique de certains composés chimiques. Cet oiseau possède des caractères génériques qui le rapprochent des colombes.*

genèse et ses composés (*morphogenèse, ologenèse*, etc.) s'écrivent avec un accent sur le premier *e*. Mais on écrit *génésiaque, génésiologie, génésique.*

(L'Académie écrit toutefois *parthénogénèse*.)

genet - genêt. — Un **genet** (sans accent) est un petit cheval d'Espagne ; le **genêt** (avec un accent circonflexe) est une plante à fleurs blanches ou jaunes.

génial fait au pluriel masculin *géniaux.*

génoise (gâteau) s'écrit avec un accent aigu (et non circonflexe).

genou fait au pluriel *genoux.*

V. aussi BIJOU.

— On dit : *Mettre genou en terre* ou *mettre le genou en terre* ou *à terre* (Lar. du XXᵉ s.). *Elle espérait peut-être qu'il allait mettre un genou en terre* (J. Green, *Moïra*, 267). *Etre, se mettre à genou* ou *à genoux* (selon que l'idée porte sur un seul genou ou sur les deux). *Se jeter aux genoux de quelqu'un.*

genre. — On écrit : *En tout genre, de tout genre* (Acad.). *Il est escorté de tous les genres de gloire. Teniers et Chardin sont des peintres de genre* (Acad.).

— En termes de zoologie, le *genre* se situe entre la famille et l'espèce : *Le lion appartient au genre Felis, le cheval au genre Equus.*

— **Genre des noms.** Le genre des noms, en français, est purement conventionnel. Il est surtout déterminé par l'usage et ne repose sur aucune règle stricte. *Arbre*, par exemple, est masculin, bien que dérivé du latin *arbor*, féminin. Une même chose peut être de genre différent d'une langue à une autre : ainsi *soleil* est masculin en français et *lune* féminin, alors qu'en allemand *Sonne* (soleil) est féminin et *Mond* (lune) masculin !

Aussi, les erreurs de genre sont assez fréquentes. En voici pour preuve une liste d'exemples tirés pour la plupart de bons écrivains.

Un petit ALCÔVE *qui fait cabinet de toilette* (Armont et Gerbidon, *l'Ecole des cocottes*, I, III).

*C'est l'*ALGÈBRE *incarné que cette femme* (Th. Gautier, *Nouvelles*, 13).

Votre AMULETTE *oriental* (Balzac, *la Peau de chagrin*, I, 42).

Avec les ARMILLES *placés dans le portique d'Alexandre, il avait observé les équinoxes* (G. Flaubert, *Salammbô*, 201).

*L'*ATMOSPHÈRE *flou* (Chateaubriand, *Mémoires d'outre-tombe*, V, 572).

Ce n'était pas une disproportion qui déconcertait, c'était un DISPARATE (Villiers de L'Isle-Adam, *l'Eve future*, 45). *Se connaissant à peine dans un* DISPARATE *d'hôpital* (A. Daudet, *l'Evangéliste*, 27).

*Tout l'*ESBROUFE *du commerce* (Balzac, *César Birotteau*, 49).

Un ancien ICONOSTASE *russe en argent niellé et l'un de ces christs en bois* (Huysmans, *Là-bas*, 249).

Un OFFICE *contigu à l'antichambre* (Balzac, *le Cousin Pons*, 7).

*Sous l'*OPTIQUE *spécial de la connaissance des villes d'eaux* (Maupassant, *Toine*, 192).

Des larmes sourdes se gonflaient au creux de ses ORBITES *rougissants* (E. Baumann, *Job le Prédestiné*, 222). *Les* ORBITES *de ses yeux sont pleins de ténèbres* (G. Flaubert, *la Tentation de saint Antoine*, 265). *Tout l'*ORBITE *de l'œil* (A. France, « Pierre gravée », dans *Crainquebille*, 193). *Sans yeux dans leur* ORBITE *creux* (E. et J. de Goncourt, *Madame Gervaisais*, 260). *L'*ORBITE *particulier où il se mouvait* (M. Proust, *Du côté de chez Swann*, I, 281). *Des paupières perdues sous des* ORBITES *épais* (E. Renan, *le Prêtre de Némi*, 73).

Les SAYNÈTES, *autrefois si gais, si originaux* (Th. Gautier, *Voyage en Espagne*, 291).

De sinueux STALACTITES (M. Proust *Du côté de chez Swann*, I, 91).

Il y avait à l'entrée, entre un STÈLE *d'or et un stèle d'émeraude, un cône de pierre* (G. Flaubert, *Salammbô*, 80)

Le TRIRÈME *bondit, il érafla l'idole établie à l'angle du môle* (G. Flaubert, *Salammbô*, 119).

BASALTE *provenue des volcans des Andes* (Villiers de L'Isle-Adam, *l'Eve future*, 147).

Pourquoi cette EFFLUVE *ne serait-elle pas heureuse ou malheureuse?* (Th. Gautier, *Contes*, 189.) *Un paysage dont les souterraines* EFFLUVES *lui déglaçaient l'âme* (Huysmans, *En rade*, 50).

Une EMPYRÉE *de solitude* (Barbey d'Aurevilly, *Une vieille maîtresse*, I, 44).

Il se dit que Mélanie commettrait à coup sûr une ESCLANDRE *dans la maison* (Huysmans, *En ménage*, 179). *Et voici une* ESCLANDRE *telle que peut-être le marquis en sera effrayé* (Stendhal, *la Chartreuse de Parme*, 499). *Le patron le menaçait de le congédier si toutes ces* ESCLANDRES *ne finissaient pas* (Huysmans, *les Sœurs Vatard*, 282).

Des divisions architecturales traçaient sur ces ESPACES *planes des panneaux* (Th. Gautier, *le Roman de la momie*, 71).

Les MANIPULES *tournoyaient, espacées les unes des autres* (G. Flaubert, *Salammbô*, 337).

Un torrent de PLEURS *délicieuses* (Roger Martin du Gard, *le Cahier gris*, 96).

Ces pierres granitiques aux SCHISTES *noires et fauves* (Balzac, *les Chouans*, 143).

Une seule des SESTERCES *ou des oboles de l'ancien monde* (Balzac, *la Peau de chagrin*, 36).

Grosse prébende dans les commissions de réparations ou dans la Société des Nations, enfin dans les SUCCÉDANÉES *profitables de la ruine nationale* (M. Prévost, *les Don Juanes*, 13).

Des seiches flasques, aux TENTACULES *gluantes* (M. Elder, *le Peuple de la mer*, 77).

Les boas recouverts de TULLE *noire* (E. et J. de Goncourt, *Manette Salomon*, 23).

— Noms sur le genre desquels on peut se tromper. Sont MASCULINS :

abaque,	ambre,
acrostiche,	amiante,
aéronef,	anathème,
albâtre,	anévrisme,
alvéole,	antidote,
amalgame,	antipode,

antre,
apanage,
apogée,
apologue,
après-midi,
arcane,
armistice,
asphalte,
astérisque,
augure,
automne,
balustre,
basalte,
chrysanthème,
cippe,
cloporte,
décombres,
éclair,
effluve,
élastique,
élytre,
embâcle,
emblème,
éphémère,
épilogue,
épisode,
équinoxe,
esclandre,
exode,
exorde,
globule,
granule,
haltère,

hémisphère,
hémistiche,
hyménée,
hypogée,
incendie,
indice,
insigne,
intermède,
intervalle,
isthme,
jade,
jute,
libelle,
lignite,
mânes,
manipule,
midi,
obélisque,
opprobre,
opuscule,
ouvrage,
ovule,
palpe,
pétale,
planisphère,
poulpe,
schiste,
sépale,
sesterce,
socque,
tentacule,
termite,
tubercule.

Sont FÉMININS :

acné,
acoustique,
alcôve,
algèbre,
amnistie,
anagramme,
anicroche,
antichambre,
armoire,
arrhes,
atmosphère,
autostrade,
avant-scène,
azalée,
campanule,
clepsydre,
dinde,
disparate,
ébène,
ébonite,
écarlate,
échappatoire,
écritoire,
encaustique,
éphémérides,
épigramme (anc.
  masc.),

épistaxis,
équivoque,
escarre,
fourmi (mais un
  fourmi-lion),
h o r l o g e (anc.
  masc.),
icône,
idole,
immondices,
impasse,
interview,
mandibules,
moustiquaire,
nacre,
oasis,
omoplate,
optique,
orbite,
oriflamme,
paroi,
patère,
phalène,
primeur,
réglisse,
scolopendre,
stalactite.

— **Noms à double genre.** Les principaux sont :

aigle,	mémoire,
amour,	mode,
cartouche,	œuvre,
couple,	office,
crêpe,	orge,
délice,	orgue,
espace,	parallèle,
geste,	pendule,
gîte,	physique,
greffe,	poste,
hymne,	relâche,
manche,	voile.

On se reportera à ces mots (à leur ordre alphabétique) pour connaître leurs sens respectifs d'après leur genre.

— **Noms qui n'ont pas d'équivalents féminins.** Certains noms masculins, surtout noms de profession, n'ont pas d'équivalents féminins et conservent la même forme aux deux genres. Ainsi sont :

acolyte,	interprète,
agresseur,	juge,
amateur,	libraire,
ange,	médecin,
antagoniste,	ministre,
apôtre,	modèle,
assassin,	monstre,
auteur,	oppresseur.
automate,	orateur,
bourreau,	parjure,
censeur,	peintre,
charlatan,	penseur,
chef,	philosophe,
critique,	pionnier,
despote,	possesseur,
disciple,	professeur,
écrivain,	sauveur,
émissaire,	sculpteur,
fat,	successeur,
fournisseur,	témoin,
guide,	tyran,
historien,	vainqueur,
imposteur,	voyou.

On dira donc : *Cette femme est un auteur*, ou *un professeur*, ou *un peintre français remarquable. Cette femme est le bourreau, l'assassin de son mari.*

V. aussi CHEF, DOCTEUR, etc.

— **Genre de certains noms d'animaux** (équivalents féminins). V. FÉMININ.

— **Genre des noms de bateaux.** V. BATEAU.

— **Genre des noms de villes.** V. VILLE.

gens est particulièrement capricieux quant au genre. Tantôt masculin, tantôt féminin, ce mot semble apporter avec lui une part de fantaisie quelque peu singulière. Ainsi, on dira très bien : *Les petites gens sont besogneux. Ce sont de méchants gens d'affaires. Instruits par l'expérience, les vieilles gens sont soupçonneux. Tous vos gens sont partis. Seuls, les gens bien armés sont respectés.*

On voit, d'après ces quelques exemples, combien bizarres paraissent les règles qui régissent *gens*. « Cela est dû, dit Littré, à une lutte entre le genre propre de *gens* qui est féminin, et le genre de l'idée qu'il exprime (hommes, individus) qui est masculin. »

Gens vient du latin *gens, gentis*, qui signifie « peuple, race », et qui a donné, au singulier, *gent* (cf. La Fontaine : *la gent trotte-menu*).

Voici les règles qui autorisent la construction des phrases citées plus haut :

1° Lorsque *gens* est précédé immédiatement d'un adjectif (ou d'un participe), celui-ci se met au féminin : *Les meilleures gens du monde* (Acad.). *Ce sont là de bonnes gens;*

2° Si l'adjectif (ou le participe) suit, il se met au masculin : *Des gens mal élevés* (Acad.). *Il y a certaines gens qui sont bien sots* (Littré) ;

3° Seront également mis au masculin les adjectifs (ou participes) qui précèdent *gens*, mais n'appartiennent pas à la même proposition ou à la même partie de proposition : *Arrivés à un âge avancé, ces bonnes gens n'ont rien pour vivre;*

4° Si *gens* est précédé d'un adjectif des deux genres se terminant par un *e* muet, cet adjectif et tous ceux qui le précèdent se mettent au masculin : *Ce sont là de vrais honnêtes gens. Quels braves gens!* Mais *Toutes les vieilles gens se plaignent;*

5° *Tous* se met au masculin lorsque *gens* est suivi d'une épithète ou de quelque autre mot déterminatif : *Tous les gens sensés* (Acad.). *Tous ces gens-là;*

6° Avec les locutions *gens de robe, gens d'Eglise, gens d'épée, gens de guerre, gens de lettres, gens de loi*, etc., les adjectifs seront toujours au masculin pluriel : *De nombreux gens de lettres* (Acad.) ;

7° *Gens* est toujours au masculin pluriel au sens de « domestiques », de « personnes d'un même parti, d'une même bande » : *Tous nos gens sont malades. Tous nos gens sont au rendez-vous.*

Comme on le voit, ces règles ne sont ni très simples ni très logiques; aussi beaucoup cherchent à s'en affranchir. Néanmoins, les « honnêtes gens » ne manquent pas de les observer encore scrupuleusement.

A noter qu'on ne dit pas *Cinq gens, dix gens*, mais *Cinq personnes, dix personnes.*

— **Gens - gent.** On ne confondra pas *les gens*, personnes, et *la gent*, qui désigne une nation (*La gent qui portait le turban* [Acad.]), une race, le plus souvent aujourd'hui par ironie : *La gent marécageuse* (les grenouilles). *La gent qui porte crête* (Lar. du XXᵉ s.). *La gent trotte-menu s'en vient chercher sa perte* (La Fontaine, *Fables*, « le Chat et le Vieux Rat »). Au figuré et familièrement : *La gent moutonnière* (ceux qui suivent l'impulsion donnée par les autres).

Le pluriel, qui est *gens* (sans *t*), est inusité, sauf dans *droit des gens*.

gentil se prononce *jan-ti*.
V. aussi -IL.

gentilhomme se prononce *jan-ti-yom'*. Il fait au pluriel *gentilshommes* (*s* intercalaire), qui se prononce *jan-ti-zom'*.

geôle s'écrit avec un accent circonflexe sur l'*o* (et non *géole*) et se prononce *jôl'* (et non pas *jé-ol'*).

Même remarque pour **geôlier** (*jô-*), *geôlière*.

gérondif. V. EN, préposition (*in fine*).

gésir n'est usité qu'au présent de l'indicatif (*il gît* [*ci-gît*, plur. *ci-gisent*]), à l'imparfait (*je gisais, tu gisais, il gisait, nous gisions, vous gisiez, ils gisaient*) et au participe présent (*gisant*).

(On ne dira donc pas, sauf auteur contemporain : *Elle giserait à jamais dans cette caisse hermétiquement close.*
— Si *gésir* avait un conditionnel, ce serait d'ailleurs *gésirait*.)

geste est *masculin* (lat. *gestus*) quand il désigne un mouvement du corps ou une action généralement spontanée : *Faire un geste de la main. En faisant cela, il a fait un beau geste* (Acad.).

Il est *féminin* (du plur. lat. *gesta*, exploits) au sens d' « action d'éclat, exploit » : *La geste de Roland. Les chansons de geste* (sans *s*).

C'est ce *geste* féminin qu'on retrouve dans l'expression *faits et gestes*.

gestion se prononce *gès-tyon* (et non *gè-syon*).

gibelotte s'écrit avec deux *t*.

gibier. — On écrit du *gibier à poil, à plume* (sans *s*).

gifle et ses dérivés (*gifler, gifleur*) s'écrivent avec un seul *f*.

V. aussi CALOTTE.

gigot désignant particulièrement une cuisse de mouton, l'expression *gigot de mouton* est pléonastique. Dire simplement *un gigot : Faire cuire un gigot au four* (Acad.).

On ne précisera que s'il s'agit d'une cuisse d'agneau ou de chevreuil (dans ce dernier cas, on dit surtout *cuissot*) : *Une tranche de gigot d'agneau.*

gigoter s'écrit avec un seul *t*.

V. aussi -OTER.

girofle et ses dérivés (*giroflée, giroflier*) s'écrivent avec un seul *f*.

gît (ci-). V. GÉSIR.

gîte, nom ordinairement du *masculin* (*Avoir un gîte, gîte métallifère*, etc.), est du *féminin* en termes de marine : *Bateau qui donne de la gîte* (de la bande) *sur tribord* (Acad.). *Bateau qui fait sa gîte* (sa souille).

A noter l'accent circonflexe, valable également pour **gîter**.

glabre signifie « dépourvu de poils » : *Visage glabre* (Acad.). *La tige de cette plante est glabre.*

On évitera d'employer ce mot au sens de « pâle, sans couleurs », qui est un barbarisme.

glacial fait ordinairement au pluriel masculin *glacials*.

glauque signifie « de couleur verdâtre », et non « trouble ».

globule est du *masculin* (c'est un diminutif de *globe*) : *Un globule d'air.*

V. aussi -ULE.

gloire. — On dit : *Se faire gloire de quelque chose. Tenir à gloire de faire quelque chose* (Lar. du XX° s.).

gloria, chant d'église, est *invariable* et s'écrit avec une majuscule : *Arriver au Gloria. Chanter le Gloria.*

Employé dans ce sens comme nom commun, il s'écrit avec une minuscule et prend le signe du pluriel : *Un beau gloria* (Littré). *Chanter un gloria* (Nouv. Lar. univ.), *des glorias.*

glu s'écrit sans *e* final : *Prendre des oiseaux à la glu. Avoir de la glu aux mains* (Acad.).

glucose est *masculin* d'après l'usage et les chimistes. (L'Académie le fait féminin, par erreur sans doute, puisque *lactose* et *saccharose* sont donnés du masculin.)

gn-. — Le groupe *gn-* ou *-gn-* se prononce *ghn* dans les mots suivants : *agnat, cognat, diagnostic, gneiss, gnome, gnomon, gnose, gnou, igné, inexpugnable, magnat, magnificat, magnum, physiognomonie, recognition, régnicole, stagner*, et leurs dérivés, ainsi que dans certains mots savants : *géognosie, gnaphose, gnétacées*, etc.

gnocchi. V. ITALIENS (Mots).

gnome se prononce *ghnôm'* et s'écrit sans accent circonflexe.

Le féminin correspondant est **gnomide**.

gnose s'écrit sans accent circonflexe et se prononce *ghnôz'*. Dans ses dérivés *gnostique, agnostique, gnosticisme, gn-* se prononce également *ghn*.

goéland, de même que **goélette** et **goémon**, s'écrit avec un accent aigu (et non avec un tréma).

goguette. — On écrit le plus souvent au singulier : *Etre, se mettre en goguette.*

Le pluriel se rencontre également : *J'ai été en goguettes plus d'une fois* (E. Bourges, *Les oiseaux s'envolent*, 8).

goitre et son dérivé **goitreux** s'écrivent sans accent circonflexe.

gong se prononce *gongh*.

gorge. — On dit *Mettre le couteau sous* ou *sur la gorge*. La première forme est la plus employée, quoique la seconde soit plus logique.

gorge-de-pigeon, nom et adjectif de couleur, est *invariable* et s'écrit avec des traits d'union : *Un beau gorge-de-pigeon. Des rubans gorge-de-pigeon.*
V. aussi COULEUR.

gothique s'écrit normalement avec un *h* : *L'art gothique. Le gothique flamboyant.* Mais substantivement et au sens de « langue gothique », les linguistes écrivent le plus souvent *gotique* (sans *h*).

goulet - goulot. — Un **goulet** est un passage étroit dans les montagnes, l'entrée étroite d'un port, d'une rade : *Les grands et les petits goulets du Dauphiné* (Lar. du XXᵉ s.). *On n'entre dans ce port que par un goulet* (Acad.). *Un goulet d'étranglement* (et non *un goulot*).
Goulot ne s'emploie que pour désigner le col d'une bouteille, d'une cruche ou de tout autre vase dont l'entrée est étroite.

goulûment s'écrit avec un accent circonflexe.
V. aussi ACCENTS et ADVERBE.

gourmand - gourmet. — Un **gourmand** aime la bonne chère et mange sans modération, souvent avec avidité. Ce terme est péjoratif.
Le **gourmet,** lui, goûte la bonne chère en connaisseur. Il sait apprécier les bons plats, déguster les bons vins, mais en use toujours avec sobriété. Le *fin gourmet* possède ces qualités à un plus haut degré.

goût désigne en particulier la « saveur » d'une chose : *Mets d'un goût exquis. Ce vin a un goût de terroir* (Acad.).
L'extension de ce sens à « odeur », quoique notée par l'Académie, est surtout du langage populaire : *Ça sent un drôle de goût de pourri. On sent ici un goût de renfermé* (Acad.). *La terre remuée du jardin avait un goût puissant* (Alain-Fournier, *le Grand Meaulnes,* 165).
— On écrit : *Être au goût, du goût de quelqu'un* (Lar. du XXᵉ s.). *Cet ouvrage est au goût de tout le monde* (Acad.). *Cela n'est pas de mon goût* (Id.).

— A noter l'accent circonflexe, qui se trouve également dans *dégoût, ragoût,* et leurs dérivés (mais non dans *égout,* dérivé de *goutte*).

goûter. — **Goûter de** ou **avec.**
V. DÉJEUNER.
— Au sens de « vérifier la saveur d'une chose, en mettant dans la bouche une petite quantité de cette chose », **goûter à** se dit aussi pour *goûter* transitif (Acad.) : *Goûtez à ce vin, à ce plat* ou *Goûtez ce vin, ce plat.*
Goûter de, c'est boire ou manger d'une chose pour la première fois (Acad.) : *Voulez-vous goûter de notre vin? Goûtez de cette volaille, elle est excellente.* Et au figuré : *Quand on a goûté de Paris, on ne peut plus souffrir la province* (Lar. du XXᵉ s.).

goutte. — **Se ressembler comme deux gouttes d'eau.** V. COMME.
— **N'y voir goutte, n'y entendre goutte,** expressions où *goutte* est employé adverbialement au sens de « pas du tout », sont du langage familier.
L'y doit normalement rappeler l'idée d'un mot précédemment énoncé : *Il fait noir ici, je n'y vois goutte* (dans ce lieu-ci). *L'affaire est trop compliquée, je n'y entends goutte* (à l'affaire). Mais dans l'usage on dit plus souvent *Je n'y vois goutte* que *Je ne vois goutte,* quelle que soit la phrase.
Toutefois, si la même proposition contient un complément circonstanciel de lieu, l'y est fautif : *C'est un homme qui ne voit goutte dans les affaires* (Acad.).

gouvernail fait au pluriel *gouvernails.*

gouverneur, au sens de « celui qui gouverne une colonie, une province, etc. », n'a pas de féminin.
Au sens ancien de « celui qui est chargé de l'éducation d'un prince, d'un jeune homme de distinction, etc. », il a pour correspondant féminin **gouvernante,** qui désigne aujourd'hui une personne qui dirige la maison d'un homme seul.

grâce. — On écrit : *Rentrer en grâce. Je vous rends grâce, je vous rends grâces de ce que vous avez fait pour moi* (Acad.). *Grâces vous soient rendues. Action de grâces. Faire une chose de* *bonne grâce. Entrer dans les bonnes grâces de quelqu'un. Monsieur, c'est trop de grâce que vous me faites* (Lar. du XXᵉ s.).

— **Grâce à** impliquant la reconnaissance, la gratitude, ne doit être employé que pour désigner l'effet *heureux* d'une cause : *J'ai trouvé cette place grâce à vous. Grâce au Ciel, je suis encore jeune! Il est arrivé à temps grâce à sa bicyclette.*

On ne dira donc pas, sauf par ironie : *Grâce à vous, à votre inconséquence, j'ai tout perdu. Nous voici devant une porte fermée, et cela grâce à cet imbécile.* Dans ces cas-là, on remplace *grâce à* par *à cause de, par la faute de, par suite de* : *A cause de vous, par suite de votre inconséquence, j'ai tout perdu.*

gracier et ses dérivés (*graciable, gracieux, disgracier, disgracieux,* etc.) s'écrivent sans accent circonflexe (mais *grâce, disgrâce* en prennent un).

gradation - graduation. — Une **gradation** est un accroissement ou un décroissement progressif : *La gradation de la lumière est sensible depuis le point du jour jusqu'au lever du soleil* (Acad.). C'est aussi une figure de rhétorique qui consiste à disposer plusieurs mots ou pensées suivant une progression ascendante ou descendante : « *Va, cours, vole* » *est une gradation* (v. VERBE [*Accord en nombre avec plusieurs sujets*]).

La **graduation** est l'action de graduer, c'est-à-dire de diviser en degrés, ou le résultat de cette action : *La graduation d'une éprouvette, d'un verre. La graduation d'un thermomètre, d'un baromètre, d'une échelle, d'un cadran solaire* (Acad.).

gradé - gradué. — **Gradé** est un terme militaire, et ne se dit que des sous-officiers : *Un sergent est un gradé. Militaire gradé.*

Gradué sert à désigner celui qui est revêtu d'un grade universitaire : *Il a été gradué de l'Université.*

En parlant des choses, *gradué* signifie « divisé en degrés » et « progressif » : *Verre gradué. Exercices gradués.*

graduation - gradation. V. GRADATION.

grain. — Les dérivés de *grain* ou de *graine* qui conservent l'**-ai-** du radical

sont : *graineterie, grainetier, grainier* et *agrainer* (écrit parfois *agrener*).

Les autres dérivés s'écrivent avec **-e-** (ou **-è-**) : *égrener, grenaille, grenaison, grènerie, grènetis, grenier,* etc. (A noter l'accent grave de *grènerie* et de *grènetis*).

grainetier - grainier. — Le **grainetier** vend des grains ou des graines destinés à être consommés par l'homme ou par les animaux.

Le **grainier** vend des grains ou des graines destinés à être semés.

grand-. — Dans les composés où *grand* entre en composition avec un nom féminin, on a longtemps écrit cet adjectif avec une apostrophe : *grand'mère, grand'route, à grand'peine,* etc. L'Académie, dans la dernière édition de son dictionnaire (1932), a judicieusement modifié cette orthographe et remplacé l'apostrophe par un trait d'union. Cette apostrophe, en effet, ne représentait nullement l'élision d'un *e* final et, par conséquent, n'avait pas sa raison d'être : *grand* étant un adjectif qui a conservé sa forme primitive dans les expressions figées (le *grandis* latin était valable pour le masculin comme pour le féminin). Cf. *mère-grand.*

On écrit donc maintenant : *grand-chambre, grand-chère, grand-chose, grand-croix,* avoir *grand-faim, grand-garde,* en *grand-hâte,* avoir *grand-honte,* en *grand-maman, grand-mère, grand-messe,* à *grand-peine, grand-peur,* faire *grand-pitié, grand-place, grand-route, grand-rue, grand-salle,* avoir *grand-soif, grand-tante, grand-vergue, grand-voile.* A noter : *la cour grand-ducale, les ordres grands-ducaux,* et *une grande-duchesse.*

Pour le pluriel, le Dictionnaire de l'Académie est muet à tous les composés féminins commençant par *grand,* mais donne toutefois des *arrière-grand-mères* (sans *s* à *grand*), semblant ainsi maintenir l'invariabilité. C'est l'orthographe qu'ont adoptée les dictionnaires et les grammaires Larousse. Dans les composés masculins, *grand* prend la marque du pluriel : *des grands-pères,* des *arrière-grands-pères, des grands-oncles.*

— On écrit sans trait d'union : *grand officier* (d'un ordre), *grand prêtre, grand prix, grand vizir.*

— **Grand** peut avoir un sens différent selon qu'il est situé avant ou après le nom : un *grand homme* est un homme de génie ; un *homme grand* est un homme de haute taille.

— **Grand** employé adverbialement s'accorde, d'après l'usage, avec l'adjectif ou le participe qui le suit (comme *frais*, v. ce mot) : *La porte était grande ouverte, toute grande ouverte. Ils ouvrirent tout grands leurs yeux. Avoir les yeux grands ouverts.*

grand-chose. V. CHOSE.

grand-croix est *féminin* quand il désigne le principal grade dans les ordres de chevalerie : *La grand-croix de la Légion d'honneur, de l'ordre de Malte* (Lar. du XXᵉ s.).

Il est *masculin* quand il désigne le dignitaire décoré de la grand-croix : *Un grand-croix.*

grandir se conjugue ordinairement avec **avoir** : *Cet enfant a beaucoup grandi.*

La conjugaison avec **être**, indiquant l'état qui résulte de l'action de grandir, est peu courante : *Cet enfant est plus grandi que je ne le pensais.*

Cette règle est également valable pour **grossir**.

grand-mère. V. GRAND-.

granite - granit. — Ces deux orthographes tendent à différencier les emplois d'un même mot. La première, **granite**, serait réservée aux géologues : *Le granite est une roche dure, d'origine ignée.* La seconde, **granit** (prononc. nit'), serait du domaine des marbriers et des entrepreneurs, et désignerait non plus le type de roche, mais le matériau : *Une croix de granit. Un escalier en granit noir.* Et par extension : *Le beau granit d'un papier, d'une tenture* (Lar. du XXᵉ s.).

granule (dimin. de *grain*) est du *masculin.*

V. aussi -ULE.

granuleux - grenu. — Est **granuleux** ce qui est divisé en petits grains ou composé de petits grains (*granules*) : *Terre granuleuse* (Acad.). *Poumon granuleux* (qui présente des granulations) [Id.]. *Méningite granuleuse.*

Grenu se dit de ce qui a beaucoup de grains (*Epi grenu*) ou de ce qui est couvert de saillies arrondies comme des grains : *Cuir grenu. Le grenu du maroquin* (Acad.). *Marbre grenu* (Lar. du XXᵉ s.).

gratin s'écrit avec un seul *t.*

gratis - gratuit. — **Gratis** est un adverbe latin qui est mis pour « gratuitement, sans qu'il en coûte rien » : *Demain, on rasera gratis. Ce médecin traite les pauvres gratis* (Acad.). *Entrer gratis au spectacle* (Lar. du XXᵉ s.).

Il s'emploie parfois adjectivement en lieu et place de **gratuit** (*Des spectacles gratis*), mais seulement au sens propre. Au sens figuré de « sans motif, sans fondement », on se sert toujours de *gratuit* : *Supposition gratuite* (Acad.). *Il est rare que les éloges soient gratuits* (Lar. du XXᵉ s.). *La vie que je mène ne demeure plus qu'un jeu sanglant, intolérablement gratuit* (R. Vailland, *Drôle de jeu*, 167).

gravement - grièvement. — Ces deux mots sont synonymes. Le premier, **gravement**, est toutefois employé dans tous les cas où l'on veut indiquer le caractère de gravité d'une chose (*Etre gravement malade, gravement compromis*, etc. *Se tromper gravement*), alors que le second, **grièvement**, ne s'emploie plus guère, d'après l'Académie, qu'avec *blessé* : *Un homme grièvement blessé, blessé grièvement*

gré. — *Bon gré mal gré* s'écrit sans virgule et *mal gré* en deux mots : *Vous ferez cela bon gré mal gré*

grec fait au *féminin* grecque.

greffe est du *féminin* en termes d'arboriculture et de chirurgie : *Une greffe en écusson, en fente, en flûte, en couronne. Une greffe de pommier, de prunier. Une greffe osseuse.*

Il est *masculin* quand il désigne le « lieu où sont déposées les minutes des jugements, où se font les déclarations, les dépôts concernant la procédure » : *Le greffe de la cour d'appel. Greffe civil, criminel.*

grêle et ses dérivés (*grêler, grêlon*, etc.) s'écrivent avec un accent circonflexe.

grenat, adjectif de couleur, est *invariable* : *Des rubans grenat, grenat foncé.*

V. aussi COULEUR.

grenu - granuleux. V GRANULEUX.

grésil - Crésyl. — Le **grésil** (pronone. *gré-zi* ou *-zil'*) est une menue grêle : *Sol recouvert de grésil.* (*Grésiller,* c'est imiter le bruit du grésil qui tombe.)

Le mot **Crésyl** (qui est un nom déposé) est moins connu, pour la raison que son paronyme *grésil* lui est fréquemment substitué. Le *Crésyl* est ce désinfectant fort employé, à couleur de lait lorsqu'il est mélangé à l'eau, et à odeur très particulière.

Il faut donc dire : *Désinfecter au Crésyl* (et non *au grésil*).

grève s'écrit avec un accent *grave* (et non circonflexe).

— On dit : *Faire grève* (Acad.). *Faire la grève de la faim* (Nouv. Lar. univ.).

grièvement - gravement. V. GRAVEMENT.

grignoter s'écrit avec un seul *t*.

V. aussi -OTER.

gri-gri fait au pluriel *gris-gris*.

(On écrit parfois *un gris-gris.*)

gril - grille. — Le **gril** (pronone. *gri* ou *gril'*) est un ustensile de cuisine sur lequel on fait *griller* poissons, biftecks, etc.

La **grille**, en termes ménagers, est un châssis à barreaux qui soutient le charbon dans un fourneau, ou une coquille pour cheminée.

C'est par corruption de mots qu'on dit improprement : *Faire cuire sur la grille* pour *sur le gril.* Cet emploi est d'ailleurs exclusivement populaire.

grillagé - grillé. — Une fenêtre est **grillagée** si elle est close par un *grillage;* elle est **grillée** si c'est une *grille* (barreaux) qui la protège.

grille-. — Les composés de *grille* (*grille-marrons* et *grille-pain*) sont invariables.

grille - gril. V. GRIL.

grimper s'emploie surtout avec l'auxiliaire **avoir** : *Ils ont grimpé pendant 100 mètres. Il a grimpé jusqu'au sommet du glacier* (Acad.). *Il a grimpé à un arbre* (et non *dans un arbre*), *sur un toit.*

L'auxiliaire **être** ne paraît pas devoir être conseillé, malgré l'avis de certains grammairiens (Office de la langue française, *le Figaro,* 16-IV-1938) : *Maintenant que nous sommes grimpés, reposons-nous* (Hanse). Il semble réservé au langage populaire ou familier : *Cet enfant est grimpé sur la table.*

grincer. — On dit, avec une nuance de sens, *grincer des dents* ou *grincer les dents* : *De colère, elle grinçait des dents. Le bruit de la scie fait grincer les dents* (Acad.)

gris, adjectif de couleur, est *invariable* s'il est suivi d'un autre adjectif qui le modifie : *Une robe gris clair, gris bleuté, gris perle, gris souris, gris de lin. Des chevaux gris pommelé.*

On écrit, s'il s'agit d'une couleur composée : *Une robe gris-bleu* (avec trait d'union). *Des tonalités gris-vert* (mais *gris verdâtre*). *Un habit gris-brun* (Acad.).

Mêmes règles pour BLANC, BLEU, JAUNE, VERT, etc.

V. aussi COULEUR.

grognon n'a pas de correspondant féminin : *Quelle grognon vous êtes! C'est une vraie mère grognon* (Acad.). *Femme grognon* (Lar. du XXᵉ s.).

Adjectivement, on trouve parfois le féminin *grognonne* : *Humeur grognonne* (Acad.).

groseille. — On écrit généralement : *Confiture de groseilles,* mais *gelée, sirop de groseille. Groseille à maquereau* (ainsi appelée parce qu'elle sert de condiment à une sauce pour maquereau).

V. aussi CONFITURE.

— Comme adjectif de couleur, *groseille* est invariable : *Des rubans groseille.*

V. aussi COULEUR.

groseillier s'écrit avec un *i* après les deux *l : -llier.*

Il en est de même de *aiguillier, chevillier, coquillier, éventaillier, joaillier, mancenillier, marguillier, médaillier, millier, quillier, quincaillier, vanillier.*

grossir. V. GRANDIR.

grosso modo s'écrit généralement sans trait d'union.

grouiller, de même que **se grouiller,** au sens de « remuer, se remuer », est du langage populaire : *Personne ne grouille encore* (Acad.). *Grouillez-vous un peu!*

gruyère se prononce *gru-yèr'* (et non *gru-èr*). On écrit : *du gruyère* (avec une minuscule) et *du fromage de Gruyère* (lieu d'origine).

guère est tiré du francique *weigaro*, qui signifiait « beaucoup ». Aujourd'hui, il a le sens de « peu, pas beaucoup » et ne s'emploie qu'avec la particule négative *ne* (hors le cas où le verbe est sous-entendu : « *Comment va-t-il ? — Guère.* » *Il y a peut-être 5 kilomètres, mais guère plus* [construction familière, d'après Littré]). Ainsi, on dira : *Je n'ai guère le temps de faire cela* (et non *J'ai guère le temps...*). *Il ne s'en est guère fallu* (et non *il n'en est guère fallu*). *Elle n'a guère moins de trente ans* (Acad.).

— **De guère** est une locution archaïque : *Il ne s'en faut de guère que je ne réclame* (Balzac, liv. V, lettre 2 ; cité par Littré). *L'un fait beaucoup de bruit qui ne lui sert de guère* (Molière, *l'Ecole des femmes*, I, 1). Aujourd'hui, on supprime le *de*, mais on le trouve encore dans la langue dialectale : *La maison n'était pas en aussi mauvais état, mais de guère ne s'en fallait* (E. Le Roy, *Jacquou le Croquant*, 53). *Il ne s'épate de guère* (G. Roupnel, *le Vieux Garain*, 27).

— **Ne plus... guère.** Si *guère* ne peut s'employer avec *ne... pas* (comme *beaucoup*), il peut se construire avec *ne... plus* : *Il n'y voit plus guère. Il n'a plus guère à vivre* (Acad.). *Seigneur, tant de grandeur ne nous touche plus guère* (Racine, *Andromaque*, I, IV).

— **Guère rien.** *Guère* ne peut s'employer concurremment avec *rien*. On dira : *Je n'ai pas grand-chose à faire aujourd'hui* (et non *Je n'ai guère rien à faire aujourd'hui*, qui est pléonastique).

— **Guères** (avec un *s*), d'après l'Académie, ne s'emploie plus qu'en vers. On le trouve encore en prose (avec une nuance d'archaïsme toutefois), chez de bons auteurs : *Ce livre que le public ne lut guères* (A. France, *le Génie latin*, 270).

guérilla a été introduit dans le langage militaire français au commencement du XIXᵉ siècle, lorsque les Espagnols eurent recours à ce genre de lutte contre Napoléon Iᵉʳ. Il signifie « petite guerre, guerre de partisans », et désigne, par extension, les troupes qui participent à cette guerre : *Ce ne fut que guérillas et coups de mains Une guérilla efficace* (Acad.).

Mais s'il est permis d'appeler *guérillas* les bandes de partisans, on aurait tort de donner ce nom à chacun des hommes faisant partie de ces troupes, et de dire, avec Barbey d'Aurevilly (*le Chevalier Des Touches*, 86) : *Ces compagnons, ces guérillas, ces gentilshommes.*

Dans ce sens, le mot qui convient est **guérillero** : *Les verbeux récits de l'ancien guérillero* (A. Theuriet, *la Pamplina*, 36).

guerre. — **De guerre lasse** est une expression figée : *De guerre lasse* (et non *las*), *ils se sont rendus*.

— Les noms composés **après-guerre, avant-guerre** sont du *masculin*. (Il s'agit là de temps, d'une période, et non d'une guerre qui aurait eu lieu *après* une autre, *avant* une autre, etc.).

guet-apens se prononce *ghé-ta-pan*, au singulier comme au pluriel.

gueule. V. BOUCHE.

— En termes de blason, *gueules* (avec un *s* et masculin *singulier*) désigne la couleur rouge : *De gueules à l'aigle bicéphale...*

guide, au sens de « qui dirige une personne ou un groupe de personnes », n'a pas de correspondant féminin. On dit *un guide* même quand il s'agit d'une femme : *Cette jeune fille est un guide remarquable. Mᵐᵉ Durand, le guide, nous expliqua...*

(**Guide** féminin désigne la lanière de cuir qu'on attache au mors d'un cheval de trait pour le conduire ; si le cheval est monté, on dit **rêne.**)

guigne - guignon. — La **guigne**, c'est la malchance habituelle, la déveine persistante : *Avoir la guigne* (Lar. du XXᵉ s.). *La guigne n'a cessé de me poursuivre aujourd'hui. Porter la guigne, porter guigne à quelqu'un* (Acad.).

Le **guignon** n'est qu'une malchance provisoire : *Avoir du guignon* (Acad.). *C'est un guignon que nous ne nous soyons pas rencontrés* (Acad.).

Comme on le voit par ces exemples,

on dira *avoir la guigne* (et non *de la guigne*), *avoir du guignon* (et non *le guignon*), ce qui s'explique par le sens même de ces mots.

guillemets. — Les guillemets (« ») s'emploient pour faire ressortir un mot, une expression, dans une phrase, parfois en opposition avec l'italique :

> Le latin *folium* signifie « feuille ».
> Philippe IV fut surnommé « le Bel ».
> Une voiture dite « de luxe ».
> Elle ne voulait pas servir de « cow-boy » aux médecins, disait-elle.
> C'était le « bouif » du village.

(A noter que dans ce dernier cas l'article ne doit pas être compris dans les guillemets, puisque seul le nom doit ressortir.)

On met aussi les guillemets au début (guillemets ouvrants) et à la fin (guillemets fermants) d'une citation littérale. Chaque alinéa doit être guillemeté, et si une autre citation est incluse dans la première, chaque ligne de cette citation commencera par un guillemet (le plus souvent ouvrant) :

> Mon père reprit le livre et lut à haute voix:
> « Il le rencontra un soir qu'il se promenait sur le quai.
> « Il l'aborda et lui dit : « Pourquoi « n'avez-vous pas répondu à ma demande, « pourtant si justifiée? »
> « L'homme tourna la tête et ne répondit pas. »

Il est inutile de guillemeter les citations composées en caractères différents, ce changement de caractères suffisant à les faire ressortir.

— Le dialogue commencé par un guillemet ouvrant se continue par des tirets et se termine par un guillemet fermant :

> « Où l'avez-vous rencontré?
> — A Nantes.
> — Etait-il accompagné?
> — Non. »

Les courtes incises, comme *dit-il, répondit-il*, etc., ne s'isolent pas des parties guillemetées et restent incluses dans la citation.

— Si la phrase citée est complète (commençant par une majuscule), elle se termine par un point (point final, point d'interrogation, d'exclamation) suivi du guillemet fermant. Dans le cas d'une citation incomplète (phrase tronquée), le point se met après le guillemet :

> Il lui dit : « Donnez-moi cela. »
> On passa les ciseaux dans sa « chevelure d'or aux boucles sans pareilles ».

— Dans les opérations chiffrées (tableaux, catalogues, etc.), le guillemet indique la nullité (et non la répétition) :

Bordeaux blanc 1946............	2,20 F
— 1947............	»
Bourgogne rouge 1937............	4,50 F

(Pour indiquer la répétition, on se sert du tiret.)

guillemeter s'écrit avec un seul *t* et fait *je guillemette, nous guillemetons*.

gymkhana est du *masculin*.

gymnastique. — On dit *Faire de la gymnastique* (et non *Faire du gymnase, le gymnase*).

H

h. — **Genre.** V. ALPHABET.
— **« H » muet - « h » aspiré.** L'*h* muet n'a aucune valeur dans la prononciation. On prononce *l'héroïne* comme si l'orthographe de ce mot était *l'éroïne*.

L'*h* dit « aspiré », à l'initiale, a pour fonction de marquer l'hiatus. Il empêche l'élision et la liaison : *le héros* (et non *l'héros*), *un funeste hasard* (on ne prononce pas *funest' hasard*).

Il n'est pas de règle absolue pour

distinguer, d'après l'étymologie, les mots à *h* muet de ceux dont l'*h* est aspiré : on vient de voir qu'on dit *le héros* et *l'héroïne*. On dit de même *le huis clos* et *l'huis était clos*, etc.

— **Ha-**. L'*h* est muet dans les mots suivants commençant par *ha* : *habile, habilleur, habit, habitat, habitude, hagiographie, haleine, halieutique, hallali, halluciner, halogène, halographie, haltère, hamadryade, hamamélis, hameçon, hanséatique* (mais *la hanse*), *haploïde, harmonie, hast*, et leurs dérivés.

L'*h* est aspiré dans : *ha !, habanera, hâbleur, hache, hagard, haie, haïkaï, haillon, haine, haïr, haire, hale, hâle, halener, haleter, hall, halle, hallebarde, hallier, halo, halte, hamac, hamada, hameau, hammerless, hampe, hamster, hanap, hanche, hand-ball, handicap, hangar, hanneton, hanse* (mais non *hanséatique*), *hanter, happer, haquenée, haquet, hara-kiri, harangue, haras, harasse, harasser, harceler, harde, hardes, hardi, hard labour, harem, hareng, haret, hargne, haricot, haridelle, harnais, haro, harpe, harpie, harpon, hasard, haschisch, hase, hâte, hauban, haubert, hausse, haut, hautain, hautbois, hauteur, havane, have, haveneau, haver, havi, havre, havresac*, et leurs dérivés.

— **He-**. L'*h* est muet dans : *hebdomadaire, héberger, hébertisme, hébéter, hébreu, hécatombe, hectare,* préfixe *hecto-, hégélien, hégémonie, hégire, hélas !, hélice, hélicoptère,* préfixe *hélio-, hélium, hellénisme, helminthiase,* préfixes *héma-* et *hémo-,* préfixe *hémi-,* préfixe *hendéca-,* préfixe *hépa-,* préfixes *hept-* et *hepta-, héraldique, herbe, hérédité, hérésie, hériter, hermaphrodisme, hermétisme, hermine, héroïne, héroïque,* etc. (sauf *héros*), *herpès, hésiter, hétaïre,* préfixe *hétéro-, hetman, heure, heureux,* préfixe *hexa-*, et leurs dérivés.

L'*h* est aspiré dans : *hé !, heaume, hein !, héler, hem !, henné, hennin, hennir, héraut, hercher, hère, hérisser, hérisson, hernie, héron, héros* (les dérivés ont un *h* muet), *herse, hertz, hêtre, heu !, heurter*, et leurs dérivés.

— **Hi-**. L'*h* est muet dans : *hiatus, hiberner, hidalgo, hier,* préfixes *hiéra-* et *hiéro-, hilarité, hindou,* préfixe *hippo-,*

hirondelle, hispanisme, préfixe *histo-, histoire, histrion, hiver*, et leurs dérivés.

L'*h* est aspiré dans : *hibou, hic, hideur, hie, hiérarchie, hile, hisser*, et leurs dérivés.

— **Ho-**. L'*h* est muet dans : préfixe *holo-, hombre* (jeu), *homélie, homéopathie, homérisme, homicide, hommage, homme,* préfixe *homo-, honnête, honneur, honorable, honoraire, hôpital, horaire, horizon, horloge, hormone,* préfixe *horo-, horreur, horripilation, hortensia, horticulture, hortillonnage, hosanna, hospice, hospodar, host, hostie, hostilité, hôte, hôtel*, et leurs dérivés.

L'*h* est aspiré dans : *ho!, hobereau, hocher, hockey, holà !, Hollande, homard, home, hongre, honnir, honte, hoquet, horde, horion, hornblende, hors, hotte, hottentot, hou !, houblon, houe, houille, houle, houlette, houppe, houppelande, hourd, houret, houri, hourra, hourvari, housard, houseau, houspiller, housse, houssine, houx, hoyau*, et leurs dérivés.

— **Hu-**. L'*h* est muet dans : *hugophile, huile, huis* (sauf dans *huis clos*), *huissier, huître, humain, humble, humecter, humérus, humeur, humide, humilier, humour, humus, hurluberlu,* et leurs dérivés.

L'*h* est aspiré dans : *hublot, huche, hue !, huer, huguenot, huit* (v. ce mot), *hulotte, humage, hune, huppe, hure, hurler, huron, hurrah !, hussard, hussite, hutin, hutte*, et leurs dérivés.

— **Hy-**. L'*h* est muet dans tous les mots commençant par *hy*.

ha! V. AH !

habitat. — *Habitat* ne saurait être pris au sens d'« habitation », qu'on lui donne parfois ; c'est l'ensemble des conditions physiques et géographiques dans lesquelles vivent les espèces animales et humaines : *Les plaines de l'Asie furent le premier habitat du cheval* (Nouv. Lar. univ.). On distingue, chez l'homme, l'*habitat rural* et l'*habitat urbain*.

habiter peut s'employer transitivement ou intransitivement. On dit aussi bien : *Habiter une jolie maison* que *dans une jolie maison. Habiter la campagne* ou *à la campagne. Habiter Paris* ou *à Paris. Habiter la province* ou *en province*.

Les peuples qui habitent ce pays (Acad.). *Les peuples qui habitent sous l'équateur* (Lar. du XXᵉ s.).

hâbler et ses dérivés (*hâblerie, hâbleur*) s'écrivent avec un accent circonflexe.

hache et ses dérivés (*hacher, hachis, hachure*, etc.) s'écrivent sans accent circonflexe.

hachis - haché. — Le **hachis** est un mets préparé avec de la viande hachée : *Le hachis Parmentier du collège*.

Le **haché** (néologisme) est de la viande hachée : *Acheter 100 grammes de haché*.

haine se construit avec **pour** ou **contre**. On a, on éprouve de la haine *pour* quelqu'un, *contre* quelqu'un.

On dit aussi : *S'attirer la haine de quelqu'un* (Acad.). *Fomenter, exciter les haines* (Id.). *Cet ouvrage a été écrit en haine de la religion, en haine de nos institutions* (Id.).

haïr (*h* aspiré dans toute la conjugaison) s'écrit sans tréma (et se prononce *hé*) aux trois personnes du singulier du présent de l'indicatif et à l'impératif singulier : *je hais, tu hais, il hait; hais*. Il conserve son tréma à la 1ʳᵉ et à la 2ᵉ personne du pluriel du passé simple, ainsi qu'à la 3ᵉ personne du singulier de l'imparfait du subjonctif : *nous haïmes, vous haïtes; qu'il haït*.

Les autres temps se conjuguent régulièrement sur *finir*.

halener, « sentir l'haleine de quelqu'un », etc., s'écrit sans accent (et aussi sans *-ei-*) : *Je ne l'eus pas plus tôt halené que je vis qu'il avait pris du vin* (Lar. du XXᵉ s.).

haler - hâler. — **Haler** (sans accent) signifie « tirer avec effort à l'aide d'un cordage » : *Haler un bateau. Haler une bouée à bord* (Acad.). **haler** a pour dérivé **halage** : *Un chemin de halage*.

Hâler (avec accent circonflexe) a le sens de « brunir », en parlant du teint, de la peau : *Il est hâlé par le soleil, par le vent. Etre hâlé*, c'est être bruni par le *hâle*.

Dans ces deux homonymes, l'*h* est aspiré.

haleter se conjugue comme *acheter* (et non plus comme *jeter*) [Acad., 1932] : *je halète, nous haletons*.

haltère est du *masculin* : *Un haltère de 20 kilos*.

hameau - village. — Le propre du **hameau** (« groupe de maisons rurales ne formant pas commune ») est de n'avoir pas d'église; c'est à partir du **village** qu'on rencontre l'église paroissiale : *Ce n'est pas un village, ce n'est qu'un hameau* (Acad.).

Un *hameau* peut toutefois posséder une chapelle : *Chapelle Saint-Léon, au hameau du même nom* (Guides bleus, la Bretagne, 219).

Il y a donc une impropriété dans cette phrase de Chateaubriand (*Mémoires d'outre-tombe*, IV, 170) : *Un hameau indiqué par le campanile d'une petite église*. De même dans la mélodie de Paul Delmet, paroles de Charles Fallot (*la Petite Eglise*) : *Je sais une église au fond d'un hameau...*

hanse. — Dans ce mot, l'*h* est aspiré (*la hanse*), mais il est muet généralement dans l'adjectif *hanséatique* (Littré, et Martinon, *Comment on prononce le français*, 254) : *Les villes-(h)anséatiques* (avec liaison). On a d'ailleurs écrit *anséatique* (sans *h*).

harasser et ses dérivés (*harassant, harassement*) s'écrivent avec un seul *r*.

harceler, ayant pour nom correspondant **harcèlement**, fait *je harcèle, nous harcelons*.

(L'Académie, qui ne donne pas *harcèlement*, écrit *je harcelle*, ce qui amènerait l'orthographe *harcellement*, inusitée.)

V. aussi -ELER.

haricot se prononce avec *h* aspiré, sauf dans certaines expressions populaires : *Ils commencent à nous courir sur l'haricot* (R. Benjamin, *Gaspard*, 37).

hasard s'écrit avec un *s* (et non un *z*) : *A tout hasard*.

hasarder, suivi d'un infinitif, se construit avec **de** : *On hasarde de perdre en voulant trop gagner* (La Fontaine, *Fables*, « le Héron »).

— **Se hasarder** se construit ordinairement avec **à** : *Je me hasarderai à faire cette proposition* (Acad.). On rencontre parfois **de** : *Si quelqu'un se* *hasarde de lui emprunter quelques vases* (La Bruyère; cité par le Lar. du XXᵉ s.).

hausse-. — Les composés *hausse-col* et *hausse-pied* font au pluriel *haussecols* (Acad.), *hausse-pieds*.

haut, adjectif, s'accorde : *Un haut sommet, une haute montagne. De hauts personnages. Un courant de haute fréquence* (sans trait d'union). *Le haut Moyen Age. Un chapeau haut de forme* (mais, substantivement : *un haut-de-forme*).

On écrit : *La Haute Assemblée* (le Conseil de la République). *La haute cour de justice* ou *la Haute Cour. Un haut fonctionnaire. Le Très-Haut. Etre accusé de haute trahison. Le haut bout. Personne haute en couleur. On parle de lui en haut lieu* (Acad.). *Les hauts lieux où souffle l'esprit.*

La *haute mer*, c'est le large, la mer loin du rivage ; la *mer haute*, c'est la mer au maximum de montée de la marée.

— **Haut** se lie à un nom propre par un trait d'union si le composé désigne une unité administrative : les *Hautes-Alpes*, les *Hautes-Pyrénées*, le *Haut-Rhin*, la *Haute-Loire* (départements), la *Haute-Volta*. Mais on écrira : les *hautes Alpes*, les *hautes Pyrénées* si l'on considère ces montagnes d'après leur situation par rapport à la mer. Le *haut Rhin*, la *haute Loire*, la *haute Seine*, etc., désignent la partie de ces fleuves qui est plus voisine de la source que de l'embouchure. L'Académie écrit également : *La haute Allemagne. La haute Egypte* (la *Haute-Egypte* est une division administrative historique). *Le haut Languedoc. La haute Bretagne. Le haut Poitou. La haute Alsace. Le haut allemand* (langue).

V. aussi BAS.

— **Haut** adverbe est *invariable* : *Personnages haut placés, les plus haut placés. Porter haut la tête. Haut les mains! Haut les cœurs! Tenir haut les rênes. Une locomotive haut le pied* (Acad.). *Femme qui parle haut. Des oiseaux qui volent haut* (Acad.).

— **De haut en bas - du haut en bas.** On distingue parfois ces deux expressions, la première étant réservée au sens moral de « avec mépris, avec

hauteur » (*Traiter, regarder quelqu'un de haut en bas*), la seconde au sens matériel de « du haut jusqu'en bas » : *La tour était éclairée du haut en bas. Visiter une maison du haut en bas.*

Cette distinction n'est pas toujours observée : *Traiter quelqu'un du haut en bas, de haut en bas* (Littré, Acad.).

Toutefois, avec un complément, on dira toujours *du* : *Il est tombé du haut en bas de l'arbre. Il a glissé du haut en bas de la colline.*

— **En haut - au haut.** *En haut* a un sens plus général que *au haut. Il* signifie « en un lieu plus élevé, au-dessus » (*Il est en haut. Loger en haut. Passer par en haut*), tandis que *au haut* signifie « au sommet » : *Le coche arrive au haut* (La Fontaine, *Fables*, « le Coche et la Mouche »). *L'oiseau était perché au haut de l'arbre. Certain renard* [...] *vit au haut d'une treille...* (La Fontaine, *Fables*, « le Renard et les raisins »).

— **Là-haut,** opposé à *là-bas*, s'écrit avec un trait d'union.

— **Monter en haut** est un pléonasme : *Il monta prendre ses bagages* (et non *Il monta en haut...*).

haut-commissaire et son dérivé *haut-commissariat* s'écrivent avec un trait d'union (il s'agit d'une fonction bien définie et non d'un terme général, comme *haut fonctionnaire*) : *Des hauts-commissaires.*

haut-de-chausses fait au pluriel *hauts-de-chausses.*

haut-de-forme fait au pluriel *hauts-de-forme.* On écrit : *Un haut-de-forme,* mais *Un chapeau haut de forme* (sans traits d'union).

haute-contre, « voix masculine plus étendue dans l'aigu que celle du ténor », fait au pluriel *hautes-contre.* (Ce mot est *féminin* même quand il désigne le chanteur qui possède cette voix.)

haut-fond. V. BAS-FOND.

haut fourneau s'écrit sans trait d'union et fait au pluriel *hauts fourneaux.*

haut-le-cœur est *invariable : Avoir des haut-le-cœur.*

haut-le-corps est *invariable : Ce cheval fait des haut-le-corps* (Acad.).

haut le pied, adjectif, s'écrit sans traits d'union : *Cheval haut le pied* (Acad.). *Locomotive haut le pied* (Id., Lar. du XX° s.).

Un **haut-le-pied** (nom invariable et avec trait d'union) est un « homme qui n'a pas d'établissement fixe, et qui peut disparaître brusquement » : *Ne lui prêtez pas d'argent, c'est un haut-le-pied* (Lar. du XX° s.).

haut-parleur fait au pluriel *haut-parleurs.*

haut-relief. V. RELIEF.

havane, adjectif de couleur, est *invariable : Des velours havane.*

V. aussi COULEUR.

hâve, « pâle, amaigri, décharné », s'écrit avec un accent circonflexe.

haver, terme de mines, et ses dérivés (*havage, haveur, haveuse*) s'écrivent sans accent circonflexe.

havir, « brûler à l'extrême sans cuire en dedans », quoique formé sur *hâve,* s'écrit sans accent circonflexe : *La viande havit à un trop grand feu, ne fait que se havir* (Acad.).

havre, « port », s'écrit sans accent circonflexe : *Jeter l'ancre dans un havre* (Lar. du XX° s.).

Il en est de même du nom de la ville du *Havre.*

hé ! V. EH !

hebdomadaire. V. BIHEBDOMADAIRE.

hébétement s'écrit avec deux accents aigus.

hébraïque. V. HÉBREU.

hébreu fait au pluriel *hébreux : Des textes hébreux.*

Au féminin, et en parlant des choses, il fait *hébraïque : Langue, grammaire hébraïque.* (En parlant des personnes, on dit *juive.*)

On rencontre parfois *hébraïque* pour l'adjectif masculin : *Caractères [lettres] hébraïques* (Acad.). *Le grand prêtre hébraïque* (V. Hugo, *le Rhin,* I, 10).

hécatombe. — A l'origine, une *hécatombe* (du gr. *hekaton,* cent, et *bous,* bœuf) était un sacrifice de cent bœufs que faisaient les Anciens. Par extension, on désigne par ce mot le « massacre d'un grand nombre de personnes ou d'animaux » : *Les batailles sont des hécatombes humaines* (Lar. du XX° s.). *Se livrer à une hécatombe de lapins.*

Naturellement, on ne saurait employer le mot *hécatombe* quand il s'agit d'un seul animal, comme dans la phrase suivante citée par Deharveng (*Corrigeons-nous*) : *Il s'oppose à l'hécatombe de l'animal* (G. Duval, *Mémoires d'un Parisien,* I, 277).

héliotrope est du *masculin.*

hémisphère est du *masculin : L'hémisphère austral. Les hémisphères cérébraux.*

Il en est de même de *planisphère* (mais *atmosphère, barysphère, stratosphère* sont du féminin).

hémistiche est du *masculin.*

Henri, prénom, se prononce ordinairement sans aspirer l'*h : L'assassinat d'Henri III. Le nom d'Henri fut porté par plusieurs rois de France* (Lar. du XX° s.). *Les trois-z-Henri.*

Toutefois, l'*h* s'aspire dans le style soutenu.

L'*h* d'*Henriette* n'est jamais aspiré.

herbe. — Dans l'herbe - sur l'herbe. *Dans l'herbe* marque particulièrement que l'herbe est haute et dissimule plus ou moins les personnes ou les choses : *[Il] s'assit dans l'herbe, les mains croisées sur les genoux* (J. Green, *Moïra,* 30). *Les fruits étaient tombés dans l'herbe.*

Sur l'herbe indique seulement la nature herbeuse du sol : *Se coucher sur l'herbe* (Littré, Acad.). « *Le Déjeuner sur l'herbe* », d'Edouard Manet

herbeux - herbu. — Herbeux se dit surtout d'un lieu « où il croît de l'herbe » : *Clairière herbeuse* (Acad.). *Plaine herbeuse* (Lar. du XX° s.).

Herbu dit plus et marque que l'endroit est « couvert d'herbe », que « l'herbe y foisonne » : *Un champ herbu* (Acad.). *Un pré fort herbu* (Id.). *Un chemin herbu* (dit aussi « chemin vert »). *Ils avancèrent sur le tapis herbu* (M. Prévost, *Monsieur et Madame Moloch,* 23).

hère, de l'allemand *Herr,* sire (cf. *triste sire*), ne s'emploie que dans l'expression *pauvre hère* (*h* aspiré), « miséreux ».

hériter peut être employé, selon le cas, comme intransitif, transitif direct ou transitif indirect. Quand il n'a qu'un seul complément, il est suivi de la préposition **de** : *Hériter d'une tante* (Lar. du XX⁰ s.). *Il a hérité de deux cent mille francs.*

Mais si *hériter* a deux compléments, l'un sera direct (réservé aux choses) et l'autre indirect (réservé aux personnes). *Il a hérité deux cent mille francs de son frère. Il n'a pas hérité un sou de son oncle* (Lar. du XX⁰ s.).

Certains écrivains se sont affranchis de ces règles, en particulier pour des raisons d'euphonie : *Il hérita aussi un esprit séditieux* (J. Chardonne, *Romanesques*, 11). *Il avait hérité le goût des manies tranquilles* (A. Thérive, *le Charbon ardent*, 116). *Ils avaient, à la mort de leurs parents, hérité quelques milliers de francs de rente* (P. Benoit, *le Déjeuner de Sousceyrac*, 19).

héros se prononce avec *h* aspiré (pour éviter la liaison *les-z-[h]éros [zéros]*). Dans tous les dérivés (*héroïne, héroïque, héroïsme*, etc.), l'*h* est muet.

hésiter se construit avec **à, dans, sur, de, entre** : *Il n'hésita point à répondre* (Acad.). *Il hésitait dans ses réponses* (Id.). *Il a longtemps hésité sur le choix de la profession qu'il doit embrasser* (Id.). *Il avait hésité de s'y rendre* (A. Hermant, *le Crépuscule tragique*, 30). *Hésiter entre deux partis* (Lar. du XX⁰ s.). *Hésiter en débitant son rôle* (Id.).

Hésiter de est aujourd'hui archaïque.

hétéroclite, au sens familier de « qui a une apparence ridicule, étrange », se dit aussi bien des personnes que des choses : *Personnage hétéroclite* (Acad.). *Manières hétéroclites* (Id.).

Ce mot s'emploie surtout pour « qui s'écarte des règles ordinaires », en parlant des choses : *Un bâtiment hétéroclite* (Littré). *Mot composé hétéroclite* (Acad.).

heur, du lat. *augurium*, signifie « chance quelconque » (*Tout n'est qu'heur et malheur en ce monde*) et aussi « chance favorable, bonne fortune » : *Avoir l'heur de plaire* (Acad.).

heure. — Pour indiquer l'heure, on dit : *Il est 3 heures et quart* (le tour *un quart* est vieilli), *minuit moins le quart, 3 heures et demie, midi cinq, midi précis, 2 heures précises. Midi sonne; à midi sonné, à midi sonnant. Une heure*

et demie a sonné. *4 heures sonnent. La demie de 3 heures sonne. Le quart de 2 heures était sonné. Je suis arrivé à sept heures sonnantes* (Acad.). *Il est 8 heures sonnées. (C'est,* pour *il est,* est du langage familier.) *Sur les deux heures* (Acad.). *Vers 1 heure* (et non *Vers les 1 heure). Il est deux heures trente et une minutes* ou *deux heures trente et un* (quoique *minute* soit sous-entendu).

L'usage tend à établir de numéroter les heures de o à 24, en commençant à minuit, surtout dans les textes administratifs et dans les horaires : *Veuillez vous présenter à 14 heures. Ce train arrive à quatorze heures, à vingt-trois heures* (Acad.). Mais on dira toutefois : *Je vous rejoins à 4 heures, à 4 heures de l'après-midi.*

Il n'est pas recommandé de faire la liaison entre *heures* et la conjonction *et* : *Il est 2 heure(s) et demie* (et non *2 heures-z-et demie*).

NOTA. — Les heures de l'horloge s'écrivent ordinairement en chiffres : *Se lever à 8 heures.* Les durées exprimées en heures s'écrivent en toutes lettres (sauf si le nombre est complexe) : *Il a dormi pendant huit heures. Ils firent le voyage en trente-six heures. Il a fait ce travail en 2 h 45.*

On écrit normalement 9 h 3, 10 h 5, etc. (et non 9 h 03, 10 h 05, etc.).

V. aussi MIDI.

— **Demi-heure** employé sans article est du langage dialectal. On dira : *Il me faut une demi-heure pour faire cela* (et non *Il me faut demi-heure...*).

— **Deux fois l'heure,** *le jour, la semaine, le mois, l'an* est aussi correct que *deux fois par heure, par jour, par semaine,* etc. Toutefois, il n'est pas d'usage d'employer l'article en ce cas-là (sauf pour *an* : *Nous le voyons à peine deux fois l'an*) ; on se sert presque toujours de *par.*

— On dit **tant l'heure** ou **tant par heure** (et non *tant de l'heure,* qui est du langage populaire) : *Gagner, être payé 200 francs l'heure.* Avec *jour, semaine, mois, an,* on emploie généralement *par* : *Gagner 2 000 francs par jour, 15 000 francs par semaine,* etc.

— **A l'heure** se dit au sens de « par heure » pour indiquer une vitesse : *Faire 120 kilomètres à l'heure.*

— **Tout à l'heure** signifie « dans un instant » et « il y a peu » : *Nous aurons fini tout à l'heure* (Lar. du XXᵉ s.). *Il a plu tout à l'heure* (Id.).

Ne pas employer cette expression au sens de « sur l'heure, tout de suite », qui a vieilli.

heureusement. — Avec **heureusement que**, on emploie l'indicatif ou le conditionnel, selon le sens : *Heureusement que vous êtes là, que vous étiez là. Heureusement pour lui que son père ne l'aperçut pas* (Littré). *Heureusement qu'on ne vous le servirait pas à table.*

heureux se construit, selon le sens, avec différentes prépositions (**à, de, en, dans...**) : *Etre heureux à la campagne, en ville, dans la médiocrité. Je suis heureux de votre bonheur. Il est fort heureux d'en être quitte à si bon compte* (Acad.).

— **Il est heureux que** (impersonnel), de même que *Je suis heureux que*, se construit avec le subjonctif : *Il est heureux que vous vous soyez trouvé là. Je suis heureux, nous sommes heureux qu'il soit arrivé. Nous sommes heureux qu'il n'en ait rien su* (Acad.).

— **Etre heureux de ce que,** lourd et parfois équivoque, n'est pas à conseiller.

heurter, employé transitivement et au sens propre, signifie « choquer rudement » : *Heurter un passant, un arbre, un mur.*

Dans ce sens, on dit parfois, intransitivement, *heurter contre* ou *sur* (se cogner) : *Heurter contre un rocher* (Acad.). *Heurter de la tête contre la muraille* (Id.). *On heurtait sur un rocher* (Sainte-Beuve, *Volupté*, II, 56).

Mais on emploie plus souvent la forme pronominale *se heurter* : *Se heurter contre une porte fermée.* Au figuré : *Se heurter contre maints obstacles* (Lar. du XXᵉ s.). *Se heurter à l'indifférence générale.*

Heurter à la porte (à l'aide du *heurtoir*), pour *Frapper à la porte*, ne se dit plus guère qu'avec une nuance d'archaïsme.

hiatus se prononce avec un *h* muet, quoique ce mot serve justement à désigner le choc de deux voyelles (en fait, ce mot latin vient de *hiare*, qui signifie « être béant », parce que la bouche

s'ouvre dans l'hiatus) : *L'hiatus est interdit en prosodie classique. Cet hiatus blesse l'oreille* (Acad.).

hiberner - hiverner. — A une lettre près, ces deux mots sont homographes. La légère différence d'orthographe provient de ce qu'*hiberner* a été tiré directement du latin *hibernare*, tandis qu'*hiverner* a été formé d'après *hiver*, lui-même venu d'*hibernum*.

Hiberner, c'est passer l'hiver dans un état d'engourdissement complet (en parlant de certains animaux) : *La marmotte et l'escargot hibernent.*

Hiverner, c'est passer à l'abri la mauvaise saison : *Les troupeaux des Alpes hivernent au pied des montagnes. La flotte hiverne dans tels ports* (Acad.).

On dit aussi, transitivement : *Hiverner les bestiaux*, et *Hiverner une terre* (lui donner la dernière façon avant l'hiver).

hibou fait au pluriel *hiboux*.

V. aussi BIJOU.

hier se prononce en une ou deux syllabes : *yèr* ou *i-yèr* (mais *avant-hier* se dit *avan-tièr*). L'*h* est toujours muet : *D'hier à aujourd'hui.*

On dit *hier soir* ou *hier au soir, hier matin* ou *hier au matin*. La première construction est toutefois plus commune.

— **D'hier à aujourd'hui,** *d'hier en huit, en quinze.* V. AUJOURD'HUI.

hindou - indien. V. INDIEN.

hippo- - hypo-. — Ne pas confondre, dans l'orthographe, le préfixe grec *hippo-* (de *hippos*, cheval) avec le préfixe (grec également) *hypo-* (de *hupo*, au-dessous). [Se rappeler que *i*, dans ce cas, est toujours suivi de deux *p*; alors que *y* n'en veut qu'un seul.]

Ainsi, on écrit : *hippocampe, hippocratique, hippodrome, hippogriffe, hippologie, hippophagie, hippopotame*, etc., mais *hypocondre, hypocrisie, hypodermique, hypogée, hypophyse, hyposulfite, hypoténuse, hypothèse*, etc.

histoire. — **Histoire de,** suivi d'un infinitif, est du style familier : *Histoire de rire et de s'amuser* (Lar. du XXᵉ s.).

hiver. — On dit ordinairement *en hiver, en été, en automne,* et toujours *au printemps.*

On rencontre aussi *à l'* pour *en*. Cette construction, courante pour *à l'automne*, est rare pour *à l'hiver* et *à l'été* : *Je traverse à l'automne un canton forestier* (G. Duhamel, *la Pierre d'Horeb*, 8 ; cité par Grevisse). *A l'hiver, le parti Mermet faiblissait* (M. Genevoix, *Forêt voisine*, 243 ; Id.). *Dans une plaine que recouvrent à l'été des moissons* (E. Herriot, *Dans la forêt normande*, 170 ; Id.).

ho! V. ô.

hoirie, terme de palais qui signifie « héritage » et vient de *hoir*, héritier, s'écrit sans *e* intercalaire : *Recevoir une terre en avance d'hoirie* (Lar. du XX⁰ s.).

holà! s'écrit avec un accent grave sur l'*a*.

holocauste est aujourd'hui du masculin (il était des deux genres au XVII⁰ s.) : *L'holocauste sacré de mes premières roses* (Baudelaire, *les Fleurs du mal*, « les Femmes damnées »).

homard. — **Homard à l'américaine** ou **à l'armoricaine** ? L'origine de cette appellation est à tel point discutée qu'on ne saurait prendre parti. Cette préparation « à la provençale » vient-elle d'Amérique ou de Bretagne ? Quoi qu'il en soit, *à l'américaine* est plus couramment employé qu'*à l'armoricaine*, qui fait précieux, à la manière de *pommes de terre en robe des champs* pour *en robe de chambre* (v. ROBE).

homicide s'écrit avec un seul *m*. C'est un terme générique qui désigne l'« action de donner la mort à un être humain », et se dit aussi de « celui, celle qui tue un être humain » : *Commettre un homicide* (Acad.). *Il est dit dans l'Evangile que ni les adultères, ni les fornicateurs, ni les homicides n'entreront dans le royaume des cieux* (Id.).

Selon l'objet de son forfait, un homicide est un *parricide* (« qui a tué son père ou sa mère »), un *matricide* (« qui a tué sa mère »), un *infanticide* (« qui a tué son enfant »), un *fratricide* (« qui a tué son frère ou sa sœur »), un *régicide* (« qui a tué un roi »), etc., et aussi un *assassin* ou un *meurtrier*.

V. aussi ASSASSINAT.

homme. — On écrit : *Un homme d'affaires, d'Eglise, d'Etat, de journée,* d'équipe, de qualité, de parole, de main, d'expédient, d'armes. *Homme lige* (sans trait d'union). *Les hommes de couleur. Il y eut trois mille hommes de tués* (Acad.). *Un homme sans façon. L'homme de la rue* (adaptation française de l'anglais *The man in the street*).

V. aussi BON, BRAVE, GALANT, GRAND, HONNÊTE, JEUNE, PAUVRE.

honnête. — Un **homme honnête** est celui qui a de l'honnêteté, de la probité ; un **honnête homme** peut se dire dans le même sens, mais aussi d'un homme joignant à la distinction de la culture et de l'esprit la politesse des manières. (Au pluriel, on dit *des honnêtes gens*.) Une *honnête femme*, une *honnête fille* se dit d'une femme, d'une fille irréprochable dans sa conduite.

— On dit : *Un langage, un procédé honnête. Un prix, un repas honnête. Un parfait honnête homme. Un très honnête homme* (Acad.).

honneur, de même que *déshonneur*, s'écrit avec deux *n*. Mais on écrit avec un seul *n* les dérivés *honorable, honorabilité, honoraire, honorariat, honorer* et *déshonorer, honorifique*.

— **En quel honneur** se dit bien pour « en l'honneur de quoi » : « *En quel honneur a-t-il offert ce dîner? — Pour son anniversaire.* »

Mais il vaut mieux éviter *quel* mis pour « de qui » (l'honneur portant sur une personne et non sur une chose). On dira mieux : *En l'honneur de qui s'est-elle parée ce soir?* que *En quel honneur...*

honorable, honoraire, etc. V. HONNEUR.

honte. — On ne dit plus guère *avoir honte à* (*Il a honte à mentir* [Littré]), mais **avoir honte de** : *N'avez-vous point honte de manquer de parole, de vous comporter avec cette indécence?* (Acad.).

— Littré admet les deux constructions suivantes : *Je n'ai point honte d'avoir fait cela* et *Je n'ai point de honte d'avoir fait cela*. Aujourd'hui, on emploiera plutôt la première (et avec *pas*) : *Je n'ai pas honte d'avoir fait cela.*

hôpital s'écrit avec un accent circonflexe sur l'*o* (accent qui tient la place de l's disparu). Mais on écrit toujours (avec s) *hospitalier, hospitaliser, hospitalisation, hospitalité.*

horaire, pris substantivement, désigne le « tableau indicateur des heures de départ, de passage et d'arrivée des trains et autres services de transport » : *L'horaire des trains de Bretagne.*

On doit donc dire : *Ces deux trains ne partent pas à la même heure* (et non *au même horaire*).

Horaire désigne aussi la « répartition des heures d'occupation, de travail de plusieurs ou même d'une seule personne » : *Avoir un horaire chargé. Je n'ai point consulté mon horaire* (Acad.). *Cet horaire ne me convient pas.*

horizon. — L'*horizon*, au sens propre, est la ligne circulaire qui semble unir, dans un paysage, le ciel et la terre (ou la mer). Il n'y a qu'un horizon, dont nous ne voyons évidemment que la partie placée devant nous. En nous retournant, nous ne voyons pas un autre horizon, mais simplement une autre partie de l'horizon unique.

C'est abusivement que Balzac a écrit (le *Curé de campagne,* 182) : *La ligne perdue des horizons planes* [sic], et Léon Bloy (la *Femme pauvre,* 27) : *La papelarde sinistre lança ses immenses bras vers l'un et l'autre horizon.* Cette idée de pluralité de l'horizon se retrouve sous la plume même d'André Gide (l'*Immoraliste,* 74) : *Le ciel, d'un horizon à l'autre, était pur.* On ne saurait davantage trouver des « extrémités » à l'horizon, comme le suppose cet auteur moderne : [Un château] *sis au sommet d'une montagne d'où l'on découvrait la mer jusqu'aux extrémités de l'horizon.*

Au sens figuré, *horizon* peut s'employer au pluriel : *Voir des horizons nouveaux.*

— **Ouvrir des horizons.** Le grec *horizôn* signifiant « qui borne », on ne peut logiquement, au sens figuré, *ouvrir des horizons,* quoique cette expression soit entrée dans l'usage : *Cette découverte ouvre de nouveaux horizons à l'esprit humain* (Acad.). *Perspective* (du lat. *perspicere,* voir à travers) se trouve, en revanche, parfaitement adapté au sens de cette expression : *Ouvrir des perspectives nouvelles.*

— **Bleu horizon** (couleur) est *invariable* : *Des uniformes bleu horizon.*
V. aussi COULEUR.

horloge est du *féminin.* (Anciennement, ce mot était du masculin, ce qui explique les tours « du Gros Horloge », en France.)

hormis, préposition, est *invariable* : *Hormis la solitude qui l'entoure.*

— **Hormis que** (« excepté que ») se construit avec l'indicatif ou le conditionnel, selon le sens : *Enfant très bien doué, hormis qu'il est étourdi. Hormis qu'il serait capable de...* (Hanse).

horoscope est aujourd'hui du *masculin* : *Un fâcheux horoscope. Tirer, faire l'horoscope de quelqu'un; dresser son horoscope* (Acad.).

horreur. — On dit : *Avoir horreur de quelque chose, Avoir l'horreur de quelque chose* ou *Avoir, éprouver de l'horreur pour quelque chose.*

hors, signifiant « à l'extrême, au-delà », s'emploie le plus souvent avec *de* : *hors d'affaire, hors d'âge, hors d'atteinte, hors de cause, hors de danger, hors d'haleine, hors de pair* (parfois *hors pair*), *hors de prix, hors de France, de la ville, du camp, hors d'ici,* etc. (V. aussi HORS-D'ŒUVRE.)

Toutefois, on le trouve sans *de* dans un certain nombre d'expressions : *hors barrière, hors cadre* (Acad., à CADRE), *hors classe, hors concours, hors ligne, hors la loi, hors les murs, compagnie hors rang, hors texte, hors tout, hors la ville* (ou *hors de la ville*), etc.

— Au sens d' « excepté », *hors* s'emploie seul devant un nom, un adjectif numéral, un pronom (Grevisse) : *Tous les genres sont bons, hors le genre ennuyeux* (Voltaire, préface de l'*Enfant prodigue*). *Ils y sont tous allés, hors deux ou trois* (Acad.). *Hors lui, tous étaient là*

Devant un infinitif, *hors* s'emploie avec *de* : *Hors de le battre, il ne pouvait le traiter plus mal* (Acad.).

— **Hors que,** signifiant « excepté que », se construit avec l'indicatif ou le conditionnel, selon le sens : *Il lui a fait subir toutes sortes de mauvais traitements, hors qu'il ne l'a pas battue* (Acad.). *Hors qu'il ne l'aurait pas pardonné.*

Hors que, avec un subjonctif, pour *à moins que*, est vieilli : *Hors qu'un commandement exprès du roi me vienne* (Molière, le *Misanthrope*, II, VII).

hors-d'œuvre, terme de cuisine, est *invariable* et s'écrit avec un trait d'union : *Des hors-d'œuvre épicés. Les radis, le beurre, les anchois se servent en hors-d'œuvre* (Acad.).

En termes d'architecture, *hors-d'œuvre*, qui désigne « ce qui est en dehors de l'alignement du corps du bâtiment principal », est également invariable : *Il y a trop de hors-d'œuvre dans ces bâtiments*. Et adjectivement (sans trait d'union) : *Ce bâtiment a tant de mètres hors d'œuvre* (Acad.).

hors-la-loi, pris substantivement au sens d' « individu qui se met en dehors des lois », est *invariable* et s'écrit avec deux traits d'union : *Traquer les hors-la-loi.*

Adjectivement, l'expression s'écrit sans traits d'union : *Etre hors la loi.*

hors-texte s'écrit avec un trait d'union quand il est pris substantivement : *Un hors-texte. Cet ouvrage contient de magnifiques hors-texte* (invariable).

Employé adjectivement, *hors texte* s'écrit sans trait d'union : *Cet ouvrage contient de magnifiques gravures hors texte.*

hosanna fait au pluriel *hosannas*.
— On écrit : *Crier hosanna. Chanter un hosanna. Il entra à l'église pendant l'hosanna* (Acad.).

hôte a deux sens tout à fait opposés. En effet, il désigne aussi bien « celui qui offre l'hospitalité » que « celui qui la reçoit », l'« hôtelier » aussi bien que le « client ». L'usage tend toutefois, pour éviter toute ambiguïté, à éliminer la seconde acception (on dit plutôt *invité* et *client*).

Le féminin est **hôtesse** (au premier sens ; pas de féminin au second) : *Une hôtesse de l'air. La bonne hôtesse.*

Hôte s'emploie également (au pluriel) au sens étendu d' « animaux qui vivent en un certain lieu ou fréquentent ordinairement la demeure de l'homme » : *Les hôtes des bois, des forêts* (Lar. du XXᵉ s.). *Les rats sont des hôtes fort incommodes* (Acad.).

hôtel. — On écrit : *Descendre dans un hôtel. Habiter un hôtel particulier. L'hôtel du duc de Lauzun, à Paris. Un hôtel de ville* (sans traits d'union). *L'Hôtel de Ville* (de Paris). *L'hôtel des Postes. L'hôtel des Monnaies, des Invalides. Un maître d'hôtel.*

hôtel-Dieu fait au pluriel *hôtels-Dieu.*
Absolument, *l'Hôtel-Dieu,* celui de Paris, s'écrit avec deux majuscules.

houppe - huppe. V. HUPPE.

hourra s'écrit avec deux *r* et sans *h* final : *Pousser des hourras* (*h* aspiré). *Le général victorieux entra dans la ville au milieu des hourras de la population* (Acad.).
On écrit aussi HURRAH, à l'anglaise.

hui. V. AUJOURD'HUI.

huilage, comme *huile* (lat. *oleum*; étymologiquement, l'*h* est inutile), se prononce avec *h* muet. Il faut dire : *Procéder à l'huilage d'un moteur* (et non *au huilage*). *L'huilage d'un ressort* (Acad.).

huis se prononce avec *h* muet (*Frapper à l'huis* [vieilli]), sauf dans l'expression **huis clos** : *Demander, obtenir huis clos* (sans trait d'union).
— **Huissier** se prononce toujours avec *h* muet : *L'huissier audiencier. Par ministère d'huissier.*

huit est *invariable* : *Il y a quatre huit dans un jeu de cartes. Faire les trois huit.*

Précédé d'un article, il se prononce avec *h* aspiré : *Le huit de trèfle. Un huit mal fait. Le huit avril. L'h* est également aspiré dans *livre huit, chapitre hui.t,* etc. (mais pas dans *page huit*).

Dans les composés, l'*h* de *huit* n'est plus aspiré quand ce mot n'est pas initial; ainsi, on fait la liaison dans *dix-(h)uit,* et l'on prononce *vingt-(h)uit* comme *quarant(e)-(h)uit,* où l'*e* s'élide; de même *mill(e) (h)uit cents*. (V. aussi SIX.)

Même règle pour **huitième.**
— Le *t* de *huit* se prononce, sauf devant un mot pluriel commençant par une consonne : *page huit', le huit' juin, huit' œufs,* mais *hui(t) francs,* et aussi *hui(t) mille mètres,* etc.
— **D'aujourd'hui en huit.** Voir AUJOURD'HUI.

huître s'écrit avec un accent cir-conflexe.

L'Académie fait remarquer qu'on dit l'*écaille* et non la *coquille* d'une huître.

V. aussi COQUILLE.

hululer. V. ULULER.

humaniste - humanitaire. — Un **humaniste** est celui qui enseigne ou qui étudie les humanités (connais-sance des langues et des littératures anciennes) : *Guillaume Budé fut un grand humaniste. Exercices destinés aux humanistes* (Lar. du XX⁰ s.).

Ce mot ne s'emploie pas adjective-ment.

En revanche, **humanitaire** est sur-tout usité comme adjectif, et il se dit de ce qui a trait à l'humanité, de ce qui est dit ou fait pour le bien de l'humanité : *Tendances humani-taires* (Acad.). *Un philosophe huma-nitaire* (Id.).

Un *humanitaire* peut se dire pour « celui qui s'occupe du bien de l'huma-nité » : *C'est un humanitaire irrésolu.*

humus se prononce *u-muss*, avec *h* muet : *Une couche d'humus.*

huppe - houppe. — On appelle **huppe** une touffe de plumes que portent sur la tête certains oiseaux : *La huppe d'une alouette* (Acad.). En ce sens, on dit parfois *houppe*, dont *huppe* est d'ailleurs une altération.

Un genre d'oiseaux munis d'une huppe porte même le nom de *huppe* (lat. *upupa*).

Houppe est valable pour tous les autres sens où l'on pourrait être tenté de dire *huppe* : « touffe de cheveux sur le devant de la tête », « petite touffe de poils », etc.

hutte s'écrit avec deux *t*, mais **cahute** n'en prend qu'un seul.

hydrocèle, de même que tous les noms se terminant par -*cèle* (du gr. *kêlê*, tumeur), est du *féminin*.

hyène se prononce sans *h* aspiré. On doit normalement dire *l'hyène* (et non *la hyène*) : *L'hyène fouille les tom-beaux pour se repaître de la chair des cadavres* (Acad.).

Pierre Loti a néanmoins intitulé un de ses livres *la Hyène enragée*, et l'on retrouve cet hiatus dans René Benjamin (*Valentine*, 123) : *Regarde la hyène*, ainsi que dans Paul Margueritte (*le Couple*, 40) : *Des glapissements de hyènes*.

hyménée est du *masculin* : *Heureux hyménée* (Acad.).

hymne est *masculin* au sens profane et *féminin* au sens religieux (liturgie cathol.) : *Un hymne à Vénus. Un hymne national. Des hymnes guerriers. Les hymnes chrétiennes* (Acad.). *Une hymne sacrée* (Grand Lar. encycl.).

hypnotiser. — Se garder de dire ou d'écrire *hynoptiser.*

hypo-. V. HIPPO-

hypogée est du *masculin* : *Un hypo-gée égyptien.*

hypoténuse s'écrit sans *h* après le *t*.

I

i. — Les noms féminins terminés par le son *i* s'écrivent avec un *e* final (*dynastie, effigie, myopie*, etc.), sauf *brebis, fourmi, perdrix, souris* et *nuit*.

— Lorsque *i* est précédé d'un *é* (*e* fermé), il ne prend jamais de tréma : *caféine, diarrhéique, gazéifier*, etc.

ïambe s'écrit avec un tréma sur l'*i* : *Les ïambes d'André Chénier* (Acad.).

ibidem. V. IDEM

ibn est un mot arabe qui signifie « fils ». Il s'écrit avec une minuscule, sauf s'il est placé au début d'un nom, et ne se lie pas par des traits d'union : *Omar ibn el-Faridh. Le poète Ibn el-Faridh. Ibrahim ibn Jacob. Le géographe Ibn Batouta.*

V. aussi BEN.

ichtyologie. — Dans ce mot, comme dans ceux de la même famille, dérivés du grec *ikhthus*, poisson, l'Académie a supprimé l'*h* qui suivait le *t* (transcription du thêta).

Ich- se prononce *ik*.

ici s'emploie, par opposition à **là**, pour désigner un lieu ou un fait déterminé ou non : *Ici tout va bien, là tout va mal. Ici le chômage, là le travail.* De même pour marquer l'opposition de temps : *Cela ne s'est pas vu jusqu'ici. A quelque temps de là* (Acad.). *Ici* indique alors le temps présent, *là* une période ou une date indéterminée.

Hors le cas d'opposition dans la même phrase, ces deux adverbes, si différents en théorie, sont souvent confondus en pratique, particulièrement dans le langage parlé. On dit, par exemple, plus fréquemment : *Arrive, je suis là*, que *je suis ici* (qui sonne d'ailleurs très mal), ou *Viens là* plutôt que *Viens ici.*

— **D'ici à.** *D'ici* se construit normalement avec *à* dans les expressions *d'ici à demain, d'ici à ce soir, d'ici à deux jours, à un mois*, etc. Et aussi dans : *D'ici à Chartres, il y a 100 kilomètres.*

La suppression de *à* est plutôt du langage relâché : *D'ici demain, d'ici Chartres.*

On dit toujours *d'ici là, d'ici peu* : *Revenez la semaine prochaine, d'ici là j'aurai fini. D'ici là nous comptons deux lieues* (Acad.). *Revenez me voir d'ici peu.* De même : *D'ici quelques minutes, d'ici une heure*, etc.

— **Ici-bas** s'écrit avec un trait d'union.

— **Ici même**, comme **là même**, s'écrit sans trait d'union.

icône s'écrit avec un accent circonflexe, mais ses dérivés (*iconoclaste, iconolâtre*, etc.) ne prennent pas d'accent sur l'*o*.

idéal fait au pluriel *idéals* ou *idéaux* (Acad.).

En réalité, l'adjectif *idéal* a le plus souvent *idéaux* pour pluriel. C'est l'avis

de Littré, et Buffon écrivait déjà : *Des êtres idéaux.*

Quant au nom, la tendance est également pour *idéaux*, quoique l'Académie signale que ce pluriel « est employé plutôt dans la langue technique de la Philosophie et des Mathématiques », alors qu'*idéals* serait réservé au « langage de la Littérature, des Beaux-Arts et de la Morale » : *Les nombres idéaux* (M. Boll, *le Mystère des nombres et des formes*, 139). *Les doigts idéals retenaient un gant couleur perle* (Villiers de L'Isle-Adam, *l'Eve future*, 20).

idée. — On dit : *L'idée lui est venue de faire telle chose* (et non *L'idée lui a pris...*; mais on dira bien : *La fantaisie lui a pris...*).

On écrit : *Dans le même ordre d'idée* (au singulier généralement).

idem - ibidem. — **Idem** est un mot latin signifiant « la même chose » qu'on emploie pour éviter les répétitions. Il est principalement en usage dans les comptes, les inventaires, les tables, les citations, etc. (il est souvent abrégé en *id.*) : *Deux draps de coton, deux taies idem. Le père est un coquin, le fils idem* (Lar. du XXe s.).

Ibidem est également un mot latin, qui signifie « au même endroit ». Il s'abrège en *ibid.* On s'en sert ordinairement dans les citations, pour marquer que le mot ou la phrase qu'on cite se trouve à l'endroit déjà indiqué dans la citation précédente. Ex. : Flaubert, *Correspondance*, III, 159. ...Id., *Ibid.*, 161.

identifier et **s'identifier** se construisent avec la préposition **avec** (plus rarement avec **à**) : *Identifier les noms anciens des localités gauloises avec leurs noms modernes* (Littré). *Un auteur dramatique doit s'identifier avec les personnages qu'il fait agir et parler* (Acad.).

identique - analogue. V. ANALOGUE.

idiome s'écrit sans accent circonflexe.

idiotie - idiotisme. — En termes de médecine, ces deux mots sont exactement synonymes, quoique le second soit moins usité que le premier. On dira donc aussi bien *Cet enfant est atteint d'idiotie* que *Les cas d'idiotisme ne sont pas rares dans cette région.*

L'**idiotisme** est également une construction particulière à un idiome (*Etre sur les dents. L'échapper belle*, etc.) : *Ce français singulier des villes bretonnes, bourré d'idiotismes* (Ch. Le Goffic, *la Payse*, 28). Mais une **idiotie** est une chose idiote, une ineptie : *Raconter des idioties à longueur de journée*. On se gardera bien, dans ce dernier cas, de dire : *des idiotismes*.

Idiotie comme *idiotisme* dérivent du grec *idiotês*, qui, à l'origine, signifiait seulement « particulier », par opposition à « magistrat ». Il a d'ailleurs donné, avec *idiotisme*, terme de grammaire, *idiome*, « langage particulier à une région ».

Le sens défavorable provient de ce que, peu à peu, le particulier devint l'homme incompétent, l'ignorant, que nous retrouvons dans le latin *idiota*. Ce sens s'amplifia jusqu'à l'extrême limite de « crétin » qu'il a atteinte de nos jours.

idole est du *féminin : Adorer une idole* (Acad.).

idylle est du *féminin : Composer une idylle* (Acad.).

igname se prononce avec un *gn* mouillé.

igné et ses dérivés (*ignicole, ignifuge, ignition,* etc.) se prononcent avec g et n séparés : *igh-né, igh-ni-*

ignorer. — *Ignorer que* se construit ordinairement avec le subjonctif : *J'ignorais qu'il fût arrivé* (Acad.). Toutefois, si l'on veut marquer la réalité du fait, on emploie l'indicatif : *Ignorent-ils que je suis Jean Pesnel, fils de failli?* (E. Estaunié, *le Labyrinthe*, 39.) Dans les phrases négatives, on emploie plutôt l'indicatif : *Je n'ignore pas que vous êtes adroit* (Acad.). *Je n'ignore pas qu'il a voulu me suivre* (Id.).

— **Ne pas ignorer de,** signalé par Littré, ne se retrouve plus guère que dans l'expression *pour, afin que nul, que personne n'en ignore.*

— **N'être pas sans ignorer,** pour *N'être pas sans savoir*, est une faute grossière et néanmoins courante. Il suffit pourtant de réfléchir quelque peu pour s'apercevoir que cette phrase dit exactement le contraire de ce qu'elle est censée faire entendre.

Il faut dire **N'être pas sans savoir,** qui a au moins le mérite d'une logique irréprochable : *Karélina n'était pas sans savoir qu'une dame Merxem s'occupait de sa petite* (M. Van der Meersch, *l'Empreinte du dieu*, 241).

L'expression critiquée, par elle-même, n'est pas une faute, et l'on peut très bien dire : *Cette petite fille n'est pas sans ignorer le bridge* (elle ignore le bridge), mais elle est à éviter, car elle ne fait qu'obscurcir l'idée.

il se prononce toujours *il'*. La prononciation *i* est aujourd'hui populaire : *Vient-i(l)? I(l) vient.*

V. aussi ELLE.

— **Il** impersonnel peut être sous-entendu : [Il] *Reste vos observations sur...* (style commercial). [Il] *Manque douze lignes*. Le verbe se met alors au singulier. Il va de soi qu'on peut également écrire, sans sous-entendre le pronom : *Restent vos observations sur. Manquent douze lignes.*

— **Il est,** pour *il y a*, s'emploie souvent dans le style élevé ou poétique : *Il était une fois une petite fille... Il est une église au fond d'un hameau...* (v. HAMEAU). *Il n'est pire sourd que celui qui ne veut entendre. Est-il puissance capable de contraindre la volonté?* (Littré.)

— **Il n'y a pas que.** La construction *il n'y a pas que*, employée même par de bons auteurs, est considérée comme fautive par certains grammairiens. En effet, *pas* n'ayant aucune valeur négative par lui-même, la locution *il n'y a pas que* aurait le sens de « il n'y a que » et signifierait exactement le contraire de ce qu'on veut lui faire dire : *Il n'y a pas que vous pour faire ce travail* serait équivalent à : *Il n'y a que vous pour faire ce travail.* En réalité, personne ne s'y trompe, et *il n'y a pas que* est le contraire d'*il n'y a que*, comme *ce n'est pas rien* est à l'opposé de *ce n'est rien*. Mais on peut, si l'on ne veut pas se mettre en désaccord avec la grammaire, tourner la phrase de manière à ne pas prêter le flanc à la critique : *D'autres que vous peuvent faire ce travail. Vous n'êtes pas le seul à pouvoir faire ce travail*, etc.

Voici quelques exemples tirés d'auteurs qui n'ont pas craint d'employer la locution incriminée : *Il n'y a pas que l'héroïsme militaire* (P. Bourget, *l'Emigré*, 63). *Il n'y a pas que la littérature* (M. Prévost, *le Jardin secret*, 102). *Il n'y a pas que ce détail que je connais* (P. Benoit, *Axelle*, 347). *Il n'y a pas que vos parents* (J. Deval, *Mademoiselle*, 13). *Il n'y a pas que vous, il y a le bonheur de nos enfants* (Montherlant, *le Maître de Santiago;* cité par Georgin). Et cette phrase de Barbey d'Aurevilly (*Une vieille maîtresse*, 19), où l'on retrouve une construction identique : *Je n'ai pas fait que cela, fit M*ᵐᵉ *d'Artelles.*

V. aussi NE (*Ne pas... que*).

— **Il n'y a de... que, il n'y a pas plus... que.** L'adjectif en rapport avec ces expressions se met au masculin singulier : *Il n'y a de divin que la pitié* (L. Bloy, *le Désespéré*, 28; cité par Grevisse). *Il n'y a pas plus puritain que certains de leurs libres penseurs* (A. Gide, *les Faux-Monnayeurs*, 81; Id.).

-il. — Dans les mots suivants, le groupe final *-il* se prononce *i* (et non *il*) : *baril, chartil, chenil, courbaril, courtil, coutil, douzil* ou *doisil, fenil, fournil, fraisil, fusil, gentil, nombril, outil, persil, sourcil.*

Il y a hésitation pour *grésil, gril* et *mil*, qui sont souvent prononcés avec *l*.

île. — « **En** » devant les noms d'îles. V. EN.

illettré - analphabète. — Ces deux mots sont synonymes, mais **analphabète** (proprem. « qui ne sait pas lire ») dit plus qu'**illettré** (à l'origine, « ignorant en littérature »), qui implique surtout l'absence d'études : *Les analphabètes sont rares en France. Les gens illettrés haïssent moins violemment, mais les lettrés savent mieux aimer* (Bernardin de Saint-Pierre, *les Harmonies de la nature*, VII ; cité par Littré) *C'est un homme illettré* (Acad.).

On est *analphabète*, mais on peut être *presque illettré.*

Illettré n'ayant pas de dérivé abstrait, ce dernier est remplacé par **analphabétisme.**

îlot s'écrit sans accent circonflexe sur l'*o* (cet accent est sur l'*i*)

ilote s'écrit sans accent circonflexe.

imaginer. — **Imaginer que,** condamné par certains grammairiens, est admis par Littré, qui considère que cette décision « est entachée d'arbitraire » : *Gardez, je vous prie, D'imaginer que vous soyez jolie* (Voltaire, *Nanine*, I, v)

L'Académie réserve toutefois à la forme pronominale la construction avec *que* : *Je ne saurais m'imaginer que cela soit comme on le raconte. C'est un homme orgueilleux qui s'imagine que tout lui est dû.*

— **S'imaginer,** suivi d'un infinitif, se construit sans *de* : *Il s'imagine être un grand bienfaiteur de l'humanité* (et non *d'être*).

— On écrit : *Elles se sont imaginé que vous leur vouliez du mal* (le pronom *se* étant complément indirect [elles ont imaginé *à soi*] ne commande pas l'accord du participe). *Voici la chose qu'elles se sont imaginée* (accord : *que* complément direct mis pour *chose*).

imbécile s'écrit avec un seul *l* (de même qu'*imbécilement*), mais **imbécillité** en prend deux.

Il se dit des choses aussi bien que des personnes : *Cet homme est un imbécile. Air imbécile* (Littré). *Rire, réponse imbécile* (Lar. du XXᵉ s.). *Joug, guerre imbécile.*

imbroglio est un mot italien francisé : *Les imbroglios italiens* (Acad.).

Il se prononce ordinairement *in-bro-gli-yo* (et rarement à l'italienne : *im'-bro-lyo*).

imiter. — On peut dire, d'après l'Académie : *Imiter l'exemple de quelqu'un,* expression naguère critiquée. On dira mieux, toutefois : *Suivre l'exemple de quelqu'un. Imiter la conduite de quelqu'un.*

immense. V. INCOMMENSURABLE.

immensurable. V INCOMMENSURABLE.

immerger signifie « plonger dans un liquide » : *Immerger un cadavre dans la mer.* Par extension, les astronomes disent qu'une planète est *immergée* dans l'ombre d'une autre planète pendant une éclipse. Mais *immerger* n'est jamais intransitif (à l'inverse de son contraire *émerger,* qui l'est toujours) et ne saurait s'employer au sens de « pénétrer », comme dans la phrase suivante : *La lumière rose du couchant immergeait par la fenêtre ouverte* (Barbey d'Aurevilly, *les Diaboliques*, 88), ou encore au sens d' « envahir, recouvrir », comme dans cette phrase de Paul Adam (*la Chute d'Icare*, 122) : *Des ruines monumentales qu'immergent bientôt les broussailles et la forêt.*

V. aussi ÉMERGER et INHUMER.

immigration - émigration. V. ÉMIGRATION.

imminent - éminent. V. ÉMINENT.

immiscer a pour nom correspondant **immixtion** (prononc. *tyon*, et non *syon*). On dit : *N'immiscez personne dans vos affaires* (Lar. du XXᵉ s.). Et pronominalement : *S'immiscer dans quelque chose.*

Immiscer ne se dit que des choses morales. On ne *s'immisce* pas dans un bâtiment, on *s'y introduit.*

immondice est un nom *féminin* qui ne s'emploie guère qu'au pluriel : *L'enlèvement des immondices* (Lar. du XXᵉ s.).

immoral - amoral. — *Immoral* est le contraire de *moral* et signifie étymologiquement « non moral ». *Amoral* peut se traduire par « sans morale ».

Est *immoral* celui qui accomplit sciemment des actes contraires à la morale, transgresse les règles des mœurs en toute connaissance de cause.

L'*amoral*, au contraire, n'a aucune notion de la morale, en ignore les principes, ou se place en dehors d'elle : *Un simple d'esprit est un amoral par le fait même qu'il ne peut contrôler ses actes.*

Ces termes peuvent de même s'appliquer adjectivement aux choses : *Un livre immoral. Un acte immoral. Ce roman est amoral plutôt qu'immoral* (Acad.), c'est-à-dire n'attaque ni ne défend la morale, n'en tient nul compte.

impardonnable se dit des choses aussi bien que des personnes : *Une faute impardonnable* (Acad.). *Un outrage, un affront impardonnable* (Id.). [On dit aussi bien dans ce sens *inexcusable.*] *Il est impardonnable d'avoir commis cette erreur* (Lar. du XXᵉ s.).

imparfait. — L'imparfait de l'**indicatif** ne comporte pas de difficultés particulières. Se rappeler toutefois que les verbes en *-ier* et *rire* redoublent l'*i* à la 1ʳᵉ et à la 2ᵉ personne du pluriel : *nous priions, vous riiez.* (Il en est de même au présent du subjonctif.) Les verbes en *-yer* s'écrivent avec *i* après *y* aux mêmes personnes : *nous balayions, vous payiez.* (*Ayons, ayez, soyons, soyez,* des verbes *avoir* et *être*, ne s'écrivent jamais avec *yi.*)

— **Imparfait du subjonctif.** Voir SUBJONCTIF et aussi CONCORDANCE DES TEMPS.

impasse est du *féminin* : *Habiter une impasse* (Lar. du XXᵉ s.).

impeccable se dit, en parlant d'une personne pour « incapable de pécher (lat. *peccare*), de faillir, de se tromper» : *Il n'y a que Dieu qui soit impeccable par nature* (Acad.). *J'ai pu faire une faute, je ne suis pas impeccable* (Id.).

Par extension, il se dit aussi des choses, au sens de « sans défaut, régulier, correct » : *Porter du linge impeccable. Une syntaxe impeccable. Sa conduite fut impeccable* (Acad.). *Toilette impeccable* (Id.). *Vers d'une forme impeccable* (Lar. du XXᵉ s.).

Cette extension aux choses étant toutefois critiquée par certains, on peut toujours, dans ce cas, remplacer *impeccable* par *irréprochable.*

impedimenta est un nom pluriel latin. Il est invariable, s'écrit sans accent et se prononce *-pé-di-min-.*

impensable, « qui ne peut être pensé ou saisi par la pensée », est un mot inutile et mal conçu qui se contredit lui-même, car on peut penser une chose sans pouvoir la concevoir, l'imaginer ou l'espérer, mais le simple fait de la penser oblige à la considérer comme pensable. De plus, comme il double ses synonymes *inconcevable, incroyable, inimaginable, invraisemblable,* etc., il peut être aisément remplacé par un de ces derniers.

impératif. — Devant les pronoms *en* et *y* non suivis d'un infinitif, on ajoute *s*, s'il n'existe déjà, au verbe à l'impératif singulier : *Parles-en à ton père. Manges-en la moitié. Touches-y, pour voir. Penses-y* plus souvent. *Vas-y, mais reviens vite.*

Si *en* et *y* sont suivis d'un infinitif, ou si *en* est préposition, le verbe à l'impératif singulier s'écrit sans *s* et sans trait

d'union : *Va y mettre ton grain de sel.*
Va en savoir des nouvelles (Acad.). *Va*
en voiture. Parle en orateur. Mange en
silence.

V. aussi s.

— **Emploi de l'apostrophe.**
L'apostrophe marque l'élision d'un pronom : *Parle-m'en. Va-t'en. Mets-t'y.*

Le, la ne s'élident pas après un impératif (sauf devant le pronom *en* ou
l'adverbe *y*) : *Fais-le entrer. Dis-le*
encore. Regardez-la errer dans le parc.
Privez-l'en et il recommencera. Mettez-
l'y à brouter.

On dit : *Donnez-m'en* (et non
Donnez-moi-z-en). *Mets-t'y* (et
non *Mets-toi-z-y*). *Menez-m'y* (et non
Menez-moi-z-y). Toutefois, ces formes
en *t'y* et en *m'y* sont peu courantes et
paraissent barbares en langage parlé. On
dira plutôt : *Mets-toi là. Menez-y-moi,*
mènes-y-moi (Littré).

— **Emploi du trait d'union.** Le
verbe à l'impératif doit être joint par
un trait d'union au pronom personnel
(ou à *en, y*) qui le suit, et cela même si
ce pronom précède un infinitif : *Parle-*
moi. Dis-le. Chante-lui une chanson.
Parlez-leur en français. Allez-y. Laissez-
le partir. Laissez-vous faire.

Toutefois, on omet le trait d'union si
le verbe (à l'impératif) est intransitif :
Allez le chercher. Va te laver. Veuillez
lui répondre. Venez le voir.

Si deux pronoms suivent l'impératif,
on met ordinairement deux traits
d'union : *Allez-vous-en. Parlez-lui-en.*
Donnez-nous-en deux. Donnez-le-moi.
Faites-le-lui recommencer. Placez-
vous-y. Attendez-nous-y. Trouvez-
vous-y de bonne heure.

Cependant, si le second pronom se
rattache à l'infinitif qui le suit, on le
détache du premier en supprimant le
trait d'union : *Laissez-la lui dire un*
mot. Allez-vous en redemander?

— **Place des pronoms.** Si deux
pronoms personnels suivent l'impératif,
le complément d'objet direct se place,
selon l'usage, en premier : *Dis-le-moi.*
Apprenez-le-lui. Passez-le-nous. Ces
droits, arrogez-les-vous. Imaginez-les-
vous. (*En* et *y* se placent toujours les
derniers : *Donne-lui-en. Fiez-vous-y.*)

On rencontre aussi la construction
inverse, mais seulement avec *nous* et
vous : *Rendez-nous-les pour un jour*

(Hanse). *Tenez-vous-le pour dit.* Mais
cette construction appartient surtout à
la langue parlée.

impétrant - postulant. — L'im-
pétrant est un **postulant** qui a *obtenu*
ce qu'il demandait (place, diplôme,
titre, etc.) : *Les diplômes universitaires*
portent la signature de l'impétrant
(Lar. du XXe s.).

C'est abusivement qu'on appelle
impétrant celui qui sollicite quelque
chose.

implicite - explicite. V. EXPLICITE.

impoli. V. POLI.

importer, au sens d' « être d'importance » ne se conjugue qu'à l'infinitif
et aux troisièmes personnes.

— **N'importe,** comme *il n'importe,*
est invariable : *N'importe quelles*
semences le laissent indifférent.

— **Peu importe** s'accorde généralement : *Peu importent les sentiments*
auxquels il a obéi (J. Bainville, *Histoire*
de trois générations, 182 ; cité par Grevisse). *Peu m'importent vos jérémiades.*

— **Qu'importe,** que *m'importe,* etc.,
s'accorde aussi, quoiqu'on trouve également l'invariabilité : *Qu'importent ses*
menaces (Acad.).

— **Ce qui importe - ce qu'il**
importe. On emploie *ce qu'il importe*
devant *que* ou devant un infinitif :
Voilà ce qu'il importe que vous fassiez.
Voilà ce qu'il importe de faire. Mais on
dira : *Ce qui importe, c'est que vous*
fassiez cela. Faire cela, voilà ce qui
importe.

imposer. — **Imposer - en imposer.**
Littré ne faisait aucune distinction
entre *imposer* et *en imposer* pris l'un et
l'autre absolument. Aujourd'hui, il est
d'usage de réserver *imposer* au sens de
« inspirer *à juste titre* le respect, l'admiration, la crainte » (*Une morale par-*
delà le bien et le mal lui imposait
[A. Hermant, *l'Aube ardente,* 244]), et
en imposer pour « tromper, abuser,
faire illusion, en faire accroire, inspirer
du respect, mais *par subterfuge* » : *Il*
était humilié par ce témoin auquel il
n'en imposait pas (R. Bazin, *les*
Oberlé, 61). En somme, *en imposer* a
un sens défavorable qu'on ne trouve
pas dans *imposer.*

Voici deux séries d'exemples tirés du

Dictionnaire de l'Académie : *Sa présence m'impose. Il m'impose par la fierté de son regard, par son aspect majestueux. Notre fière contenance imposa aux ennemis. Ces bravades ne peuvent imposer qu'aux âmes faibles.* On dit. dans un sens analogue : *C'est un homme qui s'est imposé par son mérite, dont la présence s'impose. — Vous voulez en imposer à vos juges, à vos auditeurs. Il m'en avait imposé par son air de douceur. Vous prétendez nous en imposer.*

impossible. — Pour *Une chose impossible à se procurer* ou *qu'il est impossible de se procurer*, même règle que pour *facile* (v. ce mot).

imposte est du *féminin* : *Une imposte fixe.*

imposteur n'a pas de féminin correspondant. On dit : *Cette femme est un imposteur.*

imprésario est un mot italien francisé. Il fait au pluriel *imprésarios.* (L'Académie écrit *impresario* sans accent, ce qui entraîne le pluriel italien *impresarii* ou *impresarî*, rarement employé.)

impressionner, au sens figuré de « toucher, émouvoir », est admis par l'Académie et le Larousse du XXᵉ siècle : *Spectacle, discours, tableau, musique qui impressionne* (Lar. du XXᵉ s.). *Il s'impressionne facilement* (Id.).

On le trouve, malgré l'interdit lancé par André Thérive (« c'est un terme balourd, barbare, pédantesque et sans aucun sens précis » [*Querelles de langage*, I, 130]), sous la plume des meilleurs écrivains : *La frénésie de ma passion m'a trop facilement impressionné* (P. Bourget, *la Rechute*, 223). *L'aspect quasi sordide du lieu l'impressionnait* (A. Gide, *les Faux-Monnayeurs*, 360-361).

imprimer, au sens de « communiquer » (*Imprimer un mouvement à une machine*), est tout à fait entré dans l'usage, malgré la condamnation de Littré (« la locution *imprimer un mouvement* n'appartient pas à un style correct et exact ») et la reconnaissance par l'Académie du caractère abusif de cette acception, qu'elle donne toutefois avec les exemples suivants : *Le mou-*

vement, la force, la vitesse qu'un corps imprime à un autre. Découverte qui imprime aux idées une direction nouvelle.

impromptu, employé adjectivement, est invariable en genre : *Une mélodie impromptu.* Il varie en nombre, « mais seulement quand il se rapporte à un pluriel masculin » (Grevisse) : *Des vers impromptus* (Acad.). *Des mélodies impromptu.* La tendance est toutefois pour l'accord au féminin.

impropriété des termes. — L'emploi d'un mot à contresens est une des fautes contre la langue qu'on peut le plus déplorer. Chaque mot ayant une valeur propre, il est indispensable de s'en tenir à cette définition si l'on veut être compris de tous. De là l'utilité de consulter un dictionnaire dès qu'on doute du sens d'un mot.

La faute du contresens n'est pas l'apanage des écoliers ou des gens de médiocre instruction (*grâce* à une erreur; à la *faveur* de cette faute, etc.), on la rencontre aussi chez des écrivains de notoriété certaine. Etourderie souvent ! Ignorance parfois !

Voici quelques exemples de mots improprement employés : *Le homard aux « écailles » d'un bleu profond* (Barbey d'Aurevilly, *Une vieille maîtresse*, I, 216). *Ce globe est du poids d'environ huit livres, à cause de son centre « hermétiquement » rempli de vif-argent* (Villiers de L'Isle-Adam, *l'Eve future*, 232). *J'avais un bouton de fièvre gros comme un « gnon »* (H. Bataille, *Maman Colibri*, I, XII). *Wanda était domiciliée* (sic) *dans un ciré « insubmersible »* (P. Morand, *Ouvert la nuit*, 117). *Les plus modérés placent l'époque de sa fondation avant le déluge, pourquoi pas sous les rois « préadamites »* (Th. Gautier, *Voyage en Espagne*, 136). *Les veines gonflées en « sporules » à fleur de tempe* (A. de Châteaubriant, *la Brière*, 264). *Son triste front pâle, où les « vertèbres » transparaissaient comme les pointes d'une couronne d'épine* (M. Proust, *Du côté de chez Swann*, I, 80). *Il contracta pour cet « amphibie »* [le homard] *une passion qui devait aller jusqu'au délire* (H. Murger, *Scènes de la vie de bohème*, II, 23). *Pieds nus, en veste « de kaki »*, tout le monde était prêt

(J. Ajalbert, *Raffin Su-su*, 4). *Des fris-sons « algides » et brûlants me « sil-laient » les vertèbres* (C. Lemonnier, *l'Homme en amour*, 59).

V. aussi BARBARISME.

impudeur - impudicité - impu-dence. — L'*impudeur* est le contraire de la pudeur, c'est le manque de pudeur, de retenue : *Il a tenu des discours pleins d'impudeur* (Acad.). *L'impudeur des attitudes* (Lar. du XXᵉ s.). *Gorgés de biens, ils ont l'impudeur de deman-der encore* (Acad.).

Impudicité dit beaucoup plus qu'*im-pudeur ;* c'est un vice, contraire de la pudicité, de la chasteté : *L'impudicité des prostituées* (Lar. du XXᵉ s.). *L'im-pudicité perd le corps et l'âme* (Acad.). *Les révoltantes impudicités de Néron* (Id.).

L'**impudence,** caractère de ce qui est impudent, désigne un acte répréhen-sible accompli sans honte, avec effron-terie (préf. privatif *in,* et lat. *pudere,* avoir honte) : *Il a l'impudence de sou-tenir une chose qu'il sait être fausse* (Acad.). *Il a eu l'impudence de nier sa signature* (Id.). *L'impudeur est le manque de pudeur, et l'impudence le manque de bonne honte* (Littré). *Il mérite d'être châtié pour ses impu-dences* (Acad.).

impuissance - infécondité. — L'**impuissance** est l'incapacité *phy-sique* d'accomplir l'acte d'accouple-ment, alors que l'**infécondité** n'est autre que la stérilité : *La stérilisation entraîne l'infécondité, mais non l'im-puissance.* On peut donc être *infécond* sans pour cela se montrer *impuissant.*

impunément signifie « sans subir une punition » ou « sans s'exposer à aucun risque, à aucun danger » : *Commettre impunément des crimes* (Acad.). *Malade qui ne sortira pas impunément* (Nouv. Lar. univ.). *Elle ne sera pas impuné-ment légère* (Acad.).

Ce sens est parfois étendu abusive-ment à « en vain, inutilement » : *Il a fait impunément 300 kilomètres pour aller voir son fils.*

in-. V. INLASSABLE.

inaccessible - interdit. — Inac-cessible comporte l'idée d'*impossibi-lité.* Un *endroit inaccessible* est un endroit où il est impossible d'accéder : *Montagne, sommet inaccessible. Fenêtre inaccessible sans échelle.* (Contraire : *accessible.*)

Interdit signifie « défendu » : *Che-min interdit aux voitures. Le sucre est interdit aux diabétiques.* (Contraire : *autorisé.*)

Il est donc abusif de dire qu'un endroit est *inaccessible* parce que l'ac-cès en est simplement défendu, sans qu'aucun obstacle matériel en interdise l'entrée. Telle cette note relevée sur la porte grande ouverte d'une voiture de chemin de fer : *Compartiment inac-cessible au public.* C'est *interdit* qu'il fallait écrire.

inattention. — **Faute d'inatten-tion.** V. FAUTE.

inaudible se dit de ce qui n'impres-sionne pas l'oreille ou qu'on n'entend que difficilement : *Certaines vibrations sont inaudibles. Ce professeur parle si doucement que son cours est inaudible.*

On ne peut employer *inaudible* pour exprimer ce qu'on ne peut écouter en raison de la nature du discours. On dira : *Cette chanson n'est pas écou-table.*

incarnat, adjectif de couleur, est variable : *Avoir les lèvres incarnates* (Acad.).

V. aussi COULEUR.

incessamment a deux sens bien dis-tincts. Il signifie :

1° « Sans cesse, sans s'arrêter, conti-nuellement » : *Travailler incessamment* (Acad.). *Les exigences de systèmes incessamment contraires* (Balzac, *le Lys dans la vallée,* 185) ;

2° « Sans intervalle de temps, au plus tôt, dans un délai rapproché » : *Il fut nommé préfet de Strasbourg et se ren-dit incessamment à son poste* (Acad.). *Il doit arriver incessamment* (Id.).

inceste est du *masculin.*

inchangé, quoique non donné par l'Académie, est un adjectif tout à fait entré dans l'usage au sens de « qui n'a subi aucun changement » : *Cours inchangés. Situation inchangée* (Lar. du XXᵉ s.).

incident - accident. V. ACCIDENT.

incipit est *invariable.*

incise. — Les incises (ou propositions intercalées) *dit-il, fit-il, répondit-il*, etc., peuvent être remplacées par des verbes transitifs (*commença-t-il, s'étonna-t-il*, etc.) ou intransitifs (*maugréa-t-il, soupira-t-il*, etc.), à condition que ces verbes se superposent vraiment à l'idée de « dire » et que l'emploi n'en soit pas trop fréquent.

On évitera absolument les *s'age-nouilla-t-il, s'enfuit-il, pâlit-il*, etc., dont le ridicule n'échappera à personne.

inclination - inclinaison. — Ces deux mots sont très proches parents : *inclinaison*, réservé au sens propre, est une forme ancienne et populaire, alors qu'*inclination*, surtout spécialisé au sens figuré, est calqué sur le latin *inclinatio*.

L'**inclinaison**, dit le Dictionnaire de l'Académie, est l'« obliquité des lignes droites ou des surfaces planes sur le plan de l'horizon ; plus simplement, c'est l'état de ce qui est incliné » : *L'inclinaison d'un toit, d'un terrain, d'un arbre, de la tour de Pise. L'inclinaison de ce mur est très sensible* (Acad.).

Inclination, réservé d'abord à l' « action d'incliner », ne se dit plus guère, dans ce sens, que de l' « action de pencher le corps ou la tête en signe d'acquiescement ou de respect » : *Faire une profonde inclination devant le Saint Sacrement* (Acad.).

Mais *inclination* est surtout employé au sens figuré, et désigne alors le « mouvement de l'âme, le penchant, la tendance naturelle qui vous porte vers quelque chose », et aussi l' « affection », l' « amour » : *Inclination vicieuse. Inclination au bien. De bonnes, de nobles, de mauvaises inclinations* (Acad.). *Mariage d'inclination. Que la France fût le pays du bien-manger, je le savais déjà ; mais jusqu'à quelle poésie nous avons su porter cette inclination, c'est à Trèves que je l'ai compris* (F. Ambrière, *les Grandes Vacances*, 50). *Je ne m'alarmais vraiment qu'en mesurant le peu d'inclination que je me sentais à en prendre une autre* [maîtresse] (J. Gracq, *le Rivage des Syrtes*, 9).

On voit que, malgré leur parenté, *inclinaison* et *inclination* sont suffisamment différenciés pour que puisse être évitée toute confusion.

inclure. V. EXCLU.

— **Ci-inclus.** V. JOINDRE (*Ci-joint*).

— **Y inclus** est généralement traité comme une préposition (invariable), à la manière de *y compris* : *Le dossier complet, y inclus la note qui vous concerne.*

incognito, mot italien francisé, devrait se prononcer avec *gn* mouillé, mais on lui accorde le plus souvent la prononciation *ghni* du latin (*incognitus*) dont ce mot est issu ; il s'écrit rarement au pluriel (*incognitos*) : *Ce prince passa incognito par la France* (Acad.). *Je suis à Paris incognito et je n'y vois personne* (Id.). *Garder l'incognito, le plus strict incognito.*

incommensurable - immense. — Ces deux mots s'emploient aujourd'hui comme synonymes. **Incommensurable** est un terme de mathématiques qui se dit de « deux grandeurs qui n'ont pas de commune mesure ». On le retrouve dans : *La vie [...] incommensurable avec les autres biens* (J. Romains, *le Crime de Quinette*, 25). Une extension du sens l'a conduit à « qui ne peut être mesuré, qui est très grand ou infini » (Acad.), ce qui le rapproche d'**immense** (« sans mesure ») et le fait souvent même préférer à ce dernier, sans doute par sa longueur évocatrice : *Un espace incommensurable* (Littré et Acad.).

Immensurable, « qui ne peut être mesuré, qui dépasse toute mesure », s'est peu à peu effacé devant *incommensurable*. (**Immesurable** signifie proprement « qu'on ne peut mesurer ».)

incompréhensible - inintelligible. V. ININTELLIGIBLE.

incongrûment s'écrit avec un accent circonflexe.

V. aussi ACCENTS et ADVERBE.

inconnu se construit avec **à** aux sens où *connu* veut de : *Il était inconnu au commissaire. Et des crimes jusqu'alors inconnus aux enfers* (Racine, *Phèdre*, IV, VI). *Un frère à moi-même inconnu* (Baudelaire, *le Spleen de Paris*, 226).

incrochetable. — Le contraire de *crochetable* est *incrochetable*, et non *indécrochetable*, comme l'a écrit, probablement par confusion entre *décro-*

cher et *crocheter*, Blaise Cendrars (*Hollywood, la Mecque du cinéma*, 42): *L'ouverture de dizaines de milliers de portes et d'autant de serrures Yale indécrochetables.*

incunable. — Un *incunable* est un ouvrage imprimé qui date de l'origine de l'imprimerie (et qui est par conséquent antérieur au xvie siècle): *Une collection d'incunables* (Acad.). Et adjectivement: *Édition incunable* (Id.).

L'erreur qui consiste à appeler *incunable* un manuscrit quelconque datant du Moyen Age est assez répandue.

indemne s'écrit avec *mn* (et non *mm*): de *in* privatif, et du latin *damnum*, dommage.

Les dérivés (*indemnisation, indemniser, indemnité*, etc.) se prononcent avec le son *è: indèm-* (et non avec *a: indam-*).

indice est du *masculin: Un indice favorable.*

indien - hindou. — Ces deux noms avaient été jusqu'ici réservés le plus souvent pour désigner: le premier, les naturels des « Indes occidentales » chères à Christophe Colomb; le second, les habitants de l'Hindoustan ou Inde asiatique.

Cette distinction était surtout conventionnelle. En fait, un *hindou* (sans majuscule) étant également un adepte de l'hindouisme (on dit aussi *hindouiste*), une des religions de l'Inde, avec le bouddhisme, le parsisme et l'islamisme, il y avait sujet à équivoque. En particulier dans des expressions comme *chrétiens hindous, musulmans hindous*, etc., où le rapprochement de ces deux termes est aussi choquant que *chrétiens musulmans* ou *anglicans bouddhistes!*

Aussi, les habitants de l'Inde, considérant ce nom d'*Hindou* comme « défavorable », exigent-ils d'être appelés *Indiens,* comme leurs « frères » lointains d'Amérique. Ce qui oblige parfois à préciser de quels Indiens il s'agit lorsqu'on emploie ce nom: Indiens *d'Amérique,* Indiens *d'Asie.*

indifférer est du langage familier ou plaisant: *Ces changements perpétuels énervent le pays et l'indiffèrent* (M. Donnay, *Georgette Lemeunier,* II, xi).

On dira plutôt *Cela m'est indifférent* que *Cela m'indiffère.*

indigène signifie « qui est originaire du pays où il vit »: *Les indigènes de la Nouvelle-Calédonie. Les indigènes de l'Europe centrale. Les populations indigènes* (Acad.). *Plantes, productions indigènes.*

C'est improprement qu'on appelle *indigènes* des habitants des territoires d'outre-mer qui se trouvent hors de leurs pays. *Indigène* ne peut s'employer que par rapport au pays même: *A Rabat, j'ai vu défiler les troupes indigènes,* mais: *A Paris, j'ai vu défiler les troupes marocaines.*

D'autre part, les naturels des pays d'outre-mer voyant à tort dans *indigène* un sens défavorable, ce mot est le plus souvent remplacé par *autochtone* ou *aborigène* (se garder de dire *arborigène*), de sens identique.

Par plaisanterie, *indigène* s'emploie parfois pour « habitant »: *Les indigènes de Bourg-la-Reine* (Lar. du XXe s.).

indigeste. V. DIGESTIBLE.

indigne signifie « qui n'est pas digne, qui ne mérite pas », et se dit surtout en mauvaise part: *Je suis indigne de vos bienfaits. Il est indigne des grâces que vous lui faites* (Acad.). *Il est indigne qu'on lui témoigne le moindre intérêt* (Id.). *Un homme indigne de pardon* (Lar. du XXe s.).

L'emploi en bonne part est rare de nos jours: *Il est indigne qu'on lui fasse des reproches* (Acad., 1762). *Indigne d'un tel châtiment* (Lar. du XXe s.).

indigner. — **Etre indigné que** se construit ordinairement avec le subjonctif: *Je suis indigné que vous ayez manqué à votre ami* (Acad.).

— **S'indigner** se construit avec **de** (parfois *de ce que*) ou avec **contre**: *Ils s'indignèrent de ce joug honteux* (Acad.). *S'indigner contre quelqu'un, contre une injustice.*

Avec **de**, le verbe qui suit se met à l'infinitif: *Il s'indigne de la décadence des mœurs* (Lar. du XXe s.).

Avec **s'indigner que**, le verbe se met au subjonctif: *On s'indigne qu'il reparaisse* (Acad.).

indistinct. V. DISTINCT.

indolent - indolore. — Dans le langage habituel, **indolent** est synonyme de *nonchalant, apathique : Cet enfant est terriblement indolent.*

En termes de médecine, *indolent* (bas lat. *indolens;* de *dolere,* souffrir) a le sens de « qui ne cause point de douleur » (Acad.) : *Tumeur indolente. Douloureuse au moment où elle force le passage du canal inguinal, elle* [la hernie] *ne tarde pas à devenir indolente* (L. Ramon, dans *la Presse médicale,* n° 18, 1945).

Indolore est un synonyme récent d'*indolent* au sens médical. Couramment employé par les meilleurs auteurs, donné par Littré et le Larousse du XX⁰ siècle, il n'a pas encore été admis par l'Académie dans son dictionnaire. Convenablement formé (du préf. *in,* et du lat. *dolor,* douleur), il détrône peu à peu, toutefois, *indolent,* qui se cantonne dans son sens d'« apathique ».

A noter qu'*indolent* a pour nom correspondant *indolence,* mais qu'*indolore* n'a pas de nom qui lui corresponde.

indomptable. V. DOMPTER.

-indre. — Alors que les verbes en -*dre* conservent le *d* au présent de l'indicatif et de l'impératif, les verbes en -*indre* et en -*soudre*) le perdent aux deux premières personnes du singulier de l'indicatif présent et à la deuxième personne du singulier de l'impératif : *je plains; tu crains; feins.*

Ils changent le *d* en *t* à la troisième personne du singulier de l'indicatif présent : *il craint; il feint.*

indu s'écrit sans accent circonflexe, mais **dû** et **redû** en prennent un.

induire. — On écrit : *Induire quelqu'un au mal, à mal faire* (Lar. du XX⁰ s.). *Qui vous a induit à faire cela?* (Acad.) *Le pouvoir induit au vouloir* (P. Valéry, *Rhumbs,* 33). *Induire en tentation* (Littré).

On a fait autrefois une distinction entre *induire en erreur,* « tromper à dessein », et *induire à erreur,* « être cause que les autres se trompent ». On ne dit plus aujourd'hui qu'*induire en erreur* (Acad.).

indulgent se construit surtout avec **pour** : *Il est trop indulgent pour ses enfants* (Acad.).

On trouve aussi *indulgent envers : Etre indulgent envers soi-même.* Et aussi *indulgent à,* mais ce tour paraît aujourd'hui archaïque : *Indulgent à l'amour* (A. Chénier, *Élégies,* 11). *Plus indulgent à elle-même que je n'étais pour elle* (M. Proust, *Sodome et Gomorrhe,* II, II, 17).

indûment s'écrit avec un accent circonflexe.

V. aussi ACCENTS et ADVERBE.

industriel - industrieux. — L'industrie, dans son sens primitif, c'est la dextérité, l'adresse, l'habileté à faire quelque chose : *Avoir de l'industrie.* C'est ce sens-là qui a donné **industrieux,** « qui a de l'industrie », c'est-à-dire est adroit, habile : *Un ouvrier industrieux* (Acad.). *Le besoin rend industrieux* (Lar. du XX⁰ s.).

Dans un sens plus étendu, *industrie* se dit aussi des « arts, des métiers qui produisent des richesses par la mise en œuvre des matières premières » : *L'industrie est pour les Etats une source abondante de richesses* (Acad.). *L'agriculture et l'industrie* (Lar. du XX⁰ s.).

Industriel se rapporte à ce second sens d'*industrie* et s'entend de ce qui a rapport à l'industrie : *Ecole industrielle. Pays industriel. Richesses industrielles.*

Il s'emploie aussi comme nom pour désigner celui qui se livre à l'industrie : *Un riche industriel.* Mᵐᵉ *X..., industriel.*

inédit signifie « qui n'a pas été imprimé, publié, édité », en parlant d'un écrit quelconque : *Cet ouvrage est demeuré inédit, est encore inédit* (Acad.). Et par extension : *Auteur inédit* (Lar. du XX⁰ s.).

Familièrement, est *inédit* ce qui est nouveau, inusité : *Spectacle inédit* (Acad.). Et substantivement : *Voilà de l'inédit* (Id.).

Mais il ne faut pas employer ce mot au sens de « secret, non déclaré » : *Une cachette inédite. Goupil lui connaissait environ 80 000 francs de capitaux inédits* (Balzac, *Ursule Mirouet,* 32)

inénarrable signifie « qui ne peut être narré, raconté » : *Saint Paul vit, sur le chemin de Damas, des choses inénarrables. Le spectacle de cet affreux charnier est inénarrable.*

C'est abusivement qu'on donne à ce

mot le sens d' « impossible à raconter sans rire ».

inexact. V. EXACT.

inexpugnable se prononce *-pugh-nabl'*.

V. aussi -GN-

inextinguible se prononce *-ghuibl'* (et non *-ghibl'*).

infâme, de même que **infâmement**, s'écrit avec un accent circonflexe, mais ses dérivés (**infamant, infamie**) n'en prennent pas.

infantile - enfantin. V. ENFANTIN.

infatué et **s'infatuer** ne se disent qu'en parlant de personnes : *Femme infatuée de sa beauté* (Lar. du XXᵉ s.). *Etre infatué d'une idée. S'infatuer de quelqu'un* (Acad.). *S'infatuer d'une opinion* (Id.).

infécondité. V. IMPUISSANCE.

infecter - infester. — Une plaie est **infectée** quand elle est souillée par des germes infectieux : *Il s'est infecté le doigt par imprudence* (Acad.) ; un égout qui répand des exhalaisons malsaines *infecte* un quartier. Et absolument : *Marais qui infecte*. On voit que le verbe *infecter* renferme l'idée de souillure, d'altération, de puanteur. Au sens figuré : *Les mauvaises lectures infectent l'esprit*.

Infester signifie « ravager, désoler par des irruptions hostiles, par des actes de violence » : *Les pirates infestaient toutes les côtes* (Acad.). Par extension, « pulluler, envahir » : *Les moustiques infestent les contrées marécageuses* (Lar. du XXᵉ s.). *Plus de la moitié des moissons en sont infestées* [des termites] (L. Bertin, *la Vie des animaux*, 360). *Les mauvaises herbes qui infestent nos champs* (Acad.).

Buffon a confondu ces deux verbes quand il a écrit (*Oiseaux*, XVII, 213) : *Il ne faut pas que l'eau sur laquelle on établira les canards soit infectée de sangsues.* (Il fallait *infestée*.)

inférieur, de même que **supérieur**, bien qu'il exprime une idée de comparaison, n'est pas assimilé aux comparatifs puisqu'il se construit avec **à** (et non avec *que*) : *Le résultat est inférieur à nos prévisions*.

Toutefois, il n'est pas d'usage de dire

plus ou *moins inférieur* (*supérieur*), condamnés par Littré, qui note cependant qu'on pourrait dire : *La plus inférieure des couches* (et non *La couche la plus inférieure*). En revanche, on peut employer *très inférieur* (*supérieur*) : *C'est très inférieur à ce que j'attendais* (Hanse).

infime (du latin *infimus*, le plus bas) est le superlatif d'*inférieur* et signifie « qui est le dernier, le plus bas » : *Les rangs infimes de la société* (Littré).

L'Académie ayant étendu ce sens à « tout petit » (*Une somme infime. Une dose infime*), on devrait pouvoir dire aussi, *plus, le plus, moins, très infime*, mais il paraît plus sage de s'abstenir de ces tournures.

infinité. — **Accord du verbe.** V. COLLECTIF.

infinitif. — L'emploi de l'infinitif comme complément est souvent préférable à celui de tout autre mode, à moins qu'une équivoque ne doive en résulter. On dira plutôt *Les hommes croient être toujours bons*, que *Les hommes croient qu'ils sont toujours bons*. En revanche, il vaut mieux dire *C'est pour que tu sois à l'heure à l'école que je te fais presser* (et non *C'est pour être à l'heure à l'école...*, qui serait équivoque).

— On se gardera des ambiguïtés résultant de constructions avec un infinitif ou un participe détachés en tête de phrase : *Avant de répondre, veuillez me donner vos instructions* (pour *Avant que je réponde...*). *Ayant accouché le 10 novembre, je vous accorde une prolongation de congé jusqu'au 10 décembre* (lettre d'un inspecteur d'académie à une institutrice ; cité par R. Georgin, *le Langage de l'administration...*, 169).

— **Infinitifs qui se suivent.** Il n'est pas rare de rencontrer à la suite plusieurs infinitifs. Deux infinitifs sont fréquents (*Il faut le laisser faire*), et l'on peut même en employer trois, mais il ne faut pas abuser de cette construction : *Il pense pouvoir faire jouer sa pièce à Paris cet hiver*

— **Place du pronom personnel complément d'un infinitif.** Le pronom complément se place ordinairement entre l'infinitif et le verbe auquel

il est subordonné : *Vous devez le sortir.*
Vous pouvez en disposer. Il faut aller y
voir. Il va se tuer. La construction
Vous le devez sortir, Vous en pouvez
disposer, etc., est aujourd'hui archaïque.

— **Infinitif intercalé dans les
verbes pronominaux.** L'infinitif
intercalé est une construction correcte,
mais qui fait aujourd'hui quelque peu
affecté : *Elle lui commande de s'aller*
changer bien vite (A. Daudet, *Numa*
Roumestan. 79).

— **Infinitif de narration.** V. DE
(« *De* » unissant un sujet à un infinitif).

— **Verbes qui se construisent
avec un infinitif sans préposition
intercalaire** (*Je viens chercher. Je*
l'entends venir. Faites passer cela). Se
construisent sans préposition avec un
infinitif les verbes suivants : *accourir,*
affirmer, aimer autant, aimer mieux,
aller, apercevoir, assurer, avoir beau,
avouer, compter, courir, daigner,
gner, déclarer, descendre, désirer (v. ce
mot), *détester* (v. ce mot), *devoir, dire,*
écouter, entendre, envoyer, espérer
(v. ce mot), *estimer, être* (au sens
d'« aller »), *faillir, faire, falloir, se figu-*
rer, s'imaginer, laisser, mener, monter,
oser, partir, penser, pouvoir, préférer
(v. ce mot), *présumer, prétendre* (v. ce
mot), *se rappeler, reconnaître, regarder,*
rentrer, retourner, revenir, savoir, sen-
tir, supposer, venir, voir, vouloir, etc.
V. aussi À ET DE.

inflammation est le nom correspondant au verbe *enflammer*. (Ne pas dire
enflammation).

influant - influent. — **Influant** est
le participe présent d'*influer* (*Le climat*
influant sur le caractère, il faut en choi-
sir un qui soit tempéré), alors qu'**in-**
fluent est l'adjectif dérivé de ce verbe
et signifie « qui a de l'influence, du crédit » : *Un personnage influent.*

V. aussi PARTICIPE PRÉSENT (*Diffé-*
rences orthographiques entre le parti-
cipe présent et l'adjectif verbal).

influer - influencer. — *Influencer*
s'emploie parfois pour *influer* (*sur*).
Cependant, il vaut mieux se servir
d'**influer** au sens d'« exercer une
action » : *La bonne ou mauvaise édu-*
cation d'un jeune homme influe sur
tout le reste de sa vie (Acad.). *Ce motif*
a influé sur sa résolution (Id.). *La cha-*

leur influe sur les corps extensibles
(Lar. du XXᵉ s.).

Influencer a plutôt un sens moral
et s'applique surtout aux personnes ou
à une collectivité de personnes : *Influen-*
cer quelqu'un, les opinions de quel-
qu'un. Influencer une assemblée. Il s'est
laissé influencer par de mauvais cama-
rades, par de mauvaises compagnies
(Acad.).

Ainsi, on dira : *Votre décision*
influera sur sa carrière, plutôt que :
Sa carrière sera influencée par votre
décision.

in-folio. V. IN-QUARTO.

informer se construit avec **que** (et
non *de ce que*). *Je vous informe que...*
Il fut informé que sa demande était
accueillie (Acad.). *Ils prennent soin que*
toute la ville soit informée qu'ils font
ces emplettes (La Bruyère ; cité par le
Lar. du XXᵉ s.).

Il en est de même avec **s'informer.**
Mais il est évident que les phrases suivantes (*s'informer d'une chose*) sont
correctes : *Je ne m'informe point de ce*
qu'il peut être (Acad.). *Informez-moi*
régulièrement de tout ce que vous aurez
appris (Id.).

infra-. — Les composés d'*infra-*
s'écrivent généralement sans trait
d'union, sauf devant une voyelle :
infracrétacé, infrarouge, infrastruc-
ture, etc., mais *infra-acoustique, infra-*
axillaire.

On écrit *infra-son,* avec trait d'union,
pour éviter la prononciation *in-fra-zon.*

infusion - tisane. V. TISANE

ingambe ne signifie pas, comme certains seraient tentés de le croire,
« impotent », mais au contraire « léger,
alerte dans ses mouvements, qui a
l'usage facile de ses membres » : *Ce*
vieillard est encore ingambe (Acad.)
[il va, il vient, il marche bien].

Ingambe est tiré de l'italien *in gamba,*
en jambe.

ingénieur. — On écrit : *ingénieur-*
conseil, mais *ingénieur constructeur,*
ingénieur agronome, ingénieur électri-
cien, ingénieur hydrographe, etc (sans
trait d'union). Pluriel : *des ingénieurs-*
conseils; des ingénieurs constructeurs,
des ingénieurs agronomes, etc.

ingénument s'écrit sans accent circonflexe sur l'*u*.

V. aussi ACCENTS et ADVERBE.

inguinal se prononce *in-ghui-nal*.

inhabitable. — Est *inhabitable* ce qui ne peut être habité : *Les pôles sont inhabitables. Cette maison sera bientôt inhabitable tant elle est dégradée.*

Inhabitable n'a pas le sens d' « avec qui l'on ne peut habiter », comme on pourrait le croire en lisant cette figure de style de Marcel Prévost (*Anges gardiens*, 34) : *La fille aura quitté ses parents, soit que sa famille fût inhabitable, soit qu'une aventure galante l'eût entraînée*

inhabitué - inhabituel. — **Inhabitué** est un adjectif qui signifie « qui n'est pas habitué à, n'a pas l'habitude de » ; il ne peut s'employer sans complément : *Être inhabitué aux écarts de langage d'une personne. Enfant inhabitué à se laver tout seul. Inhabitué au travail* (Lar. du XXᵉ s.)

Inhabituel a le sens de « non habituel, dont on n'a pas l'habitude » : *Se lever à une heure inhabituelle. Occupations inhabituelles* (Lar. du XXᵉ s.).

Lorsque Jean Ajalbert, dans *Raffin Su-su* (« le P'tit », 18), a écrit : *L'impression que l'on éprouve aux lits inhabitués*, il a confondu *inhabitué* avec *inhabituel*.

inhumer, comme *enterrer*, c'est « mettre un corps *en terre* » (du lat. *in*, dans, et *humus*, terre) : *Il fut inhumé dans son pays. On l'inhuma aux frais de l'État* (Lar. du XXᵉ s.).

S'il s'agit d'une cérémonie funèbre en mer, il faut dire *immerger*.

inintelligible - incompréhensible. — Est *inintelligible* ce qui est difficilement perçu par l'intelligence : *Le discours de cet orateur filandreux est inintelligible. Ce que disait ce fantoche était parfaitement inintelligible pour moi* (V. Hugo, *le Rhin*, I, 270). *Écrivain inintelligible* (Acad.). L'inintelligibilité est non pas dans la faiblesse ou l'incapacité de celui à qui l'on parle, mais dans la manière de présenter la chose (Littré)

(*Inintelligible* se dit également d'une voix qu'on entend indistinctement . *La voix de ce malade est inintelligible*.)

Ce qui est **incompréhensible** est impossible à comprendre en raison de la nature même de la chose : *Ce raisonnement est incompréhensible* (on n'en saisit pas le fond). *Cet homme, la conduite de cet homme est incompréhensible. Cette rédaction, ce traité est vraiment incompréhensible* (Acad.).

initial fait au pluriel *initiaux*

injurieux se construit généralement avec **pour** (parfois avec **à**) : *Injurieux pour lui, pour sa maison, pour ses amis* (Acad.). *Une erreur si universelle et si injurieuse à la pitié* (Massillon).

inlassable. — La formation d'*inlassable* a été critiquée (par Faguet entre autres) parce que ce mot ne suit pas la règle habituelle des composés du préfixe *in-* devant la consonne *l*. Cf. *illégitime, illimité, illogique,* etc.

D'après cette règle, c'est *illassable* qui serait seul correct. L'usage en a décidé autrement ; et si l'Académie n'a admis dans son dictionnaire ni *inlassable* ni *illassable*, le Larousse du XXᵉ siècle a noté le premier (ainsi que l'adverbe *inlassablement*) avec cet exemple : *Une patience inlassable*. Et les bons écrivains n'ont pas manqué de l'employer : *Parle-lui de Robert inlassablement, puisque tu trouves la patience de t'occuper de ce crétin* (A. Gide, *la Porte étroite*, 119). *Une attention inlassable, sans fissure* (M. Druon, *les Grandes Familles*, 297).

A ceux, d'ailleurs, qui hésiteraient à employer *inlassable*, taxé de barbarisme, ou *illassable* parce qu'inusité, il reste le synonyme *infatigable*, qui a, toutefois, un sens plus concret.

A noter que, dans le même ordre d'idée, *illisible* a été précédé par *inlisible*. D'ailleurs, dès qu'on se trouve en présence de formes nouvelles, on a tendance à laisser à *in* sa valeur négative totale : *Mes nuits sont tragiques, inracontables* (Sacha Guitry, *Quand jouons-nous la comédie?* 11). *Le bonheur fait d'une foule de joies menues et inracontables* (A. Daudet, *Jack*, I, 210) *Des jouissances inrêvées* (Huysmans, *Certains*, 114). *Les secrets inrévélés de la magie moderne* (Id., *Là-bas*, 87). *Une saleté inlavable* (E. de Goncourt, *la Fille Elisa*, 251). *Vapeurs d'alcools et de chairs inlavées* (Georges Iman,

Nocturnes, 120). *Un lac inridé* (J. Lombard, *Byzance*, 235).

Inutile d'ajouter qu'il est toujours possible, et souvent préférable, d'employer un équivalent comme *non rêvées, non lavables, sans une ride*, etc.

innombrable s'emploie parfois avec un nom singulier qui n'a pas le sens collectif, surtout dans le style poétique : *Le cœur innombrable* (Comtesse de Noailles) *L'ancienne à la coiffe innombrable* (Saint-Pol Roux). *Les épaves d'un naufrage innombrable* (G. Duhamel, *Civilisation*, 60). *L'ombre innombrable de leurs frissons sur l'eau* (A. Hermant, la *Journée brève*, 65).

innomé s'écrit, selon l'Académie, avec deux *n* et un seul *m*, à côté de **innommable**, qui prend deux *n* et deux *m*. Toutefois, l'orthographe **innommé** n'est pas rare : *Demeure dans l'empire innommé du possible* (Sully Prudhomme, *Vaines Tendresses*, 198). *Or Brahma, haletant sous ta voix innommée* (Leconte de Lisle, *Poèmes antiques*, 62). *Tout restait vague, transparent, innommé* (E. Zola, la *Faute de l'abbé Mouret*, 261).

Innomé signifie « qui n'a pas encore reçu de nom » ; c'est un terme de droit : *L'engagement d'un domestique est un contrat innomé* (Acad.).

Dans le langage médical, on dit **innominé** : *Artère innominée. Os innominé.*

innover s'emploie transitivement ou intransitivement : *Innover une mode. Dans le commerce, il faut toujours innover.*

inouï, quoique signifiant étymologiquement « non encore entendu », peut se dire non seulement pour « ce dont on n'a jamais parlé », mais aussi pour « ce qui est extraordinaire, exceptionnel » (Acad.) : *Un orgueil inouï* (Acad.). *Voilà une chose inouïe* (Id.). *Honneurs inouïs* (Lar. du XXᵉ s.).

Rien n'empêche donc de dire, malgré qu'on en ait : *Un spectacle inouï.*

in pace, expression latine qui signifie « en paix » et désigne une prison, un cachot, est *invariable* et s'écrit sans trait d'union (Acad.).

in-quarto, mot latin employé comme nom ou comme adjectif, est *invariable* : *De magnifiques in-quarto. Ouvrage en deux volumes in-quarto.*

(On rencontre parfois *in-quartos* au pluriel, ce qui n'est pas illogique puisque ce mot est francisé par le trait d'union.)

L'invariabilité vaut pour *in-plano, in-folio, in-octavo, in-douze, in-seize, in-dix-huit*, etc. (Ces trois derniers ne prennent en aucun cas la marque du pluriel.)

On prononce *in* devant une consonne, et *in'* devant une voyelle : *in-kouarto, in'-octavo.*

On écrit adjectivement *in-4°, in-8°, in-12, in-16, in-18*, etc.

inquiet se construit avec **de** ou **sur**. On est *inquiet de* quand on pense à la cause de l'inquiétude : *Je suis inquiet de lui, inquiet de ne pas recevoir de nouvelles* (Littré). *Il est inquiet de cette affaire, touchant cette affaire* (Acad.).

Être *inquiet sur* exprime non plus la cause, mais l'objet de cette inquiétude : *Je suis inquiet sur son sort, sur cette affaire* (Littré). *Être inquiet de quelqu'un, sur la santé de quelqu'un* (Lar. du XXᵉ s.).

inquiéter (s') peut se construire avec **de ce que**. Le verbe qui suit se met alors à l'indicatif : *Mais je m'inquiétais de ce que toujours la colère débordait* (Fr. Mauriac, la *Robe prétexte*, 32 ; cité par Hanse).

On rencontre aussi cette construction avec le subjonctif.

inquiétude. — On dit *Je suis dans une grande inquiétude* (et non *d'une grande inquiétude*).

insecte. — En termes d'histoire naturelle, un *insecte* est essentiellement un animal articulé *à six pattes*. (Ne l'appelle-t-on pas aussi *hexapode*? du grec *hexa*, six, et *pous, podos*, pied.) Aucun animal possédant plus ou moins de six pattes ne peut être appelé *insecte* : *Les araignées d'eau qui courent à la surface des étangs ne sont nullement des araignées, mais des insectes, puisqu'elles n'ont que six pattes au lieu de huit* (L. Bertin, la *Vie des animaux*, I, 164).

Néanmoins, dans le langage vulgaire, on appelle *insecte* tout animal invertébré très petit, même si, comme la scolopendre ou le cloporte, il possède un nombre de pattes bien supérieur à six.

insigne est du *masculin* : *Porter un insigne à la boutonnière.*

insouciant - insoucieux. — De ces deux adjectifs, dérivés l'un et l'autre de *souci*, le premier, **insouciant**, signifie « qui ne se soucie et ne s'affecte de rien ». Ainsi, on peut dire que la jeunesse est *insouciante*, et qu'on a un caractère *insouciant*.

Quant à **insoucieux**, il se dit de « qui ne prend aucun souci d'une chose » : *Insoucieux du lendemain* (Lar. du XXᵉ s.). *L'insouciante jeunesse est insoucieuse du lendemain. Insoucieuse de moi, elle me laissait seul* (M. Proust, *Sodome et Gomorrhe*, II, I, 140). *J'étais insoucieux de tous les équipages* (A. Rimbaud, *Bateau ivre*).

A noter qu'*insouciant*, à l'inverse d'*insoucieux*, n'a pas besoin de complément.

instant. — **Par instants** s'écrit généralement au pluriel : *Le feu n'apparaissait que par instants.*

instar de (à l') se dit des personnes et des choses : *A l'instar du roi, de son père. A l'instar du culte évangélique* (Lar. du XXᵉ s. ; d'après Chateaubriand). *Bazar à l'instar de Paris* (Acad.).

La locution étant *à l'instar de*, on ne dira pas *à son instar, à leur instar.*

instinct se prononce *ins-tin.*

V. aussi DISTINCT.

instruments de musique. — **Verbes appropriés.** V. JOUER.

insulter est *transitif direct* au sens courant de « offenser par des outrages en actes ou en paroles » : *Insulter quelqu'un. Il est allé l'insulter jusque chez lui* (Acad.).

Il est *transitif indirect* et se construit avec **à** quand il signifie « offenser, blesser par ses paroles, par sa manière d'être, par ses actes » : *Il ne faut pas insulter aux malheureux* (Acad.). *Leur allégresse insulte à ma douleur* (Id.). *Insulter à la raison, au bon goût.*

insupporter est du langage familier et plaisant : *Cette vieille roulure m'insupporte* (H. Bataille, *Maman Colibri*, II, IV).

On dira plutôt *Cela m'est insupportable* que *Cela m'insupporte.*

intégral - intégrant. — **Intégral** signifie « total, entier, complet » : *Recevoir une instruction intégrale. Paiements intégraux. Le renouvelle-*

ment intégral d'une assemblée, d'un conseil (Acad.).

Intégrant, dans le langage courant, ne s'emploie que dans l'expression *partie intégrante*, qui désigne la partie qui contribue à l'intégralité d'un tout : *Les bras, les jambes sont des parties intégrantes du corps humain* (Acad.). *La vanité fait partie intégrante de la coquetterie* (Lar. du XXᵉ s.).

intégralité - intégrité. V. INTÉGRITÉ.

intégrer - incorporer. — **Intégrer** est un terme du langage mathématique ou technique : *Intégrer une différentielle* (pour *trouver son intégrale*). *Les atomes se sont intégrés en corps* (Acad.). *Des idées philosophiques s'intègrent en systèmes* (Id.).

Il est employé souvent, et sans raison utile, au sens d'« introduire, absorber, incorporer », avec toutefois une idée d'assimilation qu'on ne trouve pas dans ces derniers verbes. On rencontre également *s'intégrer* au sens de « prendre place dans » (il se construit alors avec **dans**) : *La nation s'intégra dans le bloc des nations.* La construction fautive avec **à** se rencontre parfois : *Elle s'intègre même à ce qu'elle domine* (F. Lefèvre, *le Sol*, 61). *Ils s'intégraient devant la mairie au petit troupeau des réfugiés* (P. de La Batut, *la Fille aux diables*, 34).

Incorporer désigne le fait d'unir des choses pour qu'elles fassent corps : *Incorporer un jaune d'œuf à de la sauce, de l'huile à de la cire. L'indemnité temporaire a été incorporée dans la solde.* Et en parlant des personnes : *Incorporer des éléments nouveaux dans un service.*

Incorporer a aussi le sens de « faire entrer dans un corps de troupes » : *Incorporer un conscrit.*

intégrité - intégralité. — Ces deux mots sont synonymes et désignent l'« état d'une chose entière, complète » : *Il a remis le dépôt dans toute son intégrité* (Acad.). *Conserver l'intégrité du territoire* (Acad.). *Lire un texte dans son intégralité.*

Intégrité est toutefois plus employé pour laisser entendre qu'on n'a pas touché à la chose dont on parle, qu'on n'en a pas enlevé ou fait enlever une partie : *Sa bouche était dans son intégrité.*

Intégralité, plus récent, est plutôt réservé pour les choses dont on considère surtout l'entier : *Il lui a remis l'intégralité de la somme qui lui était due.*

— Au sens de « vertu, qualité d'une personne intègre », on dit toujours *intégrité* : *Tenter, corrompre l'intégrité de quelqu'un* (Acad.).

intense - intensif. — **Intense** se dit de ce qui est extrême en son genre, qui dépasse la mesure ordinaire, en parlant des choses : *Un froid, une chaleur intense. Une douleur intense. Le son devenait plus intense* (Acad.).

Intensif se dit également des choses, mais marque un dépassement *voulu, organisé,* de la mesure : *La culture intensive des salades. Production agricole ou industrielle intensive* (Acad.).

Intensif s'emploie aussi en termes de grammaire et d'électricité : *Particule intensive* (qui renforce le sens). *Courant intensif* (Acad.).

intensément - intensivement. — **Intensivement,** seul donné par l'Académie, s'efface toutefois peu à peu devant **intensément,** synonyme nouveau venu, admis par l'usage et enregistré par le Larousse du XXᵉ siècle.

intention. — On dit aussi bien *Avoir intention de faire une chose* que *Avoir l'intention de...* Cette dernière construction est toutefois plus usitée : *Avoir l'intention de partir* (Lar. du XXᵉ s.).

intentionné ne s'emploie guère qu'avec *bien* ou *mal* : *Des gens bien, mal intentionnés* (ou *malintentionnés*).

intercalée (proposition). V. INCISE.

interdire. V. MÉDIRE.

intérêt. — **Avoir intérêt,** suivi d'un infinitif, se construit avec *à* ou *de* : *Ils ont trop d'intérêt à me justifier* (Racine, *Phèdre,* V, 1). *Les hommes peuvent faire des injustices parce qu'ils ont intérêt de les commettre* (Montesquieu, *Lettres persanes,* 83).

— **Avoir intérêt que** se construit avec le subjonctif : *Il a intérêt qu'ils ne sachent pas la vérité.*

intérieur étant étymologiquement un comparatif, on ne devrait pas dire *plus, moins, très intérieur.* On rencontre tou-

tefois ces constructions chez des auteurs modernes : *Il y a une salle plus intérieure* (J. Romains, *les Hommes de bonne volonté,* III, 168; cité par Grevisse). *Ce n'est pas une religion très intérieure* (A. Thibaudet, *Histoire de la littérature française de 1789 à nos jours,* 27; id.).

— **Intérieur - interne.** *Intérieur* appartient à la langue courante; *interne* à la langue scientifique : *Un mal intérieur. Des douleurs internes. Les parois intérieures d'un vase.* Cependant, *intérieur* exprime surtout l'idée d'être placé au-dedans par opposition à la surface ou à l'extérieur, alors qu'*interne* ajoute l'idée d'une chose cachée ou difficile à découvrir : *Une cour intérieure. Les causes internes des troubles politiques.*

intérim est un mot latin francisé, qui désigne aussi bien l'« intervalle de temps pendant lequel une fonction est vacante », que l'« action d'administrer durant cette période » : *Un ministre par intérim. Faire des intérims. Six mois s'écoulèrent avant que le vice-roi fût remplacé; un tel gouverna dans l'intérim, par intérim* (Acad.).

interligne est du *masculin* quand il désigne l'« espace qui est entre deux lignes écrites ou imprimées » : *De grands interlignes* (Acad.). *Ecrire dans l'interligne, en interligne* (Id.).

Il est du *féminin* en termes d'imprimerie, au sens de « petite lame de métal qui sert à espacer les lignes de composition » : *Une interligne de trois points.*

intermède est du *masculin* : *Un intermède bouffon.*

intermédiaire désigne la personne qui sert d'entremise, mais peut s'employer également au sens même d'« entremise » : *Il fut leur intermédiaire pour cette correspondance* (Acad.). *Je me suis procuré cela par l'intermédiaire d'un tel* (Id.).

interne- intérieur. V. INTÉRIEUR.

interpeller s'écrit avec deux *l* (mais *appeler* n'en prend qu'un seul) : *il interpella; nous interpellons.*

interprète est un nom des deux genres : *Ils ne purent se comprendre sans le secours d'un interprète* (Acad.). *Un interprète juré près le tribunal* (Lar.

du XXᵉ s.). *Les illustrations de cet ouvrage se font l'interprète éclairé du texte. L'Église est la seule interprète sûre de l'Écriture sainte* (Acad.).

A noter l'accent grave (et non circonflexe). **Interpréter** s'écrit avec un accent aigu.

interrogation. — Par raison d'euphonie, dans l'interrogation directe, l'*e* et l'*a* des verbes à la 3ᵉ personne du singulier sont suivis d'un *t* entre deux traits d'union : *Parle-t-il? Rêva-t-elle?*

— **Ai-je? Dis-je?** etc. V. EST-CE QUE.

— **Chanté-je? Dussé-je?** etc. Voir É.

— « **Ne pas** » dans l'**interrogation négative et dans l'exclamation.** V. NE (*Ne pas*).

— **Point d'interrogation.** V. POINT.

interrompre se conjugue comme *rompre* (v. ce mot).

interstice est du *masculin.*

intervalle est du *masculin : Franchir un intervalle.*

— **Par intervalles** s'écrit généralement au pluriel : *Cette maladie le prend et le quitte par intervalles* (Acad.).

intervenir se conjugue toujours avec l'auxiliaire **être** : *Nous sommes intervenus dans le différend.* Et impersonnellement : *Il est intervenu un jugement* (Lar. du XXᵉ s.).

interview est un mot anglais à demi francisé, qui signifie littéralement « entrevue ». Il est du *féminin* et se prononce généralement *in-tèr-viou.* Au pluriel : *des interviews.*

Le verbe **interviewer** se prononce ordinairement *in-tèr-viou-vé.*

intestin s'emploie normalement au singulier : *Avoir l'intestin fragile. Les maladies de l'intestin.*

On peut toutefois se servir du pluriel si l'on ne sait ou ne veut distinguer les deux parties de cet organe (l'*intestin* grêle et le *gros intestin*) : *Avoir des douleurs d'intestins* (Lar. du XXᵉ s.).

intime, quoique superlatif d'*intérieur*, s'emploie avec *plus, moins, très,* etc. : *Connaître ce qu'il y a de plus intime et de plus caché dans une chose* (Acad.). *Ils sont très intimes* (Littré).

intimement s'écrit sans accent (et non *intimément*).

intra-. — Les composés de ce préfixe s'écrivent sans trait d'union, sauf si le complément commence par une voyelle : *intramusculaire, intrarachidien, intraveineux,* etc.; *intra-oculaire, intra-utérin,* etc.

intrigant - intriguant. — **Intrigant** est l'adjectif et le nom correspondant à *intriguer,* alors qu'**intriguant** en est le participe présent. Ainsi, on écrira : *Un caractère intrigant. La récompense du mérite va souvent à l'intrigant.* Mais : *On l'a vu intriguant dans les ministères.*

V. aussi PARTICIPE PRÉSENT (*Différences orthographiques entre le participe présent et l'adjectif verbal*).

intrus se prononce *in-tru.*

invectiver est un verbe transitif indirect. On doit donc dire *Invectiver* **contre** *quelqu'un* (et non *Invectiver quelqu'un*). L'Académie note cependant : « On dit quelquefois, transitivement, *invectiver quelqu'un* », et le Larousse du XXᵉ siècle remarque que cette construction est familière.

En fait, depuis le XVIIIᵉ siècle (on trouve cette construction chez Diderot), l'usage est pour la suppression de la préposition, ce qui donne un tour plus franc à la phrase et fait d'*invectiver* un synonyme d'*insulter* : *Il invectivait Charles Iᵉʳ* (G. Flaubert, *l'Éducation sentimentale,* II, 3). *Il soufflait, bredouillait des mots inintelligibles, frappait du pied, invectivait le chef de gare* (O. Mirbeau, *le Calvaire,* 53) *Il évoqua sa cousine au carrefour de Rochebelle, invectivant un jeune homme* (A. Chamson, *Héritages,* III). *Elle invective et menace Nana* (Colette, *Claudine en ménage,* 59).

Voici, en revanche, des exemples tirés d'écrivains soucieux de la stricte observance : *Le voilà qui marche et contremarche, invective contre le vrai* (P. Valéry, *Rhumbs,* 55). *Parfois, au cours de la leçon, il succombait à la colère, invectivait contre l'objet de son aversion* (G. Duhamel, *Inventaire de l'abîme,* 196). *A la nuit, le long de la Seine, de Levallois à Neuilly, à Boulogne, j'invectivais contre les becs de gaz, promus avocats généraux*

(J. Ajalbert, *les Mystères de l'Académie Goncourt*, 107). *Il crut comprendre qu'ils invectivaient contre un officier du bord* (G. Mazeline, *les Loups*, 52).

En résumé, *invectiver quelqu'un* peut se dire, mais *invectiver contre quelqu'un* est, sinon meilleur, du moins plus académique.

(A noter la tendance à employer *invectiver contre* lorsque l'invective ne s'adresse pas directement à quelqu'un, et *invectiver* transitif direct dans un sens d'interpellation.)

inventaire - éventaire. V. ÉVEN-TAIRE.

inventer - découvrir. V. DÉCOU-VRIR.

inventeur a pour féminin *inventrice* : *L'amitié est inventrice et ingénieuse.* Substantivement, on emploie plutôt *inventeur* pour les deux genres : *C'est elle l'inventeur de cette mode.*

En termes d'administration, *inventeur* désigne celui qui a découvert une chose : *Un trésor mis au jour n'appartient pas toujours légalement à l'inventeur* (Acad.). [Cf., au sens religieux, *l'invention* (la *découverte*) de la sainte croix.]

investir se conjugue comme *finir* (et non comme *vêtir*).

Au sens de « mettre, avec de certaines formalités, en possession d'un pouvoir, d'une autorité quelconque », *investir* a pour nom correspondant **investiture** : *Lettres d'investiture. Donner l'investiture d'un fief, d'un évêché* (Acad.).

Au sens d'« environner de troupes une place forte » et de « placer [des fonds] », il a pour nom **investissement** : *L'investissement de la place a été fait promptement. Un gros investissement de capitaux.*

investissement. V. INVESTIR.

investiture. V. INVESTIR.

invétérer (s'). — On dit : *Laisser s'invétérer une mauvaise habitude* (Nouv. Lar. Univ.). *Cette habitude s'est invétérée.*

Lorsque *s'invétérer* est placé après un infinitif (généralement *laisser*), on sous-entend souvent le pronom : *Une erreur qu'on laisse invétérer est plus difficile à rectifier* (Acad.).

invoquer - évoquer. V. ÉVOQUER.

invraisemblable est l'adjectif correspondant d'*invraisemblance*. (On ne dit pas *invraisemblant*.)

irrécouvrable, irréligion, irrémédiable, irréprochable sont accentués sur le premier *e*, alors que *recouvrable, religion*, etc., s'écrivent sans accent.

V. aussi ACCENTS.

irruption - éruption. V. ÉRUPTION.

— Certains auteurs ont tiré d'*irruption* des verbes comme **s'irruer** ou **irrupter**, qui ne sont que des barbarismes à éviter : *Mme de Prack s'irruait dans la pièce* (J. Lorrain, *Histoire de masques*, 13). *Sans que nulle cause retentissante se fût offerte encore, où s'irruerait son éloquence* (J. Ajalbert, *Raffin Su-su*, 93). *Les ennemis de l'Impie irrupteraient à la Sainte-Sagesse* (J. Lombart, *Byzance*, 77).

isabelle, adjectif de couleur, est *invariable* : *Des juments isabelle.*

V. aussi COULEUR.

islam s'écrit avec une minuscule au sens de « religion et civilisation des musulmans » : *Se convertir à l'islam.* (On dit aussi ISLAMISME.)

Il prend une majuscule quand il désigne l'« ensemble des pays qui pratiquent cette religion et cette civilisation, le monde musulman » : *La religion de l'Islam. Un frisson a couru à travers l'Islam* (Acad.).

-isme, terminaison de certains noms (*animisme, socialisme*, etc.), se prononce *issm'* (et non *izm'*).

isochrone - synchrone. — Tiré du grec *isos*, égal, et *khronos*, temps, **isochrone** signifie « qui s'exécute, qui bat dans des temps égaux » : *Les oscillations du pendule sont isochrones.*

Mais de deux pendules dont les oscillations sont égales dans le même temps, on dira qu'elles sont **synchrones** (du gr. *sun*, avec, et *khronos*, temps) ou que leurs battements sont *synchronisés*.

Balzac a donc confondu *synchrone* et *isochrone* quand il a écrit (*le Médecin de campagne*, 198) : *Où rencontrer des cœurs parfaitement isochrones?* C'est *synchrone* qui est le terme convenable.

issir est un vieux verbe français qui signifie « sortir ». Il ne s'emploie plus qu'au participe présent **issant** (terme de blason) et au participe passé **issu** : *D'azur au chef d'argent à un lion issant de sable. Issu du sang des rois* (Acad.). *Cousins issus de germains*

J.-R. Bloch a fautivement écrit *isseoir* pour *issir* dans *Lévy et autres contes* (126) : *Si vous parvenez à isseoir de ces pentes cireuses...*

issue, nom participial de l'ancien verbe *issir* (v. ce mot), désigne le lieu par où l'on *sort* : *Ce jardin n'a point d'issue sur le chemin qui le longe* (Acad.). *Donner issue à la fumée* (Lar. du XXᵉ s.).

(On ne dira donc pas : *Chercher une issue pour entrer.*)

isthme est du *masculin* : *Un isthme étroit*

italiens (Mots). — En règle générale, les mots italiens couramment employés dans la langue française font normalement leur pluriel avec *s* français : *un dilettante, des dilettantes; un fiasco, des fiascos; un scénario, des scénarios;* etc. (On n'écrit plus guère aujourd'hui : *des dilettanti, des fiaschi, des scenarii* ou *scenari,* etc.)

Toutefois, un certain nombre de mots en *-i* sont conservés dans leur forme originelle (qui est le pluriel), pas toujours correctement d'ailleurs (cf. *un gnocchi, des gnocchi,* alors que le singulier italien est *gnocco*). Il s'agit de *cannelloni, gnocchi, macaroni* (on rencontre surtout le singulier : *du macaroni*), *ravioli, salami, spaghetti,* auxquels on ajoute *confetti, lazzi, mercanti* et *nervi.*

Ces mots, par le fait qu'ils ont été adoptés sous la forme du pluriel, doivent normalement prendre l's. A. Dauzat (*le Guide du bon usage,* 82) constate même que, puisque ces mots sont entrés dans notre langue, « on est bien obligé d'ajouter s français au pluriel »

— En termes de musique, on laisse invariables les mots italiens indiquant les mouvements et les nuances : *Des crescendo et des forte impressionnants. Des piano pleins de délicatesse*

Mais s'il s'agit des *airs* joués dans certains de ces mouvements, on met *s* au pluriel : *Des adagios* (Acad.). *Des allégros* (Id.). *De beaux andantes* (Id.).

On francise également les *concertos,* les *solos,* les *sopranos,* etc. (plutôt que *concerti, soli, soprani,* etc.) A. Dauzat (*op. cit.,* 81) s'élève contre ces pluriels étrangers, qui sont la marque d'un « pédantisme grotesque qui dénature des mots devenus français »

italique, caractère d'imprimerie, est du *masculin* : *Un bel italique* (Nouv. Lar. univ.). *Un italique gras.* On écrit : *Mettre en italique,* ou, parfois, *en italiques* (Acad., à METTRE).

Adjectivement : *Dans le Dictionnaire, les exemples sont imprimés en lettres italiques* (Acad.)

item est un mot latin qui signifie « de même, de plus ». Il est surtout usité dans les comptes, les énumérations : *Mon entrepreneur me demande tant pour ceci, item pour cela* (Acad.).

Employé substantivement, il est *invariable* : *Il y a dans ce compte trop d'item* (Nouv. Lar. univ.)

V. aussi IDEM.

-ition. — Seuls les mots *mission* et les dérivés des verbes terminés par *-mettre* à l'infinitif (*compromission, permission,* etc.), *scission* et *suspicion* s'écrivent autrement que *-ition.*

-itre. — Parmi les mots terminés en *-itre,* seuls *huître, bélître* et *épître* s'écrivent avec un accent circonflexe.

ivoire est du *masculin* (Vaugelas le faisait du féminin) : *La dent du narval est d'un bel ivoire* (Acad.).

ivre. — **Ivre mort** s'écrit sans trait d'union (Acad.) : *Femme ivre morte.*

ivresse ne s'emploie au pluriel qu'au sens de « passion » : *Les ivresses du cœur.*

ivrogne a pour féminin **ivrognesse** : *C'est une ivrognesse, une vieille ivrognesse* (Acad.).

Employé comme adjectif, il conserve généralement sa forme masculine au féminin (*Une servante ivrogne*), mais peut aussi faire *ivrognesse* : *Femme ivrognesse* (Lar. du XXᵉ s.).

J

jade est du *masculin*.

jadis - naguère. — Ces deux adverbes sont des contractions, l'un du vieux français *ja a dis*, il y a des jours ; l'autre de [il] *n'* [*y*] *a guère*, sous-entendu « de temps ».

En somme, **jadis** signifie « il y a longtemps », et **naguère** « il y a peu de temps ». *Naguère* se situe dans un passé proche, et *jadis* dans l'autrefois : *Naguère encore vous me disiez...*(Acad.). *Ce palais fut jadis la demeure du roi* (Id.). *Cela était bon au temps jadis* (Id.).

On ne saurait donc suivre Jérôme et Jean Tharaud quand ils ont écrit (*Marrakech ou les Seigneurs de l'Atlas*, 88) : *Là fut naguère, il y a trois siècles, un des plus beaux palais du monde.*

V. aussi ANTAN.

jaguar se prononce *ja-gouar*. Il en est de même de **couguar**.

jais - geai. — Par attraction de *noir comme un corbeau*, certains disent à tort *noir comme un geai*. Sans doute confondent-ils le **geai** (oiseau qui n'est pas du tout noir, mais gris-bleu) avec le **jais** (bitume d'un beau noir brillant, qui est à l'origine de l'expression *noir comme du jais*). C'est donc *noir comme du jais* qu'il faut dire.

jamais. — **Sens positif.** *Jamais*, qui est tiré de l'ancien français *jà* (cf. *déjà*) et de *mais* au sens de « plus », a normalement le sens positif de « en un temps quelconque » : *Si vous venez jamais me voir, je vous montrerai mes bibelots* (Acad.). *Si jamais je le revois... L'avez-vous jamais rencontré ? C'est le plus grand chanteur qui ait jamais existé* (et non *qui n'ait*). *C'est la femme la plus savante que j'aie jamais rencontrée. C'est un homme consciencieux s'il en fut jamais* (Acad.). *Volontiers, il se rappelait ces spectacles comme les plus émouvants qu'il eût jamais ren-*

contrés (J. et J. Tharaud, *Dingley, l'illustre écrivain*, 51). Et substantivement (familier) : *Au grand jamais je ne ferai cela* (Acad.).

— **Sens négatif.** *Jamais* est le plus souvent employé avec la négation, et il a alors le sens négatif de « en aucun temps » : *Je ne l'ai jamais rencontré. On n'a jamais vu la semaine des quatre jeudis. Il n'a jamais eu aucun ennemi. Personne ne m'en a jamais parlé.* Dans ce sens, il y a parfois ellipse de la négation et du verbe : *Son style est élégant, jamais recherché* (Acad.). *C'est le moment ou jamais de sortir.* « *Irez-vous la voir ? — Jamais.* »

jaquette s'écrit sans *c* après l'*a* ; mais **jacquet** (jeu) s'écrit avec *cq*.

jaune. V. COULEUR.

Javel (eau de). V. EAU.

je. — Il n'est pas d'usage de dire, interrogativement : *ris-je ? dors-je ? cours-je ?* etc. Il faut employer le tour *est-ce que je ris ? est-ce que je dors ?* etc.

Cela est valable pour les verbes dont la première personne du singulier est monosyllabique et se termine par plusieurs consonnes. (On dit bien : *qu'entends-je ? que réponds-je ?*, mais non *rends-je ? prends-je ?*) Il en est de même pour les verbes dont la première personne du singulier se termine par *-ge* : *est-ce que je songe ?* (et non *songé-je ?*).

V. aussi EST-CE QUE ?

— **Chanté-je ? Dussé-je ?** etc. Voir -É.

je-ne-sais-quoi, nom masculin invariable (*un je-ne-sais-quoi*), s'écrit le plus souvent avec des traits d'union (comme un *qu'en-dira-t-on*).

L'Académie l'écrit toutefois sans traits d'union.

jésus, employé comme nom commun ou comme adjectif, s'écrit sans majus-

cule : *Un jésus en cire* (Lar. du XXᵉ s.).
Format jésus. Livre in-quarto jésus.

jet. — **Jet d'eau - jeu d'eau.** Le *jet d'eau* est la colonne d'eau qui s'élève d'une fontaine jaillissante : *Les jets d'eau du Généralife.*

Le *jeu d'eau* (ou *les jeux d'eau*) désigne la diversité des formes qu'on fait prendre aux jets d'eau : *Les magnifiques jeux d'eau des jardins de Versailles. Les jeux d'eau, les cascades harmonieuses* (Baudelaire, *les Paradis artificiels*, 69).

jeter prend deux *t* devant une syllabe muette : *je jette, je jetterai,* etc. (mais *nous jetons, je jetais,* etc.).

jeu. — On écrit : *Jeux d'esprit, jeux de main, jeux d'adresse, de société, jeux de mots. Le jeu ne vaut pas ou n'en vaut pas la chandelle* (Acad.). *Les jeux Olympiques, les jeux Pythiques* (Acad.). *Les jeux Floraux. Jeu d'orgues.*

— **Jeu d'eau.** V. JET.

jeun ne s'emploie que dans la locution **être à jeun** et s'écrit sans accent circonflexe sur l'*u* : *Les enfants étaient à jeun.*

Jeûne, jeûner et **jeûneur** prennent un accent circonflexe, mais non **déjeuner.**

jeune. — Un *homme jeune* est un homme qui n'a pas atteint l'âge mûr ; un *jeune homme* (plur. *des jeunes gens*) est un homme de dix-huit à vingt-cinq ans environ, et qui n'est pas marié.

— **Jeune** s'emploie aussi substantivement en parlant d'un animal non encore adulte : *Le soin des jeunes occupe longtemps les femelles* (Lar. du XXᵉ s.).

jeûner. V. JEUN.

joaillier s'écrit avec un *i* après les deux *l*.

V. aussi GROSEILLIER.

jobard a pour féminin *jobarde* (Acad.). La qualité du jobard est la **jobarderie** (Acad.). Ce mot s'efface toutefois devant **jobardise**, influencé par *roublardise, vantardise,* etc.

joindre se conjugue comme *craindre* : *Je joins, nous joignons. Je joignais, nous joignions. Je joignis, nous joignîmes. Je joindrai, nous joindrons. Je joindrais, nous joindrions. Joins,*

joignons, joignez. Que je joigne, que nous joignions. Que je joignisse, que nous joignissions. Joignant. Joint, e.

— **Joindre** se construit toujours avec **à** au sens d' « ajouter » : *Joignez cette maison à la vôtre* (Acad.). *Si vous joigniez vos efforts aux nôtres* (Lar. du XXᵉ s.).

Au sens d' « unir, allier », il se construit généralement avec **à**, mais on rencontre aussi **avec** : *Quand il a vu qu'il était trop faible, il s'est joint à un tel, avec un tel* (Acad.). *Joindre la prudence à la valeur, avec la valeur* (Id.). Ou encore : *Joindre la prudence et la valeur* (Id.).

— **Joindre ensemble** est un pléonasme qu'il vaut mieux éviter, malgré l'autorité de La Fontaine : *De ces dards joints ensemble un seul ne s'éclata* (*Fables*, « le Vieillard et ses Enfants »).

— **Joindre - adjoindre.** Au sens d' « associer, mettre comme complément », *adjoindre* est seul correct : *Adjoindre un interprète à une expédition. Il s'est adjoint un tel* (Acad.). *Adjoindre un dispositif de sécurité à un appareil de manœuvre* (Lar. du XXᵉ s.). *Adjoindre de l'orge à du café.*

— **Joindre - rejoindre.** On *joint* quelqu'un (ou quelque chose) quand on le rattrape ; on *rejoint* quelqu'un (ou quelque chose) quand on l'atteint de nouveau après en avoir été séparé : *Il réussit à joindre le facteur au haut de la côte. Nous fûmes bientôt rejoints par le groupe qui s'était arrêté pour boire.*

— **Ci-joint, ci-inclus, ci-annexé.** *Ci-joint, ci-inclus* et *ci-annexé* sont variables ou invariables selon qu'ils sont employés adjectivement ou adverbialement.

Ils sont adverbes et *invariables* : 1° lorsqu'ils précèdent immédiatement le nom auquel ils se rapportent : *Vous trouverez ci-inclus, ci-annexé copie de cette lettre. Je vous remets ci-joint quittance et duplicata;* 2° quand ils sont placés en tête de phrase : *Ci-joint les cotes 25 et 26. Ci-inclus une feuille de déclaration de maladie.* (Sauf dans le cas suivant, où *ci-inclus* est adjectif : *Ci-incluses, ces gravures gagneront en beauté.*)

Ils sont adjectifs et *variables* : 1° s'ils

sont employés comme qualificatifs :
*Vous lirez également la lettre ci-jointe,
ci-annexée. La copie ci-incluse vous
renseignera à ce sujet ;* 2° s'ils sont placés devant un nom précédé lui-même
d'un article ou d'un adjectif possessif
ou numéral : *Vous trouverez ci-incluse
la copie que vous m'avez demandée*
(Acad.). *Vous trouverez ci-jointe une
copie de l'acte* (Littré). *Vous avez ci-
incluse la copie de la lettre. Vous trouverez ci-jointes nos copies de contrat,
deux copies des contrats précités.*

— **Joint que**, au sens d' « ajouter
que », ne se dit plus guère : *Il n'a pas
fait votre affaire, parce qu'il était
malade, joint qu'il n'avait pas les
papiers nécessaires* (Acad.).

joliment s'écrit sans accent circonflexe sur l'*i*, ni *e* intercalaire.
V. aussi ACCENTS et ADVERBE.

jonc se prononce *jon*.

jongleur a pour féminin, aux divers
sens du mot, *jongleuse*. Au sens de
« bateleur, escamoteur, charlatan », il
fait aussi *jongleresse*.

jonquille, adjectif de couleur, est
invariable : Des rubans jonquille. Et
substantivement : *... d'un beau jonquille.*
V. aussi COULEUR.

joseph, employé adjectivement dans
papier joseph, s'écrit sans majuscule :
Filtre en papier joseph.

jouer. — Conjugaison : *Je joue, tu
joues, il joue, nous jouons, vous jouez,
ils jouent. Je jouais, nous jouions, vous
jouiez, ils jouaient. Je jouai, nous
jouâmes. Je jouerai, nous jouerons. Je
jouerais, nous jouerions. Joue, jouons,
jouez. Que je joue, que nous jouions, que
vous jouiez. Que je jouasse, qu'il jouât,
que nous jouassions. Jouant. Joué, e.*
A remarquer l'*e* intercalaire du futur
et du conditionnel, et la suppression du
tréma sur l'*i* (aujourd'hui inusité) à
l'imparfait de l'indicatif et au présent
du subjonctif.
V. aussi VERBE (verbes en *-uer* et en
-ouer).

— **Jouer** se construit sans préposition ou avec *à*, *avec*, *sur*, *dans*, *de* :
*Jouer quelqu'un. Jouer un bon tour à
quelqu'un. Jouer la comédie, un rôle
Jouer le jeu. — Jouer à cache-cache.*

*Jouer à la guerre, au soldat, au dicta-
teur. Jouer aux cartes, au bridge. —
Jouer avec le chien, avec une poupée.
Jouer avec ses forces, avec sa santé.
Jouer avec quelqu'un* (ou *contre quelqu'un*). — *Jouer sur les mots. Jouer
sur les caoutchoucs* (spéculer). — *Clé
qui joue bien dans la serrure. — Jouer
des coudes, du couteau, du revolver.*

— **« Jouer » d'un instrument de
musique.** Il est toujours possible de
dire jouer en parlant de tel ou tel instrument, en particulier quand les doigts
de l'instrumentiste « jouent » sur l'instrument : *Jouer du piano, du violon,
de la clarinette, du cornet à pistons,
des castagnettes,* etc.

Il existe toutefois pour certains instruments un verbe approprié qu'on ne
peut remplacer par *jouer* sans commettre une hérésie. Ainsi, on ne joue
pas du cor : on *sonne* du cor. On *sonne*
également de la trompe, de la trompette, du clairon ; on *bat* du tambour,
des cymbales ; on *pince* de la guitare,
de la harpe.

— **C'est à vous à ou de jouer.**
Voir À.

jouet. — Un *jouet* étant un objet qui
sert à amuser les enfants, on ne dira pas
un jouet d'enfant, ce qui serait un pléonasme.

joug se prononce généralement *jou*.
Certains font toutefois sentir légèrement le g.

jouir est tiré d'un mot latin qui signifie
« se réjouir » (lat. pop. *gaudire*, lat.
class. *gaudere*) et emporte l'idée d'une
chose agréable, d'un plaisir, d'un avantage. On ne saurait donc dire sans
commettre un barbarisme : *Jouir d'une
mauvaise santé, d'une mauvaise réputation,* etc. En revanche, on dira très
bien : *Jouir d'une excellente santé,
d'une bonne réputation, de l'estime
publique,* etc.

— Ne pas oublier que *jouir* fait *jouis*
au passé simple (et non *jouissai*) : *C'est
alors que je jouis d'une bonne santé
pendant dix ans.*

joujou fait au pluriel *joujoux*
V. aussi BIJOU.

jour. — Les jours de la semaine sont,
dans l'ordre : *dimanche, lundi, mardi,
mercredi, jeudi, vendredi, samedi*
(Acad.).

— On écrit : *Demi-jour, à contre-jour, faux jour. Travailler le jour et la nuit* (et non *la nuit et le jour*). *Les Cent-Jours. Un clocher à jour. Des vérités qui se sont fait jour.*

Et aussi, avec un jour de la semaine : *En vente les jeudis et samedis, les premier et troisième jeudis de chaque mois,* mais *En vente les jeudi et samedi de chaque semaine* (il n'y a qu'un seul jeudi et qu'un seul samedi par semaine). *Paraît tous les dimanches.*

V. aussi LE, LA, LES (articles) [*Accords particuliers*].

— **Au jour d'aujourd'hui.** V. AUJOURD'HUI.

— **Mettre à jour - mettre au jour.** *Mettre à jour,* c'est mettre en règle un livre de comptabilité, mettre au courant un journal : *Mettre à jour le grand livre. Son journal intime n'a jamais été mis à jour depuis sa maladie.*

Mettre au jour, c'est amener au jour, découvrir, sortir de terre un objet où il était enfoui : *Lors des fouilles de Pompéi, de superbes mosaïques furent mises au jour.* C'est aussi procréer (on dit mieux *donner le jour*), divulguer, publier : *Mettre au jour la perfidie de quelqu'un* (Acad.). *Mettre au jour un nouvel ouvrage.*

journal. — Un journal étant en général composé de plusieurs feuillets ou pages, on lit **dans** un journal comme on lit *dans* un livre : *J'ai lu cela dans le journal, dans les journaux* (Acad.). *Mais, si, ce que tu as vu, tu le lis dans le journal, ça compte davantage* (H. Queffélec, *Tempête sur Douarnenez,* 168).

Lire sur le journal est considéré comme un tour populaire. On trouve néanmoins cette construction chez certains écrivains : *Il avait senti sa rancune et sa colère du premier jour le ressaisir, quand il avait lu, sur le journal* [...], *son nom* (H. Bordeaux, *la Neige sur les pas,* 70). *M. Caudault avait remarqué, sur le journal, cette mention « très bien »* (R. Massat, *Rue de l'Ouest,* 176).

— On écrit : *Journal de bord* (Acad.). *Papier journal. Journal de modes. Ecrire un journal.*

jovial n'a pas de pluriel fixé, mais on écrit plutôt *jovials* que *joviaux*.

jugeote s'écrit avec un seul *t* : *Avoir de la jugeote* (Acad.).

V. aussi -OTE.

juger se construit sans préposition au sens de « décider une affaire, régler un différend en qualité de juge » : *Ne jugez point, si vous ne voulez être jugé. La Cour de cassation juge sans appel les vices de forme. Juger un procès. Juger un criminel.*

— **Juger à** s'emploie parfois au sens de « juger d'après » : *A en juger au gibier qu'elle rabattait* (J. Lorrain, *Histoire de masques,* 52). *Si j'en juge aux cas de conscience qui m'ont été soumis* (G. Chevallier, *Clochemerle,* 41).

— **Juger de.** Au sens de « se former une opinion sur une personne, sur une chose », *juger* se construit souvent avec *de* : *Je ne pouvais pas bien juger de la distance* (Acad.). *Juger sainement des choses* (Id.). *Juger bien ou mal de quelqu'un* (Lar. du XXᵉ s.). *Ecrivain qui juge mal des choses de l'art* (Id.).

— **Juger que.** Le verbe qui suit *juger que* se met à l'indicatif dans les phrases affirmatives, et au subjonctif dans les phrases négatives et interrogatives : *Je juge que vous devez partir. Je ne juge pas que vous deviez partir. Jugiez-vous que je dusse partir?* (Littré.)

juguler, qui signifie proprement « serrer à la gorge » (du lat. *jugulum,* gorge), s'emploie aussi, par extension, au sens d' « étouffer, arrêter le développement de » : *Juguler une entreprise* (Lar. du XXᵉ s.). *La maladie inhibée ou jugulée* [...] (A. Hermant, *les Epaves,* 73). *Il ne m'appartient guère de juguler une imagination vagabonde* (G. Duhamel, *Biographie de mes fantômes,* 239).

juin se prononce comme il s'écrit (et non *jouin,* qui est dialectal).

jujube est du *masculin,* aussi bien au sens de « fruit du jujubier » qu'à celui de « pâte extraite de ce fruit » (Acad.).

jumeau se dit de deux ou de plusieurs enfants nés d'un même accouchement, ou de deux ou plusieurs choses qui sont jointes : *Mettre au monde deux, trois jumeaux, trois jumelles. Lits jumeaux. Cerises jumelles.*

On peut individualiser les jumeaux

en disant : *C'est un jumeau, une jumelle* (Littré).

jumelle, double lorgnette, qui s'est écrit longtemps au pluriel comme certains objets qui se composent de deux éléments semblables (v. CALEÇON), s'emploie le plus souvent au singulier : *Une jumelle marine* (Acad.). *Une jumelle comprend un ensemble de deux lunettes de Galilée associées de façon à permettre la vision binoculaire* (Lar. du XXᵉ s.).

jungle se prononce *jongl'* (Acad.).

jupe - jupon. — La *jupe* est un vêtement de dessus, le *jupon* un vêtement de dessous : *Jupe plissée* (Acad.). *Jupon de mousseline* (Id.).

jurisconsulte. — Comme on écrit *jurisprudence*, il faut écrire *jurisconsulte* (et non *juriconsulte*).

jus. — On écrit : *du jus d'orange, de pomme, de tomate, de viande,* etc. (sans *s*). Mais : *du jus d'herbes, de fruits.*

V. aussi CONFITURE.

jusque. — L'*e* de *jusque* s'élide toujours devant une voyelle : *jusqu'à, jusqu'alors, jusqu'ici,* etc.

— **Jusque** s'accompagne normalement de la préposition *à*. Toutefois, il se construit sans *à* quand il est suivi d'une autre préposition ou de l'un des adverbes *alors, ici, là, où* : *jusque chez moi, jusque sur la place, jusque vers lui, jusque dans la maison, jusqu'en 1962, jusque-là, jusqu'où ira-t-il?*, etc.

Il se construit aussi sans *à* avec les adverbes d'intensité *assez, aussi, bien, fort, si, très,* modifiant un adverbe de temps ou de lieu. C'est seulement dans ce dernier cas, devant *bien, fort, si, très* (et aussi *là*), que *jusque* s'emploie devant un mot commençant par une consonne, qui ne soit pas une préposition : *De l'aube jusque bien avant dans la nuit* (A. Daudet, *Fromont jeune et Risler aîné,* I, 2 ; cité par Grevisse). *La façade s'en déployait, dominant sur le parc tout entier, du sommet du plateau qu'elle occupe, qui la montrait jusque fort loin* (E. Bourges, *le Crépuscule des dieux,* I ; id.).

Par conséquent, on dira : *jusqu'à Paris, jusqu'à Arles, jusqu'à avant-hier, jusqu'à hier, jusqu'à demain, jusqu'à jeudi, jusqu'à quand, jusqu'à près de minuit, jusqu'à il y a cinq minutes.*

— **Jusques** est une forme archaïque qui ne se rencontre guère que dans le langage affecté (*Jusques à l'indépendance* [A. Hermant, *la Discorde,* 265]. *Jusques à quand*) ou dans l'expression figée *jusques et y compris.*

— **Jusque** construit avec un complément d'objet indirect, de manière que les deux *à* se réduisent à un, n'est pas à conseiller : *Il a nui jusqu'à à ses amis* (pour *jusqu'à à ses amis*). On dira mieux : *Il a nui même à ses amis,* ou *Il a desservi jusqu'à ses amis.* (Ne jamais dire *Il a nui même jusqu'à ses amis.*)

— **Jusqu'à ce que** se construit aujourd'hui avec le subjonctif : *Travaillez ferme jusqu'à ce que vous réussissiez* (Acad.). *Il recula un peu jusqu'à ce qu'il eût atteint le lit* (Fr. Mauriac, *les Chemins de la mer,* 20 ; cité par Hanse.)

— **Jusqu'à tant que** est une expression aujourd'hui archaïque : *Plusieurs années s'écoulèrent ainsi [...] jusqu'à tant que la mère mourût* (E. Henriot, *Aricie Brun,* III, 1). On dit plutôt *jusqu'à ce que.*

— **Jusqu'alors - jusqu'à présent.** V. ALORS.

— **Jusqu'aujourd'hui - jusqu'à aujourd'hui.** V. AUJOURD'HUI.

juste, employé adverbialement au sens de « justement », est *invariable* : *Elles chantaient juste. Ils étaient chaussés juste. Ils tiraient, frappaient, calculaient juste. Il est 3 heures juste.*

— **Comme de juste.** V. COMME.

justifier, construit avec *de,* signifie « donner la preuve de » et s'emploie surtout en termes de jurisprudence : *Justifier de son innocence. Il justifia de sa présence en cet endroit. Il devra justifier de sa qualité* (Acad.). *Justifier de l'accomplissement de toutes les formalités* (Lar. du XXᵉ s.).

Dans les autres cas, il se construit sans préposition : *Justifier sa conduite. Avocat qui a justifié son client* (Lar. du XXᵉ s.). *Le mérite seul justifie l'ambition. Justifier un acte. Les qualités du défunt justifient bien les regrets de ses amis* (Acad.)

jute est du masculin : *Le jute est employé dans la fabrication des toiles à sac.*

K

kakatoès. V. CACATOÈS.

kaki (du persan *khaki*, poussiéreux), adjectif de couleur, est *invariable* : *Des chemises kaki. Des uniformes kaki.*
V. aussi COULEUR.

kapok s'écrit avec deux *k* (sans *c* avant le second *k*).

khan, titre oriental, s'écrit sans majuscule : *Le grand khan. Gengis khan.*

kilo (pour *kilogramme*) s'écrit sans *g* terminal : *Cinquante kilos* (Acad.).
Le symbole du *kilogramme* est *kg* (au singulier comme au pluriel, et sans point abréviatif) : *50 kg de charbon.*
Le symbole du *kilomètre* est *km.* Kilomètre à l'heure : *km/h.*

Le symbole du *kilowatt* est *kW.* Kilowatt-heure : *kWh* (pluriel : *kilowatts-heures*).

knock - out est *invariable* et se prononce *nok-aout'.*

kola est du *féminin.* (On écrit aussi COLA.)

kouglof est l'orthographe francisée courante de *kugelhopf,* sorte de gâteau alsacien.

krach, désastre financier, s'écrit avec *ch* final et se prononce *krak.* Au pluriel : des *krachs.*

ksar, mot arabe qui signifie « lieu fortifié », fait au pluriel *ksour.*

kyrielle s'écrit avec un *y.*

L

l. — Genre. V. ALPHABET.

— « L » redoublé ou non avec « o ». V. -OLE.

la, article ou pronom féminin. V. LE.

là, adverbe, s'écrit avec un accent grave. Il s'oppose à *ici* (v. ce mot) : *Ne restez pas ici, allez là. Restons là, ne bougeons pas. Restons-en là. Mettez là cette table. D'ici là, tout s'arrangera. Là même. Par là même.*
— **Là** se joint par un trait d'union au nom ou au nom de nombre qui le précède, si ce dernier est lui-même précédé d'un adjectif démonstratif : *Cet enfant-là. Cet homme-là. Cet amour-là* (mais *Cette preuve d'amour là*). *Ces deux-là. Ces deux bandits-là.*
Il s'oppose alors à *ci* et désigne des objets plus éloignés ou dont il vient d'être question (v. CI). A défaut d'op-

position, on emploie plutôt *là* que *ci*.
S'écrivent également avec un trait d'union les composés suivants : *celui-là, celle-là, ceux-là; de-ci, de-là* (ou *de-ci de-là*); *jusque-là, là-bas, là-dedans, là-dessous, là-dessus, là-haut; par-ci, par-là* (ou *par-ci par-là*).
On écrit : *Quels gens sont-ce-là?* mais *Sont-ce là nos gens?* (Acad.) *Quel cadeau est-ce-là?* mais *Est-ce là ce que vous m'aviez promis?* (Acad.).
— **Là contre** a le sens de « contre cela ». L'Académie ne donne pas cette locution, qui est attestée par Littré et se rencontre chez de bons auteurs : *On ne peut aller là contre* (Molière, *Dom Juan*, I, II). *J'ai beau me révolter là contre* (M. Prévost, *le Jardin secret*, 172). *Que peut faire la raison là contre!* (G. Duhamel, *les Plaisirs et les jeux*, 14.)

— **Là où** précédé de *c'est* est du langage populaire; il faut dire alors **là que** : *C'est là que je vais* (et non *C'est là où je vais*). *C'est là qu'il est* (et non *C'est là où il est*). *C'est là que je veux en venir* (et non *C'est là où je veux en venir*).

De même, on n'écrira pas *là où* pour **d'où** : *Qu'on remontât le cadavre de là où il était parti* (M. Georges-Michel, *les Montparnos*, 298); il fallait écrire *...d'où il était parti*.

V. aussi ICI.

labial fait au pluriel masculin *labiaux* : *Palpes labiaux* (Lar. du XX⁰ s.).

lâcheté - laxité. V. LAXITÉ.

lacis se prononce *la-si*.

lacs - lac. — Dans **Tomber dans le lacs** (et non *dans le lac*), *lacs* est phonétiquement (et à tort) confondu avec *lac*, étendue d'eau... En fait, cette expression signifie « tomber dans le piège » (et non dans l'eau !).

Un **lacs** (qui doit normalement se prononcer *là*) est un lacet, un cordon (cf. des *entrelacs*) : *Les muets du sérail étranglaient avec un lacs de soie ceux que le sultan leur ordonnait de faire mourir* (Acad.). Par extension, c'est un nœud coulant pour prendre des oiseaux, des lièvres, etc. C'est de cette dernière acception qu'est venu *Tomber dans le lacs*, au sens figuré « se faire prendre au piège, tomber dans le panneau ».

— **Etre dans le lac,** expression figurée également, a le sens d' « être tombé à l'eau » (et n'a rien à voir avec le piège) : *Cette affaire est dans le lac.*

— V. aussi ENTRELACS.

lactose est du *masculin*.

V. aussi GLUCOSE.

ladite s'écrit en un mot (et non *la dite*).

V. DIRE (*Dit, dite*).

lady fait au pluriel *ladies* (Acad.). Le pluriel français *ladys* n'est pas à recommander, puisqu'il n'est *de ladies* qu'anglaises.

lagune - lagon. — Une **lagune** est une étendue d'eau salée séparée de la mer par un cordon littoral : *Venise est bâtie sur les îlots d'une lagune.*

Un **lagon** est l'étendue d'eau qui occupe le centre d'un atoll (en ce sens il est souvent confondu avec *lagune*) : *Le lagon de Bikini*. On appelle aussi *lagon* un petit étang salé situé près des côtes.

laïc - laïque. V. LAÏQUE.

laideron est un nom aujourd'hui masculin, qui désigne une jeune fille ou une jeune femme laide. Il n'a pas normalement de correspondant féminin, quoique *laideronne* se rencontre parfois : *Sa fille est un laideron. C'est un laideron, mais qui plaît par son esprit* (Acad.). *Violettes de février, laideronnes pauvresses* (Colette, *les Vrilles de la vigne;* cité par A. Dauzat, *le Génie de la langue française*, 302).

laïque - laïc. — On écrit en général **laïque** pour les deux genres : *Ecole laïque. Habit laïque* (Acad.). *Les laïques et les religieux. Oui, dit l'instituteur laïque* (François Mauriac, *le Sagouin*, 10).

Certains emploient également la forme **laïc** (lat. ecclés. *laicus*) au masculin : *Enseignement laïc. Ce professeur est un laïc. Ses mains de policier laïc* (M. Prévost, *Jardin secret*, 76). *Voici le monde extérieur où est notre devoir laïc* (P. Claudel, *Cinq Grandes Odes*, 158). *Dès le XIIIᵉ siècle, les clercs se sont employés à enseigner les laïcs* (Ch. Bruneau, *Petite Histoire de la langue française*, I, 80).

laissé - pour - compte, expression substantivée, s'écrit généralement avec des traits d'union : *Acheter des laissés-pour-compte.*

laisser. — **Ne pas laisser de** ou **que de.** Ces deux constructions sont également bonnes, mais *ne pas laisser que de* est archaïque et de moins en moins employé en raison de sa lourdeur.

Cette locution, qui équivaut à une forte affirmation, signifie « ne pas cesser, ne pas s'abstenir, ne pas discontinuer de » : *Il est pauvre, mais il ne laisse pas d'être désintéressé* (Acad.). *Malgré leur brouillerie, il n'a pas laissé que de lui écrire* (Id.). *Dans l'ensemble, l'œuvre de Pirmez ne laisse point [...] d'évoquer la manière pensive [...] de Maeterlinck* (Bédier et Hazard, *Littérature française*, II, 469). *Des fantaisies qui lui passaient à ce sujet par la tête ne laissaient pas d'être parfois inquiétantes* (J. Gracq, *le Rivage des Syrtes*, 238).

— **Laisser échapper** ou **s'échapper**. V. ÉCHAPPER.

— **Laisser faire à**, pour *laisser faire (le)*, est une expression correcte, mais aujourd'hui archaïque : *Et on laisse faire au soleil* (J. de Pesquidoux, *Chez nous*, II, 697 ; cité par Hanse).

— **Emploi du pronom avec « laissé » suivi d'un infinitif.** Après *laissé*, le sujet de l'infinitif peut être *le* ou *lui*, *les* ou *leur*, indifféremment : *Ce livre, je le leur ai laissé lire*, ou *je les ai laissés le lire. Je leur ai laissé faire tout ce qu'ils ont voulu*, ou *Je les ai laissés faire... Je lui ai laissé voir ce spectacle*, ou *Je l'ai laissé voir... On les avait* (ou *On leur avait*) *laissé démonter la pendule*.

V. aussi LE, LA, LES (pronoms) [« *Le - lui* », « *les - leur* » *sujets d'un infinitif*].

— **Accord de « laissé » suivi d'un infinitif.** La tendance est pour l'invariabilité du participe passé *laissé* suivi d'un infinitif, que le sens soit actif ou passif : *Ils se sont laissé battre. Je les ai laissé faire. Elle s'est laissé aller à la frapper. Toutes les heures que j'ai laissé choir dans l'infini* (G. Duhamel, *la Pierre d'Horeb*, 218). *Cette « rivière basse »* [...] *s'est laissé gagner par les arbres fruitiers* (D. Faucher, *la France*, I, 460).

Dans ce cas, *laissé* est considéré comme formant avec l'infinitif une locution verbale. Toutefois, il n'est pas interdit, il est même conseillé de faire suivre à *laissé* (pronominal ou non) la règle des autres participes suivis d'un infinitif : *Je les ai laissés s'enfuir. Les enfants se sont laissés tomber* (c'est eux qui tombaient). *Elle s'est laissée mourir. Elle s'est laissé séduire* (ce n'est pas elle qui séduisait, elle était séduite *par* quelqu'un ; invariable) [M. Catel, *Traité du participe passé*, 56]. *Comment pouvaient-ils s'être laissé surprendre* (ce n'est pas eux qui surprenaient, ils étaient surpris par quelqu'un) [Id., *Ibid.*].

V. aussi PARTICIPE PASSÉ (*Participe passé suivi d'un infinitif*).

laisser-aller est un nom *invariable* composé de deux infinitifs, alors que **laissez-passer**, invariable également, est composé d'un impératif et d'un infi-

nitif : *Avoir du laisser-aller* (Acad.). *Demander un laissez-passer*.

laissez-passer. V. LAISSER-ALLER

lait. — On écrit : *du lait d'amande* (Acad.), *du petit-lait*.

lamenter s'emploie rarement au sens transitif ancien de « déplorer » : *Je lamente les adversités de la race de Saint Louis* (Chateaubriand ; cité par le Lar. du XXᵉ s.).

On le trouve plutôt sous la forme pronominale **se lamenter** : *Il se lamente sans cesse sur la perte de son emploi* (Acad.).

La suppression du pronom personnel est peu courante : *Vous avez beau pleurer et lamenter* (Acad.). *Le crocodile lamente* (il s'agit de son cri). *La hulotte lamentait* (Chateaubriand, *Mémoires d'outre-tombe*, V, 588).

lance-. — Les composés de *lance* s'écrivent généralement avec un *s* au complément (même au singulier) : *un lance-balles* (Acad.), *un lance-bombes* (Id.), *un lance-flammes, un lance-fusées* (Id.), *un lance-grenades, un lance-harpons, un lance-mines, un lance-pierres, un lance-torpilles* (adjectiv. : *un tube lance-torpilles*). Seul *lance-poudre* s'écrit sans *s* et reste invariable.

lancement - élancement. — Pour désigner une « impression de douleur aiguë et passagère dans une quelconque partie du corps », on doit dire **élancement** (et non *lancement*) : *Un abcès donne des élancements. Ressentir des élancements dans la tête*.

Dans le même sens on emploie le verbe **élancer**, mais ce ton est familier : *Ce doigt m'élance* (et non *me lance*) *d'une façon insupportable*.

landau s'écrit sans *e* après le *d*, et fait au pluriel *landaus*.

laparotomie est l'orthographe de l'Académie, et aussi l'orthographe d'usage des chirurgiens, pour ce mot qui désigne l'ouverture de l'abdomen par la ligne médiane.

Laparatomie, qui est parfois usité, s'expliquerait mieux d'après l'étymologie : grec *lapara*, flanc, abdomen, et *tomê*, section.

laper, de même que **lapement**, s'écrit avec un seul *p*.

lapis, terme de minéralogie, se prononce *la-piss*. On dit aussi, souvent, LAPIS-LAZULI.

lapon fait au féminin *lapone* (avec un seul *n*).

laps ne s'emploie que dans l'expression **laps de temps** : *Après un grand laps de temps* (Acad.).

laque est *féminin,* en particulier quand il désigne une gomme-résine fournie par certains arbres d'Extrême-Orient, et dont on recouvre des meubles ou des objets comme d'un vernis : *De la laque carminée.*

Il est *masculin* quand il désigne les meubles ou les objets recouverts de ce vernis : *L'objet ainsi décoré* [à la laque] *est appelé « un » laque* (Grand Larousse encyclopédique). *Acheter un laque. Un jour d'or nacré comme un laque chinois* (P. Arène, *Jean des Figues,* 198).

C'est à tort qu'Emile Zola a écrit (*la Curée,* 50) : *Les dracena, semblables à des lames de vieille laque vernie.*

laquelle. V. LEQUEL.

large. — On dit aussi bien *Cette table a tant de large* que *tant de largeur.*

— **Large ouvert.** Dans cette expression, quoique *large* soit adverbe, il est d'usage de le considérer comme un adjectif (cf. *fleurs fraîches écloses*) et de le faire accorder : *Il partit en laissant les portes larges ouvertes.*

largesse - largeur. — Une **largesse** est une libéralité, une distribution abondante et gratuite : *Répandre des largesses* (Lar. du XXᵉ s.). *Faire de grandes largesses* (Acad.). C'est aussi l'action de donner d'une façon large, la disposition à être généreux : *La nature produit les fruits avec largesse. Profiter de la largesse de quelqu'un* (Acad.).

La **largeur** est non seulement l'« étendue dans le sens opposé à la longueur », mais aussi, au figuré, le « caractère de ce qui n'est pas restreint, strict, mesquin » : *Envisager une question avec largeur* (Lar. du XXᵉ s.). *La largeur de ses idées, de ses vues, de son caractère* (Acad.). *Largeur d'esprit.*

larron a pour féminin (peu employé) *larronnesse* : *Une pendaison de larrons et larronnesses* (V. Hugo, *Notre-Dame de Paris,* I, 5).

La forme *larronne* se rencontre parfois.

las. — **De guerre lasse.** V. GUERRE.
— V. aussi LASSER.

lasciveté. — On ne dit plus aujourd'hui **lascivité.**

lasser. — **Se lasser à** signifie « se fatiguer à » : *On se lasse plus à rester debout qu'à marcher* (Acad.).

Se lasser de a le sens de « s'ennuyer de », de « se dégoûter de » : *On finit par se lasser d'entendre toujours les mêmes boniments.*

« On emploie après *se lasser* la préposition *à* pour désigner l'acte qui cause la lassitude, mais la préposition *de* pour marquer le désir de cesser l'acte » (Lar. du XXᵉ s.).

(Avec *las,* on se sert toujours de la préposition *de* : *Je suis las de vous le répéter. Nous sommes tous las de l'entendre.*)

latins (Mots). — **Accord de certains mots latins.** L'emploi des mots latins dans la phrase française conduit parfois à des inconséquences grammaticales que l'usage a néanmoins ratifiées. C'est ainsi qu'on écrit : *un minus habens, des minus habens, aux minus habens, pour les minus habens,* sans tenir compte des cas de la déclinaison latine. (Il paraîtrait prétentieux, en effet, de parler des incapacités des *minus habentium* ou de s'écrier : « Tant pis pour les *minus habentibus!* »)

Mais on dit aussi, surtout dans le langage scientifique, en s'inquiétant, cette fois, des accords de la langue latine : *Un taux maximum, une vitesse maxima, des avantages maxima.* D'autre part, si *album, pensum, quorum,* etc., sont francisés et font leur pluriel en *albums* (et non *alba*), *pensums, quorums,* etc., il est d'usage de dire, par exemple, *un erratum, des errata, un addendum, des addenda,* etc.

Devant ce manque de logique, la tendance est à l'alignement sur le français : il est permis, et même conseillé, d'écrire *des maximums, des erratums, des sanatoriums,* la cote *optimum,* température ou *vitesse minimum,* etc.

Chaque fois que le mot latin a été traduit en français, il est préférable d'employer cette dernière forme : *un moratoire, un postulat, des critères,* etc.

(plutôt qu'*un moratorium, un postula-tum, des critériums,* etc.).

V. aussi ERRATUM, MAXIMUM, etc.

NOTA. — L'Académie, qui a adopté le pluriel français pour certains mots comme *phylloxera, referendum, velum,* etc., écrit ces mots sans accent, ce qui ne les francise qu'à demi (alors qu'*alinéa, mémento, mémorandum, géranium, spécimen* ou *spéculum,* par exemple, sont écrits avec un *e* accentué). Il paraît préférable et plus logique d'écrire : *des phylloxéras, des référendums,* des *vélums,* etc. (ou un *phylloxéra, un référendum,* etc.) [Lar. du XXᵉ s.].

latrines ne s'emploie pas au singulier.

laurier. — Les composés de *laurier* sont : *laurier-cerise, laurier-rose, laurier-sauce* et *laurier-tin.* Ils s'écrivent avec un trait d'union et font au pluriel : *des lauriers-cerises, des lauriers-roses, des lauriers-sauce* (*sauce* invariable), *des lauriers-tins.*

Remarquer l'orthographe *laurier-tin* (et non *thym*) [*Viburnum tinus*].

laveuse - lavandière. — Ces deux mots sont synonymes, mais **laveuse** (« femme qui lave le linge ») est d'un usage courant, alors que **lavandière** est vieilli et réservé à la langue poétique.

lavis, terme de dessin, se prononce *la-vi* (et non *la-viss*).

laxité - lâcheté. — La **lâcheté,** comme la **laxité,** est le caractère de ce qui est « lâche ». Avec cette différence que le premier terme, **lâcheté,** désigne une action vile et méprisable (*Celui qui trahit est un lâche*), et le second, **laxité,** ce qui est peu ou mal tendu (*Cette corde est trop lâche*).

On dira donc : *La lâcheté d'un individu,* et *La laxité d'une courroie, d'une ceinture, d'un nœud, d'un réseau,* etc.

layette se prononce *lè-yèt'* (et non *la-yèt'*).

lazzarone, mot italien (« voyou »), fait au pluriel *lazzaroni : Couchés au soleil comme des lazzaroni* (A. Hermant, *le Cavalier Miserey,* 85).

V. aussi ITALIENS (Mots).

lazzi est un mot pluriel italien qui ne s'emploie guère au singulier en français (*Il trouvait le moyen de désarmer son maître par quelque lazzi* [P. Bourget, *Lazarine,* 125]). Le pluriel est d'usage courant : *Il l'a poursuivi de ses lazzi* (Acad.).

Il est le plus souvent francisé au pluriel : *S'enfuir sous les lazzis de l'assistance. Une congaï à chignon lisse ouvrit la porte, jeta quelques lazzis criards aux porteurs* (Cl. Farrère, *les Civilisés,* 10).

On prononce *la-zi.*

V. aussi ITALIENS (Mots).

le, la, les (articles). — **Répétition de l'article.** En principe, l'article se répète devant chaque nom : *Les maîtres et les élèves étaient de la fête. Il rencontra l'instituteur et le curé.*

Toutefois, on ne répète pas l'article devant les noms qui forment une expression considérée comme un tout : *Les Arts et Métiers, les Ponts et Chaussées. Les tenants et aboutissants. Les parents et amis. Les frères et sœurs. L'empereur et roi. Le maître et seigneur de ce domaine. Les allées et venues. Les us et coutumes. Les officiers, sous-officiers et soldats. Les père et mère d'un enfant.*

Il est indispensable que les noms soient du même genre si l'article unique est au singulier.

— Lorsque des adjectifs coordonnés suivent le nom, il est plus correct de répéter l'article et le nom si les groupes de personnes ou de choses ne forment pas un bloc : *Le linge propre et le linge sale. Le pouvoir temporel et le pouvoir spirituel. La langue grecque et la langue latine. L'histoire ancienne et l'histoire moderne. Mais on dira : Les pouvoirs spirituel et temporel du pape. Les langues grecque et latine* (Gramm. Lar. du XXᵉ s.). *L'histoire ancienne et la moderne; les histoires ancienne et moderne* (Hanse). La tournure *L'histoire ancienne et la moderne* ne paraît pas à conseiller.

— **Omission de l'article.** Si deux qualificatifs se rapportent à une seule et même personne, on ne répète pas l'article : *Le pieux et profond Pascal. Le simple et bon La Fontaine.*

On omet également l'article dans les énumérations : *Femmes, moine, vieillards, tout était descendu* (La Fontaine, *Fables,* « le Coche et la Mouche »).

— On écrit (sans article) : *Charger sabre au clair. Dur comme fer Blanc comme neige. Sur terre et sur mer. Remuer ciel et terre. Travailler jour et nuit,* etc.

— **Le mieux, le moins, la plupart, le plus,** etc. V. MIEUX, MOINS, etc.

— **L'article à la place de l'adjectif possessif.** On emploie l'article défini *le, la, les* à la place de l'adjectif possessif chaque fois que le possesseur est suffisamment déterminé ou qu'un pronom réfléchi figure dans la phrase, en particulier devant les noms qui désignent les parties du corps ou les facultés de l'esprit : *J'ai mal à la tête, à l'estomac* (et non *J'ai mal à ma tête, à mon estomac*). *Il leva les yeux au ciel. Tu tires la langue. Il perd le jugement, la mémoire. Il se lave les mains.*

L'article est également employé devant un complément de manière qui marque une attitude : *Ils déjeunent les yeux baissés, sans un mot. On le voit toujours la cigarette aux lèvres.*

Le possessif devient de rigueur si le nom est précédé ou suivi d'une épithète : *Il a mal à sa pauvre tête. Il traîne sa jambe malade. Il leva au ciel ses yeux pleins de larmes.*

(Si l'on veut marquer une habitude portant sur une partie du corps, on emploie le possessif : *J'ai mal à ma dent* [à la dent qui me fait mal habituellement]. *Il souffre encore de sa jambe* [de sa jambe malade]. Le possessif distingue ainsi les parties saines des parties malades; de ce fait, on ne dira pas *J'ai mal à ma tête*, puisqu'on n'a qu'une seule tête. — On dira aussi, pour marquer la périodicité : *J'ai ma migraine. Son mal de dents le reprend.*)

Devant les noms qui désignent les *parties du vêtement*, on se sert normalement de l'adjectif possessif : *Elle a sali son tablier. Ce jeune garçon a toujours les mains dans ses poches. Il a retiré sa veste.* (Des phrases comme *J'ai oublié le chapeau, Il a retiré la veste* sont incorrectes.)

Dans des expressions du genre de *saisir quelqu'un au collet, par la manche,* on emploie l'article (le possessif serait dans le complément sous-entendu : *de son veston*).

V. aussi LEUR (*Leur - en*).

— **L'article devant un nom propre.** Il est d'usage, à l'imitation de l'italien, de faire précéder certains *patronymes* d'artistes de l'article défini.

Ainsi, on dira *le Tasse* (Torquato Tasso), *l'Arioste* (Ludovico Ariosto), *le Primatice* (Francesco Primaticcio), etc. On dira également *le Parmesan* pour désigner Francesco Mazzuoli, né à *Parme*, ou *le Tintoret* pour désigner Jacopo Robusti, dont le père était *tintore* (teinturier). Mais c'est abusivement qu'on met cet article devant un prénom, comme dans *le Dante*, par exemple (Dante Alighieri). C'est *l'Alighieri* qui serait seul correct. Voltaire a pourtant écrit dans son discours de réception à l'Académie française : *Il n'est rien que le Dante n'exprimât* (cité par Grevisse, 231).

Malgré la règle, il est d'usage de dire *le Guide* (Guido Reni), *le Giorgione* (le beau *Giorgio*), *le Dominiquin* (Domenico Zampieri) et l'on rencontre souvent *le Titien* (Tiziano Vecelli).

— **Accords particuliers.** On écrit : *En vente les jeudis et samedis* (c'est-à-dire tous les jeudis et samedis de l'année), mais *En vente les jeudi et samedi de chaque semaine* (il n'y a qu'un jeudi et qu'un samedi par semaine). *Les XVIᵉ et XVIIᵉ siècles* (ou *Les seizième et dix-septième siècles*). *Les septième et huitième chevaux* (ou encore *Le septième et le huitième cheval*), mais *Le XVIᵉ et le XVIIᵉ siècle* (et, sans article : *XVIᵉ-XVIIᵉ siècle*). *La première et la deuxième déclinaison latine. Les première et deuxième déclinaisons latines.*

— **Accord de l'article avec un nom de bateau.** V. BATEAU.

— **Article partitif.** *Boire du bon vin* ou *de bon vin.* V. DU.

— **Contraction de l'article dans un titre.** V. TITRE.

le, la, les (pronoms). — *Le, la, les* pronoms personnels accompagnent toujours un *verbe;* ils se distinguent de *le, la, les* articles en ce que ceux-ci accompagnent toujours un *nom* : *Voici un livre, et je vous engage à le lire* (le pronom). *Voici le livre que je vous engage à lire* (l'article).

— On écrit : *Votre père, aimez-le. Votre mère, aimez-la. Vos parents, aimez-les.*

— **Pronom complément.** Hanse signale et accepte après A. Hermant la construction *J'ai demandé grâce et je l'ai obtenue*, où *le* représente un nom sans article formant avec le verbe une locution. (On peut trouver des constructions analogues avec : *faire confiance, faire pénitence, avoir raison, demander conseil*, etc.) Les Le Bidois (I, 136) citent une phrase de Voltaire : *On doit pardonner aux chrétiens qui font pénitence. Je la fais.* Ce tour, grammaticalement douteux, ne semble pas à conseiller.

— **Place du pronom complément d'un infinitif.** V. INFINITIF.

— **Place du pronom complément d'un impératif.** V. IMPÉRATIF.

— **« Le - lui », « les - leur » sujets d'un infinitif.** Après les verbes *apercevoir, écouter, entendre, laisser, ouïr, regarder, sentir, voir*, le sujet de l'infinitif peut être *le* ou *lui*, *les* ou *leur*, indifféremment : *Je le laisse faire ses devoirs* ou *Je lui laisse faire ses devoirs. Je les laisse cueillir des fleurs* ou *Je leur laisse cueillir des fleurs* (Hanse). *Cette chanson, je les ai entendus la chanter* ou *je la leur ai entendu chanter* (Id.).

— **« Le » pronom neutre complément.** Il est facultatif dans les propositions comparatives amenées par *autre, autrement, même, moins, plus*, etc. : *Il est autre que je croyais, que je ne le croyais* (Acad.). *Il a vécu plus longtemps qu'on n'aurait cru, qu'on ne l'aurait cru* (Grevisse). *Il est plus âgé que je ne le supposais, que je ne pensais. J'en ai fait plus que vous ne vouliez. Je m'en tirerai cette fois mieux que je n'ai fait* ou *que je ne l'ai fait jusqu'à présent.*

Le s'omet devant les verbes qui se mettent en incise indépendante, à la 1ʳᵉ personne du singulier du présent de l'indicatif (*je t'assure, je crois, j'espère, j'imagine*, etc.) : *Vous voudriez, j'imagine, être à ma place* (Acad.). *Vous avez, j'espère, de bonnes raisons.*

— Quand **le** annonce l'idée qui *viendra* ensuite, il n'est pas indispensable et sert surtout à insister : *Si vous le voulez* (ou *Si vous voulez*), *vous pouvez nous accompagner. Je le savais bien que vous viendriez* marque plus d'insistance que *Je savais bien que vous viendriez.*

Si *le* rappelle une idée *antérieure*, sa présence est en principe nécessaire pour donner un complément au verbe : *Il vous a soutenu comme il l'a pu. Je ne prétends pas, comme vous l'imaginez, régenter la maison. Vous sortirez si je le veux. J'irai vous voir aussitôt que je le pourrai. Faible comme il l'est.* Toutefois, on l'omet fréquemment, surtout dans la langue parlée : *Vous le ferez quand vous pourrez. Je le ferai aussitôt que je pourrai. Vous sortirez si je veux. Faible comme il est.*

L'omission a lieu souvent avec des verbes comme *croire, dire, faire, penser, pouvoir, savoir, vouloir* (v. ces mots), employés dans des propositions comparatives ou après *comme*.

— **Omission de « le » dans une réponse négative.** Si l'on dit toujours, dans les réponses affirmatives : *je le crois, je le pense, je le suppose*, etc., on omet souvent *le* dans les réponses négatives : *je ne crois pas, je ne pense pas, jamais tu ne pourras, je ne savais pas, ils n'ont pas voulu*, etc. Toutefois, si *le* est contenu dans la question, il doit être obligatoirement employé dans la réponse : *Le savez-vous ? — Je le sais* (ou *Non, je ne le sais pas*).

— **Accord du participe avec un pronom neutre.** Si le pronom neutre *le* est complément d'objet direct, le participe passé reste invariable : *L'affaire était plus sérieuse que nous ne l'avions cru. Achevez, madame, je vous entends, et ma Hautesse n'a-t-elle jamais fait la bête, voulez-vous dire ? Je vous répondrai que je l'ai fait quelquefois* (Diderot, *les Bijoux indiscrets*, XXX ; cité par A. Thérive).

— **Gallicismes avec « le » neutre** (où ce pronom représente un terme vague) : *Je vous le donne en mille. L'emporter sur. Le prendre de haut. Se le tenir pour dit. Le disputer à quelqu'un. Je ne le cède à personne. Tu me le paieras !* Etc.

— **Pronom attribut.** 1° Si *le, la, les* représentent un nom précédé de l'article *défini* ou d'un adjectif démonstratif ou possessif, ils s'accordent avec ce nom : *Je me regarde comme la mère de cet enfant ; je la suis de cœur* (Acad.).

J'ai défini les bons citoyens ; ces bons citoyens, vous les serez (Grevisse). *« Etes-vous leurs délégués officiels ? — Nous les sommes »* (Hanse).

Ces tours ressortissent surtout à la langue écrite. Dans la conversation, on répond généralement par : *Oui, c'est moi* ou *c'est nous.*

(On ne dit plus guère, avec **c'est** : « *Est-ce là votre chapeau? — Ce l'est.* » Qu'il s'agisse de personnes, d'animaux ou de choses, on dira : *c'est lui, c'est elle, ce sont eux* [Hanse].)

2° Pour représenter un nom sans article ou précédé d'un article *indéfini*, ou un adjectif qualificatif, un participe, un verbe, on emploie le pronom neutre *le*, qui équivaut à *cela* : « *Etes-vous Française? — Je le suis.* » « *Vous devez être contente! — Je le suis.* » « *Etes-vous frères? — Non, nous ne le sommes pas.* »

Généralement, il y a identité de genre et de nombre entre le nom et l'adjectif que *le* représente et le nom et l'adjectif de la proposition précédente : *Vos parents sont économes* (masc. plur.), *les miens le sont* (sont cela, *économes*) *aussi.*

Toutefois, le genre et le nombre peuvent être différents, mais cela donne alors à la phrase une allure étrange et qui n'est pas sans choquer : *Elle était très bonne; son frère l'était aussi. Mes sœurs sont folles; heureusement que je ne le suis pas autant qu'elles* (Hanse). *Elle était chrétienne. Son père et sa mère l'avaient été* (E. Henriot, *Aricie Brun*, III, 3; cité par Grevisse).

De même, le pronom neutre *le* ne devrait pas, en bonne règle, représenter au passif un verbe à l'actif qui le précède. Si l'on dit très bien : *Il est aimé parce qu'il mérite de l'être*, on dira aussi : *Je le traiterai comme il mérite d'être traité* (plutôt que *Je le traiterai comme il mérite de l'être*). Hanse trouve néanmoins ce dernier tour, condamné par Littré, « clair, commode et moins lourd que la répétition du verbe à la forme passive », et Grevisse en donne des exemples tirés d'auteurs classiques et modernes : *Si nous établissions la confiance comme elle l'est déjà de mon côté* (Mᵐᵉ de Sévigné, t. VIII, 43). *Que de gens guillotinaient pour ne pas l'être* (E. Estaunié, *l'Infirme aux mains de lumière*, 87).

— Dans les propositions comparatives (avec *aussi, comme, moins, plus*), *le* est parfois omis, mais il est toujours plus correct de l'exprimer : *Un homme aussi brave que vous l'êtes*, ou *que vous êtes. Fatigué comme il l'est*, ou *comme il est, vous ne parviendrez pas à le décider à sortir. Vous êtes plus heureuse ici que vous ne l'étiez là-bas.*

Le est d'ailleurs obligatoire s'il y a un complément : *Il est plus fort que je ne l'étais à son âge.*

lecteur - liseur. — Un **lecteur** est aujourd'hui celui qui lit : *Les lecteurs rectifieront d'eux-mêmes.* C'est aussi celui qui lit à haute voix devant un auditoire (*Un parfait lecteur. Un lecteur infatigable*) ou dont la fonction est de lire : *Lecteur du roi. Dans les maisons d'éducation religieuses, il y a ordinairement un lecteur ou une lectrice de semaine pour lire au réfectoire* (Acad.).

Le **liseur** est celui qui aime lire et qui lit beaucoup : *Un grand liseur. Géraldine, qui était une liseuse enragée de livres et de journaux* (J. Lorrain, la Maison Philibert, 204). *Le petit liseur de mon enfance allait dormir content* (R. Dorgelès, *la Caravane sans chameaux*, 255).

ledit. — Ledit, **lesdits, audit,** etc. V. DIRE (*Dit, dite*).

légion. — Légion d'honneur. *Terminologie. La gradation est la suivante:* on est *nommé* chevalier (*nomination*), *promu* officier ou commandeur (*promotion*), *élevé à la dignité* de grand officier ou de grand-croix (*élévation*).

V. aussi PROMOUVOIR.

legs se prononce *lèg* (Acad.), mais certains conseillent encore *lè*, qui n'est plus guère en usage et fait prétentieux : *Faire, accepter, recevoir, refuser un legs, des legs* (Acad.).

légume est *masculin* dans tous ses sens... potagers. Il est *féminin*, par plaisanterie, dans l'expression *grosse légume*, qui désigne un personnage important, et dans la langue populaire : *Avoir affaire à une grosse légume. Les affaires qui regardent les grosses légumes* (A. France, *l'Anneau d'améthyste*, 125). *Un jardin pour faire des fleurs et de la légume* (A. Daudet, *l'Evangéliste*, 53).

leitmotiv, nom allemand, s'écrit en un seul mot, se prononce *lèt-mo-tif* et fait au pluriel *leitmotive* (qui se prononce comme le singulier).

lequel - qui. — Les pronoms relatifs **lequel, laquelle, lesquels, duquel, desquels, auquel, auxquels** peuvent s'appliquer à des personnes ou à des choses : *La personne à laquelle j'ai parlé. Les sciences auxquelles je m'intéresse. L'ami auquel j'ai prêté mille francs. Des complices sans l'aide desquels* (ou *de qui*) *il n'aurait pas réussi* (Hanse). *L'enfant pour lequel j'ai acheté ce cadeau.*

En revanche, ils s'emploient à la place de *qui* précédé d'une préposition quand l'antécédent est un nom de *chose* : *La maison à la conservation de laquelle* (et non *de qui*) *il tient tant a besoin d'être réparée* (Acad.). *Le vaisseau sur lequel* (et non *sur qui*) *nous naviguions* (Lar. du XXᵉ s.). *L'adresse avec laquelle* (et non *avec qui*) *il fait ses tours.* On ne dit plus aujourd'hui, avec Racine : *Soutiendrez-vous un faix sous qui Rome succombe,* à moins que cet archaïsme ne soit voulu : *Il y a quelque temps, l'Académie française à qui j'ai encore l'honneur à tort ou à raison d'appartenir...* (P. Benoit, dans *France-Soir,* 24-X-1950).

— **Lequel** s'emploie également à la place de *qui* pour éviter une équivoque ou la répétition du pronom : *Un homme s'est levé au milieu de l'assemblée, lequel a parlé d'une manière extravagante* (Acad.). On le trouve aussi dans la langue littéraire, même quand aucune équivoque n'est à redouter, mais ce tour fait archaïque et alourdit la phrase : *La lettre était déposée dans un coffret clos, lequel se dissimulait dans la mousse* (A. Gide, *Si le grain ne meurt,* 173)*.* Et aussi après *parmi* : *Les jeunes gens parmi lesquels elle devait choisir.*

— **Lequel** ne s'emploie pas après *et* (Grevisse). Il peut avoir pour antécédent un nom propre (Id., 7ᵉ éd.) : *M. Durand, qui* (ou *lequel*) *était très riche.*

Dans une interrogation indirecte comme : *Dites lequel d'entre nous vous voulez pour compagnon,* on emploie plutôt *celui qui, celui que,* etc.

V. aussi DONT.

— **Qui,** précédé d'une préposition, ne peut représenter (aujourd'hui du moins, car il n'en a pas toujours été ainsi) que des *personnes* ou des *choses* personnifiées : *La femme à qui* (ou *à laquelle*) *j'ai parlé. Ceux de qui* (ou *desquels*) *j'ai à me plaindre. Le patron pour qui* (ou *pour lequel*) *il travaille. Rochers à qui je me plains* (Acad.). *La France, à qui j'ai donné mon enfant.* Cette règle est valable également en parlant des animaux : *Un chien à qui elle fait mille caresses* (Acad.). *Le chien auquel vous donnez la pâtée.*

V. aussi QUI.

les. V. LE, LA, LES.

lès. V. LEZ.

lèse- (du latin *laesa,* blessée) ne se place que devant un nom *féminin* : *Un crime de lèse-humanité, de lèse-majesté.*

On n'écrira pas, par exemple : *...pour crime de lèse-hitlérisme* (dans le *Figaro,* 30-IV-1955).

lettre.   —   Genre   des   lettres.
V. ALPHABET.

— On écrit : *Exécuter des ordres à la lettre, au pied de la lettre. Lire dans une lettre* (et non *sur*)*. Du papier à lettres. Une lettre de faire part* (mais *un faire-part*)*. Rester lettre morte. Des lettres de cachet. En toutes lettres. Un homme, une femme, des gens de lettres. Les belles-lettres. Une lettre de condoléances, de recommandation, de remerciements* (*de remerciement,* au singulier, tend à signifier « de congé »)*, d'affaires, de félicitations. Des lettres de créance.*

leur est adjectif possessif ou pronom personnel. Adjectif, il accompagne un *nom;* pronom, il accompagne un *verbe.*

— **Leur** adjectif est *variable* indique un possesseur pluriel (*son, sa, ses,* possesseur singulier) : *Ils ont taché leurs cahiers. Ces enfants aiment leurs parents. Elles partirent avec leurs sacs pleins.*

— **Leur** pronom est *invariable* est le pluriel de *lui* : *Je ne leur ai pas répondu. Il aime ses enfants; il ne leur refuse rien. Donnez-leur à manger. Voici du pain, donne-le-leur.*

V. aussi LE, LA, LES (pronoms) [« *Le - lui* », « *les - leur* » *sujets d'un infinitif*].

— **Leur - en.** Les règles présidant à l'emploi de *leur* (*son, sa, ses*) ou de l'article accompagné de *en* (*Ces tableaux, j'aime leurs teintes délicates,* ou *j'en aime les teintes délicates*) n'ont pas conservé le caractère de rigueur qu'elles avaient au temps des grammairiens de

Port-Royal. Il n'est plus guère question aujourd'hui que du goût de l'écrivain ou de l'élégance de la phrase. Lorsque le possesseur est inanimé (nom de chose), le nom peut être déterminé par l'adjectif possessif ou par l'article et le pronom *en* : *Mes chers amis, quand je mourrai, Plantez un saule au cimetière, J'aime son feuillage éploré, La pâleur m'en est douce et chère, Et son ombre sera légère A la terre où je dormirai* (Musset, *Poésies nouvelles*, « Lucie »).

Quoique l'emploi de l'article et du pronom *en* soit d'un style plus châtié, on dira aussi bien : *Ces arbres sont magnifiques et leurs fruits sont excellents*, que *et les fruits en sont excellents; Ces petites villes de province, je goûte beaucoup leurs agréments*, que *j'en goûte beaucoup les agréments*. La phrase bien connue des Parisiens : *Le train ne peut partir que les portières fermées, ne pas gêner leur fermeture* (pour *ne pas en gêner la fermeture*), dont la construction eût été condamnée naguère encore, est admise aujourd'hui. « Le possessif en relation avec un nom de chose tend à gagner du terrain; de bons écrivains l'ont employé, pour rendre, consciemment ou non, la présentation moins abstraite, plus expressive » (A. Dauzat, *Grammaire raisonnée*, 275).

Toutefois, si l'on veut exprimer l'idée de rapport plutôt que celle de possession, on employe *en*. Voici une série de constructions avec *en* et une autre avec le possessif : *J'aime beaucoup Paris et j'en admire les monuments. Il revint à sa maison natale et en parcourut mélancoliquement les pièces vides. J'ai vu le Rhône; le cours en est souvent impétueux. Pourquoi craindre la mort si l'on a assez bien vécu pour n'en pas craindre les suites? La gaieté est la santé de l'âme, la tristesse en est le poison. Quand on vit dans un pays, il faut en suivre les usages* (Lar. du XXᵉ s.). — *Paris est une ville magnifique; tous les voyageurs admirent la beauté de ses monuments. Rien n'épuise la terre; plus on déchire ses entrailles, plus elle est libérale* (Lar. du XXᵉ s.). *En épousant les intérêts des autres, il ne faut pas épouser leurs passions. La Fontaine est mon auteur favori; j'aime sa naïveté, sa malice et son esprit gaulois. La*

science doit avoir de grands ménagements avec l'ignorance, qui est sa sœur aînée (Fontenelle).

A noter qu'il est toujours préférable d'employer *en* chaque fois que la possession ne peut pas se concevoir : *Ce travail est pénible, mais un bon salaire en sera la récompense* (et non *sera sa récompense*, le travail ne possédant pas la récompense). *J'ai vu ce monument, en voici la photo* (et non *voici sa photo*, un monument ne possédant pas une photo).

— **« Leur » singulier ou pluriel.** L'usage est quelque peu flottant quant au nombre de *leur* adjectif dans certaines phrases. En règle générale, on met *leur* au singulier quand le sens collectif l'emporte sur le sens distributif, quand on veut souligner un caractère commun, uniforme : *Les livres ont leur destin* (le destin de chacun d'eux; on ne pourrait dire *les destins d'eux*). *Tous ces malades soignent leur gorge* (la gorge de chacun d'eux). *Ces patriotes ont donné leur vie pour la patrie. Ils sont arrivés grâce à leur intelligence. Les fourmis portent de lourdes charges eu égard à la petitesse de leur corps. Ils avaient rencontré de ces fleurs carnivores qui se nourrissent des insectes tombés dans leur calice* (J. et J. Tharaud, *Dingley, l'illustre écrivain*, 18).

Leur se met au pluriel quand le sens distributif l'emporte, quand on veut souligner le caractère individuel, variable : *Pierre et Jean montèrent sur leurs chevaux* (sur les chevaux qui leur appartiennent; on ne pourrait dire *le cheval d'eux*). *Paul et Louis abandonnèrent leurs bicyclettes dans le fossé* (les bicyclettes qui leur appartiennent). *Ils sortirent en emportant leurs chapeaux.* (L'esprit se représente plusieurs bicyclettes, plusieurs chapeaux.)

Toutefois, si l'objet est possédé en commun par plusieurs personnes, *leur* se met obligatoirement au singulier : *Pierre et Jean montèrent dans leur automobile* (ils n'avaient qu'une voiture pour eux deux). *Ils sont dans leur maison de campagne* (ils n'ont qu'une maison de campagne). *Ces enfants ont perdu leur père* (ils sont frères). *Ces garnements ont quitté leur lit* (ils étaient couchés ensemble). *Les soldats accla-*

maient *leur chef* (ils n'avaient qu'un chef).

Mais on écrira : *Ces enfants ont perdu leurs pères* (ils sont cousins, camarades, etc., et chacun avait son père). *Ces garnements ont quitté leurs lits* (chacun avait son lit). La phrase suivante comporte deux exemples significatifs de *leur* singulier et pluriel : *Les jeunes sarigues se juchent sur le dos de leur mère en enroulant leurs queues préhensiles autour de la sienne* (L. Bertin, *la Vie des animaux*, II, 236).

Si l'on craint une amphibologie, comme dans : *Ils sont sortis avec leur chien* (avaient-ils un seul chien avec eux ou chacun son chien ?), on peut tourner la phrase autrement et dire, dans ce dernier cas : *Ils sont sortis chacun avec son chien.*

— **Leur** s'emploie également comme nom : *Qu'ils gardent ce qu'ils ont, je ne veux rien du leur. Ils y ont mis du leur* (Acad.). *Demain soir, nous serons des leurs. Ils travaillent pour eux et pour les leurs* (Acad.).

— **Chacun de leur** (ou **de son**) **côté.** V. CHACUN.

— Pour l'emploi de l'article à la place de l'adjectif possessif, V. LE, LA, LES (articles).

lever. — **Lever un lièvre.** V. LIÈVRE.

lévrier a pour féminin *levrette.*

lez (prononc. *lè*) est une préposition (du lat. *latus*, côté) qui entre dans un certain nombre de noms géographiques et signifie « à côté, près de » : *Péronnes-lez-Binche* (c'est-à-dire Péronnes *près* de Binche), *Plessis-lez-Tours* (Plessis *près* de Tours). [Ne pas confondre avec *Gaillon-les-Tours*, où *Tours* est un nom commun et *les* un article : où il y a des tours.]

C'est abusivement qu'on écrit *lès* ou *les* pour *lez* (Grevisse) : *Villeneuve-lès-Avignon, Plessis-les-Tours*, etc. Il faut toutefois se ranger à l'orthographe officielle, qui ne s'est pas toujours d'accord avec l'étymologie, et *lès* est une forme récente de *lez* : *Saint-Waast-lès-Mello.*

Dans des appellations comme *Aix-les-Bains, Baigneux-les-Juifs, Montceau-les-Mines*, etc., *les* est naturellement un article.

libelle, « écrit injurieux, diffamatoire », est du *masculin* : *Répandre un libelle contre quelqu'un* (Acad.).

(Ne pas confondre avec **libellé,** rédaction : *Le libellé d'un jugement.*)

libérer - délivrer. V. DÉLIVRER.

libraire est un nom des **deux genres** : *Un libraire. Une libraire* (Littré).

libre. — On écrit sans trait d'union : *Libre pensée* et *libre penseur* (pluriel : *des libres penseurs*). *Avoir son libre arbitre. La libre parole.*

Libre-échange (sans pluriel) et *libre-échangiste* (pluriel : *des libre-échangistes*) prennent un trait d'union.

lice. V. LISSE.

licence. — **Licence ès lettres, ès sciences.** V. ÈS.

lichen se prononce *li-kèn.*

lie. — **Lie-de-vin.** V. COULEUR.

lied a pour pluriel *lieder* (pluriel allemand) dans le langage des musiciens : *Les lieder de Schubert.* Le pluriel français *lieds* est employé au sens courant de « ballades » : *Les lieds de Gœthe. Passez ensuite à cet essai de « chansons populaires » ou de ballades, de lieds* (A. Thérive, dans *le Temps*, 24-VI-1937 ; cité par Grevisse).

lier - ligoter. — **Lier,** c'est attacher une chose avec un lien : *Lier une gerbe. Lier des fleurs ensemble pour en faire un bouquet* (Acad.). *Lier à quelqu'un les mains derrière le dos* (Id.).

Ligoter (avec un seul *t*), c'est plus particulièrement lier étroitement une personne ou un animal qui peut se débattre : *Autrefois, les nourrissons étaient ligotés dans leur maillot* (Acad.). *Ligoter un malfaiteur* (Lar. du XXe s.).

Au figuré : *Les fonctionnaires sont souvent ligotés par trop de prescriptions administratives* (Acad.).

lieu. — On écrit : *Le lieu saint, le saint lieu, les saints lieux* (Acad.). *Des lieux d'aisances. N'avoir ni feu ni lieu. Un haut lieu. En haut lieu. En tous lieux. En lieu et place de* ou *Au lieu et place de.*

— **Au lieu de** signifie « en remplacement, à la place, en place de » : *J'attendais un danseur au lieu d'un calculateur.*

Suivi d'un infinitif, *au lieu de* marque une action contraire à celle qu'on vient d'émettre : *Il passa très vite au lieu de s'arrêter. Au lieu de plaisanter, vous feriez mieux de vous remettre au travail.*

— **Au lieu que** a le sens de « tandis que » : *Pierre Corneille est un grand poète, au lieu que son frère Thomas est un poète médiocre. Il ne songe qu'à ses plaisirs, au lieu qu'il devrait veiller à ses affaires* (Acad.). Cette locution paraît aujourd'hui archaïque ; on dit plutôt *tandis que, alors que.*

lieu-dit, nom masculin, s'écrit généralement avec un trait d'union et fait au pluriel *lieux-dits : Ce n'est pas même un village, c'est un lieu-dit.*

Mais on écrira sans trait d'union : *Cette maison est située à trois kilomètres de la ville, au lieu dit la Saussaie* (Acad., à DIRE). *Il serait utile de localiser les lieux dits « limagne » ou « fromental ».* Ici, *lieu dit* signifie « endroit dit ».

lieutenant. — On écrit : *Des lieutenants de vaisseau. Un lieutenant-colonel* (pluriel : *des lieutenants-colonels*). *Le lieutenant général du royaume* (sans trait d'union). *Lieutenant civil, criminel.*

lièvre. — On dit, au propre et au figuré, *lever un lièvre* (et non *soulever un lièvre*) : *Ce chien a levé trois lièvres en une heure.* Au figuré : *Vous avez levé là un lièvre qui va faire du bruit. Il ne fallait pas lever ce lièvre-là* (Acad.).

lige. — Homme lige (« homme absolument dévoué ») s'écrit sans trait d'union.

lignite est du *masculin : Le lignite est un combustible intermédiaire entre la houille et la tourbe.*

ligoter s'écrit avec un seul *t.*
V. aussi -OTER.
— **Ligoter - lier.** V. LIER.

limaçon - limace. — Le **limaçon** ou *colimaçon* est l'escargot, mollusque à coquille.

La **limace** n'a pas de coquille apparente.

liminaire - préliminaire. — **Liminaire** (lat. *liminaris,* de *limen, liminis,* seuil, entrée) se dit d'un prologue, d'une épître, d'une remarque, etc., que l'on place en tête d'un livre : *Des pièces liminaires* (Littré). *Épître liminaire.*

Préliminaire a un sens moins restreint et se dit de ce qui précède la matière principale, de ce qui sert à l'éclaircir : *Un discours préliminaire. Régler une question préliminaire.*

limite. — On écrit : *Des dates limites.* On dit : *Atteindre la limite d'âge* (et non *Être atteint par la limite d'âge*).

limitrophe. — On écrit : *Le Portugal est limitrophe de l'Espagne.*

limonade s'écrit avec un seul *n.*

lingual se prononce *lin-goual,* et fait au pluriel masculin *linguaux;* mais **linguiste, linguistique** se prononcent *lin-ghuist', -ghuis-tik'.*

liquéfier. — Dans ce verbe et dans ses dérivés (*liquéfaction, liquéfiable, liquescence,* etc.), *-qué-* se prononce *ké* (et non *kué*). Exception : *liquation,* qui se prononce *koua.*

liqueur. V. CONFITURE.

liquide - fluide. — **Fluide** a un sens plus étendu que **liquide,** les *fluides* comprenant les *liquides* et les *gaz : Les fluides se divisent en corps liquides et en corps gazeux* (Nouv. Lar. univ.). *L'air et l'eau sont des fluides.*

lire. — Conjugaison : *Je lis, tu lis, il lit, nous lisons, vous lisez, ils lisent. Je lisais, nous lisions. Je lus, nous lûmes. Je lirai, nous lirons. Je lirais, nous lirions. Lis, lisons, lisez. Que je lise, que nous lisions. Que je lusse, que nous lussions. Lisant. Lu, e.*

— On lit *dans* un journal, *dans* un catalogue, *dans* un recueil, *dans* un livre, etc. (et non *sur*). Mais *sur* une affiche, *sur* un écriteau, *sur* un mur, etc.
V. aussi JOURNAL.

— **A vous lire...,** formule finale d'une lettre, est du « mauvais style commercial » (Hanse).

— **Lu,** employé seul ou immédiatement avant le nom, reste *invariable : Lu. Lu les pièces ci-jointes.* De même dans la locution *lu et approuvé.*

lis, fleur, qui s'écrivait anciennement *lys* et se prononçait *lî,* se prononce aujourd'hui *liss : Blanc comme un lis* (Acad.). *Avoir un teint de lis. Le royaume des lis. Fleur de lis d'or.*

liséré s'écrit avec deux accents aigus (Acad.) [et non *liseré*] : *Un ruban jaune avec un liséré noir.*

lisse. — En termes de manufacture, on écrit *lisse* ou *lice* (du lat. *licium*, fil) : *Métier de haute lisse* (ou *lice*). *Un haute-lissier, des haute-lissiers.*

liste. — On figure *sur* une liste, *sur* un palmarès (et non *dans*).
V. aussi REGISTRE.

listel a pour pluriel (rare) *listeaux* (Acad.) [d'un ancien singulier *listeau*, formé peut-être d'après *liteau*].

lit. — On écrit : *Un lit de plume. Un lit de roses. Un lit de sangle. Des lits jumeaux. Un lit-cage* (plur. : *des lits-cages*). *Un lit clos. Etre au lit de mort.*

lith-. — Les composés du grec *lithos*, pierre, qui ont cet élément au début du mot s'écrivent toujours avec *th* (*lithographe, lithosphère*, etc.). Quand cet élément est rejeté à la fin (sous la forme *-lithe* [*aérolithe, galalithe*, etc.]), les géologues, contre toute règle étymologique, suppriment souvent l'*h* : *amphibolite, phonolite, ryolite, sodalite*, etc.

littéraire - littéral. — **Littéraire** (lat. *litterarius; de litterae*, belles-lettres) se dit de ce qui concerne la littérature, les belles-lettres : « *Les Nouvelles littéraires* ». *Journal littéraire. Prix littéraire. Critique littéraire. Le sujet de cet ouvrage est plus littéraire que scientifique* (Acad.).

Littéral est formé sur le latin *littera*, lettre. Est *littéral* ce qui est conforme à la lettre, qui est selon la lettre, selon le sens strict des mots : *Une traduction littérale* (c'est-à-dire faite mot à mot). *Le sens littéral de ce passage de l'Ecriture sainte est très différent du sens allégorique* (Acad.). *La langue littérale* d'un pays est la langue écrite, par opposition à la langue parlée. En algèbre, les *grandeurs littérales* sont celles qui sont exprimées par des lettres.
Littéral fait au pluriel masculin *littéraux*.

littéralement, au sens d' « absolument, tout à fait », est du langage familier : *Je suis littéralement écrasé de travail. Son cadavre était littéralement déchiqueté.*

littérateur, comme *écrivain* (qui s'emploie d'ailleurs plus fréquemment), n'a pas de féminin (*littératrice* est rarement employé) : *Cette femme est notre meilleur littérateur épistolaire.*

lobule est du *masculin* : *Le lobule de l'oreille.*
V. aussi -ULE.

lock-out est *invariable* et se prononce *lok-aout'*.

locutions vicieuses. V. BARBARISME.

loger est *transitif* au sens de « donner le logement à quelqu'un » : *Loger des soldats dans une grange* (Lar. du XXᵉ s.). *Loger un étudiant.*
Il est *intransitif* au sens d' « habiter » : *Loger à la belle étoile. Loger chez un de ses amis, en hôtel garni, en garni* (Acad.). *J'ai logé un mois chez lui* (Hanse). *Loger dans la même maison* (et non *rester*...).

loin. — **Au loin** se dit pour « à une grande distance » : *Il entendit au loin un grand bruit.* (Ne pas dire en ce sens *au lointain*, mais, si l'on veut. *dans le lointain*.)
— **De loin** signifie « d'une grande distance » : *Je le vis arriver de loin.* Il marque aussi le temps : *Se souvenir de loin.* (Ne pas dire *de loin* pour *de beaucoup* : *Il est de beaucoup le meilleur de la classe* [et non *de loin*].)
— **De loin en loin, loin à loin.** Ces locutions ont le même sens (« à de grandes distances, à de grands intervalles ») : *Les maisons, les hameaux sont semés dans la plaine de loin en loin* (Acad.). *Planter des arbres loin à loin* (Id.). Dans l'usage, *loin à loin* signifie surtout « à de grands intervalles réguliers ».
— **D'aussi loin que, du plus loin que,** etc., marquant le lieu, se construisent généralement avec l'indicatif : *Du plus loin, d'aussi loin que je l'ai aperçu, j'ai couru au-devant de lui.*
Pour marquer le temps, on emploie le subjonctif : *Du plus loin qu'il me souvienne, qu'il m'en souvienne, la chose était ainsi* (Acad.).

lointain. V. LOIN (*Au loin*).

long, devant un mot commençant par une voyelle, se prononce *lonk* (vestige de l'ancienne graphie *lonc*) : *un lon(g)-k-intervalle.*
— On dit aussi bien *Cette table a tant de long, de large, de haut,* que *tant de longueur, de largeur, de hauteur.*
— **Long,** employé comme adverbe est *invariable* : *Femmes habillées long.*

long-courrier s'écrit avec un trait d'union et fait au pluriel *long-courriers* (Lar. du XXᵉ s.).

Adjectivement : *Des navires, des avions long-courriers.*

long-jointé s'écrit avec un trait d'union : *Des juments long-jointées.*

longueur. V. LONG.

loquace. — Dans ce mot et dans son dérivé *loquacité*, la syllabe *-qua-* se prononce *koua* (Acad.).

lorgnon. — A l'origine, un *lorgnon* était une « lunette à un seul verre » (Acad., 1835), ce qui explique l'emploi du mot au singulier (cf. *lorgner*, « ne regarder que d'un œil »). Le fait qu'on lui adjoignit un second verre justifierait en partie le pluriel que certains lui accordèrent alors, sans doute par attraction de *lunettes* (composées de deux « petites lunes »). Néanmoins, *lorgnon*, comme *binocle* ou *pince-nez*, s'emploie aujourd'hui au singulier (Acad., Littré, Lar. du XXᵉ s.) : *Un lorgnon en or. Ote ton lorgnon* (Xanrof, *le Fiacre*).

A noter cette phrase de Th. Gautier, qui élude un pluriel possible : *Le jeune homme posa son lorgnon double sur son nez* (*Romans et Contes*, « Jettatura », 143).

lors. — Ce mot, qui signifiait « alors », ne s'emploie plus seul aujourd'hui. Sont encore vivantes les locutions **lors de** (« au moment de »), **depuis lors** (« depuis ce temps-là ») et **dès lors** (« dès ce temps-là ») [*dès lors que a vieilli*] : *Lors de son élection, de son mariage* (Acad.). *Je ne l'ai pas revu depuis lors. Il s'est caché, dès lors il est suspect.*

— **Lors même que** (« bien que, quand même ») [et non *alors même que*] fait archaïque : *La fortune nous joue, lors même qu'elle nous est libérale. Lors même que vous l'exigeriez, je ne pourrais vous satisfaire* (Acad.).

lorsque. — La voyelle finale ne s'élide que devant *il, elle, on, un, une.* (Certains ajoutent *en* : *Lorsqu'en 1637...* [Acad., préface, IV].)

— **Lorsque - quand.** *Lorsque* et *quand* sont synonymes sans nuance de sens appréciable (Littré).

louer - louanger. — Ces deux mots sont synonymes et signifient « donner des louanges ». (Le premier est le latin *laudare ;* le second dérive directement de *louange*.) Toutefois, **louanger** emporte une idée d'excès dans l'éloge, de flatterie même, qui n'est pas dans **louer** : *Notre littérature, et singulièrement la romantique, a louangé, cultivé, propagé la tristesse* (A. Gide, *les Nourritures terrestres*, 263). *Les compliments que me prodigua le louangeur Antonin* (Willy et Colette, *Claudine à l'école*, 69). *Il en sera loué de tous les gens de bien, par tous les gens de bien* (Acad.).

On pourrait dire, par exemple, en transposant, que le contraire de *louer* est *blâmer*, et que celui de *louanger* est *discréditer.*

— **Louer** (conjugaison). V. JOUER.

loup. — Les composés *loup-cervier, loup-garou* font au pluriel : *des loups-cerviers, des loups-garous. Dent-de-loup, saut-de-loup, tête-de-loup* font : *des dents-de-loup, des sauts-de-loup, des têtes-de-loup.*

— On écrit : *Marcher à pas de loup. Etre connu comme le loup gris* ou *comme le loup blanc. Un chien-loup* (Acad.). *Un vieux loup de mer.*

lourd. — *Il fait lourd* (pour *Il fait un temps lourd, accablant*), forgé sur *Il fait froid, chaud, bon,* etc., est du style familier.

louveterie. — V. BONNETERIE.

lu. V. LIRE.

lubrifier est formé du latin *lubricuŝ,* glissant, et *facere,* faire. Il ne faut donc pas dire *lubréfier* ou *lubréfiant.*

lui se dit ordinairement pour les personnes. En parlant des choses et des animaux, on emploie surtout **en** et **y** pour *de lui, à lui* (*d'elle, à elle*). On dira : *Cet arbre va tomber, éloignez-vous-en* (et non *éloignez-vous de lui*). *Les vacances, il en jouissait pleinement* (et non *il jouissait d'elles*). *Ce pays est magnifique, allez-y* (et non *allez à lui*). *Ce tracteur, ce cheval, je ne m'en suis pas encore servi* (et non *je ne me suis pas encore servi de lui*).

Les adverbes correspondant aux prépositions *sur, sous* et *dans,* sont *dessus, dessous* et *dedans : Voici votre cheval, montez dessus* (et non *montez sur lui*). *Tirez cette table et cachez-vous dessous* (et non *cachez-vous sous elle*). *Faites vos malles et mettez dedans* (et non *dans elles*) *tout ce que vous pourrez.*

Lui se dit néanmoins des choses et des animaux s'il est précédé des prépositions *avec, après, devant, derrière, au-dessus,* etc. : *L'incendie ne laisse rien derrière lui. Le bouc laissait après lui des relents désagréables. Le torrent entraîne tout avec lui.*

— « **Lui** » sujet d'un infinitif. V. LE, LA, LES (pronoms).

— **Lui - soi.** En règle générale, avec un nom déterminé de personne, on emploie *lui* ou *elle* (et non pas *soi*) : *M*^{me} *Durand n'osait rentrer chez elle.* [Elle] *marche les mains croisées devant elle* (E. et J. de Goncourt, *Sœur Philomène,* 8). *Il gardait pour lui sa paye. L'enfant revint peu à peu à lui. Ce sot est toujours fier de lui* (mais *Le sot est toujours fier de soi* [non déterminé]). *Miserey entra dans une épouvantable colère contre lui-même* (A. Hermant, *le Cavalier Miserey,* 100).

Mais on peut également employer *soi* avec un nom déterminé de personne, singulier ou pluriel, ce qui est une forme archaïque calquée sur le latin : *Napoléon traînait après soi toute l'Europe. Elle emportait avec soi toute sa fortune. Il entendait derrière soi un bruit de branches brisées. Elle hochait la tête, regardant droit devant soi* (Alain-Fournier, *le Grand Meaulnes,* 241). *Et Ramuntcho sentait s'éveiller au fond de soi-même les vieilles aspirations ancestrales vers le foyer basque des campagnes* (P. Loti, *Ramuntcho,* 5).

Soi, dans ce sens, permet d'éviter certaines équivoques : *Un fils qui travaille pour son père travaille pour soi* (Lar. du XXe s.) [*pour lui* pourrait se rapporter à *père*]. *Tout en plaignant son ami, il pleure sur soi* (*sur lui* pourrait se rapporter à *ami*).

Si le nom est indéterminé, si l'on parle en général, sans désigner précisément la personne sujet de la phrase, il faut employer *soi* (et non *lui, elle*) : *Chacun travaille pour soi* (Acad.). *On doit parler rarement de soi* (Id.). *Il faut toujours être maître de soi* (Lar. du XXe s.). *Que chacun prenne garde à soi* (mais *Que cet homme prenne garde à lui,* sujet déterminé).

En parlant des choses, avec un nom déterminé et au masculin singulier, on peut aussi employer *soi* (au lieu de *lui, elle*), mais toujours avec une pointe d'archaïsme : *Un bienfait porte sa récompense en soi* (Acad.). Au féminin, on emploie plutôt *elle* : *La vertu a en elle ce qu'il faut pour la rendre aimable* (A. Dauzat, *Grammaire raisonnée,* 263)

V. aussi CHACUN et SOI.

luire. — Ce verbe se conjugue comme *conduire* (sauf au participe passé : *lui*) : *Je luis, tu luis, il luit, nous luisons, vous luisez, ils luisent. Je luisais, nous luisions. Je luisis, nous luisîmes, ils luisirent. Je luirai, nous luirons. Je luirais, nous luirions. Luis, luisons, luisez. Que je luise, que nous luisions.* L'imparfait du subjonctif (*Que je luisisse, que nous luisissions*) est rare. *Luisant. Lui.*

A noter qu'on rencontre parfois au passé simple la forme *je luis, ils luirent,* qui n'est pas correcte : *Les lampes à arc, toutes à la fois, luirent* (A. de Saint-Exupéry, *Courrier Sud,* 116).

Le participe passé *lui* n'a pas de féminin ni de pluriel.

lumbago se prononce *lon-ba-go.*

lumière. — On dit : *Donner de la lumière. Faire de la lumière. Faire la lumière* (au figuré). *Allumer la lumière* est considéré comme un pléonasme.

V. aussi ALLUMER.

lunch fait au pluriel *lunches* (pluriel anglais), plus rarement *lunchs.*

lunette - lunettes. — Une **lunette** (au singulier) est un instrument d'optique formé de verres grossissants disposés dans un tube, et destiné à grossir ou à rapprocher l'image d'un objet éloigné : *Lunette astronomique. Regarder par le gros bout de la lunette* (ou *de la lorgnette*). *Lunette d'approche.* (Ces lunettes sont par conséquent monoculaires.)

Les **lunettes** (ce mot doit s'employer au pluriel) sont les deux verres (deux verres de *lunette*), enchâssés dans une monture, qu'on se met devant les yeux pour les protéger ou pour corriger la vue : *Une paire de lunettes. Prendre, porter des lunettes* (Acad.). *Des lunettes d'écaille* (à monture d'écaille). *Lire sans lunettes. Ses premières lunettes lui causèrent une surprise très désagréable* (J. Cocteau, dans *les Nouvelles littéraires,* 5-VI-1952).

Celui qui fabrique des lunettes est un **lunetier,** mot qui se prononce *lun'-tié* et s'écrit avec un seul *t*.

luron. — Un *luron* (fém. *luronne*) est une personne joyeuse et sans souci, un bon vivant. Aussi est-ce commettre un pléonasme que de parler de *gai* ou de *joyeux luron* (attraction probable de *gai, joyeux drille,* etc.) : *Un franc luron* (Lar. du XX⁰ s.). *C'est un luron. Quelle luronne !* (Acad.).

lustral fait au pluriel masculin *lustraux.*

luter, dérivé de *lut* (enduit), s'écrit avec un seul *t* : *Luter un vase, un tube.*

lutin, employé comme nom, n'a pas de féminin. En parlant d'une petite fille, on dira : *Quel gentil petit lutin!*

Adjectivement, il fait *lutine* au féminin : *Cette fillette est d'humeur lutine* (Acad.).

luxure - luxation. — Une *luxure à l'épaule* est un barbarisme populaire particulièrement burlesque.

On a une épaule *luxée,* on est atteint d'une *luxation d'épaule* quand on a une épaule démise, déboîtée, ce qui signifie que l'os (la tête de l'humérus) est sorti de son articulation.

La **luxure** est tout autre chose et n'a rien à voir avec le rebouteur. C'est, dit l'Académie, « un des sept péchés capitaux, qui s'oppose à la chasteté ».

luxuriant - luxurieux. — **Luxuriant,** dont le nom correspondant est *luxuriance,* se dit de ce qui est vigoureux, de ce qui pousse avec abondance : *Végétation luxuriante. Bientôt, les collines luxuriantes qui dominent Capetown élèvent par degrés leurs paisibles terrasses* (J. et J. Tharaud, *Dingley, l'illustre écrivain,* 79). *Chevelure luxuriante.* Au figuré : *Style luxuriant. Cerveau luxuriant de visions* (M. et A. Leblond, *En France,* 466).

— **Luxurieux** a pour nom correspondant *luxure,* et se dit de qui se livre sans retenue aux plaisirs de la chair, ou porte à la luxure : *Homme luxurieux. Un geste luxurieux. Des peintures luxurieuses* (Acad.).

lyncher, c'est exécuter sommairement d'après la *loi de Lynch* (nom propre). Ne pas dire la *loi du lynch* (Huysmans, *Là-Bas,* 439) ; le nom correspondant est d'ailleurs **lynchage.**

lys. V. LIS.

M

m. — **Genre.** V. ALPHABET.

— **M** est muet dans *damner* et ses dérivés, ainsi que dans *automne.*

— Devant *b, m* et *p,* la lettre **n** se change en **m** (*embarquer, emmailloter, emporter,* etc.), sauf dans les mots *bonbon, bonbonne, bonbonnière, embonpoint, néanmoins.*

macaroni. V. ITALIENS (Mots).

machiavélique et **machiavélisme,** dérivés du nom propre italien *Machiavel,* dans lequel *-chi-* se dit *ki,* se prononcent également *ma-kya-.*

mâchicoulis s'écrit avec un accent circonflexe sur l'*a.*

machinal fait au pluriel masculin *machinaux.*

machination - machinerie. — **Machination** est synonyme d'*intrigue,* et désigne des menées secrètes tendant à faire aboutir quelque complot pour nuire à quelqu'un : *Être victime d'une abominable machination. Sa machination a tourné contre lui* (Acad.).

Machinerie n'a aucun rapport de sens avec le terme précédent, et s'emploie pour désigner soit l' « ensemble des machines, des moteurs d'une usine » (*La machinerie d'une filature, d'une brasserie,* etc.), soit l' « endroit où sont les machines, dans un navire » : *L'eau envahit la machinerie du paquebot.*

machiniste. — Ce mot désigne particulièrement celui qui, dans un théâtre, est chargé de monter et de démonter les décors.

Il s'emploie aussi au sens de « celui qui conduit une machine », ou de « conducteur de tramway, d'autobus ou de locomotive électrique » : *Faire signe au machiniste*

Le conducteur de locomotive à vapeur est dit plutôt **mécanicien.**

madame fait au pluriel *mesdames.*

On écrit en abrégé *Mme, Mme* : *Il rencontre Mme Dupont. Mme Une telle* (et non *Mme Un tel*).

V. aussi MONSIEUR.

mademoiselle fait au pluriel *mesdemoiselles.*

On écrit en abrégé *Mlle, Mlle.*

V. aussi MONSIEUR.

madras se prononce *ma-drass* : *Un mouchoir de madras* ou *un madras.*

madrigal fait au pluriel *madrigaux.*

maelström s'écrit aussi *malström.*

maestro, mot italien signifiant « maître », s'écrit sans tréma sur l'*e* (il en est de même de *maestria*) et fait au pluriel *maestros.*

magistral fait au pluriel masculin *magistraux.*

magnanerie se prononce avec un *gn* mouillé.

magnat se prononce *magh-na* : *Un magnat de la finance.*

V. aussi -GN-.

magnificat est *invariable* et se prononce *magh-ni-fi-kat'* : *Entonner le Magnificat* (Acad.).

magnificence - munificence. — La **magnificence** est la qualité de ce qui est magnifique, luxueux, somptueux : *Recevoir avec magnificence* (et non *avec munificence*). *La magnificence d'un protecteur, d'un palais.*

La **munificence** se classe non avec le luxe, mais avec la libéralité; c'est la vertu qui porte aux grandes libéralités : *Un homme munificent est très généreux. On doit cet hôpital à la munificence d'un simple particulier* (Acad.).

magnum se prononce *magh-nom'.*

V. aussi -GN-.

maigrir se conjugue généralement avec **avoir** : *Cet enfant a maigri pendant ses vacances.*

Pour désigner l'état résultant de l'action de maigrir, on emploie parfois l'auxiliaire **être** : *Cet enfant est bien maigri*

main. — On est parfois embarrassé sur le nombre à employer dans certaines expressions comportant le mot *main.* D'après le Dictionnaire de l'Académie, on doit écrire : *Une poignée de main* (action de prendre la main d'une personne; au pluriel : *des poignées de main*). *En main propre. Jeux de main, jeux de vilain. Avoir quelque chose en main. Prendre en main les intérêts de quelqu'un. A main armée. Votre affaire est en bonnes mains, en mains sûres.*

Il est généralement d'usage d'écrire : *Faire main basse sur quelque chose. Changer de main* (par fatigue). *Changer de mains* (entreprise qui change...). *Avoir une affaire bien en main. Avoir quelqu'un en main Avoir preuve en main. De main en main Prendre un objet en main En un tour de main* (Acad.) [et non plus *en un tournemain,* qui est vieilli] *Voter à main levée. Mettre le marché à la main* (Acad.). *Acheter de première main, de seconde main* (Id.). *Faites-lui savoir cette nouvelle sous main. Agir en sous-main* (Acad.). *Haut la main. Homme de main. Main courante* (parfois *coulante*).

A noter qu'on écrit : *main-d'œuvre, main-forte* (prêter *main-forte*), mais **mainlevée, mainmise** et **mainmorte** (termes de droit).

maint. — L'Académie ne donne à ce mot que le sens de « plusieurs », et l'écrit au singulier, sauf, naturellement, devant un mot qui n'est employé qu'au pluriel : *Je l'ai rencontré en mainte occasion. Il m'a fait mainte et mainte difficulté Maintes gens.* Elle ajoute, toutefois, que dans l'expression *maintes fois,* on n'emploie plus *mainte* au singulier.

En général, il est cependant d'usage d'écrire *maint* au pluriel quand il signifie « plusieurs, un grand nombre de » (*Il revint à maintes reprises. Il lui fit donner maints coups de bâton*), et au singulier quand on sous-entend

« plus d'un » : *Il a écrasé maint volatile sur la route au cours de sa ran-
donnée. Avoir maint avantage.* De plus,
on écrit indifféremment *maint et maint*
ou *maints et maints.*

A noter que *maint* ne s'emploie que
devant un nom et ne fait jamais fonction de pronom. (On ne peut donc
dire : *Maints peuvent témoigner en ma
faveur.*)

maire. — On dit : *L'adjoint au maire*
ou *l'adjoint du maire.* On écrit : *Le
maire de cette ville est M*^{me} *Une telle.
Le lord-maire de Londres.*

— **Mairesse,** « femme du maire »,
est ironique : *M*^{me} *la mairesse m'invite
à une soirée* (Chateaubriand, *Mémoires
d'outre-tombe,* I, 317). *M*^{me} *Soudry, à
qui l'on dit « M*^{me} *la Mairesse » gros
comme le bras* (Balzac, *les Paysans,* 14).

mais est généralement précédé d'une
virgule : *Il est fort honnête homme,
mais il est un peu brutal* (Acad.). *Non
seulement son frère, mais sa sœur avait
été invitée* (Lar. du XXe s.).

On supprime toutefois cette ponctuation dans certains cas, pour donner à la
phrase un rythme plus rapide ou
mieux approprié, et particulièrement
entre deux mots semblables ou entre
deux groupes très courts (sans verbe) :
*Il est bon mais non intelligent. Il est
bon mais bête, brave mais intrépide.*

— **Mais bien** s'emploie après une
proposition négative pour souligner
l'opposition : *Ce n'est pas son père,
mais bien son parrain.*

— **Mais** adverbe (du latin *magis,*
plus) ne s'emploie aujourd'hui que dans
la locution *n'en pouvoir mais : Si ton
père a fait une faute, le fils n'en peut
mais* (Acad.). *Je n'en puis mais, j'ai
tant couru* (Lar. du XXe s.).

maison, juxtaposé à un nom avec une
valeur d'adjectif, est du langage familier : *La tarte maison. Un discours
maison.*

V. aussi MÈRE.

maître. — Les composés de *maître*
s'écrivent sans trait d'union : *maître
coq, maître chanteur, maître couple,
maître imprimeur, maître queux,* etc.
(Exceptions : *maître-autel* et *petit-
maître* [jeune élégant].)

— On écrit : *Maître de conférences.
Maître d'étude. Maître de forges.*

*Maître ès arts. Grand maître. Maître
d'hôtel. Maître d'équipage. Quartier-
maître, second maître, premier maître.
Etre le maître, être maître de faire
quelque chose* (Acad.). Au féminin :
Rome fut la maîtresse du monde
(Acad.). *Maîtresse femme. Maîtresse
servante. Ces sortes de broderies
régnèrent en maîtresses.*

majesté. — **Accord avec « Sa
Majesté, Votre Majesté ».** V. EXCEL-
LENCE.

major. — On écrit : *sergent-major,
adjudant-major, médecin-major, infir-
mière-major.*

majorité. — Avec le collectif *la majorité,* ou *une majorité,* pour sujet, le verbe
qui suit se met généralement au singulier : *La majorité des Français professe
la religion catholique* (Acad.). *Une majorité de candidats de couleur se pré-
senta à ce poste.*

V. aussi COLLECTIF.

majuscules. — **Majuscules dans
les noms communs.** Il n'y a pas de
règle absolue et valable pour tous les
cas dans l'emploi des majuscules. Il y a
une règle d'usage et des cas particuliers.
Les ouvrages spéciaux, par exemple,
seront toujours plus riches en majuscules, dans les noms communs, que les
ouvrages généraux. Un traité de botanique verra chaque nom d'espèce ou de
variété orné d'une capitale, de même
un traité de zoologie, mais un dictionnaire, ne pouvant faire ressortir chaque
mot, unifiera sur les minuscules.

V. aussi MINUSCULES.

— **Majuscules dans les noms
propres.** Voici quelques règles d'emploi des majuscules dans les noms
propres pour certains cas difficiles.

Dans les désignations géographiques,
topographiques, etc., si le nom propre
est un adjectif, ce dernier seul prend la
majuscule : *Le mont Blanc* (mais le
massif du Mont-Blanc). *Le cap Vert
(mais la presqu'île du Cap-Vert). Le lac
Noir. Le golfe Persique. La mer Morte.
La mer Méditerranée. L'océan Atlan-
tique. La péninsule Ibérique. Les montagnes Rocheuses. La république Argentine* (parce qu'on dit *l'Argentine ;* mais
la *République française*). *La rue Haute.
La bibliothèque Mazarine. La colonne
Trajane.*

Les noms composés formant un tout ou une unité administrative s'écrivent avec majuscules et traits d'union : *Les Etats-Unis* (mais *un des Etats unis d'Amérique*). *La Nouvelle-Calédonie. La Haute-Volta. Le Moyen-Congo. Les Basses-Pyrénées, la Charente-Maritime* (départements). *La Chapelle-en-Vercors. L'avenue du Général-Leclerc. La rue des Quatre-Frères-Peignot.*

V. aussi BAS et HAUT.

Les noms de nationaux, de peuples, d'habitants s'écrivent avec une majuscule quand ils sont employés substantivement : *Les Français. Un Français. Les Anglo-Saxons. C'est un Brestois.* Mais : *le français* (la langue française), *un citoyen français, un Canadien français; Un tel, naturalisé américain* (adjectifs). Et aussi, par opposition : *Un tel, Parisien d'adoption.*

— On écrit généralement : *L'Antiquité, le Moyen Age, les Temps modernes.* (Les minuscules s'emploient également dans ce cas.) *L'Empire byzantin. Le second Empire. La troisième* (ou *la III*ᵉ) *République. La République populaire de Hongrie. La querelle des Investitures. Les guerres de Religion. Le 9-Thermidor* (mais *le 9 thermidor an II*) *Le 14-Juillet* (mais *le 14 juillet 1789*). *Le jour de l'An.*

Et aussi : *L'ordre de la Légion d'honneur. L'ordre du Saint-Esprit. L'ordre Teutonique.* (Pour les membres des divers ordres ou sectes, v. MINUSCULES.) *Les Rois mages* (ou *les Mages*). *Un secret d'Etat. L'Eglise anglicane. Les biens de l'Eglise. L'Académie des sciences. L'Institut Pasteur. L'Ecole polytechnique* (mais : *il sort de Polytechnique*), *l'Ecole normale supérieure* (écoles uniques). *Le musée du Louvre. Le Muséum national d'histoire naturelle. Le collège Stanislas. Le lycée Buffon.*

— **Emploi de la majuscule dans les titres.** V. TITRE.

— V. aussi POINTS CARDINAUX, RUE, SAINT.

mal. — **Mal de** ou **à.** *Mal,* employé substantivement avec un article ou un déterminatif, exige le traits d'union : *Avoir un mal de reins terrible. Mon mal de dents s'est dissipé. Je vous passerais volontiers mon mal de tête. J'ai le mal de tête.*

Avec **avoir mal** sans article, on emploie *à* (et non *de*) : *Avoir terriblement mal aux reins. J'ai toujours mal aux dents. Je préférerais avoir mal à la tête.* Par analogie avec *avoir chaud, avoir froid,* et surtout dans la langue familière, on peut aujourd'hui employer avec *avoir mal* certains adverbes comme *très, si, bien, tellement : J'ai très mal à la tête, à la gorge.* (*Avoir beaucoup mal* ne se dit plus.)

On dit également, avec un autre verbe qu'*avoir : La lumière me fait mal aux yeux. Le grincement des scies me fait mal aux nerfs.*

— **Pas mal,** locution adverbiale, est du style familier et s'emploie généralement sans la particule *ne* (elle a d'ailleurs un sens positif et se situe entre *assez* et *beaucoup*) : *Aujourd'hui, j'ai pas mal de travail à faire. Il a pas mal d'argent. Il y a pas mal de fourberie dans son attitude. Je m'en moque pas mal. Cet enfant est pas mal instruit pour son âge.*

— Les composés suivants de *mal* s'écrivent en un seul mot : *maladroit, malaisé, malappris, malavisé, malbâti, malfamé* (v. ce mot), *malgracieux, mal habile, malintentionné, malvenu* (v. ce mot) ; *malentendu* et *malpeigné* (noms). Et avec traits d'union : *mal-en-point* (invariable).

malachite, pierre d'ornement, se prononce *ma-la-kit'.*

maladroit s'écrit en un seul mot.

malaisé s'écrit en un seul mot (Acad.) : *Ne jamais commettre de faute est chose malaisée* (Gr. Lar. encycl.).

malappris s'écrit en un seul mot (Acad.) : *C'est un malappris.*

malavisé s'écrit en un seul mot (Acad.) : *C'est être malavisé que de donner des conseils à qui n'en demande pas* (Lar. du XXᵉ s.).

malbâti s'écrit en un seul mot (Acad.) : *Il était infâme d'en vouloir pour cela à ces fusiliers jumeaux et malbâtis* (Dictée de Mérimée).

mal-en-point s'écrit avec deux traits d'union et reste invariable : *La santé de cet homme a été très éprouvée, il est bien mal-en-point* (Acad.).

malentendu. — **Malentendu - quiproquo.** V. QUIPROQUO.

malfaire (« faire de méchantes actions ») s'écrit aujourd'hui en deux mots : *mal faire : Toute sa vie il n'a cessé de mal faire*

malfamé (« qui a une mauvaise réputation », en parlant d'une chose) s'écrit généralement en un seul mot, mais peut s'écrire aussi *mal famé : C'est une rue très malfamée* (Acad.).

malgracieux s'écrit en un seul mot : *Employé assez malgracieux* (Nouv. Lar. univ.).

malgré que a suscité des discussions passionnées. Peut-on l'employer au sens de « quoique, bien que, encore que » ?

En raison même de ces discussions, qui continuent à opposer grammairiens et écrivains, il vaut mieux éviter de se servir de cette locution et l'abandonner à la langue familière.

Quoiqu'on trouve *malgré que* sous la plume d'écrivains tels que Bourget, Bordeaux, Heredia, Loti, Lavisse, Mauriac, A. Daudet, A. France, A. Gide (*Malgré qu'il eût vingt ans de plus que moi* [*Si le grain ne meurt*, 79]), etc., l'Académie met en garde contre cette locution, qui n'a jamais rempli à l'origine l'office de conjonction. « On ne doit l'employer qu'avec le verbe *avoir* et dans les expressions *malgré que j'en aie, malgré qu'il en ait*, etc., avec le sens de « en dépit de moi, en dépit de lui, etc. » : *Malgré qu'il en ait, nous savons son secret. Malgré qu'il en eût, aucune de ces images ne lui demeurait* (A. Hermant, *l'Aube ardente*, 59). *Malgré qu'il en eusse, je reçus un fusil* (J. Blanc, *Seule la vie*, II, 252).

En fait, *malgré que*, qui devrait s'écrire en trois mots (*mal gré que*), ne signifie pas autre chose que « mauvais gré que », et *malgré qu'il en ait*, avec son air archaïque, s'explique très bien par « quelque mauvais gré qu'il en ait ».

A noter la nuance que souligne A. Gide (*Incidences*, 73) entre *malgré que* et *bien que* : « Elle [cette expression] ne se confond pas avec *bien que*, qui n'indique qu'une résistance passive ; elle indique une opposition. »

malhabile s'écrit en un seul mot (Acad.) : *Vous êtes bien malhabile d'avoir dit, d'avoir fait telle chose.*

malhonnête - déshonnête. V. DÉSHONNÊTE.

malin fait au féminin *maligne* (et non *maline*) : *Une fille maligne. Une tumeur maligne.*

malintentionné s'écrit en un seul mot (Acad.) : *Des lecteurs malintentionnés* (Lar. du XX⁰ s.)

malpeigné s'écrit en un seul mot quand il désigne une « personne malpropre et mal vêtue » : *C'est un malpeigné* (Acad.), *une malpeignée.*

malpoli se dit aussi pour *impoli.*

malström s'écrit également *maelström.*

malvenu s'écrit généralement en un seul mot, mais peut s'écrire aussi *mal venu : Il est malvenu à se plaindre* (Acad.).

mamelle s'écrit avec un seul *m*, mais *mammaire, mammalogie, mammifère, mammite* en prennent deux.

mameluk s'écrit sans majuscule et sans *c* avant le *k*.

Il se prononce généralement *mam'louk*, et s'écrit aussi **mamelouk** : *Le mamelouk bronzé, le goth plein de vaillance* (V. Hugo, *Odes et Ballades*, 176).

mancenillier, « arbre des Antilles et de l'Amérique centrale », s'écrit avec un *i* après les deux *l*.

V. aussi GROSEILLIER.

manchot - pingouin. V. PINGOUIN.

manchote, féminin de *manchot*, s'écrit avec un seul *t*.

V. aussi -OTE.

mandant - mandataire. — Le **mandant** est celui qui *donne* mandat, pouvoir à un autre d'agir en son nom ; le **mandataire** est celui qui *a reçu* mandat pour agir au nom d'un autre : *Député qui rend compte de ses actes à ses mandants* (Nouv. Lar. univ.). *Les députés sont les mandataires du peuple* (Id.). *Je ne puis rien prendre sur moi, je ne suis que mandataire* (Acad.).

mander (du lat. *mandare*, charger de) est un verbe dont l'emploi est aujourd'hui restreint : *Je lui ai mandé par un de ses amis ce qui s'était passé* (Acad.). *Malade qui a mandé le prêtre et le notaire* (Lar. du XX⁰ s.).

mânes est du *masculin* et n'a pas de singulier : *Apaiser les mânes irrités* (Acad.). *Tous deux nous semblerons nos mânes bleuissant* (L. Le Cardonnel,

« Bois sacré. ») Adjectivement : *Les dieux mânes.*

manette - mannette. — Une **manette** (avec un seul *n*) est un levier, une clef ou une poignée qu'on manœuvre à la **main**; une **mannette** (avec deux *n*) est une petite manne.

mangé aux mites, aux vers. V. MITE.

mangeure se prononce *man-jur'.*

V. aussi GAGEURE.

manière. — On écrit : *de toute manière* (au singulier).

— **De manière que** ou **à ce que.** V. À CE QUE.

manivelle est formé sur le latin populaire *manabella*, pour *manibula*, « petite main ». Aussi faut-il éviter l'expression *manivelle à main*, qui est pléonastique.

Par extension : *La manivelle d'une pédale.*

mannequin est toujours du *masculin : Cette actrice est un ancien mannequin.*

manouvrier - manœuvre. — **Manouvrier** est un terme général, aujourd'hui vieilli, qui désigne tout ouvrier manuel et particulièrement un journalier agricole.

Un **manœuvre** est un ouvrier sans spécialité qui effectue des travaux simples.

manquer. — **Manquer à** signifie « faire défaut à, ne pas venir en aide à » : *Manquer à l'honneur, à sa parole. Manquer à ses devoirs. Manquer à un pauvre.* Devant un infinitif, *manquer à* fait archaïque : *Manquer à exécuter, à faire une chose* (Acad.). *Il ne manquait jamais à blâmer le mal* (Balzac, *les Paysans*, 258). *Fusil qui manque à partir.*

— **Manquer de,** c'est « ne pas avoir en quantité suffisante, être dépourvu de » : *Manquer d'argent, de savoir-vivre.*

Suivi d'un infinitif, *manquer de* signifie « courir le risque de » : *Elle a manqué de tomber. Il a manqué d'être tué* (Acad.).

Littré mettait en garde contre l'ellipse de la préposition *de* et condamnait *Il a manqué tomber.* Cette construction est admise aujourd'hui. On dit aussi bien *Il a manqué mourir* (Acad.) que *Il a manqué de mourir* (*Alors, elle s'était mordue elle-même si cruellement que le*

sang manqua perler [A. Thérive, *Sans âme,* 92]).

Avec une négation, *ne pas manquer de* signifie « ne pas omettre de, ne pas oublier de » : *Je ne manquerai pas de faire ce que vous voulez* (Acad.). *Elle n'a pas manqué de s'y trouver.* Cette locution marque aussi la certitude qu'on a d'un fait : *Vous ne manquerez pas d'être avisé de cette nomination.*

— **Manquer que.** Impersonnellement, on dit : *Il ne manquerait plus que vous soyez là avant moi!* (Hanse.) Et familièrement : *Il ne manquait plus que ça!*

— **L'avoir manqué belle.** Dans cette expression, *manqué* est invariable: *La balle a traversé son chapeau, il l'a manqué belle* (Acad.).

V. aussi ÉCHAPPER.

mappemonde. — Etymologiquement, une *mappemonde* (du lat. *mappa*, carte, et *monde*) est une *carte plane* représentant le globe terrestre ou céleste divisé en deux hémisphères : *Mappemonde terrestre, céleste.*

C'est à tort qu'on donne parfois le nom de *mappemonde* à un *globe* terrestre ou céleste.

maraîcher s'écrit avec un accent circonflexe sur l'*i*, de même que *maraîchage, maraîchin, maraîchinage.*

marc, nom commun, se prononce *mar* (le *c* ne se fait pas entendre) : *Eau-de-vie de mar[c]. Au mar[c] le franc,* etc.

marche. — **Marche à pied, marcher à pied** sont des pléonasmes. On dit : *Faire de la marche. Faire une heure de marche par jour. Marcher pendant des kilomètres. Aller à pied.*

marché. — **A bon marché - bon marché.** « On dit souvent, dans le parler vulgaire : J'ai acheté ce livre bon marché, sans la préposition *à*. Cette suppression n'est pas autorisée. » (Littré.)

L'usage a pris certaines libertés avec cette règle. Si l'on trouve encore *acheter, vendre à bon marché* (comme à *bon compte, à vil prix*), pour toutes sortes de raisons certains écrivains ont recours à l'ellipse. C'est probablement par raison d'euphonie que Louis Veuillot a écrit (*Mélanges,* V, 126) : *On les vendra bon marché à des riches*. La répétition des deux *à* n'eût pas été recommandable.

On trouve dans Lesage (*Turcaret*, IV, x) : *Je vous en ferai avoir bon marché*. Le Dictionnaire de l'Académie donne comme exemple : *On vous a fait cet objet très bon marché*. Le Larousse du XX⁰ siècle accepte indifféremment *à bon marché* et *bon marché*. Ferdinand Brunot (*la Pensée et la langue*, 665) parle d'*un complet bon marché*, et Martinon écrit (*Comment on parle en français*, 91) : « Opposé à cher, *bon marché* devient une sorte d'adjectif composé et s'emploie sans préposition : *un objet bon marché; ceci est très bon marché*. »

En résumé, si *à bon marché* reste, au sens propre, la locution de bon style, *bon marché* paraît bien avoir passé outre à l'opposition des grammairiens.

Au sens figuré, on emploie toujours *à bon marché* : *En être quitte à bon marché. Ne donner que son superflu, c'est être généreux à bon marché* (Acad.).

marchepied s'écrit sans trait d'union.

marcher. — **Marcher à pied.** V. MARCHE.

— **Marcher,** au sens de « consentir, approuver », est du langage familier : *Je marche, je ne marche pas dans la combinaison. Discutailler à l'infini pour ne pas marcher* (Ch. Maurras, *Mes idées politiques*, 58). *Il* [le public] *ne marcherait pas si elles* [les annonces] *l'étaient* [rédigées] *en langage chrétien* (A. Hermant, *les Samedis de M. Lancelot*, 112).

— On peut dire : *Marcher sur ses quatre ans* (Hanse). Cette tournure paraît toutefois familière; on dit plutôt : *Cet enfant va sur quatre ans, sur ses quatre ans* (Acad.).

Mardi gras s'écrit avec une majuscule, mais sans trait d'union : *Se déguiser pour* [le] *Mardi gras* (Acad.).

maréchal. — On écrit : *Un maréchal de camp. Des maréchaux de France. Un maréchal des logis-chef.* (L'Académie écrit *maréchal des logis chef*, mais *sergent-chef*.)

maréchal-ferrant s'écrit avec un trait d'union (ajouté par l'Académie en 1932). Pluriel : *maréchaux-ferrants*.

marguillier s'écrit avec un *i* après les deux *l*.
V. aussi GROSEILLIER.

mariage. — On dit : *Contracter un mariage, contracter mariage; casser, dissoudre, rompre un mariage* (Acad.). *Un mariage d'inclination.*

marier. — On dit indifféremment, au propre et au figuré, **marier à** ou **marier avec** : *Son père l'a marié à la fille, avec la fille d'un de ses amis* (Acad.). *Marier la vigne avec l'ormeau, à l'ormeau* (Lar. du XX⁰ s.). *Sa voix se marie bien avec son instrument, à cet instrument, au son de cet instrument* (Acad.). *A qui allons-nous marier ça?* (P. Claudel, *la Jeune Fille Violaine*, 28.)

On rencontre parfois **et** : *La chaude intimité qui mariait le père et la fille* (R. Rolland, *Annette et Sylvie*, 19) [sens d' « unir »].

Marier au sens d' « épouser » est un archaïsme qui n'a plus cours que dans certaines provinces : *Victor a marié la Jeanne le printemps dernier*. Cette construction est à éviter.

marin - maritime. — Est marin ce qui appartient à la mer, indépendamment de l'activité des hommes, ce qui est formé par la mer : *Monstre marin. Plantes marines. Phénomènes marins. Sel marin. Boues marines.*

Marin se dit aussi de ce qui sert à la navigation sur mer : *Compas marin*. Et de celui qui aime la mer : *Les Bretons sont marins dans l'âme* (Nouv. Lar. univ.).

Maritime marque un rapport moins étroit avec la mer et se dit de ce qui est, de ce qui croît dans le voisinage de celle-ci : *Ville maritime. Les plantes marines croissent dans la mer, les plantes maritimes au bord de la mer. Un pin maritime.*

Maritime se dit également de ce qui a rapport à la mer ou à la navigation sur mer, de ce qui a trait à la marine : *Revue, code maritime. Expédition, commerce maritime Arsenal, gare maritime.*

V. aussi AQUATIQUE.

marmelade. V. CONFITURE.

marmonner - marmotter. — **Marmonner,** c'est murmurer sourdement, souvent d'une façon hostile : *Il ne fait que marmonner. Jean veillait, se ber-*

çant de vers indéfiniment marmonnants (Fr. Mauriac, *le Baiser au lépreux*, 18). Et transitivement : *Marmonner des injures* (Lar. du XXe s.). *Rageuse et marmonnant des choses pleines de mépris* (Fr. de Miomandre, *l'Aventure de Thérèse Beauchamp*, 14).

Marmotter n'a pas le sens péjoratif de *marmonner*. C'est parler entre ses dents d'une façon confuse : *Marmotter ses prières* (Acad.). *Le marmottage grommelant et redoutable de prières incompréhensibles* (E. et J. de Goncourt, *Manette Salomon*, 431).

marocain - maroquin. — Ces deux mots ont même étymologie (*Maroc*), mais on ne doit pas les confondre. Si **marocain** est l'adjectif de *Maroc* (*Habit marocain*), le **maroquin** (nom) est un cuir de chèvre tanné spécialement : *Un portefeuille, une serviette de maroquin* (Acad.). *Un livre relié en maroquin* (Id.).

maronner, terme familier qui signifie « éprouver du dépit, maugréer », s'écrit avec un seul *r* : *Il maronne dans son coin* (Acad.). Et transitivement (plutôt rare) : *Maronner des injures* (Lar. du XXe s.).

marqueterie s'écrit avec un seul *t* et se prononce *mar-kèt'rî* (parfois *mar-ke-t'rî*) [cf. *bonneterie, papeterie*]. Les dérivés (*marqueter, marqueteur*) ne prennent également qu'un *t*.

marron, adjectif de couleur, est *invariable* : *Des complets marron. Des robes marron.*

V. aussi COULEUR.

— **Marron,** au sens de « qui exerce sans titre ou en marge de la légalité », est un adjectif *variable* : *Des médecins marrons. Une courtière marronne.*

Ce mot est une aphérèse de *cimarron* (de l'espagnol *cimarra*, fourré), qui se disait à l'origine d'un animal qu'on croyait domestiqué et qui s'échappait un jour dans les fourrés. Il s'étendit à l'esclave fugitif (*esclave marron*), avant d'accéder à son sens actuel.

— **Marron - châtaigne.** V. CHÂTAIGNE.

mars. — **Arriver comme mars en carême,** c'est arriver inévitablement ou à propos (Acad.) [et non « arriver mal à propos »].

Arriver comme marée en carême, autre forme de l'expression précédente (« arriver à propos »), est donné comme familier par l'Académie.

marteler fait *je martèle, nous martelons.*

martial fait au pluriel *martiaux : Des chants martiaux.*

martyr - martyre. — **Martyre** désigne le supplice, **martyr** le supplicié : *Un martyr chrétien. Saint Georges aurait subi le martyre sous Dioclétien.*

Par extension : *Un martyr de la science, du conjungo,* etc. *Souffrir le martyre pour une rage de dents.*

martyrologe, « liste des martyrs ou des saints ». (Se garder de dire *martyrologue.*)

masculin. V. GENRE.

masse. — Avec le collectif *masse* pour sujet, le verbe se met généralement au singulier : *La masse des électeurs a voté contre lui.*

V. aussi COLLECTIF.

mastic a pour dérivés *masticage* et *démasticage* (avec un *c*, comme *bloc-blocage, parc-parcage, truc-trucage,* etc.).

mastoc est un adjectif *invariable* : *Une taille mastoc. Des poutres mastoc.*

match fait au pluriel (anglais) *matches.* (On rencontre aussi le pluriel français *matchs.*)

matelote s'écrit avec un seul *t.*

V. aussi -OTE.

mater, aux sens figurés de « mortifier » ou de « dresser, humilier », s'écrit sans accent circonflexe, alors que **mâter,** dérivé de *mât,* en prend un : *Mater son corps, sa chair, par des jeûnes, par des austérités* (Acad.). — *Mâter un vaisseau. Mâter les avirons* (Acad.).

matériau, terme réservé au langage technique, sert de singulier à *matériaux,* seul usité dans la langue littéraire : *La pierre de taille est un excellent matériau. Un bon matériau* (Lar. du XXe s.).

Critiqué par les linguistes, ce mot est néanmoins couramment employé par les entrepreneurs, ingénieurs, etc.

Louis-Piéchaud, pour éliminer *matériau,* propose de faire revivre l'ancien singulier **matérial,** attesté par Littré et par Dauzat.

matériel. — Temps matériel.
V. TEMPS.

matin. — On dit : *Hier matin, demain matin, dimanche matin* (plutôt que *Hier au matin, demain au matin*, etc.). *Il s'est levé matin, fort matin, très matin* (Acad.). Familièrement : *Un de ces matins, un beau matin* (Acad.).

On écrit normalement (invariable) : *Tous les dimanches matin* (ellipse de *au*).

matinal - matineux - matinier - matutinal. — Est **matinal** celui qui s'est levé matin, de bonne heure : *Vous êtes bien matinal ce matin* (Acad.). *Se montrer matinal une fois par hasard* (Lar. du XXᵉ s.).

Matinal s'emploie également pour désigner ce qui est propre au matin : *Rosée matinale. Brise matinale. Fleurs matinales.*

Matineux se dit de qui a l'habitude de se lever matin : *Il faut être plus matineux que vous n'êtes* (Acad.). *Un berger matineux. Il s'éveillait à la voix de la matineuse Norine* (A. Theuriet, *Bigarreau*, 21). Il est vieilli. En ce sens, on dit aussi *matinal*.

Matinier est surtout usité dans l'expression *étoile matinière*, Vénus. Il est toutefois assez fréquent dialectalement, au sens de « matinal » : *Pour t'en conter à toi, il faut être matinier* (E. Pérochon, *la Parcelle 32*, 166). On le rencontre aussi chez certains auteurs : *Il laissa la brise matinière sécher ses épaules* (Cl. Farrère, *les Civilisés*, 62).

Matutinal, au sens de « matinal » ou de « qui a rapport à l'office de matines », est assez rare : *Le cérémonial des adieux matutinaux* (Cl. Farrère, *la Dernière Déesse*, 15).

matricule est **féminin** au sens de « registre d'inscription » : *Inscrire quelqu'un sur la matricule d'un hôpital, d'une prison.*

Il est **masculin** quand il désigne le « numéro inscrit sur ce registre » : *Chaque soldat, chaque marin a son matricule.*

maturité - maturation. — La **maturité**, en langage horticole, c'est l' « état, la qualité de ce qui est mûr », alors que la **maturation** désigne les « progrès successifs vers la maturité ».

Ainsi, on dira qu'un fruit est parvenu tôt à *maturité* grâce à une année de chaleur exceptionnelle qui en a hâté la *maturation*.

maudire. V. MÉDIRE.

maure fait au féminin *mauresque* : *Un Maure. Une belle Mauresque. Un guerrier maure. Une femme mauresque.*

En parlant des choses, on dit *mauresque* (au masculin comme au féminin) : *Style mauresque. Danse mauresque.*

L'ancienne orthographe **more** n'est plus usitée aujourd'hui. Seul subsiste le dérivé **moricaud** (« noir comme un More »).

mauve, adjectif de couleur, est *variable* (de même qu'*écarlate, pourpre* et *rose*) : *Des rubans mauves.*

V. aussi COULEUR.

maximum - minimum. — **Maximum** et **minimum** font partie de ces mots usuels latins à demi francisés sur le pluriel desquels on a longtemps hésité : « On écrit indifféremment au pluriel *des minimums* ou *des minima* » (Acad.).

L'usage de ces noms et adjectifs est devenu si courant que le pluriel français doit être appliqué, au même titre qu'à *album, critérium, mémorandum, référendum*, etc. : *La loi des maximums* (mieux que *des maxima*).

L'Académie des sciences a d'ailleurs pris position dans ses *Comptes rendus* du 23 février 1959. Les mots *maximum* et *minimum* sont à employer de préférence comme noms masculins ; au pluriel, on écrira : *des maximums, des minimums*. Ils ne seront pas utilisés comme adjectifs ; on emploiera dans ce cas **maximal, minimal** (au féminin, *maximale, minimale* ; au pluriel, *maximaux, minimaux*). Il est recommandé d'écrire de même *optimum* (*optimal, -e, -aux*), *extrémum* (*extrémal, -e, -aux*), etc.

Ainsi se trouve réglé de façon heureuse l'emploi de mots qui ont fait couler beaucoup d'encre. Puisqu'on tenait à respecter la grammaire latine en écrivant *la vitesse maxima, les températures minima*, il aurait fallu respecter également les cas de la déclinaison et dire *le prix maximus, des efforts minimi*, etc. !
V. LATINS (mots).

— **Maximum** étant un superlatif, il est inutile de le faire précéder de *grand; au grand maximum* est un pléonasme pour *au maximum.* On ne peut dire davantage : *Ce chiffre constitue un maximum qui ne devra pas être dépassé* (la seconde proposition est à supprimer).

— Il faut dire : *Les risques sont réduits au minimum* (et non *au maximum*).

mazout se prononce *ma-zout'* (et non *ma-zou*).

mea-culpa est un mot latin à demi francisé et *invariable : Dire, faire son mea-culpa. Poitrines qui résonnent sous de vigoureux mea-culpa* (Lar. du XXᵉ s.). [L'Académie écrit *meâ-culpâ.*]

méchant. — Cet adjectif a souvent un sens différent selon qu'il est placé avant ou après le nom.

Placé *avant* le nom, et appliqué aux choses et aux animaux, *méchant* signifie surtout « mauvais » : *Une méchante paire de ciseaux. Un méchant chien tout pelé. De méchants vers. Un méchant livre. En m'aidant d'un méchant lexique* (R. Dorgelès, *la Route des tropiques,* III). *Les méchantes langues de l'endroit. Etre de méchante humeur* (Acad.).

En parlant des personnes, il se dit de qui manque de mérite, de capacité : *Un méchant avocat. Il y avait seulement une méchante pianiste. Un méchant poète.*

Placé *après* le nom, *méchant* marque la malignité de la chose dont on parle : *Un livre méchant. Des vers méchants.*

Dit des personnes et des animaux, il signifie « qui est porté au mal, qui manque de bonté » : *Un homme méchant. Un père méchant pour ses enfants. Attention! chien méchant.*

mèche s'écrit avec un accent grave (et non circonflexe).

médaillier (meuble) s'écrit avec un *i* après les deux *l.*

V. aussi GROSEILLIER.

médecin. — On écrit : *un médecin-major, un médecin-colonel, un médecin inspecteur.*

— En parlant d'une femme, on peut dire : *un médecin (Elle était médecin*

de l'un des hôpitaux chinois [A. Malraux, *la Condition humaine,* 55]*), une femme médecin* (ou *une doctoresse*).

Une **médecine** est un remède purgatif, ou encore un remède en général.

médical - médicinal. — Ce qui concerne la médecine, a rapport à la médecine est **médical** : *Ouvrage, art médical. Librairie, profession, matière médicale. Etudes médicales. Soins médicaux. C'est là une question à la fois judiciaire et médicale* (Acad.).

Médicinal se dit de ce qui sert de remède : *Plantes médicinales. Herbe, potion médicinale. Ces eaux sont médicinales. Les propriétés médicinales d'une plante. Tout châtiment doit être médicinal* (Lar. du XXᵉ s.).

médicament - médication. — Un **médicament** est une substance administrée dans un dessein thérapeutique : *Prendre un médicament avant le repas.*

La **médication** est l'ensemble des remèdes qui constituent le traitement d'une maladie : *La médication de la grippe.*

médiéval - moyenâgeux. Voir MOYEN (*Moyen Age*).

médire. — Les verbes *médire, contredire, dédire, interdire, prédire* et *maudire* ne se conjuguent pas exactement comme *dire,* dont ils sont cependant des composés. De là une confusion fréquente dans l'emploi de certaines personnes de ces verbes.

A la 2ᵉ personne du pluriel de l'indicatif présent et à l'impératif, ils font : *vous médisez, médisez; vous contredisez, contredisez; ...; vous maudissez, maudissez.*

Cette anomalie ne manque pas de surprendre celui qui a dans l'esprit la conjugaison du composant *dire,* qui, aux mêmes temps et à la même personne, fait *vous dites* et *dites.*

médium est un mot latin francisé. Il s'écrit avec un accent aigu et fait au pluriel *médiums.*

En termes de spiritisme, il est *masculin* même quand il désigne une femme : *Elle passe pour être un médium remarquable.*

méfaire, « faire une mauvaise action », est un verbe aujourd'hui vieilli qui ne se rencontre plus qu'à l'infinitif : *Il ne faut ni médire ni méfaire.*

Le nom participial **méfait**, « mauvaise action », est en revanche très vivant.

méfiance - défiance. — La **méfiance** est la crainte naturelle et habituelle d'être trompé : *Quand on a de la méfiance, on doute même de la sincérité de ses amis. Son attitude a éveillé la méfiance* (Acad.). Est *méfiant* celui qui n'accorde que difficilement sa confiance, parce qu'il soupçonne le mal chez les autres : *L'homme méfiant croit qu'il sera trompé.*

Le sentiment de **défiance**, quoique de même nature que celui de *méfiance*, est moins fort, et surtout occasionnel : *On témoigne de la défiance à quelqu'un parce qu'on ne le connaît pas ou qu'on a des raisons de s'en défier. Avoir une juste défiance de ses propres forces* (Acad.). *L'homme défiant craint d'être trompé.*

V. aussi DÉFIER (SE).

méhari fait au pluriel *méharis* (Acad.). On rencontre aussi le pluriel arabe *méhara.*

meilleur est le comparatif de supériorité de *bon* : *Ce vin est meilleur que l'autre* (et non *plus bon*). *Plus il vieillit, meilleur il est* (ou *plus il est bon*, mais non *plus il est meilleur*). *Elle s'est levée de meilleure heure* (et non *de plus bonne heure*). *Mes meilleurs vœux de bonne année; mon meilleur souvenir* (et non : *Meilleurs vœux..., meilleur souvenir;* le possessif est indispensable) ou *mon souvenir le meilleur.*

V. aussi BON.

— Après **meilleur**, on emploie la particule *ne* dans la proposition qui exprime le second terme de la comparaison : *Le temps est meilleur qu'il n'était hier* (Acad.). *Il est meilleur qu'il ne paraît* (ou *ne le paraît*) [Lar. du XXe s.].

Certains grammairiens admettent l'omission de *ne* après des propositions négatives : *Il n'est pas meilleur qu'il le paraît.* Mais l'usage n'a pas ratifié cette distinction (Lar. du XXe s.).

— Avec **le meilleur, la meilleure**, le verbe qui suit se met au subjonctif : *C'est le meilleur homme que je connaisse. C'est la meilleure leçon que vous puissiez recevoir* (Acad.). *C'est la meilleure pièce que j'aie vue* (de ma vie) ;

mais on écrira : *De ces deux pièces, c'est la meilleure que j'ai vue* (c'est-à-dire *j'ai vu la meilleure*, fait positif).

— La construction **beaucoup meilleur**, quoique peu élégante, n'est pas un barbarisme, le comparatif d'infériorité ou de supériorité pouvant être renforcé au moyen des adverbes *autrement, beaucoup, bien, infiniment*, etc. On lui préférera toutefois **bien meilleur.**

— **Meilleure volonté.** On dit : *Avec la meilleure volonté du monde, je ne puis faire cela* (et non *Avec la meilleure bonne volonté...*). Il en est de même avec **grâce** : *Meilleure grâce* (et non *Meilleure bonne grâce*).

mélanger - mêler. — **Mélanger**, c'est assembler, assortir à dessein, combiner dans des proportions déterminées, pour un but également déterminé : *Mélanger des vins, des couleurs. Mélanger les bons avec les méchants* (Lar. du XXe s.).

Mêler implique plutôt l'idée d'une action faite en général sans ordre et comme au hasard : *La Marne mêle ses eaux à celles de la Seine. Des races sont mêlées dans un pays quand elles y vivent ensemble; elles sont mélangées quand il y a eu des croisements* (Lar. du XXe s.). *Un cabaretier mélange son vin, c'est-à-dire qu'il y introduit d'autres vins ou d'autres substances; si l'on disait qu'il mêle ses vins, cela signifierait qu'il confond les différentes espèces de vins entre elles* (Littré).

— Au sens propre, **mélanger**, comme **mêler**, se construit avec les prépositions **à** ou **avec** : *Mélanger, mêler de l'eau à du vin, avec du vin.*

Au sens figuré, **mêler** se construit avec **à** : *Mêler la douceur à la sévérité. Mêler les affaires au plaisir* (Acad.).

On écrit aussi, avec **et** : *Mêler l'eau et le vin. Cet auteur a mêlé l'agréable et l'utile dans tous ses ouvrages* (Acad.).

méli-mélo s'écrit avec des accents aigus (Littré écrit toutefois *mêli-mêlo*) et fait au pluriel des *mélis-mélos* (Lar. du XXe s.).

melliflue (lat. *mellifluus*; de *mel, mellis*, miel, et *fluere*, couler) est un adjectif des deux genres : *Langage melliflue* (Acad.) [et non *melliflu*].

membré - membru. — Est *bien* ou *mal* **membré** celui qui a les membres bien ou mal faits, bien ou mal proportionnés : *Cet enfant est bien membré.* On dit également, toujours avec un adverbe : *Il est fortement, solidement membré* (Acad.).

Membru (formé sur le modèle de *joufflu, pansu, fessu, ventru*) se dit seulement de qui a de gros membres : *Il est bien membru* (Acad.). *Femme membrue.*

même. — *Même* prend ou non l'accord selon qu'il est considéré comme adjectif (indéfini) ou comme adverbe.

Même est *adjectif*, et par conséquent *variable* :

1° Quand il précède immédiatement un nom : *Les mêmes joies, les mêmes peines. Les mêmes causes produisent toujours les mêmes effets* (dans ce sens, il s'emploie toujours avec l'article défini ou l'article indéfini, et exprime l'identité, la ressemblance) ;

2° Après un pronom personnel, auquel il est joint par un trait d'union : *Les ministres eux-mêmes. Les femmes elles-mêmes.*

Même est *adverbe* et *invariable* (il signifie alors « aussi, de plus, encore plus ») lorsqu'il modifie un adjectif ou un verbe : *Les hommes les plus riches même ne sont pas exempts de la maladie. Ils s'offraient même de les accompagner* (Hanse). *Ce sont là des vérités que connaissent même les enfants au berceau.*

Lorsque *même* est placé après un nom au pluriel, plusieurs noms au singulier ou un pronom autre qu'un pronom personnel, il n'est pas toujours facile de déterminer s'il est adjectif ou adverbe. En général, s'il ne peut pas être déplacé et mis avant le nom ou le pronom, ou s'il tient la place d'*eux-mêmes*, il est adjectif et s'accorde : *Elle était la vertu et la fidélité mêmes. Les records ne furent battus que par les champions mêmes.* S'il peut être déplacé et mis devant le nom, on peut le considérer comme adverbe, et il demeure invariable : *Le peuple, les paysans même ne sentaient pas ce qu'il y avait en cela de véritable grandeur* (même les paysans) [Michelet ; cité par R. Georgin]. *Il regrettera ses cris, ses emportements et ses larmes même* (et même ses larmes).

On peut également considérer l'idée qu'on veut exprimer : identité, similitude pour l'adjectif ; sens de « aussi, de plus, encore plus » pour l'adverbe : *Ses paroles même m'ont surpris* (ses paroles aussi, même ses paroles). *Ses paroles mêmes m'ont surpris* (ses paroles elles-mêmes). *Il fut déchiré par ceux-là même qu'il avait aidés. Ceux mêmes qui en sont dépourvus. Les rois mêmes* (ou *même*) *doivent respecter les lois* (Lar. du XXᵉ s.).

— Avec les pronoms personnels pluriels de politesse *nous, vous*, désignant une seule personne, l'adjectif **même** s'écrit au singulier : *Nous-même pensons, dit le roi, qu'il vaut mieux agir ainsi. Cher Monsieur, je n'en ai parlé qu'à vous-même.*

— **A même** signifie « directement, sans intermédiaire » : *Se coucher à même le sol. Tailler à même le roc. Boire à même la bouteille*, et, par abréviation : *Boire à même.*

Etre à même de faire une chose, c'est être capable de faire ou disposé à faire cette chose : *Ils ne sont pas à même de lui porter secours. Il était à même de fournir de précieuses indications* (P. Colin, *les Jeux sauvages*, 200).

— **De même que.** Lorsque deux sujets sont réunis par *de même que*, le verbe ne s'accorde qu'avec le premier sujet : *Son teint blafard, de même que ses yeux battus, lui donnait un aspect fantomal.*

Si *de même que* est placé en tête d'une phrase, *de même* doit se répéter au début du deuxième élément de la phrase (ou être remplacé par *ainsi*) : *De même qu'un poison subtil se répand dans les veines, de même* (ou *ainsi*) *les passions s'insinuent dans l'âme* (Dict. gén.).

— **Ici même, là même, par là même** s'écrivent sans trait d'union.

— **Même que** est une expression populaire à éviter : *Je l'ai vu, même que j'ai pu lui causer.*

— **Quand même.** V. QUAND.

— **Tout de même**, au sens de « même, de la même manière », est archaïque : *Il aurait pu réussir tout de même avec d'autres moyens* (Acad.).

Au sens de « malgré ce qui vient d'être dit, en dépit de ce qui est arrivé ou pourrait arriver », *tout de même* est employé abusivement dans le langage familier (Acad.) : *Quoique vous soyez en retard, entrez tout de même* (pour *quand même*). *Tout de même, vous ne ferez pas cela* (Acad.).

— **Voire même.** V. VOIRE.

mémento est un mot latin francisé par l'orthographe. Il s'écrit avec un *é* accent aigu et fait au pluriel *mémentos* (Acad.). Il se prononce toutefois *mé-min-to*.

V. aussi LATINS (Mots).

mémoire est *féminin* au sens de « faculté de se souvenir », de « souvenir » et de « réputation » : *Avoir une bonne mémoire. Perdre la mémoire. Conserver intacte la mémoire de quelqu'un.*

Il est *masculin* quand il désigne un écrit (comptabilité, procédure, dissertation littéraire ou scientifique) : *Recevoir un mémoire de son architecte. Présenter un mémoire à l'Académie.*

Au pluriel (masculin) seulement, et avec une majuscule, il signifie « relation écrite de certains événements vécus par l'auteur » : *Écrire ses Mémoires. Les « Mémoires » de Saint-Simon.*

mémorandum est un mot latin francisé qui signifie « chose qu'on doit se rappeler ». Il s'écrit avec un accent aigu et fait au pluriel *mémorandums*.

V. aussi LATINS (Mots).

mémorial fait au pluriel *mémoriaux*.

mener. — *Menez-y-moi* ou *menez-moi-z-y ?* V. IMPÉRATIF.

V. aussi AMENER.

menterie est du langage familier et dialectal, et s'applique à des choses moins graves que **mensonge.**

menthol (dérivé de *menthe*) doit normalement se prononcer *man-tol*, mais « le son *in* a été imposé à titre de mot savant ! » (Martinon, *Comment on prononce le français,* 143).

mentir. — **Conjugaison :** *Je mens, tu mens, il ment, nous mentons, vous mentez, ils mentent. Je mentais, nous mentions. Je mentis, nous mentîmes. Je mentirai, nous mentirons. Je mentirais, nous mentirions. Mens, mentons, mentez. Que je mente, que nous mentions. Que je mentisse, qu'il mentît, que nous mentissions. Mentant. Menti* (pas de féminin).

A noter : *je mens, tu mens* (sans *t*).

Le composé **démentir** (v. ce mot)

est transitif (*démentir quelqu'un*), alors que *mentir* est intransitif.

On dit : *Il en a menti, vous en avez menti* (*en* = sur la chose dont il s'agit). Ne s'emploie qu'aux temps composés (on ne dit pas : *Il en mentait, vous en mentez*).

merci a deux genres. Il est *masculin* au sens de « remerciement » : *Voilà le merci, le grand merci que j'en ai, tout le merci que j'en ai. Mille et un mercis.*

Il est *féminin* aux autres sens : *Être à la merci de quelqu'un. N'espérer aucune merci de ses vainqueurs.*

— **Merci** se construit normalement avec *de* : *Merci de tous ces cadeaux que vous m'avez envoyés. Merci à vous, merci de votre obligeance* (Acad.). Et ironiquement : *Merci du compliment.*

On rencontre aussi, et de plus en plus, la préposition *pour,* mais cet usage est moderne : *Merci pour ta visite* (R. Martin du Gard, *les Thibault,* VI, 155).

Devant un infinitif, *de* est obligatoire : *Merci d'être venu me voir. Merci de m'avoir laissé espérer encore.*

V. aussi REMERCIER.

mère. — On écrit, sans trait d'union : *Eau mère. Fille mère. Idée mère. Langue mère. Maison mère* (l'Académie écrit toutefois *maison-mère*). *Reine mère.* Et aussi : *Mère branche. Mère goutte. Mère laine. Mère patrie.*

Mais, avec trait d'union : *Belle-mère* (plur. *belles-mères*). *Grand-mère* (plur. *grand-mères*). *Mère-grand* (plur. *mères-grand* [Acad.]). Et en termes de médecine : *Dure-mère. Pie-mère.*

— **Père et mère.** V. PÈRE.

méritant - méritoire. — **Méritant** se dit surtout des personnes (« qui a du mérite ») ; **méritoire** se dit des choses (« qui est louable ») : *Un employé, un serviteur très méritant* (Acad.). *Donner des récompenses aux plus méritants* (Littré). *Action, geste, œuvre méritoire. Il a fait preuve en cette circonstance d'une modération bien méritoire* (Acad.).

messeoir se conjugue comme *seoir* (v. ce mot) : *Ce costume ne vous messiéra pas* (Acad.).

messieurs. — *Bonjour messieurs dames.* V. BONJOUR.

— V. aussi MONSIEUR.

mesure. — On écrit : *Un vêtement sur mesure* (sans *s*), la *mesure* étant à l'origine le papier sur lequel le tailleur marquait les cotes du vêtement qu'il voulait faire.

— **Au fur et à mesure.** V. FUR.

mesurer. — **Mesuré.** Le participe passé de *mesurer* reste invariable au sens intransitif d' « avoir telle ou telle dimension » : *Les deux hectares que cette propriété a mesuré* (Hanse).

Mais on écrira, au sens transitif (avec accord) : *Les surfaces que nous avons mesurées.*

métempsycose, quoique de même étymologie que *psychose*, s'écrit sans *h*.

métis - mulâtre. — On confond parfois, en parlant des personnes, *métis* avec *mulâtre* (et même avec *créole* [v. ce mot]).

En fait, le sens du terme *métis* (bas lat. *mixticius*, dérivé de *mixtus*, mêlé) est plus étendu que celui de *mulâtre* (de l'espagn. *mulo*, mulet).

Le **métis** est un sang-mêlé né de parents de races différentes, et spécialement d'un Blanc et d'une femme de couleur, ou d'un homme de couleur et d'une Blanche. (A l'origine, *métis* désignait uniquement l'individu issu de l'union d'un Blanc et d'une Indienne d'Amérique, ou d'une Blanche et d'un Indien.)

Le **mulâtre** est seulement un métis né d'un Blanc et d'une Noire, ou d'un Noir et d'une Blanche : *Le croisement du mulâtre avec une des races parentes donne le quarteron* (*un quart de sang d'une des races, trois quarts de sang de l'autre*).

A noter que *mulâtre,* en tant que nom, fait *mulâtresse* au féminin, mais a une forme unique quand il est employé comme adjectif : *Epouser une mulâtresse. Engager une servante mulâtre.*

mets et **entremets** s'écrivent avec un *s* final (au singulier comme au pluriel).

A noter qu'*entremets* s'écrit en un seul mot.

mettre. — Conjugaison : *Je mets, tu mets, il met, nous mettons, vous mettez, ils mettent. Je mettais, nous mettions. Je mis, nous mîmes. Je mettrai, nous mettrons. Je mettrais, nous*

mettrions. Mets, mettons, mettez. Que je mette, que nous mettions. Que je misse, qu'il mît, que nous missions. Mettant. Mis, e.

— On dit : *Mettre sur pied* (et non *sur pieds*). *Mettre au ban de la société. Mettre la charrue devant les bœufs. Mettre sécher du linge, mettre chauffer de l'eau* (mieux que *Mettre du linge à sécher, de l'eau à chauffer*). *Mettre deux cents francs à un bibelot, dans un bibelot. Mettre obstacle, mettre empêchement à quelque chose* (Acad.). *Mettre un navire à flot. Mettre quelqu'un en demeure de faire quelque chose. Se mettre sur son trente et un.*

— **Mettre à jour** ou **au jour.** V. JOUR.

— **Mettre en place** ou **à sa place.** V. PLACE.

— **Mettre que,** au sens d' « admettre » ou de « supposer », est une locution familière d'après l'Académie et qui se construit avec l'indicatif ou le subjonctif : *Mettez que je n'ai rien dit* (Acad.). *Mettons que ce soit vrai* (Id.).

— **Mis à part** (accord). V. PART.

meurtre - assassinat. V. ASSASSINAT.

mi-, abréviation de *demi,* est un mot *invariable* qui se joint toujours à un autre mot par un trait d'union : *La mi-carême* (Acad.). *La mi-août. La mi-temps.* (A noter que les noms composés de *mi* sont féminins.) *Avoir les yeux mi-clos. Un tissu mi-fil, mi-coton. Une réponse mi-figue, mi-raisin. Parler à mi-voix. S'arrêter à mi-côte.*

V. aussi DEMI, SEMI et MI-PARTI.

micmac, terme familier, s'écrit en un seul mot : *Il y a eu bien du micmac dans cette affaire* (Acad.).

micro- — Les composés de *micro* s'écrivent avec ou sans trait d'union, selon que l'initiale du complément est ou non une voyelle : *Micro-ampère, micro-injection,* etc., mais *microbiologie, micromètre,* etc.

midi - minuit. — Ces deux mots sont l'un et l'autre aujourd'hui du *masculin* : *Midi vient de sonner. Midi est sonné* (et non *a sonné*). *Il est minuit et demi* (et non *et demie*). *J'arriverai à midi précis, à midi et quart* (ou *un quart*). *Le spectacle se* termine *à minuit vingt* (après *midi* et *minuit*, les minutes s'écrivent toujours en lettres).

D'après cela, et malgré un usage qui tend à se généraliser, il faut dire : *Sur le midi, vers le minuit* (ou mieux *Vers minuit* [Acad.]). *Je me rendrai là à midi, sur le midi* (Acad.) [et non *Sur les midi, vers les minuit ;* il est probable que ce pluriel vient de ce qu'on dit *Sur les deux heures, Vers les six heures du soir,* etc.].

— **Ce midi,** formé d'après *ce matin, ce soir,* est contesté. Il vaut mieux dire *à midi : Je l'ai vu à midi* (et non *ce midi*). On ne dit d'ailleurs pas *ce minuit.*

V. aussi APRÈS-MIDI, HEURE, POINT (*Points cardinaux*).

mieux. — Dans les expressions **il vaut mieux que, mieux vaut... que, j'aime mieux... que,** etc., l'emploi de la préposition *de* est facultatif (Littré), mais prévaut néanmoins : *Il vaudrait mieux qu'il se tût, plutôt que de parler sur ce ton* (Acad.). *Mieux vaut s'accommoder que de plaider* (Id.). *Cela vaut mieux que de se taire. Il vaut mieux qu'il parte que de rester* (et non *que qu'il reste*). *Il aime mieux faire cela que de faire autre chose, que faire autre chose.*

— Avec **mieux que,** l'usage actuel tend à imposer le *ne* explétif : *Il a mieux réussi que je ne le pensais* (Gramm. de l'Acad.). *Il chante mieux qu'il ne faisait* (Acad.).

— On écrit : *Qui mieux est. A qui mieux mieux* (« à l'envi l'un de l'autre » ; par conséquent, ne peut se dire d'une seule personne). *Faire quelque chose au mieux* (Acad.). *Il a fait du mieux qu'il a pu* (Id.). *Faire de son mieux.*

— **Aimer mieux.** V. AIMER.

— **D'autant mieux.** V. AUTANT.

— **Des mieux** veut toujours l'accord de l'adjectif avec un nom ou un pronom au pluriel : *Des personnages des mieux introduits. Ils sont des mieux préparés à cet examen.*

Si le nom ou le pronom est au singulier, l'adjectif se met au pluriel, selon l'usage et l'Académie : *Une tarte des mieux réussies. Il est des mieux placés pour bien voir.*

On rencontre parfois, dans ce sens, l'invariabilité : *Voilà un homme des mieux fait.*

L'invariabilité est de rigueur quand l'adjectif se rapporte à un pronom neutre : *Cela n'est pas des mieux réussi.*

Employé avec un verbe, des *mieux* est aujourd'hui archaïque : *Tout ira des mieux* (P. Margueritte, *Jouir,* II, 129). *Je m'acquitte des mieux de ces devoirs* (Hanse).

V. aussi PLUS (*Des plus*).

— **Le mieux.** L'accord de l'article se fait avec le nom quand on compare des êtres différents : *Elle était la mieux habillée* (sous-entendu *de toutes*) *ce soir-là. Ils étaient les mieux préparés* (sous-entendu *de tous*) *à la recevoir.*

L'article reste *invariable* s'il y a comparaison entre les différents degrés de la qualité dans un même être : *C'est aujourd'hui qu'elle est le mieux habillée.*

V. aussi PLUS (*Le plus*).

mièvre n'est plus employé aujourd'hui au sens de « qui a de la vivacité, en parlant des enfants » (Littré), mais signifie « affecté, avec une certaine puérilité dans la manière de parler, d'écrire, de peindre » : *Des façons mièvres* (Acad.). *Une grâce mièvre* (Id.).

milieu. — **Milieu ambiant.** Voir AMBIANT.

mille. — **Mil - Mille.** Écrit *mil* ou *mille,* cet adjectif numéral est *invariable : Cent mille francs. Le chiffre des mille. Gagner des mille et des cents* (Acad.).

« Il s'écrit *mil* dans l'énoncé des dates lorsqu'il est suivi d'autres nombres : *L'an mil sept cent quinze.* Mais il faut écrire *l'an mille, l'an deux mille.* » (Gramm. de l'Acad.)

Littré conseille également de n'orthographier *mil* « que quand la date commence par cet adjectif numéral », mais on peut écrire : *L'an deux mille quatre cent quarante.* Cette orthographe s'explique par le fait que *mil* vient du latin singulier *mille,* et *mille* de son pluriel *millia.* En ancien français, on écrivait encore *mil hommes,* mais *deux mille écus.*

Le Larousse du XXᵉ siècle admet l'orthographe *mille* dans l'un et l'autre cas.

— On emploie souvent **mille** au sens de « milliers de » : *Gagner des centaines de mille francs. Puisque des centaines de mille lecteurs se sont jetés sur la grammaire* (F. Brunot, *Observations*, Préface; cité par Hanse). Normalement, on dit *Des centaines de mille*, et, avec un complément, *Des centaines de milliers de...*

— Dans l'usage courant, entre 1 100 et 1 900, on dit plutôt **onze cents** que **mille cent**, *douze cents* que *mille deux cents*, etc.

— **Mille un.** On écrit *mille un*, et non *mille et un*, sauf si l'on veut exprimer un nombre indéterminé : *A peine trouve-t-on quelques renseignements exacts dans les mille et une brochures écrites sur cet événement* (Acad.). Et aussi dans : *Les mille et un jours, les mille et une nuits.*

— **« Vingt et un mille » suivi d'un nom féminin.** Avec *vingt et un*, *trente et un*, etc., suivi de *mille* et d'un nom féminin, l'invariabilité de *un* est la règle : *Vingt et un mille tonnes de charbon. Trente et un mille cartouches* (Grevisse).

Un varie si *mille* est précédé d'un adjectif : *Vingt et une bonnes mille livres de rente.*

— Ne pas confondre *mille* adjectif numéral avec *mille* mesure itinéraire (à l'origine, mille pas chez les Romains), qui est *variable* : *Mille* (ou *mile*) *anglais. Mille marin. Le château est à trois milles d'ici. Ce navire parcourt tant de milles à l'heure.*

mille-. — Les composés de *mille* s'écrivent le plus souvent avec le nom complément au pluriel : *une mille-fleurs*, *une mille-graines* (plantes), *un mille-pattes* ou *mille-pieds* (autre nom de la [et non le] scolopendre), *mille-raies* (tissu), etc.

Exception : *mille-feuille* (plante et pâtisserie), qui fait au pluriel des *mille-feuilles*. (L'Académie admet aussi l'orthographe *millefeuille*, pluriel *millefeuilles*.)

Millepertuis (plante) s'écrit le plus souvent en un seul mot.

millénaire. — On écrit (en chiffres romains) : *Le IIᵉ millénaire avant notre ère.*

million, milliard. — Ces mots sont des noms, et par conséquent s'accordent en nombre : *Dix millions de mètres. Vingt milliards de francs. Deux millions cinq cent mille. Deux milliards huit cents millions. Trois cents millions de francs.*

— On écrit : *Des unités de mille, de million, de milliard. Des millions de tonnes ont été extraites.*

— Si le nombre en millions ou en milliards est écrit en chiffres, il faut intercaler *de* entre ce nombre et le nom qui suit : *2 000 000 de soldats. 2 000 000 000 de molécules.*

V. aussi CENT.

millionième s'écrit avec un seul *n*.

minima (a), sous-entendu *poena*, est un terme de palais qui signifie « de la plus petite [peine] » : *Faire appel « a minima ».*

L'Académie écrit *à minimâ*, mais cette orthographe n'est guère usitée.

minime, quoique superlatif par son étymologie, a dans l'usage le sens de « très petit » (et non de « le plus petit qui soit »). Il semble donc qu'à l'exemple de certains écrivains on puisse le faire précéder de *plus, très, trop*, etc.: *Chacun des épisodes les plus minimes de notre existence temporelle* (P. Claudel, *la Rose et le rosaire*, 192; cité par Grevisse). *Trois ou quatre corrections infiniment minimes* (G. Flaubert, *Correspondance*, II, 365). *La plus minime reconnaissance* (A. Samain, *Œuvres*, III, 65). *D'un intérêt plus minime encore, d'une valeur très minime, tout à fait minime* (Hanse).

minimum. V. MAXIMUM.

ministre. — On écrit : *Le Premier ministre. Le Conseil des ministres. Le ministre de l'Intérieur. Du papier ministre. Des bureaux ministres.*

Le féminin **ministresse** est familier.

minuit. V. MIDI.

minus habens est *invariable* et se prononce *mi-nuss a-binss.*

minuscule. — On compose avec une minuscule tous les termes et toutes les expressions qui ne constituent pas une désignation propre à un seul être ou à une seule chose (*Code typographique*).

En conséquence, s'écrivent avec une minuscule :

1° Les titres et dignités, comme

empereur, roi, prince, duc, marquis,
comte, etc., pape, pacha, bey, calife,
émir, etc. ;

2° Les noms donnés aux membres
des partis politiques : *les républicains,
les socialistes, les libéraux, les giron-
dins,* etc. ;

3° Les noms de religions ou de
sectes : *le christianisme, le calvinisme,
le bouddhisme,* etc. ;

4° Les noms des adeptes de doctrines religieuses ou philosophiques :
*les catholiques, les mahométans, les
albigeois, les pythagoriciens,* etc. ;

5° Les noms des membres des ordres
monastiques : *un bénédictin, un trap-
piste, un franciscain, un jésuite,* etc. ;

6° Les noms de personnes, de villes ou
de contrées employés par métonymie :
un lebel, un diesel (mais *un moteur
Diesel*), *du bordeaux, du bourgogne, du
champagne, des côtes-du-rhône, de l'el-
beuf, du maryland,* etc. ;

7° Les divisions administratives
n'ayant pas un caractère d'unité (préfecture, conseil municipal, etc.) et les
juridictions civiles et militaires : *La
sous-préfecture de Rochefort. La
mairie de Port-des-Barques. La cour
d'assises, la cour d'appel, le tribunal
civil,* etc. *Le conseil de guerre de Nancy.*

(Font exception à cette règle les juridictions qui ont un caractère d'unité :
*Le Conseil d'Etat, la Cour des comptes,
la Cour de cassation, la Chambre des
requêtes. Le Tribunal des conflits,* etc.)

V. aussi MAJUSCULES.

minute. — Le symbole de la minute
de temps est **mn** (quelquefois *m,* s'il
ne peut y avoir de confusion avec
mètre, mais jamais ′, qui est le symbole
de la minute sexagésimale d'angle) :
*25 mn 10 s. Travail qui a duré
5 h 25 mn.*

— Dans les indications d'heures (qui
ne sont pas établies d'après le système
décimal), on ne doit pas faire précéder
d'un zéro les minutes ou les secondes :
*Le train part à 9 h 5. Il était 20 h
7 mn 3 s.*

mi-parti est le participe passé de l'ancien verbe *mi-partir,* partager par moitié : *Un manteau mi-parti lainage,
mi-parti fourrure. Robe mi-partie
d'écarlate et de velours noir, de blanc et
de noir* (Acad.). [On dit aussi bien : *Sa*

robe était mi-partie de blanc et de
rouge que *Sa robe était mi-partie
blanche, mi-partie rouge* (Acad.).] *Les
chambres mi-parties des parlements
étaient composées moitié de catholiques, moitié de protestants.*

C'est à tort que d'aucuns voient en
parti le sens de « part » et écrivent
partie, invariable (*Des robes mi-partie
lainage, mi-partie fourrure*).

mirage. — Ce mot signifiant au figuré
« illusion trompeuse », il faut se garder
de dire *mirage trompeur, mirage décevant,* etc., expressions qui sont pléonastiques : *Cette espérance n'était qu'un
mirage* (Acad.).

miserere est un mot latin non francisé (il s'écrit sans accents, est *invariable* et se prononce *mi-zé-ré-ré*) : *Dire
un miserere. Des miserere. Coliques de
miserere* (Acad.).

[L'orthographe *miséréré* est fréquente ; l'Académie écrit d'ailleurs
bénédicité, avec accents.]

miss, mot anglais équivalant au français *mademoiselle,* doit obligatoirement
être suivi du nom de baptême de la
personne ou, s'il s'agit de la fille aînée,
du nom de famille : *Miss Helen Garott.
Je vous en prie, miss Helen. Un livre
de miss Garott.*

Miss pris absolument désigne une
gouvernante : *Miss, vous accompa-
gnerez Mademoiselle à l'école.* Il fait
au pluriel (anglais) *misses* : *Les misses
sentimentales de Figeac* (J. Lorrain,
Histoires de masques, 26).

mite. — Les expressions **mangé aux
mites,** *mangé aux vers,* où *aux* est mis
pour *par les,* sont correctes, mais ressortissent à la syntaxe figée (Grevisse) :
Etoffe mangée aux mites (Acad.). *Un
vêtement dévoré par les mites* (Id.).
A. Thérive (*Querelles de langage,* I, 39)
accepte même : *Mon manteau se mange
aux mites.*

mitre et ses dérivés (*mitral, mitron,* etc.)
s'écrivent sans accent circonflexe.

mode est *féminin* au sens de « manière
de faire, coutume, fantaisie » : *Il faut
le laisser vivre à sa mode, le laisser
faire à sa mode* (Acad.). Et aussi au
sens d' « usage passager qui dépend du
goût et du caprice » : *Suivre la mode.
Etre esclave de la mode* (Acad.).

Il est *masculin* quand il désigne la

« forme », la « méthode », et aussi au sens grammatical et musical : *Le mode de cuisson d'un gigot. Un mode de transport moderne. Le mode indicatif. Le mode majeur.*

— **Emploi des modes en grammaire.** Pour les difficultés, se reporter à CONDITIONNEL, IMPÉRATIF, SUBJONCTIF, etc., et aux divers mots qui appellent une remarque de construction à ce sujet.

modeler fait *je modèle, nous modelons.*

modéliste s'écrit avec un *e* accent aigu (et non *modelliste*, formé d'après *pastelliste, cartelliste*, etc.).

moderato. V. ALLÉGRO.

modéré - modeste - modique.
— **Modéré** peut s'appliquer à ce qui est cher, mais l'est sans exagération : *Pension à prix modérés.*

Modeste se dit de ce qui est plus que modéré, ou simple, sans faste : *Prix modestes* (Acad.). *Avoir un train de vie, une table modeste* (Id.).

Modique s'applique plutôt à ce qui est peu considérable pécuniairement, ou de faible valeur. Ainsi, on dira : *Un salaire modique* (de préférence à *modeste*). *Revenus modiques* (Lar. du XXᵉ s.). *Prix modiques* (Id.) [c'est-à-dire *bas*].

moelle et ses dérivés (*moelleux, moellon*, etc.) s'écrivent avec *oe* séparés, sans valeur (pas de tréma), et se prononcent *moil', moi-leû, moi-lon*, etc.

mœurs se prononce généralement *meurss*. (La prononciation *meur* est aujourd'hui vieillie.)

moi. — La politesse exige que la personne qui parle se nomme après les autres. On dira donc : *Vous et moi, Ma femme, mon père et moi* (et non *Moi et vous, Moi, ma femme et mon frère*).

— **Menez-y-moi, Apprenez-le-moi** (et non *Menez-moi-z-y, Apprenez-moi-le*). V. IMPÉRATIF.

— **Pour moi** suivi d'un infinitif est du langage populaire. On dit : *J'ai acheté des cigarettes pour fumer dans le train* (et non *pour moi fumer dans le train*). *Donnez-moi la clef pour ouvrir la porte* (et non *pour moi ouvrir la porte*).

moindre est le comparatif de *petit.* Il signifie surtout « plus petit, moins grand » et peut se renforcer par *bien* et *beaucoup* (mais non par *très*) : *Cela est de bien moindre importance. L'inconvénient sera beaucoup moindre, sera moindre de beaucoup* (Acad.).

— **Le moindre petit,** suivi d'un nom, est un pléonasme, malgré la caution de La Fontaine (*Pas le moindre petit morceau*...). On dira : *Le moindre ruisseau* (et non *Le moindre petit ruisseau*).

— **Moindre que.** Avec *moindre que*, le verbe de la proposition suivante se met à l'indicatif ou au subjonctif selon que l'idée est positive ou hypothétique : *C'est le moindre service que je lui rendrai. La distance est moindre que vous ne croyez* (Acad.). *C'est la moindre récompense qu'on lui doive.*

moindrement. — **Le moindrement** (« le moins du monde ») s'emploie surtout avec la négation : *Il n'est pas le moindrement étonné* (Acad.). *Je n'ai pas voulu me distinguer le moindrement de mes camarades* (Cl. Farrère, *la Dernière Déesse*, 204).

On le rencontre aussi au sens positif : *Bien que cette foule se fût le moindrement émue de son départ* (V. Hugo, *Notre-Dame de Paris*, I, 64). *Si cet ecclésiastique semblait le moindrement libéral* (A. Hermant, *Crépuscule tragique*, 67).

moins est le comparatif de *peu* : *Il possède peu, et moi encore moins.*

— **A moins que** ou **de.** Quand *à moins que* est suivi d'un verbe à un mode personnel, on emploie le subjonctif et la particule *ne* : *Il n'en fera rien, à moins que vous ne lui parliez* (Acad.). *A moins qu'il ne parte. Je vous verrai ce soir, à moins qu'il ne soit trop tard quand je sortirai.*

(La particule *ne* est parfois omise dans les vers : *A moins que la suivante en fasse autant pour moi* [Molière, *le Dépit amoureux*, I, 1].)

Si *à moins que* est suivi d'un infinitif, on emploie presque toujours *de* : *Je ne pouvais pas lui parler plus nettement, à moins que de le quereller* (Acad.).

On dit aussi bien, et plus simplement, *à moins de* : *A moins d'être fou, il n'est pas possible de raisonner ainsi*

(Acad.). Devant un nom, *à moins de* est seul correct : *Je ne lui pardonnerai pas, à moins d'une rétractation publique* (Acad.).

— **Au moins - du moins.** Ces locutions sont généralement considérées comme synonymes, pour exprimer une idée de restriction. Toutefois, on emploie plutôt *au moins* comme locution incidente ou rejetée en fin de phrase, et *du moins* pour introduire la proposition restrictive : *Il n'est pas beau, mais, au moins, il est intelligent. Il n'est pas laid, au moins ? S'il n'est pas beau, du moins est-il intelligent.*

On emploie aussi, à peu près dans le même sens, **tout au moins, pour le moins** : *Donnez-lui tout au moins, pour le moins de quoi vivre* (Acad.).

— **Des moins** demande toujours l'accord de l'adjectif avec un nom ou un pronom au pluriel : *Des personnages des moins reluisants.*

Si le nom ou le pronom est au singulier, l'adjectif se met généralement au pluriel, selon l'usage et l'Académie : *Ce travail est des moins* (c'est-à-dire *parmi les moins*) *faciles.*

On rencontre parfois, dans ce sens, l'invariabilité : *Cet homme est des moins aimable.*

L'invariabilité est de rigueur quand l'adjectif se rapporte à un pronom neutre : *Cela n'est pas des moins pénible pour lui.*

Des moins s'emploie parfois, surtout dans la langue parlée, comme un adverbe : *Il parle des moins correctement* (Hanse).

— **En moins.** V. EN.

— **Le moins.** L'accord de l'article se fait avec le nom quand on compare des êtres différents : *Elle était la moins riche du groupe. Ils étaient les moins turbulents de la classe.*

L'article reste *invariable* s'il y a comparaison entre les différents degrés de qualité dans un même être : *C'est à cette soirée qu'elle a été le moins timide.*

V. aussi PLUS (*Le plus*).

— **Moins de - moins que.** Avec un nom de nombre, on emploie *moins de* : *Elle a moins de trente ans. Nous avons fait moins de 100 kilomètres.*

S'il y a comparaison, il faut *moins que* : *Quatre-vingt-dix est moins grand que cent.*

Avec *à demi, à moitié, aux trois quarts*, etc., on emploie normalement *moins de*, mais *moins que*, qui est aussi correct, se rencontre fréquemment : *Ce travail est moins d'à moitié fait* (ou *moins qu'à moitié fait*). *La bouteille était moins d'aux trois quarts pleine* (ou *moins qu'aux trois quarts pleine*).

Avec *moins que*, l'usage tend à imposer le *ne* explétif (Acad.) : *Cet homme travaille moins que vous ne pensez* (ou *que vous ne le pensez*). *Cette chambre est moins grande que je ne l'avais cru* (Acad.).

V. aussi PLUS (*Plus que - plus de*).

— **Moins de deux.** Avec *moins de deux*, le verbe qui suit se met au pluriel, alors qu'il est au singulier avec **plus d'un**, cela parce que le nom commandé par le numéral est là au pluriel et ici au singulier : *Moins de deux ans sont passés. Plus d'un convive était encore à table.*

— **Pour le moins.** On dit aussi bien *pour le moins* que *au moins* : *Il y a dix ans pour le moins* (ou *au moins*) *que je ne l'ai vu.*

— **Rien moins, rien de moins.** V. RIEN.

mois. — Le nom des mois s'écrit sans majuscule : *Le mois de janvier* (Acad.). *Paris, le 26 juillet 1956. Etre né en mai.*

— On dit : *Le 2 janvier, le 15 février,* etc. (et non *le 2 de janvier, le 15 de février,* etc.). *Le premier, le deuxième, le troisième jour du mois,* ou, absolument : *Le 1ᵉʳ, le 2, le 3 du mois. Quel jour du mois sommes-nous ? Quel est le quantième du mois ?* (Acad.) *Payer par mois, au mois. Le coup d'Etat du 2-Décembre* (ou *du Deux-Décembre*), mais *Le coup d'Etat du 2 décembre 1851.*

moitié. — **A moitié** est généralement précédé de *de*, mais *que* est aussi correct et se rencontre fréquemment : *Une bouteille plus d'à moitié pleine* (ou *plus qu'à...*). *Une besogne moins d'à moitié faite* (ou *moins qu'à moitié...*).

— **Accord du verbe avec « la moitié ».** Si le collectif *la moitié* (*le quart, le tiers,* etc.) est pris dans un sens précis, pour exprimer un nombre exact, l'accord se fait avec le collectif : *La moitié des actionnaires a rejeté les propositions.* S'il désigne un nombre approximatif, l'accord se fait avec le complément : *La moitié des assistants protestèrent*. Mais on peut dire, indifféremment : *La moitié des candidats a été refusée* ou *ont été refusés*.

— On dit : *La moitié de 4 est 2* (et non *de 2*). *Mettre la moitié d'eau, moitié d'eau dans son vin* (Acad.). *Augmenter, diminuer une longueur de moitié, de la moitié* (Id.). *Le malade vit moitié assis, moitié couché. Vous avez acheté ce livre moitié trop cher. Les charges seront réparties par moitié.*

mol. V. MOU.

molécule est du féminin : *La molécule est la plus petite quantité de matière qui existe à l'état de liberté* (Lar. du XXᵉ s.).

moment. — **A tout moment** s'écrit généralement au singulier (on rencontre aussi le pluriel) : *Je crois à tout moment le voir et l'entendre* (Acad.).

— **Au moment** fait archaïque : *La chose se passe au moment qu'on ne l'attendait plus* (G. Bernanos, *Monsieur Ouine*, 178). *Au moment que la famille Coutre achevait de dîner* (E. Henriot, *Aricie Brun*, 103). On dit plutôt aujourd'hui *au moment où* : *Au moment où il arrivera, j'irai le voir* (Acad.).

— **Par moments** s'écrit généralement au pluriel : *Par moments, je me demande si j'ai bien fait* (Acad.).

momerie (sans doute de l'ancien français *momer*, se déguiser), « affectation ridicule d'un sentiment qu'on n'éprouve pas » et « cérémonie bizarre », s'écrit sans accent circonflexe : *Cet héritier se montre très affligé de la mort de son parent, mais c'est une momerie, une pure momerie* (Acad.).

Le mot populaire **mômerie** (dérivé de *môme*, enfant) prend, lui, un accent circonflexe : *La mômerie précède volontiers les régiments* (Nouv. Lar. univ.).

mon, ma, mes. — **L'article à la place de l'adjectif possessif** (*J'ai mal à la tête* [et non *à ma tête*]). V. LE, LA, LES (articles) [*L'article à la place de l'adjectif possessif*].

— Quand **mon** précède un nom ou un adjectif commençant par une voyelle ou un *h* muet, *on* se dénasalise et *n* se lie avec le mot qui suit. Il en est

de même pour *ton, son*). Ainsi, on dit : *mo-n-âme, mo-n-heureuse idée* (et non *mon-n-âme, mon-n-heureuse idée*).

monarchie. V. RÉPUBLIQUE.

monde. — Avec le collectif *monde* pour sujet, le verbe qui suit se met au singulier : *Un monde de savants leur remettait des textes.*

V. aussi COLLECTIF.

mondial fait au pluriel masculin *mondiaux*.

monseigneur s'abrège en *Mᵍʳ* et fait au pluriel *messeigneurs* (qui ne s'abrège pas).

Un autre pluriel, *Nosseigneurs* (abrév. *NN. SS.*), est usité quand on parle des personnes qui ont droit au titre de *monseigneur* : *Nosseigneurs les évêques de France* (Acad.).

monsieur se prononce *me-sieu*. Il fait au pluriel *messieurs* (prononc. *mè-sieu*).

En abrégé : *M. Durand, MM. Durand et Dupont. M. le Trésorier. Je donne la parole à M. l'Administrateur. M. le professeur Martial.* (*Monsieur, madame, mademoiselle* ne s'abrègent que s'ils sont suivis d'un nom de personne ou d'une qualité.)

Monsieur (*madame, mademoiselle*) ne s'abrège pas : 1° dans les suscriptions et dans les formules de politesse de la correspondance : *Monsieur Durand, notaire à... Monsieur le Maire de... Recevez, Monsieur, mes sincères salutations. Veuillez agréer, Monsieur le Ministre...*; 2° dans les titres d'ouvrages : *Monsieur des Lourdines*; 3° lorsqu'on s'adresse à la personne : *Bonjour, monsieur Durand* (familier). *Je vous en prie, monsieur le Président*; 4° lorsqu'on parle de personnes sans employer leur nom propre : *Je viens de rencontrer monsieur votre père.*

On écrit : *M. Jean Durand prie Monsieur René Dupont de lui faire l'honneur...*

Si un serviteur parle de ses maîtres ou à ses maîtres, on écrit *monsieur* (*madame, mademoiselle*) avec une majuscule : *Je n'ai pas vu Monsieur de la journée. A quelle heure dois-je reprendre Monsieur?*

— On dit : *J'ai reçu la visite d'un monsieur que je ne connais pas. Faire le monsieur. Vous l'avez vu, ce monsieur Durand? Ces messieurs sont partis.*

monstre n'a pas de féminin. On dit : *Cette femme est un monstre. Quel petit monstre que cette enfant !*

— **Monstre** s'emploie familièrement comme adjectif au sens d' « énorme, extraordinaire » : *On a servi un déjeuner monstre* (Acad.). *Des parades monstres.*

monter prend l'auxiliaire **être** ou **avoir** selon que l'on veut exprimer l'état ou l'action : *De la tour Eiffel, où je suis monté, je vous envoie cette carte. J'ai monté hier à la tour Eiffel. Vous cherchez mon mari, il est monté au grenier. Le blé est monté à un prix qu'il n'avait pas encore atteint.* (Acad.). Quand *monter* est employé transitivement, on emploie naturellement *avoir* : *Il a monté l'escalier à toute vitesse.*

— On dit **monter à cheval**, *à âne, à bicyclette, à scooter, en voiture, en avion* (c'est-à-dire *sur* un cheval, un âne, une bicyclette, un scooter ; *dans* une voiture, un avion).

— On monte **à** sa chambre pour y chercher quelque chose ; on monte **dans** sa chambre pour y rester.

— **Monter en haut** est le pléonasme type qu'il faut éviter. Puisque *monter* implique par lui-même un transport du bas vers le haut, la précision *en haut* est tout à fait superflue. Il faut dire *monter* tout court : *Elle dut monter voir sa mère.*

On évitera, de même, *descendre en bas.*

— On écrit **monter le coup** à quelqu'un (et non *monter le cou*), pour « abuser, tromper sous un prétexte spécieux ».

On dira de même *se monter le coup* (« s'en faire accroire à soi-même »).

— On dit **monter** ou **remonter** *une horloge, une montre*, etc.

montre. — **Faire montre de** a un sens plus fort que *montrer ;* c'est faire étalage de, montrer avec ostentation : *Faire montre de son esprit* (Acad.). *Faire montre d'érudition* (Id.).

moquer. — La forme **moquer quelqu'un** (ou *quelque chose*) est aujourd'hui archaïque : *Moqué à l'envi par ses maîtres et ses camarades* (A. France, *la Vie en fleur*, 140 ; cité par Grevisse). *Molière moqua les Précieuses. Il se sentit moqué parce qu'il était mal vêtu*

(V. Hugo, *les Misérables*, III, 246). *Elle les moquait comme des démons désarmés* (M. Barrès, *la Colline inspirée*, 115). *Moi, dont tu as si souvent moqué l'optimisme* (J. Romains, *Prélude à Verdun*, 183).

Se moquer de quelqu'un, c'est le railler, le tourner en ridicule : *Se moquer de sa concierge, d'un infirme.*

— **Se faire moquer de soi** est un pléonasme puisque *de soi* fait double emploi avec *se*, pronom réfléchi, complément de *moquer* (se faire moquer = faire moquer soi). Cette expression, quoique condamnée par Littré, est néanmoins consacrée par l'usage, et de ce fait admise par l'Académie : *Si vous en usez comme cela, vous vous ferez moquer de vous*, et absolument, *vous vous ferez moquer.*

moratorium est un mot latin à demi francisé, qui fait au pluriel *moratoriums.*

La forme tout à fait française **moratoire** (*des moratoires*) est à préférer. V. aussi LATINS (Mots).

mordre. — **Se faire mordre par un serpent.** Il est préférable d'employer *mordre* plutôt que *piquer* en parlant d'un serpent (et plutôt *morsure* que *piqûre*) : *Il a été mordu par une vipère* (Acad.).

L'origine de *piquer* tient à ce qu'on a cru longtemps que les serpents piquaient avec leur langue fourchue.

more. V. MAURE.

mornay. V. BÉCHAMEL.

mort. — **Faire le mort**, en termes de jeux, est une expression figée : *C'est ma femme qui fait le mort.*

L'accord se rencontre parfois au sens de « faire semblant d'être mort » : *Elle fit le mort* (ou *Elle fit la morte*) pendant un quart d'heure.

— Adjectivement, on écrit : *Une nature morte* (sans trait d'union). *Eau morte* (eau stagnante). *Poids mort. Œuvres mortes. Etre à demi mort. Etre ivre mort* (Acad.).

mort-. — On écrit : *de la mort-aux-rats* (invariable et qui se prononce *mor-tô-ra*), *du mort-bois, la morte-eau* (plur. *des mortes-eaux*) ou *le mort-d'eau* (la marée basse), *la morte-paye* (plur. *des mortes-payes*), *la morte-saison* (plur. *des mortes-saisons*), *mort-*

gage (plur. *des morts-gages*), *mort-né* (v. NÉ).

mort-né. V. NÉ (*Mort-né*).

mot. — On écrit : *Ne dire mot, ne souffler mot. Sans mot dire. Traduire mot à mot. Faire le mot à mot d'une version* (Acad.) [on écrit plus souvent *le mot-à-mot*]. *Rapporter mot à mot,* ou *mot pour mot, tout ce qu'on a entendu dire* (Id.). *Maître mot. Parler, s'exprimer à mots couverts. Des mots croisés* (pas de singulier). *Comprendre à demi-mot* (Acad.). *Jeu de mots.*

mots composés. — Il n'y a pas de règle de composition ni d'orthographe pour les mots composés. Tantôt les éléments composants sont soudés en un mot simple (*désunir, s'entremanger, malhonnête, portemanteau*), tantôt ils sont reliés par un ou plusieurs traits d'union (*arc-en-ciel, coffre-fort, s'entre-dévorer, porte-plume*), tantôt, enfin, ils ne sont ni soudés entre eux ni reliés par un trait d'union (*char à bancs, hôtel de ville, pomme de terre*).

L'orthographe de ces mots est, on le voit, des plus capricieuses, et la formation du pluriel hérissée de contradictions. On lit, par exemple, dans le Dictionnaire de l'Académie : *des cache-pot* (invariable) à côté de *des couvre-lits* (variable), *des coupe-file* à côté de *des serre-files, des serre-tête* à côté de *des couvre-chefs,* etc.

Pour la plupart des difficultés d'orthographe ou d'accord des mots composés, se rapporter aux mots eux-mêmes ou à leur composant initial.

mou. — On dit : *Mou comme une chiffe* (et non *comme une chique*).

— **Mou - mol.** Devant une voyelle, *mou* se transforme en *mol* (dont on a fait le féminin *molle*), mais le pluriel masculin est toujours *mous* (le masculin *mou* ou *mous* se place toujours après le nom) : *Un oreiller mou. Le mol oreiller du doute.*

moucher s'emploie intransitivement au sens de « chasser de son nez les humeurs » : *Le tabac à priser fait moucher* (Nouv. Lar. univ.). *Si cet enfant pouvait moucher, il serait soulagé* (Acad.). *Cet enfant mouche beaucoup* (son nez coule beaucoup).

Mais si l'on veut parler du fait de « presser les narines pour en faire

sortir les mucosités », il faut dire **se moucher** : *Cet enfant se mouche souvent* (et non *mouche souvent*).

Transitivement : *Moucher du sang.*

moudre. — **Conjugaison** : *Je mouds, tu mouds, il moud, nous moulons, vous moulez, ils moulent. Je moulais, nous moulions. Je moulus, nous moulûmes. Je moudrai, nous moudrons. Mouds, moulons, moulez. Que je moule, que nous moulions. Que je moulusse, qu'il moulût, que nous moulussions. Moulant. Moulu, e.*

Ce verbe est tiré du latin *molere* (de *mola,* meule), ce qui explique les formes en *moul-*. En ancien français, on disait *moler,* et la *moleure* était l'action de moudre. On dit encore, dans certaines provinces, *mouler* pour *moudre : Mouler du blé, du café.*

moufle (un seul *f*) est *féminin* dans ses divers sens (lat. *muffula*), sauf quand il désigne une sorte de creuset ou de four à porcelaine (il est alors *masculin*).

moulage - moulure. — Le **moulage** est l'art de reproduire un objet à l'aide d'un moule : *Atelier de moulage* (Acad.). *Le moulage d'une statue. Ce moulage est remarquablement réussi. Acheter un moulage en plâtre de la Vénus de Milo.*

Une **moulure** (dérivé, comme *moulage,* du verbe *mouler*) est une partie plus ou moins saillante servant d'ornement à un ouvrage d'architecture, d'ébénisterie, de menuiserie, etc. : *Les moulures d'une corniche. Ce meuble est orné de magnifiques moulures. Moulure ronde, plate, lisse, creuse,* etc.

mourir. — **Conjugaison** : *Je meurs, tu meurs, il meurt, nous mourons* (avec un seul *r*), *vous mourez, ils meurent. Je mourais, nous mourions. Je mourus, nous mourûmes. Je mourrai, nous mourrons. Je mourrais, nous mourrions. Meurs, mourons, mourez. Que je meure, qu'il meure, que nous mourions. Que je mourusse, qu'il mourût, que nous mourussions. Mourant. Mort, e.*

A noter que *mourir* prend toujours l'auxiliaire **être** aux temps composés : *Il est mort hier. Trop tard, elle était déjà morte.*

— **Se mourir,** c'est être près de mourir : *Il se mourait de faim*

(E. Bourges, *Les oiseaux s'en-volent*, II, 105). *Je me mourais d'envie de voir le roi* (E. et J. de Goncourt, *Sophie Arnould*, 57). *Les rides de l'eau s'élargissaient et se mouraient* (E. Zola, *la Fortune des Rougon*, 218).

mouron s'écrit avec un seul *r*.

mousseux - moussu. — **Mousseux** se dit de ce qui produit de la mousse (écume), comme le champagne ou le savon, ou de ce qui ressemble à de la mousse (végétal) : *Cidre mousseux. Bière mousseuse. Un tapis mousseux* (Acad.). *Un bras chargé de lingerie mousseuse* (G. de La Fouchardière, *Son Excellence le Bouif*, 13).

Moussu se dit de ce qui est couvert de mousse (végétal) : *Un banc, un toit, un arbre moussu. Une pierre moussue* (Acad.). *Cette antique maison, moussue, verdie* (A. Daudet, *Fromont jeune et Risler aîné*, 26). *Une rose moussue* (et non *mousseuse*, comme on dit parfois abusivement) est une rose dont la tige et le calice sont garnis d'une sorte de mousse.

moustache. — **Singulier ou pluriel ?** Si Anatole France écrit (*le Livre de mon ami*, 24) : *Un monsieur à moustache*, Jules Renard préfère (*la Lanterne sourde*, 198) : *Un vieux monsieur aux moustaches de mastic* ; et Jean-Jacques Gautier, prix Goncourt 1946, montre son éclectisme dans un même ouvrage et... à la même page (*Histoire d'un fait divers*, 29) : *Une grosse moustache soyeuse, blanc d'argent et blanc de neige. Après le travail, l'ancien aux moustaches n'aimait que les bêtes.*

En fait, d'après l'Académie, qui a pris position, *moustache* est féminin singulier : *Porter la moustache. Couper, raser, friser, relever, retrousser sa moustache. La moustache des mammifères.* Et Georges Duhamel, qui est académicien, suit la savante compagnie : *De dures touffes blanches de cette qualité, semble-t-il, réservée aux militaires âgés : moustache et barbiche* (*Civilisation*, 229).

Littré, d'ailleurs, notait déjà : « On dit souvent, par abus, moustaches au pluriel pour signifier seulement la moustache. »

moustiquaire est du *féminin* : *Une moustiquaire portative.*

moutier, « monastère », s'écrit sans accent circonflexe sur l'*u* (Acad.).

moutonneux - moutonnier. — Ces deux adjectifs sont l'un et l'autre dérivés de *mouton.*

Moutonneux se dit de ce qui a l'apparence des moutons, qui rappelle la laine du mouton : *La mer qui commence à s'agiter, et dont les vagues frisent, est moutonneuse. Le ciel qui se couvre de gros nuages blancs et floconneux est moutonneux.*

Moutonnier se dit de celui qui, à l'exemple des moutons (cf. les moutons de Panurge), fait ce qu'il voit faire, bêtement, sans réfléchir : *La foule est moutonnière* (Acad.). *Une nation esclave et moutonnière* (Lar. du XXe s.).

mouvoir. — **Conjugaison :** *Je meus, tu meus, il meut, nous mouvons, vous mouvez, ils meuvent. Je mouvais, nous mouvions. Je mus, nous mûmes. Je mouvrai, nous mouvrons. Meus, mouvons, mouvez. Que je meuve, que nous mouvions. Que je musse, qu'il mût, que nous mussions. Mouvant. Mû, mue.*

A noter l'accent circonflexe du participe passé *mû* (mais *mue* ou *mus*, sans accent).

— **Emouvoir** se conjugue comme *mouvoir*, mais fait *ému* (sans accent circonflexe) au participe passé.

moyen. — **Avoir le moyen, les moyens.** Au sens de « richesses, facultés pécuniaires » ou « facultés naturelles ou physiques », on emploie généralement *moyens*, au pluriel : *Chacun doit assister les pauvres selon ses moyens* (Lar. du XXe s.). *C'est un homme qui a des moyens. Avoir des moyens d'existence. Je n'ai pas les moyens d'envoyer mon fils aux grandes écoles. Cet écolier a peu de moyens* (Acad.).

Le singulier est plus rare : *Il n'a pas le moyen, les moyens de faire cette dépense* (Dict. gén.). *Il n'a pas le moyen, les moyens de subsister* (Acad.).

— **Moyen Age** s'écrit le plus souvent avec deux majuscules et sans trait d'union : *l'Antiquité, le Moyen Age, les Temps modernes.* (On le rencontre toutefois fréquemment avec des minuscules, mais il faut alors écrire *antiquité* et *temps modernes* avec des minuscules.)

Moyen Age a deux adjectifs : **médié-val** et **moyenâgeux**. *Médiéval* est surtout littéraire et didactique : *Archéologie, littérature médiévale. Temps médiévaux.*

Moyenâgeux, d'après l'Académie, est familier : *Un buffet moyenâgeux.* Par apposition, on dit aussi : *Un buffet de style moyen âge. Un costume moyen âge* (Acad.).

moyennant. — On écrit : *moyennant finance* (au singulier).

— **Moyennant que** (« à condition que ») est une locution aujourd'hui vieillie : *On aura ses services moyennant qu'on le payera* (Littré).

mufle s'écrit avec un seul *f*.

muguet ne s'emploie pas au pluriel; on dit *des brins de muguet* (et non *des muguets*).

mulâtre a pour féminin *mulâtresse* (Acad.) : *Une jolie mulâtresse.*

Adjectivement, on dit *mulâtre* pour les deux genres : *Un domestique mulâtre. Une servante mulâtre* (Acad.).

V. aussi MÉTIS.

multiplier peut s'employer intransitivement au sens de « se multiplier » : *Les lapins multiplient facilement* (Nouv. Lar. univ.). *Elle germe et multiplie prodigieusement dans l'inconscient* (M. Maeterlinck, *l'Intelligence des fleurs*, 235).

On emploie plus souvent la forme pronominale : *Les lapins se multiplient avec facilité.*

multitude. — Avec le collectif *multitude*, le verbe se met le plus souvent au singulier : *La multitude des insectes se mourait lentement.*

Avec *une multitude*, le verbe est au pluriel : *Une multitude d'insectes couvraient le territoire.*

V. aussi FOULE et COLLECTIF.

munificence - magnificence.

V. MAGNIFICENCE.

mûr, « parvenu à maturité », s'écrit avec un accent circonflexe (*un fruit mûr*), alors que **mur**, terme de construction, n'en prend pas.

mural fait au pluriel *muraux.*

muscat, adjectif, n'a proprement pas de féminin (ne pas confondre avec *muscade : Noix muscade*), et de ce fait ne s'emploie qu'avec des noms masculins : *Raisins muscats* (Acad.).

musculaire - musculeux. — **Musculaire** se dit de ce qui est propre aux muscles : *Mouvement, action, force musculaire* (Acad.). *Système musculaire.*

Musculeux a le sens de « où il y a beaucoup de muscles » ou « qui est de la nature des muscles » : *Partie musculeuse. Viande musculeuse. Tissu musculeux* (Acad.).

D'un homme **musclé** (« qui a les muscles bien marqués »), on dira également qu'il est *musculeux : Un athlète musculeux* (Lar. du XXᵉ s.).

muser - musarder. — Ces deux mots sont synonymes et signifient l'un et l'autre « flâner, s'amuser à des riens ». Celui qui *muse*, c'est-à-dire « qui a le museau en l'air », est un *musard*, et c'est sur ce dernier terme qu'on a fait *musarder,* qui n'est qu'un doublet de *muser.*

muséum est un mot latin francisé. Il désigne un musée renfermant des collections destinées aux études scientifiques, et fait au pluriel *muséums.*

V. aussi LATINS (Mots).

music-hall est un mot anglais à demi francisé. Il se prononce *mu-zik ôl* et fait au pluriel *music-halls.* (L'Académie l'écrit sans trait d'union.)

mutuel - réciproque. — De ces deux synonymes, on doit retenir que si **mutuel** se dit de deux ou de plusieurs personnes ou choses, **réciproque** ne se dit normalement que de deux personnes ou choses : *Ils s'aiment d'une affection mutuelle* (Acad.). *Devoirs mutuels d'un père et d'un fils* (Id.). *Société de secours mutuels. Compagnie d'assurance mutuelle. Les sentiments qu'ils ont l'un pour l'autre sont bien réciproques* (Acad.). *Amour mutuel* ou *réciproque.*

mutuellement signifiant « réciproquement », *s'entraider mutuellement* est un pléonasme. Il faut dire *s'entraider* tout court, ou bien *s'aider mutuellement, réciproquement.*

Cette remarque est valable pour tous les composés de *entre* (*s'entravertir, s'entr'égorger,* etc.).

myrte (plante) est du *masculin : Chez les anciens le myrte était consacré à Vénus* (Acad.).

myrtille, autre nom de l'*airelle,* se prononce *mir-til'* (et non *mir-tiy'*).

N

n. — Genre. V. ALPHABET.

— **N** se redouble généralement dans les noms en *-alisme* (ou *-aliste*) dérivés de noms en *-ion* ou d'adjectifs en *-ionnel* ou *-onnel : confession - confessionnalisme; constitution - constitutionnalisme; fonctionnel - fonctionnalisme; personnel - personnalisme,* etc.

Exceptions : *rationalisme* (Acad.), *traditionalisme* (Id.).

Il en est de même pour les dérivés en *-ité : personnalité...,* mais *rationalité,* etc.

— V. aussi -ONER.

— **N** devant *b, m* et *p.* Voir M.

nacarat, adjectif de couleur, est *invariable : Des robes nacarat.*

V. aussi COULEUR.

nacre est du *féminin : De la nacre de perle* (Lar. du XXᵉ s.).

naguère - jadis. V. JADIS.

nain désignant par lui-même une personne de très petite taille, c'est commettre un pléonasme que de dire *petit nain.* (On évitera de même *grand géant.*)

naître s'écrit avec un accent circonflexe à l'infinitif, et cet accent se retrouve toujours devant le *t* dans la conjugaison.

Ce verbe se conjugue avec **être** aux temps composés.

— **Conjugaison :** *Je nais, tu nais, il naît, nous naissons, vous naissez, ils naissent. Je naissais, nous naissions. Je naquis, nous naquîmes. Je naîtrai, nous naîtrons. Je naîtrais, nous naîtrions. Nais, naissons, naissez. Que je naisse, que nous naissions. Que je naquisse, que nous naquissions. Naissant. Né, e.*

— **Né.** V. ce mot.

naphte est du *masculin* (il a été féminin jusqu'en 1835) : *Du naphte minéral.*

narval fait au pluriel *narvals.*

nasal fait au pluriel masculin *nasaux : Os nasaux.*

natal fait généralement au pluriel (rare) *natals. Nataux* ne se rencontre guère.

natif. — *Né natif* est un pléonasme commun dans le parler populaire, mais qu'il faut éviter. On dira : *M. Durand, né à Saint-Nazaire* (et non *né natif de Saint-Nazaire*).

— On peut dire, substantivement : *Les natifs d'un pays.*

— **Natif de - né à.** *Natif de tel endroit* suppose, à l'encontre de *né à tel endroit,* que les parents, et même la famille, sont également originaires de cet endroit.

V. aussi NÉ.

nature, employé adjectivement au sens de « naturel », est *invariable : Des pommes nature. Deux cafés nature. Ces enfants sont nature.*

nature morte s'écrit sans trait d'union : *Un tableau de nature morte,* ou par ellipse : *Une nature morte* (Acad.).

naturel. — On dit : *Peindre quelqu'un au naturel. Elle est mieux ainsi qu'au naturel* (et non *en naturel*).

naval fait au pluriel *navals : Combats navals* (Acad.), *aéronavals.*

navigant - naviguant. — *Navigant* est l'adjectif verbal de *naviguer* et *naviguant* le participe présent : *Le personnel navigant* (Acad.). Et substantivement : *Les navigants.* — *Les navires naviguant à droite sont priés...*

V. aussi PARTICIPE PRÉSENT *(Différences orthographiques entre le participe présent et l'adjectif verbal).*

navire. — Genre des noms de navires. V. BATEAU.

ne. — « Ne » explétif. Pour l'emploi de cette particule qui échappe souvent à l'analyse et tend à disparaître de la langue parlée, voir les verbes et locutions exprimant la crainte, le doute, la négation, etc., tels que *appréhender, avant que, avoir peur, craindre, déses-*

pérer, douter, empêcher, éviter, falloir, garder, méconnaître, nier, sans que, etc.

— **Omission de « ne », adverbe de négation.** *Ne* est souvent omis dans le langage populaire ou enfantin : *C'est pas lui. Voilà un enfant pas poli. J'irai pas.*

Dans le langage littéraire, il est parfois omis dans les phrases elliptiques : *Pas de danger qu'ils m'attaquent,* et aussi dans les interrogations : *Voyez-vous pas qu'ils m'attaquent?*

(Ne pas oublier que *aucun, nul* et *rien* [v. ces mots] doivent s'employer avec la négation.)

— **« Ne » employé sans « pas » ou « point ».** On emploie *ne* sans *pas* ou *point* :

1° Dans certaines locutions verbales et locutions toutes faites : *n'avoir garde, n'avoir cure, il n'importe, qu'à cela ne tienne, il ne dit mot, n'ayez crainte, il n'y a âme qui vive,* etc. : *Je ne cesse de vous mettre en garde, mais vous n'en avez cure;*

2° Quand deux négations sont séparées par *ni,* ou quand *ni* est répété : *Le sage ne craint ni ne désire les biens de la fortune* (Gramm. de l'Acad.). *Ni l'or ni la grandeur ne nous rendent heureux* (La Fontaine, *Fables,* « Philémon et Baucis ») ;

3° Après *que* au sens de « pourquoi », et aussi après *qui* interrogatif : *Ah! que ne suis-je assise à l'ombre des forêts? que n'est-il arrivé à temps? Ah! que ne revenir au temps où, couchés au bord des pelouses...* (A. Gide, *les Nourritures terrestres,* 116). *Qui ne connaît mon frère? Qui ne s'irriterait de voir une telle nullité?*

4° Lorsqu'il est accompagné de *guère, plus, aucun, aucunement, goutte, jamais, personne, nul, nullement, rien,* etc. : *Je ne lui parle guère. Je n'en puis plus. Elle n'en veut aucun. Nul ne le saura. On n'y voit goutte. Je n'ai vu personne. Personne ne m'a vu;*

5° Après *depuis que* ou *il y a, voici, voilà tel temps que,* suivi d'un verbe à un temps composé : *Depuis que je ne l'ai vu* (Acad.). *Il y a six mois que je ne l'ai vu, que je ne lui ai parlé. Voici bientôt quinze jours que je ne l'ai rencontré. Il y a longtemps que nous n'avons reçu de ses nouvelles* (E. Henriot, *Aricie Brun,* 65).

(On trouve néanmoins la négation complète chez de bons écrivains : *Il y a un an que je ne t'ai pas vue* [Cl. Farrère, *les Civilisés,* 184]. *Il y a longtemps que mon père n'a pas donné de ses nouvelles* [G. Duhamel, *les Maîtres,* 277].)

Si le verbe dépendant est au présent ou à l'imparfait, la négation complète est indispensable : *Depuis que nous ne nous voyons pas* (Littré). *Il y avait bien quinze jours que je ne lui parlais plus;*

6° Avec les verbes *cesser, oser, pouvoir* et *savoir* dans certains cas (v. ces mots) : *Il ne cesse de parler* (Acad.). *Il n'osera vous attaquer. Je ne puis comprendre ce charabia. Je ne saurais venir à bout de ce travail. Mon père, pardonnez-leur, car ils ne savent ce qu'ils font. Il n'a su que dire. Il ne sait ce qu'il veut* (Littré).

— **Déplacement de la négation.** Dans les locutions verbales formées d'un verbe semi-auxiliaire et d'un infinitif, le sens de la phrase est différent selon que *ne* est placé avant ou après le semi-auxiliaire : *Il ne peut pas partir* (négation absolue) ; *il peut ne pas partir* (il a le choix, la liberté...). *Il n'ose pas dire la vérité* (cette vérité est gênante) ; *il ose ne pas dire la vérité* (il a l'audace de...).

— **« Ne pas » avec un infinitif intercalé.** Cette construction n'est pas courante aujourd'hui et fait quelque peu affecté : *Et, pour ne bouger pas encore, je me fais couper les cheveux* (A. Gide, *les Nourritures terrestres,* 55). *Il [...] n'avait plus été voir les gens qu'aux heures où il savait ne les trouver pas* (H. de Montherlant, *les Célibataires,* 32).

— **« Ne pas » dans l'interrogation négative et dans l'exclamation.** Au lieu de l'exclamation *Que de sottises il a faites!* on emploie volontiers l'interrogation négative *Quelles sottises n'a-t-il pas faites?* ou encore *Combien de sottises n'a-t-il pas faites?* c'est-à-dire « il a fait toutes les sottises possibles ». Le sens est clair; il l'est moins si l'on transforme l'interrogation négative en exclamation : *Que de sottises n'a-t-il pas faites! Que de fois ne l'ai-je pas vu se tromper!* Aussi certains grammairiens déconseillent-ils l'emploi de l'exclamation négative à la place de l'interrogation. « L'exclamation elle-même doit rester positive » (Martinon, *Comment on parle en français*, 528).

Hanse (de même que les Le Bidois, qui y voient quelque chose comme une déclaration qui défie la contradiction) admet l'exclamation négative à condition de n'en pas abuser et qu'elle soit sans équivoque : *Que de fois ne vous ai-je pas dit cela! Quelle ne fut pas sa stupeur!*

— **Ne... pas que.** Cette locution, employée souvent comme contraire de *ne... que,* est critiquée par Littré et aussi par l'Académie, qui la déclarent « vicieuse ». Elle contient en effet deux négations qui, s'annulant, vaudraient une affirmation.

Ne... pas que (ou *ne... point que*) est pourtant entré dans l'usage; malgré l'anathème de Lancelot, il a reçu la consécration de Ferdinand Brunot et se trouve sous la plume des meilleurs écrivains : *Ne pensez pas qu'à vous* (A. France, *la Rôtisserie de la Reine Pédauque*, 172). *M. Alexandre ne travaillait pas que pour l'argent* (A. Daudet, *la Petite Paroisse*, 61). *Ce travers inoffensif [...] n'a pas servi que les brocanteurs* (H. Bremond, *Pour le romantisme*, 76). *Nous n'avons pas que les besoins du bien-être viager* (P. Bourget, *Au service de l'ordre*, 176). *Il n'est point que fougue gymnastique dans la passion de l'escalade* (G. Duhamel, *Deux Hommes*, 169). [Exemples cités par Grevisse.]

Ceux qui tiennent à rester dans la ligne académique peuvent employer *ne... pas seulement* : *L'homme ne vit pas seulement de pain* (au lieu de *ne vit pas que de pain*). *Il n'a pas dit seulement cela* (au lieu de *Il n'a pas dit que cela*).

V. aussi IL N'Y A PAS QUE.

— **Ne... que** signifie « seulement » : *Vous ne m'avez donné que du souci. Le hibou ne voit que la nuit. Il n'y a que lui de juste. Tu n'as plus qu'à retirer ta plainte. Ce ne sont que des mots* (Lar. du XXᵉ s.).

Il est évident que *ne... que* ayant le sens de « seulement », on ne peut le joindre sans pléonasme à ce mot dans la même phrase. On dira donc : *Je n'ai que cent francs* ou *J'ai cent francs seulement* (et non *Je n'ai que cent francs seulement*). *Il ne perdit que deux parties* ou *Il perdit seulement deux parties* (et non *Il ne perdit seulement que deux parties*).

— **Pour ne pas que** est du parler populaire. On dira : *Je l'ai averti pour qu'il ne sorte pas* (et non *pour ne pas qu'il sorte*). *Pour qu'il ne recommence pas, son père lui a infligé une correction* (et non *Pour ne pas qu'il recommence...*). *Il faut fermer la fenêtre pour qu'il ne sorte pas de la maison* (et non *pour ne pas qu'il sorte...*)

né. — Les composés de *né* prennent un trait d'union : *Une aveugle-née. Des musiciens-nés. Il est le protecteur-né des sciences et des arts* (Acad.). *Il est l'ennemi-né des talents* (Id.). *Inférieurs-nés des gens de la ville* (Ch. Le Goffic, *la Payse*, 75).

— **Né à - natif de.** V. NATIF.

— **Né de,** avec un nom de lieu, est du style archaïque : *Les gens nés du faubourg connaissent l'histoire de leur maison* (A. Hermant, *Camille*, 26).

— **Mort-né, nouveau-né.** Dans *mort-né* et *nouveau-né*, *mort* et *nouveau* sont considérés comme adverbes et restent invariables : *Des enfants mort-nés, nouveau-nés. Des nouveau-nés. Une brebis mort-née, nouveau-née. Une fille nouveau-née* (Acad.).

— **Premier-né, dernier-né.** Pour *premier-né* et *dernier-né*, on fait toujours l'accord au pluriel : *Les premiers-nés, les derniers-nés. Sous la loi de Moïse, on offrait à Dieu les enfants premiers-nés* (Acad.). Au féminin, on écrit parfois *première-née, dernière-née.*

nébuleux - nuageux. — Au sens propre ces deux mots sont synonymes (« couvert de nuages ») : *Un ciel nébuleux* ou *nuageux.* En termes de météorologie, on emploie surtout *nuageux* : *Un système nuageux se déplaçant d'ouest en est...* Par analogie : *Liqueur nébuleuse. Vue nébuleuse* (Lar. du XXᵉ s.)

On ne différencie pas ces synonymes au sens d'« obscur » : *Idées nébuleuses. Ecrivain nébuleux* (Acad.). *L'horizon est nébuleux* (Lar. du XXᵉ s.). *Pensée nuageuse. Poète nuageux* (Lar. du XXᵉ s.). *Un esprit, un cerveau nuageux* (Acad.).

Au sens de « soucieux », on dit plutôt **nébuleux** : *Visage, front nébuleux* (Acad.).

néfaste, au sens de « fatal, funeste », s'emploie normalement sans complément : *Subir une influence néfaste. Jouer un rôle néfaste* (Acad.). *Guerre néfaste* (Lar. du XXᵉ s.).

Avec un complément, on dira plutôt *funeste : Cette influence a été funeste à son ami.*

V. aussi FASTE.

négligeant - négligent. — *Négligeant* est le participe présent du verbe *négliger : On le vit ce jour-là négligeant son travail.*

Négligent est un adjectif (adjectif verbal de *négliger*) : *Un employé négligent. Une personne négligente.*

V. aussi PARTICIPE PRÉSENT (*Différences orthographiques entre le participe présent et l'adjectif verbal*).

nègre, employé comme nom, fait au féminin **négresse** : *Une négresse à plateaux.* Employé adjectivement, *nègre* conserve sa forme du masculin : *Une danse nègre. Musique nègre* (Acad.).

V. aussi NOIR.

nénuphar s'écrit avec *ph* (Acad.) [et non avec *f*].

néo-. — Les mots composés de ce préfixe s'écrivent généralement avec un trait d'union : *néo-celtique, néo-culture, néo-grec, néo-malthusianisme,* etc.

néologisme. — Le néologisme est l'emploi de mots nouveaux ou de mots anciens pris dans un sens nouveau. On peut distinguer : le néologisme populaire, comme *midinette, cheminot, marché noir;* le néologisme littéraire, comme *anagnoste, trublion, agissements,* et le néologisme scientifique, comme *pénicilline, aérodynamique, cybernétique.*

Les néologismes inquiètent souvent, à juste titre, les personnes qui ont le souci de s'exprimer correctement.

En général, nous n'éprouvons aucun scrupule à employer des néologismes techniques comme *mitrailleuse, cinématographe, télévision, hitlérisme, proton, désintégration, poliomyélite;* mais nous hésitons toujours en présence d'un mot d'usage, auquel nous n'étions pas habitués, comme *parution, réceptionner, finition...*

Jusqu'à quel point devons-nous pousser notre indulgence ou notre intransigeance?

Il ne faut pas oublier que les mots sont des choses vivantes. Ils naissent et meurent régulièrement. De 1694 à 1932, il en est entré environ 4 000 dans le Dictionnaire de l'Académie. Il en est sorti à peu près le même nombre. Il est des mots qui font une carrière longue et brillante, d'autres qui mènent une vie effacée. Il en est qui, après un départ bruyant, s'éteignent comme des feux de paille. Certains, longtemps persécutés, finissent par être réhabilités par l'usage, souverain maître en la matière.

Au XVIIᵉ siècle, les puristes tels que Vaugelas ou Bouhours condamnaient des mots qui nous semblent aujourd'hui indispensables, comme *impolitesse, ronflement, insidieux, exactitude, intolérance, irréligieux, clairvoyance, déchirement, savoir-faire.* Au XVIIIᵉ siècle, Voltaire, Rousseau, Diderot, Bernardin de Saint-Pierre faisaient scandale en écrivant *éclectisme folliculaire, endolorir, exécutant, inactif, ordurier, promiscuité, abrupt, guenilleux, incoercible, versatilité, alarmant, bruire, caverneux, chatoyant...* Ce n'est qu'en 1762 que le Dictionnaire de l'Académie enregistre *égoïste, récolter, persifler, décidément, dispendieux, naturalisme, patriotisme.* Et ce n'est qu'en 1798 qu'il admet *acclimater, additionnel, agglomération, commercial, confidentiel, cynisme, entraînement, imprévoyance, impudeur, incandescence, sagace...*

Quelle règle devons-nous suivre en présence des néologismes?

La première chose à faire, c'est de recourir à un dictionnaire comme le Larousse, qui s'efforce de suivre le bon usage contemporain.

Si le mot ne s'y trouve pas, il faut, surtout en écrivant, agir avec prudence.

Il ne faut jamais s'approprier un mot inconnu que l'on a entendu ou lu, sans s'efforcer de savoir exactement ce qu'il signifie et, autant que possible, pourquoi il a telle signification — c'est le dictionnaire qui donnera ces renseignements. Il faut également examiner s'il est bien construit, s'il peut s'apparenter à d'autres mots de même formation, s'il ne fait pas exactement double emploi avec un autre. Si c'est un mot que nous avons lu, la notoriété de l'écrivain qui l'a employé pourra servir de garant.

Il faut se méfier des composés trop longs, des dérivés de dérivés comme *débudgétiser, inévitabilité, représentativité, sélectionnement.* On ne peut pas toujours effectuer des cascades de dérivés comme *règle, régler, règlement, réglementer, réglementation.* Il faut éviter les mots d'aspect inélégant, comme *visionner, auditionner...*

Bref, il faut en cette matière agir avec prudence et sans sévérité exagérée.

nerf se prononce toujours *nèr* au sens propre (au singulier comme au pluriel) : *Un ner(f) de bœuf. Avoir mal aux ner(f)s.*

Au sens figuré, si *nèr* est d'usage au pluriel, on entend souvent *Avoir du nerf* ou *Le nerf de la guerre* (avec *f* sonore), mais *nèr* paraît gagner du terrain.

net, employé adverbialement, est *invariable* : *Une commode payée net 20 000 francs. Il a été décidé de réduire la puissance de la centrale à 7 000 kilowatts net. Les deux plats se cassèrent net.* (Le *t* se fait entendre.)

nettoiement - nettoyage. — **Nettoiement** est synonyme de *nettoyage,* mais désigne surtout l'action générale de nettoyer, l'ensemble des opérations ayant pour objet de nettoyer, alors que le **nettoyage** est l'action plus particulière de nettoyer quelque chose. On dira ainsi : *Le Service du nettoiement de la Ville de Paris. Le nettoiement d'un port* (Acad.). — *Le nettoyage d'un habit, d'une chambre, d'une maison.*

Nettoiement s'efface peu à peu devant *nettoyage ;* c'est pourquoi l'on dit *nettoyage par le vide.*

neuf, chiffre, se prononce aujourd'hui presque toujours *neuf'.*

La prononciation *neu* devant un nom pluriel commençant par une consonne (*Les neu[f] premiers lots. Mille neu[f] cent. Encore neu[f] kilomètres*) est surannée.

Neuf se prononce également avec *f* sonore devant une voyelle : *Neuf artichauts. Un groupe de neuf îles.* L'ancienne prononciation *neuv'* ne s'est maintenue que dans *neu(f)-v-ans* et *neu(f)-v-heures.*

— **Neuf,** nom, est *invariable* : *Ali-gner des neuf. Avoir trois neuf dans son jeu.*

neuf - nouveau. — Est **neuf** ce qui n'a pas ou presque pas servi, ou qui est fait depuis peu : *Livre neuf. Chaise neuve. Habit neuf.*

Au sens figuré, il signifie « qui n'a pas été dit ou traité » : *Une pensée, une idée, une image, une expression, une tournure neuve* (Acad.). Familièrement : *Voilà qui est tout neuf pour moi* (Id.). Et aussi, « qui est novice, inexpérimenté » : *Il est neuf aux affaires* (Id.).

Nouveau (qui s'écrit *nouvel* devant une voyelle ou un *h* muet) se dit, entre autres sens, de qui n'existe ou n'est connu que depuis peu de temps : *Du vin nouveau. Avoir un nouvel enfant, un nouveau maître. Lire un livre nouveau* (qui vient de paraître) ; *Lire un nouveau livre* (autre que celui qu'on vient de lire).

— Les expressions *Qu'y a-t-il de neuf? Quoi de neuf?* sont du langage familier. On dit mieux, avec l'Académie : *Qu'y a-t-il de nouveau? Quoi de nouveau?*

V. aussi NOUVEAU.

— **Flambant neuf, battant neuf.** V. FLAMBANT.

ni. — En principe, *ni* s'exprime devant chacun des termes qu'il s'agit de nier : *Ni bien ni mal. Ni noir, ni bleu, ni rouge. Vous ne devez ni le dire ni l'écrire* (Acad.). *Je ne vous parlerai ni de politique ni de religion. Ils ne constituaient ni une caste ni un clergé* (Ch. Bruneau, *Petite Histoire de la langue française,* I, 4). *Les hommes ne prêtent attention ni au ciel, ni au vent, ni à l'aigre lumière d'hiver* (G. Duhamel, *Civilisation,* 136). *Des conciliabules* [...] *dont Marino n'était ni inconscient ni dupe* (J. Gracq, *Le Rivage des Syrtes,* 135). [Remarquer l'absence de ponctuation quand la proposition ne renferme que deux *ni* peu éloignés l'un de l'autre. V. aussi VIRGULE.]

Mais on peut d'abord employer la négation habituelle (*ne... pas, ne... point*), ou *ne... plus, jamais, personne, rien,* etc., à la place du premier *ni* : *Il n'était pas franchement intelligent ni particulièrement bête. Il n'a plus de parents ni d'amis. Je n'ai jamais vu son père ni sa mère. Je ne suis aveugle ni sourd. Je n'irai pas, ni vous non plus*

(ou *vous non plus*). *Rien ni personne
ne l'aidait. Sans compter l'hygiène ni la
matière médicale* (Gustave Flaubert,
Madame Bovary, 9). *Sa conscience ne
peut faire de doute, ni son honnêteté.*

Il arrive que *ni* ne soit employé que
devant le dernier des termes sur lesquels porte la négation : *Le ministre ni
le secrétaire d'Etat n'étaient d'accord.
Sa femme ni son fils n'étaient encore
rentrés* (J. et J. Tharaud, *Dingley,
l'illustre écrivain*, 30). Ce tour est
archaïque : il était déjà déconseillé par
Vaugelas.

— **Ni - et.** La conjonction *ni* ne
doit pas se trouver dans une proposition affirmative. La Fontaine a écrit :
*Patience et longueur de temps Font
plus que force ni que rage*, mais nous
dirions aujourd'hui *et que rage* (ou
encore *ou que rage*).

Et peut s'employer à la place de *ni*
dans les propositions négatives : *Il
n'était pas question de robes et de
manteaux* (Hanse). Mais on dira aussi
bien, en insistant davantage sur la disjonction des compléments : *Il n'était
pas question de robes ni de manteaux*, ou encore : *Il n'était question ni
de robes ni de manteaux* (Id.).

Et ni, pour terminer une énumérа-
tion, n'est pas à conseiller : *Ni son père,
ni sa mère, ni sa sœur ne le recon-
nurent* (plutôt que *Ni son père, ni sa
mère et ni sa sœur...*).

Ni s'emploie parfois avec le sens de
« et » quand la phrase affirmative représente une négation atténuée : *Je serais
bien fâché que ce fût à refaire, Ni
qu'elle m'envoyât assigner la première*
(Racine ; cité par le Lar. du XXᵉ s.). Ce
tour est toutefois un peu archaïque.

— **Ni... ni.** Après *ni... ni*, l'accord du
verbe au pluriel est facultatif : *Ni mon
grenier ni mon armoire Ne se remplit à
babiller* (pas plus que *mon armoire*)
[La Fontaine, *Fables*, « la Mouche et
la Fourmi »]. *Ni l'or ni la grandeur ne
nous rendent heureux* (Id., *Philémon et
Baucis*). *Ni son père ni sa mère ne
pourra* (ou *ne pourront*) *partir demain.
Ni son oncle ni sa tante* [...] *ne l'avaient
poussé à cette folie* (François Mauriac,
le Sagouin, 5).

Le singulier est de rigueur si l'idée
attributive ne peut se rapporter aux
deux sujets à la fois : *Ni César ni*

*Pompée ne devait être empereur. Ni ce
monsieur ni cet autre n'est le père de
cet enfant.*

Ni répété, comme *non seulement...,*
mais, doit toujours opposer des mots
ou des propositions de même nature.
Ainsi, on dira : *Il n'a ni fait ses devoirs
ni appris ses leçons* (et non *Il n'a fait
ni ses devoirs ni appris ses leçons*).

— **Ni l'un ni l'autre.** V. UN.

— **Ni sans.** La tournure *ni sans*
est archaïque : *Tout cela ne se fait pas
sans fatigue ni sans dépense.* Il vaut
mieux dire ... *sans fatigue ni dépense*,
ou ... *sans fatigue et sans dépense.*

nid. — On écrit, avec le complément
au *singulier*, en parlant des oiseaux :
Un nid de pie, de corneille, de rossignol.

Employé par analogie pour désigner
le « logement que se construisent certains animaux » ou l' « endroit où ils
se retirent », *nid* a son complément au
pluriel : *Nid de serpents, de guêpes, de
fourmis, de rats*, etc. (Acad.).

Par extension : *Un nid de brigands*
(Lar. du XXᵉ s.). *Un nid de mitrail-
leuses.*

On dit aussi : *Etre logé dans un nid
à rats* (Littré).

En termes de technique, on écrit *nid
d'abeilles* (avec *s*) : *Serviette, radiateur
en nid d'abeilles.* (L'Académie écrit toutefois, en ce sens : *nids d'abeille.*)

nielle est **masculin** au sens d' « incrus-
tation » (italien *niello*) : *Les nielles
sont utilisés dans l'orfèvrerie de luxe.*

Il est **féminin** quand il désigne une
certaine plante (latin *nigella*) et une
maladie des céréales (du latin *nebula*,
nuage) : *La nielle a été employée en
médecine comme vulnéraire La nielle
du blé cause de grands ravages dans les
cultures.*

nier suivi d'un infinitif prend normalement la préposition **de** : *Il nie d'avoir
rien touché, pour se mettre dans le rang
des créanciers* (Mᵐᵉ de Sévigné, lettre
du 10-XI-1675).

La suppression de la préposition est
un tour familier (Dict. gén.) : *Il nie
y être allé, l'avoir su.* La littérature
moderne en offre cependant des
exemples : *Elle nia avoir jamais donné
d'œillets rouges à personne qu'à Eva-
riste* (A. France, *Les dieux ont soif*, 236;
cité par Grevisse). M. Clemenceau a

toujours nié avoir reçu ces documents (M. Barrès, *Leurs figures*, Nelson, 71 ; id.).

— **Nier que.** Avec *nier que*, le verbe de la proposition subordonnée se met au subjonctif chaque fois que la négation ne fait aucun doute dans l'esprit de celui qui parle : *Je nie formellement que cela soit arrivé. Je ne nie pas que je ne sois infiniment flatté* (Voltaire, lettre à Mme Du Bocage, 19-X-1764). *Nier cette vérité, c'est nier qu'il fasse jour en plein midi* (Acad.). Toutefois, quand la négation n'est que supposée, ou quand elle est attribuée à une autre personne que celle qui parle, l'indicatif semble répondre mieux à la question (Lar. du XXe s.) : *Peut-on nier que la terre est ronde? Nier cela, c'est nier qu'il fait jour en plein midi* (Martinon, *Comment on parle en français*, 395).

Lorsque la proposition principale est négative ou interrogative, l'emploi de la particule *ne* après *nier que* est facultatif : *Je ne nie pas qu'il ne soit le plus généreux des hommes* (Bescherelle). *Je ne nie pas qu'il ait fait cela* (Acad.). En fait, cette particule est le plus souvent omise. Si la proposition principale est affirmative, *ne* est inutile : *Je nie qu'il soit passé chez moi.*

nippes ne s'emploie qu'au *pluriel* et désigne un « ensemble de pièces de vêtements et plus souvent vêtements pauvres et usés » (Acad.) : *Vendre ses nippes. Avoir de bonnes nippes* (Lar. du XXe s.). *N'avoir que des nippes* (Id.).

nippon fait au féminin *nippone* (avec un seul *n*), comme *lapon* fait *lapone*.

noce. — Au sens de « mariage », on emploie **noces** au pluriel : *Convoler en secondes noces* (Acad.). *Le jour de ses noces* (Id.). *Noces d'argent.* « *Les Noces de Figaro* ». *Assister aux noces d'un cousin. Nuit de noces. Voyage de noces.*

Pour désigner la fête qui accompagne la cérémonie du mariage ou l'ensemble des invités, on emploie surtout, aujourd'hui, **noce** au singulier : *En revenant de la noce. Repas de noce* (Acad.). *Aller à la noce de quelqu'un* (Hanse). *C'est un garçon de la noce* (Id.). *Mettre une noce en voiture* (Nouv. Lar. univ.).

noël est du *masculin* : *Passer un bon Noël. Il y a encore de beaux Noëls à passer.*

La Noël est une ellipse pour « la fête de Noël » : *A la fête de Noël, à la Noël, à Noël* (Acad.).

— Employé comme nom commun (« chant ou cantique de Noël »), *noël* s'écrit avec une minuscule : *Chanter des noëls anciens. Exécuter des noëls sur orgue* (Acad.).

nœud. — En marine, les *nœuds*, sur la ligne de loch, sont distants de 15,43 m les uns des autres, et cette longueur correspond à la 120e partie du mille marin.

Quand on dit qu'un bâtiment *file tant de nœuds*, cela veut dire que ce bâtiment file tant de nœuds en *une demi-minute*, et, par suite, parcourt tant de milles *en une heure*.

Filer tant de nœuds « *à l'heure* » est donc abusif : *Le noble yacht fait 10 nœuds, 12 nœuds à l'heure* (A. Bonnard, *Océan et Brésil*, 36). Il est préférable de dire : *Ce cargo file 15 nœuds*, ou bien *Ce cargo fait 15 milles à l'heure* (un navire faisant autant de milles en une heure qu'il file de nœuds en une demi-minute).

noir - nègre. — Pour désigner les peuples de race noire, ces deux mots sont synonymes : *Un grand Noir. Un pauvre nègre. Une belle négresse. Une servante noire.*

Néanmoins, le second terme (*nègre*) étant considéré par les Noirs eux-mêmes comme péjoratif, on emploie le premier de préférence. (V. aussi INDIEN-HINDOU.)

NOTA. — Il est évident que cette remarque n'est pas valable pour les mots ou expressions figées dans lesquels entre le mot *nègre*, tels que *tête-de-nègre* (couleur), *faire le nègre, travailler comme un nègre*, etc.

Adjectivement, on emploie toujours *nègre* : *Art nègre.*

V. aussi NÈGRE.

noisetier - coudrier. — Ces deux mots sont synonymes, le **coudrier** ou *coudre* étant le nom générique du **noisetier.**

C'est à tort que Louis Pergaud les a différenciés dans la phrase suivante : *Un grand massif, avec des chênes, des noisetiers, des coudriers* (la *Guerre des boutons*, 27).

noisette, adjectif de couleur, est *invariable : Des yeux noisette* (Acad.).
V. aussi COULEUR.

nom. — « **Nom** » **suivi d'un complément** (accord). On écrit généralement : *des noms d'animaux, de bateaux, de personnes, de lieux, de villes*..., mais *des noms de personne* (singulier) *germaniques, des noms de ville gaulois, des noms de village français* (*des noms de personnes germaniques, de villes gauloises* ou *de villages français* auraient un sens différent).

On écrit toujours (au singulier) : *des noms de baptême, des noms de famille,* etc.

— **Genre des noms.** V. GENRE.

— **Genre des noms de bateaux.**
V. BATEAU.

— **Genre des noms de villes.**
V. VILLE.

— **Noms pris adjectivement.** Il est fréquent de rencontrer, et particulièrement dans le style journalistique, certains noms accolés à d'autres et ayant ainsi une valeur adjective. C'est le cas d'*un exposé maison* ou d'*une personne artiste.* Ces noms deviennent de véritables adjectifs dans *faire très femme, très professeur, être très sport,* etc. : *On est très libre là-bas, on est très sport* (J. Anouilh, *la Sauvage;* cité par Georgin). *Le bambin, si peuple, si bien portant* (A. Gide, *Journal;* id.). On évitera ces tours dans le style châtié.

— **Nom collectif** (*Accord du verbe ou de l'adjectif après un*). V. COLLECTIF.

— **Noms composés.** V. MOTS COMPOSÉS.

— **Noms propres** (*Pluriel des*). En principe, un nom propre devrait être invariable, puisqu'il sert à individualiser une personne, un pays, etc. « Il n'est susceptible ni de l'idée ni de la marque du pluriel » (Littré). Ajouter un *s* en altère la physionomie, qui devrait être immuable, d'autant que certains noms ne diffèrent entre eux, souvent, que par cet *s : Serre, Serres; Ferrière, Ferrières; Roman, Romans,* etc.

Si, jusqu'au XVIIIᵉ siècle, l'accord au pluriel était de règle, par analogie avec le latin, qui faisait varier les noms propres (*Antonii, Scipiones*), la tendance vers l'invariabilité paraît s'accentuer aujourd'hui.

Voici toutefois, et dans les grandes lignes, les règles observées jusqu'à maintenant par la plupart des grammairiens, qui ne sont guère d'accord, il faut le souligner, sur ce sujet.

Noms de personnes. — Prennent la marque du pluriel les noms de certaines familles illustres (romaines surtout, mais au nom francisé), princières, ou de dynasties : *les Gracques, les Curiaces, les Tarquins, les Flaviens, les Condés, les Ptolémées, les Constantins, les Paléologues, les Césars, les Capets, les Bourbons, les Stuarts, les Tudors.*

Si ces noms ne sont pas francisés ou font leur pluriel autrement que par *s,* ils restent invariables : *les Hohenzollern, les Romanov* (et aussi *les Habsbourg*).

Sont *invariables* les noms désignant seulement une famille : *les Châtillon, les Cossé-Brissac, les Carnot, les Durand. Les Borgia, les Sforza, les Visconti* (noms étrangers).

Entrent dans ce cas également les noms désignant deux ou plusieurs personnes homonymes : *Voilà les Durand, les Maréchal. Les deux Corneille. Les quatre Peignot. Le « Journal » des Goncourt.* Et, malgré certains exemples classiques : *Tous les Durand du pays étaient présents.*

Prennent encore la marque du pluriel les noms propres employés comme noms communs, c'est-à-dire lorsqu'ils désignent non la personne qui a porté le nom, mais d'autres personnes qui lui sont comparées : *La France eut ses Césars, ses Catons, ses Pompées* (c'est-à-dire des hommes comme César, comme Caton, comme Pompée). *J'ai vu dix mille Césars* [...], *des Sophocles, des Archimèdes, des Platons, des Confucius, des Praxitèles à foison* (P. Valéry, *Mon Faust,* 47). *Il y a des Cicérons à cette tribune. Nous avons besoin de Curies et de Pasteurs.* (Il s'agit en somme d'une antonomase, et l'on serait tenté de supprimer la majuscule.)

Si un article singulier entre dans la composition d'un nom propre et le précède, celui-ci reste invariable : *Des La Fontaine.*

Lorsque le nom propre, quoique précédé d'un article pluriel, ne désigne qu'une seule et même personne, il reste au singulier : *Des deux côtés de la frontière, encore imperceptibles et bien éloignés de l'éclat et de l'importance capitale que les événements leur donneront, les Kluck, les Falkenhayn, les Hindenburg, les Ludendorf, là-bas ; ici, les Joffre, les Castelnau, les Fayolle, les Foch, les Pétain* (P. Valéry, *Variété IV*, 67 ; cité par Grevisse).

Quand un nom propre sert à désigner des ouvrages célèbres ou des œuvres d'art, il s'accorde généralement au pluriel : *Des Elzévirs* (éditions d'Elzévir). *Le musée de X... a acheté deux Rembrandts, deux Raphaëls.* (Là aussi il s'agit d'antonomase.)

Mais une tendance à l'invariabilité se manifeste nettement : *Ils se risquaient à acheter des Matisse* (Fr. Mauriac, *la Pharisienne*, 284). *Les Titien* (tableaux) *eux-mêmes, les seize Rembrandt* (P. du Colombier, dans *les Nouvelles littéraires*, 10-II-1949). *Les Bautista del Mazo devinrent ainsi des Vélasquez, les Philippe Mercier des Watteau et des Pater, les Constance Mayer et les Galloche des Greuze, les Trouillebert des Corot* (H. Perruchot, dans le *Larousse Mensuel*, n° 487, p. 614). D'ailleurs, n'est-on pas contraint d'écrire *des Gérard de Nerval* ou *des Pierre Puget ?*

Les titres de revues, de journaux, de livres, etc., sont toujours *invariables* : *Classer ses « Illustration ». Acheter deux « Parisien libéré », deux « Lunegarde ».*

— *L'article devant un nom propre italien.* V. LE, LA, LES (articles).

Noms géographiques. — Les noms géographiques peuvent prendre la marque du pluriel, à condition que ce pluriel désigne plusieurs pays, fleuves, etc., de même nom : *Les deux Amériques. Les Guyanes. Les Romagnes. Le département des Deux-Sèvres. Les deux Savoies. Les deux Nèthes.* (Mais : *Il n'y a pas deux Rome.*)

Par antonomase, comme pour les noms de personnes, on peut écrire : *Les Carthages disparaîtront. Les Babylones modernes.*

S'il s'agit de noms composés homonymes, l'invariabilité est généralement de règle : *Il y a plusieurs Saint-Aignan en France.*

Noms de marques. — Les noms propres de marques sont *invariables* : *Acheter deux Peugeot, deux Frigidaire. Boire trois Byrrh.*

nombre. — **Un grand nombre...** Avec *un grand nombre, un petit nombre, un certain nombre*, etc., l'accord du verbe est facultatif et dépend de l'intention de celui qui parle ou qui écrit : *Un grand nombre de soldats fut tué dans ce combat* (Littré). *Un grand nombre de soldats périrent dans ce combat* (Acad.). *Cet homme de tant d'esprit ne pouvait ni ne voulait s'inquiéter comment et pourquoi un assez grand nombre de jeunes gens comprenaient et aimaient ce qu'il ne concevait pas* (P. Valéry, *Variété IV*, 41). *Un petit nombre d'hommes cultivés lisaient Cicéron et Virgile* (Ch. Bruneau, *Petite Histoire de la langue française*, I, 23).

Avec **le plus grand nombre,** *le plus petit nombre*, le singulier est de rigueur : *Le plus grand nombre était d'avis que...*

V. aussi COLLECTIF.

— **Nombres.** V. NUMÉRAL.

non, employé substantivement, est *invariable : Des oui et des non.*

— **Non,** entrant en composition pour former un *substantif*, se lie au second composant (nom ou infinitif) par un trait d'union. Si le composé est employé *adjectivement* (qualificatif, participe passé), il ne prend pas, selon l'usage, de trait d'union (cf. *quasi*) : *Un traité de non-agression. Un non-combattant* (mais *Une unité non combattante*). *Un non-conformiste* (mais *Une solution non conformiste*). *Un non-lieu, des non-lieux. Le non-paiement d'une somme. Une fin de non-recevoir. Mise en non-activité par retrait d'emploi* (Acad.). *Le non-usage d'une chose. Nul et non avenu. Une affaire non rentable. Une leçon non apprise. Tous les gens non intéressés, non préoccupés, non solvables, non recevables* (Acad.). (Dans tous ces cas, *non* est toujours *invariable*.)

— **Non compris,** placé avant le nom, est considéré comme une préposition et reste *invariable : Non compris les femmes* (mais *Les femmes non comprises*).

— **Non pas que,** de même que **non que**, se construit avec le subjonctif : *Il se déclara contre lui, non pas qu'il fût son ennemi, mais...* (Acad., à PAS). *Cette recette ne me plaît pas, non* *qu'elle soit totalement à rejeter... Non qu'il ne soit fâcheux de le mécontenter* (Acad.).

— **Non plus.** Dans une proposition négative suivant une autre proposition négative, *non plus* remplace *aussi*, employé dans une proposition affirmative. Ainsi, on dira : *Si tu pars, je partirai aussi* (proposition affirmative), mais *Si tu ne pars pas, je ne partirai pas non plus* (et non *aussi*). *Vous ne voulez pas, ni moi non plus* (Acad.).

On emploie parfois *aussi* (pour *non plus*) dans une proposition négative quand on veut particulièrement insister sur l'identité de la situation : *Moi aussi, je ne connais pas le bonheur* (E. Estaunié, *le Labyrinthe*, 90; cité par Grevisse). *Elle aussi n'avait plus faim* (E. Jaloux, *Le reste est silence*, VIII; id.). Et également pour éviter la répétition de *plus* : *Toi aussi, tu ne le vois plus* (plutôt que *Toi non plus, tu ne le vois plus*).

Avec *ne...que*, on emploie tantôt *non plus*, tantôt *aussi* : *Il ne lit incessamment, je ne fais non plus que lire* (Littré). *Lui aussi, il n'aime que boire. Toi non plus tu ne fais que des sottises* ou *Toi aussi tu ne fais que des sottises* (Hanse). L'usage paraît être toutefois pour *aussi*.

— **Non plus que,** au sens de « pas plus que », est archaïque : *Il n'en fut non plus ému que s'il eût été innocent* (Acad.). *Je n'en sais rien, non plus que vous* (Id.). *Non plus que l'eau mystérieuse, elle n'avait jusqu'alors trahi ce qui se cachait dans ses profondeurs* (A. Hermant, *la Journée brève*, 24).

— **Non seulement** s'emploie en opposition à *mais, mais aussi, mais encore, mais même* : *Non seulement il n'est pas savant, mais il est très ignorant* (Acad.). *Les lois nous protègent non seulement contre les autres, mais aussi contre nous-mêmes* (Lar. du XXᵉ s.).

La locution *non seulement* et l'opposant *mais* doivent toujours précéder les termes qu'ils opposent, et ceux-ci doivent être de même nature. Ainsi, on dira : *Un chrétien doit aimer non seulement ses amis, mais même ses ennemis* (Acad.) [et non : *Non seulement un chrétien doit aimer ses amis, mais même ses ennemis*]. *Non seulement je l'ai revu, mais encore je lui ai parlé* (et

non : *Je l'ai non seulement revu, mais encore je lui ai parlé*).

Avec *non seulement..., mais,* le verbe reste au singulier si le second sujet est au singulier : *Non seulement ses honneurs et toutes ses richesses, mais encore toute sa vertu s'évanouit* (Littré).

nonnain, synonyme plaisant de *nonne,* est du *féminin* : *Une aimable nonnain.*

nonpareil, qui est vieilli, s'écrit en un seul mot : *Un mérite nonpareil* (Acad.). *Une vertu nonpareille* (Id.).

non-sens s'écrit avec un trait d'union (et non *nonsens*).

nord. V. POINT (*Points cardinaux*).

— **Nord-est, nord-ouest** se prononcent normalement *nor-dèst, nor-douèst,* mais la tendance pour *no-rèst, no-rouèst* est très nette.

Les marins disent *nor-dè, nor-oi.*

nota, mot latin signifiant « note, remarque », est *invariable* : *Il y a trop de nota dans cet ouvrage.* (On écrit aussi *nota bene,* « remarquez bien », également invariable et qui s'abrège *N. B.,* sans trait d'union.)

notable - notoire. — En règle, *notable* se dit des personnes et des choses; *notoire* ne se dit que des choses.

Notable signifie « qui est digne d'être noté, signalé » (choses), et aussi « important, considérable » (personnes) : *Jour trois et quatre fois heureux, notable à la craie blanche* (Th. Gautier, *le Capitaine Fracasse,* I, 297). *Dommage, préjudice, perte, gain, avantage notable* (Acad.). *Les personnes notables, les notables, les notabilités* (et non les *notoriétés*).

Notoire a le sens de « qui est connu, manifeste » : *Le fait est notoire. C'est un fait notoire, une vérité notoire.*

Un *fait notoire* est connu de tous; un *fait notable* mérite d'être signalé.

Certains grammairiens admettent toutefois *notoire* en parlant des personnes, mais sans la nuance élogieuse qui est dans *notable. Un imbécile, un criminel notoire* serait non pas un imbécile, un criminel connu de tous, mais un véritable criminel ou imbécile, considéré par tous comme tel.

— **Notoriété - notabilité.** La *notoriété* est l'état d'une personne avantageusement connue, d'une *notabilité* : *La notoriété de cette personne en fait* *une notabilité du pays. Jamais je n'ai eu l'ambition de figurer parmi les notabilités de la place Saint-Marc* (H. de Régnier, *l'Entrevue,* 9). On n'écrira pas, avec Proust (*Sodome,* II, 2) : *Mon père était déjà une notoriété parisienne* (il fallait *notabilité*).

note. — Au sens de « noter », on dit *prenez note que* (plutôt que *de ce que*) : *J'ai pris note qu'il était souffrant, qu'il ne viendrait pas.*

Naturellement, on doit dire *J'ai pris note de ce que j'ai à payer et à recevoir à la fin du mois* (Acad.), où *que* est un relatif ayant pour antécédent *ce.*

notoire. V. NOTABLE.

notoriété - notabilité. V. NOTABLE.

notre - nôtre. — **Notre** (sans accent circonflexe ; pluriel *nos*) est adjectif possessif (*Notre père...*); **nôtre,** précédé de l'article, est pronom possessif : *J'ai vu votre maison, voici la nôtre.*

— **Nôtre,** sans article, s'emploie comme adjectif qualificatif : *Nous faisons nôtres vos suggestions. Nous pouvons compter sur lui, il est nôtre* (Acad.).

Nôtre est aussi employé substantivement : *Nous avons mis du nôtre dans ce récit.*

— **Des nôtres** s'oppose à *des siennes* (« des farces, des folies ») : *Il a fait des siennes, nous avons fait des nôtres, ils ont fait des leurs.*

— V. aussi VÔTRE.

Notre-Dame, nom de la Sainte Vierge ou d'une église qui lui est consacrée, s'écrit avec deux majuscules et un trait d'union : *Une hymne à Notre-Dame. Notre-Dame de Paris.*

Si, dans le cas d'une église, le complément est autre que la désignation du lieu même où se trouve l'église, il faut lier les divers éléments par des traits d'union : *L'église Notre-Dame-de-Bon-Secours, Notre-Dame-de-la-Garde. L'église Notre-Dame-de-Lourdes, à Paris.* (V. aussi SAINT.)

Notre-Dame est *invariable* quand il désigne une image de Notre-Dame : *Des Notre-Dame en plâtre peint.*

nous, employé comme pluriel de majesté ou de modestie, est mis pour *je.* De ce fait, seul, dans la phrase, le verbe dont il est sujet se met au pluriel (mais non les adjectifs ou participes) : *C'est alors que le roi dit : « Nous sommes convaincu, messieurs, de son innocence. »* *Le vieillard, parlant de lui-même, ajouta : « Nous étions encore jeune, à cette époque. »* *Nous, préfet de la Seine... Nous sommes persuadé que nos lecteurs nous approuveront* (Lar. du XXᵉ s.).

S'il s'agit d'une femme, il faut le féminin : *Nous sommes certaine que...*

— **Nous** s'emploie aussi pour *tu, il* ou *elle* dans la langue familière : *Alors, nous ne voulons pas nous coucher, aujourd'hui ?* dira une mère à son enfant. *Nous avons un bon faciès, il n'y a pas de meilleur signe* (R. Escholier, *l'Herbe d'amour,* 76).

— Lorsque **nous** est complément d'une expression de quantité comme *beaucoup, combien, un grand nombre, la plupart, plusieurs, trop,* etc., le verbe se met généralement à la troisième personne et au pluriel : *Beaucoup d'entre nous n'ont pas compris. La plupart d'entre nous n'étaient alors que des enfants.*

— **Nous - on.** V. ON.

— **« Nous » servant de complément à « on ».** V. VOUS.

— **Nous autres** est du langage familier : *Vous allez jouer, nous autres nous allons à la promenade* (Acad.).

— **Nous deux mon chien.** V. DEUX.

nouveau. — Dans les mots composés, *nouveau* est *variable* si le composé a la valeur d'un nom (sauf dans *nouveau-né,* qui s'écrit avec un trait d'union) : *Un nouveau venu, des nouveaux venus. Des nouveaux mariés* (mais *des nouveau-nés*). *Une nouvelle riche Une nouvelle mariée.*

Il est *invariable* si le composé est employé adjectivement (dans ce cas, *nouveau* est adverbe) : *Des vins nouveau percés* (Littré). *Des femmes nouveau converties* (on dit plus souvent, en ce sens, *nouvellement*). *Une fille nouveau-née.*

V. aussi NÉ.

— On écrit généralement : *Le Nouveau Monde* (par opposition à *l'Ancien Monde*). *Le Nouveau Testament.*

— **Nouveau - nouvel.** *Nouveau* fait *nouvel* devant un nom masculin singulier commençant par une voyelle ou un *h* muet : *Un nouvel élève. Un nouvel habit.*

Toutefois, devant *et* on dira plutôt *nouveau : Un nouveau et riche propriétaire. Cela est très nouveau et très utile. Ce mot me fut nouveau et inconnu* (Pascal; cité par le Lar. du XXᵉ s.). *Ce nouveau et long séjour* (Sainte-Beuve, *Volupté*, I, 117). *Un nouveau et imperceptible mouvement d'épaules* (E. Estaunié, *Solitudes*, 92). Si le nom qualifié commence par une voyelle, on dira mieux *nouvel : Un nouvel et fâcheux événement* (Acad.).

— **A nouveau - de nouveau.** Malgré le détachement des écrivains modernes, qui emploient indifféremment ces deux locutions, il est utile de rappeler que l'Académie les distingue nettement.

A nouveau signifie « de façon complètement différente, par une tentative différente de la première » : *Ce travail est manqué; il faut le refaire à nouveau* (Acad.). *Présenter à nouveau un projet.*

De nouveau, c'est « derechef, encore une fois, mais de la même façon » : *On l'a emprisonné de nouveau* (Acad.). *Le voici de nouveau qui frappe à la porte. Il le traite de nouveau de propre à rien. Mais maintenant qu'il s'était approché de Clappique, il entendait sa voix de nouveau* (A. Malraux, *la Condition humaine*, 35). *De nouveau, il reçut un coup dans les côtes* (G. Mazeline, *les Loups*, 117).

Deharveng cite cette phrase typique de Borsu (*la Bonne Forme*, 10), qui aide à comprendre ces deux locutions : « Le professeur qui explique *de nouveau* une théorie donne les mêmes explications que la première fois; c'est une simple répétition. Celui qui explique *à nouveau* donne d'autres explications, les dispose dans un autre ordre, s'y prend autrement. »

— **Nouveau - neuf.** V. NEUF.

noyau. — On écrit : *Des fruits à noyau* (au singulier : il n'y a, en principe, qu'un seul noyau par fruit), mais *Des fruits à pépins* (au pluriel : il y a plusieurs pépins par fruit). *Eau de noyau* (Acad.).

nu. — Quand *nu* adjectif précède le nom, il se lie à celui-ci par un trait d'union et devient *invariable : Mar-*

cher nu-pieds. Aller nu-tête, nu-jambes.
Il s'accorde quand il suit le nom : *Marcher pieds nus. Aller tête nue, jambes nues.*

— L'Académie écrit *nu-propriétaire* (sans indiquer le pluriel) et *nue-propriété* (pluriel *nues-propriétés*) [donc *nus-propriétaires*]. Ces deux termes, du langage juridique, feraient donc exception à la règle.

— **A nu** est une locution adverbiale et par conséquent *invariable : Meubles couverts de housses, qui ne gagneraient rien à être montrés à nu* (Lar. du XXᵉ s.).

nuages. — On écrit en un seul mot : *des altostratus, des fractocumulus* (parce qu'*alto* et *fracto* sont des préfixes). Mais; avec trait d'union : *des cirro-stratus, des cumulo-nimbus*, etc. (parce qu'il s'agit alors de composés : *cirrus-stratus, cumulus-nimbus*, etc.).

nuée. — Avec le collectif *nuée* pour sujet, le verbe se met au singulier : *La nuée de médisances qui s'abattit sur la ville. Une nuée de sauterelles dévasta le pays.*
V. aussi COLLECTIF.

nuire se conjugue comme *luire* (v ce mot).

Le participe passé **nui** est toujours *invariable : Ils se sont nui réciproquement.*

— On écrit : *Abondance de bien*, ou *de biens, ne nuit pas* (Acad.).

nul signifie « sans valeur » : *Le mariage fut déclaré nul. Le devoir de cet élève est nul* (Acad.). *Preuve nulle* (Lar. du XXᵉ s.).

Au sens d' « aucun », et quoique négatif par lui-même (à l'inverse de *aucun*), il se construit généralement avec *ne* ou avec *sans : Nulle peine ne lui coûte. Nul ne saura jamais ce qu'il est devenu. Nul n'est exempt de mourir* (Acad.). *Nul de tous ceux qui ont cédé n'est répréhensible. On ne le rencontre nulle part. Nul bien sans peine. Sans nul doute.*

Nul adjectif se met au pluriel seulement devant un nom qui n'a pas de singulier : *Nulles funérailles n'atteignirent jamais à une telle pompe.* (On ne dira pas, par exemple : *Nuls autres habitants à l'horizon.*)

— **Nul doute que.** V. DOUTE.

nullement se construit avec la négation **ne** : *Il n'est nullement question de cela* (Acad.). *Il ne nous apparaît nullement nécessaire de... Voilà un enfant qui n'est nullement obéissant* (et non *Voilà un enfant nullement obéissant*) [Lar. du XXᵉ s.].

nûment s'écrit avec un accent circonflexe (Acad.).

V. aussi ACCENTS et ADVERBE.

numéral. — Adjectifs numéraux. V. VINGT, CENT, MILLE, etc.

— On écrit avec et sans trait d'union : *vingt et un, trente et un, quarante et un, cinquante et un, soixante et onze* (mais *quatre-vingt-un, quatre-vingt-onze*), *cent un, cent dix, mille un, mille vingt,* etc.; *deux cent quatre-vingt-dix-sept mille six cent vingt et un.*

— On écrira sans trait d'union : *Prendre les trois quarts, les quatre cinquièmes. La dix millionième partie* (mais *un dix-millionième*). *La trois centième part* (mais *un trois-centième de part*).

— On dit indifféremment : *acte, chapitre, tome premier* ou *un, deux* ou *deuxième,* etc.

— Littré autorise *La langue des douze et treizième siècles,* mais on dit plutôt *des douzième et treizième siècles.* On écrit : *Les XIIᵉ-XIIIᵉ siècles,* mais *Le XIIᵉ et le XIIIᵉ siècle, XIIᵉ-XIIIᵉ siècle, XIIᵉ et XIIIᵉ siècle* (au singulier).

V. aussi LE, LA, LES (articles) [*Accords particuliers*].

— S'il n'y a pas d'équivoque possible, on dira aussi bien *sept ou huit*

mille hommes que *sept mille ou huit mille hommes* (7 à 8 000 ou 7 000 à 8 000).

— **Numéral - numérique.** *Numéral* a le sens de « qui désigne un nombre », et *numérique,* « qui a rapport aux nombres » : *Adjectif numéral. Calcul, opération numérique.*

numération - numérotation. — La **numération** est l'art d'énoncer et d'écrire les nombres : *Numération parlée. Numération écrite. La numération décimale a été rapportée de l'Inde par les Arabes et introduite en Occident au commencement du XIIᵉ siècle.*

Numérotation est un synonyme récent et inutile de *numérotage,* qui signifie « action de numéroter, de marquer d'un numéro » : *La numérotation d'un catalogue, des objets d'une collection, de billets de théâtre.*

On emploiera de préférence **numérotage** : *Ces révolutions du numérotage que subissent les rues de Paris* (V. Hugo, *les Misérables,* III, t. V, 63).

numérique. V. NUMÉRAL.

numéro. — On écrit, en abrégé : *L'immeuble nᵒ 46. La chambre nᵒ 8. « Vie et Langage », 1955, nᵒ 39.* Mais *numéro* s'écrit en toutes lettres s'il est employé comme nom : *Il habite au numéro 46. C'est le client du numéro 8. Acheter son journal au numéro. Ce numéro est abîmé. Un bon numéro de cirque.*

numérotage. V. NUMÉRATION.

nuptial fait au pluriel masculin *nuptiaux* : *Gains nuptiaux* (Acad.).

O

o, prononcé long devant une syllabe muette, n'est pas toujours accentué. Ainsi, on écrit sans accent circonflexe, malgré la prononciation et l'étymologie (l'oméga grec étant généralement transcrit par *ô*) : *brome, chrome, gnome, zone,* etc.

Devant *s* doux, *o* quoique long n'est jamais accentué : *chose, rose, gnose,* etc.

ô - oh! - ho! — Ô, signe du vocatif, de l'apostrophe, ou interjection, ne se place que devant un nom, un adjectif précédant un nom, ou un pronom, et n'est jamais immédiatement suivi du point d'exclamation : *O ciel, je t'implore! O cruel souvenir! O mon fils! O inquiétudes nouvelles!* (A. Gide, *les Nourritures terrestres,* 209.) *O le malheureux, d'avoir fait une si méchante action!* (Acad.). *O rage! ô désespoir! ô vieillesse ennemie!* (Corneille, *le Cid,* I, IV). *O trois fois chère solitude!* (A. de Musset, *la Nuit d'octobre*) *O toi qui si longtemps...* (V Hugo, *les Feuilles d'automne*).

O renforce souvent aussi *que* ou *combien* : *O que n'est-il ici! O combien je l'aime!* (Lar. du XXᵉ s.)

Oh! marque l'admiration, la surprise, la douleur, etc.; cette interjection est toujours suivie d'un point d'exclamation, qui est aussi répété à la fin de la phrase : *Oh! que c'est beau! Oh! que vous m'avez fait peur! Oh! que je souffre! Oh! oh! je n'y prenais pas garde! Oh! la la!*

Ho! est synonyme de *holà!* Et c'est à cette dernière interjection qu'il faut penser quand on hésite sur l'orthographe *ho!* ou *oh!* On s'en sert pour appeler (*Ho! tu viens!*), pour exprimer l'étonnement (*Ho! pas possible!*) ou l'indignation (*Ho! c'est quand même un peu fort!*).

A noter que dans la prononciation *oh!* est nettement fermé (comme dans *haut*) et *ho!* plutôt ouvert.

oasis est du *féminin* et l's final est sonore : *Une oasis de verdure, de fraîcheur* (Acad.).

obéir. — Le participe passé d'*obéir,* de même que celui de *désobéir* et de *pardonner,* peut s'employer au sens passif, à l'encontre de celui des autres verbes transitifs indirects. On dira donc aussi bien *Vous serez obéi* (Acad.) que *On vous obéira. Des lois qui ne seront pas obéies* (Lar. du XXᵉ s.).

obélisque est du *masculin* : *Un obélisque chargé de caractères hiéroglyphiques* (Acad.).

objet. — **Avoir pour objet - avoir pour but.** *Avoir pour objet* se dit aussi bien des personnes que des choses : *Avoir pour objet le bien* (Nouv. Lar. univ.). *La logique a pour objet les opérations de l'entendement* (Acad.). *Cet homme n'a pour objet que de faire fortune* (Id.).

Avoir pour but ne se dit généralement que des personnes : *Je n'ai autre but, je n'ai d'autre but en cela que de vous être utile* (Acad.).

— **Être l'objet de - faire l'objet de.** Ces deux expressions s'emploient indifféremment : *Être l'objet, faire l'objet d'une enquête.*

obliger. — **Obliger à ou de** (suivis d'un infinitif). Littré pense qu'on peut construire indifféremment *obliger* avec *à* ou avec *de* (l'usage des auteurs ne permettant pas de distinction réelle).

Raison d'euphonie mise à part, on emploie aujourd'hui généralement *à* à l'actif et *de* au passif : *Je vous oblige à faire cela. Je suis obligé de faire cela. L'équité nous oblige à restituer ce qui ne nous appartient pas* (Acad.). *Après un mois de siège, cette place fut obligée de se rendre* (Acad.). *La nécessité nous oblige à bien faire* (Lar. du XXᵉ s.). *Les écrits qu'on nous a obligés à signer.* Avec un complément d'agent : *J'ai été obligé à partir par mon chef.*

Obliger de pour *à* fait archaïque : *Elle obligea son mari de s'habiller* (A. Hermant, *la Journée brève,* 77).

— Au sens de « attacher quelqu'un par un service, être agréable, faire plaisir », on emploie toujours *de* : *Il m'a obligé de son crédit, de sa bourse* (Acad.). *Vous m'obligerez de venir demain* (on dit plutôt, d'ailleurs, *Vous m'obligerez en venant demain*). *Obligez-moi de n'en rien dire* (Lar. du XXᵉ s.).

V. aussi CONTRAINDRE et FORCER.

obsèques n'a pas de singulier : *On lui fit de belles obsèques.*

obséquieux. — Dans ce mot et son dérivé **obséquiosité,** *-qui-* se prononce aujourd'hui *kı* (la prononciation *kui* n'est plus guère en usage).

observer, au sens de « remarquer », s'emploie aujourd'hui comme ce dernier verbe. On dira donc : *Je vous fais observer que vous faites erreur* (et non *Je vous observe que...*). *Lui avez-vous fait observer qu'il ne pouvait pas voir la scène de chez lui?* (et non *Lui avez-vous observé que...*).

obus se prononce *o-bu* (et non *o-buss* ou *o-buz'*). Devant une voyelle, on prononce parfois *o-buz'* : *Un obu(s)-z-à balles.*

obvier, « faire obstacle à, prévenir », se construit avec la préposition **à** : *Obvier à un accident possible* (Acad.) [et non *Obvier un accident...*].

-oc. — Dans les mots suivants, terminés par *-oc*, la finale *c* ne se prononce pas : *accroc, raccroc, broc, croc, escroc.*

C se prononce dans : *bloc, de bric et de broc, choc, estoc, foc, froc, manioc, roc, soc, toc, troc.*

occuper. — S'occuper à ou **de.** *S'occuper à* (ou *être occupé à*), c'est travailler à quelque chose, y apporter toute son attention (indique un simple emploi du temps) : *Il s'occupe à son jardin* (Acad.) [il y travaille]. *Il était occupé à faire ses préparatifs de voyage* (Id.). *D'habitude, il s'occupe à ses dessins, à ses documents* (P. Bourget, *la Barricade*, I, IV).

S'occuper de (ou *être occupé de*), c'est penser à quelque chose, être préoccupé par : *Il s'occupe de son jardin* (Acad.) [il ne le laisse pas en friche]. *Il s'occupe constamment de cette affaire* (Acad.).

(Le participe **occupé** est toujours variable dans les temps composés.)

— On dit : *Je suis avec quelqu'un* (et non *Je suis occupé avec quelqu'un* ; *occupé avec* est un solécisme).

occurrence s'écrit avec deux *c* et deux *r*. (L'omission du second *r* est fréquente.)

ocre, adjectif de couleur, est *invariable* : *Des murs ocre.*

V. aussi COULEUR.

Ochracé, « qui est d'un jaune pâle » (du gr. *ôkhros*, jaune pâle), s'écrit avec un *h* : *Couleur ochracée* (Lar. du XXᵉ s.) ; mais **ocré**, « qui est coloré par de l'ocre », dérivé directement d'*ocre*, n'en prend pas : *Du blanc ocré.*

octave est du *féminin* : *L'octave supérieure, inférieure* (Acad.).

oculiste - oculariste - opticien. — L'**oculiste** (du lat. *oculus*, œil) est le médecin qui soigne les maladies des yeux (on dit aussi OPHTALMOLOGISTE, la science des maladies des yeux étant l'ophtalmologie [du gr. *ophtalmos*, œil, et *logos*, science]) ; l'**oculariste** est celui qui prépare ou fabrique les pièces de prothèse oculaire (œil de « verre ») ; l'**opticien** fabrique ou vend des instruments d'optique (lunettes, jumelles, etc.).

odorant - odoriférant - parfumé. — **Odorant** se rapporte à l'odeur seule, bonne ou mauvaise : *Des fleurs odorantes* (par opposition à des fleurs sans parfum). *Le jasmin est très odorant.* Si l'odeur est désagréable, on dit **malodorant** (en un seul mot) ; si elle est agréable, on précise par **odoriférant** : *Le muguet est odoriférant.*

Parfumé se dit de ce qui dégage une bonne odeur empruntée : *Brise parfumée. Linge parfumé.*

œcuménique se prononce *é-ku-* (et non *eu-ku-*).

œdème se prononce *é-dèm'* (et non *eu-dèm'*).

œil a pour pluriel normal **yeux** : *Avoir mal aux yeux. Les yeux du bouillon.*

Dans les noms composés, le pluriel est **œils** : *des œils-de-bœuf* (fenêtres rondes), *des œils-de-chat* (pierres précieuses), *des œils-de-perdrix* (durillons), etc. (Seul le mot *œil*, dans ce cas, prend la marque du pluriel.)

— **A l'œil**, au sens de « gratis », est populaire : *Dîner à l'œil* (Acad.).

— **Avoir l'œil sur quelqu'un** signifie « le surveiller, prendre garde à sa conduite » : *Tiens-toi bien, j'ai l'œil sur toi;* **avoir les yeux sur quelqu'un** a le sens de « le regarder attentivement » : *Toute la salle avait les yeux sur lui.*

— **Entre quatre yeux** (« tête à tête ») s'écrit toujours ainsi, mais se prononce (familièrement) *entre quat'-z-yeux.*

— On dit ou l'on écrit : *Avoir bon pied, bon œil. Avoir le compas dans l'œil. Se mettre le doigt dans l'œil. Faire de l'œil à quelqu'un. Donner dans l'œil de quelqu'un. Donner des coups d'œil. Frais comme l'œil. Tourner de l'œil* est populaire. *Couver des yeux une personne, une chose. N'avoir pas ses yeux dans sa poche. Faire les yeux doux à quelqu'un* Cela saute aux yeux, *cela crève les yeux. N'avoir des yeux, d'yeux que pour quelqu'un. Dessiller les yeux. Tenir à quelque chose comme à la prunelle de ses yeux.*

œuf se prononce *euf* au singulier, mais le pluriel **œufs** se prononce *eû.*

— On écrit : *Des jaunes d'œufs. Battre des blancs d'œufs* (Acad.). *De la poudre d'œufs. Des œufs sur le plat* (parfois *au plat : Des brioches, du beurre, un œuf au plat* [P. Frondaie, *la Menace*, II, iii]), *au beurre noir, pochés* (Acad.).

œuvre. — Ce mot, féminin à l'origine, devint masculin au xvie siècle, puis reprit peu à peu son genre primitif, sauf dans certains cas ou expressions, où il est encore employé au masculin.

Il est *masculin :*

1° Quand il désigne l'ensemble des ouvrages de quelqu'un, d'un artiste en particulier (graveur, dessinateur, peintre, compositeur) : *Dieu qui mentais, disant que ton œuvre était bon* (Leconte de Lisle, *Poèmes barbares*, 18). *L'œuvre gravé de Callot. Tout l'œuvre de Chopin, de Rembrandt.* (On n'étend plus guère cette règle aux écrivains : *Toute l'œuvre de Giraudoux* [B. Crémieux, *XXe siècle*, I, 103].)

2° Dans les expressions *gros œuvre* (terme de maçonnerie) et *grand œuvre* (terme d'alchimie : la pierre philosophale, au propre et au figuré) : *Le gros œuvre est enfin achevé. Il passa sa vie à la recherche du grand œuvre. Quel grand œuvre que la fraternité humaine!*

L'usage tend à faire *œuvre* féminin dans tous les cas (sauf pour les expressions figées *gros œuvre* et *grand œuvre*).

office est *masculin (Etre pourvu, être revêtu d'un office* [Acad.]. *Le Saint-Office* [Id.]), sauf au sens de « partie d'une maison où l'on dispose tout ce qui dépend du service de table, etc. », où il est *féminin : Une grande office* (Acad.).

L'ensemble du personnel d'une office est du *masculin : Dans cette maison, l'office est très nombreux* (Acad.).

officiel - officieux. — Ce qui est **officiel** émane du gouvernement ou des autorités constituées : *Nouvelle, nomination, notification officielle. Réponse officielle. Personnage officiel.*

Officieux s'oppose à *officiel* et se dit d'une communication faite à titre privé, tout en provenant d'une source autorisée, et qui n'a pas le caractère d'un acte public : *Sa nomination est officieuse, elle sera officielle dans quelques jours. Je connais cette nouvelle, non pas d'une manière officielle, mais d'une manière officieuse* (Acad.). Par extension : *Les popotes officieuses des infirmiers* (H. Barbusse, *le Feu*, 70).

offrir. — **Offrir à** ou **de.** On écrit normalement *offrir de* et *s'offrir à : Offrir d'accompagner quelqu'un* (Lar. du XXe s.). *Je m'offre à vous accompagner.* (*S'offrir de* est vieilli.)

ogre fait au féminin *ogresse.*

oh! Voir ô.

oie a pour correspondant masculin *jars.* Le petit se nomme *oison.*

— **Patte-d'oie,** dans tous les cas où ce mot ne désigne pas la patte d'une oie, s'écrit avec un trait d'union (plur. *des pattes-d'oie*) : *La patte-d'oie de l'âge* (rides). *Mouiller en patte-d'oie* (terme de marine), etc.

-oign-. — A l'origine, le groupe *-oign-* se prononçait comme *ogn* (*ign* correspondant à *n* mouillé). La suppression de l'*i* a préservé la prononciation dans nombre de mots : *besogne, ivrogne, rognon, trognon,* etc. Mais d'autres mots ont conservé leur ancienne graphie, ce qui, mis à part *oignon* et *encoignure,* a amené la prononciation *oign,* comme dans *éloigner, soigner, témoigner,* etc.

Poigne, poignet, etc., *moignon* ont perdu depuis peu leur prononciation en *o.*

oignon se prononce *o-gnon* (v. -OIGN-).

— On écrit : *En rang d'oignons. Du vin pelure d'oignon* (Acad.) et, elliptiquement : *Du pelure d'oignon.*

oindre se conjugue comme *joindre : Les anciens se faisaient oindre au sortir du bain* (Acad.). *On oignait les rois de France à leur sacre avec l'huile de la sainte ampoule* (Id.). *Autrefois, on oignait les athlètes pour la lutte* (Lar. du XXe s.). *Le roi fut oint en telle année. Oignez vilain, il vous poindra; poignez vilain, il vous oindra.*

oiseleur - oiselier. — L'**oiseleur** est celui qui prend les oiseaux; l'**oiselier,** celui dont le métier est de les vendre vivants : *Les filets d'un oiseleur* (Acad.). *Le métier d'oiselier ne remonte guère plus haut que le XVIIIe siècle* (Lar. du XXe s.).

oiseux - oisif. — **Oiseux,** en parlant des personnes, se dit de celui qui ne fait rien, qui ne s'occupe pas par habitude, qui est inutile à la société : *David fut indiscret et oiseux avant d'être adultère* (Massillon; cité par le Lar. du XXe s.).

En parlant des choses, on nomme *oiseux* ce qui ne sert à rien : *Vie oiseuse. Ce sont des paroles oiseuses* (Acad.). *Disputes, questions oiseuses* (Lar. du XXᵉ s.).

Oisif se dit de celui qui n'a pas d'occupation, qui est actuellement désœuvré : *Il ne faut pas qu'un jeune homme reste oisif, soit oisif* (Acad.). [Ne pas confondre avec **paresseux**, « qui ne veut rien faire, qui hait le travail ».]

(La distinction entre *oiseux* et *oisif*, personnes, se perd au profit de *oisif*.)

Par extension, *oisif* a le sens de « qui se passe dans l'oisiveté » : *Mener une vie oisive. Une vieillesse oisive* (Lar. du XXᵉ s.).

-ole. — Parmi les noms terminés par *-ole* (avec un seul *l*), se rappeler les suivants : *babiole, banderole, casserole, farandole, girandole, virole,* etc.

olécrane, « apophyse du cubitus qui contribue à former le coude » (gr. *ôle-kranon :* de *ôlené,* coude, et *karênon,* tête), s'écrit sans accent circonflexe sur l'*a* (Acad.). On trouve toutefois souvent *olécrâne.*

olive, adjectif de couleur, est *invariable : Des murs olive.*

V. aussi COULEUR.

— On écrit : *De l'huile d'olive* (sans *s*).

olympiade désignait, chez les Grecs, la « période de quatre années qui s'écoulait entre deux célébrations successives des *jeux Olympiques* » : *Les Grecs supputaient les années par olympiades* (Acad.). *La Xᵉ olympiade.*

Se garder d'employer *olympiades* pour désigner les jeux Olympiques eux-mêmes.

ombragé - ombré. — Le premier de ces adjectifs est formé sur *ombrage,* le second sur *ombre.*

Un lieu **ombragé** est couvert d'ombrages, de feuillages qui donnent de l'ombre : *Sentier ombragé. Allée ombragée. Cette habitation est bien ombragée* (Acad.).

Ombré est un terme de dessin : *Une gravure ombrée est une gravure où les ombres sont marquées. Dessin ombré.* Par extension : *Elle avait des paupières ombrées de khôl.*

ombrageux - ombreux. — **Ombrageux** se dit d'un cheval qui a peur de son ombre, et, par extension, d'une personne susceptible et soupçonneuse : *Un cheval, un mulet ombrageux. Le roi était ombrageux jusque dans les moindres choses* (Fénelon). Au figuré : *Un esprit ombrageux* (Acad.).

Est **ombreux** ce qui donne de l'ombre, est rempli d'ombre : *Se promener sous les sapins ombreux. Des bocages ombreux nous attirent* (A. Gide, *les Nourritures terrestres,* 20). *Vallée ombreuse. Ils entraient dans l'ombreuse cuisine* (A. Theuriet, *Charme dangereux,* 19).

Ce terme est surtout usité dans le langage poétique.

ombre. — Au sens propre, on dit généralement **à l'ombre de** (rarement *sous l'ombre de*) : *Nous étions étendus à l'ombre des arbres.* Et au figuré : *Qu'at-il à craindre à l'ombre d'un si puissant protecteur?*

— **Sous ombre de** ou **sous l'ombre de** (« sous apparence, sous prétexte de ») est réservé au sens figuré : *Il a attrapé bien des gens sous ombre de dévotion, sous ombre de pitié, sous l'ombre de la dévotion, de la pitié* (Acad.).

omoplate est du *féminin : Avoir une omoplate brisée.*

on. — Le pronom indéfini **on** est normalement masculin singulier : *On était resté bons camarades* (V. Hugo, *les Misérables,* III, 5, 3; cité par Grevisse). Néanmoins, dans certains cas, il est facile de déterminer de façon précise qu'on parle d'une femme ou de plusieurs personnes; *on* est alors suivi du féminin ou du pluriel par syllepse : *On n'est pas toujours jeune et belle* (Acad.). *On est pincées, posées, méfiantes* (Colette, *les Vrilles de la vigne,* 169). *On devient patiente, quand on est maman. Est-on prêtes, mesdemoiselles? Hélas! on est toujours séparés pendant les vacances. Sept longues années qu'on ne s'était vus* (R. Rolland, *les Léonides,* II, VI).

L'Académie considère toutefois que *on,* à la place d'un pronom personnel de la 1ʳᵉ ou de la 2ᵉ personne et suivi d'un participe féminin ou pluriel, appartient à la langue familière. Cette construction se rencontre pourtant chez de bons auteurs : *On dort entassés dans une niche* [...] (P. Loti, *Vers Ispahan*, Prélude). *On était perdus dans une espèce de ville* (H. Barbusse, *le Feu*, 90). *On ne s'était jamais séparés* (G. Chérau, *Valentine Pacquault*, I, 11). [Exemples cités par Grevisse.]

— **On** est fréquemment employé pour **nous** dans le langage familier ou populaire : *Après la cérémonie, on a été boire un verre. On faisait tout par nous-mêmes. Nous, on est parti quand même. Quand nous autres, on règle des alésages au dixième de millimètre* (A. Thérive, *Sans âme*, 105). On dira toujours mieux : *Après la cérémonie, nous avons été boire un verre...*

— L'adjectif possessif doit être en concordance de personne avec le possesseur représenté par *on* : *On a apporté ses affaires pour jouer* (et non *nos affaires*). *On n'a plus ses jambes de vingt ans. On se voit d'un autre œil qu'on ne voit son prochain* (La Fontaine, *Fables*, « la Besace »).

— Le pronom personnel renvoyant à **on** est généralement *soi*, mais peut être *nous* ou *vous* : *On ramenait tout à soi. On aime dans les autres ce qu'on retrouve en soi. Qu'on hait un ennemi quand il est près de nous* (Racine, *la Thébaïde*, IV, 11). *Quand on se plaint de tout, il ne vous arrive rien de bon* (J. Chardonne, *Claire*, 13).

— Dans une phrase, il faut éviter de répéter *on* si ce pronom exprime des rapports différents. Ainsi, la construction *On doit respecter ce qu'on nous a donné* est incorrecte (le premier *on* ne représente pas les mêmes personnes que le second). Il faut dire *Nous devons respecter ce qu'on nous a donné.*

— **On**, devant une voyelle, se prononce comme *on* suivi de la négation *ne* élidée. On prononce donc de la même façon *On entend du bruit* et *On n'entend aucun bruit.* Ne pas omettre la négation dans la langue écrite. Pour s'assurer de l'utilité de *n'*, remplacer *on* par *je* ou *nous* : *J'entends..., Je n'entends..., on entends...*

— **On** doit être répété avant chaque verbe auquel il sert de sujet : *On l'interpella, on le fit monter et on le retint par force* (et non *On l'interpella, le fit monter et le retint par force*).

— **On, l'on.** *On* peut être remplacé par *l'on* pour des raisons d'euphonie,

en particulier après *et, ou, où, que, à qui, quoi, si* : *Il vint, et l'on put s'expliquer. Si l'on nous entendait* (Acad.). *Ils songeaient à tout ce qui arrive dans les combats à l'heure où l'on n'entend plus rien* (G. Duhamel, *Civilisation*, 23). *Si l'on vous voit.... Ce que l'on conçoit bien s'énonce clairement* (Boileau). On évitera les allitérations du genre de : *Et l'on lui lava la tête. Si l'on le lui disait.*

Certains auteurs emploient néanmoins *l'on* sans que l'euphonie soit en cause : *Par instants, l'on n'y comprend plus rien du tout* (A. Gide, *Prétextes*, 125). *Monsieur, c'est que tout le monde le reconnaît, puisque l'on est arrivé à les expédier dans le Limousin, ces gars-là, tous, l'un après l'autre* (G. Duhamel, *Civilisation*, 243).

L'on en tête de phrase, autrefois très usité, ne s'emploie plus que rarement : *L'on ne vient à bout des sauvages que par une sauvagerie perfectionnée* (A. France, *les Opinions de Jérôme Coignard*, 48).

on-dit, nom, s'écrit avec un trait d'union et est *invariable* : *Condamner quelqu'un sur un on-dit, sur des on-dit* (Acad.).

-oner. — La plupart des verbes en *-on(n)er* prennent deux n, sauf *détoner* (faire subitement explosion; *détonner*, chanter faux, etc., s'écrit avec deux *n*), *dissoner*, *s'époumoner*, *ramoner* et *téléphoner*, ainsi que les verbes ayant un *ô*, comme *détrôner*, *prôner*, etc.

A noter aussi : *erroné.*

onéreux signifiant « qui occasionne des frais, des dépenses », on se gardera de parler de *frais onéreux*, ce qui serait un pléonasme. On dira : *Avoir des frais de poste élevés*, par exemple (et non *onéreux*).

onze, onzième. — Quoique ces mots commencent par une voyelle, il est d'usage de ne pas élider l'article ou la préposition qui les précède. On dit : *Le onze de ce mois. Le onze novembre 1918. Le train de onze heures. De vingt, il n'en est resté que onze* (Acad.). *La messe de onze heures. La onzième heure. Être le onzième. Dans sa onzième année.*

Il faut voir là, probablement, une attraction de *le 11, la 11ᵉ*, qu'on ne saurait écrire l'*11* ou l'*11ᵉ*. Cf. également *le un, la une* (première page d'un journal).

Une exception : l'expression populaire *bouillon d'onze heures.*

-oper. — S'écrivent avec un seul *p* les mots : *choper, écloper, écoper, galoper, syncoper, toper.*

opéra. — On écrit : *un opéra-comique* (*des opéras-comiques*), avec un trait d'union, mais *un opéra bouffe* (Acad.) [*des opéras bouffes*], sans trait d'union (de l'ital. *opera buffa*), par opposition à *opéra sérieux*

opération. — On écrit : *Une salle d'opération. Une ligne d'opération. Une base d'opération* (ou *d'opérations*), mais *un théâtre d'opérations, un plan d'opérations* (au pluriel).

opiniâtrement s'écrit sans accent aigu (Acad.) [et non plus *opiniâtrément*].

opposer. — *S'opposer à ce que* est plus usité que *s'opposer que : S'opposer à ce qu'un projet réussisse.*

V. aussi À CE QUE.

oppresseur n'a pas de féminin. On dira : *Cette reine fut l'oppresseur de son peuple.*

opprimer - oppresser. — **Opprimer,** qui se prend toujours en mauvaise part, signifie « accabler par violence, par abus d'autorité » : *Opprimer les vaincus* (Acad.) *Les puissants oppriment souvent les faibles* (Lar. du XXᵉ s.). *Opprimer l'innocence* (Acad.).

Oppresser, qui s'était autrefois au sens d' « opprimer », signifie aujourd'hui « gêner, tourmenter, fatiguer physiquement ou moralement » : *L'asthme oppresse la poitrine* (Lar. du XXᵉ s.). *Je sens un poids qui m'oppresse et qui m'ôte la respiration* (Acad.). Au figuré : *Ce souci l'oppresse. Le poids d'une mauvaise conscience oppresse* (Lar. du XXᵉ s.).

opprobre est du *masculin : Opprobre éternel* (Acad.).

opticien - oculiste - oculariste. V OCULISTE.

optimum. V. MAXIMUM et LATINS (Mots).

optique est du *féminin : Voir les choses sous une optique différente.*

opuscule est du *masculin : Cet écrit est trop bref pour un livre : il ne fournit que la matière d'un opuscule* (Acad.).

or, conjonction, au début d'une phrase, est généralement suivi d'une virgule, mais cette ponctuation n'est pas obligatoire : *Or, il arriva que... Or, personne n'avait pensé à... Or, l'analyse a réduit tous les produits de cette nature à quatre corps simples* (Balzac, *la Recherche de l'absolu,* 75 ; « Classiques Larousse »).

Or était souvent uni à *bien, çà, donc, sus,* mais on ne l'emploie plus guère, aujourd'hui, que *donc : Or donc, vous me parliez de votre fils.*

or, nom, ne peut s'employer au pluriel que pour désigner les différentes nuances qu'on peut donner à l'or : *Une boîte de deux ors* (Acad.). *Miniature dont les ors sont altérés.* (Lar. du XXᵉ s.).

— Mis en apposition, *or* se lie au nom par un trait d'union dans *franc-or* (par opposition à *franc-papier*), *monnaie-or, dollars-or, livres-or,* etc.

Mais on écrira, adjectivement : *étalon or; des millions or*

Réserve or est une ellipse pour *réserve d'or,* qui sera préféré : *La réserve d'or de la Banque de France.*

orange - orangé. — Employé comme adjectif de couleur, **orange** se dit de la couleur même de l'orange, alors que ce qui est **orangé** « tire sur la couleur de l'orange » (Acad.).

Orange seul est invariable : *Des rubans orange. Des rubans orangés.*

V. aussi COULEUR.

orang-outan, sans g final à *outan,* est l'orthographe usuelle des naturalistes, conforme à l'étymologie de ce mot, qui est tiré du malais *orang,* homme, et *utan,* des bois. (*Orang-outang* signifierait « débiteur »; de *utang,* emprunter.)

L'Académie écrit toutefois *orang-outang.*

orateur se dit aussi bien d'une femme que d'un homme : *Sa mère est un orateur de talent*

Le féminin *oratrice* est peu usité : *Le drapeau saluait furieusement l'oratrice* (G. Imann, *les Nocturnes,* 94).

orbe est du *masculin : Décrire un orbe.*

V. aussi ORBITE.

orbite est du *féminin* dans ses diverses acceptions.

Au sens de « cavité où est logé l'œil », Littré signale que quelques auteurs, même dans le langage technique, font ce mot du *masculin*. Il cite un exemple de Lamartine (*Jocelyn*, V, 179) : *Ses yeux caves [...] Brillant comme un charbon dans leur orbite obscur.*

On peut multiplier les citations : *Ses petits yeux tendres, étoiles noyées en des paupières perdues sous des orbites épais* (E. Renan, *le Prêtre de Némi*, 73). *Les orbites de ses yeux sont pleins de ténèbres* (G. Flaubert, *la Tentation de saint Antoine*, 265). *Son monocle encastré dans l'orbite droit* (E. de Goncourt, *Chérie*, 143). On trouve également le genre masculin dans le sens de « sphère d'action » : *L'orbite particulier où il se mouvait* (M. Proust, *Du côté de chez Swann*, I, 281).

Il n'y a aucune raison de faire masculin ce mot qui vient du latin *orbita*, féminin.

Joseph de Pesquidoux a confondu l'orbite et le globe de l'œil dans *la Harde* (p. 38) : *Le crapaud tué reparut [...] sanglant, le crâne ouvert, les orbites hors.*

— **Orbite - orbe.** En termes d'astronomie, l'*orbite* est la ligne elliptique que décrit une planète, une comète autour du soleil.

L'*orbe* (masculin) est la surface de l'ellipse circonscrite par l'orbite : *L'orbe est à l'orbite ce que le cercle est à la circonférence* (Lar. du XXᵉ s.).

ordinand - ordinant. — L'*ordinand* (avec un *d*) est celui qui se présente à l'ordination.

Ordinant (avec un *t*) désigne l'évêque qui confère les ordres sacrés.

ordonnance. — Au sens de « soldat mis à la disposition d'un officier », *ordonnance* est longtemps resté exclusivement *féminin* : *Une ordonnance stylée. Vous avez connu Biggs, mon ancienne ordonnance?* (A. Maurois, *les Discours du docteur O'Grady*, 99.)

Mais une ordonnance étant un militaire du sexe masculin, par attraction ce mot « s'emploie parfois au masculin » (Acad.) : *Il écrivit à Charamon, son ancien ordonnance* (M. Druon, *les Grandes Familles*, 148).

ordonner. — **Ordonner que** se construit généralement avec le subjonctif : *Ordonner qu'une porte soit fermée.*

Toutefois, si l'ordre émane d'une autorité dont les décisions ne sont pas discutables, on peut employer l'indicatif ou le conditionnel : *Le conseil ordonne que la façade de la maison Commune sera sur-le-champ illuminée* (A. France, *Les dieux ont soif*, 338 ; cité par Grevisse). *La cour a ordonné que ce témoin serait entendu* (Acad.).

oreille. — On écrit : *Une boucle d'oreille, des boucles d'oreilles* (Acad.). *Avoir un bourdonnement, un tintement d'oreille* (Id.). *Prêter l'oreille* (toujours au singulier). *Ouvrir l'oreille* (« écouter attentivement »). *Ouvrir les oreilles* (« écouter favorablement une proposition »). *Dresser l'oreille* ou *les oreilles* (au sens figuré). *Écrou à oreilles.*

— **Rebattre les oreilles.** *Avoir les oreilles rebattues d'une chose* (on se gardera bien de dire *rabattues*), c'est être fatigué de l'entendre : *Quand vous aurez fini de me rebattre les oreilles avec cette histoire!*

orfévré et **orfévri** sont synonymes, mais *orfévri* a vieilli et ne se dit plus guère.

orfraie. — Dans l'expression *pousser des cris d'orfraie*, on confond l'*orfraie*, rapace diurne de la grosseur et du poids d'un dindon, avec l'*effraie*, rapace nocturne, sorte de chouette dont le cri est fort désagréable. (On ne dit pas toutefois *pousser des cris d'effraie*.)

orge. — Ce nom (du neutre latin *hordeum*) est *féminin*, sauf dans les expressions *orge mondé* et *orge perlé* (Acad.), vestiges d'un genre hésitant jusqu'au XVIIIᵉ siècle.

Le maintien de ces deux exceptions paraît assez peu justifié. Il pose d'ailleurs des problèmes parfois difficiles, solubles seulement par l'unification des genres. Exemple : *L'orge gruée est de l'orge mondée grossièrement écrasée.*

orgue est aujourd'hui normalement du *masculin* (le latin *organum* étant neutre) : *L'orgue de cette église est excellent* (Acad.). *Les deux orgues de cette église sont fort beaux* (Gramm. Lar. du XXᵉ s.). *C'est un des plus beaux orgues que j'aie vus. Il a acheté deux orgues de Barbarie.*

Orgues s'emploie aussi au pluriel pour désigner un instrument unique (mais dans le style emphatique), et il est alors du *féminin* : *Les grandes orgues* (Acad.).

— L'Académie écrit : *Un jeu d'orgues. Clavier d'orgues. Tuyau d'orgues.* Mais : *Souffleur d'orgue. Buffet d'orgue* ou *d'orgues.* (On écrit plus habituellement *orgue* au singulier dans ces expressions.)

oriflamme est du *féminin*. (On n'écrira pas avec Rimbaud [*Illuminations*, 107] : *Des oriflammes éclatantes.*)

original - originel. — Est **original** ce qui a un caractère primitif, ce qui sert de modèle et n'en a pas eu : *Tableau original. Édition originale. Copie originale* (faite d'après l'original).

Original se dit aussi de la manière neuve, unique en son genre, dont use un peintre, un écrivain, un compositeur, etc. : *Ce peintre a vraiment une palette originale. Style, écrivain original. Le jeu de tel artiste est original.*

Ce mot désigne également ce ou celui qui a un caractère singulier, bizarre, excentrique : *Tempérament original. Hommes originaux.*

Original s'emploie souvent comme nom avec des sens analogues : *L'original d'un contrat, d'une copie, d'un texte. Ceci est l'original. Portrait qui ne ressemble pas à l'original* (Lar. du XXᵉ s.). *Beaucoup de poètes sont des originaux.*

Originel se dit de ce qui vient de l'origine, qui remonte jusqu'à l'origine : *Il y a entre les hommes une inégalité originelle* (Raynal). *Péché originel. Grâce, justice originelle. Il y a dans cet ouvrage un vice originel* (Acad.). *Un de ces individus vigoureux en qui se conservent fortement les caractères de la race originelle* (J. et J. Tharaud, *Dingley, l'illustre écrivain*, 90).

Originel ne s'emploie pas substantivement.

orme - ormeau. — Normalement, un **ormeau** est un jeune **orme** : *Pépinière d'ormeaux* (Lar. du XXᵉ s.).

Toutefois, il est admis que par extension *ormeau* peut se dire pour orme en général : *De vieux ormeaux* (Acad.).

os se prononce *oss* au singulier et *ô* au pluriel.

osciller et ses dérivés (*oscillant, oscillation,* etc.) se prononcent avec les deux *l* séparés (*sil-l-*) [et non *siy'*].

oser, suivi d'un infinitif, dans une proposition négative, peut s'employer sans *pas* : *Je n'ose le faire* ou *Je n'ose pas le faire. Je n'oserai le dire* (Littré).

otage n'a pas de correspondant féminin. On dit *un otage* même quand il s'agit d'une femme.

-ote. — Les mots suivants se terminent en *-ote* (avec un seul *t*) :

aliquote	ilote
anecdote	jugeote
antidote	litote
asymptote	manchote
azote	matelote
barbote	mendigote
bergamote	nabote
bigote	note
cagote	ostrogote
capote	paillote
cheviote	papillote
compatriote	parlote
compote	patriote
cote	pelote
créosote	pilote
despote	popote
échalote	pote
falote	prote
fiérote	quote
galiote	ravigote
gargote	redingote
gnognote	ribote
gymnote	saperlote
huguenote	tremblote
idiote	vote

ôté, employé sans auxiliaire et immédiatement avant l'adjectif, le nom ou le pronom, est considéré comme une préposition et reste *invariable* : *Oté deux ou trois chapitres, cet ouvrage est excellent* (Acad.).

-otter. — La majorité des verbes en *-ot(t)er* s'écrivant avec un seul *t*, voici la liste de ceux qui en prennent deux :

ballotter	émotter
botter	flotter
boulotter	frisotter
calotter	frotter
carotter	garrotter
crotter	gobelotter
culotter	grelotter
débotter	gringotter
décalotter	marcotter
décrotter	marmotter
déculotter	motter
emmenotter	trotter

ou (conjonction). — Après deux noms au singulier unis par *ou*, le verbe se met au singulier ou au pluriel, selon que l'un des termes exclut l'autre ou que la conjonction a un sens voisin de « et ». Ainsi, on écrira : *Le ministre ou le secrétaire d'Etat présidera la cérémonie* (c'est-à-dire l'un ou l'autre). *Un choc physique ou une émotion peuvent lui être fatals* (l'un comme l'autre, ces deux choses). *Un crayon ou une plume sont également bons.* Voici deux exemples typiques donnés par l'Académie : *La douceur ou la violence en viendra à bout. La peur ou la misère ont fait commettre bien des fautes.*

(Si les deux noms sont synonymes, il est évident que le verbe se met au singulier : *Le nom de famille ou patronyme doit s'écrire en majuscules d'imprimerie.*)

Même règle d'accord pour les adjectifs ou les participes : *Les colonnes des maisons se construisent en fer ou en pierre très dure* (l'adjectif ne se rapporte qu'à la pierre). *On demande un homme ou une femme âgés* (on désire que l'un et l'autre soient âgés).

— L'emploi de **ou** hors du sens affirmatif est incorrect. Il faut employer alors **ni.** On dira : *Je ne puis le plaindre ni le conseiller* (et non *Je ne puis le plaindre ou le conseiller*). *Ni la montagne ni la mer ne sont dans mes moyens* (et non *La montagne ou la mer ne sont pas dans mes moyens*).

— **Onze à douze hommes, cinq ou six hommes.** Voir à.

— **Soit..., ou...** V. SOIT.

où (adverbe). — *Où* adverbe diffère orthographiquement de *ou* conjonction par l'accent grave qu'il porte sur l'*u.*

Où, adverbe qui marque le lieu, le temps, la situation, s'emploie, précédé ou non d'une préposition, comme pronom relatif à la place de *lequel* (*laquelle*), *lesquels* (*lesquelles*), *auquel, duquel, dans lequel,* etc., et ne s'applique qu'à *des choses* (jusqu'au XVIIᵉ siècle, *où* pouvait également s'appliquer à *des personnes*) : *Le sentier par où il est venu. C'est un procès d'où dépend sa fortune* (Acad.). *L'endroit où vous vous êtes. La maison d'où elle sort.*

— L'emploi de *où* était autrefois plus étendu : *C'est une chose où je suis*

déterminé (Molière, *le Médecin malgré lui,* III, VI). On retrouve parfois aujourd'hui cette construction archaïque : *La réalité où elle était condamnée* (Ch. Le Goffic, *la Payse,* 61). *La nouvelle où elle s'attendait* (A Hermant, *la Discorde,* 255).

L'Académie donne encore : *Le but où il tend. Les affaires où je suis intéressé.* Mais on dit plutôt : *Le but vers lequel il tend. Les affaires dans lesquelles je suis intéressé.*

— **Où - que.** *Que* pour *où* est un archaïsme et paraît aujourd'hui affecté : *Du temps que les bêtes parlaient* (La Fontaine, *Fables,* « le Lion amoureux »). *Au moment que je le reverrai* (Acad.). *Le jour que je vins au monde. Et ces pilules me procuraient de l'aisance Du temps que j'étais un peu constipée* (A. Gide, *les Nourritures terrestres,* 288).

— **D'où - dont.** *D'où* marquant l'éloignement (au propre et au figuré), en parlant des choses, est parfois remplacé par *dont,* tout archaïque que paraisse cette construction : *L'état dont [...] elle avait voulu sortir* (B. Constant, *Adolphe,* V). *L'obscurité dont nous sortions* (J. Romains, *Lucienne,* 139). *Le jardin dont vous venez de sortir* (E. Jaloux, *le Voyageur,* 62). *Une automobile s'arrêta dont Claudie Fallex sortit* (H. Duvernois, *la Bête rouge,* 97). *Dans la chambre dont Justin se retirait* (G. Duhamel, *le Désert de Bièvres,* 106). [Exemples cités par Grevisse.]

V. aussi DONT.

— **Où,** pour « de quoi », devant un infinitif, est une construction dialectale et populaire qu'il faut éviter : *Il y a où rire, où s'tordre.*

Au sens de « pour », il se rencontre parfois : *Je n'ai plus eu la plus petite place où m'asseoir* (A. Gide, *les Nourritures terrestres,* 98). *En quête d'œuvres où cueillir la fleur merveilleuse d'un sourire* (G. Picard, dans le *Larousse Mensuel,* nᵒ 492, p. 704). *Une femme tenait la boîte où ranger la bannière* (P. Hamp, *le Lin,* 60). *Il faut trouver un endroit où danser.*

— **Là où.** V. LÀ.

ouate. — La première syllabe de ce mot est ordinairement aspirée après *la* : *Acheter de la ouate.* Toutefois, rien n'empêche d'élider l'*a* de l'article : *Acheter de l'ouate* (Acad.). *De l'ouate hydrophile* (J. Cocteau, *les Enfants terribles*, 39).

Avec *de*, l'*e* est presque toujours élidé : *Une couverture d'ouate* (Acad.). *Un tampon d'ouate* (Id.).

oublier ne se construit plus qu'avec **de** (*à* est vieilli) : *Vous avez oublié de venir ce matin* (Acad.).

— **Oublier que**, dans une proposition négative ou interrogative, n'est jamais suivi du subjonctif : *N'oubliez pas que nous aurons bientôt des comptes à régler. Oubliez-vous que je suis là?*

Dans les propositions affirmatives, il peut être suivi de l'indicatif, du conditionnel ou du subjonctif, suivant la nuance de la pensée : *J'ai oublié qu'il devait venir me chercher* (Acad.). *J'oublie qu'en ce cas vous m'en auriez parlé. J'oubliais qu'il fût là.*

oued, mot arabe signifiant « cours d'eau », a pour pluriel *ouadi*. On peut toutefois écrire, à la française, *des oueds.*

ouest. V. POINT (*Points cardinaux*).

oui, particule affirmative, est *invariable* et toujours aspiré : *Je crois que oui* (Acad.). [On dit parfois *Je crois qu'oui*, mais on ne l'écrit pas.] *Mais oui* (sans liaison). *Le oui et le non. Tout se résout par des oui ou par des non* (Lar. du XXᵉ s.). *Les oui étaient en majorité.*

ouïr, verbe très défectif, ne s'emploie plus guère qu'à l'infinitif (surtout en termes de palais : *Ouïr des experts* [Lar. du XXᵉ s.]), aux temps composés (*J'ai ouï dire. Les témoins ont été ouïs* [Acad.]) et au participe passé (*ouï, ayant ouï*).

— On trouve encore parfois la forme impérative *Oyez, braves gens!* (prononcer *o-yé*).

— **Ouï,** placé devant le nom, est en général considéré comme préposition et reste *invariable : Ouï les témoins* (Acad.).

— On écrit **ouï-dire** (invariable) : *Je ne le sais que par ouï-dire. Il ne faut pas s'arrêter aux ouï-dire* (Acad.).

V. aussi OYANT.

ouistiti. — L'*o* de *ouistiti* est généralement aspiré. « On dit plus volontiers *le ouistiti* que *l'ouistiti* » (Martinon, *Comment on prononce le français*, 153). On fait toutefois souvent la liaison dans *un ouistiti* ou *des ouistitis.*

ours se prononce *ourss*. (La prononciation *our* est vieillie.)

outre. — Au sens de « au-delà de », *outre* se lie au nom par un trait d'union : *Partir outre-Manche, outre-Atlantique, outre-Rhin.* « *Mémoires d'outre-tombe.* »

V. aussi OUTREMER.

— **En outre.** Cette locution, étant un adverbe, doit s'employer d'une manière absolue, et sans complément : *Il mangea, en outre, deux éclairs au chocolat. En outre, elle s'acheta une robe de chambre.*

L'usage tend à répandre la locution prépositive *en outre de...* (par analogie avec « en plus de... »), qu'il est préférable d'éviter (*Ce qui est l'abomination de la désolation, c'est « en outre de »* [A. Hermant, *Chroniques de Lancelot*, I, 68]). On dira : *Outre ses quatre enfants, il élève un de ses neveux* (plutôt que *En outre de ses quatre enfants...*). V. PLUS (*En plus de*).

— **Outre que** se construit avec l'indicatif ou le conditionnel, suivant le sens : *Outre qu'elle est riche, elle est belle et sage* (Acad.). *Outre qu'il serait venu s'il avait été chez lui.*

— **Passer outre.** *Passer outre à quelque chose*, c'est n'en pas tenir compte : *Il passa outre à ces observations pourtant si justes, à ces scrupules pusillanimes* (Acad.).

— **Plus outre.** Cette expression (sens de « plus loin ») est correcte, mais quelque peu archaïque : *Il n'alla pas plus outre* (Acad.). *Il va bien plus outre encore* (M. Rat, dans *Vie et Langage*, mai 1954, p. 221).

outremer - outre-mer. — L'**outremer** (en un seul mot) est une couleur d'un beau bleu, par analogie avec la pierre fine du même nom ou lapis-lazuli : *Outremer artificiel. Bleu outremer.*

Outre-mer (avec un trait d'union) signifie « au-delà des mers » *Partir outre-mer. Le pays d'outre-mer.*

On écrit néanmoins, pour respecter une graphie ancienne : *Louis IV d'Outremer.*

ouvrable est un dérivé de l'anc. français *ouvrer*, « travailler » (cf. *ouvrage, ouvrier, ouvroir*). Un *jour ouvrable* est donc un jour pendant lequel on peut travailler, par opposition à un *jour férié* (et non un jour où l'on peut ouvrir sa boutique).

ouvrage est du *masculin* : *Un ouvrage bien fait. Travailler à un ouvrage* (Acad.).

Il est néanmoins employé au *féminin* dans certaines expressions familières qui sont issues du langage populaire : *Ils auraient pu livrer de la meilleure ouvrage* (Baudelaire, *Art romantique*, 48). *Moralement, comme tu dis, c'est de la belle ouvrage* (Maurice Donnay, *l'Ascension de Virginie*, 33).

ovationner est un dérivé d'*ovation* employé au sens de « faire ovation à ». Forgé sur le modèle d'*émotionner*, et critiqué comme ce dernier, il est surtout du langage journalistique. On dira mieux *acclamer*.

ove est du *masculin* : *Un ove fleuronné*.

ovule est du *masculin*.
V. aussi -ULE.

oyant est le participe présent de *ouïr*, employé substantivement. Il n'est usité qu'en termes de palais : *Le compte de tutelle se rend aux dépens des oyants* (Acad.).

On écrit : *des oyants compte* (comme *des ayants droit, des ayants cause*).

ozone est du *masculin*.

P

p. — **Prononciation.** *P* est habituellement muet *à la fin des mots* français ou francisés : *dra(p), sparadra(p), cam(p), cham(p), galo(p), siro(p), tro(p), beaucou(p), cantalou(p), cou(p), lou(p).* On prononce toutefois *cap*, et aussi aujourd'hui *cep*, avec *p* sonore.

Le *p* final se prononce dans les mots d'origine étrangère : *handicap, jalap, salep, stop, croup,* etc.

A l'intérieur des mots, devant une consonne, *p* est sonore aujourd'hui. Il est toutefois muet devant *t* dans un certain nombre de mots : *ba(p)tême* et ses dérivés, *se(p)t, se(p)tième, se(p)tièmement* (mais *septembre, septante* et *septentrion*), *exem(p)ter* (mais *exemption*), *com(p)te* et tous ses dérivés, *prom(p)t* et ses dérivés, *scul(p)ter* et ses dérivés.

V. aussi CHEPTEL et DOMPTER.

— « P » redoublé ou non après « o ». V. -OPER.

pacha, ancien titre turc, s'ajoute sans trait d'union au nom de la personne qui le porte, et s'écrit sans majuscule : *Le général Osman pacha* (Lar. du XXᵉ s.). *Kémal pacha.*

V. aussi BEY, EFENDI, etc.

paiement - payement. — On écrit et on dit aujourd'hui plutôt **paiement** que **payement** : *Exiger le paiement d'une dette* (Acad.).

V. aussi PAYE et PAYER.

paille, adjectif de couleur, est *invariable* : *Des rubans paille.*

V. aussi COULEUR.

paillote, « hutte de paille », s'écrit avec un seul *t.*

V. aussi -OTE.

pain d'épice. V. ÉPICE.

pair a pour féminin *pairesse.*

— **Hors pair - hors de pair.** V. HORS.

paire. V. COUPLE.

paître (de même que *repaître*) prend toujours, dans la conjugaison, un accent circonflexe sur l'*i* devant *t* : *il paît, il paîtra.*

Ce verbe, qui se conjugue sur le modèle de *connaître*, n'a pas de passé simple, ni, par conséquent, d'imparfait du subjonctif, et ne s'emploie pas aux temps composés.

Le participe passé *pu* ne se rencontre guère qu'en termes de fauconnerie (*Faucon qui a bien pu*) et, d'après Richelet, dans l'expression (rare) *pu et repu.* (*Paissu* est dialectal.) [*Repaître* se conjugue à tous les temps.]

— **Paître** est un verbe *transitif :* *Paître l'herbe, le gland* (Lar. du XXᵉ s.). *Les cochons paissent le gland, la faine dans les forêts* (Acad.).

Il s'emploie aussi *intransitivement :* *Faire paître, mener paître ses troupeaux. Les mener à paître dans un champ* (Acad.).

L'emploi transitif au sens de « faire paître, mener paître » ne se rencontre guère qu'en poésie et dans le style soutenu (Acad.) : *Joseph et ses frères paissaient les troupeaux* (Acad.). *Paître ses troupeaux* (style religieux).

pal fait au pluriel *pals* (Acad.).

palabre est du *féminin* (Littré) [il est tiré de l'espagnol *palabra,* parole, qui est du féminin] : *Se livrer à de longues palabres.*

L'usage le fait parfois du masculin, aussi l'Académie le donne-t-elle « des deux genres ».

palefrenier s'écrit avec un *e* intercalaire (et non *palfrenier*).

V. aussi VILEBREQUIN.

pallier est un verbe transitif direct qui signifie « recouvrir comme d'un manteau (lat. *pallium*) pour dissimuler, pour excuser, pour atténuer » : *Il essaie de pallier sa faute* (Acad.). *Pallier un mal.* Absolument : *Remède qui ne fait que pallier* (Lar. du XXᵉ s.)

C'est à tort qu'on fait parfois ce verbe transitif indirect, et qu'on dit *pallier à,* soit au sens ci-dessus, soit au sens de « remédier à » (*Il faudrait pallier à ce mal, à cet inconvénient. Pour pallier à la pénurie de combustible*). *Pallier* ne doit s'employer qu'absolument ou avec un complément d'objet direct.

— L'adjectif **palliatif** (*Remède palliatif. Cure palliative. Une faible mitigation palliative de grandes erreurs* [Bossuet ; cité par Littré]) est employé

substantivement : *Il peut être considéré comme un simple palliatif de* (et non *à*) *la qualité défectueuse du lait.*

palpitant peut se dire, mais familièrement, au sens de « qui est passionnant » : *Une question palpitante* (Acad.). *Un récit d'un intérêt palpitant* (Id.). *Confidences palpitantes* (Lar du XXᵉ s.).

pâmer ne s'emploie plus guère, aujourd'hui, qu'à la forme pronominale : *Se pâmer de rire, de joie* (Lar. du XXᵉ s.). *Se pâmer de douleur* (Acad.)

Pâmer s'est longtemps employé comme verbe intransitif : *Mais voyez qu'elle pâme, et d'un amour parfait, Dans cette pâmoison, Sire, admirez l'effet* (Corneille, *le Cid,* IV, v). *On n'en peut plus, on pâme* (Molière, *les Femmes savantes,* III, II). Et familièrement, par extension : *Pâmer de rire* (Lar. du XXᵉ s.). *Ses compagnons qui pâmèrent de rire* (A. Hermant, *les Noces vénitiennes,* 55). *Pâmer d'admiration* (Acad.).

A noter que l'expression populaire *Tomber dans les pommes* n'est qu'une corruption de *Tomber dans les pâmes* (de Thomasson, *les Curiosités de la langue française,* 96).

pâmoison s'écrit avec un accent circonflexe sur l'*a.*

V aussi PÂMER.

pamplemousse est du *masculin* d'après l'usage et les botanistes. (L'Académie le fait toutefois féminin.)

pampre est du *masculin.*

Un *pampre de vigne* est un pléonasme, le pampre étant une branche de vigne (avec ses feuilles).

panacée signifie, étymologiquement, « qui guérit tout » (gr. *panakeia*, de *pan,* tout, et *akos,* remède), et se dit d'un remède universel contre les maux physiques et moraux. Il est donc aisé de comprendre que *panacée universelle* est un pléonasme (*La panacée universelle, le crédit* [Balzac, *César Birotteau,* II, 12]. *L'universelle panacée de tes misères* [D. Amiel, *l'Age de fer,* I, III]). *Universelle* est de trop ; il faut dire une *panacée* tout court : *Cette potion n'est pas une panacée.* Au figuré : *Cet utopiste s'imagine avoir trouvé la panacée aux maux de l'humanité* (Acad.).

Deharveng (*Corrigeons-nous*, 194) a relevé un renchérissement heureusement peu commun : *Une panacée universelle qui guérirait tous les maux* (!)

panégyrique - apologie. V. APOLOGIE.

pantalon, désignant un seul objet, s'emploie normalement au singulier : *Pantalon large, étroit* (Acad.). *Pantalon de drap* (Lar. du XXᵉ s.).

Le pluriel, calqué sur *culottes*, ne se rencontre plus que rarement : *Je voulais raccommoder mes pantalons* (G. Navel, *Travaux*, 188).

V. aussi CULOTTE.

— **Pantalon - culotte.** Le *pantalon*, chez l'homme, diffère de la culotte en ce qu'il descend jusqu'au cou-de-pied, alors que celle-ci s'arrête au genou. C'est abusivement qu'on emploie parfois *culotte* (ou *culottes*) au sens de « pantalon ».

pantomime ne doit ni s'écrire ni se prononcer *pantomine* (ce mot est de la famille de *mime*).

Celui qui joue la *pantomime* (féminin) est un *pantomime* (masculin).

On peut dire, adjectivement : *Danse, Ballet, Divertissement pantomime* (Lar. du XXᵉ s.).

pantoufle s'écrit avec un seul *f*.

paon se prononce *pan*. La femelle est la *paonne* (*pan*') et les petits sont les *paonneaux* (*pa-nô*).

papal fait au pluriel masculin *papaux*.

papeterie. V. BONNETERIE.

papier. — On écrit : *Papier buvard, papier carbone, papier joseph, papier journal, papier ministre, papier pelure, papier vélin. Papier à cigarettes, papier à lettres, papier de verre. Papier-calque, papier-cuir, papier-émeri, papier-filtre, papier-monnaie, papier-parchemin, papier-tenture.*

Ces différents mots s'emploient rarement au pluriel. On dira plutôt *différentes sortes de papier pelure*, que *différents papiers pelures*.

papilionacé, du lat. *papilio, -onis*, papillon, s'écrit avec *-lio-*, alors que l'orthographe de **papillonner** est calquée sur celle du français *papillon* (*-llo-*).

papille se prononce aujourd'hui *pa-piy'* (plutôt que *pa-pil'*).

Parmi les dérivés, *papillaire* se prononce encore avec *l* (*-pi-lèr'*).

V. aussi PUPILLE.

papillote s'écrit avec un seul *t*.

V. aussi -OTE.

pâque - pâques. — *Pâque, féminin singulier*, s'emploie avec l'article et prend une minuscule quand il désigne la fête juive : *Notre-Seigneur célébra la pâque avec ses disciples* (Acad.). *Immoler la pâque* (Lar. du XXᵉ s.). *Manger la pâque* (Id.). [On dit aussi *La pâque russe*.]

Pâques, fête chrétienne. s'emploie toujours sans article et au *masculin singulier* (quoique terminé par *s*) : *La semaine de Pâques. Pâques est tard cette année. Quand Pâques sera venu* (Acad.). *Je vous paierai à Pâques prochain* (Id.).

Toutefois, il est *féminin pluriel* quand il est accompagné d'une épithète, comme dans : *Pâques fleuries. Pâques closes.*

Pâques est également employé comme nom commun : *Faire ses pâques* (avec une minuscule) [Acad.].

par. — L'Académie écrit avec des traits d'union : *Par-ci, par-là* (*Ils séjournaient par-ci, par-là*) [dans cette locution, on supprime le plus souvent la virgule]. *Par-deçà. Par-delà. Par-dedans. Par-dehors* (*Cette maison est belle par-dedans et par-dehors*). *Par-derrière. Par-devant* (*Passer par-devant la maison. Par-devant notaire*). *Par-dessous. Par-dessus.*

— Dans les expressions formées d'un nom précédé de **par**, le singulier est de rigueur pour désigner un entier, sans aucune fraction (l'adjectif *chaque* étant sous-entendu.) Ainsi, on écrira : *Donner 20 centimes par chaise. Payer tant par personne. Gagner 250 francs par semaine.*

En revanche, il faut le pluriel dans les expressions suivantes : *Classer par chapitres. Des huîtres par douzaines. Tomber par flocons. Arracher par lambeaux. Parler par paraboles. Compter par unités. Par sauts et par bonds* (mais *Par voie et par chemin*).

— **Par ailleurs, par contre,** etc. V. AILLEURS. CONTRE, etc.

— **Par - à.** V. À (« *A* » ou « *par* »).

— **Par - avec.** V. AVEC.

— **Par - de.** V. DE.

— **De par** serait, selon les uns, une altération de *de part* (*de par le roi* = de la part du roi) ou simplement, selon les autres, une agglomération de prépositions, du type *Il est de par chez moi* (des environs de mon pays natal): *C'est tombé de par chez vous, mon lieutenant* (J Romains, *Prélude à Verdun*, 72).

Cette locution archaïque n'est plus guère usitée que dans l'expression *de par le monde* : *Il a de par le monde un cousin qui a fait une grande fortune* (Acad.). *Et pourtant, s'il y avait de par le monde une ou deux personnes que cela intéressât* (J. Delteil, dans *les Nouvelles littéraires*, 15-V-1947).

Certains auteurs emploient abusivement *de par* au sens de « à cause de, étant donné » : *Jadis esclaves de ce palais même, puis grandes dames de par leur mariage* (P. Loti, *les Désenchantées*, 135). Ce tour alourdit la phrase, qui gagne à la suppression de la première préposition : *Elle était, par sa situation* (ou *par sa situation même*), *contrainte d'assister à ces soirées* (mieux que *de par sa situation...*).

V. aussi PRÉPOSITION.

paraffine s'écrit avec deux *f*.

paraître - apparaître. *Paraître,* c'est simplement, pour un fait normal, devenir visible, se montrer : *Une étoile qui commence à paraître sur l'horizon* (Acad.). *Son innocence a paru dans tout son jour* (Id.).

Apparaître ne s'emploie que pour un fait subit, inhabituel et extraordinaire qui cause une surprise : *Il apparaît de temps en temps des génies qui...* (Littré). *Une voile apparut à l'horizon et rendit l'espoir aux naufragés* (Acad.). *Un fantôme apparut à Brutus la veille de la bataille de Philippes* (Lar. du XXe s.).

Le nom correspondant à ces deux verbes est **apparition** : *Il n'a fait qu'une courte apparition* (Lar. du XXe s.). *L'apparition des esprits, des spectres* (Acad.).

Parution (v. ce mot) a un sens particulier.

— **Paraître - sembler.** La différence entre ces deux verbes est peu sensible au sens d' « avoir l'apparence ». On dira aussi bien *Il paraît bien portant* que *Il semble bien portant.*

« *Paraître,* dit le Larousse du XXe siècle, exprime plutôt le résultat de l'apparence, de l'aspect des choses, et *sembler* le résultat de la manière dont nous les voyons. »

V. aussi SEMBLER.

— **Il paraît que** se construit avec l'*indicatif* dans les phrases affirmatives : *Il paraît qu'il est souffrant. Il paraît qu'on n'est pas content* (Lar. du XXe s.).

Le verbe se met au *conditionnel* si le fait est hypothétique : *Il paraît qu'il serait déjà mort.*

Il se met au *subjonctif* : 1° avec *il ne paraît pas que* : *Il ne paraît pas que vous soyez souffrant;* 2° avec *il paraît* suivi d'un adjectif lui-même suivi de *que* : *Il paraît nécessaire que vous veniez. Il me paraît superflu que nous y allions.*

— **Paru.** D'après Littré et la grammaire, *paraître* se conjugue comme *connaître,* et prend toujours l'auxiliaire *avoir* : *Son innocence a paru dans tout son jour* (Acad.).

Néanmoins, en matière d'édition, le participe passé *paru* peut s'employer adjectivement. « Qui a été publié, en parlant des livres » : *Les volumes parus. Les livraisons parues* (Littré). En conséquence, rien n'empêche de dire, et c'est l'usage, *Cet ouvrage est paru, L'almanach X... est paru,* pour indiquer que cet ouvrage, que l'almanach X... vient de paraître, vient de sortir en librairie, peut être mis en main sur-le-champ. « L'usage est formel. Vous demandez le soir si telle édition d'un journal *est parue* » (A. Thérive, *Querelles de langage,* III, 75). « Il est donc à conseiller de demander au vendeur si la deuxième édition du journal est parue, puisque c'est le résultat qui intéresse » (Hanse). *Le livre est maintenant paru* (Office de la langue française, dans la *Revue universitaire,* févr. 1938, p. 127).

On réservera l'auxiliaire *avoir* pour situer un fait ayant eu lieu dans le passé : *Cet ouvrage a paru en 1925. Roman qui a paru l'an dernier* (Lar. du XXe s.). *L'année où cet ouvrage a paru. Lorsque «l'Assommoir » a paru dans un journal* (E. Zola, *l'Assommoir,* I, 5).

parallélépipède est l'orthographe admise par l'usage (on ne dit plus guère *parallélipipède*, quoique l'Académie ait repris cette forme autrefois taxée de barbarisme par Littré) : *Les faces opposées d'un parallélépipède sont égales, et leurs plans sont parallèles* (Lar. du XXᵉ s.).

paraphe est plus courant que **parafe**, orthographe également correcte : *Il a signé son nom avec un paraphe* (Acad.).

parce que ne s'élide que devant *à, il, elle* (*ils, elles*), *on, un* (*une*).

— L'ellipse du sujet et du verbe *être* après *parce que* n'est pas à conseiller, quoique cette construction se rencontre chez de bons auteurs : *Voilà l'histoire d'un homme autrefois heureux, parce que sage, aujourd'hui malheureux, très malheureux, parce que fou* (Cl. Farrère, *les Civilisés*, 218).

V. aussi PUISQUE.

— *Parce que* - *par ce que*. Ces deux orthographes correspondent naturellement à des différences de sens. *Parce que* signifie « par la raison que, d'autant que », et *par ce que* « par cela même que, par la chose que » : *Je n'irai pas parce qu'il est trop tard. Il me déplaît par ce qu'il a d'artificiel. Je vois par ce que vous me dites qu'il eût mieux valu s'abstenir.*

par-deçà, par-delà, par-dessous, etc. V. PAR, et DEÇÀ, DELÀ, DESSOUS, etc.

pardonner signifie étymologiquement « donner, abandonner » (lat. *per* et *donare*); et, par extension, « accorder le pardon, faire grâce à ». Comme on dit *donner à*, il faut dire, en parlant des personnes, **pardonner** : *Pardonnez à ceux qui se repentent* (Lar. du XXᵉ s.). *Je lui ai pardonné de bon cœur tout le mal qu'il m'a fait* (Acad.).

Pardonner transitif direct ne se dit que des choses : *Pardonner une escapade, une mauvaise note. Pardonner ses succès à quelqu'un à cause de sa bonté* (Lar. du XXᵉ s.).

On pardonne donc **quelque chose à quelqu'un.**

Les deux constructions se retrouvent dans les phrases suivantes, qui sont correctes : *Pardonner à quelqu'un ses offenses. Je lui ai pardonné son manque d'indulgence.*

On dit néanmoins, dans le style soutenu : *Pardonnez à ma faiblesse. Pardonnez à ma rude franchise* (Lar. du XXᵉ s.). Et avec un complément : *Pardonnez à ma franchise, à mon amitié les reproches que je vous fais* (Acad.). *Les prêtres peuvent le mieux pardonner aux péchés qu'ils ne commettent pas* (M. Proust, *A l'ombre des jeunes filles en fleurs*, I, 130).

NOTA. — Quoique *pardonner quelqu'un, je l'ai pardonné*, etc., soient interdits, on rencontre ce verbe au passif, en parlant des personnes : *Vous êtes tout pardonné. Il se retira pardonné.*

De même, **pardonnable** s'applique aujourd'hui aussi bien aux personnes qu'aux choses : *Enfant pardonnable* (qui mérite d'être pardonné). *Elève pardonnable* (Acad.). *Une faute pardonnable* (que l'on peut pardonner).

V. aussi OBÉIR.

pare-. — Parmi les composés de *pare*, sont *invariables* : *pare-boue, pare-brise, pare-feu, pare-pied, pare-soleil.*

Prennent un *s*, même au singulier : *pare-chocs, pare-clous, pare-éclats, pare-étincelles, pare-pierres.*

pareil est adjectif et signifie « égal, semblable » : *Deux anneaux pareils* (Lar. du XXᵉ s.). *De pareilles aventures* (Id.). *A pareil jour, à pareille heure, cette chose m'est arrivée* (Acad.).

Il ne doit pas être pris pour un adverbe. « Les phrases *Nous avons trouvé pareil, Ils sont habillés pareil* sont des plus incorrectes » (R. Georgin, *Pour un meilleur français*, 205). On dira *pareillement* ou *de la même façon.*

— **Pareil que**, pour **pareil à**, est une incorrection : *Il est pareil à son père* (et non *pareil que son père*). *Votre robe est pareille à la mienne* (et non *pareille que la mienne*)

De même, on dira : *La distance est pareille par telle ville ou par telle autre* (et non *par telle ville que par telle autre*)

— **Sans pareil** suit la règle de *sans égal* (v. ÉGAL), mais peut varier au masculin pluriel : *Des élans sans pareils.*

On rencontre aussi l'invariabilité : *Des perles, des brillants sans pareil* (sans rien de pareil).

parenthèse. — Par parenthèse - entre parenthèses. La *parenthèse* (rhétorique) est une phrase insérée dans une période et ayant un sens à part ; c'est une légère digression ou une remarque. Les *parenthèses* sont les signes qui renferment et isolent la *parenthèse*. Une phrase formant *parenthèse* est souvent mise *entre parenthèses*.

De ce fait, on dira : *Je vous envoie des œufs qui, par parenthèse, ne sont pas encore payés. Mettre, dans un dictionnaire, une prononciation entre parenthèses.*

Cette distinction n'est pas toujours observée, et il faut le regretter. Certains écrivains emploient indifféremment *par parenthèse* et *entre parenthèses* (même *entre parenthèse* au singulier !). L'Académie a suivi : *Par parenthèse, j'ajouterai telle chose. Entre parenthèses, je tiens à signaler que...*

— **Ouvrir une parenthèse** (*J'ouvre une parenthèse pour vous dire que...*) est familier.

parer. — La 3e personne du singulier de l'imparfait de ce verbe s'écrit sans accent circonflexe sur l'*i*. C'est la 3e personne du singulier de l'indicatif présent de *paraître* qui prend un accent circonflexe.

— **Parer à,** « se prémunir contre » : *Il n'a fait que parer aux coups* (Acad.). *Parer à un inconvénient, à un danger.*

parfait, quoique exprimant une qualité absolue, peut s'employer avec *moins, plus* ou même *trop,* la perfection étant une chose relative qui admet différents degrés : *Il est le plus parfait des trois.*

parfumé - odorant. V. ODORANT

parier. — **Parier avec.** On dit *parier avec quelqu'un* ou *contre quelqu'un,* selon le cas : *Je parie cent francs avec vous. Les cent francs que j'ai pariés avec vous. Je parierais bien cent francs contre vous.*

— **Parier pour.** Au sens propre (s'il s'agit réellement d'un pari), on dit *parier pour quelqu'un* : *Je parie pour tel joueur.* S'il s'agit d'un animal, l'Académie admet aussi *sur* : *Parier sur un cheval, pour un cheval.* (On ne dit pas *parier pour telle somme,* mais *parier telle somme.*)

— **Parier une chose,** c'est, au figuré, affirmer qu'elle sera telle qu'on le dit, sans intention de pari : *Je parie que vous n'en viendrez pas à bout* (Acad.). *Je parie son succès*

parlement s'écrit avec une majuscule quand il désigne l'assemblée ou les assemblées qui exercent le pouvoir législatif dans les pays constitutionnels : *Réunir le Parlement* (Lar. du XXe s.). *Le Parlement anglais. Le Long Parlement.*

Il s'écrit avec une minuscule dans les autres sens (« cour souveraine de justice », « assemblée des grands du royaume », etc.) : *Le parlement de Paris* (Lar. du XXe s.). *Conseiller au parlement* (Acad.). *Le parlement a refusé d'enregistrer cet édit* (Id.).

parler. — Parler à ou **avec.** On dit aussi bien *parler à quelqu'un* que *parler avec quelqu'un* (Acad.). [Mais on dit toujours *causer avec quelqu'un.*]

V. aussi CAUSER.

— **Parler de.** On dit : *Parler de politique, de chiffons,* etc.

— **Parler français comme une vache espagnole** (Acad.) est une locution admise. La variante *Parler français comme un Basque espagnol* fait aujourd'hui pédant.

— Le participe **parlé** est toujours invariable : *Ils se sont parlé devant moi.*

parlote s'écrit avec un seul *t.*

V. aussi -OTE.

parmi, qui signifie « au milieu de » (et s'écrit sans *s* final), s'est autrefois employé devant un nom singulier : *Parmi ce plaisir* (Racine, *Britannicus,* II, VI). *Un coin de la chambre où elle aimait à se tenir parmi le demi-jour* (E. de Goncourt, *Chérie,* 108).

Il ne s'emploie plus guère aujourd'hui que devant un pluriel ou un nom collectif : *Parmi les ennemis. Il se mêla parmi eux* (Acad.). *Parmi lesquels. Parmi tout cela. Parmi la foule* (Acad.). *L'ivraie est mêlée parmi le bon grain* (Id.).

— On emploie toujours *lesquels* (et non *qui*), après *parmi,* comme pronom relatif régime (personnes ou choses) : *Ces gens parmi lesquels j'ai vécu.*

part. — On écrit : *De part en part* (au singulier). *De toute part* ou *de toutes* *parts* (Acad.). *Prendre une chose en bonne, en mauvaise part* (et non *de*). *De quelle part viennent ces nouvelles?* (Acad.) *Faire part à quelqu'un de quelque chose.*

— On dit normalement : *De la part de qui venez-vous?* (et non *De quelle part...*).

— **Faire part que** n'est pas à conseiller. On dira *Je vous informe que...* (et non *Je vous fais part que...*).

— **Faire-part - faire part.** V. FAIRE-PART.

— **Mis à part,** au début d'une phrase, est considéré le plus souvent comme une locution prépositive et reste invariable : *Mis à part les deux bagues que je vous ai vendues.*

partager. — **Partager à,** c'est distribuer : *Partager le travail aux ouvriers* (Acad.).

— **Partager en,** c'est diviser en plusieurs portions ou parties: *Partager la flotte en deux escadres* (Lar. du XXᵉ s.).

— **Partager avec** ou **entre.** *Partager avec quelqu'un* implique qu'on conserve pour soi une partie de ce qu'on partage : *Partager une prime avec ses collègues. Il partage son bien avec les pauvres* (Acad.).

Partager entre implique qu'on ne réserve rien pour soi : *Il partagea cet argent mal acquis entre les pauvres de la commune. Partagez cela entre vous* (Acad.). *Sa tendresse se partage également entre tous ses enfants* (Acad.).

parti. — On écrit : *Prendre parti pour...* (mais *Prendre quelqu'un à partie*); *Tirer parti* (et non *partie*) *de quelque chose.*

— **Mi-parti.** V. MI-PARTI.

— **Parti pris.** V. PARTI PRIS.

parti pris s'écrit sans trait d'union : *C'est un parti pris* (Acad.). *Des partis pris différents.*

partial fait au pluriel masculin *partiaux.*

participe passé. — **Accord du participe passé.** Les règles d'accord du participe passé sont exposées ci-après dans l'ordre suivant : 1° *participe passé employé sans auxiliaire;* 2° *participe passé conjugué avec l'auxiliaire « être »;* 3° *participe passé conjugué avec l'auxiliaire « avoir »;* 4° *participe passé des verbes pronominaux;* 5° *participe passé des verbes impersonnels ou des verbes employés impersonnellement.*

Chaque paragraphe comporte des cas particuliers, qui sont traités après les règles générales.

1° Participe passé employé sans auxiliaire.

Le participe passé employé sans auxiliaire s'accorde comme un simple adjectif (avec le nom ou le pronom auquel il se rapporte) : *Une feuille jaunie. Des bijoux cachés. Une page vite lue. Assise à l'ombre, elle lisait. Grisée d'air pur, survolant la plaine alourdie de chaleur, l'alouette chante à plein gosier. Frappées par cette nouvelle imprévue, elles tombèrent évanouies.*

CAS PARTICULIERS

Sont *invariables* et considérés comme formes figées les participes *approuvé, lu* et *vu* lorsqu'ils sont employés seuls : *Lu et approuvé. Vu.*

Sont également *invariables* les participes suivants lorsqu'ils sont placés immédiatement *avant* le nom précédé ou non d'un article ou d'un déterminatif : *approuvé, attendu, certifié, communiqué, entendu, excepté, ôté, ouï, passé, lu, reçu, supposé, vu* (v. ces mots à leur ordre alphabétique) : *Attendu les événements. Nous vous remettons la totalité de votre commande, excepté les denrées périssables. Passé trois semaines, j'aviserai le propriétaire.*

A cette liste, on ajoutera les locutions et expressions suivantes, dans lesquelles entre un participe : *non compris, y compris, étant donné, excepté que,* etc. (v. ces mots) : *Il y avait douze présents, non compris les femmes. Etant donné les circonstances, on lui pardonnera sa faute.*

(Si ces participes sont placés *après* le nom auquel ils se rapportent, ils reprennent leur fonction d'adjectifs et s'accordent : *Les événements attendus se présentèrent ce jour-là. Les denrées périssables exceptées, nous vous remettons la totalité de votre commande. Il y a trois semaines passées, j'avisai le propriétaire. Il y avait douze présents, les femmes non comprises. Les épreuves ci-incluses sont celles de votre dernier papier.*)

2° Participe passé des verbes conjugués avec l'auxiliaire « être ».

Le participe passé des verbes conjugués avec *être* s'accorde en genre et en nombre avec le *sujet* du verbe : *Les feuilles sont jaunies. Les bijoux ont été cachés. Plusieurs pages avaient été lues. Ils sont venus s'ajouter aux autres.*

A noter que cette règle n'est pas applicable aux participes passés des verbes pronominaux dans lesquels le pronom réfléchi a la fonction de complément d'attribution, parce que, dans la conjugaison de ces verbes, *être* est mis généralement pour *avoir* : *Elles se sont accordées sur ce point* (c'est-à-dire elles ont accordé elles). *Elles se sont accordé un répit* (elles ont accordé un répit à elles).

V. aussi, plus loin, *Participe passé des verbes pronominaux* et *Participe passé des verbes impersonnels ou des verbes employés impersonnellement.*

— Si le sujet *nous* ou *vous* ne désigne qu'une seule et même personne, le singulier est de rigueur : *Nous sommes persuadé* (en parlant de soi) *de la perfection de cet appareil que nous avons construit de nos propres mains. Vous êtes, monsieur le Président, estimé de tous. Nous, Préfet des Vosges, assuré de l'appui du Conseil général...*

3° Participe passé des verbes conjugués avec l'auxiliaire « avoir ».

Le participe passé des verbes conjugués avec *avoir* s'accorde en genre et en nombre avec le *complément d'objet direct* lorsque celui-ci *précède* le participe. Il reste *invariable* : 1° si le verbe n'a pas de complément d'objet direct ; 2° si ce complément suit le participe.

Ainsi, on écrira : *Les jouets que nous avons achetés* (nous avons acheté quoi ? *que,* mis pour *jouets* : le complément d'objet direct précède le participe passé). *Quelles pages avez-vous lues? Les lettres que je vous ai écrites, les avez-vous reçues?*

Mais le participe reste invariable dans : *Ils ont chanté* (pas de complément d'objet direct). *Ils ont chanté hier soir* (id.). *Ils ont chanté sans conviction* (id.). De même dans : *Nous avons acheté des jouets* (le complément d'objet direct est placé après le participe passé).

(La recherche du complément d'objet direct est indispensable pour déterminer l'accord du participe passé des verbes conjugués avec *avoir.* Se rappeler que le complément d'objet direct qui précède le participe passé est le plus souvent l'un des pronoms *me, te, se, le, la, l', les, nous, vous,* ou encore le pronom relatif *que.* Il faut donc se reporter à l'antécédent pour déterminer le genre et le nombre de celui-ci.)

Autres exemples avec participe passé précédé d'un complément d'objet direct : *Ci-joint la lettre que tu as cherchée. Les épreuves que m'a fournies le photographe. Les ravages qu'ont faits les inondations dans ce pays. C'est une règle que lui avait transmise son père. On les a punis de prison. Quels services il m'a rendus! Que de bons conseils il m'a donnés! Combien de fautes il m'a épargnées! On vous a longtemps cherchées, mesdemoiselles.*

Avec participe passé *invariable* : *J'ai écrit une lettre. Ils ont écrasé deux poules. Elles ont fait des façons pour manger. Cette femme a perdu sa bague. Il a rencontré ses cousins. On a puni de prison ces malfaiteurs. Elles ont beaucoup attendu.*

En somme, le participe passé conjugué avec *avoir* s'accorde avec le complément d'objet direct quand, sous la dictée, on connaît ce complément au moment où l'on écrit le participe.

— Les verbes **intransitifs, transitifs indirects** et **impersonnels** n'ayant pas de complément d'objet direct, leur participe passé reste *invariable* : *Ces deux films nous ont plu* (verbe transitif indirect). *Les rivières ont débordé. Les beaux jours ont passé rapidement. Elle a pris les médicaments qu'il a fallu* (verbe impersonnel). *Les orages qu'il a fait ont gâché les récoltes. La famine qu'il y a eu dans cette région.*

— Les participes passés **couru, coûté, régné, valu, vécu** (voir à l'infinitif de ces verbes) sont *invariables* au sens propre (ces verbes sont intransitifs), mais *varient* au sens figuré (ils sont alors transitifs) : *La pluie n'a cessé de tomber pendant le quart d'heure que nous avons couru* (sens propre). *Les dangers que nous avons courus* (sens figuré). — *Les trois millions qu'a coûté cette maison. Les mille* *efforts qu'a coûtés cette épreuve.* — *La somme que cette bague a valu. Les joies que ces vacances m'ont values* (m'ont procurées). — *Les soixante-quinze ans qu'il a vécu. Les belles années qu'il a vécues.*

Pesé est toujours invariable au sens d' « avoir tel ou tel poids » : *Ce colis ne pèse plus les 5 kilos qu'il a pesé autrefois,* mais *Votre commande est prête, je l'ai pesée moi-même.*

CAS PARTICULIERS

— **Participe passé suivi d'un attribut du complément d'objet direct.** Le participe passé suivi d'un attribut du complément d'objet direct s'accorde généralement avec le complément quand celui-ci précède le participe : *Des femmes qu'il avait crues veuves, qu'il avait trouvées charmantes. Elle avait un tel teint qu'on l'eût dite étrangère. Je l'ai longtemps crue sourde. Ces légumes, il les aurait désirés plus tendres. Cette nouvelle l'a rendue folle d'inquiétude.*

On rencontre parfois l'invariabilité, qui est un reste de l'ancienne grammaire.

— **Participe passé suivi d'un infinitif.** L'accord a lieu si le complément d'objet direct, étant placé avant le participe, fait l'action exprimée par l'infinitif : *La femme que j'ai entendue chanter. Les fruits que j'ai vus tomber.* (C'est la femme qui faisait l'action de chanter ; ce sont les fruits qui tombaient. On pourrait dire, d'ailleurs : *La femme que j'ai entendue chantant. Les fruits que j'ai vus tombant.*)

Dans le cas contraire, le participe passé reste *invariable* : *La chanson que j'ai entendu chanter. Les fruits que j'ai vu cueillir. Ces acteurs que j'ai vu jouer, je les ai entendu applaudir.* (Ce n'était pas la *chanson* qui *chantait,* ni les *fruits* qui *cueillaient,* ni les *acteurs* qui *applaudissaient,* etc. ; et l'on ne pourrait dire : *La chanson que j'ai entendu chantant. Les fruits que j'ai vu cueillant. Les acteurs que j'ai entendu applaudissant* [mais *les spectateurs que j'ai entendus applaudissant*].) *Je les ai vus piller* (pillant). *Je les ai vu piller* (être pillés). *Les conseils que je leur ai entendu donner. La ville que j'ai vu bombarder.* Et avec **lui** ou **leur** pré-cédant le participe : *Cette mélodie, je la lui ai entendu jouer. Les liqueurs que je leur ai vu verser.*

Une autre façon de reconnaître l'invariabilité de ce genre de participe passé est de le faire suivre de la préposition *par* introduisant un complément indirect : *La chanson que j'ai entendu chanter... par ma fiancée. Les fruits que j'ai vu cueillir... par le jardinier. Les acteurs que j'ai vu applaudir... par les spectateurs.*

L'**infinitif** peut être **sous-entendu,** et alors le participe passé est toujours *invariable* (il s'agit surtout des participes *cru, dû, pensé, permis, pu, voulu*) : *Je lui ai rendu tous les services que j'ai pu, que j'ai dû, que j'ai voulu* (sous-entendu *lui rendre*). *Il a commis toutes les erreurs que son ignorance lui a permis* (sous-entendu *de faire*).

— Le participe passé reste invariable s'il est précédé de **que** et accompagné d'une proposition complétive construite à l'infinitif : *J'ai pris la route qu'on m'a assuré être la plus courte. Les histoires qu'on avait cru être fausses. Ceux qu'on avait supposé avoir passé la frontière. Ces hommes qu'on a prétendu être des héros.*

— Le participe passé **fait** suivi d'un infinitif est toujours *invariable* : *Ils ont fait pleurer les enfants. La famille de cette femme l'a fait interner. Elle s'est fait entendre malgré eux.*

— V. aussi LAISSER (« *Laissé* » suivi d'un infinitif).

— Lorsqu'une préposition, **à** ou **de** (mais généralement **à**), est intercalée entre le participe et l'infinitif, l'accord se fait si le complément d'objet direct, placé avant, se rapporte au participe (il faut pouvoir intercaler un complément d'objet direct entre le participe et la préposition) : *Les couteaux que j'ai portés à repasser* (j'ai porté *les couteaux* à repasser). *Ces habits, je les ai donnés à retoucher* (j'ai donné *ces habits* à retoucher). *Quelle peine j'ai eue à le décider! Les gens qu'on a empêchés de partir.*

Si le complément se rapporte à l'infinitif, le participe reste invariable : *Les contrées qu'ils ont eu à explorer* (ils n'ont pas *eu* ces contrées, ils ont *eu à* les explorer). *Les sommes qu'ils ont eu à verser. Les injures qu'il a eu à subir.*

*Les personnes que j'ai appris à aimer.
Pères que les fils ont aidé à venger. Les
obstacles qu'on lui a donné à vaincre.*

Parfois, la distinction est difficile, et
il semble indifférent de faire ou non
l'accord : *La fable qu'il a eue à réciter*
(il a eu la fable à réciter) ou *La fable
qu'il a eu à réciter* (il a eu à réciter la
fable).

— **Participe passé précédé de
« en ».** V. EN (pronom).

— **Participe passé précédé de
« le (l') ».** Quand le participe passé
est précédé du pronom neutre *le (l')*,
qui équivaut à *cela* et représente une
proposition, il est toujours *invariable* :
*La chose est plus sérieuse que nous
ne l'avions pensé d'abord* (que nous
n'avions pensé *cela*). [Le complément
d'objet direct *l'* étant neutre, le participe reste invariable; on pourrait
même supprimer ce pronom sans nuire
au sens de la phrase.] *Elle s'est fâchée,
comme on l'avait prévu. Il fallut rendre
justice à celui qui l'avait mérité. La
puissance de cette arme, je l'ai reconnu,
est fantastique. Cette fleur n'est pas
aussi belle que je l'avais cru.*

Si le pronom *le (l')* n'est pas neutre
et représente un nom, il va sans dire
que le participe passé s'accorde suivant
la règle générale (avec l'antécédent) :
*Cette fleur est quelconque, je l'avais
crue plus belle* (*l'*, mis pour *fleur*,
complément d'objet direct placé avant
le participe passé). *Je l'ai retrouvée
telle que je l'avais vue.* A noter que,
dans ce cas, on peut toujours remplacer
l' par *les* lorsqu'on met l'antécédent au
pluriel : *Ces fleurs sont quelconques,
je les avais crues plus belles.*

— **Participe passé précédé de
« le peu ».** V. PEU (*Accord du participe passé avec « peu » et « le peu »*).

— **Participe passé placé entre
deux « que ».** Le participe passé placé
entre deux *que* est *invariable* s'il a pour
complément direct la proposition qui
suit (le premier *que* est pronom relatif,
le second conjonction) : *Les ennuis
que j'avais prévu que vous auriez*
(j'avais prévu quoi? que vous auriez
des ennuis). *C'est la faute que j'ai dit
que je réparerai. La lettre que vous
avez cru que j'écrirais. C'est une affaire
que nous avons pensé que vous évi-
teriez.*

Le participe passé s'accorde si le premier *que* (pronom relatif) est complément d'objet direct (placé avant) : *Ce
sont les fruits que j'ai cultivés que nous
allons manger* (j'ai cultivé quoi? les
fruits, représentés par *que*). *Votre
sœur, que j'avais prévenue que vous
arriviez, est ici.*

A noter que les phrases dans lesquelles entre un participe passé placé
entre deux *que* sont correctes, mais si
lourdes et si peu harmonieuses qu'il faut
autant que possible les éviter.

— **Participe passé précédé d'un
collectif.** Quand le participe passé est
précédé d'une locution collective (*une
foule de, une masse de, un grand
nombre de, une partie de, le tiers
de,* etc.) accompagnée d'un complément, l'accord se fait, selon le sens,
soit avec le nom collectif, soit avec le
complément de celui-ci : *Une foule de
curieux qu'il avait bientôt rassemblés...
Le grand nombre d'enfants que j'ai vus
sur la plage* (l'idée porte surtout sur
enfants). *La multitude des fidèles qu'il
avait entraînée* (l'idée porte sur *multitude*). *Une partie des frais que j'ai
assumés* (mais *La partie des frais que
j'ai assumée* ou *assumés*). *La moitié
des personnes que j'ai consultées étaient
de mon avis.*

Si l'expression collective est formée
d'un **adverbe de quantité** suivi d'un
complément (tels *autant de, combien
de,* etc.), le participe passé s'accorde
avec le complément (à moins que
celui-ci ne soit placé après) : *Autant de
livres il a lus...* (mais on écrira, sans
accord : *Autant il a lu de livres*).
Combien d'heures ai-je perdues ? (mais
Combien ai-je perdu d'heures ?)

V. aussi COLLECTIF, et FOULE, MASSE,
NOMBRE, etc.

— **Participe passé précédé de
« un des... », « un de ces... », « un
de ceux... ».** V. UN (*Accord du verbe
après « un des... », etc.*).

— **Accord avec deux ou plusieurs antécédents joints par
« ou ».** Quand *ou* marque l'exclusion
d'un des antécédents, l'accord s'est fait
autrefois avec le dernier antécédent :
Est-ce lui ou elle que tu as invitée?

Aujourd'hui, la règle est moins rigide,
et l'accord a lieu le plus souvent au
masculin ou avec celui des antécédents

sur lequel on veut appuyer ; mais il est souvent préférable de tourner autrement la phrase : *Est-ce lui que tu as invité ou bien elle?*

Si *ou* marque l'addition, l'accord au pluriel est normal : *La peur ou la misère, que les hommes ont toujours difficilement supportées, ont fait commettre bien des fautes* (toutes deux) [Hanse].

V. aussi OU (conjonction).

— **Accord du participe passé avec des antécédents en gradation.** Quand les antécédents, *non coordonnés*, sont en gradation, c'est-à-dire quand ils se suivent en renchérissant l'un sur l'autre, l'accord du participe se fait avec le dernier seulement : *L'ennui, la déception, le courroux que j'ai ressenti* (Catel).

— **Accord du participe passé avec des antécédents synonymes.** Si les antécédents sont synonymes et *non coordonnés*, l'accord du participe se fait avec le dernier terme : *Cette douleur, ce grand mal qu'il a ressenti.*

— **Participes passés invariables.** Sont toujours *invariables* les participes passés des verbes *intransitifs* et *transitifs indirects* (puisque ces verbes ne peuvent avoir de complément d'objet direct) et des verbes *impersonnels*.

Voici une liste de ces participes passés qui, employés avec *avoir*, sont toujours invariables :

abondé	brigandé
accédé	brillé
afflué	bronché
agi	buvoté
agioté	cabriole
agonisé	cadré
appartenu	caracolé
avocassé	cessé
babillé	chancelé
badaudé	cheminé
badiné	circulé
baguenaudé	clabaudé
baliverné	clignoté
banqueté	coassé
batifolé	coexisté
bavardé	coïncidé
beuglé	commercé
boité	comparu
bondi	compati
bouquiné	complu
boursicoté	concouru
bramé	condescendu

connivé	gravité
contrevenu	grelotté
contribué	grimacé
conversé	grisonné
convolé	grogné
coopéré	guerroyé
coqueliré	hâblé
correspondu	henni
croassé	herborisé
croûté	hésité
culminé	influé
daigné	insisté
découché	intercédé
dégoutté	jaboté
déjeuné	jailli
démérité	jasé
démordu	jeûné
déplu	joui
dérogé	jouté
détoné	lambiné
détonné	langui
devisé	larmoyé
dîné	lésiné
discordé	louvoyé
discouru	lui
disparu	lutté
divagué	maraudé
dogmatisé	marché
dormi	marmitonné
douté	médit
duré	menti
égoïsé	mésarrivé
endêvé	mésusé
entre-nui	miaulé
erré	monopolé
éternué	mugi
étincelé	musé
excellé	nagé
excipé	nasillé
faibli	navigué
failli	neigé
fainéanté	niaisé
fallu	nigaudé
ferraillé	nui
finassé	obtempéré
flamboyé	obvié
flâné	officié
flotté	opiné
foisonné	opté
folâtré	oscillé
folichonné	pactisé
fourmillé	pâli
fraternisé	paperassé
frémi	parlementé
frétillé	participé
frissonné	pataugé
fructifié	pâti
geint	patienté
gémi	péché
giboyé	péri
godaillé	périclité

péroré
persévéré
persisté
pesté
pétillé
philosophé
piaulé
pindarisé
pionné
piraté
pirouetté
pivoté
pleurniché
plu (plaire)
plu (pleuvoir)
politiqué
pouffé
pouliné
préexisté
préludé
préopiné
procédé
profité
progressé
prospéré
pu (pouvoir)
pué
pullulé
raccouru
radoté
raffolé
râlé
ramagé
rampé
réagi
récriminé
regimbé
regorgé
rejailli
relui
remédié
renâclé
reparu
reposé (repos)
résidé
résisté
résonné
resplendi
ressemblé
retenti
rétrogradé
ri
ricané
rivalisé
rôdé
ronflé
rougi
roupillé
rugi
ruisselé
rusé

sautillé
scintillé
séjourné
semblé
sévi
siégé
soixanté
sombré
sommeillé
soupé
sourcillé
souri
subsisté
subvenu
succédé
succombé
sué
suffi
surgi
surnagé
survécu
sympathisé
tablé
tâché
tardé
tatillonné
tâtonné
tempêté
temporisé
tergiversé
testé
tonné
topé
tournoyé
toussé
transigé
trébuché
tremblé
trembloté
trépigné
trimé
trinqué
triomphé
trôné
trotté
trottiné
valsé
valu (avoir valeur)
vaqué
végété
venté
verbalisé
verbiagé
verdoyé
vétillé
vibré
viré
vivoté
vogué
volé (dans l'air)
voyagé

4° Participe passé des verbes pronominaux.

Les verbes pronominaux se conjuguent toujours avec **être** aux temps composés : *Je me suis repenti. Ils se sont lavé les mains. Elles se sont battues dans la cour.*

— **Verbes pronominaux proprement dits** (ou verbes *essentiellement pronominaux*). Le participe passé des verbes pronominaux proprement dits (c'est-à-dire de ceux qui n'existent que sous la forme pronominale, comme *s'envoler, s'ingénier, se repentir,* etc.) s'accorde en genre et en nombre avec le sujet du verbe : *Les serins se sont envolés. Aussi, les municipalités se sont-elles ingéniées à en réduire les frais. Elles s'en sont repenties le lendemain.*

(Exception : *s'arroger,* dont le participe passé s'accorde avec le complément d'objet direct si celui-ci est placé avant, et reste invariable dans le cas contraire : *Les droits qu'ils se sont arrogés. Ils se sont arrogé des droits.*)

Liste des verbes pronominaux proprement dits.

s'absenter	s'extasier
s'abstenir	se formaliser
s'accouder	se gargariser
s'accroupir	se gendarmer
s'acheminer	s'immiscer
s'adonner	s'infiltrer
s'agenouiller	s'ingénier
s'arroger	s'ingérer
se blottir	s'insurger
se cabrer	se méfier
se dédire	se méprendre
se démener	se moquer
se désister	s'obstiner
s'ébattre	s'opiniâtrer
s'ébrouer	se parjurer
s'écrier	se prosterner
s'écrouler	se ratatiner
s'efforcer	se raviser
s'élancer	se rebeller
s'emparer	se rebéquer
s'empresser	se rebiffer
s'enfuir	se récrier
s'enquérir	se recroqueviller
s'entraider	se réfugier
s'envoler	se renfrogner
s'éprendre	se rengorger
s'esclaffer	se repentir
s'évader	se soucier
s'évanouir	se souvenir
s'évertuer	se suicider
s'exclamer	se targuer

(Le pronom réfléchi est parfois omis à l'infinitif avec certains de ces verbes employés avec **faire** : *Il a fait cabrer son cheval devant le président. Ils le firent évader du camp de prisonniers.*)

— **Verbes transitifs et intransitifs employés pronominalement.** Pour l'accord du participe passé de ces verbes, il est indispensable de se rappeler que l'auxiliaire *être* est mis généralement pour *avoir;* par conséquent, *ces verbes sont traités comme s'ils étaient conjugués avec « avoir »*: le participe s'accorde en genre et en nombre avec le pronom (*me, te, se, nous, vous*) si celui-ci est complément d'objet direct; dans le cas contraire (pronom complément d'objet indirect), et si le complément d'objet direct est placé après, le participe reste invariable :

Elle s'est jetée sur la voiture (elle a jeté qui? elle [*s'*]; *s'* complément d'objet direct, donc accord).

Ils se sont blessés à la tête (ils ont blessé qui? *se*, mis pour *ils*, complément d'objet direct : accord).

Nous nous sommes battus dans la rue (nous avons battu qui? *nous*, complément d'objet direct : accord).

Elle s'est cogné la tête (elle a cogné la tête de qui? d'elle; *s'* complément d'objet indirect, ou *tête* complément d'objet direct placé après, donc pas d'accord).

Cette enfant s'est mis dans la tête de ne pas aller en classe (cette enfant a mis dans la tête de qui? d'elle; *s'* complément d'objet indirect : pas d'accord).

Ils se sont adressé des injures (ils ont adressé des injures à qui? à eux; *se* complément d'objet indirect : pas d'accord).

Autres exemples :

Avec participe variable : *Ils se sont passés de manger. Ils se sont faits les esclaves de cette science. Cette nation s'est faite le champion du fédéralisme. Elles se sont données entièrement à cette œuvre charitable. Elle s'est mise à faire la cuisine. Il revint sur les lieux où s'était manifestée l'opposition. Elle s'est finalement prise à ce jeu innocent. Comment s'est achevée cette gloire? Nous nous sommes assurés de cette nouvelle. Les bons petits plats qu'elle s'est préparés.*

Avec participe invariable : *Elle s'est* acheté une bague. Elle s'était promis de ne pas recommencer. Ils s'étaient imaginé le faire céder. Elles s'étaient mis en tête de faire du cinéma. Nous nous sommes assuré des couchettes pour la nuit. Ils se sont reproché leurs erreurs. Ils se sont menti toute leur vie. Nous nous sommes pardonné nos fautes.*

Des règles qui précèdent, il résulte que le participe passé des *verbes qui ne peuvent avoir de complément d'objet direct* reste invariable : *Ils se sont ri de ma faiblesse. Ils se sont nui. Elle s'est plu à le tourmenter. Les fêtes se sont succédé jusqu'au lendemain. Que d'hommes se sont craints, déplu, détestés, haïs, menti, trompés, nui!* (Ils ont craint *eux*, déplu *à eux*...)

Il en est ainsi de :

se complaire	se plaire
se convenir	se ressembler
se déplaire	se rire
s'entre-nuire	se sourire
se mentir	se succéder
se nuire	se suffire
se parler	se survivre

— Le participe passé des verbes pronominaux **non réfléchis** (c'est-à-dire dont l'action ne se reporte pas sur le sujet, comme *s'apercevoir, s'attendre,* etc., qui ne signifient pas « apercevoir soi », « attendre soi ») s'accorde avec le sujet, comme celui des verbes pronominaux proprement dits : *Ils se sont aperçus de leur erreur. Elle s'était attendue à plus d'égards. Ils se sont joués de lui. Elle s'est plainte de cette intrusion.*

Voici une liste de verbes pronominaux non réfléchis :

s'apercevoir	se jouer
s'attaquer	se plaindre
s'attendre	se prévaloir
s'aviser	se saisir
se douter	se servir
s'échapper	se taire
s'ennuyer	

— Le participe passé des verbes à sens **passif** s'accorde également avec le sujet : *Les légumes se sont bien vendus aujourd'hui* (ont été bien vendus). *La partie s'est jouée en trois manches* (a été jouée).

— **Participe passé d'un verbe pronominal suivi d'un infinitif.** Le participe passé de ce verbe s'accorde comme le participe passé du verbe simple (v. plus haut *Participe passé suivi d'un infinitif*) : *Ils se sont vu jeter à la porte* (ce n'est pas eux qui faisaient l'action : ils ont été jetés à la porte *par quelqu'un*). *Ils se sont vus mourir* (c'est eux qui mouraient : ils sont vus mourants). *Elle s'est laissé séduire* (elle n'a pas fait l'action de séduire). *Elle s'est laissée mourir de faim* (c'est elle qui mourait).

A noter que le participe passé du verbe **faire** ou **se faire** est toujours invariable devant un infinitif : *Il les a fait périr. Ils se sont fait entendre malgré lui. Elle s'est fait faire une belle robe.*

5° Participe passé des verbes impersonnels ou des verbes employés impersonnellement.

Le participe passé des verbes impersonnels ou des verbes employés impersonnellement est toujours *invariable* : *Je suis resté chez moi les trois jours qu'il a plu. La révolution qu'il y a eu dans ce pays a causé bien des malheurs. Les grands froids qu'il a fait cette année. Quelle patience il a fallu pour effectuer ce travail ! Il lui est arrivé une fâcheuse histoire.*

participe présent. — Le participe présent proprement dit ne soulève guère de difficultés : il se termine toujours par **-ant**; il est *invariable* : *Il réveilla ses fils dormant, sa femme lasse* (V. Hugo, *la Légende des siècles*, « la Conscience »). *Elle les vit revenant de la chasse. Tout en s'étonnant de cette fatigue anormale, ils le prièrent de se reposer.*

Mais le participe présent peut s'employer comme adjectif, et cet *adjectif verbal* (terminé lui aussi par *-ant*, sauf quelques exceptions [v. plus loin]) est alors *variable* : *Des flots mugissants* (adjectif verbal). *Des flots mugissant dans la nuit* (participe présent).

— **Participe présent et adjectif verbal.** Le participe présent peut être employé comme verbe ou comme adjectif.

Comme *verbe* (cas du participe présent proprement dit, *invariable*), il marque une *action* ou un *état passager*; il est souvent suivi d'un complément et peut être remplacé par le même verbe à un mode personnel précédé de qui : *On aime les enfants obéissant à leurs parents* (c'est-à-dire *qui obéissent à leurs parents*).

Comme *adjectif verbal*, il marque un *état*, une *qualité durables*; il a la valeur d'un qualificatif et s'accorde en genre et en nombre avec le nom dont il est épithète ou attribut : *Des fruits mûrissants. Des cheveux grisonnants. Cette jeune fille est obligeante.*

Le mot terminé par *-ant* est un PARTICIPE PRÉSENT et reste invariable :

1° S'il a un complément d'objet direct ou indirect, et aussi, par conséquent, s'il est employé pronominalement : *Les chiens poursuivant le chat. Les chiens courant après le chat. Les chiens se poursuivant. Se poursuivant, les chiens disparurent, ainsi que le chat;*

2° S'il est suivi d'un adverbe ou d'une locution adverbiale : *La cantatrice chantant mal fut congédiée. Il acheta des moteurs tournant très bien;*

3° S'il est accompagné de la négation *ne* ou *ne pas* : *Les conscrits ne buvant pas furent hués;*

4° S'il est précédé de la préposition *en* (cette forme, appelée *gérondif*, est distinguée du participe présent) : *Les chiens disparurent en poursuivant le chat. Ils le reconduisirent en chantant. En portant la main à sa tête, il s'effondra. Ils ont fait la route en mendiant* (verbe *mendier; Ils ont fait la route en mendiants* [nom] signifierait « comme des mendiants »).

En peut être sous-entendu : *Te rendant un époux, je te rends plus qu'un père* (Corneille);

5° S'il est employé avec *aller* ou *s'en aller* : *Ses forces vont croissant, s'en vont déclinant.*

(A noter que dans l'ancien usage, et jusque vers la fin du XVIIᵉ siècle, le participe présent était variable, même quand il marquait l'action. Il en reste des locutions comme : *les ayants droit; les ayants cause; les allants et venants; les tenants et aboutissants; toutes affaires cessantes; séance tenante; à la nuit tombante;* etc.)

Le mot terminé par *-ant* est ADJECTIF VERBAL et par conséquent *variable* :

1° Quand il est attribut (il est ou peut alors être précédé du verbe *être* ou de l'un des verbes *sembler, devenir, paraître...*) : *Ces oiseaux sont charmants. Sa mère est souffrante. Cette petite fille est caressante* (mais *J'ai vu cette petite fille caressant un chat*) ;

2° Quand il est simple épithète (sans complément d'objet direct) : *Des oiseaux charmants. Une vapeur suffocante le prit à la gorge. On aime les enfants obéissants* (mais *On aime les enfants obéissant à leurs parents*) ;

3° Quand il est précédé d'un adverbe (autre que *ne*) qui le modifie et qu'il n'est pas suivi d'un complément d'objet direct : *Des gens bien pensants. Des personnages toujours agissants.*

Pour éviter la confusion entre le participe présent et l'adjectif verbal, on peut essayer de mettre une terminaison féminine au mot en -*ant* ou de le remplacer par un adjectif qualificatif quelconque : *Des murs croulants* (avec *s,* puisqu'on peut dire *Des maisons croulantes*). *Des parfums troublants* (puisqu'on peut dire *Des parfums agréables*).

Cas particuliers. — Dans certains cas, la distinction entre le participe présent et l'adjectif verbal n'est pas nette, et la nuance est rendue d'après l'intention (*action* ou *état*) : *Elle était là, tremblant* (ou *tremblante*) *de peur. Je vis des insoumis errant* (ou *errants*) *dans la forêt.*

— **Remarques sur l'emploi du participe présent.** Normalement, le participe présent se rapporte au sujet de la proposition principale. Aussi, on dira : *Comme je reviens de guerre, vous me trouverez changé* (et non *Revenant de guerre, vous me trouverez changé*). Et avec *en* sous-entendu : *Espérant recevoir une réponse favorable, je vous prie d'agréer...* (et non *Espérant recevoir une réponse favorable, veuillez agréer...*).

On évitera d'écrire, avec André Gide : *Les traits d'Olivier s'animeront en entendant la voix de son ami* (le sujet du participe présent *entendant* est *Olivier* et non *les traits*).

— Le participe présent est régulièrement apposé à un nom *sujet* : *Un homme tenant une lampe à la main s'avança vers moi.* Apposé à un nom *complément*, il alourdit la phrase, et sera de préférence remplacé par une relative (*qui...*) : *Je vis s'avancer vers moi un homme qui tenait une lampe à la main* (mieux que *tenant une lampe à la main*). *Un peintre déformant sans cesse la nature est haïssable,* mais *Je n'aime pas un peintre qui déforme sans cesse...* (A. Thérive, *Querelles de langage,* III, 175).

— **Différences orthographiques entre le participe présent et l'adjectif verbal.** L'adjectif verbal peut différer par l'orthographe du participe présent dont il dérive. Cette distinction porte particulièrement sur les verbes en -*ger,* -*guer* et -*quer.*

En voici une liste :

PARTICIPE PRÉSENT	ADJECTIF VERBAL
abstergeant	abstergent
adhérant	adhérent
affluant	affluent
coïncidant	coïncident
communiquant	communicant
compétant	compétent
convainquant	convaincant
convergeant	convergent
détergeant	détergent
différant	différent
divergeant	divergent
émergeant	émergent
équivalant	équivalent
excellant	excellent
expédiant	expédient
extravaguant	extravagant
fatiguant	fatigant
fringuant	fringant
influant	influent
intriguant	intrigant
naviguant	navigant
négligeant	négligent
précédant	précédent
provoquant	provocant
résidant	résident
somnolant	somnolent
suffoquant	suffocant
vaquant	vacant

(Se rappeler qu'*exigeant* et *obligeant* sont homographes comme participes et comme adjectifs.)

A noter également quelques noms dont l'orthographe diffère de celle du participe présent :

PARTICIPE PRÉSENT	NOM
adhérant	un adhérent
affluant	un affluent
confluant	un confluent
fabriquant	un fabricant
présidant	un président
résidant	un résident
etc.	etc.

participer, aux différents sens de « avoir part à », « coopérer à », « s'associer à », se construit avec **à** : *Participer aux profits, aux pertes* (Lar. du XXᵉ s.). *Participer à une affaire. Participer à la joie de quelqu'un. Comme un simple caillou participe au soleil* (Ch. Maurras, *le Chemin de paradis*, 6).

Il se construit avec **de** au sens de « tenir de » : *Son système participe de celui des anciens* (Acad.). *Le mulet participe de l'âne et du cheval* (Lar. du XXᵉ s.).

particule. — « De » particule onomastique. La particule *de* ne s'exprime pas, en général, si le nom est polysyllabique (à moins qu'il ne commence par une voyelle ou un *h* muet) : *Relire Montalembert. Elle rejoignit Musset à Venise. Les maximes de La Rochefoucauld* (toujours avec la majuscule à *La*, pour distinguer, par exemple, *le talent de la Patti, du drapeau de La Fayette*). *L'« Armorial » de d'Hozier* (Littré). *Le fils des d'Orléans* (Id.). *Les Mémoires de d'Argenson. Voici d'Harcourt.*

Si le nom est monosyllabique (ou si la seconde syllabe est muette), la particule doit s'exprimer : *De rencontre de Mun sur son passage. De Thou a bien écrit, j'ai vu de Sèze* (Littré).

Si, dans ce cas, la particule est heurtée par un *de* préposition non élidé, il est d'usage d'y mettre la majuscule : *La mort de De Thou. L'arrivée de De Lattre.* (Mais il est préférable de tourner sa phrase autrement : *L'arrivée du maréchal de Lattre*).

— Du, des ne s'omettent en aucun cas, et l'article contracté, qui fait partie intégrante du nom, prend la majuscule après une préposition : *Les vers de Du Bellay* (mais *de Joachim du Bellay*). *Le dictionnaire de Du Cange. Les « Bigarrures » de Des Accords.* Si la particule n'est pas nobiliaire, elle doit s'écrire dans tous les cas avec une majuscule : *Charles Du Bos.*

partie. — Une partie... Avec *une partie, une petite partie, une grande partie,* l'accord du verbe se fait aujourd'hui soit avec le collectif, soit avec son complément, et dépend de l'intention de celui qui parle ou qui écrit : *Une petite partie des dettes fut payée avec la part d'héritage. Une partie des domes-* *tiques avaient quitté l'hôtel* (M. Maindron, *Dariolette*, 286 ; cité par Grevisse).

Avec *la plus grande partie,* le singulier est de rigueur : *La plus grande partie des hommes s'accoutume à l'oubli du péril.* Et, pour le genre : *La plus grande partie du fleuve était gelée.*

— Prendre à partie. On écrit *prendre à partie* (et non *à parti*), mais *prendre son parti.*

V. aussi PARTI.

partir se conjugue aujourd'hui uniquement avec l'auxiliaire **être** (*avoir,* marquant l'action, est archaïque) : *Il est parti en claquant la porte. Nous sommes partis tous les deux. Le coup est parti tout seul.* (Dans ce dernier sens, on rencontre parfois *avoir* : *Le fusil a parti tout d'un coup.*)

— Partir à. Voir ci-après *Partir en* et *Partir pour.*

— Partir en. Si *partir en* (tout comme *partir à*) suivi d'un nom propre n'est pas autorisé (on part *pour* la *Touraine* et non *en* *Touraine*), on ne l'interdit plus guère aujourd'hui devant un nom commun : *Partir en campagne contre un abus. Partir en guerre, en vacances, en voyage,* que nous trouvons sous la plume des meilleurs écrivains. De même *partir chez* : *Il est l'heure de partir chez soi.*

Partir au front, à la douche, etc., est du style familier.

(Si le complément de *partir* marque non pas le lieu *où l'on se rend,* mais le lieu *où l'on est arrivé,* il va de soi que la construction *à* ou *dans* est permise : *Ses deux filles sont parties au sanatorium il y a six mois. Il est parti depuis longtemps dans sa famille.*)

— Partir pour. Suivi d'un nom marquant le but ou le terme du mouvement, *partir* se construit avec *pour* (et non avec *à*) : *Partir pour Paris, pour la province, pour la fête Nous partons pour la promenade* (Acad.). *Partir pour un voyage* (Littré). *Partant pour la Syrie, le jeune et beau Dunois... Il partira dans trois jours pour la campagne* (Acad.). *Partir pour la guerre* (Lar. du XXᵉ s.).

(On dit aussi *partir vers* : *Partir vers d'autres horizons.*)

— Partir pour une semaine, un mois, etc., est du langage populaire. On *s'absente* pour une semaine, un mois, etc.

— **Partir soldat** est aussi du langage populaire. On dira mieux : *Il est parti comme soldat* (Hanse).

— Nota. Les règles de construction de *partir* s'appliquent également à *repartir*.

partisan, partisane. — Le féminin *partisane* date du XVIᵉ siècle, époque à laquelle on le trouve employé aussi bien adjectivement que substantivement. Au XVIIIᵉ siècle, Voltaire employait encore *partisane* dans une phrase fréquemment citée : *Vous n'avez point de partisane plus sincère* (Lettre à Mᵐᵉ Du Bocage, 1749).

Mais, un peu plus tard, l'usage de ce féminin se perdit, et l'on vint même à en critiquer l'emploi ; ce qui amena la forme barbare *partisante*, réservée au style très familier.

Aujourd'hui, l'Académie s'en tient à *partisan*, nom masculin, rejointe en cela par M. Dauzat, qui déclare (*Grammaire raisonnée*, 91) qu' « il est préférable de laisser le substantif invariable ».

En revanche, l'adjectif est couramment employé : *Passion partisane. Une fureur partisane* (Lar. du XXᵉ s.).

— On dira mieux *Je suis d'avis de faire telle chose* que *Je suis partisan de faire telle chose.*

partitif (Article). V. DE.

partout. — **Tout partout** est une expression archaïque passée dans le langage populaire.

parution. « action de paraître en librairie », n'est pas admis par l'Académie. Les puristes lui préfèrent *publication* ou *mise en vente*. Forgé sur *paru*, participe passé de *paraître* (cf. *comparution*), il est entré dans la langue de l'édition ; et si, en raison de l'ostracisme de l'Académie, on évite de l'employer dans le langage châtié, on peut l'admettre dans le langage commercial. (Même remarque pour *reparution*.)

V. aussi PARAÎTRE (*Paru*).

parvenir se conjugue avec **être** : *Il est parvenu à ses fins.*

parvis. — Le *parvis* est la place située devant la grande porte d'une église (et principalement d'une église cathédrale), d'un temple : *Le parvis de Notre-Dame* (Acad.). *Le parvis des prêtres,*

des gentils désigne l'enceinte qui était réservée aux prêtres, aux gentils, dans l'ancien temple de Jérusalem.

Le *parvis de l'église, du temple* est un pléonasme, un parvis ne pouvant exister ailleurs que devant un édifice sacré. On ne dira pas, par extension abusive, avec Paul Adam (*les Lions*, 74) : *Le jeune homme attiré sur le parvis du bar.*

pas (adverbe). — **Pas - point.** La distinction entre *pas* et *point*, ce dernier exprimant une négation plus forte que *pas*, n'est plus guère observée de nos jours. On constate même l'effacement progressif de *point* devant *pas*, celui-ci supplantant celui-là dans la plupart des cas. Bien plus, *point* a maintenant un tel air d'archaïsme qu'il a cessé d'avoir cours dans le langage parlé. La langue écrite le reçoit encore, mais avec circonspection.

— **Lui pas, Moi pas.** On emploie parfois *pas* au lieu de *non* dans certaines phrases elliptiques, comme : *Nous étions tous fatigués ; lui pas. Il y a des gens qui voudraient nous faire croire qu'ils dressent des plans à longue échéance. Moi pas* (J. Romains, *le Dictateur*, I, 6 ; cité par Grevisse).

— **Ellipse de « pas » dans les phrases négatives.** V. NE.

— **Il n'y a pas que.** V. IL (*Il n'y a pas que*).

— **Ne pas, Pour ne pas que,** etc. V. NE.

— **Pas mal.** V. MAL.

— **Pas rien.** V. RIEN.

— **Pas un.** V. UN.

pas (nom). — On écrit : *Un faux pas* (sans trait d'union). *Aller à pas de loup. Aller à grands pas. Cela ne se trouve pas dans le pas d'un cheval. Le pas de Suse* (défilé), *le pas de Calais* (détroit) [mais *le Pas-de-Calais*, département]. *La salle des pas perdus. Vendre son pas de porte. Jouer un pas redoublé.*

pascal fait au pluriel masculin *pascals* ou *pascaux : Cierges pascaux* (Littré).

passante - passagère. — Une rue dans laquelle il passe beaucoup de monde, de voitures est une rue **passante** (ou une rue *fréquentée*) : *La rue a beau n'être pas passante, on a vite dit une parole dans not' pays*

(J. Lorrain, *la Maison Philibert*, 41). *Il avait loué une chambre dans une des rues les plus passantes du Strand* (J. et J. Tharaud, *Dingley, l'illustre écrivain*, 58)

Rue **passagère** pour *rue passante* est du langage populaire : *Si la rue était seulement un peu plus « passagère »* (M. Prévost, *les Anges gardiens*, 179). *C'est une rue très passagère, mais peu habitée* (B. Cendrars, *Hollywood, la Mecque du cinéma*, 32).

Il faut réserver l'adjectif *passager* aux choses éphémères, qui ne font que passer : *Biens passagers. Un succès passager* (Acad.). *La beauté est passagère* (Lar. du XXᵉ s.).

passe-. — Parmi les composés de *passe*, sont *invariables* : *passe-debout, passe-partout, passe-passe*.

Dans les suivants, le complément prend l'accord au pluriel, selon l'Académie : *passe-droit(s), passe-fleur(s), passe-lacet(s), passe-montagne(s), passe-pied(s), passe-pierre(s), passe-volant(s)*.

Passe-boules s'écrit avec un *s* même au singulier.

passé est ordinairement considéré comme une préposition, et par conséquent reste *invariable*, quand il est employé sans auxiliaire et placé immédiatement avant l'adjectif, le nom ou le pronom : *Passé 20 heures, les portes seront fermées. Passé la frontière...*

passé simple. — **Passé simple.** On se gardera de mettre un accent circonflexe à la 3ᵉ personne des verbes **être** et **avoir** au passé simple : *Il fut* (et non *fût*) *le plus intelligent des trois. Il en eut* (et non *eût*) *beaucoup de peine.* (Au pluriel : *ils furent ; ils eurent*.)

L'accent est réservé à la 3ᵉ personne de l'imparfait du subjonctif : *Si savant qu'il fût. Quoiqu'il eût beaucoup de peine.* (Au pluriel : *qu'ils fussent ; qu'ils eussent*.)

Même remarque pour le **passé antérieur** (*il eut été*), d'une part, et pour le **plus-que-parfait du subjonctif** (*qu'il eût été*) et le **passé 2ᵉ forme du conditionnel** (*il eût été*), d'autre part.

— **Passé surcomposé.** Ce passé appartient surtout à la langue parlée. Il consiste en un redoublement de l'auxiliaire *avoir*, comme dans *Dès que j'ai eu fini, je suis parti.*

Ce temps alourdit toutefois la phrase et est d'un emploi à peu près impossible au passif. On dira mieux, par exemple, *Après avoir été décoré* que *Quand il a eu été décoré.*

V. aussi TEMPS (*Temps surcomposés*).

passepoil s'écrit en un seul mot : *Mettre un passepoil à la couture d'un pantalon* (Acad.).

passeport s'écrit en un seul mot : *L'or est un passeport universel.*

passer se conjugue en principe avec **être** ou **avoir** selon qu'il s'agit d'exprimer l'action ou le fait (accompli) : *Cette mode est passée* (Acad.). *Le laitier est passé. Les mauvais jours sont passés. Le corps est passé de l'état liquide à l'état gazeux* (Acad.). — *Il a passé alors dans le camp ennemi* (Hanse). *Il a passé par ici. Cette note a passé de la marge dans le texte* (Lar. du XXᵉ s.). *Il y a longtemps que je n'ai passé par là. L'envie lui est passée ou lui a passé* (Acad.).

— **Passer - dépasser.** *Passer* peut s'employer au sens de « dépasser » : *Sa jupe passe sous son manteau* (Acad.). *Le col passe trop* (Lar. du XXᵉ s.).

— **Passer outre.** V. OUTRE.

passivité (Acad.) s'emploie aujourd'hui de préférence à **passiveté**.

pâte. V. CONFITURE.

pater. V. AVE.

patio (mot espagnol), « cour dallée à ciel ouvert », se prononce *pa-tyo* (et non *pa-syo*).

patriarcal fait au pluriel masculin *patriarcaux*.

patron. — Les dérivés **patronage, patronal** (plur. masc. *patronaux*) et **patronat** s'écrivent avec un seul *n*. Les autres prennent deux *n* : *patronne, patronner, patronnesse*, etc.

patte. — Patte - pied. V. PIED.

paturon (« partie du bas de la jambe du cheval »), quoique de la famille de *pâture*, s'écrit sans accent circonflexe.

pause - pose. V. POSE.

pauvre peut avoir un sens différent selon qu'il est placé avant ou après le nom. Ainsi, un *pauvre homme* est un homme pitoyable, sans capacités, alors qu'un *homme pauvre* est un homme qui n'est pas riche.

— Le féminin du nom est *pauvresse*, mais l'adjectif conserve la même forme aux deux genres : *Une pauvresse en haillons. Une femme pauvre.*

paye. — **Paye - paie.** On dit surtout la *paye*, mais on écrit plutôt la *paie : C'est aujourd'hui jour de paie* (Acad.). *Il est à la haute paie* (Id.).

payer. — **Conjugaison :** *Je paie* ou *je paye, tu paies* ou *tu payes, il paie* ou *il paye, nous payons, vous payez, ils paient* ou *ils payent. Je payais, nous payions. Je payai, nous payâmes. Je paierai, nous paierons. Je paierais, nous paierions. Paye ou paie, payons, payez. Que je paie ou que je paye, que nous payions. Que je payasse, que nous payassions. Payant. Payé, e.*

A noter les deux formes également en usage, *je paie* ou *je paye*, à l'indicatif et au subjonctif présent. Au futur et au conditionnel présent, on ne dit plus guère que *je paierai..., il paiera ; je paierais..., il paierait*, etc.

pays se prononce *pé-i*. (La prononciation *pé-yi* est dialectale.)

— **« En » devant les noms de pays.** V. EN.

pêche. — **Pêche de - pêche à.** En langage correct de pêcheur, on emploie *pêche de* pour le poisson, et *pêche à* pour l'engin, l'appât, etc. : *La pêche des poissons d'eau douce, de la carpe, du goujon. La pêche à la ligne flottante. La pêche à la mouche, au blé, au chènevis. La pêche du brochet au lancer* (J. Nadaud, *la Pêche*, 222). *Dans les estuaires, on pratique avec succès la pêche du crabe à la balance* (Id., *Ibid.*, 532).

V. aussi CHASSE.

pêcher - pécher. — La seule différence orthographique entre ces deux verbes homonymes, de sens distincts, réside dans l'accent circonflexe du premier et dans l'accent aigu du second.

Pêcher (avec accent circonflexe), c'est se livrer aux plaisirs de la *pêche*, ou exercer la profession de pêcheur.

Pécher (avec un accent aigu), c'est transgresser la loi divine, commettre un *péché*.

Le premier fait au féminin **pêcheuse** ; le second, **pécheresse**.

pécune - pécule. — Ces deux mots, de même famille, sont parfois confondus au bénéfice du second.

Pécune (lat. *pecunia*) est un mot *féminin*, aujourd'hui vieilli, qui nous a donné *pécuniaire* (v. ce mot) et signifie « argent comptant » : *Or est ainsy que, durant ma pecune, Je fus traité comme amy precieux* (Villon, *Ballade* ; cité par Littré). *Il lui restait une importante pécune.*

Pécule ne comporte pas de difficultés d'emploi. Il désigne en particulier « ce qu'une personne acquiert par son travail, son économie » (*Il a amassé un petit pécule* [Lar. du XXᵉ s.]), et, par extension, la « somme qu'on remet à un prisonnier à sa sortie de prison ».

pécuniaire. — Emprunté au latin *pecuniarius* (par l'intermédiaire de *pecunia*, pécune, argent), *pécuniaire* a pour ancêtre *pecus*, le troupeau, celui-ci symbolisant dans l'ancienne Rome la richesse.

L'orthographe *pécunier*, qui se rencontre parfois, avec pour féminin *pécunière* (*Les rodomontades pécunières de M. de Cléré* [H. de Régnier, *le Mariage de minuit*, 28]), est signalée par Littré avec une citation du *Moniteur universel* du 8-VII-1868 : *C'est vous* [le corps législatif] *qui êtes le grand pouvoir pécunier du pays.* Cette orthographe, qui est une faute eu égard à l'étymologie, n'est pas acceptée aujourd'hui. Au masculin comme au féminin, il faut dire (et écrire) *pécuniaire : Ce n'est pas pour un motif d'honneur, c'est pour un intérêt pécuniaire qu'ils se sont brouillés* (Acad.). *Peine pécuniaire* (Lar. du XXᵉ s.).

pédant. — **Pédant - pédantesque.** La distinction entre ces deux adjectifs n'est pas toujours aisée. Si le premier, *pédant*, se dit de « ce qui est propre aux pédants », le second désigne « ce qui sent le pédant ». En fait, *pédant* est plus général et se dit des personnes et des choses, alors que *pédantesque* ne se dit que des choses, et surtout du langage : *Prendre un air pédant, un ton pédant. Elle est très pédante* (Acad.). *Prononcer un discours pédantesque. Observation pédantesque* (Acad.). *Une érudition pédante* ou *pédantesque* (Hanse).

— Pédanterie - pédantisme. De ces deux synonymes, le premier, *pédanterie*, s'est à peu près effacé aujourd'hui devant le second, *pédantisme* : *Ce n'est pas du savoir, c'est de la pédanterie* (Acad.). *Il y a du pédantisme dans tout ce qu'il dit* (Id.). *Ce livre sent le pédantisme.*

peigner - peindre. V. PEINDRE.

peindre - peigner. — Se garder de confondre ces deux verbes au passé simple : *Il peignit son portrait. Il se peigna les cheveux.* Au pluriel : *ils peignirent ; ils peignèrent.*

peindre - peinturer - peinturlurer. — **Peindre,** c'est recouvrir une surface de peinture, ou représenter par la peinture (et selon les règles) des êtres, des objets : *Peindre un mur, une boiserie en rouge, en blanc, en gris, etc.* (Acad.). *Peindre de nombreux tableaux* (Lar. du XXᵉ s.).

Peinturer, c'est, d'après Littré, enduire d'une couleur ou de plusieurs, sans autre dessein que d'ôter à l'objet sa couleur naturelle : *Peinturer un treillage, un lambris.* C'est aussi, familièrement, barbouiller en essayant de peindre : *Cet enfant s'amuse à peinturer, à peinturer des images.*

Ce terme est vieilli et a été remplacé dans ce dernier sens par *peinturlurer.*

Peinturlurer, c'est, familièrement, peindre sans connaissance de la peinture, barbouiller, particulièrement avec des couleurs criardes : *Peinturlurer une maison* (Lar. du XXᵉ s.), *un bateau. Les sculptures de François Iᵉʳ sont emmargouillées de badigeon jaune, toutes les nervures sont peinturlurées.* (V. Hugo, *le Rhin,* I, 47).

peine. — **A peine.** Quand une proposition commence par *à peine* et que le sujet est *on* ou un pronom personnel, ce sujet se met généralement après le verbe : *A peine fut-on entré* (Lar. du XXᵉ s.). Si c'est un autre mot, on le répète sous forme d'un pronom personnel placé également après le verbe : *A peine l'enfant fut-il né* (Id.).

— A grand-peine s'écrit avec un trait d'union : *Il n'y réussit qu'à grand-peine.*

On dit également bien : *Je n'y ai pas eu grand-peine* (Acad.) et *Vous n'aurez pas grande peine à faire cet ouvrage* (Id.).

— Avoir peine - avoir de la peine. *Avoir peine à dire* ou à *faire quelque chose,* c'est avoir de la répugnance : *J'ai peine à agir ainsi* (Lar. du XXᵉ s.).

Avoir de la peine à faire quelque chose, c'est éprouver de la difficulté, avoir de l'empêchement : *Avoir de la peine à parler, à résister* (Lar. du XXᵉ s.).

— Sous peine de - à peine de. *Sous peine de* est d'emploi courant pour « sous menace de, en s'exposant à » : *Cela est défendu, sous peine de mort* (Acad.).

A peine de se rencontre parfois avec le même sens, mais fait quelque peu archaïque : *A peine de s'avilir* (G. Duhamel, *Paroles de médecin,* 40 ; cité par Hanse).

peintre n'a pas de correspondant féminin. On dit : *Une femme peintre* (Acad.). *Une artiste peintre. Cette femme est un peintre de talent.*

peler. — On dit *Peler* (et non *pelurer*) *un fruit, des pommes de terre,* etc.

V. aussi PELURE.

pèlerin et ses dérivés (*pèlerinage, pèlerine*) s'écrivent avec un *e* accent *grave* (et non aigu).

Se garder d'écrire (ou de dire) *pélérinage.*

pelletée. — Pour indiquer ce qu'on enlève en une fois avec une pelle, on a longtemps hésité entre *pellée, pelletée* et *pelletée.* Ce dernier mot est à peu près seul usité aujourd'hui.

pelote s'écrit avec un seul *t.*

V. aussi -OTE.

pelure désigne la peau qu'on ôte à certains fruits et à certains légumes : *Pelure de pêche, d'orange, de poire. Pelure d'oignon, de pommes de terre.*

V. aussi OIGNON.

pénal s'écrit avec *é* (quoique dérivé de *peine*) et fait au masculin pluriel *pénaux* : *Edits pénaux* (Littré).

pénates est du *masculin* et n'a pas de singulier : *Retrouver ses pénates détruits.* Adjectivement : *Les dieux pénates* (Lar. du XXᵉ s.).

pendant. — On écrit : *Ces deux tableaux, ces deux groupes font pendants* (au pluriel), *se font pendant* (au singulier) [Acad.]. *Ce tableau fera*

pendant à tel autre (Lar. du XXᵉ s.).
*Cette aventure est le pendant de la
vôtre* (Acad.). *Un pendant d'oreille,
des pendants d'oreilles* (v OREILLE).

— **Pendant - durant.** V. DURANT

— **Pendant que - tandis que.**
Ces deux expressions synonymes sont
employées pour indiquer que deux
actions quelconques ont lieu simultanément. Toutefois, *tandis que* marque
mieux l'opposition ou le contraste : *Il
sciait du bois pendant que sa femme
préparait le déjeuner. Il fréquentait les
cafés, tandis que sa famille s'épuisait à
la tâche.*

pendre - suspendre. Pendre,
c'est attacher, fixer par en haut et par
un point de suspension plus ou moins
mobile : *Pendre des raisins au plafond,
de la viande à un croc* (Lar. du
XXᵉ s.). *Pendre un lièvre par les pattes
de derrière* (Acad.). *Se pendre par les
mains à un arbre* (Id.).

Suspendre, c'est élever quelque
chose en l'air, surtout une chose
pesante, de façon qu'elle pende sans
appui : *Suspendre un lustre au plafond*
(Acad.). *Se suspendre à une branche,
à une corde* (Id.). *Il resta suspendu par
le fond de son pantalon.*

(Une chose qui *pend* peut traîner à
terre, mais non une chose *suspendue*.)

pendule est *féminin* au sens d' « horloge », et *masculin* au sens de « balancier » : *Une pendule est réglée par un
pendule* (Lar. du XXᵉ s.).

pêne, terme de serrurerie, s'écrit avec
un accent circonflexe.

penser. — Devant *penser, le* peut être
omis dans une proposition comparative : *Il est plus bête que je ne pensais*
ou *que je ne le pensais*

— **Penser,** suivi d'un infinitif, se
construit généralement avec la préposition **à** quand il signifie « réfléchir à,
songer à » (*penser de* est rare : *C'est
plutôt lui qui avait pensé de dérober
l'idée de Lembach* [A. Hermant, *la
Journée brève,* 170]), mais cette préposition est parfois omise *Il nous faut
penser à partir dans un quart d'heure.
Penser à donner à manger aux bêtes.
Je pensais à aller vous voir* ou *Je
pensais aller vous voir* (Acad.). *Il pen-*

sait lier sa gloire à celle d'un Empire
(J. et J. Tharaud. *Dingley, l'illustre
écrivain,* 10)

— **Penser de,** au sens d' « être sur
le point de », « avoir l'intention de »,
« espérer, se flatter de », est archaïque
et ne se dit plus guère en France. On
supprime aujourd'hui la préposition :
*J'ai pensé revenir au pays. J'ai pensé
mourir* (Acad.). *Je pense sortir. Je
pense aller vous voir cet été. Il pensait
réussir* (Lar. du XXᵉ s.).

— **Penser en** (pour **à**) est également archaïque : *J'ai toujours pensé en
vous* (Lettre de Mᵐᵉ de Sablé à l'abbé
de La Victoire, 1607).

Penser dans est dialectal : *Pense dans
ce que je t'ai dit* (R. Vercel, *Lames
sourdes,* 114).

— **Penser** s'emploie aussi transitivement : *Tout au fond, l'esprit ne
p e n s e l ' h o m m e q u e d a n s l ' é t e r n e l*
(A. M a l r a u x , l a C o n d i t i o n
humaine, 400). *Il pensait lin et rien
d'autre* (P. Hamp, *le Lin,* 20) *L'homme
pense la terre, les champs, les forêts*
(G. Duhamel, *les Plaisirs et les Jeux* ;
cité par A. Dauzat,*le Génie de la langue
française,* 304).

— **Se penser** est une forme assez
rare : *Cependant, nous nous pensons
nous-mêmes, repartit Floris* (E. Bourges,
Les oiseaux s'envolent, II, 163). *Midi
là-haut, Midi sans mouvement En soi
se pense et convient à soi-même*
(P. Valéry, *Charmes,* « le Cimetière
marin », 191).

— Le participe passé **pensé** est
invariable quand il a pour complément
d'objet direct un infinitif ou une proposition sous-entendue : *La chose était
plus grave qu'ils n'avaient pensé.*

pensum est un mot latin francisé
dans l'orthographe (plur. *des pensums*),
mais non dans la prononciation (*pin-
som*).

V. aussi LATINS (Mots).

pent-, penta-. — Dans tous les
composés de ce préfixe grec, la première
syllabe se prononce *pin* : *pentagone,
pentarque, pentavalent, pentothal,* etc.

péplum est un mot latin francisé
(accent et pluriel français : *des
péplums*).

V. aussi LATINS (Mots).

perce-. — Dans les composés de *perce*, le nom complément prend la marque du pluriel : *perce-bouchon(s), perce-feuille(s), perce-lettre(s), perce-membrane(s), perce-oreille(s), perce-pierre(s),* etc.

Exception : *perce-neige* (v. ce mot).

perce-neige est *invariable* et du *féminin* (Acad., Lar. du XXᵉ s.).

percer. — Quoique *percer* signifie « faire un trou », l'Académie (à TROU) admet *percer un trou : Percer un trou dans du fer.*

perclure. — **Conjugaison.** Voir EXCLURE.

— **Perclus** a pour féminin *percluse* (et non *perclue*, forme réservée à *conclu* et à *exclu*). On n'écrira pas, avec Émile Moselly (*Terres lorraines*, 189) : *Ses jambes percluses de rhumatismes.*

perdre - égarer. V. ÉGARER.

père. — Pour désigner les membres des congrégations religieuses, on écrit généralement *le père Un tel* (avec une minuscule) ou, en abrégé : *le P. Un tel, les PP. Un tel* et *Un tel.*

On ne met une majuscule que lorsqu'il s'agit des Pères de l'Église : saint Augustin, saint Jérôme, etc. (écrivains ecclésiastiques antérieurs au XIIIᵉ s.).

— **Père et mère.** La tournure *les père et mère*, inspirée sans doute du commandement « Tes père et mère honoreras », est à rejeter. (On ne dirait pas *les feuilles et fruits, les prés et ruisseaux*, mais *les feuilles et les fruits, les prés et les ruisseaux.*) Il faut répéter l'article (ou le possessif) : *Le père et la mère. On ignore le lieu de naissance de son père et celui de sa mère.*

pérégrination. — Le mot *peregrinus* désignait à Rome un voyageur, un étranger. *Peregrinus* a donné *pérégrin*, dont est dérivé *pérégrination*, qui signifie « voyage en pays étranger, en pays lointain », et ne s'emploie plus guère qu'au pluriel : *Ses continuelles pérégrinations l'ont épuisé* (Acad.).

Il est abusif d'appeler *pérégrination* le fait d'arpenter une pièce, de marcher chez soi, sans sortir de sa maison. On n'écrira donc pas, comme cet auteur dramatique contemporain : *Lui arpente l'air soucieux [...], marque cela en s'arrêtant dans ses pérégrinations.*

(On se gardera de dire *pérégrination.*)

perfection. — On dit aussi bien aujourd'hui *travailler, chanter,* etc., **dans la perfection, en perfection** ou **à la perfection,** c'est-à-dire d'une manière parfaite.

Cette dernière tournure, naguère condamnée, prévaut même sur les deux précédentes : *Elle danse à la perfection* (Acad.). *Cet ouvrier travaille en perfection* (Id.). *Il est toujours mis en perfection* (A. Hermant, *les Souvenirs du vicomte de Courpière*, 9).

péril. — **Il y a péril en la demeure.** V. DEMEURE.

période est *féminin* (*période glaciaire, révolutionnaire, troublée,* etc.), sauf dans l'expression *le plus haut période* et au sens de « chacun des différents degrés par lesquels une chose passe pendant sa durée » : *Démosthène et Cicéron ont porté l'éloquence à son plus haut période* (Acad.). *Les temps destinés à cette attente sont dans leur dernier période* (Lar. du XXᵉ s.).

On n'écrira pas avec Stendhal (*la Chartreuse de Parme*, 396) : *Nous nous sommes tendu une main secourable dans un période malheureux.*

péripétie se prononce *pé-ri-pé-sî* (et non *-tî*). Ce mot s'emploie surtout au pluriel.

périple désignait, en géographie ancienne, une navigation *autour* (grec *peri*) d'une mer, d'un pays, d'une partie du monde.

Le sens s'est étendu à tout voyage effectué par un moyen de locomotion quelconque ou à pied, à condition toutefois que ce voyage soit circulaire.

On évitera de dire *périple autour...,* qui serait un pléonasme (penser à *circuit*).

périr s'est parfois conjugué avec l'auxiliaire **être** : *L'héritage promis à Jésus-Christ était péri et ses promesses anéanties* (Bossuet ; cité par le Lar. du XXᵉ s.). *Et ce cheval ailé fut péri mille fois* (Corneille, *Andromède*, III, IV). *Elle serait périe de misère et de faute de secours* (E. et J. de Goncourt, *Sophie Arnould*, 150).

Aujourd'hui, ce verbe ne se conjugue plus qu'avec l'auxiliaire **avoir** et se dit aussi bien des choses que des personnes : *La population, une grande partie de la population a péri de faim* (Acad.). *Cette branche du commerce a péri* (Littré). *Ce navire a péri corps et biens* (Lar. du XX⁰ s.).

— **Périr** transitif ou pronominal (*périr quelqu'un, se faire périr*) est du style populaire.

— **Péri**, participe passé, se rencontre surtout dans le langage maritime : *Un tel, péri en mer.* Cette expression a introduit, par attraction, un nom participial : *Jalousie du péri en mer que son copain regrette avec tant de vigueur* (H. Quéfellec, *Tempête sur Douarnenez*, 317).

permettre. — On permet **à** quelqu'un **de** faire quelque chose : *Permettre à des passagers de débarquer* (Lar. du XX⁰ s.).

— **Permis.** Le participe passé du verbe pronominal *se permettre* reste invariable : *Elle s'est permis de la montrer du doigt.*

permuter. — On permute un emploi **contre** un autre. On permute **avec** un collègue.

perruque. — Une *perruque* est une coiffure de faux cheveux : *Ce monsieur est chauve, mais il porte une perruque.* On évitera de dire une **fausse perruque**, ce qui n'a plus de sens aujourd'hui, mais qui était jadis logique quand on appelait *perruque* la chevelure elle-même : « *Perruque* », *emprunté à l'italien, signifie « chevelure », et quand les cheveux étaient postiches, on disait une fausse perruque* (E. Huguet, *Dictionnaire de la langue française du XVI⁰ siècle*, page XXXVIII).

persan fait au féminin *persane* (avec un seul *n*).

persifler s'écrit avec un seul *f* (alors que *siffler* en prend deux). Il en est de même de **persiflage**.

persil se prononce *pèr-si*.
V. aussi -IL.

personne, employé comme *nom*, est du féminin (homme ou femme sous-entendu) : *La personne qui retrouvera cet objet est priée... Les cent personnes de ce banquet sont parties rassasiées. La plupart des personnes que j'ai vues*

m'ont assuré de ce fait (Acad.). *C'est une bonne personne.*

— **En personne** est toujours *invariable* : *Ils y sont allés en personne* (Acad.).

— **Personne** s'emploie, au *masculin singulier*, comme *pronom indéfini*, au sens de « quelqu'un » : *Connaissez-vous personne de plus laid? Y a-t-il personne d'assez hardi ?* (Acad.). *Il a parlé sans que personne le contredît* (Id.). *Partez avant que personne vous voie* (Grevisse). *Je ne crois pas que personne ait jamais dit cela* (Hanse). *Avant d'accuser personne. Avant que personne eût pensé à éteindre la lumière.*

Le plus souvent, *personne* est accompagné de *ne* et signifie alors « nul, aucun » : *Personne n'est parfait. Personne ne sera assez hardi pour le faire* (Acad.). *Il n'y a personne de blessé* (Dict. gén.). [A noter dans cet exemple l'emploi de la préposition *de*, courant aujourd'hui.] *Il n'y a personne si peu instruit des affaires qui ne sache...* (Acad.).

Elliptiquement : *Personne dans la maison* (Lar. du XX⁰ s.).

— Si *personne* désigne d'une façon évidente une femme, on fait l'accord au féminin : *Personne n'est plus que moi votre servante, votre obligée* (Littré). *Personne n'était plus belle que Cléopâtre* (dans Littré; cité par Grevisse).

Toutefois, une reine pourrait dire : *Il n'y a personne de plus puissant que moi.* On dira également : *Je ne connais personne d'aussi heureux que cette femme* (Acad.).

— **Personne d'autre** est plus employé que *personne autre*, rare aujourd'hui.

persuader. — **Persuader à** et **de.** On persuade quelqu'un **d'**une chose, de faire une chose; on persuade une chose **à** quelqu'un : *Il les a persuadés de cette vérité. Je les ai persuadés de partir. On lui a persuadé de se marier* (Acad.). *Persuader une vérité à quelqu'un* (Id.). *Je leur ai persuadé cette vérité. La vérité que je leur ai persuadée. L'enfant qui appréhende l'instant où la lumière va s'éteindre persuade à sa mère que c'est par tendresse qu'il attend un baiser* (M. Druon, *les Grandes Familles*, 203).

— **Se persuader** peut aussi se construire directement : *Le peuple romain se persuada estre désormais assez puissant...* (Amyot, *Caton*, 29 ; cité par Littré). *La passion se ment à elle-même, et se persuade ses mensonges* (Bescherelle). *Ils se sont difficilement persuadé nos malheurs* (Grevisse).

Cette construction est moins fréquente de nos jours : *Il se l'affirma, ne se le persuada point* (A. Hermant, *la Journée brève*, 34). *Puisque tu te persuades suivre un fil fatal et maudit* (P. Loti, *Aziyadé*, 86).

— A noter aussi la construction suivante (avec *persuasion*) : *La persuasion au christianisme était innée en lui* (Sainte-Beuve, *Volupté*, II, 86).

— **Se persuader que.** Comme *se persuader* signifie aussi bien « persuader à soi » que « persuader soi », avec *se persuader que* le participe passé s'accorde ou non selon que le pronom *se* est considéré comme complément direct ou comme complément indirect. Néanmoins, l'usage est plutôt aujourd'hui pour l'invariabilité : *Ils s'étaient persuadé qu'on n'oserait les contredire* (Acad.,1935 ; en 1798, l'accord était fait dans ce même exemple). *Elle s'est persuadé, ils se sont persuadé qu'il fallait partir* (Littré). *Ils se sont persuadé qu'on les trompait* (Nouv. Lar. univ.).

pèse-. — Dans les composés de *pèse*, le nom complément prend généralement la marque du pluriel : *pèse-acide(s)*, *pèse-bébé(s)*, *pèse-lettre(s)*, *pèse-liqueur(s)*, etc.

Exceptions : *pèse-alcool, pèse-lait, pèse-moût, pèse-sirop,* qui sont invariables.

peser. — Pesé. Le participe passé de *peser* reste invariable au sens d'« avoir tel ou tel poids », puisque le verbe est alors intransitif : *Les 20 kilos que ce colis a pesé. Ce ballot ne pèse plus les 30 kilogrammes qu'il a pesé autrefois* (Lar. du XXᵉ s.).

Il varie au sens de « déterminer le poids de » : *Les colis que nous avons pesés.*

pétale (« chacune des pièces de la corolle d'une fleur ») est du *masculin* : *Des pétales fanés.* Certains auteurs s'y sont trompés : *La première pétale de la fleur vers laquelle il navigue* (M. Proust,

A l'ombre des jeunes filles en fleurs, II, 91). *Des champs de pétunias aux pétales molles* (E. Zola, *la Faute de l'abbé Mouret*, 189)

(Ne pas confondre avec **sépale**, foliole du calice d'une fleur.)

pet-de-nonne, pâtisserie, prend, selon l'usage, deux traits d'union (plur. *des pets-de-nonne*). [L'Académie écrit toutefois *pet de nonne*, sans traits d'union.]

pétiole se prononce *pé-syol'*.

petit s'oppose à *grand* : *Une petite fille* (qui n'est pas grande). *Un gentil petit cousin. Offrir des bonbons à sa petite nièce.*

— *Petit* entre également en composition pour désigner un certain degré de parenté; les composés prennent alors un trait d'union : *un petit-fils, une petite-fille, un arrière-petit-fils, des arrière-petites-filles, un petit-cousin* (fils du cousin germain), *une petite-nièce* (fille du neveu), *des arrière-petits-neveux,* etc.

— On écrit, au pluriel : *les* **tout-petits.**

petit-beurre s'écrit avec un trait d'union et fait au pluriel *petits-beurre.*

petit-maître (et **petite-maîtresse**), avec un trait d'union, se dit d'un jeune élégant (d'une jeune élégante) aux manières ridiculement prétentieuses.

Mais les **petits maîtres** de la peinture s'écrivent sans trait d'union.

petit-suisse s'écrit avec un trait d'union et fait au pluriel *petits-suisses.*

pétrolier - pétrolifère. — Pétrolier, *pétrolière* se dit de ce qui a rapport au pétrole : *Navire pétrolier* (Acad.). *Industrie pétrolière* (Lar. du XXᵉ s.). *Installation pétrolière.*

Pétrolifère (de *pétrole*, et du lat. *ferre*, porter) ne se dit que des terrains qui contiennent, qui produisent du pétrole : *Terrain pétrolifère. Gisement pétrolifère* (Acad.). *Les districts pétrolifères du Caucase* (Nouv. Lar. univ.). *Couche pétrolifère* (Lar. du XXᵉ s.).

On dit aussi : *Concession pétrolifère. Niveau pétrolifère.*

peu, sans article, au contraire de *beaucoup,* ne s'emploie pas devant un comparatif. On dit : *Il lui est un peu, de peu inférieur, un peu, de peu supérieur.*

— On écrit : *Peu* (sous-entendu *de personnes*) ont répondu à l'appel. *Peu de chose nous console parce que peu de chose nous afflige* (Pascal). *À peu près* (« presque, environ ») ; *à-peu-près* (nom) [*Faire des à-peu-près*]. *Il est un peu, très peu, fort peu, bien peu, quelque peu arriviste. Dans peu, sous peu, avant peu, avant qu'il soit peu. Si peu que rien* (une très petite quantité). *Elle est tant soit peu, un tant soit peu pédante. Donnez-m'en un tant soit peu* (Acad.).

— **Un petit peu** est donné comme populaire par Littré, et l'Académie note que l'expression *un tout petit peu* est familière.

En fait, ce sont des pléonasmes. *Un petit* a eu le sens de « un peu » et se retrouve encore avec ce sens dans le parler de certaines régions (Charentes, Anjou, Berry, Nivernais, Orléanais, ainsi qu'au Canada) : *Reculez-vous un petit plus loin* (Larivey, *le Morfondu,* III, IV). *Vous le saurez un petit, tout de même* (R. Vercel, *la Clandestine,* 71). *Je m'en méfierais un petit* (R. Ponchon, *la Muse au cabaret,* 136). Mais cet *un petit* n'étant plus compris, on ajouta *peu* pour aboutir à l'expression *petit peu,* en soi condamnable et surtout inélégante.

— **C'est peu** s'emploie absolument : *Vous n'avez fait que cela ? C'est peu.* Il se construit aussi, au sens de « cela ne suffit pas », avec *de* : *C'est peu de quatre jours pour un tel sacrifice* (Corneille, *Tite et Bérénice,* V, II). *C'est peu d'être concis, il faut être clair* (Acad.).

— **C'est peu que** se construit avec le subjonctif : *C'est peu qu'il veuille être le premier, il voudrait le seul* (Acad.).

— **Un peu beaucoup** est une expression familière qui signifie « beaucoup trop » : *Ne trouvez-vous pas qu'il parle un peu beaucoup ? Il se moque un peu beaucoup de nous* (Acad.).

— **Peu importe** (accord). Voir IMPORTER.

— **Peu ou point.** On ne met pas la négation *ne* devant la locution *peu ou point* : *On y trouve peu ou point d'amis.*

— **Peu s'en faut.** Après *peu s'en faut,* la particule *ne* est facultative, mais elle est assez couramment employée : *Peu s'en est fallu qu'il ne soit tué* (Acad.). [Noter le verbe au subjonctif.]

V. aussi FALLOIR.

— **Accord du verbe avec « peu » et « le peu ».** Après *peu,* le verbe s'accorde avec le complément : *Peu de monde était là pour l'entendre. Peu de personnes sont disposées à prêter* (Lar. du XXe s.).

Après *le peu* signifiant « le manque de », le participe reste *invariable* : *Le peu de confiance que vous m'avez témoigné m'a ôté le courage* (Littré). *Le peu de notions utiles qu'un enfant a reçu l'empêche plus tard de réussir* (Lar. du XXe s.). *Le peu d'exigences que cette servante a formulé me l'a fait choisir* (Hanse).

Mais quand *le peu* signifie « quelque, une quantité suffisante », l'accord se fait avec le nom qui suit *peu* : *Le peu de confiance que vous m'avez témoignée m'a rendu le courage* (Littré). *Le peu de notions utiles qu'un habile homme a acquises lui suffisent pour réussir* (Lar. du XXe s.). *Le peu de troupes qu'il a rassemblées ont permis de tenir la place.*

peur. — **Avoir peur.** On écrit : *Il eut grand peur* (Acad.).

— **Avoir peur que** se construit comme *craindre,* avec *ne* explétif : *J'ai peur qu'il ne lui soit arrivé malheur.* (A noter le verbe au subjonctif.)

— **Avoir très peur.** V. FAIM.

— **De peur que** (« dans la crainte que ») se construit avec le subjonctif et la particule *ne* : *Couvrez-le bien de peur qu'il n'ait froid.*

peut-être, adverbe marquant la possibilité, le doute, s'écrit avec un trait d'union : *Il viendra peut-être. Peut-être est-il déjà mort ? Peut-être que oui, peut-être que non* (Acad.).

On distinguera *peut-être,* adverbe, de **peut être** (pluriel *peuvent être*), sans trait d'union : *Il peut être reconnu. Son foie peut être malade, il boit quand même.*

Peut-être que se construit avec l'*indicatif* ou avec le *conditionnel,* selon la nuance qu'on veut exprimer : *Peut-être qu'il est là. Peut-être qu'il*

l'aurait fait s'il en avait eu le temps!
(Hanse).

phalène est du *féminin,*conformément
à l'étymologie (gr. *phalaina*) : *La phalène de flamme d'un bec de gaz allumé*
(F. de Miomandre, *Ecrit sur de
l'eau,* 44) Certains auteurs, surtout
des poètes (Musset, Hugo, etc.), l'ont
employé au masculin.

phantasme (orthogr. de l'Acad.)
s'écrit plutôt aujourd'hui *fantasme*
(cf. *fantasmagorie, fantôme,* etc.).

pharamineux. V. FARAMINEUX.

philosophe peut s'employer au féminin s'il s'agit d'une femme : *Une philosophe* (Lar. du XXᵉ s.).

philtre - filtre. V. FILTRE.

photo-. — Les composés de *photo*
ne prennent un trait d'union que si
ce préfixe est suivi d'une voyelle :
*photocopie, photogenèse, photoméca-
nique,* etc., mais *photo-élasticimétrie,
photo-électrique,* etc.

phtisie s'écrit avec *-ti-* (et non *-ty-*).

piano, terme de musique, qui indique
une nuance, est *invariable : Passages
qui doivent être exécutés piano. Il est
essentiel d'observer en musique les piano
et les forte* (Lar. du XXᵉ s.).
Le nom de l'instrument est variable :
Jouer à deux pianos.

pic. — **A pic - à-pic.** V. À-PIC.

picorer - picoter. — **Picorer,** c'est
chercher du bec sa nourriture à droite
et à gauche, en parlant des oiseaux, et
particulièrement des oiseaux de basse-
cour : *Ces poules picorent sur le fumier*
(Acad.).
C'est aussi sucer les fleurs, en parlant
des abeilles : *Quand les abeilles ont
picoré* (Acad.). *Les abeilles vont picorer
sur les fleurs* (Littré) On dit plutôt
butiner.
Au sens figuré, *picorer* se dit de celui
qui grappille dans le bien d'autrui :
*Cet auteur a écrit son livre en picorant
chez ses confrères.*
Picoter, c'est donner des coups de
bec dans quelque chose : *Une poule
sur un mur Qui picotait du pain dur...
Les oiseaux ont picoté tous les fruits*
(Acad.).
— On dira mieux *picorer une grappe
de raisin,* que *picoter...,* puisque c'est là

le fait de détacher quelques grains sans
cueillir la grappe, « comme à la pico-
rée » (Littré).

pie, adjectif de couleur, est *invariable :
Des chevaux pie* (Lar. du XXᵉ s.).
Cheval à robe pie noir, pie rouge.
V. aussi COULEUR.

pièce. — On écrit : *De toutes pièces.
Cela coûte mille francs pièce* (ou *la
pièce). Mettre en pièces. Tailler en
pièces. Travailler aux pièces* (plus usité
que *à la pièce* ou *à ses pièces*).

pied. — On écrit, au singulier : *Etre
au pied du mur, au pied d'une tour,
d'un arbre, d'une échelle, d'une montagne,* etc. (il s'agit là du bas d'un mur,
d'une tour, etc.). *Aller, venir, voyager à
pied* (et non *à pieds). Lâcher pied. Perdre pied. Passer à pied sec. Avoir bon
pied bon œil. Attendre de pied ferme.
Se faire prendre en pied. De pied en cap.
Couper l'herbe sous le pied à quelqu'un.
Malade rapidement sur pied. Mettre sur
pied deux armées. Etre sur le pied de
guerre. Etre en pied dans une entreprise. Etre mis à pied. Cheval haut le
pied. Faire un pied de nez. Avoir un
pied bot ; être pied-bot. Se blesser au
cou-de-pied* (et non *coup-de-pied).
Travailler d'arrache-pied.*
En revanche, on écrira, au pluriel :
Se jeter aux pieds de quelqu'un (il s'agit
des pieds d'une personne). *Etre habillé
de neuf de la tête aux pieds. Marcher
pieds nus* ou *nu-pieds. Sauter à pieds
joints. Fouler aux pieds. Etre bête
comme ses pieds* ou encore *comme un
pied.*

— **Marche à pied.** V. MARCHE.

— **Pied - patte.** Chez l'être humain,
le *pied* est la partie articulée qui est
située à l'extrémité de la *jambe.*
Chez les animaux, le *pied* ne comprend que l'extrémité du membre (qui
est la *patte*) recouverte par les onglons
ou le sabot. Pour les carnassiers et les
petits animaux, on étend le mot *patte*
à tout le membre. Il en est de même
pour les oiseaux (sauf les oiseaux de
proie, dont le pied s'appelle *serre*)
Ainsi, on dira : *le pied d'un éléphant,*
d'un *cheval,* d'un *âne,* d'un *mulet,* d'un
bœuf, d'une *vache,* d'un *veau,* d'un
cerf, d'un *élan,* d'un *chameau,*
d'un *mouton,* d'une *chèvre,* d'un
cochon, etc.

En revanche, on dira : la *patte* d'un *chien*, d'un *loup*, d'un *lion*, d'un *chat*, d'un *tigre*, d'un *lapin*, d'un *ours*, d'un *singe*, d'une *souris*, d'un *crapaud*, d'une *grenouille*, d'un *pinson*, d'une *poule*, etc., tous animaux qui possèdent des griffes et non des onglons ou des sabots de corne.

pied-. — Les composés de *pied* prennent la marque du pluriel : *des pieds-bleus*, *des pieds-droits* (ou *piédroits*), etc.

Pied-à-terre (« logement où l'on ne vient qu'en passant ») est *invariable*.

Dans les composés avec *pied-de-*, le complément reste invariable : *des pieds-de-biche* (instrument), *des pieds-de-veau* (plante), etc.

piédestal fait au pluriel *piédestaux* : *Ces deux piédestaux ne sont pas sur la même ligne* (Acad.).

pierre. — On écrit, au *singulier* : *Bâtiment de pierre de taille* (Acad.). *Construire en pierre de taille*.

V. aussi BRIQUE.

pierreries, « pierres précieuses travaillées », ne s'emploie pas au singulier : *Un collier enrichi de pierreries*.

pile, dans **s'arrêter pile** (« s'arrêter net »), *tomber pile*, est du langage populaire : *Ils s'arrêtèrent pile* (invariable) *Un soudard tomba pile, les quatre fers en l'air* (E. Zola, *l'Assommoir*, 238).

pilote. — On écrit, sans trait d'union : *usine pilote, poisson pilote*, etc. Au pluriel : *usines pilotes*, etc.

pince-monseigneur s'écrit avec un trait d'union (Acad.) et fait au pluriel *pinces-monseigneur*.

pince-nez s'emploie au *singulier*.

V. LORGNON.

pincettes s'emploie surtout au *pluriel* : *Pincettes d'horloger* (Lar. du XXᵉ s.). *Attiser le feu avec des pincettes* (Acad.). *Donnez-moi la pincette, les pincettes* (Id.) *Une paire de pincettes* (Id.)

pingouin - manchot. — Il est courant de confondre les *pingouins* et les *manchots*, ce second terme étant moins connu que le premier. En fait, les curieux palmipèdes qui peuplent l'hémisphère *austral* sont des **manchots**, ainsi nommés à cause de la brièveté de leurs

ailes, qu'ils utilisent comme des rames.

Les **pingouins**, eux, vivent dans l'hémisphère *boréal*. Le grand *pingouin*, qui se rapprochait du manchot, a aujourd'hui disparu. Le petit *pingouin*, beaucoup plus éloigné du manchot, est un bon voilier, malgré l'étroitesse de ses ailes; il hiverne jusque dans la Méditerranée.

pipe-line, nom *masculin*, peut se prononcer à la française (*pip'-lin'*), ce qui choque moins que la prononciation anglaise *païp'-laïn'*. Pluriel *pipe-lines*.

pique-assiette est *invariable* : *Évincer des pique-assiette*.

pique-nique fait au pluriel *piqueniques*.

piquer. — **Se faire piquer par un serpent.** V. MORDRE.

piqûre s'écrit avec un accent circonflexe sur l'*u*.

pirate - corsaire. V. CORSAIRE.

pire - pis. — La confusion entre *pire* et *pis* est fréquente. On serait même tenté de dire que peu de personnes savent vraiment distinguer ces deux mots, dont le premier l'emporte de beaucoup sur le second, le plus souvent à tort.

— En règle générale, *pire* (lat. *pejor*, comparatif de *malus*, mauvais) est adjectif et signifie « plus mauvais, plus nuisible » : *Si le premier est mauvais, le second est pire. Ce vin-là est encore pire que le premier* (Acad.). *Mais elle était du monde où les plus belles choses Ont le pire destin* (Malherbe, *Poésies*, « Consolation à Du Périer »). *Le café est pire que le thé* (Martinon, *Comment on parle en français*, 96). *Ces remèdes sont pires que le mal. Il n'est pire eau que l'eau qui dort. Souvent la peur d'un mal nous conduit dans un* [mal] *pire* (Boileau, *Art poétique*, I). *Un bandit de la pire espèce.*

Il s'emploie aussi en opposition à *meilleur* : *Les femmes sont extrêmes : elles sont meilleures ou pires que les hommes* (La Bruyère, *les Caractères*, III, 53)

(*Pire* étant lui-même un comparatif, on évitera de lui ajouter le signe du comparatif. *Plus pire, moins pire* seraient aussi fautifs que *plus meilleur, moins meilleur*.)

Substantivement, avec l'article défini ou indéfini : *Il faut distinguer le mauvais du pire. Vous êtes liés pour le meilleur et pour le pire. Boileau est d'avis que dans l'art d'écrire il n'est point de degré du médiocre au pire* (Acad.). *On y trouve du bon, du mauvais et du pire.*

Le pire a le sens de « le plus mauvais » : *Le pire n'est pas toujours certain* (L. Daudet, *le Sang de la nuit*, 193). *Et le pire C'est mon mari. Que va-t-il dire?* (P.-J. Toulet, *Contrerimes*, 12.)

Tant pire (pour *tant pis*) est une faute grossière qui ne se rencontre guère que dans le parler populaire, et exceptionnellement chez Balzac (*le Cousin Pons*, I, 52) : *Tant pire ou plutôt tant mieux.* Mais on entend aussi, dans d'autres milieux, des expressions comme *aller de mal en pire, de pire en pire; il a fait pire que cela; le pire de tout; ce qu'il y a de pire; être ennemis pire que jamais,* où *pire* est employé fautivement pour *pis.*

— **Pis** (lat. *pejus,* comparatif de *male,* mal, adv., comme *mieux* est le comparatif de *bien*) est usité comme adverbe ou comme adjectif et signifie « plus mal ». Il s'emploie donc en opposition à *mieux* : *Malade qui est pis que jamais* (Lar. du XX⁰ s.). *Ils sont pis que jamais ensemble* (Acad.). *Il n'y a rien de pis que cela* (Id.). *Tromper est indigne, trahir est pis* (Lar. du XX⁰ s.). *C'est bien pis* (Acad.). *Ç'avait été d'abord une répugnance qu'il n'essayait pas de vaincre; mais il constata bientôt que c'était pis : une impossibilité* (Cl. Farrère, *les Civilisés*, 248). *Pourvu qu'il ne nous arrive pas pis, disait toujours la mère* (G. Geffroy, *l'Apprentie*, 266).

On dit aussi : *Tant pis; qui pis est* (ce qui est pis); *au pis aller, un pis-aller* (inv.); *rien de pis; de mal en pis; de pis en pis. Il a fait pis. Il a fait pis que cela, pis que vous. Il fera pis encore. Celui-ci est mauvais, mais l'autre pire; celui-ci est mal, mais l'autre est pis* (Martinon, *Comment on parle en français*, 97). *On en dit pis que pendre. Ce qu'il y a de pis. Je m'attendais à pis. Crainte de pis.* (On voit que dans ces cas *pis* peut être remplacé par son contraire *mieux*.)

(Comme pour *pire,* on évitera de dire *plus pis, moins pis.*)

Substantivement, **le pis** : *Le pis qui puisse arriver* (Acad.). *Le pis qu'on puisse faire. Le pis de l'affaire. Le pis de tout* (et non *Le pire de tout*).

En résumé, se rappeler que *pire* est synonyme de *plus mauvais* et contraire de *meilleur,* et que *pis* est synonyme de *plus mal* et contraire de *mieux.*

pistache, adjectif de couleur, est invariable : *Des rubans pistache.*

V. aussi COULEUR.

place. — On écrit **mettre** (*remettre*) **à sa place** ou **en place** (et non *à place*) : *Remets l'aspirateur à sa place, en place.*

Au sens figuré, on dit *remettre quelqu'un à sa place* (et non *Mettre quelqu'un à sa place*).

— L'expression **en lieu et place de** (terme de procédure) est le plus souvent remplacée, dans le langage courant, par **au lieu et place de** : *Etre au lieu et place de quelqu'un.* (Acad.) *J'ai agi au lieu et place de son fils.*

On dit et l'on écrit **en son lieu et place** : *Subroger quelqu'un en son lieu et place. J'ai agi en son lieu et place.*

— **Par places** s'écrit au pluriel : *Sa peau était tachée par places.*

— **Places assises, places debout.** Ces expressions sont critiquables, puisque, si une place peut être *libre* ou *occupée,* elle ne saurait être assise ou debout. On écrira donc : *131 voyageurs, dont 38 assis et 93 debout* (Métro parisien) [plutôt que *131 places, dont 38 assises et 93 debout*].

V. aussi RUE.

plaidoirie - plaidoyer. — La **plaidoirie** (et non *plaidoierie*), c'est, avec l'action de plaider, le discours de l'avocat : *Cette plaidoirie a tenu deux audiences* (Acad.).

Plaidoyer est pris également pour *plaidoirie,* mais il appuie plus particulièrement sur l'idée de défense des parties contenue dans le discours : *Cet avocat a fait un habile plaidoyer* (Acad.). Par extension, il s'emploie le plus souvent pour désigner un discours en faveur d'une cause, d'une thèse, d'un système : *Plaidoyer en faveur de l'enfance malheureuse.*

plaie. — On écrit : *Ne rêver que plaies et bosses* (Acad.) [et non *plaids et* *bosses,* comme certains le proposeraient].

plain est tiré du latin *planus,* qui signifie « plat, uni » (il a donné le féminin *plaine*) : *La Beauce est un pays plain* (Lar. du XXᵉ s.). On dira mieux aujourd'hui *plan* (et surtout *plat*).

Plain n'est plus guère usité que dans **plain-chant** (pluriel *des plains-chants*) et dans l'expression **de plain-pied** (qu'on se gardera bien d'écrire *plein-*).

plaindre (se). — Après **se plaindre que,** le verbe de la subordonnée se met généralement au subjonctif : *Il se plaint qu'on l'ait calomnié* (Acad.).

Certains grammairiens font néanmoins une distinction et réservent le subjonctif pour le cas où l'acte déploré est tenu pour hypothétique. Quand l'objet de la plainte n'a rien d'hypothétique, le verbe se met à l'indicatif : *Il se plaint qu'on l'a calomnié* (il est certain d'avoir été calomnié).

On rencontre parfois **se plaindre de ce que,** mais alors le verbe se met toujours à l'indicatif : *Je me plains de ce que vous ne m'écoutez pas* (Lar. du XXᵉ s.).

— Au **participe passé,** *se plaindre* est variable : *Cette dame s'est plainte de vos grossièretés. Elles se sont plaintes de leur mémoire* (Grevisse).

plaire. — Conjugaison : *Je plais, tu plais, il plaît, nous plaisons, vous plaisez, ils plaisent. Je plaisais, nous plaisions. Je plus, nous plûmes. Je plairai, nous plairons. Je plairais, nous plairions. Plais, plaisons, plaisez. Que je plaise, que nous plaisions. Que je plusse, qu'il plût, que nous plussions. Plaisant. Plu* (pas de féminin).

A noter l'accent circonflexe sur l'*i* d'*il plaît : S'il vous plaît. Comme cela plaît à Dieu.*

— On dit indifféremment : *Plaise à Dieu que...* ou *Plût à Dieu que...*

— **Ce qui me plaît - ce qu'il me plaît.** V. CE (*Ce qui - ce qu'il*).

— **Plu,** participe passé de *plaire,* est toujours *invariable* : *Cette poupée a plu à ma petite fille. Elle s'est plu à me dire des choses désagréables. Ils se sont plu dans cette affreuse ville.*

Même invariabilité pour **complu** et **déplu.**

plaisant change parfois de sens selon qu'il est placé avant ou après le nom. Ainsi, *un plaisant personnage* est un personnage impertinent, ridicule, alors qu'*un personnage plaisant* plaît ou amuse.

plan. — On écrit : *Etre en plan. Laisser en plan, rester en plan* (Acad.). [Il n'est pas d'usage d'écrire *en plant,* comme le conseille Littré.] Ces expressions sont du langage populaire.

planisphère est du *masculin : Un planisphère terrestre.*

V. aussi SPHÈRE.

plant. — **En plant.** V. PLAN.

planter - semer. — **Planter,** c'est d'abord fixer en terre, un à un, une plante, un arbrisseau, pour qu'ils y végètent : *Planter des fleurs* (Lar. du XXᵉ s.). C'est aussi mettre en terre, avec la main et l'un après l'autre, des noyaux, des graines, des tubercules : *Planter des noyaux, des pépins* (Acad.). *Planter des oignons* (Id.). *Planter des pois, des fèves* (Id.).

Semer implique l'idée de répandre et ne se dit que des petites graines : *Semer de la laitue, des radis, du persil. Le seigle se sème en automne* (Acad.).

plaquer. — **Plaquer quelqu'un** (« le quitter, le délaisser brusquement ») est du langage familier.

plat. — **Plat de côtes - plates côtes.** Les deux expressions sont usitées indifféremment, mais la première, plus logique (la région des côtes, chez le bœuf ou le cheval, s'appelle le *plat de côtes*), est aussi la plus courante : *J'ai demandé du plat de côtes* (Acad.). *Le plat de côtes* (région) *comprend le plat de côtes de surlonge, le plat de côtes découvert et le plat de côtes couvert* (Lar. du XXᵉ s.).

plate-. — Les composés *plate-bande* et *plate-forme* s'écrivent avec un trait d'union. (Au pluriel : *des plates-bandes, des plates-formes.*)

pléiade. — Jadis, groupe de sept poètes. Après avoir désigné les six étoiles de la constellation du Taureau (les Anciens en comptaient sept), *pléiade* se dit aujourd'hui, par extension, d'un nombre indéterminé, mais restreint, de personnes formant cénacle et représentant une élite : *Il y avait dans cet état-*

major *une pléiade d'excellents officiers* (Acad.). *Une pléiade d'élèves distingués.*

plein est préposition et *invariable* dans des constructions comme : *Ils ont des billes plein les poches* (mais on dira *Ils ont les poches pleines de billes*, ou encore *Ils ont plein les poches de billes*). Et, familièrement : *Il y a plein, tout plein de gens prêts à critiquer autrui.* (On dira mieux *beaucoup*.)

— **Battre son plein.** V. BATTRE.

— V. aussi PLAIN.

— L'adjectif dérivé **plénier, plénière** s'écrit avec *é* (du lat. *plenus*) [et non *ei*] : *Indulgence plénière.* (Le masculin est rare.)

pléonasme. — Un *pléonasme* est une répétition, parfois voulue, de termes ayant le même sens, et qui sert à donner plus de force à la pensée : *Je l'ai entendu de mes oreilles. Et que m'a fait, à moi, cette Troie où je cours?* (Racine.)

Il est des pléonasmes heureux et des pléonasmes fâcheux. Parmi ces derniers, la langue française renferme quantité de mots ou d'expressions qui sont entrés dans l'usage et qu'il n'est plus question de réviser. Qui oserait, par exemple, éliminer *aujourd'hui* (pourtant formé des deux éléments de même sens *jour* et *hui* [lat. *hodie*]), *le lendemain* (de *l'endemain*), *économie domestique* (du gr. *oikos* et du lat. *domus*, synonymes), *s'immiscer dans* (du lat. *in*, dans, et *miscere*, mêler), *transférer au-delà* (du lat. *trans*, au-delà, et *ferre*, porter), *coïncider avec* (du lat. *cum*, avec, et *incidere*, tomber sur), *saupoudrer de sel* (*sau* = sel) ?

Néanmoins, il est d'usage de considérer comme des pléonasmes vicieux une série d'expressions dont voici les principales : *abolir entièrement; achever complètement; ajouter en plus; le maximum de son apogée; faire une chute verticale; collaborer ensemble; comparer entre eux; être contraint malgré soi; descendre en bas; dune de sable; s'enchevêtrer les uns dans les autres; s'entraider mutuellement; erreur involontaire; hasard imprévu; une heure de temps; hémorragie de sang; gai luron; petite maisonnette* (et tous les diminutifs précédés de *petit*); *marcher à pied; noire mélancolie;*

mirage décevant; monopole exclusif; monter en haut; panacée universelle; être le premier en tête; prévoir d'avance; passer en première priorité; progresser en avant; puis ensuite; reculer en arrière; refaire encore (et tous les verbes à particule itérative suivis de *encore*); *répéter de nouveau; revolver à barillet; se réunir ensemble; secousse sismique; il suffit simplement; suivre derrière; la topographie des lieux; tous sont unanimes; voler dans l'air;* etc.

pleurs est un nom *masculin* qui ne s'emploie guère qu'au pluriel : *Répandre des pleurs* (Lar. du XXᵉ s.). *Être en pleurs, tout en pleurs.*

Le singulier n'est usité que par plaisanterie, ou quelquefois en poésie ou dans le style soutenu : *Ivrogne qui verse un pleur. Faire un pleur éternel de quelques ombres chères* (V. Hugo). [Dans ce cas, *pleur* a un sens plus étendu que *larme*.] *Ce long pleur monotone et désespéré des chiens* (Barbey d'Aurevilly, *le Chevalier Des Touches*, 3).

pleuvoir est un verbe impersonnel.

Conjugaison : *Il pleut. Il pleuvait. Il plut. Il pleuvra. Il pleuvrait. Qu'il pleuve. Qu'il plût. Pleuvant. Plu.*

Il s'emploie aussi intransitivement à la 3ᵉ personne du pluriel : *Les calomnies pleuvent sur quiconque réussit* (Voltaire; cité par le Lar. du XXᵉ s.). *Les coups plurent* (et non *pleuvèrent*) *sur son échine.*

La forme transitive se rencontre parfois : *Le plafond pleuvait les pellicules de ses plâtres* (Huysmans, *En rade*, 66). *La fourrure de singe pleuvait ses longs poils noirs* (P. Hamp, *le Lin*, 225).

plier - ployer. — Ces deux verbes sont des doublets dérivés l'un et l'autre du latin *plicare*. Employés indifféremment jusqu'au XVIIᵉ siècle, ils tendent heureusement à se différencier. Néanmoins, le Dictionnaire de l'Académie dit que *ployer* « s'emploie le plus ordinairement dans le style élevé. Dans le langage courant, on se sert de *plier* ».

Le Larousse du XXᵉ siècle est d'avis que « *ployer*, par rapport à *plier*, c'est particulièrement, au propre et au figuré, faire subir ou subir une courbure, un fléchissement plus ou moins sensible ». Cette distinction est utile et permet d'éviter l'empiétement de *plier* sur son moins heureux synonyme.

Plier se dit surtout de ce qui fait un « pli » quand on rabat un objet sur lui-même : *Plier une feuille de papier, une lettre. Plier des vêtements, des draps de lit, des serviettes* (Acad.).

Au figuré, c'est faire céder, soumettre, accommoder : *Plier son caractère, son langage aux circonstances* (Lar. du XXe s.). Mais on dit également *ployer* dans ce sens : *Il se ploie à tout ce qu'on veut* (Littré).

Ployer est plutôt réservé à ce qui évoque l'idée d'une simple courbure, sans que soient jointes les extrémités : *Ployer une branche d'arbre* (Acad.). *Ployer le dos, les épaules. Ployer sous un fardeau.* Et aussi *Ployer des voiles* (Lar. du XXe s.). Au figuré : *L'aile droite de l'ennemi a ployé* (Acad.).

Nota. — Au sens figuré, en cas de doute, il est préférable d'employer *plier* : *Plier le genou devant quelqu'un. Plier bagage.*

plomb (à) - d'aplomb. Voir APLOMB (D').

ployer - plier. V. PLIER.

plume. — On écrit (sans *s*) : *Un lit de plume* (Acad.). *Du gibier à plume* (de même que *du gibier à poil*).

plupart (la). — Quand *la plupart* est pris absolument, au sens de « le plus grand nombre des hommes », le verbe se met au pluriel : *La plupart croient que le bonheur est dans la richesse* (Lar. du XXe s.). *La plupart écrivent ce nom de telle manière* (Acad.).

S'il est construit avec un nom pluriel, le verbe se met également au pluriel : *La plupart des soldats ennemis prirent la fuite. La plupart de mes livres sont reliés en chagrin* (Acad.).

Avec un nom au singulier, le verbe se met au singulier : *La plupart du peuple est mécontent. La plupart du monde prétend... La plupart du temps se passait en jérémiades* (Acad.).

— **Pour la plupart** signifie « quant à la plus grande partie » : *Les gens de ce pays sont pour la plupart indolents* (Acad.).

La préposition *pour* manque parfois : *Les hommes sont la plupart inté-* ressés (Acad.). *Ces pièces d'or sont la plupart fausses* (Id.).

plural fait au masculin pluriel *pluraux*.

plus. — **Prononciation.** *Plus* se prononce généralement *plu* devant une consonne et dans les locutions négatives *ne plus, non plus : Il est plu(s) grand que moi. Je n'en veux plu(s). Vous non plu(s), vous ne me ferez pas taire.* ¡Toutefois, en langage de calcul, on dit toujours *pluss* : *2 plus 2 égale 4.*)

Il se prononce *pluz* en liaison avec une voyelle : *Nous n'irons plu(s)-z-au bois. Je ne veux plu(s)-z-y aller.*

L'*s* se fait entendre normalement dans le composé *plus-que-parfait*. L'usage tend également à faire sonner l'*s* dans le cas où *plus* signifie « davantage » : *Il en a plus que moi. Je n'en demande pas plus.*

— **Des plus.** L'adjectif qui suit *des plus (des moins, des mieux)* se met en général au pluriel, l'usage ayant écarté les subtilités opposées par les linguistes, qui n'admettaient que le singulier. On écrit : *C'est un homme des plus loyaux* (c'est-à-dire *parmi les plus loyaux*). *Une espèce des plus rares. Une question des plus embarrassantes* (Nouv. Lar. univ.). *Ce travail est des plus difficiles* (Acad.). *Une lettre des plus vengeresses.* Avec son ami *Bouc des plus haut encornés* (La Fontaine, *Fables*, « le Renard et le Bouc »). *Mon odyssée n'a pas été des plus tragiques* (Lar. du XXe s.; d'après Mérimée).

Certains ont estimé que *des plus* amenait un superlatif, et que par conséquent il n'y avait pas de pluriel dans l'idée : *un homme des plus loyal* était un homme loyal au plus haut point, le plus loyal possible, extrêmement loyal, etc. « Mais ce n'est pas la règle la plus suivie ni la plus logique » (Lar. du XXe s.).

Si l'adjectif se rapporte à un verbe ou à un pronom neutre, il reste naturellement invariable : *Il lui était des plus pénible de se lever si tôt. Pour lui, se lever tôt n'était pas des plus facile. Cela devient des plus désagréable.*

La répétition de *des plus* est, le plus souvent, omise avec deux adjectifs : *Prenons par exemple un médecin des plus délicats et cultivés* (A. Thérive, dans la *Nouvelle Nouvelle Revue*

française, 1-III-1954, p. 445). *Un vocabulaire des plus riches et variés* (M. Rat,
dans *Vie et Langage*, 1954, p. 499).

V. aussi UN (*Accord du verbe après
« un des... »*).

— **En plus de**, locution naguère
familière, est tout à fait entrée dans
l'usage : *Il lui donna un billet de mille
francs en plus de ses appointements. En
plus des huit heures de travail* (André
Maurois, *Bernard Quesnay*, 81).

V. aussi EN.

— **Le plus.** Quand *le plus* (*le moins,
le mieux*) est suivi d'un adjectif ou
d'un participe, l'article tantôt varie,
tantôt est invariable.

En règle générale, l'article s'accorde
avec le nom exprimé ou sous-entendu
quand il s'agit d'une qualité portée au
plus haut degré *avec comparaison :
Vous êtes la plus belle des femmes. De
ces deux roses, celle-ci est la plus belle.
C'est la femme du monde la plus ver-
tueuse* (Acad.). *Ce sont les gens les plus
riches du pays.*

Au contraire, *le* reste invariable
quand il s'agit d'une qualité portée au
plus haut degré *sans comparaison : Au
moment où cette œuvre était le plus
admirée* (Lar. du XXe s.). *Les canons
antiaériens doivent disposer de la
vitesse initiale le plus élevée possible.
Cet enfant ne sait jamais sa leçon, même
quand elle est le plus facile. Il en a été
surtout ainsi dans les pays de la couronne d'Aragon, où les relations avec
l'Italie ont été d'abord le plus étroites,
mais où s'est bientôt formé un art local*
(E. Lambert, *l'Art en Espagne et au
Portugal*, 43). *Ceux* [les quartiers] *où
les troupes de choc étaient le plus nombreuses* (A. Malraux, *la Condition
humaine*, 27). *C'est à l'oral qu'elle s'est
montrée le plus brillante.*

Les deux cas sont réunis dans la
phrase suivante (citée par Grevisse) :
*Nous sommes dans une époque prodi-
gieuse où les idées les plus accréditées
et qui semblaient le plus incontestables
se sont vues attaquées, contredites, sur-
prises et dissociées par les faits*
(P. Valéry, *Regards sur le monde actuel*,
éd. 1931, p. 83).

Cette distinction n'est pas toujours
aisée. Parfois même, l'accord peut se
faire ou non sans que le sens de la
phrase en soit aucunement altéré : *Les*
hommes le mieux doués ou *les mieux
doués* (Littré). Aussi, la tendance
actuelle est-elle de s'affranchir de ces
règles... que n'observaient d'ailleurs pas
les classiques.

— **Le plus que.** Avec *le plus que*,
le verbe qui suit se met à l'indicatif ou
(plus généralement) au subjonctif : *Le
plus que je puis faire, que je puisse faire*
(Acad.). *Le plus que vous en pouvez
prétendre, que vous en puissiez prétendre* (Id.).

— **Pas plus que.** Après deux sujets
réunis par *pas plus que*, le verbe se
met au singulier : *Le père, pas plus que
le fils, n'était au courant de la chose.*
(Noter la ponctuation.)

— **Plus d'un.** Avec *plus d'un*, suivi
d'un nom singulier, le verbe se met lui-
même au singulier, à moins qu'il n'exprime une action réciproque : *Plus d'un
convive était gai. Nous en vîmes plus
d'un qui errait sur la route. Plus d'un
fripon se dupent l'un l'autre* (Lar. du
XXe s.).

Si le nom complément est au pluriel,
l'accord avec ce complément est en
général facultatif : *Ils remarquèrent
que plus d'un de ces convives était gai*
(ou *étaient gais*).

(A noter qu'avec *moins de deux*
[v. MOINS] le verbe qui suit se met au
pluriel.)

— **Plus que - plus de.** Employé
avec *à demi, à moitié, aux trois
quarts*, etc., *plus* est indifféremment
suivi de *que* ou de *de : La course de
nos jours est plus qu'à demi faite*
(Littré ; d'après Racan). *Cette bouteille
est plus qu'à moitié, plus qu'aux trois
quarts pleine. Cela est plus d'à demi
fait* (Acad.). *Cela est plus qu'à demi
fait* (Id.). *Mais un fripon d'enfant (cet
âge est sans pitié) Prit sa fronde et du
coup tua plus d'à moitié La volatile
malheureuse* (La Fontaine, *Fables*, « les
Deux Pigeons »). *Sa fortune, plus d'aux
trois quarts détruite* (P. Bourget, *l'Eau
profonde*, 14).

Devant une quantité évaluable en
nombre, on doit employer *plus de : Il
s'est trompé plus de dix fois* (Lar. du
XXe s.). *Il a fait plus de deux lieues à
pied* (Acad.).

S'il y a comparaison, on emploie *plus
que : 30 est plus grand que 25.*

— **Plus que... ne.** *Plus,* suivi de *que* et d'un membre de phrase, demande *ne* (Littré) : *Etes-vous plus sûr de cela que je ne le suis? Ils sont plus beaux qu'ils ne le paraissent* (Gramm. de l'Acad.). *Il est plus heureux que vous ne l'êtes* (Acad.).

(Cette règle s'applique également à *autre que* et à *moins que.*)

plutôt - plus tôt. — Ces deux adverbes, qui ne sont en réalité qu'un seul et même mot, se prononcent d'une manière identique, mais diffèrent par l'orthographe et par le sens. « Cette distinction, quant à l'orthographe, est tout à fait arbitraire et récente; on ne s'étonnera pas de trouver que dans les éditions anciennes elle ne soit pas observée. » (Littré.)

Plutôt implique une idée de choix : *Je ferai ceci plutôt que cela. Plutôt mourir que se rendre. Il mourrait plutôt que d'avouer ses torts* (Acad.). [*De* est facultatif devant l'infinitif employé comme second terme de la comparaison.]

On dit aussi, au sens de « assez, passablement » : *C'est un enfant d'aspect plutôt frêle* (A. Gide, *Si le grain ne meurt,* 170). *Il est plutôt bête. La jeune fille me semble ronde, potelée, plutôt forte* (G. Duhamel, *la Pierre d'Horeb,* 41). Ce sens, critiqué par les puristes, n'est pas admis par l'Académie.

Plus tôt implique une idée de temps et s'oppose à *plus tard* : *Il vous faudra, à l'avenir, arriver plus tôt. Le plus tôt sera le mieux* (Acad.). *Il est venu le plus tôt qu'il a pu* (Id.). *Il n'eut pas plus tôt aperçu son père qu'il courut à lui* (Acad.). Dans ce dernier cas, on écrit surtout *plus tôt.*

Nota. — Après deux sujets unis par *plutôt que,* le verbe se met au singulier : *Le sommeil, plutôt qu'une réelle fatigue, l'avait vaincu.* (Noter la ponctuation.)

pluvial fait au pluriel masculin *pluviaux.*

pneu fait au pluriel *pneus* (exception à la règle [avec *bleu* et *feu,* « défunt »] du pluriel en *x* des mots en -*eu*).

poche. — On écrit : *Avoir de l'argent en poche, plein ses poches* (Acad.). *Avoir les* (ou *ses*) *mains dans les* (ou *ses*) *poches. Avoir ses clefs dans sa poche. De l'argent de poche.*

poêle et ses dérivés s'écrivent avec un *e* accent circonflexe.

poète a pour féminin *poétesse,* mais on dit surtout *femme poète* ou même *un poète* : *Mme Deshoulières était un poète aimable* (Lar. du XXe s.). *Cette femme est poète* (Acad.).

poignée. — **Poignée de main** s'écrit sans *s* à main, même au pluriel : *Donner des poignées de main.*

— On écrit : *Une poignée d'herbes, de cheveux, de dragées,* etc. *Jeter de l'argent à poignée* (Acad.).

poil. — On écrit : *Du gibier à poil* (au singulier; de même que du *gibier à plume*).

poindre. — Au sens transitif de « piquer » (*Quel taon vous point?*), *poindre* se conjugue comme *joindre* et peut être employé à tous les temps de ce verbe : *Oignez vilain, il vous poindra; poignez vilain, il vous oindra. La même intense impression dont Mme Dumarsan poignait ici les âmes* (J. Lorrain, *Histoire de masques,* 92). *Après toutes ces secousses, le besoin me poignait de m'évader* (J. Ajalbert, *les Mystères de l'Académie Goncourt,* 172).

Au sens intransitif de « commencer à paraître » (*Le jour poindra bientôt. Les narcisses vont poindre*), l'Académie signale que *poindre* n'est guère usité qu'à l'infinitif et au futur. Rien n'empêche, cependant, de l'employer à d'autres temps : *Il lorgnait du coin de l'œil deux sergents de ville qui poignaient au loin* (Huysmans, *les Sœurs Vatard,* 197).

— **Poigner,** pour **poindre,** est un barbarisme formé sur le participe présent *poignant.* On le surprend chez des auteurs classiques ou contemporains : *Un sentiment profond a poigné mon cœur* (Chateaubriand, *Mémoires d'outre-tombe,* VI, 54). *L'effroi avait poigné son cœur* (F. Soulié, *Mémoires du diable,* I, 263). *Le regret qui l'avait poigné dans la cuisine l'étreignit de nouveau* (Huysmans, *En ménage,* 17). *Une énergie qui poigne* (Id., *Certains,* 193). *L'anxiété de ses enfants commence à la poigner à son tour* (A. Daudet, *la Petite Paroisse,* 108).

Dans ces exemples, l'influence d'*empoigner* est manifeste.

— Il y a parfois hésitation sur

l'orthographe dans la conjugaison de *poindre* (se rappeler que ce verbe se conjugue comme *joindre* ou *craindre*). On trouve ainsi, dans Balzac (*le Lys dans la vallée*, 109) : *Une clairière poind à travers les feuilles* (il avait écrit *pointe* dans la première édition). *Les gilets rouges des postillons poindent, dix chevaux hennissent* (*Ursule Mirouet*, 14).

Le Larousse du XX° siècle cite également, du même auteur : *Le vert des forêts poindit comme l'herbe nouvelle. Quelle joie de voir une pervenche poindant sous la neige!* C'est une conjugaison fautivement calquée sur celle de *rendre*.

— **Pointer** est parfois employé au sens de *poindre* : *Les bourgeons commencent à pointer* (Acad.).

point (adverbe). V. PAS.

— **Peu ou point.** V. PEU.

point (nom). On écrit, avec l'Académie : *De tout point, en tout point* (au singulier).

— **Point-virgule.** Il est d'usage de dire *un point-virgule* (plutôt qu'*un point et virgule*).

Ne pas abuser du point-virgule dans la phrase et éviter d'employer ce signe de ponctuation en série (sauf dans les énumérations, amenées par les deux points).

— **Deux points.** On dit généralement *les deux points;* la forme *un deux-points* est surtout du langage typographique : *L'emploi des deux points. Ajouter un deux-points.*

Dans une énumération ou une explication, les deux points ne doivent pas se rencontrer deux fois de suite. La phrase *Ils étaient là : la mère et les deux enfants : Reine et Didier* est mal ponctuée.

Toutefois, si les deux points introduisent une citation, celle-ci peut comporter elle-même les deux points, comme dans *Il lut avec surprise : « Vous trouverez ci-joint : 7 portefeuilles, 3 montres et un trousseau de clefs. »*

— **Point d'exclamation.** Le point d'exclamation doit ponctuer l'interjection et se répéter à la fin de la phrase : *Enfin! vous voilà! Oh! que je me suis*

fait mal! Eh bien! vous êtes satisfaits! (V. aussi EH.)

Quand une interjection est répétée, le point d'exclamation se met après la dernière : *Ah, ah! Oh, oh! Hi, hi, hi!* Il en est de même si deux interjections forment une seule locution consacrée : *Ah fi!*

Après un point d'exclamation ou d'interrogation, on met une majuscule si le point en question termine la phrase : *Quelle sottise! Au moins avait-on prévu cela?* Si la phrase continue, la minuscule est de rigueur : *Il cria : « Vive le roi! » et mourut aussitôt. Hélas! quel grand malheur! Etait-elle partie? chacun se le demandait.*

On ne met généralement pas de ponctuation après un point d'exclamation ou d'interrogation : *On les aura! s'écria-t-il. Il lisait « Quo Vadis? » le roman de Sienkiewicz.*

— **Point d'interrogation.** V. ci-dessus *Point d'exclamation.*

— **Points de suspension.** Le nombre des points de suspension est de *trois* (y compris, éventuellement, le point final d'une phrase).

Si les points de suspension sont combinés avec une virgule ou un point-virgule, ils doivent précéder ces signes de ponctuation : *Et puis, vous grandissez, ma petite Emmanuelle..., vous grandissez même beaucoup* (François Mauriac, *Asmodée*, II, IV; cité par Damourette). *Il y avait des rats, des souris, des belettes...; il fallait en finir.*

Avec un point d'exclamation ou d'interrogation, ils peuvent suivre ou précéder ceux-ci, selon le sens de la phrase : *Dites-le-lui! ... vous le regretterez. Qu'allez-vous faire? ... Avez-vous demandé...?*

Quand les points de suspension indiquent la coupure d'un passage, on les met généralement entre crochets, pour les distinguer des points imputables à l'auteur : *Il regarda au loin [...] et la reconnut bientôt.*

Pour les suppressions portant sur des passages importants, sur des alinéas entiers, on se sert de la ligne de points.

— Après l'initiale d'un nom qu'on ne veut pas citer, on met trois points de suspension : *La belle Mme L... Porter plainte contre X...*

— A noter qu'on ne doit jamais

mettre de points de suspension après *etc.*

— **Points cardinaux.** Le point cardinal s'écrit sans majuscule : *L'aiguille aimantée se dirige vers le nord. Ses pas l'avaient conduit trop au sud. La route va vers l'est. La maison est orientée à l'ouest, au midi. Tant de degrés de latitude nord* (ou *de latitude N.*).

De même, on écrit avec une minuscule le point cardinal quand il est suivi d'un déterminatif et équivaut à « au-dessus », « à droite », etc. : *Lille est située au nord de Paris. Il s'établit au sud-ouest de Bordeaux.*

En revanche, on écrit avec une majuscule : *Il a passé ses vacances dans l'Ouest, dans le Sud-Ouest, dans le Nord*, etc. (il s'agit là de régions; mais on écrirait : *Il a passé ses vacances dans le sud-ouest de la France*). *L'Amérique du Sud. La Chine du Nord. Le pôle Sud. L'hémisphère Nord.*

Mêmes règles pour *midi, centre*, etc.

— **Point de vue.** Un *point de vue* est la place d'où l'on voit le mieux un paysage, un monument : *Découvrir un beau point de vue* (Lar. du XXᵉ s.) *L'auto s'arrêta à un point de vue.*

C'est aussi la vue elle-même, le paysage, comme dans l'exclamation de miss Helyett : *Oh! le superbe point de vue!*

Au sens figuré, c'est la manière d'examiner une chose : *Suivant le point de vue où l'on se place pour considérer cette affaire. Examiner une affaire à différents points de vue* (Lar. du XXᵉ s.).

Au sens de « sous le rapport de », on dit aussi bien **au point de vue de** que **du point de vue de**, et même **sous le point de vue de** (rare aujourd'hui, mais fréquent chez les classiques) : *Au point de vue social, la situation est également peu claire* (Ch. Bruneau, *Petite Histoire de la langue française*, I, 122). *Au point de vue de la forme, les noms se classent en...* (A. Dauzat, *Grammaire raisonnée*, 60). *Envisager une chose à un point de vue particulier, d'un point de vue particulier* (Hanse). *Si nous nous plaçons au point de vue purement linguistique. Considéré du point de vue linguistique. Il ne voyait pas les objets sous le même point de vue* (Chateaubriand, *Mémoires d'outre-tombe*, V, 93).

On évitera soigneusement l'apposition d'un autre nom après *au point de vue* (ou *du point de vue*). On dira donc : *Au point de vue de la moralité* (et non *Au point de vue moralité*). *Il faut revoir ce texte du point de vue de l'orthographe* (et non *du point de vue orthographe*).

En revanche, on peut faire suivre *au* (*du*) *point de vue* d'un qualificatif : *Au point de vue moral. Au point de vue orthographique.*

— **A mon point de vue,** au sens de « à mon avis », est familier : *A mon point de vue, on aurait dû le jeter en prison.*

pointer. V. POINDRE.

pointe-sèche. — Une *pointe-sèche* (avec un trait d'union) est une épreuve gravée à la *pointe sèche* (sans trait d'union).

point-virgule. V. POINT.

poireau, qui s'est écrit *porreau,* se prononce encore parfois, dialectalement, *po-rô* au sens propre, mais on dira toujours *poi-rô* au sens figuré (*Faire le poireau*).

pôle s'écrit avec un accent circonflexe, mais ses dérivés (*polaire, polarité,* etc.) ne prennent pas d'accent sur l'*o.*

— On écrit généralement : *Le pôle Nord. Le pôle Sud* (ou, en abrégé : *Le pôle N. Le pôle S.*).

V. aussi POINT (*Points cardinaux*).

polémiquer - polémiser. — Ces deux mots sont synonymes (« faire de la polémique »), mais *polémiquer* est mieux formé et aussi plus courant : *Depuis longtemps il polémiquait* (P. Adam, *Irène et les eunuques,* 62).

poli. — Une personne qui n'est pas polie est **impolie** (et non *mal polie*).

policlinique - polyclinique. — D'après l'étymologie, une **policlinique** est une clinique municipale (du gr. *polis,* ville) : *Une policlinique d'accouchement.*

Une **polyclinique** (du gr. *polus,* nombreux) désigne une clinique où l'on soigne plusieurs sortes de maladies.

pomme. — **Tomber dans les pommes.** V. PÂMER.

— **Pommes de terre en robe de chambre** ou **des champs.** V. ROBE.

pommé - pommelé. — Est **pommé** ce qui est arrondi comme une pomme (se dit surtout des salades et des choux) : *Laitue pommée. Chou pommé.*

Pommelé (dérivé de *pomme* par l'intermédiaire de *pommeau*) se dit du ciel quand il se couvre de petits nuages blancs, généralement arrondis (altocumulus), ou d'un cheval dont la robe est parsemée de taches rondes mêlées de blanc et de gris : *Ciel pommelé, femme fardée ne sont pas de longue durée. Cheval gris pommelé, à robe pommelée.*

ponceau, adjectif de couleur, est *invariable : Des rubans ponceau.*

V. aussi COULEUR.

ponctuation. — Voir à son ordre alphabétique le nom des signes dont l'emploi présente des difficultés (POINT, VIRGULE, etc.).

pondre ne s'emploie transitivement avec *œuf* que si est accompagné d'une épithète ou d'un numéral : *Pondre un gros œuf, un œuf clair, 70 œufs par an.* (On ne dira donc pas *Pondre un œuf,* ce qui serait pléonastique.)

pont. V. RUE.

pont-l'évêque, sorte de fromage, est *invariable* et s'écrit sans majuscules : *des pont-l'évêque.*

populaire - populeux. — **Populaire** se dit de ce qui est relatif au peuple, alors que **populeux** signifie « très peuplé ». En conséquence, un *quartier populaire* est un quartier habité par le peuple, alors qu'un *quartier populeux* est un quartier très peuplé.

porc-épic se prononce *por-ké-pik* au singulier comme au pluriel (*des porcs-épics*).

porte. — On écrit : *Mendier de porte en porte. Habiter porte à porte. Faire le porte à porte. Etre sur le pas de sa porte, sur le seuil de sa porte* (et non *sur sa porte*). *Il a trouvé porte close* (et non *porte de bois,* influencé par *visage de bois,* qui peut se dire). *Gratter à la porte* (« heurter doucement »). *La porte Saint-Denis. La Porte* ou *la Sublime-Porte.*

porte-. — Les composés de *porte* (du verbe *porter*) sont généralement *invariables :* ou le complément ne prend pas l'accord au pluriel, ou bien il s'écrit avec un *s* au singulier.

Sont *invariables* les mots suivants :

porte-aiguille (instrument de chirurgie)	porte-graine
	porte-greffe
	porte-hache
porte-amarre	porte-malheur
porte-bannière	porte-mine
porte-bonheur	porte-monnaie
porte-bouquet	porte-montre (support)
porte-carnier	
porte-couteau	porte-mousqueton
porte-crayon	porte-musc
porte-crosse	porte-musique
porte-drapeau	porte-outil
porte-enseigne	porte-parole
porte-épée	porte-plume
porte-étendard	porte-queue
porte-fanion	porte-vent

Composés invariables dont le complément prend un *s* au singulier :

porte-affiches	porte-cigares (étui)
porte-aiguilles (étui)	porte - cigarettes (étui)
porte-avions	porte-clefs
porte-bagages	porte-liqueurs
porte-billets	porte-parapluies
porte - bouteilles (casier)	porte-serviettes
porte-cartes	

— S'écrivent en un seul mot :

porteballe	portetaix
portechape	portefeuille
portechoux	portemanteau

porte-à-faux. — On écrit : *Un porte-à-faux,* mais *Etre en porte à faux* (Acad.).

porte-cigares, porte-cigarettes. — Ces mots désignent généralement l'étui à cigares, à cigarettes : *Un porte-cigarettes en lézard.*

On réserve plutôt les mots *fumecigare, fume-cigarette* (invariables) au petit tuyau auquel on adapte le cigare, la cigarette pour les fumer · *Un fume-cigarette en or*

porte-fenêtre fait au pluriel *portes-fenêtres.* (Il s'agit du substantif *porte* et non du verbe *porter*.)

porter. — On écrit : *Porter en terre. Porter témoignage. Bien porter la boisson, le vin* (et non *supporter*). *Se porter fort pour quelqu'un* (invariable). *Poutre qui porte à faux.* (V. PORTE-À-FAUX.)

pose - pause. — **Pose** est dérivé de *poser,* mettre à une place, etc. Il est parfois graphiquement (et fautivement) confondu avec **pause,** suspension

momentanée d'une action, repos : *Faire
la pause* (et non *la pose*). *Reprendre
son travail après une longue pause. Il
fit deux ou trois pauses en chemin*
(Acad.).

poser. — On écrit : *Poser les armes*
(« se rendre », « faire la paix »). *Posons
qu'il en soit ainsi* (sens de « supposons »).

— **Poser - apposer.** *Apposer*, c'est
appliquer, mettre sur quelque chose.
Ainsi, on *appose* une affiche sur un mur
(on ne l'y *pose* pas). On *appose* des
scellés sur une porte, une signature sur
un acte, un timbre sur un reçu.

— **Poser - déposer.** *Déposer* a surtout le sens de « se décharger de
quelque chose », alors que *poser* signifie
seulement « mettre à une place » :
*Déposer un paquet dans un coin, un
fardeau sur le bord de la route. Déposer
une lettre chez la concierge. Déposer
sa canne, son parapluie au vestiaire*
(Acad.).

On *pose* ses lunettes sur un meuble,
une statuette sur la cheminée : *Poser
un plat sur la table, un tableau au mur*
(Lar. du XXe s.).

possesseur n'a pas de correspondant féminin : *Elle était possesseur
d'une grande fortune.*

possessif (Adjectif). — Devant
un nom désignant une partie du corps,
l'usage est d'employer l'article où l'on
penserait mettre le possessif. (V. LE, LA,
LES, articles [*L'article à la place de
l'adjectif possessif*].) Ainsi, on dit : *J'ai
mal à la tête* (et non *à ma tête*). *Il s'est
lavé les mains, brossé les dents* (et non
Il a lavé ses mains, brossé ses dents).
Essuyez-vous les pieds (mieux que
Essuyez vos pieds).

V. aussi LEUR.

— **Possessif après « dont » complément.** Le nom sujet, attribut ou
objet direct ayant *dont* pour complément ne peut recevoir l'adjectif possessif (Grevisse). Ainsi, on doit dire :
L'homme dont le fils est mort (et non
dont son fils est mort). *Une voiture
dont nous sommes les propriétaires* (et
non *ses propriétaires*).

— V. aussi SE.

possessif (Pronom). — **Ellipse
de l'article.** L'article qui accompagne
le pronom possessif peut être omis

dans certains cas, mais « cet usage est
propre à la langue écrite et au langage
des milieux cultivés » (A. D a u z a t,
Grammaire raisonnée, 275) : *Je vous
préviens qu'il prend comme siennes les
idées des autres.*

— **Emploi de « le sien », « le
leur » après « chacun ».** Les règles
sont les mêmes que pour les adjectifs
possessifs *son, sa, ses* ou *leur, leurs*.
V. CHACUN.

possible est **invariable** quand il est
placé après un nom pluriel précédé
d'un superlatif (*le plus, le moins,* etc.),
et que dans la pensée il se rapporte à
l'adverbe lui-même : *Un conquérant,
afin de perpétuer son nom, extermine
le plus d'hommes possible* (Lar. du
XXe s.). *Le moins d'erreurs, de fautes
possible* (Acad.). *Nous ferons le moins
d'écarts possible. Ils ne songent qu'à
payer le moins d'impôts possible.*

(Dans la phrase de Voltaire : *Tout
est pour le mieux dans le meilleur des
mondes possibles,* l'accord se fait malgré
la présence du superlatif [*le meilleur*]
parce que la construction, exigée par
le sens, est différente. Pour que l'accord
ne se fît pas, il faudrait *dans les meilleurs mondes possible*.)

Possible est **variable** quand il se
rapporte à un nom : *Il a éprouvé tous
les malheurs possibles* (Acad.). *Vous
pouvez lui dire toutes les injures possibles. Il a lu tous les livres possibles.
Ce monde n'est ni le meilleur ni le plus
mauvais de tous les mondes possibles*
(A. Maurois, *Mes songes que voici*, 228;
cité par Grevisse).

— On écrit : *Je vous favoriserai
dans toute la mesure possible* ou *dans
la mesure du possible* (mais non *dans
toute la mesure du possible*). *Vous le
ferez le plus tôt qu'il vous sera possible*
ou *le plus tôt possible. Il est ingénieux
au possible* (Acad.).

— **Est-il possible que...** se construit avec le subjonctif : *Est-il possible que vous soyez ruiné?*

On peut toutefois employer l'indicatif
pour marquer la certitude, ou le conditionnel si le fait est hypothétique :
*Est-il possible que vous serez toujours
aussi bête? Est-il possible que vous
seriez malade?*

post-. — Les composés de *post-*
s'écrivent généralement sans trait

d'union (en un seul mot) : *postopéra-toire, postscolaire*, etc., sauf si le complément commence par un *t*, comme dans *post-traumatique*.

— **Post-scriptum**, mot latin et nom *invariable*, prend un trait d'union.

postdater - antidater. V. ANTI-DATER.

poste. — On écrit . *Aller à la poste. Un bureau de poste* (sans *s*)

poster est surtout un terme de commerce (inspiré de l'anglais) . *Le courrier à acheminer par la voie des paquebots doit être posté à Paris dès la veille de leur départ* (Lar. du XXᵉ s.).

Dans le langage courant, on dit plutôt *mettre à la poste.*

postérieur étant, comme *antérieur*, un comparatif, on évitera de dire *plus postérieur, moins postérieur*. En revanche, on rencontre *très postérieur* chez de bons écrivains : *Une époque très postérieure à celle de l'intaille* (A. France, *Crainquebille*, 212 ; cité par Grevisse).

— On dit : *Il produisit un testament postérieur. Cet ouvrage, cet auteur est postérieur à tel autre* (Acad.). *Une démarche postérieure à notre requête* (Hanse).

posthumement s'écrit sans accent aigu sur l'*e* (Lar. du XXᵉ s.) [et non *posthumément*].

postulant - impétrant. V. IMPÉ-TRANT.

postuler s'emploie *transitivement* (*Postuler un emploi*) ou *intransitivement* dans le langage du palais : *Postuler pour un client.*

pot. — On écrit : *Un pot à eau* (destiné à contenir de l'eau). *Le pot à l'eau* (qui sert habituellement à mettre de l'eau ; on dit également dans ce sens *le pot à eau*). *Le pot d'eau, un pot d'eau* (dans lequel il y a de l'eau). *Un pot à beurre. Le pot au beurre. Un pot de beurre. Découvrir le pot aux roses* (Acad., Lar. du XXᵉ s.).

V. aussi À.

pot-. — **Pot-au-feu** est *invariable* et se prononce *po-to-feu* : *Mettre le pot-au-feu. Des maris pot-au-feu* (Lar. du XXᵉ s.).

— **Pot-de-vin** (« somme d'argent ou cadeau qu'on donne à une personne pour conclure une affaire ») fait au pluriel *pots-de-vin* : *Mandataire qui a reçu de nombreux pots-de-vin.*

— **Pot-pourri** s'écrit généralement avec un trait d'union. (L'Académie, toutefois, n'en met pas.) Plur. *pots-pourris.*

potage - soupe. — Le **potage** se distingue *en pratique* de la soupe par sa liquidité relative, et surtout par l'absence de pain : *Un potage au vermicelle, au riz, au lait.*

La **soupe** est composée d'un bouillon dans lequel on trempe ou l'on fait cuire des tranches de pain, et, de ce fait, est généralement assez épaisse : *Soupe aux choux, à l'oignon. Soupe mitonnée. Tailler la soupe.*

Potage tend à prendre le pas sur *soupe*, ce dernier faisant moins « distingué ».

pou fait au pluriel *poux.*

V. aussi BIJOU.

poudroiement s'écrit avec un *e* intercalaire.

pouilles ne s'emploie guère qu'au pluriel et dans l'expression *chanter pouilles* : *Il lui a chanté pouilles* (Acad.).

pouls se prononce *poû* : *Tâter le pouls, prendre le pouls* (Acad.).

pour, employé sans complément, est du langage familier : *Toutes leurs hontes, sans rien cacher, sans plaider pour* (J. Richepin, *la Chanson des gueux*, 11). *Je me suis arrangé pour* (D. Amiel, *Trois et une*, III, v). *C'est fait pour.*

— **Pour - afin de.** V. AFIN DE.

— **Etre pour** s'emploie avec le sens d' « être sur le point de » : *Il était pour partir* (Acad.).

On écrit aussi, avec des sens différents : *Il était pour le roi.* (*Je suis pour*, sans complément, est familier : *Que pensez-vous de mon plan? Je suis pour.*) *Ce spectacle n'est pas pour amuser vos yeux* (Boileau). *Le bal est pour aujourd'hui.* (*La guerre serait pour dans quatre ans* est du style familier.)

— **En être pour,** c'est ne rien obtenir en échange de, subir une perte : *En être pour ses frais. En être pour cent mille francs* (Lar. du XXᵉ s.).

— **Pour autant que.** V. AUTANT.

— **Pour cent** (accord du verbe). V. CENT.

— Si **pour de bon** est entré dans la langue littéraire (H. Bremond, P. Claudel, G Duhamel, André Maurois, etc.), **pour de vrai** reste du style très familier, et **pour de rire** est enfantin ou populaire.

— **Pour le moins.** V. MOINS.

— **Pour moi,** suivi d'un infinitif. V. MOI.

— **Pour moi,** au sens de « selon moi, à mon avis », est du style familier : *Pour moi, il ne viendra pas ce soir.*

— **Pour ne pas que.** V. NE.

— **Pour que,** au sens d' « afin que », se construit avec le subjonctif : *Pour qu'il vienne, appelez-le. Pour qu'il vînt, il aurait fallu l'appeler. Je désire que vous partiez promptement, pour que vous reveniez plus tôt* (Acad.).

V. aussi AFIN DE.

— **Pour... que,** dans les propositions marquant l'opposition, veut normalement le subjonctif : *Pour grands que soient les rois, ils sont ce que nous sommes* (Corneille, *le Cid*, I, III). Toutefois, pour indiquer plus fortement la réalité du fait, certains emploient l'indicatif : *Pour petite qu'elle est, elle est précieuse* (A. France, *Pierre Nozière*, 65). *Pour léger qu'il estimât l'acompte* (M. Maindron, *Dariolette*, 293). *Les réserves et les critiques, pour judicieuses qu'elles sont, tiennent peu de place* (L. Martin-Chauffier, dans le *Mercure de France*, juin 1947, 321). [Exemples cités par Grevisse.]

— **Pour si... que** est à considérer comme un pléonasme. On dira *Pour grand qu'il soit* (et non *Pour si grand qu'il soit*).

pourcentage. — **Accord du verbe avec « pour cent ».** V. CENT.

— En règle générale, on se sert du signe % pour indiquer l'intérêt, le pourcentage d'une somme (*Une rente à 5 %. Prendre 30 % sur les marchandises*), et de « p. 100 » pour les proportions, les statistiques, etc. : *Les laitons à haute résistance renferment 57 p. 100 de cuivre et 43 p. 100 de zinc. Il y a 20 p. 100 d'yeux bleus dans cette race.*

pourparlers est un nom *pluriel* qui ne s'emploie pas au singulier : *L'affaire s'arrangera, nous sommes en pourparlers* (Acad.).

pourpre est *masculin* quand il désigne la couleur : *Cette étoffe est d'un beau pourpre* (Acad.). *Sentir le pourpre vous monter au visage* (Lar. du XXᵉ s.).

Il est *féminin* aux autres sens (« matière colorante », « étoffe teinte en pourpre », « dignité ») : *La pourpre de Tyr était la plus estimée* (Lar. du XXᵉ s.). *Un manteau de belle pourpre. Aspirer à la pourpre* (Lar. du XXᵉ s.).

L'Académie dit également : *La pourpre de son teint.*

— Employé comme adjectif de couleur, *pourpre* est *variable* : *Ils devinrent pourpres de colère.*

V. aussi COULEUR.

pourquoi - pour quoi. — **Pourquoi** est un adverbe qui signifie « pour quelle raison » : *Je ne vous dirai pas pourquoi j'ai fait cela. Pourquoi voulez-vous partir? Pourquoi ne vient-il pas? Pourquoi être venu si tard? Pourquoi ce mystère? C'est pourquoi je suis là. Voilà pourquoi elle est partie. La cause pourquoi ils s'entendaient* (A. Hermant, *Monsieur de Courpière marié*, 34). Et familièrement : *Il obéira ou il dira pourquoi.*

On dit *Pourquoi feriez-vous cela?* (et non *Pourquoi que vous feriez cela?*)

Pour quoi signifie « pour quelle chose » et « pour cela » (il s'oppose à *pour qui*) : *Je ne sais pas pour quoi il est venu. Il est venu pour quoi faire? Lui donner mille francs? pour quoi faire? Il ne sait pas la raison pour quoi.*

poursuivre. — **Poursuivre un but.** V. BUT.

pourvoir se conjugue comme *voir*, sauf au passé simple (*je pourvus, nous pourvûmes*), au futur (*je pourvoirai, nous pourvoirons*), au conditionnel (*je pourvoirais, nous pourvoirions*) et à l'imparfait du subjonctif (*que je pourvusse, que nous pourvussions*).

A noter l'absence d'*e* intercalaire (qui ne se justifierait pas) dans *je pourvoirai*, etc.

— **Pourvoir quelqu'un,** c'est l'établir par mariage ou par emploi : *Pourvoir un neveu* (Lar. du XXᵉ s.).

— **Pourvoir à quelqu'un**, c'est s'occuper de satisfaire à ses besoins : *Pourvoir à ses vieux parents.*

— **Pourvu que** se construit avec le subjonctif : *Pourvu qu'il veuille bien me recevoir*

pouvoir. — Conjugaison : *Je peux ou je puis, tu peux, il peut, nous pouvons, vous pouvez, ils peuvent. Je pouvais, nous pouvions. Je pus, nous pûmes. Je pourrai, nous pourrons. Je pourrais, nous pourrions.* Pas d'impératif. *Que je puisse, que nous puissions. Que je pusse, qu'il pût, que nous pussions. Pouvant. Pu.*

A noter que *pouvoir* n'a pas d'impératif (dans les cas où celui-ci exprimerait le souhait, on le remplace par le subjonctif présent : *puisses-tu, puissions-nous, puissiez-vous*) et que le participe passé *pu* n'a ni féminin ni pluriel.

Noter également *que je puisse* au subjonctif présent (et non *que je peuve*).

— On évitera d'employer *pouvoir* avec *peut-être, possible* ou *impossible.* On dira : *Peut-être réussira-t-il?* (et non *Peut-être pourra-t-il réussir?) On ne peut s'imaginer quelle douleur lui cause cette mort* (et non *Il est impossible qu'on puisse s'imaginer...).*

— **Je peux - je puis.** A la 1re personne du singulier de l'indicatif présent, on dit également bien *je peux* et *je puis* (au XVIIe siècle, les puristes n'acceptaient que *je puis*) ; mais *je peux,* refait d'après la 2e personne *tu peux,* est très communément employé aujourd'hui : *Je ne puis m'astreindre à faire cela. Faire cela, je ne puis. Je ne puis vous répondre* (Acad.). *Je peux vous procurer cet article aujourd'hui. Je ne peux pas dormir* (Acad.). On dira très bien *Je n'en puis plus* (Acad.) [mais on évitera *Je ne puis pas*]: *Cela, je ne puis le faire, je ne peux pas le faire.*

Dans les phrases interrogatives, on emploie toujours *puis* : *Que puis-je faire pour vous? Qu'y puis-je?*

On dit : *Vous êtes le seul qui puissiez fournir la preuve* ou *à pouvoir fournir la preuve* (et aussi *qui puisse fournir la preuve). Je suis on ne peut plus content. Il chante on ne peut mieux. Travaillez du mieux que vous pourrez. Ce ne peut être* (ou *ce ne peuvent être) encore les gens que nous attendons. Puissent vos projets réussir!*

(Acad.) *Vous viendrez quand vous pourrez* ou *quand vous le pourrez. J'en ai fait plus que je ne pouvais* ou *que je ne le pouvais.*

— Avec **il se peut que,** le verbe se met généralement au subjonctif : *Il se peut que notre projet réussisse* (Acad.). *Il se pourrait qu'il vînt.*

— **N'en pouvoir mais** signifie « n'en pouvoir plus », « n'y rien pouvoir » : *Je suis désolé de ce qui arrive : je n'en peux mais, je n'en puis mais.* Se garder d'intercaler *pas* (*Il n'en peut pas mais).*

(*Mais* a, dans cette expression, le sens ancien de « davantage ».)

— **« Savoir » pour « pouvoir ».** V. SAVOIR.

pouvoir (Fondé de). V. FONDÉ *de pouvoir.*

pré-. — Dans les noms composés, le préfixe *pré* se joint au nom sans trait d'union, même quand il y a hiatus : *prééminence, préétablir, préhistoire, préordonner, préromain, préromantisme,* etc.

préavis. — Un *préavis* est un avis préalable, un avertissement quelconque qui précède un avis : *Donner un préavis* (Littré). *Cette taxe sera perçue sans préavis, sans autre préavis que la présente publication* (Acad.).

Ce n'est pas une durée, et par conséquent on ne peut *donner un préavis de quinze jours,* par exemple, quoique ce genre d'expression soit fréquent.

On dit *un avis de congé* (et non *un préavis de congé).*

précédant - précédent. — Précédant (avec un *a*) est le participe présent du verbe *précéder* : *Deux éclopés, l'un précédant l'autre.*

Précédent est adjectif verbal (« qui précède, antérieur ») : *Voir au feuillet précédent. Cela s'est passé le jour précédent* (mais *le jour précédant celui-ci). Se reporter aux pages précédentes.*

V. aussi PARTICIPE PRÉSENT (*Différences orthographiques entre le participe présent et l'adjectif verbal).*

Précédent est aussi un nom : *S'appuyer sur un précédent* (Lar. du XXe s.).

— On écrit, au singulier : *Un fait sans précédent.*

précis. — On dit : *A midi précis. A minuit précis. A cinq heures précises*

(Acad.). *A deux heures et demie précises.*

V. aussi HEURE.

précurseur n'a pas de correspondant féminin : *Cette femme est un précurseur.*

prédécesseur n'a pas de correspondant féminin : *Elle fut son prédécesseur à cet emploi* (ou mieux : *Elle le précéda dans cet emploi*).

Il ne se dit que des personnes (et non des choses).

prédire. V. MÉDIRE.

préférer. — **Préférer... à,** avec deux infinitifs, est archaïque et s'emploie peu : *J'ai préféré ne pas vous voir à vous voir comme cela* (H. de Montherlant, *les Bestiaires,* V ; cité par Grevisse).

Avec deux noms ou deux pronoms, *préférer... à* est régulier : *Préférer Molière à Racine, la brioche au pain, ceci à cela.*

— **Préférer de,** devant un infinitif, est vieilli et ne se dit plus guère (on supprime généralement *de*) : *Préférer mourir* (et non *de mourir). Je préfère me retirer. Il a préféré payer ses dettes. Il préférait de citer et d'altérer le sens du texte* (A. Hermant, *l'Aube ardente,* 24).

Devant un adverbe, la construction avec *de* est facultative, mais il est d'usage d'employer cette préposition : *Il préfère de beaucoup* ou *beaucoup l'intérêt en général à son propre intérêt* (Acad.). *Je préfère beaucoup* ou *de beaucoup l'honnête à l'utile* (Littré).

— **Préférer... que,** traité comme un comparatif (*préférer... que,* ou *que de*), est condamné par Littré, qui conseille *aimer mieux* dans ce sens : *J'aime mieux sortir que de rester* (et non *Je préfère sortir que de rester*).

Toutefois, dans cette construction avec deux infinitifs, *que* peut être correctement remplacé par *plutôt que de* : *Je préfère sortir plutôt que de* (ou *plutôt que*) *rester à la maison.*

Ce sont là des règles de la stricte grammaire, qu'il est bon d'observer dans le style châtié, mais *préférer... que* s'introduit de plus en plus dans l'usage, et se rencontre même chez de bons auteurs, qui considèrent que *plutôt que* alourdit inutilement la phrase : *Il préfère tout louer que de faire son choix*

(E. Jaloux, *Figures étrangères,* 154). *Je préférerais coucher à l'auberge que rentrer dans un appartement aussi mal tenu* (Fr. de Miomandre, *Écrit sur de l'eau,* 57).

— **Préférer que,** avec un verbe à un mode personnel, demande le subjonctif : *Je préfère que vous chantiez à ma place.*

V. aussi AIMER (*Aimer mieux*).

préfixes. — Voir à leur ordre alphabétique les préfixes dont l'emploi présente certaines difficultés.

préhensile - préhensible. — On emploie souvent, à tort, *préhensible* au sens de *préhensile,* et cela parce que le premier, **préhensible,** est rarement usité avec son sens normal de « qui peut être saisi », alors que le second, **préhensile,** signifie « qui a le pouvoir de saisir », et se rencontre assez souvent, particulièrement dans les expressions *queue, langue, pince préhensile* (et non *préhensible*) : *Le caméléon a la langue préhensile.*

préjudice. — On écrit : *Porter préjudice à quelqu'un. Causer, faire un préjudice à quelqu'un* (Acad.). *L'éloquence triomphe souvent au préjudice de la vérité* (Lar. du XXᵉ s.). *Sans préjudice de mes droits* (Acad.).

préjuger est un verbe transitif direct. Il faut donc dire : *Préjuger la décision de quelqu'un* (et non *de la décision de quelqu'un*) (Acad.). *Sans préjuger le fond* (Acad.). *Sans préjuger la décision du ministre. Je ne veux point préjuger la question, j'attendrai pour la résoudre les renseignements qui m'ont été promis* (Acad.). *Il ne faut rien préjuger* (Lar. du XXᵉ s.). *Autant qu'on peut préjuger* (Id.).

Préjuger de tend à s'implanter, sans doute par l'influence de *juger de,* ou, selon Maurice Schœne, par la présence habituelle de *rien* devant le verbe : *Sans rien préjuger de ce qui se fera demain.*

prémices - prémisse. — On confond parfois l'orthographe de ces deux homonymes. **Prémices** (pas de singulier) désigne les premiers produits de la terre ou du bétail : *Les prémices des jardins, de l'étable. Les prémices des champs* (Lar. du XXᵉ s.). *Abel offrit à Dieu les prémices de ses troupeaux* (Acad.).

Au figuré, les productions de l'esprit, le début d'un règne : *Les prémices du talent d'un poète. Les prémices de la tyrannie de Néron* (Lar. du XXᵉ s.).

Le second terme, **prémisse**, désigne chacune des deux premières propositions d'un syllogisme, la majeure et la mineure : *La conclusion ne doit pas dépasser les prémisses* (Lar. du XXᵉ s.).

premier. — On écrit : *Les tout premiers arrivés* (*tout* invariable). *Le 1ᵉʳ février. Le 1ᵉʳ-Mai* (fête). *1ʳᵉ* (et non *1ᵉʳᵉ*) *leçon.*

premier-né s'écrit avec un trait d'union et fait au masculin pluriel *premiers-nés* (Acad.) : *Des premiers-nés, des enfants premiers-nés.*

Au féminin, on peut dire également, mais cet emploi est rare : *La fille premier-née* ou *la fille première-née* (Lar. du XXᵉ s.). [On dit plutôt *la fille aînée.*]

V. aussi NÉ.

prénatal fait généralement au pluriel masculin *prénatals* (v. NATAL). *Prénataux* se rencontre dans le style administratif.

prendre. — On dit : *L'idée leur a pris de faire telle chose* (plutôt que *L'idée les a pris...*), mais encore mieux : *L'idée leur est venue... L'envie lui prit de...* (Lar. du XXᵉ s.). *La fièvre lui a pris* (Acad.). *Un évanouissement lui a pris* (Id.). *Il lui prit une faiblesse.* L'Académie donne également : *La fièvre l'a pris tel jour. L'accès le prit à telle heure. La faim le prit. L'enthousiasme le prend.*

— On dit aussi bien **prendre au plus court** (*au plus long*) que *prendre le plus court* ou *par le plus court.*

— **Prendre garde.** V. GARDE.

— **Prendre quelque chose pour son grade, pour son rhume,** est du langage populaire.

— **Prendre son parti** et en **prendre son parti** se disent également : *Voyant qu'il ne pouvait pas guérir, il prit son parti et se disposa à la mort* (Acad.). *Le restaurant étant fermé, il dut en prendre son parti et manger froid chez lui.*

— **Se prendre à quelqu'un - s'en prendre à quelqu'un.** *Se prendre à quelqu'un,* c'est le provoquer, l'at-

taquer : *Il ne faut pas se prendre à plus fort que soi* (Acad.).

S'en prendre à quelqu'un, c'est rejeter sur lui la faute : *On s'en prend à moi comme si j'étais pour quelque chose dans cette affaire* (Acad.).

— **S'y prendre.** Dans cette locution, malgré quelque hésitation, le participe passé est variable : *Il est assez curieux de voir comment cette femme s'y est prise pour mener à bien cette affaire. Elle s'y est mal prise* (et non *mal pris*).

préparer. — **Préparer d'avance.** V. AVANCE.

préposition. — **Ellipse des prépositions.** On omet parfois la préposition dans des expressions ou des phrases comme : *Parler littérature, politique,* etc. *Le côté nord. Je vous reverrai fin février.* (V. aussi FACE, PRÈS, PROCHE, VIS-À-VIS.)

Mais on évitera de dire : *le siège pilote, l'axe avion, un poste radar, une armure toile, des bas Nylon, une ceinture cuir,* etc. (pour *le siège du pilote, l'axe de l'avion,* etc.), expressions qui sont proprement du petit nègre.

— **Répétition des prépositions.** Les prépositions *à, de, en* se répètent généralement devant chaque complément : *Il écrit à Pierre et à Jean* (Littré). *Il n'est pas de maître à qui je doive plus qu'à vous* (et non *que vous*). *Son panier était plein de viande, de pâtes et de fruits. En lisant et en relisant votre livre.* Toutefois, on ne la répète pas dans certaines locutions toutes faites et dans des cas où le goût et l'harmonie entrent en jeu. (V. aussi À, DE et EN.)

Quant aux autres prépositions, on les répète surtout si l'on veut insister sur chaque partie du régime ou mieux marquer l'opposition ou l'alternative : *Un devoir sans fautes et sans ratures dit plus que sans fautes ni ratures* (Hanse). *Dans la paix et dans la guerre* (mais *Dans le calme et la paix*) [Id.]. *De celui-ci ou de celui-là, lequel préférez-vous ? Par le fer et par le feu.* Mais si les compléments sont synonymes ou intimement liés par le sens, on ne répétera pas la préposition : *Elle charme tout le monde par sa bonté et sa douceur. Sardanapale passait sa vie dans la mol-

lesse et l'oisiveté (Gramm. Lar. du XXᵉ s.). *J'avance à travers les herbes, les orties, les mousses, les lianes et l'épais humus* (Chateaubriand, *Voyage en Amérique;* cité par Grevisse).

— **Répétition du complément.** Si, dans une phrase, deux prépositions régissent le même complément, il est indispensable qu'elles admettent la même construction : *Il y en a d'autres au-dessous de lui et après lui* (et non *au-dessous et après lui*).

— **Verbes qui se construisent avec un infinitif sans préposition.** V. INFINITIF.

— **Verbes dont l'infinitif complément se construit avec « à » ou « de ».** V. À ET DE.

— **La préposition devant un nom de lieu, de région, etc.** V. EN (préposition).

près. — **A-peu-près.** V. ce mot.

— **Près de - prêt à.** On ne confondra pas aujourd'hui la locution prépositive *près de,* qui signifie « sur le point de », avec l'adjectif *prêt* suivi de la préposition *à,* qui a le sens de « disposé à » : *Ce malhonnête homme est près d'arriver à ses fins. Il n'est pas près de finir* (Acad.). *Ce matin, il était près de rendre l'âme.* Mais : *Je suis prêt à faire le maximum pour vous aider. Il est prêt à sortir* (Acad.). *Il est près de mourir* (sur le point de mourir). *Il est prêt à mourir* (préparé à mourir).

Au XVIIᵉ siècle, on construisait *prêt* avec *de* (cf. Racine : *Je me sens prêt, s'il veut, de lui donner ma vie* [*Athalie*, IV, II]). *Prêt à* ou *prêt de* s'employaient aussi au sens de *près de : Tout ce qui ne croît pas est prêt à décroître* (Lar. du XXᵉ s.; d'après Chateaubriand). *Prêts d'embrasser l'Eglise* (Id.; d'après Boileau).

— **Près le ou la.** Régulièrement, *près* doit être suivi de la préposition *de.* Mais celle-ci est parfois omise dans certaines locutions et devant un nom de lieu. C'est là une construction archaïque dont l'usage persiste encore de nos jours : *Près la cour, près le tribunal,* etc. *Ambassadeur près le Saint-Siège, près le sultan. Saint-Denis près Paris.* L'Académie ajoute : *Etre logé près le Palais-Royal. Il demeure près la porte Dauphine.* Martinon n'est pas de l'avis de

l'Académie : « *près de l'église* (et non *près l'église*) », dit-il (*Comment on parle en français,* 580). *Il s'installe près de Paris* (Hanse).

Dans *ambassadeur près le...,* *près* est mis pour *auprès.* C'est encore un archaïsme. *Auprès* a remplacé au XVIᵉ siècle *emprès* (de *en* et *près*), resté dialectal dans certaines provinces (Saintonge). *Auprès de* ou *près de* avaient aussi la valeur de *au prix de,* c'est-à-dire « en comparaison de ». (Cf. Molière : *Et près de vous ce sont des sots que tous les hommes* [le *Tartuffe,* I, v]).

présager s'emploie sans préposition au sens de « annoncer par quelque signe, faire prévoir » : *L'horizon rouge le soir présage le vent* (Lar. du XXᵉ s.).

Outre l'objet direct, on peut trouver un complément indirect introduit par *de* et désignant ce qui autorise la conjecture : *Je ne présage rien de mauvais de ce que vous me dites là* (Acad.) [ce que vous me dites là ne me fait présager...].

présent, employé comme réponse à l'appel d'un nom, reste au masculin quand c'est une femme qui répond.

présenter. — On dit : *Se présenter à un examen, au baccalauréat...* (et non *Présenter un examen, le baccalauréat...*).

présider. — Employé transitivement, *présider* signifie « diriger comme président » : *Présider un concours agricole. Présider les assises. Présider une cérémonie, une fête* (Lar. du XXᵉ s.).

— **Présider à,** c'est avoir la direction, le soin de, veiller à, sur : *Présider aux préparatifs d'une fête. Présider à la construction d'une usine, d'un théâtre* (Lar. du XXᵉ s.).

presque ne s'élide que dans le mot *presqu'île.*

— Avec **tout, tous,** on écrit : *C'est l'avis de presque tout le village. C'est une faute qui se trouve dans presque toutes les éditions. Remarque qui est valable dans presque tous les cas.*

La construction *presque dans tous, presque de tous,* sans être fautive, est moins claire et moins élégante.

— Hanse signale que la langue actuelle emploie **presque** entre l'article et le nom : *Il a été élu à la presque unanimité* (pour *presque à l'unanimité*). *La presque totalité des lots. Une presque* *immobilité. Malgré la presque absence des femmes* (A. Daudet, *l'Immortel*, 41). Cette construction n'est toutefois pas à conseiller.

presse-. — Les composés suivants de *presse* (du verbe *presser*) sont *invariables : presse-citron, presse-étoffe, presse-étoupe, presse-garniture, presse-purée, presse-fruits, presse-papiers* (avec *s* au singulier).

pressentir. — **Pressentir d'avance.** V. AVANCE (*D'avance*).

prêt. — **Fin prêt.** Au pluriel, *fin* (adverbe) est généralement *invariable : Ils étaient fin prêts.*

— **Prêt à - près de.** V. PRÈS.

pretantaine. V. PRETENTAINE.

prêté. — La locution **C'est un prêté pour un rendu** n'a aucun sens. Elle est néanmoins employée pour « la victime de ce mauvais procédé saura prendre sa revanche » (Acad.). C'est une corruption de la locution *C'est un prêté rendu,* qui est seule correcte, mais rarement usitée, et signifie « c'est une juste représaille ».

Littré signale que Béranger a modifié *C'est un prêté rendu* d'une façon heureuse en disant : *Ou quand Jeanne fait œuvre pie, C'est un rendu pour un prêté.*

prétendre. — Aux sens de « revendiquer, soutenir, affirmer, vouloir », *prétendre* est un verbe transitif direct et par conséquent n'est pas suivi d'une préposition : *Comme le plus vaillant je prétends la troisième* [part] (La Fontaine, *Fables,* « la Génisse, la Chèvre et la Brebis en société avec le Lion »). *Prétendre une part dans les bénéfices* (Lar. du XXe s.). *Prétendez-vous cela?* (Acad.) *Que prétendez-vous de moi?* Ce corps prétend le pas sur tel autre (Acad.). *Je prétends vous convaincre. Nous prétendons ne pas nous laisser faire.*

— **Prétendre à** signifie « aspirer à, se flatter d'avoir » : *Prétendre aux honneurs* (Lar. du XXe s.). *Il prétendait à la main de cette jeune fille* (Acad.). [On a dit autrefois *Prétendre la main d'une femme.*] *Prétendre à l'esprit* (Lar. du XXe s.). *Il prétend à cette charge, à cette place* (Acad.).

V. aussi ASPIRER.

— **Prétendre de** est archaïque : *L'empereur pourrait prétendre de s'y opposer* (Saint-Simon, *Mémoires,* XVIII, 303).

— **Prétendre que** demande de l'indicatif, sauf au sens de « vouloir », où le subjonctif est de règle : *Je prétends que c'est là une chose à ne pas faire. Je prétends que mon droit est incontestable* (Acad.). Mais : *Je prétends que vous restiez ici ce soir. Si je vous fais ce plaisir, je prétends que vous m'en fassiez un autre* (Acad.).

— **Prétendu.** V. SOI-DISANT.

prétendument s'écrit sans accent circonflexe sur l'*u : Un homme prétendument riche* (Lar. du XXe s.). *Une collection prétendument scientifique.*

V. aussi SOI-DISANT.

pretentaine est l'orthographe de l'Académie, à côté de *pretantaine.* (On trouve aussi, et même le plus souvent, *prétentaine.*) Ce mot ne s'emploie guère que dans l'expression *Courir la pretantaine,* faire des escapades galantes.

préteur - prêteur. — **Préteur,** magistrat romain, s'écrit avec un accent aigu, alors que **prêteur,** celui qui prête, prend un accent circonflexe.

prétexte. — Un *prétexte* étant une cause simulée, une raison apparente destinée à cacher le véritable motif, on ne peut dire un *faux prétexte.* Mais on dira très bien : *Un prétexte spécieux, fallacieux. Un mauvais prétexte.*

prêtre a pour féminin correspondant *prêtresse.*

prévaloir se conjugue comme *valoir,* sauf au subjonctif présent, où il fait : *Que je prévale* (et non *que je prévaille*), *que tu prévales, qu'il prévale, que nous prévalions, que vous prévaliez, qu'ils prévalent.*

— **Se prévaloir.** Le participe passé prend l'accord aux temps composés : *Ils se sont prévalus de leurs droits.*

prévenir. — **Prévenir d'avance.** V. AVANCE (*D'avance*).

— **Prévenir que** (et non *de ce que*) : *Il faut le prévenir qu'il aura demain une visite importante.*

prévention. — La *prévention* étant une « opinion favorable ou défavorable formée sans examen », ce mot peut se construire aussi bien avec **pour** qu'avec

contre : *Un juge ne doit avoir de prévention ni pour ni contre un accusé* (Acad.).

C'est sans raison qu'on lui attribue le sens de « préjugé défavorable ».

préventorium s'écrit avec un accent aigu et fait au pluriel *préventoriums*. V. aussi LATINS (Mots).

prévoir se conjugue comme *voir*, sauf au futur et au conditionnel, où il fait : *Je prévoirai, tu prévoiras, il prévoira, nous prévoirons, vous prévoirez, ils prévoiront. Je prévoirais, tu prévoirais, il prévoirait, nous prévoirions, vous prévoiriez, ils prévoiraient.* (Se garder de l'orthographe fautive *je prévoierai, tu prévoieras*, etc.)

Le passé simple (*je prévis, nous prévîmes*) est rare : *L'étoffe sera plus vermeille, prévit le prince* (P. Adam, *Irène*, 241).

— **Prévoir d'avance** est un pléonasme à éviter. V. AVANCE (*D'avance*).

prie-Dieu est *invariable* : *Une rangée de prie-Dieu.*

prier s'écrit avec deux *i* à l'imparfait de l'indicatif et au présent du subjonctif (1re et 2e pers. du plur.) : *Nous priions, vous priiez. Que nous priions, que vous priiez.*

— **Prier à** s'emploie au sens d' « inviter à » : *Prier quelqu'un à dîner.* (*Inviter à dîner* est moins cérémonieux.)

— **Prier de**, c'est demander avec instance : *Je vous prie de dîner avec nous, de rester à dîner avec nous.*

prière. — On écrit : *Etre en prière* (au singulier). *Une personne en prière. Livre de prières. Rédiger un prière d'insérer* (masculin dans ce cas).

primauté - priorité. — Ces deux mots sont issus de deux termes latins qui signifient « premier » et « le premier de deux » : *primus* et *prior*.

La **primauté** désigne le premier rang dans un domaine, la prééminence sur une chose : *Avoir la primauté de l'armement. C'est un homme vain qui voudrait avoir partout la primauté* (Acad.). *La primauté du Saint-Siège, du pape* (Id.).

La **priorité**, c'est le droit de passer le premier, de faire une chose avant un autre, dans l'ordre du temps : *Avoir une carte de priorité. Passer en priorité. Réclamer la priorité.*

prime, nom (du latin *primus*, premier).

— **De prime** ne s'emploie guère que dans certains cas particuliers : *Parade de prime* (escrime). *Office de prime* (heure canoniale). *Fruits de prime* (de première récolte) [et aussi, dans l'Ouest, adjectivement : *Fruits, légumes primes*, précoces]. *Poisson de prime* (de premier arrivage).

primesautier s'écrit sans trait d'union.

La locution **de prime saut** (« subitement, tout d'un coup ») n'est plus guère usitée.

primeur est toujours du *féminin* : *La primeur d'une chose. Avoir des primeurs sélectionnées, de bonnes primeurs. Les fraises, les petits pois sont chers dans la primeur, dans leur primeur* (Acad.).

primordial signifie « qui est primitif, qui sert d'origine au reste, qui existe dès le principe » : *L'état primordial du globe. Races primordiales. Terrains primordiaux. Feuilles primordiales* (les premières feuilles de la plante). *Toutes les couleurs nous viennent du mélange des sept couleurs primordiales que l'arc-en-ciel et le prisme nous font voir distinctement* (Voltaire, *Newton*, II, 10). *C'était l'antique pacte d'alliance du paradis perdu, une sorte de miracle primordial* (Samivel, *Groenland 1948*, dans les *Nouvelles littéraires*, 2-XII-1948). *Il* [un pectoral égyptien] *représente la barque du soleil voguant sur l'eau primordiale* (P. Montet, dans le *Larousse Mensuel*, n° 455, juillet 1952). *Une philosophie de la jungle, fondée sur la satisfaction des instincts primordiaux* (Cl. Dubois, *Ibid.*, n° 491, août 1955).

C'est abusivement qu'on emploie *primordial* au sens de « essentiel, très important » : *Un vote primordial. Cette condition de réussite est primordiale. Il est primordial de ne pas enfermer les vêtements dans un placard sans les brosser.*

priorité - primauté. V. PRIMAUTÉ.

prix. — **Au prix de - auprès de.** V. AUPRÈS DE.

probant signifie « qui prouve, qui a force de preuve ». Aussi l'expression *preuve probante*, quoique admise par l'Académie, paraît-elle pléonastique. Mais on dira très bien : *Un témoignage* *probant* (Acad.). *Des pièces probantes. Une démonstration probante.*

procès-verbal s'écrit avec un trait d'union et fait au pluriel *procès-verbaux.*

— On dit : *Dresser un procès-verbal à un chasseur* (Lar. du XXᵉ s.). *Dresser procès-verbal* (Acad.).

V. aussi CONTRAVENTION.

proche est adverbe ou préposition, et par conséquent *invariable,* au sens de « près, auprès » : *Il demeure ici proche* (Acad.). *Ils habitent proche de chez moi. Ils sont proche de mourir* (Hanse). Ces emplois sont rares aujourd'hui ; on dit plutôt *près de.*

Proche peut être employé indifféremment comme adjectif ou comme adverbe dans certains cas : *Les maisons qui sont proches de la ville ou qui sont proche de la ville* (Lar. du XXᵉ s.). *Il a loué des champs proche de la rivière, proche la rivière* ou *proches* (voisines) *de la rivière* (Hanse). *Proche la rivière* (ellipse de la préposition de) est toutefois vieilli.

procuratrice - procureuse. — Une **procuratrice** est une femme agissant en vertu d'un mandat, d'une procuration.

Procureuse désignant la « femme d'un procureur » et aussi une « proxénète », on évitera d'employer ce mot au premier sens.

production - productivité. — La **production** est l'action de produire (*Augmenter sa production*) et aussi le résultat de cette action (*La production de cette usine a été insuffisante*).

La **productivité** est un rendement particulier par rapport aux divers facteurs conditionnant la production (ce mot implique à la fois l'idée de quantité et de qualité) : *L'accroissement de la productivité est, dans une large mesure, affaire de rationalisation.*

La *production* est une simple constatation enregistrée par la comptabilité ; la *productivité* s'attache à la quantité et à la qualité du rendement par rapport à l'outillage et au personnel.

professeur n'a pas de féminin correspondant : *Mᵐᵉ Durand est son professeur d'art ménager. Elle est professeur de piano* (Acad.). *Une femme professeur. Mᵐᵉ X..., professeur diplômé.*

Huysmans (*En ménage,* 188) a fait dire à une de ses héroïnes peu familiarisée avec sa langue maternelle : *On profite avec elle, ce n'est pas comme ma professeur de français.*

profiter se construit généralement avec **de ce que** (influence de *profiter de*) : *Les fidèles profitèrent de ce qu'ils s'asseyaient* (Fr. Mauriac, *les Chemins de la mer,* 160 ; cité par Hanse).

— On écrit : *Dans la plupart des marchés, une seule des parties profite* (Lar. du XXᵉ s.). *En quoi cela vous profitera-t-il?* (Acad.) *De quoi cela vous profitera-t-il?* (Id.) *Il a beaucoup profité sur les marchandises qu'il a vendues* (Id.). *Profiter de quelqu'un, de quelque chose. Enfant, animal qui a bien profité* (Lar. du XXᵉ s.).

— On ne dit pas *Une occasion à profiter,* mais *Une occasion à saisir* (ou *Profiter d'une occasion*).

prolongation - prolongement. — La distinction entre *prolongation* et *prolongement* n'a pas toujours existé. Au XVIIIᵉ siècle encore, on employait indifféremment l'un ou l'autre de ces mots.

La **prolongation** est l'action de prolonger, mais se rapporte seulement au temps ; c'est le fait d'accorder un surcroît de durée : *La prolongation d'un délai, d'un congé, du temps de service militaire. Après la prolongation de la trêve* (Acad.). *La prolongation des veilles est nuisible à la santé* (Lar. du XXᵉ s.).

Le **prolongement** est également une extension en longueur, mais dans l'espace, et de ce fait ne s'applique qu'aux choses : *Le prolongement d'une rue, d'une voie ferrée, d'un mur, d'une digue. Prolongement de l'épine dorsale* (Acad.).

Au figuré, *prolongement* se dit de la continuation d'une action : *Toute chose nouvelle est ou transformation ou prolongement de quelque préexistence* (Littré).

prolonger - proroger. — On *prolonge* un travail, une affaire, une discussion ; on *proroge* la durée d'une loi, d'une permission, la session d'une assemblée (Lar. du XXᵉ s.).

Prolonger, c'est d'abord augmenter la longueur de quelque chose : *Pro-*

longer une avenue, une allée, une façade, une galerie. Prolonger une ligne (Acad.). C'est aussi accroître la durée, faire durer plus longtemps : *Prolonger les maux, les misères, les souffrances de quelqu'un* (Acad.). *Prolonger une trêve* (Lar. du XX⁰ s.). *Le son se prolonge dans les profondeurs de cette caverne* (Acad.).

Proroger implique une idée de date, de délai fixé pour faire quelque chose : c'est éloigner le terme auquel une chose doit être faite (en jurisprudence et en commerce surtout) : *Proroger le terme accordé pour l'exécution d'un traité* (Acad.). *Proroger un traité de commerce* (Lar. du XXᵉ s.). *On a prorogé le délai qu'on lui avait donné* (Acad.). *Proroger un terme* (Littré). *Proroger une séance* (la remettre à un autre jour).

Prolonger s'entend donc de l'espace de temps, et *proroger* du terme.

promener. — Au sens réfléchi **se promener** (marcher), la suppression du pronom est aujourd'hui une faute qu'il faut éviter : *Allons nous promener* (et non *Allons promener*). *A quelle heure va-t-il se promener?* (et non *va-t-il promener?*)

Au XVIIᵉ siècle, *promener* était considéré comme neutre. Vaugelas conseillait *Il est allé promener; je vous enverrai promener.* Ce dernier exemple (**envoyer promener quelqu'un**) a, de nos jours, le sens défavorable de « se débarrasser de quelqu'un avec vivacité » : *Je l'ai envoyé promener* (Acad.).

promettre, supposant un fait à venir, ne doit s'employer qu'avec un futur ou un conditionnel à valeur de futur : *Je vous promets que je ne le ferai plus. Je vous promets que je le ferai repentir de sa conduite. On nous promet du beau temps. Je vous promets bien que je ferai tout mon possible, mais je ne vous promets pas de réussir* (Acad.). *Je lui ai promis que je serais rentré.*

Avec un verbe au présent ou au passé, au sens d' « assurer », *promettre* est du style familier : *Je vous promets que je suis de force à faire ce travail. Je vous promets que je ne l'ai pas fait exprès. Ma tante, je te « promets » que mon professeur met des faux cols en papier* (A. France, *Jocaste*, 138).

promoteur signifiant « qui donne la *première* impulsion » (lat. *promotor*, de *pro*, en avant, et *movere*, mouvoir), on ne peut dire *le premier promoteur.*

promouvoir ne s'emploie guère qu'à l'infinitif et aux temps composés (Acad.). Il est rare aux autres temps : *Toi qui, dans l'or très pur, promeus Tes bras durs* (P. Valéry, *Charmes*, « Ebauche d'un serpent », 180).

Promouvoir, c'est mouvoir en avant (*pro* = en avant). Une *promotion*, c'est l'action d'élever une ou plusieurs personnes simultanément à quelque grade, à quelque dignité d'un rang supérieur : *Promouvoir un évêque à la dignité de cardinal* (Lar. du XXᵉ s.). *Ce prince fut promu à l'empire* (Acad.).

— **Promu** (sans accent circonflexe) ne doit pas s'appliquer à celui qui est nommé au premier échelon d'un grade ou d'une dignité. On ne peut, par exemple, être *promu* chevalier de la Légion d'honneur : on est *nommé.* En revanche, on peut être *promu* officier ou commandeur. Pour grand officier ou grand-croix, il est d'usage d'employer l'expression *élevé à la dignité de...*

V. aussi LÉGION.

prompt. — Dans *prompt* et ses dérivés, on ne prononce pas le *p* : *prom(p)te, prom(p)tement, prom(p)titude.*

pronoms personnels. — Concordance des pronoms personnels. V. NOUS.

— **Place des pronoms personnels avec l'impératif.** V. IMPÉRATIF.

— **Place du pronom personnel complément d'un infinitif.** V. INFINITIF.

— **Omission du pronom réfléchi.** Le pronom réfléchi est parfois omis après le verbe *faire*, et aussi après *envoyer, laisser, mener* : *Un acide pour faire en aller les taches* (Acad.). *Son médecin l'a fait purger hier. On a laissé échapper ce prisonnier* (Acad.). *Mener promener un enfant.*

Dans ces divers cas, l'omission du pronom réfléchi n'est jamais obligatoire (Grevisse).

— **Répétition du pronom personnel complément.** Dans le cas de verbes juxtaposés ou coordonnés ayant pour complément le même pronom personnel, on répète normalement ce pronom devant chaque verbe à un temps simple : *Je le prends et je l'emporte* ou *Je le prends et l'emporte* (mais non *Je le prends et emporte*).

Devant un verbe à un temps composé, la répétition du pronom dépend de la répétition de l'auxiliaire. Si celui-ci est répété, le pronom complément l'est aussi : *Je l'ai fait et l'ai refait*. Mais le plus souvent on ne répète pas l'auxiliaire : *Je l'ai fait et refait. Il l'a acheté et revendu le même jour.*

Si le même pronom remplit une fonction différente, il est indispensable de le répéter : *Nos amis nous ont secourus* (ont secouru nous) *et nous ont envoyé* (ont envoyé à nous) *des vivres* (et non *nous ont secourus et envoyé des vivres*).

— **Omission ou répétition du pronom personnel sujet.** 1° Dans le cas de *propositions juxtaposées*, la répétition du pronom sujet est la règle, mais on l'omet (surtout à la 3ᵉ personne) si l'on veut souligner particulièrement la rapidité de la succession : *Je le vis, je rougis, je pâlis à sa vue* (Racine, *Phèdre*, I, III). *Je suis venu, j'ai vu, j'ai vaincu. J'ouvris la porte, pénétrai dans la chambre, vis le lit défait.*

2° Dans les *propositions coordonnées* (après *et*), l'omission est normale (surtout à la 3ᵉ personne) : *Je suis allé chez lui et pense y retourner bientôt. Il revient tout de suite et repart aussitôt;*

3° Dans les *propositions subordonnées*, on doit répéter le pronom personnel sujet : *Il vous pardonne parce qu'il vous croit et vous fait confiance* (ou *qu'il vous fait confiance*) [Hanse].

Dans les trois cas précédents (1°, 2°, 3°), si l'on veut marquer une opposition, on répète le pronom sujet : *Nous avons vécu et nous mourrons ensemble.* Il en est de même « quand l'idée est présentée de deux manières différentes, quand les verbes sont à des temps ou à des modes différents, et surtout quand on passe d'une négation à une affirmation sans recourir à une conjonction » (Hanse) : *Il m'a dit et il me répète chaque jour... Je désire le rencontrer et je voudrais le prier de me recevoir. Il n'hésite plus, il agit.*

— Le pronom **on** ou l'impersonnel **il** se répète généralement : *On a dit et on a fait. Il vente et il neige.*

— Voir, à leur ordre alphabétique, les divers pronoms personnels dont l'emploi présente des difficultés (EN, LE, LEUR, LUI, NOUS, SOI, Y).

pronoms possessifs. — Emploi de *le sien, le leur* après **chacun** : même règle que pour les adjectifs possessifs. V. CHACUN.

prophète a pour féminin *prophétesse*.

proportion. — On écrit au singulier : *Toute proportion gardée* (Acad., Lar. du XXᵉ s.).

propos. — On écrit : *A tout propos. De propos délibéré.*

— **A-propos.** Substantivement, on dit *un à-propos* (avec trait d'union) [« ce qui est à propos »] : *Savoir saisir l'à-propos* (Lar. du XXᵉ s.). *Avoir l'esprit d'à-propos.*

proposer. — Le participe passé du verbe pronominal **se proposer** reste invariable s'il est suivi d'un infinitif complément d'objet direct : *La halte qu'ils s'étaient proposé de faire* (ils s'étaient proposé quoi? de faire une halte). *Les cadeaux qu'ils s'étaient proposé d'acheter* (ils s'étaient proposé quoi? d'acheter des cadeaux).

propre peut avoir des sens différents selon qu'il est placé avant ou après le nom. Les **propres termes** sont les mots mêmes, sans rien y changer; les **termes propres** sont les mots qui conviennent : *C'est, en propres termes, ce qu'il m'a répondu* (Acad.). *C'est un grand talent que d'employer les termes propres.*

De même, **mon propre chapeau,** *mon propre habit*, etc., est le chapeau, l'habit, etc., qui m'appartient, qui m'est personnel ; **mon chapeau propre,** *mon habit propre*, etc., est celui qui n'est pas sale.

— **Propre à** signifie « qui convient à... pour, qui est convenable à » : *Fille propre à faire la cuisine.* (Ne pas dire *propre de* en ce sens.)

propriété des termes V. IMPROPRIÉTÉ DES TERMES.

prorata. — **Au prorata** est une locution adverbiale qui signifie « en proportion de » (lat. *pro*, pour, et *rata* [sousentendu *parte*], la partie fixée) : *Avoir part à un bénéfice au prorata de sa mise de fonds* (Lar. du XXᵉ s.).

— Employé substantivement, *pro-rata* est *invariable*.

proroger - prolonger. V. PRO-LONGER.

protagoniste. — En termes de théâtre, le *protagoniste* (gr. *prôtagônistês*; de *prôtos*, premier, et *agônizesthai*, combattre) est l'acteur chargé du rôle principal : *Le protagoniste ne paraît dans cette pièce qu'au troisième acte* (Acad.). C'est donc un pléonasme que de dire *le protagoniste principal* ou *le premier protagoniste*. En revanche, on pourra dire : *Les deux protagonistes* (homme et femme) *se sont affrontés*.

Le sens de ce mot s'est étendu à « celui qui joue le principal rôle dans une affaire ».

protéger, au sens de « garantir », se construit avec **de** ou **contre** : *Ce mur nous protège du froid, contre le froid. Se protéger contre le soleil, du soleil. Ces arbres nous protègent de leur ombre* (Acad.). Dans ce dernier exemple, on ne peut employer *contre*, la préposition *de* ayant le sens d'*avec* ou de *par*.

prou, adverbe signifiant « beaucoup », ne se rencontre plus guère que dans l'expression **peu ou prou**.

Ni peu ni prou (« en aucune façon, pas du tout ») est encore plus archaïque.

proverbe - dicton. V. DICTON.

provocant - provoquant. — **Provocant** est l'adjectif tiré du verbe *provoquer*, alors que **provoquant** en est le participe présent : *Ton provocant. Démarche provocante. Il vit un groupe provoquant un homme.*

V. aussi PARTICIPE PRÉSENT (*Différences orthographiques entre le participe présent et l'adjectif verbal*).

prud'homme. — Les dérivés **prud'homal** et **prud'homie** s'écrivent avec un seul *m*.

Prudhommerie et **prudhommesque** s'écrivent sans apostrophe et avec deux *m*. Ils sont dérivés non pas de *prud'homme*, mais du nom du personnage d'Henri Monnier : *Joseph Prudhomme*.

L'Académie écrit toutefois, par erreur probablement, *prud'homesque*.

psaume. — Le numéro des psaumes s'écrit en chiffres romains : *Le psaume CXVII*.

pseudo-, préfixe qui signifie « faux », peut former un mot composé presque avec tous les noms. Il prend généralement le trait d'union devant les mots qui existent isolément : *pseudo-cellule, pseudo-iris, pseudo-républicain;* mais : *pseudomorphose, pseudonyme*, etc.

psychiatre et **psychiatrie** s'écrivent sans accent circonflexe sur l'*a*. Le *ch* se prononce *k*.

ptôse et ses composés s'écrivent aujourd'hui, conformément à l'étymologie (gr. *ptôsis*), avec un accent circonflexe (Acad., 1935).

pu, participe passé du verbe *pouvoir* (et aussi de *paître*) est toujours *invariable*. V. aussi POUVOIR.

publiciste désignait autrefois « celui qui écrivait sur le droit public ». Ce mot n'est aucunement dérivé de *publicité* et ne saurait se dire d'un agent de publicité ou d'un courtier d'annonces.

Il est d'ailleurs de moins en moins employé, même en son sens plus récent de « celui qui écrit sur les matières politiques et sociales », ou même de « celui qui écrit habituellement dans les feuilles publiques ».

puce, adjectif de couleur, est *invariable : Des rubans puce*.

V. aussi COULEUR.

pudeur - pudicité. V. IMPUDEUR.

puis signifie « ensuite » : *En tête venait le ministre, puis le préfet, puis...* (Lar. du XXᵉ s.).

— **Et puis** signifiant « et ensuite, après cela », c'est commettre un pléonasme que de dire *et puis ensuite*. Mais on dira bien *et puis encore : Il faut apprendre et puis encore apprendre* (Lar. du XXᵉ s.).

puisque. — La voyelle finale ne s'élide que devant *il, elle* (*ils, elles*), *on, en, un* (*une*).

— **Ellipse du sujet et du verbe « être » après « puisque ».** Cette ellipse n'est pas à conseiller, quoiqu'elle soit de plus en plus fréquente dans la langue moderne : *Orgeron, professeur d'espagnol, mais Français puisque né en Gascogne* (F. Jammes, *l'Antigyde*, 87; cité par Grevisse). [On dira mieux *puisqu'il est né...*]

V. aussi PARCE QUE.

puits s'écrit avec un *s* final au singulier : *Tomber dans un puits.*

pulluler, c'est se multiplier rapidement et en abondance : *Les lapins pullulent dans cette garenne.* (Ne pas faire du complément le sujet en disant *Cette garenne pullule de lapins*, ce qui serait incorrect.)

pupille. — Dans ce mot (quel qu'en soit le sens) et dans ses dérivés (*pupillaire, pupillarité*, etc.), les deux *l* se prononcent comme un seul ou séparément : *pupil', pupil-laire, pupil-larité* (et non *pupiy', pupi-yaire, pupi-yarité*).

V. aussi PAPILLE.

— **Pupille - iris.** Quand un journal signale qu'une artiste de cinéma s'est fait, pour des raisons d'esthétique, tatouer la pupille en brun, il confond *pupille* et *iris.*

L'*iris* est cette sorte de diaphragme diversement coloré qui règle la quantité de lumière qui pénètre dans l'œil. Il est percé en son milieu d'un orifice qui paraît noir ; c'est cette ouverture, et non le cercle qui l'entoure, qui est la *pupille* (appelée aussi *prunelle*).

pupitre s'écrit sans accent circonflexe sur l'*i*, de même que *chapitre* (mais *épître* en prend un).

pur. — **Pur sang.** On écrit généralement : *Un cheval de pur sang*, mais *Un pur-sang* (invariable), avec un trait d'union. (L'Académie écrit toutefois *un pur sang.*)

pusillanime et ses dérivés se prononcent *pu-zil-la-* (et non *pu-zi-ya-*).

pylône. — Etymologiquement, *pylône* (du gr. *pulôn*, portail) évoque l'idée d'une porte monumentale ou d'éléments décoratifs placés de chaque côté d'une porte ou d'une entrée : *Dans les temples amoniens, les obélisques sont érigés par paire devant les pylônes. Les pylônes du pont Alexandre-III* (Acad.). Mais ces éléments décoratifs étant pour la plupart des obélisques ou des piliers, on en est venu peu à peu et abusivement à appeler *pylônes* les charpentes métalliques et autres supports du même genre érigés sur fondations : *Une sorte de pylône de maçonnerie* (J. Romains, *Lucienne*, 28). Cette dernière acception est aujourd'hui courante dans le langage technique.

Q

quadr-. — Les mots commençant par le préfixe *quadr-, quadri-, quadru-,* etc., qui signifie « quatre », se prononcent *koua* : *quadrangulaire, quadriennal, quadrupède,* etc.

quadrille, quoique tiré de l'espagnol *cuadrilla*, réunion de quatre personnes, se prononce *ka-driy'* : *Le quadrille des lanciers.*

Au sens de « troupe de cavaliers du même parti dans un carrousel », le mot est du *féminin* : *La première quadrille était magnifiquement vêtue* (Acad.). On rencontre aussi le masculin.

quadriller. — Dans ce mot et ses dérivés (*quadrillé, quadrillage*), la première syllabe se prononce *ka.*

qualifier. — Si *qualifier* se rapporte à des *personnes*, il se construit avec **de** : *Qualifier quelqu'un de fourbe, d'imposteur* (Acad.). *Il se qualifie de marquis* (Id.). *On le qualifie de duc, de baron* (Id.). Dans ces deux derniers exemples, sens favorable d' « attribuer un titre », on supprime souvent la préposition : *Les lettres du roi, l'arrêt le qualifient chevalier, prince, duc,* etc. (Acad.).

S'il se rapporte à des *choses*, la préposition *de* est facultative : *Piquette qualifiée de vin fin* (Lar. du XXᵉ s.). *L'ouvrage fut qualifié d'hérétique* (Acad.). *Un fait qualifié crime* (Id.). *La soustraction frauduleuse est qualifiée vol* (Id.).

quand. — On dit : *Quand viendrez-vous?* (plutôt que *Quand est-ce que vous viendrez?*) *De quand date cet usage?* (Acad.) [Mais on évitera *de quand* en dehors de l'interrogation directe : *Je ne sais pas de quand est cette revue.*]

— **Quand - lorsque.** V. LORSQUE.

— **Quand - quant.** *Quant* (avec un *t*) se distingue de l'adverbe de temps *quand* (avec un *d*) par le fait qu'il est toujours suivi de la préposition *à* (ou de l'article contracté *au*). Il signifie « à l'égard de, pour ce qui est de » : *Quant à ce qui est de moi* (Acad.). *Quant à moi* (et non *Tant qu'à...*, qui est populaire). *Quant au fond, à la forme* (Lar. du XXᵉ s.). *Quant à mon frère, il ne veut rien entendre* (Id.). *Quant aux événements de la guerre* (Acad.). *Quant à être rose, il l'était, et pas de la couleur de la fièvre* (G. Duhamel, *Civilisation*, 155).

Dans certaines inversions, *quand* (avec un *d*) peut être néanmoins suivi de *à*, parce qu'il signifie « lorsque » : *Quand à la science s'ajoute la verve...* (c'est-à-dire *Quand s'ajoute la verve à la science...*).

Quant à s'emploie avec les pronoms *moi, soi* pour former les noms masculins **quant-à-moi, quant-à-soi** : *Être, se tenir, rester sur son quant-à-moi, sur son quant-à-soi* (Acad.).

— **Quand même,** pris absolument, au sens de « malgré tout », a été critiqué par certains grammairiens. D'après A. Hermant (*les Samedis de Monsieur Lancelot*, 229), il serait mieux de dire *tout de même* : *Si vous n'y allez pas, j'irai tout de même.* Locution conjonctive, *quand même* « doit de toute nécessité régir une proposition subordonnée, exprimée et non sous-entendue ».

L'usage a néanmoins prévalu, et *quand même,* avec proposition conditionnelle sous-entendue, est sorti de la langue familière. L'Académie l'a accepté, et il hante la plume des meilleurs écrivains : *Je le ferai quand même* (Acad.). *Mais, n'est-ce pas, je l'entends quand même* (A. Gide, *les Faux-Monnayeurs*, 454). *Je crois quand même que le temps consacré par les Russes à la politique est trop considérable* (G. Duhamel, *le Voyage de Mos-*

cou, 214). *Mais aurait-il dû, cette nuit, brûler des cartouches à pleine charge, il aurait tiré quand même, il s'en était fait le serment!* (M. Genevoix, *Raboliot*, 174.)

quant. V. QUAND (*Quand - quant*).

quanta, mot latin, pluriel de *quantum,* se prononce *kouanta* : *La théorie des quanta.*

quantième ne s'emploie plus guère aujourd'hui que pour désigner le jour du mois (après avoir été employé pour l'ordre, le rang) : *Quel est le quantième?* (Littré.) *Il a reçu des nouvelles très fraîches, mais je ne sais pas de quel quantième elles sont* (Acad.). *A quel quantième du mois sommes-nous?* (Id., à MOIS.) *Quel est le quantième du mois?* (Id.) *Ne pas savoir le quantième du mois où l'on est* (Lar. du XXᵉ s.).

Littré (qui conseille *Quel quantième tenons-nous?*) remarque que « Ménage voulait qu'on dît *Quantième du mois?* et non *Quel quantième du mois?* vu que *quantième* signifie par lui-même *quel jour* ». Et il ajoute : « Ménage avait raison; l'usage, à tort, a décidé contre lui. »

Mais l'usage n'a pas plus accepté le *tenons-nous* de Littré qu'il n'a ratifié l'*avons-nous* de Bescherelle et de Darmesteter! Et c'est *Quel quantième* (ou *Quel quantième du mois*) *sommes-nous?* qui est d'honnête langage... jusqu'aujourd'hui! A moins qu'on ne s'en tienne prudemment à *Quel jour du mois sommes-nous?*

Le combien sommes-nous? Le combien est-ce aujourd'hui? appartiennent à la langue parlée.

quantité. — Avec ce collectif (précédé ou non d'un article), le verbe (ou l'adjectif) s'accorde généralement avec le complément : *Une quantité de monde se prélassait sur la pelouse. Quantité de personnes sont persuadées de son mérite.*

quart. — Dans les noms d'heure, comme on dit *midi et demi, neuf heures et demie,* etc., on dit *midi et quart, neuf heures et quart,* etc. La construction *midi un quart,* etc., qui est toutefois plus correcte, tend à vieillir. *Midi et un quart* (Littré) ne se dit plus.

Moins le quart prévaut sur *moins un quart* : *Trois heures moins le quart* (Acad.).

On peut aussi bien dire *le quart de midi, de neuf heures,* que *le quart après midi, après neuf heures,* cette dernière construction étant néanmoins plus lourde.

V. aussi HEURE.

— **Accord du verbe avec « le quart ».** V. MOITIÉ.

— **Trois quarts** s'écrit sans trait d'union : *Il s'est fait peindre de trois quarts* (Acad.). *Les trois quarts d'une somme. Etre aux trois quarts ivre* (Lar. du XXᵉ s.). *Il est absent les trois quarts du temps* (Acad.).

— **Plus d'aux** (ou **qu'aux**) **trois quarts.** V. MOINS (*Moins de - moins que*).

— V. aussi MOITIÉ.

quartz se prononce *kouartz'.*

quasi se prononce *ka-zi* (et non *koua-zi*).

Employé en composition avec un nom, il se lie à celui-ci par un trait d'union : *quasi-contrat, quasi-délit, quasi-usufruit,* etc.

Joint à un adjectif ou à un adverbe, il ne prend pas de trait d'union : *Cela est quasi impossible. On est arrivé quasi mort* (Acad.). *Il n'arrive quasi jamais que je m'y trompe* (Id.). [Il peut être remplacé par *presque.*]

— **Quasiment** n'est plus guère usité que dans le style familier. On le remplace par *quasi* : *On l'a retrouvée quasi folle* (plutôt que *quasiment folle*).

quatre. — On écrit : *Marchande des quatre-saisons* (Acad.). *Marcher quatre par quatre. Les quatre d'un jeu de cartes* (invariable).

— **Entre quatre yeux.** V. ŒIL.

— **Quatre à quatre.** V. ESCALIER.

— **Quatre-vingts** s'écrit *quatre-vingt* (sans *s*) quand il est suivi d'un autre adjectif numéral : *Quatre-vingt-quinze ans* (mais *quatre-vingts ans*). *Il entre dans sa quatre-vingt-onzième année. Quatre-vingt mille francs* (mille est un adjectif numéral), mais *quatre-vingts millions* ou *milliards* (million, milliard sont des noms).

Si *quatre-vingts* est employé comme adjectif numéral ordinal (il signifie alors « quatre-vingtième »), il ne prend pas

d's : *Page, article quatre-vingt. Année mil huit cent quatre-vingt.*

quatuor se prononce *koua-tuor* et fait au pluriel *quatuors* : *Les quatuors de Beethoven* (Acad.).

que. — L'e de *que* s'élide devant une voyelle ou un *h* muet.

— **Que - comme.** V. COMME.

— **Que - dont.** On dit aujourd'hui *C'est de lui que je parle* (et non plus *C'est de lui dont je parle*).

En revanche, seule est correcte la construction : *La chose dont j'ai besoin* (et non *que j'ai besoin*). *L'affaire dont je vous entretiens* (et non *que je vous entretiens*).

On aurait dû employer *dont* dans les phrases suivantes : *Tu ne sais pas ce que je suis capable* (H. Lavedan, *le Nouveau Jeu,* I, IV). *Le linge et les robes que Madame avait besoin* (M. Donnay, *Georgette Lemeunier,* III, I).

— **Que - où.** Avec un nom exprimant une époque, une période, une date, *que* peut s'employer à la place de *pendant lequel, dans lequel, lorsque* : *L'hiver qu'il fit si froid* (Acad.). *Les jours qu'il faisait beau* (G. Flaubert, *Madame Bovary,* 69). *Le jour que cela est arrivé* (Acad.). Mais on dira aussi bien : *L'hiver où il fit si froid. Les jours où il faisait beau. Le jour où cela est arrivé.*

— **Du temps que..., au moment que...,** etc. V. OÙ (*Où - que*).

— **Que - à ce que - de ce que.** V. À CE QUE, ATTENDRE (S'), PLAINDRE (SE), etc.

— **Que - que de.** Après les locutions *autant... que, il vaut mieux... que, plutôt... que,* etc., et devant un infinitif employé comme second terme de la comparaison, l'usage de la particule *de* est facultatif : *Autant mourir tout de suite que de compter sur ce remède. Il vaut mieux le voir ce matin que l'attendre indéfiniment. J'aime mieux partir que de rester. Plutôt mourir que se rendre.*

— **Que - que ne.** Avec *plus que, moins que, mieux que, autre que, autrement que, meilleur que, moindre que, pire que, plutôt que,* etc., la particule *ne* est facultative devant le verbe de la seconde proposition : *Il est autre que je ne croyais* (Acad.). *Il est* *autre que je croyais* (Id.). Toutefois, si la proposition principale est négative ou interrogative, on évite de mettre *ne* devant la subordonnée : *Il n'est pas plus riche qu'il faut. Quel mortel fut jamais plus heureux que vous l'êtes?* (Voltaire, *Zaïre*, I, ii).

— On évitera les **que** répétés, qui alourdissent la phrase. On dira *Il a pensé que vous pourriez me rendre ce service* (plutôt que *C'est un service qu'il a pensé que vous pourriez me rendre*).

— **Il n'y a pas que.** V. IL...

— **Ne faire que - ne faire que de.** *Ne faire que sortir* signifie « sortir à chaque instant » : *C'est intolérable! vous ne faites que sortir et rentrer!*

Ne faire que de sortir, c'est sortir à l'instant : *Vous la manquez de peu, elle ne fait que de sortir.*

V. aussi FAIRE.

— **Si j'étais que de vous.** V. VOUS.

— **Que** est fréquemment employé dans les constructions familières ou populaires, soit comme introductif d'affirmation (*Il pleuvait que c'en était une bénédiction. Il crie que ça fait peine à entendre*), soit dans des expressions comme : *du tempérament que je me connais..., du train qu'il va,* soit encore comme relatif passe-partout (populaire ou du parler très relâché) : *Le pont que j'ai passé dessus* (pour *Le pont sur lequel j'ai passé*). *Comment que je l'ai arrangé! Comment que ça brûlait quand je suis arrivé! A Paris, que j'étais alors.*

Il se rencontre comme particule explétive dans un certain nombre de phrases qui font figure de gallicismes, mais sont admises par l'usage. C'est le cas de : *Cela ne laisse pas que de nous surprendre. Qu'est-ce donc que de nous? Ce n'est pas trop que de le souligner. Si j'étais que de vous. C'est folie que de l'imaginer.* Mais les phrases suivantes sont franchement populaires : *Il ne connaissait pas sa fortune tellement qu'il avait de l'argent. Où qu'il est, ton frère? D'où que tu viens? A qui que tu causes?*

— **Que,** conjonction, placé en tête de la phrase (inversion), demande le subjonctif : *Qu'il ait perdu au jeu, je le crois* (mais *Je crois qu'il a perdu au jeu*).

quel. — Quel que - quelque. V. QUELQUE.

V. aussi LEQUEL, QUI.

— **Tel quel.** V. TEL.

quelconque, qui signifie « quel que ce soit, quel qu'il soit, quelle qu'elle soit », suit normalement le nom qu'il qualifie : *Il n'y a raison quelconque qui puisse l'y obliger* (Acad.). *Deux droites quelconques.*

Précédé d'*un, quelconque* a toujours un sens péjoratif : *Un quelconque agent de publicité.*

quelque ne s'élide que devant *un* et *une* : *Voilà quelqu'un. Si quelqu'une de vous le veut bien. Quelqu'une de vos parentes* (Acad.).

— **Devant un nom,** un adjectif ou un adverbe, **quelque** s'écrit en un seul mot. Il est alors *adjectif* et s'accorde :

1° Quand il précède immédiatement un nom : *Quelques arbres rabougris bordent l'avenue. Il ne vous en coûtera que quelques francs* (Acad.). *Quelques précautions qu'il prenne, il tombera* (Lar. du XXᵉ s.);

2° Quand il n'est séparé de ce nom que par un adjectif : *Quelques timides efforts qu'il fit lui permirent de s'en tirer. Les quelques fausses qualités dont vous vous êtes paré n'abuseront personne. Il y a quelques bonnes pages dans ce roman* (Lar. du XXᵉ s.).

(On dit bien : *Nous étions à cette réunion quarante et quelques* [Acad.].)

— **Quelque** est *adverbe,* et par conséquent *invariable,* quand, suivi de *que,* il précède un adjectif non suivi d'un nom, ou modifie un participe ou un autre adverbe; il a alors le sens de « si » : *Quelque puissants qu'ils soient, je ne les crains point* (Acad.). *Quelque perclus que soient ces vieillards. Quelque adroitement qu'il s'y prenne* (Acad.).

Il est également adverbe quand il signifie « environ, à peu près » : *Il s'est marié il y a quelque vingt ans. Posséder quelque cent mille francs de rente. Agé de quelque quarante ans* (Lar. du XXᵉ s.). [Cette invariabilité date de Vaugelas; antérieurement, on écrivait, indifféremment, *quelque* ou *quelques* dans ce cas.]

— **Quelque... que.** Jadis, on disait *quel... que* : *En quel lieu que ce soit, je veux suivre tes pas* (Molière, *les*

Fâcheux, III, IV). Aujourd'hui, l'expression *quelque... que*, résultat de la soudure des deux éléments et de la répétition du relatif *que*, est seule employée : *Quelque part que vous preniez à ma douleur. Quelque ennui que j'en aie. Quelques efforts que vous fassiez. Quelques grands biens que vous en ayez* (Acad.)

(On voit qu'après *quelque... que* le verbe se met au subjonctif. Cependant, si *quelque* a le sens de « peu nombreux », on a affaire à une simple relative à l'indicatif : *Ce sont là quelques fruits que j'ai achetés*.)

— **Quelque - quel que.** *Quelque... que* se réduit à *quel... que* quand il précède immédiatement un verbe (presque toujours *être*) ou un pronom personnel sujet. Le verbe se met alors au subjonctif et *quel* s'accorde en genre et en nombre avec le sujet du verbe : *Quel que soit votre pays d'origine. Quelles que soient vos intentions. Cet homme, quel qu'il soit, ne m'inspire pas confiance. Obligé de prendre un parti, quel qu'il fût* (Acad.). *Quelle que soit votre fortune* (Lar. du XXᵉ s.).

— **Quelque chose.** V. CHOSE.

quelquefois signifie « certaines fois, parfois, en certaines occasions » : *Elle passe quelquefois devant ma fenêtre. Cela est arrivé quelquefois* (Acad.).

Le tour **quelquefois que** est populaire : *Quelquefois qu'il viendrait, qu'il ferait cela*, etc. De même **si quelquefois** (pour *si par hasard*) : *Si quelquefois il arrivait*.

— **Quelquefois - quelques fois.** *Quelques fois* marque la pluralité : *Il est venu me voir quelques fois cette année* (plusieurs fois) [mais *Il est venu quelquefois (parfois) me voir*]. *Elle a chanté quelques fois cette chanson* (mais *Elle chante quelquefois cette chanson*).

quelqu'un fait au pluriel *quelques-uns*, qui s'applique aussi bien aux personnes qu'aux choses : *Quelques-uns de mes amis. Quelques-uns de mes livres.*

Avec un complément féminin, on emploie le féminin : *Quelqu'une de vos parentes* (Acad.). *Avez-vous été atteint de quelqu'une de ces maladies. Quelques-unes de mes plus belles reliures.*

V. aussi QUELQUE.

— Pris absolument, **quelqu'un** signifie « une personne » et ne s'emploie qu'au *masculin* : *Quelqu'un m'a dit au marché... Quelqu'un vous demande en bas* (Lar. du XXᵉ s.). *J'attends quelqu'un. Quelqu'un de sérieux.*

Au sens de « personne qui a de la valeur », le masculin doit être également seul usité : *Cette femme est vraiment quelqu'un. Elle est devenue quelqu'un grâce à son mari.*

qu'en-dira-t-on, nom masculin, est *invariable* et s'écrit avec des traits d'union : *Se moquer du qu'en-dira-t-on* (Acad.). *Ecouter les qu'en-dira-t-on.* (Il est toujours précédé de l'article.)

querelle se prononce *ke-rèl'* (et non *krèl'*).

quérir est un verbe qui ne s'emploie plus guère, et seulement à l'infinitif avec *aller, venir, envoyer* : *Allez me quérir un tel* (Acad.). *Il est allé quérir du vin* (Id.). *Ma sœur Catherine me vint quérir* (E. Guillaumin, *la Vie d'un simple*, 14).

(L'Académie donne les deux orthographes *querir* et *quérir*, mais ses exemples sont avec *quérir*.)

questeur et **questure** se prononcent *kuès-teur, kuès-tur'*

question. — Le tour elliptique qui consiste à faire suivre immédiatement le mot *question* d'un nom est familier : *Question comptabilité, il s'y entend. Si nous parlions question transport.* On dira mieux : *Il s'y entend en comptabilité. Si nous parlions des transports.*

— On dit : *Il n'est pas (Il est) question de faire telle chose* (plutôt que *Il n'y a pas [Il y a] question...*, tournure correcte, défendue par A. Thérive, mais inusitée) : *Il n'en est pas question une seconde* (J. Romains, *Comparutions*, 179).

queue. — On écrit : *Faire queue* ou *la queue* : *On faisait queue à la porte des boulangers* (Acad.). *J'ai fait la queue pendant une heure et demie* (Id.). *Elles font queue pour être payées, et il était temps* (P. Loti, *Mon frère Yves*, 286). *Comme on en voit à l'entrée des théâtres où la foule fait queue* (G. Duhamel, *Civilisation*, 37).

V. aussi QUEUX.

— Dans les composés de **queue,** le complément introduit par *de* est toujours *invariable* : *des queues-d'aronde, des queues-de-morue, des queues-de-rat,* etc.

queux, tiré du latin *coquus* (de *coquere,* cuire), signifie « cuisinier », mais ne s'emploie que dans l'expression *maître queux.* (Se garder d'écrire *maître queue.*)

— **Queux** (du latin *cos, cotis*), sorte de pierre à aiguiser (*une queux à faux, une queux à l'huile*), peut s'écrire aussi *queue* (Acad.).

qui. — Précédé d'une préposition (*à, de, en, par, pour, sur*), le pronom relatif *qui* ne peut guère représenter aujourd'hui que des personnes (ou des choses personnifiées) : *Celle à qui j'ai parlé ce matin. Ce pauvre M. Durand, sur qui s'acharne le destin. Cet enfant pour qui j'ai tremblé. Forêts à qui j'ai confié mes peines.*

On étend cependant parfois cet emploi aux animaux, surtout aux animaux domestiques · *Un chien à qui elle fait mille caresses* (Acad.).

Dans l'ancienne langue, et jusqu'au XVIIᵉ siècle, on employait *qui* même pour représenter des choses : *Soutiendrez-vous un faix sous qui Rome succombe* (Corneille, *la Mort de Pompée,* I, 1). On rencontre encore cette construction, mais elle n'est pas à conseiller : *Les exigeantes et dures racines par qui l'arbre prend et vit* (P. Claudel, *l'Echange,* 180). *Le calme paysage sur qui le ciel versait ses premières ombres* (H. Béraud, *le Vitriol de lune,* 187). *Ces villes de qui le nom change d'orthographe* (A. Hermant, *les Samedis de Monsieur Lancelot,* 256).

Les pronoms relatifs *auquel, duquel, lequel* peuvent s'employer indifféremment pour les choses ou pour les personnes, mais ils sont plus ordinairement réservés aux choses : *L'arbre auquel j'ai fait allusion. La fenêtre par laquelle il est tombé. L'homme auquel* (ou *à qui*) *j'ai parlé.*

V. aussi LEQUEL.

— **De qui - dont.** V. DONT

— **Qui - quel.** *Qui* interrogatif ne se dit pas des choses : *Quelle est cette fleur?* (et non *Qui est cette fleur?*) Mais *quel* se dit aussi bien des personnes

que des choses : *Qui est* (ou *quel est*) *cet individu? Qui sont ceux qui prétendent à cette place?* (Acad.). *Quel en est l'auteur?* (Lar. du XXᵉ s.)

Qui, généralement, interroge plutôt sur l'identité, et *quel* sur la qualité : *Qui est cet homme?* (= quel est son nom?). *Quel est cet homme?* (= d'où vient-il? que fait-il? de quoi vit-il? etc.).

— **Accord du verbe avec « qui » sujet.** En règle générale, l'accord se fait en nombre et en personne avec l'antécédent : *C'est moi, moi seul qui suis le chef. Vous êtes le seul qui connaissiez le chemin* (ou bien *qui connaisse,* si l'on sous-entend *homme* antécédent). *Il n'y a que nous qui puissions le faire. Toi et moi qui savons. Toi qui sèches les pleurs des moindres graminées* (E. Rostand, *Chantecler,* I, II).

Toutefois, lorsque *qui* relatif est précédé d'un attribut se rapportant à un pronom personnel de la 1ʳᵉ ou de la 2ᵉ personne, l'accord se fait avec cet attribut : 1° quand il est précédé de l'article défini : *Vous êtes l'artiste qui a le plus de talent de la troupe;* 2° quand il est précédé d'un adjectif démonstratif : *Vous êtes cet homme qui m'a insulté* ou *Vous êtes celui qui a le plus de talent;* 3° quand la proposition principale est négative ou interrogative : *Vous n'êtes pas un homme qui part en guerre contre des lubies. Etes-vous un homme qui sait tenir une plume?*

— **Accord du verbe après « un des... qui ».** V. UN.

— **Qui** est distributif et s'emploie au sens de « ceux-ci... ceux-là, les uns... les autres » : *Ils coururent aux armes et se saisirent qui d'une épée, qui d'une lance, qui d'une hache* (Acad.).

— **Qui** interrogatif est ordinairement du *masculin singulier,* mais on le rencontre parfois au féminin ou au pluriel : *Si cette créature-là devait être perdue, qui donc serait sauvée?* (A. Thérive, *Fils du jour,* 107.) *Qui ont été nos guides?* (R. Rolland, *Au-dessus de la mêlée,* 41 ; cité par Grevisse.)

— **Qui - qu'il.** On emploie parfois indifféremment *qu'il* ou *qui* avec des verbes qui peuvent se construire impersonnellement (cette différence étant d'ailleurs peu marquée dans la

prononciation) : *Le peu de temps qu'il
(ou qui) lui reste à vivre. Vous verrez
ce qu'il (ou ce qui) arrivera. Allons voir
ce qui (ou ce qu'il) se passe. Elle dit
en somme ce qu'il convenait*
(J. Romains, *Lucienne*, 69; cité par
Grevisse). *Quoi qui arrivât dans sa vie*
(H. de Montherlant, *les Célibataires*, 118; id.).

— **Qui que ce soit** appelle le subjonctif : *Qui que ce soit qui vous l'ait
dit, il s'est trompé* (Acad.). *A qui que
ce soit que vous vous adressiez.*

Nota. — *Qui* avait aussi au Moyen
Age, et jusqu'au xvie siècle, la valeur
de « si l'on » ou « si quelqu'un ». Cet
usage se retrouve dans la locution
Comme qui dirait et dans *Tout vient
à point, qui sait attendre*, calqué sur
Rabelais (*Quart Livre*, XLVIII) : *Tout
vient à poinct, qui peult attendre.*

quiconque. — C'est l'ancien français
qui qu'onques, qui signifiait « qui...
jamais » : *Quiconque frappera par
l'épée périra par l'épée. La loi punit
quiconque est coupable* (Lar. du
XXe s.). *J'ai promis de la protéger
contre quiconque l'attaquerait* (Acad.).

— On ne dira pas *quiconque... qui*
(ce **qui** est inutile) : *Quiconque de
vous parlera sera puni* (et non *Quiconque de vous qui parlera*...).

— Au xviie siècle, on disait :
*Quiconque veut me faire plaisir, il n'a
qu'à m'offrir des fleurs.* Ce tour a été
condamné par Vaugelas; on supprime
aujourd'hui le pronom *il* : *Quiconque
veut me faire plaisir n'a qu'à m'offrir
des fleurs.*

— **Quiconque** est parfois employé
absolument, avec le sens de « n'importe
qui, qui que ce soit » : *Une envie de
railler de toutes choses et de quiconque.
Goneret n'a jamais donné un radis, ni
une pelure de pomme de terre à quiconque* (L. Daudet, *le Sang de la
nuit*, 27). *Non qu'il fût plus spécialement patriote que quiconque*
(E. Henriot, *Aricie Brun*, II, vi; cité par
Grevisse). Cette construction, naguère
condamnée, et non admise par l'Académie, est toutefois entrée dans l'usage.

— **Un quiconque.** La construction
*Tu n'aimes pas qu'un quiconque se lève
sur ton horizon* (A. de Châteaubriant,
la Brière, 12) est dialectale.

— **Quiconque** peut être féminin
lorsqu'il a nettement rapport à une
femme (*Quiconque sera paresseuse ou
babillarde sera punie* [Littré]), mais
il n'a pas de pluriel.

quidam se prononce *ki-dam'* et fait au
pluriel *quidams*. (La prononciation *ki-
dan* est désuète.)

quiet et les dérivés **quiescent** et **quié-
tisme** se prononcent *kui-* (et non *ki-*),
mais *inquiet*, *quiétude* et *inquiétude* se
prononcent *ki-*.

quillier, dérivé de *quille* (jeu), s'écrit
avec un *i* après les deux *l*.
    V. aussi GROSEILLIER.

quin-. — L'*u* se prononce généralement dans les mots où *quin-* a le sens
de « cinq » : *quinquagénaire* (*kuin-
koua-*), *quinquennal* (*kuin-kué*), etc.
    Exceptions : *quine, quinaire, quin-
conce, quint, quinte, quintessence,
quinze* (et dérivés).
    Quintuple et *quintette* sont le plus
souvent prononcés *kin-*.

quincaillier s'écrit avec un *i* après les
deux *l*.
    V. aussi GROSEILLIER.

quiproquo se prononce *ki-pro-ko* et
fait au pluriel *quiproquos*.

— **Quiproquo - malentendu.** Un
quiproquo est une méprise qui fait
prendre une personne, une chose pour
une autre : *Beaucoup de vaudevilles
sont fondés sur d'invraisemblables quiproquos. Il a fait un amusant quiproquo, un étrange quiproquo* (Acad.).
    Un *malentendu* est une chose mal
interprétée, mal comprise : *Faire cesser
un malentendu. Il y a malentendu*
(Acad.).

quitte est un adjectif dont le pluriel
est normalement *quittes* : *Nous sommes
quittes* (Acad.). *Nous en sommes quittes
pour la peur. Les barques en avaient
été quittes pour entendre claquer leur
misaine* (H. Quéfellec, *Tempête sur
Douarnenez*, 98).

— On écrit : *Etre quitte du service
militaire, d'une corvée, d'une entrevue,
d'une visite* (Lar. du XXe s.). *Vous
n'avez eu qu'un rhume : vous en êtes
quitte à bon marché* (Acad.).

— **Être quitte à quitte** est une
locution *invariable* qui signifie, au jeu
ou dans les affaires, « ne se devoir plus

rien de part et d'autre » : *Nous sommes
quitte à quitte* (Acad.).

— **Quitte à,** « au risque de, à
charge de, en se réservant de », est
généralement *invariable* (comme *sauf
à*) : *Quitte à être querellés, nous le
répéterons* (Hanse). *Nous les dépasse-
rons, quitte à nous essouffler*.

— On dit **Jouer à quitte ou
double** ou, plus ordinairement, **Jouer
quitte ou double** (Acad.).

quitter peut s'employer au sens de
« laisser » et d' « ôter » : *Quitter tous
ses droits* (Acad.). *Quitter sa place à
quelqu'un* (Id.). [On dit toutefois
mieux : *Abandonner tous ses droits.
Céder sa place à quelqu'un.*] *Quitter
ses vêtements. Quitter sa robe, son
chapeau* (Acad.). *Quitter son veston*
(Lar. du XXᵉ s.).

quitus est un mot latin qui se prononce
ki-tuss : *Donner quitus à des adminis-
trateurs* (Acad.).

quoi. — Ce pronom relatif ne peut
représenter que des choses, et se rapporte généralement à un neutre indéterminé (*ce, rien, chose*, etc.) : *Ce à
quoi je me dispose. Il n'y a rien sur
quoi l'on ait tant disputé* (Acad.). *Ce
sont des choses à quoi vous ne prenez
pas garde* (Id.). *Etre clair, c'est par
quoi on doit commencer* (Lar. du
XXᵉ s.).

Dans l'ancienne langue, et jusqu'au
XVIIIᵉ siècle, *quoi* pouvait avoir pour
antécédent un nom de chose nettement déterminé : *Ce n'est pas le
bonheur après quoi je soupire* (Molière,
le *Tartuffe*, III, III). La phrase se
construit aujourd'hui avec **lequel**, mais
certains auteurs modernes emploient
néanmoins encore ce tour archaïque :
*Une sorte d'assaisonnement de quoi son
amitié un peu lasse avait peut-être
besoin* (A. Hermant, la *Petite
Femme*, 42). *Ne pouvant me résoudre à
la pensée détachée pour quoi j'ai peu
d'estime* (J. Benda, *Exercice d'un
enterré vif*, 109). *L'entrevue de quoi sa
dépossession maternelle dépen-
dait* (H. Bordeaux, le *Calvaire de
Cimiez*, 152). *Un vaste appareil pulmo-
naire par quoi l'échange s'établit entre
nos poitrines et l'immense ciel d'été*
(R. Boylesve, *Souvenir du jardin
détruit*, 68).

— On écrit : *Il a de quoi vivre*, et
même, plus elliptiquement : *Il a de
quoi. C'est un homme qui a de quoi*
(Acad.). *Donnez-moi de quoi écrire*
(Id.). *Quoi de plus différent que ces
deux femmes*.

— **Quoi que - quoique.** *Quoi que*
(en deux mots) signifie « quelle que soit
la chose que » : *Quoi que vous fassiez,
il est maintenant trop tard. Quoi qu'il
arrive* (Acad.). *Quoi qu'il en soit, vous
avez tort.* (Dans l'expression *quoi
qu'il en soit*, *quoi qu'* s'écrit toujours
en deux mots, sauf au sens de « bien
que, encore que » : *Quoiqu'il en soit
propriétaire*.)

Quoique (en un seul mot) est une
conjonction qui signifie « encore que,
bien que » : *Il est guéri, quoique faible
encore. Quoiqu'il soit le dernier de sa
classe... Il revint, quoiqu'on l'eût maltraité* (Acad.). *Nous ne pensons pas à
la mort, quoique la mort soit la seule
chose certaine* (Lar. du XXᵉ s.). *Quoi
que vous fassiez, et quoique malade,
j'aurai raison de vos méchancetés*.

— **Quoi qu'il en ait.** *Quoi qu'il en
ait* (*que j'en aie, qu'il en eût*, etc.) est
une expression qui résulte d'une confusion probable avec *malgré qu'il en ait*
(*que j'en aie*, etc.), expression correcte
mais quelque peu archaïque. (V. MALGRÉ
QUE.)

Critiqué depuis longtemps, difficilement analysable, *quoi qu'il en ait* est
cependant assez répandu. On le trouve
sous la plume de Veuillot, de Jules
Lemaitre, d'Alphonse Daudet, de
Barrès, de Sainte-Beuve, de H. de
Montherlant, de Maurice Bedel, etc.

Lourde et peu élégante, cette expression doit être employée avec une certaine prudence.

NOTA. — On se gardera bien d'écrire
quoiqu'il en ait.

quoique n'admet l'élision que devant
il (*ils*), *elle* (*elles*), *on*, *un* (*une*).

Après *quoique* signifiant « bien que,
encore que », le verbe doit se mettre au
subjonctif : *Il revint, quoiqu'on l'eût
maltraité* (Acad.). *Quoiqu'ils fussent
immensément riches, ils refusèrent de
donner leur obole*.

On trouve néanmoins, et même chez
les classiques, des exemples où *quoique*
est employé avec l'indicatif ou le conditionnel : *La mienne, quoique aux yeux*

elle n'est pas si forte... (Molière, *l'Ecole des femmes*, IV, IX). *Quoiqu'à ne rien vous taire, Ce même amour peut-être, et ces mêmes bienfaits, Auraient dû suppléer à mes faibles attraits* (Racine, *Bajazet*, V, IV). « Mais l'usage exclusif du subjonctif a prévalu depuis longtemps, et c'est fort mal parler aujourd'hui que d'employer l'indicatif ou le conditionnel » (Martinon, *Comment on parle en français*, 417). « L'emploi du conditionnel et surtout de l'indicatif, même au futur, est vulgaire et incorrect » (A. Dauzat, *Grammaire raisonnée*, 389).

— L'ellipse du sujet et du verbe *être* après *quoique* (*Je viendrai quoique malade. Quoique aimé de tous, il partit seul. Quoique souffrant, je suis sorti* [Littré]) a amené par analogie la construction de *quoique* avec des participes actifs (*Venant quoique malade*), « cons-

truction moins correcte, car on ne peut pas facilement y sous-entendre le verbe *être* » (Martinon, *op. cit.*, 418).

L'usage en est néanmoins assez répandu : *Ils ont tout oublié, quoique n'ayant rien appris* (Cl. Farrère, *les Civilisés*, 96).

(Cette remarque s'applique également à *bien que, encore que*.)

— **Quoique - quoi que**. V. QUOI.

— **Quoique cela, quoique ça** sont des locutions populaires qu'il vaut mieux éviter : *Elle n'est pas jolie; quoique ça elle plaît* (Lar. du XXᵉ s.). Il faut dire *malgré cela*.

quote n'est usité que dans le composé **quote-part**, qui s'emploie rarement au pluriel : *Payer sa quote-part. Il lui revient tant pour sa quote-part* (Acad.). (Se garder d'écrire *cote-part*.)

quotidien. V. BIHEBDOMADAIRE.

R

r. — Genre. V. ALPHABET.

— **R** ne se redouble pas dans *chariot*, alors que *charrette* et ses dérivés, de même que *carriole* et *carrosse*, s'écrivent avec deux r.

— V. aussi RE-.

rabattre. — **Rabattre les oreilles.** V. REBATTRE.

raboter et ses dérivés (*rabotage, raboteuse*, etc.) s'écrivent avec un seul *t*.

V. aussi -OTER.

raccommoder et ses dérivés (*raccommodage, raccommodeur*, etc.) s'écrivent avec deux *c* et deux *m*.

raccourcir - accourcir. — Le sens itératif de **raccourcir** (« accourcir de nouveau ») s'est peu à peu effacé, et ce verbe est maintenant employé au sens d'**accourcir**, mot qui tombe en désuétude. Aussi dit-on plutôt : *Raccourcir un manteau, une robe*, que *Accourcir... Raccourcir une scène, un*

discours. *L'intempérance raccourcit la vie* (Lar. du XXᵉ s.). *Si vous allez par là, vous accourcirez votre chemin* (Acad.). *En prenant ce petit sentier, vous raccourcirez votre chemin de beaucoup* (Id.).

— Un **raccourci** est un chemin plus court (qui raccourcit) : *En prenant par ce raccourci, vous arriverez plus vite* (Acad.).

raccroc se prononce *ra-kro*.

V. aussi -OC.

racler et ses dérivés (*racle, raclée, racloir, raclure*, etc.) s'écrivent sans accent circonflexe sur l'*a*.

racoler et ses dérivés (*racolage, racoleuse*) s'écrivent avec un seul *c*.

racornir et ses dérivés s'écrivent avec un seul *c*.

radier - rayer. — Ces deux mots sont synonymes (*radier* vient du latin médiéval *radiare*, rayer), mais

radier marque surtout une action officielle ou autoritaire (*Radier un failli des listes électorales*), alors que **rayer** insiste sur le fait de biffer ce qui est écrit (*Rayer un nom sur une liste*).

radio-. — Les composés de *radio* s'écrivent avec un trait d'union devant une voyelle (tout comme *électro-*) : *radio-élément, radio-isotope*, etc., mais *radiocommunication, radiocondensateur*, etc. La tendance est toutefois de le supprimer devant *a* et *e*.

Ne pas confondre ce préfixe avec *radio-* de *radius*. Dans *fracture radio-cubitale*, par exemple (fracture du radius et du cubitus), le trait d'union est de rigueur.

raffiner - affiner. V. AFFINER.

raffoler, de même qu'**affoler,** s'écrit avec deux *f*, mais un seul *l*. Il se dit des personnes et des choses : *Raffoler de quelqu'un. Raffoler de la danse* (Lar. du XXᵉ s.).

rafle et **rafler** s'écrivent avec un seul *f* et sans accent circonflexe.

rafraîchir et ses dérivés s'écrivent avec un accent circonflexe sur l'*i* du radical.

ragot s'écrit sans accent circonflexe sur l'*o* (de même que *dévot*).

ragoûtant est le contraire de *dégoûtant* : *Mets ragoûtant* (Lar. du XXᵉ s.). Il s'emploie surtout au sens négatif (au propre et au figuré) : *Cette cuisine n'est vraiment pas ragoûtante. Une affaire peu ragoûtante* (Lar. du XXᵉ s.). *Il nous faudrait quelque chose de plus ragoûtant* (Acad.).

A noter l'accent circonflexe sur l'*u*, qu'on retrouve dans *ragoût*, qui vient du latin *gustus*, goût (mais non dans *égout*, qui vient de *goutte*).

rai - rais. — Il s'agit là de deux graphies du même mot (sens de « rayon »), la seconde étant la forme plurielle de la première. La forme en *-s* a longtemps prévalu au singulier, quoique critiquée par Littré : *Un rais de roue en acacia. Un rais de lumière* (et non *une raie*).

Aujourd'hui, l'Académie a adopté l'orthographe *rai* au singulier : *Un rai de lumière entrait dans la chambre par les volets mal clos. Il y a un rai de brisé à cette roue.*

raide - roide. — La forme **roide** n'est plus usitée que dans le langage littéraire, de même que *roideur* ou *roidir* : *Le corps de Dauche restait roide, mais inerte* (G. Duhamel, *Civilisation*, 97).

— On écrit ou on dit : *Un caractère raide* (Lar. du XXᵉ s.). *En dire, en entendre de raides. Elles tombèrent raides mortes. Etre tué raide.* Et familièrement : *Vous niez un fait qui est de notoriété publique, c'est un peu raide* (Acad.).

— Adverbialement (invariable) : *Les chemins montent raide dans ce pays.*

rail est du *masculin* et se prononce *ray'* (la prononciation *rèl* est désuète) : *Un rail de 15 mètres.*

rainette, « petite grenouille verte », s'écrit avec un *a* (et non *reinette*). Il s'agit du diminutif de *raine* (ancien nom de la grenouille, du latin *rana*) et non de *reine*.

raison. — **A raison de - en raison de.** L'usage fait généralement une distinction entre ces deux locutions. La première appartient surtout au langage des affaires et signifie « en proportion de, au prix de » : *Vous serez payé à raison du travail que vous aurez effectué. Vous me rembourserez à raison des frais que vous m'avez occasionnés. Je vous paierai cette étoffe à raison de dix francs le mètre* (Acad.). *Sur ce vaisseau, la disette de l'eau obligea de ne la distribuer qu'à raison d'un demi-litre par tête* (Littré).

En raison de a le sens de « en considération de, à cause de, vu » : *On négligea de le punir, en raison de son âge. En raison des circonstances atténuantes* (Acad.). *Il a été décoré en raison de ses bons services.*

En raison de signifie aussi « en proportion de » dans les locutions *en raison directe de, inverse de,* etc. : *Les corps s'attirent en raison inverse du carré des distances.*

— **Comme de raison** est correct et signifie « comme il est juste et raisonnable » (Acad.).

V. aussi COMME.

— On écrit (sans *s*) : *Non sans raison. Pour raison de santé.*

rajeunir s'emploie avec l'auxiliaire **avoir** ou **être,** selon qu'on veut marquer l'action ou l'état : *Il a rajeuni depuis qu'il prend ce médicament. Sa cure d'air l'a rajeuni de dix ans* (Acad.). *Il est rajeuni et plus heureux que jamais.*

rajuster. V. RE-.

rallonge. — Une *rallonge* est ce qui sert à *allonger*, à *rallonger* : *Mettre une rallonge à une robe* (Lar. du XXe s.). *Une table à rallonges* (Littré). *Mettre une rallonge à une table* (Acad.).

Si *allonger* et *rallonger* se distinguent encore par le sens (v. ALLONGER), *allonge* tend de plus en plus à être remplacé par *rallonge*.

rallonger - allonger. V. ALLONGER.

ramoner et ses dérivés (*ramonage, ramoneur*, etc.) s'écrivent avec un seul *n*.

V. aussi -ONER.

rancunier - rancuneux. — De ces deux synonymes, le premier, **rancunier**, est du langage académique et le second est aujourd'hui réservé au langage populaire : *C'est un homme rancunier* (Acad.). *Les rancuniers ont la mémoire longue* (Lar. du XXe s.). *Ah! qu'elle soit ce qu'elle voudra, cette fille rancunière* (A. Thérive, *Sans âme*, 243).

Rancuneux est signalé dès le XIIe siècle, alors que *rancunier* apparaît seulement dans l'édition de 1718 du Dictionnaire de l'Académie; ce dernier terme a néanmoins pris le pas sur le premier. On trouve encore cependant de nos jours : *Le rancuneux barbier* (V. Hugo, *Notre-Dame de Paris*, II, 323). *Un sournois et rancuneux dégoût* (G. Bernanos, *Nouvelle Histoire de Mouchette*, 94). *Il consentait de mauvaise grâce, rancuneux et grognant tout bas* (M. Genevoix, *Rroû*, 70).

ranger - arranger. — **Ranger**, c'est remettre une chose à la place qu'elle occupe habituellement, mettre en ordre (simple travail manuel) : *Ranger ses vêtements. Ranger une chambre, un cabinet, une bibliothèque* (Acad.).

Arranger, c'est assigner aux choses une place convenable (il exprime un acte de l'intelligence) : *Arranger des papiers. Arranger des livres, un appartement* (Acad.).

On *arrange* une fois pour toutes, ou du moins pour longtemps; on *range* tous les jours (Lar. du XXe s.).

— On dit : *Se ranger à* (et non *de*) *l'avis, à l'opinion de quelqu'un* (Acad.). *Se ranger du* (ou *au*) *parti de quelqu'un* (Littré). Au figuré et absolument : *Je me range depuis quelque temps* (H. Bernstein, *Joujou*, I, VIII).

ranimer - réanimation. — Si **ranimer**, « rendre à la vie », n'a pas cette forme orthographique, son nom correspondant est, selon l'usage médical, **réanimation**. La forme *ranimation* est moins courante.

rapatrier, au sens de « réconcilier » (*Nous nous sommes rapatriés* [Gustave Flaubert, *Madame Bovary*, 281]), est aujourd'hui vieilli, même familièrement. Il n'est plus guère employé que pour « rendre à sa patrie » : *Rapatrier des prisonniers.*

rapière s'écrit sans accent circonflexe sur l'*a*, qui se prononce d'ailleurs bref.

rappeler (se). — Il est convenu qu'on ne doit pas dire *se rappeler de quelque chose*, parce que *rappeler*, comme *appeler*, est un verbe transitif direct. **Se rappeler quelque chose** (sans *de*) est seul correct : *Je me rappelle les bonnes vacances de l'an dernier* (c'est-à-dire je rappelle à moi le souvenir des bonnes vacances...). *Je ne me rappelle pas son nom. Je me le rappelle parfaitement* (Acad.). *Ce sacré La Brique, avec sa mémoire de chien, se l'était rappelé* [la caverne] *tout de suite* (L. Pergaud, *la Guerre des boutons*, 221). *Un spectacle qu'on se rappelle* (et non *dont on se rappelle*).

De ce fait, on dira *Je me le rappelle*, ou bien encore *Je m'en souviens* (mais non *Je m'en rappelle*).

(Naturellement, l'expression *je m'en rappelle* est correcte si *en* est complément du nom et non du verbe : *Elle paraissait neuve, mais je m'en rappelle tous les défauts* [c'est-à-dire je me rappelle tous les défauts de cette chose]. *Cet événement est arrivé, je m'en rappelle toutes les circonstances* [Lar. du XXe s.]. *On le continue* [ce roman] *parce qu'on ne s'en rappelle pas le dénouement* [E. Faguet, *l'Art de lire*, 159]. *Plus tard, lorsqu'elle évoqua ces derniers jours d'avril 1860, Scarlet ne put jamais bien s'en rappeler les détails* [M. Mitchell, *Autant en emporte le vent*, 109; trad. P.-F. Caillé].

Se rappeler de a été formé sous l'influence de *se souvenir de*, qui est correct. Mais il est assez curieux de souligner que *se souvenir de* lui-même a subi la pression de *se rappeler*, puisqu'à l'origine il n'était guère employé qu'au mode impersonnel : *il me souvient de*, qui se dit d'ailleurs encore. « *Je me souviens* n'est devenu usuel qu'à partir du XVIᵉ siècle, sans doute à cause de l'influence italienne : les Italiens avaient fait *sovvenirsi* sur le modèle de *ricordarsi*. » (De Thomasson, *Curiosités de la langue française*, 28.)

A noter que la construction *se rappeler de* suivi d'un infinitif, qui était autorisée par l'édition de 1879 du Dictionnaire de l'Académie (*Elle se rappelait d'avoir été*... [A. Hermant, *le Crépuscule tragique*, 212]), n'a plus cours aujourd'hui : *Je me rappelle avoir vu, avoir fait telle chose* (Acad.).

rappliquer, pour « revenir », est du langage populaire.

rapport. — On dit *sous ce rapport, sous tous les rapports, sous le rapport de,* quoique cette dernière expression ait été critiquée par Littré : *Sous ce rapport, elle est parfaite. Elle est parfaite sous tous les rapports. Cette voiture est excellente sous le rapport de la commodité, de la vitesse* (Acad.). [Ne pas dire *sous le rapport commodité, vitesse.*]

— **Avoir rapport à** ou **avec.** Une chose a rapport *à* une autre quand elle a avec cette autre une liaison, une relation : *A quoi cela a-t-il rapport?* (Acad.) *Cela a rapport à notre débat* (Hanse). *Ça n'a aucun rapport à ce que je te disais* (P.-J. Toulet, *Comme une fantaisie*, 140).

Une chose a rapport *avec* une autre quand elle a des analogies avec cette autre : *La langue italienne a grand rapport, a un grand rapport, de grands rapports avec la langue latine* (Acad.).

On emploie aussi *avec* pour marquer simplement la liaison, la connexion, la relation : *Ce que vous dites aujourd'hui n'a aucun rapport avec ce que vous disiez hier* (Acad.).

— **En rapport.** Cette locution se dit en parlant des personnes et des choses, et s'emploie au singulier : *Etre, mettre en rapport avec quelqu'un. Le style de cet ouvrage n'est pas en rapport avec le sujet, avec les idées* (Acad.). Et aussi (sens de « en état de rapporter ») : *Cette vigne n'est pas encore en rapport* (Acad.).

— **Rapport à,** au sens de « au sujet de, à propos de, à cause de, etc. » (*Il est parti rapport à sa tante qui est malade*), est du langage populaire.

rapprendre. V. RE-.

rapprocher signifie « approcher de nouveau », mais également « approcher de plus près » : *Rapprocher une lampe qu'on avait éloignée* (Lar. du XXᵉ s.). *Rapprocher son fauteuil du feu* (Id.).

— **Se rapprocher** ne s'emploie pas au sens de « s'approcher de nouveau », mais à celui de « devenir proche », « se porter proche, plus proche de », etc. : *Le bruit des pas se rapprochait. Se rapprocher de la ville* (Lar. du XXᵉ s.). *Il s'est rapproché de mon quartier* (Acad.). *Ils se sont rapprochés l'un de l'autre* (Id.). *Il s'approcha d'elle, puis se rapprocha pour lui prendre la main.* Et, au sens figuré : *Ils s'étaient brouillés, mais ils se sont rapprochés* (réconciliés) *depuis peu* (Id.).

rapsodie. V. RHAPSODIE.

ras. — On dit, adverbialement : *Sa chevelure a été tondue ras* (invariable). *Faire pâturer très ras une prairie* (Lar. du XXᵉ s.). Mais, adjectivement : *Avoir la barbe rase, la tête rase.*

— **A ras de - au ras de.** Ces deux locutions s'emploient indifféremment : *Voler à ras de terre, au ras de terre* (Acad.). *Amener un canot au ras de l'eau* (Lar. du XXᵉ s.). *Cette embarcation est au ras de l'eau, à ras l'eau* (Acad.). On trouve aussi, mais rarement, *sur le ras de* : *La figure argentée de la lune était posée à l'horizon sur le ras de l'eau* (Ch. Maurras, *le Chemin de paradis*, 18).

rasseoir se conjugue comme *asseoir* (v. ce mot).

— On dit : *Du pain rassis, une miche rassise* (et non *rassie*).

La langue populaire a formé sur l'adjectif *rassis* (qui n'a pas été compris comme le participe passé de *rasseoir*) le verbe **rassir,** qui s'emploie aussi familièrement (*Le pain de maïs rassit comme le pain de blé* [Lar. du XX° s.]) et se rencontre parfois dans la langue littéraire : *Je* [...] *laisse rassir mon pain plusieurs jours* (G. Bernanos, *Journal d'un curé de campagne,* 120 ; cité par Grevisse).

rassir. V. RASSEOIR.

râteler, *râteau, râtelage, râtelier* s'écrivent avec un accent circonflexe sur l'*a;* mais **ratisser,** *ratissage, ratissoire, ratissure* n'en prennent pas.

  Râteler est dérivé de *râteau* (lat. *rastellum,* ce qui explique l'accent), mais *ratisser* vient de l'ancien français *rater* (cf. *rature*), proprement « enlever en grattant ».

râtelier - dentier. V. DENTIER.

ratiociner et **ratiocination** se prononcent *ra-syo-.*

rationalisme et **rationaliste** s'écrivent avec un seul *n,* mais **rationnel** en prend deux.

  V. aussi N.

ratisser. V. RÂTELER.

ravigote et **ravigoter** s'écrivent avec un seul *t.*

  V. aussi -OTE et -OTER.

ravioli. V. ITALIENS (Mots).

ravoir n'est guère usité qu'à l'infinitif : *Essayer de ravoir son ancien logement* (Lar. du XX° s.).

rayer conserve toujours l'*y* dans sa conjugaison : *Le diamant raye* (et non *raie*) *le verre. Ce produit rayera vos glaces.*

  — **Radier - rayer.** V. RADIER.

raz. — **Raz de marée** s'écrit sans traits d'union (mais *rez-de-chaussée* en prend deux) et est *invariable* : *Des villes ont été submergées par des raz de marée* (Acad.).

re- ou **ré-,** préfixe, marque le renforcement, la réitération, la réciprocité, la résistance, le retour à un ancien état, etc. On emploie généralement *re-* si le mot auquel est accolé le préfixe commence par une consonne (*redonner, repartir,* etc.), et *ré-* s'il commence par une voyelle (*réassurance, rééligible, réoccupation,* etc.). Devant un *h,* on emploie tantôt *re-,* tantôt *ré-* : *rehausser, réhabiliter,* etc.

Toutefois, avec les mots commençant par *a* ou *é,* le préfixe se réduit souvent à *r-.* Comme, en principe, tous les verbes peuvent se composer avec *re-, ré-* ou *r-* pour marquer la répétition, il n'est pas toujours facile de distinguer la forme de préfixe adéquate (sauf pour les mots admis dans les dictionnaires). Ainsi, on dit *rapprendre* (et non *réapprendre*), *rajuster* (et non *réajuster*), etc., mais on trouve *réouverture* à côté de *rouvrir, réanimation* (plus courant que *ranimation*) à côté de *ranimer, récrire* à côté de *réédifier,* etc.

  V. aussi RESS-.

réaliser. — Employé au sens de « se représenter, imaginer, concevoir », *réaliser* a été tiré de l'anglais *to realize.* Longtemps critiqué, cet anglicisme est cependant entré dans l'usage ; mais si le Larousse du XX° siècle l'a accueilli dans ses colonnes (*Réalisez-vous bien les horreurs de la guerre?*), l'Académie ne lui a pas accordé droit de cité dans son Dictionnaire, ce qui le rend toujours suspect.

  Lancé par Paul Bourget et l'abbé Bremond, défendu par André Gide, *réaliser* se retrouve chez de nombreux écrivains : *Si vous n'êtes pas là, il ne réalisera pas la chose* (M. Achard, *la Belle Angevine,* III, IV). *Marthe, réalisant tout...* (D. Amiel, *la Maison Monestier,* III, I). *Je réalise très bien ce que je suis devenue pour vous* (H. Bernstein, *le Cap des Tempêtes,* 25). *Ni M¹¹ᵉ de Bauret ni lui-même ne réalisèrent le désintéressement presque insensé de ce geste* (H. de Montherlant, *les Célibataires,* 59). *Ce que l'esprit a épuisé* [...], *il faut* [...] *que la lente bête entière du monde en transformation le répète dans mes sens, — l'épèle — le réalise* (P. Valéry, *Tel quel,* III, 256). *Réalisant la totalité de son infortune, il laissa couler de grosses larmes* (R. Frison-Roche, *Premier de cordée,* 34).

  Le sens financier de « convertir en argent » a été plaisamment employé par Henry Becque (*Polichinelles,* 32) : *J'ai réalisé les parents de ma femme presque aussitôt.*

  On trouve également *réaliser* employé absolument : *Je n'ai pas voulu réaliser* (H. Bataille, *le Phalène,* III, III). *Il te faut le temps de réaliser* (M. Donnay, *le Geste*, I, x). *Maintenant, elle commence à réaliser* (V. Margueritte, *le Couple*, 262). *Elle est partie, et alors seulement elle réalise* (J. Proal, *Où souffle la lombarde*, 239).

— **Réaliser que** est plus rare et moins bien accepté : « ... Gardons *réaliser* pour régir un complément substantif et non une proposition » (A. Thérive, *Querelles de langage*, I, 62): *Je ne réalise plus sans effort que notre perte fut la même* (L. Marchand, *La vie est courte*, III, II). *Jamais elle ne parviendrait à réaliser que c'était le même qu'auparavant* (J.-H. Rosny, *Un voleur*, 15). *J'ai réalisé qu'elle se privait du plaisir de vous voir* (Marcel Pagnol, *Topaze*, II, IX). *Nous réalisons que le monde extérieur est notre monde intérieur, lui correspondent* (P. Claudel, *L'œil écoute*, 192).

— **Se réaliser** est employé au sens d' « accomplir sa destinée » : *Ces évaporées accomplissaient leur fonction ténébreuse, en laquelle elles ne sauraient éviter elles-mêmes de se réaliser* (Villiers de L'Isle-Adam, *l'Eve future*, 184). *J'avais devant moi le temps indéfini pour « me réaliser »* (M. Prévost, *le Jardin secret*, 98). *Vous vous êtes réalisé dans la force de l'âge* (Lucien Descaves, *le Cœur ébloui*, IV, v).

rebattre. — On dit **Rebattre les oreilles** (et non *Rabattre...*, qui est une grosse faute). *Rebattre*, en effet, signifie, au sens figuré, « répéter inutilement et d'une manière ennuyeuse » ; *rebattre les oreilles à quelqu'un*, c'est donc lui répéter une chose à satiété : *Quand vous aurez fini de me rebattre les oreilles avec vos histoires! Il m'en a rebattu les oreilles* (Acad.).

(On dit aussi, mais plus rarement, *Rebattre quelque chose aux oreilles de quelqu'un : Il m'a rebattu son discours aux oreilles pendant toute une semaine.*)

Rabattre les oreilles de quelqu'un serait lui abaisser : *Ce chapeau est si grand qu'il lui rabat les oreilles.*

rebelle. — Le dérivé **rébellion** s'écrit avec un accent aigu.

V. aussi ACCENTS.

— On écrit : *Se rebeller, faire rébellion, faire rébellion à la justice* (et non *faire de la rébellion* ou *se rébellionner*).

rebours. — **A rebours - au rebours.** Ces deux locutions sont également correctes, mais la première est la plus usitée aujourd'hui : *Faire tout à rebours* (Lar. du XXᵉ s.). *Il prend tout au rebours* (Acad.). Et aussi (locution prépositive) : *Il fait tout à rebours, au rebours de ce qu'on lui dit* (Acad.).

rebouteur - rebouteux. — Ces deux mots sont synonymes, mais le second est du langage populaire : *Les rebouteurs s'entendent très bien à remettre en place les membres démis. La Marie eut recours au rebouteux. Le major ne pouvait pas dire un mot sans être accusé d'en savoir moins long que le rebouteux des tribus* (R. Dorgelès, *la Caravane sans chameaux*, 262).

recaler, « refuser à un examen », est un terme d'argot scolaire qui ne s'emploie que dans le langage familier.

receler (sans accent) est l'orthographe de l'Académie (et non plus *recéler*) : *Je recèle, tu recèles, il recèle, nous recelons, vous recelez, ils recèlent. Je recelais, nous recelions. Je recèlerai, nous recèlerons,* etc.

— **Receleur** s'écrit également sans accent, mais **recèlement** prend un accent grave : *Le recèlement et le larcin sont également punissables* (Acad.).

recevoir. V. REÇU.

réchapper. V. ÉCHAPPER.

réciproque signifiant « qui a lieu entre deux personnes, deux objets agissant l'un sur l'autre », on ne dira pas *réciproque de part et d'autre,* ce qui serait un pléonasme.

— **Réciproque - mutuel.** Voir MUTUEL.

réciproquement. Voir MUTUELLEMENT.

récital fait au pluriel *récitals*.

récitation désigne l'action de réciter : *La récitation des leçons* (Lar. du XXᵉ s.).

On appelle aussi *récitation* le morceau de prose ou de poésie qu'on apprend par cœur : *Savoir sa récitation.* L'Académie ne donne toutefois pas ce sens, qui est critiqué par certains, mais dont l'emploi est courant. En tout cas, on dira *Réciter sa poésie, sa fable,* etc. (et non *Réciter sa récitation*).

reclure. V. EXCLURE.

reclus fait au féminin *recluse* (et non plus *reclue*).

V. aussi EXCLU.

— Le dérivé **réclusion** s'écrit avec un accent aigu.

V. aussi ACCENTS.

recoin. — La forme *racoin* est un barbarisme qui appartient au langage populaire.

recommandation. — On écrit : *Une lettre, des lettres de recommandation. Il m'a accordé cette faveur à votre recommandation* (Acad.) [ou *sur, d'après*].

reconnaissant se construit avec **de** en parlant des choses : *Être reconnaissant d'un service rendu* (Lar. du XXᵉ s.).

En parlant des personnes, il se construit avec **envers** : *Reconnaissant envers ses bienfaiteurs* (Littré). *Un enfant reconnaissant envers ses parents. Je suis reconnaissant envers lui* (et non *Je lui suis reconnaissant*). Mais on dira : *Être reconnaissant à quelqu'un de quelque chose* (Hanse). *Je lui suis reconnaissant de m'avoir éclairé sur ce sujet. Je vous suis reconnaissant de m'avoir accueilli* (mieux que *de ce que vous m'avez accueilli*).

reconquérir se conjugue comme *acquérir* (v. ce mot).

reconsidérer, « examiner de nouveau », est un terme de journalisme qui est aujourd'hui entré dans l'usage : *Reconsidérer une question. Reconsidérer la politique du gouvernement.*

record, employé adjectivement, s'accorde au pluriel : *Des temps records.*

recouvert - recouvré. V. RECOUVRER.

recouvrable. — Le dérivé **irrécouvrable** s'écrit avec un accent aigu.

V. aussi ACCENT.

recouvrer - retrouver. — On ne confond plus guère aujourd'hui *recouvrer* et **recouvrir** (*N'y en a-t-il pas eu qui, pour être tombés en cœur de l'hiver dans une rivière, ont recouvert la santé* [Malherbe, *Traité des bienfaits de Sénèque*, VI, 8; cité par Littré]). En revanche, il n'est pas rare de voir *retrouver* employé au lieu et place de

recouvrer, par double attraction de son et de graphie : *Les Américains, au contraire,* [...] *désirent voir notre pays retrouver la plénitude de ses moyens d'action* (le *Figaro,* 28-XII-1944). *Lorsque les gangsters retrouvent la liberté, ça augmente nos chances* (*Ce soir,* 18-19-X-1949). *La victime désignée retrouvait sa liberté et touchait de ses camarades une substantielle indemnité* (*France-Soir,* 28-X-1950).

Recouvrer, c'est « rentrer en possession » (tiré du lat. *recuperare,* qui a d'ailleurs donné le doublet de formation savante *récupérer*) : *Il a recouvré le portefeuille qui lui avait été volé* (mais *Il a retrouvé le portefeuille qu'il avait égaré*). *Oui, mon père, j'ai recouvré la parole* (Molière, *le Médecin malgré lui,* III, VI). *Il cherche à recouvrer son bien* (Acad.). *Recouvrer l'amitié, les bonnes grâces de quelqu'un* (Id.). *Recouvrer la santé* (Lar. du XXᵉ s.). *Recouvrer l'estime publique* (Bescherelle). *Je vis un homme qui avait recouvré la raison, et qui en était au désespoir* (Id.; d'après V. Cherbuliez).

C'est aussi « recevoir le paiement d'une somme due, et spécialement des impôts » : *Recouvrer des créances. Les percepteurs recouvrent les contributions.* (Dans ce sens, la confusion n'est guère possible.)

Retrouver ne se rencontre que rarement au sens de *recouvrer.* La confusion est à sens unique. Il signifie « trouver de nouveau, ravoir ce qui a été égaré, oublié, etc. » (Lar. du XXᵉ s.) : *Retrouver ses clefs. Retrouver son chemin* (Acad.). *Il recouvra la raison quand on eut retrouvé sa femme.*

recroître se conjugue comme *croître* (ou *accroître*). Le participe passé masculin singulier et l'adjectif **recrû** s'écrivent avec un accent circonflexe, qui disparaît au féminin et au pluriel : *Sainfoin qui a recrû. Herbe recrue. Foins recrus.*

V. aussi RECRU.

recru, « las, rendu, épuisé », est tiré de l'ancien verbe *se recroire,* se rendre à merci, lâcher prise. Il s'écrit sans accent circonflexe : *Un cheval recru* (Lar. du XXᵉ s.). *Être recru de fatigue* (Acad.) [pléonasme admis]. *Et soudain,* *peut-être parce qu'ils étaient tous recrus de bruits...* (G. Duhamel, *Souvenirs de la vie du paradis*, 116).

recrû. V. RECROÎTRE.

recrue, « soldat de la nouvelle levée », est du *féminin* : *Les recrues sont arrivées. Une jeune recrue. Nos recrues se sont comportées dans cette affaire comme de vieux soldats* (Acad.).

rectum - anus. — *Rectum* et *anus* ne sont pas synonymes, quoique d'aucuns emploient indifféremment ces deux termes, en se figurant toutefois que le premier est plus savant (et plus décent) que le second : *Le dimanche, le Lager-Führer organisait des inspections de propreté corporelle qui allaient régulièrement jusqu'à faire courber en deux les hommes nus, coudes aux genoux et jambes écartées, de manière à leur examiner le rectum* (exemple tiré d'un écrivain contemporain, prix Goncourt).

Le **rectum** est la portion terminale du gros intestin. Il porte ce nom latin (qui signifie « droit ») parce qu'il correspond à la partie la moins flexueuse de ce viscère : *Les vaisseaux du rectum s'appellent « vaisseaux hémorroïdaux ».*

L'**anus** (mot latin qui signifie « anneau ») est l'orifice du rectum : *On introduit par l'anus un suppositoire dans le rectum. Le rectum aboutit à l'anus.*

reçu, employé sans auxiliaire et placé devant l'énoncé d'une somme, est considéré comme une préposition et reste *invariable* : *Reçu dix mille francs.*

Il est *variable* s'il suit l'énoncé de la somme : *Mille francs reçus en acompte.*

récurer. V. CURER.

redevoir. — Le participe passé masculin singulier **redû** (comme *dû*) s'écrit avec un accent circonflexe (mais au féminin et au pluriel on écrit *redue, redus*).

redire se conjugue comme *dire*, à l'inverse des autres composés, qui se conjuguent sur *médire* (v. ce mot).

— **Trouver à redire,** « reprendre, blâmer, censurer », se dit plus ordinairement que *trouver à dire* : *Je n'ai rien trouvé à redire à cet ouvrage* (Acad.). *Les difficiles trouvent à redire à tout* (Lar. du XXᵉ s.). *Trouver à redire à un*

compte, à un calcul (Id.). Et au sens de « regretter l'absence de » : *Je vous ai trouvée bien à redire depuis quinze jours* (Bussy-Rabutin, lettre à Mᵐᵉ de Sévigné, 1-IX-1677 ; cité par Littré) ; ce sens a vieilli, et l'on dit plutôt **trouver à dire** : *Mon pauvre Joset, qui va trouver sa mère et votre maison bien à dire* (G. Sand, *les Maîtres sonneurs*, 16).

redû. V. REDEVOIR.

réensemencer est d'usage plus courant que **rensemencer,** qui est toutefois correct : *Réensemencer une pièce de terre* (Lar. du XXᵉ s.). Il en est de même pour **réensemencement.**

L'Académie ne donne ni l'un ni l'autre de ces mots.

référence. — On écrit : *Un ouvrage de référence* (auquel on se réfère). *Employé qui a d'excellentes références* (Lar. du XXᵉ s.). *Il se présente avec les meilleures références* (Acad.). *Prendre des références sur quelqu'un.*

référendum est un mot latin que l'usage a francisé par l'orthographe et le pluriel (des *référendums*), mais dont les deux dernières syllabes se prononcent *-rin-dom'*. (L'Académie l'écrit sans accents.)

V. aussi LATINS (Mots).

référer. — On écrit : *Référer à quelqu'un tout l'honneur d'une affaire* (Lar. du XXᵉ s.). *En référer à une assemblée, au président, au patron* (Id.). *Se référer à l'avis de quelqu'un, se référer à quelqu'un, se référer à ce qu'il dit* (Acad.). *Je m'en réfère à l'événement pour justifier mes conseils, ma prédiction* (Id.).

réflexe se prononce *ré-* et s'écrit d'ailleurs avec un accent aigu (et non *reflexe*) : *Avoir de bons réflexes. Phénomène réflexe.*

réflexion. — On écrit *Toute réflexion faite* (au singulier).

reflux. V. FLUX.

refréner, quoique de la famille de *frein*, avec le préfixe *re-*, s'écrit avec un *é* (et non *refreiner* ou *réfreiner*).

V. aussi FREINER.

refroidir. V. FROIDIR.

refuser. — **Refuser à - refuser de.** Au sens de « ne pas consentir », *refuser* se construit avec *de* : *Refuser de travailler. Refuser de jouer, de partir* (Lar. du XXᵉ s.). *Il a refusé de me prêter* de l'argent (Acad.). *Refuser de manger, de boire.* (*Refuser à manger, à boire* signifierait « ne pas vouloir donner à manger, à boire, à celui qui le demande ».)

Mais **se refuser,** employé également au sens de « ne pas consentir », se construit avec **à** : *Se refuser à sortir. Ils se sont refusés à manger. Ma plume se refuse à écrire de telles horreurs* (Lar. du XXᵉ s.). *Il est impossible de se refuser à la force de ses raisons* (Acad.).

régal fait au pluriel *régals*.

regarder. — On écrit : *Ne pas regarder à la dépense* (« ne pas tenir compte de »). *Il n'y regarde pas de si près. Il regarde de près à tout ce qu'on fait* (Lar. du XXᵉ s.) [« il donne une attention minutieuse à »]. *Regardez de près toutes vos démarches* (Id.). *Il se regarde comme réservé à de hautes destinées* (Acad.). *Cette femme passe des jours entiers à se regarder dans son miroir, ou simplement à se regarder* (Id.).

— Les expressions *Ça ne lui regarde pas* (pour *Ça ne le regarde pas*) et *Regardez voir* sont populaires.

V. aussi VOIR.

région. — « En » devant les noms de régions. V. EN.

régisseur n'a pas de correspondant féminin : *Elle devint régisseur de la propriété pendant la guerre.*

registre s'écrit sans accent aigu (et non *régistre*), de même qu'**enregistrer** et **enregistrement.**

— **Inscrire dans** ou **sur un registre.** On dit *inscrire, lire,* etc., *sur* ou *dans un registre,* mais *sur* paraît être plus courant : *Écrire quelque chose sur un registre* (Littré). *Coucher quelqu'un, quelque chose sur son registre* (Lar. du XXᵉ s.). *Être sur le registre, être inscrit sur le registre de quelqu'un* (Id.). *Mettre, coucher sur le registre* (Acad.). *Nous inscrivons volontiers notre signature sur les registres des hôtels où nous passons* (E. Henriot, *le Diable à l'hôtel,* I ; cité par Grevisse). *Votre nom, je l'ai lu dans les registres de ma paroisse* (J. Green, *Mont-Cinere,* XIX ; id.)

règle et **règlement** s'écrivent avec un accent grave, mais tous les autres dérivés (*réglementaire, réglementation, réglette,* etc.) prennent un accent aigu.

réglisse est du féminin : *Mettre de la réglisse dans une tisane* (Acad.).

régner. — Le participe passé **régné** doit rester invariable dans une phrase comme *Les dix ans que ce roi a régné.* (*Régner* est un verbe intransitif et *que* équivaut à « pendant lesquels ».)

régnicole, « qui habite le pays où il est né, auquel il appartient comme citoyen », se prononce *rég-ni-*.

regret. — On dit : *La perte de cet ami m'a causé un grand regret, m'a laissé un grand regret, de grands regrets, de vifs regrets* (Acad.). *Avoir regret d'une chose* (et non *du regret*). *J'ai regret de n'avoir pas acheté ce domaine, cette maison* (Acad.). *J'ai regret que vous n'ayez pas entendu ce sermon, ce discours* (Id.). *Nous sommes au regret de...* (et non *aux regrets*).

régule est du *masculin* : *Du régule d'antimoine.*

reine-claude s'écrit avec un trait d'union et une minuscule à *claude,* et fait au pluriel *reines-claudes* (Acad.).

reine-marguerite s'écrit avec un trait d'union et fait au pluriel *reines-marguerites.*

reinette, pomme, est une autre forme de *rainette,* grenouille (cette sorte de pomme a la peau tachetée comme celle d'une grenouille). On dit : *Une reinette. Une pomme de reinette* (et non *Une pomme reinette* [Hanse]). *Des pommes de reinette.*

reître s'écrit avec un accent circonflexe sur l'*i* : *Un régiment de reîtres* (Acad.).

réjouir. — *Se réjouir.* On dit : *Se réjouir de ce que la paix est conclue* (Lar. du XXᵉ s.). *Je me réjouis que vous soyez là, de ce que vous êtes là* (parfois *de ce que vous soyez là*) [Hanse].

relâche est *masculin* ou *féminin* selon le sens, mais on est plus souvent tenté de le faire (à tort) féminin. Ainsi Huysmans (*En ménage,* 62) : *... Ces gens qui, voyant tout à coup sur l'affiche du théâtre où ils allaient acheter du rire, l'annonce lamentable d'une relâche, contemplent désespérément les portes.*

Relâche est **féminin** en termes de marine, quand il signifie « action de relâcher, de séjourner sur un point quelconque d'une côte » : *Faire relâche* *à Tahiti. Brûler une relâche* (Lar. du XXᵉ s.). *Une bonne relâche* (Acad.).

Il est **masculin** quand on l'emploie pour désigner une « interruption dans un travail, dans un exercice », et particulièrement la suspension momentanée de représentations théâtrales : *Travailler sans relâche, sans aucun relâche. Les relâches sont fréquents à ce théâtre* (Acad.).

— Ne pas confondre avec **relâchement**, qui se dit, au propre, de l'état d'une chose qui devient moins tendue, ou de la disposition d'une chose à se détendre plus ou moins (*Le relâchement des cordes d'un piano*), et, au figuré, d'un ralentissement du zèle, de l'ardeur, etc. : *Il y a du relâchement dans ce travail.*

relais s'écrit avec un *s* (quoique dérivé de *relayer* et non de *relaisser*) [mais *délai* ne prend pas d'*s*].

relation. — On écrit : *Etre en relation* (au singulier) *avec quelqu'un* (Acad., Lar. du XXᵉ s.). *Ce n'est pas un ami, c'est une relation* (Acad.). *Avoir des relations avec quelqu'un. Il a obtenu cet emploi par relations* (Acad.).

relaxer - relâcher. — Au sens de « remettre en liberté », on dit aussi bien **relaxer** (lat. *relaxare*; préf. *re-* et lat. *laxare*, lâcher) que **relâcher** : *Relaxer un prisonnier* (Lar. du XXᵉ s.). *Relâcher un prisonnier* (Id.). *Faute de preuves, on a dû le relâcher* (Acad.).

Le nom **relaxe** est du *féminin*.

Relaxer et *relâcher* ont donné **relaxation** et **relâchement**, mais *relaxation* ne s'emploie guère qu'au sens de « libération d'un prisonnier », ou pour indiquer l'état de distension de certains muscles (*muscles relaxés*) : *Relaxation d'un prisonnier* (Lar. du XXᵉ s.). *Relaxation des muscles* (Id., Acad.). *Se tenir dans un état de relaxation complète.* Aux autres sens, on emploie *relâchement* : *Le relâchement des cordes d'un violon* (Lar. du XXᵉ s.). *Le relâchement de la discipline* (Id.). *Le relâchement du ventre* (Acad.).

Se relaxer (« se détendre ») est du style familier.

relayer (se). — Quoique *se relayer* signifie « se remplacer mutuellement », l'Académie admet *se relayer l'un*

l'autre : Il avait tant d'ouvriers qu'ils se relayaient l'un l'autre (Acad.). Mais *se relayer tour à tour* est considéré comme un pléonasme.

relevailles ne s'emploie pas au singulier : *Un repas de relevailles* (Lar. du XXᵉ s.).

relever. — On dit *Relever d'une maladie* (et non *Se relever d'une maladie*). Par conséquent, il faut dire : *Il n'en relèvera pas* (et non *Il ne s'en relèvera pas*, qui est incorrect). *Je ne crois pas qu'il en relève* (et non *qu'il s'en relève*). *On n'espère pas qu'il en relève* (Acad.).

relief. — On écrit, avec trait d'union : *Un haut-relief, un bas-relief* (pluriel *hauts-reliefs*).

En haut relief, en bas relief ne prennent pas de trait d'union : *Des figures en haut relief, en bas relief.*

Cette règle vaut également pour *ronde-bosse* et *trompe-l'œil* (mais *taille-douce* prend toujours un trait d'union) : *Une ronde-bosse, un trompe-l'œil*, mais : *Une sculpture en ronde bosse, une peinture en trompe l'œil.*

V. aussi HORS-TEXTE.

religieux et **religion** s'écrivent sans accent, mais **irréligieux** et **irréligion** en prennent un.

V. aussi ACCENTS.

remailler - remmailler. — **Remailler** (avec un seul *m*) paraît aujourd'hui réservé au sens de « reprendre, raccommoder des mailles » (déjà cité avec cette orthographe dans Godefroy, d'après Oudin, 1660 : *Remailler un haubert*) : *Remailler des bas.* (En termes de pêche, on dit *ramender : Ramender un filet.*)

Remmailler (avec deux *m*), c'est surtout, en termes de métier, coudre ensemble les pièces d'un tissu à mailles, les tresses de paille (fabriques de chapeaux) : *Remmailler les manches d'un gilet.* (Il se prononce *ran-ma*.)

remaniement s'écrit avec un *e* intercalaire.

remarquer. — On dit *Il m'a fait remarquer que...* (et non *Il m'a remarqué que...*, qui est du langage populaire).

remède. — Le dérivé **irrémédiable** s'écrit avec deux accents aigus (et non *irremédiable*).

V. aussi ACCENTS.

remédier se construit toujours avec **à** : *Avec un bon régime, on remédie à la plupart des incommodités* (Acad.). *La sagesse remédie aux troubles de l'âme* (Id.).

remerciement s'écrit avec un *e* intercalaire (et non plus *remercîment*) : *Une lettre de remerciement* (Acad.).

V. aussi REMERCIER.

remercier se construit régulièrement avec **de** : *Je vous remercie de la bonté que vous avez eue* (Acad.). *Je vous remercie de vos conseils* (Id.). *Il nous a remerciés de nos offres de service* (Littré).

Cependant, certains écrivains emploient la préposition **pour**, ce qui paraît être un tour populaire récemment entré dans l'usage : *Dingley remercie le jeune homme pour son hospitalité* (J. et J. Tharaud, *Dingley, l'illustre écrivain*, 141). *Remercier pour*, toutefois, ne saurait s'accompagner d'un refus ; on dira *Je vous remercie de vos recommandations, malheureusement inutiles* (et non *pour*).

Si le complément est un infinitif, *remercier* sera obligatoirement construit avec **de** : *Je vous remercie de m'avoir attendu. Comment vous remercier d'être venue !*

La construction sans préposition, rare, n'est pas à conseiller : *Les garçons remercient le pourboire avec le souhait d'un bon mois d'août* (E. et J. de Goncourt, *Madame Gervaisais*, 62).

NOTA. — Cette règle est également valable pour *merci* (*de* ou *pour*), *remerciements* (*de* ou *pour*) : *Merci de votre généreux accueil. Merci pour ta visite. Tous mes remerciements pour ton amabilité. Mille remerciements de toutes vos bontés. Je vous fais mes remerciements de ce que vous nous avez accordé cela* (Acad.).

remettre. — On dit : *Rendre la monnaie* (et non *Remettre...*). *Il m'a rendu 20 francs sur 100 francs* (et non *remis*). *Après une longue convalescence, le voilà tout à fait remis* (guéri) [Acad.]. *Le temps se remet.*

Au sens de « reconnaître », on emploie **remettre** et **se remettre** : *Je vous remets parfaitement* (Lar. du XXᵉ s.). *J'ai peine à vous remettre* (Acad.). *Je me remets fort bien cette personne* (Id.).

— **S'en remettre à**, c'est s'en rapporter à : *Il s'en est remis à lui du soin de tous ces détails* (Acad.). *Je m'en remettrai à qui vous voudrez* (Id.). La construction *Se remettre à quelqu'un*, pour *s'en remettre à quelqu'un* [sous-entendu *d'une chose*], est plus rare : *Beaucoup d'écrivains [...] se remettent tout entiers à la fortune et se donneront la valeur qu'elle voudra bien leur conférer* (P. Valéry, *Tel quel*, II, 59).

— V. aussi RESTITUER.

remmailloter se prononce *ran-ma-* et s'écrit avec un seul *t*, comme *emmailloter*.

V. aussi -OTER.

remonter. — Même auxiliaire que pour *monter* (v. ce mot).

— On dit, au sens figuré : *Remonter à la cause, à l'origine, au principe, à la source*, et aussi *Remonter au déluge*, mais Hanse condamne *Remonter à la base*, « car *base* évoque l'idée de ce qui est plus bas, même au sens figuré de « principe, donnée fondamentale d'une chose, ce sur quoi elle repose ».

— Par opposition à *remonter* (idée d'effort), on dit *descendre* (et non *redescendre*) : *Un point important est celui de savoir s'il faut pêcher en remontant ou en descendant le courant* (J. Nadaud, *la Pêche*, 288).

remords s'écrit avec un *s* final.

remplir - emplir. — Si *entrer* et *rentrer* sont encore restés bien distincts (V. ENTRER), **emplir**, quoique toujours vivant, s'efface de plus en plus devant **remplir**, qui s'emploie aujourd'hui à tous les sens du verbe simple. On dit aussi bien (et même plus fréquemment) *remplir un verre* qu'*emplir un verre* (d'où la nécessité de préciser quand il s'agit d'un acte itératif) : *Elle ne se redressait que pour remplir son verre* (Fr. Mauriac, *le Sagouin*, 58).

Cependant, *remplir* signifie plus ordinairement « emplir entièrement, rendre plein, combler » : *La bouteille est à moitié ; il faut la remplir ou la vider*

(Acad.). *Le réservoir est rempli d'eau en ce moment* (Id.). *Remplir un fossé, un vide, une fente* (Lar. du XXᵉ s.). Mais on dira *Un verre empli à moitié.*

Au sens figuré, on dit toujours *remplir* (« exécuter, accomplir, effectuer ») : *Remplir un devoir, sa promesse, ses obligations.*

— **Remplir un but.** V. BUT.

remploi, remployer sont des formes admises par l'Académie, à côté de *réemploi, réemployer,* qui ne sont plus guère en usage.

remporter, outre le sens de « rapporter d'un lieu ce qu'on y avait apporté », signifie, au figuré, « gagner, obtenir » : *Remporter le prix de poésie* (Acad.). *La victoire a été remportée* (et non *emportée*) *de justesse.*

remue-ménage est *invariable.*

rémunérer. — Se garder d'écrire *rénumérer* (ou *rénumérateur*), faute fréquente amenée par l'influence de *numéraire.* En réalité, *rémunérer* vient du latin *remunerare*; préf. *re-* et *munus, muneris,* don, présent.

renâcler s'écrit avec un accent circonflexe sur l'*a.*

renaître se conjugue comme *naître* (v. ce mot). Toutefois, il n'a pas de participe passé, ni, par conséquent, de temps composés.

rendre. — **Se rendre compte de** et **que.** V. COMPTE.

— **C'est un prêté pour un rendu.** V. PRÊTÉ.

— V. aussi RESTITUER et REMETTRE.

rêne. V. GUIDE.

renfermer n'a pas seulement le sens d' « enfermer de nouveau » (*Renfermer un prisonnier qui s'était échappé*) ; il signifie aussi « tenir étroitement enfermée une personne ou une chose » : *Renfermer un fou. Renfermer du linge, des bijoux* (Lar. du XXᵉ s.). Et au figuré : *Il s'est renfermé dans son mutisme* (Acad.).

renforcir, pour « rendre plus fort », est du langage populaire. On doit dire **renforcer** : *Cette poutre a été renforcée sur toute sa longueur.*

Renforcir est intransitivement pour « devenir plus fort » : *L'enfant renforcit vite* (Lar. du XXᵉ s.). *M. de*

Serpigny trouva le jeune garçon assez grandi et renforci (H. de Régnier, *le Mariage de minuit,* 58). **Enforcir** et **s'enforcir,** dans le même sens, sont moins employés : *Le grand air a fait du bien à cet enfant, il a beaucoup enforci* (Acad.).

rengainer, comme *gainer* et *gaine,* n'a pas d'accent circonflexe sur l'*i.*

On dit familièrement : *Rengainer un compliment, des excuses* (Acad.).

reniement s'écrit avec un *e* intercalaire (et non plus *renîment*).

renommer. — **Renommé par** ou **pour.** Au sens de « ayant de la réputation ou du renom », *renommé* se construit indifféremment avec *par* ou avec *pour* : *Il était renommé par sa sainteté* (Acad.), *par son génie. Cette ville est renommée par ses fabriques de tapis* (Littré). *C'est une région renommée pour ses bons vins* (Acad.).

renoncement - renonciation. — Ces deux mots sont synonymes, mais le premier, **renoncement,** ne s'emploie qu'au point de vue moral et appartient surtout au langage mystique (*Renoncement aux honneurs, au monde. Il vit dans un entier renoncement des choses de ce monde* [Acad.]), alors que le second, **renonciation,** un terme de droit ou d'affaires, de langage courant, qui ne s'emploie qu'au point de vue matériel : *Renonciation par écrit* (Lar. du XXᵉ s.). *Sa renonciation n'est pas en bonne forme* (Acad.).

renoncer s'emploie *intransitivement* au sens de « se désister de quelque chose, quitter, abandonner la possession », etc. : *Renoncer à une succession, aux honneurs* (Lar. du XXᵉ s.). *Renoncer au monde, à un projet.* Absolument : *Il ne faut jamais renoncer tant qu'on peut aller* (Lar. du XXᵉ s.).

Il est *transitif* au sens de « renier, désavouer » : *Renoncer quelqu'un pour son parent, pour son ami* (Lar. du XXᵉ s.). *Avant que le coq chante, tu me renonceras trois fois* (Acad.). *Renoncer la foi.*

— On rencontre parfois **renoncer à ce que** (*On dut renoncer à ce qu'il vienne montrer ses talents*), mais ce tour, qui manque d'élégance, n'est pas à conseiller.

renseigner se construit avec **sur** : *Renseigner quelqu'un sur quelque chose.*

Hanse condamne avec raison le tour suivant : *Les documents ne peuvent nous renseigner s'il a eu gain de cause.* On dira : *...ne peuvent nous renseigner sur l'issue de ses démarches, ne nous permettent pas de savoir s'il a eu gain de cause.*

rente. — On écrit : *Il vit de ses rentes,* mais *Il a 30 000 francs de rente* (Acad.).

rentrer. — **Entrer - rentrer.** Voir ENTRER.

renverser. — On dit aussi bien *renverser* pour le contenant que pour le contenu (Hanse) : *Renverser son assiette. En renversant son verre, il a répandu le vin sur la nappe. Renverser sa soupe. Renverser son café dans sa soucoupe* (Acad.).

Au sens de « stupéfier », *renverser* (ou *renversant*) est du langage familier : *Cette nouvelle m'a renversé* (Lar. du XX° s.). *C'est une nouvelle renversante que vous m'apprenez là.*

Intransitivement : *Voiture qui renverse ou qui verse, a renversé, a versé.*

— **Se renverser,** c'est se mettre à la renverse. On peut donc dire, d'après l'Académie : *Se renverser en arrière, se renverser sur le dos,* ou simplement *se renverser* (pour « se mettre, se coucher sur le dos »)

repaire - repère. — Ces deux homonymes sont parfois confondus.

Le **repaire** (de l'ancien français *repairer,* revenir chez soi) désigna d'abord le lieu où l'on se retirait ; aujourd'hui, c'est la retraite des bêtes sauvages ou des malfaiteurs : *Le renard rentra dans son repaire. Cette auberge est un repaire de brigands* (Acad.).

Un **repère** (tiré faussement du latin *reperire,* retrouver) est une marque qui permet de reconnaître, de retrouver quelque chose : *Un point de repère. Repère de position. Prendre un clocher pour repère.* (Les repères marins sont appelés *amers.*)

repaître se conjugue comme *paître* (v. ce mot), mais il a, en plus, le passé simple (*je repus, nous repûmes*), l'imparfait du subjonctif (*que je repusse, que nous repussions*) et le participe passé (*repu, repue*), donc les temps composés.

Le sens intransitif est peu courant (« manger ») : *Ne pas se donner le temps de repaître* (Lar. du XX° s.). *Ce cheval a fait dix lieues sans repaître* (Nouv. Lar. univ.). On emploie plutôt le sens transitif (*Il fait repaître ses animaux. Repaître quelqu'un d'espérances*) et surtout le verbe pronominal **se repaître** (au propre et au figuré) : *Se repaître de viande. Il s'est repu de vent, de chimères.*

repartie. V. RÉPARTIR.

repartir a deux sens bien distincts :

1° Celui de « partir de nouveau ». Il se conjugue alors comme *partir* et prend l'auxiliaire **être** : *Il était venu pour affaire, mais il est reparti ce matin* (Acad.) ;

2° Celui de « répondre vivement, sur-le-champ ». Il se conjugue également comme *partir,* mais prend l'auxiliaire **avoir** : *Il ne lui a reparti que des impertinences* (Acad.). *Il n'a reparti que des impertinences* (Lar. du XX° s.).

A noter, pour ce dernier sens, que *repartir* s'écrit sans accent, de même que le nom correspondant, **repartie** : *Qu'avez-vous à me repartir? Avoir la repartie prompte.*

V. aussi RÉPARTIR et DÉPARTIR.

répartir (avec un accent) est composé du préfixe *ré-* et de *partir* au sens de « partager », dont il a la signification. Il se conjugue comme *finir* (*je répartis, nous répartissons ; j'ai réparti,* etc.). *Nous dûmes répartir cette somme entre nos camarades moins favorisés. Répartir les impôts* (Lar. du XX° s.).

Ne pas confondre avec **repartir** (sans accent), qui se conjugue comme *partir* et signifie « répondre vivement ».

V. aussi REPARTIR.

repentir (se) se conjugue comme *mentir* (*je me repens, il se repent* [et non *repend*], *ils se repentent ; se repentant*) : *Il s'en repentira.*

On fait parfois l'ellipse du pronom réfléchi : *Faire repentir quelqu'un de sa grossièreté* (Lar. du XX° s.). *Je l'en ferai repentir* (Littré).

Le participe passé **repenti** est variable et s'accorde toujours avec le pronom qui précède immédiatement l'auxiliaire : *Ils se sont repentis de cette action.*

repère - repaire. V. REPAIRE.

répéter, c'est redire ce qu'on a déjà dit soi-même. *Répéter deux fois la même chose* est donc un pléonasme, mais on peut très bien dire *Répéter dix fois la même chose* (Acad.).

replet. — Le dérivé **réplétion** s'écrit avec deux accents aigus (et non *replé-tion*).

V. aussi ACCENTS.

répondre. — **Répondre de,** c'est être garant de quelqu'un ou de quelque chose qui a été commis à notre garde et que nous sommes tenus de représenter : *Répondre d'un enfant, d'une lettre, d'un malade* (Lar. du XXᵉ s.). *Répondre de quelqu'un, de son obéissance, de ses sentiments* (Id.).

— **Répondre pour,** c'est s'engager pour quelqu'un, en être la caution en justice : *Répondre pour un ami, un serviteur* (Lar. du XXᵉ s.).

— Transitivement, on dit : *Répondre une requête, une pétition.* Et aussi : *Répondre la messe.*

Répondre une lettre ne se dit plus. On dira : *Répondre à une lettre. A combien de lettres avez-vous répondu?*

représaille se rencontre au singulier (*En représaille de sa jeunesse* [Balzac, les *Paysans,* 123]. *Attendez-vous à la représaille* [Acad.]), mais aujourd'hui s'emploie surtout au pluriel : *User de représailles* (Acad.). *Par représailles* (Littré).

reprise. — *A plusieurs reprises, à différentes reprises, à deux, à trois... reprises* sont des expressions correctes. Mais le tour *à deux, trois... (à plusieurs) reprises différentes* est critiqué. Et pourtant, si ces reprises ne sont pas seulement la répétition de la première action, mais des actions différentes de la première pour atteindre à un même but, l'expression est valable : *Il lui a planté à deux reprises son couteau dans la poitrine. Après trois reprises différentes, il dut abandonner devant la vanité de ses efforts. Il sonna à plusieurs reprises sans obtenir de réponse. Après des reprises différentes, il réussit à attirer l'attention sur lui.*

république, désignant la forme de gouvernement, s'écrit, tout comme *monarchie,* avec une minuscule : *Une république fédérale. Etre en république.*

Se sacrifier, se dévouer pour la république (Acad.). *A la monarchie, il préférait la république.*

— On écrit : *La République française. La République populaire de Yougoslavie. La république de Venise. La IIIᵉ République.* Mais : *La république Argentine, la république Dominicaine* (parce qu'on dit *l'Argentine, la Dominicaine*), *la république Parthénopéenne.*

V. aussi EMPIRE.

répulsion se construit généralement avec **pour** : *Eprouver un sentiment de répulsion pour quelqu'un* (Lar. du XXᵉ s.).

On peut aussi employer **contre,** comme avec *aversion* (v. ce mot).

requérir se conjugue comme *acquérir* (v. ce mot).

Acquérir, conquérir, enquérir, requérir font leur passé simple en *-quis, -quirent* (et non en *-quéris, -quérirent*). Huysmans (*A rebours,* 93) a eu tort d'écrire : *D'un commun accord ils requérirent la séparation de corps.*

requiem (mot latin qui est l'accusatif de *requies,* repos) est **invariable** et se prononce *ré-kui-yèm* : *Chanter des requiem* (Acad.)

réservation, au sens d' « action de retenir une place dans un avion, un bateau, un hôtel, etc. », a été introduit en France par les touristes de langue anglaise. Francisé par l'adjonction d'un accent, il représente l'anglais *reservation,* qui signifie « location » (*to reserve* et *to book* sont synonymes : « retenir [sa place] »).

Ce mot, qui est entré dans l'usage, paraît vouloir concurrencer, en plus « chic », le *location* français, avec lequel il fait double emploi.

Dans un train, un compartiment peut être *réservé* pour la poste, mais une place est *louée* si elle a été *retenue* (et non *réservée*) par *location.*

A noter, toutefois, que les bureaux de réservation des compagnies aériennes sont chargés de retenir les places dans la limite des disponibilités, mais ne délivrent pas les billets. Par là, ils diffèrent des bureaux de location, et cette nuance pourrait justifier une appellation particulière.

réserve. — On écrit : *Sans réserve* (Acad.). *Il a loué sa maison avec réserve, sous réserve de résilier en cas de vente* (Id.). *Sous toutes réserves* (Id.).

réserver. V. ACCUEIL.

résidant - résident. — **Résidant** (avec un *a*) ne s'emploie plus guère aujourd'hui qu'adjectivement (et comme participe présent) : *L'endroit où il est résidant, où elle est résidante* (Lar. du XXᵉ s.). *Membre résidant d'une société. Ministre résidant.* Et encore l'Académie signale-t-elle qu'on écrit aussi *résident* dans ce cas-là.

Résident (avec un *e*), employé substantivement, désigne, selon l'Académie, une « personne établie à demeure dans un pays étranger » : *Les résidents français au Canada, en Australie* (Acad.). En ce sens, on écrivait naguère *résidant*.

Un *résident* est aussi un « envoyé diplomatique ou militaire qui réside auprès d'un souverain » : *Il était alors résident général de France en Tunisie.*

résolument s'écrit sans accent circonflexe sur l'*u*.

V. aussi ADVERBE et CIRCONFLEXE (Accent).

résonance s'écrit avec un seul *n* (mais **résonner** et **résonnant** en prennent deux).

Il en est de même pour **assonance** (v. ce mot).

résoudre offre certaines difficultés de conjugaison que ne... résolvent pas toujours les auteurs, ainsi qu'en témoigne cet exemple : *Les fièvres du jeu* [...] *s'étaient ainsi résolvées* (A. Tudesq, *les Magots d'Occident*, 167).

— **Conjugaison** : *Je résous, tu résous, il résout* (avec un *t* et non un *d*), *nous résolvons, vous résolvez, ils résolvent. Je résolvais, nous résolvions. Je résolus, nous résolûmes. Je résoudrai, nous résoudrons. Je résoudrais, nous résoudrions. Résous, résolvons, résolvez. Que je résolve, que nous résolvions. Que je résolusse, qu'il résolût, que nous résolussions. Résolvant. Résolu et résous.*

A noter les deux formes du participe passé : **résolu, e,** forme ordinaire de la conjugaison (*Il a résolu de partir*), et **résous,** qui se dit d'une résolution chimique, de choses changées, conver-

ties en d'autres choses : *Le brouillard s'est finalement résous en pluie.* (Mais, naturellement, on écrira : *Le brouillard se résout en eau* [Acad.]. *Ce problème se résout en cinq minutes. Le feu résout le bois en cendres* [Lar. du XXᵉ s.]. *On résout cette équation en...* Il ne s'agit pas ici de participes passés.) Un féminin *résoute* (copié sur *dissoute*) a été préconisé par Littré : *Vapeur résoute en petites gouttes d'eau.*

— **Résoudre à** ou **de.** *Résoudre quelqu'un...* et *se résoudre* se construisent avec *à* : *On ne saurait le résoudre à faire cette démarche* (Acad.). *Je me résolus à plaider* (Id.).

Avec *résolu*, l'usage est pour la préposition *à* : *Il est résolu à attendre jusqu'à minuit s'il le faut. Je suis résolu à rester* (Acad.). On peut cependant employer *de* : *Il est résolu d'empêcher ce mariage* (Acad.).

— On dit **se résoudre à ce que** : *Il faut se résoudre à ce qu'il vienne* (subjonctif) *dîner ce soir.* Et aussi : *Je suis bien résolu à ce qu'on ne l'admette pas dans notre groupe* (Hanse).

— **Se résoudre de** est rare aujourd'hui : *Un architecte qui ne peut se résoudre d'employer le singulier « matériau »* (A. Hermant, *les Samedis de Monsieur Lancelot*, 80). On dit mieux *se résoudre à* : *Il se résolut à se montrer gentil* (G. de Maupassant, *Pierre et Jean*, 116).

respect se prononce *rès-pè* (*pèk* devant une voyelle ou un *h* muet) : *Respec[t] humain*).

— On dit : *Assurer quelqu'un de son respect, de ses respects. Rendre ses respects, présenter son respect, ses respects à quelqu'un* (Acad.). Et familièrement : *Sauf le respect que je vous dois, sauf votre respect, sauf respect,* ou *Avec le respect que je vous dois.*

respectable - respectueux. — **Respectable** a d'abord le sens de « qui mérite du respect » : *Cette personne est respectable par son âge et par ses vertus* (Acad.). *Un sentiment respectable.* Mais il se dit aussi, par extension, d'une chose qui a une « importance suffisante », et c'est ce sens qu'on trouve dans l'expression *distance respectable* (que l'on confond parfois avec *distance respectueuse*) : *Il y a une* *distance respectable entre Paris et Lyon. Mettre une distance respectable entre sa personne et ses ennemis. Un nombre respectable de convives* (Lar. du XXᵉ s.). *Une quantité respectable de gibier* (Id.).

Respectueux, en parlant des choses, signifie « qui marque du respect » : *Langage, ton respectueux* (Lar. du XXᵉ s.). En conséquence, *se tenir, s'asseoir, rester à une distance respectueuse,* c'est se tenir, s'asseoir, rester à une distance convenable, commandée par la situation, par les circonstances.

respectif est souvent employé indifféremment au singulier ou au pluriel, mais le pluriel paraît plus logique : *Les trois ministres autorisent leurs hauts-commissaires respectifs à poursuivre l'examen de ce problème. La position respective de deux planètes* (Lar. du XXᵉ s.). *Déterminer les positions respectives de deux astres* (Acad.). *Les positions respectives de deux astres* (Dict. gén.). *Les valeurs respectives de deux objets.*

respectueux - respectable. Voir RESPECTABLE.

ress-. — L'adjonction du préfixe *re-* à un verbe commençant par *s* n'a pas toujours pour conséquence le redoublement de cet *s*. Ainsi, on écrit *ressaisir* mais *resaler, ressemer* mais *resalir,* etc.

Les verbes suivants s'écrivent avec deux *s* : *ressaigner, ressaisir, ressangler, ressasser, ressauter, resseller, ressembler, ressemeler, ressemer, ressentir, resserrer, resservir, ressolliciter, ressonder, ressortir, ressouder, ressouffrir, ressouvenir, ressuer, ressuivre.*

La syllabe initiale de tous ces verbes se prononce *re.*

V. aussi RE-.

ressembler. — Le participe passé **ressemblé** est toujours *invariable* : *Elles se sont ressemblé longtemps.*

— **Se ressembler comme deux gouttes d'eau.** V. GOUTTE.

ressortir. — Il y a deux verbes *ressortir,* dont l'un au moins alimente la langue en barbarismes.

Le premier a le sens de « sortir de nouveau » ou d'« être plus frappant » ou de « résulter ». Il se conjugue comme *sortir* (auxiliaire **être** ou **avoir**) et se construit avec la préposition **de** :

Il est sorti ce matin et il est ressorti deux heures après (Acad.). *Cette broderie ressort bien sur ce fond gris* (Id.). *Il est ressorti de cette histoire que la malhonnêteté de cet homme ne fait plus de doute.*

Le second (de l'ancien français *sortir,* obtenir par le sort, en partage) signifie « être du ressort, de la compétence, de la dépendance de quelque juridiction ». Il se conjugue comme *finir,* prend l'auxiliaire **avoir** et se construit avec **à** (c'est une faute que d'employer *de*) : *Ces affaires ressortissent* (et non *ressortent*) *à une autre juridiction. Mon affaire ressortit au juge de paix, au tribunal de première instance* (Acad.). *Le Service des mines ressortit au ministère des Travaux publics* (Nouv. Lar. univ.). *Toutes celles* [de nos facultés] *qui ressortissent à l'instinct* (M. Maeterlinck, *Immortalité,* 296).

— On dira *Le bénéfice de cette transaction s'élève à 1 000 F* (et non *ressortit à 1 000 F*).

ressusciter, employé *transitivement,* se conjugue avec l'auxiliaire **avoir** : *Jésus, selon l'Evangile, a ressuscité Lazare* (Lar. du XXᵉ s.).

Pris *intransitivement,* il se conjugue avec **être** ou **avoir** selon qu'on veut marquer l'état ou l'action : *Ce malade est ressuscité. Lazare a ressuscité à la voix de Jésus* (Littré).

restant - reste. — Le **restant,** c'est ce qui reste d'un tout plus grand (il ne se dit que des choses matérielles) : *Je vous paierai le restant avec les intérêts* (Acad.). *Acheter des immeubles et placer en rentes viagères le restant de sa fortune* (Lar. du XXᵉ s). *Manger le restant d'un plat.*

On emploie aujourd'hui plus ordinairement **reste** à la place de *restant,* ce dernier ayant pris une allure quelque peu familière ou vieillotte.

reste (nom). — **Au reste - du reste.** Ces locutions sont synonymes (« au surplus, d'ailleurs, malgré cela »), avec toutefois une nuance qui n'est pas toujours respectée.

Au reste confirmerait plutôt ce qui précède : *C'est là ce qu'il y a de plus sage; au reste, c'est ce qu'il y a de plus juste* (Lar. du XXᵉ s.; d'après Marmontel).

Du reste annonce ce qui tranche avec ce qui précède : *Il est adroit, habile, ingénieux; du reste sans scrupules* (Lar. du XXᵉ s.). *Il est capricieux, du reste il est honnête homme* (Acad.).

En tête de proposition, on met généralement *au reste* : *Au reste, je vous dirai que...* (Acad.).

— **Le reste.** Avec *le reste* suivi d'un complément, l'accord du verbe est facultatif : *Le reste des naufragés a péri* ou *ont péri* (Littré). Toutefois, si après *le reste* le verbe *être* est suivi d'un nom pluriel, le verbe se met également au pluriel : *Sur ces cent soldats, vingt sont morts; le reste sont des éclopés,* ou *le reste, ce sont des éclopés.*

reste (du verbe *rester*). V. RESTER.

rester, au sens de « demeurer, habiter », est du langage familier. On dira *J'habite* ou *je demeure rue du Pré-aux-Clercs* (plutôt que *Je reste rue du Pré-aux-Clercs*).

— **Rester** s'emploie avec l'auxiliaire **être** ou **avoir** selon qu'on veut marquer l'état ou l'action (comme *aller*) : *Parti pour quelques jours seulement, mon oncle est resté à Paris* (il y est encore). *Mon oncle a resté huit jours à Paris avant de partir pour la montagne. Il a resté deux jours à Lyon* (Littré). *Je n'y ai resté que peu de jours* (Lar. du XXᵉ s.; d'après Abel Hermant).

Cette règle n'est pas toujours observée, et l'on emploie souvent l'auxiliaire être dans les deux cas : *Il est resté deux jours à Paris* (Dict. gén.). *On l'attendait à Paris, mais il est resté deux jours à Lyon* (Acad.).

— **Rester,** suivi d'un infinitif de but (*coucher, dîner, souper,* etc.), se construit normalement avec la préposition **à** : *Rester à coucher, à dîner, à souper,* etc. *Nous dûmes rester à souper. Rester à coucher dans ce village ne nous disait rien.* On rencontre toutefois dans ce cas *rester* sans préposition : *Elle resta soigner sa mère. Restez dîner avec nous. Il fit si bien, ce cœur pur, que Nestor resta déjeuner* (J. Cocteau, *le Grand Ecart*, 108; cité par Grevisse). *Elle* [la mère] *reste surveiller le port* (H. Quéffelec, *Tempête sur Douarnenez*, 37).

— **Rester court.** On *reste court* (invariable) devant quelqu'un (et non *à court*) quand on est *à court* d'arguments : *On l'accabla tellement de questions qu'il demeura court, qu'elle resta court* (Acad.).

— **Ce qui reste.** Après *ce qui reste* (ou *ce qu'il reste*), *tout ce qui reste,* le verbe se met au singulier : *Ce qui reste d'enfants est bien soigné. Tout ce qui restait d'habitants avait été massacré.*

— **Il reste.** On dit : *De 25, ôtez 10, il reste 15,* ou, aussi bien, *reste 15. Quatre ôté de sept, il reste trois, reste trois* (Acad.).

— Suivi d'un infinitif, **il reste,** impersonnel, se construit avec **à** (*de* est archaïque) : *Il restait à traiter des sujets divers.* Et, avec ellipse du pronom : *Restait à traiter... Reste à examiner tel article* (Acad.).

— **« Reste » en tête de la proposition.** *Reste,* placé au début d'une proposition, s'accorde généralement avec son sujet : *Restent les animaux à fourrure. Restent les films composés par des spécialistes modernes* (G. Duhamel, *Défense des lettres,* 43; cité par Grevisse).

restituer - remettre - rendre.

— On **restitue** ce dont on s'était emparé indûment : *Il a été condamné par arrêt à restituer cette somme et tous les intérêts* (Acad.).

On **remet** ce qu'on avait reçu en dépôt : *Je vous remets l'argent que vous m'aviez confié.*

On **rend** ce qu'on avait reçu en don, en cadeau, en prêt : *Rendre à quelqu'un l'argent qu'on lui avait emprunté* (Acad.).

résulter ne s'emploie qu'à l'infinitif et aux 3ᵉˢ personnes des autres temps : *Il en résulte de cet exposé... Il en résulte que... De tous ces débats, que peut-il résulter?* (Acad.) *Les faits qui résultent des informations* (Id.).

— **Résulter** se conjugue avec **avoir** ou **être** selon qu'on veut marquer l'action ou l'état : *Du mal en a résulté* (Littré). *Qu'a-t-il résulté de là?* (Acad.) *Il est résulté de la discussion que...* (Littré). *Qu'en est-il résulté?* (Acad.).

résumé. — **En résumé,** pour « en résumant, en récapitulant », est plus courant que la locution synonyme **au résumé** : *En résumé, j'ai plus à me louer de lui qu'à m'en plaindre* (Acad.).

retable, sans accent, est l'orthographe retenue par l'Académie : *Retable de marbre. Le retable de « l'Agneau mystique ».*

La graphie **rétable** (avec accent) a vieilli.

retarder. — On dit : *Retarder son départ. Retarder une pendule. Ma montre retarde,* ou, familièrement : *Je retarde.*

retenir, dans des expressions comme *retenir à déjeuner,* est entré dans la langue et a été admis par l'Académie : *Retenir quelqu'un pour une partie de plaisir. Je vous retiens à déjeuner pour dimanche prochain. Retenir une loge au théâtre.*

— **Retenir d'avance** est un pléonasme à éviter.

réticent doit régulièrement conserver le sens du nom dont il dérive (*réticence*), et qui désigne l' « action de taire à dessein une chose qu'on pourrait ou qu'on devrait dire » : *Dans le récit qu'il m'a fait, il a mis beaucoup de réticence* (Acad.). *Les réticences de la diplomatie* (Lar. du XX*e* s.). *Obéir sans réticence.*

Par conséquent, est *réticent* celui qui se tait (spécialement pour dissimuler), et non celui qui hésite, qui n'ose pas, selon le sens abusif que certains attribuent à ce mot : *Il était réticent à se décider* (pour *Il hésitait à se décider*).

retour. — **Retour de** (pour **de retour de**) est du style relâché (*Retour de Paris, son père lui a apporté des friandises*). On dit mieux : *De retour de Paris...,* ou *A son retour de Paris...* (ou encore *Revenu de...,* *Rentré de...*). *Au retour de la campagne* (Acad.).

On rencontre toutefois *retour de* sous la plume de certains écrivains, qui reculent sans doute devant la répétition de la préposition *de* : *Le pas du cheval de Marino sonnait sur la chaussée des lagunes, retour de quelque ferme lointaine* (J. Gracq, *le Rivage des Syrtes,* 28). *Il eût été de bonne guerre [...] que les thoniers retour de campagne soutinssent [...] les revendications des pinasses* (H. Quéffélec, *Tempête sur Douarnenez,* 189).

(*Les mots français retour d'Angleterre* [A. Hermant] est une phrase calquée sur *Du vin retour des Indes,* qui se disait d'un vin ayant voyagé en Orient pour améliorer sa qualité.)

retourner, au sens *intransitif* de « revenir, se rendre de nouveau à, etc. », se conjugue avec **être** : *Il est retourné avec moi au cinéma. Nous sommes retournés sur le champ de foire.*

— On dit bien : *Cette nouvelle m'a tout retourné* (Acad.). *Laissez-lui le temps de se retourner* (Id.).

Retourner une lettre, un manuscrit est du style commercial ou familier ; on dit mieux *renvoyer.*

On écrit : *Retourne-t-en. Retournez-vous-en.*

— **Retourner - revenir.** L'un et l'autre de ces mots peuvent marquer l'action de regagner le lieu d'où l'on était parti, mais *retourner* seul marque l'action de se rendre de nouveau dans un lieu où l'on était déjà allé : *Faute d'argent, il dut revenir plus tôt à Paris. L'année suivante, il retourna à Lyon pour voir sa mère.*

retrancher, au sens d' « enlever quelque chose d'un tout », se construit avec **à** ou **de** : *Retrancher cinq centimètres à une jupe, un plat du déjeuner* (Lar. du XX*e* s.). *Il faut retrancher plusieurs branches de cet arbre* (Acad.). *Retrancher des rameaux à un arbre* (Littré). *Retrancher un nombre d'un autre.* Et aussi : *Retrancher quelqu'un du nombre des vivants.*

Mais on dit toujours avec **à** : *Retrancher quelque chose à quelqu'un.*

rétro-. — Les composés du préfixe *rétro-* s'écrivent en un seul mot : *rétroactif, rétroactivité, rétrocéder, rétrocol, rétrograder,* etc.

retrousser. — Avoir les bras (ou les manches) retroussés... V. BRAS.

réunir se construit avec **à** (et non avec) : *Réunir quelqu'un ou quelque chose à... Le cou réunit la tête au corps* (Acad.). *Les galeries qui réunissent le Louvre aux Tuileries* (Littré). *La paix de 1918 a réuni l'Alsace et la Lorraine à la France.*

La distinction conseillée par Laveaux et certains autres grammairiens : *Réunir une chose et une autre* et *Unir une chose à une autre,* n'a pas été retenue par l'usage.

— **Réunir ensemble** est un pléonasme à éviter.

réussir est un verbe transitif *indirect;* il ne peut donc se construire avec un complément d'objet direct. On réussit *dans, à* quelque chose : *Réussir dans un art, dans une profession, dans une carrière* (Acad.). *Réussir à un examen* (ou mieux *Etre reçu à un examen*).

Cependant, *réussir* avec un complément d'objet direct est donné par Littré, qui enregistre l'usage des milieux de la peinture : *Réussir un tableau, une figure.* Ce qui conduit à autoriser : *Réussir un plat, une sauce; réussir un examen,* qu'on emploiera avec prudence. On peut dire : *Un plat réussi, une sauce réussie, un examen réussi,* le participe passif étant autorisé, avec toutefois une nuance familière, dans ce cas : *Un plat bien réussi, mal réussi* (Acad.). *Mᵐᵉ Thièle, aussi, était contente de se savoir réussie* (Gyp, *le Bonheur de Ginette,* 65).

Les auteurs modernes emploient pour la plupart la construction directe, étendue à tous les sens, sans s'inquiéter de la grammaire.

revaloir. V. VALOIR.

revancher (se), c'est prendre sa revanche : *Se revancher d'un tour, d'une injure, d'un affront, etc.* (Lar. du XXᵉ s.). Il ne s'emploie plus guère qu'en mauvaise part. (On ne dit pas *Se revancher d'un bienfait.*)

Se revancher a d'ailleurs vieilli; on dit plutôt *prendre sa revanche.*

(Se garder de dire *se revenger.*)

rêve. — Rêve - songe. La distinction faite naguère entre *rêve* et *songe* (le premier serait une suite incohérente d'images, alors que le second aurait une valeur d'avertissement) est de moins en moins observée. *Rêve* prend aujourd'hui le pas sur *songe.*

Il est bon toutefois de réserver *songe* pour désigner tout rêve à idées coordonnées : *Le laboureur m'a dit en songe « fais ton pain »* (Sully Prudhomme). *Expliquer, interpréter les songes* (Acad.).

— **Rêve - rêverie.** Les *rêves* ont lieu à l'état de sommeil; l'homme éveillé s'abandonne à des *rêveries.*

— V. aussi RÊVER.

réveille-matin est l'orthographe correcte (avec *-lle*) pour désigner la petite pendule qu'on appelle communément et par abréviation un *réveil : Des réveille-matin, des réveils.*

réveiller - éveiller. V. ÉVEILLER.

revenir. — Revenir - retourner. V. RETOURNER.

— V. aussi DEVENIR.

rêver. — Rêver de. Quand on fait un rêve, on rêve *d'*une chose, *de* quelqu'un (et non *à* une chose, *à* quelqu'un, *dans* une chose, *dans* quelqu'un) : *Rêver de combats, de naufrages, etc.* (Acad.). *J'ai rêvé de vous. Rêver de fantômes toute la nuit* (Lar. du XXᵉ s.).

— **Rêver une chose** est correct, mais s'emploie rarement : *J'ai rêvé une chute, un incendie* (Acad.).

On ne dira pas, avec Flaubert (*Correspondance,* III, 165) : *Ce diable de livre m'a fait rêver Alfred toute la nuit.*

Au sens figuré de « désirer vivement », *rêver* peut s'employer aussi transitivement : *Il rêvait la tiare* (Acad.). *Rêver les grandeurs, la fortune* (Lar. du XXᵉ s.). S'il s'agit d'une chose concrète, on dira mieux *rêver de : Elle rêvait d'une machine à laver* (et non *Elle rêvait une machine à laver*). *Le petit appartement dont elle rêvait* (et non *qu'elle rêvait*).

— **Rêver à** signifie « réfléchir à, songer à, penser à » : *Rêver toute la nuit à une affaire* (Lar. du XXᵉ s.). *En me promenant, je rêvais à ce poème.*

— **Rêver sur** a le sens de « méditer profondément sur » : *J'ai rêvé longtemps sur cette affaire, à cette affaire* (Acad.).

— **Se rêver** est d'un emploi plutôt rare : *Je me rêvais sur la plage d'un océan rouge* (L. Daudet, *les Morticoles,* 26). *Il avait cru jadis qu'il se rêvait héros* (A. Malraux, *la Condition humaine,* 81).

réversible et **réversibilité** s'écrivent avec un accent aigu (et non *reversible, reversibilité*).

revêtir se conjugue comme *vêtir* (v. ce mot).

reviser - réviser. — L'Académie écrit **reviser,** *reviseur, revision,* sans accent; le Larousse du XXᵉ siècle donne les deux orthographes, avec et sans accent. En fait, **réviser,** *réviseur, révision* paraissent être plus usités : *Les adversaires [...] ne pourraient-ils se ral-*

lier à une révision conçue dans cet esprit? (P. Burney, *l'Orthographe*, 126.)

revoir. — Au revoir - à revoir. Le Larousse du XXᵉ siècle condamne justement *à revoir*, qui est admis cependant par l'Académie (*Il m'a dit à revoir*), mais n'est pas d'usage comme formule de congé : *Au revoir, monsieur. Se dire au revoir.*

A revoir sert à indiquer que telle ou telle chose demande un examen particulier.

revolver. — Le *revolver*, comme l'indique son étymologie même (de l'angl. *to revolve*, tourner), est un pistolet à barillet, un pistolet dont le mécanisme est *tournant*.

On se gardera d'appeler *revolver* un pistolet simple ou un browning. C'est commettre un pléonasme que de dire *revolver à barillet*.

On écrit *r e v o l v e r* (sans accent, comme en anglais), mais on prononce *ré-vol-vèr*.

— Révolvériser, au propre et au figuré, est du langage familier : *Mˡˡᵉ Vrin révolvérisait du regard le lieutenant* (J.-L. Bory, *Mon village à l'heure allemande*, 51).

rez-de-chaussée est *invariable* et s'écrit avec deux traits d'union.

rhapsodie et **rhapsode** s'écrivent avec *rh-* (Acad.).

rhétorique et ses dérivés s'écrivent avec *rh-* (et non *réthorique*).

ribote est un terme du langage populaire ; il s'écrit avec un seul *t*.

V. aussi -OTE.

ric-à-rac est une locution d'origine inconnue qui signifie « avec une exactitude rigoureuse » : *Il m'a payé ric-à-rac. Compter ric-à-rac* (Acad.).

L'Académie note qu'on dit aussi *ric-à-ric*, mais en fait *ric-rac* est encore plus fréquent.

rien. — Etymologiquement, *rien* (du lat. *rem*, accusatif de *res*, chose) signifie « quelque chose » : *Est-il rien de plus beau que cette peinture?* (Y a-t-il quelque chose de plus beau?) *Je refuse de rien faire pour lui* (ou de faire quelque chose pour lui) [éviter *Je refuse de « ne » rien faire...*]. *Il avait jugé inutile de rien changer* (et non *de ne rien changer*). *Tais-toi et ne va pas rien dire*

(P. Claudel, *la Jeune Fille Violaine*, 68). *J'étais hors d'état de rien dire* (J. Gracq, *le Rivage des Syrtes*, 154).

Rien négatif est généralement accompagné de la négation *ne* exprimée ou sous-entendue : *Vous ne me dites rien. Et le Christ ne m'est plus rien, s'il n'est plus central, s'il n'est tout* (A. Gide, *les Nourritures terrestres*, 249). *Je n'entends rien.* (*J'entends rien, J'ai rien entendu* sont du langage populaire.) *Qu'entendez-vous?* — *Rien* ([Je n'entends] rien).

Mais *rien* peut avoir une valeur négative sans être accompagné de la négation *ne* : *Cet homme est sorti de rien. Me comptez-vous pour rien?*

— Place de « rien ». En principe, *rien*, employé comme complément d'objet direct, se place après le verbe : *Je ne dis rien. Je ne dis rien de lui.* Dans les temps composés, il se place après l'auxiliaire : *Je n'ai rien dit de semblable.* (On trouve parfois, dans ce dernier cas, *rien* après le verbe : *Je n'ai vu rien de tel* [Hanse].)

Dans une phrase avec un infinitif présent, il précède généralement cet infinitif : *Passer sa vie à ne rien faire.* Avec un infinitif passé, il suit l'auxiliaire : *N'avoir rien dit. N'avoir jamais rien vu.*

Devant l'infinitif, *rien* peut précéder ou suivre *y* : *Ne rien y entendre. N'y rien entendre.* (Il en est de même pour *en*.)

— Ce n'est pas rien (« c'est quelque chose ») est une locution du langage familier ; quoiqu'elle se rencontre sous la plume de bons auteurs, il vaut mieux la proscrire de tout écrit châtié : *La locataire du troisième, elle a un manteau de vison, ce n'est pas rien! Ce n'est pas rien que d'aller trois fois en Amérique dans la même année!*

— C'est rien beau! Il est rien bête! etc., sont des expressions du langage populaire, où *rien* a la valeur d'un superlatif : *Faut être rien moche!* (P. Bourget, *Tragiques Remous*, 69.)

— Comme si de rien n'était (« comme si la chose n'était pas arrivée ») est la locution correcte, à côté de *comme si rien n'était*, qui est critiquable : *J'ai dû faire comme si de rien n'était* (c'est-à-dire comme s'il ne s'agissait de rien). *Mais comme si de* *rien n'était il ne fallait plus songer à reprendre sa route* (J. Gracq, *le Rivage des Syrtes*, 97).

— **Rien d'autre.** V. AUTRE.

— **Rien moins que - rien de moins que.** *Rien moins que* signifie « aucunement »; *rien de moins que* a le sens de « tout à fait ».

Rien moins que est essentiellement négatif : *Un enfant rien moins que sage* n'est pas sage du tout. *Il n'est rien moins que fainéant* (il n'est pas fainéant).

Rien de moins que a, au contraire, une valeur positive : *Un enfant rien de moins que sage* est vraiment sage, tout à fait sage.

Cette distinction radicale entre *rien moins que* et *rien de moins que* est conseillée par le Dictionnaire de l'Académie. L'usage anarchique des auteurs devant les subtilités des grammairiens avait amené une telle confusion dans l'emploi de ces deux locutions que la phrase contenant l'une d'elles perdait toute clarté.

Il semble donc préférable d'éviter cette façon de parler ou d'écrire, qui prête fâcheusement à équivoque.

— **Servir à rien** ou **de rien.** V. SERVIR.

— On dit : *Si peu que rien. Je n'ai rien là contre. Cet homme ne m'est rien* (il n'est pas mon parent). *Cet homme ne m'est de rien, cela ne m'est de rien* (Acad.) [je ne m'intéresse pas du tout à cet homme, à cela]. *Je n'attendais rien de moins* (c'est bien ce que j'attendais). *Il n'y a rien de moins facile* (c'est très difficile). *Il a fait cela en moins de rien* (en un rien de temps, en très peu de temps).

— Substantivement, **rien** varie : *S'amuser à des riens.* Mais *des rien du tout, des rien qui vaille* sont invariables.

rigodon est l'orthographe de l'Académie (qui ne donne pas la variante *rigaudon*, orthographe des XVIIe-XVIIIe s.) : *Chanter, danser un rigodon.*

rire. — Conjugaison : *Je ris, tu ris, il rit, nous rions, vous riez, ils rient. Je riais, nous riions, vous riiez. Je ris, nous rîmes. Je rirai, nous rirons. Je rirais, nous ririons. Ris, rions, riez. Que je rie, qu'il rie, que nous riions, que vous riiez. Que je risse, que nous rissions. Riant. Ri.*

A noter les deux *i* de suite aux deux premières personnes du pluriel de l'imparfait de l'indicatif et du présent du subjonctif : *nous riions, vous riiez; que nous riions, que vous riiez.*

Le participe passé *ri* n'a pas de féminin et il est toujours *invariable* : *Ils se sont ri de moi, de nos projets.*

— On dit : *Prêter à rire* (plutôt qu'*apprêter*). *Rire de quelqu'un, de quelque chose. Il n'y a pas là de quoi rire. Un pince-sans-rire* (invariable).

— **C'est pour de rire** est du langage familier et enfantin : *C'est pour de rire, n'est-ce pas?* (J. Vallès, *Jacques Vingtras*, « l'Enfant », 21.)

ris. — On écrit : *Un ris de veau. Prendre un ris* (terme de marine). *Les jeux et les ris* (de *rire*).

risotto est un mot italien dérivé de *riso*, riz, ce qui explique l'orthographe avec *s* (et non avec *z*).

risquer, c'est courir un risque, s'exposer à un certain danger : *Vous risquez qu'on vous vole votre argent* (Acad.). *Vous risquez de mourir. Ce navire risque de s'échouer sur un banc de sable.*

On ne peut donc pas appliquer *risquer* à un événement heureux qu'on désire. On dira : *Avoir des chances de guérir, de gagner à la loterie*, etc. (et non : *Risquer de guérir, de gagner à la loterie*, etc.).

V. aussi CHANCE.

rite est l'orthographe usuelle, à côté de *rit*, qui est vieilli : *Le rite de l'Eglise romaine est différent de celui de l'Eglise grecque* (Acad.). *Les rites maçonniques* (Lar. du XXe s.).

rivière - fleuve. V. FLEUVE.

robe. — On dit normalement *Des pommes de terre en robe de chambre.* (La variante *en robe des champs* [ou encore *en robe de cendre*], quoique justifiable, n'a pas été ratifiée par l'usage et apparaît aussi insolite que *homard à l'armoricaine* pour à *l'américaine*.)

V. aussi HOMARD.

roder - rôder. — Au sens d' « user par frottement mutuel » ou d' « utiliser un moteur pendant sa période de rodage », **roder** et ses dérivés s'écrivent sans accent circonflexe, alors que **rôder**, « errer çà et là », en prend un, de même que ses dérivés.

roide. V. RAIDE.

roman. — *Roman-cycle, roman-fleuve, roman-feuilleton* prennent un trait d'union et font au pluriel *romans-cycles, romans-fleuves, romans-feuilletons.*

rompre. — **Conjugaison :** *Je romps, tu romps, il rompt, nous rompons, vous rompez, ils rompent. Je rompais, nous rompions. Je rompis, nous rompîmes. Je romprai, nous romprons. Je romprais, nous romprions. Romps, rompons, rompez. Que je rompe, que nous rompions. Que je rompisse, que nous rompissions. Rompant. Rompu, e.*

A noter le *t* de la 3ᵉ personne du singulier de l'indicatif présent.

— On écrit : *Rompre l'amitié, un entretien, un marché, un mariage* (sens de « détruire, faire cesser, rendre nul »). [L'Académie ne donne à *rompre un mariage* que le sens de « rompre un projet de mariage ».] *Rompre ses vœux. A tout rompre. Rompre avec ses habitudes. Ne chargez pas trop cette poutre, elle romprait* (Acad.). *Être rompu de fatigue* ou, absolument, *être rompu* (Acad.). *Être rompu à faire une chose* (« être habitué à faire cette chose »). *Travailler à quelque chose à bâtons rompus.*

romsteck est l'orthographe française de l'anglais *rumpsteak* (de *rump*, croupe, et *steak*, tranche).

V. aussi BIFTECK.

ronde-bosse. V. RELIEF.

rosat est un adjectif *invariable* et s'emploie pour les deux genres : *Des pommades rosat. Huile rosat* (Acad.).

rose. — L'Académie écrit : *Eau de rose* (au singulier). *Essence de roses* (au pluriel). *Rose mousseuse* (mais on dit mieux *rose moussue* [v. MOUSSEUX]) *Découvrir le pot aux roses.*

rose, adjectif de couleur, prend l'accord : *Des écharpes roses* (Acad.). Mais, naturellement : *Des écharpes rose clair* (adjectif composé)

V. aussi COULEUR.

rot - rôt. — *Rot* (de *roter*) s'écrit sans accent, mais *rôt* (de *rôtir*) en prend un : *Faire un rot. Servir le rôt.* (Dans ce dernier sens, on dit plus souvent aujourd'hui *rôti.*)

rouge. — On écrit : *Des rouges flamboyants. Des teintures rouge clair, rouge foncé, rouge sang* (invariables). *Des teintes brun-rouge* (mais *brun rougeâtre*). *Chauffer au rouge blanc.*

V. aussi COULEUR et BLEU.

rouler. — **Rouler quelqu'un** est du style familier : *Il s'est laissé rouler* (Acad.).

— **Se rouler,** dans *il y a de quoi se rouler* (rire aux éclats), et **c'est roulant** sont du langage populaire.

rouvrir. — On écrit **rouvrir** (*Le casino est rouvert*), mais **réouverture** (et non *rouverture*).

ru, « petit ruisseau », s'écrit sans accent circonflexe.

rubaner et ses dérivés (*rubanerie, rubaneur, rubanier*) s'écrivent avec un seul *n* (*Rubaner un bonnet* [Littré]), mais **enrubanner** en prend deux : *Enrubanner un mât, un panier* (Acad.).

rubrique. — On dit *Vous trouverez cela sous* (et non *dans*) *telle rubrique.*

ruche et ses dérivés s'écrivent sans accent circonflexe sur l'*u*.

rue. — Les noms composés de rue, d'avenue, de boulevard, de place, de square, de pont, etc., s'écrivent avec des traits d'union : *rue Pierre-Curie, rue de l'Abbé-de-l'Épée, rue des Quatre-Frères-Peignot, rue du Colonel-Moll, rue de la Grande-Chaumière, rue de la Montagne-Sainte-Geneviève, rue du 14-Juillet, place des Vingt-Cinq-Martyrs, pont du Mont-Blanc,* etc. (A noter l'absence de préposition devant les noms de personnes, sauf si ceux-ci sont précédés d'un adjectif ou d'une qualité.)

V. aussi TRAIT D'UNION.

— On écrit : *rue Nationale, rue Basse, rue Française, place Royale,* mais généralement *Quartier latin* (absolument *le Quartier*).

— **Dans la rue - sur la rue.** *Dans la rue* a le sens d' « au milieu de la rue » ; *sur la rue,* celui d' « en façade de la rue » : *Ces enfants ne devraient pas jouer dans la rue. Un appartement sur la rue* (Acad.) *Cette chambre donne sur la rue.*

— **A la rue** signifie « dehors » : *Comme il ne pouvait pas payer, on l'a jeté à la rue. Elle se trouva à la rue du jour au lendemain.*

— **Rue passante - rue passagère.**
V. PASSANTE.
— V. aussi DEMEURER.

ruffian, avec deux *f*, est préférable à *rufian*. L'italien *ruffiano*, d'où vient ce mot, prend d'ailleurs deux *f*.

ruine. — On écrit : *Un bâtiment qui est en ruine, qui tombe en ruine, qui s'en va en ruine* (Acad.) [et non *en ruines*]. *Maison qui menace ruine.*

rutiler s'emploie aujourd'hui aussi bien au sens de « briller d'un vif éclat » que de « briller d'un éclat rouge » : *Si, trop souvent, un morne crépi en cache les colorations ardentes, sur beaucoup de façades elle* [la brique rouge] *rutile dans sa virginité* (P. de Gorsse, dans *la France*, de D. Faucher, I, 527). *Des pharmacies toujours neuves et rutilantes* (J. Bouret, dans *Franc-Tireur*, 15-III-1951). *C'est le soleil qui rutile et la mer qui bondit allégrement* (A. Bourın, dans *les Nouvelles littéraires*, 26-VII-1951). *Aux lourds thons cadavériques* [...] *s'ajoutèrent* [...] *les fins maquereaux, dont le rutilement gardait le charme capricieux et subtil de la vie* (H. Quéfellec, *Tempête sur Douarnenez*, 285).

S

s. — **Genre.** V. ALPHABET.

— Si un *e* précède *s* double, cet *e* prend le son de l'é fermé ou de l'è ouvert, selon le cas, sauf dans *dessous, dessus*, et dans la plupart des mots qui sont formés avec la particule *re*, comme *ressembler, ressentiment, resserrer, ressort*, etc., qui se prononcent comme s'il y avait *reç-*.

— Les impératifs des verbes en -*er* et des verbes *assaillir, couvrir* (et composés), *cueillir* (et composés), *défaillir, offrir, ouvrir* (et composés), *souffrir, tressaillir, savoir, vouloir* prennent un *s* final quand ils sont immédiatement suivis des adverbes ou pronoms **en** et **y** : *Donnes-en. Vas-y. Cueilles-en beaucoup. Couvres-en les petits. Penses-y demain. Portes-y mon complet.*

Si *en* et *y* sont immédiatement suivis d'un infinitif, ou si *en* est une préposition, l'impératif s'écrit sans *s* ni trait d'union : *Va en savoir des nouvelles* (Acad.). *Va en paix. Ose en parler à mon père! Donne en échange du pain. Couvre en partie le feu. Va y porter des fleurs.*

V. aussi IMPÉRATIF.

— **S'écrivent sans « s » final :** *brai, chai, clafouti, exclu, minerai, muid, remblai*, etc.

— **Se terminent par « s » :** *cabas, entremets, galimatias, jais, mets, poids, puits, relais, remords, surplis*, etc.

sa. V. POSSESSIF (Adjectif).

sabbat et ses dérivés (*sabbataire, sabbathien, sabbatin, sabbatine, sabbatique, sabbatiser, sabbatisme*) s'écrivent avec deux *b*.

sableux - sablonneux. — Est **sableux** ce qui est de la nature du sable ou qui en contient accidentellement : *Ce terrain est trop sableux pour une telle culture. Farine sableuse.*

Sablonneux se dit de ce qui contient, renferme beaucoup de sable : *Terrain sablonneux. Pays sablonneux* (Acad.). *Dans un chemin montant, sablonneux, malaisé* (La Fontaine, *Fables*, « le Coche et la Mouche »).

sac. — On écrit : *Un sac à main. Une course, des courses en sac. Sac à malice.*

saccharose est du *masculin*. Tous les dérivés du latin *saccharum*, sucre (*saccharine, saccharoïde*, etc.), se prononcent *sa-ka-*.

V. aussi GLUCOSE.

sache. — *Je ne sache...* V. SAVOIR.

sacristain fait au féminin *sacristine* : *Le curé l'avait chargée d'aider la sacristine* (R. Bazin, *les Noellet*, 218).

safran, adjectif de couleur, est *invariable* : *Des étoffes safran, safran clair.* V. aussi COULEUR.

sagaie. — L'orthographe *zagaie* est aujourd'hui à peu près inusitée.

sage-femme — Une **sage-femme** (*sage* a ici le sens ancien d' « instruit, savant ») est une femme dont la profession est de faire des accouchements : *Une école de sages-femmes.*

Une **femme sage** (sans trait d'union) est une femme dont la conduite est irréprochable.

saillir. — Au sens de « jaillir », **saillir** se conjugue comme *finir* et n'est guère usité qu'à l'infinitif, à la 3ᵉ personne du singulier et du pluriel, au participe présent et au participe passé : *Il saillit. Il saillissait. Il saillira. Qu'elle saillisse. Saillissant. Sailli, e : Quand Moïse frappa le rocher, il en saillit une source d'eau vive* (Acad.).

(Ce verbe ne s'emploie plus que rarement en ce sens ; on dit plus ordinairement *jaillir*.)

Au sens de « être en saillie, déborder », l'usage a consacré pour **saillir** une forme spéciale de conjugaison, sans la syllabe *-iss-* : *Il saille. Il saillait. Il saillera. Qu'il saille. Saillant. Sailli, e* (et seulement aux 3ᵉˢ personnes) : *Cette pierre saille de 10 centimètres. Ce balcon est par trop saillant. Cette corniche saille trop, saillera trop* (Acad.).

saint. — Devant le nom du personnage qu'il qualifie, le mot *saint* s'écrit avec une minuscule et sans trait d'union : *Les « Epîtres » de saint Paul. Ce tableau représente saint Jean l'Evangéliste. Le grand saint Eloi lui dit « O mon roi ».* (Il est toutefois d'usage d'écrire *Saint Louis*, avec une majuscule, pour désigner Louis IX.)

Saint s'écrit avec une majuscule et se joint au nom qui le suit par un trait d'union (*Saint-Michel*) quand on veut désigner la fête, l'église mise sous l'invocation du saint, un ordre, une ville, une rue, etc., qui porte son nom : *Les valets de ferme se gagent à la Saint-Michel. L'église Saint-Médard. Ordre de Saint-Benoît. La Société de Saint-*Vincent-de-Paul. *Habiter à Saint-Nazaire, rue Saint-Vincent. La porte Saint-Denis.*

— On écrit, d'après l'Académie : *La sainte ampoule. Les saints apôtres* (mais *les Apôtres*). *La sainte Bible. Le saint chrême. Le saint ciboire. L'Ecriture sainte. Les saintes espèces. Le Saint-Esprit* ou *l'Esprit-Saint. La sainte Famille. Les saintes huiles. Les saints lieux. La sainte messe. Le Saint-Office. Les saintes reliques. Le Saint-Siège. La Sainte Vierge. La sainte table. La Sainte-Trinité.*

Il est d'usage d'écrire : *Le Saint Empire romain germanique. Visiter la Terre sainte* (la Palestine). *Notre saint-père le pape* ou *le Saint-Père.*

— **Saint-cyrien,** *saint-simonien,* etc. (noms communs), s'écrivent sans majuscule et *saint* est invariable : *Un défilé de saint-cyriens.* On hésite sur **saint-bernard** et *saint-honoré,* mais la tendance est pour l'invariabilité : *Deux saint-bernard et trois terre-neuve. D'appétissants saint-honoré.*

saisie-. — Dans les composés de *saisie* (*saisie-arrêt, saisie-brandon, saisie-exécution,* etc.), les deux éléments prennent la marque du pluriel : *des saisies-arrêts, des saisies-brandons,* etc.

salade. — On écrit, au singulier : *Salade de laitue, de chicorée* (Acad.). Au pluriel : *Salade de concombres, de tomates, d'oranges* (Id.).

salaire. — Un *ouvrier* touche un **salaire**; ce salaire constitue sa **paye.** Un *employé* payé au mois touche des **appointements**; un *fonctionnaire*, un **traitement**; un *militaire*, une **solde,** un **prêt**; un *domestique,* des **gages**; un *artiste,* un **cachet**; un *médecin,* des **honoraires**; des *gens de loi* touchent des **vacations.**

salami. V. ITALIENS (Mots).

salant. — **Marais salant** s'écrit sans trait d'union.

sale. — Placé *après* un nom de personne, ou d'animal, ou de chose, *sale* signifie « malpropre » : *Un monsieur sale. Un chien sale. Une rue sale.*

Placé *avant,* il a le sens de « méprisable », « désagréable », etc. : *Un sale monsieur. Un sale chien. Une sale rue* (mal fréquentée).

salle. — On écrit : *Une salle d'armes. Des salles d'audience. Une salle de bains. Une salle d'étude. Une salle de spectacle, de concerts, de conférences, de bal, de danse. Une salle de vente. La salle des ventes de telle ville. La grand-salle.*

sanatorium fait au pluriel *sanatoriums* (Acad.).

V. aussi LATINS (Mots).

sanctionner, c'est « approuver, confirmer » (Acad.) : *Sanctionner une loi* (Acad.). *Sanctionner les décisions d'un mandataire. Exemple qui sanctionne la leçon* (Nouv. Lar. univ.). *Ce mot n'a pas été sanctionné par l'usage. Un usage sanctionné par le temps* (Littré). Une *sanction* étant aussi bien une récompense qu'une peine, on dira plutôt pour « punir » *prendre, infliger des sanctions*, que *sanctionner.*

sandwich se prononce *san-douitch* et fait généralement au pluriel (anglais) *sandwiches.* Le pluriel français (*sandwichs*) est parfois employé.

sang. — Pur-sang. V. PUR.

sang-froid, « présence d'esprit », s'écrit avec un trait d'union et ne s'emploie jamais au pluriel.

sanglant - sanguinolent. — San-glant se dit de ce qui est taché, souillé de sang : *Mouchoir sanglant. Ce héros dans mes bras est tombé tout sanglant* (Racine, *Mithridate*, V, IV). *Lame sanglante. Yeux sanglants* (injectés de sang).

Sanguinolent s'emploie surtout en médecine, et se dit des humeurs, des matières teintées, infiltrées de sang : *Crachats sanguinolents* (Acad.). *Selles sanguinolentes* (Littré).

sangloter s'écrit avec un seul *t*.

V. aussi -OTER.

sang-mêlé, nom ou adjectif *invariables*, s'écrit généralement avec un trait d'union : *Je pense qu'elle est elle-même très sang-mêlé* (Abel Hermant, *la Journée brève*, 32).

sanguinolent - sanglant. V. SAN-GLANT.

sans, employé sans complément, est du langage relâché : *A-t-il mis ses cigarettes ? — Non, il est parti sans* (pour *il les a oubliées*). *Un aspirateur, c'est bien pratique, je ne peux plus faire sans* (pour *je ne peux plus m'en pas-*

ser). *Vous comprenez bien que je n'ai pas pu rester sans* (exemple tiré d'un auteur dramatique contemporain).

V. aussi AVEC.

— **Sans** peut être suivi du singulier ou du pluriel, selon le sens. Ainsi, on écrit : *Etre sans place, Des outils sans manche,* parce qu'on ne peut occuper qu'une seule place à la fois et qu'un outil n'a qu'un seul manche ; mais généralement : *Une femme sans enfants, Un gilet sans manches,* parce qu'une femme peut avoir plusieurs enfants et qu'un gilet, quand il a des manches, en a toujours deux. *Une dictée sans fautes* (au pluriel) se justifie à côté de *Je viendrai sans faute demain* (au singulier).

Cette règle, très générale, peut s'appliquer sans difficulté à de nombreux cas. Voici néanmoins une liste d'exemples pour le singulier et pour le pluriel.

SINGULIER : *Sans adieu. Etoffes sans apprêt* (v. ci-après, pluriel). *Avocat sans cause. Existence sans charme* (v. ci-après, pluriel). *Chaumière sans cheminée. Pauvre sans chemise* (on pense à celle qu'il devrait avoir sur lui). *Sans commentaire* (*Ce livre est si obscur et si difficile qu'on ne peut le comprendre sans commentaire* [Acad.]). *Se rendre sans condition* (*Il voulait les obliger à se rendre sans condition* [Acad.]). *Tomber sans connaissance. Sans coup férir. Tunique sans couture. Médaille sans date. Etre sans défense. Payer sans délai. Sans détour* (*Parler sans détour, sans aucun détour* [Acad.]). *Sans difficulté* (*Ce travail est pour lui sans difficulté* [Acad.]). *Opérer sans douleur. Sans effort* (*Arriver à un résultat sans effort* [Acad.]). *Sans égard pour... Sans encombre. Cela est sans exemple. Un homme sans façon* (v. ci-après, pluriel). *Venir sans faute* (v. ci-après, pluriel). *Sans feu ni lieu. Sans foi ni loi. Sans inconvénient* (*Ce changement peut se faire sans inconvénient* [Acad.]). *Sans ménagement* (*On l'a traité sans ménagement* [Acad.]). *Agir sans obstacle. Etre sans opinion. Juger sans passion. Ministre sans portefeuille. Fait sans précédent. Vivre sans prétention. Sans preuve* (*Vous avancez ce fait sans preuve* [Acad.]). *Yeux sans regard. Sans regret* (*Il m'a quitté sans regret* [Acad.]). *Homme sans reproche. Se* livrer *sans réserve. Etre sans scrupule, sans soin. Sans tambour ni trompette.*

PLURIEL : *Etre sans amis. Déjeuner sans apprêts. Armée sans armes. Etre né sans biens. Femme sans charmes. Etre sans connaissances dans un pays. Homme, ouvrage sans défauts* ou *sans défaut (Un auteur sans défaut* [Acad.]). *Ménage sans enfants. Dictionnaire sans exemples. Sans plus de façons. Dictée sans fautes. Une maison sans fenêtres. Sans aucuns frais. Sans limites (Son ambition est sans limites* [Acad.]). *Ciel sans nuages. Homme sans passions. Pays sans pâturages. Histoire sans paroles. Débauché sans principes. Etre sans ressources* (ou *sans ressource* [Acad.]). *Laisser quelqu'un sans soins. Vivre sans soucis. Agir sans témoins.*

— On doit écrire *Sens dessus dessous* (et non *Sans dessus dessous*). V. SENS.

— **Sans,** immédiatement précédé de *ni,* est un archaïsme. On ne dit plus *Sans beauté ni sans grâce,* mais *Sans beauté ni grâce,* ou *Sans beauté et sans grâce.*

V. aussi NI.

— **Sans doute.** V. DOUTE.

— **Sans égal.** V. ÉGAL.

— **Sans pareil.** V. PAREIL.

— **Sans que.** Avec *sans que,* la particule *ne,* qui est inutile (*sans* ayant par lui-même une valeur négative), est toutefois facultative : *Je viendrai sans qu'il me voie. Je ne puis lui parler sans qu'il m'interroge* (Acad.). *Ils se sont assis sans qu'une chaise ne grinçât* (A. Camus, *l'Etranger,* 17).

(On voit que *sans que* se construit avec le subjonctif.)

Avec **que** mis pour *sans que,* la particule *ne* est indispensable : *Vous ne sortirez pas de cette maison que vous ne m'ayez versé mille francs d'acompte.*

sans-. — Sont *invariables* les noms et adjectifs composés suivants : *sans-abri, sans-cœur, sans-Dieu, sans-façon, sans-gêne, sans-patrie, sans-souci.*

santé. — On dit · *Avoir une mauvaise santé* (et non *Jouir d'une mauvaise santé* ; mais on dira bien *Jouir d'une bonne santé*). *Fermé pour raison* (sans *s*) *de santé,* ou *pour cause de maladie* (et non *pour cause de santé*).

saoul. V. SOÛL.

sarigue, terme générique désignant ce genre de marsupiaux, est du *masculin : L'opossum est un sarigue.*

Pour désigner le sarigue femelle, on se sert du *féminin : La sarigue porte souvent ses petits sur son dos, leurs queues enroulées à la sienne.*

On tend d'ailleurs aujourd'hui à employer uniquement ce dernier genre.

sarrasin s'écrit avec un *s* (et non un *z*), qu'il s'agisse du nom commun ou du nom propre.

sarrau s'écrit sans *e* intercalaire et fait au pluriel *sarraus.* (On trouve également *sarraux* dans Littré.)

satire - satyre. — Une **satire** (avec un *i*) est une petite pièce de poésie, un écrit où l'auteur attaque les vices et les ridicules de son temps : *Satire contre l'avarice, contre l'ambition* (Acad.). *Il a fait une longue satire contre vous* (Id.).

Une **satyre** (avec un *y*) était, dans l'Antiquité, une sorte de poème pastoral, ainsi nommé parce que les *satyres* (demi-dieux qui avaient des jambes et des pieds de bouc) en étaient les principaux personnages.

Au masculin, un *satyre* est un homme lubrique.

Un drame **satyrique** (avec un *y*) était, chez les Grecs, une pièce où le chœur était composé de satyres.

satisfaire se conjugue comme *faire.*

Au sens général de « contenter », *satisfaire* se construit sans préposition : *Un enfant qui satisfait son père et sa mère* (Littré). *On ne peut satisfaire tout le monde* (Lar. du XXᵉ s.).

— **Satisfaire à** signifie « faire ce qu'on doit par rapport à quelque chose » : *Satisfaire à la loi* (Acad.). *Satisfaire à un paiement* (Id.). *Aucune solution n'a satisfait jusqu'ici au problème du paupérisme* (Lar. du XXᵉ s.).

satyre - satire. V. SATIRE.

sauf, placé devant un nom, un pronom ou un nom de nombre, est préposition et reste invariable : *Le château fut détruit, sauf les pavillons de l'entrée.*

— On écrit : *Sauf erreur ou omission. Sauf deux ou trois personnes.*

— **Sauf à** (« quitte à ») est *invariable : Faites-le ainsi, sauf à recommencer* (Littré). *Sauf à déduire.* (Acad.).

— Avec **sauf que**, le verbe se met à l'*indicatif* (et non au subjonctif) : *Tout se passa bien, sauf qu'un moment on s'égara* (Littré). *Il est bien remis de son accident, sauf qu'il se fatigue rapidement à marcher* (Acad.). *Tout a bien marché, sauf qu'on s'est disputé quelque peu* (Lar. du XXᵉ s.).

Sauf que, avec le subjonctif, employé pour « à moins que », est incorrect (Littré). [On évitera de dire : *Il n'aura pas son argent, sauf qu'il vienne le chercher lui-même*.]

— **Sauf** adjectif fait au féminin *sauve* : *Elle en est sortie saine et sauve.*

sauf-conduit fait au pluriel *sauf-conduits.*

saumâtre. — Est **saumâtre** ce qui a un goût de sel, comme l'eau de mer (cf. *saumure*) : *L'eau de ce puits n'est pas potable, elle est saumâtre* (Acad.).

Certains donnent abusivement à ce mot le sens de « sale, verdâtre », en parlant de l'eau, ce qui est tout à fait incorrect : *L'ivrogne se jeta à Lyon du haut du pont dans l'eau saumâtre* (*Ce soir*, 6-IX-1949).

Par extension, *saumâtre* s'emploie parfois, au figuré, pour « désagréable, déplaisant », comme le serait une boisson saumâtre : *Une langue qu'il croit être celle du XVIIᵉ siècle, parce que d'archaïques béquets en relèvent le saumâtre galimatias* (H. Béraud, *Retours à pied*, 65). Ce sens se retrouve dans l'expression populaire *la trouver saumâtre.*

saupoudrer, quoique signifiant étymologiquement « poudrer de sel », a pris aujourd'hui le sens étendu de « poudrer » tout court : *Saupoudrer de sel, de sucre, de farine.*

On dit aussi *saupoudrer avec* : *Saupoudrer des soles avec de la farine pour les frire* (Acad.).

saute-mouton, jeu, est plus courant et plus correct que *saut-de-mouton* : *Jouer à saute-mouton. Une partie de saute-mouton.*

sauvage, nom, fait au féminin *sauvagesse* : *Rencontrer une sauvagesse. Je ne suis plus du tout une sauvagesse* (P. Mérimée, *Colomba*, 163).

Employé comme adjectif, il conserve la même forme au féminin : *Une peu-*plade sauvage. Une oie sauvage* (Acad.). *Des manières sauvages* (Id.).

sauvastika - svastika. — Ces mots désignent un symbole religieux indien (croix gammée). Le **sauvastika** a les crochets tournés à *gauche* (son influence est considérée comme heureuse) ; le **svastika** les a tournés à *droite* (influence néfaste). [La croix gammée hitlérienne était un *svastika.*]

sauveteur n'a pas de correspondant féminin : *Elle fut son sauveteur dans ces temps difficiles.*

sauveur a pour féminin usuel **salvatrice** : *La foi salvatrice* (*sauveuse* n'est guère employé).

Salvateur, doublet savant de *sauveur*, ne s'emploie qu'adjectivement : *La gravité d'un acte qu'on espère salvateur a la gravité de la maladie* (dans le *Monde*, 28-X-1948).

savane s'écrit avec un seul *n*.

savoir. — **Conjugaison :** *Je sais, tu sais, il sait, nous savons, vous savez, ils savent. Je savais, nous savions. Je sus, nous sûmes. Je saurai, nous saurons. Je saurais, nous saurions. Sache, sachons, sachez. Que je sache, que nous sachions. Que je susse, qu'il sût, que nous sussions. Sachant. Su, e.*

— *Savoir* s'emploie rarement avec un nom de chose concrète. (*Cette porte ne sait pas tenir fermée* est incorrect.)

— Quand *savoir*, précédé de la négation, signifie simplement « être incertain », on supprime ordinairement *pas* ou *point* : *Il ne savait que devenir* (Lar. du XXᵉ s.). *Je ne sais qui l'a fait. Il n'a su que penser. Je ne sais de quel droit vous vous autorisez...*

V. aussi, ci-dessous, *Savoir - pouvoir.*

— **Savoir - à savoir - assavoir.** V. ASSAVOIR.

— **Savoir - pouvoir.** *Savoir* implique une idée de connaissance ; *pouvoir*, une idée de possibilité : *Cette jeune fille ne sait pas danser* (elle n'a pas appris ou elle n'a pas fait son profit des leçons qu'on lui a données). *Cette vieille dame ne peut pas danser* (elle est dans l'impossibilité physique ou morale de danser).

Toutefois, au conditionnel surtout, *savoir* peut s'employer au sens atténué de « pouvoir », mais alors il est seulement accompagné de la négation, sans *pas* ni *point* : *Il ne saurait être question de sortir ce soir. Je ne saurais faire ce que vous me dites* (Acad.). *Les hommes ne sauraient se passer de religion* (G. Duhamel, *Biographie de mes fantômes*, 222 ; cité par Grevisse).

Aux autres temps, *savoir* pour *pouvoir* fait aujourd'hui affecté.

Les exemples suivants sont incorrects : *J'ai mal à l'estomac, je ne saurai pas dîner ce soir* (pour *je ne pourrai pas...*). *Ne marchez pas si vite, je ne saurais vous suivre* (pour *je ne puis...*). *Je ne sais rien là contre* (pour *Je ne puis rien...*).

— On écrit : *Un je ne sais quoi* (Acad.) ou *un je-ne-sais-quoi. Un je ne sais quel trouble s'est emparé de moi* (Acad.).

— Dans l'interrogation directe, l'omission de *le* après *sais* est facultative : *Comme tu sais* (ou *Comme tu le sais*), *je suis né en 1907. Si j'avais su* (ou *Si je l'avais su*), *je serais allé l'entendre.*

— **Je ne sache...** est une forme archaïque du verbe *savoir* quelque peu critiquée par les grammairiens, mais encore couramment employée par certains écrivains : *Je ne sache personne qu'on puisse lui comparer* (Acad.). *Je ne sache rien de si beau que la Meije vue de La Grave. Je ne sache pas que ce soit défendu* (Acad.).

C'est une sorte de subjonctif atténuatif remplaçant un indicatif dont l'affirmation serait trop nette. Il ne s'emploie qu'à la 1re personne du singulier. La 1re personne du pluriel n'est pas à conseiller (*Nous ne sachions pas* [et non *Nous ne sachons pas*] *qu'on ait jamais tenu pareils propos*).

— **Que je sache** est une locution analogue qui se met à la fin d'une phrase négative pour indiquer que l'opinion qu'on émet n'est pas absolue ou qu'on n'est pas sûr de sa réalité : *Son frère n'est pas venu, que je sache. Il n'a point été à la campagne, que je sache* (Littré). *Il n'y a personne à la maison, que je sache* (Acad.).

Son emploi dans les phrases affirmatives est discuté : *Vous êtes bien bon, que je sache.*

Que tu saches, que nous sachions, que vous sachiez, qu'on sache sont

moins usités : *Il n'est venu personne, que nous sachions* (Littré).

savoir-faire, de même que **savoir-vivre,** ne s'emploie pas au pluriel : *Il a un grand savoir-faire* (Acad.). *Il manque de savoir-vivre* (Id.).

saynète, « petite pièce légère en un acte », n'est pas tiré de *scène* (l'orthographe *scénette* est donc fautive), mais de l'espagnol *sainete*, morceau délicat, de graisse, qu'on donne aux faucons.

scarole (« salade »), est la seule orthographe actuellement usitée. (*Escarole* est rangé dans le langage populaire.)

scellé, nom, peut s'employer au singulier ou au pluriel : *Apposer le scellé, les scellés* (Acad.). *On a apposé, on a mis le scellé sur ses effets* (Id.). Le pluriel est toutefois plus courant.

scénario fait au pluriel *scénarios.* (Le pluriel italien *scenarî* ou *scenarii* est à déconseiller, puisque *scénario* est francisé par l'accent.)

schah. — La forme française est *chah* : *Le chah de Perse.*

schako. V. SHAKO.

scheik. V. CHEIK.

schéma s'écrit avec un *c* après l'*s* (et non *shéma*). On dit aussi SCHÈME.

schérif. V. CHÉRIF.

scintillation se prononce généralement *sin-til-la-syon.* (On prononce de même, avec deux *l* distincts, *oscillation* et *vacillation.*) Mais *scintillant, scintiller* et *scintillement* font *-ti-yan, -ti-yé* et *-tiy'-man.*

scolopendre, nom scientifique du *mille-pattes,* est du *féminin.*

sconse (« genre de fourrure »), mot tiré de l'anglais *skunks* (pluriel de *skunk*), est la forme à conseiller parmi les variantes *sconce, scons, skunce, skungs,* etc.

scorsonère (« légume ») est du *féminin.*

sculpteur n'a pas d'équivalent féminin. On dit : *Une femme sculpteur. Sa femme est un sculpteur de talent.*

se. — Ce pronom se met *avant* le verbe quand, dans la phrase, il est question d'une partie du corps humain ; s'il s'agit de choses, on emploie l'adjectif possessif, qui se place *après* le verbe : *Il s'essuie les yeux. Il essuie ses lunettes* (et non *il s'essuie les lunettes). Il se mord les doigts. Il mordille son mouchoir. Elle s'est cassé la jambe. Elle a cassé ses jouets.*

V. aussi POSSESSIF (Adjectif).

séant est le participe présent du verbe *seoir*, et signifie « qui siège, qui tient séance en quelque lieu ». Il est variable, et considéré comme adjectif, quand il se dit d'un fait habituel : *La cour d'appel séante à Paris.* Mais on dirait *L'Assemblée séant ce jour-là à Versailles,* parce qu'il s'agit alors d'une résidence non ordinaire, d'une circonstance particulière.

— **Séant - seyant.** *Seoir* a deux formes d'adjectif : *séant* et *seyant.* Au sens de « décent, convenable », on se sert de *séant* : *Il n'est pas séant, à votre âge, de faire telle chose. Votre conduite est peu séante.*

Seyant se dit de ce qui va bien, convient bien : *Votre coiffure est vraiment seyante. Cette robe est peu seyante.*

V. aussi SEOIR.

séant (nom). — **Sur son séant.** Se mettre sur son séant (et non plus *s'isseoir sur son séant,* qui est du langage populaire), c'est se mettre dans la posture d'une personne assise dans son lit : *Il avait du mal à se mettre sur son séant pour recevoir les visites.*

Etre, se trouver, se dresser, rester sur son séant sont des expressions correctes, mais on ne saurait dire, avec Edmond de Goncourt (*la Faustin,* 101) : *Un de ces sommeils où la dormeuse se trouve debout sur son séant.*

sécher - dessécher. — **Sécher,** c'est surtout débarrasser quelque chose de son humidité : *Fruits séchés. Légumes séchés.* C'est aussi rendre sec, mettre à sec : *Le vent sèche les chemins* (Acad.). *L'été sèche les ruisseaux* (Nouv. Lar. univ.).

Dessécher dit plus; c'est rendre tout à fait sec, priver de toute vie en ôtant totalement l'humidité : *Dessécher une tumeur. Un arbre desséché est un arbre mort. Des fruits desséchés sont inutilisables* (alors que des *fruits séchés* sont comestibles).

second. — Dans ce mot et ses dérivés, le *c* se prononce *g* : *se-gon.*

— **Second - deuxième.** Voir DEUXIÈME.

secrétairerie. V. SEIGNEURIE.

sécréter, comme **sécrétion,** s'écrit avec deux accents aigus (et non *secréter, secrétion*).

sécurité - sûreté. — De ces deux mots, *sûreté* est le plus ancien, mais il est peu à peu détrôné par *sécurité,* les sens de ces deux termes ayant tendance à se confondre.

La **sécurité** est la confiance, la tranquillité d'esprit qui résulte de l'opinion, bien ou mal fondée, qu'on n'a pas à craindre de danger : *Au milieu de tant de périls, votre sécurité m'étonne* (Acad.). *Tout est calme aujourd'hui, mais j'ai peu de sécurité pour l'avenir* (Id.). Et par analogie : *L'industrie a besoin de sécurité. Nos vaisseaux maintenant parcourent ces mers avec sécurité* (Acad.). *Nous ne sommes pas en sécurité ici* (Id.).

La **sûreté** est l'état de celui qui n'a rien à craindre pour sa personne ou pour sa fortune, l'état de ce qui est à l'abri : *Pourvoir à sa sûreté* (Acad.). *Votre sûreté exige que vous preniez telle précaution. Mettre sa fortune en sûreté* (Lar. du XXᵉ s.). *Se mettre en sûreté. Si l'homme recherche sans cesse la sécurité, il n'est cependant nulle part en sûreté* (R. Bailly). *Police, service de sûreté. Quand il fait une affaire, il prend toutes les sûretés possibles* (Acad.).

On dit : *Une serrure de sûreté. Un dispositif de sûreté* ou *de sécurité.*

seiche est l'orthographe usuelle (et non plus *sèche*) du nom du mollusque céphalopode dont on connaît particulièrement l'*os de seiche.*

seigneurie. — Ne pas dire ou écrire *seigneurerie* (aussi fautif que *mairerie* pour *mairie*). A noter toutefois le correct *secrétairerie* (du Vatican).

seing. — On écrit : *Un acte sous seing privé* (et non *sous seings privés*). *Un sous-seing. Des sous-seings. Des blancs-seings.*

séisme a été critiqué d'abord parce qu'il fait double emploi avec *tremblement de terre,* et aussi parce que sa forme est contestable. (La diphtongue grecque *ei* eût dû être transcrite par *i*;

cf. *sismique, sismographe,* etc., et aussi *angiome, dinosaure, liturgie, pliocène,* etc. Si l'on écrit *séisme,* dit en substance A. Thérive [*Querelles de langage,* I, 29], il faut écrire *léiturgie* et *neurasthénéie!*) Il est cependant entré dans l'usage, et même, sous l'influence de l'anglais, ses dérivés tendent à s'écrire avec *-éi-.*

V. aussi SISMIQUE.

select, mot anglais signifiant « choisi », s'écrit sans accent et ne change pas au féminin : *Une société select* (Lar. univ.). *Des réunions selects* (Gr. Lar. encycl.).

sélectionner - choisir. — Ces deux termes impliquent l'un et l'autre une idée de choix, mais alors que **choisir** peut s'appliquer à des choses disparates (on peut choisir entre des objets divers), **sélectionner** marque plus particulièrement un choix effectué sur plusieurs choses *de même nature,* un tri opéré pour conserver les éléments les meilleurs : *Je ne puis me résigner à choisir un plat dans cette gargote infâme. Sélectionner des joueurs de rugby en vue d'une compétition. Sélectionner des graines, des animaux. Un choix de disques sélectionnés* (Abel Hermant, *les Samedis de Monsieur Lancelot,* 50).

On *choisit* ses amis parmi ses connaissances ; *sélectionner* ses amis serait les classer par affinités, par aptitudes, etc.

selon - suivant. — **Selon** ou **suivant** peuvent indifféremment s'employer devant des noms de personnes ou des noms de choses : *Selon mon opinion* (Acad.). *Suivant l'opinion d'Aristote* (Id.). *Traiter les gens selon leur mérite* (Lar. du XXᵉ s.). *Traiter les gens suivant leurs mérites* (Id.). *Nous continuerons ou nous nous arrêterons selon* (ou *suivant*) *l'état de la route.*

Au sens de « selon l'opinion de », on emploie plutôt *suivant,* mais aussi *selon* tout court. *Suivant Descartes* (Acad.). *Suivant Bossuet* (Lar. du XXᵉ s.). *Selon Maurice, il vaudrait mieux rentrer.*

— **Suivant** ne s'emploie pas devant un pronom : *Selon vous* (et non *suivant vous*), *qu'auriez-je dû faire ?*

— **Selon que** et **suivant que** sont synonymes, *selon que* est plus

usité (ils se construisent avec l'indicatif) : *Selon que vous serez puissant ou misérable, Les jugements de cour vous rendront blanc ou noir* (La Fontaine, *Fables,* « les Animaux malades de la peste »). *Je le récompenserai suivant qu'il m'aura servi* (Acad.). *Selon que vous entrez par la droite ou par la gauche. Récompenser ou punir quelqu'un suivant qu'il vous a bien ou mal servi* (Lar. du XXᵉ s.).

— **C'est selon** s'emploie absolument (« selon les occurrences, les dispositions des personnes, etc. ») : *Pensez-vous qu'il gagne son procès ? — C'est selon.*

semailles ne s'emploie guère qu'au pluriel : *Nous avons fait nos semailles* (Acad.). *Les oiseaux ont mangé les semailles* (Littré).

semaine. — **Deux fois la semaine, par semaine.** V. HEURE.

— On dit **Venir un jour de semaine** (et non *un jour sur semaine,* qui est du langage populaire), et aussi **venir en semaine** (par opposition au dimanche ou à un jour férié).

semblable - similaire. — Sont **semblables** des choses qui ont même apparence, même nature, mêmes propriétés, mêmes qualités, etc. : *Ces deux choses sont semblables entre elles* (Acad.). *Votre chapeau est semblable au mien.* (V. aussi ANALOGUE).

Similaire, en langage commercial, se dit d'un objet qui peut être assimilé à un autre : *Vendre des imperméables, des parapluies et autres objets similaires.* Il s'emploie toujours sans complément.

sembler. — Après **il semble que,** le verbe se met ordinairement au subjonctif. Cette expression a alors le sens de « d'après les apparences », et c'est cette nuance de doute qui appelle le subjonctif : *Il semble que ce soit des soldats canadiens. Il semblait qu'on l'eût percé de mille dards.*

Toutefois, si *il semble que* a le sens très affirmatif de « il est certain que », et si cette expression est employée comme une sorte de précaution oratoire, l'indicatif est de règle : *Il semble qu'il est en vie* (Molière, *Dom Juan,* III, VI). *Il semble que la logique est l'art de convaincre de quelque vérité* (La Bruyère, *les Caractères,* I, 55). Il semble que cela est facile (Acad.). *Il semble que* est plus certain avec l'indicatif, plus douteux avec le subjonctif (Littré).

Avec **il me (te, lui, ...) semble que**, le verbe de la subordonnée se met à l'indicatif : *Il me semble qu'il est malade en ce moment. Il me semble, cher ami, que vous avez bu. Il semblait à Ernestine qu'un souffle glacé lui figeait le sang.*

Le conditionnel peut s'employer avec *il semble* ou *il me semble que* si le fait qu'on veut exprimer est du domaine de l'éventualité : *Il semble qu'il serait préférable de revenir sur nos pas. Il me semble que personne ne le regretterait.*

Employées négativement ou interrogativement (*il ne semble pas que, il ne me semble pas que, semble-t-il que?, vous semble-t-il que?*), ces expressions demandent toujours le subjonctif : *Il ne semble pas qu'il ait eu raison d'agir ainsi* (Lar. du XXᵉ s.). *Il ne me semble pas qu'il soit gravement atteint. Semble-t-il qu'il en fût jamais ainsi? Vous semble-t-il qu'il soit devenu un homme?*

— **Sembler - paraître.** V. PARAÎTRE.

semer - planter. V. PLANTER.

semestriel. V. BIHEBDOMADAIRE.

semi-. V. DEMI.

sempiternel. — La première syllabe se prononce *sin*.

sénat s'écrit avec une minuscule dans le sens ancien du mot : *Le sénat de Sparte, d'Athènes, de Rome. César fut tué en plein sénat* (Littré). *L'ancien sénat de Venise, de Gênes* (Id.).

Il prend une majuscule quand il désigne l'une des deux assemblées législatives qui régissent certains Etats modernes : *Le Sénat des Etats-Unis. Convoquer le Sénat* (Acad.).

senestre est écrit sans accent par l'Académie.

On rencontre toutefois fréquemment la forme **sénestre**, qui a d'ailleurs donné *sénestré, sénestrochère, sénestrogyre*, etc. : *Le côté sénestre* (Littré). *Il existe quelques espèces dont la coquille est sénestre* (G. Duhamel, *Cécile parmi nous*, 150).

sens. — On écrit : *En tous sens* (Acad.). *Sens dessus dessous* (l'orthographe *c'en dessus dessous*, donnée pour plus logique, est inusitée) ; *sens devant derrière* (Acad.) [ici, *sens* se prononce *san*].

— **A contresens** s'écrit sans trait d'union.

sensé - censé. V. CENSÉ.

sensibilité - sensiblerie. — **Sensiblerie** est une forme péjorative de **sensibilité** (« faculté de percevoir des impressions morales, disposition à être ému de compassion, de pitié, de tendresse, etc. ») et désigne une sensibilité outrée ou affectée : *Sa bonté prétendue n'est que sensiblerie* (Acad.). *Il est d'une extrême sensibilité* (Id.).

sentir se conjugue comme *mentir*. (A noter *je sens, tu sens...* [sans *t*].)

— **Sentir bon, mauvais, fort,** etc. Dans ces expressions, *bon, mauvais, fort*, etc. (adverbes), sont *invariables* : *Ces fleurs sentent bon, mauvais. Ces fromages sentent fort.*

— **Accord de « senti » suivi d'un infinitif.** *Senti*, tout comme *fait* et *laissé, vu* ou *regardé, entendu* ou *écouté*, est le plus souvent considéré comme faisant corps avec l'infinitif qui le suit et reste *invariable* : *La balle que j'ai senti passer. Je l'ai senti* (ou *sentie*) *passer à ce moment. Cette enfant, je l'ai senti partir dans mes bras. Elle était dans mes bras quand je l'ai senti* (ou *sentie*) *partir. Ils se sont senti attirer* (ou *sentis attirés*) *par cette femme.*

seoir (de même que **messeoir**) est inusité à l'infinitif. Il ne s'emploie qu'à certains temps simples et seulement à la 3ᵉ personne : *Il sied, ils siéent. Il seyait, ils seyaient. Il siéra, ils siéront. Il siérait, ils siéraient. Qu'il siée, qu'ils siéent.* Part. prés. *Seyant* et *séant.* Part. pass. *sis, e.*

V. aussi SÉANT (nom).

sépale est du *masculin* (comme *pétale*).

séparer. — **Séparer de** ou **d'avec.** Les deux constructions sont admises, mais *séparer de* est plus élégant : *Séparer le bon grain de l'ivraie* (mais on dira *La séparation du bon grain et de l'ivraie*). *Un seul coup lui sépara la tête du corps, d'avec le corps* (Acad.).

L'écorce de cet arbre s'est séparée du bois (Id.). *La raison sépare l'homme de tous les autres animaux* (Lar. du XXᵉ s.).

sept. — Le *p* de *sept* ne se prononce pas. Il est également muet dans *septième* et *septièmement;* mais il se fait entendre dans tous les autres dérivés : *septembre, septennat, septentrional, septuagénaire,* etc.

Le *t* de *sept* se prononce aujourd'hui dans tous les cas : *Le chiffre sept* [sèt']. *Sept* [sèt'] *œufs. Sept* [sèt'] *francs. Dix-sept* [sèt'] *cents francs. L'année mil sept* [sèt'] *cent quatre-vingt-neuf.*

La prononciation *sè* devant une consonne (*sept* [sè] *francs, sept* [sè] *jours, sept* [sè] *mille*) est vieillie et ne s'entend plus que rarement. (V. SIX.)

— **Sept**, nom, est *invariable : Faire des sept. Avoir trois sept en main.*

sérénade - aubade. V. AUBADE.

serf, « en état de servage », se prononce toujours *sérf'* et fait au féminin *serve.*

sériciculture, « industrie qui a pour but la production de la soie », est formé du latin *sericum,* soie, et de *culture.*

(Se garder de dire *sériculture.*)

série. — Lorsque ce collectif a un complément au pluriel, le verbe qui suit se met le plus souvent au pluriel : *La série de crimes qui ont été commis depuis cette date. Une série de crimes ont été commis.*

Avec *une série,* on emploie aussi le singulier : *Une série d'articles qui traitait de ce sujet.*

V. aussi COLLECTIF.

serin, adjectif de couleur, est *invariable : Des écharpes serin, jaune serin.*

V. aussi COULEUR.

serpent. — **Se faire mordre** ou **piquer par un serpent.** V. MORDRE.

— On écrit : *Un serpent à sonnettes* (et non *à sonnette*).

serre-. — Dans les composés de cette forme du verbe *serrer,* sont *invariables* au pluriel les compléments de : *serrebosse, serre-bouchon, serre-écrou, serre-feu, serre-frein* (ou *serre-freins*), *serregouttière, serre-joint* (ou *serre-joints*), *serre-nœud, serre-rail* (ou *serre-rails*), *serre-tête, serre-tube.*

S'écrivent avec un *s* au singulier : *serre-livres, serre-papiers, serre-points. Serre-bijoux* prend un *x.*

Les autres composés varient : *des serre-files, des serre-fines,* etc.

serrer, au sens de « ranger, enfermer », est correct (c'est mettre en *serre*) : *Serrer des papiers, du linge, la récolte* (Lar. du XXᵉ s.).

serval fait au pluriel *servals.*

service. — On écrit au singulier : *Faire des offres de service* (Acad.).

serviette. — **Serviette-éponge.** V. ÉPONGE.

servir se conjugue comme *mentir : Je sers, tu sers, il sert, nous servons,* etc.

— **Servir à rien** et **servir de rien** ont le sens d' « être inutile ». On emploie l'une ou l'autre de ces expressions selon les exigences de l'euphonie (éviter *à rien à ou de rien de*) : *Il ne sert à rien de s'emporter* (Acad.). *Cela ne vous sert de rien* (Id.). *L'expérience ne sert de rien à l'impuissance* (Lar. du XXᵉ s.).

Toutefois, la première expression impliquerait plutôt l'idée d'une nullité momentanée, et la seconde l'idée d'une nullité absolue : *Cet outil ne me sert à rien, mais je ne veux pas vous le vendre* (il pourrait me servir plus tard). *Des lunettes ne serviraient de rien à un aveugle.*

— Le participe passé **servi,** conjugué avec *avoir,* s'accorde ou non selon le sens de la phrase. Ainsi, on écrira : *Ces outils nous ont bien servi* (ont bien servi *à* nous), mais *Ce maître d'hôtel nous a bien servis* (a bien servi nous).

serviteur a pour féminin correspondant *servante.*

session - cession. — Le mot **session** implique une idée de « séance »; c'est le « temps pendant lequel un corps délibérant est assemblé » : *Les sessions de l'Assemblée nationale. L'ouverture, la clôture de la session* (Acad.).

Avec **cession,** c'est l'idée de « céder » qui doit se présenter à l'esprit, la *cession* étant l' « action de céder » : *Cession de créances. Cession de bail* (Lar. du XXᵉ s.). *Cession de fonds de commerce.*

seul. — Après **le seul (la seule),** le verbe se met généralement au subjonctif pour atténuer le sens trop nettement absolu de cette expression : *C'est le seul homme qui vive de la sorte* (Acad.). *Vous êtes le seul qui l'ait fait* (Id.). *C'est la seule place à laquelle vous puissiez aspirer.*

Mais s'il s'agit d'exprimer une certitude, la réalité d'un fait, et qu'on veuille présenter celui-ci comme incontestable, on peut se servir de l'indicatif : *C'est le seul médecin que nous avons consulté depuis dix ans. L'homme est le seul de tous les animaux qui est droit sur ses pieds* (Fénelon ; cité par Littré).

On peut également employer le conditionnel (fait hypothétique) : *C'est le seul qui se permettrait* ou *qui pourrait se permettre une telle privauté.* (On dira mieux, cependant, *qui soit capable de se permettre...*)

(La règle est la même pour *le dernier, la dernière.*)

V. aussi QUI (*Accord avec « qui » sujet*).

— **Seul à seul.** Cette locution est en général considérée comme figée et reste invariable dans tous les cas : *Me voici seul* [Tartuffe] *à seul* [Elmire] *avec vous* (Molière, *le Tartuffe*, III, III). *Ils se trouvèrent seul à seul* (Acad.).

Certains auteurs modernes font varier *seul à seul* (*Les deux amants restèrent seul à seule*), mais cet inutile accord n'est pas à conseiller.

V. aussi ÉGAL (*D'égal à égal*).

— **Homme seul - seul homme.** Un *homme seul* est un homme sans compagnie : *Vivre en homme seul.* Un *seul homme*, c'est rien qu'un homme, un homme seulement : *Je ferai ce travail avec un seul homme.*

seulement. — On dit bien, au sens de « mais, toutefois » : *Vous pouvez aller le voir ; seulement ne restez pas trop longtemps* (Acad.).

Et, au sens de « à l'instant, pas avant » : *Le courrier vient seulement d'arriver* (Acad.). Mais on évitera (sans complément) : *J'arrive seulement. Faites-le seulement, et vous verrez !*

— **Ne ... seulement que.** Cette locution, quoique employée autrefois par certains classiques ([...] *c'est merveille Qu'il n'ait eu seulement que la peur pour tout mal* [La Fontaine, *Fables*, « l'Ours et les Deux Compagnons »]), est un pléonasme qu'on

évite aujourd'hui. On doit dire : *Je n'ai que cent francs* ou *J'ai seulement cent francs* (et non *Je n'ai seulement que cent francs*). *Vous aurez seulement à vous présenter* ou *Vous n'aurez qu'à vous présenter* (et non *Vous n'aurez seulement qu'à vous présenter*).

— **Non seulement..., mais.** Dans cette expression, *non seulement* doit toujours précéder les termes qui sont opposés : *Un chrétien doit aimer non seulement ses amis, mais même ses ennemis* (Acad.). [et non *Non seulement un chrétien doit aimer ses amis, mais même ses ennemis*].

V. aussi NON (*Non seulement*).

— **Pas seulement.** On évitera l'inversion populaire *seulement pas*. On dira : *Cet enfant n'a pas seulement été capable de réciter correctement sa leçon* (et non *Cet enfant n'a seulement pas été capable...*). *Cet homme, que l'on disait mort, n'a pas seulement été malade* (Acad.). *N'avoir pas seulement cinq francs* (Lar. du XXᵉ s.).

sévices est un nom *masculin* qui ne s'emploie qu'au pluriel : *Cette femme a intenté à son mari une action en divorce pour sévices graves* (Acad.).

shako est l'orthographe de l'Académie. (*Schako* est désuet.)

shampooing est l'orthographe de ce mot anglais, dont la prononciation est francisée en *chan-poin*. Pluriel *shampooings*.

shilling, monnaie anglaise, se prononce *chi-lign*. La prononciation francisée *che-lin* est peu usitée aujourd'hui : *Vingt shillings font une livre* (Acad.).

si (adverbe). — *Si* adverbe ne doit pas modifier un participe passé conjugué avec un auxiliaire. On dira : *Il était tant* (ou *tellement*) *aimé de ses enfants* (et non *Il était si aimé de ses enfants*). *Vous l'avez tant* (ou *tellement*) *bousculé ce jour-là* (et non *Vous l'avez si bousculé ce jour-là*).

On ne dira pas : *Une éclipse si observée* (*observée* ne pouvant faire fonction d'épithète), mais *si bien observée* (*si* modifiant *bien*) [Littré]. *Une tournure si employée par cet écrivain*, mais *si souvent employée...*

Dans le cas d'un adjectif participial, *si* est correct : *Un homme si sage et si estimé, qui l'eût cru?* (On peut dire *Un homme estimé.*)

— **Si** ne devant modifier qu'un adjectif ou un autre adverbe, avoir *si faim, si soif, si mal,* être si en colère, etc., sont des expressions critiquées par certains grammairiens, qui les considèrent comme étant du langage relâché et conseillent : *J'ai si grand-faim, j'ai tellement froid, j'ai bien mal,* etc., irréprochables. L'usage est loin d'être aussi strict en la matière.

V. FAIM.

— **Si** comparatif doit être accompagné de la négation et suivi de *que* : *Il n'est pas si riche que vous croyez* (Acad.).

La négation manque cependant dans des expressions familières comme : *Si peu que rien* (« très peu »). *Si peu que vous voudrez* (« aussi peu que vous voudrez »).

— **Si - aussi.** V. AUSSI (*Aussi - si*).

— **Si ... que.** Dans une proposition introduite par *si ... que,* on emploie le subjonctif : *Si laide qu'elle soit, c'est sa fille.*

Avec *si ... que,* au point que, tant que, tel que, tellement que, on emploie également le subjonctif dans une proposition consécutive, si la proposition principale est négative ou interrogative : *Il n'est pas si honnête qu'il soit sans défauts. Est-il si honnête qu'il soit sans défauts?*

Si la principale est affirmative, le verbe de la consécutive se met à l'indicatif ou au conditionnel, selon le sens : *Il est si fatigué qu'il ne viendra pas. Il est si fatigué qu'il ne viendrait pas même si vous alliez le chercher en voiture.*

— **Si ... que de** est une construction archaïque mais correcte : *Es-tu toi même si crédule Que de me soupçonner d'un courroux ridicule* (Racine, *Bajazet,* IV, VII).

— **Si tellement** est un pléonasme populaire. On dira : *Je suis si heureuse, tellement heureuse de vous voir* (et non *Je suis si tellement heureuse...*).

si (conjonction). — Devant *il, si* perd sa voyelle pour éviter un hiatus désagréable. On écrira donc *s'il* (et non *si il*).

— Avec **si** marquant la condition, le verbe de la proposition subordonnée se met à l'*indicatif* (et non au conditionnel) : *Si tu fais cela, je pars tout de suite* (je pars tout de suite, proposition principale; *si tu fais cela,* proposition subordonnée introduite par *si*). *Si tu faisais cela, je partirais tout de suite. Si tu as fait cela, je partirai demain.*

(*Si* conditionnel employé avec un verbe au futur dans la proposition subordonnée est une construction archaïque qui choque aujourd'hui : *Si je ferai cela...*)

— **Concordance des temps avec « si ».** Dans les phrases avec *si,* la concordance de temps du verbe de la subordonnée avec le verbe de la principale se fait de la façon suivante : dans la proposition subordonnée, les *futurs* se remplacent par le *présent* et le *passé composé,* et les *conditionnels* par l'*imparfait* et le *plus-que-parfait* (Lar. du XXe s.) : *Je sortirai s'il fait* (et non *s'il fera*) *beau. Si demain le temps s'est refroidi, je resterai à la maison. J'irais si tu le désirais* (et non *si tu le désirerais*). *J'y serais allé si tu l'avais voulu* (et non *si tu l'aurais voulu*).

— **Comme si.** V. COMME.

— **Si c'était ... qui.** Après *si c'était... qui* (ou *que*), le verbe de la proposition relative se met à l'indicatif (le subjonctif est rare et fait quelque peu prétentieux) : *Si c'était vous qui aviez porté la bannière. Si c'était moi qui avais dit cela. Si c'était cela que vous pensiez...*

— **Si encore.** V. ENCORE.

— **Si j'étais vous, de vous, que de vous.** V. VOUS.

— **S'il en fut** (sans accent circonflexe) est une locution figée : *C'est* (*C'était*) *un honnête homme s'il en fut.*

— **Si ... ne ... pas.** Après *si* conditionnel ou employé au sens de « à moins que », on supprime souvent *pas* pour des raisons d'élégance et d'euphonie : *Elle reviendra si vous ne la chassez sans pitié. Je n'irai pas si l'on ne passe me prendre.*

On dit également **si je ne m'abuse, si je ne fais erreur,** etc. (sans *pas*), mais on peut toujours ajouter *pas* si l'on veut donner plus de force à l'expression.

Si ce n'est, au sens de « sinon, excepté », s'emploie sans *pas* : *Qui donc* *l'a fait, si ce n'est toi? Si ce n'est eux, quels hommes eussent osé l'entreprendre?* (Acad.) *Je ne l'ai même jamais vu, si ce n'est de loin* (Hanse). Mais on pourra écrire : *Si ce n'est toi ou Si ce n'est pas toi, qui donc l'a fait?*

Au passé, *si ce n'était, si ce n'eût été* sont souvent remplacés par l'ellipse *n'était, n'eût été* : *N'était, n'eût été son chapeau, elle eût pu passer pour une élégante.*

— **Si oui** s'écrit toujours en deux mots (*sinon* s'écrit en un seul) : *Avez-vous vos billets? Si oui, nous sommes prêts; sinon, allez les chercher.*

— **Si ... que.** Dans une phrase construite avec *si... que*, et où *que* prend la place d'un second *si*, le verbe introduit par *si* se met à l'indicatif et celui qui est amené par *que* se met au subjonctif : *Si leur mère arrivait et qu'ils prissent une bonne fessée, ils ne l'auraient pas volé* (ou *Si leur mère arrivait et s'ils prenaient une bonne fessée...*).

V. aussi SI adverbe (*Si... que*).

— **Si tant est que** se construit avec le subjonctif : *Si tant est qu'ils fussent* [Vaugelas et Ménage] *les véritables interprètes de l'usage* (Littré).

sibylle se prononce *si-bil'* et s'écrit *si-by-* (et non *sy-bi-*).

siècle. — On écrit : *Les XVIᵉ et XVIIᵉ siècles* (ou *Les seizième et dix-septième siècles*). *Le XVᵉ et le XVIᵉ siècle*, et, sans article : *XVᵉ-XVIᵉ siècle* (comme on dirait *15ᵉ-16ᵉ cheval* et non *chevaux*). *XVIᵉ-XVIIIᵉ siècle* (du XVIᵉ au XVIIIᵉ siècle).

V. aussi NUMÉRAL, et LE, LA, LES (articles) [*Accords particuliers*].

siffler. V. PERSIFLER.

signaler - signaliser. — Alors que **signaler** a le sens connu d' « attirer l'attention de quelqu'un sur une personne ou sur une chose », **signaliser** signifie « munir de signaux » : *Je vous signale qu'il serait utile de signaliser telle route.*

signet se prononce aujourd'hui *si-gnè* (et non plus *si-nè*).

simili-, préfixe indiquant la similitude, se joint généralement au nom sans trait d'union : *similibronze, similiforme,*

similigravure, etc. (A noter que le cliché obtenu par le procédé de *la* similigravure est appelé *un simili.*)

(L'Académie écrit [avec un trait d'union] : *Du simili-marbre. La similigravure.*)

sinon s'écrit toujours en un seul mot : *Que la fortune soit sans reproche, j'accepte ses faveurs; sinon, je les refuse* (Littré). *Obéis, sinon gare! Si vous êtes sages, je vous récompenserai; sinon, non* (Acad.).

— **Sinon** est équivoque dans des phrases comme : *Ce défaut peut être atténué, sinon supprimé* (cité par A. Thérive, *Querelles de langage*, II, 179). Faut-il comprendre : *sans être cependant supprimé*, ou *et même supprimé?* Dans le premier cas, on dira mieux : *mais non supprimé;* dans le second : *pour ne pas dire, peut-être même, voire,* etc., *supprimé.*

— **Ou sinon** est pléonastique, et il est préférable de l'éviter (*Obéis à l'instant, ou sinon tu seras châtié*).

— **Sinon que** est le plus souvent remplacé aujourd'hui par *si ce n'est que* ou *sauf que*. On le rencontre encore après *rien* : *Je ne sais rien, sinon qu'il est venu* (Acad.).

sir, titre anglais qui se prononce *seur*, doit toujours précéder le prénom, jamais le nom de famille : *sir Winston Churchill* (et non *sir Churchill*).

— **Sir**, employé seul dans le langage ordinaire, est l'équivalent de *monsieur* : *Yes, sir.*

sirop. V. CONFITURE.

sismique, ou **séismique,** est tiré du grec *seismos*, qui signifie « choc, secousse ». Il résulte de cette étymologie que **secousse sismique** est un pléonasme condamné par les linguistes.

L'Académie donne comme exemple d'emploi correct : *Phénomène sismique*, expression qui, avec *séisme* et aussi *secousse tellurique*, peut avantageusement remplacer *secousse sismique.*

V. aussi SÉISME.

sitôt. — **Sitôt - si tôt.** On écrit *sitôt* (en un seul mot) au sens de « aussi vite, aussi promptement » : *Je n'arriverai pas sitôt que vous* (Acad.). *Votre affaire ne sera pas sitôt finie que la mienne* (Id.). *Il n'atteindra pas le but sitôt que moi* (Lar. du XXᵉ s.).

Mais on doit écrire *si tôt* (en deux mots) quand cette expression est employée par opposition à *si tard* : *Si j'avais su, je ne me serais pas levé si tôt ce matin. Pourquoi partir si tôt, nous avons le temps. Hé, vous voilà? je ne vous attendais pas si tôt* (Acad., à HÉ).

— **De sitôt** signifie « si prochainement » et ne s'emploie que dans les phrases négatives : *Vous ne me reverrez pas de sitôt. Il ne partira pas de sitôt* (Acad.).

— **Sitôt que** a le sens de « dès que » : *Sitôt qu'il reçut cette nouvelle, il partit* (Acad.).

— **« Sitôt » suivi d'un nom ou d'un participe.** La construction qui consiste à faire suivre *sitôt* d'un nom ou d'un participe est assez courante aujourd'hui : *Sitôt la cage ouverte, l'oiseau s'enfuit. Sitôt sorti* (pour *sitôt qu'il fut sorti*), *il se mit à courir* (Hanse). *Sitôt passé la porte, il tomba.*

six, nom masculin, se prononce toujours *siss* : *Un six. Le six de cœur. A la six-quatre-deux.*

— Comme adjectif numéral, il se prononce *siss* quand il est placé en fin d'expression ou après un nom : *Page six. Le chapitre six est trop court. Soixante-six. J'en ai six.* Et aussi avec les mois et dans certaines expressions : *Le six mai, juin, juillet,* etc. *Etre à six contre un. Rente à six pour cent.*

Il se prononce *siz'* devant une voyelle ou un *h* muet : *Six-z-enfants. Six-z-hommes.* (Toutefois, devant *et* et devant *ou* il se prononce *siss* : *Six et trois font neuf. Ils étaient six ou huit.*)

La prononciation *si* se fait entendre devant un pluriel commençant par une consonne ou un *h* aspiré : *Si(x) francs. Si(x) héros. Si(x) maisons.* Et aussi dans l'énoncé des nombres : *Si(x) cent mille francs. Si(x) mille hommes de troupe.*

En règle générale, pour les nombres de cinq à dix, on doit toujours faire entendre la consonne finale, sauf quand le chiffre est considéré comme agent multiplicateur : *cin fois cinq, si jours, di minutes,* etc. (le chiffre multiplie l'objet) ; mais on dira *cinq pour cent, siss par siss, diss contre un,* etc., *le cinq juin, le siss novembre, le huitt juillet, le diss mai,* etc.

sixain se prononce *si-zin*. (On écrit aussi *sizain,* comme *dizain, dizaine.*)

sketch est un mot anglais qui fait au pluriel *sketches.*

ski. — On dit et l'on écrit : *Aller à skis* (mieux qu'*en skis*), *à patins.* [On est *sur* des skis, comme on est *sur* des patins.] *Un saut à skis. Une descente à skis. Faire du ski. Une école de ski.*

skunks. V. SCONSE.

snob n'a pas de forme féminine. On dit : *Une jeune fille snob. Elle est un peu snob* (Acad.). Au pluriel : *Ils, elles sont snobs.*

socque est du *masculin* : *Porter des socques usés. Il a quitté le socque pour le cothurne* (Acad.).

sofa est une orthographe plus courante que *sopha* : *Le grand vizir donnait ses audiences sur un sofa* (Acad.).

soi. — Soi - lui. V. ci-dessous et LUI (*Lui - soi*).

— **Soi** est souvent renforcé par *même* : *Charité bien ordonnée commence par soi-même.*

— En règle générale, **soi** est réservé, en parlant des personnes, à des sujets indéterminés, et **lui** à des sujets déterminés. Cette règle n'est pas toujours suivie, et certains écrivains continuent un usage autrefois courant : *Hérissé sur soi-même, il tourne en grommelant* (Leconte de Lisle, *Poèmes barbares,* 204). *Elle se complaisait en soi-même* (Fr. Mauriac, *le Baiser au lépreux,* 60). *Elle prescrit à ses adeptes de continuellement se surpasser soi-même* (A. Hermant, *l'Aube ardente,* 244). *Parais l'impatient martyr Qui soi-même s'écorche* (P. Valéry, *Charmes,* « Au platane », 117).

Dans ces exemples, où le sujet est déterminé, on pourrait très bien employer *lui-même, eux-mêmes, elle-même, elles-mêmes.*

— En parlant des choses, on se sert normalement de *lui, elle, eux, elles.* Toutefois, on rencontre aussi *soi* avec un sujet déterminé et au masculin singulier : *Un bienfait porte sa récompense en soi* (Acad.). *Le feu s'était éteint de soi-même* (G. Flaubert, *Madame Bovary,* 77).

— On évite aujourd'hui de se servir de *soi,* qui est un pronom singulier, avec un nom de chose ou de personne déterminé et au pluriel : *Les vagues emmenèrent les galets avec soi. Les gens qui parlent devant le miroir sont encore plus contents de soi que les gens qui dansent devant le miroir* (A. Hermant, *les Samedis de M. Lancelot*, 148). [On emploie *lui, elle, eux, elles*.]

— **A part soi** est une locution figée qui signifie « en son particulier, *in petto* » : *Faire des réflexions, une réflexion à part soi* (Acad.). *Elle pensait à part soi qu'il eût mieux valu partir dès le matin*. (A la première personne, on dit *à part moi* : *Je pensais à part moi*...)

Il faut éviter d'employer cette locution avec un sujet au pluriel : *Ils pensaient à part soi*. On dira : *Chacun pensait à part soi*.

Certains auteurs font accorder *à part soi* et écrivent *à part lui, à part elle, à part nous, à part eux*. Cet accord n'est pas à recommander.

— **En soi, de soi** sont également des locutions figées : *Votre conduite est en soi inqualifiable. Tout ce qui est sincère porte en soi son charme* (Lar. du XXᵉ s. ; d'après Sainte-Beuve). *Ce sont des choses en soi qui sont belles et bonnes* (Molière, *les Femmes savantes*, IV, III). *La paix est aimable en soi* (Acad.). — *Ces choses-là vont de soi. La vertu est aimable de soi* (Acad.).

— **Soi-même**, pour *lui-même*, après un nom de personne déterminé, est du langage familier : *Je suis M. Dalou. — Le grand chocolatier ? — Soi-même* (A. Savoir, *Banco*, II, IV).

soi-disant. — Cette forme archaïque du participe présent du verbe *se dire* signifie « qui se prétend, qui se dit tel (ou telle) », et par le fait même ne doit logiquement se rapporter qu'à des personnes (il est évident qu'une chose ne peut « se dire », ne peut affirmer qu'elle possède une qualité donnée) : *Un tel, soi-disant héritier* (Lar. du XXᵉ s.). *De soi-disant docteurs* (Acad.).

Toutefois, l'usage, soutenu par quelques bons écrivains, tend à appliquer abusivement *soi-disant* aux choses, comme synonyme de *prétendu* : *Au fond de mes soi-disant ambitions* (E. Fromentin, *Dominique*, chap. XVI). *Ce soi-disant défaut* (M. Barrès, *Au service de l'Allemagne*, 26). *De soi-disant romans sans style* (E. Henriot, dans le

Monde, 3-XI-1948). *Cette absurdité de Léon, faisant du mal à sa mère par amour ou soi-disant amour d'elle* (H. de Montherlant, *les Célibataires*, 30). *Et le renflouage soi-disant refusé par les Leroy* (M. Druon, *les Grandes Familles*, 251). *Quelques vérités premières (ou soi-disant telles) sur le...* (titre d'une collection d'ouvrages scientifiques).

De même, on trouve **soi-disant** employé adverbialement au sens de « prétendument, censément » : *Je suis condamné pour avoir volé soi-disant le chien d'un imbécile* (J. Aicard, *l'Illustre Maurin*, 450). *Il était entré chez un joaillier, soi-disant pour faire estimer la broche* (P. Bourget, *le Danseur mondain*, 187). Littré avait déjà signalé cet abus, tout en l'acceptant à contrecœur ; Grevisse le donne comme « pleinement reçu par le bon usage », mais Ferdinand Brunot, pourtant si libéral, le condamne.

Cette extension regrettable du sens de *soi-disant* n'a pas manqué de conduire à des phrases amphibologiques, qui se révèlent plutôt cocasses à l'analyse : *La belle et soi-disant infâme Mᵐᵉ de Vaubadon* (Barbey d'Aurevilly, *Une vieille maîtresse*, II, 146). *La brigade criminelle n'avait pu découvrir la voiture dans laquelle Gueule-en-Or s'était soi-disant suicidé* (France-Soir, 7-IX-1949). *Qu'est devenu le cadavre de [...] soi-disant décédé à Madrid* (Dimanche-Matin, 28-II-1954). [Une femme qui se dit elle-même infâme ! Un suicidé, un mort qui raconterait ses prouesses !]

— **Soi-disant** doit rester *invariable* comme tous les participes présents : *Une femme [des femmes] soi-disant riche[s]*.

— **Soi-disant que** est du langage populaire : *Soi-disant qu'il n'est pas allé à son travail ce matin*.

— Se garder d'écrire *soit-disant* (avec un *t* à *soi*).

soierie s'écrit avec un *e* intercalaire.

(Il en est de même pour *corroierie*, mais non pour *voirie*.)

soif. — **Avoir si soif, très soif.** V. FAIM.

— On écrit : *Avoir grand-soif. Quelle grand-soif j'avais !*

soir. — On dit : *Hier soir, demain soir, vendredi soir* (plutôt que *Hier au soir, demain au soir, vendredi au soir,* néanmoins corrects). *La veille, le 10 au soir. Tous les samedis soir* (invariable : ellipse de *au*). *Nous vous verrons un de ces soirs à la promenade* (Acad.). Familièrement : *Un beau soir, je l'ai rencontré*

soit. — *Soit* est invariable :

1° Quand il a le sens de « supposons » : *Soit deux triangles opposés par le sommet* (on trouve parfois encore le pluriel dans ce cas, reste de l'ancienne langue) ;

2° Quand il exprime une alternative : *Prenez soit deux cachets, soit une cuillerée à soupe de sirop. Soit les uns, soit les autres;*

3° Quand il a le sens de « c'est-à-dire » : *Je vous donne le champ, soit dix mille francs de rente. Ils étaient là tous les trois, soit le père, la mère et le nouveau-né.*

— **Soit que** veut au subjonctif le verbe qui suit : *Soit qu'il vienne, soit qu'il ne vienne pas.*

— **Soit..., soit; soit... ou.** Dans une alternative commençant par *soit* (ou *soit que*), on répète généralement *soit* devant le second terme : *Soit paresse, soit légèreté. Soit qu'il parle, soit qu'il se taise.* On rencontre toutefois la forme classique *soit... ou* : *Soit paresse ou légèreté. Soit qu'il parle ou qu'il se taise.*

Avec un troisième terme, *soit* doit être répété au moins deux fois, ou l'on peut mettre *ou* devant le troisième terme : *Je viendrai soit demain, soit après-demain, ou dimanche* (Lar. du XXᵉ s.).

solbatu s'écrit avec un seul *t* : *Un cheval solbatu* (qui a la sole meurtrie).

solde est *masculin* en termes de commerce (*Solde créditeur. Le solde d'une facture*), et particulièrement au sens de « marchandise vendue au rabais » : *Acheter un solde intéressant.*

Il est *féminin* au sens de « paye des troupes ou émoluments des fonctionnaires assimilés aux soldats » (dérivé de l'italien *soldo*, sou) : *Avoir touché sa solde.*

On dit également *être à la solde de quelqu'un* (« défendre quelqu'un par

intérêt et non par conviction ») : *Les troupes étrangères étaient à la solde du roi* (Acad.).

V. aussi DEMI- et SALAIRE.

solécisme. V. BARBARISME.

soleil. — On dit *il fait du soleil* ou *il fait soleil,* pour signifier que le soleil brille, n'est caché par aucun nuage (Littré) : *Il ne fait pas toujours soleil comme aujourd'hui* (J. Romains, le *Crime de Quinette,* 25).

L'Académie ne donne que l'expression *il fait du soleil,* mais admet *il fait déjà, encore grand soleil,* ce qui paraît justifier *il fait soleil.*

solennel. — Dans ce mot et ses dérivés, la deuxième syllabe se prononce *la.*

solidaire. — Des personnes sont *solidaires* quand elles répondent en quelque sorte les unes des autres. On ne peut donc dire *solidaires l'une de l'autre* sans commettre un pléonasme. Le mot se suffit à lui-même : *Des débiteurs solidaires* (Littré). *Les membres d'une famille sont tous normalement solidaires* (Acad.).

Même remarque pour **se solidariser.** (A noter qu'on se solidarise *avec* quelqu'un.)

V. aussi DÉSOLIDARISER (SE).

solliciter. — Solliciter *à* ou *de.* Devant un infinitif, on emploie indifféremment l'une ou l'autre préposition, c'est une question d'euphonie : *Solliciter quelqu'un à faire quelque chose, de faire quelque chose* (Acad.). *Ils l'avaient sollicité d'entrer dans leur parti* (Id.). *On l'a sollicité d'assister à la réunion* (Lar. du XXᵉ s.).

Devant un nom ou un pronom, on emploie **à** : *Solliciter à la révolte* (Lar. du XXᵉ s.). *Qui est-ce qui vous a sollicité à cela!*

solo, mot italien francisé, a pour pluriel régulier *solos* (Acad.). [Le pluriel italien *soli* est également usité.]

Adjectivement : *Un violon solo. Une clarinette solo.*

solution. — **Solution de continuité.** Il n'est pas rare de voir cette expression prise dans un sens exactement opposé à son sens véritable (c'est-à-dire au sens fautif de « qui assure la continuité, la cohésion... »).

Une *solution de continuité,* c'est une coupure, une interruption qui se produit dans l'étendue d'un corps, d'un ouvrage, etc. *Sans solution de continuité* signifie donc « sans coupure, sans interruption ».

solutionner n'est pas à proprement parler un barbarisme. Il est régulièrement formé sur *solution* (cf. *audition-auditionner, addition - additionner,* etc.), mais il fait double emploi avec *résoudre,* toujours bien vivant. Aussi vaut-il mieux s'en tenir à ce dernier verbe : *Résoudre un problème.*

sombre.—Coupe sombre. V. COUPE.

sommité est de la même famille que *sommet.* Aussi se prononce-t-il *sommi-té* (et non *som-ni-,* comme on entend parfois) : *Les sommités de la finance, de la politique* (Lar. du XX° s.). *Prendre des sommités d'armoise en tisane.*

somptuaire - somptueux. — *Dépenses somptuaires* est un pléonasme. Il faut dire *dépenses excessives, exagérées,* etc., ou *dépenses d'apparat.*

Somptuaire (qu'il ne faut surtout pas confondre avec *somptueux,* quoique l'influence de ce mot sur *dépenses somptuaires* soit certaine) est tiré du latin *sumptuarius,* qui signifie « relatif à la dépense ». Dans l'Antiquité, les *lois somptuaires* (*leges sumptuariae*) combattaient le luxe excessif et réglaient la dépense. En 1660, en France, un *édit somptuaire* interdit le port d' « aucune étoffe d'or ou d'argent, fin ou faux, etc. ».

Somptueux signifie « magnifique, splendide, de grande dépense » : *Un édifice somptueux. Un somptueux repas.* Et aussi, « qui fait de grandes dépenses (surtout des dépenses de luxe), qui est luxueux » : *Prince somptueux en habits, en équipages* (Lar. du XX° s.).

son, sa, ses. V. CHACUN, EN, LEUR, POSSESSIF (Adjectif).

songe. V. RÊVE.

sonner. V. HEURE.

soprano, mot italien francisé, a pour pluriel régulier *sopranos* (Acad.). [Le pluriel italien *soprani* se rencontre également.]

sorbetière s'écrit sans accent sur le premier *e.*

sort. — **Faire un sort à une chose,** au sens de « l'utiliser à son profit », est du langage familier : *Faire un sort à un poulet, à une bouteille* (Lar. du XX° s.).

Le sens régulier de *Faire un sort à une chose* est « la propager, la faire valoir » : *Ce mot serait passé inaperçu si vous ne lui aviez fait un sort en le répétant et en le commentant* (Acad.).

sorte. — Employé comme sujet, *sorte* ne commande pas l'accord ; celui-ci se fait d'après le nom complément : *Cette sorte de fruit n'est pas mûr* (et non *mûre*). *Il n'est sorte de sujets qu'il n'ait traités* (et non *traitée*). *Cette sorte de livres ne sont pas bons à lire* (Lar. du XX° s.). *Ainsi se trouve créé une sorte de second front.*

— **Toute sorte.** Devant un nom singulier, on emploie *toute sorte* au singulier : *Je vous souhaite toute sorte de bonheur* (Lar. du XX° s.).

Dans le cas d'un nom pluriel, l'usage est flottant, et l'on emploie tantôt le singulier, tantôt le pluriel : *Il a toute sorte de dons* (Acad.). *Toutes sortes de gens* (Id.). *Je vous souhaite toutes sortes* (ou *toute sorte*) *de plaisir* (ou *de plaisirs*).

En général, pour simplifier, on met le plus souvent *toute sorte* (au singulier) devant un nom singulier, et *toutes sortes* (au pluriel) devant un nom pluriel.

On hésite également sur le nombre de *toute sorte* employé comme complément du nom **(de toute sorte)** : *Des gens de toute sorte* (Lar. du XX° s.). *Des indications de toutes sortes* (Id.). *Les fantaisies grammaticales de toute sorte* (M. Rat, dans *Vie et Langage,* 1955, p. 34).

— V. aussi ESPÈCE.

sortir. — **Conjugaison :** *Je sors, tu sors, il sort, nous sortons, vous sortez, ils sortent. Je sortais, nous sortions. Je sortis, nous sortîmes. Je sortirai, nous sortirons. Je sortirais, nous sortirions. Sors, sortons, sortez. Que je sorte, que nous sortions. Que je sortisse, qu'il sortît, que nous sortissions. Sortant Sorti, e.*

Les temps composés de *sortir* intransitif prennent l'auxiliaire **être** quand on veut exprimer l'état, et **avoir** quand on a en vue l'action : *Monsieur est sorti. Monsieur a sorti ce matin avec Madame* (il est revenu). *Il est sorti, mais il va rentrer* (Acad.). *Il a sorti, mais il vient de rentrer* (Id.). *La rivière est sortie de son lit* (Acad.). L'usage tend toutefois vers l'emploi exclusif de l'auxiliaire *être*.

Sortir transitif direct se conjugue avec *avoir*.

— **Sortir** *transitif direct*, longtemps discuté, est généralement admis aujourd'hui : *Il a sorti la voiture du garage* (Acad.). *Sortir les orangers de la serre, un cheval de l'écurie* (Lar. du XXᵉ s.). *Sortir* (ou *tirer*) *son mouchoir de sa poche. Sortir* (ou *tirer*) *un rôti du four. Sortir un enfant pour qu'il prenne l'air.*

— **Sortir quelqu'un** est du langage populaire : *En voilà assez! sortez-le* (pour *expulsez-le*)! *Cet énergumène troublait la réunion, on l'a sorti* (Acad.).

— **Sortir des injures à quelqu'un** est également populaire.

— **Sortir de,** avec un infinitif, est, d'après l'Académie, du langage très familier : *Sortir de dîner* (Acad.). *Je sors d'avoir avec Alice une conversation à ce sujet* (H. Lavedan, *les Viveurs*, III, XIII). [Littré critiquait l'expression *je sors de le voir.*] Cependant, ce tour tend à passer aujourd'hui dans la langue littéraire, au même titre que *sortir de table, du cinéma, de chez le coiffeur,* etc. On l'évitera dans le langage châtié.

Je sors d'en prendre, donné comme très correct par Deharveng (*Corrigeons-nous*, 265), est du langage populaire : *Allez-y si vous voulez, moi je sors d'en prendre!*

— **S'en sortir.** A côté d'*en sortir* (*Il fallait en sortir à quelque prix que ce fût* [Acad.]), le pronominal mais familier *s'en sortir* (« *s'en tirer* ») conquiert peu à peu droit de cité dans la littérature : *Janville s'en sortira très bien. Voyez Peuch, voyez de Praz! Ils s'en sont bien sortis* (G. Duhamel, *la Passion de Joseph Pasquier*, 235; cité par Hanse).

soucier s'emploie le plus souvent à la forme pronominale (*se soucier de*), mais il se rencontre encore au sens transitif de « causer de l'inquiétude » : *Hé! je crois que cela faiblement vous soucie*

(Molière, *le Dépit amoureux*, IV, III). *Cela ne me soucie guère. Il m'a soucié, le gaillard* (R. Escholier, *l'Herbe d'amour*, 75). *Cette question qui me soucie depuis longtemps* (Louis-Piéchaud, dans *le Figaro*, 14-III-1951).

— On écrit, avec deux *i* de suite aux 2ᵉ et 3ᵉ personnes du pluriel de l'imparfait de l'indicatif et du présent du subjonctif : *Nous souciions, vous souciiez; que nous soucions, que vous souciiez.*

-soudre. — Les verbes en *-soudre* (et en *-indre*), contrairement aux autres verbes en *-dre*, perdent le *d* aux deux premières personnes du singulier du présent de l'indicatif et à la 2ᵉ personne du singulier de l'impératif : *j'absous; tu dissous; absous; résous.* Ils changent le *d* en *t* à la 3ᵉ personne du singulier du présent de l'indicatif : *il absout; il résout.*

Il n'y a que trois verbes en *-soudre.* Ce sont : *absoudre, dissoudre* et *résoudre.*

souffler et ses dérivés s'écrivent avec deux *f*, mais **boursoufler** et ses dérivés n'en prennent qu'un seul.

souffre-douleur est *invariable* : *Dans toute agglomération humaine, il y a des souffre-douleur.*

Ce mot est parfois employé au féminin : *Une souffre-douleur* (Lar. du XXᵉ s.).

souffrir. — **Souffrir à** ou **de.** Au sens d' « éprouver une douleur physique », *souffrir,* suivi d'un infinitif, se construit avec *à* : *Je souffre à marcher* (Littré).

S'il s'agit d'une douleur morale, on emploie *de* : *Je souffre de vous voir dans cette situation.*

soufre et ses dérivés (*soufrage, soufrer*) s'écrivent avec un seul *f* : *De la fleur de soufre.*

souhaiter, suivi d'un infinitif, peut se construire sans préposition ou avec **de,** le sens restant le même : *Je souhaiterais pouvoir vous obliger* (Acad.). *Souhaiter d'avoir un emploi* (Id.). *Il souhaitait de précipiter ou de retenir le temps* (A. Hermant, *la Journée brève*, 224).

Mais on écrira toujours (avec la préposition) : *Je vous souhaite de pouvoir revenir avant la nuit. Je lui souhaite d'être la première à ce concours* (à cause du complément d'objet indirect *vous, lui,* qui représente la personne à qui s'adresse ce souhait).

souillon est un nom des deux genres qui s'applique surtout à une femme. On dit : *Un* ou *une souillon. Cette fille est un vrai souillon* ou *une vraie souillon. Une petite souillon* (Littré, Acad.). *C'est un souillon de cuisine. Ce joujou que le petit souillon agaçait, c'était un rat vivant!* (Baudelaire, *le Spleen de Paris,* 196.)

Il a longtemps été du masculin seulement.

soûl, avec un accent circonflexe, est l'orthographe la plus usuelle de ce mot, qui s'écrit également *saoul,* mais alors sans accent circonflexe : *Un homme soûl, une femme soûle.*

La prononciation, dans les deux cas, est *sou* (*soul'* au féminin).

— **Soûler** prend également un accent circonflexe, mais l'Académie écrit le dérivé **dessouler** sans accent.

soulever. — *Soulever un lièvre* (au propre et au figuré) est du langage populaire. Il faut dire **lever un lièvre** : *Faire lever un lièvre, des perdrix* (Acad.).

— On dit *Cela soulève* ou *fait soulever le cœur* (et non *lève, fait lever*).

soupe - potage. V. POTAGE.

souper. — **Souper - dîner.** V. DÉJEUNER.

— **Souper avec** ou **de.** V. AVEC (*Déjeuner avec*).

— **Rester souper** ou **à souper.** V. RESTER.

soupirer, pris intransitivement, se construit avec **pour, après** (quelquefois avec *vers*) : *Le soldat tout ainsi pour la guerre soupire* (Régnier ; cité par le Lar. du XXᵉ s.). *Il y a longtemps qu'il soupirait après cette place, qu'il soupirait après cela* (Acad.). *Soupirer après les honneurs* (Lar. du XXᵉ s.).

Au sens d' « être amoureux de », il se construit toujours avec **pour** : *Soupirer pour une ingrate* (Lar.du XXᵉ s.). *J'ai longtemps soupiré pour vous* (Acad.).

sourcil se prononce *sour-ci* (l'*l* final ne se fait pas entendre).

V. aussi -IL.

— **Sourciller,** « remuer les sourcils », se prononce *sour-si-yé* et s'écrit

avec deux *l;* mais l'adjectif dérivé de *sourcil,* **sourcilier, ère,** s'écrit avec *li* et se prononce *sour-si-lyé* : *Muscle sourcilier. Se blesser à l'arcade sourcilière.*

sourd-muet fait au féminin *sourde-muette;* au pluriel *sourds-muets.*

L'infirmité du sourd-muet s'appelle la **surdi-mutité.**

sourdre (du lat. *surgere,* s'élever, jaillir) ne s'emploie plus guère qu'à l'infinitif et à la 3ᵉ personne du singulier et du pluriel de l'indicatif présent : *L'eau sourd de toutes parts dans les Pyrénées* (Lar. du XXᵉ s.). *La source qui sourdait* (Th. Gautier, *Romans et Contes,* 357). *Un orage qui sourd à l'horizon.*

sous-. — Dans les composés de *sous,* le second élément s'accorde en général au pluriel : *des sous-barbes, des sous-chefs, des sous-ordres* (Acad.), *des sous-pieds, des sous-sols, des sous-stations,* etc.

Sont invariables : *sous-gorge* et *sous-main.*

sous-estimer s'écrit en deux mots (reliés par un trait d'union), mais **surestimer** s'écrit en un seul.

sous-gorge est *invariable.*

V. aussi sous-.

sous-main, accessoire de bureau, est un nom *invariable* : *Des sous-main en maroquinerie.*

V. aussi sous- et MAIN.

soussigné. — Dans la rédaction d'un acte, on écrit sans virgules et en faisant l'accord avec le sujet : *Je soussigné reconnais avoir reçu de M. X... Je soussignée reconnais... Nous soussignés reconnaissons...* (ou *Nous soussigné* s'il s'agit d'un pluriel de modestie). [On ne met de virgules que si l'on cite son nom, sa qualité, son adresse : *Je soussigné, Pierre Durand, marin-pêcheur, certifie...] Par-devant les notaires soussignés* (Littré). *Nous soussignés sommes convenus* (Acad.). *Entre les soussignés. La soussignée.*

soutien-gorge fait au pluriel *soutiens-gorge.*

La forme *soutient-gorge* (...qui soutient la gorge) n'a pas prévalu.

souvenir (se). — On dit : *Je me souviens de cela* (alors que *Je me rap-*

pelle cela est seul correct). *Je m'en souviendrai. Je me souviens que la porte était ouverte.*

— **Se souvenir** se construit normalement avec *de* devant un infinitif complément : *Il se souvient d'avoir été jeune.* La préposition manque parfois chez certains auteurs : *Il se souvient avoir marché devant lui très vite et très loin* (P. Bourget, *le Disciple*, 356 ; cité par Grevisse).

— **Se souvenir que** se construit avec l'indicatif si la proposition principale est affirmative; avec le subjonctif si elle est négative : *Je me souviens qu'il a passé par là. Je ne me souviens pas qu'il ait passé par là.*

— **Il me souvient...** La forme impersonnelle *il me souvient de* ou *que* fait aujourd'hui archaïque : *Il me souvient d'avoir lu* (Acad.). *Il lui en souviendra toute sa vie* (Id.). *Du plus loin qu'il m'en souvienne.*

— V. aussi RAPPELER (SE).

souvent. — L'expression **plus souvent**, au sens de « jamais, pas du tout », est du langage familier : *Viens-tu avec moi au cinéma? — Plus souvent!*

— **Plus souvent que ...** est populaire : *Plus souvent que je lui confierai mon argent!* ou *Plus souvent! que je lui confierai mon argent!* (Lar. du XXᵉ s.) *Plus souvent qu'elle se donnerait encore du tintouin pour se faire bêcher ensuite* (E. Zola, *Nana*, I, 126).

soya se prononce *so-ya*, et cette prononciation est valable même pour la variante orthographique **soja**, qui est la graphie allemande de ce mot d'origine mandchoue (l'Allemand prononce *j* comme *y*).

soyons. — Cette forme du verbe *être* (de même que **soyez**) ne s'écrit jamais avec -*yi*- : *Il faut que nous soyons, que vous soyez honnêtes* (et non *soyions, soyiez*).

spaghetti. V. ITALIENS (Mots).

spécimen est un mot latin francisé. Il s'écrit avec un accent aigu et fait au pluriel *spécimens* : *Des spécimens reliés. Des fascicules, des pages spécimens.*

spéculum est un mot latin francisé. Il s'écrit avec un accent aigu et fait *spéculums* au pluriel.

V. aussi LATINS (Mots).

sphère est du *féminin*. Mais ses composés **hémisphère** et **planisphère** sont du *masculin : Les hémisphères cérébraux. Un planisphère en couleurs.*

Tous les autres composés sont du féminin : *hydrosphère, stratosphère,* etc

sphinx a pour correspondant féminin *sphinge : Le sphinx femelle, ou sphinge, appartient presque en propre à la Grèce* (Lar. du XXᵉ s.).

(Se garder d'écrire *sphynx*.)

spiral - spirale. — On appelle *ressort spiral*, ou substantivement et au masculin le *spiral* (plur. *spiraux*), le petit ressort qui, dans une montre, fait osciller le balancier : *Le spiral est réglé par l'aiguille de l'avance et du retard.*

Une **spirale**, en géométrie, est une courbe non fermée faisant plusieurs tours, mais *sur un même plan,* à plat. Aussi, l'expression *escalier en spirale* est-elle critiquée; on dit évidemment mieux, et depuis longtemps, *escalier en colimaçon*, qui est plus juste (*en hélice* serait parfait). Toutefois, l'Académie signale que dans le langage courant *spirale* désigne une « suite de circonvolutions », ce qui justifierait, en dehors du style châtié, *l'escalier en spirale*, les *spirales de la vigne* (pour les *vrilles*), la *spirale d'un tire-bouchon* et la *fumée qui monte en spirales.*

sport, employé adjectivement, reste *invariable : Des tissus sport. Des vestes sport.*

squa- se prononce *skoua* dans *squale* et ses dérivés, *squame* et ses dérivés, *square* (ou à l'anglaise, prononciation plus rare : *skouèr*), *squarreux, squatter*

stagner et ses dérivés (*stagnant, stagnation*) se prononcent *stag-n...* (et non avec *gn* mouillé) : *stag-né, stag-nan, stag-na-syon.*

stalactite - stalagmite. — Ne pas oublier que *la stalactite tombe* de la voûte d'une grotte, et que *la stalagmite*, au contraire, *monte* vers cette voûte. (Mnémotechniquement, le *t* de -*tite* rappelle l'action de *tomber*; le *m* de -*mite*, celle de *monter*.)

Noter le féminin de ces deux mots,

ainsi que le *c* de *stalactite* et le *g* de *stalagmite*

standard, employé adjectivement, s'accorde au pluriel : *Pièces standards.*

station-service fait au pluriel *stations-service.*

statuaire. — L'artiste qui fait des statues est *un statuaire* (qu'il soit homme ou femme). *La statuaire* (au féminin) est l'art du statuaire.

statufier ne s'emploie que par ironie : *Aujourd'hui, on statufie beaucoup.*

statu quo est une locution latine (pour *in statu quo ante*), qui se prononce *sta-tu-kouo* et signifie « dans l'état où se trouvaient précédemment [et où se trouvent encore] les choses » : *Maintenir le « statu quo »* (et non *le « statu quo » actuel,* ce qui serait un pléonasme). *Revenir au statu quo ante.*

stèle est du *féminin* : *Une stèle funéraire.*

stentor se prononce *stan-tor,* mais **mentor,** *min-tor.*

steppe ne s'emploie plus aujourd'hui qu'au *féminin.*

sterling (mot anglais) est *invariable* : *Payer en sterling. Cinquante livres sterling.*

stilligoutte est dérivé du latin *stillare,* tomber goutte à goutte, ce qui en explique l'orthographe : *Bouchon stilligoutte.*

La forme **styligoutte** (du gr. *stulos,* colonne), qu'on rencontre parfois, désigne un bouchon muni d'une petite colonne de verre qui permet de puiser goutte à goutte dans un flacon.

stomacal - stomachique. — *Stomacal* se dit aujourd'hui de ce qui se rapporte à l'estomac : *Digestion stomacale. Orifices stomacaux.*

Stomachique s'emploie, comme adjectif ou comme nom, pour désigner un médicament, une tisane, salutaire à l'estomac : *Poudre stomachique* (Acad.). [Il s'est dit longtemps au sens actuel de *stomacal : Je prends mon carbonate de chaux pour mes acidités stomachiques* (A. Thérive, *Sans âme,* 170).]

stopper, pour *arrêter,* est un terme issu du langage des marins et des mécaniciens (« arrêter brusquement »). Il s'emploie intransitivement (*J'ai pu stopper à temps*) ou transitivement (*Stopper sa voiture d'un coup de frein brutal*).

Balzac écrivait déjà (le *Cousin Pons,* I, 159) : *Stopper la langue d'une portière épuisera le génie des inventeurs.*

stras, avec un seul *s* final, est l'orthographe de Littré et de l'Académie. (L'inventeur de cette pierre artificielle s'appelait d'ailleurs *Stras.*) On rencontre toutefois la variante *strass.*

stupéfait - stupéfié. — La confusion de ces deux termes est assez fréquente : *Les parents, stupéfaits par la douleur...* (*Franc-Tireur,* 13-VI-1955). Pour l'éviter, il faut se rappeler que **stupéfait** est un adjectif qui indique un état (il n'y a pas de verbe *stupéfaire*) et **stupéfié** le participe passé du verbe *stupéfier.*

Ainsi, on reste *stupéfait* devant une nouvelle inattendue, mais cette nouvelle a *stupéfié* tout le monde. On dira : *Demeurer stupéfait* (Lar. du XXe s.). *Il en fut stupéfait* (Acad.). *Il a été stupéfait de la rencontrer en ce lieu. L'assemblée en est restée stupéfaite. — L'assemblée fut stupéfiée par un tel discours. Sa conduite me stupéfie, m'a stupéfié.*

style - stylet. — Un **style** était un poinçon de métal dont se servaient les Anciens pour écrire sur des tablettes enduites de cire. (On appelait également ainsi l'aiguille d'un cadran solaire.) C'est aujourd'hui un instrument analogue qui est utilisé dans certains appareils enregistreurs : *Un style inscripteur.*

C'est par abus qu'on donne à cet instrument le nom de **stylet,** ce dernier mot désignant un genre de poignard ou un instrument de chirurgie.

subjonctif. **Construction avec le subjonctif.** Pour les mots dont la construction présente des difficultés particulières, se reporter à l'ordre alphabétique. Ex. : CRAINDRE, PREMIER, QUOIQUE, etc.

— **Emploi du subjonctif.** 1° Le verbe de la proposition subordonnée doit se mettre au subjonctif quand celui de la proposition principale exprime commandement, volonté, souhait, consentement, concession, éventualité, doute, crainte, dénégation, regret, indignation, surprise, admiration, etc. : *Je veux que vous fassiez cela. Dis-lui qu'il parte demain Je doute fort que vous* *buviez ce verre. Je craignais qu'ils ne vinssent à cette fête. Je suis surprise qu'il ait agi ainsi.*

(Si le verbe de la proposition principale affirme directement, positivement, sans idée accessoire de doute, de crainte, etc., le verbe de la proposition subordonnée se met à l'indicatif : *J'affirme qu'il a dit cela. Je pense que deux et deux font quatre. Dis-lui qu'il part demain. Je soutiens que c'est mon frère que j'ai vu.*)

2° Les propositions interrogatives exigent le subjonctif s'il s'agit d'une chose douteuse, vague, incertaine ou que l'on considère comme telle : *Pensez-vous que ce soit son frère? Croyez-vous qu'il puisse y parvenir?*

(S'il s'agissait d'une vérité incontestable ou considérée comme telle par celui qui interroge, on emploierait l'indicatif : *Admettez-vous que deux et deux font quatre?*)

3° Le verbe se met au subjonctif après les locutions conjonctives suivantes : *afin que (Afin que vous sachiez), à moins que (A moins qu'il ne parte plus tôt), avant que, bien que, de crainte que, en cas que, encore que, jusqu'à ce que, pourvu que,* etc.

4° On emploie également le subjonctif dans certaines phrases elliptiques où l'on sous-entend des verbes comme *vouloir, falloir, souhaiter, supposer,* etc : *Qu'il fasse beau, et je partirai demain. Qu'elles soient prêtes à mon retour! Fasse le ciel qu'il arrive à bon port.*

— **Emploi des temps du subjonctif.** V. CONCORDANCE DES TEMPS.

— **Particularités de la conjugaison.** Au *subjonctif présent,* noter les formes des 2ᵉ et 3ᵉ personnes du pluriel des verbes en -*ier, -yer, -éer,* et de certains verbes en -*oir* : *que nous liions; que vous ployiez; que nous agréions; que vous voyiez.* (Les verbes *avoir* et *être* ne prennent -*yi*- en aucun cas : *que nous ayons; que vous soyez.*)

Au *subjonctif imparfait,* la 3ᵉ personne du singulier s'écrit avec un accent circonflexe et un t final : *qu'il chantât; qu'il mît; qu'il dût* (sauf *qu'il haït* et *qu'il ouït,* qui conservent leur tréma).

Au *subjonctif passé,* l'auxiliaire *avoir,* à la 1ʳᵉ personne du singulier, s'écrit avec un e : *que j'aie vécu (que tu aies vécu, qu'il ait vécu).*

Au *subjonctif plus-que-parfait,* ne pas confondre les formes de l'auxiliaire *que j'eusse, que tu fusses,* avec les formes correspondantes du passé antérieur *j'eus, tu fus* (plur. *nous eûmes, vous fûtes* au lieu de *que nous eussions, que vous fussiez).* La 3ᵉ personne du singulier s'écrit avec un accent circonflexe : *qu'il eût fini, qu'il fût parti* (plur. *qu'ils eussent fini, qu'ils fussent partis).*

— **Imparfait du subjonctif.** Ce temps de verbe, qui a pour ainsi dire complètement disparu du langage parlé, est de plus en plus délaissé par les écrivains. Il est alors remplacé par le *présent du subjonctif : Il aurait aimé que Mᵐᵉ Besse le déshabille et le mette au dodo* (J.-P. Sartre, *le Mur,* 141).

Accusé de donner un tour pédant ou burlesque à la phrase, en raison de certaines terminaisons à consonances quelque peu barbares *(que vous arrivassiez, que nous nous décarcassassions. Il fallait que je communiasse pour de bon* [J. Blanc, *Seule la vie...,* I, 43]), l'imparfait du subjonctif se voit mis au ban de la conjugaison, et bien des auteurs l'esquivent systématiquement.

Si la 3ᵉ personne du singulier *(qu'il fît, qu'il jurât,* etc.) vient encore sous la plume *(J'aurais voulu que l'on chargeât ces gens-là de trouver [...] la place du chat qui ronronne sur l'amas de leurs dossiers stratégiques* [G. Duhamel, *Civilisation,* 27]), ce n'est que trop souvent affligée de fautes d'orthographe *(qu'il fit, qu'il jura).*

Pourtant, l'imparfait du subjonctif ne mérite ni un tel abandon ni une telle proscription. Employé à bon escient, appuyé sans excès, il donne une élégance certaine à la phrase écrite. De plus, son emploi ne résulte pas d'une simple convention, mais obéit aux règles de la *concordance des temps* (v. ces mots). Ce n'est pas toujours sans dommage qu'on remplace l'imparfait du subjonctif par le présent; certaines nuances de pensée échappent alors, qui ajoutaient à la finesse de la langue française. Comparer *Je voulais qu'il vînt dîner* (à ce moment-là, dans le passé) et *Je voulais qu'il vienne dîner* (dans le présent ou le futur, aujourd'hui ou demain).

submerger. V. ÉMERGER.

subrogé tuteur s'écrit sans trait d'union. Pluriel *subrogés tuteurs.*

substance s'écrit avec un *c*, mais **substantiel** (tiré du latin *substantialis*) prend un *t*. On écrit également avec un *t* : *substantiaire, substantialiser, substantialisme, substantialiste, substantialité, substantiellement.*

substantif. V. NOM.

subvenir se conjugue comme *venir*, mais prend toujours l'auxiliaire **avoir** : *J'ai subvenu à ses besoins.*

suc - sucre. — Ces deux mots sont parfois confondus au profit du second.

Le **suc** est le liquide, le jus contenu dans les substances animales et végétales : *Suc de viande. Tirer, exprimer le suc d'une herbe* (Acad.). *Un suc amer.* C'est aussi le liquide organique obtenu par écoulement naturel ou par expression : *Le suc gastrique.* Et au figuré : *Le suc de la science.*

Le **sucre** est la substance à saveur douce qui est tirée de divers végétaux, et notamment de la betterave et de la canne à sucre.

succédané est du *masculin* : *L'orge est un succédané du café.*

On n'écrira pas, avec Huysmans (*En route*, 333) : *Elle n'était qu'une succédanée des vrais mystiques.*

succéder (se). — Le participe passé de *se succéder* est toujours invariable puisque ce verbe ne peut avoir de complément d'objet direct : *Les pluies se sont succédé sans interruption. Trois desservants s'étaient déjà succédé à Cernès* (Fr. Mauriac, *le Sagouin*, 25).

successeur n'a pas de correspondant féminin. On dit : *Le successeur de George VI fut Elisabeth II*, et mieux encore : *Elisabeth II succéda à George VI. Si facile que soit le genre de la femme où je lui chercherai un successeur* (Th. Gautier, *Nouvelles*, 32).

succinct se prononce *suk-sin*; le féminin **succincte**, *suk-sint'*; l'adverbe **succinctement**, *suk-sint'-man.*

V. aussi DISTINCT.

succion se prononce *suk-syon* (et non *su-syon*).

succomber se conjugue toujours avec l'auxiliaire **avoir.**

— **Succomber à** ne s'emploie qu'au sens figuré. C'est ne pas résister à, céder à, se laisser aller à : *Succomber à la fatigue, à la douleur, à la tentation* (Acad.).

— **Succomber sous**, c'est fléchir, être accablé sous : *Succomber sous le poids, sous le faix* (Lar. du XXe s.). Au figuré : *Succomber sous le poids des affaires, sous le travail* (Acad.).

suçoter s'écrit avec un seul *t.*

V. aussi -OTER.

sucre. — On écrit : *Du sucre de pomme* (sans *s*). *Des sucres d'orge.*

— **Un sucre**, pour « un morceau de sucre », est du langage familier.

— V. aussi SUC.

sucrer. — **Se sucrer**, pour « mettre du sucre dans son café, son thé, etc. », est du langage familier : *Sucrez-vous. Etes-vous assez sucré?*

On dira mieux : *Servez-vous du sucre. Sucrez votre café. Votre café est-il assez sucré?*

sud. V. POINT (*Points cardinaux*).

suée est populaire au sens de « peur subite, alertes, fatigues », et de « travail manuel excessif et fatigant » : *J'en ai eu une suée* (Lar. du XXe s.). *Ah! quelle suée!* (Id.) *Vous m'avez fichu une suée* (P. Géraldy, *Duo*, I, II).

suffire. — **Conjugaison** : *Je suffis, tu suffis, il suffit, nous suffisons, vous suffisez, ils suffisent. Je suffisais, nous suffisions. Je suffis, nous suffîmes. Je suffirai, nous suffirons. Je suffirais, nous suffirions. Suffis, suffisons, suffisez. Que je suffise, que nous suffisions. Que je suffisse, que nous suffissions. Suffisant. Suffi.*

A noter que l'imparfait du subjonctif est rare, sauf à la 3e personne du singulier : *qu'il suffît.*

Le participe passé *suffi* est toujours invariable.

— **Suffire à** ou **pour.** On emploie *suffire à* ou *pour* devant les noms et les verbes. En général, *suffire à* se dit au sens de « satisfaire à » et *suffire pour* à celui d' « être suffisant » : *Peu de bien suffit au sage* (Littré). *Suffire à toutes ses obligations* (Lar. du XXe s.). *Suffire aux besoins de quelqu'un. Il ne peut pas suffire aux questions de tout le monde. Ce domestique ne saurait suffire à servir tant de personnes* (Acad.). *S'il perd ce procès, tout son bien n'y* *suffira pas* (Id.). — *Cette somme ne suffit pas pour payer vos dettes* (Acad.). *Un rien suffit pour froisser les gens susceptibles* (Lar. du XX⁰ s.).

— Impersonnellement, **il suffit que** (ou elliptiquement, mais seulement dans la langue familière, **suffit que**) se construit avec le subjonctif : *Il suffit que vous le disiez pour que je le croie* (Littré). *Qu'il vous suffise que je l'aie voulu* (Acad.)

— **Se suffire à soi-même,** quoique pléonastique, est admis (Acad.).

suffisamment. — **Suffisamment de** est aujourd'hui admis dans le style correct, malgré l'interdiction de Littré : *Il y a suffisamment de monde* (Acad.). *Il a suffisamment de bien pour vivre* (Id.).

— **Suffisamment assez.** V. ASSEZ.

suffisant. — **Assez suffisant** est un pléonasme à éviter : *Cette quantité est suffisante pour...* (et non *assez suffisante pour...*).

suffocant - suffoquant. — **Suffocant** (avec un *c*) est un adjectif (adjectif verbal de *suffoquer*) : *Chaleur suffocante. Brouillard suffocant.*

Suffoquant est le participe présent de *suffoquer* : *Il était là, suffoquant d'indignation.*

V. aussi PARTICIPE PRÉSENT (*Différences orthographiques entre le participe présent et l'adjectif verbal*)

suicider (se) est un verbe pronominal qui, quoique pléonastique (*suicide* signifiant « meurtre de soi », *se suicider* a littéralement le sens de « se tuer soi-même »), est entré à la fois dans l'usage et à l'Académie (*se tuer* est amphibologique : on peut *se tuer* dans un accident) : *Se suicider de désespoir* (Lar. du XX⁰ s.). *Elles se sont suicidées.* Et au figuré : *Un parti politique se suicide par l'abstention* (Id.). *Il s'y anéantit, il s'y suicide* (A. France, *le Miracle du grand saint Nicolas*, 113).

— **Suicider quelqu'un,** pour « l'assassiner », est à rejeter : *Un homme tombait, suicidé par un coup de feu* (P. Hamp, *la Mort de l'or*, 305).

suiffer et ses dérivés s'écrivent avec deux *f*, sauf **ensuifer,** qui n'en prend qu'un seul (Littré, Lar. du XX⁰ s.).

suisse, employé comme adjectif, garde la même forme au féminin : *Une ferme suisse.*

Employé comme nom propre, il fait *Suissesse* : *Voyager avec une Suissesse.*

suite. — On écrit, au singulier : *Projet qui n'a pas eu de suite* (Lar. du XX⁰ s.). *Des propos sans suite.*

— **De suite - tout de suite.** On se gardera d'employer *de suite* pour *tout de suite.* Cette faute, qui est de celles qui passent pour « classer » définitivement ceux qui la commettent, se rencontre pourtant chez de bons écrivains : *Elle avait pris de suite la jeune fille en affection* (J. Lorrain, *la Maison Philibert*, 182). *Il voulait revenir de suite* (R. Boylesve, *le Meilleur Ami*, 90). *Le local était libre et pouvait être occupé de suite* (Huysmans, *En ménage*, 29).

De suite signifie « à la file, l'un après l'autre, sans interruption » : *Manger douze huîtres de suite* (Lar. du XX⁰ s.). *Il a marché deux jours de suite* (Littré). *Il ne saurait dire deux mots de suite* (Acad.).

Tout de suite a le sens de « sur-le-champ, sans délai » : *Envoyez-moi de l'argent tout de suite* (Littré). *Il faut appliquer ce remède tout de suite, sans quoi il serait trop tard* (Acad.). *Il faut que les enfants obéissent tout de suite* (Lar. du XX⁰ s.). *Aussi, il crie tout de suite, rien que pour montrer qu'il n'a pas peur* (G. Duhamel, *Civilisation*, 244). *Attendez-moi, je reviens tout de suite* (et non *de suite*) *Maison à louer tout de suite.*

— **Par suite - par la suite.** *Par suite* signifie « par conséquence naturelle » : *Il était malade ce jour-là ; par suite, il n'a pu voir la pièce.*

Par la suite a le sens d' « à une époque postérieure » : *Il était malade le jour de la générale, mais il a pu voir la pièce par la suite.*

— **Suite à** est une locution du langage commercial qui n'est pas à recommander : *Suite à votre lettre du...* On dira mieux : *En réponse à votre lettre du...*

suivant. — **Suivant - selon.** Voir SELON

suivre. — A la 1ʳᵉ personne du présent de l'indicatif, forme interrogative, il n'est pas d'usage de dire *suis-je?* qui serait amphibologique, ni *suivé-je?* On se sert du tour *vais-je suivre? dois-je suivre?* etc.

— **En suivant**, pour « d'affilée », est du langage populaire. On ne dira pas : *Ce cheval a franchi trois barrières en suivant*, mais *trois barrières de suite*.

— **S'en suivre**. V. ENSUIVRE (s').

— **Suivi de** ou **par**. On emploie généralement *suivi de* au sens d' « accompagné » : *Il était suivi d'un cortège qui l'acclamait*.

Au sens de « poursuivi », on emploie plutôt *par* : *Il était suivi de près par la police, qui était à ses trousses*.

— **Suivre par-derrière** est un pléonasme à éviter.

supérieur. V. INFÉRIEUR.

superlatif. — Certains adjectifs ayant la valeur d'un superlatif, on se gardera de les accompagner du signe du comparatif ou du superlatif (*plus, le plus, moins, le moins*). Il en est ainsi de *excellent, immense, immortel, infini, maximum, minimum, supérieur, suprême, ultime*, etc. On ne dira donc pas : *plus excellent, moins immense, le plus immortel, le moins infini, le plus supérieur*, etc.

— **Accord de l'article.** V. PLUS (*Le plus*).

suppléer. — **Suppléer quelque chose** ou **à quelque chose.** *Suppléer quelque chose*, c'est : 1° ajouter ce qui manque, compléter par une chose de même nature : *Suppléer ce qu'il faut pour faire mille francs* (Lar. du XXᵉ s.); 2° fournir ce qu'il faut de surplus pour que cette chose soit complète : *Suppléer ce qui manque dans un auteur*.

Suppléer à quelque chose, c'est remédier au défaut de quelque chose, mettre à sa place une chose qui en tient lieu : *La valeur supplée au nombre* (Lar. du XXᵉ s.). *Je suppléerai à tout ce qui manquera* (Acad.). *Son mérite suppléait au défaut de sa naissance* (Id.). *La qualité supplée à la quantité. Dans les temps de disette, les pommes de terre suppléent au pain.*

« Il faut exactement remplir la place de ce qu'on supplée ; il suffit de produire à peu près le même effet que la chose à laquelle on supplée » (Laveaux).

— **Suppléer quelqu'un** (jamais *à quelqu'un*), c'est le remplacer momentanément : *Si vous ne pouvez venir, je vous suppléerai* (Acad.). *Suppléer un juge.*

supposé, employé sans auxiliaire et placé avant le nom ou le pronom, est considéré comme une préposition, et reste *invariable* (il peut être remplacé par *en supposant*) : *Supposé la vérité des faits* (Lar. du XXᵉ s.).

Il varie s'il est placé après le nom : *Cette circonstance supposée...*

— **Supposé que** est toujours *invariable*.

supposer. — **Supposer que**, au sens de « faire une hypothèse », se construit avec le *subjonctif* : *Supposons que ce fait soit vrai* (Acad.).

Il veut l'*indicatif* s'il signifie « présumer, admettre comme un fait » : *Vous supposerez facilement que je ne veux pas vous tromper. Suppose que je viens d'échouer et que tu me reçois* (Hanse).

supposition. — **Une supposition que...** est du langage populaire : *Une supposition que le cousin arrive ce soir.* On dira : *Supposons que...*

sur. — On dit : *Aller sur quatre ans, aller sur ses quatre ans* (Acad.). *S'asseoir sur une chaise*, mais *dans un fauteuil* (et non *sur un fauteuil*). *La clef est sur la porte. Crier contre, après quelqu'un* (et non *sur quelqu'un*). *Se diriger sur Paris. Discuter sur toute chose* ou *sur toutes choses. Être sur son départ* (Acad.). *Être sur le pas, sur le seuil de sa porte* (et non *sur sa porte*). *Sur la fin de l'hiver, sur l'heure du dîner, sur les dix heures* (Acad.). *Fermer la porte sur quelqu'un* (Id.). *Jouer sur le boulevard*, mais *dans la rue. Il se repose un jour sur deux. Lire dans le journal* (et non *sur le journal*). *Sur le soir, il arriva que... Tourner sur la droite, sur la gauche* (Acad.). *Trouver à redire à tout* (et non *sur tout*).

— **De sur** est du langage familier ou populaire : *J'enlevai le linge de sur les meubles* (A. Gide, *les Nourritures terrestres*, 78). *Il ne levait jamais les yeux de sur son journal* (P. Hamp, *l'Atelier du quart de poil*, 53).

— **Sur - en.** V. EN.

— V. aussi PRÉPOSITION.

sur, « un peu acide, aigrelet », s'écrit sans accent circonflexe : *Un fruit sur. L'oseille est sure* (Littré). *Ces pommes sont sures* (Acad.).

sûr, idée d'assurance, de sécurité... (lat. *securus*), s'écrit avec un accent circonflexe aux deux genres et aux deux nombres : *Un ami sûr. Une retraite sûre. Une mémoire sûre. Ils étaient sûrs d'eux. Parier à coup sûr.*

— **Pour sûr que** est du langage familier : *Pour sûr qu'il viendra. Pour sûr que nous irons au bal.*

(Se construit avec l'indicatif ou le conditionnel.)

— **Sûr et certain** est une expression pléonastique du langage populaire : *Je suis sûr et certain qu'il le fera.*

surcroît s'écrit avec un accent circonflexe : *Avoir un surcroît de travail.*

— **Par surcroît - de surcroît.** Ces deux locutions adverbiales, qui signifient « en plus de ce qu'on avait déjà », sont synonymes, mais *de surcroît* a vieilli : *Cherchez d'abord le royaume des cieux et sa justice, et le reste vous sera donné par surcroît* (Saint Matthieu, VI, 33). *Ils n'étaient que quatre, il en arriva deux autres de surcroît* (Acad.).

surcroître se conjugue comme *croître* (v. ce mot).

sûrement. — On dit aussi bien *il le fera sûrement que sûrement qu'il le fera* : *Sûrement qu'il l'aurait fait si on le lui avait demandé* (Hanse).

sûreté - sécurité. V. SÉCURITÉ.

sur-le-champ, locution adverbiale, s'écrit avec deux traits d'union : *On l'arrêta sur-le-champ* (Acad.).

surplis s'écrit avec un *s* final. (Ce mot est sans rapport avec *pli* ; c'est le latin *superpellicium* ; de *super*, sur, et *pellis*, peau.)

surplomber est un verbe intransitif : *Un mur qui surplombe. Le balcon surplombe au-dessus des jardins Jericot* (Cl. Farrère, *Mademoiselle Dax, jeune fille*, 10).

Mais il s'emploie surtout transitivement aujourd'hui : *Des rochers surplombent le chemin* (Acad.).

surplus. — Avec **le surplus** accompagné d'un complément au pluriel, le verbe se met au singulier : *Le surplus des marchandises sera repris.*

surprendre. — **Surprendre à** ou **par.** Au sens de « tromper, abuser, induire en erreur », on emploie *sur-*prendre à ou surprendre par : *Il s'est laissé surprendre à cet air de candeur, par cet air de candeur, à ces promesses, par ces promesses* (Acad.).

— **Être surpris que** ou **de ce que.** Au sens d' « être étonné », *surprendre* est suivi de *que* et du subjonctif : *Je suis surpris qu'il soit venu si tôt.*

On rencontre aussi, mais moins fréquemment, *être surpris de ce que*, avec l'indicatif : *Je suis surpris de ce qu'il est venu si tôt.*

surseoir. — Conjugaison : *Je sursois, tu sursois, il sursoit, nous sursoyons, vous sursoyez, ils sursoient. Je sursoyais, nous sursoyions. Je sursis, nous sursîmes. Je surseoirai, nous surseoirons. Je surseoirais, nous surseoirions. Sursois, sursoyons, sursoyez. Que je sursoie, que nous sursoyions. Que je sursisse, qu'il sursît, que nous sursissions. Sursoyant. Sursis, e.*

A noter la suppression de l'*e* intercalaire au présent de l'indicatif et du subjonctif (comme pour *asseoir*), mais le maintien de cet *e* au futur et au conditionnel (Littré, Acad., Lar. du XXᵉ s., Grevisse).

— **Surseoir à** s'emploie aujourd'hui de préférence à **surseoir** transitif (*surseoir quelque chose* ne se dit plus guère) : *Surseoir au jugement d'une affaire* (Acad.). *Il sera sursis à l'exécution de l'arrêt* (Id.).

surtout. — **Surtout que** (sens de « d'autant que »), généralement condamné par les grammairiens, quoiqu'il se rencontre sous des plumes autorisées, est réservé au langage familier. On le remplace par *d'autant que, d'autant plus que* : *Il n'a pas besoin de se déplacer, d'autant que tout va bien ici.*

— V. aussi VERBE (*Accord du verbe,* Accord en nombre avec plusieurs sujets).

survenir se conjugue comme *venir* (auxiliaire **être**) : *Nous sommes survenus à temps.*

sus se prononce toujours *suss* : *Courir sus à quelqu'un* (Lar. du XXᵉ s.). *La moitié en sus. Toucher des gratifications en sus de son traitement. Sus ! Or sus ! Sus donc !*

— **Sus-,** préfixe, se prononce également *suss* en composition : *sus-caudal, susdit, sus-dominante,* etc. (Il se lie au nom ou à l'adjectif par un trait d'union, sauf dans *susdit, susmentionné* et *susnommé*, et aussi dans *suspied*, qui se prononce *su-pié*.)

susceptible - capable. — Certains auteurs ont aujourd'hui tendance à donner à *susceptible* une possibilité *active* qui était jusque-là réservée à *capable*.

Capable se dit de qui est en état de faire une chose, qui en a les qualités requises, l'aptitude : *C'est un homme capable de gouverner* (Acad.). *Votre cheval n'est pas capable de traîner cette voiture* (Id.). *La femme est capable de tous les actes de dévouement et d'héroïsme* (Lar. du XXᵉ s.).

Susceptible se dit de la possibilité de *recevoir* certaines qualités (et non de la capacité de faire une chose) : *Ce jeune homme est susceptible de s'amender. L'intensité nominale que ce moteur est susceptible d'absorber. Tous deux étaient au plus haut point susceptibles de l'espèce de hideux progrès qui se fait dans le sens du mal* (Bescherelle; d'après V. Hugo). *Ce colonel serait bien capable d'être général, mais les lois militaires ne le rendent pas susceptible de cet avancement* (Littré). *Si ce beau jeune homme est susceptible de passer pour quelque chose* (Stendhal, *la Chartreuse de Parme*, 156).

Capable marque donc une possibilité active (*capable de...*) et *susceptible* une possibilité passive (*susceptible d'être...*).

Toutefois, *susceptible* tend aujourd'hui à marquer une possibilité active surtout occasionnelle : *Ce chauffeur est susceptible de faire le jardinier. Linge qui est susceptible de déteindre.*

Capable et *susceptible* se disent également des choses : *Cette digue n'est pas capable de résister à la violence des flots*

(Acad.). *Cette terre est susceptible d'améliorations. L'esprit de l'homme est susceptible de bonnes, de mauvaises impulsions* (Acad.).

Dans un sens absolu, un homme *capable* est un homme habile; un homme *susceptible* est un homme qui s'offusque facilement.

susdit s'écrit en un seul mot (et non *sus-dit*), de même que **susmentionné** et **susnommé**.

V. aussi DIRE (*Dit, dite*).

suspect se prononce généralement *suss-pèkt'*, le féminin *suspecte* influençant la prononciation du masculin, comme dans *circonspect;* ce qui n'est pas le cas pour *aspect* et *respect* (*-pè*).

On entend aussi, mais moins souvent, *suss-pè*.

suspendre - pendre. V. PENDRE.

svastika. V. SAUVASTIKA.

syllabe. — **Division syllabique des mots.** V. DIVISION DES MOTS.

symptôme s'écrit avec un accent circonflexe, mais **symptomatique** n'en prend pas.

synopsis est normalement du *féminin*.

Toutefois, en termes de cinéma (et c'est aujourd'hui son emploi le plus courant), il est d'usage de le faire *masculin* : *Le scénario est presque toujours précédé du synopsis* (Ch. Ford et R. Jeanne, dans *Vie et Langage*, 1954, p. 458). Et par extension : *Le thème de votre histoire, le synopsis comme on dit maintenant* (R. Vailland, *Drôle de jeu*, 154).

synthétique ne peut se dire, par définition, que d'un corps composé. Le diamant, par exemple, étant un corps pur (carbone), on dira *un diamant artificiel* (et non *synthétique*).

T

t. — **« T » dit euphonique et « t » pronom.** Quand un temps de verbe est terminé par une voyelle suivie de *il, elle, on*, on place un *t* entre le verbe et l'un de ces pronoms : *Va-t-il venir?*

Viendra-t-elle ? A-t-on répondu ? Répondra-t-on ? (Mais *Prend-il ?*)

Ne pas confondre ce *t* dit euphonique (ou analogique) avec le *t'* pronom (*toi*) qu'on rencontre dans *va-t'en* (au pluriel

allez-vous-en), garde-t'en bien, pro-
cure-t'en un échantillon, etc.

Dans *Malbrough s'en va-t-en guerre*,
t est euphonique et de fantaisie.

— « T » **redoublé ou non.** Voir
-ETER, -OTE, -OTTER.

ta. V. POSSESSIF (Adjectif).

tabac. — On ne prononce pas le *c* final.
On écrit *Un bureau de tabac* (sans *s*).
V. aussi -AC.

tabès est aujourd'hui francisé et s'écrit
avec un *è* (de même que *faciès*).
(L'Académie écrit encore *tabes*.)

tabou s'accorde au féminin et au pluriel : *Des armes taboues* (Nouv. Lar.
univ.).

On a longtemps hésité sur cet accord :
*Un homme pour qui aucune pensée
n'était tabou* (J. Romains, *Compara-
tions*, 261). *Des gloires plus tabous*
(M. Rostand, *la Déserteuse*, II, VI).

tache, « souillure », s'écrit sans accent
circonflexe, celui-ci étant réservé à
tâche, « travail à exécuter » : *Faire
une tache à son vêtement. Remplir sa
tâche quotidienne.*

tacher - tacheter. — Tacher, c'est
faire une tache ou des taches : *Tacher
son cahier, ses vêtements. Cela a taché
votre habit* (Acad.).

Tacheter, c'est marquer de diverses
taches (il ne peut se dire pour une seule
tache) : *Le soleil tachette le visage* (Lar.
du XXᵉ s.). *Ce chien est tacheté de
roux.* Adjectivement : *L'hyène tachetée.*

C'est aussi parsemer de taches, intentionnellement, dans un dessein précis :
*Il faudra tacheter de rouge le fond
jaune de cette étoffe* (Acad.).

tâcher. — Tâcher de - tâcher à. On
emploie *tâcher de* quand l'infinitif qui
suit exprime une action présentée
comme étant simplement difficile :
*Tâchez de me préparer un bon repas.
Je tâcherai d'arriver plus tôt une autre
fois. Tâchez d'avancer cet ouvrage*
(Acad.).

Tâcher à, qui a vieilli et ne s'emploie
plus guère, ne se dit que lorsque l'action
est présentée comme exigeant de grands
efforts, comme pouvant causer une
grande fatigue : *Je tâche vraiment à
faire ce travail* (c'est-à-dire *je peine*).

*Je disais qu'il faut se résigner à sa tris-
tesse, et je tâchai à faire de tout cela
de la vertu* (A. Gide, *les Nourritures
terrestres*, 63). *Il tâchait à rattraper les
recettes perdues* (A. Thérive, *Sans
âme*, 92).

— **Tâcher que,** « faire en sorte
que », est aujourd'hui considéré comme
correct (ellipse pour *tâcher de faire
que*) : *Tâchez qu'on vous ramène
avant la nuit. Tâchez surtout que ce soit
prompt* (Lar. du XXᵉ s.). *Nous devons
au moins tâcher que de ce fléau sorte
le moins de mal et le plus de bien possible* (R. Rolland, *Au-dessus de la
mêlée*, III ; cité par Grevisse).

— **Tâchez moyen de** ou **que** (pour
tâchez de ou *que*) est du langage populaire.

taille-. — Sont *invariables* les composés de *taille* (du verbe *tailler*) suivants : *taille-crayon* (Acad.), *taille-mer,
taille-pain, taille-plume, taille-soupe,
taille-vent.*

S'écrivent avec un *s* au singulier :
*taille-buissons, taille-légumes, taille-
racines.*

taille-douce fait au pluriel *tailles-
douces* (*taille* est ici un nom).

On écrit (toujours avec un trait
d'union) : *Une belle taille-douce.
Imprimer en taille-douce. Gravures en
taille-douce.*

V. aussi RELIEF.

tain. — L'amalgame d'étain qui sert à
l'étamage des glaces s'appelle le *tain*. On
dit donc le *tain* d'une glace (et non
l'*étain*) : *Glace qui a perdu son tain.
Le tain de ce miroir est abîmé* (Acad.).
Au figuré : *Les yeux sans fond et sans
tain* (A. Hermant, *la Carrière*, 80).

taire se conjugue comme *plaire*, mais
ne prend jamais d'accent circonflexe :
il tait.

— **Se taire.** Remarquer l'accord de
ce verbe accidentellement pronominal :
*Ils se sont tus. Elles se sont tues en vous
apercevant.* Mais : *Elles se sont tu bien
des choses.*

tambour. — On écrit, au singulier :
Sans tambour ni trompette.

tam-tam fait au pluriel *tam-tams* :
*Dans Bandon grondant de gongs et de
tam-tams* (R. Dorgelès, *la Route des
tropiques*, 44).

tandis que se prononce généralement sans faire sentir l's.

V. aussi PENDANT QUE.

tanière s'écrit avec un seul *n*.

tanin. — De *tannin* (avec deux *n*), l'Académie renvoie à *tanin* (avec un seul *n*), où est traité ce mot, mais l'adjectif **tannique** est donné avec deux *n*.

tant n'est plus usité aujourd'hui devant un adjectif : *Je trouvai la philosophie tant sotte, tant inepte* (A. France, *la Vie en fleur*, 177). On dit : *Il est si intelligent* (et non *tant intelligent*). *Un homme si éclairé, si rangé* (Littré). [Voir aussi SI, adverbe.]

On emploie *tant* devant un participe passif quand ce participe marque un fait ou a vraiment une valeur verbale : *Il a été tant écrit là-dessus que...* (Lar. du XXᵉ s.). *Cette femme tant aimée* (Acad.).

— On dit : *Tant vaut l'homme, tant valent les idées* (tant est toujours répété dans ce cas). *Je leur donne tant soit peu ou un tant soit peu. Tant s'en faut qu'il songe à vous payer. Tant s'en faut qu'au contraire il parle de vous demander de l'argent. Tant plus que moins. Ils s'amusèrent tant et plus. Tant il y a que ou tant y a que* (« quoi qu'il en soit, enfin, bref »). *Si tant est que cela soit comme vous le dites* (Acad.). *Tant et si bien que ou Faire tant et si bien que... Il s'accommode tant du courant continu que du courant alternatif* (et non *qu'alternatif*). *Il traite ce sujet tant au point de vue politique qu'au point de vue économique* (et non *qu'économique*). *Il était faible, tant au physique qu'au moral. J'ai tant de plaisir à vous recevoir.*

— Après *tant*, se garder d'employer *comme* au lieu de *que* : *Je n'en ai pas tant que vous* (et non *comme vous*).

— **Entre tant - entre-temps.** Voir ENTRE-TEMPS.

— **Tant - autant.** V. AUTANT.

— **Tant - tellement.** V. TELLEMENT.

— **Tant de,** collectif, entraîne généralement l'accord avec le complément : *Tant de soucis l'accablent qu'il en perd le sommeil. Tant de valeur sera récompensée. Tant de beauté est effrayante à méditer* (Fr. Jammes, *Solitude peuplée*, 197 ; cité par Grevisse).

— **Tant pis.** Se garder de dire *tant pire*, qui est un barbarisme.

V. aussi PIRE - PIS.

— **Tant qu'à** pour *quant à* (« pour ce qui est de »), devant un nom ou un pronom, est considéré comme un barbarisme, malgré la caution de certains auteurs : *Et tant qu'au chameau, qu'avons-nous besoin de cet alambic à quatre pattes* (P. Claudel, *Positions et propositions*, 163 ; cité par A. Thérive).

Placé devant un infinitif, il est toléré ; il a alors un sens concessif : *Tant qu'à lui pardonner, pardonnez-lui de bon cœur* (Nouv. Lar. univ.).

— **Tant qu'à faire** est une locution du langage populaire qui est généralement remplacée par **à tant faire que** : *A tant faire que de lui remettre cet argent... A tant faire que de réviser la Constitution...* (R. Le Bidois, dans *Vie et Langage*, 1953, p. 399).

Comme locution isolée, on emploie **à tant faire** (et aussi parfois **à tant que faire**) : *A tant faire, je le lui remettrai. Je m'empare [...] de ce cheval syrien, puis, à tant faire, de l'écurie tout entière* (P. Colin, *les Jeux sauvages*, 338).

— **Tant que** peut signifier « aussi loin que » : *Tant que la vue peut s'étendre* (Acad.).

Tant... que peut marquer un certain rapport, une certaine proportion entre les êtres dont on parle (Grevisse) : *La paresse est un défaut, tant chez les filles que chez les garçons* (Lar. du XXᵉ s.).

— **En tant que** se dit pour « autant que, selon que » : *Il ne tenait aux hommes qu'en tant qu'ils pouvaient le servir* (Acad.).

tantôt, employé avec le futur ou avec le passé, indique aujourd'hui un moment de l'après-midi de la journée en cours (il signifie donc « cet après-midi » [Acad.]) : *Je l'ai vu ce matin et je le reverrai encore tantôt* (Acad.). *J'ai vu tantôt l'homme dont vous parlez* (Id.).

— **A tantôt** signifie « à cet après-midi » (Acad.), parfois « à un autre moment de la journée » ; **sur le tantôt** est assez rare : « dans l'après-midi ».

— **Le tantôt, ce tantôt, au tantôt** sont des provincialismes : *Les gars étaient restés couchés tout le tantôt du vendredi* (J. Richepin, *la Glu*, 68). *Attendez ce tantôt, on va rire* (R. Dor-

gelès, *le Cabaret de la Belle Femme*, 57).
Je vous verrai demain au tantôt.

— **Tantôt,** au sens de « bientôt »,
est vieilli : *Je te le dirai tantôt, Repar-
tit-il ; car il faut Qu'auparavant je m'essuie* (La Fontaine, *Contes*, « l'Amour
mouillé »). *Il est tantôt midi* (Acad.).

— **Tantôt..., tantôt** marque l'alternative, la succession : *Tantôt triste,
tantôt gai. Tantôt il est d'un avis,
tantôt d'un autre* (Lar. du XXᵉ s.). On
peut dire aussi (avec *et*) : *Il veut tantôt
une chose et tantôt une autre.*

A noter que *tantôt* répété ne doit
opposer que des termes de même nature
(sujets, verbes, compléments). On dira
donc : *Tantôt vous dites la vérité et
tantôt vous ne la dites pas* (et non *Vous
dites tantôt la vérité et tantôt vous ne
la dites pas*).

taon se prononce *tan* (et non plus *ton*).

tapecul, « voiture cahotante », « petite
voile », est l'orthographe de l'Académie.
On prononce *tap'-ku.*

taper. — On dit : *Taper du pied.
Taper un document* (l'écrire à la
machine). *Une lettre écrite, tapée à
la machine* (Acad., à LETTRE).

Et familièrement ou populairement :
*Taper sur le ventre à quelqu'un. Taper
dans l'œil à quelqu'un. Voilà une réponse
bien tapée, un mot bien tapé* (Acad.).
*A neuf heures tapant. Ta Bugatti, on
sait qu'elle tape du 130* (R. Gignoux,
le Prof d'anglais, I, II).

tard est adverbe (*La raison vient tard
aux hommes*), adjectif (*Il n'est jamais
trop tard pour bien faire*), ou nom
(*Arriver sur le tard. S'aviser sur le tard
d'être sage*).

tarder. — **Tarder à** ou **de.** L'infinitif
qui suit *tarder* est généralement précédé
de *à* aujourd'hui (*de* est rare) : *Ne
tardez jamais à remplir un devoir* (Lar.
du XXᵉ s.). *Pourquoi tarder à lui
écrire ? On a trop tardé à envoyer ce
secours* (Acad.). *Je ne tardai pas d'aller
mieux* (A. Gide, *l'Immoraliste*, 54).

Avec l'impersonnel **il tarde,** exprimant l'idée d'un désir pressant, on
emploie *de* et aussi *que* : *Il me tarde
de le voir* (Lar. du XXᵉ s.). *Il me tarde
que mon procès soit jugé* (Acad.).

tartufe et ses dérivés (*tartuferie, tar-
tufier*) s'écrivent avec un seul *f* (ital.
tartufo) : *Un vrai tartufe* (Acad.).

Ce mot n'a pas de correspondant
féminin. On dit *Cette femme est un
tartufe.*

tatillon et ses dérivés (*tatillonnage,
tatillonner*), quoique issus de *tâter*,
n'ont pas d'accent circonflexe sur l'*a* :
Un tatillon. Une femme tatillonne.

On dit aussi au féminin : *Une tatillon* (Lar. du XXᵉ s.).

taxer. — **Taxer de,** « accuser de,
qualifier de », se construit toujours avec
un nom de chose (mais jamais avec
un adjectif, comme *traiter*) : *Taxer
quelqu'un de sottise* (mais *Traiter quelqu'un de sot*).

teindre - teinter. — **Teindre,** c'est
imbiber, pénétrer d'une substance colorante, la teinture : *Teindre des rideaux
en rouge. Elle se teint les cheveux.*

Teinter, c'est seulement donner une
teinte, une couleur plus ou moins fugi-
tive : *L'émotion lui teinte le visage.
Cet air doucement teinté rose* (E. de
Goncourt, *Chérie*, 200). *Puis les horizons se teintèrent de soufre et de sang*
(H. Lapaire, *Maurice Rollinat*, 17).

— *Teindre* se conjugue comme
*craindre : Je teins, tu teins, il teint, nous
teignons, vous teignez, ils teignent.*

Teinter se conjugue comme son
homonyme *tinter* (« sonner ») : *Je
teinte, tu teintes, il teinte, nous teintons,
vous teintez, ils teintent.*

tel s'accorde normalement avec le nom
(ou le pronom) qui *suit* : *Telle était sa
patrie. Il rédigea des traités, telles les
conventions collectives de diverses professions. Certains libéraux, tel Louis
Dupont, regrettèrent cette abstention.
Les bégonias, les narcisses, les pétunias,
telles sont les fleurs qu'il aimait. Les
hommes passaient, telle une troupe en
désordre. Tel Janus se présentent ces
sociétés.*

— **Comme tel** s'accorde avec le nom
sous-entendu : *Des planches présentées
comme des hors-texte et tirées comme
tels* (des hors-texte). *La musique
est un art international, et comme tel
(comme tel art) ne doit pas se soucier
de frontières.*

— **Tel que** s'accorde avec le nom
qui *précède* : *Des traités tels que
conventions collectives et autres. Certains libéraux tels que Louis Dupont...*

Des planches tirées telles que des hors-texte. Une nation guerrière telle qu'étaient les Perses. Les bêtes féroces, telles que le tigre, le lion, etc. (Acad.).

— **Tel quel** signifie « tel qu'il est, sans changement » : *Vous m'avez prêté ce livre en bon état, je vous le rends tel quel. Je vous rends vos livres tels quels, jugez-en. Tel quel, ce livre mérite une récompense* (Acad.). *Accepter un colis tel quel* (Lar. du XXᵉ s.). *Cette montre ne marche pas, je l'ai achetée telle quelle.*

Il est très incorrect d'employer **tel que** pour *tel quel*.

— **Tel et tel** veut au singulier le nom ou le verbe qui suit (il en est de même de *tel ou tel*) : *Il m'a dit telle et telle chose. Telle et telle personne m'a dit...*

Tel et tel peut s'employer au pluriel si l'on a en vue plus de deux choses : *La présence de tels et tels hommes* (Fr. Mauriac, *le Bâillon dénoué,* 127). *Telles et telles pages de ce livre réjouissent comme le meilleur Courteline.*

— On écrit : *Je l'ai vu sortir avec un tel, une telle. M. Un tel, Mᵐᵉ Une telle* (Lar. du XXᵉ s.), *plutôt que monsieur un tel, madame une telle* (Acad.). *M. Un tel renverse M. Tel autre* (J. Romains, *le Crime de Quinette,* 233). *MM. Un tel et Un tel* (pluriel de *M. Un tel*).

télé-. — Les composés du préfixe *télé-* s'écrivent sans trait d'union : *téléguider, téléindicateur, télémètre,* etc.

téléphérique, orthographe de l'Académie, est conforme à l'étymologie de ce mot (du gr. *têlé,* loin, et *pherein,* porter), à côté de **téléférique,** mot hybride (gr. *têlé* et lat. *ferre*), qui n'est pas à conseiller.

tellement. — **Tellement - si.** *Tellement* peut remplacer *si,* surtout quand il est suivi de *que,* qui amène une conséquence : *Il est tellement préoccupé de ses affaires qu'il ne saurait penser à autre chose* (Acad.). *Il est tellement aimable qu'on ne peut rien lui refuser. Il n'est pas tellement prudent qu'on ne puisse le surprendre. Ils sont tellement avares.*

V. plus bas *tellement que.*

— **Avoir tellement envie,** *mal, peur,* etc. (de même que *avoir si chaud,* etc.), est du langage familier.

V. aussi FAIM.

— **Si tellement** est un pléonasme à éviter : *Il ne s'est pas si tellement approché du bord.*

— **Tellement - tant.** *Tellement* peut être mis pour *tant* avec un verbe : *Je l'aime tellement; je l'ai tellement aimé; j'ai tellement attendu* (Hanse).

— **Tellement... que** demande le subjonctif dans la proposition consécutive quand la principale est négative ou interrogative : *Il n'est pas tellement malade qu'il ne puisse m'accompagner. Est-il tellement malade qu'il ne puisse m'accompagner?*

Dans les phrases affirmatives, on emploie l'indicatif ou le conditionnel : *Il est tellement malade qu'il ne veut pas venir. Il est tellement préoccupé de ses affaires qu'il ne saurait penser à autre chose* (Acad.).

Tellement que, dans une phrase comme *Tellement qu'il a de malchance,* est fautif. Il faut dire *Tellement il a...*

— **Tellement quellement** (sans virgule), qui signifie « tant bien que mal », est aujourd'hui vieilli : *Le nuage flottant au-dessus de nos têtes nous garantissait tellement quellement de la piqûre des maringouins* (Chateaubriand, *Mémoires d'outre-tombe,* I, 373).

témoigner, — Intransitivement, on dit : *Témoigner en faveur d'un camarade* (Lar. du XXᵉ s.). *Témoigner contre quelqu'un.*

— **Témoigner quelque chose,** c'est montrer, marquer manifestement cette chose : *Témoigner sa tendresse à quelqu'un* (Lar. du XXᵉ s.). *Il lui en témoigna son ressentiment* (Acad.). *Il témoigna que cela ne lui plaisait pas* (Id.). *Je vous ai assez témoigné quelle était ma pensée là-dessus* (Id.). *Le malade témoigne une grande patience.*

— **Témoigner de quelque chose,** c'est attester, affirmer, servir de témoin, se porter garant de : *Témoigner de l'innocence de quelqu'un* (Lar. du XXᵉ s.). Au figuré : *Ce fait témoigne de l'importance que j'attache à cette affaire* (Acad.). *La sincère épouvante dont il témoignait* (H. de Régnier, *Bonheurs perdus,* 13). *Notre mine témoigne de notre santé.*

témoin n'a pas de correspondant féminin : *Cette femme est un témoin oculaire* (Lar. du XXᵉ s.). *Vous êtes témoins, mesdames, de ma discrétion.*

*Elle fut témoin, le témoin de ce drame.
Elle est témoin de ce qui s'est passé*
(Acad.). Et adjectivement : *Une fiche
témoin, des fiches témoins.*

— On écrit : *Cette affaire s'est passée sans témoins* (avec *s*). *Un cobaye
témoin* (Acad.) [sans trait d'union].

— **Témoin** est *invariable* quand il
est employé sans déterminatif au commencement d'une proposition elliptique:
*Témoin les blessures dont il est encore
tout couvert* (Acad.). *Il a travaillé avec
négligence, témoin les erreurs qu'il a
faites* (Hanse).

— **A témoin** est une locution également invariable : *Je les ai pris tous à
témoin.*

Mais on fera l'accord avec *pour* : *Je
les ai pris tous pour témoins.*

temporaire - temporel. — Est
temporaire ce qui n'existe que pour
un temps limité, n'est que momentané :
*Une coupure de courant temporaire.
Etre nommé délégué à titre temporaire.*

Temporel s'oppose à *éternel* ou à
spirituel selon qu'il se dit de ce qui
passe avec le temps (*L'existence temporelle de l'homme*) ou de ce qui concerne
les choses matérielles (*Les biens tem-
porels*).

Un *pouvoir temporaire* est un pouvoir qui est limité dans le temps; le
pouvoir temporel désignait le pouvoir
des papes en tant que souverains terri-
toriaux.

temporisateur est aujourd'hui plus
courant que **temporiseur**, à cause du
féminin *temporisatrice* (*temporiseur* n'a
pas de féminin) : *Fabius le Temporisateur. Un général temporisateur* (Acad.).
Une politique temporisatrice (Id.).

temps. — **Concordance des temps.**
V. CONCORDANCE.

— **Temps surcomposés.** On se sert
des temps surcomposés (formés à l'aide
d'un temps composé de l'auxiliaire)
pour marquer l'antériorité par rapport
à une action exprimée elle-même par un
temps composé : *Quand il a eu fini de
parler... S'il avait eu achevé ses devoirs,
nous l'emmenions. J'aurais eu vite fait
de les renvoyer dos à dos.*

Ces formes, peu élégantes, alourdissent la phrase et «appartiennent surtout à la langue parlée » (Grevisse).

— V. aussi IMPARFAIT, PASSÉ, etc.

— **Au temps - autant.** Malgré certaines hésitations, le commandement
usité à la caserne, dans les salles de gymnastique, etc., pour faire recommencer
un mouvement doit s'orthographier *au
temps!* (et non *autant!*) : *Il avait dit
gaiement « Au temps pour moi! »*
(J.-P. Sartre, *le Mur*, 156). *Voici du
monde. Au temps! Le cocktail dans ma
chambre* (Tr. Bernard, *My love*, I, 1).
En effet, un *temps*, c'est le « moment
précis pendant lequel il faut faire certains mouvements qui sont distingués
et séparés par des pauses » : *Charge
en quatre temps, en douze temps.* Se
rappeler le populaire *En deux temps
trois mouvements.* De plus, l'italien possède l'expression équivalente, qui se dit
Al tempo! et reproduit littéralement le
français *Au temps!*

— On écrit : *Au temps de...* (et non
du temps de...). *Dans le temps où...*
(*dans le temps que...* a vieilli). *Du
temps où... (du temps que...* ne se rencontre plus guère). *De tout* (ou *tous*)
temps. De temps en temps ou *de temps
à autre. En temps et lieu. En tout* (ou
tous) *temps. Entre-temps. Faire chaque
chose en son temps. Faire un temps de
galop... Il est temps de partir* (C'est le
moment de partir). *Il est temps que
vous pensiez à vos affaires* (Il est maintenant nécessaire que...). *La mi-temps.
Par le temps qui court. Passer, tuer le
temps. Passer son temps, le temps à...
Réparer, rattraper le temps perdu. Se
donner du bon temps.*

— **Temps matériel.** Cette expression est un non-sens, puisque le temps
est immatériel par définition. On ne
dira donc pas, avec Huysmans (*En
ménage*, 288) : *Je n'aurais même pas
à Paris le temps matériel de l'ânonner*
[le chapelet]. On dit plus correctement
à la place : *N'avoir pas le temps nécessaire.*

tenace a pour nom correspondant
ténacité (avec un accent aigu).

V. aussi ACCENTS.

tenaille peut s'employer au singulier
(comme *pince*) : *Une tenaille d'embal-
leur* (Lar. du XX⁰ s.). *Apportez la
tenaille* (Acad.).

Le pluriel se rencontre toutefois plus
souvent : *Arracher un clou avec des
tenailles* (Acad.).

tendre. — **Tendant à** reste *invariable* d'après la syntaxe d'aujourd'hui : *Des démarches tendant à obtenir...* (Hanse).

L'Académie écrit toutefois, selon l'ancien usage : *Une proposition tendante à l'hérésie. Semer des libelles tendants à la sédition.*

— **Tendu.** On écrit *L'église était tendue de noir* (et non *en noir*).

tendresse - tendreté. — La **tendresse** est un sentiment : *La tendresse d'un père pour ses enfants* (Acad.).

La **tendreté** est la qualité de ce qui est tendre au sens propre, la nature de ce qui se laisse entamer facilement : *La tendreté de l'herbe. La tendreté d'un gigot. La tendreté de ces légumes, de ces fruits* (Acad.).

(Se bien garder de dire *tendresse*, qui est populaire, en ce sens : *A la tendresse, à la verduresse !*)

ténèbres s'emploie normalement au pluriel : *Marcher à tâtons dans les ténèbres* (Lar. du XXᵉ s.). *Etre enveloppé d'épaisses ténèbres* (Acad.).

On rencontre parfois **ténèbre** (au singulier) dans le style élevé : *L'immuable ténèbre d'un incompréhensible ciel* (Huysmans, *En rade*, 100).

— A noter l'accent *grave* (et non circonflexe) du deuxième *e*.

tenir. — **Conjugaison :** *Je tiens, tu tiens, il tient, nous tenons, vous tenez, ils tiennent. Je tenais, nous tenions. Je tins, nous tînmes. Je tiendrai, nous tiendrons. Je tiendrais, nous tiendrions. Tiens, tenons, tenez. Que je tienne, que nous tenions. Que je tinsse, que nous tinssions. Tenant. Tenu, e.*

— **Tenir pour.** Quand *tenir* est suivi d'un attribut, il s'emploie seul ou avec *pour* : *Je le tiens honnête homme, pour honnête homme* (Acad.). *Je tiens cela vrai, pour vrai, puisque vous le dites* (Id.). *Son professeur avait raison de tenir incorrect le verbe « baser »* (A. Hermant, *les Samedis de Monsieur Lancelot*, 79). On emploie plus souvent *pour.*

On dit : *Tenir quelqu'un pour un misérable. Se tenir pour battu. Se tenir pour dit. Tenez-vous-le pour dit* (plus courant que *Tenez-le-vous pour dit*).

— **Il tient à ... que.** Après l'expression négative *il ne tient pas à moi,*

à vous ... que, on emploie le subjonctif et la particule *ne* dans la proposition subordonnée : *Il ne tenait pas à vous que l'affaire ne réussît* (Lar. du XXᵉ s.). *Il ne tient pas à lui que cela ne soit.*

Si la phrase est interrogative, *ne* est également d'usage : *A quoi tient-il que nous ne partions ?* (Acad.)

La particule est inutile dans les phrases affirmatives : *Il tient à moi que l'affaire se fasse. Il tient à vous qu'il soit nommé. Il ne tiendra qu'à lui que le différend se juge par une bataille* (Littré).

— **Tenir à ce que.** On dit : *Je tiens à ce que vous veniez déjeuner demain à la maison. Tenir que est rare : Mon père a tenu que notre maison fût ouverte à tous* (Paul Bourget, *Lazarine*, 142).

— **Etre tenu de.** Avec *être tenu,* on emploie les prépositions *de* ou *à* : *Je suis tenu de faire telle chose. Un héritier est tenu des dettes de celui dont il hérite* (Acad.). *Je ne suis pas tenu à cela. Etre tenu aux dépens.*

tension. — **Avoir de la tension** est abusif (la tension, ou pression artérielle, étant un phénomène normal).

Quand on a une tension au-dessus de la normale, on a *trop de tension* ou de l'**hypertension ;** au-dessous, une tension trop faible ou de l'**hypotension.**

tentacule est du *masculin* : *Les longs tentacules de la pieuvre.*

V. aussi -ULE.

terme. — On écrit : *Etre en bons termes avec quelqu'un* (Acad.). *En propres termes* (« dans les mêmes termes »). *En termes propres* (« en termes convenables à la chose dont il s'agit »). *En termes de métier. Marché à terme. Proposer, prendre un moyen terme.*

terrain. — On écrit généralement : *Des véhicules tout terrain* (au singulier).

terre. — **A terre - par terre.** Ces deux locutions sont le plus souvent employées indifféremment : *Se jeter à terre, par terre* (Acad.). *Tomber à terre, par terre* (Lar. du XXᵉ s.). *Ramasser un livre tombé à terre* (Id.). *Il a jeté ce papier par terre, au lieu de le mettre dans la corbeille* (Id.).

Certains grammairiens (dont Littré) ont cherché à établir une distinction entre *à terre* et *par terre : par terre* s'employant pour des choses ou des personnes qui, avant la chute, touchaient déjà la terre ; *à terre* convenant pour les choses ou les personnes qui n'y touchaient pas : *La chaise tomba par terre* (Acad., à TOMBER). *Le fil qui les tenait s'étant cassé, les perles tombèrent à terre* (Id.).

— Diverses locutions avec *à* sont figées, comme : *Courir ventre à terre. Frapper quelqu'un à terre. Mettre pied à terre.*

terre-neuve, « chien », est un mot *invariable* : *des terre-neuve.*

— Les habitants de *Terre-Neuve* sont des **Terre-Neuviens** ; les bateaux qui font la pêche à Terre-Neuve, des **terre-neuviens**, des **terre-neuviers** ou des **terre-neuvas** (dialectal).

terre-plein fait au pluriel *terre-pleins* (sans *s* à *terre*).

tête. — On dit : *Garder son chapeau sur la tête* (et non *sur sa tête*). *Il a la tête de plus que lui. Il n'y a pas de plus mauvaise tête que lui* (et non *que la sienne*). *Crier à tue-tête. Posséder cent têtes de bétail* (Acad.). *Se mettre dans la tête de faire une chose, qu'on fera une chose. J'y mettrais, je donnerais ma tête à couper.*

— **Tête à tête - tête-à-tête.** *Tête à tête*, locution adverbiale, signifie « seul à seul » : *Causer tête à tête* (Lar. du XXᵉ s.). *Ils ont dîné tête à tête*, et parfois *en tête à tête*, locution contestée (on ne dit pas *en face à face*, mais qui se rencontre chez de bons écrivains (Gide, Maurois, Thérive, etc.).

Un *tête-à-tête* (avec traits d'union) est une situation ou un entretien à deux personnes qui se trouvent *tête à tête* : *Un agréable tête-à-tête* (Lar. du XXᵉ s.). *Ils ont de fréquents tête-à-tête* (Acad.).

C'est aussi un canapé et un service à déjeuner pour deux personnes : *Le lit, la toilette, l'armoire à glace, le tête-à-tête* (Balzac, *la Cousine Bette*, I, 74).

tête-bêche se dit de la position de deux personnes couchées ou de deux objets placés en sens inverse : *Coucher tête-bêche* (Lar. du XXᵉ s.). *Livres placés tête-bêche.*

Il ne faut pas confondre *tête-bêche* et *tête baissée*, comme l'a fait Victor Hugo (*les Châtiments*, 164) : *Pour attirer les sots qui donnent tête-bêche Dans*

tous les vils panneaux du mensonge immortel.

tête-de-nègre, adjectif de couleur, est *invariable* et s'écrit avec des traits d'union : *Des jupes tête-de-nègre.*

(L'Académie écrit *Un manteau tête de nègre*, mais *Une robe gorge-de-pigeon.*)

V. aussi COULEUR.

téter et ses dérivés (*tétin, tétine,* etc.) s'écrivent aujourd'hui avec un accent (et non plus *teter...*) : *Un enfant qui tète bien.*

texte. V. HORS-TEXTE.

théâtral fait au pluriel masculin *théâtraux.*

thermo- s'écrit généralement avec un trait d'union si son complément commence par une voyelle (*thermo-électrique*), mais les deux mots sont soudés si le second commence par une consonne : *thermochimie, thermosiphon,* etc.

thésauriser. V. TRÉSOR.

thyrse est du *masculin.*

ticket - coupon - billet. — **Ticket,** mot anglais, vient de l'ancien français *étiquette.* Aussi appelle-t-on plutôt *ticket* un billet de petit format, le plus souvent en papier fort ou en carton, à libellé imprimé : *Ticket de quai, d'autobus, de métro. Un ticket d'entrée au musée.*

Le **coupon** est obligatoirement détaché d'une souche ou d'un titre.

Billet a un sens plus général : il englobe les tickets et les coupons (sauf de titre). On dit toutefois toujours : *Un billet de théâtre, de concert* (Acad.). *Prenez vos billets !*

tic tac, onomatopée invariable, s'écrit sans trait d'union : *La pendule fait tic tac. Tic tac, tic tac fait le moulin.*

Substantivement (invariable), il prend un trait d'union : *Le tic-tac d'un moulin* (Acad.). *Horloge qui a un tic-tac sourd.*

— Mêmes règles pour *clic clac, cric crac, flic flac,* etc.

(L'Académie écrit *cric crac, flic flac,* mais *clic-clac, tic-tac.*)

tiers fait au féminin *tierce* : *Avoir recours à des tiers, à une tierce personne* (à une personne étrangère à une affaire).

— On écrit : *Le tiers état* (sans majuscule ni trait d'union) [Acad.] ou *le tiers. Le tiers ordre. Le tiers parti. Une tierce opposition.*

— **Accord du verbe avec « le tiers ».** V. MOITIÉ (*Accord du verbe avec « la moitié »*).

— V. aussi MOITIÉ.

tiers-point, « lime à section triangulaire », fait au pluriel *tiers-points.*

(Se garder de dire *tire-point* en ce sens.)

timbale. V. CYMBALE.

timbre. — On écrit, au pluriel : *des timbres-poste* (sans *s* à *poste* : « timbres pour la poste »), mais *des timbres-quittances* (avec deux *s*).

timonier et ses dérivés s'écrivent avec un seul *n.*

tintouin s'écrit avec *-ou-* (et non *tintoin*) : *Cette affaire lui donne beaucoup de tintouin* (Acad.).

tire-. — Dans les composés de *tire* (du verbe *tirer*), le complément prend généralement un *s* au pluriel : *des tire-balles, des tire-bottes, des tire-bouchons, des tire-pavés,* etc.

Sont *invariables* : *tire-bourre, tire-braise, tire-cendre, tire-feu, tire-foin, tire-fond, tire-laine, tire-lait, tire-moelle, tire-plomb, tire-sève, tire-terre, tire-vieille.*

Prend un *s* même au singulier : *tire-crins.*

— On écrit : **à tire-d'aile** (sans *s* à *aile*), **à tire-larigot.**

tirer. — On écrit : *Tirer parti d'une chose* (et non *Tirer partie...*).

tiret. — Les tirets se ponctuent comme les parenthèses : *Des cultures — surtout des vignes —, des prés, des bois constituaient son héritage. Il partira en automobile — mais qui le conduira? — dès demain.* Toutefois, le second tiret disparaît devant une ponctuation forte, point-virgule ou point final : *C'était là un truquage — ou mieux trucage.*

— Dans les compositions chiffrées (catalogues, tableaux, etc.), le tiret indique la *répétition* (et non la nullité, rôle tenu par les guillemets).

— V. aussi GUILLEMETS.

tisane - infusion. — Infusion est un terme général qui désigne toute bois-son produite par la dissolution dans l'eau bouillante des principes contenus dans une plante : *Une infusion de verveine, de menthe.*

Tisane ne se dit que d'une infusion médicamenteuse : *Tisane de bourrache, de réglisse.*

titiller. — La prononciation tend vers *-ti-yé*, mais **titillation** se prononce encore *-til-la-.*

titre. — **Accord du verbe et de l'adjectif avec un titre d'ouvrage.**

1° *Titre formé d'un nom propre.* L'accord en genre ne se fait pas toujours, en particulier si la consonance n'est pas franchement féminine : *« Athalie » est devenue classique. « Esther » a été écrite pour Saint-Cyr* (Hanse). *« Stella » a été lue devant un auditoire intéressé.* Mais *« Salammbô » a été porté* (ou *portée*) *à l'écran.*

2° *Titre formé d'un nom commun précédé de l'article.* L'accord se fait normalement avec le nom : *Qui oserait dire que « les Misérables » ne sont pas un chef-d'œuvre? « Mademoiselle de La Ferté » a été publiée en 1923. « Les Fleurs du mal » ne peuvent être mises entre toutes les mains. Je vous rends « l'Echelle de Jacob » que vous m'avez prêtée.*

A noter que l'article ne doit pas être détaché du titre quand il en fait partie : *J'ai lu dans « le Monde »... (et non dans le « Monde »...).*

3° *Le nom commun n'est pas précédé de l'article.* Le verbe ou l'adjectif se met au masculin singulier : *« Torrents » a été publié en 1950. « Fantômes à vendre » a été bien accueilli par le public. « Emaux et Camées » a paru en 1852.*

4° *Titre formé de plusieurs noms coordonnés par « et » ou par « ou ».* L'accord se fait avec le premier nom : *« La Coupe et les lèvres » est un grand effort manqué* (Lanson; cité par Grevisse). *« Paul et Virginie » est le chef-d'œuvre de Bernardin de Saint-Pierre. « La Répétition ou l'Amour puni » a été représentée au théâtre Marigny.*

5° *Titre formé d'une proposition.* L'accord se fait avec le sujet de cette proposition : *« La guerre de Troie n'aura pas lieu » a été représentée à l'Athénée en 1935. « Les affaires sont les affaires* » *sont au répertoire de la Comédie-Française.* « *Les oiseaux s'envolent* » *sont un beau livre.*

— **Contraction de l'article d'un titre.** Il est d'usage de faire la contraction en *au, du* ou *des* quand le titre comprend un nom seul ou un nom suivi d'un déterminatif : *Rendre hommage au* « *Roi malgré lui* » *de Chabrier. La représentation du* « *Cid* », *du* « *Misanthrope* ». *Le chapitre III des* « *Misérables* », *du* « *Médecin de campagne* ». *La comédie des* « *Fâcheux* » (Acad.), *du* « *Mariage de Figaro* ».

Si le titre contient *et* ou bien *ou,* la contraction se fait généralement : *La morale du* « *Loup et l'Agneau* » (et non *du* « *Loup et de l'Agneau* »). *Le chapitre VII du* « *Rouge et le Noir* ».

La contraction se fait aussi si le titre contient un verbe : *La mise en scène du* « *Roi s'amuse* ». *Je l'ai comparé aux* « *Oiseaux s'envolent* ». *Les protagonistes du* « *Deuil sied à Electre* ».

On peut toujours éviter la contraction en ajoutant un nom (*roman, fable, pièce,* etc.) avant le titre exact : *Le chapitre III du roman* «*les Misérables*». *La morale de la fable* «*le Loup et l'Agneau* ».

— **Emploi de la majuscule dans les titres.** Le classement bibliographique se faisant d'après la première majuscule d'un titre, il est indispensable de respecter les règles d'emploi de cette majuscule.

L'article défini étant exclu du classement (sauf si le titre est une proposition), la majuscule doit se mettre :

1° Au premier nom : *la Mousson; le Pain quotidien; le Sel de la terre; la Leçon d'amour dans un parc; Race, hérédité, folie.*

Si deux noms sont coordonnés par *et,* on ne met la majuscule qu'au premier : *la Vie et l'esprit de saint Charles Borromée. Servitude et grandeur militaires.* (La majuscule est obligatoire au second nom si l'adjectif qui suit ne se rapporte qu'à celui-ci : *Musique et Vie intérieure.* Les noms personnifiés prennent la majuscule : *le Loup et l'Agneau.*)

Si les deux noms sont coordonnés par *ou,* on les considère comme deux titres distincts : *Julie ou la Nouvelle Héloïse; la Répétition ou l'Amour puni;*

2° A l'adjectif également, si celui-ci précède le nom : *les Deux Orphelines; les Verts Pâturages;*

3° A l'article défini seulement, si le titre est une proposition : *La guerre de Troie n'aura pas lieu; Le deuil sied à Electre; Les dieux ont soif;*

4° Au premier élément du titre seulement, si celui-ci commence par tout autre mot qu'un article défini ou un adjectif (qualificatif, numéral...) : *Un caprice de Caroline chérie; Autant en emporte le vent; A la recherche du temps perdu; En écoutant grand-mère; Pourquoi les oiseaux chantent; Par les champs et par les grèves; Emile ou De l'éducation; Mes aventures alpines.*

— « **Tout** » **devant un titre.** *Tout* reste invariable quand il précède l'article *le* ou *les* (masculin) faisant partie du titre, ou quand ce titre ne contient pas d'article : *J'ai lu tout* « *les Misérables* », *tout* « *Madame Bovary* ». *J'ai appris tout* « *Andromaque* ».

Devant l'article *la* ou *les* (féminin), l'accord se fait généralement : *J'ai lu toute* « *la Porte étroite* ». *J'ai appris toutes* « *les Femmes savantes* », *toutes* « *les Fleurs du mal* ».

toboggan s'écrit avec deux *g.*

tohu-bohu est *invariable* (le pluriel est d'ailleurs rare).

toi. — Lorsque, dans le style élevé, *toi* est antécédent du pronom relatif *qui,* sujet d'une proposition, il tient la place de *tu* et détermine l'accord du verbe à la 2ᵉ personne : *On t'a chassé, toi qui as rendu tant de services* (Laveaux). *O toi qui fis lever cette seconde aurore* (Lamartine, « Hymne au Christ »). *Toi qui règnes dans les cieux. Toi qui sèches les pleurs des moindres graminées* (E. Rostand, *Chantecler,* I, ɪɪ).

toit s'écrit sans accent circonflexe.

tollé est un mot latin (*tolle,* enlève!) francisé : *Cette opinion excita, souleva un tollé général* (Acad.). *Crier tollé contre quelqu'un.* (Pluriel des *tollés.*)

tombe - tombeau. — **Tombe** désigne le lieu de la sépulture : *Creuser une tombe. Des milliers de tombes anonymes. La tombe du soldat inconnu* (le lieu où il repose). *Un léger tertre marquait sa tombe.* C'est aussi la dalle qui couvre une sépulture : *Une tombe de marbre* (Lar. du XXᵉ s.).

Un **tombeau** est un monument funéraire élevé sur une tombe : *Un tombeau de marbre* (Lar. du XXᵉ s.). *Le tombeau sous l'Arc de Triomphe* (le monument, le décor où repose le soldat inconnu).

Tombeau désigne aussi la tombe (au figuré) dans le style élevé : *Mettre, conduire, mener au tombeau* (Littré).

tomber se conjugue aujourd'hui avec l'auxiliaire **être** : *Il est tombé hier sur le genou. Nous sommes tombés de haut devant ses prétentions.*

Néanmoins, il n'est pas interdit, quoique étant peu d'usage, à l'exemple de Littré, d'employer *avoir* pour marquer l'action. Comparer : *Cet enfant est tombé, relevez-le,* et *Cet enfant a tombé et s'est relevé seul. Lorsqu'il a tombé, il y avait du verglas. En cette année, il a tombé tant d'eau* (E. Henriot, *le Livre de mon père,* 156; cité par Grevisse). *Il avait tombé une petite pluie d'orage* (M. Proust, *Sodome,* II, 1, 130).

— On dit : *Tomber sur quelqu'un* («l'attaquer ou le rencontrer inopinément»). *Ils sont tombés d'accord. Je tombe d'accord que cela est ainsi* (Acad.). *Tomber à terre* ou *par terre* (v. TERRE). *Tomber sous le sens* («être évident »).

— **Tomber** transitif est du langage populaire et aussi sportif : *Tomber la veste. Le sommeil le tomba sur la table* (P. Hamp, *le Rail,* 219). *Tomber son adversaire* (Lar. du XXᵉ s.). *Je le tombai tout aussitôt* (A. Gide, *Si le grain ne meurt,* 93).

tomme, « fromage », s'écrit avec deux *m.*

ton (adjectif possessif). — Pour raison d'euphonie, on emploie *ton* au lieu de *ta* devant un mot commençant par une voyelle ou un *h* muet : *ton âme, ton idole, ton héroïsme.* (Prononcer *to-nâm', to-nidol',...* et non *ton-nâm', ton-nidol'...*)

— V. aussi POSSESSIF (Adjectif).

ton (nom). — **D'un ton - sur un ton.** On dit, en parlant de l'inflexion ou de l'expression de la voix : *Parler d'un ton de maître* (Lar. du XXᵉ s.). Mais, au sens figuré : *Aller répéter sur tous les tons. Si vous le prenez avec moi sur*

un ton de supériorité... Je le ferai chanter sur un autre ton (Acad.).

tonal fait au pluriel masculin *tonals* : *Il existe différents systèmes tonals.*

tondre fait *je tonds, il tond.*

— On dit **tondre sur un œuf** (Acad., Lar. du XXᵉ s.) [et non *tondre un œuf*], c'est-à-dire tondre ce qu'un avare pourrait trouver sur un œuf.

tonner. V. DÉTONER.

tonnerre désigne le bruit éclatant qui accompagne la foudre : *Les roulements du tonnerre* (Lar. du XXᵉ s.). *Un grand éclat de tonnerre* (Acad.).

On ne donne plus aujourd'hui à *tonnerre* le sens de « foudre » : *La chute du tonnerre qui siffle en s'éteignant dans les eaux* (Chateaubriand, *Atala,* 66).

tordre fait *je tords, il tord.*

— **Se tordre,** pour « rire convulsivement », est du langage familier et même populaire : *Tout le monde se tordait* (G. de Maupassant, *Toine,* 175). De même : *Se tordre de rire. Rire à se tordre les côtes, à se tordre* (Lar. du XXᵉ s.).

— **C'est tordant,** « c'est très amusant », est du langage populaire : *C'est tordant de le voir faire* ou *Il est tordant à voir faire.* De même : *Sylvie la trouvait tordante* (R. Rolland, *Annette et Sylvie,* 75).

— **Tordu - tortu - tors.** V. TORS.

torpédo, sur le genre duquel on a longtemps hésité, est aujourd'hui du féminin, par attraction d'*automobile* : *Une longue torpédo. La confortable torpédo bleu ciel* (P. Benoit, *Fort-de-France,* 122).

torque (latin *torques*), « collier romain », est aujourd'hui francisé et s'écrit sans *s* final : *Le torque paraît être d'origine barbare* (Lar. du XXᵉ s.). *Un lourd cercle à pendeloques d'argent qui ressemblait à un torque gaulois* (H. Fauconnier, *Malaisie,* 66).

torrentiel - torrentueux. — **Torrentiel** se dit de ce qui est relatif aux torrents, qui est produit par les torrents : *Eaux torrentielles* (Acad.).

Une *pluie torrentielle* tombe à torrents, par torrents.

Torrentueux ne se dit que de ce qui se transforme en torrent, en a l'im-

pétuosité : *Un ruisseau torrentueux*
(Littré). Au figuré : *Existence torren-*
tueuse (Lar. du XX⁰ s.).

tors fait normalement au féminin
torse : *Basset à jambes torses* (Lar. du
XX⁰ s.). *Colonne torse* (Id.). *De la*
soie torse (Acad.).

On a écrit autrefois **tort** au masculin,
ce qui a donné le féminin populaire
torte, parfois encore employé : *Bouche*
torte. Jambes tortes (Acad.).

— **Tors - tordu - tortu.** *Tors* se
dit généralement de ce qui a subi une
torsion naturelle (ou indique seulement
la direction d'un corps qui va tournant
en long et en biais), et *tordu* de ce qui
a subi une torsion opérée. *Tortu* indique
une torsion naturelle ou accidentelle qui
constitue un défaut.

tort. — On dit : *A tort et à travers* (et
non *ou à travers*).

tôt. — **Aussi tôt - aussitôt.** V. AUS-
SITÔT.

— **Bien tôt - bientôt.** Voir
BIENTÔT.

— **Si tôt - sitôt.** V. SITÔT.

totalité. — Avec **la totalité de,**
employé comme collectif avec un complément au pluriel, le verbe se met
généralement au singulier : *La totalité*
des prisonniers fut passée par les armes.

toton, « petite toupie », est tiré du latin
totum, tout, mot anciennement marqué
sur l'une des faces de cet objet : *Faire*
tourner quelqu'un comme un toton
(Lar. du XX⁰ s.).

On se gardera de dire un *tonton,*
comme l'a fait Huysmans (*En*
ménage, 94) : *Elle fit pivoter sa fille*
comme un tonton.

toucher signifie « jouer », en parlant
d'un instrument de musique qui se joue
avec les doigts : *Toucher le piano,*
l'orgue, la guitare (Lar. du XX⁰ s.).
Il touche le piano agréablement, déli-
catement (Acad.). On dit plus généralement *toucher du piano* : *Elle savait*
toucher du piano (G. Flaubert, *Madame*
Bovary, 18). *En touchant par moment*
du piano (V. Hugo, *le Rhin,* I, 54 ; coll.
Nelson). Et aussi : *Jouer du piano, de*
l'orgue, de la guitare.

— On dit : *Toucher la main, toucher*
la main à quelqu'un, mettre sa main

dans celle de quelqu'un en signe d'amitié, d'accord, etc. *Toucher du doigt.*
Toucher au vif. Ne pas laisser toucher
terre à quelqu'un. Toucher au succès.
Cette mesure ne touche en rien à vos
intérêts. N'avoir pas l'air d'y toucher.

tour. — On écrit : *A tour de bras. En*
un tour de main (Acad.) [v. TOURNE-
MAIN]. *Un tour* (plus souvent *un*
retour) *de bâton* (*La fatalité a d'in-*
croyables tours de bâton [A. Hermant,
Monsieur de Courpière marié, 43]).
C'est à leur tour de jouer. Chacun à son
tour. Tour à tour (sans traits d'union).

tourne-. — Certains composés de
tourne (du verbe *tourner*) s'écrivent en
un seul mot, sans trait d'union, et sont
du *masculin,* même si le complément
est du féminin : *un tournebout, un*
tournebride, un tournebroche, un tour-
nedos, un tournevis.

S'écrivent avec un trait d'union : *un*
tourne-disque (plur. *tourne-disques*), *un*
tourne-feuille (plur. *tourne-feuilles*),
un tourne-fil (invar.), *un tourne-gants,*
un tourne-oreille (invar.), *un tourne-*
pierre (plur. *tourne-pierres*), *un tourne-*
soc (invar.), *un tourne-vent* (invar.).

tournemain. — L'expression **en un**
tournemain est vieillie. « On dit plutôt
en un tour de main »
(Acad.).

tournoi, « combat », s'écrit sans *s* final.
(C'est la monnaie frappée à Tours qui
prend un *s* : *Une livre, un sou tour-*
nois.)

tournoiement s'écrit avec un *e* intercalaire.

tout est adjectif et adverbe (ainsi que
nom et pronom). Adjectif, il varie ;
adverbe, il est invariable (sauf quand
il est placé devant un adjectif féminin
commençant par une consonne ou un *h*
aspiré [v. plus loin]).

Il est *adjectif indéfini* dans : *Tout le*
monde. Toutes les femmes. Tous les
enfants. Il n'a pour toutes ressources
que sa pension. A tout moment. A toute
heure.

Il est *adverbe* au sens de « complètement, entièrement » : *Ils sont partis*
tout contents (Lar. du XX⁰ s.). *Les*
chevaux de ce poil-là sont ordinaire-
ment tout bons ou tout mauvais. Elle
est tout attristée. Aller tout doucement.

I. « Tout » adjectif.

— « **Tout** » **répété.** Lorsqu'une phrase contient plusieurs sujets précédés chacun de *tout* (sens de « chaque »), le verbe s'accorde avec le dernier sujet : *Tout homme, toute femme, tout enfant doit obéissance à la loi.*

Si la phrase commence par un nom féminin, il faut répéter *tout* devant le nom masculin qui suit : *Toutes pièces, tous actes, états, etc., devront être fournis au plus tôt* (et non *Toutes pièces, actes...* ou *Tous pièces, actes...*).

— **Locutions et expressions avec** « **tout** » **singulier ou pluriel.** La plupart des locutions et expressions avec *tout* s'écrivent au singulier : *à toute bride, en tout cas, de toute façon, à toute force, de tout genre, en tout genre, à tout hasard, à toute heure, en tout lieu, en tout point, à tout propos, en toute saison, de tout temps, à toute vitesse.*

S'écrivent au pluriel : *de tous côtés, à tous égards, en toutes lettres, de toutes pièces, toutes proportions gardées, en tous sens,* etc.

Peuvent s'écrire au singulier ou au pluriel : *à tout moment, de toute part, pour toute raison, de toute sorte, en tout temps.*

— « **Tout** » **devant un titre d'ouvrage.** V. TITRE.

— « **Tout** » **devant un nom de ville.** Placé devant un nom de ville féminin, *tout* s'écrit au masculin, ainsi que ses corrélatifs, si l'on a en vue la population de cette ville : *Tout Rome s'est soulevé* (Lar. du XXᵉ s.), c'est-à-dire tout le peuple de Rome. Mais on écrit généralement : *Toute Rome est couverte de monuments,* parce qu'on pense à la ville et non plus à ses habitants.

On écrit : *Le Tout-Paris, le Tout-Rome.*

— **Tous deux - tous les deux.** V. DEUX.

— **Tout un chacun.** V. CHACUN.

— V. aussi TOUT adverbe (ci-dessous), pour les cas particuliers.

II. « Tout » adverbe.

Tout adverbe, renforçant un adjectif, est normalement invariable : *Ils étaient tout penauds, tout déconfits. Tout laborieux que vous êtes. Tout habiles et tout artificieux qu'ils sont* (Acad.). *Des enfants tout petits.*

Cependant, *tout* adverbe varie, pour raison d'euphonie, quand il est placé devant un adjectif féminin commençant par une consonne ou un *h* aspiré : *Cette personne est toute surprise, toute honteuse* (Lar. du XXᵉ s.). *De l'eau-de-vie toute pure* (Acad.). *Des femmes toutes pénétrées de douleur* (Id.). *De toutes-puissantes sociétés.*

Mais on écrira, devant une voyelle ou un *h* muet : *Elle était tout attristée, tout heureuse, tout en larmes. Elles sont tout intimidées. Ils sont tout en nage. Les grands hommes ne meurent pas tout entiers* (Acad.). *Un chien qui a les oreilles tout écorchées. La sollicitude de ma mère [...], tout occupée à prévenir ma fatigue* (A. Gide, *la Porte étroite*, 8).

III. Emplois particuliers de « tout ».

— « **Tout** » **modifiant un nom.** *Tout* renforçant un nom épithète ou attribut reste *invariable* dans des locutions comme : *être tout feu, tout flamme; être tout yeux, tout oreilles.* On dit aussi *Des tissus tout laine, tout soie.*

L'usage est moins sûr en dehors de ces locutions. Si l'on rencontre tantôt l'invariabilité (même devant un nom féminin commençant par une consonne ou un *h* aspiré : *Comme un être tout vie* [P. Valéry, *Tel quel*, II, 100]), tantôt l'accord, il vaut mieux toutefois suivre la règle de *tout* adverbe devant un adjectif : *Il était tout énergie, toute vivacité* (Hanse). *Il ou Elle est toute raison. Dieu est toute bonté. Cet homme [...] était toute sagesse* (H. de Montherlant, *les Célibataires*, 42 ; cité par Grevisse).

— **Tout à, tout de.** Avec un nom ou un pronom féminin singulier, on fait accorder généralement *tout* devant à et de : *Elle était toute à ses bêtes.* (A noter : *Je suis toute à vous,* formule réservée à la passion, et *Je suis tout à vous,* simple politesse.) *Une pièce toute de circonstance* (mais *Un sujet tout de circonstance*) [Hanse].

Avec un nom ou un pronom féminin pluriel, l'accord de *tout* créerait une équivoque. On écrira donc : *Elles sont tout à leur travail.* (*Elles sont toutes à leur travail* signifierait « toutes sont à leur travail ».)

De même avec *tout de* : *Elles sont tout de noir vêtues.*

Dans l'expression **tout d'une traite**, *tout* est invariable : *Elles sont venues de Versailles tout d'une traite.*

Tout d'une pièce, tout de travers sont invariables quand ils modifient un verbe : *Le groupe se déporta tout d'une pièce vers la droite. Elles allaient tout de travers.* Avec un nom (ou un pronom) féminin, on rencontre tantôt l'accord, tantôt l'invariabilité : *Cette colonne, cette table de marbre est toute d'une pièce* (Acad.). *Il a sur ce problème des idées toutes* ou *tout de travers* (Hanse).

— **Tout en.** Avec un nom pluriel, *tout en* reste invariable : *Des tissus tout en soie. Des jupes tout en broderies.*

Avec un nom féminin singulier, l'usage hésite : *Une jupe tout en soie* ou *toute en soie. Elle était tout en bleu* ou *toute en bleu. La ville est tout* ou *toute en flammes. Cette plante est tout en fleurs* (Acad.).

On écrit (invariable) : *Elle était tout en larmes* (Acad.).

— **Tout autre.** Dans *tout autre*, *tout* est *adjectif* et *variable* quand il se rapporte au nom (sens de « n'importe quel ») ; celui-ci peut alors s'intercaler entre *tout* et *autre* : *Parlez-moi de toute autre chose* (c'est-à-dire de toute chose autre que celle dont vous me parlez). *Toute autre personne l'eût compris* (toute personne autre). *Il se sentait pénétrer [...] dans un domaine qui lui appartenait plus que tout autre* (A. Malraux, *la Condition humaine*, 82).

Il est *adverbe* et *invariable* si l'on ne peut le placer devant le nom : *C'est tout autre chose que je désirais* (c'est-à-dire tout à fait autre chose). *Je vous demande tout autre chose. Sa maison est tout autre qu'elle n'était* (Acad.). *Ces personnes ont tout autres revendications à formuler. Il présente de tout autres caractères.*

Si *tout autre* est précédé de **une**, *tout* reste invariable : *C'est d'une tout autre affaire que je m'occupe.*

— **Comme tout.** V. COMME.

— **Tout à coup - tout d'un coup.** V. COUP.

— **Tout à fait** s'écrit sans trait d'union.

— **Tout à l'heure.** V. HEURE.

— **Tout ce qu'il y a de** veut aujourd'hui le verbe qui suit au singulier : *Tout ce qu'il y avait de notabilités assistait à la réunion* (Hanse).

Tout ce qu'il y a de plus (au sens d'« extrêmement ») est une locution figée (le verbe *avoir* reste au présent) : *Je lui donnerai, je lui ai donné tout ce qu'il y a de plus beau.*

— **Tout de même.** V. MÊME.

— **Tout de suite - de suite.** Voir SUITE.

— **Tout entière.** Dans cette expression, *tout* reste aujourd'hui *invariable* : *Cette femme est tout entière à ce qu'elle fait* (Acad.). *Certains jours, la ville tout entière embaumait* (A. Gide, *les Nourritures terrestres*, 58). *Il les mangea tout entières.*

— **Tout partout.** V. PARTOUT.

— **Tout plein.** V. PLEIN.

— **Tout... que.** Dans cette locution, *tout* est toujours invariable avec un nom masculin pluriel : *Tout princes que vous êtes, vous n'en êtes pas moins hommes.* Il varie avec un nom féminin commençant par une consonne : *Toute femme qu'elle est* (Acad.). De même avec un adjectif : *Toutes raisonnables qu'elles sont* (Id.).

On voit que *tout... que* se construit normalement avec l'indicatif. On rencontre toutefois aussi le subjonctif, par analogie avec *quelque... que* : *Tout redoutable cependant que soit un pareil rival, je suis peu disposé à en être jaloux* (Th. Gautier, *Mademoiselle de Maupin*, 159)

IV. « Tout » nom.

Tout employé comme nom varie au pluriel : *Plusieurs touts distincts les uns des autres* (Acad.)

tout-puissant s'accorde en genre et en nombre avec un nom féminin : *Une personne toute-puissante, des personnes toutes-puissantes.*

Avec un nom masculin, *tout* est invariable : *Des gens tout-puissants.*

Substantivement : *Les tout-puissants.*

trace. — On écrit, au singulier : *Il n'en reste pas trace, pas de trace. Disparaître sans laisser de trace.*

trachée se prononce *-ché*, mais dans ses dérivés *trachéen, trachéite, trachéo-*, etc., *-ché-* se prononce *ké*.

traditionalisme et son dérivé **traditionaliste** s'écrivent avec un seul *n* (mais *traditionnel* en prend deux).

V. aussi N.

traduire - transcrire. — Traduire, c'est faire passer d'une langue dans une autre : *Traduire du latin en français.*

Transcrire, c'est non seulement copier un écrit (*J'ai transcrit exactement ce qui était sur le manuscrit* [Acad.]), mais aussi recopier avec d'autres caractères : *Transcrire du grec, de l'arabe en caractères latins.*

En termes de musique, il signifie « noter de la musique pour un instrument autre que celui pour lequel elle a été écrite ».

trafic, au sens de « commerce de marchandises » (*Trafic des vins, des cuirs*), est pris le plus souvent en mauvaise part, même au sens propre. Au sens figuré, il est toujours défavorable : *Il y a bien du trafic sur les vins* (Lar. du XXᵉ s.). On dit de même : *Faire trafic de son honneur* (Id.). *Trafic d'influence.*

trafiquant, nom, s'écrit généralement avec *qu*, quoique dérivé de *trafic*. (L'orthographe *traficant*, signalée par le Larousse du XXᵉ siècle, est rare.)

tragédie. — La tragédie étant, au sens classique, une pièce en vers, on ne dit pas une *tragédie en vers*, ce qui serait pléonastique.

train. — On dit : *Courir à fond de train. Il y a loin d'ici au terme de notre voyage, il faut aller meilleur train pour arriver de jour* (Acad.). *Ce cocher mène bon train* (Id.). *Faire du train* (familier). *Un boute-en-train* (et non -*entrain*).

— Être en train de, au sens d' « être en humeur de », est vieilli : *Il n'est pas en train de rire* (Acad.).

Au sens d' « être actuellement occupé à », c'est une expression assez lourde qui est réservée surtout au langage parlé. On écrira plutôt : *Il s'habille* que *Il est en train de s'habiller. Il dîne* que *Il est en train de dîner.*

traîner et ses dérivés ou composés (*traînard, traîne, traîneau, entraînement, entraîner,* etc.) s'écrivent avec un accent circonflexe.

train-train s'emploie plus couramment que *tran-tran,* qui est vieilli : *Un train-train fructueux* (Huysmans, *En route,* 17). *Le train-train quotidien de la Bourse* (Nouv. Lar. univ.).

traire. — Conjugaison : *Je trais, tu trais, il trait, nous trayons, vous trayez, ils traient. Je trayais, nous trayions.* Pas de passé simple. *Je trairai, nous trairons. Je trairais, nous trairions. Trais, trayons, trayez. Que je traie, qu'il traie, que nous trayions.* Pas d'imparfait du subjonctif. *Trayant. Trait, e.*

A noter l'absence de passé simple et, conséquemment, celle de l'imparfait du subjonctif.

— Se conjuguent de même : *abstraire, distraire, extraire, portraire, rentraire, retraire, soustraire.*

Attraire n'est plus guère usité qu'à l'infinitif.

trait d'union s'écrit sans... trait d'union.

Pour les difficultés portant sur l'emploi du trait d'union dans les mots composés, se reporter à ces mots mêmes, aux préfixes et à diverses rubriques, comme IMPÉRATIF, MOTS COMPOSÉS, NON, NUMÉRAL (*Adjectifs numéraux*), RUE, SAINT, etc.

En règle générale, on ne met pas de trait d'union aux mots composés des préfixes *anti* (sauf *anti-i-*), *archi, auto* (sauf hiatus), *bi, co, juxta, super, tri,* etc. ; en particulier, dans les termes de chimie commençant par *hyper, hypo, mono, penta, per, proto, sesqui, tétra,* etc.

— Ne prennent pas de traits d'union les composés suivants : *aide de camp, aller et retour, arts et métiers, ayant cause, ayant droit, château fort, commis voyageur, compte rendu, directeur adjoint* (V. ADJOINT), *double décimètre* (V. DOUBLE), *état civil, faux col* (V. FAUX), *fusil mitrailleur, garde champêtre, garde forestier* (V. GARDE), *gouverneur général, grand prêtre* (V. GRAND), *haut fourneau, hôtel de ville, maître chanteur* (V. MAÎTRE), *Moyen Age, objet type* (V. TYPE), *opéra bouffe, parti pris, pied de nez, pomme de terre, ponts et chaussées, raz de marée, subrogé tuteur, tout à coup, tout à fait, trois quarts, vingt et un, vingt et unième,* etc.

— **S'écrivent en un seul mot** les composés suivants : *antiaérien* (v. ANTI-), *boutefeu*, *contrecoup* (v. CONTRE-), *courtepointe*, *entremets* (v. ENTRE), *infrarouge* et *ultraviolet*, *lèchefrite*, *mainlevée* (v. MAIN), *malemort*, *pattemouille*, *portefaix* (v. PORTE-), *tranchefile*, *trictrac*, *zigzag*, etc.

— **Noms propres.** Les noms propres suivis d'un surnom ne prennent pas de traits d'union : *Philippe Auguste, Jean le Bon, Richard Cœur de Lion*, etc.

En revanche, on écrit : *Joinville-le-Pont, Saint-Michel-en-Grève; les départements du Pas-de-Calais, de la Haute-Marne; les Etats-Unis, l'église Saint-Pierre-et-Saint-Paul; la galerie François-I*er*; le lycée Henri-IV; le musée Victor-Hugo; le métro Notre-Dame-des-Champs*, etc.

— **Trait d'union dans les noms de rues, de places, etc.** V. RUE.

traitement. V. SALAIRE.

traiter. — Traiter de se dit pour « négocier, conclure » (*Traiter de la paix*), « prendre pour objet d'étude, de travail » (*Traiter des plantes, des métaux, de l'histoire ancienne*), « avoir pour objet, être relatif à » (*Ouvrage qui traite des coutumes barbares*).

— V. aussi TAXER.

traître (noter l'accent circonflexe), adjectif ou nom, fait au féminin *traîtresse* : *Paroles traîtresses. Livrer un traître, une traîtresse.*

tranche. — On écrit : *Livre doré sur tranche* (sans *s*).

— **Couper en tranches - par tranches.** *Couper en tranches* indique une division faite sur la totalité : *Acheter un pain d'épice coupé en tranches.*

Couper par tranches, c'est couper des tranches au fur et à mesure des besoins.

trans-, préfixe, se joint toujours au second composant sans trait d'union. Si ce mot commence par un *s*, cet *s* est conservé : *transsaharien, transsubstantiation, transsuder*, etc.

transcrire - traduire. V. TRADUIRE.

transfert - transfèrement - translation. — Au sens de « transport, action par laquelle on fait passer d'un lieu dans un autre », **transfert,** qui se dit des personnes et des choses, est à peu près seul employé aujourd'hui : *Le transfert du corps d'un mort* (Acad.). *Après le transfert des magasins rue X.... Le transfert des cendres de Napoléon* (Dict. gén.).

Les synonymes **transfèrement** et **translation** perdent de plus en plus de terrain au bénéfice de *transfert.*

A noter que *transfèrement* se dit des personnes (des prisonniers surtout) et *translation* des choses : *On avait attendu pour son transfèrement que la station fût vide* (E. de Goncourt, la Fille Elisa, 161). *La loi qui en ordonna la translation* [des cimetières] *à une certaine distance des habitations...* (Balzac, le Médecin de campagne, 250).

transir et *transi* se prononcent avec *s* dur (*-sir, -si*, plutôt que *-zir, -zi*).

translation - transfert. V. TRANSFERT.

transparent - translucide. — Se garder d'employer *transparent* au sens de *translucide.*

Est **transparent** ce qui se laisse traverser par la lumière et permet de distinguer nettement les objets à travers son épaisseur : *L'eau est un corps liquide, clair et transparent* (Acad.). *Des vitres transparentes.*

Ce qui est **translucide** laisse passer une lumière diffuse, mais ne permet pas de distinguer les objets : *Il y a des porcelaines opaques et des porcelaines translucides* (Acad.). *Le verre dépoli est translucide.*

transvaser - transvider. — **Transvaser,** c'est verser d'un vase, d'un récipient dans un autre : *Transvaser du vin* (Lar. du XXe s.).

Transvider a le sens particulier de « vider un récipient en transvasant son contenu dans un ou plusieurs autres ».

trapu s'écrit avec un seul *p* : *Un homme trapu.*

travail fait au pluriel *travaux.*

Toutefois, au sens d' « appareil où l'on place les chevaux pour les ferrer », le pluriel est **travails.**

travers. — A travers - au travers. Grammaticalement, ces deux locutions diffèrent par le fait qu'*à travers* (une chose) se construit sans *de* (sans auxiliaire partitif ou un indéfini : *le chemin contournait le village à travers des prairies* [Fr. Mauriac, le Sagouin, 93]), alors qu'*au travers* (d'une chose) l'exige : *Toute la lumière me parvenait comme au travers de couches d'eau verdies, à travers feuilles et ramures* (A. Gide, *les Nourritures terrestres*, 27). *Passer sa main à travers les barreaux* (Lar. du XXᵉ s.). *Avec quelques camarades, nous passions le meilleur de nos journées à travers champs* (G. Duhamel, *Civilisations*, 118).

Au travers de s'emploie au sens même d'*à travers*, mais de préférence quand il y a résistance, obstacle : *Ils se frayèrent un chemin au travers de l'ennemi. Il s'est jeté au travers de cette affaire. L'obus ne put passer au travers du blindage. Un coup d'épée au travers du corps* (Acad.). *Des routes rares et mal entretenues le relient à la capitale au travers d'une région à demi désertique* (J. Gracq, *le Rivage des Syrtes*, 10). Et elliptiquement : *Tchen tenterait-il de lever la moustiquaire? Frapperait-il au travers?* (A. Malraux, *la Condition humaine*, 9.)

— **En travers** signifie « d'un côté à l'autre dans le sens de la largeur » : *Cette table n'est pas solide, il faut y mettre des barres en travers pour qu'elle puisse servir* (Acad.).

— **Se mettre en travers de.** Au sens propre : *Ne vous mettez pas en travers du chemin* (Lar. du XXᵉ s.).

Au sens figuré : *Il se met toujours en travers de nos desseins* (Id.).

— **Passer au travers** est une expression de la langue familière : *Les bateaux et les marins douarnenistes avaient encore une fois passé au travers* (H. Quéfellec, *Tempête sur Douarnenez*, 285).

traverser. — **Traverser un pont** est critiqué par certains, qui estiment que le fait de passer un pont dans le sens de la longueur ne peut se dire *traverser*. Cette expression est pourtant entrée dans le langage courant. On dit toutefois mieux : *Passer un pont. Traverser un torrent sur un pont.*

tréfonds s'écrit avec un *s* final : *Savoir le fonds et le tréfonds d'une affaire.*

trembler. — **Trembler que... ne.** V. CRAINDRE.

trembloter s'écrit avec un seul *t*, mais *grelotter* en prend deux.

V. aussi -OTER.

trépasser se conjugue avec l'auxiliaire **avoir** ou **être**, selon qu'on veut exprimer l'action ou l'état : *Il a trépassé à six heures du soir* (Littré). *Il y a deux heures qu'il est trépassé* (Acad.).

très, qui marque le superlatif absolu, modifie normalement soit un adjectif (ou un participe passé employé adjectivement), soit un autre adverbe : *Il est très bon, très habile, très fort. C'est très bien. Je la vois très souvent. Il supporte très vaillamment l'adversité. Il a agi très sagement* (Acad.).

(On emploie *beaucoup* [et non *très*] avec un participe passé non adjectif. Se garder d'écrire, avec Henri Bataille [*Maman Colibri*, IV, III] : *Ta sollicitude a sûrement très exagéré. J'ai très réfléchi* [Id., *le Phalène*, I, x].)

— **« Très » devant une préposition.** *Très* se rencontre parfois devant une préposition suivie d'un nom avec lequel elle forme une sorte de locution adjective ou adverbiale : *Homme très en colère* (Lar. du XXᵉ s.).

— **« Très » devant un nom.** *Très* peut se mettre devant un nom d'être animé, employé adjectivement comme épithète ou comme attribut : *Il ne laisse pas de se fier à celui-ci comme à un très homme de bien* (Littré, d'après Guez de Balzac). *Il est resté très enfant pour son âge. Il est très professeur, très peuple.*

L'exemple suivant, tiré de Balzac (*Splendeurs et misères des courtisanes*, II, 100), n'est pas à conseiller : *Ce phénomène a lieu chez les très vieillards.*

— **Avoir très faim, très soif, très peur,** etc. V. FAIM.

Les expressions verbales du genre de *avoir très envie, très tort, faire très attention, se faire très mal*, etc., sont réservées à la langue parlée ou au style familier.

— **Ellipse de l'adjectif avec « très ».** *Est-il fort? — Très* est du langage familier. De même la construction suivante, citée par Grevisse : *Elle est heureuse, j'aime à le croire? — Pas très pour le quart d'heure* (J. Richepin, *le Chemineau*, III, IX).

— **A très bientôt.** V. BIENTÔT.

trésor a pour dérivés *trésorerie*, *trésorier*, mais le verbe correspondant est

thésauriser (forgé sur le latin *thesau-rus,* trésor).

Celui qui *thésaurise* est un **thésau-riseur.**

tressaillir. — **Conjugaison :** *Je tressaille, tu tressailles, il tressaille, nous tressaillons, vous tressaillez, ils tres-saillent. Je tressaillais, nous tressaillions. Je tressaillis, nous tressaillîmes. Je tres-saillirai, nous tressaillirons. Je tressail-lirais, nous tressaillirions. Tressaille, tressaillons, tressaillez. Que je tressaille, que nous tressaillions. Que je tressail-lisse, qu'il tressaillît, que nous tressail-lissions. Tressaillant. Tressailli, e.*

A noter la forme *tressaillirai(s)* [et non *tressaillerai(s)*] au futur et au conditionnel.

trêve s'écrit avec un accent circonflexe.

tri-. — Les composés de *tri* s'écrivent sans trait d'union : *triporteur, trisul-fure,* etc.

tricentenaire. V. CENTENAIRE.

trictrac, « jeu », s'écrit en un seul mot, sans trait d'union.

trimbaler, mot de la langue familière, s'écrit avec un seul *l.*

trimestriel. V. BIHEBDOMADAIRE.

trinité - trilogie. — **Trinité** désigne l'union de trois personnes ne formant qu'un seul Dieu, et, par extension, ce qui est divisé en trois parties, alors que **trilogie** est un terme de littérature réservé à une « série de trois pièces dramatiques dont les sujets se font suite » et à un « ouvrage partagé en trois parties distinctes, mais se faisant suite » : *L'armée, la magistrature, l'ad-ministration, cette trinité gouverne-mentale* (Lar. du XXᵉ s.). *[Il] venait de le retrouver intact* [le nom « Denise »] *avec ses six lettres en trois syllabes, trois consonnes et trois voyelles alter-nées, double trinité* (P. Colin, *les Jeux sauvages,* 217). — *La trilogie de Dante* (Lar. du XXᵉ s.). *Le « Wallenstein » de Schiller est une trilogie* (Acad.).

triomphal - triomphant. — **Triomphal** signifie « qui est relatif au triomphe » et ne se dit que des choses : *Arc triomphal. Ornements triomphaux.* (Lar. du XXᵉ s.). *Marche triomphale.*

Triomphant, au sens propre, ne se dit que des personnes et a le sens (ancien) de « qui jouit du triomphe » : *Un esclave était chargé de rappeler au général romain triomphant qu'il n'était qu'un homme* (Lar. du XXᵉ s.).

Il se dit aussi de qui est victorieux, a vaincu, l'a remporté sur d'autres : *La lutte fut terrible, il en sortit triom-phant* (Acad.).

Au figuré : *Un air triomphant. Faire une entrée triomphante.*

triplicata. V. DUPLICATA.

triptyque s'écrit avec un *i* en premier, puis un *y* (du gr. *triptukhos,* plié en trois) ; c'est un tableau à trois volets.

On écrit de la même façon **dip-tyque.**

trisaïeul. V. AÏEUL.

triste a un sens différent selon qu'il est placé après ou avant le nom. Un *personnage triste* est un personnage qui n'est pas gai ; un *triste personnage* est un personnage méprisable. Un *auteur triste* est un auteur qui traite des sujets tristes ; un *triste auteur* est un auteur sans talent.

En parlant des choses : Un *dîner triste* est un dîner sans gaieté ; un *triste dîner* est un dîner pitoyable. Une *his-toire triste* est une histoire qui inspire la tristesse ; une *triste histoire* est une histoire déplorable.

troène s'écrit avec un accent grave (et non un tréma).

trombone s'écrit avec un seul *n* et est du *masculin : Un trombone à coulisse, à pistons. Le trombone d'un orchestre* (celui qui joue du trombone).

trompe-l'œil est *invariable : Des trompe-l'œil.*

On écrit, sans trait d'union : *Une peinture en trompe l'œil* (Acad.).

V. aussi RELIEF.

trompette, instrument, est du *fémi-nin,* mais celui qui en sonne (trompette de cavalerie) ou qui en joue (trom-pette d'harmonie) est du *masculin : Le trompette de l'escadron* (Lar. du XXᵉ s.). *Il y a un excellent trompette dans cet orchestre.*

Au sens de « personne qui répand, divulgue, propage certaines choses », il est du *féminin : Ce bavard est une vraie trompette* (Lar. du XXᵉ s.).

Sonner ou jouer de la trompette, c'est *trompeter* (avec un seul *t*) : *Je trompette, nous trompetons. — L'aigle trompette.*

trop se prononce *tro* devant une consonne et *trop'* devant une voyelle.

— **Trop,** accompagné d'une négation a le sens de « guère » : *Ce chemin n'est pas trop sûr. Il ne sait trop comment s'y prendre.*

— Dans les phrases de politesse, **trop** s'emploie pour « beaucoup, fort » : *Je suis trop heureux de vous voir* (Acad.). *Vous êtes trop aimable.*

— Quand **trop** est suivi d'un complément, l'adjectif qui s'y rapporte s'accorde généralement avec ce complément : *Trop de bonté est cruelle à la vanité d'autrui* (Vercors, *la Marche à l'étoile,* 80; cité par Grevisse).

Toutefois, il n'est pas rare que la pensée attache plus d'importance à l'adverbe *trop* qu'au complément; alors l'adjectif se met au masculin singulier : *Trop d'indulgence peut être dangereux.*

— **De trop,** comme **en trop,** marque l'excès : *Vous avez dit un mot de trop. Recevoir dix francs en trop* (Lar. du XXᵉ s.). *Vous m'avez donné cent francs de trop* (Acad.). *Il y en a quelques-uns de trop, en trop* (Grevisse). *Il faut retrancher ce mot qui est en trop* (Acad.). *Arriver de trop bonne heure* (et non *trop de bonne heure*). Et familièrement : *Vous n'êtes pas de trop. Suis-je de trop?* (Acad.)

Se garder d'employer *de* (ou *en*) devant *trop* dans ces expressions même : *en avoir trop, un peu trop, beaucoup trop, n'en avoir pas trop, il y en a trop, c'en est trop, boire trop, travailler trop.*

— **Par trop** est un renforcement de *trop* : *Voilà qui est par trop fort* (Lar. du XXᵉ s.), c'est-à-dire « réellement trop fort ».

— **« Trop » employé devant un nom.** *Trop* peut s'employer devant un nom à valeur d'épithète : *Il est trop homme du monde pour se parjurer.*

Pour *avoir trop faim, trop peur, trop mal,* etc., v. FAIM.

— **Trop ... pour que** se construit avec le subjonctif : *Il est trop menteur pour qu'on le croie* ou *pour qu'on puisse le croire.*

On emploie ou non la négation, selon le sens général de la phrase : *Il est trop bon pour que je lui fasse de la peine. Il a trop souvent fait preuve d'excès de*

bonté pour que je ne le mette pas en garde.

trophée est du *masculin.*

trop-plein fait au pluriel *trop-pleins,* mais s'emploie presque toujours au singulier.

trouble-fête est un nom *masculin invariable : Des trouble-fête. Sa sœur, qui l'accompagnait, fut un véritable trouble-fête.*

On peut toutefois employer le féminin : *Cette femme est une trouble-fête* (Nouv. Lar. univ.). *La vieille trouble-fête* (V. Hugo, *Notre-Dame de Paris,* I, 95).

troupe. — On écrit : *Un homme, des enfants de troupe. Un corps de troupes. Aller, marcher en troupe* (Acad.). *Aller, marcher par troupes* (Id.). *Il y a beaucoup de troupe dans cette ville* (Id.).

— Employé comme collectif, la **troupe,** suivi d'un complément au pluriel, veut généralement au singulier le verbe qui suit : *La troupe criarde des écoliers approchait.*

Une troupe demande le pluriel : *Une troupe de nymphes étaient assises sur un rocher.*

trouvaille. — Une *trouvaille* est une découverte *heureuse* ou un objet *heureusement* trouvé ou découvert : *Faire une trouvaille* (Lar. du XXᵉ s.). *Cette expression est une vraie trouvaille* (Id.).

On ne peut dire *trouvaille* d'un fait ou d'un objet à caractère désagréable.

trouver. — On dit : *Trouver à emprunter. Trouver à dire ou à redire. Trouver à qui parler. Trouver quelqu'un malade. Je trouve bon que vous alliez le voir* (Acad.). *Je trouve mauvais que vous ayez fait cette démarche* (Id.). *Trouver grâce aux yeux, devant les yeux de quelqu'un. Trouver moyen de faire une chose. La trouver mauvaise* (familier). *Il se trouva que la voiture était partie. Se trouver court* (et non *à court*).

On évitera : *J'ai trouvé M. Un tel absent,* le rapprochement de *trouver* et d'*absent* étant difficilement acceptable.

trublion, « individu qui sème le trouble », mot créé par Anatole France, est un hybride de *troubler* et du latin *trublium,* écuelle (allusion plaisante, d'après Bloch et von Wartburg, à *Gamelle,* surnom du prétendant au trône de France dont les trublions sont les partisans).

On se gardera de dire *troublion*.

trucage (Littré), dérivé de *truc* (cf. *bloc-blocage*, *mastic-masticage*, *parc-parcage*, etc.), s'écrit aussi, mais moins bien, **truquage**.

V. aussi BLOCAGE.

trucider, calqué sur le latin *trucidare*, ne s'emploie que par plaisanterie.

truculent. — A l'origine, *truculent* avait le seul sens de « farouche, rude » : *L'aspect truculent d'un spadassin* (Lar. du XXe s.).

Aujourd'hui, l'Académie, d'après l'usage, a étendu ce sens à « haut en couleurs » : *Certaines figures de Jordaens sont truculentes. Une trogne truculente. — Il avait la mine truculente d'un pèlerin en goguette* (A. Theuriet, *Charme dangereux*, 71).

truquage. V. TRUCAGE.

trust, mot anglais, se prononce *treust'*. Pluriel *trusts*.

Les dérivés **truster** (verbe) et **trusteur** (nom) ne sont entrés dans la langue. Prononciation : *treus-té*, *treus-teur*.

tsar est l'orthographe le plus couramment employée, à côté de *tzar*, *czar*, etc.

tsé-tsé, « mouche », est un nom féminin *invariable* : *Les tsé-tsé transmettent la maladie du sommeil*.

Adjectivement : *Des mouches tsé-tsé*.

tu. — Se rappeler qu'avec *tu*, pronom sujet de la 2e personne du singulier, le verbe se termine par *s* à tous les temps (sauf, évidemment, pour les formes en *x* : *tu peux*, *tu vaux*, *tu veux*) : *tu chantes*, *que tu vieillisses*, *tu passas*, etc.

tub, mot anglais, se prononce *teub'* et fait au pluriel *tubs*.

tubercule est du masculin.

V. aussi -ULE.

tuer. — On écrit : *Nous nous tuions, que vous vous tuiez* (sans *i* tréma). *Il y eut vingt hommes tués* ou *de tués. A tue-tête*.

— **Se tuer,** suivi d'un infinitif, au sens de « se donner bien de la peine », se construit avec *à* : *Je me tue à vous répéter toujours la même chose* (Acad.). *Se tuer au travail* (Lar. du XXe s.).

tumulus conserve la même forme au pluriel. On rencontre parfois le pluriel latin *tumuli*.

turbo-. — En composition, ce préfixe s'écrit avec un trait d'union devant une voyelle (*turbo-alternateur*), mais les deux éléments sont soudés si le second commence par une consonne : *turbocompresseur*, *turbopropulseur*, *turboréacteur*, *turbosoufflante*, etc.

turc fait au féminin *turque*.

turf est un mot anglais aujourd'hui francisé dans la prononciation (*turf'*). Il ne s'emploie pas au pluriel.

tutoiement s'écrit avec un *e* intercalaire.

tuyau se prononce correctement *tui-yô*, mais la prononciation familière *tu-yô* est très répandue.

Il en est de même de *tuyère*.

type ne s'emploie pas au féminin. On dit : *Un beau type de femme*.

Typesse est trivial : *N'écoute pas cette sale typesse* (J. Cocteau, *les Enfants terribles*, 20).

— On écrit, sans trait d'union, au sens de « modèle » : *Une liste type. Des objets types*.

tyran conserve le genre masculin même quand il se rapporte à une femme ou à un nom féminin : *Beaucoup de femmes sont de fâcheux tyrans* (Lar. du XXe s.). *La mode est un tyran* (Acad.).

U

-u. — La plupart des noms féminins se terminant par -*u* prennent un *e* muet (*berlue*, *cohue*, *grue*, *statue*, etc.), sauf *bru*, *glu*, *tribu* et *vertu*.

ubiquité. — Dans ce mot et ses dérivés, -*qui*- se prononce *kui*.

uhlan s'écrit avec un *h* avant *l* (non *ulhan*), et l'*u* est aspiré : *Le uhlan. Un détachement de uhlans* (Acad.)

ulcère est du masculin.

-ule. — Parmi les mots terminés en -*ule* sur le genre desquels on hésite parfois, sont du *masculin* : *animalcule, bidule, capitule, denticule, globule, granule, lobule, monticule, opuscule, ovule, régule, tentacule, tubercule*.

ultimatum est un mot latin francisé. Pluriel *ultimatums*.

ultra-. — Les adjectifs composés d'*ultra* et qui ne dérivent pas d'un nom sont généralement joints au préfixe par un trait d'union, alors que les noms sont soudés en un seul mot : *ultra-court, ultra-lyrique, ultra-mondain, ultra-royaliste*, etc., mais *ultramicroscope, ultramontanisme* (et *ultramontain*), *ultravirus*, etc.

Toutefois, on écrit *ultra-son* (plutôt que *ultrason*), et le plus souvent *ultraviolet* (et *infrarouge*).

ululer et ses dérivés **ululement** ou **ululation** s'écrivent aujourd'hui sans *h* initial (Acad.).

un. — Devant une voyelle ou un *h* muet, *un* se prononce nasalisé, mais *n* se lie au mot suivant. Ex. : *un-n-oiseau, un-n-homme* (et non *u-n-oiseau, u-n-homme*).

— **« Un », adjectif numéral.** On ne fait généralement pas l'élision devant *un* adjectif numéral non suivi de décimales : *Une longueur de un centimètre* (mais *Un homme d'un mètre quatre-vingt-cinq* [Acad.]). *Une pièce de un franc. Compter de un à vingt. Des enfants de un à douze ans* (Littré). *Le un de telle rue* (Acad.). *Habiter le un* (au *un*), *rue de Paradis. Vers une heure* (pas de liaison).

— On écrit toujours, en tête d'un chapitre, d'un acte, etc. : *chapitre premier, acte premier*, etc., mais le plus souvent *chapitre* II, *acte* II, etc. (On dit aussi bien *chapitre un, acte un, tome un*, que *premier*.)

Après un nom féminin, *un* est naturellement invariable : *Page un* (la « une » d'un journal est un terme de métier), *note un, strophe vingt et un, deux heures trente et un* (mieux que *trente et une*, ou bien *trente et une minutes*).

— On écrit *vingt et un, trente et un, quarante et un*, etc., sans traits d'union ; et avec le pluriel : *Mille et un chevaux*.

V. aussi MILLE (« *Vingt et un mille* » suivi d'un nom féminin).

— **« Un », nom,** est *invariable* : *Trois un de suite (111) font cent onze* (Littré). On écrit plus souvent *1* (en chiffre) dans ce cas-là.

— **Pas un** se construit avec *ne* : *Pas un ne bougea*.

Il est suivi de la préposition *de* quand il a pour attribut un adjectif ou un participe : *Il n'y en a pas un de bon dans l'équipe*.

— **Pas un qui** se construit avec le subjonctif, mais sans *ne*, à moins que le verbe de la proposition subordonnée ne soit pris négativement : *Pas un qui ait assez de caractère pour lui répondre. Pas une maison sur dix qui ait l'eau courante* (au moins neuf sont sans eau courante). *Pas une maison sur dix qui n'ait l'eau courante* (au moins neuf ont l'eau courante).

— **Plus d'un** (accord). V. PLUS.

— **Accord du verbe après « un des... ».** Après *un des...* qui le verbe qui suit se met généralement au pluriel, à moins qu'on ne veuille insister sur l'idée d'individualité (il faut alors que *un* corresponde à peu près à *celui* ou *celle*) : *L'astronomie est une des sciences qui fait le plus* ou *qui font le plus d'honneur à l'esprit humain* (Acad., à PLUS). *Votre ami est un des hommes qui manquèrent périr* (Littré). *Votre ami est un des hommes qui doit le moins compter sur moi* (Id.). *C'est une des pièces de Molière qui a* ou *qui ont eu le plus de succès* (Id.). *Le problème est un des plus complexes qui soient. Un des hommes les plus désintéressés qu'ait connus le monde des lettres. C'est un des écrivains qui mérite la meilleure récompense. Un des traits qui frappent le plus un Français en Amérique, c'est l'absence de gouvernement central* (A. Maurois, *Mes songes que voici*, 261 ; cité par Grevisse). *C'est une des plus grandes fautes qu'un souverain ait jamais commise* (ou *commises*). *Un de ceux qui ont perdu leur fils à la guerre. Un des maîtres d'équipage qui servaient de cadres à nos équipes agricoles* (J. Gracq, *le Rivage des Syrtes*, 121).

— **Après « un de ces... »,** le verbe se met au pluriel : *Vous êtes un de ces hommes qui nient même l'évidence.*

Toutefois, si l'idée porte particulièrement sur *un* (*une*), le singulier est de rigueur : *J'allais justement chez une de ces femmes, qui habite rue Pauquet* (J. Romains, *les Hommes de bonne volonté*, XIV, 82 ; cité par Grevisse). [A noter la virgule, qui montre que le relatif n'est pas en rapport avec le nom pluriel.]

— **Après « un de ceux... »**, le verbe se met au pluriel : *Vous êtes un (une) de ceux (de celles) qui lui témoignent le plus de sympathie.*

Avec *un de ceux-là*, l'accord peut se faire avec *un* : *C'est un de ceux-là qui me représentera* (Hanse).

— **Un de - l'un de.** On emploie indifféremment *un de* (*un des*) ou *l'un de* (*l'un des*) ; seule compte la raison d'euphonie (la règle qui veut que *un de* se dise en parlant de deux, et *l'un de* en parlant de plusieurs, est rarement suivie, et *l'un* est de moins en moins employé devant *de*) : *Henri IV fut un de nos plus grands rois. C'est un de mes péchés* (Lar. du XXᵉ s.). *Cet élève est un (ou l'un) des meilleurs de la classe.*

Avec *nous, vous, eux*, on emploie plus souvent *l'un de* : *L'un de vous veut-il m'aider? Nous nous adressâmes à l'un d'eux.*

Si le complément est placé avant, dans des expressions où il n'est question que de deux choses, on emploie toujours *l'un* (et non *un*) : *De deux jours l'un. De deux choses l'une.*

— **L'un de l'autre.** On écrit : *Deux lignes espacées de un (ou d'un) centimètre l'une de l'autre. Plusieurs lignes espacées de un (ou d'un) centimètre les unes des autres* (plutôt que *l'une de l'autre*, qui toutefois n'est pas fautif).

— **L'un et l'autre.** Après *l'un* (*l'une*) et *l'autre* (adjectif), le nom et le verbe qui suivent se mettent normalement au singulier : *L'un et l'autre cadeau lui fit plaisir. L'un et l'autre cheval hennissait. L'une et l'autre saison est favorable* (Acad.). *J'ai parcouru l'une et l'autre région* (Id.). On rencontre aussi le verbe au pluriel : *L'une et l'autre circonstance ne se ressemblaient pas* (J. Romains, *Lucienne*, 208 ; cité par Grevisse). *L'un et l'autre cheval sont aussitôt tombés*

Si *l'un et l'autre* est pronom, l'accord est facultatif, mais le pluriel est le plus fréquent : *L'une et l'autre est bonne, sont bonnes* (Acad.). *L'un et l'autre y*

a manqué (Id.). *L'un et l'autre sont venus* (Id.). Si le verbe précède, le pluriel est de règle : *Ils sont venus l'un et l'autre.*

V. aussi, plus bas, *Ni l'un ni l'autre.*

— **L'un ou l'autre**, exprimant la disjonction, veut au singulier le verbe qui suit : *L'un ou l'autre l'emportera. L'une ou l'autre expression est permise* (Hanse).

— **Ni l'un ni l'autre** demande le plus souvent le verbe au singulier, mais le pluriel est aussi d'usage, surtout si l'on veut insister sur le sens collectif : *Ni l'un ni l'autre ne sera invité. Ni l'un ni l'autre ne voulut me croire ou ne voulurent me croire* (Hanse). *Ni l'un ni l'autre n'étaient courtisans* (Littré). *Ni l'un ni l'autre n'est venu ou ne sont venus* (Lar. du XXᵉ s.). *Ni l'un ni l'autre ne viendra* (Acad.). *Ni l'un ni l'autre n'a fait son devoir* (Acad.). *Ni l'un ni l'autre ne valent grand-chose. Ni l'un ni l'autre n'ouvrirent la bouche avant qu'ils fussent dans la campagne* (J. Green, *Moïra*, 33). Mais le pluriel est de rigueur si le verbe précède : *Ils ne sont venus ni l'un ni l'autre* (Littré).

Si l'un des sujets exclut absolument l'autre, le singulier s'impose : *Ni l'un ni l'autre ne sera ministre, ne sera élu président. Ni l'un ni l'autre n'est son père.*

Lorsque *ni l'un ni l'autre* renvoie à deux noms féminins, *l'un* se met généralement au féminin : *Voyez-vous venir sa mère et sa femme? — Ni l'une ni l'autre.* Si l'un des noms est au masculin, *l'un* reste au masculin : *Avait-il sa tante et son oncle avec lui? — Ni l'un ni l'autre.* Lorsque les antécédents sont des adjectifs, on ne se sert jamais du féminin : *Est-elle coquette et ambitieuse? — Ni l'un ni l'autre.* (Cette règle est évidemment valable pour *l'un et l'autre*.)

— **Répétition de la préposition.** Avec *l'un et l'autre, l'un ou l'autre, ni l'un ni l'autre*, etc., suivi d'un nom, on répète normalement la préposition : *Vous jouerez sur l'un et sur l'autre tableau. Nous avons habité dans l'une et dans l'autre rue* (Hanse) Et aussi, sans le nom : *Etre toujours chez l'un ou chez l'autre* (Acad.). *Je n'irai ni chez l'un ni chez l'autre. Je serai juste envers* *l'un et envers l'autre. J'ai toujours tort, d'une façon ou de l'autre.*

Toutefois, si l'on veut marquer que l'esprit voit ces termes d'une façon globale, sans disjonction, on ne répète pas la préposition : *Dans l'une et l'autre rue, les fenêtres s'éclairaient. A l'un et l'autre de ces points de vue* (Hanse).

— **L'un l'autre, l'un à l'autre** signifient « mutuellement » : *Ils se gênent l'un l'autre* (Acad.). *Aimez-vous les uns les autres. Elles se rappelaient l'une et l'autre des souvenirs de leur enfance* (Hanse).

Se garder des pléonasmes avec les verbes pronominaux à sens réciproque. On ne dira pas : *Ils se saluèrent l'un l'autre* (mais *Ils se saluèrent*).

— **L'un dans l'autre** (« compensation faite ») est une locution figée : *Ces livres-là me reviennent à tant l'un dans l'autre* (Acad.) [et non *les uns dans les autres*].

unanimité. — L'*unanimité* désignant l'accord complet de *tous*, on évitera des expressions comme **tous à l'unanimité, à l'unanimité totale**, qui sont de ce fait pléonastiques. On dira donc : *Tous votèrent le projet* ou *Ils votèrent le projet à l'unanimité* (et non *Ils votèrent le projet tous à l'unanimité*).

unir. — **Unir à** ou **avec.** Au sens propre, on emploie indifféremment *à* ou *avec* : *Unir un mot à un autre, avec un autre.*

Au sens figuré, on emploie *à* : *Unir l'utile à l'agréable. Unir la modestie au savoir.*

Le verbe pronominal **s'unir** veut *avec* : *S'unir avec quelqu'un. S'unir d'amitié avec quelqu'un.*

— **Unir ensemble** n'est pas à conseiller, quoique Littré paraisse l'admettre.

— V. aussi RÉUNIR.

urbanisme a pour dérivés réguliers, dans ses différents sens, **urbaniser** et **urbanisation** (néologismes). [*Urbanifier* n'a pas été retenu par l'usage.]

uretère. — Les dérivés **urétéral, urétérite,** etc., s'écrivent avec deux accents aigus.

urètre s'écrit avec un *è* (accent grave) [et non avec un *ê*].

urgent, signifiant par lui-même « qui ne comporte aucun retard », ne doit pas être précédé d'un adverbe qui le renforce (*très, extrêmement,* etc.). On ne dirait pas davantage : *Danger très imminent. Prière extrêmement instante de...*

urger est du langage très familier : *Dépêchez-vous, ça urge!*

urinal, nom, fait au pluriel *urinaux.*

us, qui signifie « usage » et se prononce *uss,* ne se rencontre que dans l'expression figée **les us et coutumes** : *Les us et coutumes de la mer* (et non *les us et les coutumes...*)

usage - user. — Au sens de « durer longtemps », en parlant des choses dont on se sert habituellement, on dit *faire un bon usage, faire de l'usage.*

Cette « durée de l'emploi », cet « usage » s'appelait naguère **user** : *Etoffe qui est d'un bon user, qui est bonne à l'user* (Lar. du XXe s.). Au figuré : *On ne connaît les hommes qu'à l'user* (Id.). On dit plus souvent aujourd'hui, et pas seulement dans la langue familière, *usage* : *Cette étoffe fera beaucoup d'usage* (Acad.).

usagé - usé. — Ce qui est **usagé** a seulement servi (on en a fait *usage*) et peut être encore en bon état, donc utilisable : *Sacs neufs et sacs usagés* (Lar. du XXe s.). *Un vêtement, un livre usagé* (Acad.).

Au contraire, ce qui est **usé** est rendu hors d'usage, ou est tout près de l'être, par l'*usure* : *Ce pantalon est usé. Un cheval usé* (Lar. du XXe s.). *C'est un homme usé* (Acad.).

user, au sens de « se servir de », a pour adjectif correspondant **usité** (« qui est en usage ») : *Une façon de parler fort usitée* (Acad.). *Terme qui n'est plus usité* (Lar. du XXe s.). *Cela était fort usité alors.*

Le verbe *usiter* n'existant pas, on se gardera d'employer *usité* comme participe passé (*usité de, dans, par*) ; on se sert alors d'**employé** : *Un tel a employé ce terme dans un sens fautif. Ce mot a été employé par Un tel.*

— **User - usage.** V. USAGE.

utiliser - employer. — **Utiliser** renchérit sur **employer** ; c'est employer utilement en tirant parti : *Utiliser son temps* (Littré). *Vous venez de bâtir, il faut utiliser les matériaux qui vous restent* (Acad.).

V

va. V. ALLER et IMPÉRATIF.

vacances, « congé », ne s'emploie qu'au pluriel : *Prendre ses vacances en juillet. Tomber en période de vacances.*

Vacance (au singulier) désigne l'état d'une charge, d'un emploi qui n'a momentanément pas de titulaire : *Déclarer la vacance d'une chaire.*

vacant - vaquant. — **Vacant** est un adjectif (*Un logement vacant. Une place vacante*) ; **vaquant (à)** est le participe présent du verbe *vaquer : Je la vis vaquant à ses occupations.*

V. aussi PARTICIPE PRÉSENT (*Différences orthographiques entre le participe présent et l'adjectif verbal*).

vacation. V. SALAIRE.

vacillation se prononce généralement *-sil-la-* (comme *oscillation* et *scintillation*), mais **vaciller** et **vacillement** tendent vers *-si-yé*, *-siy'-man*.

vade-mecum est une expression latine invariable à demi francisée par un trait d'union.

va-et-vient est un nom composé invariable : *D'insignifiants va-et-vient d'action* (A. Hermant, *la Discorde*, 16). [Mais, sans traits d'union : *Il va et vient sans cesse.*]

vaincre. — **Conjugaison** : *Je vaincs, tu vaincs, il vainc, nous vainquons, vous vainquez, ils vainquent. Je vainquais, nous vainquions. Je vainquis, nous vainquîmes. Je vaincrai, nous vaincrons. Je vaincrais, nous vaincrions. Vaincs, vainquons, vainquez. Que je vainque, que nous vainquions. Que je vainquisse, qu'il vainquît, que nous vainquissions. Vainquant. Vaincu, e.*

A noter le maintien de la consonne finale du radical de l'infinitif (*c*) au singulier du présent de l'indicatif et de l'impératif.

vainqueur n'a pas de correspondant féminin. On dit : *Elle fut le vainqueur, elle sortit vainqueur de ce concours.*

vaisseau. — **Genre des noms de vaisseaux.** V. BATEAU.

val fait généralement au pluriel *vals* (*Les vals d'un fleuve* [Grevisse]), sauf dans l'expression *par monts et par vaux* et dans quelques noms de lieux, comme les *Vaux-de-Cernay.*

valoir. — **Conjugaison** : *Je vaux, tu vaux, il vaut, nous valons, vous valez, ils valent. Je valais, nous valions. Je valus, nous valûmes. Je vaudrai, nous vaudrons. Je vaudrais, nous vaudrions. Vaux, valons, valez. Que je vaille, que nous valions. Que je valusse, que nous valussions. Valant. Valu, e.*

A noter le présent du subjonctif : *que je vaille (et non que je vale)..., mais que nous valions, que vous valiez, qu'ils vaillent.*

Se conjuguent de la même façon : **équivaloir** (toutefois, le participe passé *équivalu* n'a pas de féminin), **prévaloir** (sauf au présent du subjonctif : *que je prévale, que tu prévales, qu'il prévale, que nous prévalions, que vous prévaliez, qu'ils prévalent;* de plus, le participe passé *prévalu* n'a pas de féminin), **revaloir.**

— **Valoir mieux... que** ou **que de.** V. MIEUX.

— **Valu** est variable au sens de « procuré » (il s'accorde alors régulièrement avec le complément direct quand celui-ci le précède) : *La gloire que cette action lui a value* (Acad.). *Les lauriers que son génie lui a valus.*

Au sens propre d' « avoir valeur », *valu* reste invariable : *Ce cheval ne vaut plus la somme qu'il a valu autrefois* (Acad.).

V. aussi COÛTER (*Coûté*).

value, nom, n'est guère utilisé que dans les expressions **moins-value, plus-value** (pluriel : *des moins-values, des plus-values*).

vanillier s'écrit avec un *i* après les deux *l*.

V. aussi GROSEILLIER.

vantail fait au pluriel *vantaux*.

va-nu-pieds, « vagabond », est un nom composé *invariable*.

vaquant - vacant. V. VACANT.

varech se prononce *va-rèk*.

variante - variation. — **Variante** est surtout un terme de littérature. Il ne s'emploie que pour désigner un texte qui diffère de l'original : *Etudier les variantes de «l'Iliade»* (Lar. du XXᵉ s.). *Les variantes d'un copiste. Imprimer un texte avec les variantes* (Acad.).

Variation a pour synonyme *changement* et s'applique à tout changement plus ou moins fréquent : *Les variations de la température. Les variations du change* (Lar. du XXᵉ s.). *Les changements successifs font la variation* (R. Bailly). En termes de musique : *Il a fait de charmantes variations sur cet air* (Acad.).

vassal fait au pluriel *vassaux*.

va-tout est un nom composé *invariable*. Il n'est guère d'usage courant que dans l'expression *jouer son va-tout*, risquer sa dernière chance.

vau-l'eau (à) est une locution formée de *à*, *val* et *eau* : *Barque s'en allant à vau-l'eau*. Au figuré : *L'affaire est allée à vau-l'eau*, n'a pas réussi. Noter le trait d'union, et se garder d'écrire *à veau-l'eau*.

vauvert. V. DIABLE (*Au diable Vauvert*).

vaux. V. VAL.

vécu. V. VIVRE.

veille. — On dit : *La veille du jour où je l'ai quitté* (et non *La veille que je l'ai quitté*). *La veille de mon départ* (et non *du jour de mon départ*).

veiller se construit avec **à ce que** et le subjonctif (et non avec *que*, qui est un tour familier ou populaire) : *Veillez à ce qu'elle soit prête à l'heure.*
— On dit : *Veiller auprès d'un malade. Veiller à la cuisson d'un plat. Veiller au salut de quelqu'un. Il veille à bien faire sa tâche. Veiller sur quelqu'un, sur un malade.*

veine et ses dérivés (*veinard, veineux, veinule*) s'écrivent avec *-ei-*, sauf **vénosité** (du lat. *venosus*, veineux), qui s'écrit avec é.

vélin s'écrit avec un *e* accent aigu (et non *velin*).

vélum, mot latin francisé, s'écrit avec un *e* accent aigu et fait au pluriel *vélums*.
(L'Académie écrit toutefois *un velum, des velums*.)
V. aussi LATINS (Mots).

vendeur a deux féminins : **vendeuse,** dans la langue du commerce, et **venderesse,** en termes de palais.

vendredi. — **Vendredi saint** s'écrit généralement sans majuscules (Littré, Larousse) et sans trait d'union. (L'Académie écrit toutefois *Vendredi Saint*.)

vénéneux - venimeux. — **Vénéneux** se dit de substances végétales, de matières inorganiques en général, qui sont propres à empoisonner : *Un carré de plantes vénéneuses. Certains champignons, la belladone, la ciguë, la jusquiame, etc., sont vénéneux* (Lar. du XXᵉ s.). *Le cuivre forme des sels vénéneux* (Acad.).
En parlant des animaux, *vénéneux* ne se dit que de ceux qui, ingérés comme aliments, agissent à la manière des poisons : *Les moules sont parfois vénéneuses.*

Venimeux ne se dit que des animaux, et seulement des animaux à venin : *Serpent, scorpion venimeux. Araignée venimeuse.* S'emploie aussi au sens d' « infecté de venin » : *La morsure de cet animal est venimeuse* (Acad.).
Au sens figuré, il signifie « malveillant, méchant » : *Critique, parole venimeuse. Propos venimeux.*

vengeur a pour féminin **vengeresse,** qui ne s'emploie que dans le style soutenu : *La foudre vengeresse* (Acad.). *Jeanne d'Arc fut la vengeresse de la France* (Lar. du XXᵉ s.).

venir se conjugue comme *tenir* (v. ce mot), mais prend toujours l'auxiliaire **être.**
Les composés intransitifs de *venir* (*devenir, parvenir,* etc.) se conjuguent également comme *tenir*. Ceux qui ont un complément d'objet direct (comme *circonvenir* ou *prévenir*) ou indirect (comme *contrevenir* ou *subvenir*) prennent l'auxiliaire **avoir.** Pour *advenir*, qui est défectif, voir ce mot.
V. aussi CONVENIR.

— **Venir - aller.** *Venir* marque une idée de rapprochement qui n'est pas dans *aller.* Ainsi, Pierre, qui est à Paris, apprend que Paul, qui habite Bordeaux, *vient* le voir ; mais Paul *va* voir Pierre à Paris. On dira : *Venez chez moi,* à côté de *Allez chez vous. Je vais à Paris, voulez-vous venir avec moi? J'irai vous voir bientôt* (et non *Je viendrai vous voir). Nous allons nous promener, venez avec moi* (invitation à aller d'un lieu proche à un lieu éloigné, mais pour accompagner celui qui parle) [Hanse].

— **Venir - s'en venir.** *S'en venir* peut s'employer comme synonyme de *venir,* sans différence de sens : *Il s'en vint nous voir* (Acad.). *A quelle heure s'en viendra-t-il?* (Id.) Il signifie aussi « retourner au lieu d'où l'on était parti » : *Nous nous en vînmes ensemble* (Lar. du XXᵉ s.).

On dit : *Il s'en est venu* (et non *Il s'est en venu,* qui est populaire).

— **Venir à,** suivi d'un infinitif, marque une action fortuite : *S'il venait à mourir, ses enfants seraient bien malheureux* (Lar. du XXᵉ s.). *Je vins tout à coup à me le rappeler* (Acad.).

Sans infinitif, on dit : *Venir* ou *en venir à ses fins. Venir à rien.*

— **Venir de,** avec un verbe à l'infinitif, indique qu'on a accompli à l'instant même l'action marquée par le verbe : *Je viens de le voir* (Littré). *Il vient de partir* (Lar. du XXᵉ s.). *Ce que je viens d'entendre me surprend* ou *m'a surpris* (Hanse).

— **Venir jusqu'à - en venir à** ou **jusqu'à.** Ces locutions synonymes signifient « avoir l'audace, le front, etc. » : *Il vint jusqu'à me déclarer* (Acad.). *Il en vint jusqu'à le menacer, l'insulter.*

En venir à a également le sens de « en arriver à, être réduit à » : *Il en vint à se demander s'il ne s'était pas trompé de chemin. Il en était venu à manger à la soupe populaire.*

— **Vienne...** *Venir* s'emploie parfois au subjonctif en début de proposition, mais sans *que : Viennent les beaux jours, il partira. Des flatteurs t'entourent ; vienne une disgrâce, il sera seul.*

— **Bien venu - bienvenu.** V. BIEN-VENU.

vénosité. V. VEINE.

vent. — On écrit : *Aller contre vent et marée, contre vents et marées* (Acad.).

ventail fait au pluriel *ventaux.*

ver. — **Mangé aux vers.** V. MITE.

véranda est l'orthographe de l'Académie.

verbe. — Pour les difficultés portant sur la conjugaison ou l'emploi des temps, se reporter aux verbes mêmes ou au nom des temps et des modes. Voir en particulier : BOUILLIR, BRUIRE, DÉPARTIR (SE), DISSOUDRE, ÉCHOIR, ÉLIRE, ENSUIVRE (S'), LUIRE, RECOUVRER, RÉSOUDRE, VÊTIR, etc., et IMPARFAIT, PASSÉ, SUBJONCTIF, etc.

— Se rappeler que les verbes en **-ayer** font généralement *-aie* au présent de l'indicatif (*je balaie, j'essaie, je paie,* etc.). La forme *je balaye, j'essaye,* etc., toujours correcte, tend à vieillir.

— Les verbes en **-eyer** conservent toujours l'*y : il grasseye.*

— Les verbes en **-oyer** et **-uyer** changent l'*y* en *i* devant un *e* muet : *je ploierai, nous ploierons; j'essuierais, vous essuieriez.*

— Les verbes en **-aître** et en **oître** prennent toujours î (accent circonflexe) devant *t : il paraît; il croîtra.*

— Les verbes en **-er** qui ont un *é* à l'avant-dernière syllabe de l'infinitif (type *accélérer*) changent cet *é* en *è* devant une syllabe muette finale, excepté au futur et au conditionnel : *j'accélère, j'accélérerai; il révèle, il révélerait; je végète, nous végéterions.*

— Pour les verbes en **-eler** et **-eter,** qui changent *e* en *è* devant une syllabe muette, v. -ELER et -ETER.

— Sur les particularités d'orthographe de la conjugaison des verbes en **-indre** et en **-soudre,** v. ces terminaisons.

— Les verbes en **-uer** et en **-ouer** ne prennent généralement pas de tréma sur l'*i* aux deux premières personnes du pluriel de l'imparfait de l'indicatif et du présent du subjonctif : *nous évoluions; que vous vous dévouiez.*

— **Verbes pronominaux.** *Omission du pronom réfléchi.* Quand le verbe pronominal est à l'infinitif, après *faire* et *envoyer, laisser, mener* on omet souvent le pronom réfléchi, mais cette omission n'a rien d'obligatoire : *Un acide pour faire en aller les taches* (Acad.). *On a laissé échapper ce prisonnier* (Id.).

V. aussi PARTICIPE PASSÉ.

— **Répétition du verbe.** Si un verbe a deux sujets de nombre différent, dont l'un le précède et l'autre le suit, il devra être répété et s'accorder en nombre avec le second sujet : *Les idées du scénariste sont originales, le jeu du comédien est très fin* (et non *le jeu du comédien très fin*). *Sa coiffure sera nette et ses mains seront propres* (et non *et ses mains propres*).

Accord du verbe avec son sujet.

En règle générale, le verbe s'accorde en nombre et en personne avec le sujet, et cet accord a lieu quelle que soit la place du sujet : *Les parents aiment leurs enfants. Ecoutez ce que vous disent vos parents.*

— **Accord en personne.** Si le verbe a deux sujets particuliers de personnes différentes, l'accord se fait avec la personne qui a la priorité sur les autres (la première personne l'emporte sur la deuxième, la deuxième sur la troisième) : *Toi et moi, vous et moi, lui et moi serons de la fête. Toi et lui, vous et lui partirez ce soir.* On résume souvent les sujets par un pronom pluriel : *Toi et moi, nous serons de la fête. Toi et lui, vous partirez ce soir.*

— **Accord en nombre avec un collectif sujet.** V. COLLECTIF, et aussi BEAUCOUP, FORCE, FOULE, MOITIÉ, PLUPART DE (LA), QUANTITÉ DE, etc.

— **Accord en nombre avec plusieurs sujets.** Si le verbe a plusieurs sujets, il se met au pluriel (sauf cas particuliers [v. AINSI QUE, COMME, DE MÊME QUE, NI, OU, QUI, etc.]) : *Mon cousin et ma cousine sont venus me voir. La vie, la mort, la richesse, la pauvreté émeuvent les hommes.*

Si les sujets, *non coordonnés*, sont à peu près synonymes ou en gradation, ou si l'un, à l'exclusion des autres, les résume tous, le verbe s'accorde avec le plus rapproché : *Son aménité, sa douceur charme tout le monde. Une équité, une probité faisait le fond de son caractère. Vous imiter, vous plaire est toute mon étude* (Voltaire). *Un seul mot, un soupir, un coup d'œil nous trahit* (Id.) *Grands, riches, pauvres, petits, personne ne peut se soustraire à la mort* (Gramm. Lar. du XXe s.). *Un souffle, une ombre, un rien, tout lui donnait la fièvre* (La Fontaine, *Fables*, « le Lièvre et les Grenouilles »).

L'accord se fait également avec le sujet le plus proche lorsque les sujets, *même coordonnés*, désignent le même être ou le même objet : *C'est un fourbe et un traître qui l'a accusé* (Hanse). *Comme chaque matin, une mince colonne lilas, une tige de lumière, debout, divise l'obscurité de la chambre* (Colette).

Avec *et surtout*, le verbe se met au singulier si cette expression est placée entre deux virgules : *Son père, et surtout sa mère, passe pour lui avoir inculqué ces principes.* Sans virgules, on fait l'accord. (Cette règle est valable pour *ainsi que, comme, et non, plutôt que*, etc.)

Après **aucun, chaque, nul, tout** répétés, le verbe ne s'accorde qu'avec le dernier sujet : *Chaque feuille, chaque fleur a sa forme propre* (Lar. du XXe s.). *Tout rang, tout sexe, tout âge doit aspirer au bonheur.*

— **« Ce » sujet du verbe « être » (c'est - ce sont).** V. CE.

— **Accord du verbe avec « qui » sujet.** V. QUI.

vergeure se prononce *vèr-jur'* (et non *vèr-jeur'*).

V. aussi GAGEURE.

verglas a pour verbe correspondant **verglacer** (avec un *c*) : *Elle glissa sur la piste verglacée* (et non *verglassée*).

véridique - vrai. — **Véridique** signifie « qui aime à dire la vérité, qui a l'habitude de la dire » : *C'est un homme véridique* (Acad.). *Historien véridique* (Lar. du XXe s.).

En parlant des choses, il se dit de ce « qui est conforme à la vérité » : *Un récit véridique* (Acad.). *Témoignage véridique* (Lar. du XXe s.).

Vrai implique une certitude qu'on ne trouve pas forcément dans *véridique* : *Une histoire vraie. Cette nouvelle n'est pas vraie* (Acad.). *Ce que vous m'avez dit est vrai. Une personne vraie* (Acad.) *Cet homme est vrai* (Id.).

Le nom correspondant est **véridi-cité**, mais on dit plus souvent **véra-cité** (v. VÉRITÉ).

vérité - véracité. — **Vérité** désigne le caractère de ce qui est indiscutablement vrai : *Ne pas farder la vérité* (Lar. du XXᵉ s.).

La **véracité** est la qualité de qui a l'habitude de dire vrai, ou de ce qui est ou semble conforme à la vérité : *La véracité d'un historien. Contester la véracité d'un témoignage.* (Nouv. Lar. univ.). [On dit aussi, mais plus rarement, **véridicité** ; v. VÉRIDIQUE.]

vermouth s'écrit avec un *h* final (Acad.). On trouve aussi, fréquemment, l'orthographe **vermout**.

vernir - vernisser. — Ces deux mots sont synonymes, mais si **vernir** c'est enduire de vernis en général (*Vernir un tableau, des meubles*), **vernisser** se dit en parlant de la poterie ou par analogie avec la poterie : *Vase en terre vernissée. Des poissons de toute sorte, lustrés, vernissés* (Th. Gautier, *Voyage en Espagne*, 360). *Du beau coq vernissé qui reluit au soleil* (V. Hugo, *les Voix intérieures*, 78).

— *Vernir* a pour participe passé **verni, e** : *Meuble verni.*

Le nom **vernis** s'écrit avec un *s* final : *Abîmer le vernis d'un meuble.*

verrou fait au pluriel *verrous* (avec un *s*, et non un *x*).

V. aussi BIJOU.

vers. — On dit : *Vers la fin de l'Empire* (Lar. du XXᵉ s.). *Vers midi* (Acad.). *Vers les quatre heures* (Id.).

verser - vider. V. VIDER.

vert, adjectif de couleur, reste *invariable* s'il est suivi d'un adjectif ou d'un nom qui le modifie : *Des rubans vert foncé. Des robes vert pomme, vert bouteille. Des yeux vert émeraude.*

V. aussi COULEUR et BLEU.

vert-de-gris est un mot composé *invariable,* qui s'écrit avec des traits d'union : *Des tissus vert-de-gris.*

vestiaire. — Le *vestiaire* est le lieu où l'on dépose les manteaux, les chapeaux, etc., dans certains établissements.

C'est abusivement qu'on donne le nom de *vestiaire* aux objets déposés au vestiaire. On se gardera donc de dire : *Donnez-moi mon vestiaire.*

vêtir. — **Conjugaison :** *Je vêts, tu vêts, il vêt, nous vêtons, vous vêtez, ils vêtent. Je vêtais, nous vêtions. Je vêtis, nous vêtîmes. Je vêtirai, nous vêtirons. Je vêtirais, nous vêtirions. Vêts, vêtons, vêtez. Que je vête, que nous vêtions. Que je vêtisse, qu'il vêtît, que nous vêtissions. Vêtant. Vêtu, e.*

A noter la conjugaison irrégulière de ce verbe et de ses dérivés **dévêtir, revêtir** (qui ne se conjuguent plus aujourd'hui comme *finir,* malgré la caution de bons écrivains, tels Bossuet, Montesquieu, Voltaire, Flaubert, Sainte-Beuve, Murger, P. Valéry, etc.) : *Je vêtais* (et non *je vêtissais*) ; *il faut que je me vête* (et non *que je me vêtisse*). *Devant Julien qui se vêtait, Luce resta silencieuse* (A. Thérive, *Sans âme*, 73).

Travestir se conjugue comme *finir*

— **Vêtir - revêtir.** *Vêtir* signifie non seulement « habiller » (*Vêtir quelqu'un*), mais aussi « mettre sur soi », sens qui est également celui de *revêtir* : *Vêtir une robe de chambre* (Lar. du XXᵉ s.). Ces deux termes sont donc synonymes en ce second sens, mais *revêtir* est d'un usage plus courant.

— **Se vêtir.** On dit : *Se vêtir de noir, de bleu,* etc. (et non *en noir, en bleu,* etc.).

— **Court-vêtu.** V. ce mot.

veto est un mot latin *invariable,* qui signifie « je m'oppose ». En conséquence, *opposer son veto* est considéré comme un pléonasme ; on dit mieux *mettre son veto : Père qui met son veto à un mariage* (Lar. du XXᵉ s.). On dit également *avoir le veto,* dans le sens d' « avoir le droit de veto » : *Chaque chambre a le veto sur l'autre* (Littré).

Il s'écrit sans accent (Acad.), mais se prononce *vé-to.*

vice-. — Dans les composés de *vice-,* seul le complément prend la marque du pluriel : *des vice-amiraux, des vice-présidents, des vice-royautés,* etc.

vice versa, expression latine qui signifie « réciproquement » (mot à mot « chance retournée »), s'écrit sans trait d'union, et *vice* se prononce *vi-sé : Il y a des personnes dont la figure attire et le caractère repousse, et « vice versa »* (Lar. du XXᵉ s.).

vicomté est du *féminin*, alors que **comté** (autrefois féminin également, cf. *Franche-Comté*) est aujourd'hui du *masculin*.

vider - verser. — **Vider**, c'est retirer d'un récipient ce qu'il contient (le rendre vide) : *Vider un sac de charbon. Vider un tonneau, un étang* (Lar. du XXᵉ s.). C'est aussi boire le contenu d'un récipient : *Vider une bouteille, son verre* (Lar. du XXᵉ s.).

Verser, c'est faire couler, faire passer d'un récipient dans un autre : *Verser du vin dans un verre* (Lar. du XXᵉ s.). *Verser du blé dans un sac* (Littré, Acad.). [Ne pas dire *vider* en ce sens.]

— V. aussi TRANSVASER.

viduité signifie « veuvage », surtout en parlant des femmes (du lat. *viduus*, veuf) : *État de viduité* (Acad.). *Demeurer en viduité* (Id.). *Délai de viduité.*

Il ne désigne en aucun cas le caractère de ce qui est vide : *La viduité du communiqué officiel a déçu tout le monde* (dans *Dimanche-Matin*, 28-XI-1954). Flaubert (*Correspondance*, II, 223) et Hugo (*les Misérables*, IV, VIII, 350) l'ont employé fautivement dans ce sens : *A la manière des grosses caisses, la sonorité vient de leur viduité. Comme il n'avait jamais eu ni amante ni épouse dans cette paternité, la viduité même de sa vie avait introduit tous les amours.*

vieil. V. VIEUX.

vieillard n'a pas de correspondant féminin. On évite de dire *un vieillard, un beau vieillard* en parlant d'une femme (on dira plutôt *une femme âgée*).

Le féminin **vieillarde**, donné par Littré, comporte généralement une nuance de mépris : *Une vieillarde hideuse qui tient une horrible auberge* (V. Hugo, *France et Belgique*, 51). *La vieillarde s'affaissa dans un évanouissement lamentable* (P. Louÿs, *les Aventures du roi Pausole*, 11).

vieillir se conjugue avec l'auxiliaire *avoir* quand on veut marquer l'action de vieillir : *Votre mari a bien vieilli.*

Si l'on veut exprimer l'état qui résulte de cette action, on se sert de l'auxiliaire **être** : *Il est bien vieilli, aujourd'hui.*

vieux se change généralement en **vieil** devant un *nom singulier* commençant par une voyelle ou un *h* muet : *Un vieil ami* (mais *Un ami vieux et usé*). *Un vieil homme.* On dit : *Un homme vieux, de vieux hommes;* et au féminin : *Une vieille femme; une femme vieille.*

— On peut dire **plus (moins) vieux que** ou **plus (moins) âgé que** : *Il n'a que vingt ans et vous en avez vingt-cinq, vous êtes plus vieux que lui* (Acad.). *Il est plus vieux que lui de six ans* (Id.).

vigie, désignant une personne, est toujours du *féminin* : *Pierre, la vigie, nous aperçut. La vigie a signalé un vaisseau* (Acad.).

vilebrequin s'écrit avec un *e* après *l* (et non *vilbrequin*).

vilenie s'écrit sans accent sur l'*e* et se prononce *vil'nî*.

village. — **Village - hameau.** V. HAMEAU.

— A noter qu'un **bourg** est un village où se tient ordinairement le marché des villages voisins.

ville. — **Genre des noms de villes.** En règle générale, sont du féminin les noms de villes qui ont une terminaison féminine, et du masculin ceux qui ont une terminaison masculine. Mais c'est surtout l'usage qui prévaut, et celui-ci n'est pas fixé. Par exemple, on dit *le beau Paris*, mais aussi *son cher Marseille* (à côté de *Ma belle Marseille* de Carlo Rim); *Lille est plus grand que Le Havre*, mais *Alger-la-Blanche, La Nouvelle-Orléans, Vaison-la-Romaine*, etc.

L'usage actuel tendrait plutôt vers une extension du masculin, ce qui ne serait nullement incorrect, puisque ce genre représente en français le neutre inexistant. D'ailleurs, dans le doute, le masculin l'emporte toujours.

Si l'on veut parler de la population même de la ville, le masculin est de rigueur : *Tout Venise s'insurgeait à cette nouvelle.*

villégiaturer, pour « être en villégiature », est du langage familier : *Don Santiago d'Aytona était venu villégiaturer dans sa vicomté* (L. Bertrand, *l'Infante*, 31).

vin. — On écrit généralement : *Un marchand de vin* (tenancier de caba-

ret). *Un marchand de vins* (négociant
en vins).

— On écrit sans majuscules : *Boire
du champagne* (pour *du vin de Champagne*), *du bordeaux, du bourgogne,
du château-lafite, du châteauneuf-du-
pape. Un verre de côtes-du-rhône, de
pouilly-fuissé*, etc.

vingt se prononce *vin* devant une
consonne et *vint* devant une voyelle et
un *h* muet : *vin(gt) francs, cent
vin(gt) personnes; vin(g)t ans, vin(g)t
et un* (sans traits d'union).

Dans les composés, le *t* se prononce
même devant une consonne : *vin(g)t-
deux, vin(g)t-trois*, etc. (Dans *vingt-
deux*, le *t* devient *d* par attraction de la
consonne suivante.)

— **Vingt** prend un *s* au pluriel
quand il est multiplié par un autre
nombre cardinal : *Quatre-vingts; les
Quinze-Vingts.*

Il est *invariable* quand il suit *cent* ou
mille : *Cent vingt francs. Mille vingt
hommes.*

— **Quatre-vingts.** V. ce mot.

vinicole - viticole. — **Vinicole** se
dit de ce qui est relatif à la production
du vin; **viticole** (du lat. *vitis*, vigne),
de ce qui a trait à la culture de
la vigne : *Société, industrie vinicole.
Région, pays viticole.*

violenter signifie « faire violence à » :
Violenter un enfant, un vieillard.

Ce mot n'a pas par lui-même le sens
de « violer » qu'on lui attribue parfois,
et dont il faut se garder, par crainte
d'équivoque.

virginal fait au pluriel masculin *virginaux* : *Des voiles virginaux.*

virgule. — Après plusieurs sujets
coordonnés ou non, il n'est plus d'usage
de mettre une virgule avant le verbe :
« *Amour* », « *délice* » *et* « *orgue* » *ont
une syntaxe commune*, ou « *Amour* »,
« *délice* », « *orgue* » *ont une syntaxe
commune.*

— **Virgule devant « et ».** V. ET.

— **Virgule devant « ni » répété.**
Quand une proposition renferme deux
ni peu éloignés l'un de l'autre, on ne les
sépare généralement pas par une virgule : *Il n'est ni bon ni mauvais*
(Acad.). *Il n'y avait ni feu ni pain à la
maison. Je ne vous parlerai ni de son*

*frère qui est au régiment ni de sa sœur
qui est placée en ville.*

V. aussi NI.

— **Virgule devant un relatif.**
Devant un relatif, la virgule ne s'emploie pas si la relative ajoute à son
antécédent une détermination indispensable : *La personne qui est venue
ce matin m'a dit... L'affection dont il
est atteint l'empêche de travailler.*

En revanche, la virgule est nécessaire si la proposition relative se
détache nettement ou si l'on veut marquer que le relatif ne s'applique pas au
dernier mot : *Les enfants, qui avaient
fini de déjeuner, purent prendre le train*
(c'est-à-dire tous les enfants) ; sans virgules, le sens serait : « seuls les enfants
qui avaient fini de déjeuner purent
prendre le train, et ceux-là seulement ».
*Tous les voyageurs parlent de la fécon-
dité de ce pays, qui est vraiment extraordinaire* (c'est la fécondité, et non le
pays, qui est extraordinaire)

— **Virgule séparant le sujet du
verbe.** Il n'est plus d'usage aujour-
d'hui de séparer par une virgule le
sujet (et ses compléments) du verbe,
même si cette virgule devait marquer
une pause (virgule de respiration). On
n'écrit plus, comme au XVIIIe siècle :
*La venue des faux Christs et des faux
prophètes, sembloit être un plus prochain acheminement à la dernière ruine*
(*Encyclopédie* de Diderot, art. PONC-
TUATION). Seule doit être considérée,
pour la ponctuation, l'analyse logique
de la phrase.

— On écrira : *Il faudrait donc que,
en retour, le consommateur apprécie les
efforts du producteur* ou *Il faudrait
donc qu'en retour le consommateur...*
(et non *Il faudrait donc qu'en retour,
le consommateur...*).

virtuose est un nom des deux genres :
Un, une virtuose.

vis est du *féminin* : *Fixer un objet au
mur avec une vis.*

V. aussi ÉCROU.

vis-à-vis (étymologiquement « visage
à visage ») s'écrit avec deux traits
d'union (alors que *face à face* n'en
prend pas).

— Au sens de « juste en face de », on
peut dire : *Vis-à-vis la mairie* (Lar.
du XXe s.). *La fenêtre qui donnait sur*

une ruelle, vis-à-vis une vieille petite
église (A. Hermant, *l'Aube ardente*, 35).
Toutefois, *vis-à-vis* s'emploie plus régulièrement avec la préposition **de** :
Vis-à-vis de l'église (Acad.). *Habiter
vis-à-vis de la mairie. Ma maison est
vis-à-vis de la vôtre* (Littré) [et non
au vis-à-vis de la vôtre].

Devant un pronom, *de* est obligatoire : *Je me plaçai vis-à-vis de lui.*

V. aussi FACE (*En face de*).

— **Vis-à-vis de**, au sens figuré de
« envers, à l'égard de, en ce qui
concerne » (*Avoir une attitude déplai-
sante vis-à-vis de ses supérieurs*), tend
à passer dans l'usage : *Ce que j'ai fait
vis-à-vis de vous* (R. Boylesve, *Sainte-
Marie-des-Fleurs*, 61). *Vis-à-vis d'Or-
senna et des choses de la vie courante*
(J. Gracq, *le Rivage des Syrtes*, 57).
L'Académie même l'emploie au mot
IMPERTINENCE : *Rien n'égale l'impertinence de cet enfant vis-à-vis de ses
parents.* « Il est cependant préférable
de ne pas l'employer devant un nom de
chose » (R. Georgin, *Code du bon langage*, 77).

viser est *transitif* au sens propre de
« diriger son coup vers » : *Viser un
oiseau* (Nouv. Lar. univ.). *Viser le
centre de la cible.*

On emploie **viser à** dans le même
sens, quand il s'agit de porter son coup
vers une partie d'un animal ou d'une
personne : *Viser au cœur, à la patte,
au défaut de l'épaule.*

Au sens figuré (« tendre vers, chercher à atteindre un résultat »), on
emploie *viser à* : *Viser aux honneurs, à
la gloire. Viser à l'effet. Il ne vise pas à
cet emploi* (Acad.).

visite. — **Rendre visite à quelqu'un**, c'est aller le voir chez lui, mais
ce n'est pas forcément lui rendre une
visite qu'il vous a faite (on dit plutôt,
alors : *Rendre à quelqu'un sa visite*).

— **Faire une visite à quelqu'un**
est synonyme de *Rendre visite à quelqu'un.* Certains écrivains distinguent
toutefois ces deux expressions : *Il mon-
tait dans le coupé et allait rendre des
visites ou faire des visites à des personnes de la bourgeoisie ou de la
noblesse* (V. Larbaud, dans *la Nouvelle
Nouvelle Revue française*, 1-III-1954,
p. 396).

— **Visiter** peut se dire aussi pour
« rendre visite » : *Visiter ses chefs*
(Littré). *Visiter son ami* (Acad.). *Visiter un ami, un malade* (Lar. du XXᵉ s.).

En fait, il se dit surtout pour les
malades, les pauvres, etc.

visiter. V. VISITE.

vite est adjectif ou adverbe, mais s'emploie surtout comme adverbe.

Adjectif (« qui se meut rapidement »),
il s'accorde : *Ce sont les coureurs les
plus vites du pays. On eut besoin de
sujets ardents* [des chevaux], *vites,
résistants* (J. de Pesquidoux, *Sur la
glèbe*, 43 ; cité par Grevisse). *Les idées
lui venaient plus vites, plus nombreuses*
(J. de Lacretelle, *Silbermann*, 163).

Adverbe (sens de « rapidement, avec
célérité »), il est *invariable* : *Ils sont
allés vite en besogne.*

viticole - vinicole. V. VINICOLE.

vitrail fait au pluriel *vitraux*.

vitre. — On écrit : *Verre à vitres* (avec
un *s* ; Acad., à VITRIER). *Un panneau de
vitres.*

vitupérer est un verbe transitif. On
doit donc dire **vitupérer quelqu'un**
(et non *vitupérer contre* [ou *sur*] *quelqu'un*, qui se rencontre parfois : *Bonne
occasion de vitupérer contre Georges*
[G. Mazeline, *les Loups*, 114]. *La presse
universelle a beau vitupérer contre elle*
[J. et J. Tharaud, *Quand Israël n'est
plus roi*, 143]).

Vitupérer peut se dire également pour
les choses : *Dans ma jeunesse, on vitu-
pérait de nouveau l'anglomanie d'écrivains qui, par la suite, sont devenus des
puristes* (A. Dauzat, *le Guide du bon
usage*, 58).

— V. aussi INVECTIVER.

vivoter s'écrit avec un seul *t*.

V. aussi -OTER.

vivre (nom). — Au singulier, ce nom
(masculin) désigne la nourriture, les
aliments : *Assurer le vivre et le couvert.
Il lui donna tant pour le vivre et le
vêtement* (Acad.).

Au pluriel, **vivres** désigne les choses
qui servent à la nourriture : *Couper
les vivres à quelqu'un. Commission des
vivres. Les vivres furent expédiés le
lendemain. Munir une place de vivres*
(Acad.).

vivre (verbe). — Conjugaison :
Je vis, tu vis, il vit, nous vivons, vous

*vivez, ils vivent. Je vivais, nous vivions.
Je vécus, nous vécûmes. Je vivrai, nous
vivrons. Je vivrais, nous vivrions. Vis,
vivons, vivez. Que je vive, que nous
vivions. Que je vécusse, qu'il vécût, que
nous vécussions. Vivant. Vécu, e.*

— **Vive...!** exclamation, est le plus
souvent traité comme une interjection
(il reste alors *invariable*) : *Vive les
gens d'esprit!* (Littré, à ESPRIT.) *Vive
les vacances!*

Toutefois, on le fait aussi accorder
avec le sujet ; il est alors considéré
comme un subjonctif elliptique : *Vivent
la Champagne et la Bourgogne pour les
bons vins!* (Acad.) *Vivent les arts!* (Id.)

— **Vivre de - vivre sur.** On dit :
*Vivre de son bien, de son travail, de ses
rentes, de ses revenus. Vivre de priva-
tions.* On rencontre aussi : *Vivre sur
son revenu, sur son capital, sur le
budget.*

Au figuré, on emploie plutôt *sur* :
*Vivre sur son crédit, sur sa réputation,
sur ses souvenirs.*

— **Vivre,** verbe intransitif, s'emploie aussi transitivement : *Il a vécu
une existence bien dure* (Acad.). *Il
vivait tant d'existences passionnées en
un jour* (A. Daudet ; cité par le Lar. du
XXᵉ s.). *Vivre sa vie. Sa foi, il l'a courageusement vécue* (Hanse).

— **Vécu** est le plus souvent *invariable* : *Les cent ans qu'il a vécu* (pendant lesquels il a vécu). *Les années
qu'il a vécu* (Littré).

Cependant, au sens de « passé », on
peut faire l'accord : *Les années qu'il
a vécues* (ou vécu) *au front. Les heures
difficiles que nous avons vécues* (Hanse).
La dure existence qu'il a vécue.

vocal fait au masculin pluriel *vocaux.*

vœux. — Il est plus correct d'écrire
Mes meilleurs vœux que *Meilleurs
vœux.* Il s'agit en effet d'un superlatif
(les meilleurs qui soient) et non d'un
comparatif (comme *meilleure santé*).

voici - voilà. — En règle générale,
voici désigne une personne ou une
chose qui est proche de celui qui parle,
ou indique ce qui va se faire ou se dire :
*La voici justement près de vous. Voici
l'heure fixée, l'instant voulu* (Lar. du
XXᵉ s.). *Voici ma tâche pour ce soir.
Voici le livre dont on a parlé* (Acad.).

Voilà sert à désigner une personne
ou une chose un peu éloignée de la personne qui parle ou à qui l'on parle, ce
qu'on vient de faire ou de dire, par
opposition à ce qu'on va faire ou dire :
*Voilà votre père qui passe dans la rue.
Voilà un homme qui s'avance vers nous*
(Acad.). *Voilà qui est fait. Voilà mes
raisons, qu'en pensez-vous? Voilà quel
trouble ici m'oblige à m'arrêter* (Racine,
Athalie, II, v). [Athalie vient de raconter son terrible songe et revoit l'objet
de son effroi.]

En principe, *voici* se rapporte à ce
qui va être dit ou fait, et *voilà* à ce qui
a été dit ou fait : *Voilà ce que vous
avez fait, voici ce qui vous reste à faire*
(Littré). *Voilà tous mes forfaits, en
voici le salaire* (Racine, *Britannicus*, IV, II).

En relation avec *voici, voilà* sert
à désigner une chose distincte d'une
autre : *Voici votre place et voilà la
mienne* (Acad.). *Voici mon chapeau,
voilà le vôtre.*

Dans l'usage, *voilà* est souvent
employé à la place de *voici* : « quand
on n'a pas de raison particulière pour
choisir, c'est toujours *voilà* qu'on préfère » (Martinon, *Comment on parle
en français*, 581) : *Voilà l'heure de
partir. Voilà l'argent* (Lar. du XXᵉ s.).
Voilà qu'on sonne (Acad.). *Le voilà qui
vient* (et non *qu'il vient*). *Remettez-
moi cette lettre, s'il vous plaît.* — *Voilà*
(ou *voici*)*, monsieur. Nous y voilà.
Voilà* (ou *voici*) *revenus les beaux jours.
Voilà qu'il pleut. Tiens, dit-elle en
ouvrant les rideaux : les voilà* (V. Hugo,
la Légende des siècles, « les Pauvres
Gens »).

Dans les cas les plus nets, il faut
maintenir la distinction entre *voici* et
voilà.

— « **Ne** » **avec** « **Voici (Voilà)
tel temps que...** ». V. NE (« *Ne* »
employé seul, sans « *pas* » *ou
« point* », 5°).

— **Voici venir.** Suivi de *venir, voici*
marque l'idée d'une arrivée, d'une action
proche : *Voici venir le printemps*
(Acad.). *Comme il parlait à la femme,
voici venir le mari* (Id.).

— **Voilà** peut être suivi d'un verbe
à l'infinitif : *Voilà bien instruire une
affaire* (Racine, *les Plaideurs*, III, III).

— **Voilà ce que c'est de** ou **que de.** La tournure *que de* est la plus courante : *Voilà ce que c'est que de désobéir* (Acad.).

— **Ne voilà-t-il pas, voilà-t-il pas** sont des tournures familières pour « voilà » : *Voilà-t-il pas que je m'étale de tout mon long.*

voie. — On écrit : *Ils s'engagèrent dans la voie tracée par les fondateurs* (cf. *S'engager dans le bon chemin*). *Mettre quelqu'un sur la voie* (cf. *Etre sur la bonne route*). *Etre en voie de réussir. Etre toujours par voie et par chemin* (au singulier).

V. aussi VOIRIE.

voilà. V. VOICI.

voile. — On écrit : *La marine à voile* (au singulier), par opposition à *la marine à vapeur. La navigation à voile. Un navire à voiles* (au pluriel) [Acad.]. *A pleines voiles. Aller à toutes voiles. Mettre à la voile*, appareiller (et non *Mettre la voile*) [*Mettre les voiles*, pour « s'enfuir », est de l'argot]. *La grand-voile.*

voir. — **Conjugaison** : *Je vois, tu vois, il voit, nous voyons, vous voyez, ils voient. Je voyais, nous voyions. Je vis, nous vîmes. Je verrai, nous verrons. Je verrais, nous verrions. Vois, voyons, voyez. Que je voie, qu'il voie, que nous voyions. Que je visse, qu'il vît, que nous vissions. Voyant. Vu, e.*

Revoir et **entrevoir** se conjuguent comme *voir.*

Pour **pourvoir** et **prévoir,** v. ces mots.

— **Comme vous (le) voyez.** Le pronom neutre *le* peut être supprimé dans la phrase suivante : *J'en reviens, comme vous voyez* (ou *comme vous le voyez*).

— **Pour voir** est une locution du langage familier : *Laisse-le faire, pour voir. Essayez pour voir* (Acad.).

— **Voir à** signifie « faire attention à, veiller à » : *Voyez à nous faire un bon déjeuner. Voyez à ce qui en résultera.*

— **Voir après** est un barbarisme. On dit : *Je viens le chercher* (et non *voir après lui*).

— **Voyons voir,** *attends voir, écoute voir, montre voir, regarde voir*

sont des expressions de la langue familière.

— **Faire beau voir** se dit à propos d'un spectacle déplaisant ou ridicule que donne quelqu'un : *Il ferait beau voir un vieillard commettre une pareille folie* (Lar. du XXᵉ s.). *Il fait beau vous voir, à votre âge, vous amuser à ces bagatelles* (Acad.). *Il fait, il ferait beau voir que...* (Id.).

— **Vu.** V. ce mot.

voire, dont le sens étymologique est « vraiment », était autrefois « un *oui* atténué; c'était le *oui* des Normands » (Brunot et Bruneau, *Grammaire historique,* 589).

Il s'emploie encore par affectation d'archaïsme, et surtout en tête d'une phrase, pour nier ou émettre un doute : *C'est le plus grand écrivain de cette époque. — Voire* (Acad.).

Aujourd'hui, il ne se rencontre plus guère qu'au sens de « même, et même » (par ellipse de *voire même*) : *Tout le monde était de cet avis, voire monsieur Un tel qui n'est jamais de l'avis de personne* (Acad.). *Voire que parfois cette soixantaine m'agace les nerfs* (Claude Farrère, *la Dernière Déesse,* 62). *Mais la plupart d'entre eux rencontraient M. Prosper Coutre à la Chambre de commerce, voire au cercle de la Maison Gobineau* (E. Henriot, *Aricie Brun,* 100). *Vous concevez donc l'espèce de soulagement, voire d'ivresse, que je ressentais* (G. Duhamel, *Civilisation,* 225). *Il s'accommodera au langage commun, voire élégant ou prétendu tel* (A. Thérive, dans *la Nouvelle Nouvelle Revue française,* 1-III-1954, p. 445).

— **Voire même.** Certains, n'ayant retenu de *voire* que le sens actuel de « même », ont été amenés à considérer l'expression *voire même* comme un pléonasme; il faut y voir en réalité le sens original de « véritablement même » (*voire* = vraiment).

Voire même, qu'on rencontre sous des plumes autorisées, est donc correct mais archaïque, puisque *voire* ne s'emploie plus au sens de « vraiment » : *Ce remède est inutile, voire même pernicieux* (Acad.). *Mélanie [...] lui prépara des mets à se lécher les doigts [...], d'impérieuses rémolades, de pétulantes ravigotes, voire même quelques bons plats familiers* (Huysmans, *En ménage*, 107). *Les champs de lin prirent cette chaude couleur lumineuse, ces reflets châtains et dorés, infiniment plus ardents que ceux du blé, voire même de l'avoine* (M. Van der Meersch, *l'Empreinte du dieu*, 27).

Rien n'empêche d'ailleurs d'employer seulement *voire*, ou encore *et même*, sans que le sens en soit changé pour autant : *C'est un individu sans scrupule , voire* (ou *et même*) *malhonnête.*

voirie, quoique de la famille de *voie* (cf. *soie - soierie*, etc.), s'écrit sans *e* intercalaire (et non *voierie*).

voiture. V. WAGON.

vol-au-vent est un nom composé *invariable* : *Des vol-au-vent financière.*

voler. — **Voler en l'air** est un pléonasme populaire à éviter (de même que *descendre en bas* ou *monter en haut*).

voleter fait *il volette* (avec deux *t*).

volonté. — **Meilleure volonté.** V. MEILLEUR.

volontiers s'emploie à ses divers sens pour les personnes ou pour les choses : *Je ferai volontiers ce que vous me demandez. Les petites rivières débordent volontiers dans cette saison* (Littré). *Cette plante vient volontiers de bouture* (Acad.).

volte-face est un nom composé *invariable* : *Les volte-face politiques* (Lar. du XXᵉ s.).

votre - vôtre. — **Votre** (sans accent), *adjectif* possessif des deux genres, a pour pluriel *vos*. Il se met toujours devant le nom : *Voici votre mouchoir et vos clefs.*

Vôtre (avec un accent circonflexe), précédé de l'article, est *pronom* possessif. Il fait au pluriel *vôtres* : *J'ai retrouvé ma jumelle, je vous rends la vôtre. Quand vous aurez entendu nos raisons, nous écouterons les vôtres.*

— **Vôtre**, sans article, s'emploie comme adjectif : *Disposez de ma maison comme vôtre* (Lar. du XXᵉ s.). *Ces effets sont vôtres* (Acad.). *Je suis vôtre Toujours bien cordialement vôtre* (c'est-à-dire *à vous*).

Il est aussi employé comme *nom* masculin : *Vous en serez du vôtre. Vous y avez mis un peu du vôtre.*

— **A la vôtre,** pour « à votre santé », est du langage familier. Mais il est correct en réponse à *A votre santé.*

— **Des vôtres** se dit familièrement pour « vos farces, vos fredaines » : *Vous aussi, dans votre jeunesse, vous avez fait des vôtres* (Lar. du XXᵉ s.).

— V. aussi NÔTRE.

vouloir. — **Conjugaison :** *Je veux, tu veux, il veut, nous voulons, vous voulez, ils veulent. Je voulais, nous voulions. Je voulus, nous voulûmes. Je voudrai, nous voudrons. Je voudrais, nous voudrions. Veux, voulons, voulez, et veuille, veuillons, veuillez. Que je veuille, que nous voulions, que vous vouliez, qu'ils veuillent. Que je voulusse, qu'il voulût, que nous voulussions. Voulant. Voulu, e.*

A noter les deux formes différentes de l'impératif : *veux, voulons, voulez,* et *veuille, veuillons, veuillez.* La première est la plus employée, surtout avec la négation, dans le sens dérivé de « en vouloir à quelqu'un » : *Ne m'en veux pas, ne lui en voulez pas* (A. Dauzat, *Grammaire raisonnée*, 226). Le sens affirmatif est rare et marque une ferme volonté : *Qui veut peut ; donc veux et tu réussiras* (Grevisse).

Veuille et *veuillez* (*veuillons* est pratiquement inusité) sont d'emploi courant au sens affirmatif : *Veuille m'excuser, je dois partir. J'ai des invités, veuillez penser au repas. Veuillez vous taire, s'il vous plaît* (Acad.) *Veuillez* entre dans les formules de civilité : *Veuillez agréer...* Au sens négatif, on dit, dans la langue châtiée : *Ne m'en veuille pas, ne m'en veuillez pas* (à côté de *Ne m'en veux pas, ne m'en voulez pas*).

On emploie parfois, pour marquer une volonté moins forte, moins personnelle, ou avec une nuance de politesse appuyée, *que nous veuillions, que vous veuilliez* au présent du subjonctif, mais la forme *que nous voulions, que vous vouliez* est la plus courante : *Je me félicite encore que vous veuilliez bien lui rendre sa liberté* (A. Thérive, *Fils du jour*, 271 ; cité par Grevisse).

— **Conditionnel.** On se sert du conditionnel à la place du présent de l'indicatif pour exprimer un souhait, un désir avec politesse *Je voudrais une auto* (Lar. du XXᵉ s.). *Je voudrais*

vous entretenir en particulier (Acad.).
Je voudrais un pain bien cuit. [*Je veux*
serait plus impératif.]

A l'inverse, le conditionnel peut
exprimer une sorte de défi : *Je voudrais
bien voir cela* (Acad.).

— **« Le » avec « vouloir ».** L'emploi du pronom neutre *le* est facultatif
dans des phrases comme : *Je viendrai
si vous voulez* ou *si vous le voulez. J'en
ai fait plus que vous ne vouliez* ou
ne le vouliez (Hanse).

— **Vouloir de.** *Vouloir d'une chose*
(« la rechercher, l'accepter ») est usité
surtout au sens négatif : *Je ne voudrais
pas de cet enfant pour tout au monde.
Elle ne veut pas du cadeau que vous
lui offrez.*

— **Vouloir bien - bien vouloir.**
D'après l'usage, *Je vous prie de vouloir
bien* est une formule plus impérative
que *Je vous prie de bien vouloir*, qui
marque la déférence. On écrit *Je vous
prie de bien vouloir...*, en s'adressant à
un supérieur.

— **Se vouloir** s'emploie parfois au
sens affecté de « vouloir être, se donner
pour » : *Dans un rictus qui se voulait
féroce* (J. Malaquais, *Planète sans visa;*
cité par Georgin, *Pour un meilleur
français*, 86). *A force de se vouloir
lucide, il est fréquent que l'on tombe
dans l'erreur* (R. Guérin, *Parmi tant
d'autres feux;* Id., *Ibid.*, 87).

vous. — Lorsque *vous* est complément
d'une expression de quantité comme
*beaucoup, combien, un grand nombre,
la plupart, plusieurs, trop,* etc., le verbe
se met généralement à la troisième personne et au pluriel : *Beaucoup d'entre
vous ont perdu tout ce qu'ils possédaient. Nombre d'entre vous seraient
peu disposés à accepter ces propositions.
La plupart de vous reconnaissent le
bien-fondé de cette demande.*

— **« Vous » servant de complément à « on ».** Quand un pronom
complément renvoie à *on* (ou à une collectivité ou une individualité indéterminée) et que celui qui parle s'efface
et ne se met pas dans la collectivité, on
exprime le rapport par *vous* : *Quand
on se plaint de tout, il ne vous arrive
rien de bon* (J. Chardonne, *Claire*, 13;
cité par Grevisse).

On se sert de *nous* si celui qui parle

se met dans la collectivité : *Quand on
le voit arriver, il est déjà sur nous.*

— **C'est à vous à** ou **de.** Voir À.

— **C'est à vous à qui - c'est à
vous que.** La première construction
(avec deux compléments indirects),
fréquente au XVIIe siècle (*C'est à vous
mon esprit, à qui je veux parler*
[Boileau, *Satires*, IX]), est aujourd'hui archaïque, et la forme *c'est à vous
que* est à peu près la seule employée.

— **Si j'étais que de vous** (« si
j'étais à votre place ») a quelque peu
vieilli. On dit plus ordinairement *Si
j'étais de vous* (Acad.) : *Moi, si j'avais
été d'elle, j'aurais été la nuit mettre le
feu à la maison du vieux cabot* (André
Thérive, *Sans âme*, 92). Julien Green
a intitulé un de ses romans *Si j'étais
vous* (1947).

voussoyer - vouvoyer. — Ces
deux variantes d'un même mot s'emploient indifféremment. **Voussoyer**,
plus ancien (*Il tutoie sa femme et voussoie les enfants* [Littré]), est toutefois
d'un langage plus relevé que **vouvoyer**, qui est du langage courant.

Même remarque pour **voussoiement** et **vouvoiement**.

(Aucun de ces mots n'est donné par
l'Académie.)

voûte et ses dérivés (*voûtelette, voûter,
voûtis*) s'écrivent avec un accent circonflexe sur l'*u*.

vouvoyer - voussoyer. V. VOUSSOYER.

voyelles. — Le nom des voyelles est
du masculin : *un « a », un « i »*, etc.

— Pour le genre du nom des
consonnes, voir ALPHABET.

voyer. — **Agent voyer** s'écrit sans
trait d'union.

vrac désigne des marchandises non
emballées : *Transporter du vrac* (Lar.
du XXe s.).

Il s'emploie surtout dans l'expression
en vrac : *Harengs salés en vrac*
(Littré). *On charge les grains en vrac.*
(On ne dit plus guère *en vrague.*)

vrai. — **Pour de vrai** est une locution
du langage familier ou enfantin. *Pour
de bon* lui est préférable (v. BON).

— On dit : *Il est vrai que... Toujours
est-il vrai que... Etre dans le vrai. Voilà*

au vrai comment les choses se sont pas-
sées (Acad.). *Au vrai, il s'agissait pour*
moi de ne pas faire double dépense
(Fr. Mauriac, *le Nœud de vipères*, 110).
A dire vrai (ou *à vrai dire*), *je le*
connais mal.

— **Vrai - véridique.** V. VÉRIDIQUE.

vraiment s'écrit sans *e* intercalaire ni
accent circonflexe.

vraisemblable. — Après la forme
impersonnelle **il est vraisemblable
que**, le verbe de la proposition subordonnée se met :

1° A l'*indicatif* dans les phrases
affirmatives et, surtout, quand on considère le fait dans sa réalité : *Il était*
vraisemblable qu'il allait perdre son
argent;

2° Au *conditionnel* quand la proposition remplit la fonction d'un nom et
exprime un fait éventuel, hypothétique :
Il était vraisemblable que l'effet de ce
nouveau traitement serait le même;

3° Au *subjonctif* si la principale est
négative ou interrogative : *Il n'est pas*
vraisemblable qu'il se soit trompé.

vu, employé sans auxiliaire et placé
devant le nom ou le pronom, est considéré comme une préposition et reste
invariable : *Vu les circonstances. Vu la*
difficulté de passer la rivière. Et elliptiquement : *Vu par la cour les pièces*
mentionnées (Acad.).

— **Vu que** a le sens de « attendu
que, puisque » : *Je m'étonne qu'il ait*
entrepris cela, vu qu'il n'est pas très
hardi (Lar. du XXᵉ s.).

— **Accord de « vu », participe
passé, devant un infinitif.** On écrit :

La maison que j'ai vu bâtir (*vu* invariable). *Je les ai vus bâtir cette maison*
(accord : *je les ai vus bâtissant...*). *Les*
blés que j'ai vu semer sont déjà hauts.
La fermière que j'ai vue semer pendant
la guerre. Aucun des artistes que nous
avons vus rénover l'art de notre temps...
Ils se sont vu condamner à dix ans de
réclusion. Elle s'est vu remettre le bijou
par le voleur.

(Règle : Le participe passé employé
avec *avoir* et suivi d'un infinitif s'accorde si le complément direct d'objet,
étant placé avant le participe, fait l'action exprimée par l'infinitif.)

V. aussi PARTICIPE PASSÉ (*Participe*
passé suivi d'un infinitif).

— On écrit : *Je les ai vus endormis*
dans le bois. Ils les ont vus errant à
l'aventure. Ils se sont vus obligés de
faire telle chose

— On dit **Il y a longtemps que
je ne l'ai vu** (et non *Il y a longtemps*
que je ne l'ai pas vu) : *Comme il y a*
longtemps que je ne vous ai vu, mon
bon Lirat (O. Mirbeau, *le Cal-*
vaire, 195). *Pauvre Julie! voilà deux*
ans que je ne vous ai vue (G. Geffroy,
l'Apprentie, 193).

Pas se supprime quand le verbe est
à un temps composé, mais il est indispensable avec un temps simple : *Il y*
a longtemps que je ne le vois pas.

— **Vu,** nom. On dit : *Au vu et au*
su de tout le monde. Sur le vu des docu-
ments joints.

vue. — On écrit : *Une unité de vues.*
Un échange de vues. Une prise de vues
(cinéma), *de vue* (photographie).

— **Point de vue.** V. POINT.

W - X

w. — **Prononciation.** *W* se prononce
comme *v* simple ou comme *ou*, selon
qu'il est d'origine germanique (*wagné-*
rien, walkyrie, wernérite, wisigothique,
wolfram, etc.), ou bien anglaise, hollandaise ou flamande.

Dans le premier cas, aucune difficulté.
Dans le second, il n'en est pas de

même, bon nombre des mots où entre *w*
ayant été francisés; ce *w* a alors la
valeur d'un *v* simple : *wagon, warouil-*
ler, warrant. D'autres conservent leur
prononciation d'origine, tout au moins
pour le *w*, car certains ne sont qu'à
demi francisés (cf. *water-closet* [*oua-*
tèr - klo - sè]) : *wallon, wateringue,*

waterproof, wattman, wharf, whisky, wigwam, tramway, sandwich.

wagon. — Il est d'usage, à la S.N.C.F., de réserver le terme de *wagon* à tout véhicule sur rail servant au transport des marchandises : *Un wagon à bestiaux. Charger un wagon de charbon Remplir des wagons-citernes.*

Les véhicules pour voyageurs sont appelés **voitures** : *Une voiture de première classe. Une voiture-lit; une voiture-restaurant; des voitures-salons.*

— V. aussi w.

wallon se prononce *oua-lon* (Acad.).

water-closet s'emploie le plus souvent au pluriel : *water-closets.*

On dit parfois, par abréviation, les *waters.*

— V. aussi w.

wattman, mot anglais, fait au pluriel *wattmen.*

— V. aussi w.

whisky. — A noter l'orthographe, qui est celle de l'Académie.

— V. aussi w.

---

x. — **Genre.** *X* est du *masculin.*

V. aussi ALPHABET.

— **Prononciation.** En tête des mots, *x* se prononce *ks* : *xérophtalmie, xiphoïde, xylographie, xylophone,* etc., mais cette prononciation tend de plus en plus à s'adoucir en *gz.*

Dans le corps des mots, *x* se prononce, en règle générale, *ks* devant une voyelle comme devant une consonne : *rixe, sexe, laxatif, luxure; excuse, express, extrême, textuel, mixture.* (Exceptions : *deuxième, dixième, sixième, sixain,* où *x* se prononce comme *z.* Dans *soixante,* *x = s.*)

A la fin des mots, *x* se prononce *ks* dans *index, silex, phénix, onyx, sphinx, larynx, pharynx;* il a la valeur d'un *s* dans *coccyx, dix* et *six,* et ne se fait pas entendre dans *deux, crucifix, perdrix, prix, flux.*

— **« Ex- » initial.** Devant une consonne, *ex-* suit la règle normale de la prononciation (*èks*) : *excuse, express, extrême.* Mais devant une voyelle ou un *h* muet, il s'adoucit régulièrement en *'ègz.* C'est ainsi qu'il se prononce dans : *exact* (*inexact*), *exalter, examen, exeat, exécuter* (*inexécutable*), *exercice, exhaler, exiger* (*inexigible*), *exotique, exubérance, hexamètre,* etc. On classe aussi *sexagénaire* dans *ex-* adouci.

Seuls *exécrable* et *exécration* se prononcent généralement *èks-,* qui exprime la pensée avec plus de force.

xiphoïde, terme d'anatomie, s'écrit avec un *i* (et non un *y*) : *Appendice, cartilage xiphoïde.*

Y - Z

y, à l'initiale d'un mot, est aspiré : *les yatagans, les yuccas* (pas de liaison), *la yole* (pas d'élision), *l'arrivée du yacht,* etc. (Sont exceptés : *yeuse, yeux* et *ypérite.*)

— Entre deux voyelles, l'*y* se décompose généralement en deux *i.* Ainsi, *pays* se prononce *pai-i; octroyer, -oi-yé; ennuyer, -nui-yé,* etc.

Toutefois, il a la valeur d'un seul *i* dans : *bayadère* (*ba-ia-*), *bayer, boyard, bruyère, cacaoyer, cobaye, fayot, goyave, gruyère, mayonnaise, papayer, thuya.*

y. — **« Y » avec un impératif** (« *vas-y* », « *mets-t'y* », « *attendez-nous-y* », etc.). V. IMPÉRATIF.

— **« Y » devant un verbe commençant par « i ».** *Y* ne s'emploie pas devant un verbe commençant par *i.* Ainsi, on dit : *J'irai* (pour *j'y irai*). *Quand il irait de tout mon bien* (Acad.).

— **« Y » pour « à lui », « de lui »,** etc. En règle générale, on se sert du pronom *y* en parlant des choses et des animaux; pour les personnes, on emploie *à lui, à elle, à eux, de lui, d'elle,*

*d'eux : Qu'on lui donne cette récom-
pense, il y a droit. Ce vase est trop délicat, je ne veux pas y toucher. Ce couteau
est cassé, j'y ferai mettre un manche
Voici ma robe, donnez-y un coup d₂ fer.
Il l'a fait quand je n'y pensais plus. Ce
cheval est capricieux, ne vous y fiez pas*
(et non *ne vous fiez pas à lui*).

Cet emploi n'est pas absolu, et l'on
trouve aussi *y* avec un nom de personne, particulièrement avec des verbes
comme *s'attacher, se fier, penser : Plus
on approfondit l'homme, plus on y
découvre* (plus on découvre *en lui*) *de
faiblesse et de grandeur* (Marmontel).
*C'est un homme équivoque, ne vous y
fiez pas* (on ne dira pas, toutefois, *je
m'y fie*, mais *je me fie à lui*). *Pensez
à moi. — J'y pense* (Acad.).

Dans la construction suivante, *y* est
fréquent : *Vous y pensez encore, à cet
enfant ?*

V. aussi LUI.

— **Il y a - il est.** V. IL impersonnel
(*Il est*).

— **Y compris.** V. COMPRIS.

— **N'y voir goutte - ne voir
goutte.** V. GOUTTE.

yacht se prononce ordinairement *iak*
(Ch Bruneau. *Manuel de phonétique*, 19). La prononciation anglaise
iot' fait aujourd'hui affecté. Ce mot est
d'ailleurs d'origine hollandaise et les
Hollandais prononcent *iacht* (avec *ch*
guttural).

yack, mammifère, s'écrit avec *ck* (et
plus rarement *yak*).

yaourt. V YOGOURT

-yer. — **Verbes en « -yer »,
« -ayer », « -eyer », etc.** V VERBE.

yeux. V. ŒIL.

yogourt a pour variante orthographique **yoghourt** (mais l'*h* est inutile :
bulgare *jugurt*).

Le synonyme **yaourt** (bulgare *jaurt*)
tend à l'emporter sur *yogourt*.

Le *t* final ne se fait pas entendre

yucca se prononce *iou-ka*

— V. aussi Y.

---

zagaie. V. SAGAIE.

zèbre s'écrit avec un accent grave (et
non circonflexe)

zéphyr (« vent ») est l'orthographe de
l'Académie : *Un zéphyr rafraîchissant.*

zéro est considéré comme un nom (et
non pas comme un adjectif numéral) ;
il s'accorde donc au pluriel : *Une ligne
de zéros. Deux zéros après un 5 font 500*

— On dit : *Partir, repartir de zéro*
(et non *à zéro*).

zest ne se rencontre que dans la locution **entre le zist et le zest,** « ni bien
ni mal » : *Être entre le zist et le zest,*
ne savoir quelle décision prendre.

— V aussi ZESTE

zeste, « partie superficielle de l'écorce
de l'orange et du citron », est du *masculin : Un zeste de citron Des zestes
confits* (Acad.).

On désigne parfois sous le nom de
ziste la partie blanche qui tapisse inté-
rieurement l'écorce de l'orange : *Peler
une orange et la débarrasser de son
ziste*

— V aussi ZEST.

zézayer. — Le synonyme **zozoter** est
du langage populaire.

— **Zézaiement** s'écrit avec un *e*
intercalaire

zigzag et **zigzaguer** s'écrivent en un
seul mot, sans trait d'union . *Aller en
zigzag. Cet ivrogne fait des zigzags*
(Acad.) *Les zigzags des éclairs.*

zinc. — La prononciation d'usage est
zing, ce qui a conduit aux dérivés *zin-
gage, zinguer, zinguerie, zingueur*

Les dérivés en *c* appartiennent tous
au langage scientifique : *zincifère, zin-
cique, zincite, zincographie,* etc

zist. V ZEST.

ziste. V ZESTE.

zone s'écrit sans accent circonflexe.

zoo, abréviation pour « parc ou jardin
zoologique », se prononce *zo-o* (et
non *zo*).

IMPRIMERIE HÉRISSEY. — 27000 - ÉVREUX.
Dépôt légal : Février 1971. — N° 32334. — N° de série Éditeur 11712.
IMPRIMÉ EN FRANCE *(Printed in France)*. — 29302 T-Juin 1983.

Laon, 27 March 1985.